STATISTISCHES JAHRBUCH

Deutschland und Internationales

2016

Statistisches Bundesamt

Herausgeber | Statistisches Bundesamt, Wiesbaden

Redaktionsleitung | Ilka Willand
Gestaltung | Statistisches Bundesamt

Internet | *www.destatis.de*

Ihr Kontakt zu uns | *www.destatis.de/kontakt*
Zentraler Auskunftsdienst | Tel. +49 (0) 611 / 75 24 05

Erschienen im Oktober 2016

Print
    Preis | EUR 71,–
    Bestellnummer | 1010110-16700-1
    ISBN | 978-3-8246-1049-5

Download
    Artikelnummer | 1010110-16700-4

Redaktionsschluss | 1. August 2016

Qualität | Sollte dem Statistischen Bundesamt nach Veröffentlichung dieser Ausgabe ein Fehler bekannt werden, so wird in der Online-Version darauf hingewiesen und der Fehler korrigiert. Die Online-Version finden Sie im Internet unter *www.destatis.de/jahrbuch*

Archiv | Das Archiv aller Jahrbücher seit der ersten Ausgabe 1952 finden Sie über einen Link unter *www.destatis.de/jahrbuch*

Technische Herstellung | Westermann Druck Zwickau GmbH, Crimmitschauer Str. 43, 08058 Zwickau, *www.westermann-zwickau.de*

Vertriebspartner | IBRo Versandservice GmbH
    Bereich Statistisches Bundesamt
    Kastanienweg 1
    D-18184 Roggentin
    destatis@ibro.de
    Telefon | +49 (0) 3 82 04 / 6 65 43
    Telefax | +49 (0) 3 82 04 / 6 69 19

© Statistisches Bundesamt, Wiesbaden 2016
Vervielfältigung und Verbreitung, auch auszugsweise, mit Quellenangabe gestattet.

Vorwort

Liebe Leserin, lieber Leser,

das Jahr 2016 ist ein ereignisreiches Jahr für Deutschland und Europa. Am 23. Juni haben Britinnen und Briten in einem Referendum für den Austritt aus der Europäischen Union gestimmt. Durch diese Entscheidung muss das Verhältnis zwischen EU und dem Vereinigten Königreich neu verhandelt werden – unter anderem müssen die Handelsbeziehungen neu aufgestellt werden.

Im Jahr 2015 war das Vereinigte Königreich der drittwichtigste Handelspartner für den deutschen Export. Deutschland exportierte Waren im Wert von 89 Mrd. Euro in das Vereinigte Königreich. Lediglich die Exporte in die Vereinigten Staaten (114 Mrd. Euro) und nach Frankreich (103 Mrd. Euro) hatten ein größeres Volumen. Auch bei den Importen nach Deutschland rangierte das Vereinigte Königreich unter den zehn wichtigsten Nationen (Platz 9 mit einem Volumen von 38 Mrd. Euro).

Darüber hinaus ist auch ein Blick auf den Tourismus interessant. Von insgesamt rund 58 Millionen Übernachtungen der Gäste aus dem europäischen Ausland in Deutschland entfielen 2015 rund 9 % auf Gäste aus dem Vereinigten Königreich, die damit immerhin die drittstärkste Gruppe stellten. Noch mehr Übernachtungen waren nur von Gästen aus den Niederlanden (19 %) und aus der Schweiz (11 %) zu verzeichnen. Doch nicht nur die Briten kommen gerne nach Deutschland – viele junge Deutsche zieht es zum Studium an die Hochschulen in das Vereinigte Königreich. Im Jahr 2013 studierten rund 16 000 Deutsche im Vereinigten Königreich. Wichtiger waren lediglich die Nachbarländer Österreich mit 27 000 deutschen Studierenden und die Niederlande mit 23 000.

Nach erfolgreichem Studium streben viele Absolventinnen und Absolventen eine Promotion an. Im Wintersemester 2014 / 15 waren an deutschen Hochschulen insgesamt 196 200 Promovierende eingeschrieben. Besonders viele junge Akademikerinnen und Akademiker aus den Natur- und Ingenieurwissenschaften waren darunter. Die Fächergruppe Mathematik und Naturwissenschaften (59 700 Promovierende) war am häufigsten vertreten, gefolgt von den Ingenieurwissenschaften mit 36 700.

In unserem Jahrbuch haben wir zu vielen interessanten Themen aus Deutschland, Europa und der Welt Statistiken zusammengestellt. Aktuelle Zahlen, Tabellen und Grafiken finden Sie auch auf unserer Website und in unserer Datenbank GENESIS-Online.

Mein Dank gilt allen Mitarbeiterinnen und Mitarbeitern unseres Hauses, die zu diesem Buch beigetragen haben und den Organisationen, die uns ihre Daten zur Verfügung stellen.

Ihr

Dieter Sarreither

Präsident des Statistischen Bundesamtes

Inhaltsverzeichnis

Einführung

Statistisches Bundesamt | Informationsdienstleister für Politik, Wirtschaft und Gesellschaft, *Seite 7*
Statistisches Bundesamt | Informationsangebot, *Seite 8*
Statistisches Jahrbuch | Inhalt, Aufbau und Gebrauch, *Seite 9*

Gesellschaft und Staat

1. Geografie und Klima, *Seite 11*
2. Bevölkerung, Familien, Lebensformen, *Seite 23*
3. Bildung, *Seite 75*
4. Gesundheit, *Seite 117*
5. Wohnen, *Seite 151*
6. Einkommen, Konsum, Lebensbedingungen, *Seite 165*
7. Kultur, Medien, Freizeit, *Seite 193*
8. Soziales, *Seite 225*
9. Finanzen und Steuern, *Seite 255*
10. Wahlen, *Seite 289*
11. Justiz, *Seite 305*

Gesamtwirtschaft und Umwelt

12. Volkswirtschaftliche Gesamtrechnungen, *Seite 319*
13. Arbeitsmarkt, *Seite 345*
14. Verdienste und Arbeitskosten, *Seite 375*
15. Preise, *Seite 391*
16. Außenhandel, *Seite 413*
17. Zahlungsbilanz, *Seite 431*
18. Umwelt, *Seite 443*

Wirtschaftsbereiche

19. Land- und Forstwirtschaft, *Seite 473*
20. Produzierendes Gewerbe und Dienstleistungen im Überblick, *Seite 505*
21. Verarbeitendes Gewerbe, *Seite 535*
22. Energie, *Seite 553*
23. Bauen, *Seite 563*
24. Binnenhandel, *Seite 575*
25. Transport und Verkehr, *Seite 585*
26. Gastgewerbe und Tourismus, *Seite 607*
27. Weitere Dienstleistungen, *Seite 619*

Internationales

A. *Seite 631*

Sachregister, *Seite 687*

Statistisches Bundesamt | Informationsdienstleister für Politik, Wirtschaft und Gesellschaft

Nur wer die Fakten kennt, kann mitreden. Der Weg zu diesen Fakten ist kurz. Er führt zum **Statistischen Bundesamt**.

Das Statistische Bundesamt stellt als zentraler Informationsdienstleister das umfangreichste Angebot an statistischen Daten für Deutschland bereit. Hauptverbreitungskanal ist das Internet. Unter *www.destatis.de* finden Sie das gesamte Veröffentlichungsprogramm einschließlich des Zugangs zu den statistischen Datenbanken. Neben elektronischen Veröffentlichungen gibt es auch noch ausgewählte gedruckte Veröffentlichungen zu übergreifenden oder spezifischen Themen. Auf der folgenden Seite beschreiben wir Ihnen das Informationsangebot detailliert. In einem Informationsservice stehen Fachleute Auskunftssuchenden beratend zur Seite. Eine umfassende Statistik-Spezialbibliothek ist für Interessierte geöffnet.

Nutzerinnen und Nutzer der amtlichen Statistik sind die breite Öffentlichkeit, Parlamente, Regierungen und Verwaltungen, die Wirtschaft, Gewerkschaften, Verbände, die Medien sowie die Wissenschaft. Sie alle brauchen statistische Informationen, um Entscheidungen vorzubereiten und zu bewerten, um aufzuklären, Thesen und Analysen empirisch zu begründen oder zu erläutern. Die **demokratische Willensbildung** lebt von öffentlich zugänglichen, objektiven statistischen Daten über die Lage von Gesellschaft und Staat sowie Wirtschaft und Umwelt.

■ Aufgabe und Stellung

Das Statistische Bundesamt besteht seit 1950. Seine Grundlage ist das **Bundesstatistikgesetz** (BStatG). Danach hat die amtliche Statistik die Aufgabe, laufend Daten über Massenerscheinungen zu erheben, zu sammeln, aufzubereiten, darzustellen und zu analysieren. Die Ergebnisse dieser Statistiken bieten Informationen über gesellschaftliche, wirtschaftliche und ökologische Zusammenhänge. Sie werden nach den Prinzipien der Neutralität, Objektivität und wissenschaftlichen Unabhängigkeit erarbeitet.

Bei der fachstatistischen Arbeit, der methodischen und technischen Vorbereitung und Durchführung der Statistiken ist das Statistische Bundesamt unabhängig und nicht weisungsgebunden. Als **selbstständige Bundesoberbehörde** im Geschäftsbereich des Bundesministers des Innern untersteht es der **Dienstaufsicht** des **Bundesinnenministeriums**. Deshalb kann das Statistische Bundesamt wichtige organisatorische, personelle und finanzielle Entscheidungen nur mit Zustimmung des Bundesinnenministeriums treffen. In fachlichen Fragen ist das Statistische Bundesamt der Fachaufsicht der verschiedenen Bundesministerien unterstellt: Für jede der insgesamt rund 390 Einzelstatistiken übt ein Bundesministerium die Fachaufsicht aus. Das heißt, es achtet darauf, dass die von der Europäischen Union oder vom Bund vorgeschriebenen Statistiken so durchgeführt werden, wie es die anordnende Rechtsgrundlage vorsieht.

■ Keine Statistik ohne Gesetz

So lautet vereinfacht das **Prinzip der Gesetzmäßigkeit** – eines von drei Grundprinzipien, die das System der amtlichen Statistik in Deutschland prägen. Für die statistische Praxis bedeutet dies, dass Rechtsnormen der Europäischen Union, des Bundes oder eines Landes alle wesentlichen Parameter einer Erhebung vorschreiben, insbesondere Merkmale, Berichtskreis und Periodizität. Ob zu einem Thema eine neue Statistik durchgeführt wird, entscheiden in Deutschland also nicht die Statistikerinnen und Statistiker, sondern der demokratisch legitimierte Gesetzgeber. Nur kleinere Erhebungen kann das Statistische Bundesamt aus eigenem Entschluss durchführen, z. B. um neue wissenschaftliche Methoden zu testen. Das Anpassen des statistischen Programms an neue Informationsbedarfe braucht daher immer eine gewisse Zeit. Umgekehrt gilt: Wenn Daten erhoben werden, wurden Nutzen und Aufwand im Vorhinein gründlich abgewogen. Befragte können sicher sein, dass ihre Daten umfassend geschützt sind.

■ Statistik von Spezialistinnen und Spezialisten

Das **Prinzip der fachlichen Konzentration** stellt sicher, dass die statistischen Arbeiten in Deutschland grundsätzlich in Fachbehörden geschehen, nämlich den statistischen Ämtern. Nur in Ausnahmefällen führen andere Stellen Bundesstatistiken durch. So stellt die Deutsche Bundesbank Geld-, Währungs- und Zahlungsbilanzstatistiken bereit und die Bundesagentur für Arbeit einige Arbeitsmarktstatistiken. Diese Stellen gewinnen die Statistiken in der Regel dadurch, dass sie Datenmaterial auswerten, das als Nebenprodukt ihrer Geschäftstätigkeit anfällt. Alle Tabellen im Statistischen Jahrbuch, deren Material nicht das Statistische Bundesamt und die Statistischen Ämter der Länder zuliefern, sind mit einer entsprechenden Quellenangabe versehen.

■ Statistik ist ein Gemeinschaftswerk

Das **Prinzip der regionalen Dezentralisierung** folgt aus dem föderalen Aufbau der Bundesrepublik Deutschland. Danach ist die Bundesstatistik ein Gemeinschaftswerk von Bund und Ländern. Die Statistischen Ämter der Länder sind – von Ausnahmen abgesehen – für die Durchführung der statistischen Erhebungen und die Aufbereitung bis zum Landesergebnis zuständig. Aufgabe des Statistischen Bundesamtes ist es, die einzelnen Statistiken methodisch und technisch vorzubereiten, so dass bundeseinheitliche Ergebnisse entstehen. Darüber hinaus stellt es die Ergebnisse für Deutschland in sachlicher und regionaler Gliederung zusammen und veröffentlicht sie. Etwa 140 Bundesstatistiken bearbeitet das Bundesamt zentral. Das heißt, es erhebt zum Teil auch die Daten, so zum Beispiel zur Außenhandelsstatistik.

Statistisches Bundesamt | Informationsangebot

■ Web-Angebot

www.destatis.de ist Ihre erste Adresse in Sachen Statistik. Hier finden Sie alle Informationen, die das Statistische Bundesamt veröffentlicht, tagesaktuell.

■ Online-Datenbanken

Unter *www.destatis.de/genesis* bietet die Haupt-Datenbank **GENESIS-Online** des Statistischen Bundesamtes ein breites Themenspektrum fachlich tief gegliederter Ergebnisse der amtlichen Statistik. Der Tabellenabruf ist kostenfrei. Die Tabellen können durch zeitliche, sachliche und gegebenenfalls regionale Auswahlmöglichkeiten an den individuellen Bedarf angepasst werden. Das Abspeichern der Ergebnisse ist in verschiedenen Formaten (Excel, CSV, HTML) möglich. Zur Visualisierung der Tabelleninhalte werden interaktive Diagramme und – bei regional gegliederten Tabellen – auch geografische Karten angeboten.

Zusätzliche Nutzungsmöglichkeiten stehen registrierten Kunden gegen eine Jahresgebühr zur Verfügung: Mit dem **GENESIS-Webservice** bieten wir beispielsweise eine API (Application Programming Interface) zur automatisierten Verarbeitung unserer Datenbankinhalte.

Sie interessieren sich nur für bestimmte Statistiken? Am Ende der einzelnen Jahrbuchkapitel finden Sie unter dem Stichwort „Mehr zum Thema" genaue Informationen dazu, wie Sie Tabellen zu einem bestimmten Thema aus der Datenbank herausfiltern können.

Regional tief gegliederte Daten liefert Ihnen die **Regionaldatenbank Deutschland** unter *www.regionalstatistik.de*
Die regionale Gliederung reicht bis zu den Gemeinden. Der Tabellenabruf kann durch zeitliche oder regionale Auswahl individuell modifiziert werden. Die Ergebnistabellen können in verschiedenen Formaten gespeichert werden.

Mit der **Tarifdatenbank** bieten wir Ihnen Informationen über die Tarifverdienste in einzelnen Branchen und Regionen sowie über wichtige tarifliche Regelungen (z. B. Arbeitszeit, Sonderzahlungen, Urlaubsdauer). Neue Tarifverträge sowie aktuelle Tarifinformationen werden laufend ergänzt. Alle Ergebnisse können Sie in verschiedene Formate exportieren und weiter verarbeiten.

Mit dem Zensus 2011 wurde zum Stichtag 9.5.2011 erstmals wieder im vereinten Deutschland eine Volkszählung und eine Gebäude- und Wohnungszählung durchgeführt. Die **Zensusdatenbank** der Statistischen Ämter des Bundes und der Länder präsentiert Ihnen detaillierte Ergebnisse zur Einwohnerzahl aller Gemeinden, Informationen aus der Gebäude- und Wohnungszählung und viele weitere Daten über die Bevölkerung Deutschlands. Die Zensusdatenbank bietet Ihnen zudem die Möglichkeit Ergebnisse dynamisch und individuell zu erstellen.

■ Publikationen

Das Statistische Bundesamt bringt eine Vielzahl von Veröffentlichungen heraus. Allesamt stehen sie Ihnen auf unserer Website gebührenfrei als PDF-Datei zur Verfügung. Die Bandbreite reicht von sachlich tiefgehenden Datensammlungen bis zu Broschüren, die wir für die breite Öffentlichkeit aufbereiten.

Unter „Mehr zum Thema" weisen wir auf bestimmte Produktkategorien unseres Veröffentlichungsprogramms hin. Diese erläutern wir Ihnen hier:

In **Fachserien und Tabellenbänden** präsentieren wir Ihnen die Ergebnisse einzelner Statistiken in Form sachlich tief gegliederter Tabellen. Die einzelnen Ausgaben stehen in der Regel als PDF-Dokument und im XLS-Format zur Verfügung.

Fachberichte enthalten umfassende Ergebnisse aus einer oder mehreren Statistiken. Eine kurze Vorbemerkung führt in das Thema ein. Die Daten werden textlich kommentiert und grafisch veranschaulicht.

Wirtschaft und Statistik ist das Wissenschaftsmagazin des Statistischen Bundesamtes. Es bietet Fachbeiträge interner sowie externer Autorinnen und Autoren rund um die Themen der amtlichen Statistik. Die Schwerpunkte liegen dabei auf Analysen statistischer Ergebnisse und auf der Dokumentation methodischer Fragen und Entwicklungen. Die wissenschaftlichen Beiträge werden ergänzt durch Kurznachrichten mit aktuellem Bezug, wie z. B. nationale und internationale Tagungsankündigungen sowie neue Publikationen.

Statistik und Wissenschaft war eine Schriftenreihe, die die intensive Zusammenarbeit zwischen Wissenschaft und Statistik dokumentierte. Sie stand für Themen, die sich aus der Kooperation der amtlichen Statistik mit der Wissenschaft ergaben. Auch wissenschaftlich herausragende Nachwuchsarbeiten fanden in dieser Reihe ihren festen Platz. So wurden immer wieder Arbeiten von Preisträgern des vom Statistischen Bundesamt ausgelobten „Gerhard-Fürst-Preis" für Dissertationen und Diplom- bzw. Masterarbeiten veröffentlicht. Die Reihe wurde 2014 eingestellt.

In unseren **Broschüren** bereiten wir ausgewählte Themen für die breite Öffentlichkeit auf. Unter dem Motto „Kennzahlen auf einen Blick" stellen wir Ihnen Schlüsselindikatoren zu einem Thema in Form von kurzen Texten, kleinen Tabellen und anschaulichen Grafiken zusammen. Die Broschüren werden in unserem Web-Angebot (neben PDF) auch als barrierefreies Format ePUB für Tablets und Smartphones bereitgestellt.

STATmagazin ist das Web-Magazin des Statistischen Bundesamtes. Es bietet aktuell aufbereitete Informationen mit unterschiedlichen Themenschwerpunkten. Sie erhalten statistisches Hintergrundwissen zu Themen, die im Fokus der öffentlichen Diskussion stehen.

Gemeinschaftsveröffentlichungen werden von den Statistischen Ämtern des Bundes und der Länder gemeinsam herausgegeben. Sie bieten bundesweit vergleichbare Ergebnisse in unterschiedlicher regionaler Tiefe von der Länderebene bis zur Gemeindeebene und können unter *www.statistik-portal.de* abgerufen werden.

Statistisches Jahrbuch | Inhalt, Aufbau und Gebrauch

■ Inhalt

Das Statistische Jahrbuch für die Bundesrepublik Deutschland ist das **umfassendste statistische Nachschlagewerk** auf dem deutschen Markt. Es beschreibt sowohl das gesellschaftliche Leben als auch den Zustand von Staat, Wirtschaft und Umwelt in Deutschland. Es enthält Daten aus allen Bereichen der amtlichen Statistik – ergänzt um Statistiken anderer Institutionen – und gibt so einen verlässlichen Überblick über die Lage der Nation.

Neben Statistiken über Deutschland stellt das Jahrbuch im Anhang „Internationales" wichtige statistische Kennzahlen für Staaten aus allen Teilen der Welt zusammen.

Unter den Publikationen des Statistischen Bundesamtes ist das Statistische Jahrbuch der Klassiker. Es erscheint seit nunmehr über sechs Jahrzehnten. Das Archiv aller Jahrbücher seit der ersten Ausgabe im Jahr 1952 finden Sie über einen Link unter *www.destatis.de/jahrbuch*. Auch die Statistischen Jahrbücher der Deutschen Demokratischen Republik (1955 bis 1990) und das Statistische Jahrbuch für das Deutsche Reich (1880 bis 1941/42) sind dort elektronisch archiviert.

Die aktuelle Ausgabe des Statistischen Jahrbuchs bieten wir Ihnen unter *www.destatis.de/jahrbuch* komplett und kapitelweise zum Download (PDF) an.

■ Aufbau

Das Jahrbuch ist thematisch aufgebaut und gliedert sich in 27 Kapitel. Die einzelnen Kapitel enthalten Informationen aus diversen Statistiken zum jeweils behandelten Thema sowie ggf. Querverweise auf thematisch benachbarte Kapitel.

Jedes Kapitel ist einheitlich in sechs Teile untergliedert:

1. Eine **erste Seite** führt Sie schlagzeilenartig in das jeweilige Thema ein.
2. Unter dem Titel **„Auf einen Blick"** finden Sie einen grafischen Einstieg in das Thema.
3. Der **Datenteil** ist der umfangreichste und entspricht dem klassischen Statistischen Jahrbuch. Neben Tabellen enthält er ergänzende Grafiken und erläuternde Anmerkungen.
4. Der Teil **„Methodik"** vermittelt die den jeweiligen Statistiken zugrunde liegende Methodik näher.
5. Das **„Glossar"** erläutert die wichtigsten verwendeten Begriffe.
6. In der Rubrik **„Mehr zum Thema"** nennen wir Ihnen weitere aktuelle Veröffentlichungen und tiefer gehende Datenquellen zum Thema des Kapitels.

Ein Anhang mit dem Titel „Internationales" rundet das Datenangebot ab. Auch hier bieten wir Ihnen einen schlagzeilenartigen und grafischen Einstieg. Dieser ist um eine Tabelle mit Schlüsselzahlen zu sämtlichen Staaten der Welt ergänzt.

■ Gebrauch

Gebietsstand

Nach dem Beitritt der ehemaligen DDR zur Bundesrepublik Deutschland beziehen sich die Angaben zu **Deutschland** im Jahrbuch auf den Gebietsstand ab 3.10.1990. Dies gilt auch für den Nachweis gesamtdeutscher Ergebnisse für Zeiträume davor.

Aus Vergleichsgründen weisen einige Kapitel Daten für das „früheren Bundesgebiet" und die „neuen Länder" getrennt nach. Sofern nicht anders angegeben, beziehen sich Angaben zum **„früheren Bundesgebiet"** auf die Bundesrepublik Deutschland einschließlich Berlin-West nach dem Gebietsstand bis zum 3.10.1990. Ergebnisse zu den **„neuen Ländern"** beziehen sich auf das Gebiet der ehemaligen DDR. Umfasst dies auch Daten für Berlin-Ost, so ist dies mit dem Zusatz „Neue Länder und Berlin-Ost" gekennzeichnet.

Staaten, Staatsangehörigkeit

Die Gebietsbezeichnungen und Schreibweisen der Staatennamen in den Jahrbuch-Tabellen basieren auf dem „Verzeichnis der Staatennamen für den amtlichen Gebrauch in der Bundesrepublik Deutschland". Dieses Verzeichnis wird vom Auswärtigen Amt aktualisiert und im Gemeinsamen Ministerialblatt veröffentlicht. Die Form der Darstellung bedeutet keine Anerkennung des politischen Status eines Staates bzw. der Grenzen seines Gebietes.

Auf- und Ausgliederung bei Summen

Die Bezeichnung **„davon"** in einer Tabelle gibt an, dass die vorstehende Summe vollständig in Unterpositionen aufgegliedert ist. Zählt man diese Unterpositionen zusammen, addieren sie sich zu der Summe.

Die Bezeichnung **„darunter"** hingegen gibt an, dass nur Teilpositionen der Summe aufgelistet sind (Ausgliederung). Diese addieren sich nicht vollständig zur Summe.

Werden Merkmale angeführt, die nicht summierbar sind, ist dies durch die Bezeichnung **„und zwar"** gekennzeichnet.

Auf die Bezeichnungen „davon" und „darunter" wurde verzichtet, wenn unmissverständlich aus dem Zusammenhang hervorgeht, ob es sich um eine Auf- bzw. Ausgliederung handelt.

Plus- und Minuszeichen

Im Allgemeinen sind Pluszeichen (+) und Minuszeichen (–) in Tabellenvorspalten als Rechenvorschrift anzusehen, im Zahlenfeld hingegen als Vorzeichen. Treffen zwei Minuszeichen als Rechenvorschrift und als Vorzeichen aufeinander, errechnet sich das Ergebnis nach gängigen Rechenregeln durch Addition.

Auf- und Abrundungen

Generell ist in den Tabellen und Grafiken – ohne Rücksicht auf die Endsumme – auf- bzw. abgerundet worden. Dadurch können sich bei der Summierung von Einzelangaben geringfügige Abweichungen in der Endsumme ergeben.

Erläuterungen und Fußnoten

Zusatzangaben, die sich auf die gesamte Tabelle beziehen, stehen als Anmerkung direkt unter der Tabelle. Angaben, die sich nur auf einzelne Merkmale bzw. Zahlenfelder der Tabelle beziehen, stehen als Fußnoten.

Quellen

Enthält ein Kapitel Ergebnisse aus mehreren internen Erhebungen, so ist die Erhebung in der Regel unter der jeweiligen Tabelle vermerkt. Daten, die nicht das Statistische Bundesamt und die Statistischen Ämter der Länder erarbeitet haben, sind durch eine Quellenangabe gekennzeichnet.

Geheimhaltung

Wenn Einzelangaben nicht gemacht werden können, um die statistische Geheimhaltung zu wahren, ist dies ausdrücklich gekennzeichnet. Die Einzelangaben sind aber in den Zwischen- und Endsummen enthalten.

Aktualität

Die aktuellsten Angaben des Statistischen Jahrbuchs 2016 beziehen sich in der Regel auf das Jahr 2015. Redaktionsschluss ist der 1. August 2016. Folglich ist die Aktualität des Jahrbuchs nicht mit der Aktualität der Tagespresse und der Online-Medien vergleichbar. Vielmehr ermöglicht das Jahrbuch, neues Datenmaterial in größere sachliche und zeitliche Zusammenhänge zu stellen und einen Gesamtüberblick über die Verhältnisse in Deutschland zu geben.

Qualität

Das Statistische Bundesamt veröffentlicht seine Daten in höchst möglicher Qualität. Fehler lassen sich aber nie ganz ausschließen. Sollte uns nach Veröffentlichung des Jahrbuchs ein Fehler bekannt werden, weist die Online-Version des Jahrbuchs explizit auf diesen hin. Er wird in dieser Version umgehend korrigiert.

Vorschläge und Bemerkungen

Für zukünftige Ausgaben des Statistischen Jahrbuchs nimmt das Statistische Bundesamt Vorschläge und Bemerkungen gerne entgegen. Bitte richten Sie diese an das Statistische Bundesamt, Redaktion Jahrbuch, 65180 Wiesbaden. Oder nutzen Sie unser Kontaktformular im Internet unter *www.destatis.de/kontakt*

Abkürzungen

Mill.	=	Million
Mrd.	=	Milliarde
%	=	Prozent
‰	=	Promille
St	=	Stück
mm	=	Millimeter
cm	=	Zentimeter
m	=	Meter
m²	=	Quadratmeter
m³	=	Kubikmeter
km	=	Kilometer
km²	=	Quadratkilometer
ha	=	Hektar
l	=	Liter
hl	=	Hektoliter
g	=	Gramm
kg	=	Kilogramm
dt	=	Dezitonne
t	=	Tonne
Pkm	=	Personenkilometer
tkm	=	Tonnenkilometer
MW	=	Megawatt (= 10^6 Watt)
MWh	=	Megawattstunde (= 10^6 Wattstunden)
GWh	=	Gigawattstunde (= 10^9 Wattstunden)
TWh	=	Terawattstunde (= 10^{12} Wattstunden)
TJ	=	Terajoule (= 10^{12} Joule)
PJ	=	Petajoule (= 10^{15} Joule)
NN	=	Normalnull
a.n.g.	=	anderweitig nicht genannt
cif	=	Kosten, Versicherungen und Fracht inbegriffen
fob	=	frei an Bord

Zeichenerklärung

0	=	weniger als die Hälfte von 1 in der letzten besetzten Stelle, jedoch mehr als nichts
X	=	Tabellenfach gesperrt, weil Aussage nicht sinnvoll
( )	=	Aussagewert eingeschränkt, da der Zahlenwert statistisch relativ unsicher ist
–	=	nichts vorhanden
...	=	Angabe fällt später an
/	=	keine Angaben, da Zahlenwert nicht sicher genug
.	=	Zahlenwert unbekannt oder geheim zu halten

1 | Geografie und Klima

Gesamtfläche der Bundesrepublik Deutschland beträgt rund **357 000 km²** | 50 777 km **Ortsdurchfahrten** durch bewohnte Regionen | Zunahme der **Siedlungs- und Verkehrsfläche** um 69 ha pro Tag von 2011 bis 2014 | **8 676 Naturschutzgebiete** mit einer Gesamtfläche von 13 784 km² | **Sylt**, die größte deutsche Nordseeinsel, hat **40 km** langen **Sandstrand**

1 Geografie und Klima

Seite

13 Auf einen Blick

Tabellen

14 Geografische Übersicht
Länge der Grenzen | Fläche und Bevölkerung

14 Ausgewählte Bodenerhebungen
Berge | Höchste natürliche Erhebungen der Länder | Ausgewählte Ortshöhenlagen

15 Wasserwege
Schiffbare Flüsse | Schifffahrtskanäle

16 Infrastruktur
Straßen des überörtlichen Verkehrs | Flugplätze | Schienennetz

16 Seen
Natürliche Seen | Stauseen

17 Ausgewählte Inseln
Größte Inseln | Touristisch bekannte, kleinere Inseln

18 Naturschutz und Erholungsfläche
Nationalparke | Naturschutzgebiete | Naturparke

18 Klimatische Verhältnisse
Sonnenscheindauer | Temperaturen und Niederschläge

20 Methodik

21 Glossar

22 Mehr zum Thema

1 Geografie und Klima

1.0 Auf einen Blick

Bundesrepublik Deutschland

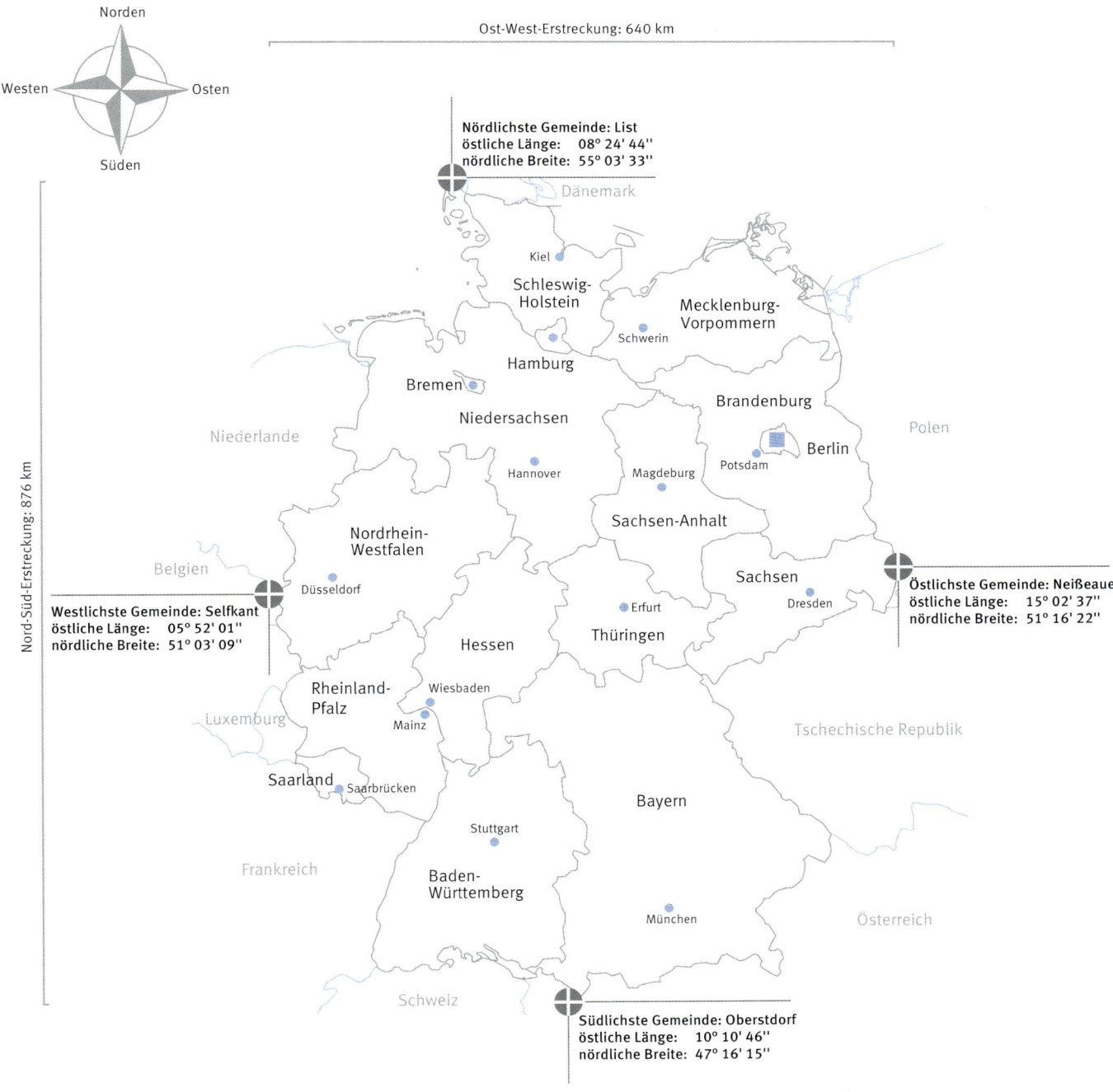

1 Geografie und Klima

1.1 Geografische Übersicht
1.1.1 Länge der Grenzen

Grenze zu ...	Länge in km	Grenze zu ...	Länge in km
Insgesamt	3 786	Polen	449
Österreich	817	Schweiz	316
Tschechische Republik	812	Belgien	157
Niederlande	576	Luxemburg	136
Frankreich	455	Dänemark	68

Stand: 2012.

Die **Grenzlänge zu Dänemark** berücksichtigt nur die Landgrenze, da die Seegrenze nicht endgültig festgelegt ist. Die Angaben für die **Niederlande** beziehen sich nur auf die Festlandgrenze ohne Dollart und den Außenbereich der Ems. Die **Grenzlänge zur Schweiz** berücksichtigt die Strecke vom Dreiländereck Deutschland-Frankreich-Schweiz bis einschließlich zur Konstanzer Bucht. Die Exklave Büsingen sowie der Obersee des Bodensees zählen nicht dazu. Für die **Grenzlänge zu Österreich** wurde der Bodensee nicht berücksichtigt. Die Berechnung der Grenzlängen basiert auf der Liniengeometrie der Außengrenze Deutschlands im Basis-DLM (digitales Basis-Landschaftsmodell der Vermessungsverwaltungen der Bundesländer). Die hier angegebenen Werte können aufgrund unterschiedlicher Berechnungsverfahren von Angaben der Nachbarstaaten abweichen.

1.1.2 Fläche und Bevölkerung 2014
Weitere Informationen zur Bodenfläche nach Nutzungsarten siehe Kapitel „Land- und Forstwirtschaft"

	Bodenfläche insgesamt	Siedlungs- und Verkehrsfläche (SuV)		Bevölkerung [1]		
	km^2	km^2	% der Bodenfläche	1 000	je km^2 der Bodenfläche	je km^2 der SuV
Deutschland	357 376	48 895	13,7	81 198	227	1 661
Baden-Württemberg	35 751	5 140	14,4	10 717	300	2 085
Bayern	70 550	8 351	11,8	12 692	180	1 520
Berlin	892	626	70,2	3 470	3 890	5 543
Brandenburg	29 654	2 793	9,4	2 458	83	880
Bremen	419	236	56,2	662	1 580	2 805
Hamburg	755	451	59,8	1 763	2 335	3 909
Hessen	21 115	3 315	15,7	6 094	289	1 838
Mecklenburg-Vorpommern	23 213	1 883	8,1	1 599	69	849
Niedersachsen	47 615	6 626	13,9	7 827	164	1 181
Nordrhein-Westfalen	34 110	7 794	22,8	17 638	517	2 263
Rheinland-Pfalz	19 854	2 840	14,3	4 012	202	1 413
Saarland	2 570	537	20,9	989	385	1 842
Sachsen	18 420	2 445	13,3	4 055	220	1 658
Sachsen-Anhalt	20 452	2 246	11,0	2 236	109	996
Schleswig-Holstein	15 803	2 032	12,9	2 831	179	1 393
Thüringen	16 202	1 579	9,7	2 157	133	1 366

Ergebnisse der Flächenerhebung sowie der Bevölkerungsstatistik.
1 Stand: 31.12.2014. – Ergebnisse auf Grundlage des Zensus 2011.

1.2 Ausgewählte Bodenerhebungen
1.2.1 Berge

	Höhe in m über NN	Gebirge bzw. Landschaft	Land
Hochgebirge (ab 1 500 m)			
Zugspitze	2 962	Wettersteingebirge	Bayern
Mittlere Höllentalspitze	2 743	Wettersteingebirge	Bayern
Watzmann	2 713	Berchtesgadener Alpen	Bayern
Hochblassen	2 707	Wettersteingebirge	Bayern
Wetterwandeck	2 698	Wettersteingebirge	Bayern
Mädelegabel	2 645	Allgäuer Alpen	Bayern
Hochkalter	2 607	Berchtesgadener Alpen	Bayern
Hochvogel	2 592	Allgäuer Alpen	Bayern
Östliche Karwendelspitze	2 537	Karwendelgebirge	Bayern
Hoher Göll	2 522	Berchtesgadener Alpen	Bayern
Mittelgebirge (bis 1 499 m)			
Feldberg	1 493	Hochschwarzwald	Baden-Württemberg
Großer Arber	1 456	Bayerischer Wald	Bayern
Großer Rachel	1 452	Bayerischer Wald	Bayern
Belchen	1 414	Hochschwarzwald	Baden-Württemberg
Dreisesselberg	1 332	Bayerischer Wald	Bayern
Schauinsland	1 284	Hochschwarzwald	Baden-Württemberg
Fichtelberg	1 215	Westerzgebirge	Sachsen
Hornisgrinde	1 163	Schwarzwald	Baden-Württemberg
Brocken	1 141	Oberharz	Sachsen-Anhalt
Einödriegel	1 121	Bayerischer Wald	Bayern

Auswahl an Bodenerhebungen der Bundesrepublik Deutschland. – Stand: 31.12.2014.
Quelle: Bundesamt für Kartographie und Geodäsie

1.2.2 Höchste natürliche Erhebungen der Länder

	Höhe in m über NN	Bezeichnung
Baden-Württemberg	1 493	Feldberg
Bayern	2 962	Zugspitze
Berlin	115	Müggelberge
Brandenburg	201	Heidehöhe
Bremen [1]	33	Erhebung am Friedehorstpark
Hamburg [2]	116	Hasselbrack
Hessen	950	Wasserkuppe
Mecklenburg-Vorpommern	179	Helpter Berge
Niedersachsen	971	Wurmberg
Nordrhein-Westfalen	843	Langenberg
Rheinland-Pfalz	816	Erbeskopf
Saarland	695	Dollberg
Sachsen	1 215	Fichtelberg
Sachsen-Anhalt	1 141	Brocken
Schleswig-Holstein	167	Bungsberg
Thüringen	982	Großer Beerberg

Stand: 31.12.2014.
1 Quelle: GeoInformation Bremen.
2 Quelle: Landesbetrieb Geoinformation und Vermessung – Stadt Hamburg.
Quelle: Bundesamt für Kartographie und Geodäsie

1 Geografie und Klima

1.2 Ausgewählte Bodenerhebungen
1.2.3 Ausgewählte Ortshöhenlagen

	m		m
Baden-Württemberg		**Rheinland-Pfalz**	
Freiburg im Breisgau	278	Kaiserslautern	233
Heilbronn	157	Koblenz	65
Heidelberg	116	Ludwigshafen am Rhein	96
Karlsruhe	115	Mainz	86
Mannheim	95	Trier	136
Stuttgart	245	Worms	97
Bayern		**Saarland**	
Augsburg	489	Saarbrücken	230
Bad Tölz	670	St. Wendel	300
München	519	Merzig	175
Nürnberg	298	Neunkirchen	252
Regensburg	337	Homburg	231
Würzburg	177	Saarlouis	181
Berlin	35	**Sachsen**	
Brandenburg		Chemnitz	297
Cottbus	75	Dresden	113
Frankfurt/Oder	27	Görlitz	201
Neuruppin	44	Leipzig	113
Potsdam	34	Plauen	412
Brandenburg/Havel	35	Zwickau	262
Oranienburg	36	**Sachsen-Anhalt**	
Bremen	11	Dessau-Roßlau	63
Bremerhaven	2	Halberstadt	125
Hamburg	6	Halle/Saale	87
Hessen		Magdeburg	56
Darmstadt	144	Merseburg	88
Frankfurt am Main	100	Wittenberg, Lutherstadt	70
Hanau	106	**Schleswig-Holstein**	
Kassel	163	Elmshorn	3
Offenbach am Main	100	Flensburg	12
Wiesbaden	115	Kiel	3
Mecklenburg-Vorpommern		Lübeck	11
Greifswald	7	Neumünster	22
Güstrow	14	Norderstedt	35
Neubrandenburg	18	**Thüringen**	
Neustrelitz	75	Eisenach	215
Schwerin	45	Erfurt	194
Stralsund	9	Gera	205
Niedersachsen		Jena	155
Göttingen	149	Nordhausen	206
Hannover	55	Weimar	209
Oldenburg (Oldenburg)	5		
Osnabrück	64		
Salzgitter	92		
Wolfsburg	64		
Nordrhein-Westfalen			
Bochum	95		
Dortmund	76		
Düsseldorf	38		
Essen	67		
Köln	55		
Wuppertal	155		

Mittlere Höhenlage des Ortskerns über Normal-Null. – Stand: 31.12.2014.
Quelle: Bundesamt für Kartographie und Geodäsie

1.3 Wasserwege
1.3.1 Schiffbare Flüsse innerhalb Deutschlands

	Insgesamt	Darunter schiffbar [1]
	Länge in km	
Rhein	865	694
Elbe	727 [2]	728 [2]
Donau	647	203
Main	527	387
Weser	452	430
Saale	413	124
Spree	382	.
Ems	371 [3]	145
Neckar	367	203
Havel	334	. [4]
Werra	292	88 [5]
Leine	281	94 [5]
Aller	260	108
Lahn	246	146 [5]
Mosel	242	241
Fulda	218	109 [5]
Ruhr	219	12 [5]
Elde	208	180 [6]

Flüsse ab 200 km Länge. – Stand: 2016.
1 Bundeswasserstraßen.
2 Bis Cuxhaven-Leuchtturm 725 km.
3 Bis zum Eintritt in den Dollart.
4 Aufgrund vielfacher schiffbarer Verzweigungen keine Angabe möglich.
5 Teilstrecken ohne gewerblichen Schiffsverkehr.
6 Elde-Müritz-Wasserweg.
Quellen: Bundesministerium für Verkehr und digitale Infrastruktur sowie Generaldirektion Wasserstraßen und Schifffahrt

1.3.2 Schifffahrtskanäle

	Gesamtlänge in km	Eröffnung im Jahr	Verbindung
Mittellandkanal	325,2	1938	Bergeshövede – Anschluss EHK (Schleuse Hohenwarthe)
Dortmund-Ems-Kanal (benutzt streckenweise die Ems)	222	1899	Hafen Dortmund – Anschluss Unterems (bei Papenburg)
Main-Donau-Kanal	170,7	1992	Bamberg – Kelheim
Elbeseitenkanal (Nord-Süd-Kanal)	115,1	1976	Anschluss MLK – Anschluss Elbe, Artlenburg – Edesbüttel
Nord-Ostsee-Kanal	98,2	1895	Brunsbüttel – Kiel – Holtenau
Küstenkanal	69,5	1935	Dörpen (Ems) – Oldenburg (Oldenburg)
Oder-Spree-Kanal	65,3	1935	Teil der SOW – Westlicher Abschnitt rd. 24 km, östlicher Abschnitt rd. 41 km; Dahme – Eisenhüttenstadt
Elbe-Lübeck-Kanal	61,5	1900	Lauenburg/Elbe – Lübeck
Wesel-Datteln-Kanal	60,0	1929	Wesel – Datteln
Elbe-Havel-Kanal	55,0	1936	Niegripp (Elbe) – Anschluss UHW
Oder-Havel-Kanal	53,5	1914	Teil der HOW – Oranienburger Havel Schiffshebewerk Niederfinow
Datteln-Hamm-Kanal	47,1	1915	Datteln – Schmehausen, östlich Hamm
Rhein-Herne-Kanal	45,4	1914	Duisburg – Ruhrort – Henrichenburg
Hohensaaten-Friedrichsthaler Wasserstraße	42,5	1926	Hohensaaten – Westoder bei km 2,75

Schifffahrtskanäle ab 40 km Länge. – Stand: 2016.
Quellen: Bundesministerium für Verkehr und digitale Infrastruktur sowie Generaldirektion Wasserstraßen und Schifffahrt

1 Geografie und Klima
1.4 Infrastruktur

Weitere Informationen zur Infrastruktur siehe Kapitel „Transport und Verkehr"

1.4.1 Straßen des überörtlichen Verkehrs 2015

Deutschland ist auf **insgesamt 230 147 km** Straßen des sogenannten überörtlichen Verkehrs befahrbar.

Von diesen stehen dem öffentlichen Verkehr zur Verfügung

- 12 949 km Bundesautobahnen,
- 38 917 km Bundesstraßen,
- 86 331 km Land(es)-, Staatsstraßen und
- 91 950 km Kreisstraßen.

50 777 km dieser Straßen führen als **Ortsdurchfahrten** durch bewohnte Regionen.

Quelle: Bundesministerium für Verkehr und digitale Infrastruktur

1.4.2 Flugplätze 2015

Auf den **25 Flugplätzen** in Deutschland starteten rund **1,1 Millionen Flugzeuge**, einschl. Segel- und Ultraleichtflugzeugen.

Insgesamt wurden **194 Millionen Passagiere** und **4,4 Millionen Tonnen an Gütern** befördert.

Zu den **größten Flughäfen (gewerblicher Verkehr)** zählen

- Frankfurt am Main mit 230 000 Starts,
- München mit 185 000 Starts,
- Düsseldorf mit 102 000 Starts,
- Berlin-Tegel mit 89 000 Starts und
- Hamburg mit 72 000 Starts.

1.4.3 Schienennetz 2014

Für den Schienenverkehr stehen **insgesamt 41 161 km** ein- und mehrgleisige Schienen zur Verfügung.

Das Schienennetz teilt sich wie folgt auf:

- 37 775 km für den Eisenbahnverkehr,
- 2 359 km für Straßenbahnen und
- 1 026 km für Industrieanschlussbahnen.

1.5 Seen
1.5.1 Natürliche Seen

	Wasseroberfläche in km²	Tiefste Stelle in m	Seespiegelhöhe in m über NN	Lage
Bodensee	535,9 [1]	254	395	Baden-Württemberg/Bayern
Müritz	109,8	30	62	Mecklenburg-Vorpommern
Chiemsee	77,0	73	518	Bayern
Schweriner See	61,5	52	38	Mecklenburg-Vorpommern
Starnberger See	56,0	128	584	Bayern
Ammersee	46,2	81	533	Bayern
Plauer See	38,4	26	62	Mecklenburg-Vorpommern
Kummerower See	32,5	23	0,2	Mecklenburg-Vorpommern
Steinhuder Meer	29,1	3	37	Niedersachsen
Großer Plöner See	29,1	56	21	Schleswig-Holstein
Schaalsee	22,9	72	35	Mecklenburg-Vorpommern/Schleswig-Holstein
Selenter See	21,4	36	37	Schleswig-Holstein
Kölpinsee	20,3	30	62	Mecklenburg-Vorpommern
Tollensesee	17,9	31	15	Mecklenburg-Vorpommern
Walchensee	16,1	190	800	Bayern
Krakower See	15,1	28	48	Mecklenburg-Vorpommern
Dümmer	14,97	1	37	Niedersachsen
Malchiner See	14,0	10	0,6	Mecklenburg-Vorpommern
Schwielochsee	13,27	7,3	40,8	Brandenburg
Großer Ratzeburger See	12,6	24	3	Schleswig-Holstein
Scharmützelsee	12,1	31,2	38,3	Brandenburg
Fleesensee	10,8	26	62	Mecklenburg-Vorpommern
Unterueckersee	10,31	18,7	17,4	Brandenburg
Parsteiner See	10,09	30,2	44,2	Brandenburg
Wittensee	9,9	21	4	Schleswig-Holstein
Tegernsee	8,8	73	726	Bayern
Ruppiner See	8,07	24,2	36,5	Brandenburg
Beetzsee	8,01	8,9	28,1	Brandenburg
Werbellinsee	7,95	55	43,3	Brandenburg
Schwielowsee	7,83	9,1	29,3	Brandenburg
Grimnitzsee	7,83	10,3	64,7	Brandenburg
Staffelsee	7,5	39	649	Bayern
Westensee	6,9	17,6	6,6	Schleswig-Holstein
Waginger See	6,6	27	442	Bayern
Simssee	6,4	23	470	Bayern
Oberuckersee	6,18	28,5	17,8	Brandenburg

Alle natürlichen Seen mit einer Spiegelfläche von über 6 km². – Aktualisierung der Seeflächen aufgrund Erfassung mittels Geoinformationssystemen. – Stand: 30.4.2016.

1 Gesamtfläche einschl. 5,1 km² Inseln.

Quelle: Bund/Länderarbeitsgemeinschaft Wasser (LAWA)

1 Geografie und Klima

1.5 Seen
1.5.2 Stauseen

	Stauraum bei Vollstau in Mill. m³	Wasserfläche bei Vollstau in km²	Gespeist von	Primäre Nutzung	Lage
Bleiloch	212,9	9,2	Saale/Elbe	Hochwasserschutz, Energiegewinnung	Thüringen, Saale-Orla-Kreis
Schwammenauel	202,6	7,8	Rur/Maas	Trinkwasserversorgung, Industriewasserentnahme	Nordrhein-Westfalen, Aachen und Düren
Edersee	199,3	11,1	Eder-Fulda/Weser	Niedrigwasseraufhöhung, Hochwasserschutz	Hessen, Waldeck-Frankenberg
Hohenwarte	181,0	7,3	Saale/Elbe	Hochwasserschutz, Energiegewinnung	Thüringen, Saalfeld-Rudolstadt
Bigge	171,8	7,1	Bigge-Lenne-Ruhr/Rhein	Hochwasserschutz, Energiegewinnung	Nordrhein-Westfalen, Olpe
Forggensee [1]	154,0	15,3	Lech/Donau	Energiegewinnung, Hochwasserschutz	Bayern, Ostallgäu
Großer Brombachsee	143,7	8,6	Brombach-Rednitz-Regnitz-Main/Rhein	Niedrigwasseraufhöhung, Hochwasserschutz	Bayern, Weißenburg-Gunzenhausen
Möhne	134,5	10,4	Möhne-Ruhr/Rhein	Niedrigwasseraufhöhung, Hochwasserschutz	Nordrhein-Westfalen, Soest
Rappbode	109,1	3,9	Rappbode-Bode-Saale/Elbe	Trinkwasserversorgung, Hochwasserschutz	Sachsen-Anhalt, Wernigerode
Schluchsee	108,0	5,1	Schwarza-Wutach/Rhein	Energiegewinnung, Erholung	Baden-Württemberg, Breisgau-Hochschwarzwald
Sylvensteinsee	93,7	6,0	Isar/Donau	Hochwasserschutz, Niedrigwasseraufhöhung	Bayern, Bad Tölz-Wolfratshausen
Große Dhünn	81,0	4,6	Dhünn/Rhein	Trinkwasserversorgung, Hochwasserschutz	Nordrhein-Westfalen, Rheinisch-Bergischer Kreis
Eibenstock	74,7	3,7	Zwickauer Mulde-Mulde/Elbe	Trinkwasserversorgung, Hochwasserschutz	Sachsen, Erzgebirgskreis

Talsperren mit einem Stauinhalt bei Vollstau von etwa 70 Mill. m³ aufwärts, ohne Hochwasserrückhaltebecken und Speicherwerke. – Stand: 30.4.2016.
1 Der Forggensee hat nur zeitweise (sommerlicher Vollstau) Seencharakter.
Quelle: Bund/Länderarbeitsgemeinschaft Wasser (LAWA)

1.6 Ausgewählte Inseln
1.6.1 Größte Inseln

	Fläche in km²	Lage	Kreis
Rügen	930	Ostsee/Vorpommern	Vorpommern – Rügen
Usedom	373 [1]	Ostsee/Vorpommern	Vorpommern – Greifswald
Fehmarn	185	Ostsee	Ostholstein
Sylt	102	Nordsee/Nordfriesische Inseln	Nordfriesland
Föhr	82	Nordsee/Nordfriesische Inseln	Nordfriesland
Nordstrand	48	Nordsee/Nordfriesische Inseln	Nordfriesland
Pellworm	37	Nordsee/Nordfriesische Inseln	Nordfriesland
Poel	34	Ostsee	Nordwestmecklenburg
Borkum	31	Nordsee/Ostfriesische Inseln	Leer
Norderney	26	Nordsee/Ostfriesische Inseln	Aurich
Amrum	20	Nordsee/Nordfriesische Inseln	Nordfriesland
Langeoog	20	Nordsee/Ostfriesische Inseln	Wittmund
Ummanz	20	Ostsee/Vorpommern	Vorpommern – Rügen
Spiekeroog	18	Nordsee/Ostfriesische Inseln	Wittmund
Hiddensee	17	Ostsee/Vorpommern	Vorpommern – Rügen
Juist	16	Nordsee/Ostfriesische Inseln	Aurich

Inseln ab einer Größe von über 15 km². – Stand: 31.12.2014.
1 Anteil der Bundesrepublik Deutschland; Gesamtfläche 445 km².
Quelle: Bundesamt für Kartographie und Geodäsie

1.6.2 Touristisch bekannte, kleinere Inseln

	Fläche in km²	Lage	Kreis
Baltrum	6,5	Nordsee/Ostfriesische Inseln	Aurich
Wangerooge	8,0	Nordsee/Ostfriesische Inseln	Friesland
Reichenau (Bodensee)	4,4	Binnenlandgewässer/Bodanrück	Konstanz
Herreninsel (Chiemsee)	3,3	Binnenlandgewässer/Chiemgau	Rosenheim
Helgoland (mit Düne)	2,1	Nordsee	Pinneberg
Lindau (Bodensee)	0,4	Binnenlandgewässer	Lindau/Bodensee
Mainau (Bodensee)	0,4	Binnenlandgewässer	Konstanz
Fraueninsel (Chiemsee)	0,2	Binnenlandgewässer/Chiemgau	Rosenheim

Stand: 31.12.2014.
Quelle: Bundesamt für Kartographie und Geodäsie

1 Geografie und Klima

1.7 Naturschutz und Erholungsfläche

Weitere Informationen zu Umweltschutz siehe Kapitel „Umwelt"

1.7.1 Nationalparke

	Fläche in km²	Gründung	Land
Schleswig-Holsteinisches Wattenmeer ..	4 415	1985	Schleswig-Holstein
Niedersächsisches Wattenmeer	3 450	1986	Niedersachsen
Harz	247	2006	Niedersachsen/Sachsen-Anhalt
Vorpommersche Boddenlandschaft	786	1990	Mecklenburg-Vorpommern
Müritz-Nationalpark	322	1990	Mecklenburg-Vorpommern
Bayerischer Wald	242	1970	Bayern
Berchtesgaden	208	1978	Bayern

Nationalparke mit einer Fläche von mindestens 200 km². – Stand: 1.5.2016.

Quelle: Bundesamt für Naturschutz

Die einzelnen Schutzflächen in den Tabellen 1.7.1 bis 1.7.3 können nicht summiert werden, da sie sich zum Teil überschneiden.

Nationalparke sind rechtsverbindlich festgesetzte großräumige Gebiete von besonderer Eigenart. Sie dienen in erster Linie der Erhaltung eines artenreichen heimischen Pflanzen- und Tierbestands. In Deutschland gibt es 16 Nationalparke. Ihre Fläche beträgt insgesamt 10 479 km².

1.7.2 Naturschutzgebiete

	Anzahl der Naturschutzgebiete	Gesamtfläche	
		km²	% der Landesfläche
Nordrhein-Westfalen ...	3 125	2 737	8,0
Brandenburg	466	2 369	8,0
Niedersachsen	783	2 058	3,9
Bayern	602	1 644	2,3

Länder mit einer Gesamtfläche für Naturschutzgebiete von mindestens 1 000 km². – Stand: 31.12.2014.

Quelle: Bundesamt für Naturschutz

Naturschutzgebiete sind rechtsverbindlich festgesetzte Gebiete, in denen ein besonderer Schutz von Natur und Landschaft erforderlich ist. Sie dienen der Erhaltung von Lebensgemeinschaften oder Lebensraum wild wachsender Pflanzenarten bzw. wild lebender Tierarten. Ihr Schutz ist u. a. aus wissenschaftlichen, naturgeschichtlichen Gründen oder wegen ihrer Seltenheit, besonderen Eigenart oder hervorragenden Schönheit wichtig.

In Deutschland gibt es 8 676 Naturschutzgebiete mit einer Gesamtfläche von 13 784 km². Das sind 3,9 % der Landesfläche.

1.7.3 Naturparke

	Fläche in km²	Gründung	Land
Schwarzwald Mitte/Nord ...	3 740	2003	Baden-Württemberg
Südschwarzwald	3 940	2001	Baden-Württemberg
Altmühltal	2 966	1969	Bayern
Bayerischer Wald	2 783	1967	Bayern
Teutoburger Wald/ Eggegebirge	2 711	1965	Nordrhein-Westfalen
Fränkische Schweiz- Veldensteiner Forst	2 335	1968	Bayern
Bergstraße-Odenwald	2 238	1960	Hessen/Bayern
Bergisches Land	2 115	1973	Nordrhein-Westfalen
Thüringer Wald	2 082	2001	Thüringen
Hohes Venn (Nordeifel)	1 979	1960	Nordrhein-Westfalen/Rheinland-Pfalz
Saar-Hunsrück	1 956	1980	Rheinland-Pfalz/Saarland

Naturparke mit einer Größe von mindestens 1 900 km². – Stand: 1.5.2016.

Quelle: Bundesamt für Naturschutz

Naturparke sind einheitlich zu entwickelnde und zu pflegende großräumige Gebiete. Aufgrund ihrer Landschaft eignen sie sich für die Erholung im besonderen Maße.

In Deutschland sind insgesamt 99 470 km² zur Erholung und für den Fremdenverkehr als Naturpark ausgewiesen. Davon stellen Bayern mit 22 445 km² und Nordrhein-Westfalen mit 14 109 km² flächenmäßig den größten Anteil.

1.8 Klimatische Verhältnisse

	Land	Sonnenstunden 2015		Land	Sonnenstunden 2015
Stationen mit den meisten Sonnenstunden			**Stationen mit den wenigsten Sonnenstunden**		
Zugspitze	Bayern	2 077,3	Kahler Asten	Nordrhein-Westfalen	1 472,4
Hohenpeißenberg	Bayern	2 045,0	Braunlage..................	Niedersachsen	1 476,3
Arkona	Mecklenburg-Vorpommern	2 039,3	Leck	Schleswig-Holstein	1 501,4
Freiburg	Baden-Württemberg	2 038,9	Alfeld	Niedersachsen	1 523,8
Hoyerswerda	Sachsen	2 029,1	Bad Lippspringe	Nordrhein-Westfalen	1 536,0
Balingen-Bronnhaupten	Baden-Württemberg	2 008,3	Bremerhaven	Bremen	1 549,2
Leutkirch-Herlazhofen	Baden-Württemberg	2 006,9	Bremervörde	Niedersachsen	1 549,9
Görlitz	Sachsen	2 006,4	Bad Marienberg	Rheinland-Pfalz	1 550,3
Potsdam (Säkularstation)	Brandenburg	1 986,5	Lügde-Paenbruch	Nordrhein-Westfalen	1 550,6
München – Stadt	Bayern	1 980,1	Brocken	Sachsen-Anhalt	1 557,0

Summe der Sonnenscheinstunden im gesamten Jahr.

Quelle: Deutscher Wetterdienst

1 Geografie und Klima

1.8 Klimatische Verhältnisse

Temperaturen und Niederschläge 2015

Deutschland

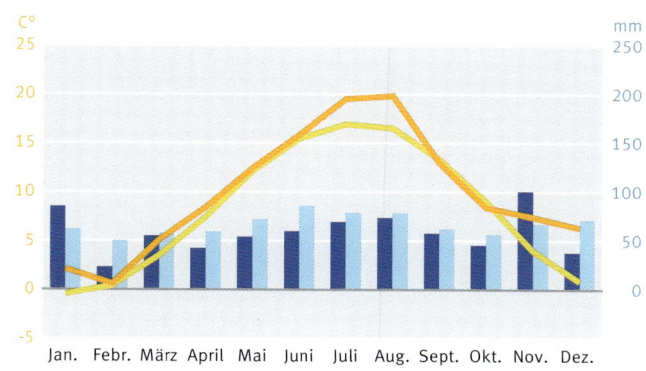

List auf Sylt
Lage 26 m ü. NN; N 55°01', O 08°41'

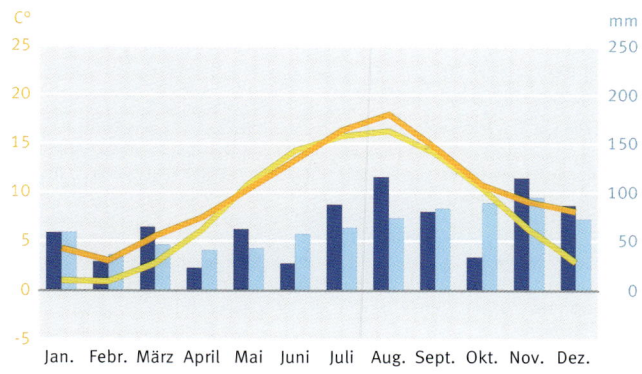

Kap Arkona (Rügen)
Lage 42 m ü. NN; N 54°68', O 13°43'

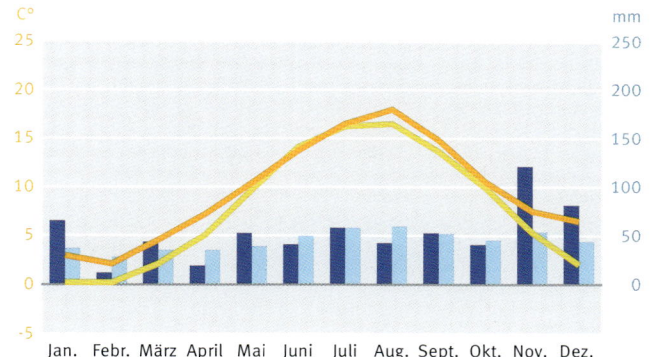

Freudenstadt
Lage 797m ü. NN; N 48°45', O 08°41'

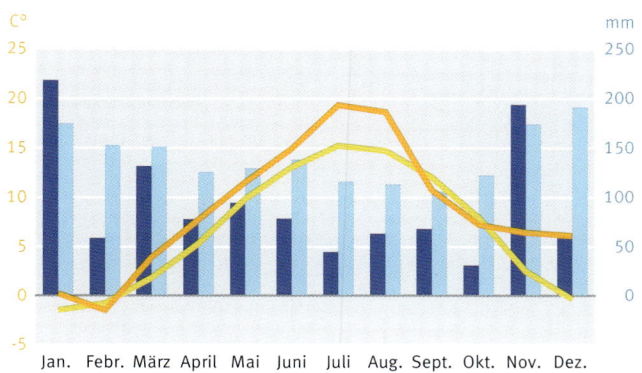

München Flughafen
Lage 446 m ü. NN; N 48°35', O 11°81'

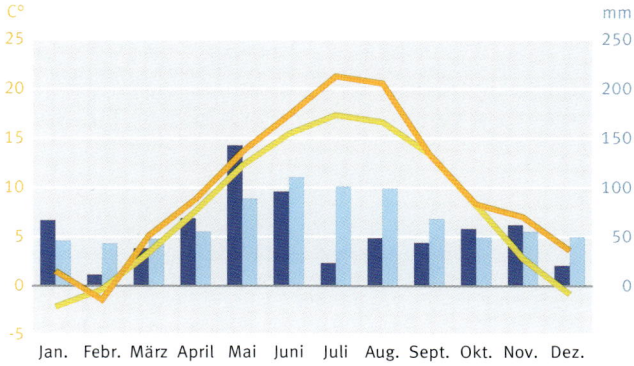

Quelle: Deutscher Wetterdienst

1 Geografie und Klima

Methodik

Das Kapitel „Geografie und Klima" präsentiert die wichtigsten Informationen rund um Deutschland als Land, geografisch und klimatisch. Ergänzt werden die Daten durch kleine Exkurse zur Infrastruktur. Verweise auf Kapitel mit detaillierten Informationen schaffen die Verbindung zu Statistiken im eigentlichen Sinne. Alle Daten basieren auf Aufzeichnungen der jeweils als Quelle angegebenen Institutionen und unterscheiden sich folglich in Methodik und Aktualität.

■ Geografische Übersicht

Von der Nord- und Ostsee bis zu den Alpen im Süden gliedert sich Deutschland geografisch in das Norddeutsche Tiefland, die Mittelgebirgsschwelle, das Südwestdeutsche Mittelgebirgsstufenland, das Süddeutsche Alpenvorland und die Bayerischen Alpen. Die **Gesamtfläche** Deutschlands beträgt rund 357 000 km². Wer die Bundesrepublik von Nord nach Süd durchqueren will, muss eine Distanz von 876 km überwinden, von Ost nach West dagegen 640 km.
Deutschland liegt im Herzen Europas und ist von neun **Nachbarstaaten** umgeben: Belgien, Dänemark, Frankreich, Luxemburg, die Niederlande, Österreich, Polen, die Schweiz und die Tschechische Republik. Der Grenzverlauf umfasst insgesamt 3 786 km. Mit 817 km teilen sich Österreich und die Bundesrepublik Deutschland das längste Teilstück des Grenzverlaufs.
Die Berechnung der **Grenzlängen** basiert auf der Liniengeometrie der Außengrenze Deutschlands im Basis-DLM (digitales Basis-Landschaftsmodell der Vermessungsverwaltungen der Länder). Das Basis-DLM beschreibt die topografischen Objekte der Landschaft und das Relief der Erdoberfläche im Vektorformat. Der Erfassungsmaßstab beträgt 1:25 000 und enthält u. a. eine Objektart „Grenze". Anhand dieser Informationen wird die Staatsgrenze Deutschlands vermessen. Die hier angegebenen Werte können aufgrund unterschiedlicher Berechnungsverfahren von den Angaben der Nachbarstaaten abweichen. Die Berechnung der Grenzlänge zu Dänemark berücksichtigt nur die Landgrenze, da die Seegrenze nicht endgültig festgelegt ist. Die Angaben für die Niederlande beziehen sich nur auf die Festlandgrenze ohne Dollart und den Außenbereich der Ems. Die Grenzlänge zur Schweiz berücksichtigt die Strecke vom Dreiländereck Deutschland-Frankreich-Schweiz bis einschließlich der Konstanzer Bucht. Die Exklave Büsingen sowie der Obersee des Bodensees zählen nicht dazu. Für die Grenzlänge zu Österreich wurde der Bodensee nicht berücksichtigt.
Die **Siedlungs- und Verkehrsfläche** hat in den Jahren 2011 bis 2014 um durchschnittlich 69 Hektar pro Tag zugenommen. Gründe hierfür sind die Ausdehnung der Städte in das Umland, die zunehmende funktionale Trennung von Wohnen und Arbeiten, Versorgungs- und Freizeiteinrichtungen sowie die wachsende Mobilität. Weitere Informationen hierzu finden Sie im Kapitel 18 „Umwelt" (Tabelle 18.8.2) sowie im Kapitel 19 „Land- und Forstwirtschaft" (Tabelle 19.1.2). Die Daten stammen aus den amtlichen Liegenschaftskatastern.

■ Bodenerhebungen

Die Angaben basieren auf dem Datensatz „Geographische Namen GN250". Dieser orientiert sich am Kartenmaßstab 1:250 000 und benutzt unter anderem das „Digitale Landschaftsmodell 1:250 000 (DLM 250)" als grundlegende Quelle. Enthaltene geografische Namen sind z. B. Namen von Gemeinden, Gemeindeteilen, Landschaften, Verwaltungseinheiten und Bergen. Das Bundesamt für Kartographie und Geodäsie erhebt die Daten.

■ Flüsse

Hydrografisch gehört der Süden der Bundesrepublik teilweise zum Einzugsgebiet der Donau, die in das Schwarze Meer mündet. Größere Teile des Ostholsteinischen Hügel- und Seenlandes sowie der Gebiete nördlich und nordöstlich der Mecklenburgischen Seenplatte zählen zum Wassereinzugsbereich der Ostsee. Alle übrigen Landschaften werden durch Rhein, Ems, Weser und Elbe zur Nordsee entwässert. Mit 865 km ist der Rhein Deutschlands längster Fluss und zugleich eine der am stärksten befahrenen Wasserstraßen Europas. Schiffbare Flüsse innerhalb Deutschlands ab einer Länge von 200 km enthält Tabelle 1.3.1. Die Angaben basieren auf Daten des Bundesministeriums für Verkehr und digitale Infrastruktur sowie der Generaldirektion Wasserstraßen und Schifffahrt.

■ Seen

Der flächengrößte und zugleich tiefste See Deutschlands ist der Bodensee, obgleich Teile davon in Österreich und in der Schweiz liegen. Die Müritz ist ein See innerhalb der Mecklenburgischen Seenplatte im Landkreis Mecklenburgische Seenplatte, Mecklenburg-Vorpommern. Sie ist der größte See, der vollständig innerhalb Deutschlands liegt. Alle natürlichen Seen ab einer Spiegelfläche von über 6 km² zeigt Tabelle 1.5.1, alle Stauseen mit einem Stauinhalt bei Vollstau von etwa 70 Millionen m³ aufwärts enthält Tabelle 1.5.2. Die Daten stammen von der Bund/Länderarbeitsgemeinschaft Wasser (LAWA).

■ Inseln

In der Nordsee dominieren die Inselgruppe der Nordfriesischen Inseln und die Inselkette der Ostfriesischen Inseln. Die Nordfriesischen Inseln stellen Festlandsreste dar, die durch Landsenkung und nachfolgende Überflutung von der Küste getrennt wurden. Die Ostfriesischen Inseln sind Barriereinseln, die durch die Brandungsdynamik aus Sandbänken entstanden. Rügen, Usedom, Fehmarn, Poel und Ummanz zählen zu den größten Inseln in der Ostsee. Sylt, Föhr und Nordstrand sind die größten deutschen Inseln in der Nordsee. Alle Inseln ab einer Spiegelfläche über 15 km² zeigt Tabelle 1.6.1.

Die „Klosterinsel" Reichenau – seit 2000 Welterbestätte –, die „Blumeninsel" Mainau und Lindau sind die größten und touristisch bekanntesten Inseln im Bodensee. Informationen über touristisch bekannte, kleinere Inseln enthält Tabelle 1.6.2. Die Daten erhebt das Bundesamt für Kartographie und Geodäsie.

■ Naturschutz und Erholungsfläche

Das deutsche Naturschutzgesetz (BNatSchG) unterscheidet zwischen **Schutzgebieten** unterschiedlicher Zielstellung und Schutzzwecken (z. B. Naturschutzgebiete, Biosphärenreservate, Landschaftsschutzgebiete, Nationalparke, Naturparke). Darüber hinaus regeln EG-Richtlinien und internationale Verträge die Unterschutzstellung von ökologisch wertvollen Gebieten. Die für die verschiedenen Schutzgebiet-Kategorien gemeldeten Gebiete überschneiden sich daher in erheblichem Maße oder sind sogar deckungsgleich. Eine Addition der Flächen ist daher nicht sinnvoll. Eine Auswahl der Nationalparke, Naturschutzgebiete und Naturparke in Deutschland enthält Tabelle 1.7. Die Daten werden vom Bundesamt für Naturschutz erhoben.

■ Klimatische Verhältnisse

Für das Klima in Deutschland ist die Lage in der gemäßigten Zone mit häufigem Wetterwechsel bestimmend. Charakteristisch sind Winde aus vorwiegend westlichen Richtungen, die das ganze Jahr über feuchte Luftmassen vom Atlantik heranführen. Die Folge sind Niederschläge zu allen Jahreszeiten. Die jährlichen Niederschlagsmengen betragen im Norddeutschen Tiefland unter 500 bis 700 mm, in den Mittelgebirgen um 700 bis über 1 500 mm und in den Alpen bis über 2 000 mm. Vom Nordwesten nach Osten und Südosten fortschreitend, macht sich ein allmählicher Übergang vom mehr ozeanischen zum kontinentalen Klima bemerkbar. Dies sorgt für relativ milde Winter und nicht zu heiße Sommer. Gelegentlich wird die Weststörung jedoch durch zum Teil recht langlebige Hochdruckgebiete blockiert. Dann kann es zu sehr kalten Wintern kommen. Aber auch die Sommer können dann heiß und trocken werden.
Die Tagesschwankungen wie auch die jahreszeitlichen Temperaturunterschiede sind jedoch nirgendwo extrem. Die Durchschnittstemperaturen des Januar, des kältesten Monats im Jahr, liegen im Tiefland um + 1,5°C bis – 0,5°C. In den Gebirgen erreichen sie je nach Höhenlage bis unter – 6°C. Die mittleren Julitemperaturen betragen im Norddeutschen Tiefland + 17°C bis + 18°C, im Oberrheintalgraben bis zu + 20°C. Die durchschnittliche Jahrestemperatur liegt bei + 9°C. Die Daten stellt der Deutsche Wetterdienst bereit.

1 Geografie und Klima

Glossar

Insel | Sie ist eine in einem Meer oder Binnengewässer liegende, auch bei Flut über den Wasserspiegel hinausragende Landmasse, die vollständig von Wasser umgeben ist, aber nicht als Kontinent gilt.

Klima | Das Klima ist definiert als die Zusammenfassung der Wettererscheinungen, die den mittleren Zustand der Atmosphäre an einem bestimmten Ort oder in einem mehr oder weniger großen Gebiet charakterisieren. Es wird repräsentiert durch die statistischen Gesamteigenschaften (Mittelwerte, Extremwerte, Häufigkeiten, Andauerwerte u. a.) über einen genügend langen Zeitraum. Im Allgemeinen wird ein Zeitraum von 30 Jahren zugrunde gelegt, die sogenannte Normalperiode. Es sind jedoch auch kürze Zeitabschnitte üblich.

Nationalparke | Das sind rechtsverbindlich festgesetzte großräumige Gebiete von besonderer Eigenart. Sie dienen in erster Linie der Erhaltung eines artenreichen heimischen Pflanzen- und Tierbestands.

Naturparke | Das sind einheitlich zu entwickelnde und zu pflegende großräumige Gebiete. Aufgrund ihrer Landschaft eignen sie sich für die Erholung im besonderen Maße.

Naturschutzgebiete | Dies sind rechtsverbindlich festgesetzte Gebiete, in denen ein besonderer Schutz von Natur und Landschaft erforderlich ist. Sie dienen der Erhaltung von Lebensgemeinschaften oder Lebensraum wild wachsender Pflanzenarten bzw. wild lebender Tierarten. Ihr Schutz ist u. a. aus wissenschaftlichen, naturgeschichtlichen Gründen oder wegen ihrer Seltenheit, besonderen Eigenart oder hervorragenden Schönheit wichtig.

Niederschlag | Unter dem Begriff „Niederschlag" versteht man in der Meteorologie die Ausscheidung von Wasser aus der Atmosphäre im flüssigen und/oder festen Aggregatzustand, die man am Erdboden messen oder beobachten kann. Dabei wird unterschieden zwischen fallenden Niederschlägen (z. B. Regen), aufgewirbelten Niederschlägen (z. B. Schneetreiben), abgelagerten Niederschlägen (z. B. Schneedecke) und abgesetzten Niederschlägen (z. B. Reif). Fallende Niederschläge sind definiert als das Ausscheiden von Wasser aus Wolken, das den Erdboden in flüssiger (z. B. Regen) und/oder fester Form (z. B. Hagel) erreicht.

Schiffbarkeit | Sie ist dann gegeben, wenn auf einem Gewässer Schifffahrt betrieben werden kann, und zwar Güterschifffahrt, Personenschifffahrt und/oder Sportschifffahrt. Sie bezieht sich nicht auf die Möglichkeit, dort kleinere Sportboote gebrauchen zu können.

Schifffahrtskanal | Hierunter versteht man eine künstlich angelegte Wasserstraße als Verbindungsweg zwischen zwei natürlichen Gewässern.

Seen, natürliche | Ein See ist ein Stillgewässer mit oder ohne Zu- und Abfluss durch Fließgewässer. Er ist vollständig von einer Landfläche umgeben. Natürliche Seen entstehen auf natürliche Weise.

Siedlungs- und Verkehrsfläche (SuV) | Sie enthält Gebäude- und Freifläche, Betriebsfläche (ohne Abbauland), Erholungsfläche, Verkehrsfläche und Friedhof. Die Begriffe „Siedlungsfläche" und „versiegelte Fläche" dürfen nicht gleichgesetzt werden. Die Siedlungsflächen umfassen auch einen erheblichen Anteil unbebauter und nicht versiegelter Flächen.

Sonnenscheindauer | Als Sonnenscheindauer bezeichnet man die tatsächliche Dauer der direkten Sonneneinstrahlung an einem bestimmten Ort innerhalb eines definierten Zeitraums (Tag, Woche, Monat, Jahr). Die Sonnenscheindauer wird allgemein täglich gemessen und in zehntel Stunden angegeben. Die täglich festgestellte Sonnenscheindauer wird dann für größere Zeiträume aufsummiert.

Stauseen | Sie bilden sich durch künstlich aufgestautes Wasser. Stauseen werden aus zahlreichen Gründen errichtet, so z. B. als Trinkwasser- und Wasservorrat, zum Hochwasserschutz sowie zur Stromerzeugung.

Temperatur | Die Temperatur bezeichnet den messbaren Wärmezustand von Materie, eines Stoffes oder eines Stoffsystems. Der Wärmezustand wird durch die mittlere kinetische Energie der ungeordneten Bewegung der Teilchen bestimmt. Für die Temperatur werden meist folgende Einheiten verwendet: Kelvin, Grad Celsius oder Grad Fahrenheit. In der Meteorologie spielt die Lufttemperatur eine große Rolle. Sie wird daher weltweit regelmäßig unter genau definierten Bedingungen gemessen.

1 Geografie und Klima

Mehr zum Thema

Liebe Leserin, lieber Leser,
ein Thema in diesem Kapitel spricht Sie besonders an oder Sie benötigen weitere Informationen? Auf dieser Seite nennen wir Ihnen, nach Themen gegliedert, die Internetadressen der jeweiligen Institutionen, die uns Daten zur Verfügung stellen. Ausführliche Informationen zu dem Informationsangebot des Statistischen Bundesamtes finden Sie auf Seite 8 dieser Ausgabe.

Web-Angebote
www.destatis.de ist Ihre erste Adresse in Sachen Statistik. Hier finden Sie alle Informationen, die das Statistische Bundesamt veröffentlicht, tagesaktuell. Unsere Veröffentlichungen können Sie direkt über unsere Website *www.destatis.de/publikationen* downloaden.

GENESIS-Online
Unter *www.destatis.de/genesis* bietet die Haupt-Datenbank des Statistischen Bundesamtes ein breites Themenspektrum fachlich tief gegliederter Ergebnisse der amtlichen Statistik. Daten zu *Geografie und Klima* sind leider nicht verfügbar, da diese Angaben auf Daten verschiedener Institutionen basieren.

Weitere Veröffentlichungen/Informationen zu den Themen

- **Ausgewählte Bodenerhebungen/Inseln**
  Bundesamt für Kartographie und Geodäsie › *www.bkg.bund.de*

- **Wasserwege/Infrastruktur**
  Bundesministerium für Verkehr und digitale Infrastruktur › *www.bmvi.de*
  Generaldirektion Wasserstraßen und Schifffahrt › *www.wsv.de*

- **Seen**
  Bund/Länderarbeitsgemeinschaft Wasser (LAWA) › *www.lawa.de*

- **Naturschutz und Erholungsfläche**
  Bundesamt für Naturschutz › *www.bfn.de*

- **Klimatische Verhältnisse**
  Deutscher Wetterdienst, Monatlicher Witterungsbericht › *www.dwd.de*

2 | Bevölkerung, Familien, Lebensformen

81,2 Millionen Menschen lebten Ende 2014 in Deutschland, rund **77 %** davon in dicht und mittelstark besiedeltem Gebiet | **Frauen** bekamen ihr **erstes Kind** im Schnitt mit **29,5 Jahren** | **1,5 Kinder** brachte eine **Frau** durchschnittlich zur Welt | **3 800 Kinder** wurden 2014 **adoptiert** | 2014 wurde mehr als **jede dritte Ehe geschieden** | 2014 war jede **vierte** verstorbene Frau **90 Jahre** oder älter | **Zwei von fünf** Haushalten sind **Einpersonenhaushalte** | **Rumänien** war **Top-Herkunftsland** der Zugewanderten

2 Bevölkerung, Familien, Lebensformen

Seite

25 Auf einen Blick

Tabellen

26 **Bevölkerung**
Bevölkerungsstand und -entwicklung | Verwaltungsgliederung | Kreise und Gemeinden | Grad der Verstädterung | Die größten Städte Deutschlands | Bevölkerung nach Altersgruppen, Ländern und Familienstand

33 **Geborene und Gestorbene**
Entwicklung | Nach Ländern | Geburtenziffern | Durchschnittliches Alter der Mütter bei der Geburt | Lebendgeborene nach der Staatsangehörigkeit der Eltern | Häufigste Vornamen | Gestorbene Säuglinge | Sterbetafeln | Gestorbene nach Altersgruppen und Familienstand | Sterbeziffern

41 **Migration**
Ausländische Bevölkerung | Erwerb der deutschen Staatsbürgerschaft | Asylbewerberinnen und Asylbewerber

44 **Wanderungen**
Nach Bundesländern | Zwischen dem früheren Bundesgebiet und den neuen Ländern | Zwischen Deutschland und dem Ausland | Top 10-Zielländer der Deutschen | Top 10-Herkunftsländer der Ausländerinnen und Ausländer

49 **Bevölkerungsvorausberechnung**
Entwicklung der Bevölkerung bis 2060 | Jugend- und Altenquotient

50 **Familien, Kinder und Lebensformen**
Privathaushalte | Familien, Paare ohne Kinder und Alleinstehende | Eheschließungen | Heiratsziffer | Durchschnittliches Heiratsalter | Prozentuale Verteilung der Frauen nach Zahl der Kinder | Gerichtliche Ehelösungen | Geschiedene Ehen | Scheidungsziffer | Gleichgeschlechtliche Lebensgemeinschaften | Minderjährige Kinder | Kindertageseinrichtungen | Kinder- und Elterngeld | Adoptionen

64 **Kirchen und Jüdische Gemeinden**
Evangelische und Katholische Kirche | Kirchensteuer | Jüdische Gemeinden

65 Methodik

68 Glossar

72 Mehr zum Thema

2 Bevölkerung, Familien, Lebensformen

2.0 Auf einen Blick

Altersaufbau der Bevölkerung 2014
in 1 000 je Altersjahr

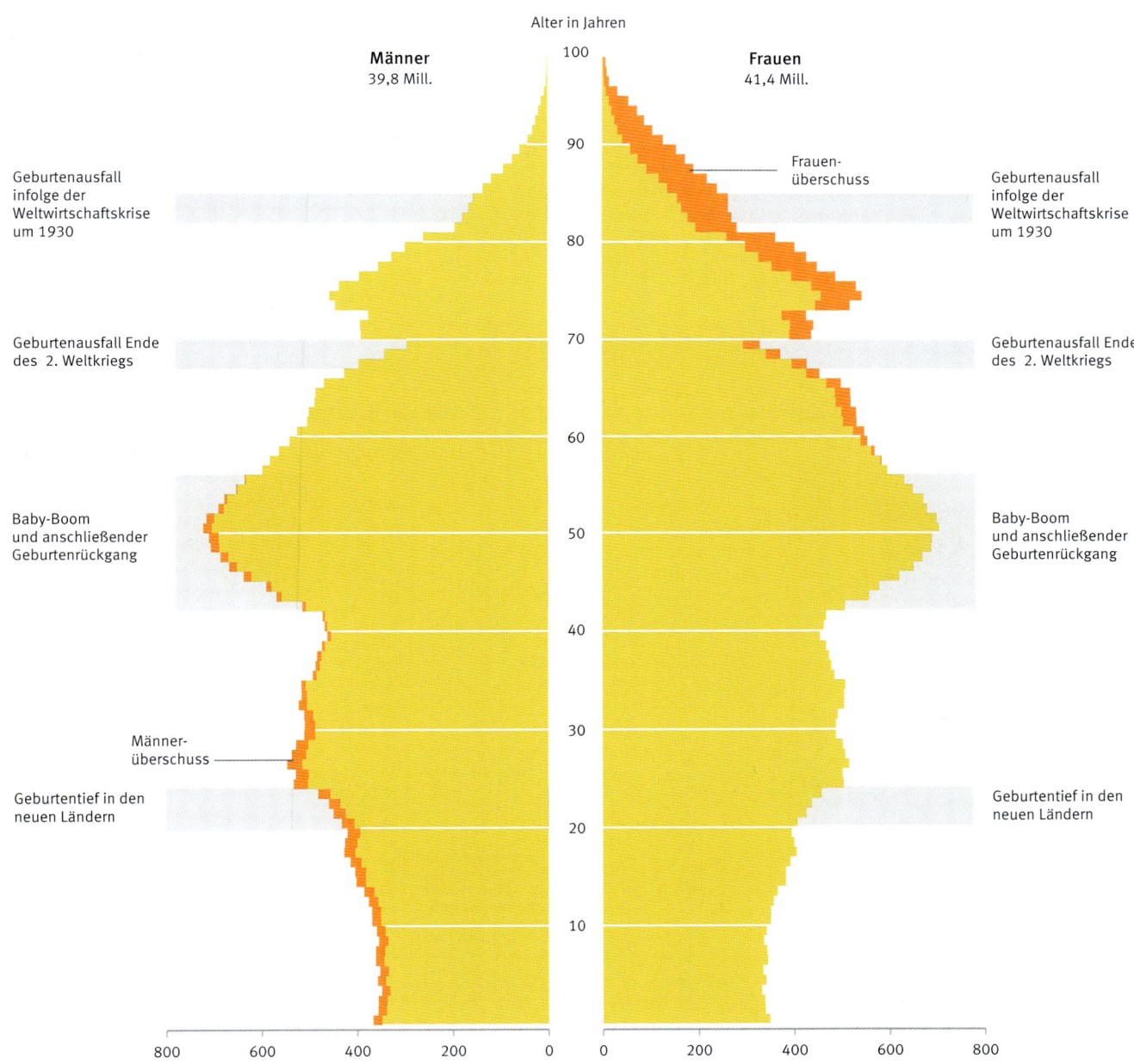

Stichtag: 31.12. (Ergebnisse der Bevölkerungsfortschreibung, auf Grundlage des Zensus 2011).

Statistisches Bundesamt, Statistisches Jahrbuch 2016

2 Bevölkerung, Familien, Lebensformen

2.1 Bevölkerung
2.1.1 Bevölkerungsstand

	Fläche	Bevölkerung [1]			Einwohner/-innen je km²	Ausländische Bevölkerung [1]		
		insgesamt	männlich	weiblich		insgesamt	männlich	weiblich
	31.12.2014							
	km²	1 000	%		Anzahl	1 000	%	
Deutschland	357 376	81 198	49,1	50,9	227	7 540	51,5	48,5
Baden-Württemberg	35 751	10 717	49,3	50,7	300	1 347	51,7	48,3
Bayern	70 550	12 692	49,2	50,8	180	1 306	51,6	48,4
Berlin	892	3 470	48,9	51,1	3 891	497	50,6	49,4
Brandenburg	29 654	2 458	49,2	50,8	83	64	52,9	47,1
Bremen	419	662	49,0	51,0	1 578	89	52,5	47,5
Hamburg	755	1 763	48,6	51,4	2 334	245	52,1	47,9
Hessen	21 115	6 094	49,1	50,9	289	794	50,6	49,4
Mecklenburg-Vorpommern	23 214	1 599	49,3	50,7	69	41	55,3	44,7
Niedersachsen	47 615	7 827	49,1	50,9	164	522	52,1	47,9
Nordrhein-Westfalen	34 110	17 638	48,8	51,2	517	1 844	50,8	49,2
Rheinland-Pfalz	19 854	4 012	49,1	50,9	202	331	51,1	48,9
Saarland	2 569	989	48,8	51,2	385	78	51,8	48,2
Sachsen	18 420	4 055	49,0	51,0	220	117	55,9	44,1
Sachsen-Anhalt	20 452	2 236	49,0	51,0	109	60	59,1	40,9
Schleswig-Holstein	15 802	2 831	48,8	51,2	179	151	50,7	49,3
Thüringen	16 202	2 157	49,3	50,7	133	54	55,5	44,5

1 Ergebnisse auf Grundlage des Zensus 2011.

2.1.2 Bevölkerungsentwicklung Deutschlands

	Bevölkerung	
	1 000	je km²
1871 [1]	41 059	76
1880 [1]	45 234	84
1890 [1]	49 428	91
1900 [1]	56 367	104
1910 [1]	64 926	120
1925 [1]	62 411	133
1933 [1]	65 218	139
1939 [1][2]	69 314	147
1950 [3]	69 346	–
1960	73 147	–
1970	78 069	–
1980	78 397	–
1990	79 753	223
1995	81 817	229
2000	82 260	230
2002	82 537	231
2003	82 532	231
2004	82 501	231
2005	82 438	231
2006	82 315	231
2007	82 218	230
2008	82 002	230
2009	81 802	229
2010	81 752	229
2011 [4]	80 328	225
2012	80 524	225
2013	80 767	226
2014	81 198	227

1871 bis 1939 Reichsgebiet, ab 1950 Gebietsstand seit dem 3. Oktober 1990. – 1871 bis 1910 im Dezember, 1925 und 1933 im Juni, 1939 im Mai, 1946 im Oktober, 1950 im September, 1926 bis 1932 und 1934 bis 1938 Jahresmitte; 1947 bis 1949 Jahresdurchschnitte, ab 1950 Jahresende. – Aus methodischen Gründen können für 1950 bis 1988 keine Angaben „zur Bevölkerung je km²" nachgewiesen werden.

1 Ergebnisse der jeweiligen Volkszählung.
2 Gebietsstand: 31.12.1937.
3 Ab 1950 Ergebnisse der Bevölkerungsfortschreibung.
4 Ab 2011 Umstellung der Ergebnisse auf Grundlage des Zensus 2011.

2.1.3 Bevölkerungsentwicklung nach Gebieten

	Früheres Bundesgebiet [1]		Neue Länder [2]	
	1 000	je km²	1 000	je km²
1950	50 958	202	18 388	171
1960	55 958	227	17 188	159
1970	61 001	245	17 068	158
1980	61 658	248	16 740	155
1990	63 726	256	16 028	148
1995	66 342	266	15 476	143
2000	67 140	270	15 119	140
2005	65 698	264	16 740	154
2006	65 667	264	16 648	153
2007	65 664	264	16 554	152
2008	65 541	264	16 461	152
2009	65 422	263	16 380	151
2010	65 426	263	16 326	150
2011 [3]	64 429	259	15 899	146
2012	64 619	260	15 905	146
2013	64 848	261	15 919	146
2014	65 223	262	15 974	147

1 Fortschreibungsergebnisse; ab 1961 auf der Basis der Volkszählung vom 6.6.1961, für 1970 bis 1986 auf der Basis der Volkszählung vom 27.5.1970 und ab 1987 auf der Basis der Volkszählung vom 25.5.1987. Bis 2000 einschl. Berlin-West.
2 Fortschreibungsergebnisse; ab 1961 auf der Basis der Volkszählung vom 6.6.1961, ab 1970 Ergebnisse der Volkszählung vom 1.1.1971 und ab 1980 auf der Basis der Volkszählung vom 31.12.1981. Die Ergebnisse ab 1990 basieren auf der Fortschreibung eines Abzugs des früheren „Zentralen Einwohnerregisters" zum 3.10.1990. Bis 2000 einschl. Berlin-Ost, ab 2001 einschl. Gesamt-Berlin.
3 Ab 2011 Umstellung der Ergebnisse auf Grundlage des Zensus 2011.

2 Bevölkerung, Familien, Lebensformen

2.1 Bevölkerung
2.1.4 Bevölkerungsentwicklung nach Ländern

	1960 [1]	1970	1980	1990	2000	2010	2012 [2]	2013	2014
	1 000								
Deutschland	73 147	78 069	78 397	79 753	82 260	81 752	80 524	80 767	81 198
Baden-Württemberg	7 727	8 954	9 259	9 822	10 524	10 754	10 569	10 631	10 717
Bayern	9 495	10 561	10 928	11 449	12 230	12 539	12 520	12 604	12 692
Berlin	–	3 201	3 049	3 434	3 382	3 461	3 375	3 422	3 470
Brandenburg	–	–	2 657	2 660	2 578	2 602	2 503	2 450	2 449	2 458
Bremen	704	735	694	682	660	661	655	657	662
Hamburg	1 837	1 794	1 645	1 652	1 715	1 786	1 734	1 746	1 763
Hessen	4 783	5 425	5 601	5 763	6 068	6 067	6 016	6 045	6 094
Mecklenburg-Vorpommern	–	1 928	1 944	1 924	1 776	1 642	1 600	1 597	1 599
Niedersachsen	6 576	7 122	7 256	7 387	7 926	7 918	7 779	7 791	7 827
Nordrhein-Westfalen	15 852	17 005	17 058	17 350	18 010	17 845	17 554	17 572	17 638
Rheinland-Pfalz	3 411	3 659	3 642	3 764	4 035	4 004	3 990	3 994	4 012
Saarland	1 060	1 121	1 066	1 073	1 069	1 018	994	991	989
Sachsen	–	5 419	5 174	4 764	4 426	4 149	4 050	4 046	4 055
Sachsen-Anhalt	–	3 218	3 078	2 874	2 615	2 335	2 259	2 245	2 236
Schleswig-Holstein	2 309	2 511	2 611	2 626	2 790	2 834	2 807	2 816	2 831
Thüringen	–	2 759	2 730	2 611	2 431	2 235	2 170	2 161	2 157
	%								
Deutschland	100	100	100	100	100	100	100	100	100
Baden-Württemberg	10,6	11,5	11,8	12,3	12,8	13,2	13,1	13,2	13,2
Bayern	13,0	13,5	13,9	14,4	14,9	15,3	15,5	15,6	15,6
Berlin	–	4,1	3,9	4,3	4,1	4,2	4,2	4,2	4,3
Brandenburg	–	3,4	3,4	3,2	3,2	3,1	3,0	3,0	3,0
Bremen	1,0	0,9	0,9	0,9	0,8	0,8	0,8	0,8	0,8
Hamburg	2,5	2,3	2,1	2,1	2,1	2,2	2,2	2,2	2,2
Hessen	6,5	6,9	7,1	7,2	7,4	7,4	7,5	7,5	7,5
Mecklenburg-Vorpommern	–	2,5	2,5	2,4	2,2	2,0	2,0	2,0	2,0
Niedersachsen	9,0	9,1	9,3	9,3	9,6	9,7	9,7	9,6	9,6
Nordrhein-Westfalen	21,7	21,8	21,8	21,8	21,9	21,8	21,8	21,8	21,7
Rheinland-Pfalz	4,7	4,7	4,6	4,7	4,9	4,9	5,0	4,9	4,9
Saarland	1,4	1,4	1,4	1,3	1,3	1,2	1,2	1,2	1,2
Sachsen	–	6,9	6,6	6,0	5,4	5,1	5,0	5,0	5,0
Sachsen-Anhalt	–	4,1	3,9	3,6	3,2	2,9	2,8	2,8	2,8
Schleswig-Holstein	3,2	3,2	3,3	3,3	3,4	3,5	3,5	3,5	3,5
Thüringen	–	3,5	3,5	3,3	3,0	2,7	2,7	2,7	2,7

Stand: jeweils 31.12.
1 Ab 1960 Ergebnisse der Bevölkerungsfortschreibung.
2 Ab 2012 Umstellung der Ergebnisse auf Grundlage des Zensus 2011.

Bevölkerungsentwicklung
in Mill.

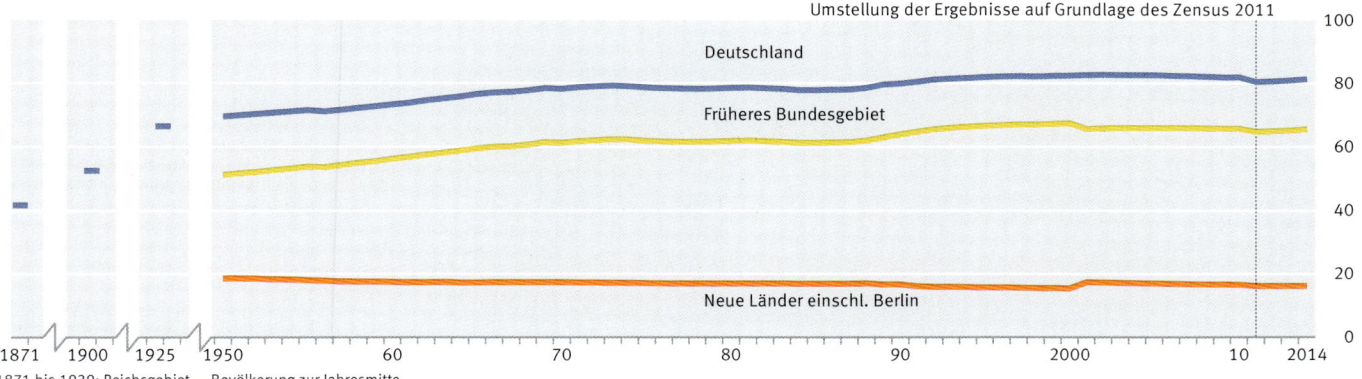

1871 bis 1939: Reichsgebiet. – Bevölkerung zur Jahresmitte.
1950 bis 2000: Früheres Bundesgebiet einschl. Berlin-West, neue Länder einschl. Berlin-Ost. – Bevölkerung zum Jahresende.
2001 bis 2010: Früheres Bundesgebiet ohne Berlin-West, neue Länder einschl. Berlin. – Bevölkerung zum Jahresende.
Seit 2011: Ergebnisse auf Grundlage des Zensus 2011. – Bevölkerung zum Jahresende.

2 Bevölkerung, Familien, Lebensformen

2.1 Bevölkerung
2.1.5 Bevölkerungsstand und -veränderung nach Ländern

	Bevölkerung am Jahresanfang	Überschuss der		Bevölkerungszunahme (+) bzw. -abnahme (–) [1]		Bevölkerung am Jahresende		
		Geborenen (+) bzw. Gestorbenen (–)	Zuzüge (+) bzw. Fortzüge (–)			insgesamt	männlich	weiblich
	1 000				je 1 000 Einwohner/-innen	1 000	%	
2006	82 438,0	– 148,9	22,8	– 123,1	– 1	82 314,9	49,0	51,0
2008	82 217,8	– 161,9	– 55,7 [3]	– 215,5	– 3	82 002,4	49,0	51,0
2010	81 802,3	– 180,8	127,9 [3]	– 50,7	– 1	81 751,6	49,1	50,9
2012 [2]	80 327,9	– 196,0	368,9	195,8	2	80 523,7	48,9	51,1
2013	80 523,7	– 211,8	428,6	243,8	2	80 767,5	49,0	51,0
2014	80 767,5	– 153,4	550,5	430,0	4	81 197,5	49,1	50,9
2014 nach Ländern								
Baden-Württemberg	10 631,3	– 5,0	89,6	85,4	11	10 716,6	49,3	50,7
Bayern	12 604,2	– 10,2	92,7	87,3	11	12 691,6	49,2	50,8
Berlin	3 421,8	5,1	37,1	48,0	6	3 469,8	48,9	51,1
Brandenburg	2 449,2	– 9,7	18,0	8,7	1	2 457,9	49,2	50,8
Bremen	657,4	– 1,2	5,1	4,5	1	661,9	49,0	51,0
Hamburg	1 746,3	2,3	13,4	16,4	2	1 762,8	48,6	51,4
Hessen	6 045,4	– 6,6	52,5	48,5	6	6 093,9	49,1	50,9
Mecklenburg-Vorpommern	1 596,5	– 6,1	8,5	2,6	0	1 599,1	49,3	50,7
Niedersachsen	7 790,6	– 21,2	54,4	36,2	4	7 826,7	49,1	50,9
Nordrhein-Westfalen	17 571,9	– 37,8	93,6	66,2	8	17 638,1	48,8	51,2
Rheinland-Pfalz	3 994,4	– 10,9	27,3	17,2	2	4 011,6	49,1	50,9
Saarland	990,7	– 5,2	3,1	– 1,7	0	989,0	48,8	51,2
Sachsen	4 046,4	– 15,2	23,4	8,9	1	4 055,3	49,0	51,0
Sachsen-Anhalt	2 244,6	– 13,8	4,3	– 9,0	– 1	2 235,5	49,0	51,0
Schleswig-Holstein	2 816,0	– 8,9	22,8	14,9	2	2 830,9	48,8	51,2
Thüringen	2 160,8	– 9,1	4,7	– 4,1	– 1	2 156,8	49,3	50,7

Ergebnisse der Bevölkerungsfortschreibung.

1 Die Bevölkerungszu- bzw. -abnahme ergibt sich aus dem Überschuss der Geborenen bzw. Gestorbenen, dem Überschuss der Zu- bzw. Fortzüge und aus bestandsrelevanten Korrekturen.
2 Ab 2012 Ergebnisse auf Grundlage des Zensus 2011.
3 Die den Wanderungsdaten zugrunde liegenden Meldungen der Meldebehörden enthalten Melderegisterbereinigungen, die infolge der Einführung der persönlichen Steueridentifikationsnummer durchgeführt worden sind.

Bevölkerung nach Ländern
in Mill.

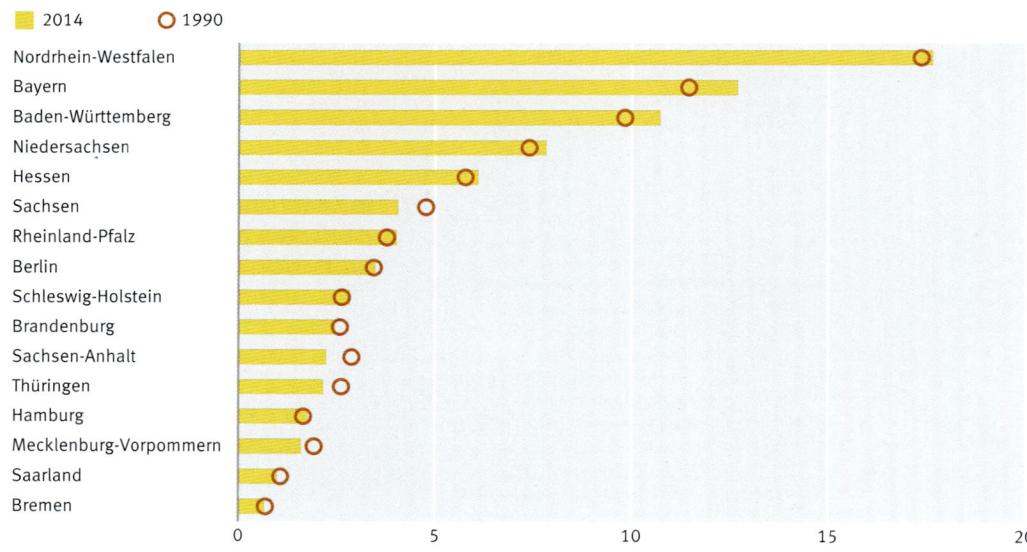

Stichtag: 31.12.
1990: Ergebnisse der Bevölkerungsfortschreibung auf Grundlage der Volkszählung 1987 (früheres Bundesgebiet) bzw. 1990 (neue Länder und Berlin-Ost).
2013: Ergebnisse auf Grundlage des Zensus 2011.

2 Bevölkerung, Familien, Lebensformen

2.1 Bevölkerung

2.1.6 Verwaltungsgliederung Deutschlands 2015

	Regierungs-bezirke	Kreise insgesamt	Davon		Gemeinden [1]	Darunter Städte [2]
			kreisfreie Städte	Landkreise		
Deutschland	19	402	107	295	11 092	2 060
Baden-Württemberg	4	44	9	35	1 101	313
Bayern	7	96	25	71	2 056	317
Berlin	–	1	1	–	1	1
Brandenburg	–	18	4	14	418	113
Bremen	–	2	2	–	2	2
Hamburg	–	1	1	–	1	1
Hessen	3	26	5	21	426	191
Mecklenburg-Vorpommern	–	8	2	6	755	84
Niedersachsen	–	46	8	38	973	158
Nordrhein-Westfalen	5	53	22	31	396	271
Rheinland-Pfalz	–	36	12	24	2 305	128
Saarland	–	6	–	6	52	17
Sachsen	–	13	3	10	429	171
Sachsen-Anhalt	–	14	3	11	218	104
Schleswig-Holstein	–	15	4	11	1 110	63
Thüringen	–	23	6	17	849	126
nachrichtlich:						
Früheres Bundesgebiet (ohne Berlin-West)	19	325	88	237	8 422	1 461
Neue Länder (ohne Berlin-Ost)	–	76	18	58	2 669	598
Berlin	–	1	1	–	1	1

Stand: 31.12.
1 Einschl. der bewohnten gemeindefreien Gebiete.
2 Einschl. kreisfreie Städte.

2.1.7 Kreise und Gemeinden

	Kreise insgesamt	Davon		Gemeinden
		kreisfreie Städte	Landkreise	
1990	543	117	426	16 128
1994	444	115	329	14 805
1998	440	117	323	14 197
2002	439	116	323	13 148
2006	439	116	323	12 312
2011	402	107	295	11 292
2012	402	107	295	11 220
2013	402	107	295	11 161
2014	402	107	295	11 116
2015	402	107	295	11 092

Stand: jeweils 31.12.

2.1.8 Grad der Verstädterung

	Bevölkerung		
	2012	2013	2014
	Anzahl		
Insgesamt	80 523 746	80 767 463	81 197 537
Dicht besiedelt	28 399 014	28 610 552	28 869 321
Mittlere Besiedlungsdichte	33 450 802	33 535 474	33 746 537
Gering besiedelt	18 673 930	18 621 437	18 581 679
	%		
Insgesamt	100	100	100
Dicht besiedelt	35,3	35,4	35,6
Mittlere Besiedlungsdichte	41,5	41,5	41,6
Gering besiedelt	23,2	23,1	22,9

Gebietstypisierung nach Eurostat (Zuordnungsstand 2011): Ab dem Jahr 2012 Stand: jeweils 31.12. (Ergebnisse auf Grundlage des Zensus 2011).

Der **Grad der Verstädterung** klassifiziert die Gemeinden wie folgt:

Dicht besiedelte Gebiete sind Städte oder Großstadtgebiete, in denen mindestens 50 % der Bevölkerung in hochverdichteten Clustern lebt.

Gebiete mittlerer Besiedlungsdichte sind Städte und Vororte oder Kleinstadtgebiete, in denen weniger als 50 % der Bevölkerung in ländlichen Rasterzellen und weniger als 50 % der Bevölkerung in einem hochverdichteten Cluster leben.

Gering besiedelte Gebiete sind ländliche Gebiete, in denen mehr als 50 % der Bevölkerung in ländlichen Rasterzellen lebt.

Statistisches Bundesamt, Statistisches Jahrbuch 2016

2 Bevölkerung, Familien, Lebensformen

2.1 Bevölkerung
2.1.9 Die größten Städte Deutschlands 2014

		Bevölkerung [1]				Fläche in km²	Land
		insgesamt	männlich	weiblich	je km²		
			%				
1	Berlin, Stadt	3 469 849	48,9	51,1	3 891	891,69	Berlin
2	Hamburg, Freie und Hansestadt	1 762 791	48,6	51,4	2 334	755,30	Hamburg
3	München, Landeshauptstadt	1 429 584	48,6	51,4	4 601	310,70	Bayern
4	Köln, Stadt	1 046 680	48,6	51,4	2 584	405,02	Nordrhein-Westfalen
5	Frankfurt am Main, Stadt	717 624	49,3	50,7	2 890	248,31	Hessen
6	Stuttgart, Landeshauptstadt	612 441	49,6	50,4	2 954	207,35	Baden-Württemberg
7	Düsseldorf, Stadt	604 527	48,2	51,8	2 781	217,41	Nordrhein-Westfalen
8	Dortmund, Stadt	580 511	48,9	51,1	2 068	280,71	Nordrhein-Westfalen
9	Essen, Stadt	573 784	48,2	51,8	2 728	210,34	Nordrhein-Westfalen
10	Bremen, Stadt	551 767	48,9	51,1	1 695	325,56	Bremen
11	Leipzig, Stadt	544 479	48,7	51,3	1 831	297,39	Sachsen
12	Dresden, Stadt	536 308	49,4	50,6	1 634	328,31	Sachsen
13	Hannover, Landeshauptstadt	523 642	48,4	51,6	2 565	204,15	Niedersachsen
14	Nürnberg	501 072	48,3	51,7	2 688	186,38	Bayern
15	Duisburg, Stadt	485 465	48,9	51,1	2 085	232,80	Nordrhein-Westfalen
16	Bochum, Stadt	361 876	48,3	51,7	2 484	145,66	Nordrhein-Westfalen
17	Wuppertal, Stadt	345 425	48,6	51,4	2 051	168,39	Nordrhein-Westfalen
18	Bielefeld, Stadt	329 782	48,2	51,8	1 274	258,82	Nordrhein-Westfalen
19	Bonn, Stadt	313 958	47,4	52,6	2 226	141,06	Nordrhein-Westfalen
20	Münster, Stadt	302 178	47,8	52,2	996	303,28	Nordrhein-Westfalen
21	Karlsruhe, Stadt	300 051	50,3	49,7	1 730	173,46	Baden-Württemberg
22	Mannheim, Universitätsstadt	299 844	49,5	50,5	2 069	144,96	Baden-Württemberg
23	Augsburg	281 111	48,8	51,2	1 914	146,84	Bayern
24	Wiesbaden, Landeshauptstadt	275 116	47,7	52,3	1 349	203,92	Hessen
25	Gelsenkirchen, Stadt	257 651	49,4	50,6	2 455	104,94	Nordrhein-Westfalen
26	Mönchengladbach, Stadt	256 853	48,8	51,2	1 507	170,47	Nordrhein-Westfalen
27	Braunschweig, Stadt	248 502	49,2	50,8	1 293	192,17	Niedersachsen
28	Chemnitz, Stadt	243 521	48,8	51,2	1 103	220,86	Sachsen
29	Aachen, Stadt	243 336	51,6	48,4	1 513	160,85	Nordrhein-Westfalen
30	Kiel, Landeshauptstadt	243 148	48,5	51,5	2 049	118,65	Schleswig-Holstein
31	Halle (Saale), Stadt	232 470	47,9	52,1	1 722	135,02	Sachsen-Anhalt
32	Magdeburg, Landeshauptstadt	232 306	48,9	51,1	1 156	201,00	Sachsen-Anhalt
33	Krefeld, Stadt	222 500	48,3	51,7	1 615	137,78	Nordrhein-Westfalen
34	Freiburg im Breisgau, Stadt	222 203	47,4	52,6	1 452	153,06	Baden-Württemberg
35	Lübeck, Hansestadt	214 420	47,8	52,2	1 001	214,21	Schleswig-Holstein
36	Oberhausen, Stadt	209 292	48,8	51,2	2 715	77,10	Nordrhein-Westfalen
37	Mainz, Stadt	206 991	48,3	51,7	2 118	97,74	Rheinland-Pfalz
38	Erfurt, Stadt	206 219	48,3	51,7	764	269,88	Thüringen
39	Rostock, Hansestadt	204 167	48,9	51,1	1 126	181,26	Mecklenburg-Vorpommern
40	Kassel, documenta-Stadt	194 747	48,5	51,5	1 824	106,78	Hessen
41	Hagen, Stadt der FernUniversität	186 716	48,5	51,5	1 164	160,45	Nordrhein-Westfalen
42	Saarbrücken, Landeshauptstadt	176 926	49,1	50,9	1 059	167,09	Saarland
43	Hamm, Stadt	176 580	48,7	51,3	780	226,43	Nordrhein-Westfalen
44	Mülheim an der Ruhr, Stadt	167 108	47,8	52,2	1 831	91,28	Nordrhein-Westfalen
45	Potsdam, Stadt	164 042	48,0	52,0	871	188,25	Brandenburg
46	Ludwigshafen am Rhein, Stadt	163 832	49,5	50,5	2 113	77,55	Rheinland-Pfalz
47	Leverkusen, Stadt	161 540	48,5	51,5	2 048	78,87	Nordrhein-Westfalen
48	Oldenburg (Oldenburg), Stadt	160 907	47,5	52,5	1 562	102,99	Niedersachsen
49	Osnabrück, Stadt	156 897	48,1	51,9	1 310	119,79	Niedersachsen
50	Solingen, Klingenstadt	156 771	48,3	51,7	1 751	89,54	Nordrhein-Westfalen
51	Heidelberg, Stadt	154 715	47,8	52,2	1 422	108,83	Baden-Württemberg
52	Herne, Stadt	154 608	48,5	51,5	3 007	51,42	Nordrhein-Westfalen
53	Neuss, Stadt	152 644	48,3	51,7	1 534	99,52	Nordrhein-Westfalen
54	Darmstadt, Wissenschaftsstadt	151 879	50,5	49,5	1 244	122,09	Hessen
55	Paderborn, Stadt	145 176	49,4	50,6	808	179,60	Nordrhein-Westfalen
56	Regensburg	142 292	47,8	52,2	1 763	80,70	Bayern
57	Ingolstadt	131 002	50,3	49,7	982	133,37	Bayern
58	Würzburg	124 219	47,2	52,8	1 418	87,63	Bayern
59	Wolfsburg, Stadt	123 027	49,4	50,6	603	204,08	Niedersachsen
60	Fürth	121 519	48,6	51,4	1 918	63,35	Bayern

2 Bevölkerung, Familien, Lebensformen

2.1 Bevölkerung
2.1.9 Die größten Städte Deutschlands 2014

		Bevölkerung [1]				Fläche in km²	Land
		insgesamt	männlich	weiblich	je km²		
			%	%			
61	Offenbach am Main, Stadt	120 988	49,5	50,5	2 695	44,89	Hessen
62	Ulm, Universitätsstadt	120 714	49,0	51,0	1 017	118,69	Baden-Württemberg
63	Heilbronn, Stadt	119 841	49,6	50,4	1 200	99,88	Baden-Württemberg
64	Pforzheim, Stadt	119 291	48,7	51,3	1 217	98,00	Baden-Württemberg
65	Göttingen, Stadt	117 665	48,4	51,6	1 007	116,89	Niedersachsen
66	Bottrop, Stadt	116 017	48,4	51,6	1 153	100,61	Nordrhein-Westfalen
67	Recklinghausen, Stadt	114 147	48,5	51,5	1 718	66,43	Nordrhein-Westfalen
68	Reutlingen, Stadt	112 452	49,0	51,0	1 292	87,06	Baden-Württemberg
69	Koblenz, Stadt	111 434	48,2	51,8	1 060	105,13	Rheinland-Pfalz
70	Bremerhaven, Stadt	110 121	49,4	50,6	1 174	93,82	Bremen
71	Bergisch Gladbach, Stadt	109 697	47,8	52,2	1 320	83,09	Nordrhein-Westfalen
72	Remscheid, Stadt	109 009	48,9	51,1	1 463	74,52	Nordrhein-Westfalen
73	Trier, Stadt	108 472	48,6	51,4	926	117,13	Rheinland-Pfalz
74	Jena, Stadt	108 207	49,5	50,5	943	114,76	Thüringen
75	Erlangen	106 423	49,2	50,8	1 383	76,95	Bayern
76	Moers, Stadt	102 923	48,3	51,7	1 521	67,68	Nordrhein-Westfalen
77	Siegen, Universitätsstadt	100 325	48,4	51,6	875	114,69	Nordrhein-Westfalen

Städte mit 100 000 Einwohnerinnen und Einwohnern und mehr am 31.12. – Die Städtebezeichnungen richten sich nach der amtlichen Schreibweise der Gemeinden, wie sie die Statistischen Ämter der Länder vorgeben.

1 Ergebnisse auf Grundlage des Zensus 2011.

2.1.10 Bevölkerung nach Altersgruppen

	1960	1970	1980	1990	2000	2010	2012 [1]	2013	2014
	Anzahl								
Insgesamt	73 146 809	78 069 471	78 397 483	79 753 227	82 259 540	81 751 602	80 523 746	80 767 463	81 197 537
	Alter von ... bis unter ... Jahren								
unter 1	1 226 255	1 015 658	859 531	911 442	766 554	678 233	674 411	683 070	716 419
1 – 6	5 614 730	6 089 568	3 974 333	4 432 548	3 951 030	3 421 388	3 411 154	3 425 429	3 457 843
6 – 15	8 903 050	10 968 346	9 439 911	7 593 513	8 059 658	6 841 580	6 597 338	6 533 933	6 512 461
15 – 18	2 752 605	3 205 352	4 057 829	2 406 208	2 722 944	2 399 688	2 407 984	2 433 097	2 425 297
18 – 21	3 614 380	3 211 025	3 925 930	3 066 450	2 852 894	2 727 805	2 484 950	2 459 518	2 480 664
21 – 25	4 955 972	3 833 050	4 801 025	5 214 968	3 680 851	4 008 892	3 899 852	3 809 913	3 747 155
25 – 40	14 536 724	16 655 053	15 836 647	18 905 576	18 855 926	14 759 996	14 451 021	14 711 500	14 999 523
40 – 60	18 811 081	17 523 879	20 328 474	20 959 571	21 957 504	25 420 290	24 892 277	24 763 243	24 616 487
60 – 65	4 261 871	4 787 899	3 009 768	4 350 811	5 718 165	4 649 437	4 989 604	5 094 950	5 152 977
65 und mehr	8 470 141	10 779 641	12 164 035	11 912 140	13 694 014	16 844 293	16 715 155	16 852 810	17 088 711
	%								
unter 1	1,7	1,3	1,1	1,1	0,9	0,8	0,8	0,8	0,9
1 – 6	7,7	7,8	5,1	5,6	4,8	4,2	4,2	4,2	4,3
6 – 15	12,2	14,0	12,0	9,5	9,8	8,4	8,2	8,1	8,0
15 – 18	3,8	4,1	5,2	3,0	3,3	2,9	3,0	3,0	3,0
18 – 21	4,9	4,1	5,0	3,8	3,5	3,3	3,1	3,0	3,1
21 – 25	6,8	4,9	6,1	6,5	4,5	4,9	4,8	4,7	4,6
25 – 40	19,9	21,3	20,2	23,7	22,9	18,1	17,9	18,2	18,5
40 – 60	25,7	22,4	25,9	26,3	26,7	31,1	30,9	30,7	30,3
60 – 65	5,8	6,1	3,8	5,5	7,0	5,7	6,2	6,3	6,3
65 und mehr	11,6	13,8	15,5	14,9	16,6	20,6	20,8	20,9	21,0

Stand: jeweils 31.12. (Ergebnisse der Bevölkerungsfortschreibung).

1 Ab 2012 Ergebnisse auf Grundlage des Zensus 2011.

2 Bevölkerung, Familien, Lebensformen

2.1 Bevölkerung
2.1.11 Bevölkerung nach Altersgruppen und Ländern 2014

	Insgesamt	Davon im Alter von ... bis unter ... Jahren							
		unter 6	6 – 15	15 – 18	18 – 25	25 – 40	40 – 60	60 – 65	65 und mehr
	Anzahl								
Deutschland	81 197 537	4 174 262	6 512 461	2 425 297	6 227 819	14 999 523	24 616 487	5 152 977	17 088 711
Baden-Württemberg	10 716 644	564 128	908 419	349 565	907 176	2 006 540	3 221 326	635 210	2 124 280
Bayern	12 691 568	660 786	1 031 524	396 195	1 038 353	2 412 292	3 859 216	754 710	2 538 492
Berlin	3 469 849	203 648	254 675	80 647	254 626	830 252	980 428	198 484	667 089
Brandenburg	2 457 872	119 990	182 757	59 196	119 009	418 471	801 995	189 657	566 797
Bremen	661 888	33 564	49 506	18 569	56 863	133 615	188 943	39 221	141 607
Hamburg	1 762 791	100 777	134 414	46 051	140 029	417 158	503 061	88 287	333 014
Hessen	6 093 888	320 133	499 126	186 090	480 526	1 142 321	1 855 789	371 107	1 238 796
Mecklenburg-Vorpommern	1 599 138	78 774	114 967	35 989	86 170	291 090	500 242	128 099	363 807
Niedersachsen	7 826 739	391 628	658 685	260 886	623 685	1 327 735	2 394 183	492 105	1 677 832
Nordrhein-Westfalen	17 638 098	900 725	1 457 009	560 560	1 441 052	3 161 225	5 385 202	1 084 416	3 647 909
Rheinland-Pfalz	4 011 582	197 880	320 472	126 437	324 695	693 610	1 241 053	269 516	837 919
Saarland	989 035	42 734	70 323	28 557	76 531	165 716	307 885	72 312	224 977
Sachsen	4 055 274	211 886	292 916	87 736	224 072	763 996	1 157 114	306 322	1 011 232
Sachsen-Anhalt	2 235 548	103 166	152 124	48 579	121 197	383 923	690 496	177 549	558 514
Schleswig-Holstein	2 830 864	138 539	233 524	91 787	217 328	463 848	871 718	175 404	638 716
Thüringen	2 156 759	105 904	152 020	48 453	116 507	387 731	657 836	170 578	517 730
	%								
Deutschland	100	5,1	8,0	3,0	7,7	18,5	30,3	6,3	21,0
Baden-Württemberg	100	5,3	8,5	3,3	8,5	18,7	30,1	5,9	19,8
Bayern	100	5,2	8,1	3,1	8,2	19,0	30,4	5,9	20,0
Berlin	100	5,9	7,3	2,3	7,3	23,9	28,3	5,7	19,2
Brandenburg	100	4,9	7,4	2,4	4,8	17,0	32,6	7,7	23,1
Bremen	100	5,1	7,5	2,8	8,6	20,2	28,5	5,9	21,4
Hamburg	100	5,7	7,6	2,6	7,9	23,7	28,5	5,0	18,9
Hessen	100	5,3	8,2	3,1	7,9	18,7	30,5	6,1	20,3
Mecklenburg-Vorpommern	100	4,9	7,2	2,3	5,4	18,2	31,3	8,0	22,8
Niedersachsen	100	5,0	8,4	3,3	8,0	17,0	30,6	6,3	21,4
Nordrhein-Westfalen	100	5,1	8,3	3,2	8,2	17,9	30,5	6,1	20,7
Rheinland-Pfalz	100	4,9	8,0	3,2	8,1	17,3	30,9	6,7	20,9
Saarland	100	4,3	7,1	2,9	7,7	16,8	31,1	7,3	22,7
Sachsen	100	5,2	7,2	2,2	5,5	18,8	28,5	7,6	24,9
Sachsen-Anhalt	100	4,6	6,8	2,2	5,4	17,2	30,9	7,9	25,0
Schleswig-Holstein	100	4,9	8,2	3,2	7,7	16,4	30,8	6,2	22,6
Thüringen	100	4,9	7,0	2,2	5,4	18,0	30,5	7,9	24,0

Ergebnisse auf Grundlage des Zensus 2011.

2 Bevölkerung, Familien, Lebensformen

2.1 Bevölkerung
2.1.12 Bevölkerung nach Altersgruppen und Familienstand 2014

	Ledig		Verheiratet		Verwitwet		Geschieden		Eingetragene Lebenspartnerschaft		Eingetragene Lebenspartner/-in verstorben		Eingetragene Lebenspartnerschaft aufgehoben	
	männlich	weiblich	männlich	weiblich	männlich	weiblich	männlich	weiblich	männlich	weiblich	männlich	weiblich	männlich	weiblich
	1 000													
Insgesamt	18 025,7	15 188,9	18 022,4	18 026,3	1 075,5	4 646,6	2 644,6	3 447,8	59,5	46,6	1,7	0,7	6,0	5,3
	Alter von ... bis unter ... Jahren													
unter 15	5 483,6	5 203,1	–	0,0	–	–	–	0,0	–	–	–	–	–	0,0
15 – 20	2 093,5	1 966,5	1,1	5,6	0,0	0,0	0,0	0,1	0,0	0,0	–	0,0	0,0	0,0
20 – 25	2 305,0	2 086,2	50,4	135,5	0,1	0,2	1,7	5,7	0,6	0,7	0,0	0,0	0,1	0,2
25 – 30	2 269,3	1 831,2	359,2	634,9	0,3	1,4	20,1	43,6	2,6	3,2	0,0	0,0	0,5	0,5
30 – 35	1 601,4	1 143,3	895,1	1 220,2	1,0	4,5	72,6	123,4	5,0	5,8	0,1	0,0	0,9	0,9
35 – 40	1 016,7	687,4	1 231,4	1 446,8	2,4	10,8	140,7	206,5	7,0	6,7	0,1	0,0	1,1	1,0
40 – 45	809,3	528,8	1 549,9	1 690,0	5,9	24,1	237,3	323,2	7,8	6,1	0,1	0,0	1,0	0,9
45 – 50	842,4	524,5	2 112,3	2 194,5	15,1	58,4	422,5	532,6	10,8	7,4	0,2	0,1	1,0	0,8
50 – 55	634,0	380,6	2 271,7	2 313,2	30,5	119,2	508,5	581,6	9,2	6,4	0,2	0,1	0,7	0,1
55 – 60	384,5	235,8	2 056,0	2 049,6	47,8	194,4	421,6	453,9	5,5	3,9	0,2	0,1	0,3	0,3
60 – 65	230,8	152,2	1 886,3	1 835,5	70,9	299,4	310,0	360,9	3,8	2,6	0,2	0,1	0,2	0,1
65 – 70	125,7	86,7	1 512,3	1 377,4	87,7	369,9	197,2	247,3	2,7	1,6	0,2	0,1	0,1	0,1
70 – 75	109,9	89,3	1 626,0	1 403,2	159,6	636,2	161,2	236,3	2,8	1,3	0,3	0,1	0,1	0,1
75 – 80	76,7	94,8	1 412,4	1 090,3	220,7	936,6	100,3	175,4	1,2	0,6	0,1	0,1	0,1	0,1
80 – 85	29,3	72,3	694,9	438,6	195,0	848,2	35,5	82,2	0,4	0,3	0,1	0,0	0,0	0,0
85 – 90	10,9	64,2	295,3	158,9	161,2	706,5	12,0	48,7	0,1	0,1	0,0	0,0	0,0	0,0
90 und mehr	3,1	42,1	68,1	32,6	77,2	436,6	3,2	26,5	0,0	0,0	0,0	0,0	–	0,0

1 Stand: 31.12. (Ergebnisse der Bevölkerungsfortschreibung auf Grundlage des Zensus 2011).

2.2 Geborene und Gestorbene
2.2.1 Geborene und Gestorbene insgesamt

	Lebendgeborene		Totgeborene [2]	Gestorbene [3]			Überschuss der Geborenen (+) bzw. Gestorbenen (–)
	insgesamt	darunter nicht-ehelich [1]		insgesamt	und zwar		
					im 1. Lebensjahr	in den ersten 7 Lebenstagen	
1950	1 116 701	117 934	24 857	748 329	67 175	.	+ 368 372
1960	1 261 614	95 321	19 814	876 721	44 105	24 900	+ 384 893
1970	1 047 737	75 802	10 853	975 664	23 547	15 958	+ 72 073
1980	865 789	102 921	4 954	952 371	10 779	5 582	– 86 582
1990	905 675	138 755	3 202	921 445	6 385	2 488	– 15 770
2000	766 999	179 574	3 084	838 797	3 362	1 594	– 71 798
2010	677 947	225 472	2 466	858 768	2 322	1 175	– 180 821
2011	662 685	224 744	2 387	852 328	2 408	1 250	– 189 643
2012	673 544	232 383	2 400	869 582	2 202	1 176	– 196 038
2013	682 069	237 562	2 556	893 825	2 250	1 173	– 211 756
2014	714 927	250 074	2 597	868 356	2 284	1 310	– 153 429
2014 nach Ländern							
Baden-Württemberg	95 632	23 398	291	100 663	293	176	– 5 031
Bayern	113 935	30 881	367	124 129	316	186	– 10 194
Berlin	37 368	18 865	167	32 314	103	60	5 054
Brandenburg	19 339	12 000	88	28 990	57	26	– 9 651
Bremen	6 211	2 504	25	7 437	35	20	– 1 226
Hamburg	19 039	7 367	79	16 780	63	32	2 259
Hessen	54 631	15 397	207	61 183	182	85	– 6 552
Mecklenburg-Vorpommern	12 830	8 042	52	18 918	29	15	– 6 088
Niedersachsen	66 406	21 656	227	87 571	233	146	– 21 165
Nordrhein-Westfalen	155 102	46 339	563	192 913	610	361	– 37 811
Rheinland-Pfalz	33 427	9 555	140	44 307	100	58	– 10 880
Saarland	7 328	2 399	19	12 529	24	11	– 5 201
Sachsen	35 935	21 405	159	51 159	84	44	– 15 224
Sachsen-Anhalt	17 064	10 872	68	30 830	42	21	– 13 766
Schleswig-Holstein	22 793	8 555	83	31 676	71	49	– 8 883
Thüringen	17 887	10 839	62	26 957	42	20	– 9 070

1 Seit 1.7.1998 von nicht miteinander verheirateten Eltern.
2 Ab 1.4.1994 Änderung der Berichtsgrundlage. – Nähere Informationen hierzu siehe „Glossar"/„Methodik" am Ende dieses Kapitels.
3 Ohne Totgeborene, nachträglich beurkundete Kriegssterbefälle und gerichtliche Todeserklärungen.

2 Bevölkerung, Familien, Lebensformen

2.2 Geborene und Gestorbene
2.2.2 Geborene und Gestorbene – Verhältniszahlen

	Lebendgeborene	Gestorbene [1]	Überschuss der Geborenen (+) bzw. Gestorbenen (−)	Nichtehelich Lebendgeborene [2]	Gestorbene Säuglinge		Totgeborene [5]
					im 1. Lebensjahr [3]	in den ersten 7 Lebenstagen [4]	
	je 1 000 Einwohner/-innen [6]			je 1 000 Lebendgeborene			je 1 000 Lebend- und Totgeborene
1950	16,3	10,9	5,4	105,6	60,2	.	21,8
1960	17,3	12,0	5,3	75,6	35,0	19,7	15,5
1970	13,5	12,6	0,9	72,3	22,5	15,2	10,3
1980	11,0	12,1	− 1,1	118,9	12,4	6,4	5,7
1990	11,4	11,6	− 0,2	153,2	7,1	2,7	3,5
2000	9,3	10,2	− 0,9	234,1	4,4	2,1	4,0
2010	8,3	10,5	− 2,2	332,6	3,4	1,7	3,6
2011	8,3	10,6	− 2,4	339,1	3,6	1,9	3,6
2012	8,4	10,8	− 2,4	345,0	3,3	1,7	3,6
2013	8,5	11,1	− 2,6	348,3	3,3	1,7	3,7
2014	8,8	10,7	− 1,9	349,8	3,2	1,8	3,6
2014 nach Ländern							
Baden-Württemberg	9,0	9,4	− 0,5	244,7	3,1	1,8	3,0
Bayern	9,0	9,8	− 0,8	271,0	2,8	1,6	3,2
Berlin	10,8	9,4	1,5	504,8	2,8	1,6	4,4
Brandenburg	7,9	11,8	− 3,9	620,5	3,0	1,3	4,5
Bremen	9,4	11,3	− 1,9	403,2	5,7	3,2	4,0
Hamburg	10,9	9,6	1,3	386,9	3,3	1,7	4,1
Hessen	9,0	10,1	− 1,1	281,8	3,3	1,6	3,8
Mecklenburg-Vorpommern	8,0	11,8	− 3,8	626,8	2,3	1,2	4,0
Niedersachsen	8,5	11,2	− 2,7	326,1	3,5	2,2	3,4
Nordrhein-Westfalen	8,8	11,0	− 2,1	298,8	4,0	2,3	3,6
Rheinland-Pfalz	8,4	11,1	− 2,7	285,8	3,0	1,7	4,2
Saarland	7,4	12,7	− 5,3	327,4	3,3	1,5	2,6
Sachsen	8,9	12,6	− 3,8	595,7	2,3	1,2	4,4
Sachsen-Anhalt	7,6	13,8	− 6,1	637,1	2,5	1,2	4,0
Schleswig-Holstein	8,1	11,2	− 3,1	375,3	3,1	2,1	3,6
Thüringen	8,3	12,5	− 4,2	606,0	2,4	1,1	3,5

1 Ohne Totgeborene, nachträglich beurkundete Kriegssterbefälle und gerichtliche Todeserklärungen.
2 Seit 1.7.1998 von nicht miteinander verheirateten Eltern.
3 Ab 1960 unter Berücksichtigung der Geburtenentwicklung in den vorangegangenen 12 Monaten.
4 Bezogen auf die Lebendgeborenen des Berichtszeitraums.
5 Ab 1.4.1994 Änderung der Berichtsgrundlage. – Nähere Informationen hierzu siehe „Glossar"/ „Methodik" am Ende dieses Kapitels.
6 Ab 2011 Ergebnisse auf Grundlage des Zensus 2011.

Lebendgeborene und Gestorbene
je 1 000 Einwohner/-innen

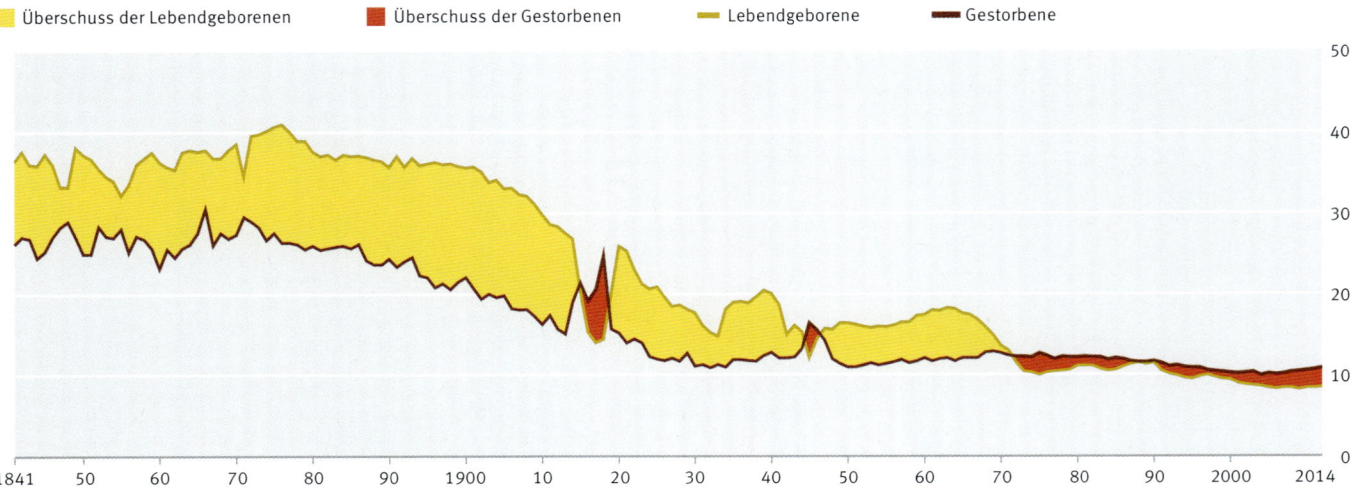

Ab 2011 Ergebnisse auf Grundlage des Zensus 2011.

2 Bevölkerung, Familien, Lebensformen

2.2 Geborene und Gestorbene
2.2.3 Lebendgeborene nach dem Alter der Mutter sowie Geburtenziffern

Alter der Mutter in Jahren [1]	Lebendgeborene 2014				Geburtenziffern	
	insgesamt	dar. mit ausländischer Staatsangehörigkeit [2]	ehelich [3]	nichtehelich [4]	2014	2013
	Anzahl				Lebendgeborene je 1 000 Frauen	
Insgesamt	714 927	52 444	464 853	250 074	50,8	48,2
unter 15	66	9	–	66	.	.
15	278	51	1	277	0,7	0,7
16	812	118	12	800	2,1	2,0
17	1 915	313	55	1 860	4,8	4,4
18	3 371	571	276	3 095	8,5	8,9
19	5 647	932	949	4 698	14,5	14,6
20	8 201	1 329	2 012	6 189	20,5	20,4
21	10 724	1 814	3 469	7 255	25,5	26,3
22	13 687	2 003	5 094	8 593	31,7	31,5
23	17 130	2 252	7 640	9 490	37,9	38,0
24	22 777	2 684	10 825	11 952	45,6	45,4
25	27 692	2 853	14 716	12 976	55,7	55,7
26	34 383	3 196	19 735	14 648	67,2	66,4
27	38 900	3 180	23 771	15 129	77,3	75,7
28	43 795	3 382	28 108	15 687	87,7	85,6
29	47 138	3 380	31 696	15 442	97,2	93,3
30	50 617	3 355	35 087	15 530	104,4	98,8
31	52 905	3 183	37 512	15 393	108,1	103,6
32	54 074	3 059	39 212	14 862	107,6	102,1
33	51 327	2 712	37 740	13 587	102,1	96,5
34	47 707	2 537	35 030	12 677	94,4	90,1
35	41 286	2 160	30 416	10 870	85,6	81,4
36	35 199	1 792	25 892	9 307	73,9	69,9
37	29 002	1 522	21 102	7 900	61,4	58,5
38	23 113	1 197	16 841	6 272	49,7	47,1
39	17 622	946	12 729	4 893	38,9	35,9
40	13 176	734	9 447	3 729	28,6	26,5
41	8 771	465	6 208	2 563	18,8	17,2
42	5 902	312	4 073	1 829	11,7	10,4
43	3 649	188	2 463	1 186	6,6	6,0
44	1 935	98	1 344	591	3,3	3,2
unter 45	712 801	52 327	463 455	249 346	1 471,9	1 416,0
45 und mehr	2 126	117	1 398	728	0,6	0,6

1 Ermittelt als Differenz zwischen Geburtsjahr und Berichtsjahr; z.B. 2014: Alter der Mutter 15 = Geburtsjahr 1999, 16 = 1998 usw.
2 Verfahrenstechnisch bedingt ist die Zahl der Kinder mit ausländischer Staatsangehörigkeit überhöht.
3 Seit 1.7.1998 von miteinander verheirateten Eltern.
4 Seit 1.7.1998 von nicht miteinander verheirateten Eltern.

Zusammengefasste Geburtenziffer
je Frau

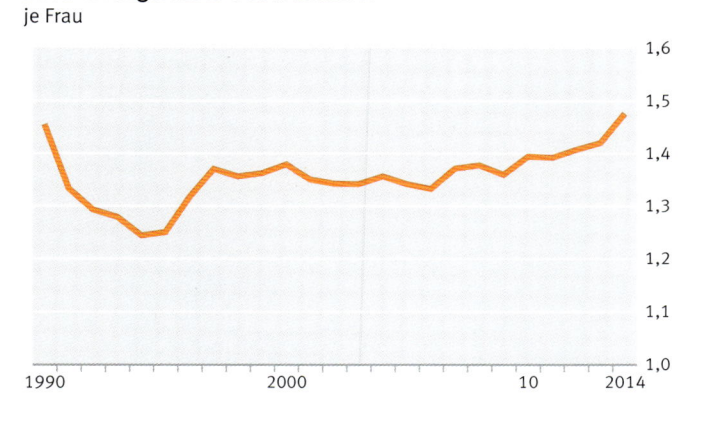

Altersspezifische Geburtenziffern
je 1 000 Frauen

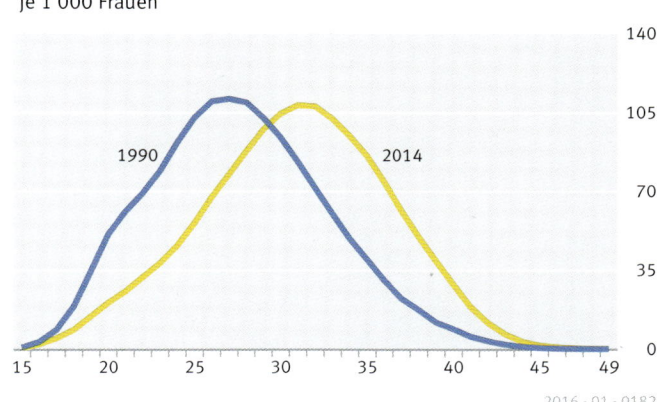

Statistisches Bundesamt, Statistisches Jahrbuch 2016

2 Bevölkerung, Familien, Lebensformen

2.2 Geborene und Gestorbene
2.2.4 Lebendgeborene nach der Geburtenfolge 2014

Alter der Mutter in Jahren [1]	Lebendgeborene				
	insgesamt	davon als ... Kind geboren			
		1.	2.	3.	4. oder weiteres
	Anzahl				
Insgesamt	714 927	353 910	244 538	80 327	36 152
dar. Lebendgeborene mit ausländischer Staatsangehörigkeit [2]	52 444	23 188	16 279	7 665	5 312
unter 15	66	65	1	–	–
15	278	275	3	–	–
16	812	794	17	1	–
17	1 915	1 827	83	5	–
18	3 371	3 042	304	25	–
19	5 647	4 880	703	56	8
20	8 201	6 693	1 290	198	20
21	10 724	7 952	2 327	372	73
22	13 687	9 565	3 342	633	147
23	17 130	11 349	4 549	984	248
24	22 777	14 680	6 144	1 519	434
25	27 692	17 639	7 569	1 897	587
26	34 383	21 278	9 669	2 573	863
27	38 900	23 253	11 493	2 982	1 172
28	43 795	25 181	13 484	3 716	1 414
29	47 138	25 949	15 340	4 181	1 668
30	50 617	26 843	17 011	4 735	2 028
31	52 905	26 725	18 730	5 358	2 092
32	54 074	25 083	20 436	6 121	2 434
33	51 327	22 046	20 272	6 401	2 608
34	47 707	18 810	19 625	6 530	2 742
35	41 286	15 138	17 180	6 206	2 762
36	35 199	12 283	14 374	5 842	2 700
37	29 002	9 439	11 822	5 141	2 600
38	23 113	7 145	9 387	4 350	2 231
39	17 622	5 320	6 819	3 448	2 035
40	13 176	4 004	4 949	2 562	1 661
41	8 771	2 576	3 116	1 776	1 303
42	5 902	1 724	2 046	1 233	899
43	3 649	1 092	1 221	710	626
44	1 935	528	618	387	402
unter 45	712 801	353 178	243 924	79 942	35 757
45 und mehr	2 126	732	614	385	395

1 Ermittelt als Differenz zwischen Geburtsjahr und Berichtsjahr; z.B. 2014: Alter der Mutter 15 = Geburtsjahr 1999, 16 = 1998 usw.
2 Verfahrenstechnisch bedingt ist die Zahl der Kinder mit ausländischer Staatsangehörigkeit überhöht.

2.2.5 Durchschnittliches Alter der Mütter bei der Geburt ihrer lebend geborenen Kinder

	Durchschnittsalter in Jahren bei der Geburt des ... Kindes				
	insgesamt	1.	2.	3.	4. oder weiteren
2009	30,4	28,8	31,3	32,8	34,2
2010	30,5	28,9	31,4	32,8	34,2
2011	30,6	29,1	31,5	33,0	34,2
2012	30,7	29,2	31,6	33,0	34,2
2013	30,8	29,3	31,7	33,0	34,2
2014	30,9	29,5	31,8	33,0	34,2

Alter der Mutter nach der Geburtsjahrmethode – biologische Geburtenfolge.

2 Bevölkerung, Familien, Lebensformen

2.2 Geborene und Gestorbene
2.2.6 Lebendgeborene nach der Staatsangehörigkeit der Eltern

	Lebendgeborene						mit ausländischer Staatsangehörigkeit	
	insgesamt	mit deutscher Staatsangehörigkeit						
		zusammen		und zwar				
				beide Eltern deutsch [1]	beide Eltern ausländisch [2]	Vater deutsch/ Mutter ausländisch oder Mutter deutsch/Vater ausländisch		
	Anzahl		%	% der Lebendgeborenen mit deutscher Staatsangehörigkeit			Anzahl	%
1995	765 221	665 507	87,0	92,9	X	7,1	99 714	13,0
2000	766 999	717 223	93,5	83,7	5,8	10,5	49 776	6,5
2005	685 795	655 534	95,6	79,5	6,1	14,4	30 261	4,4
2010	677 947	644 463	95,1	80,8	4,6	14,6	33 484	4,9
2011	662 685	630 745	95,2	80,6	4,9	14,5	31 940	4,8
2012	673 544	641 544	95,2	80,4	5,3	14,3	32 000	4,8
2013 [3]	682 069	642 672	94,2	80,8	4,9	14,2	39 397	5,8
2014 [3]	714 927	662 483	92,7	81,6	4,4	14,0	52 444	7,3

1 Einschl. nicht verheirateter deutscher Mutter ohne Angabe zum Vater.
2 Kind hat die deutsche Staatsangehörigkeit nach § 4 Abs. 3 Staatsangehörigkeitsgesetz – Geburtsortprinzip (ius soli) – erworben, einschl. nicht verheirateter ausländischer Mutter ohne Angabe zum Vater („Optionskinder").
3 Verfahrenstechnisch bedingt ist die Zahl der Kinder mit deutscher Staatsangehörigkeit unterzeichnet und damit auch die Zahl der Kinder mit ausländischer Staatsangehörigkeit überhöht.

Lebenserwartung bei Geburt
in Jahren

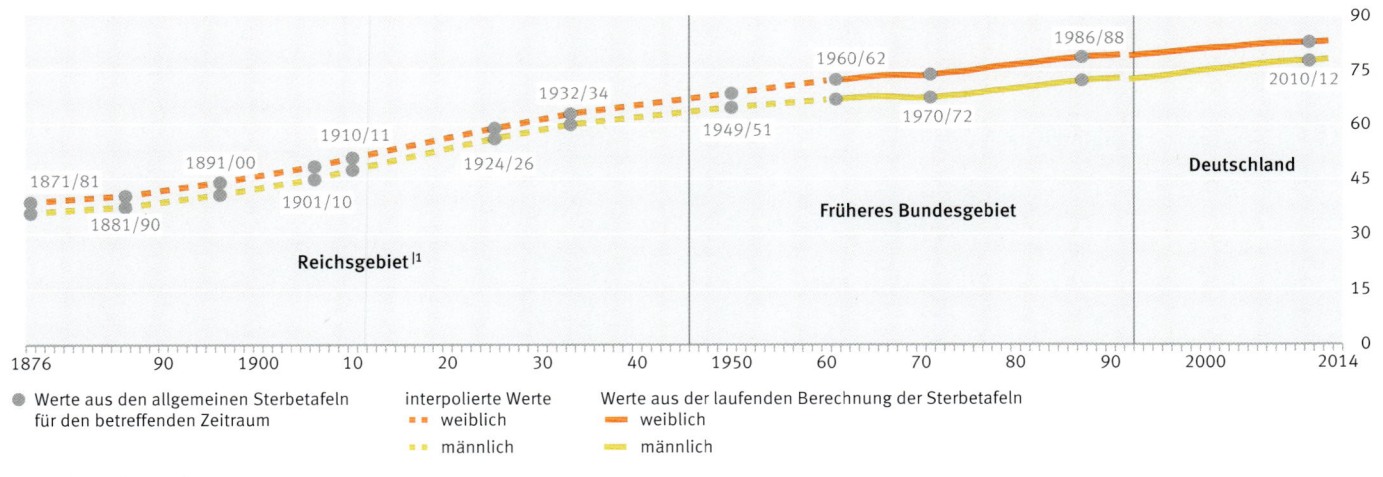

1 Jeweiliger Gebietsstand.

2.2.7 Die 10 häufigsten Vornamen Neugeborener

	2015		2014	
	Mädchen	Jungen	Mädchen	Jungen
1.	Sophie/Sofie	Maximilian	Sophie/Sofie	Maximilian
2.	Marie	Alexander	Marie	Alexander
3.	Sophia/Sofia	Elias	Sophia/Sofia	Paul
4.	Maria	Paul	Maria	Elias
5.	Mia	Leon/Léon	Emma	Louis/Luis
6.	Emma	Louis/Luis	Mia	Luca/Luka
7.	Hannah/Hanna	Ben	Hannah/Hanna	Ben
8.	Emilia	Luca/Luka	Emilia	Leon/Léon
9.	Anna	Noah/Noa	Anna	Lukas/Lucas
10.	Johanna	Jonas	Johanna	Noah/Noa

Diese Aufstellung zeigt die „Spitzenreiter" der im jeweiligen Jahr am häufigsten vergebenen **Mädchen- und Jungennamen**. Die Gesellschaft für deutsche Sprache (GfdS) veröffentlicht diese jährlich. Weitere Informationen finden Sie unter www.gfds.de

Quelle: Gesellschaft für deutsche Sprache

2 Bevölkerung, Familien, Lebensformen

2.2 Geborene und Gestorbene

2.2.8 Die häufigsten Vornamen Neugeborener 2015 – Spitzenreiter nach Ländern

	Mädchen	Jungen		Mädchen	Jungen
Deutschland	Sophie Marie Sophia	Maximilian Alexander Elias	Niedersachsen	Sophie Marie Sophia	Elias Paul Alexander
Baden-Württemberg	Sophie Marie Sophia	Elias Maximilian Paul	Nordrhein-Westfalen	Sophie Marie Sophia	Alexander Maximilian Elias
Bayern	Marie Sophie Maria	Maximilian Alexander Lukas	Rheinland-Pfalz	Sophie Marie Maria	Elias Ben Leon
Berlin	Marie Sophie Charlotte	Alexander Maximilian Paul	Saarland	Sophie Marie Sophia	Elias Leon Paul
Brandenburg	Sophie Marie Charlotte	Paul Leon Luca	Sachsen	Sophie Marie Mia	Paul Emil Oskar
Bremen	Sophie Marie Sophia	Elias Noah Paul	Sachsen-Anhalt	Sophie Marie Mia	Finn Luca Paul
Hamburg	Sophie Marie Sophia	Alexander Maximilian Henry	Schleswig-Holstein	Sophie Marie Mia	Elias Luca Alexander
Hessen	Sophie Marie Sophia	Alexander Maximilian Elias	Thüringen	Sophie Marie Emma	Paul Luca Ben
Mecklenburg-Vorpommern	Sophie Marie Hanna	Paul Ben Emil			

Quelle: Gesellschaft für deutsche Sprache

2.2.9 Gestorbene Säuglinge nach dem Alter

	2014			2004		
	Insgesamt	Männlich	Weiblich	Insgesamt	Männlich	Weiblich
	nach dem Alter [1]					
0 Tage [2]	831	447	384	813	440	373
1 Tag	200	108	92	278	161	117
2 Tage	90	51	39	116	70	46
3 Tage	69	48	21	80	51	29
4 Tage	48	27	21	59	35	24
5 Tage	38	19	19	50	22	28
6 Tage	34	25	9	50	27	23
In den ersten 7 Lebenstagen	1 310	725	585	1 446	806	640
7 bis unter 28 Tage	298	166	132	446	263	183
0 bis unter 1 Monat	1 622	899	723	1 914	1 081	833
1 bis unter 12 Monate	662	367	295	1 004	548	456
Im 1. Lebensjahr	2 284	1 266	1 018	2 918	1 629	1 289
	Gestorbene je 1 000 Lebendgeborene [3]					
Insgesamt	3,2	3,5	2,9	4,1	4,5	3,8

1 Differenz zwischen Sterbetag und Geburtstag; z. B. 1 Tag = am Tag nach der Geburt gestorben.
2 Am Tag der Geburt gestorben.
3 Unter Berücksichtigung der Geburtenentwicklung in den vergangenen 12 Monaten.

2 Bevölkerung, Familien, Lebensformen

2.2 Geborene und Gestorbene
2.2.10 Sterbetafeln

Vollendetes Altersjahr [1]	Männlich						Weiblich					
	Deutschland		früheres Bundesgebiet		neue Länder		Deutschland		früheres Bundesgebiet		neue Länder	
	1910/11	2012/14	1949/51	2012/14	1952/53	2012/14	1910/11	2012/14	1949/51	2012/14	1952/53	2012/14
	Von 100 000 Lebendgeborenen erreichen das Alter x (Absterbeordnung)											
0	100 000	100 000	100 000	100 000	100 000	100 000	100 000	100 000	100 000	100 000	100 000	100 000
1	81 855	99 646	93 823	99 631	94 018	99 714	84 695	99 702	95 091	99 690	95 383	99 756
2	79 211	99 619	93 433	99 595	93 529	99 679	82 070	99 677	94 749	99 659	94 965	99 723
5	77 213	99 580	92 880	99 554	93 066	99 641	80 077	99 645	94 270	99 624	94 573	99 686
10	75 984	99 534	92 444	99 507	92 693	99 599	78 816	99 611	93 937	99 588	94 259	99 658
15	75 189	99 487	92 097	99 462	92 368	99 551	77 930	99 576	93 701	99 552	94 067	99 627
20	73 832	99 328	91 466	99 307	91 779	99 386	76 659	99 496	93 295	99 474	93 657	99 540
25	72 130	99 095	90 531	99 085	90 913	99 105	75 043	99 400	92 711	99 379	93 108	99 438
30	70 425	98 831	89 518	98 831	90 133	98 797	73 115	99 286	92 039	99 266	92 484	99 323
35	68 545	98 490	88 428	98 504	89 299	98 395	71 020	99 123	91 221	99 108	91 691	99 144
40	66 227	98 025	87 102	98 056	88 130	97 872	68 659	98 869	90 225	98 861	90 636	98 888
45	63 238	97 289	85 342	97 370	86 511	96 977	66 187	98 445	88 901	98 455	89 310	98 433
50	59 349	96 012	82 648	96 210	84 065	95 312	63 231	97 715	86 991	97 751	87 380	97 666
55	54 290	93 767	78 562	94 144	80 012	92 460	59 350	96 453	84 225	96 512	84 674	96 420
60	47 736	90 157	72 852	90 737	74 222	88 275	54 016	94 515	80 166	94 584	80 818	94 581
65	39 527	84 853	64 999	85 656	66 146	82 404	46 484	91 627	73 875	91 682	75 032	91 949
70	29 905	77 607	54 394	78 507	55 013	74 928	36 448	87 389	63 994	87 405	65 615	88 172
75	19 328	67 848	40 700	68 905	41 107	65 360	24 517	81 318	49 605	81 453	51 639	82 260
80	9 711	54 191	25 106	55 272	24 748	51 509	12 981	71 101	31 787	71 451	33 234	71 667
85	3 297	35 866	11 321	36 731	10 592	33 202	4 794	53 975	15 225	54 550	15 750	53 862
90	679	17 256	3 175	17 467	2 781	15 175	1 126	30 887	4 815	31 349	4 796	30 240
	Lebenserwartung in Jahren im Alter x											
0	47,41	78,13	64,56	78,41	65,06	77,11	50,68	83,05	68,48	83,12	69,07	83,11
1	56,86	77,40	67,80	77,70	68,18	76,33	58,78	82,30	71,01	82,38	71,40	82,31
2	57,74	76,42	67,08	76,73	67,54	75,36	59,64	81,32	70,26	81,40	70,71	81,34
5	56,21	73,45	64,47	73,76	64,87	72,38	58,10	78,35	67,61	78,43	68,00	78,37
10	52,08	68,49	59,76	68,80	60,12	67,41	53,99	73,37	62,84	73,46	63,22	73,39
15	47,60	63,52	54,98	63,83	55,32	62,44	49,58	68,40	57,99	68,48	58,34	68,41
20	43,43	58,61	50,34	58,92	50,66	57,54	45,35	63,45	53,24	63,53	53,59	63,47
25	39,39	53,75	45,83	54,05	46,12	52,70	41,28	58,51	48,55	58,59	48,89	58,53
30	35,29	48,88	41,32	49,18	41,50	47,85	37,30	53,57	43,89	53,66	44,20	53,59
35	31,18	44,04	36,80	44,33	36,86	43,04	33,32	48,66	39,26	48,74	39,56	48,69
40	27,18	39,24	32,32	39,52	32,31	38,26	29,38	43,77	34,67	43,85	34,99	43,81
45	23,35	34,52	27,93	34,78	27,87	33,58	25,39	38,95	30,14	39,02	30,47	39,00
50	19,71	29,94	23,75	30,17	23,60	29,12	21,45	34,22	25,75	34,28	26,09	34,28
55	16,30	25,59	19,85	25,77	19,66	24,94	17,68	29,63	21,50	29,69	21,84	29,69
60	13,18	21,51	16,20	21,64	15,99	21,00	14,17	25,19	17,46	25,24	17,75	25,21
65	10,38	17,69	12,84	17,77	12,62	17,30	11,03	20,90	13,72	20,96	13,91	20,86
70	7,90	14,09	9,84	14,15	9,65	13,78	8,35	16,78	10,42	16,85	10,52	16,64
75	5,84	10,74	7,28	10,75	7,04	10,41	6,19	12,84	7,68	12,89	7,65	12,65
80	4,25	7,79	5,24	7,75	5,03	7,50	4,52	9,29	5,57	9,31	5,48	9,11
85	3,13	5,44	3,72	5,37	3,58	5,23	3,36	6,39	4,02	6,37	3,90	6,24
90	2,30	3,69	2,66	3,59	2,60	3,56	2,49	4,25	2,89	4,18	2,74	4,12

Abgekürzte Form. – 1910/11 Reichsgebiet, jeweiliger Gebietsstand; 1949/51 früheres Bundesgebiet ohne Berlin (West) und das Saarland; 1952/53 Gebiet der ehem. DDR ohne Berlin (Ost); bis 1949/51 allgemeine Sterbetafeln; 2012/14 früheres Bundesgebiet ohne Berlin-West und neue Länder ohne Berlin-Ost.

1 Das Alter 0 bezieht sich auf den Zeitpunkt der Geburt. Die anderen Altersangaben beziehen sich auf den Zeitpunkt, an dem jemand genau x Jahre alt geworden ist.

2 Bevölkerung, Familien, Lebensformen

2.2 Geborene und Gestorbene
2.2.11 Gestorbene nach Altersgruppen und Familienstand sowie Sterbeziffern

Alter von ... bis unter ... Jahren	Gestorbene 2014 [1]						Sterbeziffern	
	insgesamt	dar. Ausländer/-innen	ledig	verheiratet	verwitwet	geschieden	2014	2013
	Anzahl						Gestorbene je 1 000 Personen nebenstehenden Alters und Geschlechts	
Männlich								
Insgesamt	422 225	14 660	48 131	244 045	88 363	41 686	10,6	10,9
dar. Ausländer	14 660	X	2 053	9 088	1 732	1 787	X	X
0 – 1	1 266	121	1 266	–	–	–	3,5	3,6
1 – 5	214	14	214	–	–	–	0,2	0,2
5 – 10	154	11	154	–	–	–	0,1	0,1
10 – 15	188	9	188	–	–	–	0,1	0,1
15 – 20	630	54	628	1	–	1	0,3	0,3
20 – 25	1 086	129	1 063	19	2	2	0,5	0,4
25 – 30	1 350	147	1 237	95	.	18	0,5	0,5
30 – 35	1 747	209	1 332	335	2	78	0,7	0,7
35 – 40	2 253	301	1 386	628	9	230	0,9	1,0
40 – 45	4 006	451	2 021	1 361	19	605	1,5	1,5
45 – 50	8 809	611	3 672	3 333	75	1 729	2,6	2,7
50 – 55	15 494	827	4 831	6 687	230	3 746	4,5	4,8
55 – 60	21 737	1 023	5 139	10 761	622	5 215	7,6	7,9
60 – 65	29 905	1 358	5 131	17 207	1 397	6 170	12,0	12,2
65 – 70	32 767	2 040	4 018	20 650	2 393	5 706	17,2	18,2
70 – 75	56 067	2 357	5 419	37 253	6 514	6 881	26,5	27,3
75 – 80	74 328	2 167	5 176	50 558	12 878	5 716	42,2	44,5
80 – 85	71 248	1 528	2 993	46 082	19 026	3 147	76,7	82,7
85 – 90	62 162	853	1 569	34 339	24 535	1 719	134,5	141,9
90 und mehr	36 814	450	694	14 736	20 661	723	250,3	261,0
Weiblich								
Insgesamt	446 131	9 490	38 563	104 866	264 503	38 199	10,8	11,3
dar. Ausländerinnen	9 490	X	1 076	3 495	3 736	1 183	X	X
0 – 1	1 018	109	1 018	–	–	–	3,0	3,0
1 – 5	193	16	193	–	–	–	0,1	0,1
5 – 10	93	10	93	–	–	–	0,1	0,1
10 – 15	129	6	129	–	–	–	0,1	0,1
15 – 20	299	24	298	1	–	–	0,2	0,2
20 – 25	424	42	397	26	–	1	0,2	0,2
25 – 30	522	63	390	107	1	24	0,2	0,2
30 – 35	799	105	458	269	9	63	0,3	0,3
35 – 40	1 164	172	479	520	11	154	0,5	0,5
40 – 45	2 225	278	703	1 101	44	377	0,8	0,9
45 – 50	4 844	342	1 163	2 431	158	1 092	1,4	1,5
50 – 55	8 498	403	1 485	4 541	500	1 972	2,5	2,6
55 – 60	11 559	531	1 480	6 411	1 192	2 476	4,0	4,1
60 – 65	15 954	853	1 593	8 785	2 586	2 990	6,1	6,3
65 – 70	19 116	1 034	1 308	9 861	4 741	3 206	9,3	9,7
70 – 75	34 736	1 103	2 229	15 949	11 859	4 699	14,3	14,7
75 – 80	56 676	1 177	3 429	20 656	27 233	5 358	25,3	26,7
80 – 85	73 437	1 174	4 746	17 006	46 901	4 784	51,8	55,9
85 – 90	100 744	1 090	7 749	12 402	75 214	5 379	103,5	110,8
90 und mehr	113 701	958	9 223	4 800	94 054	5 624	216,2	229,5

1 Ohne Totgeborene, nachträglich beurkundete Kriegssterbefälle und gerichtliche Todeserklärungen.

2 Bevölkerung, Familien, Lebensformen

2.3 Migration
2.3.1 Ausländische Bevölkerung in Deutschland 2015

Die Zahl der im Ausländerzentralregister (AZR) geführten **Ausländerinnen und Ausländer** lag zum Zensusstichtag am 9.5.2011 deutlich höher als das Zensusergebnis. An dieser Abweichung wird sich kurzfristig nichts ändern, weil die Registrierung einer ausländischen Person im AZR in keinem Zusammenhang mit der Ausländerzahl im Zensus steht. Das Statistische Bundesamt und die Registerbehörde des AZR – das Bundesamt für Migration und Flüchtlinge – werden die Abweichungen zwischen beiden Datenquellen jedoch sorgfältig analysieren und, abhängig vom Analyseergebnis, weitere Schritte einleiten.

	Insgesamt		Männlich		Weiblich		Durchschnitts-		Veränderung gegenüber Vorjahr insgesamt
							alter	aufenthaltsdauer	
	Anzahl	%	Anzahl	%	Anzahl	%	Jahre		%
Insgesamt	9 107 893	100	4 873 294	100	4 234 599	100	38,4	16,3	11,7
Europa	6 831 428	75,0	3 583 733	73,5	3 247 695	76,7	40,4	18,9	6,8
davon:									
EU-Länder	4 013 179	44,1	2 188 257	44,9	1 824 922	43,1	40,1	16,5	9,3
Bulgarien	226 926	2,5	123 779	2,5	103 147	2,4	32,2	4,8	23,8
Frankreich	126 739	1,4	61 013	1,3	65 726	1,6	41,8	18,7	2,8
Griechenland	339 931	3,7	185 321	3,8	154 610	3,7	43,6	24,9	3,5
Italien	596 127	6,5	349 991	7,2	246 136	5,8	43,3	27,2	3,8
Kroatien	297 895	3,3	155 543	3,2	142 352	3,4	44,9	24,2	13,1
Niederlande	147 322	1,6	82 234	1,7	65 088	1,5	47,7	23,1	1,8
Österreich	181 756	2,0	94 533	1,9	87 223	2,1	50,5	28,7	1,1
Polen	740 962	8,1	398 880	8,2	342 082	8,1	37,0	8,7	9,9
Portugal	133 929	1,5	74 038	1,5	59 891	1,4	42,1	22,1	2,3
Rumänien	452 718	5,0	256 137	5,3	196 581	4,6	31,9	4,4	27,4
Slowakei	50 889	0,6	25 508	0,5	25 381	0,6	33,5	7,1	10,2
Slowenien	27 222	0,3	14 587	0,3	12 635	0,3	46,0	24,6	6,3
Spanien	155 918	1,7	80 728	1,7	75 190	1,8	40,8	20,5	6,2
Tschechische Republik	53 908	0,6	22 928	0,5	30 980	0,7	37,1	10,6	7,8
Ungarn	178 221	2,0	107 040	2,2	71 181	1,7	36,3	6,9	13,7
Vereinigtes Königreich	105 965	1,2	65 115	1,3	40 850	1,0	46,8	20,7	2,1
EU-Kandidatenländer	1 987 701	21,8	1 026 132	21,1	961 569	22,7	41,5	25,6	2,5
Mazedonien |1	95 976	1,1	49 199	1,0	46 777	1,1	35,1	16,7	14,5
Serbien |1	230 427	2,5	115 289	2,4	115 138	2,7	37,4	20,0	4,3
Ehem. Serbien und Montenegro |1	29 785	0,3	15 797	0,3	13 988	0,3	43,4	26,0	– 5,6
Türkei	1 506 113	16,5	776 510	15,9	729 603	17,2	43,2	28,1	– 1,4
EWR-Staaten |2/Schweiz	48 070	0,5	21 486	0,4	26 584	0,6	49,2	23,0	1,2
Schweiz	39 780	0,4	17 546	0,4	22 234	0,5	50,3	24,0	1,0
Sonstiges Europa	782 478	8,6	347 858	7,1	434 620	10,3	38,3	14,0	6,4
Bosnien und Herzegowina	167 975	1,8	87 311	1,8	80 664	1,9	42,3	22,3	2,7
Kosovo |3	208 613	2,3	110 194	2,3	98 419	2,3	31,6	13,9	13,0
Russische Föderation	230 994	2,5	86 362	1,8	144 632	3,4	38,8	10,5	4,3
Ukraine	133 774	1,5	49 058	1,0	84 716	2,0	42,6	10,9	4,6
Afrika	429 048	4,7	266 056	5,5	162 992	3,8	32,1	9,1	18,0
Marokko	72 129	0,8	39 592	0,8	32 537	0,8	38,6	15,5	6,2
Tunesien	30 696	0,3	20 530	0,4	10 166	0,2	35,8	12,1	8,5
Amerika	251 829	2,8	118 831	2,4	132 998	3,1	40,2	13,2	2,5
Brasilien	38 650	0,4	12 872	0,3	25 778	0,6	35,7	9,7	1,0
Vereinigte Staaten	111 529	1,2	62 607	1,3	48 922	1,2	44,4	16,7	2,5
Asien	1 499 178	16,5	845 570	17,4	653 608	15,4	31,4	7,3	39,5
Afghanistan	131 454	1,4	86 676	1,8	44 778	1,1	26,1	4,9	74,4
China	119 590	1,3	56 805	1,2	62 785	1,5	31,1	6,8	8,4
Irak	136 399	1,5	85 310	1,8	51 089	1,2	27,1	5,7	53,7
Iran	72 531	0,8	41 794	0,9	30 737	0,7	38,0	10,5	15,0
Kasachstan	46 344	0,5	21 068	0,4	25 276	0,6	42,5	12,4	– 0,6
Thailand	58 784	0,6	7 573	0,2	51 211	1,2	42,0	14,7	– 0,1
Vietnam	87 214	1,0	40 305	0,8	46 909	1,1	37,5	15,5	3,3
Australien und Ozeanien	15 812	0,2	8 700	0,2	7 112	0,2	38,6	10,8	7,1
Staatenlos	18 608	0,2	11 537	0,2	7 071	0,2	36,5	16,7	27,0
Ungeklärt und ohne Angabe	61 221	0,7	38 458	0,8	22 763	0,5	28,4	10,2	41,1

Ergebnisse des Ausländerzentralregisters. – Stand 31.12.

1 Ab 1.8.2006 werden neben der Staatsangehörigkeit des ehem. „Serbien und Montenegro" auch die Staatsangehörigkeiten der beiden Nachfolgestaaten „Serbien" und „Montenegro" nachgewiesen.
2 Staaten des Europäischen Wirtschaftsraums.
3 Ab 1.5.2008 wird der Kosovo getrennt nachgewiesen. – Bürger/-innen des Kosovo können auch als „Altfälle" in Serbien enthalten sein.

Statistisches Bundesamt, Statistisches Jahrbuch 2016

2 Bevölkerung, Familien, Lebensformen

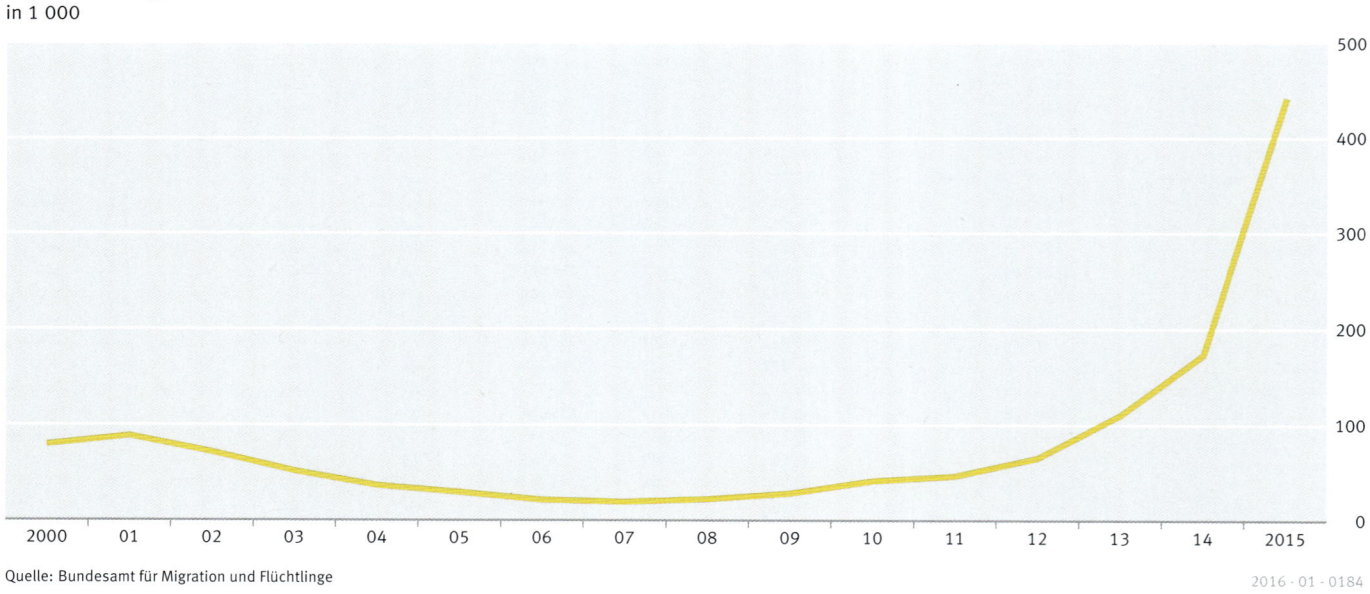

2.3 Migration

Asylbewerberinnen und -bewerber 2015
nach Haupt-Herkunftsländern, in %
Weitere Informationen zu Asyl siehe Kapitel „Soziales"

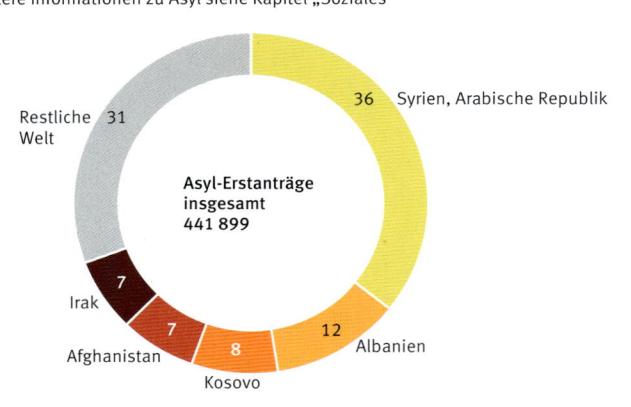

- Syrien, Arabische Republik: 36
- Albanien: 12
- Kosovo: 8
- Afghanistan: 7
- Irak: 7
- Restliche Welt: 31

Asyl-Erstanträge insgesamt: 441 899

Quelle: Bundesamt für Migration und Flüchtlinge

Asyl-Erstanträge
in 1 000

Quelle: Bundesamt für Migration und Flüchtlinge

2 Bevölkerung, Familien, Lebensformen

2.3 Migration
2.3.2 Erwerb der deutschen Staatsangehörigkeit 2014

	Insgesamt	Davon		
		durch Einbürgerung	durch Adoption [1]	Spätaussiedler/-innen sowie deren Ehegatten und Kinder [2]
	Anzahl			
Insgesamt	110 610	105 808	587	4 215
Männer	52 535	50 335	325	1 875
Frauen	58 075	55 473	262	2 340
	nach Altersgruppen			
Alter von ... bis unter ... Jahren				
unter 5	2 194	1 671	274	249
5 – 15	9 850	9 059	209	582
15 – 25	27 834	27 045	104	685
25 – 45	52 505	50 884	0	1 621
45 – 65	15 094	14 233	0	861
65 und mehr	3 133	2 916	0	217
	darunter nach Herkunftsgebiet bzw. ehemaliger Staatsangehörigkeit			
Afghanistan	3 001	3 000	1	0
Irak	3 176	3 172	4	0
Iran	2 549	2 546	3	0
Kasachstan	3 191	1 656	29	1 506
Marokko	2 689	2 689	0	0
Polen	5 976	5 930	23	23
Rumänien	2 594	2 565	20	9
Russische Föderation	4 896	2 739	88	2 069
Serbien, Montenegro, Kosovo	5 874	5 864	10	0
Türkei	22 479	22 462	17	0
Ukraine	3 537	3 142	17	378

1 Der Erwerb der deutschen Staatsangehörigkeit durch Adoption erfolgt, wenn mindestens ein adoptierendes Elternteil die deutsche Staatsangehörigkeit besitzt.
2 Spätaussiedler/-innen sowie deren Ehegatten und Abkömmlinge im Sinne von §§ 4 und 7 Bundesvertriebenengesetz (BVFG).

2 Bevölkerung, Familien, Lebensformen

2.4 Wanderungen
2.4.1 Wanderungen innerhalb Deutschlands und über die Grenzen 2014

	Über die Grenzen der Bundesländer								
	Zuzüge			Fortzüge			Saldo		
	insgesamt	über die Grenzen Deutschlands [1]	aus einem anderen Bundesland	insgesamt	über die Grenzen Deutschlands [1]	in ein anderes Bundesland	insgesamt	aus den Wanderungen	
								über die Grenzen Deutschlands [1]	zwischen den Bundesländern
Deutschland	2 575 440	1 464 724	1 110 716	2 024 957	914 241	1 110 716	550 483	550 483	X
Deutsche	1 041 385	122 195	919 190	1 067 826	148 636	919 190	− 26 441	− 26 441	X
Ausländer/-innen	1 534 055	1 342 529	191 526	957 131	765 605	191 526	576 924	576 924	X
Baden-Württemberg	381 073	254 975	126 098	291 467	164 971	126 496	89 606	90 004	− 398
Deutsche	118 169	20 262	97 907	125 196	25 517	99 679	− 7 027	− 5 255	− 1 772
Ausländer/-innen	262 904	234 713	28 191	166 271	139 454	26 817	96 633	95 259	1 374
Bayern	400 376	276 101	124 275	307 669	190 071	117 598	92 707	86 030	6 677
Deutsche	119 751	21 554	98 197	128 189	35 441	92 748	− 8 438	− 13 887	5 449
Ausländer/-innen	280 625	254 547	26 078	179 480	154 630	24 850	101 145	99 917	1 228
Berlin	174 572	93 094	81 478	137 459	58 653	78 806	37 113	34 441	2 672
Deutsche	77 285	9 241	68 044	75 996	9 252	66 744	1 289	− 11	1 300
Ausländer/-innen	97 287	83 853	13 434	61 463	49 401	12 062	35 824	34 452	1 372
Brandenburg	75 806	21 387	54 419	57 792	12 294	45 498	18 014	9 093	8 921
Deutsche	52 312	2 368	49 944	43 167	2 604	40 563	9 145	− 236	9 381
Ausländer/-innen	23 494	19 019	4 475	14 625	9 690	4 935	8 869	9 329	− 460
Bremen	36 752	14 830	21 922	31 682	7 850	23 832	5 070	6 980	− 1 910
Deutsche	19 248	1 048	18 200	21 566	1 287	20 279	− 2 318	− 239	− 2 079
Ausländer/-innen	17 504	13 782	3 722	10 116	6 563	3 553	7 388	7 219	169
Hamburg	91 594	33 131	58 463	78 218	19 091	59 127	13 376	14 040	− 664
Deutsche	52 419	3 456	48 963	55 420	4 260	51 160	− 3 001	− 804	− 2 197
Ausländer/-innen	39 175	29 675	9 500	22 798	14 831	7 967	16 377	14 844	1 533
Hessen	227 665	132 656	95 009	175 143	76 856	98 287	52 522	55 800	− 3 278
Deutsche	84 722	10 148	74 574	90 253	11 729	78 524	− 5 531	− 1 581	− 3 950
Ausländer/-innen	142 943	122 508	20 435	84 890	65 127	19 763	58 053	57 381	672
Mecklenburg-Vorpommern	42 734	15 907	26 827	34 248	7 759	26 489	8 486	8 148	338
Deutsche	25 823	1 286	24 537	24 270	1 569	22 701	1 553	− 283	1 836
Ausländer/-innen	16 911	14 621	2 290	9 978	6 190	3 788	6 933	8 431	− 1 498
Niedersachsen [2]	262 159	139 181	122 978	207 783	85 138	122 645	54 376	54 043	333
Deutsche	118 970	13 013	105 957	110 628	9 649	100 979	8 342	3 364	4 978
Ausländer/-innen	143 189	126 168	17 021	97 155	75 489	21 666	46 034	50 679	− 4 645
Nordrhein-Westfalen	433 952	289 879	144 073	340 325	182 039	158 286	93 627	107 840	− 14 213
Deutsche	134 393	22 306	112 087	155 402	26 108	129 294	− 21 009	− 3 802	− 17 207
Ausländer/-innen	299 559	267 573	31 986	184 923	155 931	28 992	114 636	111 642	2 994
Rheinland-Pfalz	135 634	65 138	70 496	108 314	37 693	70 621	27 320	27 445	− 125
Deutsche	63 360	5 682	57 678	65 068	6 654	58 414	− 1 708	− 972	− 736
Ausländer/-innen	72 274	59 456	12 818	43 246	31 039	12 207	29 028	28 417	611
Saarland	26 234	14 561	11 673	23 156	9 638	13 518	3 078	4 923	− 1 845
Deutsche	11 176	1 765	9 411	13 042	2 051	10 991	− 1 866	− 286	− 1 580
Ausländer/-innen	15 058	12 796	2 262	10 114	7 587	2 527	4 944	5 209	− 265
Sachsen	91 481	38 413	53 068	68 079	21 260	46 819	23 402	17 153	6 249
Deutsche	50 660	3 557	47 103	44 421	4 493	39 928	6 239	− 936	7 175
Ausländer/-innen	40 821	34 856	5 965	23 658	16 767	6 891	17 163	18 089	− 926
Sachsen-Anhalt	50 966	20 948	30 018	46 697	11 356	35 341	4 269	9 592	− 5 323
Deutsche	28 330	1 369	26 961	32 332	1 729	30 603	− 4 002	− 360	− 3 642
Ausländer/-innen	22 636	19 579	3 057	14 365	9 627	4 738	8 271	9 952	− 1 681
Schleswig-Holstein	94 900	33 167	61 733	72 104	18 593	53 511	22 796	14 574	8 222
Deutsche	58 092	3 544	54 548	51 346	4 201	47 145	6 746	− 657	7 403
Ausländer/-innen	36 808	29 623	7 185	20 758	14 392	6 366	16 050	15 231	819
Thüringen	49 542	21 356	28 186	44 821	10 979	33 842	4 721	10 377	− 5 656
Deutsche	26 675	1 596	25 079	31 530	2 092	29 438	− 4 855	− 496	− 4 359
Ausländer/-innen	22 867	19 760	3 107	13 291	8 887	4 404	9 576	10 873	− 1 297

1 Einschl. Herkunfts-/Zielgebiet „ungeklärt" und „ohne Angabe".
2 Einschl. der Wanderungsbewegung von Spätaussiedlern/Spätaussiedlerinnen der Gemeinde Friedland (Sekundärwanderungen).

2 Bevölkerung, Familien, Lebensformen

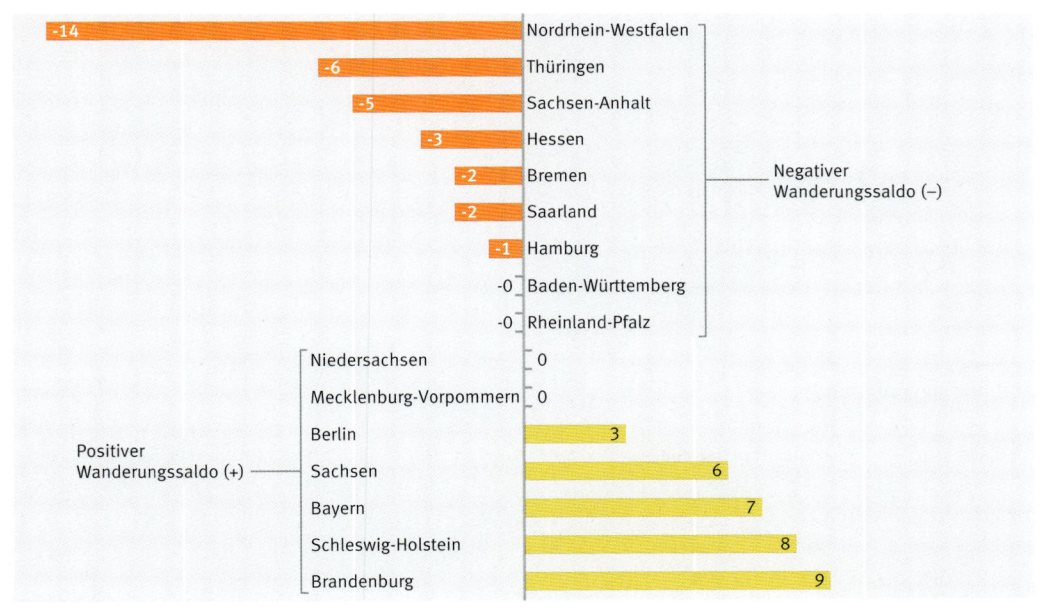

2.4 Wanderungen
2.4.2 Wanderungen zwischen dem früheren Bundesgebiet und den neuen Ländern sowie von und nach Berlin

	Zuzüge aus dem früheren Bundesgebiet			Fortzüge in das frühere Bundesgebiet			Wanderungssaldo gegenüber dem früheren Bundesgebiet		
	zusammen	nach Berlin	in die neuen Länder	zusammen	aus Berlin	aus den neuen Ländern	zusammen	für Berlin	für die neuen Länder
1991 – 2011	2 738 206	849 842	1 888 364	3 850 662	776 289	3 074 373	– 1 112 456	73 553	– 1 186 009
1991 – 1999	1 127 008	319 171	807 837	1 667 007	323 948	1 343 059	– 539 999	– 4 777	– 535 222
2000	135 517	43 301	92 216	204 283	36 116	168 167	– 68 766	7 185	– 75 951
2002	139 412	43 536	95 876	216 168	39 465	176 703	– 76 756	4 071	– 80 827
2003	137 517	40 482	97 035	195 216	39 829	155 387	– 57 699	653	– 58 352
2004	133 349	38 672	94 677	185 878	39 526	146 352	– 52 529	– 854	– 51 675
2005	127 996	39 784	88 212	175 088	37 900	137 188	– 47 092	1 884	– 48 976
2006	122 918	41 083	81 835	173 602	37 623	135 979	– 50 684	3 460	– 54 144
2007	127 336	44 008	83 328	176 116	37 983	138 133	– 48 780	6 025	– 54 805
2008	132 577	47 041	85 536	173 998	37 454	136 544	– 41 421	9 587	– 51 008
2009	137 908	49 766	88 142	156 416	35 955	120 461	– 18 508	13 811	– 32 319
2010	136 188	48 811	87 377	146 071	35 115	110 956	– 9 883	13 696	– 23 579
2011	141 732	49 853	91 879	150 617	37 152	113 465	– 8 885	12 701	– 21 586
2012	141 017	50 286	90 731	143 680	38 047	105 633	– 2 663	12 239	– 14 902
2013	140 593	49 584	91 009	139 442	37 936	101 506	1 151	11 648	– 10 497
2014	141 966	48 247	93 719	134 765	37 720	97 045	7 201	10 527	– 3 326

Wanderungssaldo der Bundesländer 2014
in 1 000

Negativer Wanderungssaldo (−)
- Nordrhein-Westfalen: −14
- Thüringen: −6
- Sachsen-Anhalt: −5
- Hessen: −3
- Bremen: −2
- Saarland: −2
- Hamburg: −1
- Baden-Württemberg: −0
- Rheinland-Pfalz: −0

Positiver Wanderungssaldo (+)
- Niedersachsen: 0
- Mecklenburg-Vorpommern: 0
- Berlin: 3
- Sachsen: 6
- Bayern: 7
- Schleswig-Holstein: 8
- Brandenburg: 9

2016 - 01 - 0185

Statistisches Bundesamt, Statistisches Jahrbuch 2016

2 Bevölkerung, Familien, Lebensformen

2.4 Wanderungen
2.4.3 Wanderungen zwischen Deutschland und dem Ausland

	Zuzüge			Fortzüge		
	insgesamt [1]	darunter		insgesamt [1]	darunter	
		europäische Länder	außereuropäische Länder		europäische Länder	außereuropäische Länder
	1 000					
2000	841,2	566,4	258,6	674,0	496,9	143,9
2002	842,5	567,0	260,8	623,3	454,1	139,8
2003	769,0	520,3	225,6	626,3	434,9	143,6
2004 [2] ...	780,2	530,0	199,1	697,6	479,5	155,3
2005	707,4	510,4	175,6	628,4	437,4	147,0
2006	661,9	479,8	163,3	639,1	439,6	148,9
2007	680,8	501,4	167,0	636,9	458,9	150,6
2008 [3] ...	682,1	495,0	178,9	737,9	547,5	181,5
2009 [3] ...	721,0	515,9	196,2	733,8	541,2	182,8
2010 [3] ...	798,3	585,1	205,8	670,6	493,3	169,5
2011	958,3	726,4	223,9	679,0	512,8	159,1
2012	1 080,9	838,0	236,7	712,0	544,8	160,2
2013	1 226,5	941,4	279,1	797,9	615,8	174,9
2014	1 464,7	1 081,2	375,5	914,2	713,2	186,1
	je 1 000 Einwohner/-innen [4]					
2000	10,2	6,9	3,1	8,2	6,0	1,7
2002	10,2	6,9	3,2	7,6	5,5	1,7
2003	9,3	6,3	2,7	7,6	5,3	1,7
2004 [2] ...	9,5	6,4	2,4	8,5	5,8	1,9
2005	8,6	6,2	2,1	7,6	5,3	1,8
2006	8,0	5,8	2,0	7,8	5,3	1,8
2007	8,3	6,1	2,0	7,7	5,6	1,8
2008 [3] ...	8,3	6,0	2,2	9,0	6,7	2,2
2009 [3] ...	8,8	6,3	2,4	9,0	6,6	2,2
2010 [3] ...	9,8	7,2	2,5	8,2	6,0	2,1
2011	11,9	9,0	2,8	8,5	6,4	2,0
2012	13,4	10,4	2,9	8,8	6,8	2,0
2013	15,2	11,7	3,5	9,9	7,6	2,2
2014	18,0	13,3	4,6	11,3	8,8	2,3

1 Einschl. der Fälle, bei denen das Herkunfts- bzw. Zielland ungeklärt ist oder keine Angaben darüber vorliegen.
2 Überhöhte Außenwanderungsdaten deutscher Personen aufgrund von Korrekturen im Land Hessen.
3 Die den Wanderungsdaten zugrunde liegenden Meldungen der Meldebehörden enthalten Melderegisterbereinigungen, die infolge der Einführung der persönlichen Steueridentifikationsnummer durchgeführt worden sind.
4 Ab 2011 Ergebnisse auf Grundlage des Zensus 2011, für die Jahre zuvor Ergebnisse auf Grundlage früherer Zählungen.

Wanderungen zwischen Deutschland und dem Ausland
in 1 000

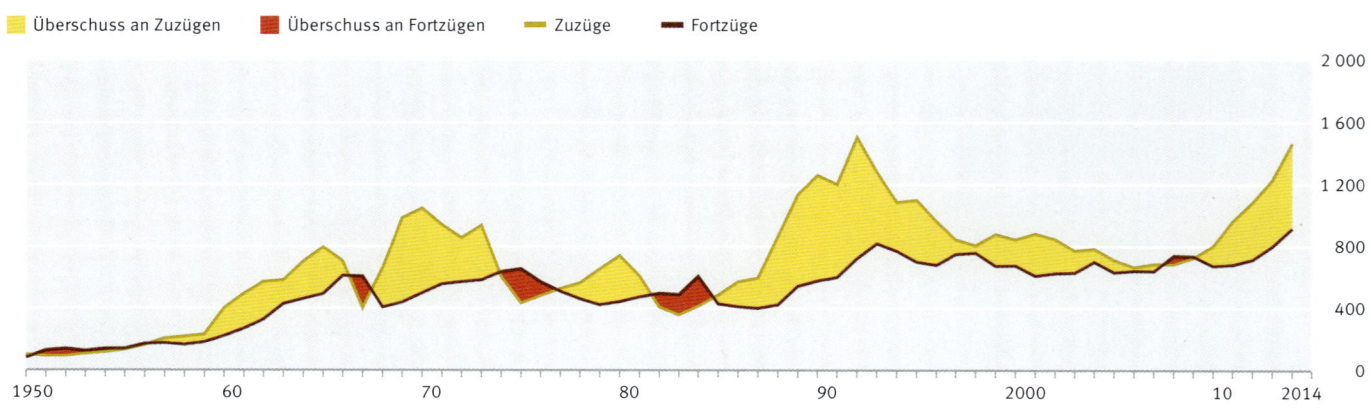

1950 bis 1956: Ohne Saarland.
Ab 1991: Deutschland. Zuvor früheres Bundesgebiet, einschl. Berlin-West sowie einschl. der Fälle, bei denen das Herkunfts- bzw. Zielland ungeklärt ist oder keine Angaben darüber vorliegen.
Ab 2008: Die den Wanderungsdaten zugrunde liegenden Meldungen der Meldebehörden enthalten Melderegisterbereinigungen, die infolge der Einführung der persönlichen Steueridentifikationsnummer durchgeführt worden sind.

2 Bevölkerung, Familien, Lebensformen

2.4 Wanderungen
2.4.4 Wanderungen zwischen Deutschland und dem Ausland nach ausgewählten Herkunfts- und Zielländern 2014

	Zuzüge			Fortzüge			Überschuss der Zu– (+) bzw. Fortzüge (–)		
	insgesamt	Deutsche	Ausländer/-innen	insgesamt	Deutsche	Ausländer/-innen	insgesamt	Deutsche	Ausländer/-innen
Insgesamt	1 464 724	122 195	1 342 529	914 241	148 636	765 605	550 483	– 26 441	576 924
Europa	1 081 155	73 423	1 007 732	713 242	89 451	623 791	367 913	– 16 028	383 941
EU-Länder	879 496	49 930	829 566	575 480	57 769	517 711	304 016	– 7 839	311 855
darunter:									
Belgien	6 099	1 977	4 122	5 329	2 150	3 179	770	– 173	943
Bulgarien	77 790	415	77 375	44 491	401	44 090	33 299	14	33 285
Dänemark	3 517	855	2 662	3 642	1 249	2 393	– 125	– 394	269
Finnland	2 605	221	2 384	2 422	321	2 101	183	– 100	283
Frankreich	23 307	6 000	17 307	19 518	6 357	13 161	3 789	– 357	4 146
Griechenland	31 687	1 085	30 602	17 221	858	16 363	14 466	227	14 239
Irland	2 919	723	2 196	2 354	937	1 417	565	– 214	779
Italien	73 361	2 973	70 388	36 304	2 472	33 832	37 057	501	36 556
Kroatien	44 240	397	43 843	17 327	467	16 860	26 913	– 70	26 983
Lettland	7 445	89	7 356	5 826	94	5 732	1 619	– 5	1 624
Litauen	8 464	120	8 344	6 244	121	6 123	2 220	– 1	2 221
Luxemburg	3 651	653	2 998	2 822	848	1 974	829	– 195	1 024
Niederlande	14 300	2 873	11 427	11 678	3 418	8 260	2 622	– 545	3 167
Österreich	19 293	7 009	12 284	21 438	10 789	10 649	– 2 145	– 3 780	1 635
Polen	197 908	6 982	190 926	138 680	6 254	132 426	59 228	728	58 500
Portugal	11 961	806	11 155	8 603	803	7 800	3 358	3	3 355
Rumänien	191 861	930	190 931	116 729	838	115 891	75 132	92	75 040
Schweden	4 335	1 015	3 320	4 575	1 811	2 764	– 240	– 796	556
Slowakei	15 435	152	15 283	11 286	167	11 119	4 149	– 15	4 164
Spanien	41 091	6 715	34 376	24 151	6 155	17 996	16 940	560	16 380
Tschechische Republik	12 957	731	12 226	8 831	899	7 932	4 126	– 168	4 294
Ungarn	57 280	841	56 439	41 024	1 093	39 931	16 256	– 252	16 508
Vereinigtes Königreich	18 576	5 903	12 673	19 234	8 707	10 527	– 658	– 2 804	2 146
Bosnien und Herzegowina	20 605	113	20 492	13 231	144	13 087	7 374	– 31	7 405
Kosovo	20 012	183	19 829	5 729	159	5 570	14 283	24	14 259
Mazedonien	14 727	77	14 650	9 346	79	9 267	5 381	– 2	5 383
Russische Föderation	23 352	4 219	19 133	14 494	2 300	12 194	8 858	1 919	6 939
Schweiz	18 437	12 024	6 413	25 881	19 930	5 951	– 7 444	– 7 906	462
Serbien	39 828	253	39 575	24 227	255	23 972	15 601	– 2	15 603
Türkei	27 805	4 303	23 502	31 941	6 793	25 148	– 4 136	– 2 490	– 1 646
Ukraine	13 527	990	12 537	4 305	290	4 015	9 222	700	8 522
Übriges Europa	32 780	1 796	30 984	14 359	2 292	12 067	18 421	– 496	18 917
Außereuropa	375 494	46 469	329 025	186 096	49 082	137 014	189 398	– 2 613	192 011
Afrika	75 313	6 006	69 307	27 435	5 134	22 301	47 878	872	47 006
Amerika	67 799	18 825	48 974	60 698	22 801	37 897	7 101	– 3 976	11 077
Brasilien	10 872	1 620	9 252	7 694	1 538	6 156	3 178	82	3 096
Kanada	5 613	1 887	3 726	5 555	2 530	3 025	58	– 643	701
Vereinigte Staaten	31 861	10 357	21 504	33 763	14 240	19 523	– 1 902	– 3 883	1 981
Übriges Amerika	19 453	4 961	14 492	13 686	4 493	9 193	5 767	468	5 299
Asien	224 889	18 010	206 879	90 135	16 302	73 833	134 754	1 708	133 046
Afghanistan	12 567	270	12 297	1 989	172	1 817	10 578	98	10 480
China [1]	25 285	2 832	22 453	16 387	2 859	13 528	8 898	– 27	8 925
Indien	21 304	842	20 462	12 766	828	11 938	8 538	14	8 524
Irak	8 615	1 432	7 183	3 752	1 262	2 490	4 863	170	4 693
Übriges Asien	157 118	12 634	144 484	55 241	11 181	44 060	101 877	1 453	100 424
Australien und Ozeanien	7 493	3 628	3 865	7 828	4 845	2 983	– 335	– 1 217	882
Übrige und ohne Angabe	8 075	2 303	5 772	14 903	10 103	4 800	– 6 828	– 7 800	972

1 Ohne Taiwan.

2 Bevölkerung, Familien, Lebensformen

2.4 Wanderungen
2.4.5 Wanderungen zwischen Deutschland und dem Ausland nach Altersgruppen und Geschlecht 2014

	Zuzüge			Fortzüge			Überschuss der Zu- (+) bzw. Fortzüge (−)		
	insgesamt	Deutsche	Ausländer/-innen	insgesamt	Deutsche	Ausländer/-innen	insgesamt	Deutsche	Ausländer/-innen
	Anzahl								
Insgesamt	1 464 724	122 195	1 342 529	914 241	148 636	765 605	550 483	− 26 441	576 924
Männlich	887 234	66 925	820 309	574 595	80 161	494 434	312 639	− 13 236	325 875
Weiblich	577 490	55 270	522 220	339 646	68 475	271 171	237 844	− 13 205	251 049
	im Alter von … bis unter … Jahren								
unter 18	221 511	29 024	192 487	88 270	26 927	61 343	133 241	2 097	131 144
18 – 25	316 173	14 230	301 943	162 601	15 698	146 903	153 572	− 1 468	155 040
25 – 30	246 045	14 272	231 773	155 102	24 286	130 816	90 943	− 10 014	100 957
30 – 50	535 177	41 830	493 347	374 248	54 832	319 416	160 929	− 13 002	173 931
50 – 65	122 736	16 527	106 209	103 093	18 067	85 026	19 643	− 1 540	21 183
65 und mehr	23 082	6 312	16 770	30 927	8 826	22 101	− 7 845	− 2 514	− 5 331
	je 1 000 Einwohner/-innen [1]								
Insgesamt	18,0	1,7	178,1	11,3	2,0	101,5	6,7	− 0,3	76,6
Männlich	22,3	1,9	211,4	14,4	2,2	127,4	7,9	− 0,3	84,0
Weiblich	14,0	1,5	142,7	8,2	1,8	74,1	5,8	− 0,3	68,6
	im Alter von … bis unter … Jahren								
unter 18	16,9	2,4	208,6	6,7	2,2	66,5	10,2	0,2	142,1
18 – 25	50,8	2,6	370,5	26,1	2,9	180,3	24,7	− 0,3	190,2
25 – 30	47,6	3,3	295,1	30,0	5,5	166,6	17,6	− 2,3	128,5
30 – 50	24,6	2,2	161,9	17,2	2,9	104,8	7,4	− 0,7	57,1
50 – 65	6,9	1,0	85,9	5,8	1,1	68,8	1,1	− 0,1	17,1
65 und mehr	1,4	0,4	22,9	1,8	0,5	30,2	− 0,5	− 0,2	− 7,3

1 Bezogen auf jeweils 1 000 Einwohner/-innen der gleichen Altersgruppe bzw. des gleichen Geschlechts (Ergebnisse auf Grundlage des Zensus 2011).

Top 10-Zielländer der ausgewanderten Deutschen 2014

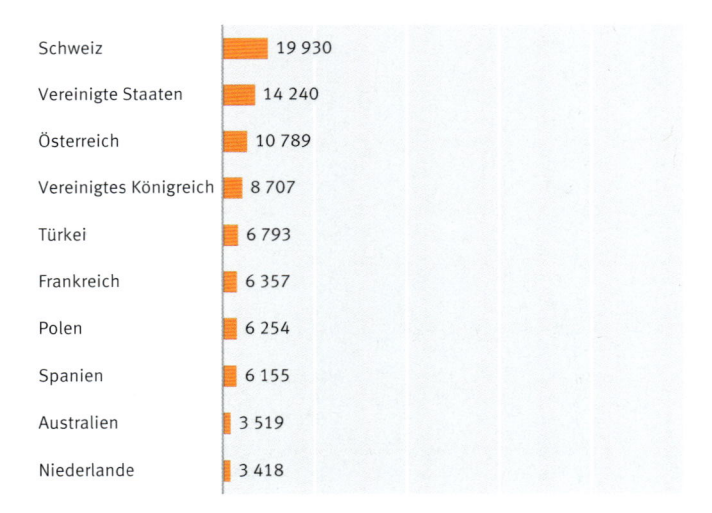

Schweiz	19 930
Vereinigte Staaten	14 240
Österreich	10 789
Vereinigtes Königreich	8 707
Türkei	6 793
Frankreich	6 357
Polen	6 254
Spanien	6 155
Australien	3 519
Niederlande	3 418

Top 10-Herkunftsländer der zugewanderten Ausländerinnen und Ausländer 2014

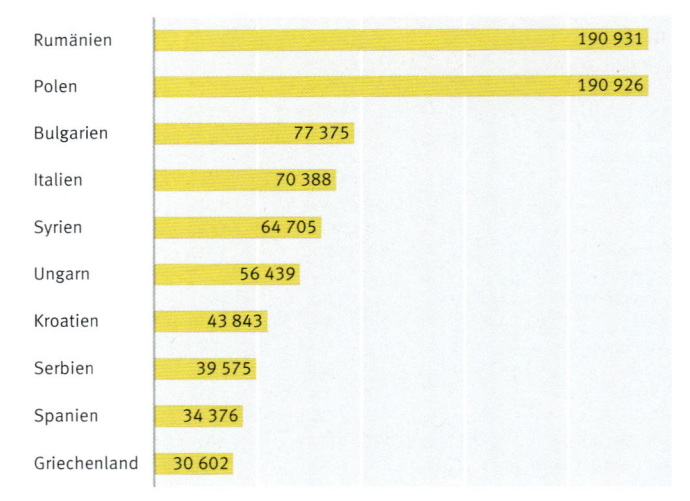

Rumänien	190 931
Polen	190 926
Bulgarien	77 375
Italien	70 388
Syrien	64 705
Ungarn	56 439
Kroatien	43 843
Serbien	39 575
Spanien	34 376
Griechenland	30 602

2 Bevölkerung, Familien, Lebensformen

2.5 Bevölkerungsvorausberechnung – Entwicklung der Bevölkerung Deutschlands bis 2060

	Insgesamt	Davon im Alter von ... bis unter ... Jahren								
		unter 15	15 – 20	20 – 30	30 – 40	40 – 50	50 – 60	60 – 65	65 – 80	80 und mehr
Variante 1: Kontinuität bei schwächerer Zuwanderung [1]										
1 000										
2020	81 434	10 612	3 703	9 034	10 662	9 965	13 276	5 838	12 430	5 915
2030	79 230	10 244	3 597	7 747	9 304	10 669	9 742	6 132	15 579	6 215
2040	75 963	9 042	3 530	7 686	8 028	9 333	10 473	4 692	15 385	7 794
2050	71 902	8 373	3 056	7 283	7 972	8 076	9 191	5 214	12 940	9 798
2060	67 563	8 080	2 848	6 424	7 573	8 028	7 979	4 342	13 468	8 821
2013 = 100										
2020	100,8	99,7	91,6	93,0	110,3	80,6	107,1	114,6	99,5	135,5
2030	98,1	96,3	89,0	79,8	96,3	86,3	78,6	120,4	124,8	142,4
2040	94,1	85,0	87,3	79,2	83,1	75,5	84,5	92,1	123,2	178,6
2050	89,0	78,7	75,6	75,0	82,5	65,3	74,1	102,3	103,6	224,5
2060	83,7	75,9	70,5	66,2	78,4	64,9	64,4	85,2	107,9	202,1
Variante 2: Kontinuität bei stärkerer Zuwanderung [1]										
1 000										
2020	81 953	10 685	3 726	9 208	10 787	10 040	13 314	5 845	12 433	5 915
2030	80 919	10 578	3 662	8 001	9 769	10 973	9 912	6 177	15 627	6 220
2040	78 906	9 584	3 688	8 053	8 572	9 976	10 868	4 810	15 540	7 815
2050	76 115	9 020	3 288	7 838	8 630	8 798	9 920	5 455	13 301	9 865
2060	73 079	8 882	3 107	7 092	8 419	8 864	8 787	4 745	14 191	8 990
2013 = 100										
2020	101,5	100,4	92,2	94,8	111,6	81,2	107,4	114,7	99,6	135,5
2030	100,2	99,4	90,6	82,4	101,1	88,7	79,9	121,2	125,2	142,5
2040	97,7	90,0	91,3	82,9	88,7	80,7	87,7	94,4	124,5	179,1
2050	94,2	84,7	81,4	80,7	89,3	71,1	80,0	107,1	106,5	226,0
2060	90,5	83,5	76,9	73,0	87,1	71,7	70,9	93,1	113,7	206,0

Nähere Informationen hierzu siehe „Glossar"/„Methodik" am Ende dieses Kapitels.

1 Geburtenhäufigkeit (zusammengefasste Geburtenziffer) annähernd konstant bei 1,4 (Kinder je Frau); Lebenserwartung im Jahr 2060 für neugeborene Jungen 84,8 Jahre bzw. für neugeborene Mädchen 88,8 Jahre; jährlicher Wanderungssaldo 100 000 (Variante 1) bzw. 200 000 (Variante 2).

Entwicklung des Jugend- und Altenquotienten

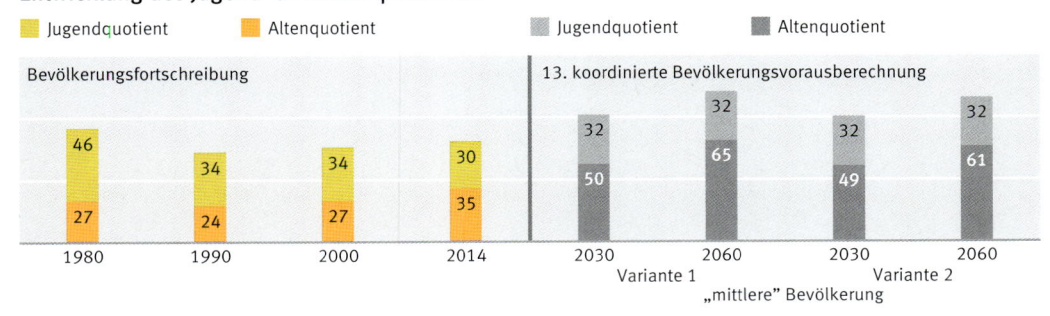

Bevölkerungsfortschreibung (Jugendquotient / Altenquotient):
- 1980: 46 / 27
- 1990: 34 / 24
- 2000: 34 / 27
- 2014: 30 / 35

13. koordinierte Bevölkerungsvorausberechnung – „mittlere" Bevölkerung:
- Variante 1, 2030: 50 / 32
- Variante 1, 2060: 65 / 32
- Variante 2, 2030: 49 / 32
- Variante 2, 2060: 61 / 32

Der **Jugendquotient** gibt die unter 20-Jährigen je 100 Personen im Alter von 20 bis unter 65 Jahren an. Der **Altenquotient** drückt das Verhältnis der 65-Jährigen und Älteren je 100 Personen im Alter von 20 bis unter 65 Jahren aus.

Die Annahmen der Varianten beschreibt die Fußnote 1 der Tabelle 2.5.

2 Bevölkerung, Familien, Lebensformen

2.6 Familien, Kinder und Lebensformen
2.6.1 Privathaushalte nach Zahl der Personen, Ländern und Gemeindegrößenklassen

	Privathaushalte insgesamt		Einpersonenhaushalte	Mehrpersonen-haushalte	Haushaltsmitglieder	
					insgesamt	je Haushalt
	1 000	Veränderung gegenüber 1991 in %	% der Privathaushalte insgesamt		1 000	Anzahl
April 1991	35 256	X	33,6	66,4	80 152	2,27
April 2001	38 456	9,1	36,6	63,4	82 575	2,15
2010	40 301	14,3	40,2	59,8	81 779	2,03
2011	39 509	12,1	40,2	59,8	80 211	2,03
2012	39 707	12,6	40,2	59,8	80 366	2,02
2013	39 933	13,3	40,5	59,5	80 508	2,02
2014	40 223	14,1	40,8	59,2	80 802	2,01
2015	40 774	15,7	41,4	58,6	81 385	2,00
2015 nach Ländern						
Baden-Württemberg	5 161	17,8	39,2	60,8	10 813	2,10
Bayern	6 305	26,2	41,3	58,7	12 820	2,03
Berlin	2 000	14,0	54,6	45,4	3 487	1,74
Brandenburg	1 245	19,8	38,4	61,6	2 444	1,96
Bremen	365	7,3	50,3	49,7	661	1,81
Hamburg	987	13,8	52,1	47,9	1 771	1,79
Hessen	2 991	16,6	40,1	59,9	6 111	2,04
Mecklenburg-Vorpommern	837	12,7	40,7	59,3	1 602	1,91
Niedersachsen	3 902	20,4	41,1	58,9	7 852	2,01
Nordrhein-Westfalen	8 681	12,3	39,9	60,1	17 599	2,03
Rheinland-Pfalz	1 919	18,5	37,1	62,9	4 005	2,09
Saarland	490	− 0,4	39,9	60,1	974	1,99
Sachsen	2 172	6,0	43,3	56,7	4 058	1,87
Sachsen-Anhalt	1 167	− 2,3	40,9	59,1	2 204	1,89
Schleswig-Holstein	1 439	21,6	41,0	59,0	2 841	1,97
Thüringen	1 114	5,6	40,7	59,3	2 141	1,92
2015 nach Gemeindegrößenklassen						
von ... bis unter ... Einwohner/-innen						
unter 5 000	5 329	− 6,7	32,2	67,8	11 694	2,19
5 000 – 20 000	10 116	30,1	35,2	64,8	21 386	2,11
20 000 – 100 000	11 129	24,3	39,6	60,4	22 551	2,03
100 000 und mehr	14 200	10,9	50,7	49,3	25 755	1,81

Ergebnisse des Mikrozensus. – Bevölkerung in Privathaushalten am Haupt- und Nebenwohnsitz. Hochrechnung für die Jahre ab Mikrozensus 2011 anhand der Bevölkerungsfortschreibung auf Grundlage des Zensus 2011. Die Hochrechnung für die Vorjahre basiert auf den fortgeschriebenen Ergebnissen der Volkszählung 1987.

Privathaushalte nach Haushaltsgröße
in %

Jahr	1 Person	2 Personen	3 Personen	4 Personen	5 Personen und mehr
2015	41	34	12	9	3
2001	37	34	14	11	4
1991	34	31	17	14	5

2 Bevölkerung, Familien, Lebensformen

2.6 Familien, Kinder und Lebensformen
2.6.2 Privathaushalte nach Altersgruppen und Familienstand 2015

Alter von ... bis unter ... Jahren	Privathaushalte nach Familienstand						Darunter Einpersonenhaushalte nach Familienstand				
	insgesamt	ledig	verheiratet		geschieden	verwitwet	zusammen	ledig	verheiratet getrennt lebend	geschieden	verwitwet
			zusammenlebend	getrennt lebend							
	1 000	% der Privathaushalte					1 000	% der Einpersonenhaushalte			
Insgesamt											
Insgesamt	40 774	30,1	42,3	3,5	11,9	12,2	16 875	49,3	5,9	18,7	26,1
unter 25	1 878	96,0	3,1	0,7	/	/	1 324	99,3	0,6	/	/
25 – 45	12 212	55,5	33,5	3,6	7,0	0,4	4 745	87,9	5,0	6,9	0,3
45 – 65	15 104	19,7	51,7	4,8	19,1	4,8	5 016	43,4	10,2	36,5	9,9
65 und mehr	11 580	6,2	45,6	2,2	9,6	36,4	5 790	11,3	4,0	17,2	67,4
Haupteinkommensperson männlich											
unter 25	998	95,6	3,8	0,6	/	/	688	99,3	/	/	/
25 – 45	8 246	51,3	41,4	2,8	4,4	0,1	3 052	87,0	5,8	7,1	–
45 – 65	10 332	18,3	63,0	3,9	13,3	1,5	2 733	51,6	11,6	33,5	3,3
65 und mehr	6 707	5,2	73,6	2,1	6,2	12,8	1 534	20,4	8,1	22,5	49,0
Zusammen	26 283	28,2	56,7	3,0	8,2	3,9	8 007	63,2	7,8	18,5	10,6
Haupteinkommensperson weiblich											
unter 25	881	96,4	2,3	0,9	/	–	637	99,2	/	/	–
25 – 45	3 965	64,3	16,9	5,5	12,3	1,0	1 693	89,5	3,6	6,4	0,5
45 – 65	4 772	22,7	27,2	6,7	31,6	11,9	2 283	33,7	8,5	40,1	17,7
65 und mehr	4 873	7,5	7,0	2,4	14,3	68,9	4 256	8,1	2,6	15,3	74,0
Zusammen	14 491	33,4	16,1	4,5	18,6	27,4	8 869	36,8	4,2	18,9	40,2

Ergebnisse des Mikrozensus. – Bevölkerung in Privathaushalten am Haupt- und Nebenwohnsitz. Hochrechnung für die Jahre ab Mikrozensus 2011 anhand der Bevölkerungsfortschreibung auf Grundlage des Zensus 2011. Die Hochrechnung für die Vorjahre basiert auf den fortgeschriebenen Ergebnissen der Volkszählung 1987.

Frauen und Männer nach Lebensformen 2015
27- bis 59-jährige, in %

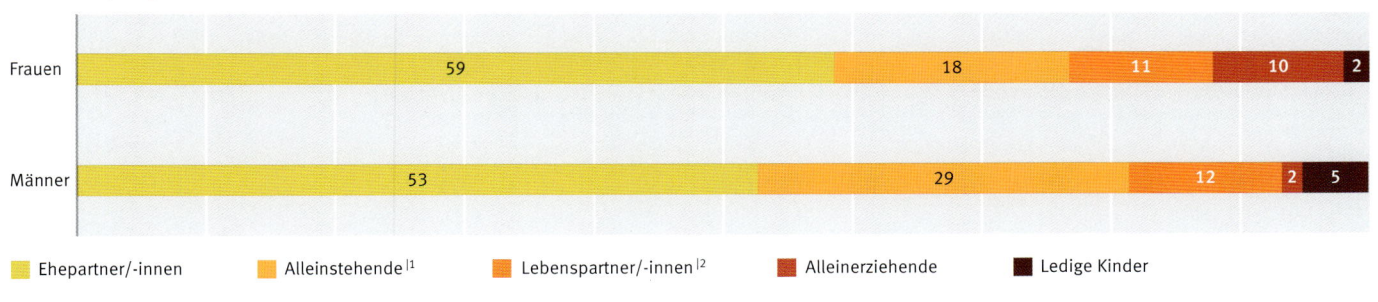

	Ehepartner/-innen	Alleinstehende [1]	Lebenspartner/-innen [2]	Alleinerziehende	Ledige Kinder
Frauen	59	18	11	10	2
Männer	53	29	12	2	5

Ergebnisse des Mikrozensus.

1 In Einpersonen- und Mehrpersonenhaushalten.
2 In nichtehelichen (gemischtgeschlechtlichen) und gleichgeschlechtlichen Lebensgemeinschaften.

2 Bevölkerung, Familien, Lebensformen

2.6 Familien, Kinder und Lebensformen
2.6.3 Familien, Paare ohne Kinder und Alleinstehende

Der Begriff der **Familie** umfasst im Mikrozensus alle Eltern-Kind-Gemeinschaften, d. h. Ehepaare, nichteheliche (gemischtgeschlechtliche) und gleichgeschlechtliche Lebensgemeinschaften sowie alleinerziehende Mütter und Väter mit ledigen Kindern im Haushalt. Einbezogen sind in diesem Familienbegriff – neben leiblichen Kindern – auch Stief-, Pflege- und Adoptivkinder ohne Altersbegrenzung.

	Familien insgesamt	Davon				Paare ohne Kinder insgesamt	Davon				Alleinstehende	
		Ehepaare	Lebensgemeinschaften		Alleinerziehende		Ehepaare	Lebensgemeinschaften			insgesamt	darunter Frauen
			gleichgeschlechtliche	nichteheliche				gleichgeschlechtliche	nichteheliche			
	1 000	% der Familien insgesamt				1 000	% der Paare ohne Kinder insgesamt				1 000	%
Deutschland												
April 1996	13 155	79,1	/	3,8	17,0	10 510	87,4	0,3	12,3		14 219	60,6
April 2001	12 672	76,2	/	5,2	18,6	11 244	86,3	0,4	13,3		14 995	58,1
2010	11 774	70,6	/	6,8	22,5	11 698	84,2	0,5	15,3		17 442	53,4
2011	11 614	69,5	/	7,4	23,1	11 440	83,6	0,5	15,9		17 074	54,1
2012	11 533	69,1	0,1	7,4	23,4	11 493	84,1	0,6	15,4		17 465	53,7
2013	11 470	68,7	0,1	7,9	23,4	11 608	83,6	0,6	15,8		17 648	53,4
2014	11 434	68,1	0,1	8,1	23,7	11 685	83,0	0,7	16,3		17 971	53,0
2015	11 408	67,7	0,1	8,2	24,0	11 772	83,2	0,7	16,1		18 500	52,5
Früheres Bundesgebiet [1]												
April 1996	10 156	81,2	/	2,6	16,1	8 266	87,2	0,4	12,4		11 327	75,9
April 2001	9 953	78,8	/	3,7	17,4	8 855	86,3	0,3	13,4		11 679	60,3
2010	9 583	73,5	/	5,2	21,3	9 077	84,1	0,5	15,4		13 486	53,9
2011	9 481	72,4	/	5,5	22,0	8 899	83,5	0,5	16,0		13 242	54,5
2012	9 429	72,2	/	5,7	22,1	8 931	84,0	0,6	15,4		13 580	54,1
2013	9 377	71,9	0,1	6,0	22,1	9 046	83,5	0,6	15,9		13 734	53,8
2014	9 356	71,3	0,1	6,2	22,4	9 105	82,9	0,7	16,4		14 020	53,4
2015	9 363	70,7	0,1	6,4	22,8	9 171	83,0	0,8	16,2		14 448	52,9
Neue Länder und Berlin												
April 1996	2 999	72,1	/	8,0	19,9	2 244	87,9	0,2	11,9		2 891	61,7
April 2001	2 719	66,6	/	10,4	23,0	2 388	86,4	0,4	13,2		3 316	57,4
2010	2 191	58,0	/	13,7	28,2	2 621	84,8	0,4	14,8		3 956	51,8
2011	2 133	56,3	/	15,4	28,2	2 541	84,1	0,5	15,5		3 832	52,7
2012	2 103	55,3	/	15,3	29,2	2 562	84,2	0,5	15,3		3 886	52,3
2013	2 093	54,3	/	16,6	29,0	2 562	83,8	0,5	15,7		3 914	52,2
2014	2 078	53,6	/	16,6	29,7	2 580	83,6	0,5	15,9		3 952	51,8
2015	2 045	53,6	/	16,6	29,7	2 601	83,7	0,6	15,7		4 053	51,3

Ergebnisse des Mikrozensus. – Bevölkerung in Familien/Lebensformen am Hauptwohnsitz. Hochrechnung für die Jahre ab Mikrozensus 2011 anhand der Bevölkerungsfortschreibung auf Grundlage des Zensus 2011. Die Hochrechnung für die Vorjahre basiert auf den fortgeschriebenen Ergebnissen der Volkszählung 1987.

1 Ohne Angaben für Berlin-West.

Familien, Paare ohne Kinder und Alleinstehende
in %

Ergebnisse des Mikrozensus.

2 Bevölkerung, Familien, Lebensformen

2.6 Familien, Kinder und Lebensformen
2.6.4 Eheschließungen

	Eheschließungen	
	Anzahl	je 1 000 Einwohner/-innen [1]
1950	750 452	11,0
1960	689 028	9,5
1970	575 233	7,4
1980	496 603	6,3
1990	516 388	6,5
2000	418 550	5,1
2010	382 047	4,7
2011	377 816	4,7
2012	387 423	4,8
2013	373 655	4,6
2014	385 952	4,8
	2014 nach Ländern	
Baden-Württemberg	50 751	4,8
Bayern	62 327	4,9
Berlin	13 373	3,9
Brandenburg	12 812	5,2
Bremen	2 800	4,2
Hamburg	6 142	3,5
Hessen	28 009	4,6
Mecklenburg-Vorpommern	10 678	6,7
Niedersachsen	38 792	5,0
Nordrhein-Westfalen	82 322	4,7
Rheinland-Pfalz	19 627	4,9
Saarland	4 702	4,8
Sachsen	17 883	4,4
Sachsen-Anhalt	10 146	4,5
Schleswig-Holstein	15 922	5,6
Thüringen	9 666	4,5

1 Ab 2011 Ergebnisse auf Grundlage des Zensus 2011.

2.6.5 Eheschließende nach dem bisherigen Familienstand sowie Heiratsziffern Lediger

Alter von ... bis unter ... Jahren	Eheschließende 2014					Heiratsziffern Lediger		
	insgesamt	darunter Ausländer/-innen	Familienstand vor der Eheschließung			2000	2013 [3]	2014 [3]
			ledig	verwitwet [1]	geschieden [2]			
	Anzahl					Eheschließende Ledige je 1 000 Ledige gleichen Alters		
Männer								
Insgesamt	385 952	29 036	291 404	5 972	88 576	X	X	X
dar. Ausländer	29 036	X	23 181	231	5 624	X	X	X
unter 20	613	187	613	0	0	1	0	0
20 – 25	21 101	4 160	21 001	2	98	19	9	9
25 – 30	84 787	8 075	83 245	12	1 530	50	37	37
30 – 35	96 326	6 846	90 807	36	5 483	57	57	58
35 – 40	55 168	4 048	46 231	89	8 848	38	46	47
40 – 45	34 802	2 235	22 419	201	12 182	22	27	27
45 – 50	31 543	1 368	13 840	395	17 308	14	16	17
50 – 55	26 005	838	7 429	709	17 867	10	12	12
55 – 60	16 490	570	3 249	847	12 394	6	9	9
60 und mehr	19 117	709	2 570	3 681	12 866	0	0	0
Frauen								
Insgesamt	385 952	34 949	293 115	4 057	88 780	X	X	X
dar. Ausländerinnen	34 949	X	26 169	582	8 198	X	X	X
unter 20	3 467	860	3 463	0	4	7	2	2
20 – 25	43 831	6 831	43 316	8	507	40	21	21
25 – 30	111 427	9 226	107 449	46	3 932	76	58	60
30 – 35	88 702	7 382	79 153	128	9 421	64	69	71
35 – 40	41 984	4 214	30 540	244	11 200	36	46	46
40 – 45	25 776	2 619	12 746	358	12 672	21	23	24
45 – 50	26 755	1 621	8 375	567	17 813	13	16	16
50 – 55	22 272	1 089	4 676	784	16 812	9	13	13
55 – 60	11 850	611	2 124	677	9 049	5	9	9
60 und mehr	9 888	496	1 273	1 245	7 370	0	0	0

1 Einschl. Personen, deren frühere(r) Ehegatte/-gattin für tot erklärt worden ist.
2 Einschl. „Frühere Ehe aufgehoben".
3 Ergebnisse auf Grundlage des Zensus 2011.

2 Bevölkerung, Familien, Lebensformen

2.6 Familien, Kinder und Lebensformen
2.6.6 Durchschnittliches Heiratsalter

	Durchschnittliches Heiratsalter in Jahren							
	Männer				Frauen			
	insgesamt	Familienstand vor der Eheschließung			insgesamt	Familienstand vor der Eheschließung		
		ledig	verwitwet	geschieden		ledig	verwitwet	geschieden
1990	31,1	27,9	56,9	40,5	28,2	25,5	47,3	37,0
2000	35,0	31,2	60,8	44,4	31,9	28,4	50,2	40,8
2005	36,5	32,6	61,3	45,8	33,3	29,6	50,9	42,4
2010	37,3	33,2	62,6	48,0	34,1	30,3	52,9	44,7
2012	37,7	33,5	63,3	48,9	34,6	30,7	53,9	45,6
2013	37,8	33,6	63,8	49,3	34,7	30,9	54,4	46,0
2014	37,8	33,7	64,0	49,6	34,8	31,0	55,0	46,4

2.6.7 Prozentuale Verteilung der Frauen nach Zahl der Kinder 2012

Geburtenjahrgänge (im Jahr 2012 erreichtes Alter von ... bis ... Jahren)	Frauen ohne Kind	Mütter	Mütter nach Zahl der Kinder			
			1 Kind	2 Kinder	3 Kinder	4 und mehr Kinder
	%					
1988 – 1992 (20 – 24)	91	9	80	17	/	/
1983 – 1987 (25 – 29)	71	29	63	29	6	2
1978 – 1982 (30 – 34)	44	56	48	39	10	3
1973 – 1977 (35 – 39)	27	73	35	47	13	5
1968 – 1972 (40 – 44)	22	78	32	47	15	6
1963 – 1967 (45 – 49)	20	80	31	48	15	6
1958 – 1962 (50 – 54)	18	82	29	49	16	6
1953 – 1957 (55 – 59)	16	84	30	48	15	6
1948 – 1952 (60 – 64)	14	86	32	47	15	6
1943 – 1947 (65 – 69)	12	88	30	46	16	7
1937 – 1942 (70 – 75)	11	89	26	42	20	12

Ergebnisse des Mikrozensus, Hochrechnung auf Grundlage des Zensus 2011. – Bevölkerung am Hauptwohnsitz. – Abweichungen von 100 % sind rundungsbedingt.

2.6.8 Gerichtliche Ehelösungen

Gerichtliche Ehelösungen umfassen Ehescheidungen und Fälle, bei denen die Ehe aufgehoben wurde.
Die **Nichtigkeit der Ehe** bezeichnet die Ungültigkeit einer Eheschließung. Wird eine Ehe für nichtig erklärt, ist in der Folge so zu verfahren, als ob diese Ehe niemals bestanden hätte.
Die **Aufhebung der Ehe** bezeichnet die gerichtlich verfügte Beendigung einer Ehe aufgrund fehlerhafter Eheschließung.

	Rechtskräftige Urteile auf Ehelösungen								Nichtigkeit der Ehe [7]	Aufhebung der Ehe	Abweisung der Klage
	insgesamt	Ehescheidungen									
		zusammen	je 1 000		davon Entscheidung in der Ehesache						
					nach BGB: Scheidung ...			aufgrund anderer Vorschriften [6]			
			Einwohner/ -innen [1]	bestehende Ehen [2]	vor einjähriger Trennung [3]	nach einjähriger Trennung [4]	nach dreijähriger Trennung [5]				
1999	190 760	190 590	2,3	9,9	2 916	168 641	18 112	921	X	170	267
2000	194 630	194 408	2,4	10,1	3 527	171 668	18 316	897	X	222	254
2002	204 606	204 214	2,5	10,8	3 072	182 225	17 889	1 028	X	392	286
2003	214 274	213 975	2,6	11,4	3 950	186 618	22 169	1 238	X	299	322
2004	214 062	213 691	2,6	11,5	4 260	184 004	24 402	1 025	X	371	309
2005	202 072	201 693	2,5	10,9	4 013	172 308	24 320	1 052	X	379	323
2006	191 209	190 928	2,3	10,4	3 311	161 543	25 055	1 019	X	281	393
2007	187 321	187 072	2,3	10,3	2 971	157 537	25 556	1 008	X	249	350
2008	192 148	191 948	2,3	10,6	3 054	162 450	25 160	1 284	X	200	393
2009 [8]	186 039	185 817	2,3	10,4	3 265	153 830	27 536	1 186	X	222	307
2010	187 248	187 027	2,3	10,6	3 093	151 108	31 589	1 237	X	221	338
2011	187 900	187 640	2,3	10,2 [9]	2 600	153 688	29 922	1 430	X	260	315
2012	179 348	179 147	2,2	9,8	2 314	147 910	27 664	1 259	X	201	300
2013	170 033	169 833	2,1	9,3	1 904	141 201	26 072	656	X	200	302
2014	166 354	166 199	2,1	9,2	1 671	138 803	25 302	423	X	155	299

1 Ab 2011 Ergebnisse auf Grundlage des Zensus 2011, für die Jahre zuvor Ergebnisse auf Grundlage früherer Zählungen.
2 Jeweils bezogen auf die verheirateten Frauen am Jahresanfang.
3 §1565 Abs. 1 Bürgerliches Gesetzbuch (BGB) in Verbindung mit §1565 Abs. 2 BGB.
4 §1565 Abs. 1 BGB.
5 §1565 Abs. 1 BGB in Verbindung mit §1566 Abs. 2 BGB.
6 U. a. ausländische Vorschriften.
7 War bis 30.6.1998 im deutschen Rechtsbereich durch gerichtlichen Entscheid möglich, der vorherige Familienstand lebte wieder auf.
8 Bei einer Untererfassung in Bayern von schätzungsweise 1 900 Fällen.
9 Ergebnisse auf Grundlage des Zensus 2011.

2 Bevölkerung, Familien, Lebensformen

2.6 Familien, Kinder und Lebensformen
2.6.9 Geschiedene Ehen nach Ehedauer, Antragstellung und Kinderzahl 2014

Ehedauer in Jahren [1]	Geschiedene Ehen				je 1 000 geschlossene Ehen	Davon			
	insgesamt	davon Antragsteller/-in				ohne	mit		
							1	2	3 und mehr
		Mann	Frau	beide		minderjährige(n) Kind(er/n) [2]			
Insgesamt	166 199	67 230	86 103	12 866	353,6 [3]	82 157	44 459	31 234	10 875
0	20	3	13	4	0,1	17	3	0	0
1	1 092	400	602	90	2,9	920	144	24	4
2	5 640	2 133	3 099	408	14,6	4 218	1 140	232	59
3	7 118	2 702	3 919	497	18,8	4 767	1 831	437	127
4	6 462	2 446	3 499	517	16,9	3 878	1 962	533	113
5	8 474	3 207	4 639	628	22,4	4 685	2 708	934	190
6	8 859	3 230	4 945	684	23,5	4 527	2 833	1 275	313
7	8 440	3 129	4 646	665	22,9	3 889	2 806	1 480	336
8	8 083	3 095	4 351	637	21,6	3 555	2 531	1 661	399
9	7 604	2 992	4 011	601	19,6	3 121	2 319	1 795	476
10	7 151	2 822	3 789	540	18,1	2 798	2 117	1 802	567
11	6 751	2 654	3 576	521	17,6	2 414	2 025	1 845	595
12	6 245	2 455	3 309	481	15,9	2 060	1 838	1 839	610
13	5 716	2 278	2 984	454	14,7	1 715	1 645	1 826	686
14	5 833	2 339	3 003	491	13,9	1 660	1 709	1 940	633
15	5 554	2 262	2 871	421	12,9	1 551	1 510	1 925	766
16 bis 20	24 007	10 221	11 906	1 880	56,2	6 273	7 136	8 077	3 387
21 bis 25	19 503	8 605	9 360	1 538	41,0	9 816	5 837	2 885	1 255
26 und mehr	23 647	10 257	11 581	1 809	45,9	20 293	2 365	724	359
nachrichtlich:									
Früheres Bundesgebiet [4]	143 098	58 416	73 539	11 143	358,4	70 102	37 943	27 511	9 781
Neue Länder	23 101	8 814	12 564	1 723	326,9	12 055	6 516	3 723	1 094

1 Ermittelt als Differenz zwischen Eheschließungsjahr und Berichtsjahr; z. B. 2014: Ehedauer 0 = Eheschließung 2014, Ehedauer 1 = Eheschließung 2013 usw.
2 Im Zeitpunkt der Urteilsverkündung.
3 Summe der 2014 geschiedenen Ehen, die eine Ehedauer von 0 bis 25 Jahren verzeichneten, bezogen auf jeweils 1 000 geschlossene Ehen gleicher Ehedauer.
4 Einschl. der Angaben für Gesamt-Berlin.

Zusammengefasste ehedauerspezifische Scheidungsziffer

Die **ehedauerspezifische Scheidungsziffer** wird zur Beurteilung des Scheidungsrisikos in Abhängigkeit von der Ehedauer herangezogen. Sie gibt die Anzahl der im Berichtsjahr geschiedenen Ehen eines Eheschließungsjahrgangs je 1 000 geschlossene Ehen desselben Jahrgangs an. Werden für ein Kalenderjahr die ehedauerspezifischen Scheidungsziffern für 25 Eheschließungsjahrgänge addiert, ergibt dies die **zusammengefasste ehedauerspezifische Scheidungsziffer**. Diese erreichte 2014 einen Wert von 354 bzw. 35 %. Dies bedeutet, dass unter den Scheidungsverhältnissen von 2014 mehr als jede dritte Ehe im Laufe von 25 Jahren geschieden wurde.

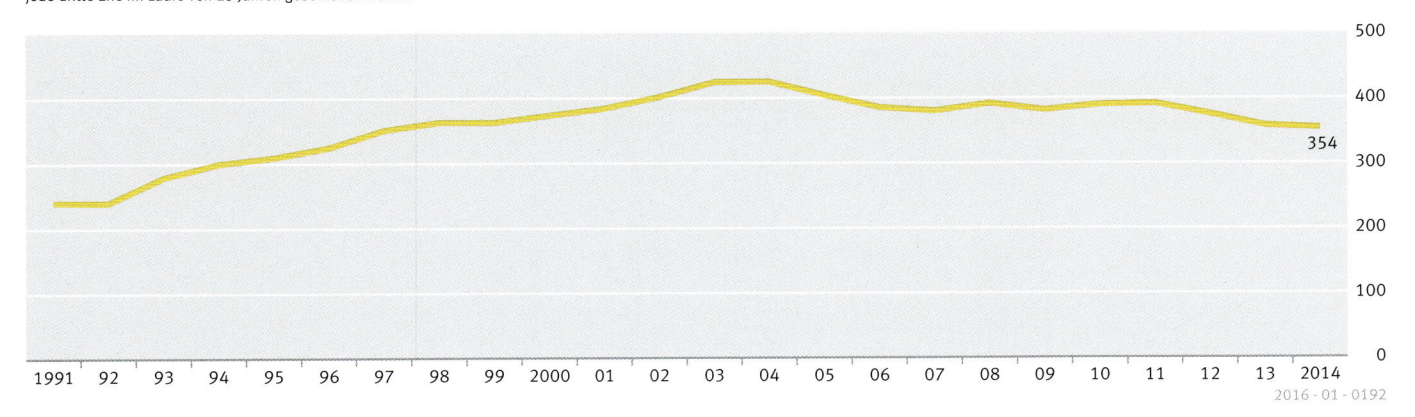

2 Bevölkerung, Familien, Lebensformen

2.6 Familien, Kinder und Lebensformen
2.6.10 Ehescheidungen im Zeitvergleich

	Ehescheidungen		Durchschnittliches Alter Geschiedener [3]		Durchschnittliche Ehedauer bis zur Scheidung	Zusammengefasste ehedauerspezifische Scheidungsziffer
	je 1 000 Einwohner/-innen [1]	je 1 000 bestehende Ehen [2]	Männer	Frauen		
	Deutschland					
1991	1,7	7,1	39,1	36,2	11,7	240,1
1993	1,9	8,0	39,2	36,3	11,6	278,4
1995	2,1	8,7	39,5	36,8	12,1	308,6
1997	2,3	9,7	40,1	37,4	12,4	350,4
1999	2,3	9,9	40,9	38,2	12,8	362,1
2001	2,4	10,3	41,4	38,7	12,9	383,6
2003	2,6	11,4	42,0	39,3	13,1	424,1
2005	2,5	10,9	43,0	40,3	13,6	403,7
2007	2,3	10,3	43,7	40,9	13,9	379,4
2009 [4]	2,3	10,4	44,5	41,7	14,3	380,9
2011	2,3	10,2 [7]	45,1	42,2	14,5	391,0
2012	2,2	9,8	45,5	42,5	14,6	374,9
2013	2,1	9,3	45,7	42,8	14,7	357,1
2014	2,1	9,2	45,9	42,9	14,7	353,6
	Früheres Bundesgebiet [5]					
1991	2,0	8,3	39,3	36,4	11,9	302,3
1993	2,1	8,8	39,6	36,7	11,9	325,3
1995	2,2	9,2	39,8	37,0	12,2	340,5
1997	2,4	10,1	40,3	37,5	12,3	373,2
1999	2,4	10,2	41,0	38,2	12,5	375,6
2001	2,5	10,7	41,4	38,7	12,6	395,1
2003	2,7	11,8	41,9	39,2	12,8	436,1
2005	2,5	11,2	42,9	40,2	13,2	413,7
2007	2,3	10,6	43,6	40,8	13,6	389,5
2009 [4]	2,3	10,7	44,4	41,6	14,0	389,9
2011	2,4	10,5 [7]	45,0	42,1	14,2	400,8
2012	2,3	10,0	45,4	42,4	14,4	382,8
2013	2,1	9,5	45,7	42,7	14,5	362,9
2014	2,1	9,4	45,8	42,8	14,5	358,5
	Neue Länder und Berlin-Ost [6]					
1991	0,6	2,3	36,1	33,6	9,5	63,9
1993	1,2	4,8	36,1	33,5	9,9	140,7
1995	1,5	6,2	37,7	35,0	11,6	193,0
1997	1,9	7,8	39,2	36,6	13,0	257,1
1999	2,1	8,6	40,5	38,0	14,0	303,6
2001	2,1	8,9	41,5	39,0	14,7	331,8
2003	2,2	9,5	42,3	39,8	14,9	370,9
2005	2,1	9,1	43,4	40,9	15,6	355,8
2007	1,9	8,4	44,3	41,8	16,0	327,0
2009	2,0	8,6	45,1	42,5	16,1	334,8
2011	2,0	8,6 [7]	45,5	42,8	16,0	337,3
2012	1,9	8,5	45,8	43,1	16,0	332,5
2013	1,9	8,3	46,2	43,3	15,9	325,2
2014	1,8	8,2	46,1	43,3	15,5	326,9

Die **ehedauerspezifische Scheidungsziffer** wird zur Beurteilung des Scheidungsrisikos in Abhängigkeit von der Ehedauer herangezogen. Sie gibt die Anzahl der im Berichtsjahr geschiedenen Ehen eines Eheschließungsjahrgangs je 1 000 geschlossene Ehen desselben Jahrgangs an. Werden für ein Kalenderjahr die ehedauerspezifischen Scheidungsziffern für 25 Eheschließungsjahrgänge addiert, ergibt dies die **zusammengefasste ehedauerspezifische Scheidungsziffer**. Diese erreichte 2014 einen Wert von 354 bzw. 35 %. Dies bedeutet, dass unter den Scheidungsverhältnissen von 2014 mehr als jede dritte Ehe im Laufe von 25 Jahren geschieden wurde.

1 Ab 2011 Ergebnisse auf Grundlage des Zensus 2011, für die Jahre zuvor Ergebnisse auf Grundlage früherer Zählungen.
2 Jeweils bezogen auf die Zahl der verheirateten Frauen (am Jahresanfang).
3 Bis 1981 nach Geburts-, ab 1982 nach Altersjahren.
4 Im Zusammenhang mit der vollständigen Neufassung der Anordnung über die Erhebung von statistischen Daten in Familiensachen zum 1.9.2009 im Zuge des FGG-Reformgesetzes und der Umstellung des Geschäftsstellenautomationssystems bei den meldenden Berichtsstellen ist in der Ehelösungsstatistik für das Jahr 2009 in Bayern von einer Untererfassung von schätzungsweise 1 900 Fällen auszugehen.
5 Ab 1995 einschl. Berlin-Ost.
6 Ab 1995 ohne Berlin-Ost.
7 Ergebnisse auf Grundlage des Zensus 2011.

2 Bevölkerung, Familien, Lebensformen

2.6 Familien, Kinder und Lebensformen
2.6.11 Gleichgeschlechtliche Lebensgemeinschaften

	Gleichgeschlechtliche Lebensgemeinschaften			Darunter eingetragene Lebenspartnerschaften		
	insgesamt	Männer	Frauen	zusammen	Männer	Frauen
	1 000	%		1 000	%	
April 1996 ...	38	60,5	39,5	–	–	–
April 1998 ...	44	56,8	43,2	–	–	–
Mai 2000	47	57,4	42,6	–	–	–
April 2002 ...	53	58,5	41,5	–	–	–
März 2004 ...	56	53,6	46,4	–	–	–
2006	62	62,9	37,1	12	66,7	33,3
2008	70	65,7	33,3	19	73,7	26,3
2010	63	57,1	42,9	23	56,5	43,5
2011	64	58,5	41,5	26	58,4	41,6
2012	70	56,7	43,3	30	55,5	44,5
2013	78	54,3	45,7	35	56,7	43,3
2014	87	54,7	45,3	41	57,9	42,1
2015	94	51,9	48,1	43	54,0	46,0

Ergebnisse des Mikrozensus. – Bevölkerung in Familien/Lebensformen am Hauptwohnsitz. – Die Beantwortung der Frage nach einem Lebenspartner/einer Lebenspartnerin im Haushalt ist freiwillig. Die Angaben dürften daher als untere Grenze interpretiert werden. Hochrechnung für die Jahre ab Mikrozensus 2011 anhand der Bevölkerungsfortschreibung auf Grundlage des Zensus 2011. Die Hochrechnung für die Vorjahre basiert auf den fortgeschriebenen Ergebnissen der Volkszählung 1987.

Eingetragene Lebenspartnerschaften
Anteil an allen gleichgeschlechtlichen Lebensgemeinschaften, in %

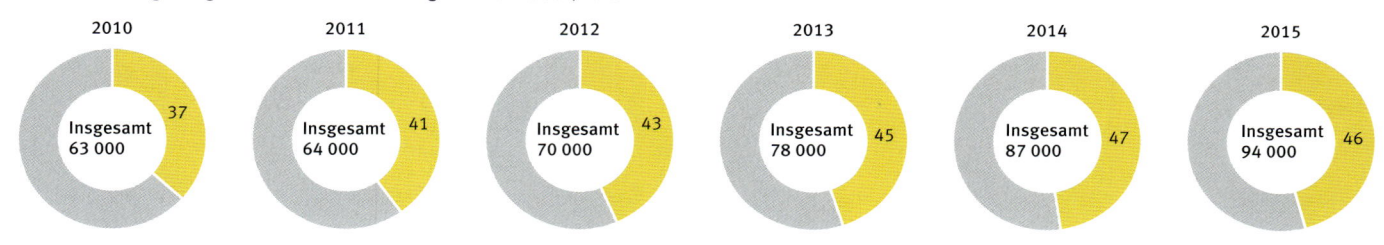

2010	2011	2012	2013	2014	2015
Insgesamt 63 000 — 37	Insgesamt 64 000 — 41	Insgesamt 70 000 — 43	Insgesamt 78 000 — 45	Insgesamt 87 000 — 47	Insgesamt 94 000 — 46

Ergebnisse des Mikrozensus.

Familienformen
in Mill.

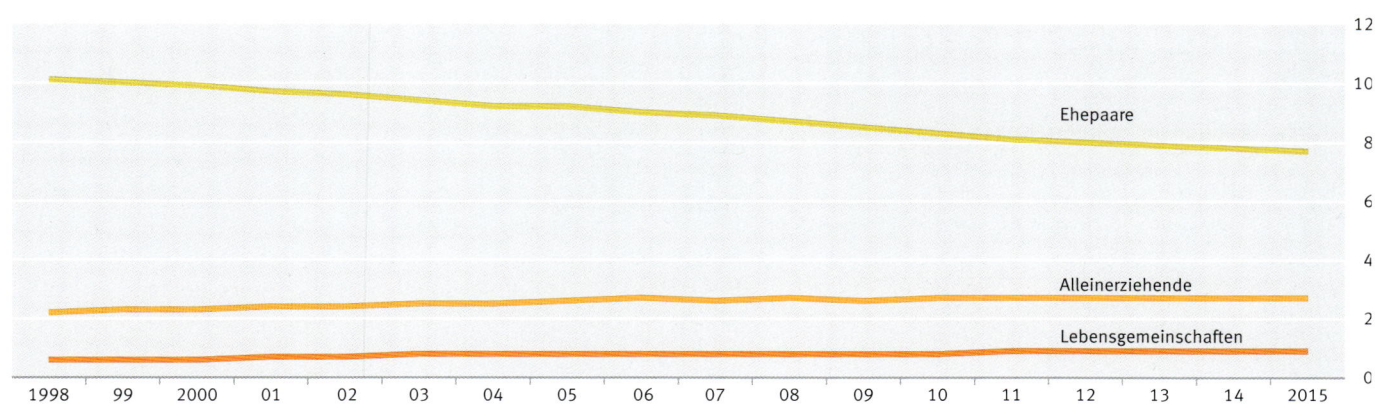

(Liniendiagramm 1998–2015: Ehepaare von ca. 10 auf ca. 8 fallend; Alleinerziehende bei ca. 2–2,5; Lebensgemeinschaften bei ca. 0,5–1)

Ergebnisse des Mikrozensus. – Bevölkerung in Familien/Lebensformen am Hauptwohnsitz.

2 Bevölkerung, Familien, Lebensformen

2.6 Familien, Kinder und Lebensformen
2.6.12 Familien nach Familienform und Zahl der Kinder in der Familie

	Familien mit ... Kind(ern) ohne Altersbegrenzung						Darunter Familien mit ... Kind(ern) unter 18 Jahren					Minderjährige Kinder	
	insgesamt	Veränderung gegenüber 1996	1	2	3	4 und mehr	zusammen	1	2	3	4 und mehr		
	1 000	%	% der Familien insgesamt				1 000	% der Familien mit minderjährigen Kindern				1 000	je Familie
	April 1996												
Insgesamt	13 155	–	50,6	37,1	9,4	2,9	9 429	40,0	44,0	12,2	3,8	15 604	1,65
davon:													
Ehepaare	10 408	–	45,8	40,5	10,6	3,2	7 673	35,4	47,0	13,4	4,2	13 096	1,71
Lebensgemeinschaften	511	–	65,8	26,0	6,1	2,2	452	63,3	27,7	6,6	2,4	650	1,44
Alleinerziehende	2 236	–	69,6	23,9	5,0	1,5	1 304	58,5	31,6	7,4	2,4	1 859	1,43
	2015												
Insgesamt	11 408	– 13,3	52,6	35,8	9,2	2,4	8 032	52,9	36,3	8,7	2,1	12 908	1,61
davon:													
Ehepaare	7 719	– 25,8	45,3	40,8	11,0	2,9	5 544	46,5	40,9	10,2	2,4	9 399	1,70
Lebensgemeinschaften	949	85,7	64,3	28,3	5,9	1,5	843	65,6	27,7	5,4	1,2	1 203	1,43
Alleinerziehende	2 740	22,5	69,3	24,1	5,1	1,4	1 644	68,2	25,1	5,3	1,4	2 306	1,40

Ergebnisse des Mikrozensus. – Bevölkerung in Familien/Lebensformen am Hauptwohnsitz. Hochrechnung für die Jahre ab Mikrozensus 2011 anhand der Bevölkerungsfortschreibung auf Grundlage des Zensus 2011. Die Hochrechnung für die Vorjahre basiert auf den fortgeschriebenen Ergebnissen der Volkszählung 1987.

2.6.13 Minderjährige Kinder nach Familienform

	Deutschland		Früheres Bundesgebiet		Neue Länder einschl. Berlin	
	2015	2001	2015	2001	2015	2001
	1 000					
Insgesamt	12 908	15 090	10 580	12 271	2 327	2 819
davon:						
Ehepaare	9 399	12 153	8 106	10 258	1 292	1 895
Lebensgemeinschaften	1 203	821	748	468	455	352
Alleinerziehende	2 306	2 116	1 726	1 544	580	572
	%					
Insgesamt	100	100	100	100	100	100
davon:						
Ehepaare	72,8	80,5	76,6	83,6	55,5	67,2
Lebensgemeinschaften	9,3	5,4	7,1	3,8	19,5	12,5
Alleinerziehende	17,9	14,0	16,3	12,6	24,9	20,3

Ergebnisse des Mikrozensus. – Bevölkerung in Familien/Lebensformen am Hauptwohnsitz. – Abweichungen in den Summen sind rundungsbedingt. Hochrechnung für die Jahre ab Mikrozensus 2011 anhand der Bevölkerungsfortschreibung auf Grundlage des Zensus 2011. Die Hochrechnung für die Vorjahre basiert auf den fortgeschriebenen Ergebnissen der Volkszählung 1987.

2.6.14 Familien mit minderjährigen Kindern 2015

	Familien mit minderjährigen Kindern					
	insgesamt	ohne Migrationshintergrund	mit Migrationshintergrund	insgesamt	ohne Migrationshintergrund	mit Migrationshintergrund
	1 000			%		
Insgesamt	8 032	5 500	2 531	100	100	100
1 Kind	3 408	2 478	930	42,4	45,1	36,7
2 Kinder	3 389	2 326	1 063	42,2	42,3	42,0
3 Kinder und mehr	1 234	696	538	15,4	12,7	21,2

Ergebnisse des Mikrozensus. – Bevölkerung in Familien/Lebensformen am Hauptwohnsitz. Hochrechnung für die Jahre ab Mikrozensus 2011 anhand der Bevölkerungsfortschreibung auf Grundlage des Zensus 2011. Die Hochrechnung für die Vorjahre basiert auf den fortgeschriebenen Ergebnissen der Volkszählung 1987.

2 Bevölkerung, Familien, Lebensformen
2.6 Familien, Kinder und Lebensformen
2.6.15 Minderjährige Kinder in Paarfamilien nach Erwerbsbeteiligung der Eltern

	2015		
	Deutschland	Früheres Bundesgebiet	Neue Länder einschl. Berlin
	%		
Insgesamt	*100*	*100*	*100*
Beide Elternteile aktiv erwerbstätig	*52,5*	*52,0*	*55,1*
1 Elternteil aktiv erwerbstätig	*35,5*	*36,4*	*30,9*
Kein Elternteil aktiv erwerbstätig	*12,0*	*11,6*	*14,1*
Beide Elternteile aktiv erwerbstätig	*100*	*100*	*100*
1 Elternteil vollzeittätig und 1 Elternteil teilzeittätig	*73,9*	*78,7*	*50,7*
Beide Elternteile vollzeittätig	*22,8*	*18,2*	*44,9*
Beide Elternteile teilzeittätig	*3,3*	*3,1*	*4,4*
1 Elternteil aktiv erwerbstätig	*100*	*100*	*100*
Elternteil vollzeittätig	*84,9*	*85,8*	*79,4*
Elternteil teilzeittätig	*15,1*	*14,2*	*20,6*

Ergebnisse des Mikrozensus. – Bevölkerung in Familien/Lebensformen am Hauptwohnsitz. – Abweichungen in den Summen sind rundungsbedingt. Hochrechnung für die Jahre ab Mikrozensus 2011 anhand der Bevölkerungsfortschreibung auf Grundlage des Zensus 2011. Die Hochrechnung für die Vorjahre basiert auf den fortgeschriebenen Ergebnissen der Volkszählung 1987.

Minderjährige Kinder in Paarfamilien nach überwiegendem Lebensunterhalt der Eltern 2015
in %

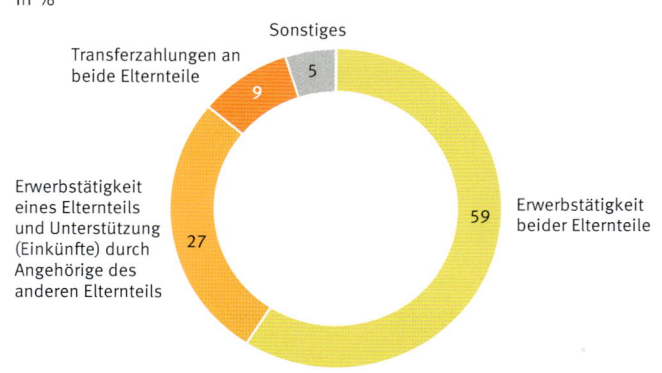

- Sonstiges: 5
- Transferzahlungen an beide Elternteile: 9
- Erwerbstätigkeit eines Elternteils und Unterstützung (Einkünfte) durch Angehörige des anderen Elternteils: 27
- Erwerbstätigkeit beider Elternteile: 59

Ergebnisse des Mikrozensus.

2.6.16 Kindertageseinrichtungen am 1.3.2015

	Tageseinrichtungen		Davon		Kinder in Tageseinrichtungen		Davon		Pädagogisches Personal (ohne Leitung und Verwaltung)		Davon	
	insgesamt	Veränderung gegenüber 2007	öffentliche Träger	freie Träger	insgesamt	Veränderung gegenüber 2007	öffentliche Träger	freie Träger	insgesamt	Veränderung gegenüber 2007	öffentliche Träger	freie Träger
	Anzahl	%			Anzahl	%			Anzahl	%		
Tageseinrichtungen für Kinder im Alter von ... bis unter ... Jahren												
0 – 3	2 029	154,3	20,7	79,3	36 879	152,2	24,5	75,5	11 448	225,9	24,4	75,6
2 – 8 (ohne Schulkinder)	17 977	– 29,0	32,2	67,8	861 283	– 37,4	34,2	65,8	136 778	– 13,6	33,3	66,7
5 – 14 (nur Schulkinder)	3 786	22,1	47,7	52,3	285 254	58,1	55,0	45,0	23 889	56,9	50,7	49,3
mit Kindern aller Altersgruppen	30 744	58,3	32,6	67,4	2 158 370	52,9	34,8	65,2	356 445	106,6	33,6	66,4
davon Tageseinrichtungen mit:												
Alterseinheitlichen Gruppen	11 217	109,7	36,0	64,0	867 094	86,0	36,6	63,4	133 303	157,0	35,5	64,5
Altersgemischten Gruppen	6 049	15,9	30,7	69,3	290 962	9,7	38,6	61,4	52 474	41,0	36,7	63,3
Alterseinheitlichen und altersgemischten Gruppen	13 478	52,3	30,7	69,3	1 000 314	47,1	32,1	67,9	170 668	104,6	31,2	68,8
Insgesamt	**54 536**	**12,1**	**33,1**	**66,9**	**3 341 786**	**12,1**	**36,2**	**63,8**	**528 560**	**51,2**	**34,1**	**65,9**
darunter:												
Tageseinrichtungen mit integrativer Betreuung	18 572	38,5	32,0	68,0	1 376 979	40,5	34,6	65,4	229 978	84,8	33,1	66,9
Tageseinrichtungen für behinderte Kinder	260	– 24,9	11,2	88,8	7 368	– 45,6	11,5	88,5	3 388	– 12,1	9,9	90,1
Tageseinrichtungen für Kinder von Betriebsangehörigen	725	117,1	10,6	89,4	33 340	106,5	12,6	87,4	7 991	188,3	11,2	88,8
Tageseinrichtungen von Elterninitiativen	4 421	9,5	–	100	139 883	13,8	–	100	26 984	37,0	–	100

Ergebnisse der Kinder- und Jugendhilfestatistiken.

2 Bevölkerung, Familien, Lebensformen

2.6 Familien, Kinder und Lebensformen
2.6.17 Kinder unter 6 Jahren in Tageseinrichtungen und öffentlich geförderter Kindertagespflege am 1.3.2015

	Kinder unter 6 Jahren		Davon im Alter von ... bis unter ... Jahren					
	insgesamt	Veränderung gegenüber 2007	0 – 3			3 – 6		
			zusammen	Betreuungsquote	Ganztagsquote [1]	zusammen	Betreuungsquote	Ganztagsquote [1]
	Anzahl	%	Anzahl	%		Anzahl	%	
Deutschland	2 654 894	17,6	693 343	32,9	18,1	1 961 551	94,9	43,9
Baden-Württemberg	346 627	10,0	78 729	27,8	10,4	267 898	95,5	21,5
Bayern	395 542	16,9	92 668	27,5	10,1	302 874	93,5	34,1
Berlin	142 064	29,4	48 885	45,9	30,1	93 179	95,9	61,9
Brandenburg	92 925	19,3	33 407	56,8	37,8	59 518	97,2	63,6
Bremen	19 447	26,3	4 698	27,1	16,3	14 749	91,0	36,0
Hamburg	67 071	44,0	23 057	43,3	22,7	44 014	92,5	46,1
Hessen	196 840	15,6	47 713	29,7	18,1	149 127	93,6	48,2
Mecklenburg-Vorpommern	60 228	15,5	21 719	56,0	41,1	38 509	96,3	67,6
Niedersachsen	240 978	19,5	55 318	28,3	11,0	185 660	94,8	26,9
Nordrhein-Westfalen	539 150	18,5	117 428	25,9	12,6	421 722	94,5	44,4
Rheinland-Pfalz	126 352	11,3	30 286	30,6	15,6	96 066	97,3	49,7
Saarland	26 775	6,4	6 011	28,3	22,1	20 764	96,7	46,3
Sachsen	155 786	26,2	54 059	50,6	42,0	101 727	96,8	81,2
Sachsen-Anhalt	79 434	6,7	29 843	57,9	46,6	49 591	96,0	83,1
Schleswig-Holstein	86 667	22,9	21 575	31,4	13,8	65 092	93,2	30,0
Thüringen	79 008	16,9	27 947	52,4	47,7	51 061	97,2	91,5

Ergebnisse der Kinder- und Jugendhilfestatistiken. – Kinder in öffentlich geförderter Kindertagespflege, die nicht zusätzlich eine Kindertageseinrichtung oder Ganztagsschule besuchen, sowie Kinder in Kindertageseinrichtungen.

1 Anteil der durchgehend mehr als 7 Stunden pro Betreuungstag betreuten Kinder je 100 Kinder derselben Altersgruppe.

Betreuungsquoten von Kindern unter 3 Jahren
in Kindertagesbetreuung, in %

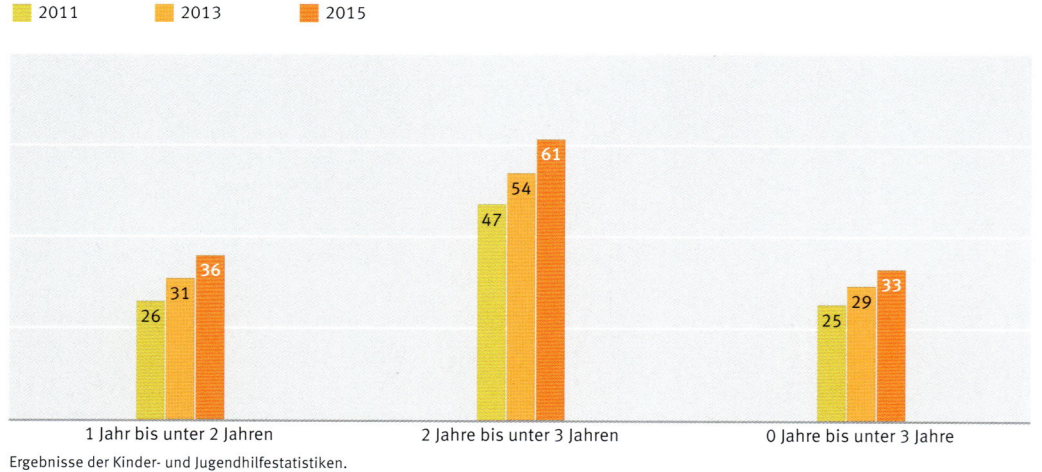

■ 2011   ■ 2013   ■ 2015

	2011	2013	2015
1 Jahr bis unter 2 Jahren	26	31	36
2 Jahre bis unter 3 Jahren	47	54	61
0 Jahre bis unter 3 Jahre	25	29	33

Kinder in öffentlich geförderter Kindertagespflege, die nicht zusätzlich eine Kindertageseinrichtung besuchen, sowie Kinder in Kindertageseinrichtungen.

Ergebnisse der Kinder- und Jugendhilfestatistiken.

2 Bevölkerung, Familien, Lebensformen

2.6 Familien, Kinder und Lebensformen

2.6.18 Kinder in Tageseinrichtungen und öffentlich geförderter Kindertagespflege nach Betreuungsumfang am 1.3.2015

	Kinder in Tagesbetreuung		Davon mit einer vertraglich vereinbarten Betreuungszeit in Stunden pro Woche von					Durchgehend mehr als 7 Stunden pro Betreuungstag
	insgesamt	Veränderung gegenüber 2007	bis zu 25 Stunden	mehr als 25 bis 35 Stunden	mehr als 36 bis unter 40 Stunden	mehr als 40 bis unter 45 Stunden	45 und mehr Stunden	
	Anzahl	%						
Insgesamt	3 469 677	14,0	21,0	35,9	2,5	11,3	29,3	42,6
und zwar:								
Ausländisches Herkunftsland mindestens eines Elternteils	884 939	27,9	17,4	41,0	2,5	11,2	27,8	40,7
In der Familie wird vorrangig nicht deutsch gesprochen	567 842	25,8	16,7	42,9	2,2	10,5	27,6	39,3
	nach dem Alter von ... bis unter ... Jahren							
unter 1	18 741	7,4	25,2	24,0	2,6	14,6	33,5	54,7
1 – 2	249 034	167,1	18,1	25,3	2,9	16,3	37,5	59,4
2 – 3	425 568	103,1	18,2	30,2	2,9	13,9	34,8	52,3
3 – 6	1 961 551	1,3	13,8	38,7	2,8	12,1	32,6	46,3
6 – 11	795 513	3,9	39,9	35,9	1,6	6,4	16,2	23,8
11 – 14	19 270	– 4,4	70,7	24,0	0,6	1,6	3,0	6,0

Ergebnisse der Kinder- und Jugendhilfestatistiken. – Kinder in öffentlich geförderter Kindertagespflege, die nicht zusätzlich eine Kindertageseinrichtung oder Ganztagsschule besuchen, sowie Kinder in Kindertageseinrichtungen.

2.6.19 Pädagogisch tätige Personen in der Kindertagesbetreuung am 1.3.2015

	Pädagogisch tätige Personen			Davon im Alter von ... bis unter ... Jahren				
	insgesamt	Männer	Frauen	unter 25	25 – 40	40 – 50	50 – 60	60 und mehr
	Anzahl	%						
In Kindertageseinrichtungen	555 024	5,2	94,8	12,4	35,2	24,2	23,7	4,5
darunter:								
Erzieher/-innen	371 893	3,9	96,1	7,1	35,4	26,4	26,4	4,7
Kinderpfleger/-innen	62 910	2,0	98,0	15,0	36,3	22,2	21,5	5,1
In öffentlich geförderter Kindertagespflege	44 107	3,3	96,7	1,3	30,2	30,3	28,2	10,0
darunter:								
Erzieher/-innen	5 591	1,8	98,2	1,5	35,6	27,0	27,0	8,9
Kinderpfleger/-innen	1 985	1,0	99,0	5,9	42,1	22,7	20,7	8,5

Ergebnisse der Kinder- und Jugendhilfestatistiken.

Pädagogisch tätige Personen in Kindertagesbetreuung 2015
in %

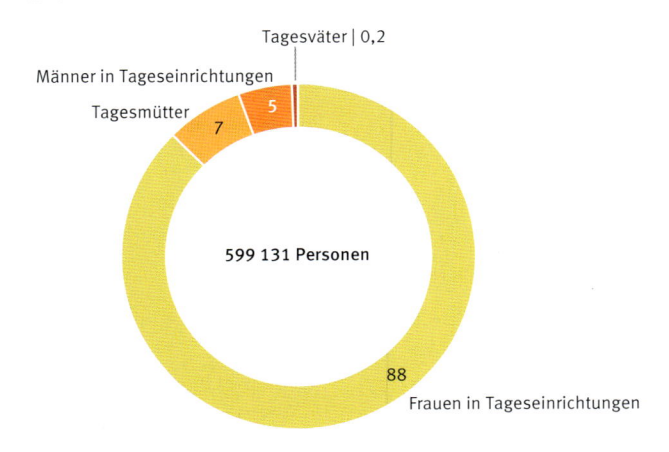

- Tagesväter | 0,2
- Männer in Tageseinrichtungen | 5
- Tagesmütter | 7
- Frauen in Tageseinrichtungen | 88

599 131 Personen

Ergebnisse der Kinder- und Jugendhilfestatistiken.
Stichtag: 1.3. – Kindertageseinrichtungen und öffentlich geförderte Kindertagespflege.

Elterngeld nach voraussichtlicher Bezugsdauer der Erstmeldungen im 4. Quartal 2015
in %

Elterngeld für ab dem 1. Juli 2015 geborene Kinder kann bis zu 32 Monate lang in Anspruch genommen werden, wenn das neu eingeführte Elterngeld Plus (1 Monat Basiselterngeld = 2 Monate Elterngeld Plus) und der Partnerschaftsbonus (4 zusätzliche Monate bei gleichzeitiger Teilzeitarbeit der Eltern) voll ausgeschöpft werden.

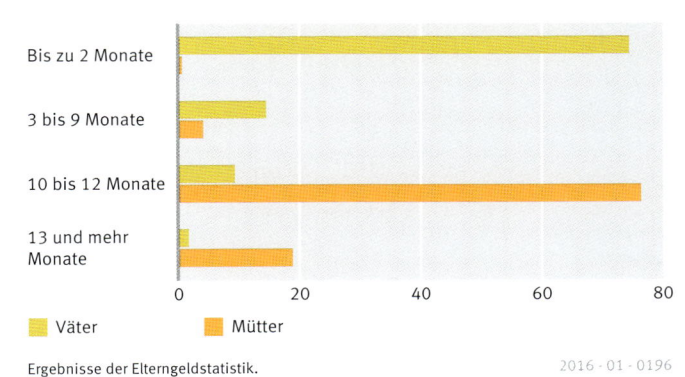

- Bis zu 2 Monate
- 3 bis 9 Monate
- 10 bis 12 Monate
- 13 und mehr Monate

Väter | Mütter

Ergebnisse der Elterngeldstatistik.

2 Bevölkerung, Familien, Lebensformen

2.6 Familien, Kinder und Lebensformen
2.6.20 Kindergeld

	Empfangsberechtigte [1]			Kinder, für die an die Empfangsberechtigten Kindergeld gezahlt wurde [1]						Ausgezahlte Beträge
	insgesamt	Deutsche	Ausländer/-innen	insgesamt [2]	davon waren ... Kind(er)					
					1.	2.	3.	4.	5. und weitere	
	1 000	%		1 000	%					Mill. EUR
2014	8 826	86,22	13,78	14 533	60,38	29,36	7,63	1,86	0,77	33 472
2015	8 828	85,63	14,37	14 548	60,32	29,35	7,66	1,88	0,78	34 339

Ohne Angaben für Bedienstete von Bund, Ländern und Gemeinden/Gv.
1 Stand: Dezember.
2 Abweichungen in den Summen sind rundungsbedingt.
Quelle: Bundesagentur für Arbeit

2.6.21 Elterngeld im 4. Quartal 2015

	Insgesamt	Davon		Höhe des durchschnittlichen Elterngeldanspruchs insgesamt für ab dem 1. Juli 2015 geborene Kinder	
		Mütter	Väter	Mütter	Väter
	Anzahl	%		EUR	
Deutschland	829 613	87,6	12,4	9 066	3 687
Baden-Württemberg	105 584	86,3	13,7	9 365	3 794
Bayern	143 318	87,3	12,7	9 659	3 666
Berlin	34 398	83,9	16,1	8 972	4 095
Brandenburg	21 726	87,4	12,6	9 142	3 298
Bremen	7 096	88,0	12,0	8 130	3 677
Hamburg	21 989	86,3	13,7	10 452	4 044
Hessen	68 029	88,9	11,1	9 232	3 896
Mecklenburg-Vorpommern	16 014	90,6	9,4	8 617	3 325
Niedersachsen	78 970	88,0	12,0	8 728	3 476
Nordrhein-Westfalen	172 219	88,0	12,0	8 626	3 837
Rheinland-Pfalz	39 997	89,0	11,0	8 691	3 678
Saarland	8 024	91,2	8,8	9 730	4 146
Sachsen	41 652	85,4	14,6	8 947	3 347
Sachsen-Anhalt	18 048	87,0	13,0	8 431	3 219
Schleswig-Holstein	28 901	90,1	9,9	9 147	3 696
Thüringen	23 648	87,9	12,1	8 969	2 799

Ergebnisse der Elterngeldstatistik.

2.6.22 Adoptierte Kinder und Jugendliche 2014

Am Jahresende 2014 waren 755 Kinder und Jugendliche zur **Adoption** vorgemerkt. Dem gegenüber standen 5 765 Adoptionsbewerbungen.

	Adoptierte Kinder und Jugendliche						
	insgesamt		Verwandtschaftsverhältnis zu den Adoptiveltern			Staatsangehörigkeit der Adoptiveltern		
			verwandt	Stiefvater/Stiefmutter	nicht verwandt	Deutsche	Nichtdeutsche [1]	Deutsche/Nichtdeutsche [1]
	Anzahl	%						
Insgesamt	3 805	100	3,3	57,6	39,2	90,8	1,9	7,3
	im Alter von ... bis unter ... Jahren							
unter 1	228	6,0	0,4	4,9	0,8	5,7	0,1	0,2
1 – 3	1 211	31,8	0,3	6,4	25,1	30,4	0,4	1,1
3 – 6	485	12,7	0,5	5,0	7,3	11,6	0,3	0,9
6 –12	1 013	26,6	1,1	21,4	4,1	23,4	0,6	2,6
12 und mehr	868	22,8	0,9	19,9	1,9	19,7	0,6	2,5
	nach Staatsangehörigkeit							
Deutsche	3 183	83,7	1,8	52,1	29,8	79,4	0,9	3,3
Nichtdeutsche [1]	622	16,3	1,5	5,4	9,4	11,4	0,9	4,0
	nach Geschlecht							
Männlich	1 960	51,5	1,6	28,5	21,4	46,7	1,0	3,8
Weiblich	1 845	48,5	1,6	29,1	17,8	44,1	0,9	3,5

Ergebnisse der Kinder- und Jugendhilfestatistiken.   1 Einschl. Staatenloser.

2 Bevölkerung, Familien, Lebensformen

2.6 Familien, Kinder und Lebensformen
2.6.23 Adoptierte Kinder und Jugendliche nach Staatsangehörigkeit 2014

	Adoptierte Kinder und Jugendliche			Davon im Alter von ... bis unter ... Jahren				Darunter mit den Adoptiveltern nicht verwandt
	insgesamt	männlich	weiblich	unter 3	3 – 6	6 – 12	12 und mehr	
Insgesamt	3 805	1 960	1 845	1 439	485	1 013	868	1 491
dar. im Zusammenhang mit der Adoption ins Inland geholt	299	166	133	122	97	58	22	264
Europa	3 473	1 784	1 689	1 356	412	937	768	1 297
dar. im Zusammenhang mit der Adoption ins Inland geholt	107	65	42	49	34	16	8	98
EU-Länder	3 315	1 691	1 624	1 307	386	908	714	1 220
dar. im Zusammenhang mit der Adoption ins Inland geholt	41	20	21	16	14	10	1	40
Deutschland	3 183	1 619	1 564	1 248	362	879	694	1 133
Bulgarien	57	26	31	29	18	8	2	52
Polen	25	16	9	7	1	10	7	9
Rumänien	21	11	10	11	2	4	4	13
Sonstige EU-Länder	29	19	10	12	3	7	7	.
Bosnien und Herzegowina	6	1	5	2	–	1	3	2
Russische Föderation	89	55	34	32	21	12	24	56
Serbien	5	5	–	1	–	1	3	4
Türkei	19	12	7	8	4	3	4	10
Ukraine	19	10	9	–	–	5	14	.
Sonstige europäische Länder	20	10	10	6	1	7	6	5
Afrika	75	44	31	35	10	16	14	48
dar. im Zusammenhang mit der Adoption ins Inland geholt	52	33	19	34	10	7	1	46
Äthiopien	15	6	9	6	5	2	2	12
Kamerun	4	3	1	1	–	2	1	1
Sonstige afrikanische Länder	56	35	21	28	5	12	11	35
Amerika	86	44	42	21	22	23	20	64
dar. im Zusammenhang mit der Adoption ins Inland geholt	53	28	25	19	18	13	3	52
Brasilien	2	1	1	–	–	1	1	.
Chile	6	2	4	–	1	4	1	5
Kolumbien	18	10	8	6	3	5	4	15
Mexiko	3	3	–	–	–	2	1	1
Peru	2	2	–	1	–	–	1	.
Vereinigte Staaten	2	1	1	1	1	–	–	.
Sonstige amerikanische Länder	53	25	28	13	17	11	12	42
Asien	165	85	80	23	41	36	65	78
dar. im Zusammenhang mit der Adoption ins Inland geholt	85	40	45	19	35	21	10	67
Armenien	3	1	2	–	–	–	3	.
Indien	11	3	8	3	5	2	1	10
Pakistan	5	3	2	–	2	2	1	2
Philippinen	15	11	4	–	3	4	8	4
Thailand	53	27	26	4	18	10	21	30
Vietnam	16	11	5	2	–	3	11	4
Sonstige asiatische Länder	62	29	33	14	13	15	20	27
Sonstige	6	3	3	4	–	1	1	4
dar. im Zusammenhang mit der Adoption ins Inland geholt	2	–	2	1	–	1	–	1

Ergebnisse der Kinder- und Jugendhilfestatistiken.

2 Bevölkerung, Familien, Lebensformen

2.7 Kirchen und Jüdische Gemeinden
2.7.1 Evangelische Kirche

	Kirchen-gemeinden	Theologen/Theologinnen im aktiven Dienst	Kirchen-mitglieder	Äußerungen des kirchlichen Lebens						Gottesdienst-teilnehmende [3]
				Taufen [1]	Konfirmierte	Trauungen	Bestattungen	Aufnahmen [2]	Austritte	
	Anzahl		1 000	Anzahl						1 000
2010	15 129	.	23 896	174 164	231 891	51 882	292 602	56 905	145 250	841
2011	15 007	.	23 620	174 196	238 487	48 398	283 101	53 303	141 497	852
2012	14 769	.	23 356	168 048	227 211	48 833	282 926	51 414	138 195	827
2013	14 412	.	23 040	165 058	218 691	45 249	287 667	50 116	176 551	764
2014	14 251	.	22 629	160 764	209 933	45 508	270 273	44 151	270 003	761

1 Kindertaufen ohne Taufen von Erwachsenen (Taufen bis zum vollendeten 14. Lebensjahr).
2 Einschl. Übertritten, Wiederaufnahmen und Taufen von Erwachsenen.
3 Gottesdienste am Sonntag Invokavit einschl. Kindergottesdienste.
Quelle: Evangelische Kirche in Deutschland

2.7.2 Katholische Kirche

	Pfarreien und sonstige Seelsorgestellen	Katholiken [1]	Äußerungen des kirchlichen Lebens							Teilnehmer/-innen am sonntäglichen Gottesdienst
			Taufen	Erst-kommunionen	Trauungen	Bestattungen	Eintritte	Wiederaufnahmen	Austritte	
	Anzahl	1 000	Anzahl							1 000 [2]
2010	11 524	24 651	170 339	224 932	48 524	252 965	3 576	7 403	181 193	3 103
2011	11 398	24 473	169 599	210 608	46 021	247 762	3 217	7 163	126 488	3 011
2012	11 222	24 340	167 505	202 088	47 161	247 502	3 091	7 185	118 335	2 861
2013	11 085	24 171	164 664	191 169	43 728	252 344	3 062	6 980	178 805	2 603
2014	10 911	23 939	164 833	188 342	44 158	240 262	2 809	6 314	217 716	2 614

1 Katholikenzahl nach Angaben der Pfarreien und Bistümer.
2 Durchschnittszahlen.
Quelle: Sekretariat der Deutschen Bischofskonferenz

2.7.3 Kirchensteuer und Kirchgeld

	Evangelische Kirche			Katholische Kirche		
	insgesamt	Kirchensteuern		insgesamt	Kirchensteuern	
		vom Einkommen/Arbeitslohn [1]	sonstige und Kirchgeld		vom Einkommen/Arbeitslohn [1]	sonstige und Kirchgeld
	1 000 EUR					
2010	4 255 540	4 226 245	29 295	4 802 718	4 794 017	8 701
2011	4 379 657	4 350 281	29 376	4 924 611	4 917 887	6 724
2012	4 624 472	4 595 335	29 137	5 197 801	5 188 199	9 602
2013	4 842 390	4 812 714	29 676	5 460 209	5 450 133	10 075
2014	5 077 770	5 048 660	29 110	5 691 209	5 681 190	10 020
2015	5 365 280	5 335 416	29 864	6 096 170	6 085 643	10 527

1 Abzüglich der Erhebungskosten der Finanzämter.
Quellen: Evangelische Kirche in Deutschland, Sekretariat der Deutschen Bischofskonferenz

2.7.4 Jüdische Gemeinden

	Mitglieder	Gemeinden	Rabbiner/-innen	Synagogen	Betsäle	Ritualbäder	Gemeindebibliotheken
2010	104 024	108	56	96	34	37	92
2011	102 797	108	67	98	32	36	99
2012	102 135	108	69	99	31	37	100
2013	101 338	108	70	99	31	38	100
2014	100 437	108	71	100	34	38	100
2015	99 695	105	69	100	32	39	100

Quellen: Zentralwohlfahrtsstelle der Juden in Deutschland e.V., Zentralrat der Juden in Deutschland

2 Bevölkerung, Familien, Lebensformen

Methodik

■ Bevölkerung

Zum ständigen Arbeitsprogramm der **Bevölkerungsstatistik** gehören die Bevölkerungsfortschreibung sowie die Statistiken der natürlichen Bevölkerungsbewegung (Geburten, Sterbefälle, Eheschließungen und Scheidungen) und der räumlichen Bevölkerungsbewegung (Wanderungen, d. h. Zu- und Fortzüge innerhalb und über die Grenzen Deutschlands). Des Weiteren umfasst die Bevölkerungsstatistik auch analytische Berechnungen, z. B. über Sterblichkeit, Ehedauer, Heirats-, Scheidungs- und Geburtenhäufigkeit sowie Bevölkerungsvorausberechnungen.

Bevölkerungsfortschreibung

Die **Bevölkerungsfortschreibung** weist die Zahl und die Zusammensetzung der Bevölkerung sowie ihre Veränderungen nach. Die rechtliche Grundlage bildet das Bevölkerungsstatistikgesetz (BevStatG §5 Abs. 1). Die Bevölkerungsfortschreibung wird auf Gemeindeebene geführt. Die Ergebnisse der jeweiligen letzten Volkszählungen dienen als Ausgangsbasis für die laufende Fortschreibung des Bevölkerungsstandes zwischen den Zählungen. Die Bevölkerungszahlen werden anhand einer Bilanzierung der Statistiken der Geburten und Sterbefälle sowie der Wanderungsstatistik fortgeschrieben. Ferner werden Staatsangehörigkeitswechsel, sonstige Bestandskorrekturen, Gebietsänderungen und – zum Nachweis des Familienstandes – die Ergebnisse der Statistiken der Eheschließungen und Ehescheidungen sowie ab 2011 der Begründung und der Aufhebung von Lebenspartnerschaften berücksichtigt. Die nachgewiesenen Bevölkerungszahlen gehen von den Ergebnissen der jeweiligen letzten Volkszählung aus.

Volkszählungen wurden im früheren Bundesgebiet 1950, 1956 (Gebäude- und Wohnungszählung), 1961, 1970 und 1987 durchgeführt. Auch in der ehemaligen DDR dienten die Ergebnisse von Volkszählungen als Ausgangsbasis für die laufende Fortschreibung des Bevölkerungsstandes. Diese Zählungen fanden hier 1950, 1964, 1970 und 1981 statt. Seit dem 3.10.1990 beruht die Fortschreibung des Bevölkerungsstandes in den neuen Ländern und Berlin-Ost auf einem Abzug des früheren Zentralen Einwohnerregisters Berlin-Biesdorf zum gleichen Stichtag. Die Ergebnisse des Zensus vom 9.5.2011, der die erste Zählung nach der Vereinigung Deutschlands darstellt, sind in den Fortschreibungszahlen ab dem 31.12.2011 berücksichtigt.

Erfasst wird die Bevölkerung am Ort der alleinigen Wohnung bzw. – bei mehreren Wohnungen in Deutschland – am Ort der *Hauptwohnung*. Bis 1983 – vor Einführung neuer Meldegesetze in den Ländern – basierte die Bevölkerungsfortschreibung auf dem Konzept der *Wohnbevölkerung*. Die Wohnbevölkerung wurde berechnet, indem Personen mit mehreren Wohnungen der Gemeinde zugeordnet wurden, von der sie zur Arbeit oder Ausbildung gingen. Seit 1984 zählen diese Personen zur Gemeinde der Hauptwohnung (siehe auch „Glossar").

Die Ergebnisse dienen u. a. als Auswahlgrundlage für nachfolgende Stichprobenerhebungen. Insbesondere gilt dies für den Mikrozensus, einer jährlichen Repräsentativstatistik der Bevölkerung und des Erwerbslebens mit einem Auswahlsatz von 1 %.

Fläche

Die Flächenangaben beziehen sich auf die Landfläche Deutschlands bis zur sogenannten Küstenlinie – der Grenze zwischen Meer und Festland bei einem mittleren Wasserstand – einschließlich der Binnengewässer (ohne den Bodensee). Die Angaben beruhen auf Unterlagen der Vermessungs- bzw. Katasterämter. Flächenänderungen ohne Grenzänderungen gehen auf Neuvermessungen zurück. Die Gebietsänderungen werden von den Statistischen Ämtern der Länder monatlich zu einem Stichtag im Gemeindeverzeichnis-Informationssystem (GV-ISys) eingepflegt. Danach werden die entsprechenden Ergebnisse für die Regionaleinheiten (Land, Regierungsbezirk, Region (nur in Baden-Württemberg), Kreis, Gemeindeverband, Gemeinde) der Homepage des Statistischen Bundesamtes zur Verfügung gestellt (*www.destatis.de* › Zahlen und Fakten › Regionales › Gemeindeverzeichnis (GV-ISys)).

Verwaltungsgliederung

Deutschland ist in 16 Länder, 19 Regierungsbezirke, 402 Kreise (davon 107 kreisfreie Städte und 295 Landkreise) und 11 092 Gemeinden regional gegliedert (Stand: 31.12.2015). Als Gemeinden zählen auch die Stadtstaaten Berlin, Bremen (2 Gemeinden) und Hamburg sowie alle Städte (einschl. kreisfreie Städte) und bewohnten gemeindefreien Gebiete. Baden-Württemberg weist unterhalb der Regierungsbezirksebene die Ebene der „Regionen" aus. Das sind die Gebiete der 12 Regionalverbände, die nach dem Regionalverbandsgesetz vom 26.7.1971 als Körperschaften des öffentlichen Rechts als Träger der Regionalplanung gelten und bei der Landesplanung mitwirken. Die Tabelle in diesem Kapitel weist diese landesinterne Besonderheit nicht nach.

■ Geborene und Gestorbene

Die **Statistiken der Geburten und Sterbefälle** beruhen – ebenso wie die Statistik der Eheschließungen – auf Angaben der Standesbeamtinnen und Standesbeamten, die das Ereignis beurkunden. Geburten und Sterbefälle von Personen, die nicht zur Bevölkerung Deutschlands gehören, werden hier nicht nachgewiesen.

■ Migration

Bevölkerung mit Migrationshintergrund

Der Mikrozensus ermöglicht durch einen erweiterten Fragenkatalog seit 2005 Angaben zu **Personen mit Migrationshintergrund**. Hierbei handelt es sich um Personen, die nach 1949 auf das heutige Gebiet der Bundesrepublik Deutschland zugezogen sind, sowie alle in Deutschland geborenen Ausländerinnen und Ausländer und alle in Deutschland als Deutsche Geborene mit zumindest einem Elternteil, der zugezogen ist oder der als Ausländerin bzw. Ausländer in Deutschland geboren wurde.

Dies bedeutet, dass in Deutschland geborene Deutsche einen Migrationshintergrund haben können – sei es als Kinder von Spätaussiedlerinnen und Spätaussiedlern, als Kinder ausländischer Elternpaare (sogenannte „ius soli-Kinder") oder als Deutsche mit einseitigem Migrationshintergrund. Dieser Migrationshintergrund leitet sich dann ausschließlich aus den Eigenschaften der Eltern ab. Die Betroffenen können diesen Migrationshintergrund aber nicht an ihre Nachkommen „vererben". Bei den Zugewanderten und den in Deutschland geborenen Ausländerinnen und Ausländern ist dies hingegen der Fall. Nach den heutigen ausländerrechtlichen Vorschriften umfasst diese Definition somit üblicherweise Angehörige der ersten bis dritten Migrantengeneration.

Bei den Personen mit Migrationshintergrund ist zu unterscheiden zwischen Personen mit Migrationshintergrund im engeren Sinne und im weiteren Sinne. Personen mit *Migrationshintergrund im engeren Sinne* sind Zugewanderte und in Deutschland geborene Ausländerinnen und Ausländer sowie in Deutschland geborene Deutsche, die im selben Haushalt mit einem Elternteil leben, der zugewandert ist oder als Ausländerin bzw. Ausländer in Deutschland geboren wurde. Personen mit *Migrationshintergrund im weiteren Sinne* umfassen auch in Deutschland geborene Deutsche mit Migrationshintergrund, die nicht mehr mit ihren Eltern im selben Haushalt leben. Diese Unterscheidung ist erforderlich, da nur für die Personen mit Migrationshintergrund im engeren Sinne für jedes Berichtsjahr Daten vorliegen. Bei der anderen Personengruppe ist ein Nachweis nur im Vierjahresrhythmus möglich. Dies hängt damit zusammen, dass nur alle vier Jahre Angaben zum Migrationsstatus der Eltern erhoben werden, die nicht mehr im selben Haushalt leben. Für die Personen mit Migrationshintergrund im engeren Sinne werden in jedem Jahr vergleichbare Daten vorliegen. Dies ermöglicht eine verzerrungsfreie Analyse der Änderungen im Zeitablauf. Die zweite Abgrenzung (Personen mit Migrationshintergrund im weiteren Sinne) schließt zusätzlich die „Menschen mit nicht durchgehend bestimmbarem Migrationsstatus" ein. Deren Migrationshintergrund wird nur mit den Daten von 2005, 2009 und 2013 definierbar.

2 Bevölkerung, Familien, Lebensformen

Methodik

Der Migrationsstatus einer Person wird aus seinen persönlichen Merkmalen zu Zuzug, Einbürgerung und Staatsangehörigkeit bestimmt sowie aus den entsprechenden Merkmalen seiner Eltern. Beim Nachweis des Migrationsstatus wird zwischen Menschen mit und ohne Migrationshintergrund unterschieden.

Ausländische Bevölkerung

Die **Ausländerstatistik** basiert auf Auswertungen des Ausländerzentralregisters (AZR), die das Statistische Bundesamt zum 31.12. eines Jahres durchführt. Das AZR weist alle in Deutschland registrierten Personen nach, die keine deutsche Staatsbürgerschaft haben und sich nicht nur vorübergehend in Deutschland aufhalten. Die Daten melden die einzelnen Ausländerbehörden an das AZR. Ausgewiesen werden die Ausländerinnen und Ausländer, die am Ende des Berichtsjahres in Deutschland ansässig sind, und zwar nach den Merkmalen Staatsangehörigkeit, Aufenthaltsdauer, Aufenthaltsstatus, Familienstand, Alter und Geschlecht. Die Zugänge in das Register schließen die in Deutschland geborenen ausländischen Kinder mit ein. Die Abgänge aus dem Register enthalten u. a. die Sterbefälle ausländischer Personen. Die Auswertungen des Zensus 2011 basieren auf der Bevölkerung zum Zensusstichtag 9.5.2011. Zur ausländischen Bevölkerung Deutschlands zählen hier alle Bewohnerinnen und Bewohner, die keine deutsche Staatsbürgerschaft haben und sich nicht nur vorübergehend in Deutschland aufhalten. Angehörige ausländischer Streitkräfte sowie diplomatischer Vertretungen sowie deren Familienangehörige werden nicht erfasst.

Einbürgerungen

Rechtsgrundlage für die jährlichen Erhebungen einer **Bundesstatistik über die Einbürgerungen** ist das Gesetz zur Reform des Staatsangehörigkeitsrechts (StAG) vom 15.7.1999, das am 1.1.2000 in Kraft getreten ist. Diese Bundesstatistik bezieht sich auf eingebürgerte ausländische Personen. Unberücksichtigt bleibt der Erwerb der deutschen Staatsangehörigkeit nach dem Geburtsort gemäß § 4 Abs. 3 StAG (im Inland geborenes Kind ausländischer Eltern). Grundvoraussetzung für eine Einbürgerung ist der legale, auf Dauer angelegte Aufenthalt einer Ausländerin bzw. eines Ausländers gemäß den üblichen ausländerrechtlichen Bestimmungen.

■ Wanderungen

Die **Wanderungsstatistik** (räumliche Bevölkerungsbewegung) ermittelt die Zu- und Fortzüge bei einem Wechsel der alleinigen Wohnung bzw. der Hauptwohnung über Gemeindegrenzen. Die rechtliche Grundlage bildet das Bevölkerungsstatistikgesetz (§ 4 BevStatG). Erhebungseinheit ist der Wanderungsfall, d. h. der Zu- oder Fortzug über die Gemeindegrenzen. Als Zu- bzw. Fortzug gilt der Bezug bzw. die Aufgabe der alleinigen Wohnung oder Hauptwohnung sowie die Änderung des Wohnungsstatus von Nebenwohnung in Hauptwohnung und umgekehrt. Grundlage der Wanderungsstatistik sind die An- und Abmeldescheine, die nach dem Melderecht bei einem Wohnungswechsel in der Meldebehörde auszufüllen sind. Anschließend übermitteln die Meldebehörden diese an die Statistischen Ämter der Länder (Sekundärstatistik). Statistisch nicht erfasst werden Umzüge innerhalb der Gemeinden, An- und Abmeldungen von Nebenwohnungen sowie Umzüge von Personen, die der Meldepflicht nicht unterliegen (Mitglieder der ausländischen Streitkräfte und diplomatischen Vertretungen sowie deren Familienangehörige). An- und Abmeldungen von Amts wegen werden, sofern statistisch relevant, berücksichtigt.

Die Wanderungsstatistik weist die *Wanderungsfälle*, nicht die wandernden Personen nach. Damit kann die Zahl der Wanderungsfälle in einem Jahr etwas größer sein als die Zahl der wandernden Personen, da eine Person in einem Jahr mehrmals umziehen kann.

Die *Wanderungen zwischen Deutschland und dem Ausland* beziehen sich bis 1990 auf die Wanderungen über die Grenzen des früheren Bundesgebiets – ohne die Wanderungen mit der ehemaligen DDR. Ab 1991 beziehen sie sich auf die Wanderungen über die Grenzen der Bundesrepublik Deutschland nach dem Gebietsstand seit dem 3.10.1990. Das *Herkunfts- bzw. Zielgebiet* bezeichnet das Gebiet, in dem eine Person unmittelbar vor ihrem Zuzug nach Deutschland gewohnt hat bzw. wo sie von Deutschland aus fortgezogen ist.

■ Bevölkerungsvorausberechnung

Die 13. koordinierte **Bevölkerungsvorausberechnung** basiert auf der fortgeschriebenen Bevölkerung zum 31.12.2013. Sie stellt Ergebnisse bis zum Jahr 2060 zur Verfügung. In dieser Berechnung wurden unterschiedliche Annahmen getroffen: zur künftigen Entwicklung der Geburten (Fertilität), der Lebenserwartung (Mortalität) sowie des Wanderungssaldos über die Grenze Deutschlands (Migration). Tabelle 2.5 zeigt wesentliche Ergebnisse zweier Varianten dieser Berechnung. Die ausführlichen Ergebnisse dieser Varianten und auch der weiteren gerechneten Varianten finden Sie unter www.destatis.de › Zahlen und Fakten › Bevölkerung.

■ Familien, Kinder und Lebensformen

Die Angaben über **Haushalte und Familien** basieren auf den Ergebnissen des Mikrozensus. Das Mikrozensusgesetz 2005 stellte den Mikrozensus von einer Erhebung mit fester Berichtswoche (bis 2004 üblicherweise die letzte feiertagsfreie Woche im April) auf eine kontinuierliche Erhebung mit gleitender Berichtswoche um. Die Ergebnisse ab 2005 liefern somit nicht mehr eine „Momentaufnahme" einer bestimmten Kalenderwoche, sondern geben Aufschluss über die gesamte Entwicklung im Durchschnitt des Erhebungsjahres. Die methodischen Änderungen, die durch die gleitende Berichtswoche entstanden sind, haben bislang zu Schwankungen in der Zahl der Haushalte geführt, insbesondere der Einpersonenhaushalte sowie der Familien bzw. Lebensformen.

Die Statistik der **Eheschließungen** beruht – wie die Statistiken der Geburten und Sterbefälle – auf Angaben der Standesbeamtinnen und Standesbeamten, die das Ereignis beurkunden. Rechtliche Grundlage ist auch hier § 2 des Bevölkerungsstatistikgesetzes.

Für die Angaben zu **gerichtlichen Ehelösungen**, vor allem Ehescheidungen, werden die Meldungen zu rechtskräftigen Beschlüssen in Eheauflösungssachen ausgewertet, die die Familiengerichte seit In-Kraft-Treten des neuen Ehe- und Familienrechts am 1.7.1977 bei den Amtsgerichten abgeben müssen. Außerdem gilt die Neufassung der Anordnung über die Erhebung von statistischen Daten in Familiensachen (F-Statistik) vom 1.9.2009.

Kindertagesbetreuung

Um die Auswirkungen des Achten Buch Sozialgesetzbuch (SGB VIII, Kinder- und Jugendhilfe) beurteilen und das Gesetz fortentwickeln zu können, werden seit 1991 in den amtlichen **Kinder- und Jugendhilfestatistiken** verschiedene Erhebungen als Bundesstatistiken durchgeführt. Diese Erhebungen liefern als Totalerhebungen u. a. Ergebnisse über die Zahl der erzieherischen Hilfen, die Situation der Hilfeempfängerinnen und Hilfeempfänger sowie die Zahl der Kinder und tätigen Personen in Tageseinrichtungen und in der öffentlich geförderten Kindertagespflege. Rechtsgrundlagen der Kinder- und Jugendhilfestatistiken sind die §§ 98 bis 103 SGB VIII. Für die Träger der öffentlichen und freien Jugendhilfe gilt in allen Erhebungen eine nach Erhebungen differenzierte Auskunftspflicht (§ 102 SGB VIII). Die Bundesergebnisse der Kinder- und Jugendhilfestatistiken liegen in der Regel zwischen fünf bis elf Monate nach Ablauf des Erhebungszeitraumes vor. Auf Länderebene erfolgt die Datenveröffentlichung üblicherweise früher.

2 Bevölkerung, Familien, Lebensformen

Methodik

Folgende Erhebungen werden in den amtlichen Kinder- und Jugendhilfestatistiken durchgeführt. Sie unterscheiden sich jeweils durch Erhebungsfragen, Berichtszeiträume bzw. Stichtage:

- Teil I (jährlich): Statistiken der erzieherischen Hilfe, der Eingliederungshilfe für seelisch behinderte junge Menschen, Hilfe für junge Volljährige und anderen Leistungen des Jugendamtes nach den §§ 27 – 35a, 41 – 42 SGB VIII, Erhebung von während des Jahres begonnenen und beendeten Hilfen und Bestandserhebung zum 31.12.
- Teil II (ab 2015 alle zwei Jahre, zuletzt 2008): Statistik der mit öffentlichen Mitteln geförderten Angebote der Jugendarbeit
- Teil III.1 (ab 2006, jährlich): Kinder und tätige Personen in Tageseinrichtungen
- Teil III.2 (ab 2014 alle zwei Jahre, zuletzt): Einrichtungen und tätige Personen in der Kinder- und Jugendhilfe (ohne Einrichtungen der Kindertagesbetreuung)
- Teil III.3 (neu ab 2006, jährlich): Kinder und tätige Personen in öffentlich geförderter Kindertagespflege
- Teil III.5 (neu ab 2009, jährlich): Statistik über Personen in Großtagespflegestellen und die dort betreuten Kinder
- Teil IV (jährlich für das abgelaufene Kalenderjahr): Statistik der Ausgaben und Einnahmen der Träger der öffentlichen Kinder- und Jugendhilfe.

Die Erhebungsinhalte der vier Teile der Kinder- und Jugendhilfestatistiken sind so aufeinander abgestimmt, dass zusammenhängende Aussagen über einzelne Themenfelder möglich sind.

Detaillierte Informationen zur Methodik der einzelnen Statistiken sind in den „Qualitätsberichten" dokumentiert (siehe hierzu *www.destatis.de/publikationen* › Qualitätsberichte).

2 Bevölkerung, Familien, Lebensformen

Glossar

Alleinerziehende | Mütter und Väter, die ohne Ehe- oder Lebenspartnerin bzw. -partner mit ihren minder- oder volljährigen Kindern in einem Haushalt zusammenleben. Elternteile mit Lebenspartnerin bzw. -partner im Haushalt zählen zu den Lebensgemeinschaften mit Kindern.

Alleinstehende | Personen, die ohne Ehe- oder Lebenspartnerin bzw. -partner und ohne ledige Kinder in einem Haushalt leben. Unbedeutsam ist hierbei der Familienstand der alleinstehenden Person, die als ledige, verheiratet getrennt lebende, geschiedene oder verwitwete Person in Ein- oder Mehrpersonenhaushalten wohnen kann. Alleinstehende können einen aus dem Haushalt mit ausschließlich familienfremden Personen teilen, z. B. in einer Studenten-Wohngemeinschaft oder mit einem befreundeten Ehepaar. Ebenso können sie in einem Haushalt mit (nicht geradlinig beziehungsweise seiten-) verwandten Haushaltsmitgliedern leben, z. B. Onkel, Tante, Bruder, Schwester. Alleinstehende in Einpersonenhaushalten werden als Alleinlebende bezeichnet.

Altenquotient | Er drückt hier das Verhältnis der 65-Jährigen und Älteren je 100 Personen im Alter von 20 bis unter 65 Jahren aus.

Ausländische Bevölkerung | Dazu zählen alle Personen, die nicht Deutsche im Sinne des Art. 116 Abs. 1 GG sind, d. h. nicht die deutsche Staatsangehörigkeit besitzen. Zu ihnen gehören auch die Staatenlosen und die Personen mit ungeklärter Staatsangehörigkeit. Deutsche, die zugleich eine fremde Staatsangehörigkeit besitzen, gehören nicht zu den Ausländerinnen und Ausländern. Die Mitglieder der Stationierungsstreitkräfte sowie der ausländischen diplomatischen und konsularischen Vertretungen unterliegen mit ihren Familienangehörigen nicht den Bestimmungen des Ausländergesetzes oder des Zensusgesetzes 2011. Sie werden somit auch statistisch nicht erfasst.

Asylsuchende | Ausländerinnen und Ausländer, die Schutz als politisch Verfolgte nach Art. 16 Abs. 2 Satz 2 GG beantragt haben und über deren Antrag noch nicht rechtskräftig entschieden ist.

Bevölkerung | Zur Bevölkerung gehören alle Personen einschließlich der Ausländerinnen und Ausländer, die nach den Melderechtsbestimmungen gemeldet sind bzw. gemeldet sein sollten. Personen, die mehrere Wohnungen in Deutschland haben, zählen zur Bevölkerung am Ort der alleinigen bzw. Hauptwohnung.

Bevölkerungsentwicklung | Damit wird zunächst die Veränderung des Bevölkerungsstandes zwischen dem Anfang und dem Ende eines Berichtszeitraums bezeichnet. Sie ergibt sich zum einen aus dem Saldo der natürlichen Bevölkerungsbewegungen (Geburten und Sterbefällen) und dem Saldo der räumlichen Bevölkerungsbewegungen (Zu- und Fortzüge über die Gebietsgrenze hinweg). Darüber hinaus bezeichnet die Bevölkerungsentwicklung die langfristige Veränderung der Bevölkerungszahlen und -strukturen. Die Bevölkerungsentwicklung wird anhand der Bevölkerungsfortschreibung abgebildet (siehe auch „Methodik").

Bevölkerungsstand | Dieser umfasst die Anzahl der Personen, die zu einem bestimmten Zeitpunkt zur Bevölkerung des ausgewiesenen Gebiets leben. Der Bevölkerungsstand wird anhand der Bevölkerungsfortschreibung ermittelt (siehe auch „Methodik"). Ferner wird die Zusammensetzung der Bevölkerung statistisch dargelegt.

Bevölkerungsvorausberechnung | Diese liefert Erkenntnisse darüber, wie sich die Bevölkerungszahl und deren alters- und geschlechtsspezifische Struktur entwickeln würden, wenn die Annahmen zur künftigen Entwicklung der Geburtenhäufigkeit, der Lebenserwartung sowie der Wanderungen eintreffen.

Ehelösungen (Scheidungen) | Hierzu zählt die Lösung der Ehe durch gerichtliches Urteil, also durch Ehescheidung oder Aufhebung der Ehe bzw. bis 30.6.1998 auch Nichtigkeit der Ehe (siehe Tabelle 2.6.8). Des Weiteren zählt dazu die Beendigung der Ehe durch Tod der Ehepartnerin bzw. des Ehepartners (siehe Tabelle 2.2.10, Spalte „verheiratet").

Eheschließungen | Hier werden die standesamtlichen Trauungen gezählt, auch die von Ausländerinnen und Ausländern. Eine Ausnahme bildeten bis 2013 die Fälle, in denen beide Ehegatten zu den ausländischen Streitkräften gehören, die im früheren Bundesgebiet stationiert sind, bzw. zu den ausländischen diplomatischen und konsularischen Vertretungen gehören und ihre Familienangehörigen. Die Ergebnisse der Statistik der natürlichen Bevölkerungsbewegung in den neuen Ländern und Berlin-Ost basieren bis einschließlich 1990 auf den Definitionen und Methoden der Statistik der ehemaligen DDR. Bei einem rückwirkenden Vergleich mit dem früheren Bundesgebiet ist dies zu beachten. So wurden dort alle standesamtlichen Trauungen gezählt, bei denen mindestens ein Ehepartner seinen ständigen Wohnsitz in der ehemaligen DDR hatte.

Eingetragene Lebenspartnerschaften | Das Lebenspartnerschaftsgesetz (LPartG) vom 16.2.2001 ermöglicht zwei Menschen gleichen Geschlechts ihrer Beziehung einen rechtlichen Rahmen zu geben. Die Lebenspartner sind damit einander zur Fürsorge und Unterstützung sowie zur gemeinsamen Lebensgestaltung verpflichtet.

Elterngeld | Es soll das wegfallende Erwerbseinkommen für den Elternteil ausgleichen, der das Kind betreut. Das Elterngeld wird seit dem 1.1.2007 nach dem Bundeselterngeld- und Elternzeitgesetz gewährt. Es beträgt regelmäßig 67 % des bereinigten Nettoeinkommens vor der Geburt des Kindes, höchstens jedoch 1 800 Euro. Für Eltern mit Einkommen von unter 1 000 Euro vor der Geburt steigt die Ersatzrate schrittweise auf bis 100 %. Eltern, die vor der Geburt ihres Kindes nicht erwerbstätig waren, erhalten mindestens 300 Euro monatlich. Bei Mehrlingsgeburten oder älteren Geschwisterkindern kann sich der zustehende Elterngeldanspruch erhöhen. Elterngeld kann in den ersten 14 Lebensmonaten des Kindes in Anspruch genommen werden. Den Eltern stehen gemeinsam bis zu 14 Monatsbeträge an Elterngeld zu, die für Lebensmonate des Kindes gezahlt werden. Ein Elternteil kann mindestens für 2 und höchstens für 12 Monate Elterngeld beziehen. Wenn beide Eltern vom Angebot des Elterngeldes Gebrauch machen und für mindestens zwei Monate eine Minderung der Einkommens aus Erwerbstätigkeit erfolgt, haben die Eltern Anspruch auf zwei weitere Monate (Partnermonate) – also maximal 14 Monate. Alleinerziehende können die vollen 14 Monatsbeträge selbst beanspruchen, wenn ihnen Erwerbseinkommen wegfällt. Auf Antrag kann der Auszahlungszeitraum für das Elterngeld auf die doppelte Anzahl der Auszahlungsmonate verlängert werden. Dies führt zu einer Halbierung des pro Lebensmonat zustehenden Betrages.

Mit dem Gesetz zur Einführung des ElterngeldPlus mit Partnerschaftsbonus und einer flexibleren Elternzeit haben Eltern von Kindern, die ab dem 1.7.2015 geboren werden, die Möglichkeit, zwischen dem Bezug von ElterngeldPlus und dem Bezug vom bisherigen Elterngeld (Basiselterngeld) zu wählen oder beides zu kombinieren. Das ElterngeldPlus berechnet sich wie das Basiselterngeld, beträgt aber maximal die Hälfte des Elterngeldbetrags, der Eltern ohne Teilzeiteinkommen nach der Geburt zustünde. Dafür wird es für den doppelten Zeitraum gezahlt: ein Elterngeldmonat = zwei ElterngeldPlus-Monate. Damit profitieren Eltern vom ElterngeldPlus auch über den 14. Lebensmonat des Kindes hinaus und genießen mehr Zeit für sich und ihr Kind. Alleinerziehende können das neue ElterngeldPlus im gleichen Maß nutzen. Darüber hinaus bietet der neu eingeführte Partnerschaftsbonus die Möglichkeit, für vier weitere Monate ElterngeldPlus zu nutzen: Wenn Mutter und Vater in vier aufeinanderfolgenden Monaten gleichzeitig zwischen 25 und 30 Wochenstunden arbeiten, bekommt jeder Elternteil vier zusätzliche Monatsbeträge ElterngeldPlus. Die Höhe des Elterngeldes in einem Partnerschaftsbonus-Monat wird genauso berechnet wie in einem ElterngeldPlus-Monat. Alleinerziehende können ebenso vier zusätzliche Bonusmonate beantragen, vorausgesetzt sie arbeiten an vier aufeinander folgenden Monaten pro Woche zwischen 25 und 30 Stunden.

Ab 1.1.2011 wird das Elterngeld grundsätzlich vollständig als Einkommen auf Arbeitslosengeld II, Sozialhilfe und beim Kinderzuschlag angerechnet. Etwas anderes gilt für Elterngeldberechtigte, die vor der Geburt ihres Kindes erwerbstätig waren. Sie erhalten einen Elterngeldfreibetrag, der dem Einkommen des elterngeldbeziehenden Elternteils vor der Geburt entspricht, allerdings höchstens 300 Euro beträgt. Zudem entfällt das Elterngeld für Elternpaare, die vor der Geburt des Kindes ein zu versteuerndes Einkommen von mehr als 500 000 Euro haben (für Alleinerziehende ab 250 000 Euro). Bei einem durchschnittlichen Einkommen vor der Geburt von mindestens 1 200 Euro beträgt die Ersatzrate seit diesem Zeitpunkt 65 % statt bisher 67 %.

2 Bevölkerung, Familien, Lebensformen

Glossar

Familie | Abweichend von früheren Veröffentlichungen umfasst diese im Mikrozensus alle Eltern-Kind-Gemeinschaften, d. h. Ehepaare, nichteheliche (gemischtgeschlechtliche) und gleichgeschlechtliche Lebensgemeinschaften, sowie alleinerziehende Mütter und Väter mit ledigen Kindern im Haushalt. Einbezogen sind in diesen Familienbegriff – neben leiblichen Kindern – auch Stief-, Pflege- und Adoptivkinder ohne Altersbegrenzung. Damit besteht eine Familie immer aus zwei Generationen (Zwei-Generationen-Regel): Eltern bzw. Elternteile und im Haushalt lebende ledige Kinder. Als eigene Familie bzw. Lebensform zählen Kinder, die noch gemeinsam mit den Eltern in einem Haushalt leben, dort aber bereits eigene Kinder versorgen, sowie Kinder, die nicht mehr ledig sind oder mit einer Partnerin bzw. einem Partner in einer Lebensgemeinschaft leben. Nicht zu den Familien zählen im Mikrozensus Ehepaare und Lebensgemeinschaften ohne Kinder sowie Alleinstehende.

Familienstand | Die Bevölkerungsfortschreibung weist bis 2011 als Familienstand ledig, verheiratet, geschieden oder verwitwet nach. Eingetragene Lebenspartnerschaften werden in der Bevölkerungsfortschreibung unter dem Familienstand ledig dargestellt. Mit der Umstellung der Berechnung der Bevölkerungszahlen auf die Ergebnisse des Zensus 2011 können zusätzlich die drei Familienstände „in Lebenspartnerschaft lebend", „Lebenspartnerschaft aufgehoben" und „Lebenspartner verstorben" nachgewiesen werden.

Geborene | Zu den Geborenen zählen lebend- und totgeborene Kinder. Die Unterscheidung zwischen ehelich und nichtehelich Geborenen bzw. – seit 1.7.1998 – zwischen Kind miteinander verheirateter Eltern und Kind nicht miteinander verheirateter Eltern richtet sich nach den Vorschriften des Bürgerlichen Gesetzbuches. Als Kind miteinander verheirateter Eltern gilt ein Kind dann, wenn es nach Eingehen einer Ehe oder bis zu 300 Tagen nach Auflösung der Ehe durch Tod geboren wurde. Zuvor hatten Kinder auch dann als ehelich gegolten, wenn sie bis zu 302 Tagen nach Auflösung der Ehe durch Tod oder gerichtliches Urteil geboren worden waren.

Geburtenhäufigkeit | Die allgemeine Geburtenziffer beschreibt die Anzahl der Lebendgeborenen bezogen auf 1 000 Einwohnerinnen und Einwohner. Die allgemeine Fruchtbarkeitsziffer ist die Anzahl der Lebendgeborenen bezogen auf 1 000 Frauen im Alter von 15 bis unter 45 Jahren. Die altersspezifische Geburtenziffer zeigt die Anzahl der Lebendgeborenen der Mütter bestimmten Alters je 1 000 Frauen gleichen Alters. Tabelle 2.2.3 gibt die Summe der altersspezifischen Geburtenziffern, d. h. die zusammengefasste Geburtenziffer an. Die zusammengefasste Geburtenziffer bezieht sich auf das dargestellte Kalenderjahr. Änderungen im Altersaufbau beeinflussen die zusammengefasste Geburtenziffer nicht.

Geburtenziffern | siehe Geburtenhäufigkeit.

Gestorbene | Nicht berücksichtigt werden Totgeborene, standesamtlich beurkundete Kriegssterbefälle und gerichtliche Todeserklärungen.

Hauptwohnung | Gemäß § 12 Abs. 2 des am 12.3.1994 in Kraft getretenen Ersten Gesetzes zur Änderung des Melderechtsrahmengesetzes (MRRG) vom 11.3.1994 (BGBl. S. 529) ist die Hauptwohnung die vorwiegend benutzte Wohnung der Einwohnerin bzw. des Einwohners. Hauptwohnung einer verheirateten Einwohnerin bzw. eines verheirateten Einwohners, die oder der nicht dauernd getrennt von seiner Familie lebt, ist die vorwiegend benutzte Wohnung der Familie. Hauptwohnung einer minderjährigen Einwohnerin bzw. eines minderjährigen Einwohners ist die vorwiegend benutzte Wohnung des Personensorgeberechtigten. Hauptwohnung einer behinderten Person, die in einer Behinderteneinrichtung untergebracht ist, bleibt auf Antrag dieser Person bis zur Vollendung des 27. Lebensjahres ebenfalls die vorwiegend benutzte Wohnung des Personensorgeberechtigten. In Zweifelsfällen ist die vorwiegend benutzte Wohnung dort, wo der Schwerpunkt der Lebensbeziehungen der Einwohnerin bzw. des Einwohners liegt.

Haupteinkommensbezieherin bzw. Haupteinkommensbezieher des Haushalts | Ab 2005 ermittelt der Mikrozensus eine Haupteinkommensbezieherin bzw. einen Haupteinkommensbezieher im Haushalt. Dies ist die Person mit dem höchsten monatlichen Nettoeinkommen im Haushalt. Sofern mehrere Haushaltsmitglieder über das gleiche monatliche Nettoeinkommen verfügen, entscheidet die Reihenfolge, in der die Personen im Fragebogen eingetragen sind. Die Haushaltsbezugsperson, d. h. die erste im Fragebogen eingetragene Person, ist gleichzeitig Haupteinkommensbezieherin bzw. Haupteinkommensbezieher des Haushalts, wenn sie sich als selbstständige Landwirtin bzw. als selbstständiger Landwirt in der Haupttätigkeit (Vollzeit) eingestuft hat oder wenn kein Haushaltsmitglied Angaben zum persönlichen monatlichen Nettoeinkommen gemacht hat.

Haushalt | Als (Privat-)Haushalt zählt jede Personengemeinschaft, die zusammenwohnt und eine wirtschaftliche Einheit bildet (Mehrpersonenhaushalte). Des Weiteren umfasst der Begriff Personen, die allein wohnen und wirtschaften (Einpersonenhaushalte, z. B. Einzeluntermieterinnen bzw. -mieter). Zum Haushalt können verwandte und familienfremde Personen gehören (z. B. Hauspersonal). Gemeinschaftsunterkünfte gelten nicht als Haushalte, können aber Privathaushalte beherbergen (z. B. Haushalt der Anstaltsleiterin bzw. des -leiters). In einem Haushalt können gleichzeitig mehrere Familien bzw. Lebensformen leben (z. B. ein Ehepaar ohne Kinder sowie eine alleinerziehende Mutter mit Kindern). Mehrfach gezählt werden Haushalte mit mehreren Wohnsitzen (Wohnungen am Hauptsitz und einem oder mehreren Nebenwohnsitzen). Haushalte werden üblicherweise nicht nach Haupt- und Nebenwohnsitzen unterschieden, da sie an jedem Wohnsitz Wohnraum und Infrastruktureinrichtungen in Anspruch nehmen. Stehen ökonomische Fragestellungen im Vordergrund (Einkommen und Verbrauch), betrachtet der Mikrozensus ausschließlich Haushalte am Hauptwohnsitz, um Mehrfachzählungen zu vermeiden. Die Zuordnung der Haushalte nach Haupt- und Nebenwohnsitz erfolgte im Mikrozensus bis einschließlich 2004 über den Wohnsitz der Haushaltsbezugsperson. Ab 2005 ist die Haushaltsbezugsperson bzw. der Haupteinkommensbezieher des Haushalts ausschlaggebend. Zu den Personen, die in Privathaushalten am Hauptwohnsitz (Nebenwohnsitz) leben, zählen entsprechend alle Haushaltsmitglieder mit Bezugsperson bzw. Haupteinkommensbezieherin oder Haupteinkommensbezieher des Haushalts am Ort der Hauptwohnung (Nebenwohnung). Insofern kann der persönliche Wohnsitz einzelner Mitglieder von Mehrpersonenhaushalten vom Wohnsitz der Einheit „Haushalt" abweichen.

Haushaltsnettoeinkommen | Summe aller Einkunftsarten ohne Steuern und Sozialversicherungsbeiträge, z. B. Erwerbseinkommen, Unternehmereinkommen, Rente, Pension, öffentliche Unterstützung, Einkommen aus Vermietung und Verpachtung, Arbeitslosengeld und -hilfe, Kindergeld, Wohngeld, Sachbezüge. Die Haushaltsbezugsperson, d. h. die erste im Fragebogen eingetragene Person, muss das Haushaltsnettoeinkommen in ein Raster vorgegebener Einkommensklassen einstufen. Ist die Haushaltsbezugsperson selbstständige Landwirtin bzw. selbstständiger Landwirt in der Haupttätigkeit, sind keine Angaben zur Höhe des Haushaltseinkommens erforderlich.

Heiratshäufigkeit | Die Heiratsziffer der Ledigen drückt die eheschließenden Ledigen bestimmten Alters je 1 000 Ledige gleichen Alters aus.

Heiratsziffer | siehe Heiratshäufigkeit.

Jugendquotient | Er gibt die unter 20-Jährigen je 100 Personen im Alter von 20 bis unter 65 Jahren an.

Kinder | Das sind ledige Personen ohne Lebenspartnerin bzw. Lebenspartner und ohne eigene Kinder im Haushalt. Sie leben mit mindestens einem Elternteil in einer Familie zusammen. Als Kinder gelten im Mikrozensus – neben leiblichen Kindern – auch Stief-, Adoptiv- und Pflegekinder, sofern die zuvor genannten Voraussetzungen vorliegen. Eine Altersbegrenzung für die Zählung als Kind besteht prinzipiell nicht. Als eigene Familie bzw. Lebensform zählen Kinder, die noch gemeinsam mit den Eltern in einem Haushalt leben, dort aber bereits eigene Kinder versorgen, nicht mehr ledig sind oder mit einer Partnerin bzw. einem Partner in einer Lebensgemeinschaft leben.

Kindergeld | Darunter fallen die Leistungen nach dem Bundeskindergeldgesetz. Durch den – ab 1996 wirksamen – Familienleistungsausgleich sind Einkommensteuer- und Kindergeldrecht vereinheitlicht worden. Seither kommt für jedes Kind der Kinderfreibetrag als Steuerfreistellung des Existenzminimums eines Kindes zur

2 Bevölkerung, Familien, Lebensformen

Glossar

Anwendung oder das Kindergeld, das als Steuervergütung im laufenden Kalenderjahr gewährt wird. Das Kindergeld betrug für das erste und zweite Kind jeweils 184 Euro, für das dritte Kind 190 Euro und für das vierte und jedes weitere Kind jeweils 215 Euro. Seit dem 1. Januar 2016 beträgt das Kindergeld für das erste und zweite Kind 190 Euro, für das dritte Kind 196 Euro und darüber hinaus für jedes weitere Kind 221 Euro monatlich.

Kinder- und Jugendhilfe | Am 1.1.1991 trat das neue Kinder- und Jugendhilferecht als Achtes Buch Sozialgesetzbuch (SGB VIII) im früheren Bundesgebiet in Kraft. In den neuen Bundesländern erlangte es bereits mit dem Beitritt am 3.10.1990 seine Geltung. Zentraler Regelungsgegenstand des Gesetzes ist ein breit gefächertes Leistungsspektrum. Es sieht sowohl allgemeine Förderangebote für junge Menschen und für die Familie insgesamt vor als auch individuelle Leistungen für Kinder, Jugendliche und ihre Eltern sowie für junge Volljährige in unterschiedlichen Lebenslagen und unterschiedlichen Erziehungssituationen. Um beurteilen zu können, wie sich die Bestimmungen des SGB VIII auswirken, werden mehrere Bundesstatistiken durchgeführt (§§ 98ff. SGB VIII). Die mögliche Palette der Aussagen reicht von der Anzahl der Kinder und tätigen Personen in Kindertageseinrichtungen über Aussagen zur Umsetzung von Erziehungshilfen bis hin zu differenzierten Daten zu den öffentlichen Ausgaben für die Kinder- und Jugendhilfe nach einzelnen Leistungsbereichen. Dieses Kapitel bildet die Angaben zur Kindertagesbetreuung ab. Früher wurden in diesem Bereich vierjährlich Statistiken zur Anzahl der Kindertageseinrichtungen, der dort tätigen Personen und der verfügbaren Plätze erhoben (zuletzt 2002). An ihre Stelle traten neue Erhebungen: Zum 15.3.2006 wurden erstmals Daten ermittelt zu den Statistiken „Kinder und tätige Personen in Tageseinrichtungen", „Kinder und tätige Personen in öffentlich geförderter Kindertagespflege" und – ab 2009 – „Personen in Großtagespflegestellen und die dort betreuten Kinder". Um die Erhebung zu vereinfachen, ist der Stichtag seit 2009 der 1. März. Diese Statistiken werden seitdem jährlich durchgeführt.

Kirchensteuer | Das Besteuerungsrecht der öffentlich-rechtlichen Religionsgemeinschaften ist verfassungsrechtlich garantiert (Artikel 140 GG in Verbindung mit Artikel 137 Weimarer Reichsverfassung). Die Religionsgesellschaften, die als Körperschaften des öffentlichen Rechts anerkannt sind, sind danach berechtigt, nach landesrechtlichen Bestimmungen (Kirchensteuergesetze, Steuerordnungen) Steuern von ihren Mitgliedern zu erheben. Die Kirchensteuer wird als Zuschlagsteuer in unterschiedlicher Höhe und nach unterschiedlichen Bemessungsgrundlagen erhoben. Die finanziell größte Bedeutung hat die Kirchensteuer als Zuschlag zur Einkommen- und Lohnsteuer. Sie beträgt 9 % bzw. 8 % der Einkommen- bzw. Lohnsteuerschuld. Alternativ oder ergänzend kann die Kirchensteuer als Zuschlag zur Vermögensteuer und zu den Grundsteuer-Messbeträgen erhoben werden sowie als Kirchgeld nach besonderen Tarifen. Die Kircheneinkommen- und Kirchenlohnsteuer wird nach einheitlichem Verfahren als Diözesan- oder Landeskirchensteuer erhoben. Für die übrigen Zuschlagsteuern und für das Kirchgeld gelten unterschiedliche landesrechtliche Regelungen. Die Finanzämter führen die Kirchenlohnsteuer und die Kircheneinkommensteuer gegen Erstattung der Verwaltungskosten an die zuständigen Kirchensteuergläubiger ab. Steuerpflichtig sind grundsätzlich alle getauften Kirchenmitglieder, die im Bereich einer steuerberechtigten Kirche oder Religionsgesellschaft ihren Wohnsitz oder dauernden Aufenthalt haben. Im Kirchenlohnsteuerabzugsverfahren wird die von der Arbeitgeberin bzw. dem Arbeitgeber einbehaltene Kirchenlohnsteuer unmittelbar zusammen mit der Lohnsteuer an das Betriebsstätten-Finanzamt der Arbeitgeberin bzw. des Arbeitgebers abgeführt.

Lebendgeborene | Kinder, bei denen nach der Trennung vom Mutterleib entweder das Herz geschlagen, die Nabelschnur pulsiert oder die natürliche Lungenatmung eingesetzt hat. Die übrigen Kinder gelten als Totgeborene oder Fehlgeburten. Die Ergebnisse der Statistik der natürlichen Bevölkerungsbewegung in den neuen Ländern und Berlin-Ost basieren bis einschließlich 1990 auf den Definitionen und Methoden der Statistik der ehemaligen DDR. Bei einem rückwirkenden Vergleich mit dem früheren Bundesgebiet ist dies zu beachten. Als Lebendgeborene wurden alle Kinder gezählt, bei denen nach dem vollständigen Verlassen des Mutterleibes – unabhängig von der Durchtrennung der Nabelschnur oder von der Ausstoßung der Plazenta – Herztätigkeit und Lungenatmung vorhanden waren.

Lebensformenkonzept | Seit 1996 stellt der Mikrozensus die Frage nach einer Lebenspartnerin bzw. einem Lebenspartner im Haushalt. Die Beantwortung ist freiwillig. Bis 2004 richtete sich die Frage „Sind Sie Lebenspartner/-in der ersten Person?" an alle Haushaltsmitglieder, die nicht mit der Haushaltsbezugsperson verwandt oder verschwägert waren. Der Mikrozensus 2005 stellte die Frage „Sind Sie Lebenspartner/-in einer Person dieses Haushalts?" erstmals allen mindestens 16-jährigen Haushaltsmitgliedern ohne Ehepartnerin bzw. Ehepartner im Haushalt. Damit können ab 2005 erstmals mehrere Lebensgemeinschaften in einem Haushalt erhoben werden. Bis 2004 konnte jeder Haushalt höchstens eine Lebensgemeinschaft angeben, da die Frage ausschließlich auf eine Lebenspartnerschaft mit der Bezugsperson des Haushalts abzielte. Die Frage nach der Lebenspartnerschaft im Haushalt ist bewusst neutral formuliert und lässt das Geschlecht der Befragten außer Betracht. Somit können auch gleichgeschlechtliche Paare ihre Lebensgemeinschaft angeben. Dabei ist unerheblich, ob die Partnerschaft – nach dem Lebenspartnerschaftsgesetz (LpartG) von 2001 – als eingetragene Lebenspartnerschaft registriert wurde. Die seit 1996 erhobenen Informationen ermöglichen das sogenannte Lebensformenkonzept. Inhaltlich berücksichtigt es die traditionellen Lebensformen (Ehepaare) wie auch die „alternativen" Lebensgemeinschaften. Grundlage für die Darstellung von Ergebnissen nach dem Lebensformenkonzept ist die Bevölkerung in Familien bzw. Lebensformen am Hauptwohnsitz.

Lebensgemeinschaften | Zu den nichtehelichen (gemischt-geschlechtlichen) oder gleichgeschlechtlichen Lebensgemeinschaften zählt im Mikrozensus eine Lebenspartnerschaft, bei der zwei gemischt- oder gleichgeschlechtliche Lebenspartner ohne Trauschein bzw. zwei gleichgeschlechtliche Partner mit Trauschein oder notarieller Beglaubigung in einem Haushalt zusammenleben und gemeinsam wirtschaften. Bis einschließlich 2005 war es unerheblich, ob die Partnerschaft nach dem Lebenspartnerschaftsgesetz (LPartG) von 2001 als eingetragene gleichgeschlechtliche Lebenspartnerschaft registriert wurde. Ab 2006 erhebt der Mikrozensus auch eingetragene Lebenspartnerschaften (siehe hierzu auch „Lebensformenkonzept").

Migrationshintergrund | Bei Personen mit Migrationshintergrund handelt es sich um Personen, die nach 1949 auf das heutige Gebiet der Bundesrepublik Deutschland zugezogen sind, sowie alle in Deutschland geborenen Ausländerinnen und Ausländer und alle in Deutschland als Deutsche Geborene mit zumindest einem Elternteil, der zugezogen ist oder der als Ausländerin bzw. Ausländer in Deutschland geboren wurde.

Nichteheliche Lebensgemeinschaften | siehe Lebensgemeinschaften.

Paare | Hierzu zählen im Mikrozensus alle Personen, die in einer Partnerschaft leben und einen gemeinsamen Haushalt führen. Dazu gehören Ehepaare, nichteheliche (gemischtgeschlechtliche) und gleichgeschlechtliche Lebensgemeinschaften.

Paare ohne Kinder | Hierzu zählen im Mikrozensus Ehepaare und Lebensgemeinschaften ohne Kinder im befragten Haushalt. Neben noch kinderlosen und dauerhaft kinderlosen Paaren fallen darunter auch Paare, deren Kinder die Herkunftsfamilie bereits verlassen haben, etwa um einen eigenen Hausstand zu gründen. Ferner zählen zu den Paaren ohne Kinder auch solche Paare, deren Kinder noch im gemeinsamen Haushalt leben, dort aber bereits eigene Kinder versorgen, nicht mehr ledig sind oder mit einer Partnerin bzw. einem Partner in einer Lebensgemeinschaft leben.

Religionszugehörigkeit | Die Angaben beziehen sich nicht auf die religiöse Überzeugung, sondern auf die rechtliche Zugehörigkeit zu einer Kirche, Religions- oder Weltanschauungsgemeinschaft.

Säuglingssterblichkeit | Im ersten Lebensjahr Gestorbene, bezogen auf die Lebendgeborenen eines gleich langen Berichtszeitraums, soweit möglich unter Berücksichtigung der Geburtenentwicklung in den Monaten, in denen die gestorbenen Säuglinge geboren sind.

Scheidungen | siehe Ehelösungen.

2 Bevölkerung, Familien, Lebensformen

Glossar

Scheidungshäufigkeit | Anzahl der Ehescheidungen je 1 000 Einwohnerinnen und Einwohner bzw. je 1 000 bestehende Ehen im Berichtsjahr. Die ehedauerspezifische Scheidungsziffer wird zur Beurteilung des Scheidungsrisikos in Abhängigkeit von der Ehedauer herangezogen. Sie gibt die Anzahl der im Berichtsjahr geschiedenen Ehen eines Eheschließungsjahrgangs je 1 000 geschlossener Ehen desselben Jahrgangs an. Werden für ein Kalenderjahr die ehedauerspezifischen Scheidungsziffern für 25 Eheschließungsjahrgänge addiert, ergibt dies die zusammengefasste ehedauerspezifische Scheidungsziffer.

Scheidungsziffer | siehe Scheidungshäufigkeit.

Spätaussiedlerinnen und Spätaussiedler | Deutsche Staatsangehörige und deutsche Volkszugehörige sowie deren Familienangehörige, die nach Abschluss der allgemeinen Vertreibungsmaßnahmen ihre angestammte Heimat in den Staaten Ost- und Südosteuropas aufgegeben und ihren neuen Wohnsitz in Deutschland begründet haben.

Sterbetafel | Sie stellt ein mathematisches Modell der Sterblichkeitsverhältnisse einer Bevölkerung während eines bestimmten Beobachtungszeitraums dar. Sie dient insbesondere zur Berechnung altersspezifischer Sterbe- und Überlebenswahrscheinlichkeiten sowie der durchschnittlichen Lebenserwartung. Die nachgewiesene Lebenserwartung würde sich ergeben, wenn sich die Sterblichkeit in Zukunft nicht verändern würde. Die in der Tabelle nachgewiesenen Altersangaben beziehen sich auf Personen, die das angegebene Lebensjahr gerade vollendet haben. Erläuterungen zur Methode finden Sie unter *www.destatis.de › Zahlen und Fakten › Bevölkerung › Sterbefälle, Lebenserwartung*

Sterblichkeit | Die Sterbeziffern nach Alter und Geschlecht beschreiben die Gestorbenen bestimmten Alters und Geschlechts je 1 000 Lebende gleichen Alters und Geschlechts. Bei der „Standardisierten Sterbeziffer" sind die Veränderungen im Altersaufbau der Bevölkerung ausgeschaltet, da eine einheitliche Alters- und Geschlechtsgliederung zugrunde gelegt ist (hier: Europäische Standardbevölkerung 2013).

Sterbeziffern | siehe Sterblichkeit

Totgeborene | Hierzu zählen seit 1.4.1994 nur Kinder, deren Geburtsgewicht mindestens 500 g beträgt. Zuvor waren seit 1.7.1979 ein Mindestgewicht von 1 000 g erforderlich und davor mindestens 35 cm Körperlänge. Von der Standesbeamtin bzw. dem Standesbeamten nicht registriert werden Fehlgeburten (seit 1.4.1994 weniger als 500 g Geburtsgewicht). Sie bleiben daher in der Statistik der natürlichen Bevölkerungsbewegung unberücksichtigt.

Wanderungen | Die Wanderungen ergeben sich aus der Gesamtheit der Wanderungsfälle, d.h. der Zu- oder Fortzüge über die Gemeindegrenzen. Als Wanderungsfall gilt jedes Beziehen einer Wohnung als alleinige oder Hauptwohnung und jeder Auszug aus einer alleinigen oder Hauptwohnung (Wohnungswechsel). Auch die Umwandlung eines Nebenwohnsitzes in einen Hauptwohnsitz gilt als Wanderungsfall (Änderung des Wohnungsstatus). Der Bezug einer Nebenwohnung bzw. der Auszug aus einer Nebenwohnung sowie Umzüge innerhalb der Gemeinden (Ortsumzüge) gelten nicht als Wanderungen. Der Bezug einer Wohnung bzw. der Auszug aus einer Wohnung werden indirekt über die im Melderecht vorgeschriebenen An- und Abmeldungen bei den Meldebehörden ermittelt.

Wohnbevölkerung | Sie bildete bis Frühjahr 1983 die Grundlage für die Fortschreibung des Bevölkerungsstandes. Danach gehörten Personen mit nur einer Wohnung zur Wohnbevölkerung der Gemeinde, in der sich diese Wohnung befand. Personen mit mehr als einer Wohnung oder Unterkunft im früheren Bundesgebiet wurden der Wohnbevölkerung derjenigen Gemeinde zugeordnet, von der aus sie ihrer Arbeit oder Ausbildung nachgingen. Bei Personen, die weder berufstätig noch in der Ausbildung waren, war die Wohnung oder Unterkunft maßgebend, in der sie sich überwiegend aufhielten.

Zensus 2011 | Im Jahr 2011 beteiligte sich Deutschland erstmalig an einer EU-weiten Volks-, Gebäude- und Wohnungszählung. Bei diesem Zensus wurden flächendeckend für ganz Deutschland demografische Basisdaten in der Form einer registergestützten Zählung mit ergänzender Haushaltsbefragung auf Stichprobenbasis erhoben. Im Gegensatz zu einer traditionellen Volkszählung mussten dementsprechend nicht mehr alle Bürgerinnen und Bürger befragt werden, vielmehr wurde – soweit möglich – auf Informationen bestehender Verwaltungsregister zurückgegriffen. Neben der Feststellung aktualisierter amtlicher Einwohnerzahlen von Bund, Ländern und Kommunen sowie der Erfassung zentraler demografischer Strukturmerkmale für Politik, Wissenschaft und Gesellschaft wurde mit dem Zensus 2011 auch eine aktualisierte Grundlage für die laufende Fortschreibung der amtlichen Einwohnerzahl geschaffen. Bis zum nächsten Zensus (geplant für 2021), werden, auf der Grundlage der Basisdaten aus dem Zensus 2011, die Bevölkerungsbestände unter Berücksichtigung der seit dem Zählungsstichtag (9.5.2011) beurkundeten Geburten und Sterbefälle sowie der Zu- und Fortzüge bundesweit sämtlicher Gemeinden fortgeschrieben. Erste ausgewählte Ergebnisse wurden am 31.5.2013 publiziert, detailliertere Ergebnisse am 10.4.2014.

2 Bevölkerung, Familien, Lebensformen

Mehr zum Thema

Liebe Leserin, lieber Leser,
ein Thema in diesem Kapitel spricht Sie besonders an oder Sie benötigen weitere Informationen? Auf dieser Seite nennen wir Ihnen, nach Themen gegliedert, weitere Veröffentlichungen unseres Hauses. Ausführliche Informationen zu den Produktkategorien sowie dem Informationsangebot des Statistischen Bundesamtes finden Sie auf Seite 8 dieser Ausgabe.

Web-Angebote
www.destatis.de ist Ihre erste Adresse in Sachen Statistik. Hier finden Sie alle Informationen, die das Statistische Bundesamt veröffentlicht, tagesaktuell. Unsere Veröffentlichungen können Sie direkt über unsere Website www.destatis.de/publikationen downloaden.
www.zensus2011.de bietet Ihnen alle Ergebnisse sowie umfangreiche Informationen zur Methodik des Zensus 2011.

GENESIS-Online
Unter www.destatis.de/genesis bietet die Haupt-Datenbank des Statistischen Bundesamtes ein breites Themenspektrum fachlich tief gegliederter Ergebnisse der amtlichen Statistik. Daten zu *Bevölkerung, Familien, Lebensformen* finden Sie unter dem Menüpunkt › Themen, Code 12, Daten zu *Familien, Kinder* unter Code 22521, 22541, 22911 und 22922.

Weitere Veröffentlichungen zu den Themen

- **Bevölkerung**

  Fachserie 1 Bevölkerung

  Reihe 1.3 Bevölkerungsfortschreibung

  WISTA – Wirtschaft und Statistik

  Heft 7/10 Aufnahme des Merkmals „Geburtsstaat" in die Daten der Bevölkerungs- und Wanderungsstatistik 2008
  Heft 4/15 Die Ermittlung der Einwohnerzahlen und der demografischen Strukturen nach dem Zensus 2011

  Broschüren

  Im Blickpunkt: Ältere Menschen in Deutschland und der EU (2016)
  Die Generation 65+ in Deutschland (Begleitmaterial zur Pressekonferenz im Juli 2015)

- **Zensus 2011**

  WISTA – Wirtschaft und Statistik

  Heft 7/09 Aufbau des Anschriften- und Gebäuderegisters für den Zensus 2011
  Heft 4/11 Das Stichprobendesign der Haushaltsstichprobe des Zensus 2011
  Heft 8/11 Die Entwicklung des Fragebogens zur Haushaltsbefragung des Zensus 2011
  Heft 6/12 Methoden der Mehrfachfallprüfung im Zensus 2011
  Heft 10/12 Auswertung der Geburtsorte im Zensus 2011
  Heft 11/12 Qualitätsaspekte des Anschriften- und Gebäuderegisters im Zensus 2011
  Heft 11/12 Der Straßenthesaurus im Zensus 2011
  Heft 11/12 Nutzung von Geoinformationssystemen im Anschriften- und Gebäuderegister für den Zensus 2011
  Heft 12/12 Erhebung, Aufbereitung und Zusammenführung der Erwerbsregisterdaten im Zensus 2011
  Heft 1/13 Der Referenzdatenbestand im Zensus 2011
  Heft 3/13 Das Verfahren der Berufskodierung im Zensus 2011
  Heft 7/13 GIS-gestützte Ermittlung der „EU-Orte" im Rahmen des Zensus 2011 für die Datenlieferung an Eurostat

  Statistik und Wissenschaft

  Band 21 Stichprobenoptimierung und Schätzung im Zensus 2011 (2012)

  Gemeinschaftsveröffentlichungen

  Zensus Kompakt - Ergebnisse des Zensus 2011 (2014)
  Bevölkerung nach Geschlecht, Alter, Staatsangehörigkeit, Familienstand und Religionszugehörigkeit (2013)

- **Geborene und Gestorbene**

  Fachserie 1 Bevölkerung

  Reihe 1.1 Natürliche Bevölkerungsbewegung

2 Bevölkerung, Familien, Lebensformen

Mehr zum Thema

■ Geborene und Gestorbene

Fachberichte

Geburtentrends und Familiensituation in Deutschland 2012
  (Begleitmaterial zur Pressekonferenz im November 2013)
Allgemeine Sterbetafel 2010/2012 – Methodische Erläuterungen und Ergebnisse (2015)
Sterbetafel 2012/2014 – Methoden- und Ergebnisbericht zur laufenden Berechnung von
  Periodensterbetafeln für Deutschland und die Bundesländer

WISTA – Wirtschaft und Statistik

Heft 3/11	Amtliche Sterbetafeln und Entwicklung der Sterblichkeit
Heft 2/12	Geburtenfolge und Geburtenabstand – neue Daten und Befunde
Heft 9/12	Geburten, Sterbefälle, Eheschließungen
Heft 12/12	Geburten, Sterbefälle, Eheschließungen 2011
Heft 2/13	Wie wirkt sich der Geburtenaufschub auf die Kohortenfertilität in West und Ost aus
Heft 1/16	Allgemeine Sterbetafeln 2010/12 – Neue Ansätze zur Glättung und Extrapolation der Sterbewahrscheinlichkeiten

Broschüren

Geburten in Deutschland (2012)

STATmagazin

Von niedrigen Geburtenzahlen und fehlenden Müttern

■ Migration

Fachserie 1   Bevölkerung

Reihe 2	Ausländische Bevölkerung
Reihe 2.1	Einbürgerungen
Reihe 2.2	Bevölkerung mit Migrationshintergrund

■ Wanderungen

Fachserie 1   Bevölkerung

Reihe 1.2	Wanderungen

WISTA – Wirtschaft und Statistik

Heft 5/11	Bevölkerungsentwicklung 2009

■ Bevölkerungsvorausberechnung

WISTA – Wirtschaft und Statistik

Heft 1/10	Annahmen zur Geburtenentwicklung in der 12. koordinierten Bevölkerungsvorausberechnung
Heft 3/11	Entwicklung der Privathaushalte bis 2030: Ende des ansteigenden Trends

Broschüren

Bevölkerung Deutschlands bis 2060 – 13. koordinierte Bevölkerungsvorausberechnung
  (Begleitmaterial zur Pressekonferenz 2015)

Gemeinschaftsveröffentlichungen

Demografischer Wandel in Deutschland

Heft 1	Bevölkerungs- und Haushaltsentwicklung im Bund und in den Ländern (2011)
Heft 2	Auswirkungen auf Krankenhausbehandlungen und Pflegebedürftige (2010)
Heft 3	Auswirkungen auf Schülerzahlen und Kindertagesbetreuung (2009)
Heft 4	Auswirkungen auf die Entwicklung der Erwerbspersonenzahl (2009)

2 Bevölkerung, Familien, Lebensformen

Mehr zum Thema

- **Familien, Kinder und Lebensformen**

    Fachserie 1   Bevölkerung

Reihe 1.1	Natürliche Bevölkerungsbewegung
Reihe 1.4	Statistik der rechtskräftigen Beschlüsse in Eheauflösungssachen (Scheidungsstatistik)
Reihe 3	Haushalte und Familien

    Fachberichte

    Elterngeld regional: Geburten 2013
    Der Personalschlüssel in der Kindertagesbetreuung 2015
    Geburtentrends und Familiensituation in Deutschland 2012
      (Begleitmaterial zur Pressekonferenz im November 2013)
    Wie leben Kinder in Deutschland?, – Ergebnisse des Mikrozensus 2010
      (Begleitmaterial zur Pressekonferenz 2011)
    Alleinerziehende in Deutschland, – Ergebnisse des Mikrozensus 2009
      (Begleitmaterial zur Pressekonferenz im Juli 2010)
    Alleinlebende in Deutschland, – Ergebnisse des Mikrozensus 2011
      (Begleitmaterial zur Pressekonferenz im Juli 2012)
    Auf dem Weg zur Gleichstellung, Bildung, Arbeit und Soziales – Unterschiede zwischen
      Frauen und Männern 2014 (Begleitmaterial zur Pressekonferenz im Juli 2014)
    Die Generation 65+ in Deutschland
      (Begleitmaterial zur Pressekonferenz im Juli 2015)

    WISTA – Wirtschaft und Statistik

Heft 3/11	Ehescheidungen 2009
Heft 11/13	Haushalte und Lebensformen der Bevölkerung
Heft 12/14	Vereinbarkeit von Familie und Beruf

    STATmagazin

    Alles beim Alten: Mütter stellen Erwerbstätigkeit hinten an (2010)
    Paare in Deutschland: Gleich und gleich gesellt sich gern (2010)
    Familien mit Migrationshintergrund: Traditionelle Werte zählen 2012
    Kind und Beruf: Nicht alle Mütter wollen beides (2013)

- **Themenübergreifend**

    Broschüren

    Frauen und Männer in verschiedenen Lebensphasen (2010)

    Schriftenreihe

Band 12	Regionale Standards, Ausgabe 2013

3 Bildung

Schülerzahl an allgemeinbildenden Schulen in letzten zehn Jahren um **13 %** zurückgegangen | **Zwei von fünf** jungen Menschen mit **Migrationshintergrund** haben **Abitur** | **Platz eins** der **Ausbildungsberufe** bei Männern belegte 2014 **Kfz-Mechatroniker**, bei Frauen **Kauffrau für Büromanagement** | **Studienberechtigtenquote** sank auf **53 %** | **Jede fünfte Professur** übte eine **Frau** aus, bei **C4-Professuren** war es jede **neunte** | Knapp **7 %** des Bruttoinlandsproduktes waren **Bildungsausgaben**, knapp **3 %** flossen in **Forschung und Entwicklung**

3 Bildung

Seite

77 Auf einen Blick

Tabellen

78 Bildungsstand der Bevölkerung
Allgemeiner Schulabschluss | Beruflicher Bildungsabschluss | Nach Migrationshintergrund | Schulbesuch nach Bildungsabschluss der Eltern

82 Integrierte Ausbildungsberichterstattung
Nach ausbildungsrelevanten Sektoren und Ländern

83 Allgemeinbildende und berufliche Schulen
Schularten | Nach Ländern | Vollzeit- und teilzeitbeschäftigte Lehrkräfte | Schülerinnen und Schüler | Abschlüsse

89 Auszubildende
Nach Berufsgruppen | Nach Ländern

91 Hochschulen
Hochschularten | Nach Ländern | Studierende | Studienanfängerinnen und -anfänger | Fächergruppen | Prüfungen | Personal

96 Weiterbildung
Weiterbildungsangebot und Teilnahmequoten | Berufliche Weiterbildung | Teilnehmerinnen und Teilnehmer | Prüfungen | Volkshochschulen

98 Ausbildungsförderung
Geförderte nach BAföG und AFBG | Förderungsleistungen

99 Finanzen der Schulen und Hochschulen, Budget für Bildung
Ausgaben je Schülerin und Schüler an öffentlichen Schulen | Budget für Bildung, Forschung und Wissenschaft | Ausgaben der Hochschulen | Monetäre Kennzahlen

103 Forschungsausgaben und Forschungspersonal
Nach durchführenden Bereichen | Nach Sektoren | Nach Ländern

106 Anerkennung ausländischer Berufsqualifikationen
Anerkennungsverfahren | Bearbeitete Anträge

107 Promotionen

108 Methodik

110 Glossar

113 Mehr zum Thema

3 Bildung

3.0 Auf einen Blick

Bildungsbeteiligung
in Mill.

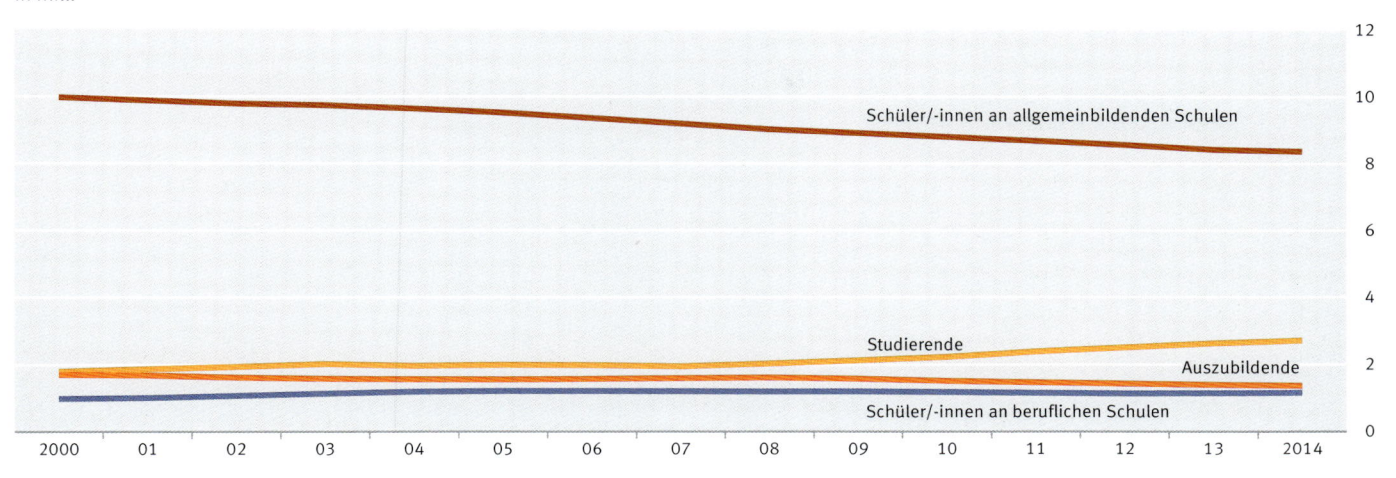

[Liniendiagramm von 2000 bis 2014 mit vier Kurven: Schüler/-innen an allgemeinbildenden Schulen (von ca. 10 auf ca. 8,5 Mill.), Studierende (steigend auf ca. 2,5 Mill.), Auszubildende (fallend auf unter 2 Mill.), Schüler/-innen an beruflichen Schulen (ca. 1 Mill.)]

Nationale Benchmarks 2006
Empfehlungen des Wissenschaftsrats, in %

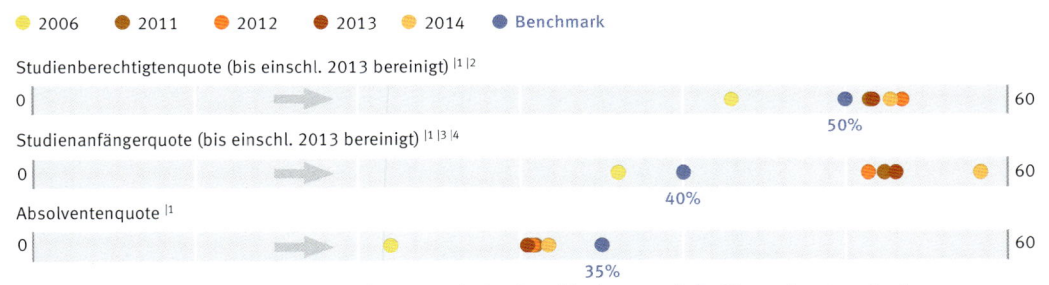

● 2006 ● 2011 ● 2012 ● 2013 ● 2014 ● Benchmark

Studienberechtigtenquote (bis einschl. 2013 bereinigt) |1 |2
0 ——————————————— 60
50 %

Studienanfängerquote (bis einschl. 2013 bereinigt) |1 |3 |4
0 ——————————————— 60
40 %

Absolventenquote |1
0 ——————————————— 60
35 %

1 Anteil der Studienberechtigten, Studienanfänger/-innen oder Absolventinnen/Absolventen an der Bevölkerung des entsprechenden Alters. Es werden Quoten für einzelne Jahrgänge berechnet und anschließend aufsummiert (sog. "Quotensummenverfahren").
2 Bereinigte Studienberechtigte (ohne G8-Abgänger). Berlin: 2012 keine Trennung für G8 und G9 möglich.
3 Einschl. Erwerb der Hochschulzugangsberechtigung außerhalb Deutschlands und ohne Angabe.
4 Doppelter Abiturientenjahrgang in Hamburg (2010), Bayern und Niedersachsen (2011), Baden-Württemberg, Berlin, Brandenburg und Bremen (2012) und Nordrhein-Westfalen (2013). 2013 in Hessen 1,5-facher Abiturientenjahrgang. Aussetzung der Wehrpflicht zum 1.7.2011. Für Berlin und Hessen keine Bereinigung möglich, da keine getrennten Schulabgängerzahlen für G8 und G9 vorliegen.

Nationale Benchmarks 2008
Ziele des Dresdner Bildungsgipfels, in %

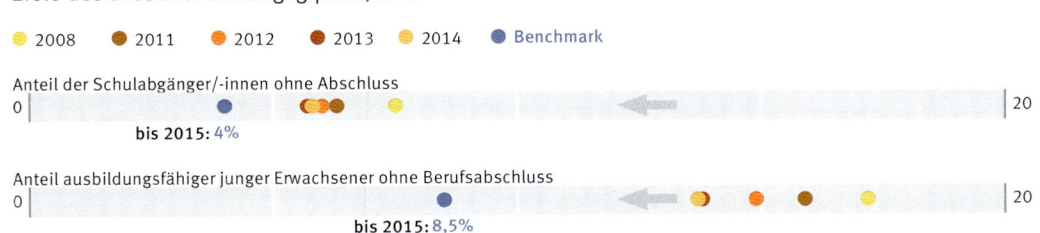

● 2008 ● 2011 ● 2012 ● 2013 ● 2014 ● Benchmark

Anteil der Schulabgänger/-innen ohne Abschluss
0 ——————————————— 20
bis 2015: 4 %

Anteil ausbildungsfähiger junger Erwachsener ohne Berufsabschluss
0 ——————————————— 20
bis 2015: 8,5 %

Benchmarks sind festgelegte Zielwerte, die in der Regel bis zu einem bestimmten Zeitpunkt erreicht werden sollen.

Die **Studienberechtigtenquote** gibt an, wie hoch der Anteil der Schulabsolventinnen und -absolventen mit einem Schulabschluss ist, der zum Studium berechtigt. Die Quote beschreibt also den Anteil aller potenziellen Studienanfängerinnen und -anfänger. Sie ist eine wichtige Kennzahl für die Schul- und Hochschulplanung.

Die **Studienanfängerquote** gibt an, wie hoch der Anteil der Bevölkerung ist, der ein Hochschulstudium aufnimmt. Die Quote beschreibt das Ausmaß des Zulaufs von Studienanfängerinnen und -anfängern an die Hochschulen.

Bedingt durch die Umstellung der gymnasialen Schulausbildung von 13 auf 12 Jahre in einer Vielzahl von Bundesländern kommt es – zeitlich versetzt – zu sogenannten Doppelabiturientenjahren, d.h. Abiturientenjahrgänge mit gleichzeitig Absolventen aus Klassenstufe 12 und 13 (G8-Effekt).

Die **Absolventenquote** gibt an, wie hoch der Anteil der Bevölkerung ist, der ein Erststudium an einer Hochschule absolviert. Der Indikator misst den Output der Hochschulen in Form von Absolventinnen und Absolventen mit einem ersten akademischen Abschluss.

3 Bildung

3.1 Bildungsstand der Bevölkerung
3.1.1 Bevölkerung nach allgemeinem Schulabschluss 2015

Zu den **Personen mit Migrationshintergrund** gehört die ausländische Bevölkerung – unabhängig davon, ob sie im Inland oder Ausland geboren wurde – sowie alle nach 1949 auf das heutige Gebiet der Bundesrepublik Deutschland Zugewanderten, unabhängig von ihrer Nationalität. Daneben zählen zu den Personen mit Migrationshintergrund auch die in Deutschland geborenen eingebürgerten Ausländerinnen und Ausländer sowie eine Reihe von in Deutschland Geborenen mit deutscher Staatsangehörigkeit mit zumindest einem zugezogenen oder als Ausländerin bzw. Ausländer in Deutschland geborenen Elternteil.

Alter von ... bis unter ... Jahren	Insgesamt [1]	Darunter		mit allgemeinem Schulabschluss							ohne allgemeinen Schulabschluss [2]	
		noch in schulischer Ausbildung		zusammen		davon						
						Hauptschulabschluss	Abschluss der polytechnischen Oberschule	Realschulabschluss	Fachhochschul-/Hochschulreife	ohne Angabe zur Art des Abschlusses		
	1 000	1 000	%	1 000	%						1 000	%
Insgesamt	70 867	2 574	3,6	65 254	92,1	35,8	7,3	24,7	32,0	0,2	2 624	3,7
15 – 25	8 421	2 539	30,2	5 536	65,7	18,3	–	36,3	45,2	0,2	245	2,9
25 – 35	10 212	26	0,3	9 810	96,1	19,2	–	31,4	49,3	0,2	346	3,4
35 – 45	10 136	/	/	9 671	95,4	23,1	5,1	31,2	40,4	0,2	432	4,3
45 – 55	13 278	/	/	12 737	95,9	27,9	13,4	26,7	31,8	0,2	501	3,8
55 – 65	11 140	/	/	10 699	96,0	38,0	15,4	20,1	26,2	0,2	408	3,7
65 und mehr	17 680	/	/	16 800	95,0	63,1	5,6	14,5	16,5	0,3	692	3,9
Männlich												
15 – 25	4 367	1 300	29,8	2 879	65,9	22,2	–	36,9	40,7	/	138	3,2
25 – 35	5 197	13	0,3	4 980	95,8	22,9	–	30,3	46,6	0,2	187	3,6
35 – 45	5 104	/	/	4 875	95,5	26,6	5,1	28,1	39,9	0,3	212	4,2
45 – 55	6 708	/	/	6 441	96,0	31,1	13,2	22,2	33,2	0,2	247	3,7
55 – 65	5 457	–	–	5 246	96,1	38,6	15,2	16,4	29,7	0,2	194	3,6
65 und mehr	7 729	/	/	7 402	95,8	58,3	5,6	12,1	23,7	0,3	272	3,5
Zusammen	34 562	1 318	3,8	31 824	92,1	35,9	7,3	22,4	34,2	0,2	1 250	3,6
Weiblich												
15 – 25	4 054	1 239	30,6	2 657	65,5	14,1	–	35,7	50,1	/	108	2,7
25 – 35	5 016	12	0,2	4 830	96,3	15,3	–	32,5	52,0	0,2	159	3,2
35 – 45	5 032	/	/	4 796	95,3	19,5	5,0	34,2	41,0	0,2	220	4,4
45 – 55	6 570	/	/	6 296	95,8	24,5	13,6	31,3	30,4	0,2	254	3,9
55 – 65	5 683	/	/	5 453	96,0	37,6	15,6	23,7	22,9	0,2	214	3,8
65 und mehr	9 950	/	/	9 398	94,4	66,8	5,5	16,4	10,9	0,3	420	4,2
Zusammen	36 305	1 256	3,5	33 431	92,1	35,7	7,4	26,8	29,9	0,2	1 375	3,8
darunter Bevölkerung mit Migrationshintergrund												
Insgesamt	13 424	778	5,8	10 862	80,9	35,6	0,8	25,5	37,7	0,4	1 688	12,6
15 – 25	2 262	766	33,9	1 347	59,6	24,6	–	34,1	41,0	/	117	5,2
25 – 35	2 620	9	0,3	2 385	91,1	26,6	–	24,8	48,3	0,3	208	7,9
35 – 45	2 764	/	/	2 431	87,9	34,3	0,3	27,7	37,3	0,3	316	11,4
45 – 55	2 327	/	/	1 982	85,2	37,5	1,6	26,6	33,9	0,4	331	14,2
55 – 65	1 735	/	/	1 450	83,6	43,2	2,2	22,7	31,5	0,4	279	16,1
65 und mehr	1 716	/	/	1 266	73,8	55,1	1,3	14,8	28,2	0,5	437	25,4
Männlich												
15 – 25	1 214	407	33,5	721	59,4	28,9	–	33,6	37,2	/	68	5,6
25 – 35	1 323	/	/	1 206	91,1	31,1	–	23,4	45,2	/	103	7,8
35 – 45	1 370	/	/	1 217	88,9	39,2	/	25,4	34,8	/	144	10,5
45 – 55	1 188	/	/	1 028	86,5	40,5	1,6	25,6	31,9	/	154	13,0
55 – 65	843	–	–	718	85,1	45,4	2,5	21,5	30,3	/	123	14,6
65 und mehr	817	/	/	625	76,4	55,1	1,2	12,7	30,5	/	186	22,8
Zusammen	6 756	412	6,1	5 515	81,6	38,9	0,8	24,1	35,8	0,4	779	11,5
Weiblich												
15 – 25	1 048	360	34,3	625	59,7	19,6	–	34,7	45,3	/	49	4,7
25 – 35	1 296	/	/	1 179	91,0	22,1	–	26,1	51,5	/	105	8,1
35 – 45	1 394	/	/	1 213	87,0	29,4	/	30,1	39,9	/	172	12,3
45 – 55	1 139	/	/	954	83,8	34,3	1,6	27,7	36,1	/	177	15,6
55 – 65	892	/	/	733	82,1	41,1	2,0	23,8	32,6	/	156	17,5
65 und mehr	899	/	/	642	71,4	55,1	1,5	16,9	26,0	/	250	27,8
Zusammen	6 668	366	5,5	5 347	80,2	32,2	0,8	26,9	39,7	0,4	909	13,6

Ergebnisse des Mikrozensus. – Personen im Alter von 15 Jahren und mehr.

1 Einschl. 415 000 Personen, die keine Angaben zur allgemeinen Schulausbildung gemacht haben.
2 Einschl. Personen mit Abschluss nach höchstens sieben Jahren Schulbesuch.

3 Bildung

3.1 Bildungsstand der Bevölkerung

Berufliche Bildungsabschlüsse nach Geschlecht 2015
Bevölkerung im Alter von 15 Jahren und mehr, in %

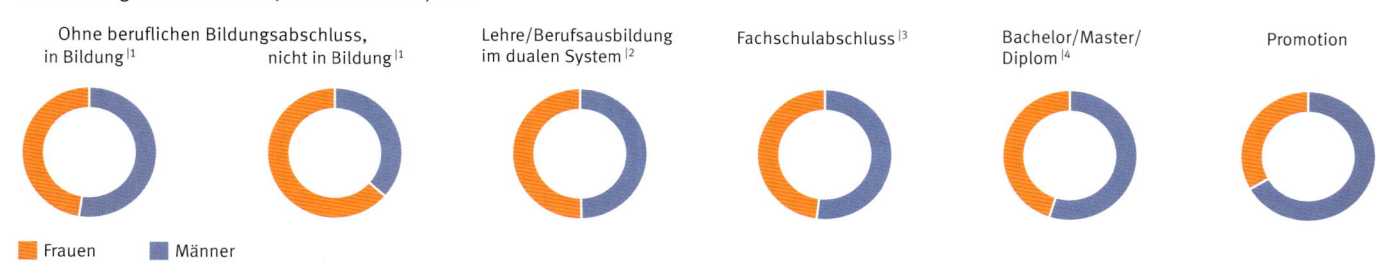

| Ohne beruflichen Bildungsabschluss, in Bildung [1] | Ohne beruflichen Bildungsabschluss, nicht in Bildung [1] | Lehre/Berufsausbildung im dualen System [2] | Fachschulabschluss [3] | Bachelor/Master/Diplom [4] | Promotion |

■ Frauen   ■ Männer

Ergebnisse des Mikrozensus. – Personen im Alter von 15 Jahren und mehr.

1 Einschl. Berufsvorbereitungsjahr und berufliches Praktikum, da durch diese keine berufsqualifizierenden Abschlüsse erworben werden.
2 Einschl. eines gleichwertigen Berufsfachschulabschlusses, Vorbereitungsdienst für den mittleren Dienst in der öffentlichen Verwaltung, 1-jährige Schule für Gesundheits- und Sozialberufe sowie 0,5 % mit Anlernausbildung.
3 Einschl. einer Meister-/Technikerausbildung, Abschluss einer 2- oder 3-jährigen Schule für Gesundheits- und Sozialberufe, Abschluss an einer Schule für Erzieher/-innen sowie Fachschulabschluss in der ehemaligen DDR.
4 Einschl. Lehramtsprüfung, Staatsprüfung, Magister, künstlerischer Abschluss und vergleichbare Abschlüsse.

Bevölkerung nach Migrationshintergrund und allgemeinen Schulabschlüssen 2015
in %

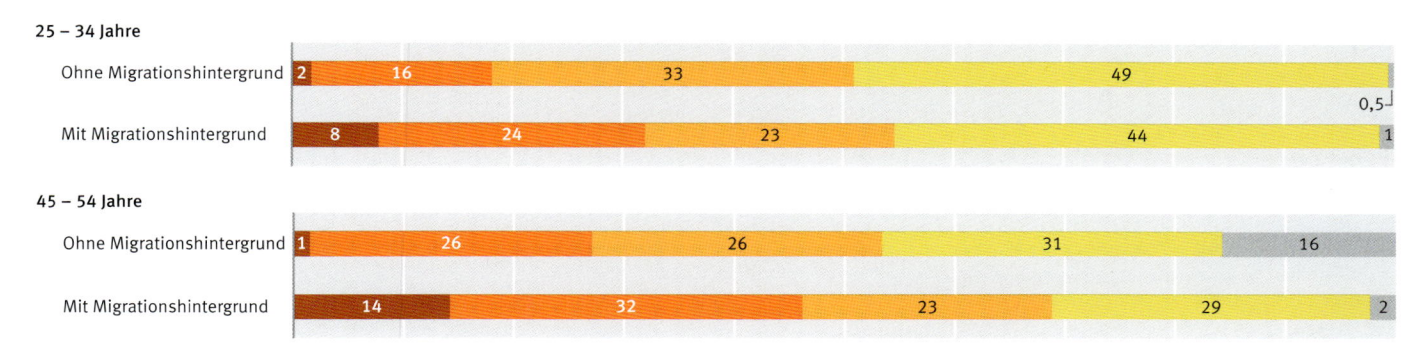

25 – 34 Jahre

	Ohne allgemeinen Schulabschluss	Hauptschulabschluss	Realschulabschluss	Fachhochschul-/Hochschulreife	Übrige
Ohne Migrationshintergrund	2	16	33	49	0,5
Mit Migrationshintergrund	8	24	23	44	1

45 – 54 Jahre

	Ohne allgemeinen Schulabschluss	Hauptschulabschluss	Realschulabschluss	Fachhochschul-/Hochschulreife	Übrige
Ohne Migrationshintergrund	1	26	26	31	16
Mit Migrationshintergrund	14	32	23	29	2

Bevölkerung nach Gemeindegrößenklassen und allgemeinen Schulabschlüssen 2015
Bevölkerung im Alter von 15 Jahren und mehr, in %

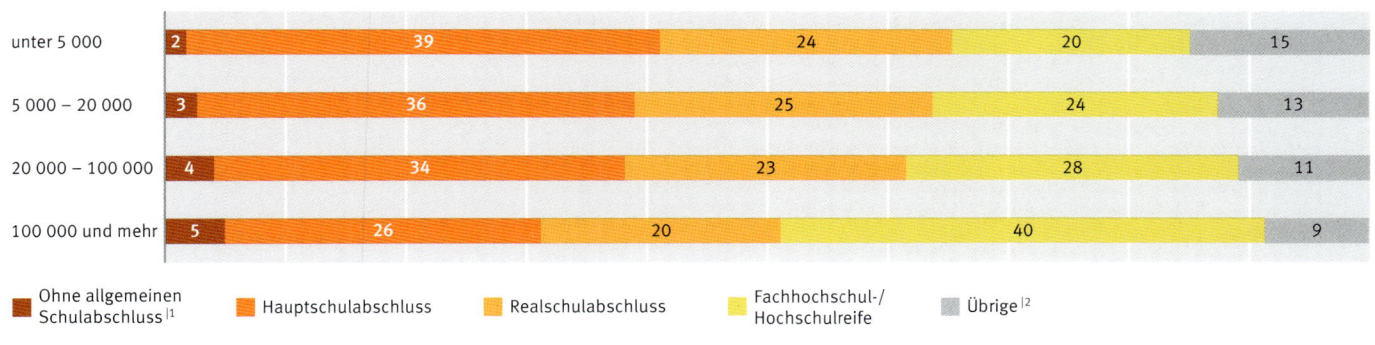

	Ohne allgemeinen Schulabschluss [1]	Hauptschulabschluss	Realschulabschluss	Fachhochschul-/Hochschulreife	Übrige [2]
unter 5 000	2	39	24	20	15
5 000 – 20 000	3	36	25	24	13
20 000 – 100 000	4	34	23	28	11
100 000 und mehr	5	26	20	40	9

Ergebnisse des Mikrozensus. – Personen im Alter von 15 Jahren und mehr.

1 Einschl. Personen mit Abschluss nach höchstens sieben Jahren Schulbesuch.
2 Einschl. Personen, die noch in schulischer Ausbildung sind, Personen mit Abschluss der polytechnischen Oberschule, Personen, die keine Angabe zur Art des allgemeinen Schulabschlusses gemacht haben sowie Personen, die keine Angaben zur allgemeinen Schulausbildung gemacht haben.

3 Bildung

3.1 Bildungsstand der Bevölkerung
3.1.2 Bevölkerung nach beruflichem Bildungsabschluss 2015

Zu den **Personen mit Migrationshintergrund** gehört die ausländische Bevölkerung – unabhängig davon, ob sie im Inland oder Ausland geboren wurde – sowie alle nach 1949 auf das heutige Gebiet der Bundesrepublik Deutschland Zugewanderten, unabhängig von ihrer Nationalität. Daneben zählen zu den Personen mit Migrationshintergrund auch die in Deutschland geborenen eingebürgerten Ausländerinnen und Ausländer sowie eine Reihe von in Deutschland Geborenen mit deutscher Staatsangehörigkeit mit zumindest einem zugezogenen oder als Ausländerin bzw. Ausländer in Deutschland geborenen Elternteil.

Alter von ... bis unter ... Jahren	Insgesamt [1]	Darunter										
		mit beruflichem Bildungsabschluss								ohne beruflichen Bildungsabschluss [6]		
		zusammen [2]	darunter							zusammen	davon	
			Lehre/ Berufsausbildung im dualen System [3]	Fachschulabschluss [4]	Fachschulabschluss in der ehemaligen DDR	Bachelor	Master	Diplom [5]	Promotion		in schulischer/ beruflicher Ausbildung	nicht in schulischer/ beruflicher Ausbildung
	1 000		%							1 000	%	
Insgesamt	70 867	52 151	73,6	65,9	10,3	1,4	2,1	1,3	17,3	1,5	18 278	25,8	34,7	65,3
15 – 25	8 421	1 889	22,4	79,6	8,9	–	8,5	0,7	1,8	/	6 507	77,3	87,5	12,5
25 – 35	10 212	8 163	79,9	58,3	10,4	–	8,3	5,7	15,9	1,2	2 024	19,8	29,0	71,0
35 – 45	10 136	8 474	83,6	60,8	10,9	0,2	1,8	1,5	22,4	2,0	1 630	16,1	2,7	97,3
45 – 55	13 278	11 312	85,2	65,2	11,5	1,5	0,5	0,4	19,0	1,7	1 914	14,4	0,5	99,5
55 – 65	11 140	9 409	84,5	66,7	10,3	2,2	0,3	0,2	18,6	1,5	1 685	15,1	/	99,9
65 und mehr	17 680	12 904	73,0	72,0	9,0	2,5	0,1	0,1	14,5	1,5	4 518	25,6	/	100
		Männlich												
15 – 25	4 367	977	22,4	86,3	4,6	–	6,8	/	1,2	/	3 374	77,3	87,4	12,6
25 – 35	5 197	4 098	78,9	62,0	8,6	–	8,2	5,9	13,9	1,1	1 085	20,9	31,7	68,3
35 – 45	5 104	4 293	84,1	61,0	10,2	/	1,9	1,6	22,5	2,3	794	15,6	3,0	97,0
45 – 55	6 708	5 838	87,0	62,8	12,5	0,7	0,5	0,4	20,7	2,2	843	12,6	/	99,7
55 – 65	5 457	4 804	88,0	63,8	11,4	1,2	0,3	0,2	20,7	2,1	629	11,5	/	99,9
65 und mehr	7 729	6 702	86,7	64,2	11,9	2,1	0,1	0,1	19,0	2,4	953	12,3	/	100
Zusammen	34 562	26 712	77,3	63,8	10,9	0,9	2,0	1,3	18,8	2,0	7 678	22,2	43,2	56,8
		Weiblich												
15 – 25	4 054	912	22,5	72,4	13,5	–	10,3	1,0	2,4	/	3 133	77,3	87,7	12,3
25 – 35	5 016	4 065	81,0	54,4	12,2	–	8,4	5,6	17,9	1,2	939	18,7	25,9	74,0
35 – 45	5 032	4 181	83,1	60,6	11,6	0,4	1,8	1,3	22,3	1,7	836	16,6	2,3	97,7
45 – 55	6 570	5 474	83,3	67,8	10,5	2,3	0,5	0,4	17,2	1,1	1 071	16,3	0,6	99,4
55 – 65	5 683	4 604	81,0	69,7	9,2	3,1	0,2	0,1	16,4	0,9	1 056	18,6	/	100
65 und mehr	9 950	6 202	62,3	80,4	5,8	2,9	0,1	/	9,8	0,6	3 565	35,8	/	100
Zusammen	36 305	25 439	70,1	68,1	9,7	1,8	2,2	1,3	15,6	1,0	10 600	29,2	28,5	71,5
		darunter Bevölkerung mit Migrationshintergrund												
Insgesamt	13 424	7 104	52,9	62,1	8,2	0,2	4,5	3,5	19,3	1,6	6 234	46,4	28,3	71,7
15 – 25	2 262	345	15,3	79,0	6,1	–	10,0	/	2,9	0,0	1 903	84,1	82,2	17,8
25 – 35	2 620	1 670	63,7	55,6	6,9	–	10,3	8,8	16,6	1,3	935	35,7	19,3	80,7
35 – 45	2 764	1 739	62,9	61,1	8,0	/	3,8	3,5	21,2	1,9	1 007	36,4	1,7	98,3
45 – 55	2 327	1 399	60,1	64,2	9,3	/	2,0	1,8	20,4	1,6	912	39,2	/	99,5
55 – 65	1 735	1 060	61,1	64,8	9,6	/	1,2	0,8	21,4	1,5	666	38,4	/	100
65 und mehr	1 716	891	51,9	63,5	8,8	0,6	1,0	0,7	22,6	2,4	811	47,2	/	100
		Männlich												
15 – 25	1 214	181	14,9	84,8	3,5	–	7,8	/	/	–	1 023	84,3	81,5	18,5
25 – 35	1 323	840	63,5	60,3	5,3	–	9,7	8,9	14,2	1,3	474	35,9	21,0	79,0
35 – 45	1 370	886	64,7	64,6	6,9	/	3,4	3,4	19,1	2,1	475	34,6	1,3	98,7
45 – 55	1 188	751	63,2	66,6	9,0	/	2,0	1,9	18,3	1,7	429	36,1	/	99,8
55 – 65	843	558	66,2	66,7	9,2	/	1,1	1,0	19,3	1,9	280	33,2	/	100
65 und mehr	817	504	61,7	62,5	9,1	/	/	/	22,8	3,4	307	37,5	0,0	100
Zusammen	6 756	3 721	55,1	65,1	7,4	0,1	4,0	3,5	17,5	1,9	2 987	44,2	31,5	68,5
		Weiblich												
15 – 25	1 048	164	15,6	72,6	9,0	–	12,3	/	3,7	–	880	84,0	82,9	17,1
25 – 35	1 296	829	64,0	50,8	8,5	–	10,9	8,7	19,2	1,4	461	35,6	17,6	82,4
35 – 45	1 394	853	61,2	57,5	9,2	–	4,2	3,6	23,4	1,7	532	38,2	2,1	97,9
45 – 55	1 139	648	56,9	61,5	9,7	/	2,1	1,6	22,8	1,5	483	42,4	/	99,3
55 – 65	892	502	56,2	62,6	10,1	/	1,2	/	23,7	1,1	386	43,2	/	100
65 und mehr	899	387	43,0	64,9	8,3	/	/	/	22,4	/	504	56,1	/	100
Zusammen	6 668	3 383	50,7	59,0	9,1	0,2	5,0	3,6	21,2	1,4	3 246	48,7	25,4	74,6

Ergebnisse des Mikrozensus. – Personen im Alter von 15 Jahren und mehr.

1 Einschl. 438 000 Personen, die keine Angaben zum beruflichen Bildungsabschluss gemacht haben.
2 Einschl. 151 000 Personen, die keine Angabe zur Art des Abschlusses gemacht haben.
3 Einschl. eines gleichwertigen Berufsfachschulabschlusses, Vorbereitungsdienst für den mittleren Dienst in der öffentlichen Verwaltung, 1-jährige Schule für Gesundheits- und Sozialberufe sowie 344 000 Personen mit Anlernausbildung.
4 Einschl. einer Meister-/Technikerausbildung, Abschluss einer 2- oder 3-jährigen Schule für Gesundheits- und Sozialberufe sowie Abschluss an einer Schule für Erzieher/-innen.
5 Einschl. Lehramtsprüfung, Staatsprüfung, Magister, künstlerischer Abschluss und vergleichbare Abschlüsse.
6 Einschl. Berufsvorbereitungsjahr und berufliches Praktikum, da durch diese keine berufsqualifizierenden Abschlüsse erworben werden.

3 Bildung

3.2 Schulbesuch nach allgemeinem Schulabschluss der Eltern 2015

	Insgesamt [1]	Davon nach höchstem allgemeinem Schulabschluss der Eltern [2]					ohne allgemeinen Schulabschluss [3]
		mit allgemeinem Schulabschluss					
		Haupt-(Volks-)schul-abschluss	Abschluss der polytechnischen Oberschule	Realschul- oder gleichwertiger Abschluss	Fachhochschul- oder Hochschulreife	ohne Angabe zur Art des Abschlusses	
	1 000	%					
Insgesamt	10 153	18,8	5,4	30,2	41,2	0,2	4,1
Grundschule	2 801	15,9	3,7	29,8	46,0	/	4,2
Hauptschule	411	44,5	2,3	27,4	14,1	/	11,2
Realschule	1 296	22,8	6,1	39,0	28,1	/	3,5
Gymnasium	2 480	6,9	4,7	23,2	63,4	/	1,5
Sonstige allgemeinbildende Schulen [4]	1 449	22,8	7,3	30,5	32,7	/	6,1
Berufliche Schule, die einen mittleren Abschluss vermittelt	56	35,4	/	31,3	18,8	/	9,6
Berufliche Schule, die zur Fachhochschul-/Hochschulreife führt	293	20,1	4,5	35,8	34,9	/	4,3
Berufsschule	1 085	29,5	7,9	35,5	22,7	/	4,1
Sonstige berufliche Schulen [5]	281	28,7	9,7	31,2	24,7	/	5,0

Ergebnisse des Mikrozensus. – Nachgewiesen werden Personen, für die Angaben zu mindestens einem Elternteil vorliegen.

1 Einschl. 26 000 Kinder, deren Eltern keine Angaben zum höchsten allgemeinbildenden Schulabschluss gemacht haben.
2 Bei abweichendem Schulabschluss der Eltern wird der Elternteil mit dem höchsten Abschluss nachgewiesen.
3 Einschl. Eltern mit Abschluss nach höchstens sieben Jahren Schulbesuch bzw. einer geringen Anzahl von Eltern, die sich noch in schulischer Ausbildung befinden.
4 Schulartunabhängige Orientierungsstufe, Schularten mit mehreren Bildungsgängen, Gesamtschule, Waldorfschule, Förderschule.
5 Berufsvorbereitungsjahr, Berufsgrundbildungsjahr, Berufsfachschule, die einen Abschluss in einem Beruf vermittelt, 1-jährige und 2- oder 3-jährige Schule für Gesundheits- und Sozialberufe.

Schulbesuch nach höchstem beruflichem Bildungsabschluss der Eltern 2015
in %

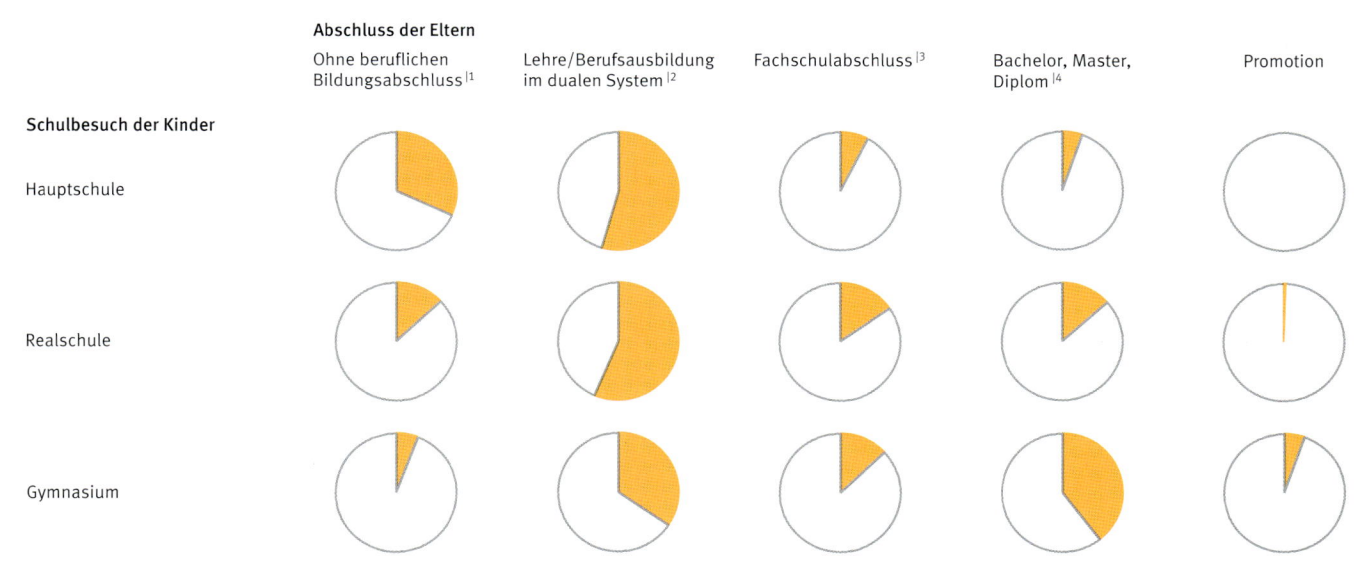

Ergebnisse des Mikrozensus. – Nachgewiesen werden Personen, für die Angaben zu mindestens einem Elternteil vorliegen. Bei abweichendem Schulabschluss der Eltern wird der Elternteil mit dem höchsten Abschluss nachgewiesen.

1 Einschl. Berufsvorbereitungsjahr und berufliches Praktikum, da durch diese keine berufsqualifizierenden Abschlüsse erworben werden.
2 Einschl. eines gleichwertigen Berufsfachschulabschlusses, Vorbereitungsdienst für den mittleren Dienst in der öffentlichen Verwaltung, 1-jährige Schule für Gesundheits- und Sozialberufe sowie Anlernausbildung.
3 Einschl. einer Meister-/Technikerausbildung, Abschluss einer 2- oder 3-jährigen Schule für Gesundheits- und Sozialberufe, Abschluss an einer Schule für Erzieher/-innen sowie Fachschulabschluss in der ehemaligen DDR.
4 Einschl. Lehramtsprüfung, Staatsprüfung, Magister, künstlerischer Abschluss und vergleichbare Abschlüsse.

3 Bildung

3.3 Integrierte Ausbildungsberichterstattung 2014

	Insgesamt	Ausbildungsrelevante Sektoren							
		Berufsausbildung		Integration in Ausbildung (Übergangsbereich)		Erwerb der Hochschulzugangsberechtigung (Sekundarstufe II)		Studium	
	Anzahl	Anzahl	%	Anzahl	%	Anzahl	%	Anzahl	%
Anfänger/-innen									
Deutschland	1 660 709	654 307	39,4	236 012	14,2	456 594	27,5	313 796	18,9
Baden-Württemberg	280 850	99 501	35,4	55 709	19,8	73 717	26,2	51 923	18,5
Bayern	229 893	102 882	44,8	14 913	6,5	61 809	26,9	50 289	21,9
Berlin	61 158	22 140	36,2	5 091	8,3	15 974	26,1	17 953	29,4
Brandenburg	31 541	13 240	42,0	2 692	8,5	9 727	30,8	5 882	18,6
Bremen	17 240	6 777	39,3	2 427	14,1	3 926	22,8	4 110	23,8
Hamburg	41 158	15 837	38,5	4 203	10,2	10 773	26,2	10 345	25,1
Hessen	120 619	41 655	34,5	13 758	11,4	39 733	32,9	25 473	21,1
Mecklenburg-Vorpommern	20 545	9 503	46,3	1 887	9,2	4 855	23,6	4 300	20,9
Niedersachsen	165 096	65 074	39,4	34 623	21,0	43 172	26,1	22 227	13,5
Nordrhein-Westfalen	407 065	153 074	37,6	59 260	14,6	128 418	31,5	66 313	16,3
Rheinland-Pfalz	80 822	33 077	40,9	13 449	16,6	18 232	22,6	16 064	19,9
Saarland	21 210	7 623	35,9	3 514	16,6	6 455	30,4	3 617	17,1
Sachsen	57 144	25 425	44,5	5 083	8,9	11 966	20,9	14 670	25,7
Sachsen-Anhalt	30 711	14 255	46,4	3 705	12,1	6 070	19,8	6 681	21,8
Schleswig-Holstein	65 489	30 706	46,9	12 948	19,8	14 783	22,6	7 052	10,8
Thüringen	30 170	13 541	44,9	2 749	9,1	6 983	23,1	6 897	22,9
Bildungsteilnehmer/-innen									
Deutschland	6 262 942	1 896 344	30,3	291 783	4,7	1 366 397	21,8	2 708 418	43,2
Baden-Württemberg	884 736	257 213	29,1	69 512	7,9	201 472	22,8	356 539	40,3
Bayern	877 154	310 871	35,4	25 255	2,9	172 770	19,7	368 258	42,0
Berlin	309 588	75 568	24,4	6 481	2,1	56 276	18,2	171 263	55,3
Brandenburg	126 113	38 784	30,8	2 511	2,0	35 056	27,8	49 762	39,5
Bremen	72 228	20 680	28,6	3 746	5,2	12 175	16,9	35 627	49,3
Hamburg	183 364	48 208	26,3	4 878	2,7	33 802	18,4	96 476	52,6
Hessen	505 980	133 572	26,4	23 769	4,7	108 856	21,5	239 783	47,4
Mecklenburg-Vorpommern	86 784	28 384	32,7	1 939	2,2	17 526	20,2	38 935	44,9
Niedersachsen	572 179	198 007	34,6	39 761	6,9	142 298	24,9	192 113	33,6
Nordrhein-Westfalen	1 577 316	425 308	27,0	65 837	4,2	360 286	22,8	725 885	46,0
Rheinland-Pfalz	299 493	99 489	33,2	14 533	4,9	62 795	21,0	122 676	41,0
Saarland	78 656	24 243	30,8	5 388	6,9	18 731	23,8	30 294	38,5
Sachsen	245 890	78 246	31,8	6 424	2,6	44 291	18,0	116 929	47,6
Sachsen-Anhalt	123 747	43 409	35,1	3 711	3,0	21 638	17,5	54 989	44,4
Schleswig-Holstein	197 646	72 284	36,6	14 071	7,1	54 555	27,6	56 736	28,7
Thüringen	122 068	42 078	34,5	3 967	3,2	23 870	19,6	52 153	42,7
Absolventen/Absolventinnen und Abgänger/-innen									
Deutschland	1 660 709	654 307	39,4	236 012	14,2	456 594	27,5	313 796	18,9
Baden-Württemberg	280 850	99 501	35,4	55 709	19,8	73 717	26,2	51 923	18,5
Bayern	229 893	102 882	44,8	14 913	6,5	61 809	26,9	50 289	21,9
Berlin	61 158	22 140	36,2	5 091	8,3	15 974	26,1	17 953	29,4
Brandenburg	31 541	13 240	42,0	2 692	8,5	9 727	30,8	5 882	18,6
Bremen	17 240	6 777	39,3	2 427	14,1	3 926	22,8	4 110	23,8
Hamburg	41 158	15 837	38,5	4 203	10,2	10 773	26,2	10 345	25,1
Hessen	120 619	41 655	34,5	13 758	11,4	39 733	32,9	25 473	21,1
Mecklenburg-Vorpommern	20 545	9 503	46,3	1 887	9,2	4 855	23,6	4 300	20,9
Niedersachsen	165 096	65 074	39,4	34 623	21,0	43 172	26,1	22 227	13,5
Nordrhein-Westfalen	407 065	153 074	37,6	59 260	14,6	128 418	31,5	66 313	16,3
Rheinland-Pfalz	80 822	33 077	40,9	13 449	16,6	18 232	22,6	16 064	19,9
Saarland	21 210	7 623	35,9	3 514	16,6	6 455	30,4	3 617	17,1
Sachsen	57 144	25 425	44,5	5 083	8,9	11 966	20,9	14 670	25,7
Sachsen-Anhalt	30 711	14 255	46,4	3 705	12,1	6 070	19,8	6 681	21,8
Schleswig-Holstein	65 489	30 706	46,9	12 948	19,8	14 783	22,6	7 052	10,8
Thüringen	30 170	13 541	44,9	2 749	9,1	6 983	23,1	6 897	22,9

Quelle: Statistisches Bundesamt, Bundesagentur für Arbeit

Nach dem Verlassen der Sekundarstufe I an allgemeinbildenden Schulen wählen Jugendliche und junge Erwachsene in Deutschland unterschiedliche Wege, um den Einstieg ins Erwerbsleben zu finden.

Ein Weg ist die **Berufsausbildung** im dualen System oder in vollzeitschulischer Form.

Eine weitere Möglichkeit ist der Besuch von Bildungsangeboten, die die Chancen auf einen Ausbildungsplatz verbessern (**Integration in Ausbildung**, z. B. Nachholen des Haupt- oder Realschulabschlusses, Erwerb von beruflichen Grundkenntnissen etc.).

Der **Erwerb der Hochschulzugangsberechtigung** ist eine Fortsetzung der Schullaufbahn, um an allgemeinbildenden oder beruflichen Schulen das Abitur oder die Fachhochschulreife zu erlangen.

Für das **Studium** ist die Hochschulzugangsberechtigung Voraussetzung. Da es einen weiteren Weg der beruflichen Qualifizierung darstellt und viele Studienberechtigte sich zwischen Berufsausbildung und Studium entscheiden, wird das Studium zum Ausbildungsgeschehen gerechnet.

3 Bildung

3.4 Allgemeinbildende und berufliche Schulen
3.4.1 Allgemeinbildende Schulen und vollzeit- und teilzeitbeschäftigte Lehrkräfte im Schuljahr 2014/15

	Insgesamt	Schulkindergärten und Vorklassen	Grundschulen	Hauptschulen [1]	Schularten mit mehreren Bildungsgängen	Förderschulen	Realschulen	Gymnasien	Integrierte Gesamtschulen, Freie Waldorfschulen	Abendschulen und Kollegs
Schulen										
Deutschland	33 635	1 284	15 578	4 098	1 802	3 117	2 313	3 125	1 993	325
Baden-Württemberg	5 649	434	2 331	828	–	577	503	459	449	68
Bayern	4 686	–	2 405	1 006	–	355	457	424	24	15
Berlin	1 248	–	431	426	–	77	–	113	175	26
Brandenburg	1 428	–	501	496	149	113	–	101	36	32
Bremen	318	1	117	–	20	17	–	49	105	9
Hamburg	646	225	221	5	–	31	–	73	86	5
Hessen	2 849	329	1 168	369	19	247	266	287	125	39
Mecklenburg-Vorpommern	711	–	324	–	192	94	–	73	24	4
Niedersachsen	3 929	246	1 739	462	276	311	481	294	111	9
Nordrhein-Westfalen	5 798	25	2 883	494	119	652	563	625	351	86
Rheinland-Pfalz	1 553	20	969	4	198	135	10	150	63	4
Saarland	381	4	162	1	49	38	3	35	85	4
Sachsen	1 488	–	825	–	336	155	–	155	6	11
Sachsen-Anhalt	893	–	510	–	154	105	–	82	34	8
Schleswig-Holstein	1 144	–	534	7	73	129	30	106	262	3
Thüringen	914	–	458	–	217	81	–	99	57	2
Vollzeit- und teilzeitbeschäftigte Lehrkräfte										
Deutschland	664 140	2 703	191 661	47 324	42 617	70 505	59 279	173 607	72 778	3 666
Baden-Württemberg	91 398	1 340	31 434 [2]	16	–	13 273	14 858	24 091	6 278	108
Bayern	96 572	–	26 280	17 313	–	8 885	17 014	26 029	860	191
Berlin	27 532	–	7 295	3 966	–	1 676	–	6 021	8 216	358
Brandenburg	17 966	–	4 956	2 908	2 905	1 700	–	3 920	1 510	67
Bremen [3]	5 325	2	1 585	–	295	259	–	1 365	1 737	82
Hamburg	15 214	533	4 097	29	–	966	–	3 991	5 502	96
Hessen	51 159	436 [4]	14 898	6 982	520	6 718	2 851	12 629	5 726	399
Mecklenburg-Vorpommern	10 827	–	3 029	–	3 438	1 237	–	2 427	667	29
Niedersachsen	66 930	197	19 865	4 862	4 698	5 412	7 861	18 299	5 579	157
Nordrhein-Westfalen	155 099	195	41 112	11 132	2 905	18 689	16 259	40 190	22 834	1 783
Rheinland-Pfalz [5]	35 068	–	10 510	56	7 508	3 068	288	10 034	3 519	85
Saarland	7 166	– [6]	1 920	23	1 326	728	78	1 981	1 083	27
Sachsen	28 051	–	8 133	–	8 488	3 235	–	7 881	134	180
Sachsen-Anhalt	15 589	–	4 860	–	4 344	1 884	–	3 913	536	52
Schleswig-Holstein	22 978	–	6 925	37	1 285	1 309	70	6 091	7 232	29
Thüringen	17 266	–	4 762	–	4 905	1 466	–	4 745	1 365	23

Ergebnisse der Statistik der allgemeinbildenden Schulen.

1 Einschl. schulartunabhängiger Orientierungsstufe.
2 Einschl. Hauptschulen.
3 Vorjahreswerte.
4 Vorklassen werden bei Grundschulen nachgewiesen.
5 Ohne pädagogische Fachkräfte.
6 Für Lehrkräfte kein Nachweis vorhanden.

Weibliche Lehrkräfte nach Schularten 2014/15
in %

Schulart	%
Schulkindergärten und Vorklassen	93
Grundschulen	89
Förderschulen	77
Schularten mit mehreren Bildungsgängen	72
Hauptschulen [1]	66
Realschulen	65
Integrierte Gesamtschulen, Freie Waldorfschulen	65
Gymnasien	58
Abendschulen und Kollegs	57

Insgesamt 72

Vollzeit- und teilzeitbeschäftigte Lehrkräfte.
1 Einschl. schulartunabhängiger Orientierungsstufe.

3 Bildung

3.4 Allgemeinbildende und berufliche Schulen
3.4.2 Schülerinnen und Schüler an allgemeinbildenden Schulen im Schuljahr 2014/15

	Insgesamt	Schulkindergärten und Vorklassen	Grundschulen	Hauptschulen [1]	Schularten mit mehreren Bildungsgängen	Förderschulen	Realschulen	Gymnasien	Integrierte Gesamtschulen, Freie Waldorfschulen	Abendschulen und Kollegs
Insgesamt										
Deutschland	8 366 666	26 721	2 708 752	606 783	477 102	335 008	950 706	2 304 546	904 136	52 912
Baden-Württemberg	1 141 493	8 030	333 668	114 377	–	52 492	231 631	313 524	83 455	4 316
Bayern	1 285 652	–	420 117	203 421	–	54 235	255 498	339 164	10 320	2 897
Berlin	334 053	–	110 120	46 879	–	8 993	–	75 529	88 711	3 821
Brandenburg	228 291	–	79 098	36 290	32 506	8 767	–	52 334	17 302	1 994
Bremen	64 895	17	21 322	–	2 284	796	–	16 844	22 561	1 071
Hamburg	187 638	8 048	54 469	362	–	4 957	–	53 678	64 403	1 721
Hessen	627 466	5 902	206 987	36 905	4 569	24 015	72 602	192 433	79 269	4 784
Mecklenburg-Vorpommern	139 982	–	50 147	–	41 103	8 503	–	32 128	7 656	445
Niedersachsen	856 251	2 699	282 988	48 518	55 792	29 257	120 653	243 418	71 107	1 819
Nordrhein-Westfalen	1 971 582	1 709	625 223	119 192	33 047	82 273	263 140	538 862	282 667	25 469
Rheinland-Pfalz	418 512	228	133 707	476	88 636	14 614	4 187	133 757	42 223	684
Saarland	91 106	88	29 912	271	8 761	3 539	1 240	25 421	21 310	564
Sachsen	346 113	–	129 004	–	100 210	18 707	–	94 243	1 671	2 278
Sachsen-Anhalt	185 351	–	67 667	–	46 720	10 619	–	53 760	6 007	578
Schleswig-Holstein	303 714	–	99 747	92	17 845	5 932	1 755	86 095	91 919	329
Thüringen	184 567	–	64 576	–	45 629	7 309	–	53 356	13 555	142
und zwar:										
Schülerinnen in %										
Deutschland	48,9	40,2	49,1	44,3	46,2	35,6	49,1	52,6	48,9	46,7
Baden-Württemberg	48,6	33,4	49,5	43,5	–	35,6	49,1	52,0	48,3	48,5
Bayern	48,9	–	49,3	44,7	–	36,9	50,3	51,8	50,3	48,9
Berlin	49,2	–	49,0	48,7	–	37,1	–	53,3	47,4	49,5
Brandenburg	49,1	–	49,4	48,6	44,8	37,5	–	54,0	49,3	43,9
Bremen	48,9	52,9	48,3	–	49,3	39,4	–	51,6	47,9	43,5
Hamburg	49,0	47,7	48,8	46,1	–	35,5	–	51,4	48,5	45,3
Hessen	48,9	41,4	49,1	43,3	45,6	35,7	48,1	52,4	48,3	46,7
Mecklenburg-Vorpommern	49,1	–	49,5	–	47,7	36,1	–	53,5	49,9	42,2
Niedersachsen	48,8	33,7	48,8	42,2	45,2	34,8	47,2	53,3	49,8	50,6
Nordrhein-Westfalen	49,0	43,4	49,2	42,2	44,4	34,1	48,5	52,9	49,9	46,2
Rheinland-Pfalz	49,0	36,8	48,4	39,7	45,2	35,6	74,9	53,1	48,7	44,6
Saarland	49,0	54,5	48,5	47,6	48,2	36,6	57,0	52,1	47,9	52,5
Sachsen	49,0	–	49,3	–	47,6	37,3	–	52,5	51,9	42,2
Sachsen-Anhalt	48,5	–	49,1	–	46,0	35,5	–	52,3	49,4	46,5
Schleswig-Holstein	48,9	–	48,2	44,6	46,2	35,8	49,6	52,5	47,8	51,7
Thüringen	49,0	–	48,9	–	46,8	35,8	–	52,9	48,2	36,6
Ausländer/-innen in %										
Deutschland	7,3	13,4	7,1	17,6	4,8	10,1	7,1	4,1	9,1	16,7
Baden-Württemberg	9,6	15,1	9,4	24,5	–	15,6	8,0	4,6	8,1	22,5
Bayern	7,2	–	7,4	15,2	–	9,3	4,4	3,8	3,3	21,0
Berlin	12,9	–	12,7	14,0	–	12,4	–	9,2	15,5	14,2
Brandenburg	2,1	–	2,3	2,4	2,8	0,9	–	1,4	1,8	4,3
Bremen	11,6	–	10,7	–	16,4	17,2	–	8,0	14,2	17,7
Hamburg	10,6	11,6	9,0	25,1	–	16,1	–	6,4	14,6	20,4
Hessen	9,9	14,4	8,0	21,0	17,5	14,6	12,7	6,7	12,2	23,4
Mecklenburg-Vorpommern	2,4	–	2,3	–	2,5	1,2	–	2,7	2,8	1,8
Niedersachsen	5,9	14,4	7,0	13,7	5,8	8,6	5,7	2,9	4,8	5,4
Nordrhein-Westfalen	8,2	9,4	7,8	21,7	5,4	12,2	8,1	4,2	9,6	17,7
Rheinland-Pfalz	5,6	12,7	6,0	3,8	9,2	6,7	1,6	3,2	4,6	4,1
Saarland	8,5	17,0	10,6	7,0	9,3	8,9	4,4	4,3	10,4	12,2
Sachsen	2,5	–	2,4	–	2,8	2,4	–	2,3	5,0	10,9
Sachsen-Anhalt	2,2	–	2,9	–	2,4	1,1	–	1,2	3,5	2,6
Schleswig-Holstein	3,5	–	3,9	1,1	5,8	4,9	4,8	1,9	4,0	3,6
Thüringen	1,7	–	2,1	–	1,9	0,7	–	1,2	2,1	–

Ergebnisse der Statistik der allgemeinbildenden Schulen.

1 Einschl. schulartunabhängiger Orientierungsstufe.

3 Bildung
3.4 Allgemeinbildende und berufliche Schulen
3.4.3 Erwerb von allgemeinbildenden Abschlüssen an allgemeinbildenden und beruflichen Schulen

	2014		2013	
	Insgesamt	Weiblich	Insgesamt	Weiblich
	Anzahl	%	Anzahl	%
Ohne Hauptschulabschluss	46 950	39,6	46 295	39,9
Förderschulen	25 538	39,0	26 211	39,7
Hauptschulen	9 425	39,8	9 775	39,3
Übrige allgemeinbildende Schulen	11 987	40,8	10 309	41,0
Mit Hauptschulabschluss	177 140	40,8	182 770	41,1
Hauptschulen	76 918	41,5	84 691	42,1
Integrierte Gesamtschulen	22 796	43,2	19 356	43,9
Übrige allgemeinbildende Schulen	46 935	40,1	47 267	40,1
Berufliche Schulen	30 491	38,5	31 456	38,0
Mit mittlerem Schulabschluss	454 163	49,2	479 242	49,4
Hauptschulen	43 964	45,8	46 065	46,5
Realschulen	186 461	50,3	195 682	50,4
Übrige allgemeinbildende Schulen	145 366	48,5	135 617	49,0
Berufliche Schulen	78 372	49,6	101 878	49,2
Mit Fachhochschulreife	102 183	46,7	105 208	46,5
Allgemeinbildende Schulen	841	47,4	1 068	47,6
Berufliche Schulen	101 342	46,7	104 140	46,5
Mit allgemeiner Hochschulreife [1]	333 072	54,5	371 812	54,4
Allgemeinbildende Schulen	280 490	54,7	319 293	54,6
Berufliche Schulen	52 582	53,2	52 519	52,6

Ergebnisse der Statistiken der allgemeinbildenden und beruflichen Schulen. – Allgemeinbildende Schulen einschl. Externe.

1 Einschl. fachgebundener Hochschulreife.

Absolventinnen und Absolventen sowie Abgängerinnen und Abgänger an allgemeinbildenden und beruflichen Schulen
in %

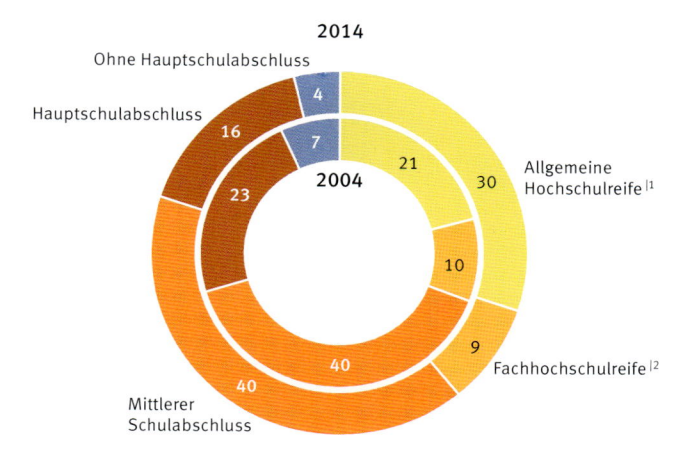

2014 / 2004
- Ohne Hauptschulabschluss: 2014: 7; 2004: 4
- Hauptschulabschluss: 2014: 16; 2004: 23
- Mittlerer Schulabschluss: 2014: 40; 2004: 40
- Fachhochschulreife: 2014: 9; 2004: 10
- Allgemeine Hochschulreife [1]: 2014: 30; 2004: 21

1 Einschl. fachgebundener Hochschulreife.
2 Ohne schulischen Teil der Fachhochschulreife.

3.4.4 Altersverteilung der vollzeit- und teilzeitbeschäftigten Lehrkräfte an allgemeinbildenden Schulen

	2014					2004				
	Alter von … bis unter … Jahren									
	unter 40	40 – 50	50 – 60	60 und mehr	ohne Angaben	unter 40	40 – 50	50 – 60	60 und mehr	ohne Angaben
	%									
Deutschland	31,2	26,0	28,7	13,8	0,3	23,9	27,8	40,2	7,8	0,3
Baden-Württemberg	36,0	24,9	23,0	14,5	1,6	25,7	21,5	42,7	8,8	1,3
Bayern	32,9	27,5	26,6	13,0	0,0	29,4	26,3	37,5	6,8	–
Berlin	23,1	25,2	33,7	18,0	–	15,4	33,3	42,7	8,6	–
Brandenburg	15,6	26,1	44,8	13,5	–	18,4	38,8	35,6	7,3	–
Bremen [1]	31,2	24,8	24,2	19,8	–	13,5	24,8	53,3	8,5	–
Hamburg	39,3	27,2	21,9	11,6	–	16,5	42,1	38,0	3,5	–
Hessen	34,3	27,2	24,9	12,9	0,9	24,8	25,0	41,6	7,6	1,0
Mecklenburg-Vorpommern	14,8	28,2	49,6	7,3	–	23,6	41,2	32,3	3,0	–
Niedersachsen	36,3	25,4	25,2	13,1	–	23,4	23,0	43,7	9,9	–
Nordrhein-Westfalen	33,2	24,9	27,5	14,4	–	23,6	27,2	42,4	6,7	–
Rheinland-Pfalz	38,0	27,3	21,0	13,7	–	30,9	21,5	38,4	9,1	–
Saarland	36,6	24,2	23,7	15,5	–	24,6	20,2	43,3	11,8	–
Sachsen	15,5	25,9	45,4	13,3	–	19,6	38,2	32,6	9,6	–
Sachsen-Anhalt	11,7	28,1	51,1	9,2	–	19,5	38,6	33,5	8,4	–
Schleswig-Holstein	29,6	28,3	27,0	15,0	–	24,8	26,2	40,3	8,7	–
Thüringen	12,0	24,6	47,0	16,4	–	18,2	39,3	35,9	6,7	–

1 2014 enthält Vorjahreswerte.

3 Bildung

3.4 Allgemeinbildende und berufliche Schulen
3.4.5 Schülerinnen und Schüler mit sonderpädagogischem Förderbedarf nach Ländern im Schuljahr 2014/15

	Schülerinnen und Schüler mit sonderpädagogischem Förderbedarf			davon		
	insgesamt	Förderschüler	Integrations-schüler [1]	Förderquote insgesamt	Förderschul-besuchsquote	Integrations-quote [1]
	Anzahl			%		
Deutschland	488 178	335 008	153 170	6,6	4,6	2,0
Baden-Württemberg	71 501	52 492	19 009	7,0	5,2	1,9
Bayern	74 077	54 235	19 842	6,4	4,7	1,7
Berlin	21 120	8 993	12 127	7,4	3,2	4,2
Brandenburg	16 001	8 767	7 234	8,0	4,4	3,6
Bremen	3 479	796	2 683	6,4	1,5	4,9
Hamburg	12 223	4 957	7 266	8,2	3,4	4,8
Hessen	31 177	24 015	7 162	5,4	4,4	1,0
Mecklenburg-Vorpommern	13 695	8 503	5 192	11,0	6,9	4,1
Niedersachsen	29 257	29 257	–	3,9	3,9	–
Nordrhein-Westfalen	123 440	82 273	41 167	7,3	4,9	2,4
Rheinland-Pfalz	19 370	14 614	4 756	5,3	4,0	1,3
Saarland	3 539	3 539	–	4,5	4,5	–
Sachsen	26 878	18 707	8 171	8,5	6,0	2,5
Sachsen-Anhalt	15 259	10 619	4 640	9,1	6,4	2,8
Schleswig-Holstein	16 212	5 932	10 280	6,2	2,3	3,9
Thüringen	10 950	7 309	3 641	6,6	4,4	2,2

Ergebnisse der Statistik der allgemeinbildenden Schulen.

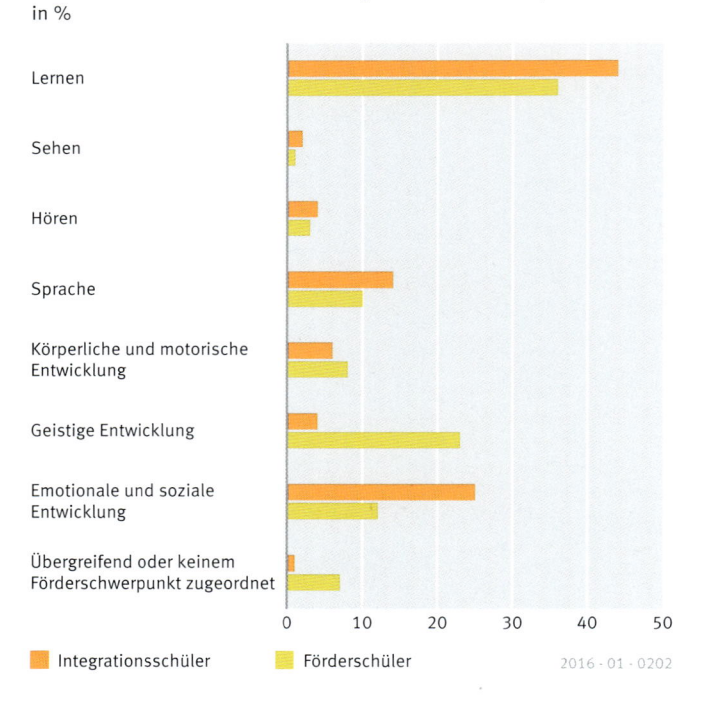

1 Ohne Niedersachsen und Saarland.

Von einem **sonderpädagogischen Förderbedarf** wird ausgegangen, wenn Kinder und Jugendliche in ihren Entwicklungs- und Lernmöglichkeiten so beeinträchtigt sind, dass sie für ein erfolgreiches schulisches Lernen auf eine sonderpädagogische Förderung angewiesen sind.

Integrationsschüler/-innen werden integrativ an allgemeinbildenden Schulen unterrichtet. **Förderschüler/-innen** dagegen nehmen ausschließlich am Unterricht in Förderschulen teil.

Die **Quoten** stellen die Anteile der Schülerinnen und Schüler mit sonderpädagogischem Förderbedarf der ersten bis zehnten Klasse an allen Schülerinnen und Schülern dieser Klassenstufe dar.

Schülerinnen und Schüler mit sonderpädagogischem Förderbedarf werden nach **Förderschwerpunkten** nachgewiesen. Bei mehreren Förderschwerpunkten ist derjenige maßgebend, der den größten zeitlichen Anteil bei der sonderpädagogischen Förderung ausmacht.

Schülerinnen und Schüler mit sonderpädagogischem Förderbedarf nach Förderschwerpunkten im Schuljahr 2014/15
in %

- Lernen
- Sehen
- Hören
- Sprache
- Körperliche und motorische Entwicklung
- Geistige Entwicklung
- Emotionale und soziale Entwicklung
- Übergreifend oder keinem Förderschwerpunkt zugeordnet

■ Integrationsschüler ■ Förderschüler

3 Bildung

3.4 Allgemeinbildende und berufliche Schulen
3.4.6 Berufliche Schulen und vollzeit- und teilzeitbeschäftigte Lehrkräfte im Schuljahr 2014/15

	Insgesamt	Berufsschulen [1]	Berufsfach-schulen [2]	Fachoberschulen	Fachgymnasien	Berufs-/Technische Oberschulen	Fachschulen [3]	Schulen des Gesundheitswesens
Schulen								
Deutschland	8 858	2 778	2 480	868	883	271	1 578	1 813
Baden-Württemberg	1 571	451	564	–	279	38	239	151
Bayern	1 054	228	315	107	–	72	332	470
Berlin	340	84	98	48	20	27	63	67
Brandenburg	156	36	40	26	17	–	37	70
Bremen [4]	68	21	18	13	9	3	4	6
Hamburg	169	76	43	15	9	6	20	40
Hessen	595	205	123	92	53	–	122	125
Mecklenburg-Vorpommern	122	38	35	10	16	–	23	– [5]
Niedersachsen	933	325	239	134	97	10	128	182 [6]
Nordrhein-Westfalen	1 689	657	326	210	227	–	269	411
Rheinland-Pfalz	442	126	84	30	40	91	71	137
Saarland	184	88	38	35	9	–	14	34
Sachsen	647	262	175	58	46	–	106	– [5]
Sachsen-Anhalt	300	60	142	37	8	–	53	43
Schleswig-Holstein	327	34	156	27	31	24	55	77
Thüringen	261	87	84	26	22	–	42	– [7]
Vollzeit- und teilzeitbeschäftigte Lehrkräfte								
Deutschland	122 047	52 275	31 843	7 956	15 410	1 416	13 147	8 541
Baden-Württemberg	22 347	6 663	8 938	–	5 313	168	1 265	1 286
Bayern	16 281	8 294	1 978	2 980	–	834	2 195	2 216
Berlin	4 752	1 914	1 387	314	385	102	650	482
Brandenburg	2 099	2 085 [8]	–	–	–	–	14	321
Bremen [4]	1 159	668	257	62	106	3	63	.
Hamburg	2 567	1 597	377	57	155	27	354	.
Hessen	9 580	3 978	1 549	1 387	1 587	–	1 079	.
Mecklenburg-Vorpommern [9]	1 498	–	–	–	–	–	1 498	.
Niedersachsen	12 541	5 196	3 744	928	1 760	16	897	.
Nordrhein-Westfalen [10]	25 959	11 348	7 690	1 187	3 092	–	2 642	2 836
Rheinland-Pfalz [10]	5 809	2 370	1 754	–	803	216	666	884
Saarland	1 424	660	229	272	168	–	95	185
Sachsen	5 900	2 675	1 307	437	808	–	673	.
Sachsen-Anhalt	2 222	1 116	616	117	155	–	218	331
Schleswig-Holstein	4 307	2 182	904	57	736	50	378	.
Thüringen	3 602	1 529	1 113	158	342	–	460	.

Ergebnisse der Statistik der beruflichen Schulen.

1 Teilzeit-Berufsschulen, Berufsvorbereitungs- und Berufsgrundbildungsjahr.
2 Einschl. Berufsaufbauschulen in Baden-Württemberg.
3 Einschl. Fachakademien in Bayern.
4 Daten des Vorjahres.
5 Nachweis erfolgt bei den Berufsfachschulen.
6 Ohne Schulen des Gesundheitswesens, die den Berufsfachschulen und Fachschulen zugeordnet wurden.
7 Nachweis erfolgt bei den Berufsfachschulen und Fachschulen.
8 Einschl. Berufsfach-, Fachoberschulen, Fachgymnasien und Fachschulen.
9 Die Verteilung der Lehrkräfte erfolgt für alle Schularten unter Fachschulen.
10 Die Verteilung der Lehrkräfte nach Schularten wurde geschätzt.

Lehrkräfte an beruflichen Schulen
Veränderungsrate 2014 gegenüber 2004, in %

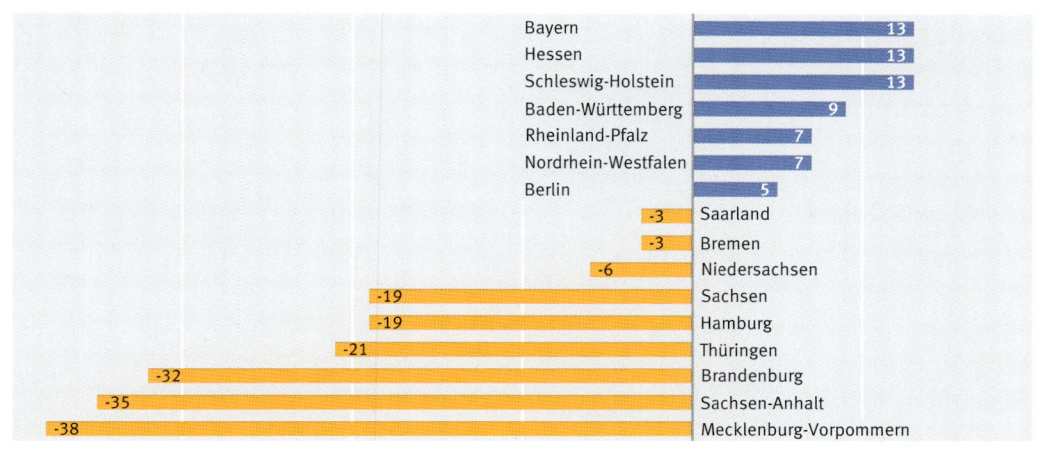

Land	%
Bayern	13
Hessen	13
Schleswig-Holstein	13
Baden-Württemberg	9
Rheinland-Pfalz	7
Nordrhein-Westfalen	7
Berlin	5
Saarland	-3
Bremen	-3
Niedersachsen	-6
Sachsen	-19
Hamburg	-19
Thüringen	-21
Brandenburg	-32
Sachsen-Anhalt	-35
Mecklenburg-Vorpommern	-38

Vollzeit- und teilzeitbeschäftigte Lehrkräfte.

3 Bildung

3.4 Allgemeinbildende und berufliche Schulen
3.4.7 Schülerinnen und Schüler an beruflichen Schulen im Schuljahr 2014/15

	Insgesamt	Berufsschulen [1]	Berufsfach-schulen [2]	Fachoberschulen	Fachgymnasien	Berufs-/Technische Oberschulen	Fachschulen [3]	Schulen des Gesundheits-wesens
Insgesamt								
Deutschland	2 506 039	1 527 250	426 289	139 630	189 967	20 739	202 164	152 910
Baden-Württemberg	405 848	197 217	119 280	–	66 070	2 065	21 216	17 218
Bayern	371 747	267 274	20 784	45 297	–	12 344	26 048	29 564
Berlin	86 926	48 510	16 919	4 655	4 400	1 093	11 349	5 851
Brandenburg	42 944	27 678	3 075	2 444	3 678	–	6 069	4 630
Bremen [4]	25 624	19 030	3 257	1 311	1 162	72	792	887
Hamburg	53 494	40 289	4 935	766	1 785	321	5 398	4 024
Hessen	188 789	112 280	21 620	22 750	15 706	–	16 433	10 994
Mecklenburg-Vorpommern	32 535	21 557	6 409	232	2 178	–	2 159	–
Niedersachsen	272 922	162 191	49 488	21 086	24 412	194	15 551	11 007
Nordrhein-Westfalen	576 094	363 154	101 865	22 962	36 663	–	51 450	49 342
Rheinland-Pfalz	123 160	73 039	20 363	1 916	9 852	3 794	14 196	7 662
Saarland	33 975	20 377	3 222	5 530	1 730	–	3 116	3 440
Sachsen	99 499	54 896	20 244	5 653	7 264	–	11 442	–
Sachsen-Anhalt	47 540	29 887	9 299	2 079	1 754	–	4 521	2 344
Schleswig-Holstein	93 624	61 563	13 408	1 260	10 318	856	6 219	5 947
Thüringen	51 318	28 308	12 121	1 689	2 995	–	6 205	–
und zwar: Schülerinnen in %								
Deutschland	44,6	38,3	57,2	52,4	52,6	41,1	53,2	77,3
Baden-Württemberg	45,2	37,9	54,4	–	54,3	40,2	33,4	79,2
Bayern	42,9	38,4	73,6	53,1	–	40,8	46,9	79,4
Berlin	49,0	44,0	51,6	49,8	48,3	45,7	66,6	71,3
Brandenburg	45,2	35,8	67,0	48,1	51,6	–	72,1	74,6
Bremen [4]	44,6	42,4	46,9	52,2	53,3	48,6	64,3	80,6
Hamburg	45,6	42,8	59,4	39,6	44,7	54,8	54,8	72,6
Hessen	43,7	38,6	55,8	46,2	47,8	–	54,7	78,7
Mecklenburg-Vorpommern	47,5	38,9	73,7	40,9	47,6	–	56,7	–
Niedersachsen	44,9	37,9	60,5	49,7	52,1	54,6	50,5	77,3
Nordrhein-Westfalen	43,4	38,1	49,9	64,4	53,3	–	51,8	77,0
Rheinland-Pfalz	43,1	36,6	50,7	49,6	48,2	38,3	62,6	78,6
Saarland	43,0	37,4	51,7	47,0	59,5	–	54,5	79,0
Sachsen	49,6	36,2	77,5	51,5	53,6	–	61,5	–
Sachsen-Anhalt	48,4	35,0	78,0	50,3	54,1	–	73,4	71,3
Schleswig-Holstein	44,7	40,2	53,6	33,5	54,1	45,3	57,1	72,8
Thüringen	48,3	34,6	72,6	48,1	54,9	–	60,4	–
Absolventen/Absolventinnen und Abgänger/-innen im Abgangsjahr 2014								
Deutschland	1 043 125	603 292	230 557	65 962	54 626	14 318	74 370	52 896
Baden-Württemberg	188 827	76 067	81 771	–	20 083	1 213	9 693	5 823
Bayern	168 630	115 043	11 416	20 072	–	8 800	13 299	12 860
Berlin	28 105	15 977	5 375	2 131	799	464	3 359	2 033
Brandenburg	16 554	10 795	1 560	1 212	952	–	2 035	1 357
Bremen [4]	9 327	6 124	1 790	619	302	77	415	242
Hamburg	20 597	14 586	2 672	786	621	160	1 772	1 268
Hessen	63 878	36 684	8 182	9 822	4 291	–	4 899	4 395
Mecklenburg-Vorpommern	11 920	8 066	2 145	269	480	–	960	–
Niedersachsen	109 250	55 684	30 911	9 943	6 604	206	5 902	3 854
Nordrhein-Westfalen	250 241	161 139	47 750	12 760	11 137	–	17 455	13 878
Rheinland-Pfalz	47 265	25 043	12 364	559	2 456	2 528	4 315	2 682
Saarland	12 599	7 719	1 243	2 558	430	–	649	977
Sachsen	34 814	19 711	7 343	2 283	1 624	–	3 853	–
Sachsen-Anhalt	16 737	10 391	3 756	977	398	–	1 215	1 001
Schleswig-Holstein	47 060	30 711	8 046	1 207	3 698	870	2 528	2 526
Thüringen	17 321	9 552	4 233	764	751	–	2 021	–

Ergebnisse der Statistik der beruflichen Schulen.

1 Teilzeit-Berufsschulen (einschl. Berufsgrundbildungsjahr in kooperativer Form sowie Berufsvorbereitungs- und Berufsgrundbildungsjahr in vollzeitschulischer Form).
2 Einschl. Berufsaufbauschulen in Baden-Württemberg. Einschl. Schulen des Gesundheitswesens in Mecklenburg-Vorpommern und Sachsen und teilweise Thüringen.
3 Einschl. Fachakademien in Bayern. Teilweise einschl. Schulen des Gesundheitswesens in Thüringen.
4 Daten des Vorjahres.

3 Bildung

3.5 Auszubildende
3.5.1 Auszubildende nach ausgewählten Berufsgruppen 2014

Kenn-ziffer	Berufsgruppe	Auszubildende			Darunter neu abgeschlossene Ausbildungsverträge	Veränderung gegenüber Vorjahr
		insgesamt	männlich	weiblich	zusammen	
		Anzahl [1]	%	%	Anzahl [1]	%
	Insgesamt	1 358 550	61,7	38,3	518 394	−1,4
	darunter:					
111	Landwirtschaft	10 257	88,3	11,7	4 551	1,1
121	Gartenbau	16 344	79,9	20,1	6 066	0,1
221	Kunststoff- und Kautschukherstellung und -verarbeitung	6 996	92,2	7,8	2 637	3,4
222	Farb- und Lacktechnik	6 069	84,5	15,5	2 451	3,4
223	Holzbe- und -verarbeitung	22 410	90,2	9,8	9 417	−3,6
232	Technische Mediengestaltung	8 157	41,2	58,8	3 177	−2,2
242	Metallbearbeitung	23 817	94,9	5,1	7 137	−3,6
244	Metallbau und Schweißtechnik	30 504	98,1	1,9	9 798	0,5
245	Feinwerk- und Werkzeugtechnik	22 491	93,7	6,3	6 543	0,9
251	Maschinenbau- und Betriebstechnik	56 577	93,8	6,2	18 027	−0,0
252	Fahrzeug-, Luft-, Raumfahrt- und Schiffbautechnik	80 685	96,5	3,5	25 392	−1,2
261	Mechatronik und Automatisierungstechnik	34 047	93,2	6,8	9 714	−1,5
262	Energietechnik	57 027	97,2	2,8	17 979	0,2
263	Elektrotechnik	18 249	92,3	7,7	5 604	−5,9
272	Technisches Zeichnen, Konstruktion und Modellbau	18 126	61,6	38,4	5 889	−1,1
292	Lebensmittel- und Genussmittelherstellung	18 501	65,7	34,3	7 530	−3,9
293	Speisezubereitung	24 093	73,9	26,1	10 614	−4,8
321	Hochbau	21 528	99,1	0,9	9 198	−3,7
322	Tiefbau	7 440	99,2	0,8	3 519	5,1
332	Maler- und Lackierer-, Stuckateurarbeiten, Bauwerksabdichtung, Holz- und Bautenschutz	20 559	86,0	14,0	9 021	−4,5
333	Aus- und Trockenbau, Isolierung, Zimmerei, Glaserei, Rollladen- und Jalousiebau	12 009	97,8	2,2	5 427	0,4
342	Klempnerei, Sanitär-, Heizungs- und Klimatechnik	37 008	98,8	1,2	12 690	2,7
343	Ver- und Entsorgung	6 969	96,7	3,3	2 373	4,6
413	Chemie	13 335	66,8	33,2	4 191	1,0
431	Informatik	19 974	93,1	6,9	7 419	2,3
432	IT-Systemanalyse, IT-Anwendungsberatung und IT-Vertrieb	4 137	81,6	18,4	1 533	0,9
434	Softwareentwicklung und Programmierung	11 757	90,7	9,3	4 479	1,0
513	Lagerwirtschaft, Post und Zustellung, Güterumschlag	38 151	87,7	12,3	17 628	0,1
516	Kaufleute – Verkehr und Logistik	15 513	58,7	41,3	5 775	0,9
521	Fahrzeugführung im Straßenverkehr	8 301	94,4	5,6	3 639	−1,9
612	Handel	39 207	58,2	41,8	14 619	−0,4
613	Immobilienwirtschaft und Facility-Management	7 314	39,1	60,9	2 751	−4,3
621	Verkauf (ohne Produktspezialisierung)	106 872	43,4	56,6	56 484	−1,2
622	Verkauf von Bekleidung, Elektronik, Kraftfahrzeugen und Hartwaren	11 040	57,2	42,8	4 395	8,6
623	Verkauf von Lebensmitteln	19 140	10,8	89,2	7 611	−6,8
624	Verkauf von drogerie- und apothekenüblichen Waren, Sanitäts- und Medizinbedarf	6 666	6,6	93,4	2 628	1,9
631	Tourismus und Sport	10 254	32,3	67,7	4 197	−0,2
632	Hotellerie	22 935	29,6	70,4	9 798	−4,4
633	Gastronomie	14 835	40,9	59,1	7 248	−8,9
634	Veranstaltungsservice und -management	4 491	36,1	63,9	1 869	−0,8
713	Unternehmensorganisation und -strategie	51 894	39,4	60,6	18 180	−3,3
714	Büro und Sekretariat	76 839	25,3	74,7	29 202	−4,4
721	Versicherungs- und Finanzdienstleistungen	48 747	48,5	51,5	17 694	−3,8
723	Steuerberatung	18 066	28,1	71,9	6 828	−0,2
731	Rechtsberatung, -sprechung und -ordnung	14 418	5,8	94,2	5 358	−4,8
732	Verwaltung	30 381	26,3	73,7	10 743	0,1
811	Arzt- und Praxishilfe	72 729	1,5	98,5	27 357	1,3
823	Körperpflege	24 192	11,4	88,6	11 094	−2,9
825	Medizin-, Orthopädie- und Rehatechnik	15 864	36,5	63,5	5 676	3,8
832	Hauswirtschaft und Verbraucherberatung	8 091	8,7	91,3	2 952	−9,5
921	Werbung und Marketing	7 236	31,7	68,3	3 060	−2,0
945	Veranstaltungs-, Kamera- und Tontechnik	4 596	86,2	13,8	1 770	−0,4

Ergebnisse der Berufsbildungsstatistik.

1 Hinweis: Aus Datenschutzgründen sind alle Daten (Absolutwerte) jeweils auf ein Vielfaches von 3 gerundet; der Insgesamtwert kann deshalb von der Summe der Einzelwerte abweichen.

3 Bildung

3.5 Auszubildende
3.5.2 Auszubildende nach Ländern 2015

	Auszubildende			Darunter neu abgeschlossene Ausbildungsverträge	
	insgesamt	männlich	weiblich	zusammen	Veränderung gegenüber Vorjahr
	Anzahl |1	%		Anzahl |1	%
Deutschland	1 336 155	61,9	38,1	516 228	– 0,4
Baden-Württemberg	189 981	61,3	38,7	73 965	– 0,1
Bayern	240 885	61,1	38,9	92 505	0,6
Berlin	39 342	55,8	44,2	15 855	– 0,4
Brandenburg	26 016	66,0	34,0	10 221	1,4
Bremen |2	14 781	57,1	42,9	5 544	–
Hamburg	31 740	57,6	42,4	12 876	0,7
Hessen	95 667	61,8	38,2	36 750	– 0,8
Mecklenburg-Vorpommern	19 263	63,1	36,9	7 767	– 1,1
Niedersachsen |3	143 361	62,3	37,7	54 774	– 2,0
Nordrhein-Westfalen	302 112	62,4	37,6	115 398	–
Rheinland-Pfalz	67 017	63,4	36,6	25 722	– 2,5
Saarland	17 334	62,8	37,2	6 699	– 3,3
Sachsen	47 415	64,4	35,6	18 324	0,5
Sachsen-Anhalt	27 057	65,6	34,4	10 368	– 3,0
Schleswig-Holstein	48 522	61,9	38,1	19 431	–
Thüringen	25 662	66,6	33,4	10 032	– 1,5

Ergebnisse der Berufsbildungsstatistik. – Vorläufige Ergebnisse.

1 Hinweis: Aus Datenschutzgründen sind alle Daten (Absolutwerte) jeweils auf ein Vielfaches von 3 gerundet; der Insgesamtwert kann deshalb von der Summe der Einzelwerte abweichen.
2 Die Meldungen liegen noch nicht vor, es wurden daher Daten des Vorjahres verwendet.
3 Die Meldungen liegen teilweise noch nicht vor, es wurden daher Daten des Vorjahres verwendet.

Auszubildende in den am stärksten besetzten Ausbildungsberufen 2014
in 1 000

Männer

Kraftfahrzeugmechatroniker	61
Industriemechaniker	45
Elektroniker	34
Anlagenmechaniker für Sanitär-, Heizungs- und Klimatechnik	31
Kaufmann im Einzelhandel	28
Fachinformatiker	26
Mechatroniker	25
Kaufmann im Groß- und Außenhandel	23
Fachkraft für Lagerlogistik	22
Elektroniker für Betriebstechnik	21

Frauen

Kauffrau für Büromanagement	57
Medizinische Fachangestellte	37
Kauffrau im Einzelhandel	33
Industriekauffrau	31
Zahnmedizinische Fachangestellte	30
Verkäuferin	26
Friseurin	21
Bankkauffrau	18
Fachverkäuferin im Lebensmittelhandwerk	17
Kauffrau im Groß- und Außenhandel	16

3 Bildung

3.6 Hochschulen
3.6.1 Hochschulen, Studierende und Studienanfänger/-innen im Wintersemester 2015/16

	Insgesamt		Davon			
			Universitäten	Pädagogische, Theologische und Kunsthochschulen	Fachhochschulen	Verwaltungsfachhochschulen [1]
	Anzahl	%	Anzahl			
Hochschulen						
Deutschland	427	100	107	74	216	30
Baden-Württemberg	71	16,6	12	14	41	4
Bayern	48	11,2	12	10	25	1
Berlin	42	9,8	12	5	25	–
Brandenburg	13	3,0	5	–	6	2
Bremen	8	1,9	2	1	4	1
Hamburg	20	4,7	6	2	10	2
Hessen	33	7,7	7	9	14	3
Mecklenburg-Vorpommern	7	1,6	2	1	3	1
Niedersachsen	29	6,8	11	2	14	2
Nordrhein-Westfalen	71	16,6	16	14	37	4
Rheinland-Pfalz	21	4,9	6	2	9	4
Saarland	6	1,4	1	2	2	1
Sachsen	25	5,9	6	6	11	2
Sachsen-Anhalt	10	2,3	2	3	4	1
Schleswig-Holstein	12	2,8	3	2	6	1
Thüringen	11	2,6	4	1	5	1
Studierende						
Deutschland	2 755 408	100	1 727 393	62 562	929 029	36 424
Baden-Württemberg	359 089	13,0	178 783	29 026	145 237	6 043
Bayern	376 417	13,7	242 615	4 219	125 145	4 438
Berlin	175 651	6,4	117 302	5 407	52 455	487
Brandenburg	49 321	1,8	35 963	–	12 297	1 061
Bremen	35 718	1,3	19 965	866	14 480	407
Hamburg	97 558	3,5	54 401	2 173	40 265	719
Hessen	244 041	8,9	154 626	2 438	83 311	3 666
Mecklenburg-Vorpommern	38 418	1,4	24 593	513	12 917	395
Niedersachsen	200 551	7,3	136 199	2 473	60 709	1 170
Nordrhein-Westfalen	752 080	27,3	485 941	7 938	246 711	11 490
Rheinland-Pfalz	121 259	4,4	77 936	616	39 867	2 840
Saarland	30 920	1,1	17 359	866	12 321	374
Sachsen	111 766	4,1	79 755	2 870	28 189	952
Sachsen-Anhalt	54 635	2,0	33 348	1 283	19 716	288
Schleswig-Holstein	57 817	2,1	34 421	1 061	20 555	1 780
Thüringen	50 167	1,8	34 186	813	14 854	314
darunter Studienanfänger/-innen im ersten Hochschulsemester [2]						
Deutschland	431 319	100	249 184	8 606	163 046	10 483
Baden-Württemberg	64 138	14,9	30 655	4 076	28 253	1 154
Bayern	66 292	15,4	39 864	534	24 649	1 245
Berlin	25 957	6,0	16 615	764	8 399	179
Brandenburg	7 492	1,7	5 089	–	2 135	268
Bremen	6 377	1,5	3 232	130	2 883	132
Hamburg	13 235	3,1	8 059	261	4 697	218
Hessen	34 446	8,0	21 063	305	12 157	921
Mecklenburg-Vorpommern	5 873	1,4	3 585	67	2 098	123
Niedersachsen	34 095	7,9	22 449	354	10 857	435
Nordrhein-Westfalen	106 822	24,8	58 196	1 120	43 172	4 334
Rheinland-Pfalz	16 631	3,9	9 892	61	6 015	663
Saarland	5 010	1,2	2 590	86	2 209	125
Sachsen	18 510	4,3	11 926	424	5 882	278
Sachsen-Anhalt	8 644	2,0	5 133	194	3 246	71
Schleswig-Holstein	9 071	2,1	5 127	114	3 581	249
Thüringen	8 726	2,0	5 709	116	2 813	88

Ergebnisse der Studentenstatistik. – Vorläufige Ergebnisse.
1 Die FH Bund wird nur einmal gezählt und zwar für das Land Nordrhein-Westfalen.
2 Studierende, die zum ersten Mal an einer deutschen Hochschule eingeschrieben sind. Nähere Informationen hierzu siehe Erläuterungen bei Tabelle 3.6.2.

3 Bildung

3.6 Hochschulen
3.6.2 Studierende, Studienanfängerinnen und Studienanfänger im ersten Fachsemester des Wintersemesters 2015/16

	Insgesamt	Darunter weiblich	Deutsche	Darunter weiblich	Ausländer/-innen	Darunter weiblich	Studienanfänger/-innen im ersten Fachsemester	Darunter weiblich
	Anzahl	%	Anzahl	%	Anzahl	%	Anzahl	%
Insgesamt	2 755 408	48,0	2 416 521	47,9	338 887	48,9	675 188	49,0
Geisteswissenschaften	348 069	67,5	305 500	67,0	42 569	70,8	86 801	69,1
Sport	27 563	38,0	26 314	38,2	1 249	33,8	5 958	42,0
Rechts-, Wirtschafts- und Sozialwissenschaften	997 580	56,2	901 048	55,7	96 532	60,8	242 030	57,5
Mathematik, Naturwissenschaften	314 922	46,5	280 615	46,2	34 307	49,1	83 966	47,6
Humanmedizin/Gesundheitswissenschaften	164 971	65,2	148 230	66,0	16 741	58,1	28 442	67,7
Agrar-, Forst- und Ernährungswissenschaften, Veterinärmedizin	62 188	58,1	55 772	58,5	6 416	54,7	16 303	56,9
Ingenieurwissenschaften	739 507	22,1	618 623	21,0	120 884	28,1	187 310	24,3
Kunst, Kunstwissenschaft	94 019	62,6	76 500	62,4	17 519	63,5	21 381	63,9
Sonstige Fächer und ungeklärt	6 589	53,5	3 919	54,7	2 670	51,6	2 997	56,2

Ergebnisse der Studentenstatistik. – Vorläufige Ergebnisse. – Die ab Wintersemester 2015/16 gültige Fächersystematik bewirkt eine teilweise Neuzuordnung von Studienbereichen zu Fächergruppen. Die aktuellen Ergebnisse nach einzelnen Fächergruppen sind daher nur eingeschränkt mit den Vorjahren vergleichbar.

Bei **Studienanfängerinnen** und **Studienanfängern** wird zwischen Studierenden im ersten Hochschulsemester und Studierenden im ersten Fachsemester unterschieden.

Studierende im **ersten Hochschulsemester** sind zum ersten Mal an einer deutschen Hochschule eingeschrieben. Studierende, die bereits im Ausland studiert haben und sich zum ersten Mal an einer deutschen Hochschule einschreiben, werden im ersten Hochschulsemester nachgewiesen und – falls ihre Fachsemester im Ausland angerechnet werden – in einem höheren Fachsemester.

Studierende im **ersten Fachsemester** belegen zum ersten Mal ein Studienfach. Studierende, die das Studienfach gewechselt haben, sind z. B. im ersten Fachsemester des neuen Studienfachs, aber in einem höheren Hochschulsemester.

Deutsche Studierende im Ausland 2013
in 1 000

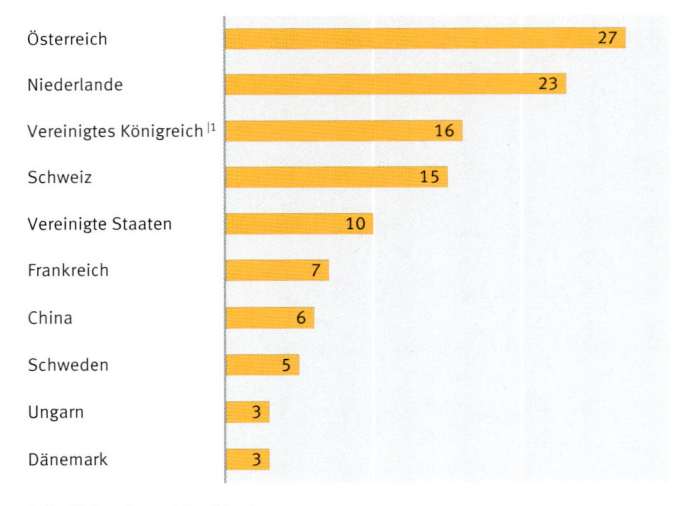

Österreich	27
Niederlande	23
Vereinigtes Königreich [1]	16
Schweiz	15
Vereinigte Staaten	10
Frankreich	7
China	6
Schweden	5
Ungarn	3
Dänemark	3

1 Großbritannien und Nordirland.

Ausländische Studierende in Deutschland 2013/14
in 1 000

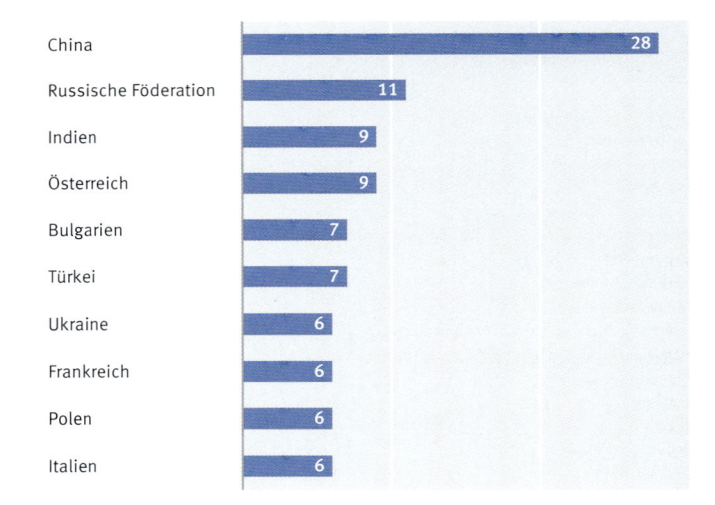

China	28
Russische Föderation	11
Indien	9
Österreich	9
Bulgarien	7
Türkei	7
Ukraine	6
Frankreich	6
Polen	6
Italien	6

3 Bildung

3.6 Hochschulen
3.6.3 Prüfungen an Hochschulen 2014

	Erworbene Abschlüsse		Davon					
	insgesamt	darunter von Frauen	universitärer Abschluss (ohne Lehramtsprüfungen) [1]	Promotionen	Lehramtsprüfungen [2]	Fachhochschulabschluss [3]	Bachelorabschluss	Masterabschluss
	Anzahl	%						
Insgesamt	460 503	50,5	11,0	6,1	9,4	2,6	49,8	21,1
Sprach- und Kulturwissenschaften	83 044	76,4	9,7	3,6	32,9	0,1	38,4	15,3
Sport, Sportwissenschaft	5 017	46,0	5,7	3,1	38,7	–	39,8	12,7
Rechts-, Wirtschafts- und Sozialwissenschaften	146 835	53,8	8,6	2,5	1,7	5,0	60,4	21,8
Mathematik, Naturwissenschaften	78 179	39,8	8,4	12,2	10,9	0,6	44,4	23,5
Humanmedizin/Gesundheitswissenschaften	27 041	65,0	42,7	27,1	0,9	1,3	20,5	7,4
Veterinärmedizin	1 426	83,5	68,4	30,6	–	–	–	1,0
Agrar-, Forst- und Ernährungswissenschaften	9 911	58,1	2,0	5,4	2,4	0,5	57,5	32,2
Ingenieurwissenschaften	91 897	22,8	7,7	3,5	0,6	3,8	57,3	27,2
Kunst, Kunstwissenschaft	17 131	65,7	19,3	1,8	12,1	1,5	46,9	18,3
Außerhalb der Studienbereichsgliederung	22	63,6	–	90,9	4,5	–	4,5	–

Ergebnisse der Prüfungsstatistik. – Bezogen auf die erworbenen Abschlüsse im Wintersemester 2014/15 und im Sommersemester 2015.

1 Einschl. der Prüfungsgruppen „Künstlerischer Abschluss" und „Sonstiger Abschluss". Ohne Bachelor- und Masterabschlüsse.
2 Einschl. Lehramts-Bachelor und Lehramts-Master.
3 Ohne Bachelor- und Masterabschlüsse.

3.6.4 Nichtmonetäre Kennzahlen für Hochschulen 2014

Die **Studienberechtigtenquote** gibt an, wie hoch der Anteil der Schulabsolventinnen und -absolventen mit einem Schulabschluss ist, der zum Studium berechtigt. Die Quote beschreibt den Anteil aller potenziellen Studienanfängerinnen und -anfänger. Sie ist eine wichtige Kennzahl für die Schul- und Hochschulplanung. Die Absolventenquote gibt an, wie hoch der Anteil der Bevölkerung ist, der ein Erststudium an einer Hochschule absolviert. Der Indikator misst den Output der Hochschulen in Form von Absolventinnen und Absolventen mit einem ersten akademischen Abschluss.

	Studienberechtigte [1]		Studienanfänger/-innen [2]		Absolventen/Absolventinnen (Erststudium)		Studierende	Wissenschaftliches und künstlerisches Hochschulpersonal [4]	Betreuungsrelation [5]
	Anzahl	Quote [3]	Anzahl	Quote [3]	Anzahl	Quote [3]	Anzahl		Beziehungszahl
Deutschland	434 809	52,8	504 882 [6]	58,3 [6]	313 796	31,7	2 698 910	162 952	16,6
Baden-Württemberg	70 670	58,1	61 572	49,7	51 923	38,3	356 539	27 732	12,9
Bayern	63 195	46,1	59 838	42,6	50 289	31,6	368 258	25 403	14,5
Berlin	16 605	56,8	17 539	52,5	17 953	34,7	171 263	9 884	17,3
Brandenburg	8 649	51,5	7 824	43,5	5 882	23,6	49 762	2 603	19,1
Bremen	3 789	56,1	3 840	51,4	4 110	44,3	35 627	1 645	21,7
Hamburg	10 577	62,5	10 114	53,4	10 345	40,3	96 286	5 536	17,4
Hessen	40 537	63,8	37 872	57,7	25 473	34,3	238 221	12 029	19,8
Mecklenburg-Vorpommern	4 453	41,7	4 521	37,6	4 300	23,0	38 935	3 328	11,7
Niedersachsen	46 181	53,1	39 098	44,7	22 227	24,7	191 215	12 165	15,7
Nordrhein-Westfalen	104 325	54,1	106 029	53,4	66 313	30,9	725 885	33 672	21,6
Rheinland-Pfalz	20 575	46,7	19 435	43,1	16 064	33,4	122 676	6 563	18,7
Saarland	6 053	59,7	5 065	48,3	3 617	31,3	29 544	2 257	13,1
Sachsen	12 143	45,7	11 494	39,2	14 670	31,6	112 574	8 104	13,9
Sachsen-Anhalt	5 667	38,1	6 004	35,6	6 681	26,9	54 989	4 058	13,6
Schleswig-Holstein	14 033	46,1	12 747	41,5	7 052	22,9	56 221	3 902	14,4
Thüringen	7 357	49,9	6 501	40,7	6 897	29,0	50 915	4 072	12,5

Nähere Informationen zur Berechnung und Aussagefähigkeit siehe Fachserie 11, Reihe 4.3.1 „Nichtmonetäre hochschulstatistische Kennzahlen".

1 Ohne Studienberechtigte mit Externenprüfungen.
2 Nach Land des Erwerbs der Hochschulzugangsberechtigung (HZB).
3 Anteil an der altersspezifischen Bevölkerung berechnet nach dem Quotensummenverfahren. Bevölkerung basiert auf Zensus 2011.
4 Personal in Vollzeitäquivalenten (ohne drittmittelfinanziertes Personal). – Ein Vollzeitäquivalent ist eine Maßeinheit, die einer Vollzeitanstellung/Vollzeitausbildung entspricht. Bei den Vollzeitäquivalenten wird die geleistete Arbeitszeit/Ausbildungszeit in Beziehung gesetzt zur Arbeitszeit/Ausbildungszeit, die einer Vollzeitanstellung/Vollzeitausbildung entspricht.
5 Verhältnis der Studierenden zum wissenschaftlichen und künstlerischen Hochschulpersonal.
6 Einschl. Erwerb der HZB außerhalb Deutschlands und ohne Angabe.

3 Bildung

3.6 Hochschulen

Betreuungsrelation der Studierenden nach Fächergruppen
Verhältnis der Studierenden zum Personal in Vollzeitäquivalenten

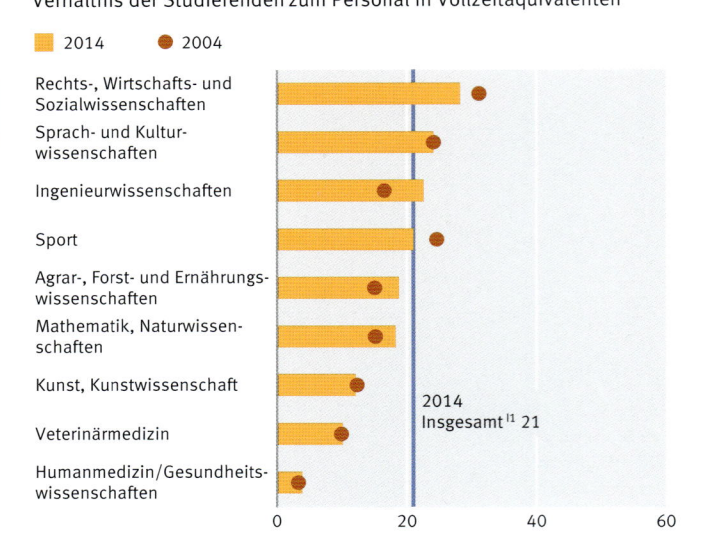

■ 2014   ● 2004

(Balkendiagramm)
- Rechts-, Wirtschafts- und Sozialwissenschaften
- Sprach- und Kulturwissenschaften
- Ingenieurwissenschaften
- Sport
- Agrar-, Forst- und Ernährungswissenschaften
- Mathematik, Naturwissenschaften
- Kunst, Kunstwissenschaft
- Veterinärmedizin
- Humanmedizin/Gesundheitswissenschaften

2014 Insgesamt [1] 21

Studierende im Wintersemester.
1 Ohne Fächergruppe Humanmedizin/Gesundheitswissenschaften und ohne zentrale Einrichtungen der Hochschulkliniken. Einschl. sonstige Fächer.

Frauenanteile
In verschiedenen Stadien der akademischen Laufbahn, in %

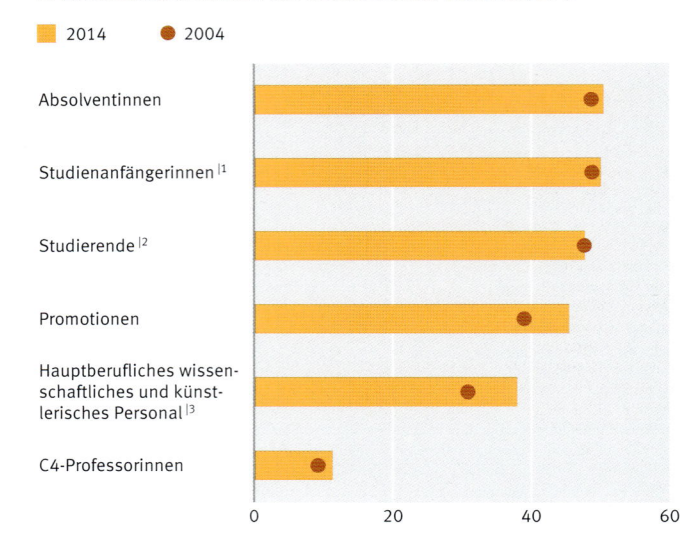

■ 2014   ● 2004

(Balkendiagramm)
- Absolventinnen
- Studienanfängerinnen [1]
- Studierende [2]
- Promotionen
- Hauptberufliches wissenschaftliches und künstlerisches Personal [3]
- C4-Professorinnen

1 Studienanfänger (1. Hochschulsemester) im Sommer- und nachfolgenden Wintersemester.
2 Studierende insgesamt im Wintersemester.
3 Personal nach der organisatorischen Zugehörigkeit am 1. Dezember ohne studentische Hilfskräfte.

2016 - 01 - 0207

3.6.5 Personal an Hochschulen 2014

	Insgesamt	Wissenschaftliches und künstlerisches Personal [1]				Verwaltungs-, technisches und sonstiges Personal				
		zusammen		davon an		zusammen		davon an		
				Universitäten [2]	Kunsthochschulen	Fachhochschulen [3]			Universitäten [2]	Kunsthochschulen	Fachhochschulen [3]
	Anzahl		%				Anzahl	%			
Deutschland	675 146	381 269	56,5	40,6	1,6	14,2	293 877	43,5	38,3	0,4	4,8
dar. hauptberuflich Tätige											
Baden-Württemberg	81 598	36 243	44,4	36,2	0,8	7,5	45 355	55,6	49,0	0,3	6,3
Bayern	79 289	35 766	45,1	38,8	0,7	5,6	43 523	54,9	48,3	0,4	6,2
Berlin	32 229	14 993	46,5	39,5	2,2	4,8	17 236	53,5	46,7	1,4	5,3
Brandenburg [4]	6 810	4 045	59,4	47,8	–	11,6	2 765	40,6	28,6	–	12,0
Bremen	4 860	3 010	61,9	52,4	1,8	7,7	1 850	38,1	27,5	1,6	9,0
Hamburg	16 594	7 571	45,6	39,1	0,8	5,7	9 023	54,4	49,2	0,8	4,4
Hessen	39 666	16 824	42,4	36,2	0,4	5,9	22 842	57,6	49,7	0,3	7,6
Mecklenburg-Vorpommern	12 334	4 768	38,7	34,1	0,3	4,2	7 566	61,3	56,0	0,2	5,1
Niedersachsen	43 003	18 758	43,6	37,5	0,6	5,5	24 245	56,4	49,9	0,4	6,1
Nordrhein-Westfalen	106 727	50 312	47,1	38,2	0,6	8,3	56 415	52,9	46,9	0,6	5,3
Rheinland-Pfalz	20 546	8 798	42,8	34,2	–	8,6	11 748	57,2	49,5	–	7,7
Saarland	9 106	3 178	34,9	29,5	0,9	4,5	5 928	65,1	61,9	0,5	2,8
Sachsen	31 245	14 913	47,7	41,4	1,2	5,0	16 332	52,3	46,2	0,7	5,4
Sachsen-Anhalt	14 311	5 361	37,5	31,4	0,8	5,3	8 950	62,5	54,9	0,8	6,9
Schleswig-Holstein	14 344	5 694	39,7	34,2	0,6	5,0	8 650	60,3	54,3	0,5	5,5
Thüringen	13 201	6 130	46,4	39,8	0,8	5,8	7 071	53,6	48,1	0,6	4,9

Ergebnisse der Statistik über das Hochschulpersonal und die Personalstellen.
1 Ohne studentische Hilfskräfte.
2 Einschl. Pädagogischer und Theologischer Hochschulen.
3 Einschl. Verwaltungsfachhochschulen.
4 Einschl. Personal für die Aus- und Fortbildung für den mittleren, gehobenen Polizeivollzugsdienst des Landes Brandenburg.

3 Bildung

3.6 Hochschulen
3.6.6 Hauptberufliches wissenschaftliches und künstlerisches Personal an Hochschulen 2014

	Personal		Davon							
			Professoren/Professorinnen		Dozenten/Dozentinnen und Assistenten/Assistentinnen		wissenschaftliche und künstlerische Mitarbeiter/-innen		Lehrkräfte für besondere Aufgaben	
	insgesamt	darunter weiblich	zusammen	darunter weiblich	zusammen	darunter weiblich	zusammen	darunter weiblich	zusammen	darunter weiblich
	Anzahl	%	Anzahl	%	Anzahl	%	Anzahl	%	Anzahl	%
Insgesamt	236 364	38,0	45 749	22,0	3 431	37,8	177 528	41,4	9 656	51,6
Sprach- und Kulturwissenschaften	28 104	54,0	6 449	37,5	476	46,2	17 925	58,6	3 254	62,0
Sport, Sportwissenschaft	1 799	41,0	256	21,1	13	15,4	1 154	44,7	376	44,1
Rechts-, Wirtschafts- und Sozialwissenschaften	30 791	37,2	11 185	25,3	1 105	32,4	16 850	44,7	1 651	43,8
Mathematik, Naturwissenschaften	53 334	28,0	9 026	15,5	617	26,9	42 683	30,4	1 008	36,9
Humanmedizin/Gesundheitswissenschaften	56 810	48,9	3 789	19,2	660	55,9	52 283	50,9	78	71,8
Veterinärmedizin	1 286	63,0	180	25,0	39	64,1	1 064	69,5	3	33,3
Agrar-, Forst- und Ernährungswissenschaften	4 345	43,2	1 008	24,1	11	36,4	3 213	48,7	113	58,4
Ingenieurwissenschaften	38 418	19,0	9 463	10,9	298	18,8	28 030	21,5	627	30,6
Kunst, Kunstwissenschaft	7 125	39,2	3 683	30,9	123	36,6	2 315	52,4	1 004	39,2
Zentrale Einrichtungen (ohne klinikspezifische Einrichtungen)	13 232	48,0	689	25,5	56	48,2	11 016	47,3	1 471	63,2
Zentrale Einrichtungen der Hochschulkliniken (nur Humanmedizin)	1 120	56,7	21	14,3	33	75,8	995	54,7	71	88,7

Ergebnisse der Statistik über das Hochschulpersonal und die Personalstellen. – Zuordnung des Personals nach fachlicher Zugehörigkeit.

Weibliches Personal nach Fächergruppen
Anteil am hauptberuflichen wissenschaftlichen und künstlerischen Personal, in %

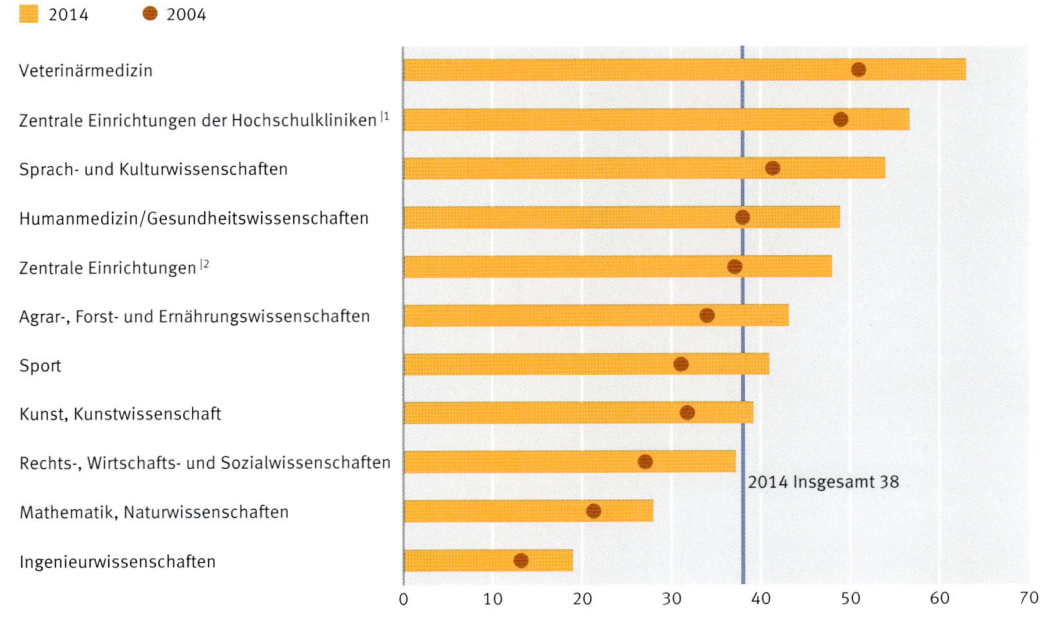

■ 2014   ● 2004

Fächergruppe	
Veterinärmedizin	
Zentrale Einrichtungen der Hochschulkliniken [1]	
Sprach- und Kulturwissenschaften	
Humanmedizin/Gesundheitswissenschaften	
Zentrale Einrichtungen [2]	
Agrar-, Forst- und Ernährungswissenschaften	
Sport	
Kunst, Kunstwissenschaft	
Rechts-, Wirtschafts- und Sozialwissenschaften	
Mathematik, Naturwissenschaften	
Ingenieurwissenschaften	

2014 Insgesamt 38

1 Nur Humanmedizin.
2 Ohne klinikspezifische Einrichtungen.

Statistisches Bundesamt, Statistisches Jahrbuch 2016

3 Bildung

3.7 Weiterbildung
3.7.1 Berufliche Weiterbildung von Erwerbspersonen 2015

	Teilnehmer/-innen			
	insgesamt		männlich	weiblich
	1 000	%		
Deutschland	7 371	100	51,9	48,1
nach Altersgruppen				
Alter von ... bis unter ... Jahren				
15 – 25	430	5,8	49,6	50,4
25 – 35	1 748	23,7	51,7	48,3
35 – 45	1 807	24,5	52,6	47,4
45 – 55	2 194	29,8	51,6	48,4
55 und mehr	1 193	16,2	52,5	47,5
nach Bildungsabschluss				
Allgemeine Schulausbildung				
Haupt- (Volks-)schulabschluss	886	12,0	67,9	32,1
Abschluss der Polytechnischen Oberschule	455	6,2	46,3	53,7
Realschul- oder gleichwertiger Abschluss	2 014	27,3	47,7	52,3
Fachhochschulreife	902	12,2	58,0	42,0
Hochschulreife	3 048	41,3	49,0	51,0
Ohne Angabe zur Art des Abschlusses	9	0,1	/	60,0
Ohne allgemeinen Schulabschluss [1][2]	58	0,8	55,7	44,3
Berufliche Ausbildung				
Lehre/Berufsausbildung im dualen System [3]	3 015	40,9	54,2	45,8
Fachschulabschluss [4]	1 156	15,7	45,1	54,9
Fachschule der ehemaligen DDR	89	1,2	18,2	81,8
Bachelor	212	2,9	49,0	51,0
Master	160	2,2	54,2	45,8
Diplom [5]	2 022	27,4	51,9	48,1
Promotion	269	3,7	62,3	37,7
Ohne Berufsausbildung [1][6]	449	6,1	55,2	44,8
nach Stellung im Beruf				
Selbstständige	785	10,7	61,4	38,6
Mithelfende Familienangehörige	9	0,1	/	69,0
Beamte/Beamtinnen	711	9,6	50,6	49,4
Angestellte [7]	4 947	67,1	45,8	54,2
Auszubildende	122	1,7	52,6	47,4
Arbeiter/-innen	785	10,6	82,6	17,4
Erwerbslose ohne frühere Tätigkeit [1]	12	0,2	49,6	50,4
nach Wirtschaftsbereichen				
Land- und Forstwirtschaft, Tierhaltung und Fischerei	67	0,9	79,5	20,5
Produzierendes Gewerbe	1 558	21,1	79,7	20,3
Handel, Gastgewerbe und Verkehr	825	11,2	56,0	44,0
Sonstige Dienstleistungen	4 910	66,6	42,0	58,0
Erwerbslose ohne frühere Tätigkeit [1]	12	0,2	49,6	50,4

Ergebnisse des Mikrozensus. – Personen im Alter von 15 Jahren und mehr.

1 Einschl. ohne Angabe.
2 Einschl. Personen mit Abschluss nach höchstens sieben Jahren Schulbesuch.
3 Einschl. eines gleichwertigen Berufsfachschulabschlusses, Vorbereitungsdienst für den mittleren Dienst in der öffentlichen Verwaltung, 1-jährige Schule für Gesundheits- und Sozialberufe sowie einer geringen Anzahl von Personen mit Anlernausbildung.
4 Einschl. einer Meister-/Technikerausbildung, Abschluss einer 2- oder 3-jährigen Schule für Gesundheits- und Sozialberufe.
5 Einschl. Lehramtsprüfung, Staatsprüfung, Magister, künstlerischer Abschluss und vergleichbare Abschlüsse.
6 Einschl. Berufsvorbereitungsjahr und berufliches Praktikum, da durch diese keine berufsqualifizierenden Abschlüsse erworben werden.
7 Einschl. geringfügig Beschäftigte.

3 Bildung

3.7 Weiterbildung
3.7.2 Teilnahmen an Fortbildungs- und Meisterprüfungen 2014

	Teilnahmen				Darunter in							
					Industrie und Handel				Handwerk			
	insgesamt	männlich	weiblich	dar. mit bestandener Prüfung	zusammen	männlich	weiblich	dar. mit bestandener Prüfung	zusammen	männlich	weiblich	dar. mit bestandener Prüfung
	Anzahl [1]	%			Anzahl [1]	%			Anzahl [1]	%		
Insgesamt	115 182	65,2	34,8	85,7	60 846	59,5	40,5	77,2	44 532	80,3	19,7	96,8
	Kaufmännische Fortbildungsprüfungen											
Fachkaufmann/-kauffrau	10 680	50,3	49,7	84,6	6 531	31,8	68,2	77,8	4 107	80,1	19,9	95,3
Fachwirt/-in	34 872	51,1	48,9	78,8	25 881	43,6	56,4	72,6	7 665	78,9	21,1	97,6
Fachkraft für Datenverarbeitung	1 680	64,8	35,2	94,6	627	93,3	6,7	89,2	1 053	47,8	52,2	97,8
Fremdsprachliche Fachkraft	2 331	22,3	77,7	76,1	2 331	22,3	77,7	76,1	–	–	–	–
Fachkraft für Schreibtechnik	471	34,5	65,5	82,3	471	34,5	65,5	82,3	–	–	–	–
Betriebswirt/-in	4 635	72,2	27,8	79,4	4 482	72,2	27,8	79,0	153	74,5	25,5	92,2
Sonstige kaufmännische Fortbildungsprüfungen	8 115	45,3	54,7	89,1	1 680	51,3	48,7	78,6	3 489	61,1	38,9	95,9
Zusammen	62 781	51,0	49,0	81,5	42 003	44,6	55,4	74,9	16 467	73,4	26,6	96,6
	Gewerblich-technische Fortbildungsprüfungen											
Industriemeister/-in	12 228	95,4	4,6	84,8	12 228	95,4	4,6	84,8	–	–	–	–
Fachmeister/-in	3 018	86,8	13,2	76,0	3 018	86,8	13,2	76,0	–	–	–	–
Handwerksmeister/-in	22 821	82,9	17,1	97,5	–	–	–	–	22 821	82,9	17,1	97,5
Sonstige Meisterprüfungen	2 577	72,8	27,2	82,4	–	–	–	–	–	–	–	–
Sonstige gewerblich-technische Fortbildungsprüfungen	8 403	90,0	10,0	87,7	3 597	88,3	11,7	80,1	4 716	91,8	8,2	93,5
Zusammen	49 050	86,9	13,1	90,6	18 843	92,7	7,3	82,5	27 540	84,4	15,6	96,9
	Sonstige Fortbildungsprüfungen											
Fachhelfer im Gesundheitswesen	2 769	0,6	99,4	92,6	–	–	–	–	–	–	–	–
Andere Fortbildungsprüfungen	582	77,3	22,7	98,1	–	–	–	–	528	77,3	22,7	98,7
Zusammen	3 351	13,9	86,1	93,6	–	–	–	–	528	77,3	22,7	98,7

Ergebnisse der Berufsbildungsstatistik.

1 Aus Datenschutzgründen sind alle Daten (Absolutwerte) jeweils auf ein Vielfaches von 3 gerundet; der Insgesamtwert kann deshalb von der Summe der Einzelwerte abweichen.

3.7.3 Volkshochschulen 2014

| | Volkshochschulen | Kursveranstaltungen | | | | Einzelveranstaltungen | | | |
| | | insgesamt | | Belegungen [1] | | insgesamt | | Besucher/-innen [1] | |
		Anzahl	%	Anzahl	%	Anzahl	%	Anzahl	%
Deutschland	907	590 850	100	6 404 233	100	95 218	100	2 434 532	100
Baden-Württemberg	170	121 733	20,6	1 277 150	19,9	20 675	21,7	528 743	21,7
Bayern	190	129 063	21,8	1 485 153	23,2	38 210	40,1	979 573	40,2
Berlin	12	19 136	3,2	223 251	3,5	819	0,9	9 538	0,4
Brandenburg	19	6 787	1,1	60 473	0,9	763	0,8	9 225	0,4
Bremen	2	4 310	0,7	54 869	0,9	871	0,9	18 033	0,7
Hamburg	1	7 789	1,3	97 567	1,5	56	0,1	865	0,0
Hessen	32	40 971	6,9	430 687	6,7	3 244	3,4	93 269	3,8
Mecklenburg-Vorpommern	8	4 931	0,8	51 445	0,8	1 183	1,2	21 130	0,9
Niedersachsen	58	63 686	10,8	673 595	10,5	3 650	3,8	123 769	5,1
Nordrhein-Westfalen	130	98 354	16,6	1 084 509	16,9	13 932	14,6	359 133	14,8
Rheinland-Pfalz	70	27 933	4,7	292 523	4,6	3 916	4,1	99 879	4,1
Saarland	16	7 699	1,3	79 236	1,2	1 499	1,6	37 489	1,5
Sachsen	17	15 416	2,6	154 286	2,4	1 454	1,5	25 857	1,1
Sachsen-Anhalt	15	7 038	1,2	74 097	1,2	1 140	1,2	14 386	0,6
Schleswig-Holstein	144	26 453	4,5	265 783	4,2	2 978	3,1	97 596	4,0
Thüringen	23	9 551	1,6	99 609	1,6	828	0,9	16 047	0,7
	nach Programmbereichen und Fachgebieten								
Politik, Gesellschaft, Umwelt	.	41 133	7,0	580 162	9,1	44 014	46,2	1 143 325	47,0
Kultur, Gestalten	.	94 092	15,9	924 940	14,4	20 990	22,0	836 647	34,4
Gesundheit	.	199 037	33,7	2 383 694	37,2	13 305	14,0	264 119	10,8
Arbeit, Beruf	.	60 748	10,3	523 358	8,2	5 205	5,5	55 972	2,3
Grundbildung, Schulabschlüsse	.	16 530	2,8	147 585	2,3	1 874	2,0	18 276	0,8
Sprachen	.	179 310	30,3	1 844 494	28,8	9 830	10,3	116 193	4,8

1 Mehrfachzählungen: Jeder Teilnehmer/jede Teilnehmerin wird entsprechend der Zahl seiner/ihrer Belegungen gezählt.

Quelle: Deutsches Institut für Erwachsenenbildung

3 Bildung

3.8 Ausbildungsförderung
3.8.1 Geförderte nach BAföG 2015

	Insgesamt	Schüler/-innen	Studierende
	Anzahl		
Insgesamt	870 455	259 079	611 376
davon:			
Männlich	382 501	97 326	285 175
Weiblich	487 954	161 753	326 201
davon:			
Bei den Eltern wohnend	241 373	111 235	130 138
Nicht bei den Eltern wohnend	629 082	147 844	481 238
	EUR		
Durchschnittliche monatliche Fördermittel pro Person	*441*	*421*	*448*

Ergebnisse der Statistik der Förderung nach dem Bundesausbildungsförderungsgesetz (BAföG).

Eine Förderung nach dem **BAföG** (Bundesausbildungsförderungsgesetz) wird für Studierende sowie für Schülerinnen und Schüler ab der zehnten Klasse unter bestimmten Voraussetzungen (z. B. auswärtige Unterbringung) sowie für Schülerinnen und Schüler an Abendschulen, Kollegs, Fach(ober-)schulen u. ä. gewährt.

Durch Entscheid des Bundesverwaltungsgerichts wurden Nachzahlungen für die Kosten bei auswärtiger Unterbringung behinderter Auszubildender geleistet. Dies trug zum Teil zu einer wesentlichen Erhöhung des durchschnittlichen monatlichen Förderungsbetrages bei den Schülerinnen und Schülern bei.

3.8.2 Geförderte nach AFBG

	Insgesamt	Davon	
		Vollzeitfälle	Teilzeitfälle
	Geförderte		
2014	171 815	75 057	96 758
2015	162 013	71 557	90 456
	Finanzieller Aufwand in Mill. EUR		
Bewilligung insgesamt			
2014	588	433	155
2015	558	412	146
davon (2015):			
Darlehen			
Bewilligung	377	276	101
In Anspruch genommen	288	210	78
Zuschuss	181	137	45

Ergebnisse der Statistik der Förderung nach dem Aufstiegsfortbildungsförderungsgesetz (AFBG).

Förderleistungen nach dem **AFBG** (Aufstiegsfortbildungsförderungsgesetz) können Teilnehmerinnen und Teilnehmer erhalten, die eine Fortbildungsmaßnahme über dem Niveau einer Facharbeiter-, Gesellen-/Gehilfenprüfung bzw. eines Berufsfachschulabschlusses anstreben (z. B. Handwerksmeister/-in, Fachwirt/-in). Die Maßnahme muss unterhalb der Hochschulebene durchgeführt werden.

Stipendiatinnen und Stipendiaten nach Fächergruppen

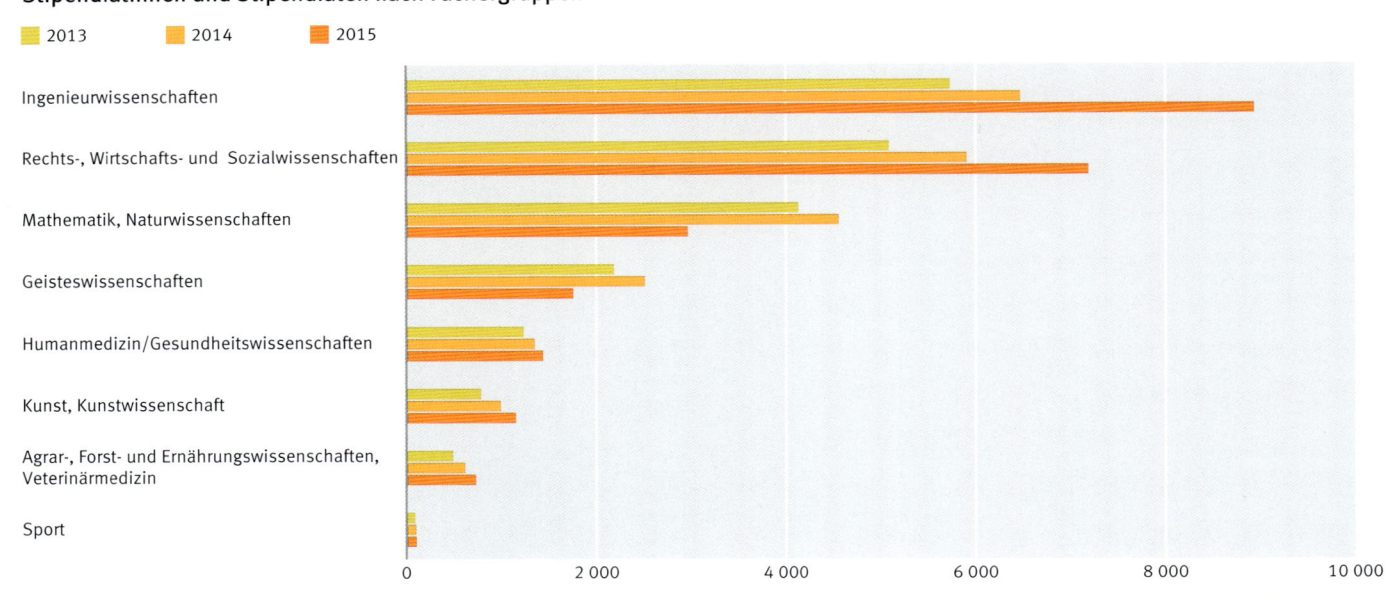

■ 2013 ■ 2014 ■ 2015

- Ingenieurwissenschaften
- Rechts-, Wirtschafts- und Sozialwissenschaften
- Mathematik, Naturwissenschaften
- Geisteswissenschaften
- Humanmedizin/Gesundheitswissenschaften
- Kunst, Kunstwissenschaft
- Agrar-, Forst- und Ernährungswissenschaften, Veterinärmedizin
- Sport

3 Bildung

3.9 Finanzen der Schulen und Hochschulen, Budget für Bildung
3.9.1 Ausgaben je Schülerin und Schüler für öffentliche Schulen nach Ländern

	Ausgaben je Schüler/-in							
	alle Schularten		allgemeinbildende Schulen		berufliche Schulen		dar. Berufsschulen im dualen System [1]	
	2013	2012	2013	2012	2013	2012	2013	2012
	EUR							
Deutschland	6 500	6 300	7 100	6 800	4 500	4 300	2 800	2 700
Baden-Württemberg	6 400	6 300	6 900	6 700	5 100	5 000	2 900	2 800
Bayern	7 300	6 800	8 100	7 600	4 600	4 300	3 000	2 800
Berlin	7 800	7 500	8 500	8 200	5 100	4 700	3 200	3 100
Brandenburg	6 600	6 500	7 000	7 000	4 400	4 300	3 500	3 400
Bremen	6 400	6 300	7 400	7 400	3 900	3 800	2 600	2 600
Hamburg	8 000	7 600	8 900	8 500	5 100	5 000	3 400	3 300
Hessen	6 700	6 500	7 300	7 100	4 700	4 600	3 000	2 900
Mecklenburg-Vorpommern	6 400	6 100	7 100	6 800	3 600	3 600	2 900	2 700
Niedersachsen	6 200	5 900	6 900	6 500	4 000	4 000	2 400	2 300
Nordrhein-Westfalen	5 700	5 500	6 200	6 000	3 900	3 800	2 500	2 400
Rheinland-Pfalz	6 100	6 000	6 700	6 600	4 200	4 100	2 700	2 600
Saarland	5 700	5 800	6 500	6 700	3 700	3 600	2 500	2 400
Sachsen	6 700	6 700	7 100	7 200	5 100	4 900	3 400	3 100
Sachsen-Anhalt	7 400	7 400	8 200	8 200	4 500	4 300	3 100	3 000
Schleswig-Holstein	5 800	5 600	6 300	6 100	4 200	4 000	3 000	2 800
Thüringen	8 100	8 000	8 500	8 500	6 500	6 200	4 300	4 100

Einschl. Schulverwaltung.– Nähere Informationen zur Berechnung und Aussagefähigkeit siehe Veröffentlichung „Bildungsausgaben – Ausgaben je Schüler/-in".

1 Teilzeitunterricht.

3.9.2 Budget für Bildung, Forschung und Wissenschaft, Finanzierungsbetrachtung 2012

Bereichs-kennung	Bereich	Ausgaben in Mrd. EUR						
		öffentlicher Bereich				privater Bereich	Ausland	insgesamt
		Bund	Länder	Gemeinden	zusammen			
A	Bildungsbudget in internationaler Abgrenzung gemäß ISCED-Gliederung	15,5	95,3	25,3	136,1	27,3	0,7	164,0
A30	Ausgaben für Bildungseinrichtungen in öffentlicher und privater Trägerschaft	9,6	88,2	24,0	121,8	21,5	0,7	143,9
A31	ISCED 0 – Elementarbereich	0,3	6,2	10,1	16,6	5,2	0,0	21,8
A32	ISCED 1–4 – Schulen und schulnaher Bereich	3,3	58,0	13,4	74,7	11,6	0,0	86,4
	dar.: Allgemeinbildende Bildungsgänge	0,5	51,4	8,6	60,5	2,1	0,0	62,5
	Berufliche Bildungsgänge	0,8	6,2	2,3	9,4	1,3	0,0	10,7
	Betriebliche Ausbildung im Dualen System	2,1	0,3	0,2	2,6	8,2	0,0	10,8
A33	ISCED 5/6 – Tertiärbereich	5,8	22,2	0,3	28,3	4,7	0,7	33,6
	dar. Forschung und Entwicklung an Hochschulen	3,4	7,9	0,0	11,4	2,0	0,7	14,0
A34	Sonstige (keiner ISCED-Stufe zugeordnet)	0,1	1,8	0,2	2,1	0,0	0,0	2,1
A40	Ausgaben privater Haushalte für Bildungsgüter und -dienste außerhalb von Bildungseinrichtungen	0,0	0,0	0,0	0,0	5,7	0,0	5,7
A50	Ausgaben für die Förderung von Bildungsteilnehmenden in ISCED-Bildungsgängen	6,0	7,1	1,3	14,3	0,0	0,0	14,3
B	Zusätzliche bildungsrelevante Ausgaben in nationaler Abgrenzung	2,7	2,7	2,0	7,4	10,0	0,0	17,4
A+B	Bildungsbudget insgesamt	18,2	97,9	27,3	143,4	37,3	0,7	181,4
C	Forschung und Entwicklung	12,2	10,8	0,2	23,1	52,6	3,4	79,1
C10	Wirtschaft	2,0	0,3	0,0	2,3	49,3	2,2	53,8
C20	Staatliche Forschungseinrichtungen	1,0	0,4	0,1	1,5	0,1	0,0	1,6
C30	Private Forschungseinrichtungen ohne Erwerbszweck	5,8	2,2	0,0	7,9	1,2	0,6	9,7
C40	Hochschulen (zusätzlich in ISCED 5/6 enthalten)	3,4	7,9	0,0	11,4	2,0	0,7	14,0
D	Sonstige Bildungs- und Wissenschaftsinfrastruktur	2,4	1,3	1,3	5,0	0,4	0,1	5,4
A+B+C+D	Budget für Bildung, Forschung und Wissenschaft (konsolidiert um Forschung und Entwicklung an Hochschulen)	29,3	102,0	28,8	160,2	88,3	3,5	251,9
	Nachrichtlich:							
	Unterstellte Sozialbeiträge für aktive Beamte/-innen des Bildungs- und Forschungsbereichs, im Budget enthalten (Versorgungszuschlag)	0,0	11,4	0,0	11,4	0,0	0,0	11,4
	Versorgungsausgaben und Beihilfen der öffentlichen Haushalte für pensionierte Beamte/-innen des Schul- und Hochschulbereichs (Ergebnisse der Jahresrechnungsstatistik der Funktionen 118 und 138)	/	/	/	/	/	/	/

Aufgrund von Berechnungen und Schätzungen auf der Basis diverser amtlicher und nichtamtlicher Statistiken nach budgetspezifischer Methodik nur eingeschränkt vergleichbar mit den Darstellungen und Methoden der Volkswirtschaftlichen Gesamtrechnungen. Abgrenzung nach dem Konzept 2009. Teilweise vorläufige Berechnungen. – Nähere Informationen hierzu siehe Veröffentlichung „Budget für Bildung, Forschung und Wissenschaft 2012/13" und „Bildungsfinanzbericht 2015".

3 Bildung

3.9 Finanzen der Schulen und Hochschulen, Budget für Bildung
3.9.3 Budget für Bildung, Forschung und Wissenschaft, Durchführungsbetrachtung

Bereichs-kennung	Bereich	Ausgaben		Anteile am Bruttoinlandsprodukt	
		2013	2012	2013	2012
		Mrd. EUR		%	
A	Bildungsbudget in internationaler Abgrenzung gemäß ISCED-Gliederung	169,2	164,0	6,0	6,0
A30	Ausgaben für Bildungseinrichtungen in öffentlicher und privater Trägerschaft	148,9	143,9	5,3	5,2
A31	ISCED 0 – Elementarbereich	/	21,8	/	0,8
A32	ISCED 1 – 4 – Schulen und schulnaher Bereich	/	86,4	/	3,1
	dar.: Allgemeinbildende Bildungsgänge	/	62,5	/	2,3
	Berufliche Bildungsgänge	/	10,7	/	0,4
	Betriebliche Ausbildung im Dualen System	/	10,8	/	0,4
A33	ISCED 5/6 – Tertiärbereich	/	33,6	/	1,2
	dar.: Forschung und Entwicklung an Hochschulen	/	14,0	/	0,5
A34	Sonstige (keiner ISCED-Stufe zugeordnet)	/	2,1	/	0,1
A40	Ausgaben privater Haushalte für Bildungsgüter und -dienste außerhalb von Bildungseinrichtungen	5,8	5,7	0,2	0,2
A50	Ausgaben für die Förderung von Bildungsteilnehmenden in ISCED-Bildungsgängen	14,5	14,3	0,5	0,5
B	Zusätzliche bildungsrelevante Ausgaben in nationaler Abgrenzung	18,2	17,4	0,6	0,6
A+B	Bildungsbudget insgesamt	187,5	181,4	6,6	6,6
C	Forschung und Entwicklung	79,7	79,1	2,8	2,9
C10	Wirtschaft	53,6	53,8	1,9	2,0
C20	Staatliche Forschungseinrichtungen	1,6	1,6	0,1	0,1
C30	Private Forschungseinrichtungen ohne Erwerbszweck	10,3	9,7	0,4	0,4
C40	Hochschulen (zusätzlich in ISCED 5/6 enthalten)	14,3	14,0	0,5	0,5
D	Sonstige Bildungs- und Wissenschaftsinfrastruktur	5,4	5,4	0,2	0,2
A+B+C+D	Budget für Bildung, Forschung und Wissenschaft (konsolidiert um Forschung und Entwicklung an Hochschulen)	258,3	251,9	9,2	9,1

Aufgrund von Berechnungen und Schätzungen auf der Basis diverser amtlicher und nichtamtlicher Statistiken nach budgetspezifischer Methodik nur eingeschränkt vergleichbar mit den Darstellungen und Methoden der Volkswirtschaftlichen Gesamtrechnungen. Abgrenzung nach dem Konzept 2009. Teilweise vorläufige Berechnungen. – Nähere Informationen hierzu siehe Veröffentlichung „Budget für Bildung, Forschung und Wissenschaft 2012/13" und „Bildungsfinanzbericht 2015".

Ausgaben je Schülerin und Schüler nach Schularten 2013
in 1 000 EUR

Schulart	Ausgaben
Hauptschulen	~8,2
Schulen mit mehreren Bildungsgängen	~7,5
Gymnasien	~7,4
Integrierte Gesamtschulen	~7,4
Realschulen	~5,8
Grundschulen	~5,5

Personalausgaben für Schulen und Schulverwaltung einschl. unterstellter Sozialbeiträge für verbeamtete Lehrkräfte sowie Beihilfeaufwendungen, laufender Sachaufwand und Investitionsausgaben.

3 Bildung

3.9 Finanzen der Schulen und Hochschulen, Budget für Bildung
3.9.4 Ausgaben der Hochschulen

	Insgesamt		Laufende Ausgaben						Investitionsausgaben	
			zusammen		davon					
					Personalausgaben		übrige laufende Ausgaben			
	2014	Veränderung gegenüber Vorjahr	2014	Veränderung gegenüber Vorjahr	2014	Veränderung gegenüber Vorjahr	2014	Veränderung gegenüber Vorjahr	2014	Veränderung gegenüber Vorjahr
	Mill. EUR	%	Mill. EUR	%	Mill. EUR	%	Mill. EUR	%	Mill. EUR	%
Deutschland	48 207	4,1	44 214	4,4	27 881	4,9	16 333	3,7	3 994	0,5
Baden-Württemberg	7 389	6,1	6 693	5,2	4 252	5,5	2 440	4,7	696	15,4
Bayern	7 248	2,0	6 465	3,2	4 157	4,5	2 308	0,9	783	– 7,0
Berlin	3 256	7,9	3 025	6,1	1 886	7,2	1 139	4,3	231	40,0
Brandenburg	529	1,2	468	5,2	356	5,4	112	4,7	61	– 22,0
Bremen	438	0,0	413	0,0	291	0,0	122	0,0	26	0,0
Hamburg	1 701	4,0	1 613	4,2	953	3,1	661	5,7	88	0,7
Hessen	3 653	0,8	3 338	1,9	2 201	4,4	1 137	– 2,5	315	– 9,2
Mecklenburg-Vorpommern	1 062	– 0,1	941	3,8	608	3,2	333	4,8	120	– 22,5
Niedersachsen	3 895	2,9	3 599	2,9	2 299	4,6	1 300	0,2	295	2,3
Nordrhein-Westfalen	10 274	6,9	9 598	7,0	5 641	5,9	3 957	8,6	676	6,3
Rheinland-Pfalz	1 703	2,1	1 630	1,9	1 035	2,9	595	0,2	74	7,1
Saarland	749	2,6	693	2,4	443	2,9	250	1,6	56	5,5
Sachsen	2 497	3,5	2 182	5,2	1 490	5,6	692	4,3	315	– 7,2
Sachsen-Anhalt	1 214	– 2,2	1 142	– 0,1	755	2,9	388	– 5,4	71	– 26,8
Schleswig-Holstein	1 527	4,9	1 435	5,5	822	4,7	613	6,7	92	– 4,7
Thüringen	1 074	2,7	979	2,6	693	2,8	286	1,9	95	4,3
nach Hochschularten										
Universitäten	41 442	4,0	38 102	4,4	23 581	4,7	14 521	3,9	3 339	– 0,6
Universitäten, ohne medizinische Einrichtungen	19 627	3,3	17 716	3,8	12 309	4,8	5 408	1,6	1 910	– 1,2
Medizinische Einrichtungen der Universitäten	21 815	4,6	20 386	4,9	11 272	4,6	9 114	5,3	1 429	0,1
Pädagogische Hochschulen	140	4,2	132	2,5	108	3,2	24	– 0,4	8	42,0
Theologische Hochschulen	42	3,9	41	4,2	29	1,6	12	10,9	1	– 8,1
Kunsthochschulen	605	– 2,6	583	– 1,5	428	0,1	155	– 5,6	22	– 24,3
Fachhochschulen	5 624	5,9	5 015	5,6	3 504	7,0	1 511	2,3	609	8,7
Verwaltungsfachhochschulen	355	3,8	340	4,9	231	4,6	109	5,5	15	– 15,9
nach Fächergruppen										
Sprach- und Kulturwissenschaften	2 226	5,4	2 179	5,8	1 829	5,5	350	7,6	47	– 9,8
Sport, Sportwissenschaft	184	3,9	176	6,6	131	4,3	44	14,2	9	– 31,0
Rechts-, Wirtschafts- und Sozialwissenschaften	3 017	3,8	2 910	3,9	2 278	4,0	632	3,9	107	– 0,4
Mathematik, Naturwissenschaften	5 178	1,9	4 629	2,6	3 677	3,4	953	– 0,3	549	– 3,7
Humanmedizin, Gesundheitswissenschaften (einschl. zentrale Einrichtungen der Hochschulkliniken)	21 897	4,6	20 465	4,9	11 323	4,6	9 142	5,3	1 432	0,1
Veterinärmedizin	179	0,4	169	2,7	131	2,5	38	3,1	10	– 27,1
Agrar-, Forst- und Ernährungswissenschaften	550	8,3	504	6,7	393	6,2	111	8,6	46	29,2
Ingenieurwissenschaften	4 502	4,9	3 997	5,1	3 287	5,2	709	4,8	505	3,2
Kunst, Kunstwissenschaft	759	4,2	727	4,7	578	5,9	149	0,3	32	– 5,3
Hochschule insgesamt, zentrale Einrichtungen (ohne zentrale Einrichtungen der Hochschulkliniken)	9 714	3,4	8 457	3,6	4 252	6,8	4 205	0,5	1 257	2,3

Nähere Informationen zur Berechnung und Aussagefähigkeit siehe Fachserie 11, Reihe 4.5 „Finanzen der Hochschulen".

3 Bildung

3.9 Finanzen der Schulen und Hochschulen, Budget für Bildung
3.9.5 Monetäre Kennzahlen für Hochschulen

	Laufende Ausgaben (Grundmittel) [1]						Drittmittel je Professor/-in [3]		Drittmittel je wissenschaftlichem Personal [2]	
	je Studierende(n)		je wissenschaftl. Personal [2]		je Professor/-in [3]					
	2013	Veränderung gegenüber Vorjahr	2013	Veränderung gegenüber Vorjahr	2013	Veränderung gegenüber Vorjahr	2013	Veränderung gegenüber Vorjahr	2013	Veränderung gegenüber Vorjahr
	EUR	%	EUR	%	EUR	%	EUR	%	EUR	%
Deutschland (Hochschulen)	6 872	−1,3	112 303	−0,7	432 832	1,1	171 373	3,4	44 465	1,5
Deutschland (Hochschulen, ohne Medizinische Einrichtungen)	5 879	−0,0	123 211	0,5	381 702	2,6	148 981	5,6	46 537	3,5
Hochschulen insgesamt ohne Medizinische Einrichtungen/Gesundheitswissenschaften an Universitäten, ohne Verwaltungsfachhochschulen nach Ländern										
Baden-Württemberg	6 746	−2,4	114 382	−2,6	363 817	−1,1	143 103	2,9	44 991	1,3
Bayern	6 330	4,6	117 718	11,0	385 129	9,5	142 455	4,8	43 543	6,3
Berlin	5 398	−1,0	118 601	1,7	326 023	0,5	162 001	6,8	58 933	8,0
Brandenburg	6 078	10,4	122 192	3,9	375 809	9,4	141 517	5,0	46 013	−0,3
Bremen	5 244	−8,6	115 053	−6,4	309 648	−8,1	203 752	3,5	75 706	5,4
Hamburg	5 956	5,4	127 304	1,9	396 508	5,4	135 369	4,4	43 462	0,8
Hessen	5 994	1,5	146 870	3,6	436 624	4,9	129 171	6,7	43 450	5,4
Mecklenburg-Vorpommern	6 635	4,0	127 958	2,9	344 477	1,8	105 861	1,2	39 323	2,3
Niedersachsen	7 637	2,4	141 829	4,1	425 572	5,5	148 231	4,9	49 401	3,6
Nordrhein-Westfalen	4 611	−2,4	116 472	−5,5	396 045	2,4	144 150	3,4	42 393	−4,6
Rheinland-Pfalz	5 286	−0,6	118 844	−2,9	338 379	−1,6	87 254	4,5	30 645	3,1
Saarland	5 774	−13,5	119 860	−13,1	380 962	−10,8	139 229	32,4	43 805	28,9
Sachsen	6 454	−4,9	127 073	−5,4	353 833	−6,2	235 506	16,9	84 578	17,8
Sachsen-Anhalt	7 231	1,8	146 600	3,6	403 539	2,2	112 135	20,2	40 737	21,8
Schleswig-Holstein	5 659	6,2	135 342	10,3	359 130	7,9	103 799	3,3	39 118	5,7
Thüringen	7 637	5,6	126 610	2,8	373 566	2,6	133 158	−0,3	45 130	0,0
Hochschulen nach Hochschularten										
Universitäten, ohne Medizinische Einrichtungen [4]	6 661	0,2	132 338	−0,3	546 885	1,9	255 365	5,0	61 795	2,8
Medizinische Einrichtungen der Universitäten	30 998	4,8	78 801	6,0	1 066 298	−3,7	550 752	1,4	40 701	−3,8
Kunsthochschulen	15 059	3,5	117 431	4,9	260 972	5,3	17 435	15,3	7 845	14,8
Fachhochschulen	4 028	0,5	102 109	2,4	203 888	4,6	30 329	11,8	15 189	9,4
Hochschulen nach Fächergruppen										
Sprach- und Kulturwissenschaften	4 995	2,1	113 921	3,5	423 900	3,6	110 005	7,0	29 563	6,9
Sport, Sportwissenschaft	6 845	3,0	136 719	0,2	792 772	1,0	188 501	0,3	32 508	−0,5
Rechts-, Wirtschafts- und Sozialwissenschaften	3 843	0,2	103 518	0,8	301 872	2,1	57 087	7,3	19 576	5,9
Mathematik, Naturwissenschaften	8 669	−0,8	143 437	2,2	494 173	2,2	255 592	4,5	74 187	4,4
Humanmedizin, Gesundheitswissenschaften (einschl. zentrale Einrichtungen der Hochschulkliniken)	21 583	−8,8	77 404	−6,7	958 306	−6,4	492 505	−4,5	39 780	−4,8
Veterinärmedizin	18 733	4,1	185 700	6,7	903 960	5,1	189 745	−2,1	38 979	−0,6
Agrar-, Forst- und Ernährungswissenschaften	9 405	−2,9	167 540	0,4	463 673	3,6	176 072	4,7	63 620	1,5
Ingenieurwissenschaften	6 590	−0,5	132 523	−4,3	375 994	2,8	193 328	6,4	68 140	−0,9
Kunst, Kunstwissenschaft	9 468	3,1	110 706	3,1	264 842	4,6	27 756	13,0	11 602	11,3
Fächergruppen zusammen	6 872	−1,3	112 303	−0,7	432 832	1,1	171 373	3,4	44 465	1,5

Nähere Informationen zur Berechnung und Aussagefähigkeit siehe Fachserie 11, Reihe 4.3.2 „Monetäre hochschulstatistische Kennzahlen".

1 Laufende Ausgaben zuzüglich unterstellte Sozialbeiträge des verbeamteten Hochschulpersonals abzüglich der Einnahmen und Ausgaben für Mieten und Pachten.
2 Ohne Drittmittelpersonal.
3 Ohne drittmittelfinanzierte Professoren/Professorinnen.
4 Einschl. Pädagogische und Theologische Hochschulen.

3 Bildung

3.10 Forschungsausgaben und Forschungspersonal
3.10.1 Nach durchführenden Bereichen

	Forschungsausgaben		Forschungspersonal			
	2014	Veränderung gegenüber Vorjahr	insgesamt		dar. Wissenschaftler/-innen [1]	
			2014	Veränderung gegenüber Vorjahr	2014	Veränderung gegenüber Vorjahr
	Mill. EUR	%	Vollzeit-äquivalent	%	Vollzeit-äquivalent	%
Insgesamt	84 454	5,9	605 253	2,8	354 463	0,0
Öffentlicher Bereich und private Institutionen ohne Erwerbszweck	12 527	5,6	101 005	2,9	52 854	− 6,9
Bundes-, Landes- und kommunale Forschungseinrichtungen [2][3]	1 272	1,9	12 034	1,5	5 202	2,7
Überwiegend öffentlich finanzierte Forschungseinrichtungen [3]	11 255	6,1	88 970	3,1	47 652	− 7,8
Hochschulen [3]	14 930	4,4	132 542	1,9	100 992	1,9
Unternehmensbereich	56 996	6,4	371 706	3,1	198 076	− 0,3

1 Einschl. Fachhochschulabsolventen/-absolventinnen.
2 Ohne Leibniz-Gemeinschaft („Blaue Liste").
3 Forschungsanteile.

3.10.2 Im öffentlichen Bereich und privaten Institutionen ohne Erwerbszweck

	Forschungsausgaben		Forschungspersonal [1]			
			insgesamt		dar. Wissenschaftler/-innen [2]	
	2014	Veränderung gegenüber Vorjahr	2014	Veränderung gegenüber Vorjahr	2014	Veränderung gegenüber Vorjahr
	Mill. EUR	%	Vollzeit-äquivalent	%	Vollzeit-äquivalent	%
Insgesamt	12 527	5,6	101 005	2,9	52 854	− 6,9
nach Institutionen						
Bundesforschungseinrichtungen [3]	1 071	2,4	9 629	1,9	3 983	1,2
Landes- und kommunale Forschungseinrichtungen [3][4]	201	− 0,9	2 406	0,2	1 219	8,2
Helmholtz-Zentren [5]	4 330	7,9	31 706	3,1	17 914	0,1
Max-Planck-Institute	1 821	7,4	12 633	-0,6	6 299	− 15,3
Fraunhofer-Institute	2 060	2,5	16 729	6,2	8 416	− 15,8
Leibniz-Gemeinschaft („Blaue Liste") [5]	1 308	2,9	12 229	2,2	6 169	− 11,5
Sonstige Forschungseinrichtungen [3][4]	1 300	9,9	12 300	6,6	7 686	− 4,7
Wissenschaftliche Bibliotheken und Museen [3][4]	434	-1,5	3 374	-5,5	1 169	− 12,1
nach Wissenschaftszweigen						
Naturwissenschaften	6 054	5,5	49 474	8,5	26 329	2,4
Ingenieurwissenschaften	2 963	− 3,7	23 121	-6,4	12 687	− 12,2
Medizin	1 182	12,6	8 022	-11,8	3 775	− 22,3
Agrarwissenschaften	556	− 1,1	6 265	12,7	2 649	7,4
Sozial- und Geisteswissenschaften	1 773	23,5	14 123	6,8	7 414	− 8,5

Ohne Hochschulen.

1 Auf Vollzeitbeschäftigung umgerechnet.
2 Einschl. Fachhochschulabsolventen/-absolventinnen.
3 Forschungsanteile.
4 Ohne Leibniz-Gemeinschaft („Blaue Liste").
5 Institute, die jeweils zur Hälfte von Bund und Ländern finanziert werden.

Quelle: Statistisches Bundesamt, Stifterverband Wissenschaftsstatistik

3 Bildung

3.10 Forschungsausgaben und Forschungspersonal
3.10.3 Unternehmensbereich 2014

Wirtschaftsgliederung [1] (H. v. = Herstellung von)	Aufwendungen für Forschung und Entwicklung (FuE)			darunter finanziert von der Wirtschaft	Forschungspersonal insgesamt
	insgesamt	davon			
		interne FuE-Aufwendungen	externe FuE-Aufwendungen außerhalb des Wirtschaftssektors		
	Mill. EUR			%	Vollzeitäquivalent
Insgesamt	62 633	56 996	5 637	91,0	371 706
	nach Wirtschaftszweigen				
Landwirtschaft, Forstwirtschaft und Fischerei	148	137	11	92,7	1 466
Bergbau und Gewinnung von Steinen und Erden	15	12	3	81,1	162
Verarbeitendes Gewerbe	53 552	49 482	4 070	92,4	310 533
H. v. Nahrungs- u. Genussmitteln, Getränken und Tabakerzeugnissen	331	318	13	96,2	2 663
H. v. Textilien, Bekleidung, Leder, Lederwaren und Schuhen	126	115	11	91,1	1 271
H. v. Holzwaren, Papier, Pappe und Druckerzeugnissen	279	224	55	80,3	1 816
Kokerei und Mineralölverarbeitung	123	119	4	96,9	318
H. v. chemischen Erzeugnissen	3 877	3 629	248	93,6	22 795
H. v. pharmazeutischen Erzeugnissen	4 670	4 035	635	86,4	19 259
H. v. Gummi- und Kunststoffwaren sowie Glaswaren und Keramik	1 427	1 316	111	92,2	11 257
Metallerzeugung und -bearbeitung, H. v. Metallerzeugnissen	1 594	1 285	309	80,6	11 619
H. v. Datenverarbeitungsgeräten, elektronischen und optischen Erzeugnissen	7 902	7 507	395	95,0	57 630
H. v. elektrischen Ausrüstungen	2 325	2 172	153	93,4	19 534
Maschinenbau	5 893	5 651	242	95,9	42 971
H. v. Kraftwagen und Kraftwagenteilen	20 867	19 678	1 189	94,3	99 946
Sonstiger Fahrzeugbau	2 559	2 068	491	80,8	11 691
Sonst. H. v. Waren, Reparatur und Instandhaltung von Maschinen und Ausrüstungen	1 506	1 367	139	90,8	7 763
Energie- und Wasserversorgung, Abwasser- und Abfallentsorgung	219	195	24	89,2	951
Baugewerbe/Bau	95	80	15	84,3	1 062
Information und Kommunikation	3 699	3 229	470	87,3	23 475
Finanz- und Versicherungsdienstleistungen	319	318	1	99,8	1 466
Freiberufliche, wissenschaftliche und technische Dienstleistungen	4 173	3 134	1 039	75,1	28 493
dar. Institutionen für Gemeinschaftsforschung	823	270	553	32,8	3 372
Restliche Abschnitte	540	409	131	75,7	4 098

1 Klassifikation der Wirtschaftszweige, Ausgabe 2008 (WZ 2008), Kurzbezeichnungen.
Quellen: Stifterverband Wissenschaftsstatistik und Berechnungen des Statistischen Bundesamtes

3 Bildung

3.10 Forschungsausgaben und Forschungspersonal

3.10.4 Ausgaben für Forschung und Entwicklung nach Sektoren 2014

	Insgesamt	Davon			Insgesamt	Davon		
		Staat, private Institutionen ohne Erwerbszweck	Hochschulen [1]	Wirtschaft		Staat, private Institutionen ohne Erwerbszweck	Hochschulen	Wirtschaft
	Mill. EUR				% des Bruttoinlandsprodukts [2]			
Deutschland [3]	84 454	12 527	14 930	56 996	2,9	0,4	0,5	2,0
Baden-Württemberg	21 469	1 923	2 236	17 310	4,9	0,4	0,5	4,0
Bayern	16 704	1 591	2 194	12 919	3,2	0,3	0,4	2,5
Berlin	4 295	1 405	1 100	1 790	3,6	1,2	0,9	1,5
Brandenburg	1 006	493	226	287	1,6	0,8	0,4	0,5
Bremen	852	325	212	315	2,8	1,1	0,7	1,0
Hamburg	2 453	513	532	1 408	2,3	0,5	0,5	1,3
Hessen	7 314	653	1 034	5 627	2,9	0,3	0,4	2,2
Mecklenburg-Vorpommern	733	281	263	189	1,9	0,7	0,7	0,5
Niedersachsen	7 363	991	1 323	5 049	3,0	0,4	0,5	2,0
Nordrhein-Westfalen	12 745	2 269	3 313	7 163	2,0	0,4	0,5	1,1
Rheinland-Pfalz	2 759	185	534	2 041	2,2	0,1	0,4	1,6
Saarland	472	137	145	190	1,4	0,4	0,4	0,6
Sachsen	2 891	781	874	1 236	2,7	0,7	0,8	1,1
Sachsen-Anhalt	816	273	301	243	1,5	0,5	0,5	0,4
Schleswig-Holstein	1 287	335	306	646	1,6	0,4	0,4	0,8
Thüringen	1 195	273	337	585	2,2	0,5	0,6	1,1

1 Interne FuE-Aufwendungen.
2 BIP für Deutschland; Stand Länder: März 2016, Bund: Februar 2016.
3 Einschl. nicht aufteilbarer Mittel.
Quellen: Statistisches Bundesamt, Stifterverband Wissenschaftsstatistik, Arbeitskreis Volkswirtschaftliche Gesamtrechnungen der Länder

3.10.5 Personal für Forschung und Entwicklung nach Sektoren 2014

	Insgesamt	Davon		
		Staat, private Institutionen ohne Erwerbszweck	Hochschulen	Wirtschaft
Deutschland [1]	605 253	101 005	132 542	371 706
Baden-Württemberg	140 937	15 166	20 759	105 012
Bayern	116 207	13 701	20 475	82 032
Berlin	33 001	11 782	9 453	11 767
Brandenburg	9 641	4 138	2 315	3 188
Bremen	6 597	2 363	1 957	2 277
Hamburg	15 125	3 284	4 199	7 642
Hessen	47 602	4 257	8 323	35 022
Mecklenburg-Vorpommern	6 113	2 174	2 397	1 542
Niedersachsen	49 239	8 333	11 232	29 674
Nordrhein-Westfalen	97 878	17 099	27 194	53 585
Rheinland-Pfalz	20 132	1 949	4 597	13 585
Saarland	4 385	1 074	1 472	1 839
Sachsen	27 458	7 338	9 083	11 037
Sachsen-Anhalt	8 078	2 614	2 709	2 755
Schleswig-Holstein	11 140	2 815	2 957	5 369
Thüringen	11 285	2 485	3 421	5 379

1 Einschl. nicht zuzuordnendem Personal.
Quellen: Statistisches Bundesamt, Stifterverband Wissenschaftsstatistik

3 Bildung

3.11 Anerkennung ausländischer Berufsqualifikationen 2014
3.11.1 Anerkennungsverfahren nach Entscheidung vor Rechtsbehelf in den zehn häufigsten Berufshauptgruppen

Berufshauptgruppe [1]	Insgesamt	Abge-schlossene Verfahren	Entscheidung vor Rechtsbehelf					Noch keine Entscheidung
			positiv, d. h. vollständig gleichwertig	Auflage einer Ausgleichs-maßnahme	positiv, jedoch beschränkter Berufs-zugang [2]	negativ		
						zusammen	darunter teil-weise Gleich-wertigkeit der Berufs-qualifikation	
Insgesamt	19 806	14 838	11 541	1 698	9	1 590	1 059	4 968
Medizinische Gesundheitsberufe	14 895	11 250	9 306	1 629	–	315	24	3 645
Mechatronik-, Energie- und Elektroberufe	1 071	756	537	–	–	219	183	315
Berufe in Unternehmensführung und -organisation	702	579	402	–	–	177	162	123
Maschinen- und Fahrzeugtechnikberufe	579	384	210	9	3	162	129	195
Nichtmedizinische Gesundheits-, Körperpflege- und Wellnessberufe, Medizintechnik	321	183	99	12	6	69	36	138
Verkaufsberufe	282	222	171	–	–	51	48	60
Metallerzeugung und -bearbeitung, Metallbauberufe	270	195	123	–	–	72	63	75
Lebensmittelherstellung und -verarbeitung	225	177	120	–	–	54	48	48
Tourismus-, Hotel- und Gaststättenberufe	210	171	84	–	–	87	81	39
Gebäude- und versorgungstechnische Berufe	141	78	54	–	–	21	18	63

Aus Datenschutzgründen sind alle Daten (Absolutwerte) jeweils auf ein Vielfaches von 3 gerundet; der Insgesamtwert kann deshalb von der Summe der Einzelwerte abweichen.

1 Klassifikation der Berufe 2010.
2 Beschränkter Berufszugang nach Handwerksordnung.

Anzahl der bearbeiteten Anträge der zehn häufigsten Ausbildungsstaaten 2014

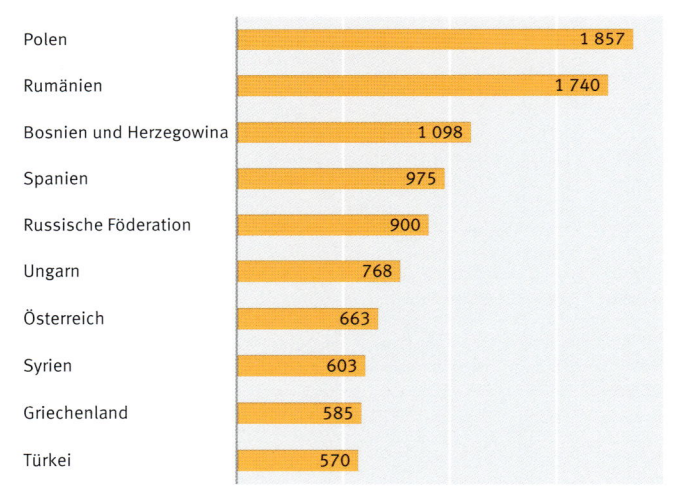

Polen	1 857
Rumänien	1 740
Bosnien und Herzegowina	1 098
Spanien	975
Russische Föderation	900
Ungarn	768
Österreich	663
Syrien	603
Griechenland	585
Türkei	570

Aus Datenschutzgründen sind alle Daten (Absolutwerte) jeweils auf ein Vielfaches von 3 gerundet; der Insgesamtwert kann deshalb von der Summe der Einzelwerte abweichen.

Anzahl der bearbeiteten Anträge der zehn häufigsten Referenzberufe 2014

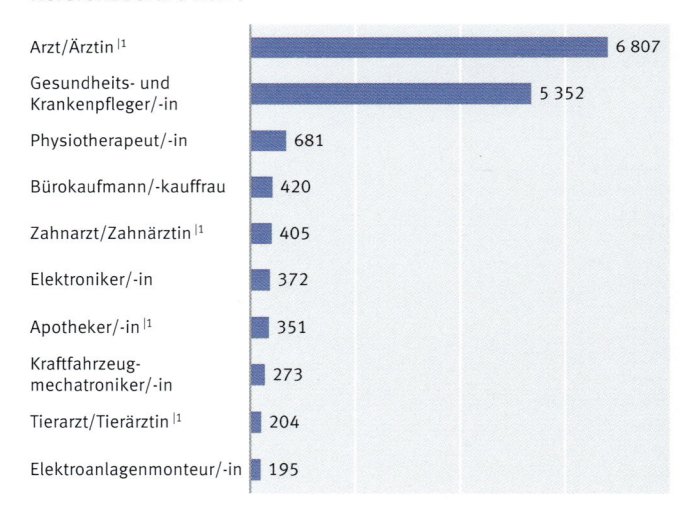

Arzt/Ärztin [1]	6 807
Gesundheits- und Krankenpfleger/-in	5 352
Physiotherapeut/-in	681
Bürokaufmann/-kauffrau	420
Zahnarzt/Zahnärztin [1]	405
Elektroniker/-in	372
Apotheker/-in [1]	351
Kraftfahrzeugmechatroniker/-in	273
Tierarzt/Tierärztin [1]	204
Elektroanlagenmonteur/-in	195

Aus Datenschutzgründen sind alle Daten (Absolutwerte) jeweils auf ein Vielfaches von 3 gerundet; der Insgesamtwert kann deshalb von der Summe der Einzelwerte abweichen.

1 Erteilung der Approbation.

3 Bildung

3.12 Promovierende nach ausgewählten Fächergruppen im Wintersemester 2014/15

	Insgesamt	Männlich	Weiblich
	Anzahl	%	
Insgesamt	196 200	55,7	44,3
Sprach- und Kulturwissenschaften	34 400	39,1	60,9
Rechts-, Wirtschafts- und Sozialwissenschaften	33 000	56,9	43,1
Mathematik, Naturwissenschaften	59 700	59,2	40,8
Humanmedizin, Gesundheitswissenschaften	19 300	41,6	58,4
Ingenieurwissenschaften	36 700	78,7	21,3
Übrige Fächergruppen [1]	13 200	36,3	63,7

Ergebnisse der Promovierendenerhebung. – Nähere Informationen hierzu siehe „Glossar"/„Methodik" am Ende dieses Kapitels. – Abweichungen in den Summen ergeben sich durch Rundung der Zahlen.

1 Veterinärmedizin; Agrar-, Forst- und Ernährungswissenschaften; Kunst, Kunstwissenschaft; Sport.

Betreuungsrelation nach Fächergruppe der erstbetreuenden Professur im Wintersemester 2014/15
Promovierende je Professur

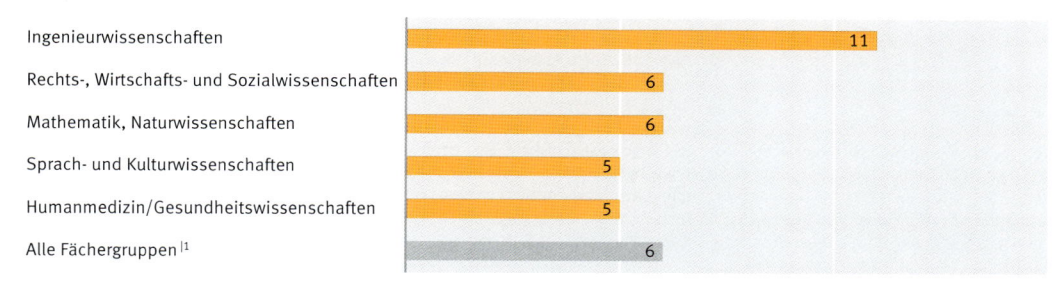

Fächergruppe	Promovierende je Professur
Ingenieurwissenschaften	11
Rechts-, Wirtschafts- und Sozialwissenschaften	6
Mathematik, Naturwissenschaften	6
Sprach- und Kulturwissenschaften	5
Humanmedizin/Gesundheitswissenschaften	5
Alle Fächergruppen [1]	6

Nähere Informationen hierzu siehe „Glossar"/„Methodik" am Ende dieses Kapitels.

1 Dargestellte Fächergruppen einschl. der Fächergruppen Veterinärmedizin; Agrar-, Forst- und Ernährungswissenschaften; Kunst, Kunstwissenschaft; Sport.

Promovierende nach Alter im Wintersemester 2014/15
in 1 000

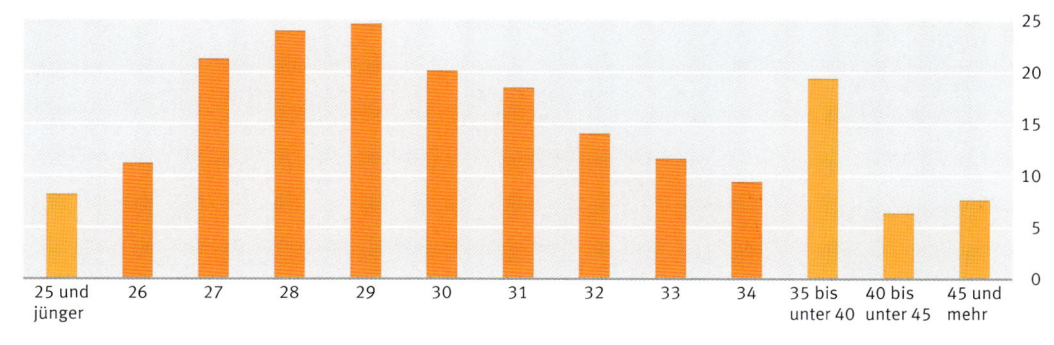

Alter	Promovierende (in 1 000)
25 und jünger	8
26	12
27	22
28	25
29	25
30	20
31	19
32	14
33	12
34	10
35 bis unter 40	19
40 bis unter 45	6
45 und mehr	8

Nähere Informationen hierzu siehe „Glossar"/„Methodik" am Ende dieses Kapitels.

3 Bildung

Methodik

■ Bildungsstand der Bevölkerung

Die Daten zum Bildungsstand geben wichtige Aufschlüsse über die Qualifikation der Bevölkerung im Hinblick auf die Leistungsfähigkeit und das Bildungs- bzw. Ausbildungspotenzial unserer Gesellschaft. Sie werden auf der Grundlage des **Mikrozensusgesetzes** 2005 gewonnen. Ca. 1 % der Bevölkerung, die nach einem festgelegten statistischen Zufallsverfahren ausgewählt werden, geben Auskunft u. a. über Schulbesuch und Bildungsstand.

■ Integrierte Ausbildungsberichterstattung

Die Integrierte Ausbildungsberichterstattung (iABE) bildet das berufliche Ausbildungsgeschehen nach dem Verlassen der Sekundarstufe I der allgemeinbildenden Schulen vollständig und systematisch ab. Hierzu wird neben der Schulstatistik auch auf die Hochschulstatistik, die Berufsbildungsstatistik, die Personalstandstatistik und die Förderstatistik der Bundesagentur für Arbeit zurückgegriffen. Das Projekt wird vom Bundesministerium für Bildung und Forschung (BMBF) gefördert und in Kooperation mit dem Bundesinstitut für Berufsbildung (BiBB) sowie dem Hessischen Statistischen Landesamt bearbeitet.

■ Allgemeinbildende und berufliche Schulen

Die **Bundes-Schulstatistik** veröffentlicht Daten über Lehrende und Lernende an allgemeinbildenden und beruflichen Schulen.

Aufgrund der im Grundgesetz geregelten Kulturhoheit der Länder wird in jedem Land eine an der jeweiligen Bildungspolitik orientierte und damit länderspezifische Schulstatistik durchgeführt. Für Ländervergleiche sowie für Bundeszwecke hat die Ständige Konferenz der Kultusminister einheitliche Begriffe und Definitionen sowie ein einheitliches Mindesterhebungsprogramm vorgegeben.

■ Auszubildende

Die **Berufsbildungsstatistik** erhebt und analysiert Daten über Auszubildende im dualen System (praktische Ausbildung im Betrieb und theoretische in Berufsschulen) sowie über das nicht schulische Ausbildungspersonal. Rechtsgrundlage ist das Berufsbildungsgesetz in der Fassung vom 5.2.2009. Die Angaben werden dabei von den zuständigen Stellen, z. B. Industrie- und Handelskammern, gemeldet (Sekundärstatistik). Neben den Berufen, die im dualen System ausgebildet werden, gibt es auch rein schulische Berufsausbildungen, insbesondere die meisten Gesundheitsdienstberufe. Angaben hierüber erhebt die **Schulstatistik**.

■ Hochschulen

Die **Studenten-, Prüfungs-, Personal-, Stellen-, Gasthörer- und Habilitationsstatistik** sind Totalerhebungen, die auf der Grundlage der zum 1.6.1992 in Kraft getretenen Neufassung des Hochschulstatistikgesetzes jährlich bzw. semesterweise durchgeführt werden. Die Daten entstammen den Verwaltungsunterlagen der Hochschulen und Prüfungsämter (Sekundärstatistik) und werden dezentral von den Statistischen Ämtern der Länder erhoben.

Die endgültigen Ergebnisse liegen je nach Einzelstatistik etwa drei bis neun Monate nach Ende des Berichtszeitraumes bzw. -punktes vor, vorläufige Daten der Studenten- und Personalstatistik z. T. auch deutlich früher. Hochschulstatistische Informationen stehen seit Mitte der 1970er Jahre für das frühere Bundesgebiet und seit 1992 für Deutschland in differenzierter Form zur Verfügung und sind regional auf den Ebenen Bund, Länder und einzelne Hochschulen vergleichbar.

■ Deutsche Studierende im Ausland

Die Statistik Deutsche Studierende im Ausland stützt sich auf eine Reihe verschiedenartiger Quellen. Hierzu gehören Eurostat, die OECD, das UNESCO Institute for Statistics sowie die jährliche Umfrage des Statistischen Bundesamtes bei den mit der Bildungsstatistik befassten Institutionen ausgewählter Staaten. Diese Statistik dokumentiert die Bereitschaft der deutschen Studierenden zu Studienaufenthalten im Ausland.

■ Weiterbildung

Daten zur **betrieblichen Weiterbildung von Beschäftigten** werden im Rahmen der Europäischen Erhebung über die berufliche Weiterbildung in Unternehmen (CVTS - Continuing Vocational Training Survey) im Auftrag der Europäischen Kommission alle fünf Jahre erhoben.

Angaben zur beruflichen Weiterbildung von Erwerbspersonen erhebt ebenfalls der **Mikrozensus**.

Aus der **Berufsbildungsstatistik** werden auch Zahlen über die Teilnehmerinnen und Teilnehmer an den Fortbildungsprüfungen der Wirtschaftsorganisationen übernommen, z. B. der Handwerkskammern.

Die **Volkshochschulstatistik** erhebt und veröffentlicht das Deutsche Institut für Erwachsenenbildung im Auftrag des Verbandes der Volkshochschulen. In der amtlichen Statistik gibt es keine vergleichbare Erhebung. Um das weite Spektrum, insbesondere der Erwachsenenbildung, wenigstens in Auszügen darstellen zu können, greift das Statistische Bundesamt auf die Volkshochschulstatistik zurück.

■ Ausbildungsförderung

Die Statistiken nach dem Bundesausbildungsförderungsgesetz (BAföG) und dem Aufstiegsfortbildungsförderungsgesetz (AFBG) sind Totalerhebungen, die auf Grundlage der jeweiligen Leistungsgesetze jährlich durchgeführt werden. Die Angaben zum BAföG und AFBG werden der amtlichen Statistik von den Landesrechenzentren bzw. IT-Dienstleistern, die mit der Berechnung der Förderungsbeiträge beauftragt sind, als Auszug aus deren Eingabedaten und Rechenergebnissen in anonymisierter Form zur Verfügung gestellt (Sekundärstatistik).

■ Finanzen der Schulen und Hochschulen, Budget für Bildung

Die Datenbasis für die **Berechnung der Ausgaben je Schülerin und Schüler** bilden die Jahresrechnungsstatistik der staatlichen Haushalte und die Jahresrechnungsstatistik der Gemeinden, Gemeindeverbände und Zweckverbände.

Die **Hochschulfinanzstatistik** liefert wichtige Informationen zur allgemeinen Bildungs- und Hochschulplanung in Bund und Ländern. Sie sind die Basis für eine Vielzahl von bildungs- und forschungspolitischen Entscheidungen. Die Statistik ist eine Totalerhebung, die jährlich bzw. vierteljährlich durchgeführt wird. Dabei sind alle Hochschulen und Hochschulkliniken bzw. die Stellen, die für diese Mittel bewirtschaften, auskunftspflichtig. Die Angaben für die Statistik entstammen weitestgehend den vorliegenden Verwaltungsdaten der Hochschulen und werden dezentral von den Statistischen Landesämtern und dem Statistischen Bundesamt erhoben. Rechtsgrundlagen sind das Hochschulstatistikgesetz (HStatG) sowie das Finanz- und Personalstatistikgesetz (FPStatG) in Verbindung mit dem Bundesstatistikgesetz (BStatG).

3 Bildung

Methodik

■ Deutschlandstipendium

Die Statistiken zum Deutschlandstipendium (Stipendien und Mittelgeber) sind Totalerhebungen, die auf Grundlage des Stipendienprogramm-Gesetzes (StipG) in Verbindung mit dem Bundesstatistikgesetz (BStatG) jährlich durchgeführt werden. Die Angaben stammen von den einzelnen Hochschulen und werden dezentral von den Statistischen Ämtern der Länder erhoben.

■ Forschungsausgaben und Forschungspersonal

In der **Statistik über Forschung und Entwicklung (FuE)** werden auf Grundlage der Verordnung Nr. 753/2004 der Europäischen Kommission die Sektoren Staat, private Organisationen ohne Erwerbszweck (außeruniversitäre Einrichtungen), Hochschulen und Wirtschaft getrennt dargestellt. Das Statistische Bundesamt ermittelt die Daten für außeruniversitäre Einrichtungen durch eine Erhebung und berechnet die Ausgaben und das Personal für Hochschulen auf Grundlage der Hochschulstatistiken. Die Stifterverband Wissenschaftsstatistik GmbH ermittelt die Daten zu FuE im Wirtschaftssektor durch eine Erhebung bei Unternehmen. Nach der Zusammenführung der Daten ergibt sich das Gesamtergebnis für alle Sektoren. Die jeweiligen Erhebungs- und Berechnungsverfahren entsprechen den methodischen Empfehlungen des Frascati-Handbuchs der OECD.

■ Anerkennung von im Ausland erworbenen Berufsqualifikationen

Seit 1.4.2012 können Personen, die eine berufliche Ausbildung im Ausland ab-geschlossen haben, auf Basis des Berufsqualifikationsfeststellungsgesetzes (BQFG) einen Antrag auf Prüfung der Gleichwertigkeit ihrer Ausbildung zu einer deutschen Berufsausbildung stellen. Die Statistik nach § 17 des BQFG bildet das Anerkennungs-
geschehen bundesrechtlich geregelter Berufe ab.

■ Promovierende

Die Erhebung der Promovierenden führte das Statistische Bundesamt in Zusammen-arbeit mit den Statistischen Ämtern der Länder auf Anforderung des Bundes-ministeriums für Bildung und Forschung für das Wintersemester 2014/15 durch (nach § 7 Absatz 2 des Bundesstatistikgesetzes). Die Daten wurden in einem zweistufigen Verfahren erhoben, bei dem zuerst 20 000 Professorinnen und Professoren und anschließend 20 000 Promovierende befragt wurden. Zur Ermittlung des Bundesergebnisses wurden die Stichprobenergebnisse abschließend in einem zweistufigen Verfahren hochgerechnet.

Detaillierte Informationen zur Methodik der einzelnen Statistiken sind in den „Qualitätsberichten" dokumentiert (siehe hierzu *www.destatis.de/publikationen* › Qualitätsberichte).

3 Bildung

Glossar

Abendgymnasien | Sie ermöglichen es befähigten Erwachsenen, in einem Zeitraum von in der Regel drei Jahren die allgemeine Hochschulreife zu erwerben. Für die Aufnahme muss eine abgeschlossene Berufsausbildung bzw. eine mindestens zweijährige geregelte Berufstätigkeit nachgewiesen werden. Die Bewerberin bzw. der Bewerber soll das 19. Lebensjahr im Schuljahr der Anmeldung vollendet haben. Die Schülerinnen und Schüler der Abendgymnasien müssen in der Regel während des Schulbesuchs – mit Ausnahme der Prüfungsphase – berufstätig sein.

Abendhauptschulen | Der Besuch der Abendhauptschule führt in einem einjährigen Ausbildungsgang (zwei Semester) zum Hauptschulabschluss. Die Bewerberinnen und Bewerber müssen in der Regel die Vollzeitschulpflicht erfüllt haben und dürfen weder eine allgemeinbildende noch eine berufliche Vollzeitschule besuchen.

Abendrealschulen | Sie führen Erwachsene in Abendkursen zum mittleren Schulabschluss. Die Schulbesuchsdauer beträgt in der Regel vier Semester.

Ausgaben der Hochschulen | Diese umfassen neben der Lehre und Forschung auch die Krankenbehandlung. Sie sind nach Ländern, Hochschularten und Fächergruppen sowie nach den Ausgabearten Personalausgaben, übrige laufende Ausgaben und Investitionsausgaben dargestellt.

Ausgaben für Forschung und Entwicklung | Hierbei handelt es sich um Ausgaben für systematische, schöpferische Arbeiten zur Erweiterung des Kenntnisstandes einschließlich der Erkenntnisse über den Menschen, die Kultur und die Gesellschaft sowie deren Verwendung mit dem Ziel, neue Anwendungsmöglichkeiten zu finden.

Ausgaben je Schülerin bzw. je Schüler | Sie sind ein Maß dafür, wie viel Mittel jährlich im Durchschnitt für die Ausbildung jeder Schülerin bzw. jedes Schülers an öffentlichen Schulen zur Verfügung gestellt werden. Die Ausgaben ergeben sich aus der Addition von Personalausgaben (einschließlich Zuschläge für Beihilfen und Versorgung), laufendem Sachaufwand und Investitionsausgaben. Sie sind nach Schularten, Ländern und Ausgabearten dargestellt.

Auszubildende | Hierzu zählen Personen, die aufgrund eines Ausbildungsvertrages nach dem Berufsbildungsgesetz eine betriebliche Berufsausbildung in einem anerkannten Ausbildungsberuf bzw. in einer Regelung für Menschen mit Behinderungen durchlaufen. Dazu gehören auch Jugendliche, deren Ausbildung voll oder teilweise durch staatliche Programme finanziert wird. Nicht als Auszubildende gelten Personen, deren berufliche Ausbildung ausschließlich in beruflichen Schulen erfolgt (z. B. Schülerinnen und Schüler in Berufsfachschulen) oder die in einem öffentlich-rechtlichen Dienstverhältnis ausgebildet werden (z. B. Beamtinnen und Beamte im Vorbereitungsdienst).

Benchmarks | Die nationalen Benchmarks verfolgen politische Ziele. Der Wissenschaftsrat empfiehlt in seinen „Empfehlungen zum arbeitsmarkt- und demografiegerechten Ausbau des Hochschulsystems" eine Studienberechtigtenquote von 50 %, eine Studienanfängerquote von 40 % und eine Absolventenquote von 35 %, gemessen am jeweiligen Altersjahrgang. Auf dem Bildungsgipfel von Bund und Ländern 2008 wurde vereinbart, bis zum Jahr 2015 die Zahl der Schulabgängerinnen und Schulabgänger ohne Abschluss von 8 % auf 4 % und die Zahl der ausbildungsfähigen jungen Erwachsenen ohne Berufsabschluss von 17 % auf 8,5 % zu halbieren.

Berufsaufbauschulen | Das sind Schulen, die neben einer Berufsschule oder nach erfüllter Berufsschulpflicht von Jugendlichen besucht werden, die in einer Berufsausbildung stehen oder eine solche abgeschlossen haben. Diese Schulen vermitteln eine über das Ziel der Berufsschule hinausgehende allgemeine fachtheoretische Bildung und führen zu einem dem „Mittleren Schulabschluss" gleichwertigen Bildungsstand (Fachschulreife). Der Bildungsgang umfasst in Vollzeitform mindestens ein Jahr, in Teilzeitform einen entsprechend längeren Zeitraum.

Berufsfachschulen | Das sind Schulen mit Vollzeitunterricht von mindestens einjähriger Schulbesuchsdauer für deren Besuch keine Berufsausbildung oder berufliche Tätigkeit vorausgesetzt wird. Sie vermitteln allgemeine und fachliche Lerninhalte und befähigen die Schülerin bzw. den Schüler den Abschluss in einem anerkannten Ausbildungsberuf (gemäß BBiG bzw. HwO) zu erlangen. Alternativ kann die Schülerin bzw. der Schüler einen Abschluss in einen Berufsausbildungsabschluss absolvieren, der nur in Schulen erworben werden kann (außerhalb BBiG bzw. HwO).

Berufsgrundbildungsjahr | Das Berufsgrundbildungsjahr in vollzeitschulischer Form hat die Aufgabe, allgemeine und – auf der Breite eines Berufsfeldes (z. B. Wirtschaft, Metall) – fachtheoretische und fachpraktische Lerninhalte als berufliche Grundbildung zu vermitteln. Der erfolgreiche Besuch des Berufsgrundbildungsjahres kann auf die Berufsausbildung im dualen System angerechnet werden.

Berufsoberschulen/Technische Oberschulen | Diese Schulen vermitteln eine allgemeine und fachtheoretische Bildung. Sie bauen auf einer der jeweiligen Ausbildungsrichtung entsprechenden Berufsausbildung oder Berufsausübung und einem mittleren Schulabschluss auf und verleihen nach bestandener Abschlussprüfung die fachgebundene Hochschulreife. Durch eine Ergänzungsprüfung in einer zweiten Fremdsprache kann die allgemeine Hochschulreife erworben werden. Die Berufsoberschulen/Technischen Oberschulen umfassen mindestens zwei Schuljahre und werden als Vollzeitschulen geführt.

Teilzeit-Berufsschulen | Dies sind Einrichtungen im Rahmen der Schulpflichtregelungen, die von Jugendlichen besucht werden, die sich in der beruflichen Ausbildung befinden (Berufsschulen im dualen System), in einem Arbeitsverhältnis stehen oder beschäftigungslos sind. Sie haben die Aufgabe, die Allgemeinbildung der Schülerinnen und Schüler zu vertiefen und die für den Beruf erforderliche fachtheoretische Grundausbildung zu vermitteln. Die Berufsschulen im dualen System werden in der Regel von Jugendlichen nach Erfüllung der Vollzeitschulpflicht bis zum vollendeten 18. Lebensjahr oder bis zum Abschluss der praktischen Berufsausbildung besucht. Der Unterricht wird in der Regel als Teilzeitunterricht an zwei Tagen in der Woche oder als Blockunterricht in zusammenhängenden Abschnitten in Vollzeitform erteilt; er steht in enger Beziehung zur Ausbildung im Betrieb. Die kooperative Form des Berufsgrundbildungsjahres (duales System) wird entweder in Teilzeit- oder in Blockform geführt. Auf Bundesebene werden diese Schulen den Teilzeit-Berufsschulen zugeordnet.

Berufsvorbereitungsjahr | Dies ist ein besonderer einjähriger bzw. zweijähriger Bildungsgang. Hier werden Jugendliche ohne Ausbildungsvertrag auf eine berufliche Ausbildung vorbereitet. Der Unterricht erfolgt in Vollzeit- oder Teilzeitform.

Drittmittel | Zur Förderung von Forschung und Entwicklung sowie des wissenschaftlichen Nachwuchses und der Lehre werden von öffentlichen und privaten Stellen zusätzlich zum regulären Haushalt (Grundausstattung) sogenannte Drittmittel eingeworben. Die Drittmittel je Professorin bzw. Professor geben an, wie viel Drittmittel je Professorin bzw. Professor eingeworben wurden. Beide Kennzahlen werden nach Ländern, nach Hochschularten und Fächergruppen dargestellt.

Fachakademien | Fachakademien sind berufliche Bildungseinrichtungen in Bayern, die den „Mittleren Schulabschluss" voraussetzen und in der Regel im Anschluss an eine dem Ausbildungsziel dienende berufliche Ausbildung oder praktische Tätigkeit auf den Eintritt in eine angehobene Berufslaufbahn vorbereiten. Der Ausbildungsgang umfasst bei Vollzeitunterricht mindestens zwei Jahre.

Fachgymnasien | Das sind berufsbezogene Gymnasien, für deren Besuch mindestens der „Mittlere Schulabschluss" vorausgesetzt wird. Der Schulbesuch dauert in der Regel drei Jahre. Der Abschluss des Fachgymnasiums gilt als Zugangsberechtigung für ein Studium an Hochschulen.

Fachhochschulen | Fachhochschulen (ohne Verwaltungsfachhochschulen) bieten eine stärker anwendungsbezogene Ausbildung in Studiengängen für Ingenieurinnen und Ingenieure und für andere Berufe, vor allem in den Bereichen Wirtschaft, Sozialwesen, Gestaltung und Informatik. Das Studium ist in der Regel kürzer als das an wissenschaftlichen Hochschulen.

3 Bildung

Glossar

Fachhochschulreife | Absolventinnen und Absolventen bzw. Abgängerinnen und Abgänger mit Fachhochschulreife sind überwiegend Schülerinnen und Schüler mit dem Abschlusszeugnis der Fachoberschulen.

Fachoberschulen | Aufbauend auf dem „Mittleren Schulabschluss" vermitteln diese Schulen allgemeine, fachtheoretische und fachpraktische Kenntnisse und Fähigkeiten. Sie führen zur Fachhochschulreife bzw. in drei Jahren auch zur allgemeinen Hochschulreife.

Fachschulen | Fachschulen sind Einrichtungen der beruflichen Weiterbildung. Die Bildungsgänge in den Fachbereichen schließen an eine berufliche Erstausbildung und an Berufserfahrungen an. Sie führen in unterschiedlichen Organisationsformen des Unterrichts (Vollzeit- oder Teilzeitform) zu einem staatlichen postsekundaren Berufsabschluss nach Landesrecht. Sie können darüber hinaus Ergänzungs-/Aufbaubildungsgänge sowie Maßnahmen der Anpassungsweiterbildung anbieten. Nach bestandener Prüfung ist mit dem Abschlusszeugnis die Berechtigung verbunden, die Berufsbezeichnung „Staatlich geprüfter.../Staatlich geprüfte..." bzw. „Staatlich anerkannter.../Staatlich anerkannte..." zu führen. Nach Maßgabe der Vereinbarung über den Erwerb der Fachhochschulreife in beruflichen Bildungsgängen kann zusätzlich die Fachhochschulreife erworben werden.

Förderschulen | Förderschulen haben in der Regel den gleichen Bildungsauftrag wie die übrigen allgemeinbildenden Schulen. Sie dienen der Förderung und Betreuung körperlich, geistig und emotional benachteiligter sowie sozial gefährdeter Kinder, die nicht oder nicht mit ausreichendem Erfolg in allgemeinen Schulen unterrichtet werden können. Zu den Förderschulen zählen u. a. auch alle übrigen selbstständigen allgemeinbildenden Schularten für Schülerinnen und Schüler mit sonderpädagogischer Förderung, wie z. B. Realförderschulen und Gymnasialförderschulen. Gleichfalls werden dieser Schulart alle Zweige und Klassen für Schülerinnen und Schüler mit sonderpädagogischer Förderung zugeordnet, die aus schulorganisatorischen Gründen mit Grund-, Haupt-, Real- oder Gesamtschulen sowie mit Gymnasien verbunden sind.

Forschungspersonal | Dazu zählen alle direkt in Forschung und Entwicklung beschäftigten Arbeitskräfte, ungeachtet ihrer Position.

Freie Waldorfschulen | Dies sind private Ersatzschulen mit besonderer pädagogischer Prägung, die die Klassen 1 bis 12 bzw. 13 von Grund-, Haupt- und teilweise auch Förderschulen sowie Höheren Schulen als einheitlichen Bildungsgang nach der Pädagogik von Rudolf Steiner führen.

Grundschulen | Sie vermitteln Grundkenntnisse und Grundfertigkeiten in einem gemeinsamen Bildungsgang in den Klassenstufen 1 bis 4. Danach erfolgt der Übergang in die Orientierungsstufe bzw. auf eine weiterführende Schule. In einigen Bundesländern umfasst die Grundschule die Klassen 1 bis 6. In der bundeseinheitlichen Statistik werden die 5. und 6. Klassenstufen an den Grundschulen der „Schulartunabhängigen Orientierungsstufe" zugeordnet.

Gymnasien | Gymnasien sind weiterführende Schulen, die üblicherweise unmittelbar an die Grundschule oder die Orientierungsstufe anschließen. Die Schulbesuchsdauer beträgt zwischen sechs bzw. sieben und neun Jahren. Das Abschlusszeugnis des Gymnasiums gilt als Zugangsberechtigung zum Studium an Hochschulen.

Hauptschulen | Hauptschulen vermitteln eine allgemeine Bildung als Grundlage für eine praktische Berufsausbildung und bereiten in der Regel auf den Besuch der Berufsschule vor.

Hauptschulabschluss | Absolventinnen und Absolventen bzw. Abgängerinnen und Abgänger mit Hauptschulabschluss sind Schülerinnen und Schüler nach Vollendung der Vollzeitschulpflicht von derzeit neun bis zehn Schuljahren der Hauptschulen, Förderschulen, Schularten mit mehreren Bildungsgängen, Realschulen, Gymnasien, Integrierten Gesamtschulen und Freien Waldorfschulen.

Hochschulen | Dazu zählen alle nach Landesrecht anerkannten Hochschulen, unabhängig von der Trägerschaft. Sie dienen der Pflege und der Entwicklung der Wissenschaften und der Künste durch Forschung, Lehre und Studium und bereiten auf berufliche Tätigkeiten vor, die die Anwendung wissenschaftlicher Erkenntnisse und Methoden oder die Fähigkeit zu künstlerischer Gestaltung erfordern. Das Studium an Universitäten, Pädagogischen und Theologischen Hochschulen setzt die allgemeine oder fachgebundene Hochschulreife voraus.

Hochschulreife (Abitur) | Absolventinnen und Absolventen bzw. Abgängerinnen und Abgänger mit allgemeiner oder fachgebundener Hochschulreife sind insbesondere Schülerinnen und Schüler mit dem Abschlusszeugnis der Gymnasien, Integrierten Gesamtschulen, Abendgymnasien und Kollegs sowie der Fachgymnasien.

Integrierte Gesamtschulen | Das sind Einrichtungen mit integriertem Stufenaufbau, bei denen die verschiedenen Schularten zu einer Schuleinheit zusammengefasst sind. Diese Gesamtschulen können organisatorisch mit Grundschulen (Grundstufe = Klassenstufe 1 – 4) und gymnasialen Oberstufen (Oberstufe = Einführungs- und Qualifikationsphasen 1 und 2) verbunden sein. Die Ergebnisse über die additiven und kooperativen Gesamtschulen sind nicht gesondert ausgewiesen, sondern bei den entsprechenden Schularten enthalten.

Kollegs | Kollegs sind Vollzeitschulen zur Erlangung der allgemeinen Hochschulreife. Für den Eintritt muss die Bewerberin bzw. der Bewerber – wie bei den Abendgymnasien – im Schuljahr der Anmeldung mindestens 19 Jahre alt werden. Zudem wird ebenfalls eine abgeschlossene Berufsausbildung oder ein gleichwertiger beruflicher Bildungsgang vorausgesetzt. Die Schulbesuchsdauer beträgt mit einsemestrigem Vorkurs in der Regel sechs Semester. Die Kollegiatinnen und Kollegiaten dürfen während der Schulbesuchszeit keine beruflichen Tätigkeiten ausüben.

Kunsthochschulen | Dies sind Hochschulen für bildende Künste, Gestaltung, Musik, Film und Fernsehen. Die Aufnahmebedingungen sind unterschiedlich; die Aufnahme kann aufgrund von Begabungsnachweisen oder Eignungsprüfungen erfolgen.

Laufende Ausgaben (Grundmittel) | Bei den laufenden Ausgaben (Grundmittel) für Lehre und Forschung handelt es sich um den Teil der Hochschulausgaben, den der Hochschulträger aus eigenen Mitteln den Hochschulen für laufende Zwecke zur Verfügung stellt. Die laufenden Ausgaben (Grundmittel) je Studierende(n) geben an, wie viel der Träger je Studierende(n) an die Hochschulen zahlen muss, damit die Hochschulen ihre Ausgaben decken. Wichtige monetäre Kennzahlen im Hochschulbereich sind die laufenden Ausgaben (Grundmittel) je Studierende(n) sowie die Drittmittel je Professorin bzw. Professor.

Lehrkräfte | Dazu zählen alle Personen, die ganz oder teilweise eigenverantwortlich unterrichten oder unterrichten müssten bzw. eine Schule leiten. Damit Lehrkräfte, die an mehreren Schulen tätig sind, nicht mehrfach als Person gezählt werden, werden sie grundsätzlich an derjenigen Schule bzw. Schulart erfasst, an der sie überwiegend tätig sind. Lässt sich die überwiegende Tätigkeit nicht feststellen, wird ersatzweise der überwiegend erteilte Unterricht zugrunde gelegt. Vollzeitbeschäftigte Lehrkräfte sind mit voller Regelpflichtstundenzahl beschäftigt. Teilzeitbeschäftigt sind Lehrkräfte, deren individuelle Pflichtstundenzahl aufgrund länderspezifischer Regelungen bis zu 50 % der Regelpflichtstunden ermäßigt worden ist. Stundenweise beschäftigte Lehrkräfte sind mit weniger als 50 % der Regelpflichtstunden einer vollbeschäftigten Lehrkraft tätig. Lehramtsanwärterinnen und -anwärter bzw. Referendarinnen und Referendare werden den stundenweise Beschäftigten zugeordnet, auch wenn sie mit mehr als 50 % der Regelpflichtstundenzahl unterrichten.

Pädagogische Hochschulen | Pädagogische Hochschulen sind überwiegend wissenschaftliche Hochschulen, z. T. mit Promotionsrecht. Sie bestehen nur noch in Baden-Württemberg als selbstständige Einrichtungen. In den übrigen Ländern sind sie in die Universitäten einbezogen und werden bei diesen nachgewiesen.

3 Bildung

Glossar

Personal an Hochschulen | Das hauptberuflich tätige wissenschaftliche und künstlerische Personal an Hochschulen besteht aus den Professorinnen und Professoren, den Dozentinnen und Dozenten, den Assistentinnen und Assistenten, den wissenschaftlichen und künstlerischen Mitarbeiterinnen und Mitarbeitern sowie den Lehrkräften für besondere Aufgaben. Zum nebenberuflichen wissenschaftlichen und künstlerischen Personal gehören u. a. Gastprofessorinnen und -professoren, Emeriti (entpflichtete oder pensionierte Professorinnen und Professoren, die noch in Lehre oder Forschung tätig sind), Lehrbeauftragte und Wissenschaftliche Hilfskräfte.

Prüfungen an Hochschulen | Prüfungen (Abschlussprüfungen) an Hochschulen werden aufgrund von Meldungen der Prüfungsämter der Hochschulen, der Fakultäten sowie der staatlichen und kirchlichen Prüfungsämter nachgewiesen sofern sie ein Studium beenden. Absolventinnen und Absolventen von universitären Studiengängen legen meist Diplom (U)- oder Staatsprüfungen (einschließlich Lehramtsprüfungen) ab. Promotionsprüfungen setzen in der Regel eine andere erste Abschlussprüfung voraus, können aber auch der erste Abschluss sein.

Realschulen | Diese weiterführenden Schulen (Klassen 5 bzw. 7 bis 10) werden im Anschluss an die Grundschule oder die Orientierungsstufe besucht. Der „Mittlere Schulabschluss" (Realschulabschluss) eröffnet u. a. den Zugang zu den Fachoberschulen; er wird deshalb auch als Fachoberschulreife bezeichnet. Außerdem besteht für Absolventinnen und Absolventen bzw. Abgängerinnen und Abgänger mit „Mittlerem Schulabschluss" die Möglichkeit des Übergangs auf Gymnasien in Aufbauform.

Realschul- oder mittlerer Abschluss | Absolventinnen und Absolventen bzw. Abgängerinnen und Abgänger mit Realschul- oder mittlerem Abschluss sind Schülerinnen und Schüler mit dem Abschlusszeugnis einer Realschule, der Schularten mit mehreren Bildungsgängen, einer Realschulklasse an Hauptschulen oder einer Abendrealschule. Als mittlerer Abschluss gilt insbesondere das Versetzungszeugnis in den 11. Schuljahrgang, das Abgangszeugnis aus dem 11., 12. oder 13. Schuljahrgang (ohne Hochschulreife) eines Gymnasiums oder einer Integrierten Gesamtschule sowie das Abschlusszeugnis einer Berufsaufbau- oder zweijährigen Berufsfachschule.

Schularten mit mehreren Bildungsgängen | Das sind weiterführende Schulen, die eine allgemeine Bildung vermitteln und die Voraussetzung für eine berufliche Qualifikation schaffen. Ab der 7. Klassenstufe beginnt eine Differenzierung. Die Schüler/-innen erwerben mit erfolgreichem Besuch der 9. Klassenstufe den Hauptschulabschluss und mit erfolgreichem Besuch der 10. Klassenstufe und bestandener Prüfung den mittleren Schulabschluss.

Schulartunabhängige Orientierungsstufen | Hierbei handelt es sich um schulartübergreifende Einrichtungen der Klassenstufen 5 und 6. Soweit die Orientierungsstufen aus organisatorischen Gründen bei einzelnen Schularten integriert sind, werden sie – ohne die Möglichkeit einer Trennung – bei diesen nachgewiesen.

Schulen des Gesundheitswesens | Diese Einrichtungen vermitteln die Ausbildung für nicht akademische bundesrechtlich geregelte Gesundheitsfachberufe (z. B. Gesundheits- und Krankenpfleger/-innen, Altenpfleger/-innen, Hebammen und Entbindungspfleger/-innen, Physiotherapeuten/-innen, Logopäden/-innen, Ergotherapeuten/-innen u. a. m.) und weitere landesrechtlich geregelte Berufe des Gesundheitswesens (z. B. Helferberufe). Die Ausbildungsgänge beruhen auf bundes- oder landesrechtlichen Regelungen und finden an staatlich anerkannten Schulen statt. Die Aufnahmebedingungen sind in den jeweiligen Berufsgesetzen geregelt. Vorausgesetzt wird generell ein allgemeinbildender Schulabschluss. Die Ausbildungen enden mit staatlichen Prüfungen. Der erfolgreiche Abschluss an einer Schule des Gesundheitswesens wird durch ein staatlich anerkanntes Abschlusszeugnis bestätigt, das Voraussetzung für die Erlaubnis zum Führen der Berufsbezeichnung ist. In einigen Ländern findet die Ausbildung in nicht akademischen bundesrechtlich geregelten Gesundheitsfachberufen und weiteren landesrechtlich geregelten Berufen des Gesundheitswesens nicht in Schulen des Gesundheitswesens, sondern nach den Schulgesetzen der Länder in Teilzeit-Berufsschulen, Berufsfachschulen oder Fachschulen statt. In diesen Ländern werden die entsprechenden Bildungsgänge der betreffenden Schulart zugeordnet.

Schulkindergärten | Diese sind überwiegend den Grund- oder Förderschulen angegliedert. Sie werden in der Regel von schulpflichtigen, aber noch nicht schulreifen Kindern besucht und bereiten auf den Eintritt in diese Schulen vor.

Schulpflicht | Sie beträgt in nahezu allen Ländern zwölf Jahre. Sie gliedert sich in eine neunjährige, zum Teil auch zehnjährige Vollzeitschulpflicht und in eine dreijährige Teilzeitschulpflicht (Berufsschulpflicht (siehe Teilzeit-Berufsschulen)). Die Teilzeitschulpflicht kann auch durch den Besuch einer Vollzeitschule erfüllt werden.

Studienanfängerinnen und Studienanfänger | Das sind Studierende im 1. Hochschulsemester (Erstimmatrikulierte, d. h. erstmals an einer Hochschule in Deutschland Immatrikulierte) oder im ersten Semester eines bestimmten Studienganges (1. Fachsemester).

Studierende | Das ist die Bezeichnung für in einem Fachstudium immatrikulierte/eingeschriebene Personen, jedoch ohne Beurlaubte, Studienkollegiatinnen und Studienkollegiaten sowie Gasthörerinnen und Gasthörer. In den Ergebnissen auch enthalten sind ab Wintersemester 1992/93 die Nebenhörerinnen und Nebenhörer, d. h. Studierende einer Hochschule, die gleichzeitig an einer anderen Hochschule eingeschrieben sind.

Theologische Hochschulen | Theologische Hochschulen sind kirchliche sowie staatliche philosophisch-theologische und theologische Hochschulen (ohne die theologischen Fakultäten/Fachbereiche an Universitäten).

Universitäten | Dazu zählen die Technischen Universitäten und andere gleichrangige wissenschaftliche Hochschulen (außer den Pädagogischen- und Theologischen Hochschulen).

Verwaltungsfachhochschulen | An diesen verwaltungsinternen Fachhochschulen werden Nachwuchskräfte für den gehobenen nichttechnischen Dienst des Bundes und der Länder ausgebildet.

Vorklassen | Vorklassen an Grund-, Förder- und Gesamtschulen werden von Kindern besucht, die schulfähig, jedoch noch nicht schulpflichtig sind.

Weiterbildung | Die Angaben über die Beteiligung der Erwerbspersonen an Maßnahmen zur beruflichen Weiterbildung umfassen Fortbildungs- und Umschulungsmaßnahmen, zu denen Vorträge oder Wochenendkurse, der Besuch von Techniker- oder Meisterschulen sowie von Lehrgängen, Kursen, Seminaren usw. zählen. Lehrgänge, die der Allgemeinbildung, der Berufsvorbereitung und -ausbildung dienen, sind hier nicht erfasst.

3 Bildung

Mehr zum Thema

Liebe Leserin, lieber Leser,
ein Thema in diesem Kapitel spricht Sie besonders an oder Sie benötigen weitere Informationen? Auf dieser Seite nennen wir Ihnen, nach Themen gegliedert, weitere Veröffentlichungen unseres Hauses. Ausführliche Informationen zu den Produktkategorien sowie dem Informationsangebot des Statistischen Bundesamtes finden Sie auf Seite 8 dieser Ausgabe.

Web-Angebote
www.destatis.de ist Ihre erste Adresse in Sachen Statistik. Hier finden Sie alle Informationen, die das Statistische Bundesamt veröffentlicht, tagesaktuell. Unsere Veröffentlichungen können Sie direkt über unsere Website *www.destatis.de/publikationen* downloaden.

GENESIS-Online
Unter *www.destatis.de/genesis* bietet die Haupt-Datenbank des Statistischen Bundesamtes ein breites Themenspektrum fachlich tief gegliederter Ergebnisse der amtlichen Statistik. Daten zur *Bildung* finden Sie unter dem Menüpunkt › Themen, Code 21 und 91

Weitere Veröffentlichungen zu den Themen

■ Bildungsstand der Bevölkerung

Fachberichte
- Bildung in Deutschland
- Bildungsstand der Bevölkerung

WISTA – Wirtschaft und Statistik

| Heft 6/10 | Auswirkungen des Strukturwandels der Wirtschaft auf den Bildungsstand der Bevölkerung |
| Heft 11/11 | Der Eintritt junger Menschen in das Erwerbsleben |

Gemeinschaftsveröffentlichungen
- Bildungsvorausberechnung – Bildungsteilnehmerinnnen und Bildungsteilnehmer, des Personal- und Finanzbedarfs bis 2025 (2012)
- Internationale Bildungsindikatoren im Ländervergleich (2015)

■ Integrierte Ausbildungsberichterstattung

Fachberichte
- Schnellmeldung Integrierte Ausbildungsberichterstattung – Anfänger im Ausbildungsgeschehen nach Sektoren/Konten und Ländern (2015)
- Integrierte Ausbildungsberichterstattung – Anfänger, Teilnehmer und Absolventen im Ausbildungsgeschehen nach Sektoren/Konten und Ländern (2014)

Gemeinschaftsveröffentlichungen
- Indikatoren der integrierten Ausbildungsberichterstattung – Ein Vergleich der Bundesländer (2012)

■ Allgemeinbildende und berufliche Schulen

Fachserie 11 Bildung und Kultur

Reihe 1	Allgemeinbildende Schulen
Reihe 1.1	Private Schulen
Reihe 2	Berufliche Schulen

Fachberichte
- Schnellmeldungsergebnisse der Schulstatistik zu Schülerinnen und Schülern der allgemeinbildenden und beruflichen Schulen (2015)
- Schnellmeldungsergebnisse der Schulstatistik zu Studienberechtigten der allgemeinbildenden und beruflichen Schulen (2015)

WISTA – Wirtschaft und Statistik

Heft 4/09	Sozioökonomischer Status von Schülerinnen und Schülern
Heft 5/13	Sonderpädagogische Förderung in Deutschland – eine Analyse der Datenlage in der Schulstatistik
Heft 10/14	Sonderpädagogischer Förderbedarf – eine differenzierte Analyse

Broschüren
- Schulen auf einen Blick (2016)

3 Bildung

Mehr zum Thema

■ Auszubildende

Fachserie 11 — Bildung und Kultur
- Reihe 3 | Berufliche Bildung

WISTA – Wirtschaft und Statistik
- Heft 10/11 | Die neue Berufsbildungsstatistik

Broschüren
- | Berufsbildung auf einen Blick (2013)

Fachberichte
- | Schnellmeldung Berufsbildungsstatistik (2014)

■ Hochschulen

Fachserie 11 — Bildung und Kultur
- Reihe 4.1 | Studierende an Hochschulen
- Reihe 4.2 | Prüfungen an Hochschulen
- Reihe 4.3.1 | Nichtmonetäre hochschulstatistische Kennzahlen
- Reihe 4.4 | Personal an Hochschulen

Fachberichte
- Hochschulstandort Deutschland (2009)
- Erfolgsquoten (2014)
- Schnellmeldungsergebnisse der Hochschulstatistik (2015)
- Personal an Hochschulen (Vorbericht, 2015)
- Studierende an Hochschulen (Vorbericht, 2015)
- Private Hochschulen (2014)
- Promovierende in Deutschland (2010)
- Deutsche Studierende im Ausland
- Hochqualifizierte in Deutschland (2011)
- Indikatorenmodell für die Berichterstattung zum wissenschaftlichen Nachwuchs (2014)

WISTA – Wirtschaft und Statistik
- Heft 7/08 | Entwicklung des Durchschnittsalters von Studierenden und Absolventen an deutschen Hochschulen seit 2000
- Heft 4/09 | Übergang vom Bachelor- zum Masterstudium an deutschen Hochschulen
- Heft 6/10 | Einfluss doppelter Abiturjahrgänge auf die Entwicklung der Studienanfängerquote
- Heft 6/12 | Promovierende in Deutschland
- Heft 8/12 | Von der Hochschulreife zum Studienabschluss
- Heft 1/14 | Erhebung zu Karriereverläufen und internationaler Mobilität von Hochqualifizierten
- Heft 1/16 | Private Hochschulen in Deutschland

Statistik und Wissenschaft
- Band 11 | Amtliche Statistik und Hochschulranking (2007)

Broschüren
- | Hochschulen auf einen Blick (2016)

STATmagazin
- Neue Wege zum Studium (2009)
- Ab in die Schweiz? Ärzte im Wanderfieber (2010)
- Bildung, Forschung, Innovation: Die Zukunftsfähigkeit der G20-Staaten (2010)

■ Weiterbildung

Fachserie 11 — Bildung und Kultur
- Reihe 3 | Berufliche Bildung

3 Bildung

Mehr zum Thema

■ Weiterbildung

Fachberichte

- Berufliche Weiterbildung in Unternehmen (2010)
- Erhebung zu Weiterbildungseinrichtungen in Deutschland (2010)
- Weiterbildung (2015)

WISTA – Wirtschaft und Statistik

| Heft 4/13 | Berufliche Weiterbildung in Unternehmen 2010 |
| Heft 12/13 | Gestaltung der beruflichen Weiterbildung in Unternehmen 2010 |

STATmagazin

- Weiterbildung in kleinen innovativen Unternehmen (2014)

■ Ausbildungsförderung

Fachserie 11 Bildung und Kultur

Reihe 4.6	Förderung nach dem Stipendienprogrammgesetz (Deutschlandstipendium)
Reihe 7	Ausbildungsförderung nach dem Bundesausbildungsförderungsgesetz (BAföG)
Reihe 8	Aufstiegsförderung nach dem Aufstiegsfortbildungsförderungsgesetz (AFBG)

■ Finanzen der Schulen und Hochschulen, Budget für Bildung

Fachserie 11 Bildung und Kultur

| Reihe 4.3.2 | Monetäre hochschulstatistische Kennzahlen |
| Reihe 4.5 | Finanzen der Hochschulen |

Fachberichte

- Bildungsfinanzbericht (2015)
- Budget für Bildung, Wissenschaft und Forschung (2013/2014)
- Bildungsausgaben je Schülerinnen und Schüler (2013)
- Finanzen der Schulen in freier Trägerschaft und Schulen des Gesundheitswesens (2009)
- Finanzen der Kindertageseinrichtungen in freier Trägerschaft (2010)

WISTA – Wirtschaft und Statistik

Heft 11/08	Bildungsausgaben in Deutschland
Heft 3/10	Neue Erhebung zu betrieblichen Ausbildungskosten und Bildungsbudget
Heft 5/15	Monetäre hochschulstatistische Kennzahlen

■ Forschungsausgaben und Forschungspersonal

Fachserie 14 Finanzen und Steuern

| Reihe 3.6 | Ausgaben, Einnahmen und Personal der öffentlichen und öffentlich geförderten Einrichtungen für Wissenschaft, Forschung und Entwicklung |

Themenübergreifend

WISTA – Wirtschaft und Statistik

Heft 7/11	Die Bildungspersonalrechnung
Heft 3/14	Kommunales Bildungsmonitoring – Möglichkeiten und Perspektiven
Heft 7/14	Aktuelle Entwicklung der Nachhaltigkeitsindikatoren – Auszug aus dem Indikatorenbericht zur nachhaltigen Entwicklung in Deutschland 2014
Heft 8/14	Auf dem Weg zur Gleichstellung? – Bildung, Arbeit und Soziales – Unterschiede zwischen Frauen und Männern

4 Gesundheit

Psychische und Verhaltensstörungen durch **Alkohol** sind **zweithäufigster Grund** für einen stationären **Krankenhausaufenthalt** | Über zwei Drittel der vollstationären **Krankenhauspatienten** werden **operiert** | Sieben von zehn **Pflegebedürftigen** werden **zu Hause** versorgt | Folgen des **Rauchens** kosten **Frauen** über zehn Jahre ihres **Lebens** | Mehr **Krankenhausentbindungen** bei gleicher **Kaiserschnittrate** | Positiver **Beschäftigungstrend** im Gesundheitswesen ist **ungebremst** | Gesundheitsausgaben pro Kopf erstmals über **4 000 Euro**

4   Gesundheit

Seite

119 **Auf einen Blick**

Tabellen

120 **Gesundheitliche Lage**
Vollstationäre Patientinnen und Patienten | Diagnosen und Operationen | Schwerbehinderte Menschen | Pflegebedürftige | Schwangerschaftsabbrüche | Sterbefälle

132 **Gesundheitsversorgung**
Krankenhäuser | Vorsorge- oder Rehabilitationseinrichtungen | Gesundheitspersonal | Pflegeeinrichtungen

140 **Kosten im Gesundheitswesen**
Gesundheitsausgaben | Kostenstruktur der Krankenhäuser

143 **Methodik**

146 **Glossar**

148 **Mehr zum Thema**

4 Gesundheit

4.0 Auf einen Blick

Häufigste Todesursachen 2014
in %

● Vergleichswert des anderen Geschlechts

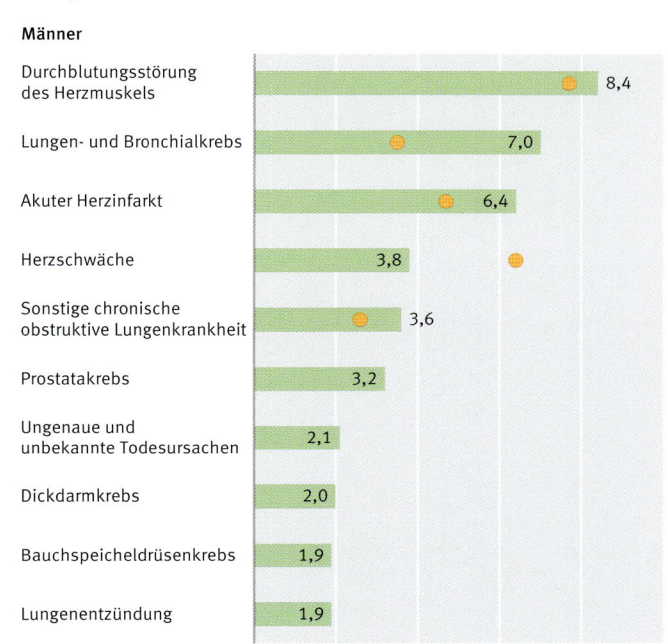

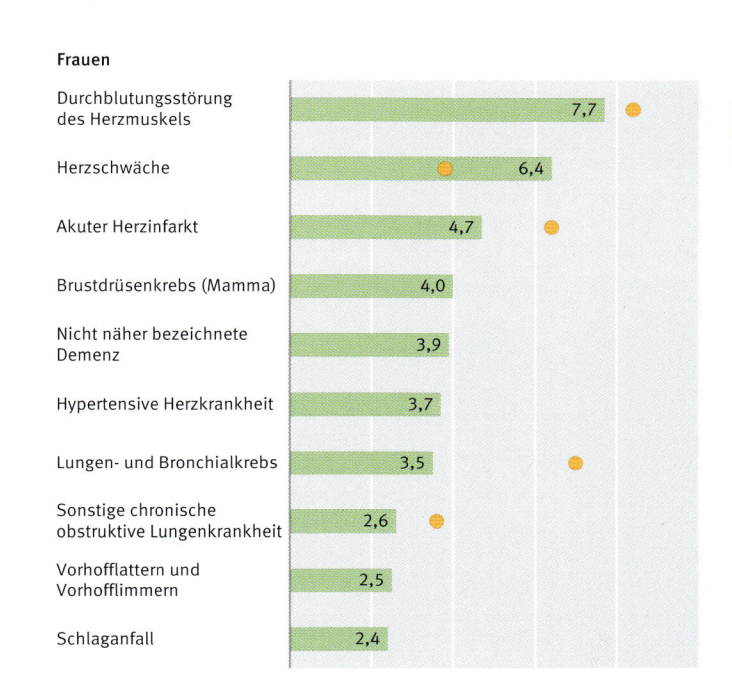

Männer

Todesursache	%
Durchblutungsstörung des Herzmuskels	8,4
Lungen- und Bronchialkrebs	7,0
Akuter Herzinfarkt	6,4
Herzschwäche	3,8
Sonstige chronische obstruktive Lungenkrankheit	3,6
Prostatakrebs	3,2
Ungenaue und unbekannte Todesursachen	2,1
Dickdarmkrebs	2,0
Bauchspeicheldrüsenkrebs	1,9
Lungenentzündung	1,9

Frauen

Todesursache	%
Durchblutungsstörung des Herzmuskels	7,7
Herzschwäche	6,4
Akuter Herzinfarkt	4,7
Brustdrüsenkrebs (Mamma)	4,0
Nicht näher bezeichnete Demenz	3,9
Hypertensive Herzkrankheit	3,7
Lungen- und Bronchialkrebs	3,5
Sonstige chronische obstruktive Lungenkrankheit	2,6
Vorhofflattern und Vorhofflimmern	2,5
Schlaganfall	2,4

Gesundheitspersonal nach Einrichtungen und Geschlecht 2014
in %

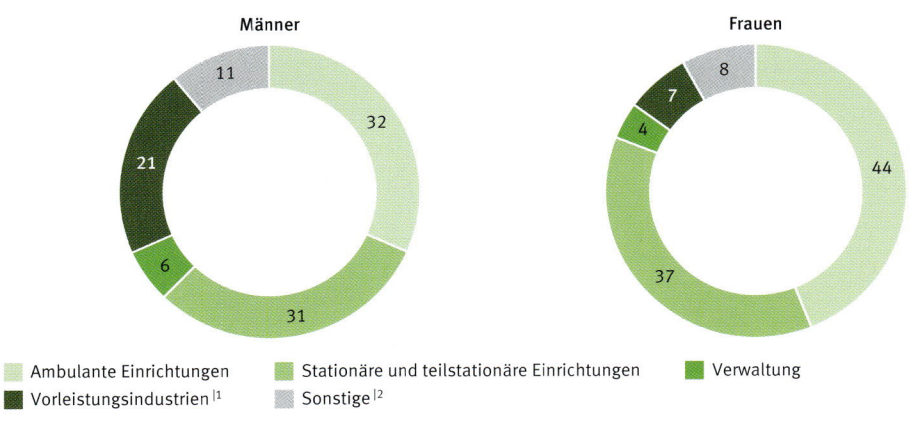

Männer
- Ambulante Einrichtungen: 32
- Stationäre und teilstationäre Einrichtungen: 31
- Verwaltung: 6
- Vorleistungsindustrien [1]: 21
- Sonstige [2]: 11

Frauen
- Ambulante Einrichtungen: 44
- Stationäre und teilstationäre Einrichtungen: 37
- Verwaltung: 4
- Vorleistungsindustrien [1]: 7
- Sonstige [2]: 8

1 Nähere Informationen hierzu siehe „Glossar" am Ende dieses Kapitels.
2 Gesundheitsschutz, Rettungsdienste, sonstige Einrichtungen.

4 Gesundheit

4.1 Gesundheitliche Lage
4.1.1 Aus dem Krankenhaus entlassene vollstationäre Patientinnen und Patienten 2014

| Pos.-Nr. der ICD [1] | Diagnoseklasse/Behandlungsanlass | Insgesamt | Davon im Alter von ... bis unter ... Jahren | | | | | Männlich | Weiblich | Durchschnittliche Verweildauer | Veränderung Patienten gegenüber Vorjahr |
| | | | unter 15 | 15–45 | 45–65 | 65–85 | 85 und mehr | | | | |
		Anzahl	%							Tage	%
	Insgesamt	19 632 764	9,1	21,7	25,9	35,2	7,9	47,4	52,6	7,4	2,0
A00-T98	Krankheiten, Verletzungen und Vergiftungen	18 982 895	6,6	22,4	26,7	36,2	8,2	47,3	52,7	7,6	1,9
A00-B99	Bestimmte infektiöse und parasitäre Krankheiten	601 299	19,2	18,5	17,9	33,5	10,9	49,1	50,9	7,5	2,0
C00-D48	Neubildungen	1 852 202	1,6	8,9	35,3	48,8	5,4	50,6	49,4	7,8	1,5
C00-C97	Bösartige Neubildung(en)	1 486 168	1,4	6,0	34,3	52,6	5,8	54,6	45,4	8,5	1,6
C00-C14	der Lippe, Mundhöhle und des Pharynx	55 732	0,1	3,6	55,5	38,5	2,4	73,6	26,4	9,0	1,1
C15	des Ösophagus	29 504	–	2,1	42,1	52,3	3,6	79,6	20,4	9,1	5,2
C16	des Magens	45 770	0,0	3,4	33,1	56,3	7,2	62,6	37,4	9,8	0,0
C18	des Dickdarmes	81 421	0,0	2,8	25,7	62,2	9,2	53,2	46,8	11,9	0,4
C19-C21	des Rektums und des Anus	73 139	0,0	2,9	35,7	56,0	5,4	61,0	39,0	10,4	0,0
C22	der Leber und der intrahepatischen Gallengänge	29 218	1,3	2,1	29,5	63,0	4,1	70,1	29,9	8,1	7,0
C25	des Pankreas	48 645	0,0	2,1	31,4	60,8	5,7	51,6	48,4	10,0	4,0
C32-C34	des Larynx, der Trachea, der Bronchien und der Lunge	210 204	0,0	1,4	41,2	54,9	2,5	65,9	34,1	7,6	2,4
C43	Bösartiges Melanom der Haut	24 148	0,1	10,6	32,9	50,4	6,0	54,7	45,3	5,0	3,1
C50	der Brustdrüse (Mamma)	132 926	0,0	10,1	46,8	39,3	3,8	0,7	99,3	6,0	–1,2
C53	der Cervix uteri	14 293	0,0	23,8	50,7	23,3	2,1	–	100	7,7	2,6
C54-C55	des Corpus uteri und des Uterus, Teil n.n.bez.	20 951	0,0	2,8	35,1	55,6	6,5	–	100	8,9	1,6
C61	der Prostata	68 522	0,0	0,1	25,9	68,0	6,0	100	–	7,5	–1,4
C67	der Harnblase	98 159	0,1	1,3	24,1	64,4	10,1	77,2	22,8	6,7	0,2
C81-C96	des lymphatischen, blutbildenden und verwandten Gewebes	143 180	6,7	10,7	27,2	50,0	5,4	56,3	43,7	10,4	1,6
D50-D90	Krankheiten des Blutes und der blutbildenden Organe sowie bestimmte Störungen mit Beteiligung des Immunsystems	138 523	6,5	11,2	19,3	46,3	16,7	42,9	57,1	6,7	3,8
E00-E90	Endokrine, Ernährungs- und Stoffwechselkrankheiten	510 610	4,2	13,4	26,6	40,6	15,2	42,9	57,1	7,7	1,1
E10-E14	Diabetes mellitus	212 613	4,6	11,4	27,2	47,0	9,8	56,9	43,1	10,4	–0,6
F00-F99	Psychische und Verhaltensstörungen	1 238 830	4,1	44,4	34,6	13,8	3,0	53,4	46,6	20,6	1,4
F10	durch Alkohol	340 500	0,9	42,3	49,9	6,8	0,1	72,8	27,2	7,7	0,7
F11-F16, F18, F19	durch andere psychotrope Substanzen	106 315	0,7	80,1	16,1	2,7	0,4	73,1	26,9	11,8	4,9
G00-G99	Krankheiten des Nervensystems	778 778	5,8	19,9	31,0	36,8	6,5	52,1	47,9	6,7	3,4
H00-H59	Krankheiten des Auges und der Augenanhangsgebilde	342 649	3,4	8,0	23,9	56,2	8,6	45,4	54,6	3,2	2,5
H60-H95	Krankheiten des Ohres und des Warzenfortsatzes	157 743	9,9	21,5	35,0	30,3	3,2	46,2	53,8	4,1	0,8
I00-I99	Krankheiten des Kreislaufsystems	2 892 218	0,5	4,9	25,2	56,0	13,5	53,5	46,5	7,8	2,7
I20-I25	Ischämische Herzkrankheiten	662 311	0,0	2,8	32,6	57,2	7,3	67,3	32,7	5,9	1,6
I30-I33, I39-I52	Sonstige Herzkrankheiten	936 475	0,4	4,4	18,7	58,1	18,3	51,6	48,4	8,0	5,5
I60-I69	Zerebrovaskuläre Krankheiten	362 986	0,2	3,4	22,1	57,0	17,3	51,4	48,6	12,1	0,5
J00-J99	Krankheiten des Atmungssystems	1 186 957	18,0	18,8	19,8	33,8	9,6	55,0	45,0	6,9	–6,2
J09-J11	Grippe	3 667	35,6	27,4	18,9	15,8	2,3	50,9	49,1	5,2	–73,9
J12-J18	Pneumonie	278 783	15,3	6,7	14,5	44,2	19,4	56,7	43,3	9,3	–9,2
K00-K93	Krankheiten des Verdauungssystems	1 953 150	4,2	22,0	31,0	35,0	7,7	51,0	49,0	5,9	2,5
L00-L99	Krankheiten der Haut und der Unterhaut	296 846	8,8	33,8	27,2	24,1	6,1	53,9	46,1	7,1	2,7
M00-M99	Krankheiten des Muskel-Skelett-Systems und des Bindegewebes	1 813 131	1,8	15,9	38,5	39,5	4,2	43,5	56,5	7,5	3,5
N00-N99	Krankheiten des Urogenitalsystems	1 044 701	3,4	24,0	28,7	36,1	7,9	45,6	54,4	5,4	2,3
N00-N29	Krankheiten der Niere	424 648	3,4	22,2	31,3	35,0	8,1	56,5	43,5	6,1	4,3
O00-O99	Schwangerschaft, Geburt und Wochenbett	984 182	0,0	99,7	0,2	–	–	–	100	3,9	3,9
P00-P96	Bestimmte Zustände, die ihren Ursprung in der Perinatalperiode haben	187 011	100	0,0	0,0	–	–	54,8	45,2	9,2	4,1
Q00-Q99	Angeborene Fehlbildungen, Deformitäten und Chromosomenanomalien	104 793	63,2	22,7	9,9	4,0	0,2	54,5	45,5	5,7	0,8
R00-R99	Symptome u. abnorme klinische und Laborbefunde, die a.n.k. sind	967 004	9,2	25,0	24,3	32,7	8,8	46,1	53,9	4,0	5,1
S00-T98	Verletzungen, Vergiftungen u. best. and. Folgen äußerer Ursachen	1 932 268	10,8	22,6	22,4	31,6	12,6	48,6	51,4	7,2	0,8
Z00-Z99	Faktoren, die den Gesundheitszustand beeinflussen und zur Inanspruchnahme des Gesundheitswesens führen	648 779	83,4	3,9	5,1	6,2	1,3	50,3	49,7	3,2	5,6
Z38	Gesunde Neugeborene	512 509	100	–	–	–	–	50,4	49,6	3,2	6,1

Ergebnisse der Krankenhausdiagnosestatistik. – Einschl. Sterbefälle und Stundenfälle.

1 Internationale statistische Klassifikation der Krankheiten und verwandter Gesundheitsprobleme, 10. Revision.

4 Gesundheit

4.1 Gesundheitliche Lage
4.1.2 Aus dem Krankenhaus entlassene vollstationäre Patientinnen und Patienten nach akuter Intoxikation (F10.0 Alkoholrausch)

	Insgesamt	Davon im Alter von ... bis unter ... Jahren									
		unter 10	10 – 20	20 – 30	30 – 40	40 – 50	50 – 60	60 – 70	70 – 80	80 – 90	90 und mehr
	Insgesamt										
2000	54 041	62	9 514	6 906	12 220	13 075	6 979	3 939	1 097	221	28
2001	61 295	55	11 466	8 147	12 628	15 060	7 775	4 513	1 331	293	25
2002	63 124	38	12 807	8 316	12 356	15 209	7 995	4 800	1 303	278	20
2003	70 562	33	14 105	9 275	12 880	17 397	9 510	5 435	1 570	330	25
2004	81 212	23	16 423	11 040	13 444	19 991	11 236	6 586	1 991	442	34
2005	88 938	31	19 449	12 231	13 353	21 564	12 410	6 968	2 391	505	36
2006	87 535	18	19 423	12 768	12 283	20 730	12 960	6 447	2 390	478	38
2007	98 562	10	23 165	14 966	12 899	22 457	14 731	6 930	2 841	526	37
2008	109 283	21	25 709	16 976	13 805	24 368	17 097	7 437	3 209	620	41
2009	114 520	24	26 428	18 417	14 011	25 085	18 575	7 709	3 548	696	27
2010	115 436	21	25 995	19 074	13 876	24 742	19 383	7 719	3 857	723	46
2011	116 517	5	26 351	19 784	13 963	23 738	19 798	8 001	4 156	674	47
2012	121 595	56	26 673	20 843	14 749	24 008	21 504	8 833	4 137	733	59
2013	116 503	8	23 267	19 735	14 797	23 013	21 810	8 713	4 299	797	64
2014	118 562	22	22 391	19 848	16 170	22 497	22 628	9 802	4 271	884	49
	Männlich										
2000	38 843	39	5 957	5 069	9 231	9 825	4 959	2 904	740	109	10
2001	43 977	36	7 149	5 957	9 515	11 261	5 633	3 349	921	140	14
2002	45 098	25	7 847	6 038	9 328	11 400	5 829	3 576	898	140	15
2003	50 396	25	8 847	6 593	9 681	13 018	6 947	4 016	1 080	174	14
2004	57 572	16	10 178	7 872	10 112	14 834	8 134	4 791	1 394	223	16
2005	62 895	21	12 079	8 601	10 055	16 028	9 133	4 992	1 670	295	21
2006	62 139	12	12 201	9 094	9 141	15 452	9 658	4 620	1 680	265	16
2007	69 171	9	14 356	10 525	9 681	16 486	10 852	4 961	1 988	296	17
2008	76 654	14	15 797	11 902	10 318	17 949	12 759	5 320	2 249	329	17
2009	80 455	17	16 489	12 782	10 435	18 486	13 805	5 573	2 460	395	13
2010	81 175	19	16 163	13 248	10 317	18 307	14 469	5 577	2 632	423	20
2011	81 775	4	16 253	13 747	10 362	17 434	14 928	5 793	2 838	388	28
2012	84 972	34	16 203	14 311	11 020	17 536	16 125	6 417	2 856	443	27
2013	81 071	6	13 593	13 479	11 017	16 790	16 466	6 383	2 809	496	32
2014	83 301	19	13 071	13 761	12 002	16 606	17 084	7 322	2 866	554	16
	Weiblich										
2000	15 198	23	3 557	1 837	2 989	3 250	2 020	1 035	357	112	18
2001	17 315	19	4 315	2 189	3 113	3 799	2 142	1 164	410	153	11
2002	18 025	13	4 959	2 278	3 028	3 809	2 166	1 224	405	138	5
2003	20 166	8	5 258	2 682	3 199	4 379	2 563	1 419	490	156	11
2004	23 639	7	6 244	3 168	3 332	5 157	3 102	1 795	597	219	18
2005	26 041	10	7 369	3 630	3 297	5 536	3 277	1 976	721	210	15
2006	25 394	6	7 221	3 674	3 141	5 278	3 302	1 827	710	213	22
2007	29 390	1	8 808	4 441	3 218	5 971	3 879	1 969	853	230	20
2008	32 629	7	9 912	5 074	3 487	6 419	4 338	2 117	960	291	24
2009	34 065	7	9 939	5 635	3 576	6 599	4 770	2 136	1 088	301	14
2010	34 261	2	9 832	5 826	3 559	6 435	4 914	2 142	1 225	300	26
2011	34 742	1	10 098	6 037	3 601	6 304	4 870	2 208	1 318	286	19
2012	36 622	22	10 470	6 532	3 728	6 472	5 379	2 416	1 281	290	32
2013	35 432	2	9 674	6 256	3 780	6 223	5 344	2 330	1 490	301	32
2014	35 261	3	9 320	6 087	4 168	5 891	5 544	2 480	1 405	330	33

Ergebnisse der Krankenhausdiagnosestatistik. – Die akute Intoxikation (Alkoholrausch) entspricht der Pos.-Nr. F10.0 der Internationalen statistischen Klassifikation der Krankheiten und verwandter Gesundheitsprobleme, 10. Revision. – Einschl. Sterbe- und Stundenfälle.

4 Gesundheit

4.1 Gesundheitliche Lage
4.1.3 Aus der Vorsorge- oder Rehabilitationseinrichtung entlassene vollstationäre Patientinnen und Patienten 2014

Pos.-Nr. der ICD [1]	Diagnoseklasse/Behandlungsanlass	Insgesamt	Davon im Alter von ... bis unter ... Jahren					Männlich	Weiblich	Durchschnittliche Verweildauer	Veränderung Patienten gegenüber Vorjahr
			unter 15	15 – 45	45 – 65	65 – 85	85 und mehr				
		Anzahl	%							Tage	%
	Insgesamt	1 661 457	5,4	14,5	44,9	32,6	2,6	45,8	54,2	24,9	1,3
A00-T98	Krankheiten, Verletzungen und Vergiftungen	1 538 938	4,8	15,0	45,9	31,8	2,6	45,6	54,4	25,2	0,8
A00-B99	Bestimmte infektiöse und parasitäre Krankheiten	4 288	4,4	13,7	40,2	36,1	5,6	54,5	45,5	24,7	– 11,4
C00-D48	Neubildungen	178 046	0,3	7,0	48,3	42,9	1,6	43,6	56,4	22,5	– 0,6
C00-C97	Bösartige Neubildung(en)	166 028	0,3	6,5	47,9	43,7	1,6	44,7	55,3	22,3	– 0,8
C00-C14	der Lippe, Mundhöhle und des Pharynx	4 913	0,3	4,7	64,2	30,0	0,9	70,4	29,6	22,7	7,6
C15	des Ösophagus	2 005	0,0	2,3	53,7	43,1	0,7	79,1	20,9	22,1	2,3
C16	des Magens	4 462	0,1	3,4	38,0	55,7	2,9	58,4	41,6	21,9	– 2,5
C18	des Dickdarmes	11 382	0,0	2,7	33,1	58,2	6,0	48,5	51,5	21,8	– 1,2
C19-C21	des Rektums und des Anus	7 920	0,1	3,2	46,0	47,9	2,9	56,8	43,2	22,0	– 1,0
C22	der Leber und der intrahepatischen Gallengänge	1 007	0,8	1,8	39,8	56,6	1,0	67,7	32,3	21,9	– 2,7
C25	des Pankreas	2 735	–	2,2	35,5	61,0	1,3	48,0	52,0	21,8	2,1
C32-C34	des Larynx, der Trachea, der Bronchien und der Lunge	11 828	0,1	1,7	48,2	49,1	1,0	61,8	38,2	22,4	1,9
C43	Bösartiges Melanom der Haut	1 929	–	12,4	55,6	30,7	1,2	42,5	57,5	22,3	0,6
C50	der Brustdrüse (Mamma)	44 943	0,0	8,4	57,6	32,8	1,2	0,4	99,6	22,2	– 0,9
C53	der Cervix uteri	1 674	–	27,5	57,2	14,7	0,5	–	100	22,5	– 5,5
C54-C55	des Corpus uteri und des Uterus, Teil n.n.bez.	3 461	–	3,5	52,6	42,1	1,9	–	100	22,2	– 2,9
C61	der Prostata	23 655	0,0	0,2	40,8	58,6	0,3	100	–	22,0	– 7,1
C67	der Harnblase	6 314	0,0	1,5	35,7	60,5	2,3	74,6	25,4	21,9	2,2
C81-C96	des lymphatischen, blutbildenden und verwandten Gewebes	10 165	1,8	15,3	48,6	33,3	1,0	51,9	48,1	22,9	5,4
D50-D90	Krankheiten des Blutes und der blutbildenden Organe sowie bestimmte Störungen mit Beteiligung des Immunsystems	6 787	70,3	9,6	14,2	5,3	0,6	49,1	50,9	21,6	– 6,3
E00-E90	Endokrine, Ernährungs- und Stoffwechselkrankheiten	39 183	19,3	23,0	46,5	10,7	0,5	55,4	44,6	24,2	1,8
E10-E14	Diabetes mellitus	15 900	4,7	14,5	62,6	17,6	0,6	62,0	38,0	23,0	– 1,8
F00-F99	Psychische und Verhaltensstörungen	250 750	6,7	39,5	50,9	2,9	0,1	34,8	65,2	35,2	– 0,2
F10	durch Alkohol	17 104	0,0	38,0	59,0	2,9	0,0	71,3	28,7	79,2	– 2,9
F11-F16,F18,F19	durch andere psychotrope Substanzen	3 536	–	84,6	14,3	1,0	–	73,7	26,3	92,4	13,5
G00-G99	Krankheiten des Nervensystems	49 997	4,3	20,7	45,5	28,0	1,5	50,0	50,0	30,2	3,4
H00-H59	Krankheiten des Auges und der Augenanhangsgebilde	929	18,6	17,8	48,1	13,1	2,4	45,7	54,3	24,4	– 4,1
H60-H95	Krankheiten des Ohres und des Warzenfortsatzes	4 581	5,1	16,3	69,4	8,6	0,6	52,4	47,6	27,9	– 0,1
I00-I99	Krankheiten des Kreislaufsystems	250 203	0,1	4,9	41,6	48,7	4,7	63,7	36,3	24,8	1,1
I20-I25	Ischämische Herzkrankheiten	92 057	–	3,7	48,1	45,5	2,7	74,4	25,6	21,3	2,7
I30-I33, I39-I52	Sonstige Herzkrankheiten	14 950	0,5	9,1	48,3	37,0	5,1	62,7	37,3	22,1	9,0
I60-I69	Zerebrovaskuläre Krankheiten	95 001	0,1	4,5	34,4	54,1	6,8	56,8	43,2	30,2	– 3,7
J00-J99	Krankheiten des Atmungssystems	68 940	35,9	9,4	34,2	19,5	1,0	53,2	46,8	22,7	– 1,7
J09-J11	Grippe	33	3,0	24,2	39,4	33,3	–	45,5	54,5	20,6	– 61,6
J12-J18	Pneumonie	3 177	2,0	8,1	36,4	46,2	7,4	53,7	46,3	21,7	– 11,1
K00-K93	Krankheiten des Verdauungssystems	18 300	3,1	20,4	47,3	26,2	3,1	46,2	53,8	22,3	0,3
L00-L99	Krankheiten der Haut und der Unterhaut	18 990	39,1	18,6	35,9	6,1	0,3	46,4	53,6	23,3	0,7
M00-M99	Krankheiten des Muskel-Skelett-Systems und des Bindegewebes	518 091	0,5	10,5	51,5	35,7	1,8	41,8	58,2	22,1	2,0
N00-N99	Krankheiten des Urogenitalsystems	4 287	2,9	17,3	46,2	29,6	4,0	42,0	58,0	22,4	– 10,5
N00-N29	Krankheiten der Niere	2 369	1,8	13,4	48,6	31,8	4,4	54,5	45,5	22,3	– 9,2
O00-O99	Schwangerschaft, Geburt und Wochenbett	50	–	82,0	18,0	–	–	–	100	21,2	11,1
P00-P96	Bestimmte Zustände, die ihren Ursprung in der Perinatalperiode haben	167	77,8	7,2	12,6	2,4	–	58,1	41,9	27,2	21,9
Q00-Q99	Angeborene Fehlbildungen, Deformitäten und Chromosomenanomalien	4 512	36,9	29,5	27,7	5,8	0,1	44,7	55,3	25,2	2,2
R00-R99	Symptome u. abnorme klinische und Laborbefunde, die a.n.k. sind	18 789	15,0	30,4	25,9	23,6	5,1	34,6	65,4	21,8	11,1
S00-T98	Verletzungen, Vergiftungen u. best. and. Folgen äußerer Ursachen	102 048	0,8	8,9	27,4	51,3	11,7	40,6	59,4	24,1	– 1,3
Z00-Z99	Faktoren, die den Gesundheitszustand beeinflussen und zur Inanspruchnahme des Gesundheitswesens führen	118 131	12,3	8,7	31,9	44,5	2,7	47,7	52,3	21,2	7,9

Ergebnisse der Krankenhausdiagnosestatistik. – Vorsorge- oder Rehabilitationseinrichtungen mit mehr als 100 Betten. – Einschl. Sterbe- und Stundenfälle.

1 Internationale statistische Klassifikation der Krankheiten und verwandter Gesundheitsprobleme, 10. Revision.

4 Gesundheit

4.1 Gesundheitliche Lage
4.1.4 Operationen und Prozeduren bei vollstationären Patientinnen und Patienten 2014

OPS	Prozedur[1]	Insgesamt	Davon im Alter von ... bis unter ... Jahren						Männlich	Weiblich	Veränderung gegenüber Vorjahr insgesamt
			unter 1	1 – 15	15 – 45	45 – 65	65 – 85	85 und mehr			
		Anzahl	%								
	Insgesamt	54 170 106	3,3	2,3	15,4	28,9	43,1	7,1	50,8	49,2	4,3
1	Diagnostische Maßnahmen	10 377 750	4,7	2,6	12,8	29,0	44,5	6,5	52,6	47,4	3,9
3	Bildgebende Diagnostik	11 044 014	0,3	1,1	12,1	29,3	48,1	9,0	51,7	48,3	7,7
5	Operationen	16 201 413	0,4	2,8	22,7	32,1	37,2	4,9	47,4	52,6	2,4
5-01 – 5-05	Operationen am Nervensystem	748 805	0,7	1,7	17,4	38,0	39,4	2,9	50,5	49,5	3,4
5-06 – 5-07	Operationen an endokrinen Drüsen	169 941	0,1	0,6	24,4	50,8	23,7	0,4	28,6	71,4	– 3,0
5-08 – 5-16	Operationen an den Augen	591 065	0,2	2,1	7,0	25,5	56,6	8,6	49,3	50,7	4,0
5-18 – 5-20	Operationen an den Ohren	156 313	1,0	30,7	22,5	24,2	19,3	2,4	56,9	43,1	0,3
5-21 – 5-22	Operationen an Nase und Nasennebenhöhlen	440 394	0,1	2,0	53,9	30,7	12,0	1,3	60,1	39,9	0,4
5-23 – 5-28	Operationen an Mundhöhle und Gesicht	332 734	1,7	26,8	31,4	19,8	17,7	2,6	54,3	45,7	0,8
5-29 – 5-31	Operationen an Pharynx, Larynx und Trachea	116 040	0,3	1,2	10,9	41,7	43,5	2,4	65,9	34,1	– 1,6
5-32 – 5-34	Operationen an Lunge und Bronchus	174 034	0,7	0,9	12,3	35,9	47,5	2,6	63,5	36,5	4,9
5-35 – 5-37	Operationen am Herzen	416 574	1,7	1,0	3,4	22,6	63,2	8,2	65,4	34,6	4,7
5-38 – 5-39	Operationen an den Blutgefäßen	753 787	0,3	0,6	7,4	34,5	51,7	5,5	56,1	43,9	2,8
5-40 – 5-41	Operationen am hämatopoetischen und Lymphgefäßsystem	189 259	0,1	1,1	12,0	42,5	41,4	2,9	31,3	68,7	– 4,6
5-42 – 5-54	Operationen am Verdauungstrakt	2 446 958	0,8	1,4	16,2	32,4	42,7	6,5	52,5	47,5	2,1
5-55 – 5-59	Operationen an den Harnorganen	577 164	0,4	1,3	11,2	30,9	49,4	6,7	65,6	34,4	1,3
5-60 – 5-64	Operationen an den männlichen Geschlechtsorganen	213 930	2,0	13,4	12,7	22,4	45,2	4,2	99,5	/	0,4
5-65 – 5-71	Operationen an den weiblichen Geschlechtsorganen	651 639	0,0	0,3	42,0	37,2	19,2	1,2	–	100	1,8
5-72 – 5-75	Geburtshilfliche Operationen	838 170	–	–	99,8	0,2	–	–	–	100	5,5
5-76 – 5-77	Operationen an Kiefer- und Gesichtsschädelknochen	78 959	0,2	3,0	48,4	25,6	19,8	2,9	58,8	41,2	0,8
5-78 – 5-86	Operationen an den Bewegungsorganen	4 553 288	0,1	2,4	18,7	37,9	36,5	4,6	46,5	53,5	1,5
5-87 – 5-88	Operationen an der Mamma	165 883	0,0	0,2	20,3	48,3	29,1	2,2	3,3	96,6	– 2,6
5-89 – 5-92	Operationen an Haut und Unterhaut	1 297 443	0,5	3,6	18,1	27,2	41,0	9,6	56,0	44,0	4,7
5-93 – 5-99	Zusatzinformationen zu Operationen	1 289 033	0,3	2,2	15,4	35,8	42,1	4,2	54,9	45,1	5,0
6	Medikamente	286 717	3,9	3,1	11,5	36,0	43,1	2,4	57,3	42,7	5,3
8	Nichtoperative therapeutische Maßnahmen	14 173 083	3,4	2,5	9,6	27,6	48,2	8,8	54,9	45,1	3,6
9	Ergänzende Maßnahmen	2 079 686	33,4	1,6	28,7	9,2	20,2	6,9	36,2	63,8	7,8

Ergebnisse der fallpauschalenbezogenen Krankenhausstatistik (DRG-Statistik). – Die Erhebung erstreckt sich auf alle Krankenhäuser, die nach dem DRG-Vergütungssystem abrechnen und dem Anwendungsbereich des § 1 KHEntgG unterliegen.

1 Ohne Duplikate.

4 Gesundheit

4.1 Gesundheitliche Lage
4.1.5 Schwerbehinderte Menschen nach Art, Ursache und Grad der schwersten Behinderung am 31.12.2013

	Insgesamt		Davon mit einem Grad der Behinderung von						Veränderung gegenüber 2011 insgesamt
			50	60	70	80	90	100	
	Anzahl	%							
Insgesamt	7 548 965	100	31,9	15,9	11,0	12,0	5,1	24,1	3,6
	nach der Art der schwersten Behinderung								
	Körperliche Behinderungen								
Verlust oder Teilverlust von Gliedmaßen	62 390	0,8	18,8	11,6	14,3	15,0	9,1	31,3	– 3,0
Funktionseinschränkung von Gliedmaßen	985 086	13,0	34,0	20,2	13,8	11,4	5,6	15,1	0,9
Funktionseinschränkung der Wirbelsäule und des Rumpfes, Deformierung des Brustkorbes	906 221	12,0	45,6	19,9	11,9	8,6	4,0	9,9	4,5
Querschnittlähmung	17 031	0,2	1,2	1,2	1,9	4,6	2,6	88,5	0,7
Blindheit und Sehbehinderung	357 018	4,7	14,5	8,3	8,2	8,3	6,8	53,9	1,8
Sprach- oder Sprechstörungen, Taubheit, Schwerhörigkeit, Gleichgewichtsstörungen [1]	294 172	3,9	28,5	17,0	14,8	13,4	6,7	19,6	3,8
Verlust einer Brust oder beider Brüste, Entstellungen u. a.	180 697	2,4	39,6	21,7	8,7	12,5	3,8	13,8	0,7
Beeinträchtigung der Funktion von inneren Organen bzw. Organsystemen	1 870 556	24,8	32,3	16,8	10,6	13,4	5,2	21,7	3,6
Zusammen	4 673 171	61,9	33,6	17,5	11,5	11,6	5,3	20,4	2,8
	Zerebrale Störungen, geistige Behinderungen, seelische Behinderungen								
Hirnorganische Anfälle	156 294	2,1	22,7	13,7	10,9	13,4	5,8	33,6	– 0,3
Hirnorganisches Psychosyndrom, symptomatische Psychosen	520 705	6,9	13,9	9,0	9,5	14,0	6,9	46,8	4,1
Störungen der geistigen Entwicklung [2]	320 440	4,2	11,9	5,8	7,0	15,8	3,2	56,3	2,7
Psychosen (Schizophrenie, affektive Psychosen); Neurosen, Persönlichkeits- und Verhaltensstörungen	489 043	6,5	50,5	17,3	10,3	9,7	2,5	9,7	11,0
Suchtkrankheiten	57 121	0,8	31,5	20,3	15,3	14,0	4,7	14,1	2,9
Zusammen	1 543 603	20,4	26,6	11,9	9,6	12,9	4,5	34,5	5,4
	Sonstige und ungenügend bezeichnete Behinderungen								
Zusammen	1 332 191	17,6	32,1	15,0	10,7	12,3	5,2	24,8	4,1
	nach der Ursache der schwersten Behinderung								
Angeborene Behinderung	298 308	4,0	12,8	6,6	6,4	12,8	3,3	58,0	– 1,0
Allgemeine Krankheit [3]	6 416 813	85,0	32,6	16,3	11,1	12,0	5,2	22,8	5,6
Arbeitsunfall [4], Berufskrankheit	67 190	0,9	37,5	19,6	12,9	10,1	4,6	15,4	– 2,7
Verkehrsunfall	38 172	0,5	28,3	15,5	12,2	12,7	5,0	26,2	– 1,9
Häuslicher Unfall	7 205	0,1	37,2	16,1	10,5	9,8	3,8	22,7	– 1,7
Sonstiger oder nicht näher bezeichneter Unfall	24 731	0,3	34,4	15,7	11,6	10,3	4,4	23,7	– 1,8
Anerkannte Kriegs-, Wehrdienst- oder Zivildienstbeschädigung	34 171	0,5	21,9	14,6	13,2	13,1	8,1	29,1	– 26,3
Sonstige, mehrere oder ungenügend bezeichnete Ursachen	662 375	8,8	33,9	16,3	11,5	11,9	5,3	21,2	– 8,2

Ergebnisse der Statistik der schwerbehinderten Menschen.

1 Ohne Taubheit, die mit Sprach- und geistigen Entwicklungsstörungen verbunden ist.
2 Einschl. Taubheit, die mit Sprach- und geistigen Entwicklungsstörungen verbunden ist.
3 Einschl. Impfschäden.
4 Einschl. Wege- und Betriebswegeunfälle.

4 Gesundheit

4.1 Gesundheitliche Lage
4.1.6 Schwerbehinderte Menschen nach Altersgruppen und Geschlecht am 31.12.2013

Alter von … bis unter … Jahren	Insgesamt		Männlich		Weiblich	
	Anzahl	Quote [1]	Anzahl	Quote [1]	Anzahl	Quote [1]
Insgesamt	7 548 965	9	3 851 568	10	3 697 397	9
unter 4	13 928	1	7 731	1	6 197	0
4 – 6	14 109	1	8 273	1	5 836	1
6 – 15	99 847	2	60 749	2	39 098	1
15 – 18	41 342	2	24 624	2	16 718	1
18 – 25	120 515	2	69 808	2	50 707	2
25 – 35	236 602	2	132 385	3	104 217	2
35 – 45	363 342	4	188 880	4	174 462	3
45 – 55	931 886	7	476 347	7	455 539	7
55 – 60	697 958	12	366 441	13	331 517	12
60 – 62	348 220	17	183 759	18	164 461	15
62 – 65	589 609	20	324 840	22	264 769	17
65 – 70	811 954	21	456 369	24	355 585	17
70 – 75	946 478	20	528 612	24	417 866	17
75 – 80	895 892	23	459 202	27	436 690	20
80 und mehr	1 437 283	33	563 548	38	873 735	30

Ergebnisse der Statistik der schwerbehinderten Menschen.

1 Anteil der schwerbehinderten Menschen an der jeweiligen Bevölkerungsgruppe (Bevölkerungsstand: 31.12.2013, vorläufige Ergebnisse auf Grundlage des Zensus 2011, Zensusdaten mit dem Stand vom 10.4.2014) in %.

Schwerbehindertenquote am 31.12.2013
Anteil der schwerbehinderten Menschen an der jeweiligen Bevölkerungsgruppe, in %

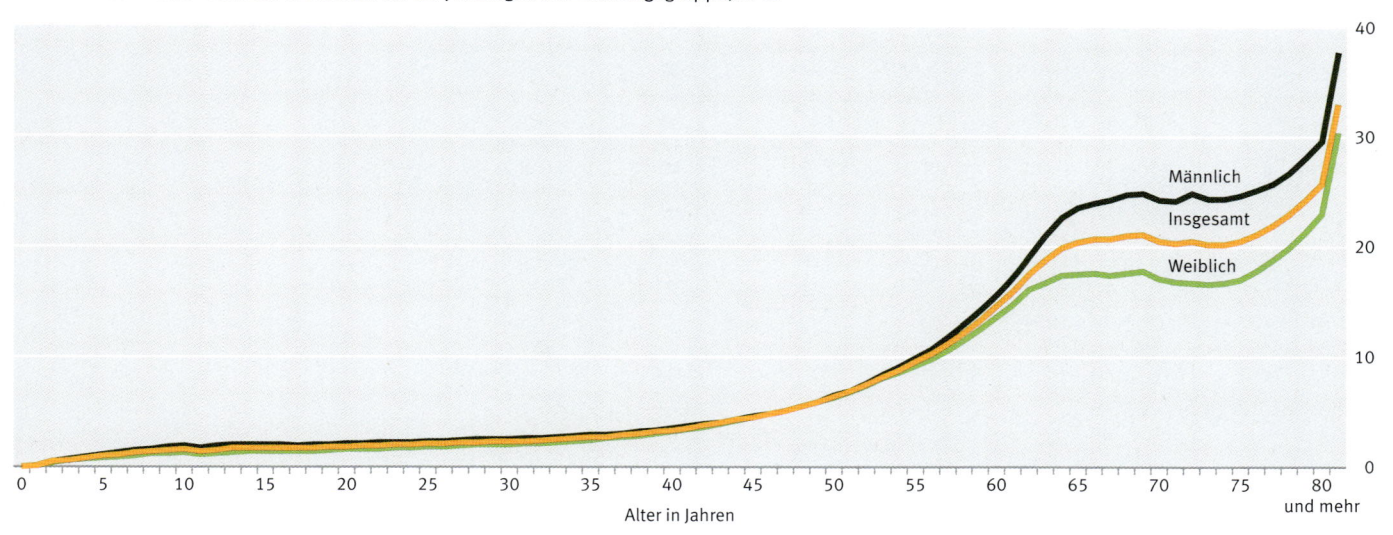

Bevölkerungsstand: 31.12.2013, vorläufige Ergebnisse auf Grundlage des Zensus 2011, Zensusdaten mit dem Stand vom 10.4.2014.

4 Gesundheit
4.1 Gesundheitliche Lage
4.1.7 Pflegebedürftige im Rahmen der Pflegeversicherung 2013

Weitere Informationen zur Pflegeversicherung siehe Kapitel „Soziales"

	Pflegebedürftige		Pflegestufe			Bisher ohne Zuordnung	Anteil an Pflegebedürftigen insgesamt	Jeweiliger Anteil der Pflegebedürftigen mit erheblich eingeschränkter Alltagskompetenz
	insgesamt	darunter weiblich	I	II	III [1]			
	Anzahl	%						
Insgesamt	2 626 206	64,6	55,8	31,9	11,8	0,5	100	35,0
Pflegebedürftige zu Hause versorgt	1 861 775	61,3	63,1	28,7	8,2	–	70,9	25,1
davon:								
Allein durch Angehörige [2]	1 245 929	58,4	66,0	26,9	7,1	–	47,4	23,7
Zusammen mit/durch ambulante(n) Pflegedienste(n)	615 846	67,2	57,1	32,3	10,5	–	23,5	27,8
Pflegebedürftige vollstationär in Heimen	764 431	72,7	38,1	39,6	20,6	1,8	29,1	59,1

Ergebnisse der Pflegestatistik. – Stand zum Jahresende.

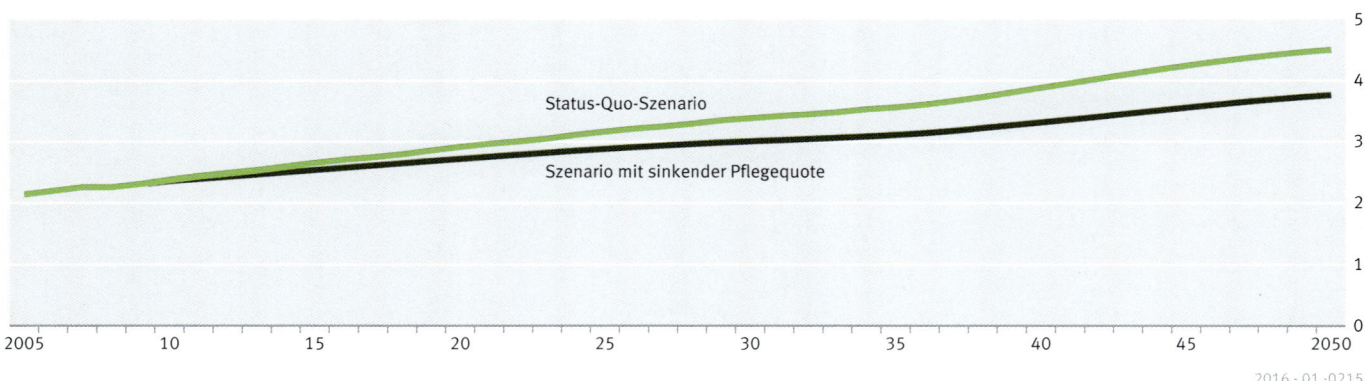

1 Einschl. Härtefälle.
2 Entspricht den Empfängern/Empfängerinnen von ausschließlich Pflegegeld nach § 37 Abs. 1 SGB XI. Empfänger/Empfängerinnen von Kombinationsleistungen nach § 38 Satz 1 SGB XI sind dagegen in den ambulanten Pflegediensten enthalten.

4.1.8 Pflegebedürftige nach dem Alter 2013

Alter von ... bis unter ... Jahren	Pflegebedürftige				Anteil an jeweiliger Bevölkerungsgruppe (Pflegequote)		
	davon		insgesamt	darunter weiblich	insgesamt	männlich	weiblich
	zu Hause versorgt	vollstationär in Heimen					
	Anzahl			%			
Insgesamt	1 861 775	764 431	2 626 206	64,6	3,3	2,3	4,1
unter 15	73 473	375	73 848	39,0	0,7	0,8	0,6
15 – 60	248 439	35 323	283 762	46,9	0,6	0,6	0,6
60 – 65	74 296	20 966	95 262	48,3	1,9	2,0	1,8
65 – 70	91 349	26 333	117 682	49,1	3,0	3,2	2,8
70 – 75	176 897	56 352	233 249	53,1	5,0	5,1	5,0
75 – 80	281 800	99 106	380 906	59,9	9,8	8,9	10,4
80 – 85	341 530	141 297	482 827	67,5	21,0	17,4	23,4
85 – 90	345 007	193 792	538 799	75,6	38,2	29,6	42,2
90 und mehr	228 984	190 887	419 871	82,5	64,4	51,8	67,9

Ergebnisse der Pflegestatistik. – Stand zum Jahresende.

Pflegebedürftige bis 2050
in Mill.

4 Gesundheit

4.1 Gesundheitliche Lage
4.1.9 Schwangerschaftsabbrüche

	Insgesamt		Davon Schwangere im Alter von ... bis unter ... Jahren								
			unter 15	15 – 18	18 – 20	20 – 25	25 – 30	30 – 35	35 – 40	40 – 45	45 – 50	50 und mehr
	Anzahl	%										
2013	102 802	100	0,3	3,2	5,8	23,1	23,7	21,2	15,0	6,9	0,7	0,0
2014	99 715	100	0,4	3,2	5,3	21,8	24,1	21,8	15,9	6,8	0,7	0,0
2015	99 237	100	0,3	3,0	5,3	20,8	24,5	22,0	16,5	6,8	0,7	0,0
2015												
Begründung des Abbruchs												
Medizinische Indikation	3 879	3,9	1,8	1,5	1,8	1,9	3,2	4,9	6,0	7,0	4,6	8,3
Kriminologische Indikation	20	0,0	0,9	0,0	0,0	0,0	0,0	0,0	0,0	0,0	–	–
Beratungsregelung	95 338	96,1	97,3	98,5	98,1	98,1	96,7	95,1	94,0	93,0	95,4	91,7
Art des Eingriffs												
Curettage	13 164	13,3	18,4	14,6	14,9	13,9	13,4	12,8	12,6	11,7	14,4	12,5
Vakuumaspiration	63 934	64,4	62,6	69,6	67,9	67,1	63,9	63,0	62,5	62,9	62,3	70,8
Hysterotomie/Hysterektomie	12	0,0	–	–	–	0,0	0,0	0,0	0,0	0,0	–	–
Mifegyne	18 502	18,6	16,9	14,5	15,4	17,1	19,6	19,6	19,5	18,9	19,4	8,3
Medikamentös	3 001	3,0	1,8	1,2	1,7	1,6	2,5	3,5	4,6	5,6	3,6	–
Fetozid bei Mehrlingsschwangerschaften	77	0,1	–	–	–	0,0	0,1	0,2	0,1	0,1	–	–
Fetozid bei sonstigen Fällen	547	0,6	0,3	0,1	0,2	0,2	0,6	0,8	0,7	0,7	0,3	8,3
Vorangegangene Lebendgeborene												
Keine	38 793	39,1	100	98,5	85,5	62,6	39,2	23,8	14,8	12,6	14,1	16,7
1	24 869	25,1	–	1,5	12,5	24,6	29,6	27,7	24,9	23,4	20,8	20,8
2	23 111	23,3	–	0,1	1,9	9,9	21,5	31,3	37,1	37,9	37,4	12,5
3	8 533	8,6	–	–	0,1	2,2	7,0	11,8	15,2	17,3	18,1	20,8
4 und mehr	3 931	4,0	–	–	0,1	0,6	2,7	5,4	7,9	8,8	9,6	29,2
Dauer der abgebrochenen Schwangerschaft von ... bis ... vollendete Wochen												
unter 5	6 629	6,7	6,8	4,5	4,5	5,8	7,0	7,3	7,2	7,4	9,7	8,3
5 – 6	28 880	29,1	26,1	26,0	26,7	27,9	29,0	29,5	30,5	31,7	32,8	12,5
7 – 8	35 954	36,2	34,4	37,6	36,3	37,0	36,5	36,0	35,7	34,3	35,4	37,5
9 – 11	24 979	25,2	31,8	31,0	31,6	28,3	25,3	23,4	22,0	21,1	18,7	33,3
12 – 21	2 161	2,2	0,9	0,7	0,6	0,7	1,6	2,7	3,8	4,9	3,1	8,3
22 und mehr	634	0,6	–	0,1	0,2	0,2	0,6	1,0	0,8	0,7	0,3	–

Ergebnisse der Bundesstatistik über Schwangerschaftsabbrüche.

4.1.10 Schwangerschaftsabbrüche nach Land des Wohnsitzes der Frauen 2015

	Insgesamt	Davon Schwangere im Alter von ... bis unter ... Jahren									
		unter 15	15 – 18	18 – 20	20 – 25	25 – 30	30 – 35	35 – 40	40 – 45	45 – 50	50 und mehr
	Anzahl	je 10 000 Frauen der gleichen Altersgruppe (Quote) [1]									
Insgesamt ohne Ausland	98 127	56	.	25	66	91	97	86	69	25	2	.
Baden-Württemberg	10 667	45	.	16	47	69	74	68	60	24	2	.
Bayern	11 821	41	.	17	48	64	66	65	57	22	2	.
Berlin	8 494	103	.	47	129	164	148	142	119	48	4	.
Brandenburg	3 283	70	.	36	88	128	128	123	89	26	2	.
Bremen	1 544	104	.	38	148	174	182	128	112	49	4	.
Hamburg	2 939	67	.	35	120	117	100	85	68	34	3	.
Hessen	8 087	59	.	27	75	102	103	86	71	29	2	.
Mecklenburg-Vorpommern	2 614	86	.	39	102	134	145	151	104	33	3	.
Niedersachsen	7 727	46	.	19	55	80	85	74	58	18	2	.
Nordrhein-Westfalen	20 783	53	.	27	67	92	97	80	63	22	2	.
Rheinland-Pfalz	3 984	46	.	21	64	78	80	72	57	19	1	.
Saarland	1 196	59	.	26	62	106	112	90	68	24	1	.
Sachsen	5 083	66	.	38	88	90	108	104	81	30	2	.
Sachsen-Anhalt	3 566	86	.	46	106	141	159	136	106	33	2	.
Schleswig-Holstein	3 139	52	.	26	64	95	101	78	64	21	2	.
Thüringen	3 200	79	.	45	88	112	132	126	104	39	4	.
Ausland	1 110	X	X	X	X	X	X	X	X	X	X	X

Ergebnisse der Bundesstatistik über Schwangerschaftsabbrüche.

1 Vorläufige Berechnung mit durchschnittlicher Bevölkerung 2014 auf der Basis der Bevölkerungsfortschreibung gemäß Zensus 2011 (Zensusdaten mit dem Stand vom 10.4.2014).

4 Gesundheit

4.1 Gesundheitliche Lage
4.1.11 Gestorbene Säuglinge 2014

Pos.-Nr. der ICD [1]	Todesursache	Insgesamt	Männlich	Weiblich	Davon im Alter von ... bis unter ...								Veränderung gegenüber Vorjahr insgesamt
					unter 24 Stunden		24 Stunden – 7 Tagen		7 Tagen – 28 Tagen		28 Tagen – 1 Jahr		
					männlich	weiblich	männlich	weiblich	männlich	weiblich	männlich	weiblich	
		Anzahl [2]											%
A00-R99	Krankheiten insgesamt	2 233	1 235	998	444	383	273	201	165	128	353	286	1,7
A00-B99	Bestimmte infektiöse u. parasitäre Krankheiten	25	16	9	–	1	2	–	7	2	7	6	– 32,4
E00-E90	Endokrine, Ernährungs- u. Stoffwechsel-krankheiten	22	11	11	–	2	3	1	–	2	8	6	– 26,7
G00-G99	Krankheiten des Nervensystems	52	28	24	–	1	–	1	2	4	26	18	0,0
P00-P96	Bestimmte Zustände, die ihren Ursprung in der Perinatalperiode haben ...	1 205	690	515	336	262	182	137	93	57	79	59	11,2
	darunter:												
P00-P04	Schädigung der Feten u. Neugeborenen durch mütterliche Faktoren u. durch Komplikationen bei Schwangerschaft, Wehentätigkeit u. Entbindung	342	200	142	139	104	47	29	9	5	5	4	24,8
P07	Störungen im Zusammenhang mit kurzer Schwangerschaftsdauer u. niedrigem Geburtsgewicht, a.n.k.	389	226	163	145	104	37	37	29	13	15	9	0,0
P21	Asphyxie unter der Geburt ..	67	35	32	8	9	15	14	7	3	5	6	19,6
P22	Atemnot (Respiratory distress) beim Neugeborenen	38	25	13	1	8	14	4	7	1	3	–	26,7
P35-P39	Infektionen, die für die Perinatalperiode spezifisch sind	57	30	27	4	7	9	7	11	10	6	3	46,2
P50-P61	Hämorrhagische und hämatologische Krankheiten beim Feten und Neugeborenen	61	38	23	6	3	20	12	10	3	2	5	7,0
Q00-Q99	Angeborene Fehlbildungen, Deformitäten u. Chromosomenanomalien	652	329	323	90	96	74	56	48	51	117	120	– 2,0
	darunter:												
Q00-Q07	Angeborene Fehlbildungen des Nervensystems	51	27	24	13	15	4	3	3	–	7	6	– 29,2
Q20-Q28	Angeborene Fehlbildungen des Kreislaufsystems ...	199	107	92	10	11	21	13	25	23	51	45	– 11,9
Q30-Q34	Angeborene Fehlbildungen des Atmungssystems	53	25	28	3	12	12	6	2	2	8	8	26,2
Q90-Q99	Chromosomenanomalien, a.n.k.	131	62	69	22	14	13	9	10	16	17	30	0,0
R95	Plötzlicher Kindstod	119	75	44	–	1	3	2	5	2	67	39	– 21,7
V01-Y98	Äußere Ursachen von Morbidität und Mortalität ..	51	31	20	3	1	5	–	1	4	22	15	– 7,3

Ergebnisse der Todesursachenstatistik.
1 Internationale statistische Klassifikation der Krankheiten und verwandter Gesundheitsprobleme, 10. Revision.
2 Ohne Totgeborene.

4 Gesundheit

4.1 Gesundheitliche Lage
4.1.12 Gestorbene Säuglinge je 100 000 Lebendgeborene 2014

Pos.-Nr. der ICD [1]	Todesursache	Insgesamt	Männlich	Weiblich	Davon im Alter von ... bis unter ...								Veränderung gegenüber Vorjahr insgesamt
					unter 24 Stunden		24 Stunden – 7 Tagen		7 Tagen – 28 Tagen		28 Tagen – 1 Jahr		
					männlich	weiblich	männlich	weiblich	männlich	weiblich	männlich	weiblich	
		je 100 000 Lebendgeborene des jeweiligen Geschlechts [2]											%
A00-R99	Krankheiten insgesamt	312,3	336,7	286,7	121,0	110,0	74,4	57,7	45,0	36,8	96,2	82,2	– 2,9
A00-B99	Bestimmte infektiöse u. parasitäre Krankheiten	3,5	4,4	2,6	–	0,3	0,5	–	1,9	0,6	1,9	1,7	– 35,5
E00-E90	Endokrine, Ernährungs- u. Stoffwechselkrankheiten	3,1	3,0	3,2	–	0,6	0,8	0,3	–	0,6	2,2	1,7	– 30,0
G00-G99	Krankheiten des Nervensystems	7,3	7,6	6,9	–	0,3	–	0,3	0,5	1,1	7,1	5,2	– 4,6
P00-P96	Bestimmte Zustände, die ihren Ursprung in der Perinatalperiode haben	168,5	188,1	147,9	91,6	75,3	49,6	39,4	25,4	16,4	21,5	16,9	6,1
	darunter:												
P00-P04	Schädigung der Feten u. Neugeborenen durch mütterliche Faktoren u. durch Komplikationen bei Schwangerschaft, Wehentätigkeit u. Entbindung	47,8	54,5	40,8	37,9	29,9	12,8	8,3	2,5	1,4	1,4	1,1	19,1
P07	Störungen im Zusammenhang mit kurzer Schwangerschaftsdauer u. niedrigem Geburtsgewicht, a.n.k.	54,4	61,6	46,8	39,5	29,9	10,1	10,6	7,9	3,7	4,1	2,6	– 4,6
P21	Asphyxie unter der Geburt	9,4	9,5	9,2	2,2	2,6	4,1	4,0	1,9	0,9	1,4	1,7	14,1
P22	Atemnot (Respiratory distress) beim Neugeborenen	5,3	6,8	3,7	0,3	2,3	3,8	1,1	1,9	0,3	0,8	–	20,8
P35-P39	Infektionen, die für die Perinatalperiode spezifisch sind	8,0	8,2	7,8	1,1	2,0	2,5	2,0	3,0	2,9	1,6	0,9	39,4
P50-P61	Hämorrhagische und hämatologische Krankheiten beim Feten und Neugeborenen	8,5	10,4	6,6	1,6	0,9	5,5	3,4	2,7	0,9	0,5	1,4	2,1
Q00-Q99	Angeborene Fehlbildungen, Deformitäten und Chromosomenanomalien	91,2	89,7	92,8	24,5	27,6	20,2	16,1	13,1	14,7	31,9	34,5	– 6,5
	darunter:												
Q00-Q07	Angeborene Fehlbildungen des Nervensystems	7,1	7,4	6,9	3,5	4,3	1,1	0,9	0,8	–	1,9	1,7	– 32,4
Q20-Q28	Angeborene Fehlbildungen des Kreislaufsystems	27,8	29,2	26,4	2,7	3,2	5,7	3,7	6,8	6,6	13,9	12,9	– 16,0
Q30-Q34	Angeborene Fehlbildungen des Atmungssystems	7,4	6,8	8,0	0,8	3,4	3,3	1,7	0,5	0,6	2,2	2,3	20,4
Q90-Q99	Chromosomenanomalien, a.n.k.	18,3	16,9	19,8	6,0	4,0	3,5	2,6	2,7	4,6	4,6	8,6	– 4,6
R95	Plötzlicher Kindstod	16,6	20,4	12,6	–	0,3	0,8	0,6	1,4	0,6	18,3	11,2	– 25,3
V01-Y98	Äußere Ursachen von Morbidität und Mortalität	7,1	8,5	5,7	0,8	0,3	1,4	–	0,3	1,1	6,0	4,3	– 11,5

Ergebnisse der Todesursachenstatistik.
1 Internationale statistische Klassifikation der Krankheiten und verwandter Gesundheitsprobleme, 10. Revision.
2 Ohne Totgeborene.

4 Gesundheit

4.1 Gesundheitliche Lage
4.1.13 Sterbefälle 2014

Pos.-Nr. der ICD [1]	Todesursache	Gestorbene insgesamt Anzahl	Gestorbene insgesamt je 100 000 Einwohner [2]	davon im Alter von ... bis unter ... Jahren unter 1	1 – 15	15 – 45	45 – 65	65 und mehr	Veränderung gegenüber Vorjahr %
	Männlich								
A00-T98	**Todesursachen insgesamt**	422 225	1 063,6	1 266	556	11 072	75 945	333 386	– 1,7
A00-B99	Bestimmte infektiöse und parasitäre Krankheiten	8 350	21,0	16	20	240	1 420	6 654	– 0,1
	darunter:								
A15-A19	Tuberkulose	146	0,4	–	–	7	32	107	– 22,8
B20-B24	HIV-Krankheit (Humane Immun-defizienz-Viruskrankheit)	305	0,8	–	–	72	181	52	– 9,0
C00-C97	Bösartige Neubildungen	121 766	306,7	7	126	1 635	27 215	92 783	0,0
	darunter:								
C15-C26	der Verdauungsorgane	39 012	98,3	–	1	445	8 951	29 615	0,1
C30-C39	der Atmungsorgane und sonstiger intrathorakaler Organe	31 184	78,6	–	1	208	8 600	22 375	– 0,4
C50	der Brustdrüse (Mamma)	134	0,3	–	–	1	30	103	– 14,1
C60-C63	der männlichen Genitalorgane	14 054	35,4	–	–	66	1 066	12 922	2,2
C81-C96	des lymphatischen, blutbildenden und verwandten Gewebes	10 009	25,2	1	31	219	1 608	8 150	– 2,4
E00-E90	Endokrine, Ernährungs- und Stoffwechselkrankheiten	12 646	31,9	11	29	279	2 210	10 117	– 5,3
	darunter:								
E10-E14	Diabetes mellitus	9 941	25,0	–	2	139	1 468	8 332	– 5,2
F00-F99	Psychische und Verhaltensstörungen	13 974	35,2	–	2	723	2 835	10 414	– 1,9
	darunter:								
F10-F19	Psychische und Verhaltensstörungen durch psychotrope Substanzen	4 698	11,8	–	–	693	2 668	1 337	– 5,4
G00-G99	Krankheiten des Nervensystems	12 636	31,8	28	56	447	1 795	10 310	1,3
I00-I99	Krankheiten des Kreislaufsystems	148 538	374,2	11	28	1 468	18 291	128 740	– 3,1
	darunter:								
I10-I15	Hypertonie (Hochdruckkrankheit)	11 316	28,5	–	1	59	947	10 309	– 4,9
I20-I25	Ischämische Herzkrankheiten	64 467	162,4	–	–	495	9 209	54 763	– 4,0
	darunter:								
I21-I22	Myokardinfarkt	28 503	71,8	–	–	379	6 075	22 049	– 6,9
I30-I52	Sonstige Formen der Herzkrankheit	36 925	93,0	10	18	486	3 898	32 513	– 0,3
I60-I69	Zerebrovaskuläre Krankheiten	22 012	55,5	–	3	199	2 110	19 700	– 5,0
I70-I79	Krankheiten der Arterien, Arteriolen und Kapillaren	8 256	20,8	–	4	71	1 036	7 145	– 1,6
J00-J99	Krankheiten des Atmungssystems	31 744	80,0	11	23	194	3 355	28 161	– 7,8
	darunter:								
J09-J18	Grippe und Pneumonie	8 514	21,4	3	7	66	651	7 787	– 15,2
J45-J46	Asthma bronchiale	415	1,0	–	1	24	115	275	– 5,9
K00-K93	Krankheiten des Verdauungssystems	19 993	50,4	3	7	674	6 333	12 976	– 2,8
	darunter:								
K70-K77	Krankheiten der Leber	9 590	24,2	1	4	470	4 578	4 537	– 3,6
N00-N99	Krankheiten des Urogenitalsystems	9 779	24,6	1	3	48	592	9 135	3,3
P00-P96	Bestimmte Zustände, die ihren Ursprung in der Perinatalperiode haben	706	1,8	690	3	6	5	2	11,2
Q00-Q99	Angeborene Fehlbildungen, Deformitäten und Chromosomenanomalien	866	2,2	329	61	121	243	112	–2,4
R00-R99	Symptome und abnorme klinische und Laborbefunde, die a.n.k. sind	14 130	35,6	120	32	975	4 964	8 039	4,5
	darunter:								
R95	Plötzlicher Kindstod	75	0,2	75	–	–	–	–	– 10,7
V01-Y98	Äußere Ursachen von Morbidität und Mortalität	20 845	52,5	31	147	4 167	5 885	10 615	2,1
	darunter:								
V01-V99	Transportmittelunfälle	2 796	7,0	1	50	1 163	850	732	0,3
W00-W19	Stürze	5 363	13,5	1	10	153	747	4 452	7,9
X60-X84	Vorsätzliche Selbstbeschädigung	7 624	19,2	–	20	1 990	2 893	2 721	2,3
X85-Y09	Tätlicher Angriff	174	0,4	10	11	65	63	25	– 3,3

4 Gesundheit

4.1 Gesundheitliche Lage
4.1.13 Sterbefälle 2014

Pos.-Nr. der ICD [1]	Todesursache	Gestorbene insgesamt		davon im Alter von ... bis unter ... Jahren					Veränderung gegenüber Vorjahr
				unter 1	1 – 15	15 – 45	45 – 65	65 und mehr	
		Anzahl	je 100 000 Einwohnerinnen [2]	Anzahl					%
		Weiblich							
A00-T98	Todesursachen insgesamt	446 131	1 080,6	1 018	415	5 433	40 855	398 410	– 3,9
A00-B99	Bestimmte infektiöse und parasitäre Krankheiten	9 637	23,3	9	22	123	700	8 783	– 4,8
	darunter:								
A15-A19	Tuberkulose	115	0,3	–	–	5	14	96	– 5,7
B20-B24	HIV-Krankheit (Humane Immundefizienz-Viruskrankheit)	83	0,2	–	–	28	42	13	25,8
C00-C97	Bösartige Neubildungen	101 992	247,0	5	95	1 923	20 776	79 193	– 0,1
	darunter:								
C15-C26	der Verdauungsorgane	31 006	75,1	1	2	304	4 664	26 035	0,0
C30-C39	der Atmungsorgane u. sonstiger intrathorakaler Organe	15 930	38,6	–	2	154	4 914	10 860	2,3
C50	der Brustdrüse (Mamma)	17 670	42,8	–	–	534	4 421	12 715	– 1,0
C51-C58	der weiblichen Genitalorgane	10 637	25,8	–	–	282	2 449	7 906	– 2,5
C81-C96	des lymphatischen, blutbildenden und verwandten Gewebes	8 600	20,8	1	25	166	993	7 415	0,3
E00-E90	Endokrine, Ernährungs- und Stoffwechselkrankheiten	16 624	40,3	11	14	176	1 042	15 381	– 6,9
	darunter:								
E10-E14	Diabetes mellitus	12 702	30,8	–	–	53	582	12 067	– 7,8
F00-F99	Psychische und Verhaltensstörungen	21 961	53,2	1	2	188	860	20 910	0,4
	darunter:								
F10-F19	Psychische und Verhaltensstörungen durch psychotrope Substanzen	1 420	3,4	–	–	155	710	555	– 2,2
G00-G99	Krankheiten des Nervensystems	13 222	32,0	24	54	255	1 346	11 543	– 0,5
I00-I99	Krankheiten des Kreislaufsystems	189 518	459,0	11	20	706	6 570	182 211	– 5,8
	darunter:								
I10-I15	Hypertonie (Hochdruckkrankheit)	25 872	62,7	1	1	26	441	25 403	– 6,7
I20-I25	Ischämische Herzkrankheiten	56 699	137,3	–	–	120	2 218	54 361	– 8,0
	darunter:								
I21-I22	Myokardinfarkt	21 601	52,3	–	–	89	1 486	20 026	– 9,7
I30-I52	Sonstige Formen der Herzkrankheit	55 747	135,0	10	11	198	1 480	54 048	– 3,2
I60-I69	Zerebrovaskuläre Krankheiten	33 220	80,5	–	5	182	1 357	31 676	– 6,1
I70-I79	Krankheiten der Arterien, Arteriolen und Kapillaren	9 621	23,3	–	1	36	404	9 180	– 4,9
J00-J99	Krankheiten des Atmungssystems	26 860	65,1	3	19	142	1 958	24 738	– 11,9
	darunter:								
J09-J18	Grippe und Pneumonie	8 276	20,0	1	11	46	296	7 922	– 19,8
J45-J46	Asthma bronchiale	599	1,5	–	3	20	89	487	– 15,5
K00-K93	Krankheiten des Verdauungssystems	18 544	44,9	5	7	286	2 799	15 447	– 5,1
	darunter:								
K70-K77	Krankheiten der Leber	5 154	12,5	2	1	188	1 945	3 018	– 2,8
N00-N99	Krankheiten des Urogenitalsystems	12 468	30,2	1	6	27	348	12 086	0,3
O00-O99	Schwangerschaft, Geburt und Wochenbett	29	0,1	–	–	28	1	–	0,0
P00-P96	Bestimmte Zustände, die ihren Ursprung in der Perinatalperiode haben	531	1,3	515	3	5	5	3	10,2
Q00-Q99	Angeborene Fehlbildungen, Deformitäten und Chromosomenanomalien	799	1,9	323	65	75	213	123	– 2,4
R00-R99	Symptome und abnorme klinische und Laborbefunde, die a.n.k. sind	11 669	28,3	78	22	311	1 774	9 484	0,0
	darunter:		0,0						
R95	Plötzlicher Kindstod	44	0,1	44	–	–	–	–	– 35,3
V01-Y98	Äußere Ursachen von Morbidität und Mortalität	13 822	33,5	20	79	1 098	1 901	10 724	0,8
	darunter:								
V01-V99	Transportmittelunfälle	927	2,2	–	29	261	196	441	– 5,6
W00-W19	Stürze	6 219	15,1	–	1	36	194	5 988	5,9
X60-X84	Vorsätzliche Selbstbeschädigung	2 585	6,3	–	8	557	993	1 027	– 1,6
X85-Y09	Tätlicher Angriff	194	0,5	3	10	67	63	51	– 9,3

Ergebnisse der Todesursachenstatistik. – Ohne Totgeborene und ohne gerichtliche Todeserklärungen.
1 Internationale statistische Klassifikation der Krankheiten und verwandter Gesundheitsprobleme, 10. Revision.
2 Berechnet mit der Durchschnittsbevölkerung auf Grundlage des Zensus 2011 (vorläufige Ergebnisse).

4 Gesundheit

4.2 Gesundheitsversorgung
4.2.1 Ausgewählte Kennzahlen zu Krankenhäusern

	Krankenhäuser	Aufgestellte Betten		Patienten/Patientinnen		Berechnungstage	Durchschnittl. Verweildauer	Durchschnittl. Bettenauslastung
	Anzahl	Anzahl	je 100 000 Einwohner/-innen [1]	Anzahl	je 100 000 Einwohner/-innen [1]	1 000	Tage	%
2010	2 064	502 749	615	18 032 903	22 057	141 942	7,9	77,4
2011	2 045	502 029	626	18 344 156	22 870	141 676	7,7	77,3
2012	2 017	501 475	624	18 620 442	23 152	142 024	7,6	77,4
2013	1 996	500 671	621	18 787 168	23 296	141 340	7,5	77,3
2014	1 980	500 680	618	19 148 625	23 645	141 534	7,4	77,4
2014 nach Ländern								
Baden-Württemberg	270	56 572	530	2 129 372	19 949	15 867	7,5	76,8
Bayern	364	75 907	600	2 946 628	23 297	21 436	7,3	77,4
Berlin	80	20 021	581	813 799	23 617	6 068	7,5	83,0
Brandenburg	56	15 290	623	563 411	22 963	4 405	7,8	78,9
Bremen	14	5 137	779	211 675	32 089	1 460	6,9	77,9
Hamburg	51	12 175	694	489 247	27 884	3 752	7,7	84,4
Hessen	167	36 129	595	1 362 651	22 450	10 244	7,5	77,7
Mecklenburg-Vorpommern	39	10 435	653	410 606	25 698	2 906	7,1	76,3
Niedersachsen	196	42 236	541	1 684 950	21 578	12 237	7,3	79,4
Nordrhein-Westfalen	364	120 268	683	4 523 948	25 697	33 418	7,4	76,1
Rheinland-Pfalz	91	25 431	635	941 731	23 526	6 811	7,2	73,4
Saarland	22	6 458	652	275 516	27 833	2 054	7,5	87,2
Sachsen	79	26 053	643	1 003 927	24 783	7 491	7,5	78,8
Sachsen-Anhalt	48	16 236	725	614 949	27 452	4 402	7,2	74,3
Schleswig-Holstein	95	16 155	572	595 281	21 084	4 507	7,6	76,4
Thüringen	44	16 177	749	580 939	26 910	4 477	7,7	75,8

Ergebnisse der Krankenhausstatistik. – Grunddaten der Krankenhäuser.

1 Bis 2010 berechnet mit der Durchschnittsbevölkerung auf Basis früherer Zählungen. Ab 2011 berechnet mit der Durchschnittsbevölkerung auf Grundlage des Zensus 2011, Zensusdaten mit dem Stand vom 10.4.2014 (vorläufige Ergebnisse).

Entwicklung zentraler Indikatoren der Krankenhäuser
2005 = 100

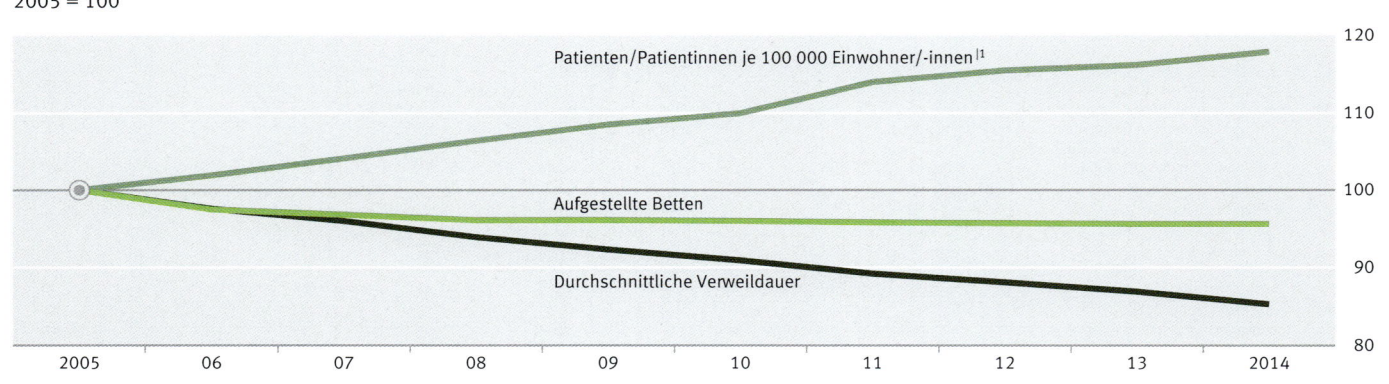

1 Bis 2010 berechnet mit der Durchschnittsbevölkerung auf Basis früherer Zählungen. Ab 2011 berechnet mit der Durchschnittsbevölkerung auf Grundlage des Zensus 2011, Zensusdaten mit dem Stand vom 10.4.2014 (vorläufige Ergebnisse).

Quelle: Grunddaten der Krankenhäuser und Vorsorge- oder Rehabilitationseinrichtungen

4 Gesundheit

4.2 Gesundheitsversorgung
4.2.2 Vor-, nach- und teilstationäre Behandlungen in Krankenhäusern 2014

Bezeichnung der Fachabteilung	Krankenhäuser mit entsprechender Fachabteilung	Krankenhäuser mit						
		vorstationären Behandlungen		nachstationären Behandlungen		teilstationären Behandlungen		
		Krankenhäuser	Patienten/Patientinnen	Krankenhäuser	Patienten/Patientinnen	Krankenhäuser	Patienten/Patientinnen	Berechnungstage
	Anzahl							
Fachabteilungen insgesamt	X	X	4 581 160	X	1 031 277	X	743 561	6 884 025
davon:								
Allgemeine Fachabteilungen zusammen	X	X	4 510 698	X	1 019 655	X	563 709	2 222 258
davon:								
Augenheilkunde	150	146	92 790	110	39 206	10	14 028	14 045
Chirurgie	1 015	1 015	1 571 041	914	397 038	14	3 702	33 112
Frauenheilkunde und Geburtshilfe	693	690	432 213	612	99 367	36	13 649	40 103
Hals-Nasen-Ohrenheilkunde	357	349	237 015	188	99 343	20	14 106	32 834
Haut- und Geschlechtskrankheiten	99	97	56 361	83	25 050	46	35 309	168 849
Herzchirurgie	62	60	9 983	52	3 549	5	181	184
Innere Medizin	1 091	1 074	1 068 806	936	138 477	264	333 715	1 147 944
Geriatrie	215	134	3 233	111	529	148	36 350	436 102
Kinderchirurgie	79	79	31 724	75	13 765	10	1 966	2 183
Kinderheilkunde	328	322	131 363	302	42 888	79	60 241	134 765
Mund-Kiefer-Gesichtschirurgie	96	96	25 096	62	27 116	5	734	745
Neurochirurgie	149	147	77 275	123	9 711	6	1 344	5 000
Neurologie	348	343	116 139	292	17 809	37	14 200	49 434
Nuklearmedizin	92	92	25 221	70	2 916	8	4 619	4 693
Orthopädie	279	274	297 713	219	31 786	12	3 982	20 389
Plastische Chirurgie	79	77	30 397	65	19 207	1	24	24
Strahlentherapie	128	116	16 939	97	3 997	12	6 991	56 734
Urologie	399	392	264 977	345	45 238	16	2 262	3 895
Sonstige Fachbereiche/Allgemeinbetten	118	92	22 412	56	2 663	29	16 306	71 223
Psychiatrische Fachabteilungen zusammen	X	X	70 462	X	11 622	X	179 852	4 661 767
davon:								
Kinder-/Jugendpsychiatrie und -psychotherapie	156	54	3 017	28	397	154	22 883	786 012
Psychiatrie und Psychotherapie	419	253	40 557	153	8 932	404	140 479	3 497 123
Psychotherapeutische Medizin/Psychosomatik	170	114	26 888	71	2 293	110	16 490	378 632

Ergebnisse der Krankenhausstatistik. – Grunddaten der Krankenhäuser.

Entwicklung zentraler Indikatoren der Vorsorge- oder Rehabilitationseinrichtungen
2005 = 100

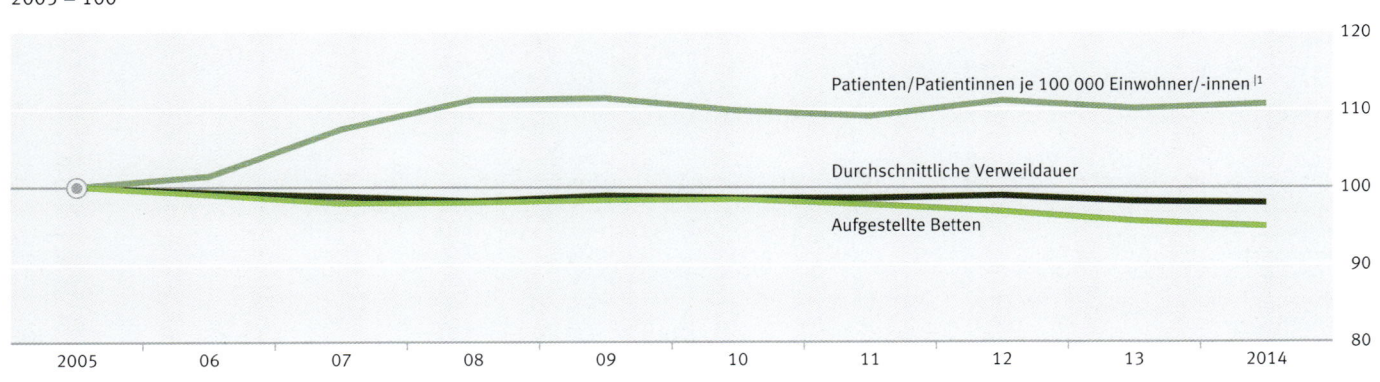

1 Bis 2010 berechnet mit der Durchschnittsbevölkerung auf Basis früherer Zählungen. Ab 2011 berechnet mit der Durchschnittsbevölkerung auf Grundlage des Zensus 2011, Zensusdaten mit dem Stand vom 10.4.2014 (vorläufige Ergebnisse).
Quelle: Grunddaten der Krankenhäuser und Vorsorge- oder Rehabilitationseinrichtungen

4 Gesundheit

4.2 Gesundheitsversorgung
4.2.3 Krankenhausentbindungen

	Entbundene Frauen				Im Krankenhaus geborene Kinder		
	insgesamt	darunter durch			insgesamt	davon	
		Kaiserschnitt	Zangengeburt	Vakuumextraktion (Sauglocke)		lebend geboren	tot geboren
	Anzahl	%			Anzahl	%	
2010	656 390	31,9	0,6	5,3	668 950	99,7	0,3
2011	642 976	32,2	0,5	5,5	654 243	99,7	0,3
2012	653 215	31,9	0,5	5,7	665 780	99,7	0,3
2013	661 138	31,8	0,5	5,8	674 245	99,7	0,3
2014	692 794	31,8	0,4	5,8	706 874	99,7	0,3
2014 nach Ländern							
Baden-Württemberg	93 401	32,3	0,2	6,6	95 420	99,8	0,2
Bayern	110 450	33,0	0,3	6,4	112 663	99,7	0,3
Berlin	38 252	28,1	0,2	8,5	39 116	99,6	0,4
Brandenburg	15 328	26,4	0,5	4,2	15 592	99,7	0,3
Bremen	8 766	31,5	0,2	6,0	8 964	99,5	0,5
Hamburg	22 398	33,0	0,2	6,0	22 983	99,6	0,4
Hessen	51 214	33,8	0,7	5,3	52 211	99,6	0,4
Mecklenburg-Vorpommern	12 558	29,4	0,6	4,6	12 785	99,7	0,3
Niedersachsen	61 053	32,6	0,3	5,0	62 243	99,8	0,2
Nordrhein-Westfalen	151 265	32,8	0,7	5,7	154 624	99,6	0,4
Rheinland-Pfalz	32 084	33,5	0,4	5,5	32 671	99,7	0,3
Saarland	7 758	40,2	0,7	6,2	7 930	99,8	0,2
Sachsen	35 163	24,2	0,5	4,6	35 744	99,6	0,4
Sachsen-Anhalt	16 504	29,6	0,6	3,5	16 773	99,7	0,3
Schleswig-Holstein	19 901	33,1	0,1	5,5	20 211	99,7	0,3
Thüringen	16 699	27,3	0,8	3,3	16 944	99,7	0,3

Ergebnisse der Krankenhausstatistik. – Grunddaten der Krankenhäuser.

4.2.4 Ausgewählte Kennzahlen zu Vorsorge- oder Rehabilitationseinrichtungen

	Einrichtungen	Aufgestellte Betten		Patienten/Patientinnen		Pflegetage	Durchschnittl. Verweildauer	Durchschnittl. Bettenauslastung
	Anzahl		je 100 000 Einwohner/-innen [1]	Anzahl	je 100 000 Einwohner/-innen [1]	1 000	Tage	%
2010	1 237	171 724	210	1 974 731	2 415	50 219	25,4	80,1
2011	1 233	170 544	213	1 926 055	2 401	48 981	25,4	78,7
2012	1 212	168 968	210	1 964 711	2 443	50 094	25,5	81,0
2013	1 187	166 889	207	1 953 636	2 422	49 455	25,3	81,2
2014	1 158	165 657	205	1 972 853	2 436	49 837	25,3	82,4
2014 nach Ländern								
Baden-Württemberg	191	25 680	241	306 483	2 871	7 477	24,4	79,8
Bayern	260	29 860	236	358 033	2 831	8 566	23,9	78,6
Berlin	3	636	18	7 803	226	192	24,7	82,9
Brandenburg	27	5 234	213	65 837	2 683	1 756	26,7	91,9
Bremen	3	384	58	3 324	504	99	29,7	70,3
Hamburg	7	308	18	2 773	158	101	36,5	89,9
Hessen	93	15 995	264	175 162	2 886	4 689	26,8	80,3
Mecklenburg-Vorpommern	60	10 471	655	129 635	8 113	3 094	23,9	80,9
Niedersachsen	121	17 403	223	224 444	2 874	5 370	23,9	84,5
Nordrhein-Westfalen	148	20 589	117	237 353	1 348	6 587	27,8	87,6
Rheinland-Pfalz	57	7 557	189	88 208	2 204	2 398	27,2	86,9
Saarland	18	2 849	288	30 040	3 035	854	28,4	82,1
Sachsen	53	8 943	221	102 233	2 524	2 746	26,9	84,1
Sachsen-Anhalt	20	3 561	159	46 102	2 058	1 113	24,1	85,6
Schleswig-Holstein	62	10 371	367	133 925	4 743	3 185	23,8	84,1
Thüringen	35	5 816	269	61 501	2 849	1 610	26,2	75,9

Ergebnisse der Krankenhausstatistik. – Grunddaten der Vorsorge- oder Rehabilitationseinrichtungen.

1 Bis 2010 berechnet mit der Durchschnittsbevölkerung auf Basis früherer Zählungen. Ab 2011 berechnet mit der Durchschnittsbevölkerung auf Grundlage des Zensus 2011, Zensusdaten mit dem Stand vom 10.4.2014 (vorläufige Ergebnisse).

4 Gesundheit

4.2 Gesundheitsversorgung
4.2.5 Gesundheitspersonal nach Einrichtungen

	2000	2005	2010	2013	2014	2000	2005	2010	2013	2014
	1 000					%				
	Beschäftigte insgesamt									
Insgesamt	4 009	4 346	4 844	5 120	5 222	100	100	100	100	100
Gesundheitsschutz	39	39	35	36	35	1,0	0,9	0,7	0,7	0,7
Ambulante Einrichtungen	1 567	1 760	1 985	2 106	2 158	39,1	40,5	41,0	41,1	41,3
Arztpraxen	586	634	651	668	676	14,6	14,6	13,4	13,0	12,9
Zahnarztpraxen	284	310	325	339	344	7,1	7,1	6,7	6,6	6,6
Praxen sonstiger medizinischer Berufe	246	317	414	459	477	6,1	7,3	8,5	9,0	9,1
Apotheken	186	205	217	220	222	4,6	4,7	4,5	4,3	4,3
Einzelhandel	79	84	103	110	114	2,0	1,9	2,1	2,1	2,2
Ambulante Pflege	185	211	275	310	326	4,6	4,8	5,7	6,1	6,2
Stationäre/teilstationäre Einrichtungen	1 579	1 618	1 762	1 840	1 862	39,4	37,2	36,4	35,9	35,7
Krankenhäuser	1 021	992	1 038	1 086	1 099	25,5	22,8	21,4	21,2	21,1
Vorsorge-/Rehabilitationseinrichtungen	115	111	118	117	117	2,9	2,6	2,4	2,3	2,2
Stationäre/teilstationäre Pflege	443	515	606	637	646	11,0	11,8	12,5	12,4	12,4
Rettungsdienste	44	45	48	52	55	1,1	1,0	1,0	1,0	1,1
Verwaltung	226	220	220	221	221	5,6	5,1	4,5	4,3	4,2
Sonstige Einrichtungen	170	242	312	342	358	4,2	5,6	6,4	6,7	6,8
Vorleistungsindustrien	385	422	483	523	533	9,6	9,7	10,0	10,2	10,2
Pharmazeutische Industrie	93	104	122	141	147	2,3	2,4	2,5	2,7	2,8
Medizintechnische/augenoptische Industrie	111	121	134	150	153	2,8	2,8	2,8	2,9	2,9
Großhandel/Handelsvermittlung	99	116	133	136	136	2,5	2,7	2,7	2,7	2,6
Medizinische/zahnmedizinische Laboratorien	82	81	93	96	97	2,1	1,9	1,9	1,9	1,9
	darunter Frauen									
Zusammen	2 972	3 256	3 650	3 881	3 963	100	100	100	100	100
Gesundheitsschutz	26	26	24	25	25	0,9	0,8	0,7	0,6	0,6
Ambulante Einrichtungen	1 257	1 422	1 607	1 715	1 759	42,3	43,7	44,0	44,2	44,4
Arztpraxen	477	517	529	545	552	16,0	15,9	14,5	14,0	13,9
Zahnarztpraxen	228	251	264	278	283	7,7	7,7	7,2	7,2	7,1
Praxen sonstiger medizinischer Berufe	193	249	329	370	384	6,5	7,6	9,0	9,5	9,7
Apotheken	156	172	181	182	184	5,3	5,3	5,0	4,7	4,7
Einzelhandel	45	48	63	68	71	1,5	1,5	1,7	1,7	1,8
Ambulante Pflege	158	185	241	272	285	5,3	5,7	6,6	7,0	7,2
Stationäre/teilstationäre Einrichtungen	1 222	1 263	1 384	1 455	1 474	41,1	38,8	37,9	37,5	37,2
Krankenhäuser	762	739	779	821	832	25,6	22,7	21,3	21,2	21,0
Vorsorge-/Rehabilitationseinrichtungen	88	84	90	90	90	2,9	2,6	2,5	2,3	2,3
Stationäre/teilstationäre Pflege	372	439	516	544	552	12,5	13,5	14,1	14,0	13,9
Rettungsdienste	10	11	12	15	16	0,4	0,3	0,3	0,4	0,4
Verwaltung	139	135	139	143	144	4,7	4,2	3,8	3,7	3,6
Sonstige Einrichtungen	122	183	237	262	273	4,1	5,6	6,5	6,7	6,9
Vorleistungsindustrien	196	217	247	267	272	6,6	6,7	6,8	6,9	6,9
Pharmazeutische Industrie	43	50	60	69	73	1,5	1,5	1,7	1,8	1,8
Medizintechnische/augenoptische Industrie	51	55	59	66	68	1,7	1,7	1,6	1,7	1,7
Großhandel/Handelsvermittlung	52	62	71	72	72	1,7	1,9	1,9	1,9	1,8
Medizinische/zahnmedizinische Laboratorien	50	50	57	59	60	1,7	1,5	1,6	1,5	1,5

Ergebnisse der Gesundheitspersonalrechnung.

4 Gesundheit

4.2 Gesundheitsversorgung
4.2.6 Gesundheitspersonal nach Berufen, Alter und Geschlecht

Nr. der Klassifi- kation [1]	Alter von … bis unter … Jahren / Beruf	Beschäftigte			Darunter Teilzeit- und geringfügig Beschäftigte			Vollzeitäquivalente		
		2012	2013	2014	2012	2013	2014	2012	2013	2014
	Insgesamt	5 023	5 120	5 222	2 470	2 543	2 623	3 666	3 728	3 790
	nach Altersgruppen									
	unter 30	837	844	853	309	312	318	656	661	667
	30 – 40	1 026	1 052	1 078	481	496	511	765	784	804
	40 – 50	1 424	1 385	1 350	762	749	738	1 019	988	960
	50 – 60	1 292	1 358	1 420	653	696	741	950	993	1 032
	60 und mehr	443	482	522	265	289	315	276	302	327
	darunter Frauen									
	unter 30	657	661	665	241	243	247	521	523	525
	30 – 40	781	800	820	430	442	455	549	563	579
	40 – 50	1 095	1 065	1 039	699	686	674	727	705	685
	50 – 60	983	1 036	1 089	594	634	675	676	709	741
	60 und mehr	287	319	351	199	219	241	165	186	205
	Zusammen	3 803	3 881	3 963	2 163	2 224	2 291	2 637	2 686	2 735
	nach Berufen									
624	Verkauf von drogerie- und apothekenüblichen Waren, Sanitäts- u. Medizinbedarf	51	52	52	28	28	28	35	35	35
732	Verwaltung [2]	73	76	78	37	39	41	52	54	55
733	Medien-, Dokumentations- und Informationsdienste [3]	4	5	5	2	2	2	3	4	4
811	Arzt- und Praxishilfe [4]	607	626	638	312	325	336	419	432	439
812	Medizinisches Laboratorium [5]	98	100	101	44	45	46	75	75	76
813	Gesundheits- und Krankenpflege, Rettungsdienst und Geburtshilfe	976	1 006	1 027	511	529	542	719	740	754
814	Human- und Zahnmedizin [6]	418	427	436	77	82	88	377	384	390
816	Psychologie und nichtärztliche Psychotherapie [7]	36	38	40	10	12	14	31	32	33
817	Nichtärztliche Therapie und Heilkunde	360	372	381	188	198	206	253	260	265
818	Pharmazie [8]	155	157	160	58	61	63	122	124	126
821	Altenpflege	501	522	543	320	334	352	370	385	397
822	Ernährungs- und Gesundheitsberatung, Wellness	16	16	15	9	9	8	11	11	11
825	Medizin-, Orthopädie- und Rehatechnik	147	149	152	37	38	40	124	126	128
831	Erziehung, Sozialarbeit, Heilerziehungspflege [9]	47	48	48	26	27	28	35	35	35
999	Andere Berufe	1 534	1 526	1 545	811	813	829	1 040	1 031	1 042
	darunter Frauen									
624	Verkauf von drogerie- und apothekenüblichen Waren, Sanitäts- u. Medizinbedarf	48	48	49	26	27	27	32	32	33
732	Verwaltung [2]	65	67	69	35	37	38	45	47	48
733	Medien-, Dokumentations- und Informationsdienste [3]	4	4	4	2	2	2	3	3	3
811	Arzt- und Praxishilfe [4]	595	614	626	306	318	329	413	425	432
812	Medizinisches Laboratorium [5]	89	90	91	42	43	44	67	67	68
813	Gesundheits- und Krankenpflege, Rettungsdienst und Geburtshilfe	797	821	836	459	474	485	570	587	597
814	Human- und Zahnmedizin [6]	184	191	197	53	56	60	156	161	166
816	Psychologie und nichtärztliche Psychotherapie [7]	25	27	29	9	10	11	21	22	23
817	Nichtärztliche Therapie und Heilkunde	284	294	302	163	172	179	192	198	202
818	Pharmazie [8]	124	127	130	54	57	59	94	96	98
821	Altenpflege	430	448	465	287	300	315	312	325	335
822	Ernährungs- und Gesundheitsberatung, Wellness	13	13	12	8	8	7	8	8	8
825	Medizin-, Orthopädie- und Rehatechnik	74	76	78	28	29	31	57	59	60
831	Erziehung, Sozialarbeit, Heilerziehungspflege [9]	37	38	38	23	24	24	27	27	27
999	Andere Berufe	1 036	1 024	1 037	668	668	680	640	629	636

Ergebnisse der Gesundheitsausgabenrechnung.

1 Klassifikation der Berufe, Ausgabe 2010.
2 Ohne 7320, 7321, 7323, 7324, 7325, 7328, 7329.
3 Ohne 7331, 7332, 7333, 73393.
4 Ohne 8114.
5 Ohne 8124, 81214, 81234, 8129.
6 Beinhaltet 814 und 81214, 81234, 8129, 8181.
7 Ohne 81614.
8 Ohne 8181, 81884.
9 Ohne 8311, 8315, 8319.

4 Gesundheit

4.2 Gesundheitsversorgung

Gesundheitspersonal nach Berufen 2014
Beschäftigte mit Approbation, in %

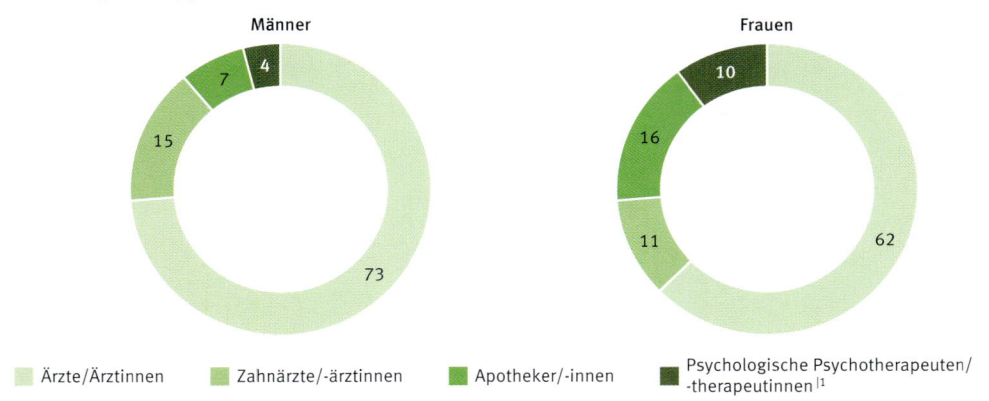

Männer: 73, 15, 7, 4
Frauen: 62, 11, 16, 10

- Ärzte/Ärztinnen
- Zahnärzte/-ärztinnen
- Apotheker/-innen
- Psychologische Psychotherapeuten/-therapeutinnen [1]

Ergebnisse der Gesundheitspersonalrechnung.
1 Einschl. Kinder- und Jugendlichenpsychotherapeuten/-therapeutinnen.

2016 · 01 · 0218

4.2.7 Zugelassene Pflegeheime

	Pflegeheime		Davon nach dem Träger des Heims			Verfügbare Plätze		Durchschnittliche Vergütung für vollstationäre Dauerpflege				Personal insgesamt
	insgesamt	dar. Heime mit vollstationärer Dauerpflege [1]	private	freigemeinnützige	öffentliche	insgesamt	dar. Plätze für vollstationäre Dauerpflege	Pflegesatz der Pflegeklasse			Unterkunft und Verpflegung	
								I	II	III		
	Anzahl	%				Anzahl	%	EUR pro Person und Tag				Anzahl
2001	9 165	90,9	35,9	56,0	8,2	674 292	96,2	39,00	52,00	66,00	19,00	475 368
2005	10 424	90,3	38,1	55,1	6,7	757 186	95,9	42,00	56,00	70,00	19,00	546 397
2007	11 029	89,9	39,2	55,1	5,8	799 059	95,8	43,00	57,00	71,00	20,00	573 545
2009 [2]	11 634	89,3	39,9	54,8	5,4	845 007	95,6	44,79	58,96	73,97	20,30	621 392
2011	12 354	86,7	40,5	54,4	5,1	875 549	94,9	45,03	59,57	74,92	20,69	661 179
2013	13 030	84,0	41,1	54,2	4,7	902 882	93,9	46,51	61,69	77,80	21,43	685 447

Ergebnisse der Pflegestatistik. – Stichtag jeweils 15.12. eines Jahres.
1 Das Angebot der anderen Heime setzt sich aus Kurzzeit-, Tages- und/oder Nachtpflege zusammen.
2 Seit der Erhebung 2009 wird die Vergütung in vollen Cent erfasst und – nicht mehr wie zuvor – in gerundeten Beträgen.

4.2.8 Zugelassene ambulante Pflegedienste

	Pflegedienste insgesamt	Davon nach dem Träger des Dienstes			Darunter Pflegedienste, die auch andere Sozialleistungen anbieten		Und zwar [1]			Personal insgesamt
		private	freigemeinnützige	öffentliche			häusliche Krankenpflege/Haushaltshilfe (SGB V)	Hilfe zur Pflege (SGB XII)	sonstige ambulante Hilfeleistungen	
	Anzahl	%			Anzahl	% der Pflegedienste insgesamt	%			Anzahl
2001	10 594	51,9	46,2	1,9	10 463	98,8	96,7	68,7	49,8	189 567
2005	10 977	57,6	40,6	1,8	10 866	99,0	97,0	53,2	43,1	214 307
2007	11 529	59,9	38,5	1,7	11 431	99,1	97,2	60,2	44,6	236 162
2009	12 026	61,5	36,9	1,6	11 950	99,4	97,2	60,8	44,9	268 891
2011	12 349	62,9	35,7	1,4	12 238	99,1	97,2	61,6	41,7	290 714
2013	12 745	63,9	34,7	1,4	12 606	98,9	97,1	60,1	39,3	320 077

Ergebnisse der Pflegestatistik. – Stichtag jeweils 15.12. eines Jahres.
1 Mehrfachnennungen möglich.

4 Gesundheit

4.2 Gesundheitsversorgung
4.2.9 Personal in Pflegeheimen 2013

Berufsabschluss	Personal insgesamt	Darunter weiblich	50 Jahre und älter	Davon nach dem überwiegenden Tätigkeitsbereich im Pflegeheim						
				Pflege und Betreuung	soziale Betreuung	zusätzliche Betreuung (§ 87b SGB XI)	Hauswirt- schafts- bereich	haustech- nischer Bereich	Verwaltung, Geschäfts- führung	sonstiger Bereich
	Anzahl	%								
Insgesamt	**685 447**	**84,9**	**37,9**	**65,8**	**4,2**	**4,1**	**16,7**	**2,3**	**5,3**	**1,6**
Staatlich anerkannte/-r Altenpfleger/-in	158 505	83,4	30,9	95,8	1,2	0,5	0,1	0,0	2,0	0,3
Staatlich anerkannte/-r Altenpflegehelfer/-in	40 250	87,3	33,8	96,6	1,1	1,3	0,6	0,0	0,2	0,1
Gesundheits- und Krankenpfleger/-in	54 385	89,9	41,0	91,6	1,6	0,6	0,3	0,0	5,3	0,5
Krankenpflegehelfer/-in	16 875	89,0	43,0	96,3	1,3	1,2	0,8	0,0	0,2	0,2
Gesundheits- und Kinder- krankenpfleger/-in	3 625	96,9	50,5	88,4	2,7	1,6	1,5	0,1	5,2	0,6
Heilerziehungspfleger/-in, Heilerzieher/-in	2 693	79,5	25,0	73,6	18,2	4,4	1,0	0,1	2,1	0,6
Heilerziehungspflegehelfer/-in	460	82,6	27,8	75,0	11,1	8,3	2,8	0,2	1,7	0,9
Heilpädagoge, Heilpädagogin	333	86,8	47,1	25,5	53,5	6,3	0,9	0,6	10,8	2,4
Ergotherapeut/-in	7 632	90,3	25,0	16,9	68,9	10,5	0,4	0,1	0,3	3,0
Physiotherapeut/-in (Kranken- gymnast/-in)	998	83,2	38,8	37,5	34,4	4,4	0,9	0,4	2,8	19,6
Sonstiger Abschluss im Bereich der nichtärztlichen Heilberufe	3 507	88,5	44,7	60,2	13,6	6,2	5,4	2,0	8,6	3,9
Sozialpädagogischer/sozialarbeite- rischer Berufsabschluss	6 847	81,4	48,1	11,5	64,0	4,8	0,8	0,3	16,9	1,7
Familienpfleger/-in mit staatlichem Abschluss	1 218	95,8	47,3	81,1	8,6	4,7	4,4	0,2	0,9	0,2
Dorfhelfer/-in mit staatlichem Abschluss	125	89,6	57,6	56,0	8,0	9,6	20,0	0,0	5,6	0,8
Abschluss einer pflegewissenschaft- lichen Ausbildung an einer Fachhochschule oder Universität	3 061	69,6	32,3	29,7	7,1	1,1	0,8	0,2	58,3	2,8
Sonstiger pflegerischer Beruf	48 314	91,1	46,2	60,3	5,9	30,8	2,5	0,1	0,2	0,3
Fachhauswirtschafter/-in für ältere Menschen	2 089	93,2	38,4	11,6	1,6	1,6	82,2	0,9	1,6	0,6
Sonstiger hauswirtschaftlicher Berufsabschluss	32 108	87,8	42,5	7,8	0,8	0,7	87,2	1,5	1,0	0,9
Sonstiger Berufsabschluss	167 799	81,7	50,2	36,1	4,4	4,4	28,5	8,0	14,5	4,0
Ohne Berufsabschluss	86 303	87,6	39,5	50,4	3,3	1,9	38,6	2,1	1,4	2,4
Auszubildende/-r, (Um-)Schüler/-in	48 320	78,1	2,9	95,0	0,4	0,1	2,8	0,1	1,3	0,4

Ergebnisse der Pflegestatistik. – Stichtag 15.12.2013.

4 Gesundheit

4.2 Gesundheitsversorgung
4.2.10 Personal in Pflegediensten 2013

Berufsabschluss	Personal insgesamt	Veränderung 2013 gegenüber 2003	Darunter weiblich	50 Jahre und älter	Pflegedienstleistung	Grundpflege	häusliche Betreuung	hauswirtschaftliche Versorgung	Verwaltung, Geschäftsführung	sonstiger Bereich
	Anzahl	%								
Insgesamt	320 077	59,3	87,4	35,9	5,3	68,5	3,3	11,8	4,8	6,3
Staatlich anerkannte/-r Altenpfleger/-in	68 649	116,2	84,7	29,6	7,1	84,3	1,1	0,7	1,7	5,2
Staatlich anerkannte/-r Altenpflegehelfer/-in	14 121	193,2	89,6	32,4	0,9	89,9	2,6	4,1	0,7	1,8
Gesundheits- und Krankenpfleger/-in	81 226	28,5	88,0	34,9	12,5	76,2	1,2	0,8	2,9	6,5
Krankenpflegehelfer/-in	13 667	41,2	89,7	38,1	0,5	88,9	2,9	4,7	0,8	2,3
Gesundheits- und Kinderkrankenpfleger/-in	8 030	49,8	97,4	37,1	10,6	72,7	1,9	0,9	2,5	11,4
Heilerziehungspfleger/-in, Heilerzieher/-in	1 374	110,4	79,5	15,8	2,0	72,2	6,0	7,4	1,9	10,4
Heilerziehungspflegehelfer/-in	269	34,5	81,8	23,0	0,4	73,2	9,7	8,9	1,5	6,3
Heilpädagoge, Heilpädagogin	102	9,7	82,4	25,5	2,9	60,8	8,8	8,8	7,8	10,8
Ergotherapeut/-in	512	93,2	86,9	17,6	0,4	48,8	19,9	4,3	1,6	25,0
Physiotherapeut/-in (Krankengymnast/-in)	242	X [1]	76,0	28,5	0,0	53,7	7,9	9,5	10,7	18,2
Sonstiger Abschluss im Bereich der nichtärztlichen Heilberufe	4 334	47,2	93,3	35,5	0,6	72,5	3,3	9,8	8,5	5,3
Sozialpädagogischer/sozialarbeiterischer Berufsabschluss	1 618	23,4	81,1	36,8	2,1	33,1	8,1	5,9	20,3	30,6
Familienpfleger/-in mit staatlichem Abschluss	1 442	–32,5	97,2	49,8	0,6	70,5	4,1	18,2	0,8	5,7
Dorfhelfer/-in mit staatlichem Abschluss	147	6,5	98,0	55,1	0,0	44,2	6,8	40,1	1,4	7,5
Abschluss einer pflegewissenschaftlichen Ausbildung an einer Fachhochschule oder Universität	1 094	96,4	71,9	27,9	44,1	14,0	1,8	1,0	31,6	7,5
Sonstiger pflegerischer Beruf	23 566	21,3	90,3	42,0	0,2	76,7	8,2	10,9	0,9	3,1
Fachhauswirtschafter/-in für ältere Menschen	845	–19,6	97,0	48,2	0,2	27,3	7,0	61,8	1,5	2,1
Sonstiger hauswirtschaftlicher Berufsabschluss	6 261	56,0	96,3	45,4	0,2	21,8	3,8	69,9	1,1	3,4
Sonstiger Berufsabschluss	66 117	84,2	86,9	46,0	0,3	39,2	6,1	31,5	14,1	8,7
Ohne Berufsabschluss	16 698	X [2]	83,4	34,0	0,0	47,2	5,3	35,2	2,3	10,0
Auszubildende/-r, (Um-)Schüler/-in	9 763	X [2]	82,3	4,5	0,0	91,7	0,9	1,7	2,0	3,7

Ergebnisse der Pflegestatistik. – Stichtag 15.12.2013.
1 Physiotherapeut/-in (Krankengymnast/-in) wurde bis 2005 unter „sonstiger Abschluss im Bereich der nichtärztlichen Heilberufe" erhoben.
2 Vor 2013 wurden „ohne Berufsabschluss" und „noch in Ausbildung" zusammen dargestellt.

4 Gesundheit
4.3 Kosten im Gesundheitswesen
4.3.1 Gesundheitsausgaben im Zeitvergleich
Weitere Informationen zu Sozialversicherungen siehe Kapitel „Soziales"

	2000	2005	2010	2013	2014	2000	2005	2010	2013	2014
	Mill. EUR					%				
Ausgaben insgesamt	213 804	241 932	290 252	314 666	327 951	100	100	100	100	100
nach Ausgabenträgern										
Öffentliche Haushalte	13 614	13 583	14 220	14 266	14 769	6,4	5,6	4,9	4,5	4,5
Gesetzliche Krankenversicherung	123 914	135 877	165 835	181 664	191 767	58,0	56,2	57,1	57,7	58,5
Soziale Pflegeversicherung	16 706	17 888	21 535	24 398	25 452	7,8	7,4	7,4	7,8	7,8
Gesetzliche Rentenversicherung	3 528	3 598	4 054	4 268	4 363	1,7	1,5	1,4	1,4	1,3
Gesetzliche Unfallversicherung	3 687	3 998	4 613	5 005	5 213	1,7	1,7	1,6	1,6	1,6
Private Kranken-/Pflege-Pflicht-versicherung	17 604	22 023	26 773	29 039	29 262	8,2	9,1	9,2	9,2	8,9
Arbeitgeber/-innen	8 692	10 231	12 281	13 458	13 938	4,1	4,2	4,2	4,3	4,3
Private Haushalte, Private Organisationen ohne Erwerbszweck	26 059	34 734	40 941	42 568	43 186	12,2	14,4	14,1	13,5	13,2
nach Leistungsarten										
Prävention, Gesundheitsschutz	7 449	8 887	10 897	10 970	11 503	3,5	3,7	3,8	3,5	3,5
Ärztliche Leistungen	57 019	64 177	78 483	85 909	89 188	26,7	26,5	27,0	27,3	27,2
Grundleistungen	19 557	20 234	22 856	24 650	25 378	9,1	8,4	7,9	7,8	7,7
Sonderleistungen	26 749	31 590	40 410	44 697	46 581	12,5	13,1	13,9	14,2	14,2
Laborleistungen	5 349	5 955	7 143	7 915	8 212	2,5	2,5	2,5	2,5	2,5
Strahlendiagnostische Leistungen	5 364	6 399	8 073	8 646	9 016	2,5	2,6	2,8	2,7	2,7
Pflegerische und therapeutische Leistungen	52 354	58 065	69 935	79 403	82 843	24,5	24,0	24,1	25,2	25,3
Pflegerische Leistungen	41 025	44 519	52 352	58 841	61 256	19,2	18,4	18,0	18,7	18,7
Therapeutische Leistungen	10 727	12 880	16 746	19 601	20 576	5,0	5,3	5,8	6,2	6,3
Mutterschaftsleistungen	602	666	836	962	1 011	0,3	0,3	0,3	0,3	0,3
Unterkunft und Verpflegung	18 570	20 649	23 786	25 638	26 437	8,7	8,5	8,2	8,1	8,1
Waren	57 488	66 873	80 515	85 319	90 288	26,9	27,6	27,7	27,1	27,5
Arzneimittel	31 959	39 615	46 606	47 863	51 098	14,9	16,4	16,1	15,2	15,6
Hilfsmittel	11 641	12 143	15 024	17 145	18 136	5,4	5,0	5,2	5,4	5,5
Zahnersatz	5 678	5 622	6 728	7 010	7 136	2,7	2,3	2,3	2,2	2,2
Sonstiger medizinischer Bedarf	8 211	9 493	12 157	13 301	13 918	3,8	3,9	4,2	4,2	4,2
Transporte	3 425	3 962	4 987	5 943	6 191	1,6	1,6	1,7	1,9	1,9
Verwaltungsleistungen	11 332	13 095	15 091	15 343	15 270	5,3	5,4	5,2	4,9	4,7
Laufende Gesundheitsausgaben	207 636	235 709	283 694	308 526	321 720	97,1	97,4	97,7	98,0	98,1
Investitionen	6 167	6 224	6 559	6 140	6 231	2,9	2,6	2,3	2,0	1,9
nach Einrichtungen										
Gesundheitsschutz	1 816	1 979	2 228	1 972	1 973	0,8	0,8	0,8	0,6	0,6
Ambulante Einrichtungen	102 333	117 959	143 853	155 429	163 476	47,9	48,8	49,6	49,4	49,8
Arztpraxen	31 773	36 412	45 278	48 262	50 199	14,9	15,1	15,6	15,3	15,3
Zahnarztpraxen	18 507	19 290	22 363	24 374	24 880	8,7	8,0	7,7	7,7	7,6
Praxen sonstiger medizinischer Berufe	5 919	7 263	9 603	10 962	11 508	2,8	3,0	3,3	3,5	3,5
Apotheken	29 034	35 871	41 179	41 791	44 708	13,6	14,8	14,2	13,3	13,6
Gesundheitshandwerk, -einzelhandel	11 312	11 988	15 389	17 685	18 863	5,3	5,0	5,3	5,6	5,8
Ambulante Pflege	5 789	7 135	10 041	12 355	13 318	2,7	2,9	3,5	3,9	4,1
Sonstige ambulante Einrichtungen	80 710	90 423	107 811	118 691	123 402	37,7	37,4	37,1	37,7	37,6
Krankenhäuser	56 221	62 052	74 573	82 389	85 924	26,3	25,6	25,7	26,2	26,2
Vorsorge- oder Rehabilitationseinrichtungen	7 511	7 326	8 184	8 703	9 000	3,5	3,0	2,8	2,8	2,7
Stationäre und teilstationäre Pflege	16 978	21 046	25 054	27 599	28 478	7,9	8,7	8,6	8,8	8,7
Rettungsdienste	2 056	2 566	3 095	3 775	3 920	1,0	1,1	1,1	1,2	1,2
Verwaltung	12 649	14 597	16 773	17 271	17 278	5,9	6,0	5,8	5,5	5,3
Sonstige Einrichtungen und private Haushalte	7 438	7 267	8 441	9 783	10 195	3,5	3,0	2,9	3,1	3,1
Ausland	634	918	1 494	1 605	1 474	0,3	0,4	0,5	0,5	0,4
Laufende Gesundheitsausgaben	207 636	235 709	283 694	308 526	321 720	97,1	97,4	97,7	98,0	98,1
Investitionen	6 167	6 224	6 559	6 140	6 231	2,9	2,6	2,3	2,0	1,9

Ergebnisse der Gesundheitsausgabenrechnung.

4 Gesundheit

4.3 Kosten im Gesundheitswesen
4.3.2 Gesundheitsausgaben nach Ausgabenträgern 2014

	Insgesamt	Ausgabenträger							
		öffentliche Haushalte	gesetzliche Kranken-versicherung	soziale Pflege-versicherung	gesetzliche Renten-versicherung	gesetzliche Unfall-versicherung	private Kranken-/Pflege-Pflicht-versicherung	Arbeitgeber/-innen	private Haushalte, Private Organisationen ohne Erwerbs-zweck
	Mill. EUR	%							
Ausgaben insgesamt	327 951	4,5	58,5	7,8	1,3	1,6	8,9	4,3	13,2
		nach Leistungsarten							
Prävention, Gesundheitsschutz	11 503	18,2	46,2	3,2	1,8	10,6	1,5	8,3	10,0
Ärztliche Leistungen	89 188	0,8	70,5	–	0,9	1,3	14,5	6,8	5,3
Grundleistungen	25 378	0,6	79,0	–	0,1	1,3	10,5	6,4	2,1
Sonderleistungen	46 581	0,9	65,9	–	1,4	1,2	15,9	6,6	8,1
Laborleistungen	8 212	0,7	69,3	–	0,8	1,4	16,9	8,2	2,6
Strahlendiagnostische Leistungen	9 016	0,5	71,8	–	0,2	1,4	15,9	7,8	2,4
Pflegerische und therapeutische Leistungen	82 843	5,2	46,3	28,5	1,8	1,2	4,9	3,1	9,1
Pflegerische Leistungen	61 256	5,8	39,7	38,6	0,6	1,0	3,8	2,9	7,6
Therapeutische Leistungen	20 576	3,5	63,8	–	5,2	1,8	8,2	3,5	14,0
Mutterschaftsleistungen	1 011	0,6	94,0	–	–	–	2,9	1,7	0,7
Unterkunft und Verpflegung	26 437	5,1	39,1	–	4,7	0,9	5,1	3,6	41,5
Waren	90 288	0,5	65,9	0,6	0,2	0,8	7,6	3,6	20,7
Arzneimittel	51 098	0,5	73,1	–	0,2	0,5	6,8	4,0	15,0
Hilfsmittel	18 136	0,5	43,9	3,0	0,1	1,5	5,8	2,7	42,5
Zahnersatz	7 136	0,2	29,9	–	0,0	0,1	21,4	4,2	44,1
Sonstiger medizinischer Bedarf	13 918	0,8	86,9	–	0,6	1,2	5,7	3,3	1,4
Transporte	6 191	1,2	84,6	–	1,7	4,0	5,1	2,1	1,3
Verwaltungsleistungen	15 270	–	65,0	5,8	1,9	4,7	22,6	–	–
Laufende Gesundheitsausgaben	321 720	2,8	59,6	7,9	1,3	1,6	9,0	4,3	13,4
Investitionen	6 231	93,3	2,3	–	1,5	–	2,9	–	–
		nach Einrichtungen							
Gesundheitsschutz	1 973	97,5	2,5	–	–	–	–	–	–
Ambulante Einrichtungen	163 476	1,2	61,9	3,2	0,2	1,0	9,7	4,9	17,9
Arztpraxen	50 199	0,6	72,2	–	0,3	1,7	12,1	7,0	6,1
Zahnarztpraxen	24 880	0,4	52,6	–	0,0	0,2	16,7	6,5	23,6
Praxen sonstiger medizinischer Berufe	11 508	3,7	55,5	–	1,0	2,3	11,4	2,2	23,9
Apotheken	44 708	0,5	68,9	–	0,0	0,4	7,1	4,1	19,0
Gesundheitshandwerk, -einzelhandel	18 863	0,5	52,2	2,1	0,0	1,4	5,1	2,6	36,0
Ambulante Pflege	13 318	5,5	36,4	36,7	–	0,5	1,4	2,2	17,3
Stationäre und teilstationäre Einrichtungen	123 402	3,9	60,2	9,6	2,8	1,1	7,2	4,0	11,2
Krankenhäuser	85 924	0,6	83,0	–	–	1,3	9,7	3,7	1,8
Vorsorge- oder Rehabilitationseinrichtungen	9 000	13,1	31,1	–	38,9	1,6	1,4	11,8	2,0
Stationäre und teilstationäre Pflege	28 478	11,1	0,3	41,8	–	0,5	1,4	2,3	42,6
Rettungsdienste	3 920	1,4	87,0	–	–	4,5	4,0	1,8	1,3
Verwaltung	17 278	–	59,7	7,3	2,2	10,8	20,0	–	–
Sonstige Einrichtungen und private Haushalte	10 195	2,3	14,1	68,6	0,9	1,8	2,8	9,3	0,2
Ausland	1 474	–	65,9	0,4	–	–	33,7	–	–
Laufende Gesundheitsausgaben	321 720	2,8	59,6	7,9	1,3	1,6	9,0	4,3	13,4
Investitionen	6 231	93,3	2,3	–	1,5	–	2,9	–	–

Ergebnisse der Gesundheitsausgabenrechnung.

4 Gesundheit

4.3 Kosten im Gesundheitswesen
4.3.3 Kostenstruktur der Krankenhäuser

	Brutto-gesamt-kosten [1]	Kosten der Ausbildungs-stätten	Aufwendungen für den Ausbildungs-fonds [1]	Kosten der Kranken-häuser insgesamt	Darunter			Abzüge	Bereinigte Kosten [1]	
					Personalkosten			Sachkosten	zusammen	je Fall
					zusammen [2]	ärztliches Personal	nicht-ärztliches Personal			
	1 000 EUR [3]									EUR
2010	79 911 222	552 005	1 039 109	78 320 108	47 463 378	13 901 239	33 562 139	30 310 976	10 269 243	69 641 979	3 862
2011	83 415 795	581 880	1 076 525	81 757 390	49 485 917	14 729 248	34 756 669	31 647 443	10 774 653	72 641 142	3 960
2012	86 825 988	616 040	1 117 062	85 092 885	51 860 879	15 768 032	36 092 848	32 557 940	11 234 746	75 591 241	4 060
2013	88 231 645	623 585	1 179 393	90 034 623	53 825 553	16 671 295	37 154 258	33 760 283	12 029 802	78 004 821	4 152
2014	93 701 479	643 306	1 219 514	91 838 659	56 152 134	17 578 470	38 573 664	34 998 158	12 526 707	81 174 771	4 239
2014 nach Ländern											
Baden-Württemberg	11 793 808	75 054	191 018	11 527 736	7 255 058	2 167 279	5 087 779	4 171 418	2 017 809	9 775 999	4 591
Bayern	14 592 079	85 529	212 823	14 293 727	8 770 326	2 617 093	6 153 233	5 430 561	1 904 266	12 687 813	4 306
Berlin	4 373 959	32 197	41 553	4 300 209	2 470 279	833 343	1 636 936	1 794 643	650 364	3 723 595	4 576
Brandenburg	2 257 683	19 045	–	2 238 638	1 291 408	444 310	847 098	932 807	110 387	2 147 296	3 811
Bremen	1 032 158	8 952	11 575	1 011 631	588 710	191 608	397 102	409 786	54 933	977 225	4 617
Hamburg	2 928 556	25 943	7 650	2 894 963	1 608 595	550 932	1 057 663	1 244 255	534 742	2 393 814	4 893
Hessen	6 545 733	47 709	80 775	6 417 249	3 772 311	1 171 662	2 600 649	2 583 884	611 142	5 934 590	4 355
Mecklenburg-Vorpommern	1 921 227	8 498	–	1 912 729	1 138 841	379 205	759 636	760 390	274 130	1 647 097	4 011
Niedersachsen	8 210 661	51 422	157 633	8 001 605	4 939 725	1 506 052	3 433 673	3 003 217	1 229 493	6 981 168	4 143
Nordrhein-Westfalen	21 919 853	159 842	356 976	21 403 035	13 313 646	4 201 603	9 112 043	7 935 803	3 278 886	18 640 967	4 121
Rheinland-Pfalz	4 302 911	30 111	71 462	4 201 338	2 737 943	819 358	1 918 585	1 439 139	471 233	3 831 678	4 069
Saarland	1 372 245	16 480	23 858	1 331 907	839 103	248 189	590 914	485 542	135 784	1 236 461	4 488
Sachsen	4 302 997	30 200	–	4 272 797	2 519 446	843 800	1 675 646	1 732 270	296 993	4 006 004	3 990
Sachsen-Anhalt	2 569 933	15 763	–	2 554 170	1 601 938	520 952	1 080 986	939 469	228 278	2 341 654	3 808
Schleswig-Holstein	3 028 459	31 657	41 249	2 955 553	1 718 504	556 637	1 161 867	1 213 568	476 562	2 551 897	4 287
Thüringen	2 549 217	4 903	22 944	2 521 370	1 586 302	526 448	1 059 854	921 407	251 703	2 297 514	3 955

Ergebnisse der Krankenhausstatistik. – Kostennachweis der Krankenhäuser.
1 Werte bereinigt um Fehlkodierungen beim Ausbildungsfonds seit 2007 in Brandenburg, Sachsen und Sachsen-Anhalt.
2 Einschl. der nicht zurechenbaren Personalkosten.
3 Es sind Rundungsdifferenzen in den Summen möglich, da diese auf Basis der absoluten Kostenangaben in EUR berechnet werden.

4 Gesundheit

Methodik

Die gesundheitsbezogenen Statistiken und Rechensysteme sammeln und analysieren Daten über den Gesundheitszustand der Bevölkerung in Deutschland, über Aspekte der gesundheitlichen Lage und der Gesundheitsversorgung sowie über die Ausgaben und Kosten im Gesundheitswesen. Ausführliche Informationen hierzu finden Sie unter www.gbe-bund.de
Detaillierte Informationen zur Methodik der einzelnen Statistiken sind in den Qualitätsberichten dokumentiert (siehe hierzu www.destatis.de/publikationen › Qualitätsberichte).

■ Krankenhäuser, Vorsorge- oder Rehabilitationseinrichtungen

Die Ergebnisse der **Krankenhausstatistik** bilden die statistische Basis für viele gesundheitspolitische Entscheidungen des Bundes und der Länder und dienen den an der Krankenhausfinanzierung beteiligten Institutionen als Planungsgrundlage. Die Erhebung liefert wichtige Informationen über das Volumen und die Struktur des Leistungsangebots sowie über die Inanspruchnahme stationärer Gesundheitsleistungen. Sie dient damit auch der Wissenschaft und Forschung und trägt zur Information der Bevölkerung bei.

Seit 1991 werden die Daten der Krankenhausstatistik auf einer bundeseinheitlichen **Rechtsgrundlage** erhoben, der Krankenhausstatistik-Verordnung vom 10.4.1990 (BGBl. I S. 730), zuletzt geändert durch Artikel 4b des Gesetzes vom 17.3.2009 (BGBl. I S. 534). Auskunftspflichtig sind Krankenhäuser und Vorsorge- oder **Rehabilitationseinrichtungen**. Das Erhebungsprogramm ist in drei Bereiche untergliedert: Die **Grunddaten** der Krankenhäuser und Vorsorge- oder Rehabilitationseinrichtungen liefern Informationen über die sachliche und personelle Ausstattung sowie die Patientenbewegung in den Einrichtungen und ihren organisatorischen Einheiten (Fachabteilungen). Die **Diagnosedaten** geben Aufschluss u. a. über die Art der Erkrankung und ausgewählte sozio-demografische Merkmale wie Alter, Geschlecht und Wohnort der Patientinnen und Patienten in Krankenhäusern sowie in Vorsorge- oder Rehabilitationseinrichtungen mit mehr als 100 Betten. Die **Kostendaten** der Krankenhäuser stellen im Wesentlichen die Aufwendungen für Personal und Sachmittel dar.

Nach § 11a Bundesstatistikgesetz vom 22.1.1987 (BGBl. I S. 462, 565), das zuletzt durch Artikel 13 des Gesetzes vom 25.7.2013 (BGBl. I S. 2749) geändert worden ist, sind alle Betriebe und Unternehmen gesetzlich verpflichtet, ihre Angaben auf elektronischem Weg an die Statistischen Landesämter zu übermitteln. Hierzu sind die von den Statistischen Landesämtern zur Verfügung gestellten Online-Verfahren zu nutzen. Im begründeten Einzelfall kann auf formlosen Antrag eine zeitlich befristete Ausnahme von der Online-Meldung vereinbart werden.
Für die Datenlieferung auf elektronischem Weg stehen xml-Liefervereinbarungen zur Verfügung, die das Format der Datenlieferung beschreiben. Diese Daten können dann über einen sicheren Online-Zugang den Statistischen Landesämtern übermittelt werden.
Zur Unterstützung der Generierung der xml-Daten steht den Berichtspflichtigen das Modul der Deutschen Krankenhausgesellschaft e. V. (DKG e. V.) zur Verfügung.

Die Befragten berichten bis zum 1.4. (Grund- und Diagnosedaten) bzw. 30.6. (Kostendaten) des Berichtsjahr folgenden Jahres. Vorläufige Ergebnisse stehen in der Regel Ende August bzw. Anfang November zur Verfügung, endgültige Ergebnisse etwa drei Monate später.
Infolge mehrfacher Anpassungen der Rechtsgrundlage ist die zeitliche Vergleichbarkeit einzelner Ergebnisse eingeschränkt, da einzelne Merkmale nicht mehr, verändert oder neu erhoben werden. Ein zeitlicher Vergleich der Kostendaten ist auf die bereinigten Kosten beschränkt, da das Kostenermittlungsprinzip mehrfach wechselte. Die geänderte Erhebung der Ausbildungskosten ab 2007 schränkt die Vergleichbarkeit zusätzlich ein. Die seit 1991 bundeseinheitliche Rechtsgrundlage gewährleistet die räumliche Vergleichbarkeit innerhalb des Erhebungsgebietes. Auf internationaler Ebene gibt es derzeit keine einheitliche Rechtsgrundlage, sodass die Vergleichbarkeit aufgrund unterschiedlicher Merkmalsdefinitionen und Erhebungsabgrenzungen stark eingeschränkt ist.

■ Diagnosen, Operationen und Prozeduren

Seit 2005 ergänzt die fallpauschalenbezogene Krankenhausstatistik (**DRG-Statistik**) die Diagnosestatistik der Krankenhauspatientinnen und -patienten. Das auf Fallpauschalen basierende DRG-Vergütungssystem wurde bei der Novellierung der Krankenhausfinanzierung im Jahr 2000 eingeführt (DRG steht für „Diagnosis Related Groups"). Die Statistik umfasst alle Krankenhäuser, die ihre Leistungen nach dem DRG-Vergütungssystem abrechnen und dem Anwendungsbereich des § 1 Krankenhausentgeltgesetz (KHEntgG) unterliegen (ohne psychiatrische Einrichtungen). Die DRG-Statistik ist, wie auch die Diagnosestatistik, eine jährliche Vollerhebung. Diese Daten erheben nicht die Statistischen Ämter des Bundes und der Länder, sondern das Institut für das Entgeltsystem im Krankenhaus (InEK). Die Daten für die DRG-Statistik werden den Datensätzen entnommen, die die Krankenhäuser zu Abrechnungszwecken an das InEK schicken. Das InEK stellt diese Datensätze wiederum dem Statistischen Bundesamt zur Verfügung (**Sekundärstatistik**).

Gegenstand der Erhebung sind die von den berichtspflichtigen Krankenhäusern erbrachten Leistungen. Die vom Statistischen Bundesamt ausgewerteten Daten beziehen ebenfalls alle im Laufe des Berichtsjahres entlassenen vollstationären Patientinnen und Patienten ein. Diese umfassen auch die im Krankenhaus verstorbenen Patientinnen und Patienten, nicht jedoch vor-, nach-, teilstationäre oder ambulant behandelte Patientinnen und Patienten. Erfasst wird die kontinuierliche vollstationäre Behandlung im Krankenhaus (Behandlungskette), unabhängig von der Zahl der dabei durchlaufenen Fachabteilungen. Im Vordergrund stehen insbesondere Angaben zu Operationen und Behandlungsmaßnahmen, Art und Höhe der abgerechneten Entgelte sowie Haupt- und Nebendiagnosen. Die Fallpauschalen (DRGs) werden nach Hauptdiagnosegruppen, den sogenannten „Major Diagnostic Categories" (MDCs), ausgewiesen. Dies sind Kategorien, die grundsätzlich auf einem Körpersystem oder einer Erkrankungsätiologie aufbauen, die mit einem speziellen medizinischen Fachgebiet verbunden sind.

■ Schwerbehinderte Menschen

Zweck der **Statistik der schwerbehinderten Menschen** ist es, Grundsatzinformationen für die sozialpolitischen Planungen bereitzustellen sowie Beurteilungsgrundlagen für die Durchführung von Maßnahmen und die Gewährung von Leistungen zugunsten des betroffenen Personenkreises zu liefern.

Es handelt sich um eine Vollerhebung, die alle zwei Jahre durchzuführen ist. Erhebungsstichtag ist der 31.12. Die **Rechtsgrundlage** ist § 131 des SGB IX.

Die Versorgungsämter liefern die Daten an die Statistischen Landesämter ausschließlich auf maschinellen Datenträgern, da bei dieser Statistik auf bereits vorhandene Datensätze bzw. Register der Ämter zurückgegriffen werden kann.

Die Deutschlandergebnisse der Erhebung zum Jahresende 2013 wurden im Juli 2014 veröffentlicht.

Inhaltliche und formale Prüfungen in der Statistik über die schwerbehinderten Menschen finden insbesondere in den Statistischen Ämtern der Länder statt. Da die Landesämter auf Datenbestände bzw. Register der Versorgungsämter zurückgreifen, ist die Qualität auch von den internen Prüfungen der Versorgungsämter abhängig. In den Versorgungsämtern sind vor allem regelmäßige Abgleiche der Datenbestände mit den aktuellen Einwohnerregistern erforderlich. Anhand der Registerabgleiche ist erkennbar, ob die gemeldete schwerbehinderte Person aus dem Bereich des Versorgungsamtes weggezogen oder verstorben ist. Informationen über den schwerbehinderten Menschen erhalten die Versorgungsämter ansonsten in der Regel nur alle fünf Jahre, wenn die Person einen neuen Schwerbehindertenausweis beantragt. In einigen Fällen führen Versorgungsämter auch jährliche Anschreibungsaktionen durch, um den Bestand zu aktualisieren.

Die Statistischen Ämter der Länder kontaktieren die Versorgungsämter regelmäßig vor den Erhebungen, um an die Aktualisierung der Register zu erinnern. In einigen Ländern waren im Zuge der verbesserten Möglichkeiten für Registerabgleiche in den letzten Jahren deutliche Rückgänge bei der Zahl der schwerbehinderten Menschen

4 Gesundheit

Methodik

zu beobachten. Als Beispiele sind hier zu nennen: Baden-Württemberg (Rückgang von 6 % bzw. 43 000 Personen von 2001 im Vergleich zu 1999), Niedersachsen (Rückgang von 10 % bzw. 68 000 Personen von 2003 im Vergleich zu 2001 und von 4 % bzw. 30 000 Personen von 2011 zu 2009), Nordrhein-Westfalen (Rückgang von 5 % bzw. 91 000 Personen von 2003 im Vergleich zu 2001), Hessen (Rückgang von 6 % bzw. 34 000 Personen von 2005 im Vergleich zu 2003), Hamburg (Rückgang von 4 % bzw. 5 700 Personen von 2009 im Vergleich zu 2007), Bayern (Rückgang von 3 % bzw. 35 000 Personen von 2011 im Vergleich zu 2009).

▪ Pflegebedürftige, Pflegeeinrichtungen, Personal

Ziel der **Pflegestatistik** ist es, Daten zum Angebot von und der Nachfrage nach pflegerischer Versorgung zu gewinnen. Dies geschieht, um Entwicklungen in der pflegerischen Versorgung und in der Nachfrage nach pflegerischen Angeboten rechtzeitig erkennen und angemessen reagieren zu können. Die Angaben werden ferner für die weitere Planung und Fortentwicklung des Pflegeversicherungsgesetzes benötigt. Die Statistischen Ämter des Bundes und der Länder führen die Pflegestatistik seit Dezember 1999 zweijährlich durch. Die **Rechtsgrundlage** für die Statistik bildet § 109 Abs. 1 SGB XI in Verbindung mit der Pflegestatistik-Verordnung. Die Statistik setzt sich aus zwei Erhebungen zusammen: Zum einen befragen die Statistischen Landesämter die ambulanten und stationären Pflegeeinrichtungen, zum anderen liefern die Spitzenverbände der Pflegekassen und der Verband der privaten Krankenversicherung Informationen über die Empfängerinnen und Empfänger von Pflegegeldleistungen – also der meist von Angehörigen gepflegten Leistungsempfängerinnen und -empfänger. Diese Datenmeldung erfolgt per Datenträger oder Online-Datenmeldung an das Statistische Bundesamt.

Der Erhebungsstichtag für die Erhebung bei den ambulanten und stationären Pflegeeinrichtungen ist der 15.12., für die Pflegegeldempfängerinnen und -empfänger organisatorisch bedingt der 31.12. Die Deutschlandergebnisse der Erhebung zum Jahresende 2013 wurden im März 2015 veröffentlicht.

Die Gesamtzahl der Pflegebedürftigen kann mit Hilfe der Statistiken über die Pflegeeinrichtungen sowie der Statistik über die Pflegegeldempfängerinnen und -empfänger ermittelt werden. Die so ermittelte Anzahl von rund 2,63 Millionen stimmt mit der Zahl der Pflegebedürftigen, die in der sozialen und privaten Pflegeversicherung festgestellt wurde, überein. Die grundsätzlichen methodischen Unterschiede der Statistiken wurden in früheren Berichten zur Pflegestatistik beschrieben. Ausführlicher zuletzt in dem Bericht „Pflegestatistik 2009: Pflege im Rahmen der Pflegeversicherung – Deutschlandergebnisse". Berichte zur Pflegestatistik finden Sie als Download im Internetangebot des Statistischen Bundesamtes unter dem Suchwort „Pflegestatistik".

Das Statistische Bundesamt verwendet die Daten zum Personal in den Pflegeeinrichtungen als Basis für die Gesundheitspersonalrechnung. Die Ergebnisse der Pflegestatistik werden auch für Schätzungen in den Volkswirtschaftlichen Gesamtrechnungen und der Gesundheitsausgabenrechnung genutzt.

▪ Schwangerschaftsabbrüche

Die **Schwangerschaftsabbruchstatistik** gibt einen Überblick über die Größenordnung, Struktur und Entwicklung der Schwangerschaftsabbrüche in Deutschland sowie über ausgewählte Lebensumstände der betroffenen Frauen. Sie liefert damit wichtige Informationen im Zusammenhang mit den Hilfen für Schwangere in Konfliktsituationen sowie über Maßnahmen zum Schutz des ungeborenen Lebens.

Die Statistik wird in Deutschland vierteljährlich durchgeführt. **Rechtsgrundlage** ist das Gesetz zur Vermeidung und Bewältigung von Schwangerschaftskonflikten vom 27.7.1992 (BGBl. I S. 1398), zuletzt geändert durch Artikel 14 Nummer 1 des Gesetzes vom 20.10.2015 (BGBl. I S. 1722). Auskunftspflichtig sind die Inhaberinnen und Inhaber der Arztpraxen und die Leiterinnen und Leiter der Krankenhäuser, in denen Schwangerschaftsabbrüche vorgenommen werden bzw. werden sollen. Ab 2010 ist die Dauer der abgebrochenen Schwangerschaften in vollendeten Wochen anzugeben.

▪ Sterbefälle

Die **Todesursachenstatistik** ist die elementare Grundlage zur Ermittlung wichtiger Gesundheitsindikatoren wie Sterbeziffern, verlorene Lebensjahre und vermeidbare Sterbefälle. **Rechtsgrundlage** ist das Gesetz über die Statistik der Bevölkerungsbewegung und die Fortschreibung des Bevölkerungsstandes vom 20. 4. 2013 (BGBl. I S. 826). Diese Statistik ermöglicht eine fundierte Todesursachenforschung, die die Einflussfaktoren der todesursachenspezifischen Sterblichkeit, ihre regionalen Besonderheiten und Veränderungen im Laufe der Zeit untersucht. Aus den Ergebnissen werden Handlungsempfehlungen und Strategien abgeleitet, z. B. für die Gesundheitspolitik und die epidemiologische Forschung. Im Kern geht es um die Frage, durch welche präventiven und medizinisch-kurativen Maßnahmen die Lebenserwartung und -qualität der Bevölkerung erhöht werden kann.

Die Todesursachenstatistik ist eine Vollerhebung aller Todesfälle in Deutschland. Grundlage ist die von den Ärztinnen bzw. Ärzten ausgestellte Todesbescheinigung, auf der die Krankheiten aufgelistet sind, die zum Tode geführt haben. Es besteht darüber hinaus noch die Möglichkeit, Begleiterkrankungen zu vermerken, die nicht direkt mit dem Tod in Verbindung stehen. Dabei unterscheidet man zwischen denjenigen Krankheiten, die unmittelbar und mittelbar zum Tode geführt haben, einschließlich derjenigen Krankheit, welche alle anderen bedingt (sogenanntes „Grundleiden"). Nur dieses Grundleiden als Auslöser aller anderen Krankheiten fließt als Todesursache in die Todesursachenstatistik ein (sogenannte „monokausale Aufbereitung"). Ein einheitliches ausführliches Verzeichnis der Todesursachen existiert seit 1905, die ersten vorliegenden Aufzeichnungen stammen aus dem Jahre 1877.

Durch das einheitliche methodische Vorgehen (Vollerhebung, einheitliche Systematik der Internationalen statistischen Klassifikation der Krankheiten und verwandter Gesundheitsprobleme, 10. Revision – ICD-10) und die Kontinuität der Erhebung wird sichergestellt, dass diese Daten der wissenschaftlichen Forschung zuverlässig zur Verfügung stehen.

▪ Ausgaben und Personal im Gesundheitswesen

Mit der Gesundheitsausgabenrechnung sowie der Gesundheitspersonalrechnung stehen zwei inhaltlich miteinander verzahnte gesundheitsbezogene Rechensysteme bereit, die eine tiefgehende Analyse des Gesundheitswesens aus unterschiedlichen Blickwinkeln ermöglichen. Methodischer Ausgangspunkt der zwei Rechenwerke ist die Abgrenzung des Gesundheitswesens nach dem „System of Health Accounts" der Organisation für wirtschaftliche Zusammenarbeit und Entwicklung (OECD). Zum Gesundheitswesen zählen nach dieser Abgrenzung sämtliche Institutionen und Personen, die zur Gesundheit der Bevölkerung beitragen, sie erhalten, fördern und wiederherstellen. Die ambulante und stationäre Gesundheitsversorgung bilden den Kernbereich des Gesundheitswesens. Tätigkeiten aus den Bereichen Soziales und Umwelt fließen in die Rechensysteme ein, wenn sie primär auf die Bewältigung oder Linderung von Gesundheitsproblemen abzielen. Außen vor bleiben z. B. Altenwohnheime, Fitnesseinrichtungen oder Reformhäuser.

Bei beiden Rechensystemen handelt es sich um reine **Sekundärstatistiken**. Dies bedeutet, dass die im Gesundheitswesen bereits verfügbaren Datenquellen zu jeweils einem Gesamtsystem zusammengeführt werden. Dies beinhaltet keine eigenständigen Erhebungen im Sinne von Primärstatistiken.

Die **Gesundheitsausgabenrechnung** beschäftigt sich mit der Ermittlung der Ausgaben im Gesundheitswesen nach Leistungsarten, Einrichtungen sowie Ausgabenträgern. Neben den gesamten Gesundheitsausgaben weist sie nachrichtlich einen erweiterten Leistungsbereich aus. Dieser umfasst Ausgaben für Forschung, Ausbildung, Leistungen zum Ausgleich krankheitsbedingter Folgen und Einkommensleistungen. Daten zu den Gesundheitsausgaben liegen auf nationaler Ebene in vergleichbarer Form ab dem Berichtsjahr 1992 vor. Auf internationaler Ebene koordiniert die OECD die Vergleichbarkeit der Ergebnisse.

4 Gesundheit

Methodik

Die **Gesundheitspersonalrechnung** liefert detaillierte Angaben über die Anzahl und die Struktur der Beschäftigten im Gesundheitswesen zum Stichtag 31.12. des jeweiligen Berichtsjahres. Sie weist das Gesundheitspersonal nach Einrichtung, Beruf, Art der Beschäftigung, Geschlecht und Alter aus. Neben den Beschäftigten erfasst sie auch die sogenannten Vollzeitäquivalente. Vergleichbare Daten liegen ab dem Berichtsjahr 2000 vor.

Rechtsgrundlage für die Erfassung der Humanressourcen im Bereich der Gesundheitsversorgung sowie der Kosten der Gesundheitsversorgung und ihre Finanzierung ist die Verordnung (EG) Nr. 1338/2008 zu Gemeinschaftsstatistiken über öffentliche Gesundheit und über Gesundheitsschutz und Sicherheit am Arbeitsplatz.

4 Gesundheit

Glossar

Ambulante Pflegedienste | Erfasst werden die ambulanten Pflegedienste, die durch Versorgungsvertrag nach § 72 SGB XI zur Pflege zugelassen sind oder Bestandsschutz nach § 73 Abs. 3 und 4 SGB XI genießen und danach als zugelassen gelten.

Art der Behandlung | Niedergelassene Allgemein- oder Gebietsärztinnen bzw. -ärzte sowie das Personal in der Ambulanz eines Krankenhauses (Poliklinik) können eine **ambulante ärztliche Behandlung** vornehmen. Eine **stationäre Behandlung** liegt vor, sofern die Patientin oder der Patient mindestens eine Nacht in ein Krankenhaus/eine Vorsorge- oder Rehabilitationseinrichtung aufgenommen und dort verpflegt, ärztlich behandelt oder auf sonstige Art medizinisch oder pflegerisch betreut wurde. Nicht zu den Krankenhäusern zählen Einrichtungen, in denen lediglich eine Überwachung ohne regelmäßige ärztliche Behandlung stattfindet (z. B. Anstalten zur Unterbringung Gebrechlicher oder Erholungsbedürftiger, Altenheime, Pflegeheime).

Aufwendungen für den Ausbildungsfonds (Ausbildungszuschlag) | Die in zahlreichen Bundesländern existierenden Ausbildungsfonds setzen sich zusammen aus Einzahlungen aller Krankenhäuser des jeweiligen Bundeslandes. Die in den Fonds angesammelten Mittel dienen der Finanzierung der Ausbildungsbudgets der Krankenhäuser. Die Aufwendungen für den Ausbildungsfonds werden seit 2007 erhoben. Sie erhöhen sowohl die Brutto-Gesamtkosten als auch die bereinigten Kosten; deshalb ist ein Vergleich mit vorangegangenen Jahren nur eingeschränkt möglich.

Ausgabenträger | Sie umfassen sämtliche öffentlichen und privaten Institutionen, die Leistungen für die Gesundheit finanzieren (z. B. Gesetzliche Krankenversicherung, Private Krankenversicherung).

Berechnungs-/Belegungstage, Pflegetage | Die Zahl der Berechnungs-/Belegungstage im Krankenhaus bzw. der Pflegetage in Vorsorge- oder Rehabilitationseinrichtungen entspricht der Summe der Patientinnen und Patienten, die an den einzelnen Tagen des Berichtsjahres um 24 Uhr vollstationär untergebracht sind (Summe der Mitternachtsbestände). Als Berechnungs-/Belegungstag bzw. Pflegetag zählt der Aufnahmetag sowie jeder weitere Tag des Aufenthaltes ohne den Verlegungs- oder Entlassungstag aus der stationären Einrichtung. Wird eine Patientin oder ein Patient am gleichen Tag aufgenommen und entlassen (sogenannter „Stundenfall"), gilt dieser Tag als Aufnahmetag; somit verursacht ein Stundenfall einen Belegungstag.

Berufen, Klassifikation nach | In der Gesundheitspersonalrechnung werden die Beschäftigten nach Berufen ab dem Berichtsjahr 2012 auf Grundlage der Klassifikation der Berufe 2010 (KldB 2010) der Bundesagentur für Arbeit veröffentlicht. Die Gliederung der KldB 2010 sowie weiterführende Hinweise zu ihrer Entwicklung und Anwendung sind auf der Homepage der Bundesagentur für Arbeit zu finden.

Beschäftigte | Bei den Angaben handelt es sich um Beschäftigungsfälle, d. h. Personen mit mehreren Arbeitsverhältnissen in verschiedenen Einrichtungen werden unabhängig von der Dauer der geleisteten Arbeitszeit mehrfach gezählt.

Einrichtungen, Klassifikation nach | Sie gibt Aufschluss über den Leistungserbringer. Beispielhafte Einrichtungen sind die ambulanten Einrichtungen, die u. a. die Arztpraxen und Apotheken enthalten oder die stationären Einrichtungen, die u. a. die Krankenhäuser und Vorsorge- oder Rehabilitationseinrichtungen gemeinsam umfassen.

Fallzahl | Die Krankenhäuser und Vorsorge- oder Rehabilitationseinrichtungen ermitteln diese in den Grunddaten anhand des Patientenzu- und -abgangs. Zu unterscheiden ist zwischen einrichtungs- und fachabteilungsbezogener Fallzahl. Letztgenannte berücksichtigt (nur in Krankenhäusern) die internen Verlegungen. Die Ermittlung der Fallzahl enthält auch die Sterbefälle, seit 2002 ebenso die Stundenfälle innerhalb eines Tages. Vergleiche mit früheren Jahren sind auf der Basis neu berechneter Fallzahlen möglich.

Die Formel für die **einrichtungsbezogene Fallzahl** lautet:

$$= \frac{\text{Patientenzugang}}{2} + \frac{\text{Patientenabgang}}{2}$$

$$= \frac{\text{Vollstationäre Aufnahmen}}{2} + \frac{\text{Vollstationäre Entlassungen + Sterbefälle}}{2}$$

Die Formel für die **fachabteilungsbezogene Fallzahl** berücksichtigt demgegenüber interne Verlegungen:

$$= \frac{\text{Vollst. Aufn. + Verlegungen aus anderen Abteilungen}}{2} + \frac{\text{Vollst. Entl. + Verlegungen in andere Abt. + Sterbefälle}}{2}$$

Grundleiden | In der Todesursachenstatistik ist das Grundleiden diejenige Erkrankung/Diagnose, die ursächlich für den Tod einer Person ist. Eine solche Krankheit kann zwar weitere, ebenfalls auf der Todesbescheinigung vermerkte Erkrankungen auslösen, das Grundleiden ist jedoch die für die Statistik entscheidende Erkrankung. Beispiel: Seit fünf Jahren ist eine Frau an Brustkrebs erkrankt. Aufgrund dieser Erkrankung haben sich Hirnmetastasen gebildet, die am Ende zu einer Hirnblutung geführt haben. Alle diese Diagnosen (Brustkrebs, Hirnmetastasen, Hirnblutung) würden auf einer Todesbescheinigung vermerkt sein. Für die Statistik relevant wäre nur der Brustkrebs, da dieser alle folgenden Erkrankungen ausgelöst hat. Da sie sich bisher nur auf das Grundleiden beschränkt, heißt die Todesursachenstatistik auch „monokausale Statistik". Im Gegensatz dazu wird zukünftig die elektronische Kodierung der Todesursachen ermöglichen, alle auf der Todesbescheinigung vermerkten Erkrankungen statistisch auszuwerten („multikausale Todesursachenstatistik").

Kosten der Krankenhäuser | Diese werden seit 2002 wieder nach dem Bruttoprinzip ermittelt (wie schon in den Jahren 1991 bis 1995). Dabei werden zunächst die gesamten Aufwendungen des abgelaufenen Geschäftsjahres für Personal und Sachmittel auf Basis der Krankenhaus-Buchführungsverordnung erfasst und später bereinigt um die nichtstationären Kosten, z. B. für Ambulanzen sowie Forschung und Lehre.

Krankenhäuser | Hierbei handelt es sich um Einrichtungen, in denen das Personal durch ärztliche und pflegerische Hilfeleistungen Krankheiten, Leiden oder Körperschäden feststellen, heilen oder lindern soll oder Geburtshilfe leistet. In Krankenhäusern erfolgt die Unterbringung und Verpflegung der zu versorgenden Personen.

Krankheiten, Abgrenzung der | Grundlage für die Abgrenzung der Krankheiten in der Krankenhausdiagnosestatistik und der Todesursachenstatistik ist die von der Weltgesundheitsorganisation herausgegebene Internationale statistische Klassifikation der Krankheiten und verwandter Gesundheitsprobleme (ICD). Sie ist Teil der internationalen gesundheitsrelevanten Klassifikationen.

Leistungsarten, Klassifikation nach | Sie ermöglicht die Unterteilung der Gesundheitsausgaben nach der Form der von den Patientinnen und Patienten in Anspruch genommenen Leistungen. Als Leistungsarten zählen z. B. die Prävention, ärztliche Leistungen, pflegerische und therapeutische Leistungen und Leistungen für Waren (u. a. Arznei- und Hilfsmittel, Zahnersatz).

4 Gesundheit

Glossar

Nutzungsgrad der Betten bzw. Bettenauslastung | Sie gibt die durchschnittliche Auslastung der Betten in vom Hundert an. Hierzu wird die tatsächliche mit der maximalen Bettenbelegung in Relation gesetzt. Die maximale Bettenkapazität ergibt sich aus dem Produkt der aufgestellten Betten und der Anzahl der Kalendertage im Berichtsjahr. Die tatsächliche Bettenbelegung entspricht der Summe der Berechnungs- und Belegungstage/der Pflegetage, da jede Patientin bzw. jeder Patient pro vollstationären Tag in der Einrichtung ein Bett belegt.

$$\text{Durchschnittliche Bettenauslastung} = \frac{\text{Berechnungs- und Belegungstage}}{\text{Aufgestellte Betten} \times \text{Kalendertage}} \times 100$$

Pflegebedürftige | Pflegebedürftig im Sinne des SGB XI sind Personen, die wegen einer körperlichen, geistigen oder seelischen Krankheit oder Behinderung für die gewöhnlichen und regelmäßig wiederkehrenden Verrichtungen im Ablauf des täglichen Lebens auf Dauer, voraussichtlich für mindestens sechs Monate, in erheblichem oder höherem Maße (§ 15 SGB XI) der Hilfe bedürfen (§ 14 Abs. 1 SGB XI). Statistisch erfasst werden Personen, die Leistungen nach dem SGB XI erhalten. Generelle Voraussetzung für die Erfassung als pflegebedürftige Person ist die Entscheidung der Pflegekasse bzw. des privaten Versicherungsunternehmens über das Vorliegen von Pflegebedürftigkeit und die Zuordnung der Pflegebedürftigen zu den Pflegestufen I bis III (einschließlich Härtefällen).

Pflegeheime | Statistisch erfasst werden die Pflegeheime, die durch Versorgungsvertrag nach § 72 SGB XI zur Pflege zugelassen sind oder Bestandsschutz nach § 73 Abs. 3 und 4 SGB XI genießen und danach als zugelassen gelten.

Schwerbehinderte Menschen | Menschen sind behindert, wenn ihre körperliche Funktion, geistige Fähigkeit oder seelische Gesundheit mit hoher Wahrscheinlichkeit länger als sechs Monate von dem für das Lebensalter typischen Zustand abweichen und daher ihre Teilhabe am Leben in der Gesellschaft beeinträchtigt ist. Sie sind schwerbehindert, wenn ihnen von den Versorgungsämtern ein Grad der Behinderung (GdB) von 50 oder mehr zuerkannt worden ist. Bei mehreren Behinderungen wird der GdB nach den Auswirkungen der Behinderungen in ihrer Gesamtheit unter Berücksichtigung ihrer wechselseitigen Beziehungen festgestellt. Auf Antrag stellen die Versorgungsämter für diese Personen einen Ausweis über die Eigenschaft als schwerbehinderter Mensch aus. Der Ausweis dient dem Nachweis für die Inanspruchnahme von Leistungen und sonstigen Hilfen, die schwerbehinderten Menschen nach dem SGB IX, z. B. unentgeltliche Beförderung von schwerbehinderten Menschen im öffentlichen Personenverkehr, oder nach anderen Gesetzen zustehen (z. B. Einkommensteuer-, Kraftfahrzeugsteuergesetz).

Verweildauer | Sie gibt die Zahl der Tage an, die eine Patientin oder ein Patient durchschnittlich in vollstationärer Behandlung verbracht hat. Sie ergibt sich aus den Berechnungs- und Belegungstagen/Pflegetagen und der Fallzahl der jeweiligen Fachabteilung bzw. der Einrichtung.

$$\text{Durchschnittliche Verweildauer} = \frac{\text{Berechnungs- und Belegungstage}}{\text{Patientinnen und Patienten (Fälle)}}$$

Vollzeitäquivalente (FTE = Full-Time Equivalents) | Sie geben die Anzahl der auf die volle tarifliche Arbeitszeit umgerechneten Beschäftigten an. Ein Vollzeitäquivalent entspricht dabei einer vollzeitbeschäftigten Person, in den Grunddaten der Krankenhausstatistik als Vollkräfte bezeichnet.

Vorleistungsindustrie | In diesem Sektor werden Vorleistungen ausschließlich für das Gesundheitswesen produziert. Ihm gehören die pharmazeutische, die medizintechnische und die augenoptische Industrie, der Großhandel und die Handelsvermittlung sowie die medizinischen und zahnmedizinischen Laboratorien an.

Vorsorge- oder Rehabilitationseinrichtungen | In diesen Einrichtungen wird der Gesundheitszustand der dort untergebrachten und verpflegten Patientinnen und Patienten nach einem ärztlichen Behandlungsplan verbessert. Dies geschieht vorwiegend durch Anwendung von Heilmitteln einschließlich Krankengymnastik, Bewegungs-, Sprach- oder Arbeits- und Beschäftigungstherapie, ferner durch andere geeignete Hilfen, auch durch geistige und seelische Einwirkungen. Den Patientinnen und Patienten wird bei der Entwicklung eigener Abwehr- und Heilungskräfte geholfen.

4 Gesundheit

Mehr zum Thema

Liebe Leserin, lieber Leser,
ein Thema in diesem Kapitel spricht Sie besonders an oder Sie benötigen weitere Informationen? Auf dieser Seite nennen wir Ihnen, nach Themen gegliedert, weitere Veröffentlichungen unseres Hauses. Ausführliche Informationen zu den Produktkategorien sowie dem Informationsangebot des Statistischen Bundesamtes finden Sie auf Seite 8 dieser Ausgabe.

Web-Angebote
www.destatis.de ist Ihre erste Adresse in Sachen Statistik. Hier finden Sie alle Informationen, die das Statistische Bundesamt veröffentlicht, tagesaktuell. Unsere Veröffentlichungen können Sie direkt über unsere Website *www.destatis.de/publikationen* downloaden.

GENESIS-Online
Unter *www.destatis.de/genesis* bietet die Haupt-Datenbank des Statistischen Bundesamtes ein breites Themenspektrum fachlich tief gegliederter Ergebnisse der amtlichen Statistik. Daten zur *Gesundheit* finden Sie unter dem Menüpunkt › Themen, Code 23, Daten zur *Pflege* (*Pflegebedürftige, Pflegeeinrichtungen*) unter Code 224

Weitere Veröffentlichungen zu den Themen

■ Gesundheitliche Lage

Fachserie 12 Gesundheit

Reihe 3	Schwangerschaftsabbrüche
Reihe 4	Todesursachen in Deutschland
Reihe 6	Krankenhäuser und Vorsorge- oder Rehabilitationseinrichtungen

Fachserie 13 Sozialleistungen

| Reihe 5 | Schwerbehinderte Menschen |

Fachberichte
- Schwerbehinderte Menschen (2013)
- Fragen zur Gesundheit – Körpermaße der Bevölkerung – Mikrozensus 2013
- Fragen zur Gesundheit – Kranke und Unfallverletzte – Mikrozensus 2013
- Fragen zur Gesundheit – Rauchgewohnheiten der Bevölkerung – Mikrozensus 2013
- Unfälle, Gewalt, Selbstverletzung bei Kindern und Jugendlichen (2014)
- Pflegestatistik 2013 – Pflege im Rahmen der Pflegeversicherung: Deutschlandergebnisse (2015)

WISTA – Wirtschaft und Statistik

Heft 11/09	Morbidität in den Arztpraxen
Heft 2/10	Schwerbehinderte Menschen 2007
Heft 3/12	Lebenslagen der behinderten Menschen, Ergebnis des Mikrozensus 2009

STATmagazin
- Gesundheit von Kindern und Jugendlichen (2008)
- Nichtraucher auf dem Vormarsch – Gesundheitsschutz hat Vorrang (2010)
- Familienzuwachs: Mutter und Kind wohlauf? (2010)

Gemeinschaftsveröffentlichungen
- Demografischer Wandel in Deutschland –
  Heft 2 Auswirkungen auf Krankenhausbehandlungen und Pflegebedürftige (2010)
- Pflegestatistik 2011 – Pflege im Rahmen der Pflegeversicherung: Kreisvergleich (2013)

■ Gesundheitsversorgung

Fachserie 12 Gesundheit

| Reihe 6 | Krankenhäuser und Vorsorge- oder Rehabilitationseinrichtungen |
| Reihe 7.3 | Gesundheitspersonal |

Fachberichte
- Pflegestatistik 2013 – Pflege im Rahmen der Pflegeversicherung: Deutschlandergebnisse (2015)

4 Gesundheit

Mehr zum Thema

■ Gesundheitsversorgung

WISTA – Wirtschaft und Statistik

Heft 11/10	Projektionen des Personalbedarfs und -angebots in Pflegeberufen bis 2025
Heft 4/11	Krankenhäuser in Deutschland
Heft 2/12	20 Jahre Krankenhausstatistik
Heft 3/14	Können Pflegekräfte aus dem Ausland den wachsenden Pflegebedarf decken?

STATmagazin

Krankenpflege – Berufsbelastung und Arbeitsbedingungen (2009)
Kaiserschnitt und Co: Operationen und Behandlungen in Krankenhäusern (2010)

■ Kosten im Gesundheitswesen

Fachserie 12   Gesundheit

Reihe 6	Krankenhäuser
Reihe 7.1	Gesundheitsausgaben
Reihe 7.2	Krankheitskosten

WISTA – Wirtschaft und Statistik

Heft 7/11	Hohe Kosten im Gesundheitswesen: Eine Frage des Alters?
Heft 5/15	Die revidierte Gesundheitsausgabenrechnung

STATmagazin

Männer und Frauen im Gesundheitswesen: Ein Kostenvergleich (2009)

■ Krankenversicherungen

Fachserie 13   Sozialleistungen

Reihe 1.1	Angaben zur Krankenversicherung

■ Themenübergreifend

WISTA – Wirtschaft und Statistik

Heft 10/09	Onlinerecherche von Gesundheitsdaten

Broschüren

Gesundheit auf einen Blick (2010)

■ Gesundheitsberichterstattung

Die Gesundheitsberichterstattung (GBE) des Bundes informiert über die gesundheitliche Lage und die gesundheitliche Versorgung der Bevölkerung in Deutschland. Den Schwerpunkt bilden dabei tief gegliederte Datentabellen aus über 100 Datenquellen sowohl der amtlichen Statistik als auch einer Vielzahl anderer Institutionen. Aber auch Berichte und Analysen, insbesondere die Veröffentlichungen des Robert Koch-Instituts, sind dort bequem verfügbar. Weitere Informationen finden Sie unter *www.gbe-bund.de*

Im Rahmen der GBE des Bundes sind u. a. folgende Berichte erschienen:

Gesundheit in Deutschland 2015
Gesundheit und Krankheit im Alter (2009)
Daten und Fakten: Ergebnisse der Studie „Gesundheit in Deutschland aktuell 2009" (2011)

Themenhefte der Gesundheitsberichterstattung

Heft 53	Rückenschmerzen
Heft 54	Arthrose
Heft 55	Gastritis, Magen- und Zwölffingerdarmgeschwüre

5 Wohnen

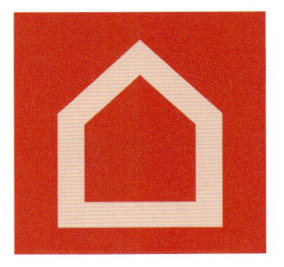

48 % der Haushalte verfügten 2013 über **Haus- und Grundbesitz** | **17 % aller Personen** lebten 2014 in Haushalten, die die Wohnkosten als eine große Belastung empfanden | **Kriminalität und Gewalt** im Wohnumfeld nahmen **13 % der Personen** wahr | 2014 bezogen **1,4 %** der Privathaushalte **Wohngeld**

5 Wohnen

Seite

153 **Auf einen Blick**

Tabellen

154 **Wohngeld**
Nach Ländern | Nach Haushaltsgröße und sozialer Stellung | Wohngeldausgaben

156 **Haus- und Grundbesitz**
Nach Haushaltstyp | Nach monatlichem Haushaltsnettoeinkommen

158 **Belastungen durch die Wohnsituation**
Finanzielle Belastung durch Wohnkosten | Probleme im Wohnumfeld | Mängel in der Wohnung/dem Haus

159 **Methodik**

161 **Glossar**

163 **Mehr zum Thema**

5 Wohnen

5.0 Auf einen Blick

Haushalte mit Wohngeld
in 1 000

Infolge der zum 1.1.2005 in Kraft getretenen Änderungen im Sozialrecht (Viertes Gesetz für moderne Dienstleistungen am Arbeitsmarkt – "**Hartz IV**") hat sich der Kreis der nach dem Wohngeldgesetz berechtigten Haushalte und damit der statistisch erfassten **Wohngeldhaushalte** zunächst deutlich reduziert. Für Empfängerinnen und Empfänger bestimmter Transferleistungen (z. B. Arbeitslosengeld II bzw. Sozialgeld nach dem SGB II) entfiel ab diesem Zeitpunkt der Wohngeldanspruch. Deren angemessene Unterkunftskosten werden nunmehr im Rahmen der jeweiligen Sozialleistungen berücksichtigt. Außerdem entfiel der besondere Mietzuschuss als besondere Form der Wohngeldgewährung an Bezieherinnen und Bezieher von Sozialhilfe und Kriegsopferfürsorge.

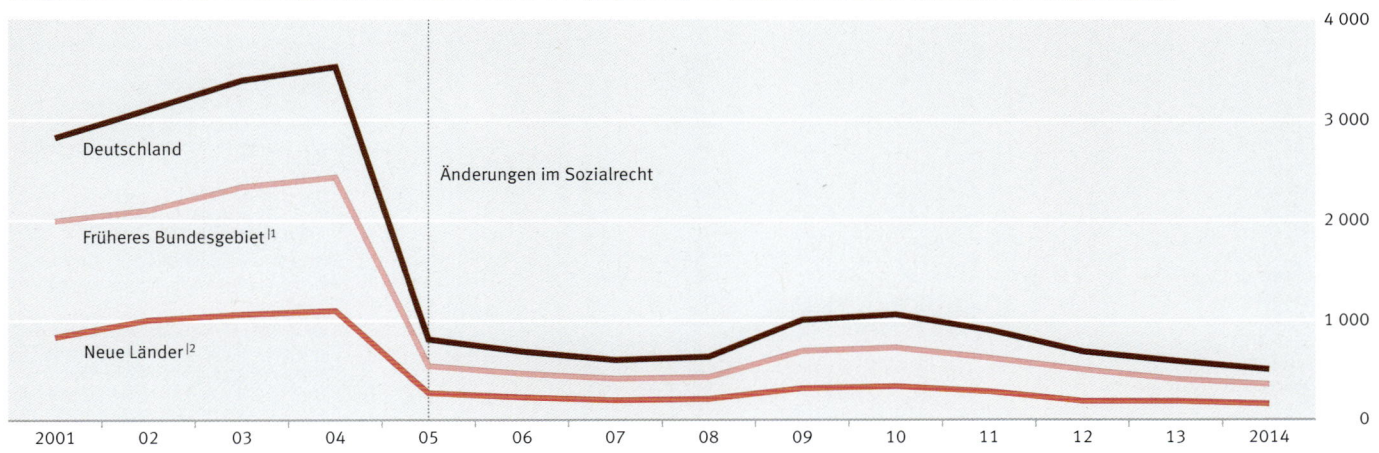

Am Jahresende. – Ergebnisse der Wohngeldstatistik.
1 Bis 2001 einschl. Berlin-West, ab 2002 mit Berlin, ab 2013 ohne Berlin.
2 Bis 2001 einschl. Berlin-Ost, ab 2002 ohne Berlin, ab 2013 mit Berlin.

Haus- und Grundbesitztümer privater Haushalte am 1.1.2013
in %

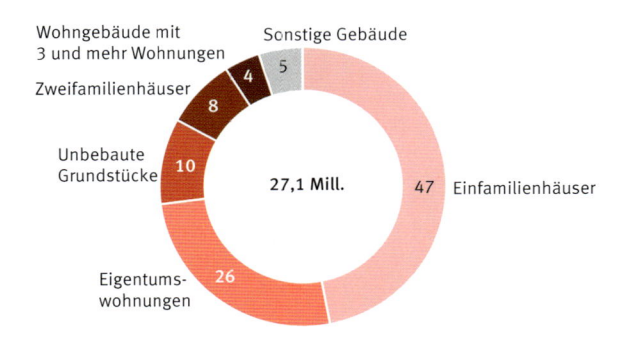

- Wohngebäude mit 3 und mehr Wohnungen: 4
- Sonstige Gebäude: 5
- Zweifamilienhäuser: 8
- Unbebaute Grundstücke: 10
- Eigentumswohnungen: 26
- Einfamilienhäuser: 47

27,1 Mill.

Ergebnisse der Einkommens- und Verbrauchsstichprobe (EVS).

5 Wohnen

5.1 Wohngeld
5.1.1 Wohngeldhaushalte nach Ländern am 31.12.2014

	Wohngeldhaushalte				Davon reine Wohngeldhaushalte		Davon wohngeldrechtliche Teilhaushalte	
	insgesamt	Anteil an allen Privathaushalten [1]	davon		insgesamt	Anteil an allen Privathaushalten [1]	insgesamt	Anteil an allen Privathaushalten [1]
			Mietzuschuss	Lastenzuschuss				
	1 000	%	1 000		1 000	%	1 000	%
Deutschland	565,0	1,4	520,8	44,2	510,7	1,3	54,3	0,1
Baden-Württemberg	60,0	1,2	56,9	3,1	56,6	1,1	3,4	0,1
Bayern	48,4	0,8	45,4	2,9	44,2	0,7	4,2	0,1
Berlin	22,7	1,2	22,5	0,3	21,8	1,1	0,9	0,0
Brandenburg	24,3	2,0	22,1	2,2	22,8	1,8	1,5	0,1
Bremen	5,2	1,4	4,8	0,4	4,9	1,4	0,3	0,1
Hamburg	11,9	1,2	11,6	0,3	11,3	1,2	0,6	0,1
Hessen	32,4	1,1	30,3	2,2	30,3	1,0	2,1	0,1
Mecklenburg-Vorpommern	26,0	3,1	23,6	2,3	22,1	2,7	3,9	0,5
Niedersachsen	56,6	1,5	49,3	7,3	47,9	1,3	8,7	0,2
Nordrhein-Westfalen	127,4	1,5	117,7	9,7	114,2	1,3	13,3	0,2
Rheinland-Pfalz	25,4	1,3	22,3	3,1	23,3	1,2	2,2	0,1
Saarland	3,8	0,8	3,2	0,7	3,5	0,7	0,3	0,1
Sachsen	52,5	2,4	49,2	3,4	47,8	2,2	4,7	0,2
Sachsen-Anhalt	23,1	2,0	21,2	1,9	19,9	1,7	3,1	0,3
Schleswig-Holstein	21,2	1,5	19,0	2,1	18,7	1,3	2,5	0,2
Thüringen	24,0	2,2	21,8	2,2	21,2	1,9	2,7	0,2
nachrichtlich:								
Früheres Bundesgebiet	392,4	1,2	360,5	31,9	355,0	1,1	37,4	0,1
Neue Länder einschl. Berlin	172,6	2,0	160,3	12,3	155,7	1,8	16,8	0,2

Ergebnisse der Wohngeldstatistik.
1 Zahl der Privathaushalte gemäß Mikrozensus 2011 (Jahresdurchschnitt), nicht zensusbasiert.

Wohngeld ist ein von Bund und Ländern je zur Hälfte getragener Zuschuss zu den Wohnkosten. Bezugsberechtigt sind – gemäß den Vorschriften des Wohngeldgesetzes – einkommensschwächere Haushalte, damit diese die Wohnkosten für angemessenen und familiengerechten Wohnraum tragen können. Wohngeld wird entweder als Mietzuschuss für Mieterinnen und Mieter oder als Lastenzuschuss für selbst nutzende Eigentümerinnen und Eigentümer geleistet. Die Höhe des Zuschusses richtet sich nach der Anzahl der zu berücksichtigenden Haushaltsmitglieder, deren monatlichem Gesamteinkommen sowie der zu berücksichtigenden Miete bzw. Belastung. Den größeren Teil der Wohnkosten müssen in jedem Fall Mieterinnen und Mieter bzw. Eigentümerinnen und Eigentümer selbst tragen.

Wohngeldhaushalte umfassen reine Wohngeldhaushalte und wohngeldrechtliche Teilhaushalte.

Reine Wohngeldhaushalte sind Haushalte, in denen alle Haushaltsmitglieder Wohngeld erhalten.

Der **wohngeldrechtliche Teilhaushalt** besteht aus der Anzahl derjenigen Mitglieder eines Mischhaushaltes, die beim Wohngeld zu berücksichtigen sind. In jedem Mischhaushalt gibt es mindestens eine Empfängerin oder einen Empfänger von Transferleistungen, die oder der nach den §§ 7 und 8 Absatz 1 WoGG vom Wohngeld ausgeschlossen ist und daher bei der Wohngeldermittlung nicht berücksichtigt wird. In jedem Mischhaushalt gibt es genau einen wohngeldrechtlichen Teilhaushalt.

5 Wohnen

5.1 Wohngeld
5.1.2 Wohngeldhaushalte nach Haushaltsgröße und sozialer Stellung am 31.12.2014

	Wohngeld-haushalte insgesamt	Davon reine Wohngeldhaushalte							Davon wohn-geldrechtliche Teilhaushalte
		insgesamt	Erwerbstätige		Arbeitslose	Nichterwerbstätige			
			Selbstständige	abhängig Beschäftigte		Pensionäre/ Pensionärin-nen, Rentner/ -innen	Studierende	Sonstige	
	1 000		%						1 000
Insgesamt	565,0	510,7	9,4	185,2	28,7	232,9	33,8	20,7	54,3
davon:									
Zahl der Personen im Haushalt									
1	314,3	278,3	2,5	25,1	13,8	207,5	22,5	6,9	36,0
2	73,7	60,7	1,4	25,3	4,2	18,7	6,6	4,5	13,0
3	42,6	39,2	1,4	25,4	2,9	3,0	3,0	3,6	3,4
4	61,5	60,4	1,9	47,8	4,2	2,1	1,2	3,2	1,1
5 und mehr	72,9	72,1	2,2	61,6	3,6	1,5	0,5	2,7	0,8

Ergebnisse der Wohngeldstatistik.

5.1.3 Wohngeldausgaben nach Ländern 2014

	Wohngeldausgaben	
	insgesamt	Durchschnitt je Einwohner/-in
	Mill. EUR	EUR
Deutschland	844,8	10
Baden-Württemberg	104,9	10
Bayern	70,4	6
Berlin	32,8	10
Brandenburg	28,0	11
Bremen	8,4	13
Hamburg	17,6	10
Hessen	52,7	9
Mecklenburg-Vorpommern	32,2	20
Niedersachsen	89,9	12
Nordrhein-Westfalen	207,4	12
Rheinland-Pfalz	34,7	9
Saarland	6,7	7
Sachsen	65,2	16
Sachsen-Anhalt	27,9	12
Schleswig-Holstein	37,0	13
Thüringen	29,0	13
nachrichtlich:		
Früheres Bundesgebiet	629,7	10
Neue Länder einschl. Berlin	215,1	13

Ergebnisse der Wohngeldstatistik. – Die Wohngeldausgaben können nicht nach reinen Wohn-geldhaushalten und nach wohngeldrechtlichen Teilhaushalten unterschieden werden. Der Durchschnitt je Einwohner/-in bezieht sich auf die Bevölkerung im Jahresdurchschnitt 2014 (Bevölkerungsstand: Jahresdurchschnitt 2014, Ergebnisse der Bevölkerungsfortschreibung auf Grundlage des Zensus 2011).

5 Wohnen

5.2 Haus- und Grundbesitz sowie Hypothekenrestschuld privater Haushalte am 1.1.2013
5.2.1 Nach dem Haushaltstyp

	Haushalte insgesamt	Davon nach dem Haushaltstyp							sonstige Haushalte
		Alleinlebende	davon		Allein-erziehende	Paare	davon		
			Männer	Frauen			ohne Kind	mit Kind(ern)	
	Haushalte in 1 000								
Haushalte insgesamt	40 032	16 088	6 309	9 779	1 282	17 073	11 538	5 536	5 588
Haushalte mit Haus- und Grundbesitz	19 015	4 656	1 843	2 813	294	10 338	6 808	3 530	3 727
Angaben zur Art des Haus- und Grundbesitzes	18 912	4 623	1 830	2 792	291	10 289	6 771	3 517	3 710
und zwar:									
unbebaute Grundstücke	1 573	311	158	153	(21)	862	595	267	380
Einfamilienhäuser	12 051	2 083	805	1 279	190	7 070	4 453	2 617	2 707
Zweifamilienhäuser	2 140	418	183	235	(19)	1 189	813	376	515
Wohngebäude mit 3 und mehr Wohnungen	786	195	97	99	/	395	285	111	182
Eigentumswohnungen	5 513	2 089	857	1 231	76	2 569	1 839	730	779
sonstige Gebäude	1 210	261	123	137	/	675	499	176	255
keine Angaben zur Art des Haus- und Grundbesitzes	102	(34)	/	/	/	(49)	(37)	/	/
	100 EUR								
Durchschnittswert je Haushalt [1]									
Einheitswert	*157*	*74*	*83*	*68*	*58*	*210*	*196*	*240*	*255*
Verkehrswert	*1 036*	*461*	*538*	*412*	*401*	*1 432*	*1 345*	*1 613*	*1 628*
Restschuld	*248*	*81*	*104*	*66*	*145*	*372*	*228*	*672*	*370*
Durchschnittswert je Haushalt mit jeweiliger Angabe zur Höhe des/der									
Einheitswertes	*445*	*352*	*384*	*330*	*367*	*462*	*437*	*512*	*518*
Verkehrswertes	*2 439*	*1 867*	*2 074*	*1 722*	*1 931*	*2 595*	*2 534*	*2 708*	*2 718*
Restschuld	*1 014*	*718*	*802*	*648*	*941*	*1 142*	*963*	*1 316*	*941*
	Haushalte in %								
Haushalte mit Haus- und Grundbesitz [1]	*47,5*	*28,9*	*29,2*	*28,8*	*22,9*	*60,5*	*59,0*	*63,8*	*66,7*
Haushalte mit Restschuld [1]	*25,5*	*11,9*	*13,5*	*10,9*	*16,0*	*33,9*	*25,0*	*52,4*	*41,1*

Ergebnisse der Einkommens- und Verbrauchsstichprobe (EVS).

1 Bezogen auf die Haushalte insgesamt.

Private Haushalte mit Haus- und Grundbesitz am 1.1.2013
in %

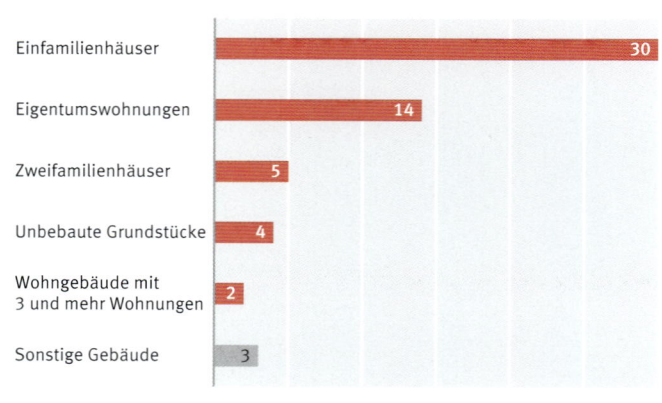

Einfamilienhäuser	30
Eigentumswohnungen	14
Zweifamilienhäuser	5
Unbebaute Grundstücke	4
Wohngebäude mit 3 und mehr Wohnungen	2
Sonstige Gebäude	3

Ergebnisse der Einkommens- und Verbrauchsstichprobe (EVS).

5 Wohnen

5.2 Haus- und Grundbesitz sowie Hypothekenrestschuld privater Haushalte am 1.1.2013
5.2.2 Nach dem monatlichen Haushaltsnettoeinkommen

	Haushalte insgesamt	Darunter nach dem monatlichen Haushaltsnettoeinkommen von ... bis unter ... EUR [1]							
		unter 900	900 – 1 300	1 300 – 1 500	1 500 – 2 000	2 000 – 2 600	2 600 – 3 600	3 600 – 5 000	5 000 – 18 000
	Haushalte in 1 000								
Haushalte insgesamt	40 032	4 893	5 632	3 051	6 571	6 241	6 577	4 276	2 599
Haushalte mit Haus- und Grundbesitz	19 015	763	1 366	1 001	2 575	3 282	4 287	3 296	2 274
Angaben zur Art des Haus- und Grundbesitzes	18 912	749	1 351	996	2 557	3 266	4 270	3 289	2 263
und zwar:									
unbebaute Grundstücke	1 573	(51)	(102)	(83)	163	229	368	308	241
Einfamilienhäuser	12 051	398	725	514	1 427	2 038	2 877	2 293	1 657
Zweifamilienhäuser	2 140	(43)	123	103	284	356	485	395	301
Wohngebäude mit 3 und mehr Wohnungen	786	/	(36)	(33)	85	104	154	143	191
Eigentumswohnungen	5 513	257	451	351	771	847	1 052	927	840
sonstige Gebäude	1 210	(60)	(87)	(52)	160	220	260	186	155
keine Angaben zur Art des Haus- und Grundbesitzes	102	/	/	/	(19)	(16)	(17)	/	/
	100 EUR								
Durchschnittswert je Haushalt [2]									
Einheitswert	157	31	49	71	89	142	219	296	530
Verkehrswert	1 036	153	285	437	559	887	1 392	2 079	3 801
Restschuld	248	15	32	57	88	182	357	600	1 073
Durchschnittswert je Haushalt mit jeweiliger Angabe zur Höhe des/der									
Einheitswertes	445	303	284	314	317	367	444	496	777
Verkehrswertes	2 439	1 262	1 411	1 595	1 654	1 907	2 322	2 891	4 574
Restschuld	1 014	398	447	523	613	743	927	1 175	1 739
	Haushalte in %								
Haushalte mit Haus- und Grundbesitz [2]	47,5	15,6	24,2	32,8	39,2	52,6	65,2	77,1	87,5
Haushalte mit Restschuld [2]	25,5	4,1	7,6	11,7	15,1	25,9	40,0	53,0	63,4

Ergebnisse der Einkommens- und Verbrauchsstichprobe (EVS).

1 Selbsteinstufung des Haushalts am 1.1.2013. – Ohne Haushalte von Landwirten bzw. -wirtinnen.
2 Bezogen auf die Haushalte insgesamt.

5 Wohnen

5.3 Belastungen durch die Wohnsituation
5.3.1 Finanzielle Belastung durch Wohnkosten 2014

Lesebeispiel: 17,2 % aller Personen leben in Haushalten, die die monatlichen Wohnkosten als eine große Belastung empfinden.

	Anteil der Personen, die die monatlichen Wohnkosten empfinden als ... [1]		
	eine große Belastung	eine gewisse Belastung	keine Belastung
	%		
Personen insgesamt	17,2	58,5	24,3
nach dem Haushaltstyp			
Einpersonenhaushalte	17,1	52,2	30,8
Alleinerziehende [2]	29,8	55,3	14,9
2 Erwachsene ohne Kind, beide unter 65 Jahre	13,8	60,6	25,7
2 Erwachsene mit Kind(ern) [2]	19,2	62,2	18,6
nach dem Wohnstatus [3]			
Eigentümerhaushalte	14,8	60,4	24,8
Mieterhaushalte	20,0	56,2	23,8

Ergebnisse aus LEBEN IN EUROPA (EU-SILC).

1 Selbsteinschätzung der Haushalte.
2 Kind(er) bis 18 Jahre und Personen zwischen 18 und 24 Jahren, die nicht erwerbstätig oder arbeitsuchend sind und mit mindestens einem Elternteil zusammen leben.
3 Die Klassifizierung eines Haushalts als „Mieterhaushalt" beinhaltet auch die Fälle von Wohnen mit reduzierter Miete. Mietfrei wohnende Haushalte zählen als Eigentümerhaushalte. In Einzelfällen war keine Zuordnung möglich.

5.3.3 Mängel in der Wohnung/dem Haus 2014

Lesebeispiel: 9,5 % der Personen in Alleinerziehendenhaushalten empfinden ihre Wohnräume als zu dunkel.

	Anteil der Personen in Haushalten, für die es ... in der Wohnung/dem Haus, in der/dem der Haushalt lebt, gibt [1]		
	Feuchtigkeitsschäden	zu wenig Tageslicht	Lärmbelästigung
	%		
Personen insgesamt	12,4	4,4	25,8
nach dem Haushaltstyp			
Einpersonenhaushalte	12,1	6,2	29,8
Alleinerziehende [2]	25,2	9,5	36,2
2 Erwachsene ohne Kind, beide unter 65 Jahre	14,2	4,6	29,6
2 Erwachsene mit Kind(ern) [2]	11,8	3,5	24,1
nach dem Wohnstatus [3]			
Eigentümerhaushalte	7,7	2,1	19,1
Mieterhaushalte	18,3	7,4	34,2

Ergebnisse aus LEBEN IN EUROPA (EU-SILC).
Fußnoten siehe Tabelle 5.3.1

5.3.2 Probleme im Wohnumfeld 2014

Lesebeispiel: 12,3 % der Personen, die in Haushalten mit 2 Erwachsenen und Kind(ern) leben, nehmen Kriminalität und Gewalt im Wohnumfeld wahr.

	Anteil der Personen in Haushalten, für die es ... im Wohnumfeld gibt [1]	
	Verschmutzung, Ruß u. a. Umweltbelastungen	Kriminalität und Gewalt
	%	
Personen insgesamt	22,8	13,0
nach dem Haushaltstyp		
Einpersonenhaushalte	25,5	15,9
Alleinerziehende [2]	29,2	19,4
2 Erwachsene ohne Kind, beide unter 65 Jahre	26,6	13,9
2 Erwachsene mit Kind(ern) [2]	21,5	12,3
nach dem Wohnstatus [3]		
Eigentümerhaushalte	17,3	8,4
Mieterhaushalte	29,4	18,6

Ergebnisse aus LEBEN IN EUROPA (EU-SILC).
Fußnoten siehe Tabelle 5.3.1

Belastung durch monatliche Wohnkosten 2014
Anteil der Bevölkerung in %

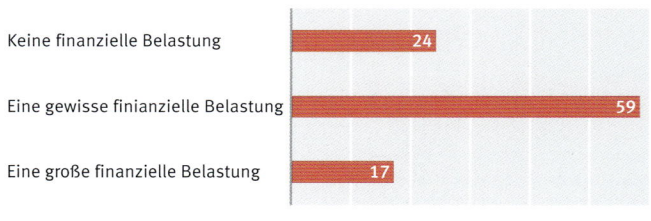

- Keine finanzielle Belastung: 24
- Eine gewisse finianzielle Belastung: 59
- Eine große finanzielle Belastung: 17

Ergebnisse aus LEBEN IN EUROPA (EU-SILC).

5 Wohnen

Methodik

■ Wohnungen

Die Statistiken des Wohnungswesens beschreiben quantitativ und qualitativ den Gesamtbestand an Wohngebäuden und Wohnungen. Die **totalen Gebäude- und Wohnungszählungen** liefern hierzu wichtige Strukturdaten in tiefer regionaler Gliederung. Diese totalen Zählungen finden allerdings nur in längerfristigen Zeitabständen – seit 2011 alle 10 Jahre statt. Die letzte Gebäude- und Wohnungszählung wurde mit dem Stichtag 9.5.2011 im Rahmen des Zensus 2011 durchgeführt. Dort wurden alle Eigentümerinnen und Eigentümer von Gebäuden und Wohnungen schriftlich zu folgenden Merkmalen befragt:

- Gebäude: Gebäudeart, Gebäudetyp, Baujahr, Zahl der Wohnungen im Gebäude, Heizungsart, Eigentumsverhältnis des Gebäudes.

- Wohnungen: Art der Wohnungsnutzung, Fläche, Raumzahl, Ausstattung, Eigentumsverhältnis der Wohnung.

Für die Zeit zwischen den Zählungen werden die Wohnungsbestände mit Hilfe der **Bautätigkeitsstatistik** fortgeschrieben. Damit auch in kürzeren Zeitabständen zuverlässige Daten zur Verfügung stehen – z. B. über das Mietengefüge, die Mietenentwicklung und die Art der Unterbringung, u. a. in Abhängigkeit von der sozialen Struktur der Haushalte – wurden Haushalte in der Regel im Abstand von vier Jahren im **Mikrozensus** zu ihrer Wohnsituation befragt. Die rechtliche Grundlage hierfür bildete seit 1985 das Gesetz zur Durchführung einer Repräsentativstatistik über die Bevölkerung und den Arbeitsmarkt (Mikrozensusgesetz) vom 10.6.1985 (BGBl. I S. 955) in Verbindung mit der Verordnung zur Durchführung einer Repräsentativstatistik über die Bevölkerung und den Arbeitsmarkt (Mikrozensusverordnung) vom 14.6.1985 (BGBl. I S. 967). Die Erhebungen wurden auf der Basis einer 1 %-Repräsentativ-Stichprobe durchgeführt (zuletzt 1985 und 1987). Das neue „Mikrozensusgesetz und das Gesetz zur Änderung des Bundesstatistikgesetzes" vom 24.6.2004 (BGBl. I S. 1350) stellt die Erhebungen zur Wohnsituation der Haushalte auf eine neue Rechtsgrundlage. Seit 1998 fragt der Mikrozensus im Abstand von vier Jahren neben den Merkmalen der Grunderhebung auch nach der Wohnsituation der Haushalte, zuletzt im Jahr 2010. Erhebungsmerkmale sind:

- Art und Größe des Gebäudes mit Wohnraum; Baualtersgruppe; Fläche der gesamten Wohnung; Nutzung der Wohnung als Eigentümer, Hauptmieter oder Untermieter; Eigentumswohnung; Einzugsjahr des Haushalts; Ausstattung der Wohnung mit Heiz- und Warmwasserbereitungsanlagen nach einzelnen Energieträgersystemen

- bei Mietwohnungen: Höhe der monatlichen Miete sowie der anteiligen und sonstigen Betriebs- und Nebenkosten:

In der Ausgabe 2012 dieses Jahrbuchs wurden letztmalig Ergebnisse der Mikrozensus-Zusatzerhebung 2010 veröffentlicht. Ergebnisse der Gebäude- und Wohnungszählung (GWZ) zum Stichtag 9.5.2011, die im Rahmen des Zensus 2011 durchgeführt wurde, enthält die Ausgabe 2014 dieses Jahrbuchs.

■ Wohngeld

Um die Auswirkungen und Fortentwicklung des Wohngeldgesetzes (WoGG) beurteilen zu können, werden im Rahmen der amtlichen **Wohngeldstatistik** Erhebungen als Bundesstatistik durchgeführt. Es handelt sich dabei um Vollerhebungen, die Ergebnisse liefern über die Zahl und Struktur der Haushalte, die Wohngeld beziehen, sowie über die mit den Wohngeldleistungen verbundenen finanziellen Aufwendungen.

Rechtsgrundlage der Wohngeldstatistik sind die §§ 34–36 WoGG. Die Wohngeldbehörden sind in diesen Erhebungen gemäß § 34 Abs. 2 WoGG zur Auskunft verpflichtet.

Das Statistische Bundesamt veröffentlicht die Bundesergebnisse der Wohngeldstatistik in der Regel rund neun Monate nach Ablauf des Erhebungszeitraumes. Auf Länderebene erfolgt die Datenveröffentlichung üblicherweise früher.

Zum 1.1.2005 trat das „Vierte Gesetz für moderne Dienstleistungen am Arbeitsmarkt" („Hartz IV") in Kraft. Infolge dessen hat sich im Berichtsjahr 2005 der Kreis der nach dem Wohngeldgesetz berechtigten Haushalte und damit auch der statistisch erfassten Wohngeldhaushalte deutlich reduziert. Ab diesem Zeitpunkt entfällt der Wohngeldanspruch für Empfängerinnen und Empfänger bestimmter Transferleistungen (z. B. Arbeitslosengeld II bzw. Sozialgeld nach dem SGB II, Hilfe zum Lebensunterhalt bzw. Leistungen der Grundsicherung im Alter und bei Erwerbsminderung nach dem SGB XII, Grundleistungen nach dem Asylbewerberleistungsgesetz) sowie für Mitglieder ihrer Bedarfsgemeinschaft. Deren angemessene Unterkunftskosten werden nunmehr in den jeweiligen Sozialleistungen berücksichtigt, sodass sich für die einzelnen Leistungsberechtigten keine Nachteile ergeben. Infolge dieser Änderungen entfielen auch die Erhebungen zum besonderen Mietzuschuss: Seit dem 1.1.2005 zählen die Bezieherinnen und Bezieher von Sozialhilfe und Kriegsopferfürsorge nicht mehr zu den Wohngeldempfängerinnen und -empfängern.

Am 1.1.2009 sind mit der Wohngeldreform wesentliche Veränderungen in Kraft getreten. Vor dem Hintergrund gestiegener Energiepreise sind erstmals die Heizkosten in das Wohngeld einbezogen. Die Höchstbeträge für Miete und Belastung wurden auf Neubauniveau vereinheitlicht und zusätzlich um 10 % erhöht. Außerdem wurden die Tabellenwerte der Wohngeldtabellen um 8 % erhöht. Mit Hilfe dieser Wohngeldtabellen wird der jeweilige Wohngeldanspruch ermittelt. Dieser ist abhängig von den zu berücksichtigenden Haushaltsmitgliedern, deren monatlichen Gesamteinkommen und der zu berücksichtigenden Miete oder Belastung.

Seit der Wohngeldreform sind wieder deutlich mehr Haushalte wohngeldberechtigt. Viele erwerbstätige Haushalte mit niedrigen Einkommen sind daher nicht mehr auf den Bezug von Arbeitslosengeld II angewiesen. Da die Energiekosten wieder gesunken sind, wurde ab 1.1.2011 aufgrund Artikel 22 des Haushaltsbegleitgesetzes 2011 (BGBl. I Nr. 63/2010) der zum 1.1.2009 eingeführte Betrag für Heizkosten (sogenannte Heizkostenkomponente) bei der Ermittlung der zu berücksichtigenden Miete oder Belastung im Wohngeld wieder gestrichen.

■ Haus- und Grundbesitz, Immobilienvermögen

Die **Einkommens- und Verbrauchsstichprobe** (EVS) liefert unter anderem Ergebnisse zum Haus- und Grundbesitz privater Haushalte. Sie ist mit einem Erhebungsumfang von rund 60 000 Haushalten die größte freiwillige Haushaltserhebung. Die EVS findet alle fünf Jahre statt und ist aufgrund des großen Stichprobenumfangs in besonderem Maße geeignet, tief gegliederte Ergebnisse für die unterschiedlichen Haushaltsgruppen abzubilden. An der Erhebung beteiligen sich repräsentativ ausgewählte private Haushalte in Deutschland auf freiwilliger Basis. Personen in Anstalten und Gemeinschaftsunterkünften sowie Obdachlose nehmen nicht teil. Ebenso bleiben Haushalte mit einem monatlichen Haushaltsnettoeinkommen von 18 000 Euro und mehr unberücksichtigt, da diese in der Regel nicht in so ausreichender Zahl an der Erhebung teilnehmen, dass gesicherte Aussagen über ihre Lebensverhältnisse getroffen werden können. Zwischen der EVS und dem Mikrozensus besteht eine enge Verknüpfung: Der Mikrozensus wird zur Bestimmung des Quotenplans herangezogen und dient außerdem als Anpassungsrahmen für die Hoch- und Fehlerrechnung.

Der Nachweis in der Tabelle 5.2 zum Haus- und Grundbesitz privater Haushalte basiert auf den Angaben der Privathaushalte in der Erhebungsunterlage „Geld- und Sachvermögen" der EVS 2013.

5 Wohnen

Methodik

■ **Belastungen durch die Wohnsituation**

Die Belastungen privater Haushalte durch Wohnkosten, Probleme im Wohnumfeld sowie Wohnungsmängel erfragt die europaweit durchgeführte Gemeinschaftsstatistik über Einkommen und Lebensbedingungen (englisch: European Union Statistics on Income and Living Conditions, EU-SILC). In Deutschland heißt die Erhebung **LEBEN IN EUROPA**. Neben den verschiedenen Bestandteilen des Einkommens (z. B. Erwerbseinkommen, Einkommen aus staatlichen Transferleistungen), die sehr differenziert erfasst werden, sind weitere Angaben zu wichtigen Lebensbereichen Thema der Befragung, z. B. Angaben zur Wohnsituation der Bevölkerung und zu anderen Einzelaspekten der materiellen und sozialen Teilhabe.

Europäische Rechtsgrundlage für die Erhebung ist die EU-Verordnung 1177/2003 des Europäischen Parlamentes und des Rates. Daneben enthalten eine Reihe von weiteren Verordnungen der Europäischen Kommission detaillierte Angaben zur Durchführung der Erhebung (Definitionen, Feldarbeit, Imputation, Stichprobenauswahl und Weiterbefragung, Verzeichnis der primären Zielvariablen, Qualitätsberichte). Für die Durchführung der nationalen Erhebung gelten in Deutschland die genannten EU-Verordnungen in Verbindung mit dem Bundesstatistikgesetz (BStatG) vom 22.1.1987. Die Erteilung der Auskunft ist freiwillig.

Für die Statistik gelten in allen Mitgliedstaaten einheitliche Definitionen sowie methodische Mindeststandards. Erhebungsziel ist die Bereitstellung EU-weit harmonisierter und vergleichbarer Mikrodaten und Indikatoren zur Messung von Lebensbedingungen, Armut und sozialer Ausgrenzung in der Europäischen Union. Die Indikatoren dienen als Entscheidungsgrundlage für die nationale und europäische Sozialpolitik. Hauptnutzer der Erhebungsergebnisse sind die Europäische Kommission, der Europäische Sozialschutzausschuss und auf nationaler Ebene das Bundesministerium für Arbeit und Soziales (BMAS).

Für LEBEN IN EUROPA werden in Deutschland jährlich rund 13 000 bis 14 000 private Haushalte schriftlich befragt. Ein Haushalt wird dabei jeweils in vier aufeinander folgenden Jahren befragt, was eine Auswertung der Ergebnisse im Längsschnitt erlaubt. Die Stichprobe für die Erhebung wird grundsätzlich als Zufallsauswahl gezogen. Eine Ausnahme bildeten in Deutschland die ersten drei Erhebungsjahre (2005, 2006 und 2007). In diesen Jahren wurde ein Teil der Stichprobe als Quotenstichprobe mit Haushalten realisiert, die bereits an anderen freiwilligen Haushaltsbefragungen teilgenommen haben. Auswahlgrundlage für die Zufallsstichprobe von LEBEN IN EUROPA ist die Dauerstichprobe befragungsbereiter Haushalte (HAUSHALTE HEUTE).

Die erhobenen Daten werden anhand des Mikrozensus auf die Gesamtbevölkerung der Bundesrepublik Deutschland hochgerechnet. Als Hochrechnungsmerkmale dienen u. a. das Geschlecht, das Alter, das Haushaltsnettoeinkommen sowie der Haushaltstyp.

Detaillierte Informationen zur Methodik der einzelnen Statistiken sind in den „Qualitätsberichten" dokumentiert (siehe hierzu *www.destatis.de/publikationen* › Qualitätsberichte).

5 Wohnen

Glossar

Auf- und Abrundungen | Die maschinell erstellten Ergebnisse der Einkommens- und Verbrauchsstichprobe wurden bei der Hochrechnung ohne Rücksicht auf die Endsumme auf- beziehungsweise abgerundet. Bei der Summierung von Einzelangaben sind daher geringfügige Abweichungen in der Endsumme möglich.

Eigentümerhaushalt | Bei EU-SILC beinhaltet die Klassifizierung eines Haushaltes in Eigentümerhaushalt auch die Fälle von mietfrei wohnenden Haushalten.

Haushalt | *EVS* | Eine Einzelperson mit eigenem Einkommen, die für sich allein wirtschaftet, bildet ebenso einen Haushalt wie eine Gruppe von verwandten oder persönlich verbundenen (auch familienfremden) Personen, die sowohl einkommens- als auch verbrauchsmäßig zusammengehören. Diese müssen in der Regel zusammen wohnen und über ein oder mehrere Einkommen oder über Einkommensteile gemeinsam verfügen sowie voll oder überwiegend in einer gemeinsamen Hauswirtschaft versorgt werden. Zeitweilig vom Haushalt getrennt lebende Personen gehören zum Haushalt, wenn sie überwiegend von Mitteln des Haushalts leben oder wenn sie mit ihren eigenen Mitteln den Lebensunterhalt des Haushalts bestreiten. Haus- und Betriebspersonal, Untermieterinnen und Untermieter sowie Kostgängerinnen und Kostgänger zählen nicht zum Haushalt, in dem sie wohnen bzw. verpflegt werden. Das Gleiche gilt für Personen, die sich nur zu Besuch im Haushalt befinden. Generell nicht in die Erhebung einbezogen sind Personen in Gemeinschaftsunterkünften und Anstalten. Neben Personen in Alters- und Pflegeheimen gehören dazu Angehörige der Bereitschaftspolizei, der Bundespolizei und der Bundeswehr, soweit diese nicht einen ständigen Wohnsitz außerhalb der Kaserne haben. Obdachlose nehmen nicht an der Erhebung teil. Ergebnisse für Haushalte, deren monatliches Einkommen 18 000 Euro und mehr beträgt, bleiben unberücksichtigt, da diese nicht bzw. in viel zu geringer Zahl an der Erhebung teilnehmen.

EU-SILC | Gemäß Artikel 2, Buchstabe f der EU-Verordnung Nr. 1177/2003 für EU-SILC ist ein Haushalt definiert als Privathaushalt am Hauptwohnsitz, bestehend aus einer alleinlebenden Person oder mehreren Personen, die zusammenwohnen, ihren Lebensunterhalt gemeinsam finanzieren und ihre Ausgaben teilen. Zum Haushalt gehören alle Personen, die in den letzten sechs Monate im Jahr anwesend waren oder mit erstem Wohnsitz an der Adresse des Haushalts gemeldet sind. Nicht befragt werden Personen, die in Anstalts- oder Gemeinschaftshaushalten leben (Wohnheim, Altenheim, Gefängnis usw.).

Haushaltsnettoeinkommen | *EVS* | Das Haushaltsnettoeinkommen errechnet sich, indem vom Haushaltsbruttoeinkommen (alle Einnahmen des Haushalts aus Erwerbstätigkeit, aus Vermögen, aus öffentlichen und nichtöffentlichen Transferzahlungen sowie aus Untervermietung) Einkommensteuer/Lohnsteuer, Kirchensteuer und Solidaritätszuschlag sowie die Pflichtbeiträge zur Sozialversicherung abgezogen werden.

Haushaltstyp | *EVS* | Ergebnisse werden für folgende Haushaltstypen nachgewiesen:
– Alleinlebende Frauen und Männer
– Alleinerziehende mit Kind(ern)
– (Ehe-)Paare ohne Kind bzw. mit Kind(ern)
– Sonstige Haushalte, in denen es über die in den vorstehenden Haushaltstypen genannten Personen hinaus weitere Haushaltsmitglieder gibt (z. B. Schwiegereltern, volljährige Kinder).

Als Kinder zählen alle ledigen Kinder unter 18 Jahren = (auch Adoptiv- und Pflegekinder) der Haupteinkommenspersonen oder deren (Ehe-)Partnerinnen und Partner bzw. gleichgeschlechtlichen Lebenspartnerinnen und -partner. Bei der Auswertung sind die nichtehelichen Lebensgemeinschaften einschließlich der gleichgeschlechtlichen Lebenspartnerschaften den Ehepaaren gleichgestellt.

EU-SILC | In diesem Kapitel werden Ergebnisse für Personen in folgenden Haushaltstypen nachgewiesen:
Haushalte ohne abhängige Kinder:
– Alleinlebende Personen
– Zwei Personen ohne Kind.
Haushalte mit abhängigen Kindern:
– Alleinerziehende
– Zwei Personen mit Kind(ern).

Abhängige Kinder sind Personen unter 18 Jahren sowie Personen im Alter von 18 bis 24 Jahren, die nicht erwerbstätig oder nicht arbeitsuchend sind und mit mindestens einem Elternteil zusammenleben.

Haus- und Grundbesitz | *EVS* | Die Angaben zum Haus- und Grundbesitz erstrecken sich auf das gesamte Eigentum an unbebauten Grundstücken, Gebäuden und Eigentumswohnungen im In- und Ausland, unabhängig davon, ob diese Immobilien selbst errichtet, gekauft oder durch Schenkung beziehungsweise Erbschaft erworben wurden oder ob sie selbst genutzt oder vermietet werden. Die Frage nach dem Haus- und Grundbesitz umfasste folgende Immobilienarten:
– Einfamilienhäuser (auch mit Einliegerwohnung)
– Zweifamilienhäuser
– Wohngebäude mit drei und mehr Wohnungen
– Eigentumswohnungen (auch Zweit- und Freizeitwohnungen)
– Sonstige Gebäude (Wochenend- und Ferienhäuser, Lauben und Datschen in Kleingärten, kombinierte Wohn- und Geschäftsgebäude sowie Betriebsgebäude, die nicht für eigene geschäftliche Zwecke genutzt werden)
– Unbebaute Grundstücke (ohne landwirtschaftlich genutzte Flächen).

Zur Ermittlung des Immobilienvermögens machten die Haushalte folgende Angaben:
– Einheitswert: Steuerlicher Richtwert für Grundstücke und Gebäude, der durch das zuständige Finanzamt festgelegt wird. Er liegt in der Regel erheblich unter dem Verkehrswert.
– Verkehrswert: Der geschätzte Preis, der im Falle des Verkaufes zum Erhebungszeitpunkt unter Berücksichtigung des Kaufpreises, der Wohnlage und Investitionen erzielt werden könnte.
– Immobilienkredite/Hypothekenrestschuld: Die Restschuld ist die Summe der tatsächlich noch zu leistenden Gesamttilgungen für Darlehen (Hypotheken, Baudarlehen u. Ä.), die von den Haushalten für den Erwerb beziehungsweise die Instandsetzung des Haus- und Grundvermögens aufgenommen wurden.

Mängel (in der Wohnung/dem Haus) | *EU-SILC* | Diese umfassen ein undichtes Dach, feuchte Wände, Fußböden oder Fundamente, Fäulnis in Fensterrahmen oder Fußböden, zu wenig Tageslicht in den Räumen, Lärmbelästigung (z. B. durch Nachbarn, Verkehr, Geschäfte, Industrie).

Miete | Die Nettokaltmiete (häufig auch Nettomiete, Grundmiete) bezeichnet den monatlichen Betrag, der mit der Vermieterin bzw. dem Vermieter als Entgelt für die Überlassung der ganzen Wohnung zum Zeitpunkt der Zählung vereinbart war. Dabei ist es gleichgültig, ob die Miete tatsächlich gezahlt wurde oder nicht. Die Bruttokaltmiete setzt sich aus der Nettokaltmiete und den kalten Nebenkosten (z. B. Beträge für Wasser, Kanalisation, Müllabfuhr) zusammen.

Mieterin bzw. Mieter | Wird einer Person gegen Entgelt mindestens ein Raum zur Nutzung überlassen, so ist sie Mieterin bzw. Mieter.

5 Wohnen

Glossar

Mieterhaushalt | *EU-SILC* | Die Klassifizierung eines Haushaltes in Mieterhaushalt enthält auch die Fälle von Wohnen mit reduzierter Miete.

Wohngebäude (ohne Wohnheime) | Gebäude, die mindestens zur Hälfte der Gesamtnutzfläche zu Wohnzwecken genutzt werden. Wohnheime sind hier nicht berücksichtigt.

Wohngeld | Das ist ein Zuschuss zu den Wohnkosten, der von Bund und Ländern je zur Hälfte getragen wird. Es wird — gemäß den Vorschriften des Wohngeldgesetzes — einkommensschwächeren Haushalten geleistet, damit diese die Wohnkosten für angemessenen und familiengerechten Wohnraum tragen können. Wohngeld wird entweder als Mietzuschuss für Mieterinnen und Mieter geleistet oder als Lastenzuschuss für Haus- und Wohnungseigentümerinnen und -eigentümer. Die Höhe des Zuschusses richtet sich dabei nach der Anzahl der zu berücksichtigenden Haushaltsmitglieder, dem Gesamteinkommen und der zuschussfähigen Miete bzw. Belastung. Einen Teil der Wohnkosten muss in jedem Fall die Mieterin oder der Mieter bzw. die Eigentümerin oder der Eigentümer selbst tragen. Mit der am 1.1.2009 in Kraft getretenen Wohngeldreform sind die Höchstbeträge für Miete und Belastung auf Neubauniveau vereinheitlicht und zusätzlich um 10 % angehoben worden. Daneben wurden die Tabellenwerte um 8 % erhöht. Viele erwerbstätige Haushalte mit niedrigen Einkommen sind durch diese Änderungen wieder wohngeldberechtigt und damit nicht mehr auf den Bezug von Arbeitslosengeld II angewiesen. Leistungen für Bildung und Teilhabe nach dem Bundeskindergeldgesetz erhalten seit 1.1.2009 Personen für die Kinder, die bei der Wohngeldbewilligung als Haushaltsmitglieder berücksichtigt worden sind und für die Kindergeld bezogen wird.

Wohngeldhaushalte | Als Wohngeldhaushalte gelten Haushalte mit Wohngeldbezug, in denen alle Haushaltsmitglieder wohngeldberechtigt sind.

Wohngeldrechtliche Teilhaushalte in Mischhaushalten | Seit 2005 gibt es neben den Wohngeldhaushalten die wohngeldrechtlichen Teilhaushalte in Mischhaushalten. In diesen Haushalten ist lediglich ein Teil der Haushaltsmitglieder wohngeldberechtigt, da mindestens ein Haushaltsmitglied Transferleistungen, etwa Arbeitslosengeld II, bezieht und deshalb nicht selbst wohngeldberechtigt ist.

Wohnkosten | *EU-SILC* | Es handelt sich hierbei um die monatlichen Wohnkosten des Haushalts. Bei Eigentümerinnen und Eigentümern bzw. mietfrei wohnenden Haushalten zählen hierzu:
- Grundsteuer
- Laufende Kosten (z. B. Ausgaben für Gebäudeversicherung, Müllabfuhr, Wasser, Straßenreinigung, Instandhaltungsrücklagen, Schornsteinfeger, bei Eigentumswohnungen regelmäßige Pauschalzahlungen wie Hausgeld oder Wohngeld, Ausgaben für Hausverwaltung, Aufzug)
- Energiekosten (Ausgaben für Heizung, Warmwasser, Strom, Gas, Heizöl und sonstige Brennstoffe).

Bei Mieterinnen und Mietern zählen hierzu:
- Nettokaltmiete
- Betriebskosten (z. B. Ausgaben für Müllabfuhr, Wasser, Straßenreinigung, Hausmeisterkosten, gemeinschaftliche Umlagen)
- Energiekosten (Ausgaben für Heizung, Warmwasser, Strom, Gas, Heizöl, sonstige Brennstoffe, sofern nicht bereits in den Betriebskosten enthalten).

Der Haushalt beantwortet bei EU-SILC die Frage, wie stark die Belastung durch die monatlichen Wohnkosten für den Haushalt ist, aus der Selbsteinschätzung heraus.

5 Wohnen

Mehr zum Thema

Liebe Leserin, lieber Leser,
ein Thema in diesem Kapitel spricht Sie besonders an oder Sie benötigen weitere Informationen? Auf dieser Seite nennen wir Ihnen, nach Themen gegliedert, weitere Veröffentlichungen unseres Hauses. Ausführliche Informationen zu den Produktkategorien sowie dem Informationsangebot des Statistischen Bundesamtes finden Sie auf Seite 8 dieser Ausgabe.

Web-Angebote
www.destatis.de ist Ihre erste Adresse in Sachen Statistik. Hier finden Sie alle Informationen, die das Statistische Bundesamt veröffentlicht, tagesaktuell. Unsere Veröffentlichungen können Sie direkt über unsere Website *www.destatis.de/publikationen* downloaden.

GENESIS-Online
Unter *www.destatis.de/genesis* bietet die Haupt-Datenbank des Statistischen Bundesamtes ein breites Themenspektrum fachlich tief gegliederter Ergebnisse der amtlichen Statistik. Daten zu *Wohnen (Gebäude und Wohnungen)* finden Sie unter dem Menüpunkt › Themen, Code 31, Daten zum *Wohngeld* unter Code 22

Weitere Veröffentlichungen zu den Themen

■ Wohnungen

Fachserie 5   Bautätigkeit und Wohnungen

Reihe 3	Bestand an Wohnungen
Heft 1	Mikrozensus-Zusatzerhebung 2010 Bestand und Struktur der Wohneinheiten sowie Wohnsituation der Haushalte

Fachserie 15   Wirtschaftsrechnungen

Heft 2	Einkommens- und Verbrauchsstichprobe: Geld- und Immobilienvermögen sowie Schulden privater Haushalte
Sonderheft 1	Wohnverhältnisse privater Haushalte

WISTA – Wirtschaft und Statistik

Heft 5/09	Ausstattung mit Gebrauchsgütern und Wohnsituation privater Haushalte in Deutschland (EVS 2008)
Heft 10/09	Haus- und Grundbesitz und Immobilienvermögen privater Haushalte (EVS 2008)

■ Wohngeld

Fachserie 13   Sozialleistungen

Reihe 4	Wohngeld

WISTA – Wirtschaft und Statistik

Heft 3/12	Wohngeld in Deutschland 2010
Heft 3/14	Wohngeld in Deutschland 2012

■ Belastungen durch die Wohnsituation

Fachserie 15   Wirtschaftsrechnungen

Reihe 3	Einkommen und Lebensbedingungen in Deutschland und der Europäischen Union

WISTA – Wirtschaft und Statistik

Heft 5/11	Wer muss worauf verzichten? Einschätzungen zur Wohn- und Lebenssituation der privaten Haushalte (LEBEN IN EUROPA 2009)
Heft 2/12	LEBEN IN EUROPA/EU-SILC 2010. Bundesergebnisse für Sozialindikatoren über Einkommen, Armut und Lebensbedingungen
Heft 3/13	Einkommen, Armut und Lebensbedingungen in Deutschland und der Europäischen Union. Ergebnisse aus LEBEN IN EUROPA/EU-SILC 2011
Heft 12/13	Armut und soziale Ausgrenzung in Deutschland und der Europäischen Union. Ergebnisse aus LEBEN IN EUROPA/EU-SILC 2012

6 Einkommen, Konsum, Lebensbedingungen

Haushalte verfügten 2014 durchschnittlich über **3 208 Euro** monatlich | **Drei Viertel** (74 %) davon entfallen auf **Konsum** | **Mobiltelefone** in **94 %** aller Haushalte | Durchschnittlich **3 Stunden** nutzte jede Person 2012/2013 täglich **Medien** | Pro Kopf werden jährlich **97 kg Gemüse** und **227 Eier** verbraucht | **Urlaubsreisen** 2014 für jeden Fünften **unerschwinglich** | Jede **sechste Person** 2014 von **Armut** bedroht | 2015 rund **78 400** Verfahren für **Verbraucherinsolvenzen** eröffnet | Gut ein **Drittel** der **überschuldeten** Personen ist **jünger als 35 Jahre**

6 Einkommen, Konsum, Lebensbedingungen

Seite

167 Auf einen Blick

Tabellen

168 **Einkommen, Einnahmen, Ausgaben, private Konsumausgaben**
Einnahmen und Ausgaben privater Haushalte | Konsumausgaben privater Haushalte | Aufwendungen privater Haushalte für Nahrungsmittel, Getränke und Tabakwaren

172 **Ausstattung**
Ausstattung privater Haushalte mit Gebrauchsgütern

174 **Zeitverwendung**
Durchschnittliche Zeitverwendung von Personen je Tag

177 **Verbrauch an ausgewählten Nahrungs- und Genussmitteln**
Pflanzliche und tierische Erzeugnisse | Tiefkühlkost | Genussmittel

178 **Einschätzung der Lebenssituation**
Finanzielle Kapazitäten | Zurechtkommen mit dem Einkommen

179 **Armut**
Median-Äquivalenzeinkommen | Armutsgefährdungsquote | Schwellenwert für Armutsgefährdung

181 **Überschuldung privater Personen und Verbraucherinsolvenzen**
Hauptauslöser der Überschuldung | Durchschnittliche Schulden | Verbraucherinsolvenzen nach Ländern

184 Methodik

186 Glossar

189 Mehr zum Thema

6 Einkommen, Konsum, Lebensbedingungen

6.0 Auf einen Blick

Haushaltsbruttoeinkommen 2014
in %

- Einnahmen aus nicht öffentlichen Transferzahlungen und Untervermietung: 5
- Aus Vermögen: 10
- Aus öffentlichen Transferzahlungen: 23
- Aus Erwerbstätigkeit: 62

Mitte: 4 101 EUR

Ergebnisse der Laufenden Wirtschaftsrechnungen (LWR).

Einkommen nach der Haushaltsgröße 2014
in EUR

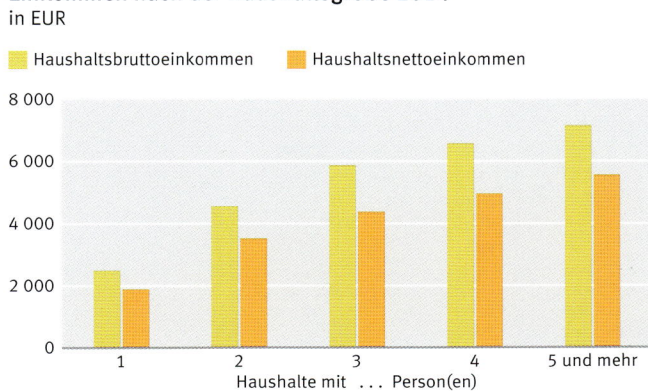

- Haushaltsbruttoeinkommen
- Haushaltsnettoeinkommen

(Balkendiagramm nach Haushaltsgröße: 1, 2, 3, 4, 5 und mehr Person(en))

Ergebnisse der Laufenden Wirtschaftsrechnungen (LWR).

Ausstattung privater Haushalte mit ausgewählten Gebrauchsgütern am 1.1. des jeweiligen Jahres
in %

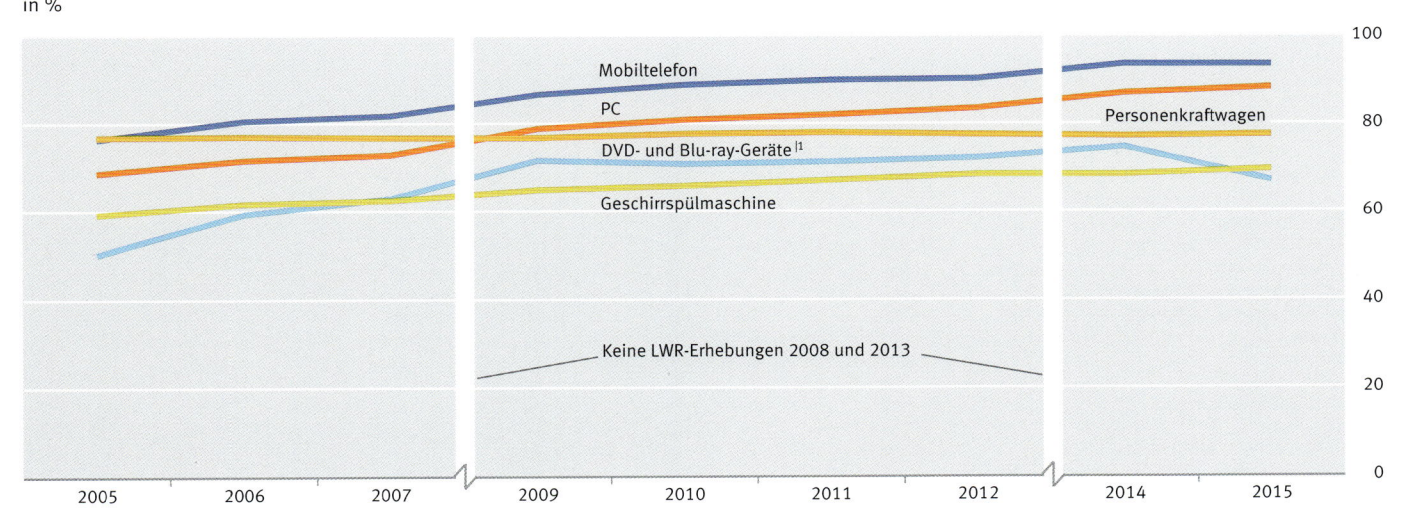

- Mobiltelefon
- PC
- Personenkraftwagen
- DVD- und Blu-ray-Geräte [1]
- Geschirrspülmaschine

Keine LWR-Erhebungen 2008 und 2013

(Jahre: 2005–2015)

Ergebnisse der Laufenden Wirtschaftsrechnungen (LWR).

1 Bis 2014 DVD-Player/-Recorder.

6 Einkommen, Konsum, Lebensbedingungen

6.1 Einkommen, Einnahmen, Ausgaben, private Konsumausgaben
6.1.1 Einnahmen und Ausgaben privater Haushalte im Zeitvergleich

	2005	2006	2007 [1]	2009	2010	2011	2012 [1]	2014
	Durchschnitt je Haushalt und Monat in EUR							
Haushaltsbruttoeinkommen	3 496	3 489	3 584	3 711	3 758	3 871	3 989	4 101
Bruttoeinkommen aus unselbstständiger Arbeit	2 087	2 062	2 147	2 198	2 274	2 381	2 462	2 522
Bruttoeinkommen aus selbstständiger Arbeit	20	16	20	19	19	19	20	30
Einnahmen aus Vermögen	334	337	364	373	363	385	403	404
dar. aus Vermietung und Verpachtung	59	58	60	66	68	66	65	63
Einkommen aus öffentlichen Transferzahlungen	869	872	864	924	904	884	896	947
darunter:								
(Brutto) Renten der gesetzlichen Rentenversicherung	446	448	451	471	473	472	476	473
(Brutto) Pensionen	113	123	126	128	119	117	128	144
Arbeitslosengeld I	39	31	23	20	19	16	17	19
Arbeitslosengeld II (Hartz IV) und Sozialgeld	42	47	47	51	48	50	50	50
Wohngeld	6	4	3	5	4	4	4	3
Kindergeld/-zuschlag	76	75	73	78	81	79	79	82
Einkommen aus nicht öffentlichen Transferzahlungen und Einnahmen aus Untervermietung	186	203	189	198	199	202	209	200
darunter:								
Leistungen aus privaten Versicherungen	28	33	30	35	36	37	43	37
Unterstützung von privaten Haushalten	107	118	107	101	103	105	104	101
abzüglich:								
Einkommen-, Kirchensteuer und Solidaritätszuschlag	353	343	364	390	377	398	424	446
Pflichtbeiträge zur Sozialversicherung	376	382	381	475	488	519	532	543
zuzüglich:								
Arbeitgeberzuschüsse zur Krankenversicherung und Pflegeversicherung bei freiwilliger oder privater Krankenversicherung	–	–	–	25	27	31	34	33
Zuschüsse der Rentenversicherungsträger zur freiwilligen oder privaten Krankenversicherung	–	–	–	2	2	2	2	2
Haushaltsnettoeinkommen	2 766	2 764	2 839	2 873	2 922	2 988	3 069	3 147
zuzüglich:								
Einnahmen aus dem Verkauf von Waren	27	34	34	25	30	32	30	29
Sonstige Einnahmen	23	29	27	27	29	31	34	32
Ausgabefähige Einkommen und Einnahmen	2 816	2 826	2 900	2 925	2 981	3 052	3 133	3 208
Einnahmen aus Vermögensumwandlung/Krediten	782	909	988	949	813	830	867	924
Private Konsumausgaben	1 996	2 089	2 067	2 156	2 168	2 252	2 310	2 375
Nahrungsmittel, Getränke und Tabakwaren	268	287	297	302	305	312	321	326
Bekleidung und Schuhe	95	93	94	98	100	104	106	107
Wohnen, Energie und Wohnungsinstandhaltung	662	684	693	724	738	775	796	856
Innenausstattung, Haushaltsgeräte und -gegenstände	125	129	119	116	118	125	128	132
Gesundheit	83	83	82	91	91	93	96	92
Verkehr	270	321	291	326	305	319	329	325
Post und Telekommunikation	62	62	60	57	56	57	57	61
Freizeit, Unterhaltung und Kultur	232	233	229	231	236	244	245	248
Bildungswesen	13	14	14	17	16	16	16	17
Gaststätten- und Beherbergungsdienstleistungen	106	106	110	113	113	119	127	129
Andere Waren und Dienstleistungen	81	78	78	83	88	88	90	82
Andere Ausgaben	1 564	1 629	1 763	1 633	1 547	1 563	1 624	1 669
Sonstige Steuern	16	16	14	12	13	13	13	2
Freiwillige Beiträge zur gesetzlichen Rentenversicherung	7	7	7	8	8	8	8	8
Versicherungsbeiträge	120	122	124	85	86	90	96	110
darunter:								
Beiträge für zusätzliche Kranken- und Pflegeversicherung	–	–	–	13	13	14	15	15
Beiträge für Kfz-Versicherungen	35	35	35	32	30	32	34	37
Sonstige Übertragungen und Ausgaben	141	145	148	135	158	156	151	158
Tilgung und Verzinsung von Krediten	241	251	259	256	256	274	295	307
darunter:								
Zinsen für Baudarlehen u. Ä.	80	80	81	78	79	80	77	72
Zinsen für Konsumentenkredite	7	7	8	9	10	8	8	9
Ausgaben für die Bildung von Sachvermögen	171	178	116	135	78	132	123	156
Ausgaben für die Bildung von Geldvermögen	830	876	1 060	1 001	948	890	938	928

Ergebnisse der Laufenden Wirtschaftsrechnungen (LWR).

1 In den Jahren 2008 und 2013 fanden keine LWR-Erhebungen statt.

6 Einkommen, Konsum, Lebensbedingungen

6.1 Einkommen, Einnahmen, Ausgaben, private Konsumausgaben
6.1.2 Einnahmen und Ausgaben privater Haushalte 2014

	Haushalte insgesamt	Davon nach dem Haushaltstyp					Davon nach dem Alter der Haupteinkommenspersonen von ... bis unter ... Jahren							
		Alleinlebende	Alleinerziehende	Paare ohne Kind	Paare mit Kind(ern)	sonstige Haushalte	18–25	25–35	35–45	45–55	55–65	65–70	70–80	80 und mehr
	Durchschnitt je Haushalt und Monat in EUR													
Haushaltsbruttoeinkommen	4 101	2 497	2 780	4 798	6 077	6 120	1 967	3 686	4 994	5 185	4 135	3 211	2 799	2 642
Bruttoeinkommen aus unselbstständiger Arbeit	2 522	1 385	1 547	2 582	4 579	4 294	(1 294)	2 941	3 867	3 985	2 735	437	75	/
Bruttoeinkommen aus selbstständiger Arbeit	30	(8)	/	40	60	53	/	(25)	(39)	39	33	(35)	(9)	/
Einnahmen aus Vermögen	404	218	(172)	547	512	639	(56)	125	394	460	460	485	434	337
dar. aus Vermietung und Verpachtung	63	42	/	91	50	96	/	(15)	49	66	85	96	68	(26)
Einkommen aus öffentlichen Transferzahlungen	947	732	688	1 378	759	917	(304)	406	537	534	721	1 966	2 041	2 004
darunter:														
(Brutto) Renten der gesetzlichen Rentenversicherung	473	445	/	834	(33)	285	/	/	(43)	96	319	1 230	1 483	1 471
(Brutto) Pensionen	144	96	/	284	/	143	–	/	(24)	118	521	374	(329)	
Arbeitslosengeld I	19	(11)	/	(20)	(30)	(31)	/	(26)	(21)	(24)	(30)	/	/	–
Arbeitslosengeld II (Hartz IV) und Sozialgeld	50	(47)	(215)	(31)	(63)	(48)	/	(72)	(62)	62	71	/	/	/
Wohngeld	3	(2)	/	/	(6)	/	/	/	(7)	(3)	/	/	/	/
Kindergeld/-zuschlag	82	(5)	248	11	341	192	(105)	88	202	141	34	(9)	(4)	/
Einkommen aus nicht öffentlichen Transferzahlungen und Einnahmen aus Untervermietung	200	154	368	249	167	214	(307)	185	156	167	184	286	238	269
darunter:														
Leistungen aus privaten Versicherungen	37	25	(15)	51	45	38	/	19	29	33	39	57	50	(42)
Unterstützung von privaten Haushalten	101	84	342	85	102	133	(297)	142	109	112	98	50	54	(104)
abzüglich:														
Einkommen-, Kirchensteuer und Solidaritätszuschlag	446	278	191	487	735	677	(142)	443	648	718	470	148	62	(53)
Pflichtbeiträge zur Sozialversicherung	543	323	302	623	835	851	(234)	571	728	750	556	291	242	222
zuzüglich:														
Arbeitgeberzuschüsse zur Krankenversicherung und Pflegeversicherung bei freiwilliger oder privater Krankenversicherung	33	15	/	37	70	50	–	(22)	52	60	36	/	–	/
Zuschüsse der Rentenversicherungsträger zur freiwilligen oder privaten Krankenversicherung	2	(2)	/	4	/	(1)	–	/	/	/	(1)	(9)	7	/
Haushaltsnettoeinkommen	3 147	1 913	2 294	3 729	4 576	4 643	1 590	2 695	3 671	3 778	3 147	2 783	2 502	2 372
zuzüglich:														
Einnahmen aus dem Verkauf von Waren	29	17	(8)	33	44	51	/	25	31	39	23	(30)	30	/
Sonstige Einnahmen	32	24	18	34	43	43	(10)	35	41	41	29	23	20	14
Ausgabefähige Einkommen und Einnahmen	3 208	1 955	2 320	3 796	4 663	4 736	1 617	2 754	3 743	3 858	3 199	2 837	2 553	2 399
Einnahmen aus Vermögensumwandlung/Krediten	924	610	(265)	1 322	1 073	1 058	(275)	716	1 117	805	1 112	1 001	888	(671)
Private Konsumausgaben	2 375	1 519	1 821	2 843	3 327	3 296	1 270	2 019	2 620	2 712	2 369	2 338	2 134	1 837
Andere Ausgaben	1 669	1 025	703	2 159	2 300	2 270	(582)	1 338	2 122	1 840	1 840	1 507	1 264	1 163
Sonstige Steuern	2	(1)	/	3	(3)	(2)	/	(0)	(2)	2	3	(1)	(1)	/
Freiwillige Beiträge zur gesetzlichen Rentenversicherung	8	6	(5)	9	10	13	/	9	10	13	11	(1)	/	/
Versicherungsbeiträge	110	62	68	131	163	172	(41)	104	132	137	111	87	78	58
darunter:														
Beiträge für zusätzliche Kranken- und Pflegeversicherung	15	9	(10)	22	17	20	/	8	13	14	16	22	20	(13)
Beiträge für Kfz-Versicherungen	37	20	25	46	51	66	(15)	37	42	43	37	35	30	(22)
Sonstige Übertragungen und Ausgaben	158	111	75	233	138	187	(31)	63	107	171	205	162	177	219
dar. Geldspenden	10	7	(3)	12	13	10	/	6	7	8	10	14	14	17
Tilgung und Verzinsung von Krediten	307	136	146	351	687	418	/	224	475	456	279	227	145	(31)
darunter:														
Zinsen für Baudarlehen u. Ä.	72	28	(38)	74	186	102	/	48	137	112	60	40	23	/
Zinsen für Konsumentenkredite	9	5	(8)	11	17	14	/	9	15	12	10	(5)	5	/
Ausgaben für die Bildung von Sachvermögen	156	(51)	/	219	271	249	/	(314)	(185)	174	192	(51)	(22)	/
Ausgaben für die Bildung von Geldvermögen	928	658	293	1 212	1 027	1 228	(282)	625	1 213	887	1 039	978	841	836

Ergebnisse der Laufenden Wirtschaftsrechnungen (LWR).

6 Einkommen, Konsum, Lebensbedingungen

6.1 Einkommen, Einnahmen, Ausgaben, private Konsumausgaben
6.1.3 Private Konsumausgaben 2014

	Haus-halte insge-samt	Davon nach dem Haushaltstyp					Davon nach dem Alter der Haupteinkommenspersonen von ... bis unter ... Jahren							
		Allein-lebende	Allein-erziehende	Paare ohne Kind	Paare mit Kind(ern)	sons-tige Haus-halte	18 – 25	25 – 35	35 – 45	45 – 55	55 – 65	65 – 70	70 – 80	80 und mehr
	Durchschnitt je Haushalt und Monat in EUR													
Private Konsumausgaben	2 375	1 519	1 821	2 843	3 327	3 296	1 270	2 019	2 620	2 712	2 369	2 338	2 134	1 837
Nahrungsmittel, Getränke, Tabakwaren	326	188	292	386	489	489	162	271	366	387	320	322	283	234
Nahrungsmittel, alkoholfreie Getränke	285	159	270	331	448	435	140	240	329	339	273	276	248	210
Alkoholische Getränke, Tabakwaren u. Ä.	41	30	22	55	41	54	(22)	31	36	48	47	46	35	24
Bekleidung und Schuhe	107	60	102	120	178	158	(69)	107	129	136	100	91	74	51
Herrenbekleidung	23	11	(6)	31	33	39	(13)	24	25	30	23	19	15	10
Damenbekleidung	44	30	41	52	50	65	(38)	40	43	54	45	41	34	25
Bekleidung für Kinder (unter 14 Jahren)	7	1	19	3	39	5	/	10	21	10	3	4	2	/
Sonstige Bekleidung und Zubehör	9	5	10	10	14	14	(5)	11	11	11	8	7	6	5
Schuhe und Schuhzubehör	21	12	25	22	40	33	(12)	22	28	28	19	17	15	(9)
Reparaturen, Reinigung, Ausleihe	2	1	(1)	3	1	2	/	1	1	2	2	3	2	(2)
Wohnen, Energie, Wohnungsinstandhaltung	856	631	709	978	1 083	1 122	494	704	894	917	869	873	854	791
Wohnungsmieten u. Ä.	673	504	566	763	853	865	420	571	715	723	669	690	662	619
Energie	154	110	136	177	188	215	(72)	119	154	164	159	163	158	152
Wohnungsinstandhaltung	29	17	(8)	37	41	42	/	15	24	30	41	20	33	(20)
Innenausstattung, Haushaltsgeräte und -gegenstände	132	71	92	166	214	185	(54)	104	174	151	137	113	105	98
Möbel und Einrichtungsgegenstände	49	24	41	63	83	67	(26)	48	54	63	57	30	32	(14)
Teppiche und elastische Bodenbeläge	3	(2)	/	4	3	4	/	(2)	(2)	3	3	(4)	(5)	/
Kühl- und Gefriergeräte	2	/	/	(3)	/	/	/	/	/	(2)	(2)	/	/	/
Sonstige größere Haushaltsgeräte	13	6	/	13	14	35	/	(9)	28	10	12	(8)	(13)	(9)
Kleine elektrische Haushaltsgeräte	3	2	(2)	5	5	5	/	3	4	5	3	4	2	(2)
Heimtextilien	11	6	8	14	16	12	(4)	8	15	11	12	10	9	6
Sonstige Gebrauchsgüter für die Haushaltsführung	29	13	16	35	59	35	(11)	20	45	33	28	28	19	13
Verbrauchsgüter für die Haushaltsführung	15	9	13	18	22	20	(8)	12	17	17	14	15	13	11
Dienstleistungen für die Haushaltsführung	8	6	(6)	10	11	6	/	(2)	7	7	6	12	9	(40)
Gesundheit	92	60	44	132	108	101	(15)	45	71	85	90	132	138	139
Gebrauchsgüter für die Gesundheit	13	8	(7)	19	13	20	/	6	10	14	15	16	16	(20)
Verbrauchsgüter für die Gesundheit	23	16	12	33	21	27	(10)	15	16	21	21	34	32	40
Dienstleistungen für die Gesundheit	56	36	(25)	80	74	54	/	25	44	50	54	83	90	79
Verkehr	325	170	168	405	465	550	(158)	287	367	421	341	276	214	144
Kraftfahrzeuge (auch Leasing)	101	(41)	/	145	(133)	190	/	(82)	(103)	130	118	(82)	(70)	/
Kraft- und Fahrräder (auch Leasing)	7	(4)	/	(9)	(8)	(15)	/	(5)	(5)	(14)	(9)	/	/	/
Ersatzteile und Zubehör	12	6	(4)	15	19	19	(5)	11	15	14	12	11	7	(3)
Kraftstoffe und Schmiermittel	96	48	69	113	160	156	(52)	95	124	122	93	80	59	35
Wartung, Reparaturen an Kfz, Kraft- und Fahrrädern	36	21	17	46	51	57	(10)	25	37	46	40	37	28	(23)
Sonstige Dienstleistungen	27	13	20	32	44	45	(6)	19	34	38	27	22	15	12
Personen- und Güterbeförderung	45	39	33	44	49	68	(45)	49	48	58	43	39	32	27
Post und Telekommunikation	61	46	66	62	81	84	(57)	70	71	72	56	52	44	40
Telefone und andere Kommunikationsgeräte einschl. Reparaturen	4	3	(4)	4	8	7	/	(6)	7	7	3	(3)	(2)	/
Dienstleistungen für Post und Telekommunikation	56	43	61	58	73	77	(53)	64	64	65	53	49	43	38
Freizeit, Unterhaltung und Kultur	248	157	175	306	353	326	126	209	274	287	238	262	228	171
Tonempfangs-, -aufnahme- und -wiedergabegeräte	2	(2)	/	3	4	(3)	/	(4)	(2)	3	2	(1)	(2)	/
Ton- und Bildempfangs-, -aufnahme- und -wiedergabegeräte	6	(4)	/	8	(7)	10	/	(6)	(6)	7	6	(6)	(6)	/
Tragbare Bild- und Tonplayer, tragbare Fernsehempfangsgeräte, z. B. MP3-Player	(0)	/	/	(0)	/	/	/	/	/	/	/	/	/	–
Andere Geräte für den Empfang, die Aufnahme und Wiedergabe von Ton, Bild und Text	1	(1)	/	1	1	1	/	(1)	1	1	1	(0)	(0)	/
Foto-, Filmausrüstungen und optische Geräte	3	(1)	/	3	5	5	/	(2)	(3)	4	2	(2)	(1)	/
Informationsverarbeitungsgeräte und Software (einschl. Downloads)	13	8	(8)	14	18	21	(9)	14	14	16	13	13	7	(5)
Ton-, Bild- und andere Datenträger (einschl. Downloads)	6	4	5	5	11	9	(5)	8	9	8	5	5	3	(2)
Sonstige langlebige Gebrauchsgüter und Ausrüstung für Kultur, Sport, Camping u. Ä.	9	3	(5)	14	16	11	/	11	13	9	6	26	2	/
Spielwaren und Hobbys	14	7	18	14	36	16	(7)	18	25	15	11	11	10	(9)
Blumen und Gärten	15	9	9	22	18	18	(4)	7	14	15	16	20	18	16
Haustiere	15	10	15	17	19	22	(9)	14	18	21	14	13	8	(4)
Freizeit- und Kulturdienstleistungen	61	42	55	64	97	80	(41)	62	75	74	55	52	48	36
Bücher	10	8	11	9	15	15	(7)	9	13	12	9	9	9	7
Zeitungen, Zeitschriften u. Ä.	20	15	9	27	19	24	(5)	9	15	19	22	25	29	32
Sonstige Verbrauchsgüter	5	3	8	4	10	6	(3)	4	7	6	4	4	4	3
Reparaturen für Freizeit, Unterhaltung und Kultur	3	(2)	/	4	(3)	(6)	–	/	(4)	5	(2)	(6)	(3)	/
Pauschalreisen	65	38	(24)	98	73	79	/	38	54	73	70	67	79	(48)

6 Einkommen, Konsum, Lebensbedingungen

6.1 Einkommen, Einnahmen, Ausgaben, private Konsumausgaben
6.1.3 Private Konsumausgaben 2014

	Haushalte insgesamt	Davon nach dem Haushaltstyp					Davon nach dem Alter der Haupteinkommenspersonen von ... bis unter ... Jahren							
		Alleinlebende	Alleinerziehende	Paare ohne Kind	Paare mit Kind (ern)	sonstige Haushalte	18 – 25	25 – 35	35 – 45	45 – 55	55 – 65	65 – 70	70 – 80	80 und mehr
	Durchschnitt je Haushalt und Monat in EUR													
Bildungswesen	17	5	(26)	8	59	29	/	31	37	20	11	(4)	(3)	/
Nachhilfeunterricht	1	/	(6)	/	(3)	(2)	/	/	(2)	(2)	/	/	/	–
Gebühren, Kinderbetreuung	16	5	(20)	8	56	27	/	31	35	18	11	(4)	(2)	/
Gaststätten- und Beherbergungsdienstleistungen	129	77	75	180	172	156	(71)	114	138	148	129	138	114	86
Gaststättendienstleistungen	91	57	58	121	120	110	(63)	86	100	102	89	95	76	65
Übernachtungen	39	20	(17)	59	52	47	/	28	39	46	40	43	38	(20)
Andere Waren und Dienstleistungen	82	53	72	99	124	98	(43)	76	99	89	78	75	77	83
Schmuck, Uhren	7	4	(3)	9	10	9	(5)	10	7	9	6	7	4	(3)
Sonstige persönliche Gebrauchsgegenstände	8	5	7	10	14	10	(6)	10	10	10	8	7	6	(4)
Dienstleistungen für die Körperpflege	19	14	14	27	19	21	(8)	12	16	20	20	22	24	24
Körperpflegeartikel und -geräte	28	18	28	30	48	38	(20)	30	36	34	26	23	20	17
Sonstige Dienstleistungen	20	13	20	24	34	19	(4)	15	29	17	19	16	23	34

Ergebnisse der Laufenden Wirtschaftsrechnungen (LWR).

6.1.4 Aufwendungen privater Haushalte für Nahrungsmittel, Getränke und Tabakwaren im Zeitvergleich

	2003	2008	2013
	Durchschnitt je Haushalt und Monat in EUR		
Nahrungsmittel, Getränke und Tabakwaren	272	290	300
Brot- und Getreideerzeugnisse	37	40	41
Fleisch, Fleischwaren	47	49	50
Fisch, Fischwaren, Meeresfrüchte	7	8	8
Molkereiprodukte und Eier	32	37	37
Speisefette und -öle	6	6	7
Obst	20	21	23
Gemüse, Kartoffeln	23	26	29
Zucker, Konfitüre, Schokolade und Süßwaren	17	18	18
Nahrungsmittel (anderweitig nicht genannt)	9	10	12
alkoholfreie Getränke	31	32	32
alkoholische Getränke	27	26	26
Tabakwaren	18	18	17
	Durchschnitt je Haushalt und Monat in %		
Nahrungsmittel, Getränke und Tabakwaren	100	100	100
Brot- und Getreideerzeugnisse	13,4	13,9	13,5
Fleisch, Fleischwaren	17,3	16,9	16,6
Fisch, Fischwaren, Meeresfrüchte	2,5	2,7	2,7
Molkereiprodukte und Eier	11,7	12,6	12,4
Speisefette und -öle	2,1	2,0	2,2
Obst	7,3	7,2	7,6
Gemüse, Kartoffeln	8,6	8,9	9,7
Zucker, Konfitüre, Schokolade und Süßwaren	6,2	6,1	6,0
Nahrungsmittel (anderweitig nicht genannt)	3,2	3,4	4,0
alkoholfreie Getränke	11,3	11,0	10,5
alkoholische Getränke	10,0	9,1	8,8
Tabakwaren	6,5	6,2	5,8

Ergebnisse der Einkommens- und Verbrauchsstichproben (EVS).

Private Konsumausgaben 2014
in %

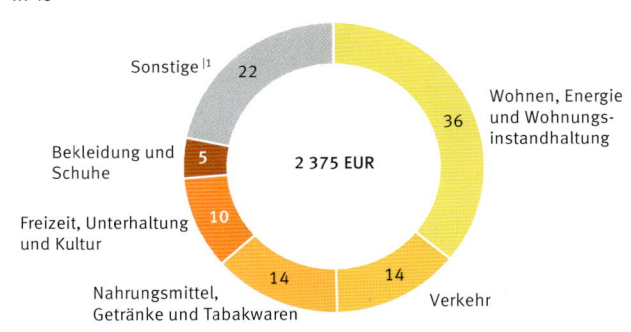

2 375 EUR
- Sonstige [1]: 22
- Wohnen, Energie und Wohnungsinstandhaltung: 36
- Verkehr: 14
- Nahrungsmittel, Getränke und Tabakwaren: 14
- Freizeit, Unterhaltung und Kultur: 10
- Bekleidung und Schuhe: 5

Ergebnisse der Laufenden Wirtschaftsrechnungen (LWR).

1 Innenausstattung, Haushaltsgeräte und -gegenstände, Gaststätten- und Beherbergungsdienstleistungen, Gesundheit, andere Waren und Dienstleistungen, Post und Telekommunikation sowie Bildungswesen.

Private Konsumausgaben nach Nettoeinkommensklassen 2014
je Haushalt und Monat, in EUR

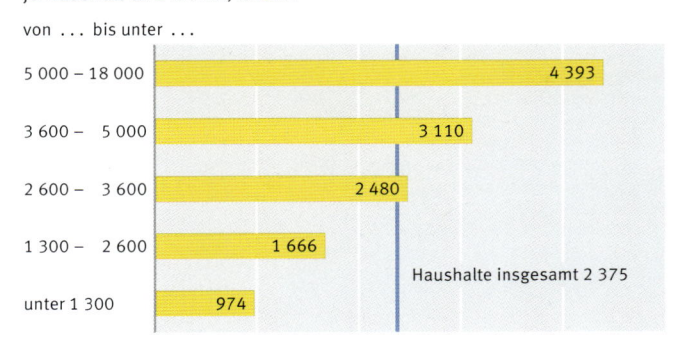

von ... bis unter ...
- 5 000 – 18 000: 4 393
- 3 600 – 5 000: 3 110
- 2 600 – 3 600: 2 480
- 1 300 – 2 600: 1 666
- unter 1 300: 974

Haushalte insgesamt 2 375

Ergebnisse der Laufenden Wirtschaftsrechnungen (LWR).

6 Einkommen, Konsum, Lebensbedingungen

6.2 Ausstattung
6.2.1 Ausstattungsgrad und -bestand privater Haushalte mit Gebrauchsgütern am 1.1.2015

	Ausstattungsgrad Anteil der Haushalte in %	Ausstattungsbestand Anzahl der Güter je 100 Haushalte
Fahrzeuge		
Personenkraftwagen	77,4	104,6
Motorrad (auch Mofa und Roller)	11,3	14,5
Fahrrad	80,9	186,0
dar. E-Bike (Elektrofahrrad)	4,2	5,4
Unterhaltungselektronik		
Fernseher	97,9	168,4
dar. Flachbildfernseher	81,3	123,6
Satelliten-TV-Anschluss	45,9	.[1]
Kabel-TV-Anschluss	46,5	.[1]
Antennen-TV-Anschluss (DVB-T)	16,7	.[1]
Pay-TV-Receiver	17,9	22,1
DVD- und Blu-ray-Geräte	67,0	91,0
dar. Blu-ray-Geräte	17,5	19,7
Videokamera (Camcorder)	18,3	20,7
Fotoapparat	84,9	147,6
analog	32,9	40,4
digital	75,1	107,2
MP3-Player	41,4	62,0
Spielkonsole (auch tragbar)	25,3	44,0
Informations- und Kommunikationstechnik		
Personalcomputer (PC)	88,3	196,3
stationär	51,3	63,1
mobil	73,5	133,2
Laptop/Notebook, Netbook	68,0	94,1
Tablet	31,8	39,1
PC-Drucker (auch im Kombigerät)	76,6	87,4
Internetanschluss	88,2	.[1]
stationär (z. B. DSL oder Kabel)	83,1	.[1]
mobil (z. B. Smartphone, Surfstick)	43,9	.[1]
Festnetztelefon	91,5	123,6
Mobiltelefon (Handy, Smartphone)	93,5	173,9
Navigationsgerät	49,7	57,1
Haushalts- und sonstige Geräte		
Kühlschrank, Kühl- und Gefrierkombination	99,9	123,3
Gefrierschrank, Gefriertruhe	50,8	56,9
Geschirrspülmaschine	69,5	70,9
Mikrowellengerät	73,3	75,8
Waschmaschine	93,9	96,7
Wäschetrockner (auch im Kombigerät)	39,5	39,9
Kaffeemaschine	84,6	119,1
dar. Kaffeevollautomat	13,1	13,4
Heimtrainer (z. B. Ergometer, Laufband)	26,3	30,3

Ergebnisse der Laufenden Wirtschaftsrechnungen (LWR).

1 Vor 2013 wurden die jeweiligen Geräte erfasst, ab 2014 wird nur noch das Vorhandensein des jeweiligen Anschlusses erfragt.

Private Haushalte mit Mobiltelefon(en) am 1.1.
in %

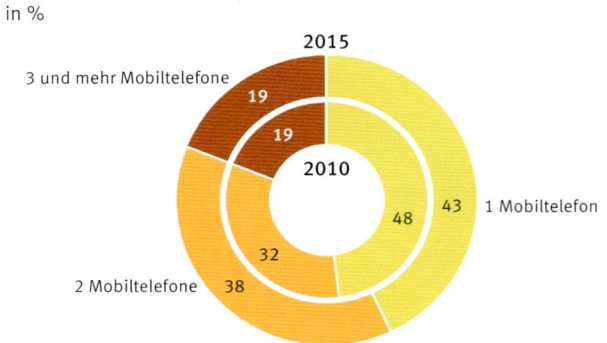

2015 (außen): 1 Mobiltelefon 43; 2 Mobiltelefone 38; 3 und mehr Mobiltelefone 19
2010 (innen): 1 Mobiltelefon 48; 2 Mobiltelefone 32; 3 und mehr Mobiltelefone 19

Ergebnisse der Laufenden Wirtschaftsrechnungen (LWR).

Fahrzeuge in privaten Haushalten am 1.1.2015
in Mill.

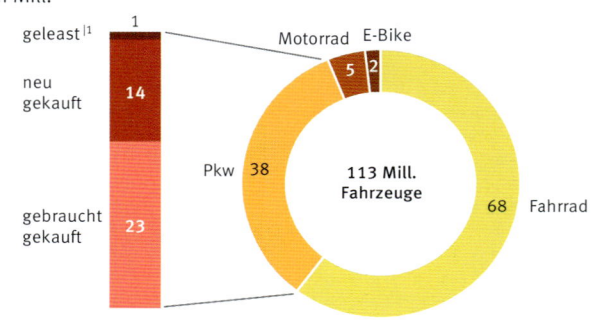

113 Mill. Fahrzeuge: Pkw 38; Motorrad 5; E-Bike 2; Fahrrad 68
Pkw: geleast[1] 1; neu gekauft 14; gebraucht gekauft 23

Ergebnisse der Laufenden Wirtschaftsrechnungen (LWR).

1 Einschl. Firmenwagen, die auch privat genutzt werden dürfen. – Keine Ratenkäufe.

6 Einkommen, Konsum, Lebensbedingungen

6.2 Ausstattung
6.2.2 Ausstattungsgrad privater Haushalte mit Gebrauchsgütern nach dem Haushaltstyp am 1.1.2015

	Haushalte insgesamt	Davon nach dem Haushaltstyp							sonstige Haushalte
		Alleinlebende	davon		Alleinerziehende	Paare	davon		
			Männer	Frauen			ohne Kind	mit Kind(ern)	
	Anteil der Haushalte in %								
Fahrzeuge									
Personenkraftwagen	77,4	59,4	59,0	59,6	69,4	91,9	90,8	94,4	90,0
Motorrad (auch Mofa und Roller)	11,3	5,8	(10,7)	(3,0)	/	14,2	11,8	19,6	20,7
Fahrrad	80,9	70,7	73,2	69,3	93,1	86,7	83,4	94,0	91,5
dar. E-Bike (Elektrofahrrad)	4,2	(3,0)	(3,4)	(2,9)	/	5,4	7,1	/	(4,5)
Unterhaltungselektronik									
Fernseher	97,9	96,3	96,3	96,3	97,6	99,2	99,5	98,6	98,8
dar. Flachbildfernseher	81,3	71,9	72,1	71,9	74,8	88,8	88,7	89,1	88,4
Satelliten-TV-Anschluss	45,9	33,0	34,6	32,2	(40,4)	55,9	53,5	61,2	55,8
Kabel-TV-Anschluss	46,5	55,3	54,2	55,8	49,4	39,5	42,7	32,4	40,6
Antennen-TV-Anschluss (DVB-T)	16,7	17,2	18,1	16,7	(14,1)	16,7	15,8	18,6	16,2
Pay-TV-Receiver	17,9	12,3	15,5	10,6	/	22,9	24,1	20,1	21,5
DVD- und Blu-ray-Geräte	67,0	55,8	63,8	51,4	76,1	74,6	96,6	85,6	76,1
dar. Blu-ray-Geräte	17,5	10,1	17,3	(6,1)	(15,5)	22,9	18,7	32,2	24,0
Videokamera (Camcorder)	18,3	7,4	(11,9)	(4,8)	(21,2)	26,0	20,3	38,6	27,4
Fotoapparat	84,9	74,6	77,0	73,2	87,1	92,6	91,4	95,2	92,4
analog	32,9	31,9	36,0	29,6	(24,4)	33,4	37,7	23,8	36,0
digital	75,1	60,2	61,1	59,7	81,9	85,2	81,5	93,4	87,7
MP3-Player	41,4	30,8	30,9	30,7	49,3	44,0	34,3	65,8	63,6
Spielkonsole (auch tragbar)	25,3	9,3	(12,9)	(7,3)	64,5	29,2	14,4	62,4	52,6
Informations- und Kommunikationstechnik									
Personalcomputer (PC)	88,3	79,4	80,6	78,7	92,1	93,6	90,9	99,6	98,0
stationär	51,3	36,3	46,5	30,7	42,5	60,3	59,8	61,4	71,5
mobil	73,5	61,3	62,1	60,9	85,8	79,1	72,5	93,9	90,4
Laptop/Notebook, Netbook	68,0	57,0	56,6	57,3	78,6	71,4	65,1	85,5	88,0
Tablet	31,8	17,3	22,2	14,6	(41,8)	40,9	33,0	58,7	45,3
PC-Drucker (auch im Kombigerät)	76,6	62,6	67,7	59,8	78,7	85,8	83,6	90,8	90,7
Internetanschluss	88,2	79,6	82,0	78,2	95,9	39,2	90,5	99,4	97,3
stationär (z. B. DSL oder Kabel)	83,1	71,8	73,7	70,8	90,6	90,0	87,5	95,7	94,2
mobil (z. B. Smartphone, Surfstick)	43,9	35,6	40,8	32,7	56,8	45,8	37,6	64,1	60,0
Festnetztelefon	91,5	85,3	80,4	88,1	86,2	96,2	97,1	94,2	96,8
Mobiltelefon (Handy, Smartphone)	93,5	88,2	89,2	87,6	99,7	96,8	95,7	99,3	98,4
Navigationsgerät	49,7	30,2	34,3	27,8	(34,4)	64,7	64,4	65,4	67,0
Haushalts- und sonstige Geräte									
Kühlschrank, Kühl- und Gefrierkombination	99,9	99,7	99,6	99,7	100	100	100	100	100
Gefrierschrank, Gefriertruhe	50,8	32,7	29,6	34,4	(41,0)	63,6	65,8	58,7	68,7
Geschirrspülmaschine	69,5	48,9	42,1	52,6	69,1	85,2	82,3	91,6	84,2
Mikrowellengerät	73,3	64,0	67,0	62,4	77,0	79,7	78,2	82,9	81,3
Waschmaschine	93,9	88,8	84,8	91,1	98,3	97,5	97,2	98,4	97,3
Wäschetrockner (auch im Kombigerät)	39,5	22,9	19,1	25,0	(35,1)	52,2	48,8	60,1	52,1
Kaffeemaschine	84,6	77,2	77,2	77,1	74,5	91,2	91,7	90,1	89,6
dar. Kaffeevollautomat	13,1	6,5	(6,1)	6,8	/	18,2	16,8	21,4	18,8
Heimtrainer (z. B. Ergometer, Laufband)	26,3	16,9	18,5	16,0	(14,9)	33,4	36,3	26,9	35,7

Ergebnisse der Laufenden Wirtschaftsrechnungen (LWR).

6 Einkommen, Konsum, Lebensbedingungen

6.3 Zeitverwendung
6.3.1 Durchschnittliche Zeitverwendung von Personen je Tag nach ausgewählten Aktivitäten und Geschlecht 2012/2013

	Insgesamt		Davon			
			männlich		weiblich	
	alle Personen	ausübende Personen	alle Personen	ausübende Personen	alle Personen	ausübende Personen
	Std : Min					
Persönlicher Bereich, Physiologische Regeneration	11:07	11:07	10:57	10:57	11:16	11:16
Schlafen	8:29	8:29	8:26	8:26	8:32	8:32
Essen und Trinken	1:41	1:43	1:40	1:41	1:43	1:44
Andere Tätigkeiten im persönlichen Bereich	0:57	0:58	0:52	0:54	1:01	1:03
Erwerbstätigkeit	2:43	7:52	3:19	8:25	2:09	7:11
darunter:						
Haupterwerbstätigkeit	2:18	7:01	2:49	7:30	1:48	6:25
Nebenerwerbstätigkeit	0:02	2:57	(0:02)	(2:46)	(0:02)	(3:07)
Andere Aktivitäten in Verbindung mit Erwerbstätigkeit	0:05	1:03	0:07	1:03	0:04	1:04
Wegezeiten Erwerbstätigkeit	0:18	1:01	0:22	1:05	0:14	0:56
Qualifikation, Bildung	0:32	5:17	0:33	5:21	0:32	5:13
Unterricht in der Schule	0:14	4:49	0:14	4:51	0:14	4:48
Betreuung in der Schule	0:01	2:33	(0:01)	(2:35)	(0:01)	(2:31)
Arbeitsgemeinschaften in der Schule	(0:00)	(1:29)	(0:00)	(1:27)	(0:00)	(1:30)
Hochschule	0:02	3:55	(0:03)	(3:55)	(0:02)	(3:55)
Vor- und Nachbereitung von Unterricht in Schule und Hochschule	0:07	1:53	0:07	1:56	0:06	1:51
Andere Aktivitäten im Bereich Qualifikation, Bildung	0:04	1:30	0:03	1:25	0:04	1:34
Wegezeiten Qualifikation, Bildung	0:05	1:09	0:05	1:08	0:05	1:09
Haushaltsführung und Betreuung der Familie	3:07	3:27	2:24	2:47	3:49	4:02
Zubereitung von Mahlzeiten, Hausarbeit in der Küche	0:40	1:02	0:24	0:46	0:55	1:12
Instandhaltung von Haus und Wohnung	0:27	0:58	0:19	0:55	0:35	1:00
Herstellen, Ausbessern, Ändern und Pflegen von Textilien	0:12	0:53	0:03	0:35	0:20	0:57
Gartenarbeit, Pflanzen- und Tierpflege	0:20	1:14	0:20	1:23	0:20	1:07
Bauen und handwerkliche Tätigkeiten	0:06	1:18	0:10	1:25	0:03	1:00
Einkaufen und Inanspruchnahme von Fremdleistungen	0:34	1:11	0:30	1:08	0:38	1:14
Betreuung von Kindern im Haushalt	0:13	1:43	0:08	1:19	0:18	1:58
Unterstützung, Pflege und Betreuung von erwachsenen Haushaltsmitgliedern	0:01	0:53	0:01	0:56	0:01	0:51
Andere Aktivitäten im Bereich Haushaltsführung und Betreuung der Familie	0:17	0:46	0:15	0:45	0:19	0:47
Wegezeiten Haushaltsführung und Betreuung der Familie	0:17	0:47	0:14	0:46	0:19	0:47
Ehrenamt, freiwilliges Engagement, Unterstützung anderer Haushalte, Versammlungen	0:21	2:07	0:21	2:14	0:21	2:02
Ehrenamt, freiwilliges Engagement	0:07	2:32	0:08	2:37	0:06	2:27
Unterstützung anderer Haushalte	0:07	1:34	0:07	1:40	0:08	1:29
Teilnahme an Versammlungen	0:03	1:14	0:03	1:17	0:03	1:11
Wegezeiten Ehrenamt, freiwilliges Engagement, Unterstützung anderer Haushalte, Versammlungen	0:04	0:43	0:04	0:43	0:04	0:43
Soziales Leben und Unterhaltung	1:50	2:22	1:46	2:24	1:55	2:20
darunter:						
Soziale Kontakte	0:36	1:06	0:32	1:05	0:40	1:07
Unterhaltung und Kultur	0:19	2:47	0:20	2:52	0:19	2:43
Ausruhen, Zeit überbrücken	0:22	1:09	0:22	1:10	0:23	1:07
Wegezeiten Soziales Leben und Unterhaltung	0:15	0:59	0:15	0:58	0:16	0:59
Sport, Hobbys, Spiele	0:59	2:07	1:08	2:23	0:51	1:52
darunter:						
Sport, körperliche Bewegung	0:27	1:35	0:29	1:42	0:25	1:28
Jagen, Fischen, Sammeln	(0:00)	(1:59)	(0:01)	(2:23)	/	/
Rüstzeiten für sportliche Aktivitäten	0:01	0:26	0:01	0:28	0:01	0:24
Bildende, darstellende und literarische Kunst, Musizieren	0:03	1:23	0:03	1:26	0:03	1:20
Technische und andere Hobbys	0:04	1:07	0:04	1:21	0:03	0:54
Spiele	0:19	1:49	0:24	2:07	0:13	1:27
Wegezeiten Sport, Hobbys, Spiele	0:05	0:41	0:05	0:42	0:04	0:39
Mediennutzung	3:03	3:19	3:15	3:33	2:52	3:07
Lesen (auch elektronisch)	0:32	1:09	0:31	1:10	0:34	1:08
Fernsehen, Video und DVD	2:04	2:35	2:10	2:43	1:58	2:28
Radio, Musik oder andere Tonaufnahmen hören	0:04	0:54	0:05	0:56	0:04	0:52
Computer und Smartphone	0:23	1:15	0:29	1:25	0:16	1:03

Ergebnisse der Zeitverwendungserhebung. – Bevölkerung ab 10 Jahren in Privathaushalten. – Nähere Informationen hierzu siehe „Glossar"/„Methodik" am Ende dieses Kapitels.

6 Einkommen, Konsum, Lebensbedingungen

6.3 Zeitverwendung
6.3.2 Durchschnittliche Zeitverwendung von Personen je Tag nach ausgewählten Aktivitäten und Alter 2012/2013

	Insgesamt		Davon nach dem Alter von ... bis ... Jahren									
			10 – 17		18 – 29		30 – 44		45 – 64		65 und mehr	
	alle Personen	ausübende Personen	alle Personen	ausübende Personen	alle Personen	ausübende Personen	alle Personen	ausübende Personen	alle Personen	ausübende Personen	alle Personen	ausübende Personen
	Std : Min											
Persönlicher Bereich, Physiologische Regeneration	11:07	11:07	11:48	11:48	10:57	10:57	10:36	10:36	10:52	10:52	11:50	11:50
Schlafen	8:29	8:29	9:35	9:35	8:41	8:42	8:11	8:11	8:10	8:10	8:40	8:40
Essen und Trinken	1:41	1:43	1:24	1:25	1:22	1:24	1:33	1:35	1:44	1:45	2:06	2:06
Andere Tätigkeiten im persönlichen Bereich	0:57	0:58	0:50	0:52	0:54	0:56	0:52	0:54	0:57	0:58	1:04	1:06
Erwerbstätigkeit	2:43	7:52	0:18	5:45	3:34	8:11	4:15	8:04	3:38	7:49	0:14	5:12
darunter:												
Haupterwerbstätigkeit	2:18	7:01	(0:13)	(6:28)	2:55	7:19	3:37	7:10	3:07	6:59	0:12	4:35
Nebenerwerbstätigkeit	0:02	2:57	/	/	/	/	(0:02)	(2:54)	(0:02)	(2:39)	/	/
Andere Aktivitäten in Verbindung mit Erwerbstätigkeit	0:05	1:03	(0:02)	(1:50)	0:11	1:21	0:08	1:05	0:05	0:49	/	/
Wegezeiten Erwerbstätigkeit	0:18	1:01	(0:02)	(0:58)	0:25	1:03	0:28	1:00	0:24	1:00	(0:01)	(1:01)
Qualifikation, Bildung	0:32	5:17	3:48	6:04	1:11	5:11	0:06	3:37	0:03	2:38	(0:01)	(1:29)
Unterricht in der Schule	0:14	4:49	2:16	4:47	0:17	4:57	/	/	/	/	/	/
Betreuung in der Schule	0:01	2:33	0:08	2:27	/	/	/	/	/	/	/	/
Arbeitsgemeinschaften in der Schule	(0:00)	(1:29)	(0:02)	(1:26)	/	/	/	/	/	/	/	/
Hochschule	0:02	3:55	/	/	0:13	4:01	/	/	/	/	/	/
Vor- und Nachbereitung von Unterricht in Schule und Hochschule	0:07	1:53	0:39	1:26	0:22	2:39	(0:01)	(3:18)	/	/	/	/
Andere Aktivitäten im Bereich Qualifikation, Bildung	0:04	1:30	0:10	0:47	0:07	1:50	(0:03)	(3:00)	(0:02)	(2:23)	(0:01)	(1:14)
Wegezeiten Qualifikation, Bildung	0:05	1:09	0:33	1:07	0:11	1:21	(0:01)	(0:52)	(0:00)	(0:49)	/	/
Haushaltsführung und Betreuung der Familie	3:07	3:27	1:04	1:29	1:50	2:20	3:36	3:49	3:19	3:33	4:01	4:10
Zubereitung von Mahlzeiten, Hausarbeit in der Küche	0:40	1:02	0:10	0:35	0:21	0:44	0:38	0:56	0:43	1:02	1:02	1:17
Instandhaltung von Haus und Wohnung	0:27	0:58	0:09	0:46	0:13	0:51	0:28	0:58	0:30	0:59	0:38	1:02
Herstellen, Ausbessern, Ändern und Pflegen von Textilien	0:12	0:53	(0:01)	(0:39)	0:04	0:34	0:12	0:44	0:15	0:55	0:18	1:04
Gartenarbeit, Pflanzen- und Tierpflege	0:20	1:14	0:08	0:51	0:08	0:56	0:16	1:06	0:24	1:17	0:30	1:24
Bauen und handwerkliche Tätigkeiten	0:06	1:18	(0:02)	(1:20)	0:05	1:23	0:06	1:19	0:08	1:20	0:07	1:13
Einkaufen und Inanspruchnahme von Fremdleistungen	0:34	1:11	0:16	1:14	0:24	1:03	0:31	1:04	0:38	1:12	0:45	1:19
Betreuung von Kindern im Haushalt	0:13	1:43	(0:01)	(0:47)	0:11	2:40	0:46	1:47	0:04	1:04	/	/
Unterstützung, Pflege und Betreuung von erwachsenen Haushaltsmitgliedern	0:01	0:53	(0:01)	(0:52)	(0:01)	(0:40)	(0:01)	(0:47)	0:01	0:54	(0:02)	(0:59)
Andere Aktivitäten im Bereich Haushaltsführung und Betreuung der Familie	0:17	0:46	0:10	0:31	0:11	0:39	0:18	0:45	0:19	0:48	0:22	0:52
Wegezeiten Haushaltsführung und Betreuung der Familie	0:17	0:47	0:07	0:43	0:13	0:48	0:21	0:48	0:17	0:45	0:17	0:47
Ehrenamt, freiwilliges Engagement, Unterstützung anderer Haushalte, Versammlungen	0:21	2:07	0:11	1:59	0:14	2:07	0:16	1:57	0:23	2:06	0:31	2:16
Ehrenamt, freiwilliges Engagement	0:07	2:32	(0:03)	(2:10)	(0:06)	(2:53)	0:06	2:27	0:07	2:27	0:10	2:36
Unterstützung anderer Haushalte	0:07	1:34	(0:02)	(1:26)	(0:04)	(1:28)	0:05	1:20	0:09	1:33	0:11	1:44
Teilnahme an Versammlungen	0:03	1:14	0:04	1:39	(0:02)	(1:19)	0:02	1:09	0:03	1:18	0:05	1:06
Wegezeiten Ehrenamt, freiwilliges Engagement, Unterstützung anderer Haushalte, Versammlungen	0:04	0:43	0:02	0:32	0:03	0:42	0:03	0:39	0:04	0:44	0:05	0:46
Soziales Leben und Unterhaltung	1:50	2:22	1:52	2:21	2:11	2:52	1:41	2:15	1:38	2:09	2:03	2:26
darunter:												
Soziale Kontakte	0:36	1:06	0:37	1:05	0:40	1:17	0:33	1:02	0:34	1:04	0:38	1:07
Unterhaltung und Kultur	0:19	2:47	0:20	3:07	0:27	3:10	0:19	2:47	0:16	2:44	0:17	2:26
Ausruhen, Zeit überbrücken	0:22	1:09	0:20	1:06	0:18	1:10	0:18	1:07	0:20	1:05	0:35	1:13
Wegezeiten Soziales Leben und Unterhaltung	0:15	0:59	0:14	0:53	0:21	0:59	0:15	0:58	0:13	0:56	0:15	1:07

6 Einkommen, Konsum, Lebensbedingungen

6.3 Zeitverwendung
6.3.2 Durchschnittliche Zeitverwendung von Personen je Tag nach ausgewählten Aktivitäten und Alter 2012/2013

	Insgesamt		Davon nach dem Alter von ... bis ... Jahren									
			10 – 17		18 – 29		30 – 44		45 – 64		65 und mehr	
	alle Personen	ausübende Personen	alle Personen	ausübende Personen	alle Personen	ausübende Personen	alle Personen	ausübende Personen	alle Personen	ausübende Personen	alle Personen	ausübende Personen
	Std : Min											
Sport, Hobbys, Spiele	0:59	2:07	2:08	2:59	1:05	2:35	0:41	1:55	0:46	1:51	1:05	1:54
darunter:												
Sport, körperliche Bewegung	0:27	1:35	0:37	1:56	0:24	1:46	0:21	1:34	0:25	1:32	0:33	1:27
Jagen, Fischen, Sammeln	(0:00)	(1:59)	/	/	/	/	/	/	/	/	/	/
Rüstzeiten für sportliche Aktivitäten	0:01	0:26	0:01	0:27	(0:01)	(0:25)	(0:01)	(0:27)	0:01	0:28	(0:01)	(0:24)
Bildende, darstellende und literarische Kunst, Musizieren	0:03	1:23	0:08	1:07	(0:03)	(1:30)	(0:02)	(1:25)	0:02	1:28	(0:03)	(1:32)
Technische und andere Hobbys	0:04	1:07	0:02	1:01	(0:02)	(1:20)	0:02	0:57	0:03	1:03	0:07	1:11
Spiele	0:19	1:49	1:10	2:20	0:29	2:36	0:10	1:41	0:10	1:24	0:15	1:14
Wegezeiten Sport, Hobbys, Spiele	0:05	0:41	0:08	0:40	0:04	0:38	0:04	0:40	0:04	0:40	0:05	0:43
Mediennutzung	3:03	3:19	2:34	2:53	2:40	3:04	2:33	2:48	3:04	3:19	3:59	4:07
Lesen (auch elektronisch)	0:32	1:09	0:21	1:08	0:14	1:06	0:22	0:56	0:34	1:05	0:57	1:21
Fernsehen, Video und DVD	2:04	2:35	1:39	2:14	1:48	2:31	1:46	2:19	2:05	2:34	2:39	3:00
Radio, Musik oder andere Tonaufnahmen hören	0:04	0:54	0:09	0:57	0:05	1:04	0:03	0:53	0:03	0:49	0:06	0:52
Computer und Smartphone	0:23	1:15	0:24	1:29	0:33	1:29	0:22	1:04	0:23	1:13	0:16	1:16

Ergebnisse der Zeitverwendungserhebung. – Bevölkerung ab 10 Jahren in Privathaushalten. – Nähere Informationen hierzu siehe „Glossar"/„Methodik" am Ende dieses Kapitels.

Zeitverwendung von Personen je Tag 2012/2013
nach ausgewählten Aktivitäten, in %

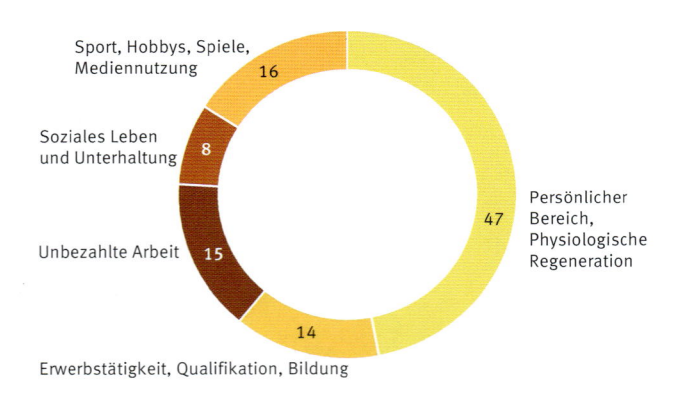

- Sport, Hobbys, Spiele, Mediennutzung: 16
- Soziales Leben und Unterhaltung: 8
- Unbezahlte Arbeit: 15
- Erwerbstätigkeit, Qualifikation, Bildung: 14
- Persönlicher Bereich, Physiologische Regeneration: 47

Ergebnisse der Zeitverwendungserhebung. – Bevölkerung ab 10 Jahren in Privathaushalten.

Durchschnittliche Zeitverwendung von Personen 2012/2013
für Freizeitaktivitäten je Tag nach Geschlecht, Std : Min

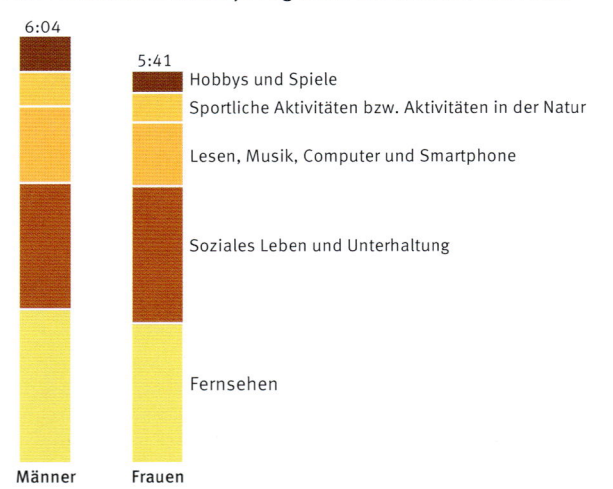

- Männer: 6:04
- Frauen: 5:41

Kategorien: Hobbys und Spiele; Sportliche Aktivitäten bzw. Aktivitäten in der Natur; Lesen, Musik, Computer und Smartphone; Soziales Leben und Unterhaltung; Fernsehen

Ergebnisse der Zeitverwendungserhebung. – Bevölkerung ab 10 Jahren in Privathaushalten.

2016 - 01 - 0225

6 Einkommen, Konsum, Lebensbedingungen

6.4 Verbrauch an ausgewählten Nahrungs- und Genussmitteln

6.4.1 Pflanzliche Erzeugnisse

	2000/01	2012/13	2013/14	2014/15 [1]
	kg je Einwohner/-in und Jahr			
Getreide einschl. Körnermais (in Mehlwert)	76,0	76,2	79,4	79,4
Weizen (in Mehlwert)	58,7	63,5	65,5	65,4
Roggen (in Mehlwert)	9,6	8,6	8,2	8,1
Erzeugnisse aus sonstigem Getreide [2]	7,7	4,2	5,7	6,0
Reis (als geschälter Reis)	3,7	5,5	5,2	5,1
Hülsenfrüchte	1,2	0,6	0,6	0,4
Kartoffeln (Frischgewicht)	70,0	58,7	57,9	58,1
Kartoffelstärke	0,8	6,4	4,9	5,0
Zucker (Weißzuckerwert)	35,3	32,5	31,3	31,9
Honig	1,1	1,0	1,1	1,0
Kakaomasse	2,6	3,1	3,3	3,5
Marktobstbau [3]	75,2	68,0	69,0	65,4
Zitrusfrüchte (Frischgewicht) [3] [4]	40,1	35,2	32,5	33,5
Schalenfrüchte [3] [4]	3,9	4,3	4,7	4,6
Trockenobst [3] [4]	1,4	1,4	1,5	1,4
Gemüse (Frischgewicht) [3] [5]	94,0	96,5	94,9	97,0

Bevölkerung zum Stichtag 31.12. (Die Daten basieren nicht auf dem Zensus 2011.) – Teilweise revidierte Angaben.

1 Vorläufiges Ergebnis.
2 Einschl. Glukose und Isoglukose auf Getreidegrundlage.
3 Einschl. verarbeiteter Ware und nicht abgesetzte Mengen.
4 Ab 2009/10 Berechnungszeitraum Juli bis Juni.
5 Ab 2009/10 ohne Selbstversorger/-innen.

Quellen: Bundesanstalt für Landwirtschaft und Ernährung, Agrarmarkt Informations-Gesellschaft mbH, Verband der deutschen Fruchtsaft-Industrie e. V., Bund Deutscher Champignon- und Kulturpilzanbauer e. V.

6.4.2 Tierische Erzeugnisse, Öle und Fette

	2001	2012	2013	2014 [1]
	kg je Einwohner/-in und Jahr			
Fleisch und Fleischerzeugnisse [2]	87,9	87,4	87,3	86,9
Rindfleisch, Kalbfleisch	9,9	13,0	12,9	12,7
Schweinefleisch	54,0	52,7	52,5	52,1
Schaf- und Ziegenfleisch	1,1	0,9	0,9	0,8
Pferdefleisch	0,1	0,0	0,0	0,0
Innereien	3,0	0,6	0,6	0,7
Geflügelfleisch	18,2	18,7	19,1	19,1
Sonstiges Fleisch (Wild, Kaninchen)	1,6	1,5	1,4	1,5
Fische und Fischerzeugnisse (Fanggewicht)	15,3	14,4	13,5	14,0
Frischmilcherzeugnisse [3]	81,7	83,4	83,6	84,8
dar. Sauermilch und Milchmischgetränke	26,1	29,4	29,2	29,2
Sahne [4]	6,5	5,5	5,4	5,6
Kondensmilch (Produktgewicht) [5]	5,4	2,5	2,1	1,7
Käse einschl. Schmelzkäse (Produktgewicht)	21,5	23,8	23,9	24,2
dar. Frischkäse einschl. Speisequark	8,6	6,7	6,5	6,2
Butter (Produktgewicht)	6,7	6,2	5,9	6,0
Pflanzliche Fette (Reinfett)	16,9	15,0	14,8	14,5
darunter in Produktgewicht:				
Margarine	6,5	5,0	5,5	4,8
Speisefette	0,9	0,5	–	–
Speiseöle	11,3	11,2	11,2	11,2
	St je Einwohner/-in und Jahr			
Eier, auch verarbeitet	223,0	216,0	220,0	227,0

Bevölkerung zum Stichtag 30.6. (Die Daten basieren nicht auf dem Zensus 2011.) – Teilweise revidierte Angaben.

1 Vorläufiges Ergebnis.
2 Schlachtgewicht (Nahrungsverbrauch, Futter, industrielle Verwertung, Verluste).
3 Einschl. Sauermilch- und Milchmischgetränken sowie Eigenverbrauch und Direktverkauf der landwirtschaftlichen Betriebe.
4 Ohne Sauermilch-, Kefir-, Joghurt-, Milchmischerzeugnisse und Milchmischgetränke aus Sahne hergestellt.
5 Ab 2006 geänderte Berechnungsmethodik, Vergleichbarkeit eingeschränkt.

Quellen: Bundesministerium für Ernährung und Landwirtschaft, Bundesanstalt für Landwirtschaft und Ernährung

6.4.3 Tiefkühlkost

	2005	2013	2014	2015 [1]
	1 000 t			
Gemüse [2]	444,3	476,1	488,1	495,0
Obst und Fruchtsäfte	64,2	66,2	66,9	71,4
Kartoffelerzeugnisse	406,2	422,0	411,2	425,7
Fleisch einschl. Wild und Geflügel [2]	506,9	415,3	416,0	422,7
Fische und Fischerzeugnisse [2]	274,6	291,6	294,3	303,8
Milcherzeugnisse und Süßspeisen	10,1	10,4	10,4	10,7
Fertiggerichte [2]	570,0	954,6	964,4	1005,7
Beilagen [3]	13,8	14,9	15,0	15,4
Backwaren einschl. Teige	534,5	715,4	749,1	791,8
	Mill. l			
Eiskrem [4]	535,4	627,0	617,0	646,9

Revidierte Angaben infolge veränderter Berichterstattung.

1 Vorläufiges Ergebnis.
2 Eingeschränkte Vergleichbarkeit zu vorhergehenden Jahren; einschl. Teilfertiggerichte.
3 Getreide- und Mehlerzeugnisse.
4 Ab 2013 nur Markeneis. Mit den Vorjahren nicht vergleichbar.

Quellen: Bundesanstalt für Landwirtschaft und Ernährung, Deutsches Tiefkühlinstitut e. V., Bundesverband der Deutschen Süßwarenindustrie e. V., Eis Info Service (EIS) der deutschen Markeneishersteller

6.4.4 Ausgewählte Genussmittel

	Einheit	2001	2005	2014	2015 [1]
		je Einwohner/-in [2] und Jahr			
Zigaretten	St	1 731	1 162	982	1 004
Zigarren/Zigarillos	St	31	49	48	37
Feinschnitt	g	168	403	317	315
Pfeifentabak	g	11	10	17	21
Bier [3]	l	118	111	99	98
Branntwein zu Trinkzwecken	l Alkohol	2,15	1,98	2,15	2,16
Schaumwein [4]	l	4,22	3,79	3,92	3,72
Trinkwein einschl. Schaumwein [5]	l	24,7	24,5	24,8	24,0

Dem Verbrauch liegen – mit Ausnahme von Trinkweinen – versteuerte Mengen zugrunde.

1 Vorläufiges Ergebnis.
2 Daten ab 2013 basieren auf Grundlage des Zensus 2011, Daten davor berechnet mit den Daten der Bevölkerungsfortschreibung auf Grundlage früherer Zählungen.
3 Ohne alkoholfreies Bier.
4 Einschl. Schaumwein zum ermäßigten Satz.
5 Für Wirtschaftsjahre (August des Vorjahres bis Juli des angegebenen Jahres); ohne Verarbeitungswein für Brennereien und Essigherstellung. – Quelle: Bundesanstalt für Landwirtschaft und Ernährung

6 Einkommen, Konsum, Lebensbedingungen

6.5 Einschätzung der Lebenssituation

Deprivation bezeichnet einen Zustand des unfreiwilligen Mangels oder der Benachteiligung in wesentlichen Bereichen des Lebens. Die aus LEBEN IN EUROPA ermittelten, nicht monetären (d. h. nicht in Euro messbaren) Deprivationsindikatoren stellen dar, wie die Haushalte ihre Situation in Bezug auf materielle und/oder soziale Entbehrung in verschiedenen Lebensbereichen selbst einschätzen.

Lesebeispiel für Tabelle 6.5.1: 78,8 % aller Personen leben in Haushalten mit der finanziellen Kapazität, sich jedes Jahr eine einwöchige Ferienreise leisten zu können. 65,9 % der Alleinerziehenden leben in Haushalten, die nicht die finanzielle Kapazität haben, unerwartet anfallende Ausgaben zu bestreiten.

6.5.1 Nicht monetäre haushaltsbezogene Deprivationsindikatoren: Finanzielle Kapazitäten

	Der Haushalt hat die finanzielle Kapazität, um …															
	sich jedes Jahr eine einwöchige Ferienreise zu leisten				sich jeden zweiten Tag eine Mahlzeit mit Fleisch, Geflügel, Fisch (oder eine entsprechende vegetarische Mahlzeit) zu leisten				unerwartet anfallende Ausgaben zu bestreiten				die Wohnung angemessen zu heizen			
	ja	nein	ja	nein	ja	nein	ja	nein	ja	nein	ja	nein	ja	nein	ja	nein
	2014		2013		2014		2013		2014		2013		2014		2013	
	%															
Personen insgesamt	78,8	21,2	77,5	22,5	92,3	7,7	91,5	8,5	67,1	32,9	66,9	33,1	95,0	5,0	94,6	5,4
in Haushalten nach dem Haushaltstyp																
Alleinlebende	67,8	32,2	67,9	32,1	83,9	16,1	84,5	15,5	53,5	46,5	52,8	47,2	92,2	7,8	91,7	8,3
Alleinerziehende [1]	56,6	43,4	50,6	49,4	84,3	15,7	81,9	18,1	34,1	65,9	33,2	66,8	87,5	12,5	84,1	15,9
2 Erwachsene ohne Kind, beide unter 65 Jahre	86,0	14,0	83,0	17,0	94,1	5,9	93,0	13,0	72,5	27,5	70,6	29,4	96,2	3,8	95,6	4,4
2 Erwachsene mit Kind(ern) [1]	81,2	18,8	80,0	20,0	95,5	4,5	94,2	5,8	68,2	31,8	69,6	30,4	96,0	4,0	95,9	4,1

Ergebnisse aus LEBEN IN EUROPA (EU-SILC) 2014 und 2013. – Nähere Informationen hierzu siehe „Glossar"/„Methodik" am Ende dieses Kapitels.

1 Kind(er) bis 18 Jahre und Personen zwischen 18 und 24 Jahren, die nicht erwerbstätig oder arbeitsuchend sind und mit mindestens einem Elternteil zusammenleben.

6.5.2 Nicht monetäre haushaltsbezogene Deprivationsindikatoren: Zurechtkommen mit dem Einkommen

	Der Haushalt kommt mit dem monatlichen Einkommen … zurecht											
	sehr schlecht		schlecht		relativ schlecht		relativ gut		gut		sehr gut	
	2014	2013	2014	2013	2014	2013	2014	2013	2014	2013	2014	2013
	%											
Personen insgesamt	2,8	3,0	5,6	6,1	11,4	11,9	40,5	40,9	29,7	29,0	10,1	9,1
in Haushalten nach dem Haushaltstyp												
Alleinlebende	4,9	4,7	8,9	10,0	14,8	14,6	36,3	38,8	25,7	24,0	9,4	8,0
Alleinerziehende [1]	(7,4)	(8,0)	11,5	11,5	20,8	21,1	41,8	41,2	14,5	14,7	(4,2)	(3,5)
2 Erwachsene ohne Kind, beide unter 65 Jahre	(2,0)	(2,3)	3,9	5,1	7,8	8,6	39,7	37,9	32,2	31,9	14,4	14,2
2 Erwachsene mit Kind(ern) [1]	2,0	2,5	4,9	5,2	11,6	12,1	42,8	42,3	29,1	29,5	9,6	8,5

Ergebnisse aus LEBEN IN EUROPA (EU-SILC) 2014 und 2013. – Nähere Informationen hierzu siehe „Glossar"/„Methodik" am Ende dieses Kapitels.

1 Kind(er) bis 18 Jahre und Personen zwischen 18 und 24 Jahren, die nicht erwerbstätig oder arbeitsuchend sind und mit mindestens einem Elternteil zusammenleben.

6 Einkommen, Konsum, Lebensbedingungen

6.6 Armut
6.6.1 Median-Äquivalenzeinkommen

	Median des Äquivalenzeinkommens pro Monat			
	EUR	% des Median-Äquivalenzeinkommens der Gesamtbevölkerung	EUR	% des Median-Äquivalenzeinkommens der Gesamtbevölkerung
	2014		2013	
Insgesamt	1 644	100	1 632	100
	männlich			
im Alter von ... bis ... Jahren				
bis 17	1 580	96,1	1 583	97,0
18 – 24	1 630	99,1	1 668	102,2
25 – 49	1 808	110,0	1 773	108,6
50 – 64	1 841	112,0	1 798	110,2
65 und mehr	1 578	96,0	1 547	94,8
	weiblich			
im Alter von ... bis ... Jahren				
bis 17	1 568	95,4	1 548	94,9
18 – 24	1 472	89,5	1 495	91,6
25 – 49	1 715	104,3	1 703	104,4
50 – 64	1 741	105,9	1 653	101,3
65 und mehr	1 449	88,1	1 441	88,3
	Personen in Haushalten mit Kind(ern)[1]			
Alleinerziehende	1 277	77,7	1 152	70,6
2 Erwachsene mit 1 Kind	1 827	111,1	1 839	112,7
mit 2 Kindern	1 719	104,6	1 725	105,7
mit 3 und mehr Kindern	1 475	89,7	1 476	90,5
	Höchster Schulabschluss (Personen ab 18 Jahren)			
Vorschule, Grundschule und Sekundarbereich I	1 294	78,7	1 315	80,6
Sekundarbereich II und Post-Sekundarbereich	1 605	97,6	1 599	98,0
Tertiärbereich	2 066	125,7	2 012	123,3
	Überwiegender Erwerbsstatus im Vorjahr (Personen ab 18 Jahren)			
Erwerbstätig	1 859	113,1	1 846	113,1
Arbeitslos	816	49,6	810	49,6

Ergebnisse aus LEBEN IN EUROPA (EU-SILC) 2014 und 2013.

1 Kind(er) bis 18 Jahre und Personen zwischen 18 und 24 Jahren, die nicht erwerbstätig oder arbeitsuchend sind und mit mindestens einem Elternteil zusammenleben.

Der **Median** ist der „mittlere Wert" in einer aufsteigend sortierten Folge von Werten. Das Medianeinkommen ist demnach der Einkommenswert, der die Menge aller Einkommen in genau zwei Hälften teilt: eine Hälfte, die über dem Medianeinkommen liegt, eine Hälfte, die darunter liegt.

Das **Äquivalenzeinkommen** ist ein personenbezogenes Nettoeinkommen, das der besseren Vergleichbarkeit von Einkommen in Haushalten unterschiedlicher Größe und Zusammensetzung dient. Es basiert auf der Annahme, dass das Haushaltseinkommen selbst kein ausreichender Indikator für den Lebensstandard ist, da in größeren Haushalten Einspareffekte auftreten (z. B. durch gemeinsame Nutzung von Wohnraum). Aus diesem Grund erhalten die einzelnen Mitglieder des Haushalts sogenannte Äquivalenzgewichte: Der ersten erwachsenen Person im Haushalt wird das Gewicht 1, Kindern unter 14 Jahren das Gewicht 0,3 und weiteren Personen ab 14 Jahren das Gewicht 0,5 zugeordnet. Grundlage für die Gewichtung ist nach EU-Definition die modifizierte OECD-Skala. Das Konzept des Äquivalenzeinkommens dient der Berechnung der Armutsgefährdung in der Bevölkerung.

Ein Beispiel: Das Äquivalenzeinkommen in einem Vierpersonenhaushalt mit zwei Kindern unter 14 Jahren läge bei einem verfügbaren Einkommen von 4 500 Euro monatlich bei 2 142,86 Euro (4 500/(1,0+0,5+0,3+0,3)). Eine alleinstehende Person mit einem verfügbaren Einkommen von 2 142,86 Euro würde demnach als diesem Haushalt gleichwertig eingestuft.

Armutsgefährdungsquote nach Sozialtransfers 2014
in %

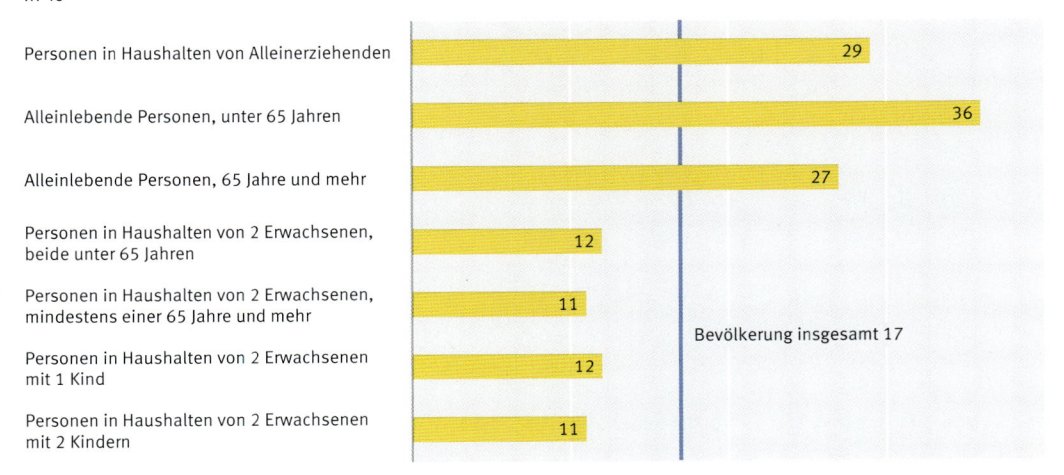

Personen in Haushalten von Alleinerziehenden	29
Alleinlebende Personen, unter 65 Jahren	36
Alleinlebende Personen, 65 Jahre und mehr	27
Personen in Haushalten von 2 Erwachsenen, beide unter 65 Jahren	12
Personen in Haushalten von 2 Erwachsenen, mindestens einer 65 Jahre und mehr	11
Personen in Haushalten von 2 Erwachsenen mit 1 Kind	12
Personen in Haushalten von 2 Erwachsenen mit 2 Kindern	11

Bevölkerung insgesamt 17

Ergebnisse aus LEBEN IN EUROPA (EU-SILC) 2014.

6 Einkommen, Konsum, Lebensbedingungen

6.6 Armut
6.6.2 Armutsgefährdungsquote

	Insgesamt	Männlich	Weiblich	Insgesamt	Männlich	Weiblich
	2014			2013		
Ausgewählte Schwellenwerte für Armutsgefährdung						
EUR/Jahr						
Alleinlebende	11 840	–	–	11 749	–	–
2 Erwachsene mit 2 Kindern unter 14 Jahren	24 864	–	–	24 673	–	–
Armutsgefährdungsquote nach Sozialtransfers						
%						
Insgesamt	16,7	15,9	17,4	16,1	15,0	17,2
im Alter von ... bis ... Jahren						
bis 17	15,1	14,5	15,9	14,7	14,2	15,4
18 – 24	20,6	17,4	24,0	18,5	16,8	20,4
25 – 49	15,5	15,5	15,5	14,9	14,5	15,3
50 – 64	18,7	19,3	18,2	19,4	18,3	20,4
65 und mehr	16,3	14,0	18,4	14,9	12,7	17,0
nach Haushaltstyp						
Alleinlebende	32,9	33,5	32,3	31,9	31,5	32,2
Alleinerziehende [1]	29,4	–	–	35,2	–	–
2 Erwachsene mit 2 Kindern [1]	10,9	–	–	8,5	–	–
Überwiegender Erwerbsstatus im Vorjahr (Personen ab 18 Jahren)						
Erwerbstätig	9,9	8,9	11,1	8,6	7,6	9,8
Arbeitslos	67,4	71,1	63,3	69,3	69,9	68,6
Im Ruhestand	16,7	14,6	18,6	15,0	13,2	16,7
Sonstig nicht erwerbstätig	28,7	32,9	26,5	27,0	31,2	25,0

Ergebnisse aus LEBEN IN EUROPA (EU-SILC) 2014 und 2013.

1 Kind(er) bis 18 Jahre und Personen zwischen 18 und 24 Jahren, die nicht erwerbstätig oder arbeitsuchend sind und mit mindestens einem Elternteil zusammenleben.

Allgemein bezeichnet **Armut** eine Situation wirtschaftlichen Mangels, die verhindert, ein angemessenes Leben zu führen. Da in Deutschland das durchschnittliche Wohlstandsniveau deutlich über dem physischen Existenzminimum liegt, wird hier – wie auch in den anderen EU-Mitgliedstaaten – meist die „relative Armut" bzw. Armutsgefährdung betrachtet.

Der **Schwellenwert für Armutsgefährdung** ist der Betrag des Äquivalenzeinkommens, der die Grenze für Armutsgefährdung bildet. Diese liegt nach gemeinsamer Festlegung der EU-Mitgliedstaaten bei 60 % des mittleren Äquivalenzeinkommens. Liegt das Äquivalenzeinkommen unterhalb dieser Grenze, wird Armutsgefährdung angenommen.

Die **Armutsgefährdungsquote** gibt den Anteil der Personen an, deren Äquivalenzeinkommen unter dem Schwellenwert der Armutsgefährdung liegt, gemessen an der Gesamtbevölkerung in Privathaushalten.

6.6.3 Schwellenwert für Armutsgefährdung nach Ländern

	Einpersonenhaushalt		Haushalt mit 2 Erwachsenen und 2 Kindern unter 14 Jahren	
	2014	2013	2014	2013
	EUR			
Deutschland	917	892	1 926	1 873
Baden-Württemberg	1 009	979	2 119	2 055
Bayern	998	973	2 096	2 043
Berlin	841	814	1 767	1 710
Brandenburg	848	826	1 781	1 735
Bremen	822	797	1 727	1 674
Hamburg	964	934	2 025	1 961
Hessen	961	941	2 018	1 975
Mecklenburg-Vorpommern	769	735	1 615	1 544
Niedersachsen	907	887	1 905	1 863
Nordrhein-Westfalen	895	873	1 879	1 833
Rheinland-Pfalz	942	920	1 979	1 932
Saarland	890	869	1 870	1 826
Sachsen	803	775	1 686	1 626
Sachsen-Anhalt	800	773	1 680	1 622
Schleswig-Holstein	952	927	2 000	1 947
Thüringen	815	791	1 712	1 660
nachrichtlich:				
Früheres Bundesgebiet (ohne Berlin)	949	923	1 992	1 939
Neue Länder einschl. Berlin	815	786	1 711	1 651

Ergebnisse des Mikrozensus. Hochrechnung basiert auf den fortgeschriebenen Ergebnissen des Zensus 2011. – Die Angaben sind nicht mit denen aus EU-SILC vergleichbar. – Nähere Informationen hierzu siehe „Glossar"/„Methodik" am Ende dieses Kapitels.

6.6.4 Armutsgefährdungsquote nach Ländern

	Nationalkonzept (gemessen am Bundesmedian)		Regionalkonzept (gemessen am Landes- bzw. regionalen Median)	
	2014	2013	2014	2013
	%			
Deutschland	15,4	15,5	X	X
Baden-Württemberg	11,4	11,4	15,0	14,8
Bayern	11,5	11,3	14,8	14,6
Berlin	20,0	21,4	14,1	15,0
Brandenburg	16,9	17,7	13,4	14,3
Bremen	24,1	24,6	17,3	18,9
Hamburg	15,6	16,9	18,0	18,7
Hessen	13,8	13,7	15,9	15,9
Mecklenburg-Vorpommern	21,3	23,6	12,0	13,5
Niedersachsen	15,8	16,1	15,3	15,8
Nordrhein-Westfalen	17,5	17,1	16,1	16,0
Rheinland-Pfalz	15,5	15,4	16,7	16,7
Saarland	17,5	17,1	16,1	15,9
Sachsen	18,5	18,8	11,6	11,9
Sachsen-Anhalt	21,3	20,9	14,1	14,1
Schleswig-Holstein	13,8	14,0	15,4	15,6
Thüringen	17,8	18,0	11,6	11,7
nachrichtlich:				
Früheres Bundesgebiet (ohne Berlin)	14,5	14,4	16,0	15,9
Neue Länder einschl. Berlin	19,2	19,8	12,6	13,1

Ergebnisse des Mikrozensus. Hochrechnung basiert auf den fortgeschriebenen Ergebnissen des Zensus 2011. – Die Angaben sind nicht mit denen aus EU-SILC vergleichbar. – Nähere Informationen hierzu siehe „Glossar"/„Methodik" am Ende dieses Kapitels.

6 Einkommen, Konsum, Lebensbedingungen

6.7 Überschuldung privater Personen und Verbraucherinsolvenzen
6.7.1 Hauptauslöser der Überschuldung 2015

	Arbeitslosigkeit	Trennung, Scheidung, Tod des Partners/der Partnerin	Erkrankung, Sucht, Unfall	Unwirtschaftliche Haushaltsführung	Gescheiterte Selbstständigkeit	Längerfristiges Niedrigeinkommen	Gescheiterte Immobilienfinanzierung	Sonstiges
	Anteil an den beratenen Personen in %							
	Beratene Personen							
Insgesamt	20,0	12,5	13,5	9,4	8,1	3,4	2,8	30,4
	nach Haushaltsgröße							
Haushalte mit ... Person(en)								
1	21,0	12,4	18,0	7,7	7,5	3,1	1,6	28,7
2	17,6	13,6	12,3	10,1	8,7	3,3	3,7	30,7
3	20,4	14,3	7,7	10,7	8,1	3,6	(3,8)	31,4
4	19,9	10,3	7,1	11,9	9,5	4,1	(4,7)	32,5
5 und mehr	19,9	8,5	6,6	12,7	7,4	4,2	(4,1)	36,5
	nach Haushaltstyp							
Alleinlebende Frau	18,0	15,4	16,7	8,0	5,6	3,4	(1,9)	30,9
Alleinerziehende Frau								
mit 1 Kind	16,9	23,6	8,8	9,4	4,1	(2,8)	(1,6)	32,8
mit 2 Kindern	18,6	29,6	5,4	8,4	(3,2)	(3,2)	/	29,3
mit 3 und mehr Kindern	14,7	33,2	/	(9,7)	/	/	/	29,5
Alleinlebender Mann	23,1	11,0	18,2	7,3	8,6	2,8	1,4	27,7
Alleinerziehender Mann								
mit 1 Kind	17,8	22,5	(11,6)	/	(10,8)	/	/	27,3
mit 2 Kindern	(15,1)	32,7	/	/	/	/	/	(22,2)
mit 3 und mehr Kindern	/	/	/	/	/	/	/	/
Paar								
ohne Kind	18,1	6,8	14,0	10,3	11,7	4,0	5,6	29,6
mit 1 Kind	21,6	6,6	7,5	11,0	10,2	(3,7)	(4,6)	34,8
mit 2 Kindern	21,1	5,6	7,6	12,5	10,8	(4,4)	(5,5)	32,6
mit 3 und mehr Kindern	20,1	4,5	6,5	13,1	7,8	(4,5)	(4,5)	38,9
Sonstige Lebensform	18,1	8,1	19,2	16,0	8,2	/	/	26,1
	nach Geschlecht							
Weiblich	17,9	16,0	11,3	9,9	5,5	3,6	2,8	32,8
Männlich	21,8	9,4	15,6	8,9	10,4	3,1	2,8	28,1
	nach Familienstand							
Ledig	24,1	5,3	15,7	11,5	5,9	3,3	(1,0)	33,3
Verheiratet [1]	18,8	4,1	10,4	10,5	12,0	4,1	6,4	33,6
Verheiratet, getrennt lebend	13,7	30,5	10,9	5,0	8,8	(2,0)	3,1	26,0
Verwitwet	8,7	35,1	10,4	(6,2)	(5,4)	(2,9)	(2,7)	28,5
Geschieden	17,4	25,2	14,2	6,2	8,3	3,3	2,5	22,9
	nach Alter							
von ... bis unter ... Jahren								
unter 20	/	/	/	/	/	/	/	51,6
20 – 35	20,9	3,0	10,5	18,3	/	4,2	/	41,6
25 – 35	22,6	8,8	10,5	13,2	4,0	3,6	/	36,4
35 – 45	20,8	15,8	12,2	8,4	8,2	2,9	2,9	28,7
45 – 55	19,7	15,6	16,5	6,3	11,6	2,9	4,1	23,4
55 – 65	19,2	12,4	18,6	5,8	11,3	2,9	(4,5)	25,2
65 – 70	9,5	13,4	13,3	(6,6)	13,1	(5,0)	(4,4)	34,7
70 und mehr	(4,5)	15,1	12,4	(7,7)	9,6	(6,8)	(5,9)	38,0
	nach Staatsangehörigkeit							
Deutschland	19,5	12,8	14,2	9,6	7,3	3,3	2,9	30,2
Anderer Mitgliedstaat der EU	23,1	10,3	10,2	7,3	13,0	(4,0)	/	29,7
Sonstige Staatsangehörigkeit	21,9	11,2	9,7	8,4	11,3	(3,4)	(2,2)	31,8
Unbekannt, staatenlos	/	/	/	/	/	/	–	/

Ergebnisse der Überschuldungsstatistik.

1 Einschl. eingetragener Lebenspartnerschaften.

Personen, die in der **Überschuldungsstatistik** erfasst werden, müssen nicht zwangsläufig von absoluter Überschuldung (Verbraucherinsolvenz) betroffen sein. Zum Teil sind sie nur durch ihre finanziellen Probleme überfordert, oder es liegt lediglich eine vorübergehende Zahlungsstörung vor.

Grundsätzlich werden in der Überschuldungsstatistik nur jene Personen berücksichtigt, die sich bei den an der Statistik teilnehmenden Schuldnerberatungsstellen bereit erklärt haben, dass ihre Angaben für statistische Zwecke verwendet werden.

6 Einkommen, Konsum, Lebensbedingungen

6.7 Überschuldung privater Personen und Verbraucherinsolvenzen
6.7.2 Durchschnittliche Schulden je Gläubigerart 2015

	Insgesamt	Durchschnittliche Schulden bei/aus								
		Kredit-instituten	Versand-häusern	öffentlichen Gläubigern	Inkasso-büros	Telefonge-sellschaften	Vermietern/Vermieter-innen	Unterhalts-verpflich-tungen	Privat-personen	anderen Gläubigern
	EUR									
	Beratene Personen									
Insgesamt	34 368	15 277	451	(5 142)	4 387	811	867	467	(772)	(6 194)
	nach Haushaltsgröße									
Haushalte mit ... Person(en)										
1	30 346	11 880	365	(4 259)	4 144	753	803	602	(720)	(6 819)
2	36 712	17 685	526	5 552	4 609	778	818	334	/	5 509
3	/	15 980	535	8 516	4 294	927	929	371	/	5 449
4	(42 586)	24 148	504	3 711	5 080	845	937	(336)	/	6 407
5 und mehr	37 244	18 332	586	5 163	(4 664)	1 088	1 314	(297)	/	5 105
	nach Haushaltstyp									
Alleinlebende Frau	25 164	12 152	524	(2 191)	3 784	638	762	/	/	(4 264)
Alleinerziehende Frau										
mit 1 Kind	19 708	8 894	570	1 583	(3 477)	881	864	/	/	2 960
mit 2 Kindern	24 164	10 309	636	2 380	(4 153)	932	1 151	/	/	3 509
mit 3 und mehr Kindern	25 179	10 182	901	2 222	(4 330)	1 335	(1 329)	/	/	4 228
Alleinlebender Mann	(33 223)	11 909	275	5 093	4 456	810	808	896	(673)	8 303
Alleinerziehender Mann										
mit 1 Kind	(37 289)	15 346	/	4 045	/	(966)	(931)	/	/	6 563
mit 2 Kindern	/	26 163	/	17 413	/	(869)	/	/	/	7 333
mit 3 und mehr Kindern	/	22 050	/	3 811	/	/	/	/	/	6 613
Paar										
ohne Kind	(50 647)	24 527	495	10 201	5 539	675	821	485	/	6 682
mit 1 Kind	37 171	18 717	508	4 328	4 432	915	815	(568)	/	6 112
mit 2 Kindern	(45 936)	27 005	425	4 064	(5 018)	780	929	(311)	/	6 776
mit 3 und mehr Kindern	38 570	19 268	559	5 462	(4 828)	1 035	(1 294)	/	/	5 171
Sonstige Lebensform	/	11 000	/	15 667	(2 226)	1 031	885	/	/	7 560
	nach Geschlecht									
Weiblich	28 696	14 211	597	(3 207)	4 011	798	884	(70)	/	(4 178)
Männlich	39 501	16 242	319	6 893	4 727	824	851	826	(802)	8 018
	nach Familienstand									
Ledig	(21 909)	6 608	365	(3 817)	2 890	961	831	441	(386)	(5 610)
Verheiratet [1]	51 660	27 939	501	7 982	5 586	696	846	302	/	6 739
Verheiratet, getrennt lebend	45 329	21 241	444	6 756	5 473	671	870	(421)	/	7 988
Verwitwet	36 339	19 237	(678)	2 653	(5 951)	440	662	/	/	5 526
Geschieden	35 583	15 710	534	4 426	5 379	758	995	771	(891)	6 119
	nach Alter									
von ... bis unter ... Jahren										
unter 20	/	1 205	(250)	(530)	/	/	/	/	/	(9 010)
20 – 25	7 659	1 040	268	955	(1 444)	1 234	537	/	(96)	2 029
25 – 35	/	5 829	368	2 157	2 486	1 094	807	303	307	6 226
35 – 45	32 066	14 825	457	3 729	4 214	878	970	739	(698)	5 555
45 – 55	51 125	22 654	506	11 220	6 291	654	1 032	709	/	6 840
55 – 65	46 223	24 338	545	4 943	5 965	462	826	(242)	/	7 761
65 – 70	47 154	24 472	/	5 048	(5 918)	268	(658)	/	/	8 215
70 und mehr	(46 698)	27 239	(505)	6 322	(5 933)	222	(438)	/	/	5 146
	nach Staatsangehörigkeit									
Deutschland	35 411	16 042	482	(5 108)	4 345	799	872	477	(808)	(6 479)
Anderer Mitgliedstaat der EU	27 884	11 126	(293)	4 162	(4 090)	881	920	/	/	5 561
Sonstige Staatsangehörigkeit	29 792	11 582	283	5 950	4 889	865	792	(436)	/	4 330
Unbekannt, staatenlos	/	7 486	/	2 258	/	/	/	/	/	3 785

Ergebnisse der Überschuldungsstatistik.
1 Einschl. eingetragener Lebenspartnerschaften.

6 Einkommen, Konsum, Lebensbedingungen

6.7 Überschuldung privater Personen und Verbraucherinsolvenzen

Beratene Personen nach ausgewählten Gläubigerarten und Alter 2015
Anteil an den beratenen Personen, in %
von ... bis unter ... Jahren

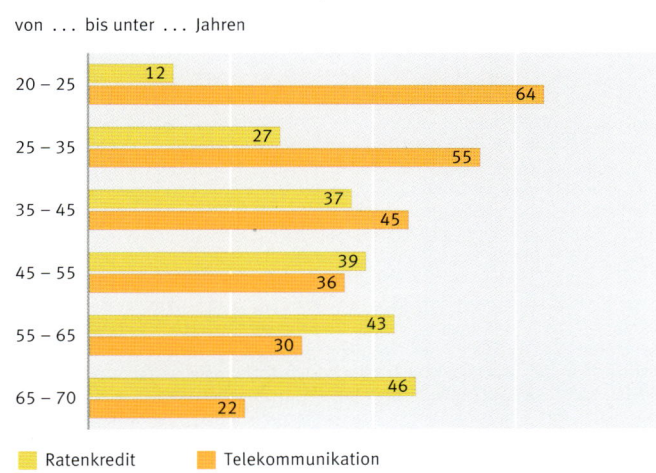

Alter	Ratenkredit	Telekommunikation
20 – 25	12	64
25 – 35	27	55
35 – 45	37	45
45 – 55	39	36
55 – 65	43	30
65 – 70	46	22

Ergebnisse der Überschuldungsstatistik.

Verbraucherinsolvenzen
in 1 000

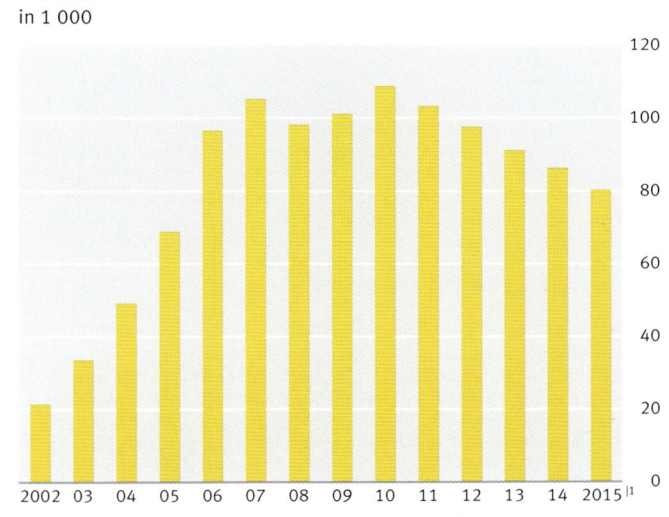

2002	~20
03	~30
04	~50
05	~70
06	~95
07	~105
08	~98
09	~100
10	~108
11	~105
12	~98
13	~95
14	~88
2015 [1]	~82

Ergebnisse der Insolvenzstatistik.
1 Vorläufiges Ergebnis.

6.7.3 Verbraucherinsolvenzen nach Ländern 2015

	Insolvenzverfahren				Veränderung gegenüber Vorjahreszeitraum	Voraussichtliche Forderungen
	eröffnet	mangels Masse abgewiesen	Schuldenbereinigungsplan angenommen	Verfahren insgesamt		
	Anzahl				%	1 000 EUR
Deutschland [1]	78 436	240	1 671	80 347	– 6,9	4 039 501
Baden-Württemberg	6 372	22	340	6 734	– 10,0	384 718
Bayern	7 946	14	133	8 093	– 9,0	418 824
Berlin	3 309	4	142	3 455	– 5,2	167 425
Brandenburg	3 087	11	23	3 121	– 10,2	130 827
Bremen [1]	1 271	–	13	1 284	– 1,5	47 396
Hamburg	2 209	5	14	2 228	– 5,3	66 346
Hessen	4 829	18	144	4 991	– 6,6	255 892
Mecklenburg-Vorpommern	1 676	7	52	1 735	– 13,9	59 864
Niedersachsen	10 993	29	198	11 220	– 3,4	452 386
Nordrhein-Westfalen	20 445	86	377	20 908	– 7,0	1 251 181
Rheinland-Pfalz	3 283	12	94	3 389	– 11,6	195 764
Saarland	1 503	–	11	1 514	+ 0,3	77 798
Sachsen	3 603	14	11	3 628	– 5,2	155 776
Sachsen-Anhalt	2 746	11	43	2 800	+ 0,2	112 471
Schleswig-Holstein	3 498	4	67	3 569	– 6,9	164 969
Thüringen	1 666	3	9	1 678	– 11,3	97 864

Ergebnisse der Insolvenzstatistik.
1 Vorläufiges Ergebnis.

Das **Verbraucherinsolvenzverfahren** ist ein mehrstufiges, vereinfachtes Insolvenzverfahren. Es soll dazu dienen, den Gläubigern die Befriedigung ihrer Forderungen zu ermöglichen. Ein vereinfachtes Verfahren kommt außer für Verbraucherinnen und Verbraucher auch für ehemals selbstständig Tätige zur Anwendung, deren Verhältnisse überschaubar sind (d. h. weniger als 20 Gläubiger und keine Verbindlichkeiten durch Arbeitsverhältnisse).

Ein Verfahren wird **mangels Masse** eingestellt, wenn das Vermögen des Schuldners nicht ausreicht, um die Verfahrenskosten zu begleichen und dem Schuldner die Stundung der Verfahrenskosten nicht bewilligt wird.

Vor der Einleitung eines vereinfachten Insolvenzverfahrens muss der Versuch unternommen werden, unter Aufsicht des Gerichts die Gläubiger mittels eines **Schuldenbereinigungsplans** zufrieden zu stellen. Der Plan gilt als angenommen, wenn die Gläubiger zustimmen. In diesem Fall findet kein Insolvenzverfahren statt und die Gläubiger werden nach den im Schuldenbereinigungsplan festgehaltenen Regeln befriedigt.

6 Einkommen, Konsum, Lebensbedingungen

Methodik

■ Einkommen, Einnahmen, Ausgaben, private Konsumausgaben

Die privaten Haushalte erhalten ihre monatlichen Einkommen und Einnahmen aus unterschiedlichen Quellen. Im Wesentlichen sind dies Erwerbstätigkeit, Vermögen sowie öffentliche und nicht öffentliche Transferzahlungen. Von ihren Einnahmen müssen die Haushalte vielfältige Ausgaben bestreiten. Neben den Konsumausgaben gehören dazu auch Steuern und Sozialabgaben, Ausgaben für Versicherungen und Vermögensbildung sowie Kreditrückzahlungen. Einen großen Teil der monatlichen Ausgaben privater Haushalte machen die Aufwendungen für Käufe von Waren und Dienstleistungen – die privaten Konsumausgaben – aus. Diese umfassen neben den Ausgaben für die Grundbedürfnisse Essen, Wohnung und Bekleidung auch die Aufwendungen für Gesundheit, Freizeit, Bildung, Telekommunikation, Verkehr sowie Beherbergungs- und Gaststättendienstleistungen.

Ergebnisse zu Einkommen, Einnahmen und Ausgaben privater Haushalte liegen aus unterschiedlichen Erhebungen vor: der Einkommens- und Verbrauchsstichprobe und den Laufenden Wirtschaftsrechnungen. Die **Einkommens- und Verbrauchsstichprobe** (EVS) ist mit einem Erhebungsumfang von rund 60 000 Haushalten die größte freiwillige Haushaltserhebung. Sie findet alle fünf Jahre statt und ist aufgrund des großen Stichprobenumfangs in besonderem Maße geeignet, tief gegliederte Ergebnisse für die unterschiedlichen Haushaltsgruppen abzubilden. Die Aufwendungen für Nahrungsmittel, Getränke und Tabakwaren werden ausschließlich in der EVS gewonnen. Bei den **Laufenden Wirtschaftsrechnungen** (LWR) werden seit dem Erhebungsjahr 2005 jährlich rund 8 000 Haushalte befragt. Diese Haushalte werden als Unterstichprobe aus den Haushalten der letzten EVS ausgewählt.

An beiden Erhebungen beteiligen sich repräsentativ ausgewählte private Haushalte in Deutschland auf freiwilliger Basis. Personen in Anstalten und Gemeinschaftsunterkünften sowie Obdachlose nehmen nicht teil. Ebenso bleiben Haushalte mit einem monatlichen Haushaltsnettoeinkommen von 18 000 Euro und mehr unberücksichtigt, da diese in der Regel nicht in so ausreichender Zahl an der Erhebung teilnehmen können, dass gesicherte Aussagen über ihre Lebensverhältnisse getroffen werden können. Für die LWR ist nach den gesetzlichen Vorgaben eine Einbeziehung der Haushalte von Selbstständigen (Gewerbetreibende und selbstständige Landwirte und Landwirtinnen sowie freiberuflich Tätige) nicht zulässig. In den EVS-Jahren 2008 und 2013 fanden keine LWR-Erhebungen statt. Zwischen der EVS, den LWR und dem Mikrozensus besteht eine enge Verknüpfung: Der Mikrozensus wird zur Bestimmung des Quotenplans von EVS und LWR herangezogen und dient außerdem als Anpassungsrahmen für die Hoch- und Fehlerrechnung von EVS und LWR.

Die Ergebnisse zu den Einkommen und Einnahmen sowie Ausgaben privater Haushalte einschließlich deren Konsumausgaben (Tabellen 6.1.1 bis 6.1.3) resultieren aus den Angaben des „Haushaltsbuches" der LWR 2014. Die Ausgaben für Nahrungsmittel, Getränke und Tabakwaren (Tabelle 6.1.4) stammen aus dem Feinaufzeichnungsheft der EVS 2013.

■ Ausstattung

Die privaten Haushalte besitzen unterschiedliche Gebrauchsgüter. Die Palette reicht von Fahrzeugen über Geräte der Unterhaltungselektronik und der Informations- und Kommunikationstechnik bis hin zu Haushalts- und Sportgeräten. Die Ergebnisse werden dargestellt als **Ausstattungsgrad** (Anteil der Haushalte, die über das jeweilige Gut verfügen) und als **Ausstattungsbestand** (Anzahl des jeweiligen Gutes in 100 Haushalten). Die technologische Entwicklung beeinflusst die Auswahl der erfragten Güter. „Traditionelle" Güter wie Pkw, Fernseher, Telefon und Waschmaschine werden bereits seit vielen Jahren erfasst. Regelmäßig werden neue Güter, z. B. Blu-ray und Navigationsgeräte in die Abfrage bei den Haushalten aufgenommen oder näher differenziert, wie z. B. die Tablets bei den mobilen PC. Ergebnisse zur Ausstattung liefern die beiden Erhebungen EVS und LWR (siehe „Einkommen, Einnahmen, Ausgaben, private Konsumausgaben").

Die Daten über die Ausstattung privater Haushalte mit ausgewählten Gebrauchsgütern (Tabellen 6.2) stammen aus den Angaben der Privathaushalte in der Erhebungsunterlage „Allgemeine Angaben" der LWR 2015.

■ Zeitverwendung

Erhebungen über die Zeitverwendung geben Aufschluss darüber, wie viel Zeit Menschen für verschiedene Lebensbereiche und Aktivitäten aufbringen. Die **Zeitverwendungserhebung 2012/2013** wurde im Auftrag des Bundesministeriums für Familie, Senioren, Frauen und Jugend sowie des Bundesministeriums für Bildung und Forschung vom Statistischen Bundesamt in Zusammenarbeit mit den Statistischen Ämtern der Länder durchgeführt. Zur Vermeidung saisonaler Schwankungen wurden von August 2012 bis Juli 2013 gut 5 000 Haushalte auf freiwilliger Basis befragt. Die Stichprobenauswahl erfolgte nach einem Quotenverfahren. Um ein möglichst exaktes Bild der Zeitverwendung zu erhalten, hielten über 11 000 Haushaltsmitglieder ab zehn Jahren an jeweils drei vorgegebenen Tagen ihren Tagesablauf in einem Tagebuch fest. Eine tabellarische Gliederung strukturierte und vereinfachte die Eintragungen. Die 24 Stunden des Tages waren in einzelne Zeilen zu je zehn Minuten aufgeteilt. In verschiedenen Spalten beschrieben die Teilnehmenden mit eigenen Worten sowohl Hauptaktivitäten als auch gleichzeitige Aktivitäten, die nebenher erfolgten. Auch Wegezeiten und die dafür verwendeten Verkehrsmittel waren einzutragen. Zusätzlich gaben die Befragten durch einfaches Ankreuzen an, mit wem die Zeit verbracht wurde. Jeder Anschreibetag schloss mit Fragen zur subjektiven Einschätzung des konkreten Tagesverlaufs. Um die vielen verschiedenen Tagebucheintragungen für die Datenauswertung zu vereinheitlichen, wurde ein Aktivitätenverzeichnis mit 165 verschiedenen Aktivitäten für die Datenerfassung genutzt. Zusätzlich machte jeder teilnehmende Haushalt in einem Haushaltsfragebogen Angaben über die Zusammensetzung des Haushalts, die Wohnsituation, das Einkommen, von privater Seite erhaltene Unterstützungsleistungen sowie zu Betreuungs- und Bildungsangeboten, die von Kindern unter zehn Jahren in Anspruch genommen wurden. Alle Haushaltsmitglieder ab zehn Jahren füllten einen Personenfragebogen aus, in dem Informationen über ihre persönliche Situation abgefragt wurden, beispielsweise über Erwerbsbeteiligung, Bildung, ehrenamtliches und freiwilliges Engagement sowie Hilfeleistungen für andere Haushalte. Daneben enthielt der Personenfragebogen auch Fragen zur Inanspruchnahme von Freizeitangeboten und zum subjektiven Zeitempfinden.

■ Verbrauch an ausgewählten Nahrungs- und Genussmitteln

Den in Tabelle 6.4.2 dargestellten **Nahrungsmittelverbrauch** an ausgewählten tierischen Erzeugnissen sowie Ölen und Fetten ermittelt das Bundesministerium für Ernährung und Landwirtschaft (BMEL) bzw. die Bundesanstalt für Landwirtschaft und Ernährung (BLE) anhand der sogenannten Versorgungsbilanzen. Die Daten zu Tabelle 6.4.3 sind dem Deutschen Tiefkühlinstitut e. V., dem Bundesverband der Deutschen Süßwarenindustrie (BDSI) und dem Eis-Info Service der deutschen Markeneishersteller entnommen.

Tabelle 6.4.4 enthält, mit Ausnahme der Angaben für Wein, Ergebnisse der **Verbrauchsteuerstatistiken** über die versteuerten Mengen ausgewählter Genussmittel. Bei Tabakerzeugnissen und Bier fließen in die Berechnung des Verbrauchs auch solche Naturalien ein, die an die Beschäftigten der betreffenden Branchen steuerfrei gewährt wurden (Deputate, Haustrunk). Der tatsächliche Verbrauch differiert von den versteuerten Mengen um die Veränderungen der Bestände beim Handel und auf dem Transport.

■ Einschätzung der Lebenssituation, Armut

Einkommen, Armut und finanzielle Kapazitäten werden in der europaweit durchgeführten Gemeinschaftsstatistik über Einkommen und Lebensbedingungen (englisch: European Union Statistics on Income and Living Conditions, EU-SILC) erfragt. In Deutschland wird die Erhebung unter der Bezeichnung **LEBEN IN EUROPA** durchgeführt. Themen der Befragung sind neben den verschiedenen, sehr differenziert erfassten Bestandteilen des Einkommens (z. B. Erwerbseinkommen, Einkommen aus staatlichen Transferleistungen) weitere Angaben zu wichtigen Lebensbereichen, wie etwa zur Wohnsituation der Bevölkerung und zu anderen Einzelaspekten der materiellen und sozialen Teilhabe.

6 Einkommen, Konsum, Lebensbedingungen

Methodik

Europäische Rechtsgrundlage für die Erhebung ist die EU-Verordnung 1177/2003 des Europäischen Parlamentes und des Rates. Daneben enthalten eine Reihe von weiteren Verordnungen der Europäischen Kommission detaillierte Angaben zur Durchführung der Erhebung (Definitionen, Feldarbeit, Imputation, Stichprobenauswahl und Weiterbefragung, Verzeichnis der primären Zielvariablen, Qualitätsberichte). Für die Durchführung der nationalen Erhebung gelten in Deutschland die genannten EU-Verordnungen in Verbindung mit dem Bundesstatistikgesetz (BStatG) vom 22.1.1987. Die Erteilung der Auskunft ist freiwillig.

Für die Statistik gelten in allen Mitgliedstaaten einheitliche Definitionen sowie methodische Mindeststandards. Erhebungsziel ist die Bereitstellung EU-weit harmonisierter und vergleichbarer Mikrodaten und Indikatoren zur Messung von Lebensbedingungen, Armut und sozialer Ausgrenzung in der Europäischen Union. Die Indikatoren dienen als Entscheidungsgrundlage für die nationale und europäische Sozialpolitik. Hauptnutzer der Erhebungsergebnisse sind die Europäische Kommission, der Europäische Sozialschutzausschuss und auf nationaler Ebene das Bundesministerium für Arbeit und Soziales (BMAS).

Für LEBEN IN EUROPA werden in Deutschland jährlich rund 13 000 bis 14 000 private Haushalte schriftlich befragt. Ein Haushalt wird dabei jeweils in vier aufeinander folgenden Jahren befragt, was eine Auswertung der Ergebnisse im Längsschnitt erlaubt. Die Stichprobe für die Erhebung wird grundsätzlich als Zufallsauswahl gezogen. Eine Ausnahme bildeten die ersten drei Erhebungsjahre (2005, 2006 und 2007), in denen ein Teil der Stichprobe als Quotenstichprobe mit Haushalten realisiert wurde, die bereits an anderen freiwilligen Haushaltsbefragungen teilgenommen haben. Auswahlgrundlage für die Zufallsstichprobe von LEBEN IN EUROPA ist die Dauerstichprobe befragungsbereiter Haushalte (HAUSHALTE HEUTE).

Die erhobenen Daten werden anhand des Mikrozensus auf die Gesamtbevölkerung der Bundesrepublik Deutschland hochgerechnet. Als Hochrechnungsmerkmale dienen u. a. das Geschlecht, das Alter, das Haushaltsnettoeinkommen sowie der Haushaltstyp.

Armut nach Ländern

Zur Berechnung der Armut nach Ländern wird der **Mikrozensus** herangezogen. Der Mikrozensus („kleine Volkszählung") ist die größte Haushaltsbefragung der amtlichen Statistik und dient dazu, die Lücke zwischen zwei Volkszählungen zu schließen. Die Erhebung basiert auf einer 1 %-Stichprobe der Bevölkerung Deutschlands und findet kontinuierlich über das Jahr verteilt statt. Der Mikrozensus liefert statistische Informationen in tiefer fachlicher und regionaler Gliederung über die Bevölkerungsstruktur sowie über die wirtschaftliche und soziale Lage der Bevölkerung (siehe hierzu auch „Mikrozensus mit integrierter EU-Arbeitskräfteerhebung" in der „Methodik" des Kapitels 13 „Arbeitsmarkt").

Im Gegensatz zur deutschen EU-SILC-Erhebung, deren Ziel die präzise Ermittlung von nationalen Sozialindikatoren für das gesamte Bundesgebiet ist, erlaubt der Mikrozensus aufgrund seines großen Stichprobenumfangs auch für die Länder Analysen zur relativen Einkommensarmut in tiefer fachlicher Gliederung. Mit der Bereitstellung solcher Indikatoren aus dem Mikrozensus kann daher dem wachsenden Bedarf nach vergleichbaren Indikatoren auf Bundes- und Länderebene Rechnung getragen werden. Die **Armuts- und Sozialindikatoren aus dem Mikrozensus** stehen im Rahmen der amtlichen Sozialberichterstattung des Bundes und der Länder auf dem gemeinsamen Statistikportal zur Verfügung.

Wenngleich den Berechnungen zur Ermittlung von Armutsindikatoren aus beiden Erhebungen (EU-SILC, Mikrozensus) dieselben europäischen Definitionen zugrunde liegen, sind die in diesem Kapitel dargestellten Sozialindikatoren aus dem Mikrozensus dennoch grundsätzlich **nicht mit denen aus EU-SILC vergleichbar**. Es handelt sich um zwei voneinander unabhängige Erhebungen mit unterschiedlichen Erhebungszwecken, bei denen insbesondere die für die Armutsberechnungen bedeutsame Art der Einkommenserfassung völlig unterschiedlich ist. Nähere Informationen zur Einkommenserfassung im Mikrozensus und den daraus resultierenden Berechnungsmethoden bei der Ermittlung von Armutsgefährdung enthält das „Glossar" dieses Kapitels.

■ Überschuldung privater Personen und Verbraucherinsolvenzen

Die **Überschuldungsstatistik** ist eine freiwillige Erhebung, die auf den Angaben von Schuldnerberatungsstellen basiert. Die Erhebung hat die Aufgabe, Angaben über Personen bereitzustellen, die sich in einer schwierigen finanziellen Situation befinden und deshalb die Dienste einer Schuldnerberatungsstelle in Anspruch nehmen. Die beratenen Personen müssen nicht zwangsläufig von absoluter Überschuldung (Verbraucherinsolvenz) betroffen sein. Zum Teil sind die Klientinnen und Klienten der Schuldnerberatungsstellen auch nur durch ihre finanziellen Probleme überfordert, oder es liegt lediglich eine vorübergehende Zahlungsstörung vor.

Für die Erhebung ausgewählt wurden die rund 1 400 Beratungsstellen, die unter der Trägerschaft der Wohlfahrts- und Verbraucherverbände oder Kommunen stehen oder Mitglied in einem dieser Verbände sind. Nicht einbezogen werden die privaten und kommerziellen Beratungsstellen. Im Beratungsjahr 2015 haben 410 Beratungsstellen an der freiwilligen Erhebung teilgenommen.

Die Überschuldungsstatistik liefert Angaben über die sozioökonomischen Strukturen der von Schuldnerberatungsstellen betreuten Personen. Ferner erfasst sie Daten über die Art und Höhe des Einkommens und der Schulden sowie über die Auslöser der Überschuldung privater Personen.

Rückschlüsse auf die Gesamtzahl der überschuldeten Personen in Deutschland lassen sich aus der Überschuldungsstatistik nicht ableiten.

Insolvenzstatistik

Das Insolvenzverfahren dient dazu, einen gerechten Ausgleich zwischen überschuldeten und zahlungsunfähigen Schuldnern und ihren Gläubigern zu schaffen. Es wird im Wesentlichen zwischen Regelinsolvenzverfahren für Unternehmen sowie vereinfachten Verfahren für Verbraucherinnen und Verbraucher und ehemals selbstständig Tätigen mit überschaubaren Verhältnissen unterschieden. Das vorliegende Kapitel stellt lediglich Angaben zu den Verbraucherinsolvenzverfahren dar. Informationen zu den Unternehmensinsolvenzen sowie den übrigen Arten von Insolvenzverfahren finden Sie im Kapitel 20 „Produzierendes Gewerbe und Dienstleistungen im Überblick".

In Bezug auf Verbraucherinsolvenzverfahren erfasst die **Insolvenzstatistik** Merkmale wie die Anzahl der bei den Gerichten angemeldeten Verfahren und die Höhe der voraussichtlichen Forderungen. Neben den im vorliegenden Kapitel dargestellten Jahresergebnissen liegen auch monatliche Angaben vor. Die Statistik beruht auf den Angaben der Gerichte.

Detaillierte Informationen zur Methodik der einzelnen Statistiken sind in den „Qualitätsberichten" dokumentiert (siehe hierzu *www.destatis.de/publikationen* › Qualitätsberichte).

6 Einkommen, Konsum, Lebensbedingungen

Glossar

Äquivalenzeinkommen | *EU-SILC* | Das Äquivalenzeinkommen ist eine fiktive Rechengröße. Sie wird verwendet, um das Einkommen von Personen vergleichbar zu machen, die in Haushalten unterschiedlicher Größe und Zusammensetzung leben. Jeder einzelnen Person im Haushalt wird ein Äquivalenzeinkommen zugeordnet. Dazu wird das Haushaltseinkommen auf die Personen des Haushalts nach einem Gewichtungsschlüssel (Äquivalenzskala) verteilt, der unterschiedliche Haushaltsstrukturen berücksichtigt sowie den Umstand, dass Personen in einem Haushalt durch das Zusammenleben Einspareffekte bei den laufenden Kosten erzielen (z. B. durch gemeinsame Nutzung von Wohnraum oder Haushaltsgeräten). EU-SILC verwendet als Gewichtungsskala die sogenannte „modifizierte OECD-Skala", nach der die erste erwachsene Person das Gewicht 1 erhält. Jede weitere Person erhält ein Gewicht, das die Größenordnung des Mehrbedarfs berücksichtigen soll, der durch diese Person entsteht: Weitere Erwachsene und Kinder ab 14 Jahren erhalten das Gewicht 0,5 und Kinder unter 14 Jahren das Gewicht 0,3. Das Äquivalenzeinkommen ergibt sich aus dem Haushaltseinkommen, indem dieses durch die Summe der Gewichte dividiert wird. Es bildet die Grundlage für die Berechnung der Armutsgefährdung in der Bevölkerung.

Mikrozensus | Um Indikatoren zur Armutsgefährdung (Äquivalenzeinkommen, Armutsgefährdungsschwelle und -quote) zu ermitteln, verwendet der Mikrozensus dieselben Definitionen wie EU-SILC. Auch hier wird das Median-Äquivalenzeinkommen berechnet, um die Armutsgefährdungsschwelle zu ermitteln. Zunächst wird jeder Person eine Äquivalenzklasse zugewiesen, indem man die Ober- und Untergrenze der Klasse, in der das jeweilige Haushaltsnettoeinkommen liegt, durch die Summe der Bedarfsgewichte aller Haushaltsmitglieder („Äquivalenzgewicht") teilt. Das personenbezogene Äquivalenzeinkommen liegt zwischen den so ermittelten Grenzen. Unter Annahme der Gleichverteilung innerhalb der Äquivalenzklassen werden die in eine Klasse fallenden Personen gleichmäßig zwischen den ermittelten Grenzen verteilt. Ihnen wird als Hilfswert ein spitzer Eurobetrag zugewiesen, über den dann der Median berechnet werden kann. Die Armutsgefährdungsschwelle liegt, wie bei EU-SILC, bei 60 % des Medianwertes. Eine spezifische Armutsgefährdungsschwelle für jeden Haushaltstyp erhält man, indem man den Schwellenwert mit dem jeweiligen Äquivalenzgewicht des Haushalts multipliziert.

Armutsgefährdung | *EU-SILC* | Allgemein bezeichnet Armut eine Situation wirtschaftlichen Mangels, die verhindert, ein angemessenes Leben zu führen. Da in Deutschland das durchschnittliche Wohlstandsniveau deutlich über dem physischen Existenzminimum liegt, betrachtet man in Deutschland und der EU meist „relative Armut". Danach ist armutsgefährdet, wer im Vergleich zur Mehrheit der Bevölkerung eine bestimmte Einkommensgrenze (Schwellenwert) unterschreitet. Bei der Erhebung EU-SILC ist der **Schwellenwert für Armutsgefährdung** definiert als 60 % des Median-Äquivalenzeinkommens der Gesamtbevölkerung. Personen mit einem Äquivalenzeinkommen, das unter diesem Schwellenwert liegt, gelten als armutsgefährdet. Das Äquivalenzeinkommen ist dabei ein aus dem verfügbaren Haushaltseinkommen abgeleitetes Netto-Äquivalenzeinkommen. Die **Armutsgefährdungsquote** gibt den Anteil der Personen an, deren Äquivalenzeinkommen geringer ist als 60 % des Median-Äquivalenzeinkommens der Gesamtbevölkerung. Sind staatliche Sozialleistungen im zugrunde liegenden Einkommen mit enthalten, so spricht man von der **Armutsgefährdungsquote nach Sozialtransfers**, sonst von der Armutsgefährdungsquote vor Sozialtransfers.

Mikrozensus | Der Mikrozensus ermittelt die Armutsgefährdungsquote über den Hilfswert der **Armutswahrscheinlichkeit**. Als „armutsgefährdet" gelten alle Personen, deren Haushaltsnettoeinkommen in einer Einkommensklasse liegt, deren Obergrenze kleiner ist als die haushaltsspezifische Armutsgefährdungsschwelle. Ihnen wird eine Armutswahrscheinlichkeit von „1" zugewiesen. Als „nicht armutsgefährdet" gelten dagegen alle Personen mit Klassenuntergrenzen oberhalb der Armutsgefährdungsschwelle (Armutswahrscheinlichkeit = 0). Personen, deren Haushaltsnettoeinkommen in der Einkommensklasse liegt, in die auch die haushaltsspezifische Armutsgefährdungsschwelle fällt, können weder pauschal als „einkommensarm" noch als „nicht einkommensarm" klassifiziert werden. In diesen Fällen liegt die Armutswahrscheinlichkeit – je nach Abstand zu den Klassengrenzen – zwischen 0 und 1.

Armutsmessung, regionalisierte | *Mikrozensus* | Grundlage der Armutsmessung nach dem **Nationalkonzept** ist eine einheitliche Armutsgefährdungsschwelle für alle Länder, die 60 % des Bundesmedians entspricht. Der Bundesmedian wird auf Basis des mittleren Einkommens im gesamten Bundesgebiet errechnet. Damit spiegeln die Armutsgefährdungsquoten im Wesentlichen die Unterschiede im Einkommensniveau zwischen den Regionen (hier Länder) wider.
Nach dem **Regionalkonzept** wird die Armutsgefährdung an einer landesspezifischen Armutsgefährdungsschwelle auf Basis des jeweiligen Landesmedian gemessen. Der Landesmedian wird auf Basis des mittleren Einkommens im jeweiligen Land errechnet. Damit spiegeln die Armutsgefährdungsquoten im Wesentlichen die Unterschiede im Einkommensniveau innerhalb der Region (hier Land) wider.

Auf- und Abrundungen | *LWR* | Die maschinell erstellten Ergebnisse wurden bei der Hochrechnung ohne Rücksicht auf die Endsumme auf- beziehungsweise abgerundet. Bei der Summierung von Einzelangaben sind daher geringfügige Abweichungen in der Endsumme möglich.

Ausgabefähige Einkommen und Einnahmen | *LWR* | Diese werden ermittelt, indem zum Haushaltsnettoeinkommen die Einnahmen aus dem Verkauf von Waren (z. B. Verkauf von Gebrauchtwagen) sowie die sonstigen Einnahmen (z. B. Einnahmen aus der Rückgabe von Leergut und Flaschenpfand, Energiekostenrückerstattung, Einnahmen aus Spesen) addiert werden. Die ausgabefähigen Einkommen und Einnahmen werden auch als verfügbares Einkommen bezeichnet. Im verfügbaren Einkommen nicht enthalten sind Einnahmen aus der Auflösung und Umwandlung von Vermögen (Sach- und Geldvermögen) sowie aus Kreditaufnahme.

Ausstattungsbestand | *LWR* | Der Ausstattungsbestand gibt an, wie viele Ausstattungsgegenstände in 100 Haushalten vorhanden sind. Zum Beispiel bedeutet ein Ausstattungsbestand von 186 bei Fahrrädern, dass einige Haushalte mehr als ein Fahrrad besitzen. Im Falle einer solchen Mehrfachausstattung ist der Ausstattungsbestand größer als der Ausstattungsgrad.

Ausstattungsgrad | *LWR* | Der Ausstattungsgrad beschreibt, wie viele Haushalte einen bestimmten Ausstattungsgegenstand besitzen. Ein Ausstattungsgrad von 81 % bei Fahrrädern bedeutet zum Beispiel, dass 81 von 100 Haushalten mindestens ein Fahrrad besitzen.

Auswahlgrundlage | Die Auswahlgrundlage für den Mikrozensus sind Privathaushalte am Ort der Hauptwohnung.

Deprivationsindikatoren, haushaltsbezogene nicht monetäre | Dies sind in EU-SILC subjektive, nicht monetär (d. h. in Euro) gemessene Indikatoren zur Abbildung materieller und/oder sozialer Entbehrung (Deprivation) der Privathaushalte in verschiedenen Lebensbereichen (z. B. „selbst eingeschätzte Wohnsituation des Haushalts" und „selbst eingeschätzte finanzielle Situation des Haushalts").

Einkommenserfassung | Die Einkommenserfassung im Mikrozensus erfolgt über sogenannte Klassen und unterscheidet sich hierin erheblich von der Einkommenserfassung in EU-SILC. Das persönliche Nettoeinkommen der einzelnen Haushaltsmitglieder sowie die Summe sämtlicher Einkommen des Haushalts bzw. der Haushaltsmitglieder (Haushaltseinkommen) wird im Mikrozensus durch Selbsteinstufung in 24 Einkommensklassen erhoben. Bei dieser Art der Erfassung berücksichtigen die Befragten vor allem umfangreichere und regelmäßig eingehende Einkommensbestandteile, während sie unregelmäßig eingehende und anteilmäßig geringe Einkommensbestandteile eher vernachlässigen. Diese Unterschätzung des Nettoeinkommens ist bei der Interpretation des Äquivalenzeinkommens und den weiteren, darauf basierenden Berechnungen zur Armutsgefährdung zu berücksichtigen. Das Verfahren zur Ermittlung von Armutsgefährdungsquote und Armutsgefährdungsschwelle muss daher diesen klassierten Einkommensdaten gerecht werden.

Erwerbsstatus | *EU-SILC* | Die Zuweisung des Erwerbsstatus erfolgt aufgrund der Selbsteinschätzung der Befragten. Es gilt der Erwerbsstatus, den die oder der Befragte überwiegend, das heißt über einen Zeitraum von insgesamt mehr als sechs Monaten im Vorjahr der Erhebung (Einkommensbezugsjahr) innehatte.

6 Einkommen, Konsum, Lebensbedingungen

Glossar

Die Unterteilung erfolgt in:
- Vollzeiterwerbstätig: auch in Altersteilzeit und in Berufsausbildung
- Teilzeiterwerbstätig: auch in Berufsausbildung, sofern diese in Teilzeit ausgeübt wird
- Arbeitslos: Personen, die arbeitslos oder arbeitsuchend bei der Agentur für Arbeit gemeldet sind
- Ruhestand: Rentnerinnen und Rentner bzw. Pensionärinnen und Pensionäre
- Sonstige Nichterwerbstätige: Personen in Ausbildung (Schule, Studium), Hausfrauen oder -männer oder aus anderen Gründen Nichterwerbstätige.

Haupteinkommensperson | *LWR* | Durch die Festlegung einer Haupteinkommensperson lassen sich Mehrpersonenhaushalte nach unterschiedlichen Merkmalen (z. B. Alter, Geschlecht, soziale Stellung) einheitlich gliedern. Als Haupteinkommensbezieherin bzw. -bezieher gilt grundsätzlich die Person (ab 18 Jahren) mit dem höchsten Beitrag zum Haushaltsnettoeinkommen.

Haushalt, Haushaltsgröße | *LWR* | *EVS* | Eine Einzelperson mit eigenem Einkommen, die für sich allein wirtschaftet, bildet ebenso einen Haushalt wie eine Gruppe von verwandten oder persönlich verbundenen (auch familienfremden) Personen, die sowohl einkommens- als auch verbrauchsmäßig zusammengehören. Diese müssen in der Regel zusammenwohnen und über ein oder mehrere Einkommen oder über Einkommensteile gemeinsam verfügen sowie voll oder überwiegend in einer gemeinsamen Hauswirtschaft versorgt werden. Zeitweilig vom Haushalt getrennt lebende Personen gehören zum Haushalt, wie sie überwiegend mit Mitteln des Haushalts leben oder wenn sie mit ihren eigenen Mitteln den Lebensunterhalt des Haushalts bestreiten. Haus- und Betriebspersonal, Untermieterinnen und Untermieter sowie Kostgängerinnen und Kostgänger zählen nicht zum Haushalt, in dem sie wohnen bzw. verpflegt werden. Das Gleiche gilt für Personen, die sich nur zu Besuch im Haushalt befinden. Neben Personen in Alters- und Pflegeheimen gehören dazu Angehörige der Bereitschaftspolizei, der Bundespolizei und der Bundeswehr, soweit diese nicht einen ständigen Wohnsitz außerhalb der Kaserne haben.

EU-SILC | Ein Privathaushalt am Hauptwohnsitz, bestehend aus einer alleinlebenden Person oder mehreren Personen, die zusammenwohnen, ihren Lebensunterhalt gemeinsam finanzieren und ihre Ausgaben teilen (Artikel 2, Buchstabe f der EU-Verordnung Nr. 1177/2003 für EU-SILC). Zum Haushalt gehören alle Personen, die in der Regel mindestens sechs Monate im Jahr anwesend oder mit erstem Wohnsitz an der Adresse des Haushalts gemeldet sind. Personen, die in Anstalts- oder Gemeinschaftshaushalten leben (Wohnheim, Altenheim, Gefängnis usw.), werden nicht befragt.

Haushaltsbruttoeinkommen | *LWR* | Alle Einnahmen des Haushalts aus (selbstständiger und unselbstständiger) Erwerbstätigkeit, aus Vermögen, aus öffentlichen und nicht öffentlichen Transferzahlungen sowie aus Untervermietung bilden das Haushaltsbruttoeinkommen. Die Erfassung der Bruttoeinkommen aus Erwerbstätigkeit und den öffentlichen Transferzahlungen erfolgt personenbezogen, das heißt für jedes Haushaltsmitglied einzeln. Zum Bruttoeinkommen aus Erwerbstätigkeit zählen auch Sonderzahlungen, Weihnachtsgeld, zusätzliche Monatsgehälter sowie Urlaubsgeld. Das Einkommen aus unselbstständiger Erwerbstätigkeit enthält keine Arbeitgeberbeiträge zur Sozialversicherung. Einkünfte aus nicht öffentlichen Transferzahlungen (außer Betriebs- und Werksrenten), Vermietung und Verpachtung sowie aus Vermögen werden nicht personenbezogen, sondern für den Haushalt insgesamt erfasst. Die Einnahmen aus Vermögen beinhalten (nach internationalen Konventionen) eine sogenannte „unterstellte Eigentümermiete". Hierbei wird deren Nettowert berücksichtigt. Das heißt, Aufwendungen für die Instandhaltung des selbstgenutzten Wohneigentums werden vom errechneten Eigentümermietwert abgezogen. In Einzelfällen kann dies bei entsprechend hohen Instandhaltungsaufwendungen einzelner Haushalte zur Nachweisung negativer Eigentümermietwerte bzw. Vermögenseinnahmen führen.

EU-SILC | Das Haushaltsbruttoeinkommen besteht aus den haushaltsbezogenen Komponenten des Bruttoeinkommens und der Summe der Bruttoeinkommen aller Haushaltsmitglieder.

Zum Haushaltsbruttoeinkommen zählen:
- Einkommen aus Vermietung und Verpachtung
- Familienleistungen (z. B. Kindergeld) und Wohnungsbeihilfen
- Sozialgeld, Sozialhilfe, bedarfsorientierte Grundsicherung
- Regelmäßig empfangene Geldtransfers zwischen Privathaushalten (z. B. Unterhaltszahlungen)
- Zinsen, Dividenden und Gewinne aus Kapitalanlagen
- Einkünfte von Haushaltsmitgliedern unter 16 Jahren.

Zum Personenbruttoeinkommen zählen:
- Bruttoeinkommen aus unselbstständiger Tätigkeit in Form von Geld oder geldwerten Sachleistungen und/oder Sachleistungen (z. B. Firmenwagen)
- Bruttogewinne und -verluste aus selbstständiger Tätigkeit in Form von Geldleistungen (einschließlich Lizenzgebühren)
- Arbeitslosengeld I und II, Übertragungen der Arbeitsförderung
- Alters- und Hinterbliebenenleistungen
- Krankengeld und Invaliditätsleistungen
- Ausbildungsbezogene Leistungen.

Haushaltsnettoeinkommen | *LWR* | Es errechnet sich, indem vom Haushaltsbruttoeinkommen Einkommen-/Lohnsteuer, Kirchensteuer und Solidaritätszuschlag sowie die Pflichtbeiträge zur Sozialversicherung abgezogen werden. Zu den Pflichtbeiträgen zur Sozialversicherung zählen die Beiträge zur Arbeitslosenversicherung, zur gesetzlichen Rentenversicherung, zur gesetzlichen und seit dem 1.1.2009 auch die Beiträge zur freiwilligen und privaten Krankenversicherung sowie zur sozialen und privaten Pflegeversicherung. Zum Haushaltsbruttoeinkommen addiert werden seit dem 1.1.2009 die Arbeitgeberzuschüsse zur freiwilligen und privaten Krankenversicherung und zur Pflegeversicherung bei freiwilliger und privater Krankenversicherung sowie Zuschüsse der Rentenversicherungsträger zur freiwilligen und privaten Krankenversicherung.

EU-SILC | Das gesamte verfügbare Haushaltseinkommen ergibt sich aus dem gesamten Haushaltsbruttoeinkommen nach Abzug von regelmäßigen Vermögenssteuern, regelmäßig geleisteten Geldtransfers zwischen privaten Haushalten, Einkommensteuern und Sozialbeiträgen.

Haushaltstyp | *LWR* | Ergebnisse werden für folgende Haushaltstypen nachgewiesen:
- Alleinlebende Frauen und Männer
- Alleinerziehende mit Kind(ern)
- (Ehe-)Paare ohne Kind bzw. mit Kind(ern)
- Sonstige Haushalte, in denen es über die in den vorstehenden Haushaltstypen genannten Personen hinaus weitere Haushaltsmitglieder gibt (z. B. Schwiegereltern, volljährige Kinder).

Als Kinder zählen alle ledigen Kinder unter 18 Jahren – auch Adoptiv- und Pflegekinder – der Haupteinkommenspersonen und/oder deren (Ehe-)Partnerinnen und Partner bzw. gleichgeschlechtlichen Lebenspartnerinnen und -partner. Bei der Auswertung sind die nichtehelichen Lebensgemeinschaften einschließlich der gleichgeschlechtlichen Lebenspartnerschaften den Ehepaaren gleichgestellt.

EU-SILC | Im vorliegenden Kapitel werden Ergebnisse für Personen in folgenden Haushaltstypen nachgewiesen:

Haushalte ohne abhängige Kinder
- Alleinlebende Personen
- Alleinlebende Personen unter 65 Jahren
- Alleinlebende Personen im Alter von 65 Jahren und älter
- Zwei Erwachsene, mindestens einer im Alter von 65 Jahren und älter
- Zwei Erwachsene, beide unter 65 Jahren

Haushalte mit abhängigen Kindern
- Alleinerziehender Elternteil mit einem oder mehr abhängigen Kindern
- Zwei Erwachsene mit einem, zwei bzw. drei und mehr abhängigen Kind(ern).

Abhängige Kinder sind Personen unter 18 Jahren sowie Personen im Alter von 18 bis 24 Jahren, sofern sie nicht erwerbstätig oder nicht arbeitsuchend sind und mit mindestens einem Elternteil zusammenleben.

6 Einkommen, Konsum, Lebensbedingungen

Glossar

Mangels Masse abgewiesen | Ein Verfahren wird mangels Masse eingestellt, wenn das Vermögen eines Schuldners nicht ausreicht, um die Verfahrenskosten zu begleichen und der Schuldner die Stundung der Verfahrenskosten nicht bewilligt wird. Die Verfahrenskostenstundung ist nur bei natürlichen Personen möglich.

Median | *EU-SILC* | Der Median ist der mittlere Wert in einer aufsteigend sortierten Folge von Werten (hier: Werte des Äquivalenzeinkommens).

Median-Äquivalenzeinkommen | In der Mitte liegender Wert in der aufsteigend sortierten Folge der Äquivalenzeinkommen.

Nahrungsverbrauch | Der Nahrungsverbrauch bezeichnet die insgesamt für den Verbrauch zur Verfügung stehende, nicht aber die tatsächlich verzehrte Menge.

Private Konsumausgaben | *LWR* | Den größten Teil ihres ausgabefähigen Einkommens verwenden die privaten Haushalte für Konsumausgaben. Das sind im Einzelnen die Ausgaben für Essen, Wohnen, Bekleidung, Gesundheit, Freizeit, Bildung, Telekommunikation, Verkehr sowie Beherbergungs- und Gaststättendienstleistungen.
Die Ermittlung der privaten Konsumausgaben in den Wirtschaftsrechnungen erfolgt auf Grundlage des sogenannten Marktentnahmekonzepts. Das bedeutet, es werden ausschließlich die Ausgaben für Käufe von Waren und Dienstleistungen nachgewiesen, die am Markt realisiert werden können. Dazu zählen auch bestimmte unterstellte Käufe, wie der Mietwert von Eigentumswohnungen, Sachleistungen von Arbeitgeberinnen und Arbeitgebern zu Gunsten ihrer Arbeitnehmerinnen und Arbeitnehmer sowie Sachentnahmen von Selbstständigen aus dem eigenen Betrieb. Der private Konsum nach dem Marktentnahmekonzept umfasst auch die Käufe von Sachgeschenken für haushaltsfremde Personen sowie die Ausgaben für den eigenen Garten und für die Kleintierhaltung (z. B. für den Kauf von Sämereien oder von Futter).
Bei im Haushalt selbst produzierten oder zubereiteten Gütern erscheint dem Marktentnahmekonzept zufolge nur der Wert der bezogenen Materialien, Substanzen, Zutaten usw. Nicht erfasst wird der Wertzuwachs durch die Be- oder Verarbeitung im Haushalt. Ebenfalls nicht erfasst werden Sachgeschenke unter privaten Haushalten. Eine Ausnahme bilden lediglich sogenannte Deputate (z. B. Bier für Brauereibeschäftigte, Energie/Brennstoffe für Beschäftigte im Bergbau und in Energieunternehmen). Diese Sachleistungen werden mit Durchschnittspreisen bewertet und den entsprechenden Ausgaben für den privaten Konsum hinzugerechnet. Güter, die Arbeitgeberinnen und Arbeitgeber an ihre Beschäftigten zu Vorzugspreisen abgeben, werden auch in der entsprechenden Höhe verbucht.
Die privaten Konsumausgaben enthalten keine Zahlung von direkten Steuern, Versicherungen, Übertragungen an andere private Haushalte oder Organisationen sowie die Tilgung und Verzinsung von Krediten. Das Gleiche gilt für die Käufe von Grundstücken und Gebäuden sowie für die Ausgaben zur Bildung von Geldvermögen.

Schulabschluss, höchster | *EU-SILC* | Die Bildungsabschlüsse der Personen werden wie folgt dargestellt:
Primarbereich und Sekundarbereich I:
– Ohne allgemeinen Schulabschluss, Abschluss nach höchstens 7 Jahren Schulbesuch, Haupt-, Realschulabschluss, Abschluss der Polytechnischen Oberschule der ehemaligen DDR
Sekundarbereich II und postsekundarer, nicht tertiärer Bereich:
– Fachhochschulreife, Hochschulreife, Lehrausbildung, Berufsfachschule, Berufsausbildung, Fachoberschule, Berufs-/Technische Oberschule, Duale Berufsausbildung
Tertiärbereich:
– Meisterausbildung, Fachhochschule, Universität, Fachschule, Fachakademie, Schulen des Gesundheitswesens, Promotion

Schuldenbereinigungsplan | Vor der Einleitung eines vereinfachten Insolvenzverfahrens muss der Versuch unternommen werden, unter Aufsicht des Gerichts, die Gläubiger mittels eines Schuldenbereinigungsplans zufrieden zu stellen. Der Plan gilt als angenommen, wenn die Gläubiger zustimmen. In diesem Fall findet kein Insolvenzverfahren statt und die Gläubiger werden nach den im Schuldenbereinigungsplan festgehaltenen Regeln befriedigt.

Sozialtransfers | *EU-SILC* | Laufende Transferleistungen, die während des Einkommensbezugszeitraums von staatlichen Einheiten oder von Organisationen ohne Erwerbszweck an private Haushalte gezahlt werden. Hierzu zählen beispielsweise Wohngeld, Kindergeld, Arbeitslosengeld I, Umschulungszuschüsse, Leistungen für die Kosten der Unterkunft bei Arbeitslosengeld II-Bezug oder bei bedarfsorientierter Grundsicherung im Alter und bei Erwerbsminderung, Kurzarbeitergeld, Vorruhestandsgeld, Rente, Pension, Pflegegeld.

Überschuldete Personen | Personen, die in der Überschuldungsstatistik erfasst werden, müssen nicht zwangsläufig von absoluter Überschuldung (Verbraucherinsolvenz) betroffen sein. Zum Teil sind sie auch nur durch ihre finanziellen Probleme überfordert, oder es liegt lediglich eine vorübergehende Zahlungsstörung vor. Grundsätzlich werden in der Überschuldungsstatistik nur jene Personen berücksichtigt, die sich bei den an der Statistik teilnehmenden Schuldnerberatungsstellen bereit erklärt haben, dass ihre Angaben für statistische Zwecke verwendet werden.

Unbezahlte Arbeit | *ZVE* | Zur unbezahlten Arbeit zählen zum einen Tätigkeiten der Haushaltsführung wie das Zubereiten von Mahlzeiten, die Instandhaltung von Haus und Wohnung, die Textilpflege, handwerkliche Tätigkeiten und das Einkaufen. Darüber hinaus umfassen die unbezahlten Arbeiten auch die Betreuung von Kindern des Haushalts und von anderen Haushaltsmitgliedern, die Unterstützung von Personen in anderen Haushalten sowie ehrenamtliches und freiwilliges Engagement.

Unerwartet anfallende Ausgaben | *EU-SILC* | Unerwartet anfallende, hohe Ausgaben von mehreren hundert Euro, z. B. Anschaffungskosten für eine neue Waschmaschine oder Beerdigungskosten. Der Haushalt beantwortet die Frage danach, ob solche Kosten aus eigenen Finanzmitteln bewältigt werden können, aus der Selbsteinschätzung heraus.

Verbraucherinsolvenzverfahren | Das Verbraucherinsolvenzverfahren ist ein mehrstufiges, vereinfachtes Insolvenzverfahren. Es soll dazu dienen, den Gläubigern die Befriedigung ihrer Forderungen zu ermöglichen. Ein vereinfachtes Verfahren kommt außer für Verbraucherinnen und Verbraucher auch für ehemals selbstständig Tätige zur Anwendung, deren Verhältnisse überschaubar sind (d. h. weniger als 20 Gläubiger und keine Verbindlichkeiten durch Arbeitsverhältnisse).
Ein Verfahren wird *mangels Masse* eingestellt, wenn das Vermögen des Schuldners nicht ausreicht, um die Verfahrenskosten zu begleichen und dem Schuldner die Stundung der Verfahrenskosten nicht bewilligt wird.

Zeitverwendung aller Personen | *ZVE* | Durchschnittliche Dauer einer Tätigkeit je Tag bezogen auf alle Personen ab zehn Jahren bzw. alle Personen der betrachteten Altersgruppe.

Zeitverwendung von Ausübenden | *ZVE* | Durchschnittliche Dauer einer Tätigkeit je Tag bezogen auf diejenigen Personen, die diese Tätigkeit tatsächlich ausüben. Im Unterschied zu den Durchschnittszeiten aller Personen können die Durchschnittszeiten der Ausübenden nicht addiert oder subtrahiert werden, weil sich diese Zeitangaben auf unterschiedliche Personengruppen beziehen.

Zurechtkommen mit dem Einkommen | *EU-SILC* | Zurechtkommen des Haushalts mit dem monatlich zur Verfügung stehenden Einkommen. Einbezogen sind die Einkommen aller Haushaltsmitglieder. Der Haushalt beantwortet die Frage danach, wie gut bzw. schlecht er mit dem monatlichen Einkommen zurechtkommt, aus der Selbsteinschätzung heraus.

6 Einkommen, Konsum, Lebensbedingungen

Mehr zum Thema

Liebe Leserin, lieber Leser,

ein Thema in diesem Kapitel spricht Sie besonders an oder Sie benötigen weitere Informationen? Auf dieser Seite nennen wir Ihnen, nach Themen gegliedert, weitere Veröffentlichungen unseres Hauses. Ausführliche Informationen zu den Produktkategorien sowie dem Informationsangebot des Statistischen Bundesamtes finden Sie auf Seite 8 dieser Ausgabe.

Web-Angebote

www.destatis.de ist Ihre erste Adresse in Sachen Statistik. Hier finden Sie alle Informationen, die das Statistische Bundesamt veröffentlicht, tagesaktuell. Unsere Veröffentlichungen können Sie direkt über unsere Website *www.destatis.de/publikationen* downloaden.

GENESIS-Online

Unter *www.destatis.de/genesis* bietet die Haupt-Datenbank des Statistischen Bundesamtes ein breites Themenspektrum fachlich tief gegliederter Ergebnisse der amtlichen Statistik. Daten zur *Ausstattung* finden Sie unter dem Menüpunkt › Themen, Code 63211 (EVS) und 63111 (LWR), Daten zu *Einnahmen und Ausgaben* unter Code 63121, Daten zu *Armut* unter Code 63400, Daten zu *Verbraucherinsolvenzen* unter Code 52411

Weitere Veröffentlichungen zu den Themen

- **Einkommen, Einnahmen, Ausgaben, private Konsumausgaben**

  Fachserie 15   Wirtschaftsrechnungen

Reihe 1	Einnahmen und Ausgaben privater Haushalte (LWR)
	Einkommens- und Verbrauchsstichprobe (EVS)
Heft 3	Aufwendungen privater Haushalte für Nahrungsmittel, Getränke und Tabakwaren
Heft 4	Einnahmen und Ausgaben privater Haushalte
Heft 5	Aufwendungen privater Haushalte für den privaten Konsum

  WISTA – Wirtschaft und Statistik

Heft 5/15	Das elektronische Haushaltsbuch in den Laufenden Wirtschaftsrechnungen 2015

  Datenreport 2016

Kapitel 6.1	Einnahmen, Ausgaben und Ausstattung privater Haushalte, private Überschuldung

- **Ausstattung**

  Fachserie 15   Wirtschaftsrechnungen

Reihe 2	Ausstattung privater Haushalte mit ausgewählten Gebrauchsgütern (LWR)
Heft 1	Ausstattung privater Haushalte mit ausgewählten Gebrauchsgütern (EVS)

  WISTA – Wirtschaft und Statistik

Heft 5/15	Das elektronische Haushaltsbuch in den Laufenden Wirtschaftsrechnungen 2015

  Datenreport 2016

Kapitel 6.1	Einnahmen, Ausgaben und Ausstattung privater Haushalte, private Überschuldung

- **Zeitverwendung**

  Zeitverwendungserhebung 2012/2013 (Tabellenband)
  Zeitverwendung für Kultur und kulturelle Aktivitäten in Deutschland – Sonderauswertung der ZVE 2012/2013 – Ausgabe 2016

  WISTA – Wirtschaft und Statistik

Heft 11/14	Methodik und Durchführung der Zeitverwendungserhebung 2012/2013

- **Einschätzung der Lebenssituation**

  Fachserie 15   Wirtschaftsrechnungen

Reihe 3	Einkommen und Lebensbedingungen in Deutschland und der Europäischen Union

6 Einkommen, Konsum, Lebensbedingungen

Mehr zum Thema

- **Einschätzung der Lebenssituation**

    WISTA – Wirtschaft und Statistik

Heft 5/11	Wer muss worauf verzichten? Einschätzung zur Wohn- und Lebenssituation der privaten Haushalte LEBEN IN EUROPA 2009
Heft 2/12	Generierung der Einkommensvariablen in der deutschen EU-SILC-Erhebung LEBEN IN EUROPA
Heft 3/13	Einkommen, Armut und Lebensbedingungen in Deutschland und der Europäischen Union Ergebnisse aus LEBEN IN EUROPA (EU-SILC) 2011
Heft 12/13	Armut und soziale Ausgrenzung in Deutschland und der Europäischen Union Ergebnisse aus LEBEN IN EUROPA (EU-SILC) 2012
Heft 10/14	Die Dauerstichprobe befragungsbereiter Haushalte als Auswahlgrundlage für EU-SILC

    STATmagazin

    Senioren in Deutschland: Überwiegend vital und finanziell abgesichert (2012)

    Datenreport 2016

Kapitel 6.2	Armutsgefährdung und materielle Entbehrung
Kapitel 9.1	Subjektive Belastungen im Zusammenhang mit der Wohnsituation

- **Armut**

    Fachserie 15   Wirtschaftsrechnungen

    Reihe 3   Einkommen und Lebensbedingungen in Deutschland und der Europäischen Union

    WISTA – Wirtschaft und Statistik

Heft 8/09	Europäische Panelerhebung über Einkommen und Lebensbedingungen
Heft 11/09	Die Längsschnittdaten von EU-SILC – Datenstruktur und Hochrechnungsverfahren
Heft 4/10	Aspekte regionaler Armutsmessung in Deutschland
Heft 12/10	LEBEN IN EUROPA 2009 – Bundesergebnisse für Sozialindikatoren über Einkommen, Armut und Lebensbedingungen
Heft 2/12	Generierung der Einkommensvariablen in der deutschen EU-SILC-Erhebung „LEBEN IN EUROPA"
Heft 2/12	LEBEN IN EUROPA/EU-SILC 2010. Bundesergebnisse für Sozialindikatoren über Einkommen, Armut und Lebensbedingungen
Heft 3/13	Einkommen, Armut und Lebensbedingungen in Deutschland und der Europäischen Union Ergebnisse aus LEBEN IN EUROPA (EU-SILC) 2011
Heft 12/13	Armut und soziale Ausgrenzung in Deutschland und der Europäischen Union Ergebnisse aus LEBEN IN EUROPA (EU-SILC) 2012
Heft 10/14	Die Dauerstichprobe befragungsbereiter Haushalte als Auswahlgrundlage für EU-SILC

    STATmagazin

    Senioren in Deutschland: Überwiegend vital und finanziell abgesichert (2012)

    Datenreport 2016

    Kapitel 6.2   Armutsgefährdung und materielle Entbehrung

    Gemeinschaftsveröffentlichungen

    Im Internetauftritt des Arbeitskreises „Sozialberichterstattung der amtlichen Statistik" werden Daten und Informationen zu Armuts- und Sozialindikatoren auf Ebene des Bundes und der Länder sowie in tiefer regionaler Gliederung bereitgestellt. Sie sind unter *www.amtliche-sozialberichterstattung.de* als Download abrufbar.

- **Überschuldung privater Personen und Verbraucherinsolvenzen**

    Fachserie 2   Unternehmen und Arbeitsstätten

    Reihe 4.1   Insolvenzverfahren

    Fachserie 15   Wirtschaftsrechnungen

    Reihe 5   Statistik zur Überschuldung privater Personen 2015

6 Einkommen, Konsum, Lebensbedingungen

Mehr zum Thema

- **Überschuldung privater Personen und Verbraucherinsolvenzen**

    WISTA – Wirtschaft und Statistik

Heft 10/07	Überschuldung privater Haushalte im Jahr 2006
Heft 4/08	Insolvenzen in Deutschland 2007
Heft 11/08	Überschuldung privater Personen und Verbraucherinsolvenzen
Heft 11/13	Überschuldungsstatistik 2012: die amtliche Statistik zur Situation überschuldeter Personen in Deutschland
Heft 2/16	Erstmals hochgerechnete Ergebnisse der Überschuldungsstatistik

    STATmagazin

    Überschuldung – letzter Ausweg die Privatinsolvenz (2008)
    Überschuldung – mehr als ein gesellschaftliches Randphänomen (2014)

    Datenreport 2016

Kapitel 6.1	Einnahmen, Ausgaben und Ausstattung privater Haushalte, private Überschuldung

7 Kultur, Medien, Freizeit

329 Veranstaltungen wurden in der Spielzeit 2013/14 im Schnitt täglich an **Theatern** aufgeführt | In **931 Musikschulen** werden rund **1,4 Millionen Schülerinnen und Schüler** unterrichtet | Private Haushalte gaben 2014 im Schnitt **248 Euro** monatlich für Freizeit, Unterhaltung und Kultur aus | **54 %** der Internetnutzerinnen und Internetnutzer verwalteten Ihr Geld 2015 über **Online-Banking** | **40 000 Menschen** engagieren sich im Bundesfreiwilligendienst, **55 %** davon sind Frauen | **Bund, Länder und Gemeinden** gaben 2012 **9,5 Mrd. Euro** für Kultur aus

7 Kultur, Medien, Freizeit

Seite

195 Auf einen Blick

Tabellen

196 Kulturstätten
Museen | Theater | Buchproduktion | Bibliotheken | Staatliche Archive | Musikschulen | Deutscher Chorverband | UNESCO-Welterbestätten | Goethe-Institut

205 Kulturausgaben
Nach Kulturbereichen | Nach Körperschaften | Nach Ländern | Ausgaben der privaten Haushalte für Kultur und Freizeit

207 Mediennutzung
Internetzugang und Breitbandanschluss | Internetnutzung und -aktivitäten | Fernsehen und Sendeformate | Hörfunk- und Landesrundfunkanstalten | Deutsche Welle und Deutschlandradio

212 Bürgerschaftliches Engagement
Bundesfreiwilligendienst | Stiftungen | Seelsorge

213 Sport
Deutscher Olympischer Sportbund | Spitzenverbände und Mitgliedschaften | Sportabzeichen | Deutsche Sporthilfe | Olympische Spiele | Paralympische Spiele

218 Methodik

221 Glossar

223 Mehr zum Thema

7 Kultur, Medien, Freizeit

7.0 Auf einen Blick

Öffentliche Ausgaben der Länder (einschl. Gemeinden) für Kultur 2012
Grundmittel, je Einwohner/-in

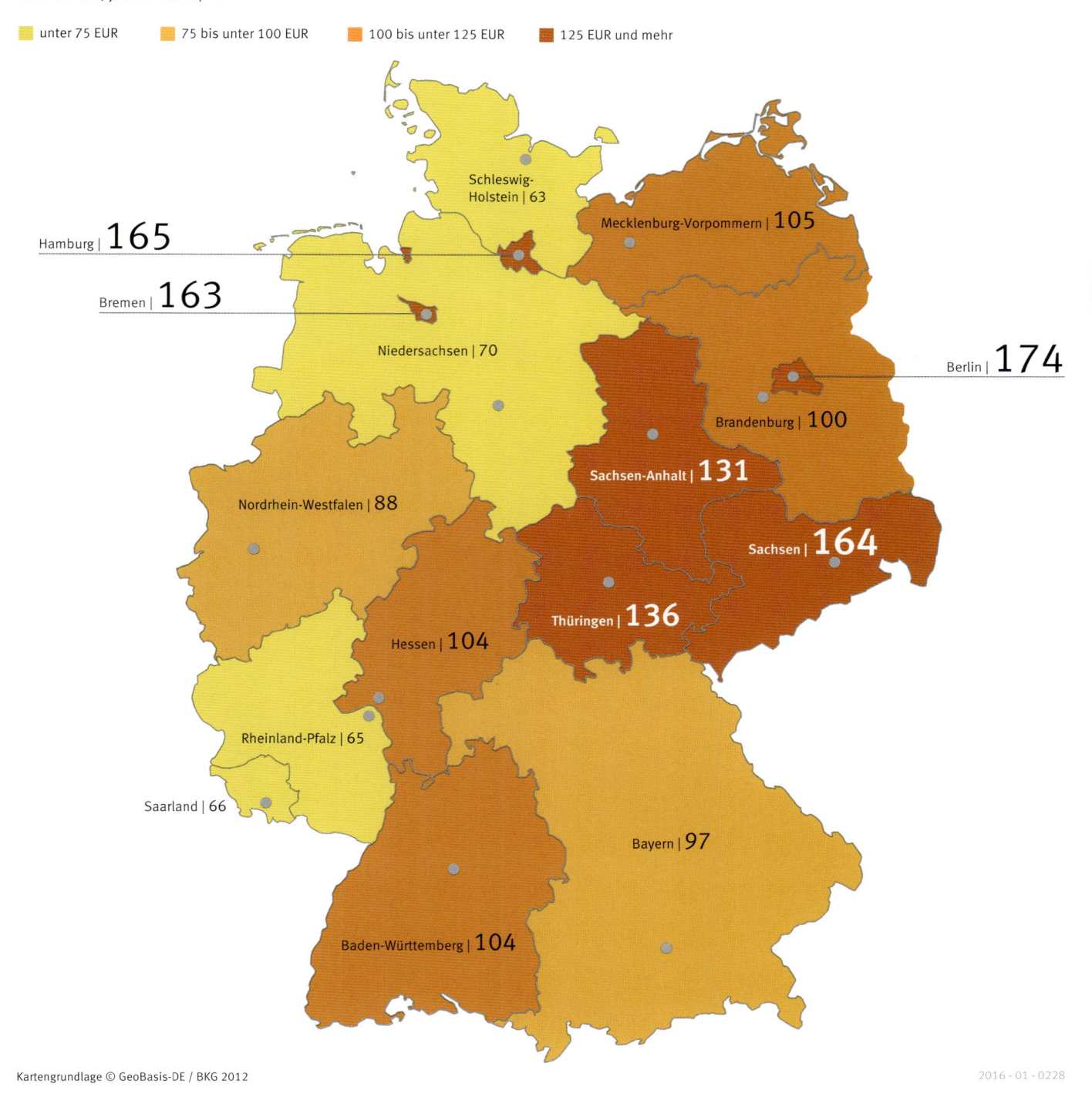

- unter 75 EUR
- 75 bis unter 100 EUR
- 100 bis unter 125 EUR
- 125 EUR und mehr

Schleswig-Holstein	63
Hamburg	165
Bremen	163
Niedersachsen	70
Mecklenburg-Vorpommern	105
Berlin	174
Brandenburg	100
Sachsen-Anhalt	131
Sachsen	164
Nordrhein-Westfalen	88
Hessen	104
Thüringen	136
Rheinland-Pfalz	65
Saarland	66
Baden-Württemberg	104
Bayern	97

Kartengrundlage © GeoBasis-DE / BKG 2012

Statistisches Bundesamt, Statistisches Jahrbuch 2016

7 Kultur, Medien, Freizeit

7.1 Kulturstätten
7.1.1 Museen und Ausstellungen – Träger, Museumsarten und Besuche

	Museen	Ausstellungen	Besuche	Museen	Ausstellungen	Besuche
	2014			2013		
	Anzahl		1 000	Anzahl		1 000
Insgesamt	4 846	9 058	111 984	4 735	8 942	110 425
Träger						
Staatliche Träger	387	725	24 024	380	735	23 426
Lokale Gebietskörperschaften	1 970	4 525	21 936	1 925	4 388	21 505
Andere Formen des öffentlichen Rechts	359	748	26 102	348	703	26 493
Vereine	1 305	1 771	12 861	1 265	1 817	12 549
Gesellschaften/Genossenschaften	231	402	13 980	223	402	12 805
Stiftungen des privaten Rechts	182	434	7 554	188	435	8 174
Privatpersonen	215	138	2 419	209	163	2 429
Mischformen, privat und öffentlich	197	315	3 108	197	299	3 044
Museumsarten						
Historische und archäologische Museen	379	534	21 490	374	492	20 816
Kulturgeschichtliche Spezialmuseen	687	920	10 940	679	880	10 934
Kunstmuseen	526	1 883	18 800	508	1 764	18 633
Naturkundliche Museen	212	323	6 884	211	327	7 338
Naturwissenschaftliche und technische Museen	575	728	18 071	560	770	18 169
Schloss- und Burgmuseen	237	248	13 662	231	241	13 139
Volks- und Heimatkundemuseen	2 126	4 080	15 414	2 065	4 101	14 498
Sonstige museale Einrichtungen	104	342	6 723	107	367	6 898

Ohne Museen, die keine Angaben über Besuche machen konnten bzw. geschlossen waren.
Quelle: Institut für Museumsforschung der Staatlichen Museen zu Berlin – Preußischer Kulturbesitz

Alle allgemein zugänglichen und nicht kommerziell ausgerichteten **musealen Einrichtungen** werden erfasst. Diese müssen über eine Sammlung oder Ausstellung von Objekten mit kultureller, historischer oder allgemein wissenschaftlicher Zielsetzung verfügen. Weitere Informationen finden Sie unter *www.smb.spk-berlin.de*

7.1.2 Öffentliche Theater 2013/14

	Gemeinden mit Theatern	Theaterunternehmen		Veranstaltungen am Ort	Gastspiele nach außen	Plätze	Betriebszuschuss je Besuch
		insgesamt	Spielstätten				
	Anzahl						EUR
Deutschland	129	142	825	67 695	7 042	263 153	117,23
Baden-Württemberg	15	14	100	8 440	1 098	32 764	116,89
Bayern	18	21	108	7 858	524	35 575	105,65
Berlin	1	10	42	3 829	214	18 511	108,65
Brandenburg	5	6	28	2 369	274	6 448	107,54
Bremen	2	2	12	1 608	11	1 788	137,35
Hamburg	1	3	13	1 688	44	5 302	127,27
Hessen	6	6	49	3 928	191	14 081	134,88
Mecklenburg-Vorpommern	9	6	50	3 440	342	15 355	99,84
Niedersachsen	9	9	53	5 426	595	18 669	102,43
Nordrhein-Westfalen	22	26	132	9 649	985	43 845	123,27
Rheinland-Pfalz	6	6	25	2 008	304	7 019	118,27
Saarland	1	1	6	573	14	2 874	160,00
Sachsen	12	14	79	7 534	842	27 162	123,00
Sachsen-Anhalt	8	8	59	4 405	879	10 678	117,25
Schleswig-Holstein	5	3	21	1 627	180	9 914	114,71
Thüringen	9	7	48	3 313	545	13 168	131,88

Quelle: Deutscher Bühnenverein e. V.

Weitere Informationen finden Sie unter *www.buehnenverein.de*

7 Kultur, Medien, Freizeit

7.1 Kulturstätten
7.1.3 Besuchszahlen öffentlicher Theater 2013/14

	Besuche insgesamt	Opern und Ballette	Operetten, Musicals	Schauspiele	Kinder- und Jugendstücke	Konzerte	Sonstige Veranstaltungen
	1 000						
Deutschland	19 135	5 666	2 050	5 333	2 905	1 663	1 276
Baden-Württemberg	2 261	746	148	695	404	177	89
Bayern	2 649	887	221	931	316	165	126
Berlin	1 814	620	508	277	196	112	101
Brandenburg	439	50	37	100	104	55	86
Bremen	297	88	30	78	57	22	21
Hamburg	781	342	13	298	43	38	46
Hessen	1 306	452	132	382	193	104	43
Mecklenburg-Vorpommern	619	63	82	166	123	100	75
Niedersachsen	1 386	356	144	417	259	128	80
Nordrhein-Westfalen	3 051	945	227	863	479	264	199
Rheinland-Pfalz	543	130	71	172	103	40	27
Saarland	178	63	10	69	3	21	11
Sachsen	1 967	535	205	508	293	176	188
Sachsen-Anhalt	691	116	81	102	151	97	79
Schleswig-Holstein	434	106	48	118	84	55	20
Thüringen	721	168	93	156	96	109	85

Die **Besuchszahlen** umfassen die Besuche der eigenen und fremden Veranstaltungen am Ort, auch geschlossene Veranstaltungen.

Ohne Theater, die keine Angaben über Besuche machen konnten. – Die Sachgruppen ergeben nicht die Summe „Insgesamt", in der noch „Figurentheater" enthalten sind. Diese wurden wegen ihrer geringen Werte nicht separat dargestellt.
Quelle: Deutscher Bühnenverein e. V.

7.1.4 Privattheater 2013/14

	Gemeinden mit Theater	Privattheater	Veranstaltungen	Besuche	Plätze
	Anzahl			1 000	Anzahl
Deutschland	85	225	52 413	8 048	87 246
Baden-Württemberg	16	34	8 286	1 065	16 631
Bayern	16	34	5 766	711	10 698
Berlin	1	23	7 370	1 216	12 483
Brandenburg	4	7	1 510	96	834
Bremen	1	2	406	48	449
Hamburg	1	22	7 313	1 628	14 781
Hessen	4	18	3 530	565	9 344
Mecklenburg-Vorpommern	1	1	359	31	328
Niedersachsen	6	12	1 766	181	3 397
Nordrhein-Westfalen	19	47	10 851	1 865	13 995
Rheinland-Pfalz	6	7	1 275	147	987
Saarland	1	1	302	22	159
Sachsen	3	9	2 431	363	1 994
Sachsen-Anhalt	1	1	182	16	90
Schleswig-Holstein	2	4	480	32	333
Thüringen	3	3	586	62	743

Quelle: Deutscher Bühnenverein e. V.

7 Kultur, Medien, Freizeit

7.1 Kulturstätten
7.1.5 Buchproduktion nach Sachgruppen 2015

	Erstauflage		Anteil der Taschenbücher	Übersetzungen ins Deutsche	Anteil an allen Übersetzungen
	insgesamt	darunter Taschenbücher			
	Anzahl		%	Anzahl	%
Insgesamt [1]	76 547	9 501	12,4	9 454	100
Allgemeines, Informatik, Informationswissenschaft	1 924	85	4,4	66	0,7
Philosophie und Psychologie	4 222	420	9,9	496	5,2
Religion	5 190	456	8,8	551	5,8
Sozialwissenschaften	14 144	921	6,5	430	4,5
Sprache	2 056	114	5,5	12	0,1
Naturwissenschaften und Mathematik	1 701	88	5,2	101	1,1
Technik, Medizin, angew. Wissenschaften	12 815	580	4,5	835	8,8
Künste und Unterhaltung	11 659	1 080	9,3	1 938	20,5
Literatur	29 685	5 969	20,1	5 400	57,1
Belletristik	14 165	4 802	33,9	3 505	37,1
Kinder- und Jugendliteratur	9 081	927	10,2	1 812	19,2
Schulbücher	4 353	47	1,1	2	0,0
Geschichte und Geografie	7 532	622	8,3	359	3,8

1 Die Summe der Sachgruppen ergibt nicht die Gesamtsumme (Doppelzählungen).
Quelle: Deutsche Nationalbibliographie, VLB 2016; Berechnungen: Börsenverein des Deutschen Buchhandels

Nur im Buchhandel erhältliche Veröffentlichungen sind hier berücksichtigt. Informationen zur **Buchproduktion** finden Sie unter *www.boersenverein.de*

7.1.6 Bibliotheken

	Bibliotheken	Bestand [1]	Benutzer/-innen	Entleihungen	Personal	Ausgaben	
						insgesamt	darunter für Erwerbung
	Anzahl	1 000			Anzahl	1 000 EUR	
	Öffentliche Bibliotheken						
2013	7 875	122 267	7 613	374 901	11 540	931 403	104 745
2014	7 757	119 000	7 310	354 930	11 036	925 000	101 000
	Wissenschaftliche Bibliotheken						
2013	249	247 004	2 908	91 646	10 732	928 303	311 181
2014	250	248 189	2 900	88 272	11 396	969 735	316 287
	Wissenschaftliche Bibliotheken 2014 nach Arten						
Hoch-/Fachhochschulbibliotheken	140	17 830	695	16 454	1 245	83 760	39 530
Nationalbibliotheken [2]	5	48 170	167	3 790	1 954	151 622	38 825
Regionalbibliotheken	26	20 521	225	7 680	1 092	87 583	13 103
Universitätsbibliotheken	79	161 667	1 812	60 346	7 104	646 769	224 828

1 Bei öffentlichen Bibliotheken: Medien, bei wissenschaftlichen Bibliotheken: Bände und Dissertationen.
2 Einschl. Zentraler Fachbibliotheken.
Quelle: Hochschulbibliothekszentrum

Die **Deutsche Bibliotheksstatistik** (DBS) umfasst alle Bibliothekssparten. Ohne Bibliotheken, die keine Angaben machen konnten. Weitere Informationen finden Sie unter *www.bibliotheksstatistik.de*

7 Kultur, Medien, Freizeit

7.1 Kulturstätten
7.1.7 Staatliche Archive des Bundes und der Länder 2015

	Standorte	Benutzungstage	Personal	Archivalien	
				Zeitraum	Umfang
	Anzahl			Jahrhundert	lfd. Meter
Deutschland	68	175 352	2 235	7.-21.	1 746 614
Archive des Bundes					
Bundesarchiv	9	29 949	635	15.-21.	333 374
Politisches Archiv des Auswärtigen Amtes	1	4 157	27	19.-21.	27 143
Geheimes Staatsarchiv Preußischer Kulturbesitz	1	8 987	85	12.-21.	38 000
Zusammen	11	43 093	747	12.-21.	398 517
Archive der Länder					
Baden-Württemberg	7	12 179	179	9.-21.	150 101
Bayern	9	24 999	205	8.-21.	251 452
Berlin	1	13 462	75	13.-21.	46 500
Brandenburg	1	1 503	58	12.-21.	52 315
Bremen	1	6 061	22	12.-21.	12 750
Hamburg	2	9 119	48	12.-21.	39 412
Hessen	3	6 813	103	8.-21.	161 390
Mecklenburg-Vorpommern	2	3 056	37	12.-21.	33 800
Niedersachsen	7	13 097	164	9.-21.	98 703
Nordrhein-Westfalen	4	10 145	183	7.-21.	153 615
Rheinland-Pfalz	2	4 116	100	9.-21.	73 681
Saarland	1	812	11	12.-21.	15 460
Sachsen	6	12 974	106	10.-21.	103 755
Sachsen-Anhalt	4	4 717	70	10.-21.	51 297
Schleswig-Holstein	1	2 364	35	11.-21.	41 300
Thüringen	6	6 842	92	8.-21.	62 566
Zusammen	57	132 259	1 488	7.-21.	1 348 097

Quelle: Bundesarchiv

Die **staatlichen Archive des Bundes und der Länder** verwalten die Unterlagen der Verfassungsorgane, Behörden, Gerichte, Streitkräfte, Körperschaften, Anstalten und Stiftungen des öffentlichen Rechts sowie anderer Einrichtungen des Bundes und der Länder. Weitere Informationen finden Sie unter *www.bundesarchiv.de*

Musikschülerinnen und Musikschüler 2015
je 1 000 Einwohner/-innen [1]

Baden-Württemberg	26
Brandenburg	19
Niedersachsen	19
Nordrhein-Westfalen	18
Schleswig-Holstein	18
Sachsen	16
Bayern	15
Berlin	15
Hessen	15
Mecklenburg-Vorpommern	15
Rheinland-Pfalz	14
Thüringen	13
Sachsen-Anhalt	11
Hamburg	10
Saarland	7
Bremen	6

Deutschland 17

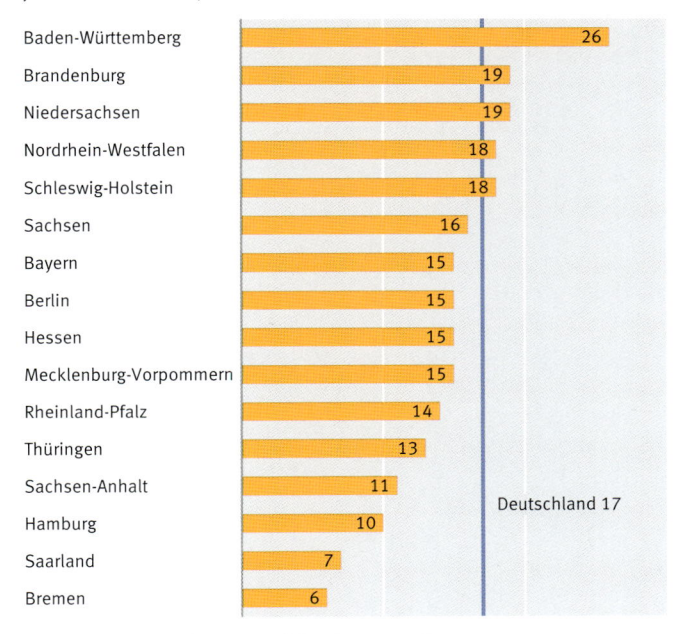

1 Einwohner und Einwohnerinnen nach Bevölkerungsstand vom 30.9.2015 auf Grundlage des Zensus 2011.

7 Kultur, Medien, Freizeit

7.1 Kulturstätten
7.1.8 Öffentliche Musikschulen nach Trägerschaft und Finanzierung 2015

	Musikschulen				Finanzierung erfolgt durch			Ausgaben	
	insgesamt	davon in Trägerschaft			Unterrichts-gebühren	öffentliche Mittel	sonstige Einnahmen	insgesamt	darunter Personalkosten
		Kommune	eingetragener Verein	sonstige					
	Anzahl	%			1 000 EUR				%
Deutschland	931	63,6	34,5	1,9	437 493	469 367	29 957	974 475	89,6
Baden-Württemberg	217	61,3	37,3	1,4	107 853	94 630	5 725	214 227	90,4
Bayern	215	64,2	34,9	0,9	62 674	80 345	5 310	149 010	90,5
Berlin	12	100	0,0	0,0	18 633	15 415	259	36 205	94,4
Brandenburg	26	80,8	11,5	7,7	11 869	20 508	415	33 054	88,1
Bremen	2	100	0,0	0,0	1 120	1 813	84	3 454	82,4
Hamburg	2	50,0	50,0	0,0	4 202	9 374	330	13 906	82,3
Hessen	65	16,9	81,5	1,5	35 337	19 537	2 469	58 210	87,2
Mecklenburg-Vorpommern	18	77,8	22,2	0,0	7 209	13 293	546	21 117	86,4
Niedersachsen	75	44,0	54,7	1,3	36 956	36 601	2 397	76 966	89,6
Nordrhein-Westfalen	159	79,9	19,5	0,6	85 919	92 663	6 536	205 967	91,0
Rheinland-Pfalz	42	73,8	21,4	4,8	17 767	18 967	1 844	39 239	92,8
Saarland	7	71,4	28,6	0,0	2 644	2 497	100	5 273	90,6
Sachsen	24	62,5	33,3	4,2	17 110	25 857	2 313	46 465	82,9
Sachsen-Anhalt	21	95,2	4,8	0,0	6 522	17 150	215	24 126	86,5
Schleswig-Holstein	21	19,1	57,1	23,8	13 336	6 859	873	21 614	85,1
Thüringen	25	100	0,0	0,0	8 343	13 858	540	25 643	88,8

Die Erhebungsmethodik wurde geändert. Die Zahlen werden nicht mehr zu einem Stichtag, sondern auf Basis eines vollständigen Kalenderjahres erhoben.
Quelle: Verband deutscher Musikschulen e. V.

7.1.9 Lehrende und Lernende in öffentlichen Musikschulen 2015

	Lehrkräfte [1]	Schüler/-innen insgesamt	Davon im Alter von ... bis unter ... Jahren					
			unter 6	6 – 10	10 – 15	15 – 19	19 und mehr	Ohne Altersangabe
	Anzahl		%					
Deutschland	39 226	1 415 028	16,9	31,6	26,9	10,7	9,5	4,5
Baden-Württemberg	7 985	282 080	19,9	29,5	28,1	11,8	6,3	4,4
Bayern	5 016	186 746	14,8	31,9	28,3	11,4	9,8	3,8
Berlin	2 359	51 931	20,7	26,7	21,5	9,6	21,6	0,0
Brandenburg	1 417	45 806	17,9	25,5	27,8	12,2	11,0	5,6
Bremen	175	4 198	10,7	26,4	30,4	13,3	11,2	8,0
Hamburg	546	17 666	6,6	56,9	23,1	7,9	4,2	1,4
Hessen	2 841	92 221	16,8	28,6	28,5	10,4	13,5	2,4
Mecklenburg-Vorpommern	837	23 930	16,3	26,7	28,3	13,7	12,7	2,3
Niedersachsen	2 955	150 257	23,8	29,8	23,8	8,7	8,5	5,4
Nordrhein-Westfalen	7 665	327 291	11,7	39,5	25,4	8,8	8,0	6,6
Rheinland-Pfalz	1 807	57 252	19,5	25,4	27,7	12,1	11,0	4,3
Saarland	274	7 287	22,5	30,4	24,7	10,8	11,3	0,3
Sachsen	2 222	63 740	18,5	26,8	30,8	13,1	7,6	3,1
Sachsen-Anhalt	865	24 410	14,7	23,2	27,8	12,2	10,5	11,6
Schleswig-Holstein	1 267	51 545	17,3	26,1	27,4	11,5	15,5	2,2
Thüringen	995	28 668	14,2	28,7	30,5	14,0	11,8	0,8

Die Erhebungsmethodik wurde geändert. Die Zahlen werden nicht mehr zu einem Stichtag, sondern auf Basis eines vollständigen Kalenderjahres erhoben.
1 Haupt- und nebenberuflich Beschäftigte.
Quelle: Verband deutscher Musikschulen e. V.

7 Kultur, Medien, Freizeit

7.1 Kulturstätten
7.1.10 Deutscher Chorverband 2015/16

	Chöre [1]	Mitglieder		
	insgesamt	insgesamt	darunter Kinder und Jugendliche bis 27 Jahre	
	Anzahl			%
Insgesamt	21 581	1 325 567	156 029	11,8
darunter:				
ACHORDAS	3	97	0	0,0
Baden-Württembergischer Sängerbund e. V.	70	2 468	168	6,8
Badischer Chorverband	2 029	185 382	17 800	9,6
Bayerischer Sängerbund e. V.	612	37 845	8 073	21,3
Brandenburgischer Chorverband e. V.	208	8 913	2 119	23,8
Chorverband Bayerisch-Schwaben e. V.	621	31 084	7 552	24,3
ChorVerband Bayern e. V.	58	3 802	1 151	30,3
Chorverband Berlin e. V.	337	12 424	3 567	28,7
Chorverband der Pfalz	945	70 313	3 871	5,5
Chorverband Hamburg e. V.	110	5 007	952	19,0
Chorverband Mecklenburg-Vorpommern e. V.	123	4 534	1 364	30,1
Chorverband Niedersachsen-Bremen e. V.	1 728	70 956	14 083	19,9
Chorverband Nordrhein-Westfalen e. V.	2 321	185 115	16 112	8,7
Chorverband Rheinland-Pfalz e. V.	1 689	107 360	11 278	10,5
Chorverband Sachsen-Anhalt e. V.	453	12 744	3 114	24,4
Deutsche Sängerschaft	22	330	0	0,0
Fachverband Shantychöre Deutschland e. V.	97	3103	20	0,6
Fränkischer Sängerbund e. V.	1 673	109 480	10 389	9,5
Hessischer Chorverband e. V.	163	7 767	610	7,9
Hessischer Sängerbund e. V.	2 434	147 308	11 004	7,5
Maintal-Sängerbund e. V.	165	20 525	4 348	21,2
Mitteldeutscher Sängerbund e. V.	625	33 701	3 132	9,3
Niedersächsischer Chorverband e. V.	579	20 713	3 456	16,7
Rheinland-Pfälzischer Chorverband e. V.	45	3 306	50	1,5
Saarländischer Chorverband	421	21 079	2 155	10,2
Sächsischer Chorverband e. V.	322	10 040	2 049	20,4
Sängerbund Schleswig-Holstein e. V.	499	18 301	1 467	8,0
Schwäbischer Chorverband e. V.	2 793	180 498	24 248	13,4
Thüringer Sängerbund	436	11 372	1 897	16,7
Kindertagesstätten mit Carusos- oder Felix-Siegel außerhalb der Mitgliedsverbände [2]	0	0	0	0,0

1 Einschl. Instrumental- und Tanzgruppen, Instrumentalgruppen, Neigungsgruppen, Pop- und Jazzchöre.
2 Außerhalb der Mitgliedsverbände gibt es keine Kindertagesstätten mit Carusos- oder Felix-Siegel mehr, da alle diese Kindertagesstätten sowie Carusos-Fachberater/-innen einem Mitgliedsverband zugeordnet werden konnten.

Quelle: Deutscher Chorverband e. V.

Die Daten werden vom **Deutschen Chorverband** nach Angaben seiner Mitgliedsverbände und der zugehörigen Vereine zusammengestellt und berechnet. In die Berechnungen einbezogen werden aktive und fördernde Mitglieder in den Vereinen sowie alle regelmäßig singenden Kinder und Erzieher/-innen in den vom Deutschen Chorverband mit den Qualitätssiegeln „Carusos" und „Felix" ausgezeichneten Kindertagesstätten.

7.1.11 Versicherte in der Künstlersozialkasse

	Anzahl der Versicherten				
	insgesamt	in den Kunstbereichen			
		Wort	Bildende Kunst	Musik	Darstellende Kunst
2010	168 883	41 830	59 507	46 129	21 417
2011	173 284	42 599	60 767	47 613	22 305
2012	177 219	43 222	62 001	48 856	23 140
2013	179 593	43 358	62 542	49 957	23 736
2014	181 550	43 382	63 131	50 715	24 322
2015	184 046	43 477	63 962	51 527	25 080

Quelle: Künstlersozialkasse, Stand: 31.12.2015

Die **Künstlersozialkasse** führt das Künstlersozialversicherungsgesetz (KSVG) durch, das 1983 in Kraft trat. Dieses bietet selbstständigen Künstlerinnen und Künstlern sowie Publizistinnen und Publizisten sozialen Schutz in der Renten-, Kranken- und Pflegeversicherung.
Weitere Informationen unter *www.kuenstlersozialkasse.de*

7 Kultur, Medien, Freizeit

7.1 Kulturstätten
7.1.12 UNESCO-Welterbe in Deutschland – Kulturstätten

In Deutschland werden 38 Denkmäler auf der **Welterbeliste der UNESCO** geführt. Sie stehen damit unter dem Schutz der Internationalen Konvention für das Kultur- und Naturerbe der Menschheit. Die 1972 von der UNESCO verabschiedete Konvention ist das international bedeutenste Instrument, um Kultur- und Naturstätten zu erhalten, die einen „außergewöhnlichen universellen Wert" besitzen. Denkmäler werden nur dann in die Liste des Welterbes aufgenommen, wenn sie die in der Konvention festgelegten Kriterien der **Einzigartigkeit** und der **Authentizität** (bei Kulturstätten) bzw. der **Integrität** (bei Naturstätten) erfüllen und wenn ein überzeugender **Erhaltungsplan** vorliegt. Weitere Informationen finden Sie unter www.unesco.de

	Jahr der Aufnahme zu Welterbestätten	Baudenkmäler, Sammlungen von Kultur- und Kunstschätzen	Name der Erbauer/Architekten	Erbauung, Gründung	Bautradition, Baukunst
Dom zu Aachen	1978	Sakrale Kulturschätze aus spätantiker, karolingischer, ottonischer und staufischer Zeit	Kaiser Karl der Große	790 bis 800	Klassische Antike, Gotik, byzantinische Architektur
Dom zu Speyer	1981	Dom als Hauptwerk romanischer Baukunst in Deutschland	Kaiser Konrad II., Heinrich IV.	1025 bis 1106	Romanische Architektur
Residenz Würzburg	1981	Deckenbild, Wandgemälde, Spiegelkabinett	L. von Hildebrandt, Robert de Cotte, G. Boffrand, B. Neumann, G.B. Tiepolo	1740 bis 1780	Synthese des europäischen Barock, Raumkunstwerk des Rokoko
Wieskirche	1983	Stuckverzierungen, Deckengemälde	D. Zimmermann, J.B. Zimmermann	1745 bis 1754	Bayerisches Rokoko
Schlösser Augustusburg und Falkenlust in Brühl	1984	Ornamente, Treppe	K. Schlaun, F. Cuvilliers, B. Neumann	1725 bis 1728	Rokoko, herausragende Schlossbaukunst
Dom und St. Michael zu Hildesheim	1985	Historische Ausstattungsstücke, Stuckreliefs	Bischof Bernward von Hildesheim	1010 bis 1022	Religiöse, mittelalterliche Kunst, ottonische u. romanische Kunst
Römerbauten, Dom und Liebfrauenkirche in Trier	1986	Aula Palatina, Kaiserthermen, Porta Nigra	Kaiser Augustus	16 v. Chr. bis ca. 380 n. Chr.	Römerbauten, christliche Nachfolgebauten
Altstadt von Lübeck	1987	Rathaus, Burgkloster, Koberg, Holstentor, Salzspeicher	Heinrich der Löwe	1143 bis 1159	Stadtarchitektur/hochgotische Strukturen des Stadtkerns aus dem 13. Jh.
Schlösser und Parks von Potsdam-Sanssouci	1990, 1999	Bildgalerie, Orangerie, Schloss Charlottenhof, romantische Parks, Schloss Cäcilienhof, russische Kolonie Alexandrowska	Georg Wenzelslaus von Knobelsdorff, Karl-Friedrich Schinkel	1730 bis 1916	Rokokostil, Klassizismus sowie Synthese der Kunstrichtungen des 18. Jh.
Kloster Lorsch	1991	Begräbnisplatz der ostkarolingischen Könige	Gaugraf Cancor	751 bis 768	Vorromanische, karolingische Baukunst
Bergwerk Rammelsberg und Altstadt von Goslar	1992	47 Kirchen und Kapellen, Gildehäuser, historisches Rathaus, Bürgerhäuser mit kunstvoll beschnitztem Fachwerk	Kaiser Heinrich II.	10. Jh. bis 1988	Altstadtkern im romanischen Stil
Altstadt von Bamberg	1993	Domstift, Stadtensemble, u. a. »klein Venedig«, 1 000 Häuser stehen unter Denkmalschutz	Kaiser Heinrich II.	11. bis 18. Jh.	Mittelalterliche Kirchen, barocke Bürgerhäuser
Kloster Maulbronn	1993	Aufwendigster Speisesaal des 13. Jh., Brunnenhaus als Glanzstück der Maulbronner Klosterarchitektur	Zisterzienserorden	1147 gegründet	Oberrheinische Spätromanik, frühgotische Baukunst, Spätgotik
Quedlinburger Altstadt	1994	Stiftskirche Servatii, Fachwerkbau „Alte Klopstock"	Sachsenherzog Heinrich	10. Jh., 1330 verschmolzen Alt- und Neustadt	Romanik, Fachwerkhäuser aus sechs Jahrhunderten, Jugendstilbauten
Völklinger Eisenhütte	1994	Einzigartige industrielle Anlagen zur Veranschaulichung der Roheisenproduktion	Ingenieur Julius Buch	1873	Industrieanlagen aus dem 19. und 20. Jh.
Kölner Dom	1996	Reliquienschrein für Gebeine der Heiligen Drei Könige, Flügelaltäre, ottonisches Gerokreuz	Stephan Lochner schuf Altar der Stadtpatrone	1248 – 1880 einst das größte Gebäude der Welt	Gotische und neogotische Baukunst, Originalbaupläne blieben unverändert
Bauhausstätten in Weimar und Dessau	1996	Haus am Horn in Weimar, Dessauer Bauhaus, Meisterhäuser in Dessau	Walter Gropius, Hannes Meyer, Lazlo Moholy-Nagy, Wassily Kandinsky, Georg Muches	1919 – 1933	Weimarer Bauhaus-Architektur
Luthergedenkstätten in Eisleben und Wittenberg	1996	Geburts- und Sterbehaus von Luther, Gedenkstätte als ältestes Geschichtsmuseum im deutsch-sprachigen Raum	Martin Luther, Philipp Melanchthon	16. Jh.	Spätgotik, Barock
Klassisches Weimar	1998	Goethes und Schillers Wohnhaus, Stadtschloss, Herzogin Anna Amalia Bibliothek	Herzog Karl August, Johann Wolfgang von Goethe	18. – 19. Jh.	Weimarer Klassik
Wartburg	1999	Lutherstube, Bergfried, romanischer Palas, Dürerschrank, Werke von L. Cranach d. Ä.	Graf Ludwig der Springer, Geschlecht der Ludowinger	11. Jh.	Romanik, Gotik, Renaissance und Historismus

7 Kultur, Medien, Freizeit

7.1 Kulturstätten
7.1.12 UNESCO-Welterbe in Deutschland – Kulturstätten

	Jahr der Aufnahme zu Welterbestätten	Baudenkmäler, Sammlungen von Kultur- und Kunstschätzen	Name der Erbauer/Architekten	Erbauung, Gründung	Bautradition, Baukunst
Museumsinsel in Berlin	1999	Pergamon-Museum, Altes und Neues Museum, Bode-Museum, Kunst von Antike bis 19. Jh.	König Friedrich Wilhelm III., König Friedrich Wilhelm IV., Karl Friedrich Schinkel, Friedrich August Stüler	1810 – 1930	Neu-Klassizismus, Renaissance, Barock
Gartenreich Dessau-Wörlitz	2000	Venustempel, Pantheon, Werke von Rubens, van Dyck, Gemälde der Dürerzeit, Werke von Lucas Cranach	Fürst Leopold III., Friedrich Franz von Anhalt-Dessau, Friedrich W. von Erdmannsdorff	1765 – 1800	Klassizismus, Rokoko, Neugotik
Klosterinsel Reichenau	2000	Marienmünster, ottonische Wandmalereien, Handschriften aus 9. – 11. Jh., 40 Codices der Reichenauer Malerschule	Bischof Pirmin, Abt Heito I.	724 – 11. Jh.	Frühmittelalterliche Architektur, Romanik
Industrielle Kulturlandschaft Zollverein in Essen	2001	Bergwerk über Jahrzehnte größte und modernste Steinkohleförderanlage der Welt	Architekten Fritz Schupp, Martin Kremmer	1847	Bauhausstil, Industriekomplex
Altstädte von Stralsund und Wismar	2002	Stralsund: gotisches Rathaus, mächtige Kirchbauten, Katherinenkloster; Wismar: klassizistisches Rathaus, typische Handelshäuser (»Alter Schwede«, »Dielenhaus«)	–	14. Jh.	Hansestädte aus der Blütezeit des Städtebundes mit mittelalterlichen Stadtkernen und zum Teil einzigartigen Sakralbauten
Oberes Mittelrheintal	2002	Enges Flusstal zwischen Bingen, Rüdesheim und Koblenz, über dem bei St. Goarshausen die Loreley thront, im Wechselspiel von Natur und Mensch geformte Kulturlandschaft mit Weinterrassen und Burgen	–	–	Seit zwei Jahrtausenden einer der wichtigsten Verkehrswege für den kulturellen Austausch zwischen Mittelmeerregion und dem Norden Europas, Kulturlandschaft von großer Vielfalt und Schönheit
Rathaus und Rolandstatue in Bremen	2004	Rathaus als Saalgeschossbau und Fassade gehört zur eindrucksvollsten Schöpfung deutscher Renaissance, Rolandstatue ist die älteste noch am Platz erhaltene Statue in Deutschland	Lüder von Bentheim, Vredemann de Vries	15. – 17. Jh.	Gotik und Weser-Renaissance
Muskauer Park (Park Muzakowski)	2004	Das gemeinsame polnisch-deutsche Kulturerbe umfasst Schloss-, Bade- und Bergpark, Arboretum und Braunsdorfer Felder	Fürst Hermann von Pückler-Muskau	1815 – 1844	Durch Mittel der „Naturmalerei" beeinflusste Landschaftsarchitektur
Obergermanisch-rätischer Limes	2005	Überreste antiker Grenzanlagen, u. a. Kastell Saalburg, Wachtürme, Erdwall, Graben und Holzpalisaden etc.	Römisches Imperium schuf in Süd- und Südwestdeutschland eine 550 km lange Militärgrenze von der Donau bis zum Rhein	100 – 160 n. Chr.	Römische Bauten und Grenzanlagen als technisches Bauwerk von z. T. hoher Ingenieurkunst
Altstadt von Regensburg mit Stadtamhof	2006	Patrizierhäuser, Geschlechtertürme, Dom, alte Steinbrücke, Minoriten- und Dominikanerkirche, größtes Ensemble und am besten erhaltene mittelalterliche Großstadt in Deutschland	Patrizierfamilien	11. – 14. Jh.	Französische Kathedralgotik, mittelalterliche Glasmalerei, überragende Ingenieurleistung mit der steinernen Brücke über die Donau
Sechs Wohnsiedlungen der Berliner Moderne aus dem frühen 20. Jh.	2008	Gartenstadt Falkenberg (Treptow), Schillerpark-Siedlung (Wedding), Großsiedlung Britz (Neukölln), Wohnstadt Carl Legien (Prenzlauer Berg), Weiße Stadt (Reinickendorf), Großsiedlung Siemensstadt (Charlottenburg und Spandau)	Bruno Taut, Ludwig Lesser, Leberecht Migge und andere	1914 – 1934	Wendepunkt im Städtebau nach dem ersten Weltkrieg. Ästhetische Vorstellungen von Avantgarde aus Kunst und Kultur verbunden mit sozialen Ideen
Fagus-Werk in Alfeld	2011	Fabrikanlage, gilt als Ursprungswerk der modernen Industriearchitektur	Architekten Walter Gropius, Adolf Meyer; Peter Neufert (Erweiterung)	1911 – 1925, Erweiterung 1938	Moderne
Prähistorische Pfahlbauten um die Alpen	2011	Grenzüberschreitendes archäologisches Erbe von 111 Pfahlbaufundstellen in sechs Alpenländern, davon 18 Fundstellen in Baden-Württemberg und Bayern, bedeutendste Funde sind älteste Textilien und Radfunde Europas aus der Zeit um 3000 v. Chr.	–	ab ca. 5000 v. Chr.	Erkenntnisse zu Handel und Mobilität in Siedelgemeinschaften der Jungsteinzeit wie der Metallzeiten
Markgräfliches Opernhaus Bayreuth	2012	Einzigartiges Monument der europäischen Fest- und Musikkultur des Barock	Theaterarchitekt Giuseppe Galli Bibiena	1746 – 1750	Barocke Theaterkultur
Bergpark Wilhelmshöhe	2013	Größter Bergpark Europas, u. a. mit Herkules, Wasserspielen, Schloss Wilhelmshöhe und seinen Sammlungen, Löwenburg	Landgrafen und Kurfürsten von Hessen-Kassel, Baumeister: v. a. Giovanni Francesco Guerniero	von 1696 bis ins 19. Jh.	Barockes Gesamtkunstwerk der Gartenarchitektur, Kunst- und Technikgeschichte, einzigartiges Beispiel für die Landschaftsarchitektur des Europäischen Absolutismus

7 Kultur, Medien, Freizeit

7.1 Kulturstätten
7.1.12 UNESCO-Welterbe in Deutschland – Kulturstätten

	Jahr der Aufnahme zu Welterbestätten	Baudenkmäler, Sammlungen von Kultur- und Kunstschätzen	Name der Erbauer/Architekten	Erbauung, Gründung	Bautradition, Baukunst
Karolingisches Westwerk und Civitas Corvey	2014	Kloster, ein der Basilika westlich vorgesetzter Kirchenraum aus roten Bruchsteinmauerwerk mit zwei Fassadentürmen und einem zentralen mittleren Turm, farbige Wandmalereien u. a. mit Ornamentbändern, Zeichnungen und Mustern, mythologische Figuren mit Bezug zur Antike sowie zur Kirche, Wiederaufbau im barocken Stil nach der Zerstörung der Stadt Corvey in 1265	Herrscherfamilie der Karolinger	822 gegründet, 873 bis 995 durch Westwerk erweitert	Einziges Modell karolingischer Architektur mit antiken Vorbildern, Barock
Hamburger Speicherstadt und Kontorhausviertel mit Chilehaus	2015	Das größte zusammenhängende, einheitlich geprägte Speicherensemble der Welt vermittelt in einzigartiger Weise die maritime Industriearchitektur des Historismus und Modernismus. Das benachbarte Kontorhausviertel steht für moderne Architektur und Städtebau. Architektonisch bedeutsam ist das von Fritz Höger errichtete Chilehaus	Fritz Höger, Franz Andreas Meyer, Architekten Hanssen und Meyer	1885 bis 1927	Moderne Backsteinarchitektur, neugotische Form der Hannoverschen Bauschule
Stuttgarter Weissenhof-Siedlung	2016	Die beiden Häuser gehören zu einer Serie von 17 Bauten und Ensembles des Werkes von Le Corbusier, die sich u. a. in Frankreich, Indien, Japan und Argentinien befinden. Zentrale Merkmale sind der Dachgarten, ein verschiebbares Langfenster, freie Grundrissgestaltung, Stützen statt massiver Mauern als tragende Konstruktion, freie Fassadengestaltung	Le Corbusier (Charles-Edouard Jeanneret-Gris)	1927	Werke verkörpern typologisch den radikalen Bruch mit vormals verwendeten Stilen, Designs, Methoden, Technologien und Bautechniken; Symbol für damalige Erfindung einer neuen Architektursprache auf globaler Ebene

Stand: Juli 2016.
Quelle: Deutsche UNESCO-Kommission

7.1.13 UNESCO-Welterbe in Deutschland – Naturstätten

	Jahr der Aufnahme zu Welterbestätten	Integrität	Charakteristika	Beschreibung
Grube Messel	1995	Eine der weltweit ergiebigsten Fossilienlagerstätten	Fundstelle dokumentiert die Entwicklungsgeschichte der Erde vor 49 Millionen Jahren	Aufnahme durch die UNESCO in die Welterbeliste als erstes deutsches Naturdenkmal
Deutsches Wattenmeer	2009	Das Wattenmeer bietet Lebensraum für ca. 10 000 Tiere, Pflanzen und Kleinstlebewesen auf der weltweit größten zusammenhängenden Sand- und Schlickfläche	Das Wattenmeer entstand vor ca. 7 500 Jahren. Es ist mit rund 11 500 Quadratkilometern eines der größten küstennahen und gezeitenabhängigen Feuchtgebiete der Erde	Das Wattenmeer wurde als grenzüberschreitende Weltnaturerbestätte in die UNESCO-Welterbeliste aufgenommen. Es umfasst Gebiete der Niederlande, Dänemarks und Deutschlands: deutsche Nordseeküste (die Wattenmeer-Nationalparks Niedersachsens, Schleswig-Holsteins, Hamburgs (Erweiterung 2011) und zusätzlicher deutscher Offshore-Gebiete (2014)) sowie das niederländische und das dänische Wattenmeer-Schutzgebiet
Alte Buchenwälder Deutschlands	2011	Wertvollste verbliebene Reste naturnaher Tiefland-Buchenwälder	Die fünf deutschen Buchenwaldgebiete wurden als serielle Erweiterung der Naturerbestätte „Buchenurwälder der Karpaten" in die Welterbeliste aufgenommen. Sie repräsentieren die unterschiedlichen Formen, Standorte und biogeografische Geschichte der Buchenwälder in den gemäßigten Zonen der Nordhalbkugel	Grumsiner Forst (Brandenburg), Nationalpark Kellerwald-Edersee (Hessen), Nationalpark Jasmund und Serrahner Buchenwald im Müritz-Nationalpark (Mecklenburg-Vorpommern), Nationalpark Hainich (Thüringen)

Stand: Juni 2016.
Quelle: Deutsche UNESCO-Kommission

7 Kultur, Medien, Freizeit

7.1 Kulturstätten
7.1.14 Goethe-Institut 2015

Das Goethe-Institut ist das weltweit tätige Kulturinstitut der Bundesrepublik Deutschland. Es fördert die Kenntnis der deutschen Sprache im Ausland und pflegt die internationale kulturelle Zusammenarbeit. Darüber hinaus vermittelt es ein umfassendes Deutschlandbild durch Information über das kulturelle, gesellschaftliche und politische Leben. Weitere Informationen finden Sie unter www.goethe.de

	Institute und Verbindungsbüros [1]	Personal [2]	Kultur und Information: Veranstaltungen und Seminare [3]	Bildungskooperation Deutsch: Veranstaltungen und Seminare [3]	Deutschkurse und Prüfungen		
					verkaufte Unterrichtseinheiten [4]	Kurseinschreibungen	Prüfungsteilnehmende gesamt
Insgesamt	159	2 434	31 329	21 944	17 348 395	271 986	396 577
Mittelosteuropa	9	142	1 690	2 757	627 337	12 134	9 857
Nordafrika/Nahost	15	222	3 840	798	1 774 367	25 638	33 695
Nordamerika	11	118	3 362	1 107	536 159	11 033	8 876
Nordwesteuropa	9	112	1 576	1 698	292 652	6 978	7 711
Ostasien (mit China)	9	162	2 204	543	1 354 416	23 475	30 732
Osteuropa/Zentralasien	8	213	2 834	7 004	1 664 223	23 063	33 693
Region Deutschland	12	258	–	–	–	37 931	16 359 [5]
Subsahara-Afrika	15	161	2 450	569	1 438 652	11 851	27 175
Südamerika	13	211	3 283	742	1 571 229	26 994	10 519
Südasien	11	184	2 090	977	2 857 317	19 281	65 277
Südostasien/Australien/Neuseeland	12	205	2 071	1 356	2 508 894	29 053	31 962
Südosteuropa	12	216	2 954	1 583	1 520 173	21 894	83 452
Südwesteuropa	23	229	2 975	2 810	1 202 976	22 661	53 628

1 Zur Vereinheitlichung der Zählweise beinhaltet die Gesamtzahl die Goethe-Institute und Verbindungsbüros im Ausland sowie die Goethe-Institute in Deutschland. Präsenzen, die sich ausschließlich im Arbeitsfeld Deutschkurse und Prüfungen betätigen, sind keine Vollinstitute und werden bei der Gesamtzahl der Goethe-Institute nicht berücksichtigt. Abweichende Angaben in früheren Darstellungen erklären sich aus der angepassten Zählweise.
2 In Beschäftigungsumfängen (ohne Zentrale).
3 Aufgrund der Überarbeitung des Erhebungssystems für die Arbeitsbereiche „Kultur und Information" sowie „Bildungskooperation Deutsch" werden nicht mehr die Anzahl der Programme, sondern die Anzahl der Veranstaltungen und Seminare angegeben.
4 Anzahl der insgesamt an Kursteilnehmende verkauften Unterrichtseinheiten. Bsp.: In einem Deutschkurs, der 50 Unterrichtseinheiten umfasst und von 10 Kursteilnehmenden besucht wird, werden 500 Unterrichtseinheiten verkauft (50 Unterrichtseinheiten * 10 Kursteilnehmende).
5 Ohne Prüfungskooperationspartner in Deutschland und in der Schweiz.

Quelle: Goethe-Institut e. V.

7.2 Kulturausgaben
7.2.1 Ausgaben der privaten Haushalte für Kultur und Freizeit

	2006	2007	2009	2010	2011	2012	2014
	EUR je Haushalt und Monat						
Freizeit, Unterhaltung und Kultur	233	229	231	236	244	245	248
darunter:							
Ton- und Bildempfangs-, -aufnahme- und -wiedergabegeräte	8	7	8	10	9	8	6
Foto-, Filmausrüstungen und optische Geräte	3	3	3	3	3	3	3
Informationsverarbeitungsgeräte und Software (einschl. Downloads)	13	14	14	15	12	11	13
Ton-, Bild- u. a. Datenträger (einschl. Downloads)	8	7	7	7	7	7	6
Freizeit- und Kulturdienstleistungen	53	52	53	54	56	58	61
darunter:							
Besuch von Kino-, Theater-, Konzert-, Zirkus- u. ä. Veranstaltungen	8	8	8	8	9	9	10
Besuch von Museen, Bibliotheken, zoologischen und botanischen Gärten u. ä.	2	2	2	3	3	3	3
Bücher	13	12	12	11	12	12	10
Zeitungen, Zeitschriften u. Ä.	22	22	21	21	22	22	20
	%						
Anteil der privaten Konsumausgaben für Freizeit, Unterhaltung und Kultur an den gesamten privaten Konsumausgaben	11,1	11,1	10,7	10,9	10,8	10,6	10,4

Ergebnisse der Laufenden Wirtschaftsrechnungen (LWR). – 2008 und 2013 fand keine LWR-Erhebung statt.

7 Kultur, Medien, Freizeit

7.2 Kulturausgaben
7.2.2 Öffentliche Ausgaben für Kultur nach Kulturbereichen, Körperschaften und Ländern 2012

Die Kulturausgaben werden nach dem **Grundmittelkonzept** berechnet. Die Grundmittel geben den Zuschussbedarf der öffentlichen Haushalte für einen Aufgabenbereich an. Sie beschreiben die Ausgaben eines Aufgabenbereichs abzüglich der vom Aufgabenbereich erzielten Einnahmen vom öffentlichen und nicht öffentlichen Bereich.

	Kulturausgaben									
	je Einwohner/-in [1]	insgesamt	davon für die Bereiche							
			Theater und Musik	Bibliotheken	Museen, Sammlungen, Ausstellungen	Denkmalschutz und Denkmalpflege	Kulturelle Angelegenheiten im Ausland	Kunsthochschulen	Sonstige Kulturpflege	Kulturverwaltung
	EUR	Mill. EUR	%							
Deutschland	117,90	9 493,5	35,5	14,5	19,6	5,4	4,5	5,8	12,4	2,4
	nach Körperschaftsgruppen									
Bund	16,25	1 308,6	1,0	22,9	22,8	6,9	31,2	0,0	15,1	0,0
Länder	47,48	3 823,6	39,5	10,0	14,5	6,4	0,5	14,3	11,1	3,9
Gemeinden/Zweckverbände	54,16	4 361,4	42,3	16,0	23,1	4,0	0,0	0,0	12,8	1,7
	nach Ländern (einschl. Gemeinden/Zweckverbänden)									
Baden-Württemberg	103,76	1 096,7	40,5	13,6	18,8	4,3	0,3	8,1	12,4	1,9
Bayern	97,19	1 216,8	39,5	13,9	21,5	5,7	0,0	5,6	8,9	5,0
Berlin	174,00	587,3	49,2	10,7	12,5	5,3	1,8	12,6	5,3	2,7
Brandenburg [2]	100,03	245,0	14,8	13,0	11,3	12,4	0,0	5,4	41,5	1,6
Bremen	162,97	106,7	48,9	11,6	17,0	0,3	0,0	11,9	8,2	2,1
Hamburg	165,31	286,7	53,5	12,5	15,0	2,4	0,0	8,0	6,0	2,7
Hessen	104,09	626,2	35,9	13,6	17,7	2,2	0,0	4,0	16,9	9,7
Mecklenburg-Vorpommern	105,42	168,7	45,8	8,4	19,4	1,9	0,3	3,7	14,4	6,1
Niedersachsen	70,33	547,1	40,8	17,7	18,3	4,1	0,1	6,1	11,5	1,3
Nordrhein-Westfalen	88,05	1 545,7	42,5	13,3	23,4	4,5	0,0	7,0	9,1	0,1
Rheinland-Pfalz	65,47	261,3	38,1	17,5	20,1	9,6	0,0	0,0	14,7	0,0
Saarland	65,64	65,3	40,8	8,1	7,4	6,3	0,2	13,5	23,7	0,0
Sachsen	164,00	664,2	41,7	11,9	16,0	7,3	0,0	6,4	17,0	− 0,4
Sachsen-Anhalt	130,67	295,2	39,1	9,1	24,3	4,0	0,0	5,6	15,1	2,9
Schleswig-Holstein	63,32	177,7	40,7	18,2	17,1	3,1	1,1	7,6	11,6	0,6
Thüringen	135,60	294,3	41,8	9,4	20,1	9,8	0,0	4,9	4,7	9,3

1 Berechnet mit der Durchschnittsbevölkerung auf Grundlage des Zensus 2011, Zensusdaten mit dem Stand vom 10.4.2014 (vorläufige Ergebnisse).
2 Im Landeshaushalt Brandenburg werden unter „Sonstiger Kulturpflege" auch Ausgaben der anderen Kultursparten veranschlagt.
Quelle: Statistische Ämter des Bundes und der Länder, Kulturfinanzbericht 2014

Öffentliche Ausgaben für Kultur 2012
Grundmittel, in %

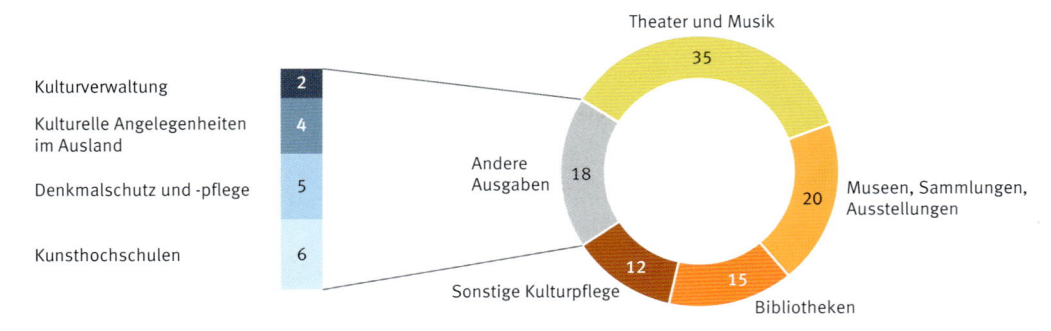

- Kulturverwaltung: 2
- Kulturelle Angelegenheiten im Ausland: 4
- Denkmalschutz und -pflege: 5
- Kunsthochschulen: 6
- Andere Ausgaben: 18
- Theater und Musik: 35
- Museen, Sammlungen, Ausstellungen: 20
- Bibliotheken: 15
- Sonstige Kulturpflege: 12

Quelle: Statistische Ämter des Bundes und der Länder, Kulturfinanzbericht 2014

7 Kultur, Medien, Freizeit
7.3 Mediennutzung

Weitere Informationen zu IKT in Unternehmen siehe Kapitel „Produzierendes Gewerbe und Dienstleistungen im Überblick"

7.3.1 Ausstattung privater Haushalte mit Internetzugang und Breitbandanschluss 2015

	Haushalte	Haushalte mit Internetzugang	Haushalte mit Breitbandanschluss (z. B. DSL)
	1 000	%	%
Deutschland	39 706	85	82
Früheres Bundesgebiet [1]	31 324	86	83
Neue Länder einschl. Berlin	8 382	83	80
Haushalte mit ... und ohne Kind [2]			
1 Person	16 065	74	70
2 Personen	13 024	87	84
3 und mehr Personen	3 401	99	98
Haushalte mit ... und mindestens einem Kind [2]			
1 Person	1 062	99	96
2 Personen	4 888	100	98
3 und mehr Personen	1 265	99	98
Monatliches Haushaltsnettoeinkommen von ... bis unter ... EUR			
unter 1 300	9 616	70	66
1 300 – 2 000	9 379	80	77
2 000 – 3 200	10 536	91	88
3 200 und mehr	10 175	98	96

Haushalte mit **Breitbandanschluss** nutzen einen Internetzugang mit einer im Vergleich zu Telefonmodem oder ISDN-Modem (Schmalbandanschluss) deutlich höheren Datenübertragungsrate, um von zu Hause aus ins Internet zu gelangen. Zum Breitbandanschluss zählen: DSL-Anschluss, Internetanschlüsse über Kabel (z. B. TV-Kabel, Glasfaser), drahtlose ortsgebundene Internetanschlüsse (z. B. über Satellit, WiMAX) oder drahtlose mobile Internetanschlüsse über Handy/Smartphone bzw. Laptop-Karte/USB-Stick mit mind. 3G, z. B. UMTS.

Ergebnisse der Erhebung zur Nutzung von Informations- und Kommunikationstechnologien (IKT) in privaten Haushalten.

1 Ohne Angaben für Berlin.
2 Kind/er unter 16 Jahren.

7.3.2 Private Internetnutzung von Personen

	2011	2012	2013	2014	2015
	%				
Insgesamt	76	80	81	80	82
Männlich	81	84	86	85	86
10 bis 15 Jahre	95	97	98	97	97
16 bis 24 Jahre	98	98	99	98	99
25 bis 44 Jahre	96	98	98	97	97
45 bis 64 Jahre	82	87	88	87	88
65 und mehr	43	47	52	51	55
Weiblich	72	76	77	76	78
10 bis 15 Jahre	96	97	98	97	97
16 bis 24 Jahre	99	99	99	99	99
25 bis 44 Jahre	96	98	98	98	98
45 bis 64 Jahre	75	82	84	82	86
65 und mehr	22	26	32	32	35
nach sozialer Stellung					
Erwerbstätige [1]	93	95	95	95	95
Arbeitslose	75	81	85	77	82
Schüler/-innen und Studierende	99	100	99	99	99
Rentner/-innen und andere nicht erwerbstätige Personen [2]	42	47	51	50	53

Ergebnisse der Erhebung zur Nutzung von Informations- und Kommunikationstechnologien (IKT) in privaten Haushalten. – Personen, die im jeweiligen Jahr das Internet in den letzten drei Monaten vor dem Befragungszeitraum genutzt haben. – Anteile an Personen ab 10 Jahren bzw. bei sozialer Stellung ab 16 Jahren.

1 Einschl. mithelfende Familienangehörige, Personen im freiwilligen sozialen Jahr, freiwilligen Wehrdienst oder Bundesfreiwilligendienst.
2 Hausfrau/-mann, Personen in Elternzeit, dauerhaft erwerbsunfähige Personen, sonstige nichterwerbstätige Personen.

Personen mit Internetnutzung im 1. Quartal 2015
in %

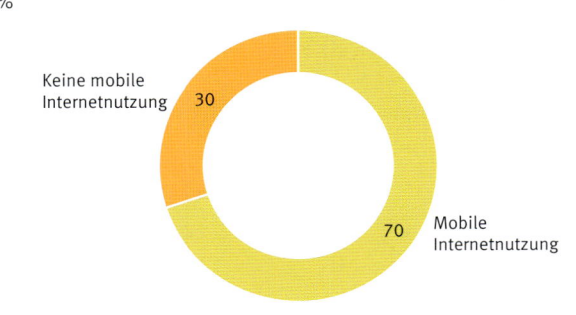

- Keine mobile Internetnutzung: 30
- Mobile Internetnutzung: 70

Verwendete Geräte für die mobile Internetnutzung [1]
in %

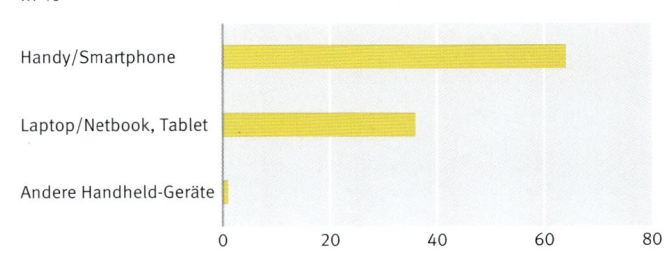

- Handy/Smartphone: ~65
- Laptop/Netbook, Tablet: ~37
- Andere Handheld-Geräte: ~1

Ergebnisse der Erhebung zur Nutzung von Informations- und Kommunikationstechnologien (IKT) in privaten Haushalten.

1 Mehrfachnennungen möglich.

7 Kultur, Medien, Freizeit

7.3 Mediennutzung
7.3.3 Internetaktivitäten zu privaten Zwecken 2015

	Personen	Internetaktivitäten zu privaten Zwecken in den letzten drei Monaten						
		Senden oder Empfangen von E-Mails	Teilnahme an sozialen Netzwerken im Internet für private Kommunikation	Telefonieren/ Videotelefonate	Suche nach Informationen über Waren und Dienstleistungen	Nutzung von Reisedienstleistungen	Verkauf von Waren und Dienstleistungen	Online-Banking
	1 000	%						
Insgesamt	59 795	91	64	31	89	63	33	54
Männlich	30 650	91	63	34	89	62	34	56
10 bis 15 Jahre	2 237	59	74	41	58	8	(6)	/
16 bis 24 Jahre	3 901	94	92	51	87	43	25	37
25 bis 44 Jahre	9 943	95	76	36	95	69	46	75
45 bis 64 Jahre	10 497	91	51	27	92	68	36	59
65 und mehr	4 072	92	30	23	88	73	23	51
Weiblich	29 145	91	65	28	89	64	32	51
10 bis 15 Jahre	2 112	62	81	37	59	15	(5)	/
16 bis 24 Jahre	3 672	95	94	44	87	59	25	38
25 bis 44 Jahre	9 821	96	78	31	96	74	48	73
45 bis 64 Jahre	10 318	91	52	22	92	67	29	51
65 und mehr	3 222	89	27	17	82	64	16	34
nach sozialer Stellung								
Erwerbstätige [1]	36 816	94	68	31	94	70	39	65
Arbeitslose	2 290	89	66	27	86	46	33	49
Schüler/-innen und Studierende	4 272	96	93	55	87	54	25	36
Renter/-innen und andere nicht erwerbstätige Personen [2]	12 068	90	39	22	87	64	27	47

Ergebnisse der Erhebung zur Nutzung von Informations- und Kommunikationstechnologien (IKT) in privaten Haushalten. – Personen, die das Internet in den letzten drei Monaten vor dem Befragungszeitraum genutzt haben. – Anteile an Personen ab 10 Jahren bzw. bei sozialer Stellung ab 16 Jahren.

1 Einschl. mithelfende Familienangehörige, Personen im freiwilligen sozialen Jahr, freiwilligen Wehrdienst oder Bundesfreiwilligendienst.
2 Hausfrau/-mann, Personen in Elternzeit, dauerhaft erwerbsunfähige Personen, sonstige nichterwerbstätige Personen.

Internetaktivitäten zu privaten Zwecken 2015
in %

Insgesamt und nach Altersgruppen

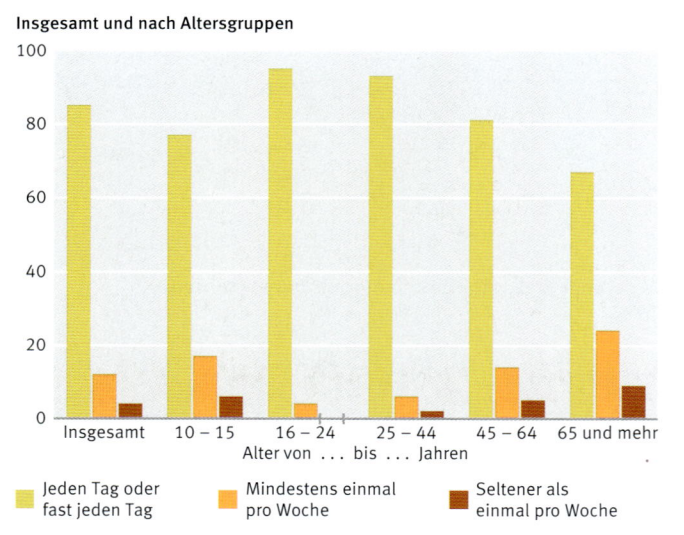

Nach der sozialen Stellung

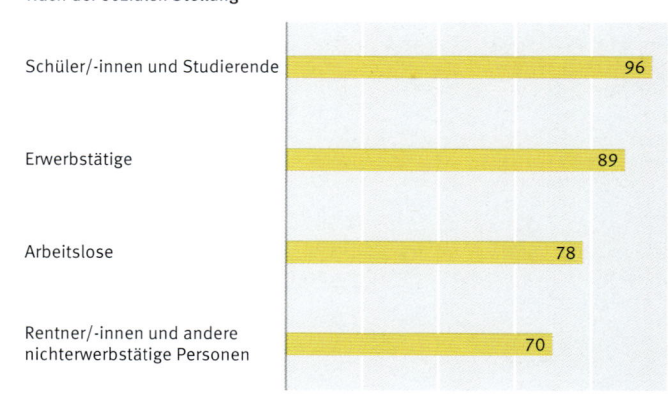

Nutzung „Jeden Tag oder fast jeden Tag".

Ergebnisse der Erhebung zur Nutzung von Informations- und Kommunikationstechnologien (IKT) in privaten Haushalten.

7 Kultur, Medien, Freizeit

7.3 Mediennutzung
7.3.4 Private Einkäufe und Bestellungen über das Internet 2015

	Personen	Art der Waren und Dienstleistungen, die für den privaten Gebrauch in den letzten zwölf Monaten gekauft/bestellt wurden									
		Private Gebrauchsgüter (z. B. Möbel, Spielzeug)	Filme, Musik	Bücher (auch elektronische), Zeitungen, Zeitschriften	Computer und Zubehör	Kleidung, Sportartikel	Elektronikartikel (einschl. Kameras)	Aktien, Versicherungen	Urlaubsunterkünfte (z. B. Zimmerreservierung in Hotels)	Andere Dienstleistungen für Urlaubsreisen (z. B. Fahrkarten)	Arzneimittel
	1 000	%									
Insgesamt	46 972	49	33	42	26	64	31	9	41	31	28
10 bis 15 Jahre	1 443	29	37	23	19	47	17	/	/	/	/
16 bis 24 Jahre	6 161	29	42	29	25	65	27	(4)	22	22	7
25 bis 44 Jahre	18 274	61	41	47	28	72	35	11	44	33	30
45 bis 64 Jahre	16 535	47	26	43	24	59	31	9	46	33	33
65 und mehr	4 560	39	13	42	25	49	25	11	46	33	38
nach sozialer Stellung											
Erwerbstätige [1]	32 138	53	35	44	27	68	34	11	46	34	29
Arbeitslose	1 675	44	32	35	24	55	26	/	18	17	27
Schüler/-innen und Studierende	3 362	30	45	40	27	61	30	(4)	25	27	8
Renter/-innen und andere nicht erwerbstätige Personen [2]	8 355	45	19	41	23	55	25	9	38	28	36

Ergebnisse der Erhebung zur Nutzung von Informations- und Kommunikationstechnologien (IKT) in privaten Haushalten. – Personen, die das Internet in den letzten drei Monaten vor dem Befragungszeitraum genutzt und innerhalb der letzten zwölf Monate Käufe oder Bestellungen über das Internet getätigt haben. – Anteile an Personen ab 10 Jahren bzw. bei sozialer Stellung ab 16 Jahren.

1 Einschl. mithelfende Familienangehörige, Personen im freiwilligen sozialen Jahr, freiwilligen Wehrdienst oder Bundesfreiwilligendienst.
2 Hausfrau/-mann, Personen in Elternzeit, dauerhaft erwerbsunfähige Personen, sonstige nichterwerbstätige Personen.

7.3.5 Leinwände und Filmbesuche

Alle verfügbaren Daten im Bereich der deutschen **Filmwirtschaft** werden durch die statistische Abteilung der Spitzenorganisation der Filmwirtschaft erfasst und ausgewertet. Die Ergebnisse werden im Filmstatistischen Jahrbuch veröffentlicht. Weitere Informationen finden Sie unter www.spio.de und zur Filmförderungsanstalt (FFA) unter www.ffa.de

	Einheit	2013	2014	2015
Leinwände	Anzahl	4 610	4 637	4 692
Sitzplätze	Anzahl	781 146	782 742	786 356
Filmbesuche insgesamt	Mill.	129,7	121,7	139,2
Filmbesuche je Einwohner/-in	Anzahl	1,61	1,50	1,71
Durchschnittlicher Eintrittspreis	EUR	7,89	8,05	8,39
Bruttoeinnahmen	Mill. EUR	1 023,0	979,7	1 167,1
Filmabgabe	Mill. EUR	25,1	24,5	28,4
Nettoeinnahmen (einschl. Mehrwertsteuer)	Mill. EUR	997,9	955,1	1 138,7

Quelle: Filmförderungsanstalt, Spitzenorganisation der Filmwirtschaft e. V. (SPIO)

7.3.6 Filmproduktion

	2013	2014	2015
Spielfilme [1] insgesamt	154	149	145
darunter mit Prädikat [2]			
besonders wertvoll	29	31	32
wertvoll	14	7	11
Dokumentarfilme	82	85	91
Deutsche Kurzfilme [2] insgesamt	119	109	105
darunter mit Prädikat [2]			
besonders wertvoll	55	45	38
wertvoll	36	29	28
Deutsche Werbefilme [3]	778	1 118	2 012

Die Steigerung der deutschen Werbefilme in den Jahren 2014 und 2015 erklärt sich durch die vermehrte Einreichung von Ortswerbung bei der FSK.

1 Abendfüllende Filme, einschl. deutsch/ausländischer Koproduktionen sowie Kinder- und Jugendfilme.
2 Kultur-, Dokumentar-, Spiel- und Wirtschaftsfilme, die der Filmbewertungsstelle Wiesbaden vorgelegt wurden.
3 Von der Freiwilligen Selbstkontrolle der Filmwirtschaft (FSK) geprüfte Filme.

Quelle: Spitzenorganisation der Filmwirtschaft e. V.

7 Kultur, Medien, Freizeit

7.3 Mediennutzung
7.3.7 Fernsehen ARD: Dritte Programme und Das Erste 2015

	BR	HR	MDR	NDR/RB	RBB	SR/SWR	WDR	Durchschnitt der Sendezeiten aller Dritten Programme zusammen [1]	Das Erste [2]
	Sendezeit in %								
Insgesamt	100	100	100	100	100	100	100	100	100
Politik und Gesellschaft	18,2	23,4	28,4	52,5	37,5	34,4	53,6	36,3	31,1
Kultur und Wissenschaft	21,1	6,7	13,2	13,5	10,4	14,3	9,6	12,6	2,8
Religion	1,7	0,7	1,0	0,1	1,2	0,4	0,5	0,8	0,6
Sport	4,9	1,9	4,4	1,5	1,4	2,8	1,4	2,6	7,0
Fernsehspiel	16,7	7,8	10,0	4,6	10,9	4,0	5,4	8,1	5,7
Spielfilme	8,8	15,7	10,9	7,0	5,9	4,7	3,9	7,8	18,2
Unterhaltung	6,3	18,4	10,2	9,7	8,0	20,8	9,8	12,1	10,0
Musik	0,7	0,1	0,4	0,6	0,3	0,6	1,7	0,7	0,0
Familie	18,7	14,3	17,8	7,7	14,8	11,6	4,7	12,4	20,1
Bildung und Beratung	0,3	9,2	0,5	0,2	5,9	3,1	8,2	4,0	0,0
Spot/Überleitung	2,7	1,8	3,3	2,6	3,9	3,3	1,3	2,7	3,3
Werbung [3]	–	–	–	–	–	–	–	–	1,1

Aus rechentechnischen Gründen kann es in der Tabelle zu Rundungsdifferenzen kommen.

1 Da die Zahl der Sendeminuten der Dritten Programme unterschiedlich ist, bestimmt sich der Durchschnitt der Sendezeiten aller Dritten Programme für die jeweiligen Sparten als das gewogene arithmetische Mittel der anteiligen Sendezeiten der Dritten Programme.
2 Einschl. Vormittags- und Vorabend-Programm.
3 „Werbung" betrifft nur Das Erste, da die Dritten Programme keine Werbung ausstrahlen.

Quelle: Arbeitsgemeinschaft der öffentlich-rechtlichen Rundfunkanstalten der Bundesrepublik Deutschland

7.3.8 ZDF nach Sendeformaten 2015

	Sendezeit in %
Insgesamt	100
Information	43,0
Fiction (ohne Kinderprogramm)	32,5
Unterhaltung	8,6
Sport	5,5
Kinderprogramm	5,7
Präsentation	2,2
Werbung	1,1
Übertragungen	0,7
Konzert- und Bühnendarbietung	0,4
Sonstiges	0,3

Weitere Informationen finden Sie unter www.zdf.de

Quelle: Zweites Deutsches Fernsehen

7.3.9 Marktanteile der Fernsehsender 2015

	%
ZDF	12,5
ARD Dritte [1]	12,5
ARD Das Erste	11,6
RTL	9,9
SAT 1	7,9
Pro Sieben	5,3
VOX	5,1
kabel eins	3,8
RTL II	3,7
SUPER RTL	1,8
ZDFneo	1,6
ARD/ZDF Kinderkanal	1,1
3SAT	1,1
Phoenix	1,1
arte	1,0
n-tv	1,0
ZDFinfo	1,0
sixx	0,8
TV Rest	17,2

Weitere Informationen finden Sie unter www.agf.de

Marktanteile im Tagesdurchschnitt.
1 Weitere 37 Sender und alle Dritten einschl. Regionalsender.

Quelle: Arbeitsgemeinschaft Fernsehforschung (AGF) in Zusammenarbeit mit der Gesellschaft für Konsumforschung (GfK), TV Scope

7 Kultur, Medien, Freizeit
7.3 Mediennutzung
7.3.10 Durchschnittliche tägliche Fernsehdauer nach Altersgruppen

	Zuschauer/-innen insgesamt	Davon im Alter von ... bis ...		
		3 – 13 Jahre	14 – 49 Jahre	50 Jahre und mehr
	Minuten			
1995 ...	175	95	156	225
2000 ...	190	97	169	247
2001 ...	192	98	170	250
2002 ...	201	97	177	263
2003 ...	203	94	182	262
2004 ...	210	93	185	274
2005 ...	211	91	185	277
2006 ...	212	90	184	278
2007 ...	208	87	178	275
2008 ...	207	86	178	273
2009 ...	212	88	182	279
2010 ...	223	93	192	290
2011 ...	225	93	192	293
2012 ...	222	90	187	291
2013 ...	221	89	182	291
2014 ...	221	88	181	291
2015 ...	223	82	176	301

Quelle: Arbeitsgemeinschaft Fernsehforschung (AGF) in Zusammenarbeit mit der Gesellschaft für Konsumforschung (GfK), TV Scope, ab 1992 = Deutschland insgesamt, ab 2001 Fernsehpanel D+EU

Durchschnittliche tägliche Fernsehdauer in Minuten

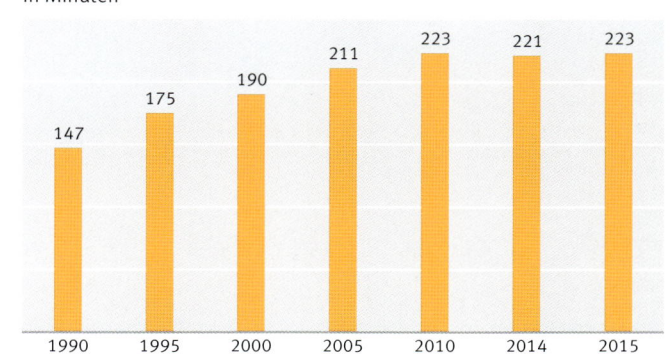

Jahr	Minuten
1990	147
1995	175
2000	190
2005	211
2010	223
2014	221
2015	223

Quelle: Arbeitsgemeinschaft Fernsehforschung (AGF) in Zusammenarbeit mit der Gesellschaft für Konsumforschung (GfK), TV Scope, ab 1992 = Deutschland insgesamt, ab 2001 Fernsehpanel D+EU

7.3.11 Landesrundfunkanstalten 2015

Jede der **Landesrundfunkanstalten** bietet in ihrem Sendegebiet mehrere Hörfunkprogramme an. Weitere Informationen finden Sie unter www.ard.de

	Insgesamt	Musiksendungen				Wortsendungen				Werbefunk
		zusammen	Rock-/Popmusik	Unterhaltungsmusik	Klassik	zusammen	Information und Service	Kultur und Bildung	Unterhaltung	
	Stunden	%	% der Musiksendungen			%	% der Wortsendungen			%
Insgesamt	516 615	55,8	26,4	18,4	11,0	43,4	29,6	7,4	6,4	0,8
Bayerischer Rundfunk	54 759	54,8	21,5	17,6	15,7	44,5	34,1	8,1	2,3	0,6
Hessischer Rundfunk	52 731	60,5	36,6	12,4	11,5	38,3	26,3	4,8	7,2	1,1
Mitteldeutscher Rundfunk	64 925	61,6	20,7	35,3	5,6	37,7	28,0	3,7	6,0	0,7
Norddeutscher Rundfunk	73 366	27,3	16,1	4,8	6,4	72,5	38,0	11,7	22,8	0,3
Radio Bremen	35 040	53,2	32,0	12,2	9,0	45,6	28,1	14,9	2,6	1,1
Rundfunk Berlin-Brandenburg	65 379	50,3	21,8	13,7	14,8	48,7	43,5	3,6	1,6	0,9
Saarländischer Rundfunk	35 040	81,4	43,8	19,0	18,6	17,5	13,1	4,3	0,1	1,2
Südwestfunk	81 242	65,6	34,2	25,1	6,3	33,7	23,0	4,6	6,1	0,8
Westdeutscher Rundfunk	54 133	60,9	21,6	22,3	17,0	38,2	23,4	13,8	1,0	0,8

Aus rechentechnischen Gründen kann es in der Tabelle zu Rundungsdifferenzen kommen.
Quelle: Arbeitsgemeinschaft der öffentlich-rechtlichen Rundfunkanstalten der Bundesrepublik Deutschland

7.3.12 Deutsche Welle und Deutschlandradio 2015

	Deutsche Welle [1]		Deutschlandradio [2]					
	fremdsprachiges Programm		Deutschlandradio Kultur		Deutschlandfunk		DRadio Wissen	
	Stunden	%	Stunden	%	Stunden	%	Stunden	%
Insgesamt	4 950	100	9 343	100	9 343	100	8 760	100
Wortsendungen	4 950	100	5 743	62	7 687	82	3 113	36
Musiksendungen	0	0,0	3 600	38	1 656	18	5 647	64

Deutschlandradio mit seinen Programmen Deutschlandfunk, Deutschlandradio Kultur und DRadio Wissen sendet bundesweit. Die Deutsche Welle sendet Programme in fremden Sprachen sowohl in Europa als auch für das außereuropäische Ausland.

1 Bundesrundfunkanstalt.
2 Bei Deutschlandradio Kultur und Deutschlandfunk sind es mehr Sendestunden als bei DRadio Wissen, weil dort auch die Sondersendungen mitberechnet werden; 2015 auch Mittelwelle&Langwelle, sowie der Livestream unter www.deutschlandradio.de und im Digitalradio: DAB+ und DVB-S (ZDFvision).
Quelle: Arbeitsgemeinschaft der öffentlich-rechtlichen Rundfunkanstalten der Bundesrepublik Deutschland

Statistisches Bundesamt, Statistisches Jahrbuch 2016

7 Kultur, Medien, Freizeit

7.4 Bürgerschaftliches Engagement
7.4.1 Bundesfreiwilligendienst – Freiwillige im Mai 2016

Seit dem 1.7.2011 können sich Frauen und Männer jeden Alters im Rahmen des **Bundesfreiwilligendienstes** (BFD) für das Allgemeinwohl engagieren – im sozialen, ökologischen und kulturellen Bereich sowie in weiteren Bereichen wie Sport, Integration, Kultur und Bildung, aber auch beim Zivil- und Katastrophenschutz. In der Regel dauert der BFD 12 Monate, mindestens jedoch 6 und höchstens 18 Monate (in Ausnahmefällen 24 Monate). Der Bundesfreiwilligendienst trat unmittelbar nach der Aussetzung der Wehrpflicht in Kraft und soll die Folgen des gleichzeitig wegfallenden Zivildienstes zumindest teilweise kompensieren.

	Freiwillige		Davon		Davon im Alter von ... bis unter ... Jahren							
	insgesamt	je 100 000 Einwohner/-innen [1]			unter 27		27 – 51		51 – 65		65 und mehr	
			Männer	Frauen	Männer	Frauen	Männer	Frauen	Männer	Frauen	Männer	Frauen
Deutschland	40 011	49	18 022	21 989	11 946	15 053	3 232	3 958	2 622	2 789	222	189
Baden-Württemberg	5 093	48	2 360	2 733	2 040	2 376	247	286	61	66	12	5
Bayern	3 416	27	1 548	1 868	1 363	1 680	122	146	56	34	7	8
Berlin	1 485	43	672	813	285	415	175	218	202	171	10	9
Brandenburg	1 810	74	846	964	223	239	320	387	285	325	18	13
Bremen	319	48	143	176	116	156	15	11	12	9	0	0
Hamburg	896	51	342	554	301	471	25	68	16	14	0	1
Hessen	1 777	29	826	951	687	806	95	104	40	35	4	6
Mecklenburg-Vorpommern	1 602	100	845	757	185	212	319	283	335	250	6	12
Niedersachsen	3 870	49	1 652	2 218	1 399	2 022	147	132	94	57	12	7
Nordrhein-Westfalen	8 505	48	3 849	4 656	3 333	4 209	354	294	145	142	17	11
Rheinland-Pfalz	1 279	32	567	712	463	610	73	72	28	28	3	2
Saarland	325	33	153	172	123	145	19	22	9	5	2	0
Sachsen	3 889	96	1 671	2 218	473	577	557	853	578	737	63	51
Sachsen-Anhalt	2 147	96	927	1 220	205	238	337	518	358	442	27	22
Schleswig-Holstein	1 380	49	650	730	556	631	61	64	29	33	4	2
Thüringen	2 218	103	971	1 247	194	266	366	500	374	441	37	40

Freiwillige im Dienst. – Stand: 31.5.2016.

1 Eigene Berechnung; Bevölkerungsstand: 31.12.2014 (Ergebnisse auf Grundlage des Zensus 2011).

Quelle: Bundesamt für Familie und zivilgesellschaftliche Aufgaben

7.4.2 Stiftungen 2015

Kernstück einer Stiftung ist das Stiftungsvermögen, das die Stifterin bzw. der Stifter auf die Stiftung überträgt. Es ist dauerhaft der Realisierung bestimmter, meist gemeinnütziger Zwecke gewidmet. Weitere Informationen finden Sie unter www.stiftungen.org

	Stiftungen je 100 000 Einwohner/-innen [1]	Errichtungen	Bestand	Veränderung gegenüber 2014 in %
Deutschland	26	583	21 301	2,5
Baden-Württemberg	30	73	3 187	2,1
Bayern	30	87	3 845	2,1
Berlin	25	35	876	3,8
Brandenburg	8	9	201	4,1
Bremen	50	7	328	0,0
Hamburg	78	40	1 375	2,8
Hessen	31	62	1 916	2,6
Mecklenburg-Vorpommern	10	6	165	2,5
Niedersachsen	28	56	2 207	2,6
Nordrhein-Westfalen	24	117	4 159	2,6
Rheinland-Pfalz	25	28	1 016	2,5
Saarland	17	0	172	– 0,6
Sachsen	13	21	509	4,5
Sachsen-Anhalt	13	9	282	2,5
Schleswig-Holstein	27	16	753	2,2
Thüringen	14	17	310	5,8

Verteilung nach dem Sitz der rechtsfähigen Stiftungen bürgerlichen Rechts. – Ergebnisse einer Umfrage bei den Stiftungsaufsichtsbehörden 2015 und eigener Berechnungen.

1 Bevölkerungsstand: 31.12.2014 (Ergebnisse auf Grundlage des Zensus 2011, Zensusdaten mit dem Stand: 10.4.2014).

Quelle: Bundesverband Deutscher Stiftungen e. V.

Rechtsfähige Stiftungen bürgerlichen Rechts 2016
nach Stiftungszweckhauptgruppen, in %

Stiftungszweck	%
Soziale Zwecke	50
Bildung und Erziehung	35
Kunst und Kultur	31
Andere gemeinnützige Zwecke	30
Wissenschaft und Forschung	25
Öffentliches Gesundheitswesen	13
Umweltschutz	12
Sport	10
Privatnützige Zwecke	6

Mehrfachnennungen möglich, n (Anzahl der Stiftungen) = 17 907.
Nähere Informationen hierzu siehe „Glossar"/„Methodik" am Ende dieses Kapitels.

Quelle: Datenbank Deutscher Stiftungen des Bundesverbandes Deutscher Stiftungen e. V., Stand: Mai 2016

2016 - 01 - 0234

7 Kultur, Medien, Freizeit

7.4 Bürgerschaftliches Engagement
7.4.3 Seelsorge der evangelischen und katholischen Kirchen

	Beratungs-stellen insgesamt	Anrufe bzw. Erstanfragen [1]				Beratung suchende Personen		Im Alter von ... bis unter ... Jahren				
		zusammen	Telefon	E-Mail	Chat	männlich	weiblich	unter 20	20 – 30	30 – 45	45 – 65	65 und mehr
	Anzahl					% [2]						
2008 ...	105	2 264 419	2 257 000	4 031	3 388	22	47	21	19	14	15	6
2009 ...	105	2 185 652	2 177 000	4 279	4 373	22	63	19	20	14	15	7
2010 ...	106	2 020 142	2 012 000	3 744	4 398	22	44	19	21	13	17	9
2011 ...	106	2 016 510	2 007 000	3 054	6 456	19	63	16	22	13	18	12
2012 ...	106	2 015 933	2 004 500	3 933 [3]	7 501	24	47	16	8	{——— 76 [4] ———}		
2013 ...	108	2 313 813	2 300 000	5 991 [3]	7 822	27	45	15	8	{— 70 [4] —}		6
2014 ...	106	1 901 979	1 886 876	6 011 [3]	9 092	34	66	7	8	{——— 73 [4] ———}		
2015 ...	105	1 809 415	1 795 485	6 266 [3]	7 664	35	65	6	9	{— 78 [4] —}		7

1 Telefonanrufe generell und Erstanfragen per Telefon können leider nicht unterschieden werden. Bei E-Mail und Chat wurden nur die Erstanfragen aufgenommen.
2 Aufgrund von fehlenden Angaben zum Geschlecht bzw. Alter ergibt die Summe der Prozente nicht 100.
3 Im Jahr 2012: Folgemails 16 392. Im Jahr 2013: Folgemails 15 315. Im Jahr 2015: Folgemails 18 099.
4 Wegen geänderter Altersklassifizierung nur als Summe verfügbar.
Quelle: Evangelische Konferenz für Telefonseelsorge und Offene Tür e. V.

7.5 Sport
7.5.1 Landessportbünde und Mitgliedschaften 2015

Der **Deutsche Olympische Sportbund (DOSB)** wurde als Nachfolgeorganisation des Deutschen Sportbundes (DSB) und des Nationalen Olympischen Komitees (NOK) gegründet. Die Angaben in den Tabellen 7.5.1 bis 7.5.3 beruhen auf Erhebungen des DOSB. Weitere Informationen finden Sie unter www.dosb.de

	Vereine	Aktive und passive Mitgliedschaften			Mitglieder im Alter von ... bis unter ... Jahren			
		insgesamt [1]	männlich	weiblich	unter 15	15 – 27	27 – 41	41 und mehr
	Anzahl		%					
Deutschland	90 240	23 711 881	60,0	40,0	22,9	18,2	13,9	44,9
Baden-Württemberg	11 389	3 703 759	59,9	40,1	22,7	17,9	13,1	46,4
Bayern	12 030	4 355 391	61,9	38,1	21,8	21,3	14,6	42,3
Berlin	2 323	620 348	63,1	36,9	22,1	19,1	17,6	41,3
Brandenburg	2 925	327 544	62,3	37,7	25,0	15,9	15,2	43,9
Bremen	407	162 466	60,6	39,4	23,3	16,2	13,5	47,0
Hamburg	817	578 672	58,9	41,1	19,3	16,0	20,7	43,9
Hessen	7 746	2 058 323	58,5	41,5	22,5	16,9	13,6	47,1
Mecklenburg-Vorpommern	1 909	242 608	61,1	38,9	26,1	15,9	15,3	42,7
Niedersachsen	9 616	2 664 476	56,4	43,6	23,7	18,3	12,5	45,6
Nordrhein-Westfalen	19 078	5 084 675	61,1	38,9	24,5	17,5	13,5	44,5
Rheinland-Pfalz [2]	6 236	1 426 634	60,2	39,8	21,2	18,4	13,7	46,7
Saarland	2 097	373 546	60,1	39,9	19,1	17,5	13,9	49,4
Sachsen..................	4 511	623 482	60,0	40,0	25,1	14,8	16,0	44,1
Sachsen-Anhalt [2]...........	3 147	341 295	60,0	40,0	22,8	14,6	15,0	47,6
Schleswig-Holstein	2 591	783 411	55,5	44,5	23,4	19,8	11,8	45,0
Thüringen	3 418	365 251	62,7	37,3	22,3	15,7	16,1	45,9

1 Der Austritt des Deutschen Angelfischerverbandes aus dem DOSB zum 31.12.2014 zog allein 671 544 ausscheidende Mitglieder nach sich. Ohne diesen Austritt ergäbe sich ein Zuwachs von 168 635 Mitgliedschaften bzw. eine Steigerung von 0,6 Prozent.
2 Einschl. Mitgliedschaften von Verbänden mit besonderen Aufgaben.
Quelle: Deutscher Olympischer Sportbund

7 Kultur, Medien, Freizeit

7.5 Sport
7.5.2 Spitzenverbände und Mitgliedschaften 2015

	Aktive und passive Mitglieder [1]			Mitglieder im Alter von ... bis unter ... Jahren							
	insgesamt	männlich	weiblich	unter 15		15 – 27		27 – 41		41 und mehr	
				männlich	weiblich	männlich	weiblich	männlich	weiblich	männlich	weiblich
	Anzahl	%									
Insgesamt [2]	24 746 695	60,6	39,4	13,4	9,7	12,5	6,9	7,8	5,2	26,9	17,6
Fußball	6 889 115	84,1	15,9	19,9	3,8	23,6	4,2	10,2	2,0	30,5	5,8
Turnen	4 970 104	31,3	68,7	12,5	19,0	3,6	7,8	2,5	8,8	12,6	33,1
Tennis	1 413 995	60,2	39,8	9,8	7,0	10,2	7,8	6,7	4,3	33,4	20,7
Schützen	1 356 900	75,7	24,3	5,6	2,6	7,4	3,1	15,5	5,7	47,1	12,9
Alpenverein	1 053 410	59,0	41,0	5,5	4,9	8,7	6,3	10,3	7,6	34,6	22,2
Leichtathletik	822 646	49,5	50,5	14,0	16,2	8,6	9,4	4,7	5,0	22,1	19,8
Handball	767 326	62,6	37,4	15,5	11,7	17,2	12,4	8,9	5,3	21,0	8,1
Reiten	690 200	23,0	77,0	2,2	20,0	2,5	23,7	2,6	13,6	15,7	19,6
Behindertensport	640 362	41,1	58,9	2,5	1,8	2,9	2,9	3,9	5,4	31,8	48,8
Golf	639 137	62,8	37,2	2,9	1,5	5,2	2,0	7,2	3,2	47,5	30,5
Tischtennis	570 655	79,5	20,5	12,1	3,9	17,1	4,6	12,3	3,2	38,0	8,9
Schwimmen	562 273	48,4	51,6	24,2	24,6	7,3	7,3	3,8	4,3	13,1	15,4
Ski	560 516	55,6	44,4	9,3	8,4	10,2	8,0	6,2	5,3	29,8	22,6
DLRG	549 781	53,8	46,2	20,5	19,7	11,4	10,2	6,1	5,3	15,8	10,9
Volleyball	430 093	47,9	52,1	4,3	9,8	9,1	17,6	10,3	9,9	24,3	14,8
Tanzen	216 593	31,7	68,3	2,4	22,4	3,7	13,0	3,9	6,7	21,7	26,2
Badminton	194 597	61,9	38,1	10,1	7,8	15,7	12,2	12,3	6,8	23,8	11,3
Basketball	191 882	73,5	26,5	21,5	8,5	26,1	9,5	14,1	4,0	11,9	4,5
Segeln	184 700	73,0	27,0	5,3	3,3	8,6	4,3	8,4	3,1	50,6	16,3
Karate	162 072	64,7	35,3	28,5	16,0	13,5	8,0	7,6	4,3	15,1	7,0
Judo	153 803	72,1	27,9	41,3	16,6	14,8	6,2	6,0	2,1	10,0	2,9
Radsport	136 962	81,2	18,8	7,7	3,8	10,9	2,5	13,6	3,2	49,0	9,3
Kanu	119 106	63,9	36,1	7,9	5,1	11,2	6,0	8,5	5,0	36,3	20,0
Motoryacht	108 015	71,8	28,2	2,3	1,9	4,2	2,3	6,2	2,5	59,1	21,4
Moderner Fünfkampf	106 138	38,6	61,4	11,8	13,0	4,5	5,5	3,7	8,1	18,5	34,9
Aero	101 882	91,1	8,9	1,4	0,5	10,6	1,7	17,9	2,8	61,2	3,9
Schach	89 628	92,2	7,8	16,4	3,1	15,2	1,8	10,4	1,0	50,2	1,9
Kegeln	84 882	74,0	26,0	2,8	1,4	9,1	3,6	11,3	4,2	50,8	16,9
Rudern	83 792	66,5	33,5	6,1	2,9	13,7	6,1	9,7	5,5	37,1	18,9
Hockey	81 750	57,4	42,6	23,1	21,8	13,4	10,2	6,6	3,7	14,3	6,9
Boxsport	70 801	81,6	18,4	15,0	3,7	32,3	7,1	17,5	3,6	16,7	4,1
Ringen	63 978	79,8	20,2	17,1	4,4	16,1	3,3	10,7	2,8	35,9	9,7
Sporttauchen	63 006	69,4	30,6	5,3	4,0	10,7	6,0	12,3	6,2	41,1	14,4
Taekwondo	56 512	66,3	33,7	37,3	18,6	15,8	9,2	5,8	3,0	7,4	2,9
Triathlon	54 848	70,4	29,6	5,1	4,2	8,6	5,1	18,4	8,5	38,3	11,8
American Football	53 851	60,8	39,2	10,2	14,1	31,6	19,1	12,8	3,8	6,1	2,3
Ju-Jutsu	50 752	66,3	33,7	23,2	13,9	17,7	9,1	11,3	4,8	14,0	5,9
Snowboard	37 681	55,5	44,5	9,5	8,6	10,4	8,3	6,3	5,4	29,3	22,2
Rollsport	34 809	53,9	46,1	11,9	19,6	14,6	9,5	12,3	7,4	15,1	9,7
Eisstockschießen	28 688	85,3	14,7	1,9	0,4	11,2	2,1	10,4	2,1	61,7	10,1
Billard	28 419	90,6	9,4	2,3	0,6	13,0	1,8	23,5	2,8	51,8	4,3
Fechten	25 492	65,0	35,0	22,8	11,7	18,3	11,4	7,7	4,1	16,2	7,8
Eishockey	24 722	90,6	9,4	36,5	3,4	35,6	4,2	13,5	1,2	5,1	0,6
Baseball/Softball	23 364	79,1	20,9	9,8	2,2	42,2	10,0	23,9	7,5	3,3	1,1
Motorsport	22 258	93,6	6,4	6,3	0,5	23,1	2,4	21,1	1,6	43,0	1,9
Gewichtheben	21 006	72,9	27,1	3,6	1,4	20,6	5,4	15,1	5,6	33,7	14,7
Boccia, Boule	20 170	73,5	26,5	1,2	0,7	5,2	1,8	6,1	2,4	61,0	21,6
Kraftdreikampf	18 419	66,8	33,2	2,6	1,7	21,5	7,4	15,3	6,2	27,4	17,9
Eislaufen	18 293	17,9	82,1	9,6	51,0	2,4	17,1	1,2	6,1	4,7	8,0
Sportakrobatik	13 968	25,6	74,4	10,1	41,9	6,0	13,7	2,7	5,6	6,7	13,2
Rugby	13 542	84,7	15,3	18,5	2,9	27,2	4,9	19,8	4,3	19,2	3,2
Squash	11 461	74,0	26,0	5,6	3,1	14,6	7,6	16,7	7,0	37,1	8,4
Floorball	10 961	75,4	24,6	29,1	9,1	25,3	7,5	12,7	3,8	8,3	4,2

1 Einschl. Mitglieder, die nicht in den Zahlen der Landessportbünde enthalten sind. – Ranking der Spitzenverbände nach Zahl der Mitglieder.
2 „Insgesamt" umfasst auch „sonstige Sportarten von Spitzenverbänden, deren Mitgliederanzahl unter 10 000 Personen beträgt. Zum Beispiel: Dart, Minigolf oder Gehörlosensport. – Der Austritt des Deutschen Angelfischerverbandes aus dem DOSB zum 31.12.2014 zog allein 671 544 ausscheidende Mitglieder nach sich. Ohne diesen Austritt ergäbe sich ein Zuwachs von 168 635 Mitgliedschaften bzw. eine Steigerung von 0,6 Prozent.

Quelle: Deutscher Olympischer Sportbund

7 Kultur, Medien, Freizeit

7.5 Sport
7.5.3 Deutsches Sportabzeichen 2015

Landessportbund	Insgesamt	Jugend	Erwachsene	Darunter Menschen mit Behinderungen		
				insgesamt	Jugend	Erwachsene
Deutschland	788 859	587 030	201 829	8 198	4 959	3 239
Baden-Württemberg [1]	87 049	59 239	27 810	446	213	233
Bayern	86 095	66 932	19 163	656	182	474
Berlin	21 333	17 832	3 501	309	180	129
Brandenburg	7 383	6 182	1 201	20	15	5
Bremen	3 290	2 097	1 193	44	10	34
Hamburg	3 925	2 351	1 574	28	10	18
Hessen	60 948	47 763	13 185	157	82	75
Mecklenburg-Vorpommern	5 087	3 654	1 433	1	1	0
Niedersachsen	128 677	90 654	38 023	2 407	1 559	848
Nordrhein-Westfalen	233 317	173 419	59 898	1 299	436	863
Rheinland-Pfalz [2]	52 428	39 851	12 577	1 254	1 066	188
Saarland	9 118	6 823	2 295	72	55	17
Sachsen	23 593	18 279	5 314	386	344	42
Sachsen-Anhalt	26 212	24 746	1 466	566	545	21
Schleswig-Holstein	25 870	16 042	9 828	419	154	265
Thüringen	14 534	11 166	3 368	134	107	27
Ausland [3]	9 915	6 020	3 895	0	0	0

1 Beinhaltet Baden Nord, Baden Süd und Württemberg.
2 Beinhaltet Pfalz, Rheinhessen und Rheinland.
3 Sportabzeichen, die im Ausland abgelegt worden sind. Meist sind es Schulen oder deutsche Vereine, aber auch die Bundeswehr, die Training und Abnahme durchführen.

Quelle: Deutscher Olympischer Sportbund

7.5.4 Förderleistung der Stiftung Deutsche Sporthilfe

Die 1967 gegründete **Stiftung Deutsche Sporthilfe** unterstützt erfolgreich den Nachwuchs- und Spitzensport in Deutschland. Aktuell werden rund 3 800 Athleten aus fast allen olympischen Disziplinen, traditionsreichen nicht olympischen Sportarten sowie dem Behinderten- und Gehörlosensport materiell und ideell unterstützt. Weitere Informationen finden Sie unter www.sporthilfe.de

	Geförderte Athleten/ Athletinnen	Verbandsspezifische Förderleistungen										
		insgesamt [1]	Deutscher Leichtathletikverband	Deutscher Schwimmverband	Deutscher Ruderverband	Deutscher Fechter-Bund	Deutscher Ski-Verband	Bund Deutscher Radfahrer	Deutscher Kanu-Verband	Deutscher Turner-Bund	Deutscher Schützen-Bund	Deutscher Hockey-Bund
	Anzahl	1 000 EUR										
2011	3 360	11 609	724	641	856	480	683	443	501	338	365	859
2012	3 523	11 749	696	652	939	380	682	478	591	409	466	638
2013	3 591	11 890	705	659	862	383	610	503	532	392	339	724
2014	3 707	11 468	661	527	593	298	689	424	429	345	393	510

1 Die Summe der aufgelisteten Verbände ergibt nicht „Insgesamt", da für die Berechnung weitere verbandsspezifische Förderleistungen einbezogen wurden.

Quelle: Stiftung Deutsche Sporthilfe

Vereinsmitglieder in ausgewählten Sportarten 2015
in %

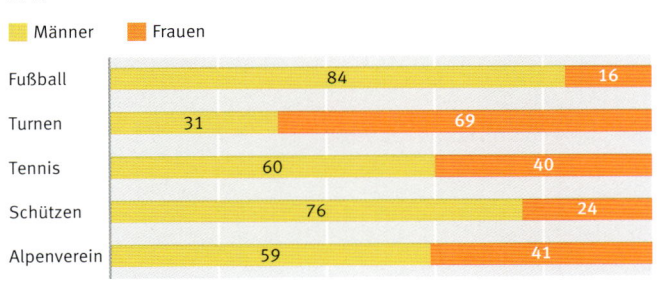

■ Männer ■ Frauen

Sportart	Männer	Frauen
Fußball	84	16
Turnen	31	69
Tennis	60	40
Schützen	76	24
Alpenverein	59	41

Ranking nach Zahl der Mitglieder.
Quelle: Deutscher Olympischer Sportbund (DOSB)

2016 - 01 - 0235

7 Kultur, Medien, Freizeit

7.5 Sport

7.5.5 Medaillenspiegel bei den Olympischen Spielen

	Gold	Silber	Bronze
London 2012			
Insgesamt	11	19	14
Leichtathletik	1	4	3
Schwimmen	–	1	–
Turnen/RSG/Trampolin	–	3	–
Rudern	2	1	–
Judo	–	2	2
Radsport	1	3	1
Kanu	3	2	3
Fechten	–	1	1
Tischtennis	–	–	2
Reiten	2	1	1
Hockey	1	–	–
Mountainbike	–	1	–
Taekwondo	–	–	1
Beachvolleyball	1	–	–
Sotschi 2014			
Insgesamt	8	6	5
Rodeln	4	1	–
Skispringen	2	–	–
Ski Alpin	1	1	1
Nordische Kombination	1	1	1
Biathlon	–	2	–
Snowboard	–	1	1
Langlauf	–	–	1
Eiskunstlauf	–	–	1

Quelle: Deutscher Olympischer Sportbund

7.5.6 Medaillenspiegel bei den Paralympischen Spielen

	Gold	Silber	Bronze
London 2012			
Insgesamt	18	26	22
Leichtathletik	5	3	10
Radsport	4	7	3
Schwimmen	2	7	3
Reiten	2	3	2
Tischtennis	2	1	1
Judo	2	–	1
Rollstuhlbasketball	1	–	–
Segeln	–	2	–
Schießen	–	1	1
Rudern	–	1	–
Rollstuhlfechten	–	1	–
Sitzvolleyball	–	–	1
Sotschi 2014			
Insgesamt	9	5	1
Ski Alpin	6	4	1
Biathlon	2	1	–
Langlauf	1	–	–

Quelle: Deutscher Behindertensportverband e. V.

7 Kultur, Medien, Freizeit

7.5 Sport

7.5.7 Olympische Spiele – Deutsche Teilnehmende und Medaillen

	Teilnehmende		Medaillen			
	insgesamt	darunter Frauen	insgesamt	Gold	Silber	Bronze
	Anzahl	%	Anzahl			
	Winterspiele					
Albertville 1992	110	35	31,8	26	10	10	6
Lillehammer 1994	112	33	29,5	24	9	7	8
Nagano 1998	125	47	37,6	29	12	9	8
Salt Lake City 2002	149	67	45,0	36	12	16	8
Turin 2006	153	61	39,9	29	11	12	6
Vancouver 2010	150	57	38,0	30	10	13	7
Sotschi 2014	153	77	50,3	19	8	6	5
	Sommerspiele					
Barcelona 1992	489	164	33,5	82	33	21	28
Atlanta 1996	479	191	39,9	65	20	18	27
Sydney 2000	444	196	44,1	56	13	17	26
Athen 2004	449	195	43,4	49	13	16	20
Peking 2008	421	188	44,7	41	16	10	15
London 2012	391	176	45,0	44	11	19	14

Quelle: Deutscher Olympischer Sportbund

7.5.8 Paralympische Spiele – Deutsche Teilnehmende und Medaillen

	Teilnehmende		Medaillen			
	insgesamt	darunter Frauen	insgesamt	Gold	Silber	Bronze
	Anzahl	%	Anzahl			
	Winterspiele					
Albertville 1992	38	.	.	38	12	17	9
Lillehammer 1994	43	.	.	64	25	21	18
Nagano 1998	41	8	19,5	44	14	17	13
Salt Lake City 2002	26	4	15,4	33	17	1	15
Turin 2006	35	5	14,3	18	8	5	5
Vancouver 2010	21	6	28,6	24	13	5	6
Sotschi 2014	13	6	46,2	15	9	5	1
	Sommerspiele					
Barcelona 1992	237	.	.	171	61	51	59
Atlanta 1996	227	77	33,9	149	40	58	51
Sydney 2000	251	66	26,3	95	16	41	38
Athen 2004	210	69	32,9	78	19	28	31
Peking 2008	174	66	37,9	59	14	25	20
London 2012	150	61	40,7	66	18	26	22

Quelle: Deutscher Behindertensportverband e. V.

7 Kultur, Medien, Freizeit

Methodik

Dieses Kapitel präsentiert die wichtigsten Daten für den Bereich Kultur, Medien und Freizeit. Eine bundeseinheitliche Statistik zu diesem Themengebiet existiert bisher nicht. Um dennoch einen möglichst umfassenden Überblick zu geben, sind im Folgenden unterschiedliche Statistiken zusammengestellt. Sie stammen aus den Aufzeichnungen der jeweils als Quelle angegebenen Institutionen und unterscheiden sich folglich in Methodik und Aktualität.

Für das Themengebiet Kultur sind Statistiken dargestellt, die den Kulturbereichen gemäß der europäischen Kulturdefinition zugeordnet werden. Zusätzlich werden in diesem Kapitel Informationen zu Sport, bürgerschaftlichem Engagement, Seelsorge und privater Nutzung von Informations- und Kommunikationstechnologie veröffentlicht.

■ Kulturstätten

Museen
Die statistische Erhebung wird jährlich bei allen Museen in der Bundesrepublik Deutschland vom Institut für Museumsforschung durchgeführt. Die Erhebung ist freiwillig und umfasst u. a. Fragen zu den Besuchszahlen, Öffnungszeiten und Eintrittspreisen. Weitere Informationen hierzu finden Sie unter www.smb.spk-berlin.de/ifm

Theater
Die Theaterstatistik wird jährlich vom Deutschen Bühnenverein, dem Bundesverband der Theater und Orchester, herausgegeben. Sie enthält Daten zu öffentlichen und privaten Theatern, Kulturorchestern und Festspielunternehmen in Deutschland sowie zu Theatern in Österreich und der Schweiz. Erfasst werden für jeden einzelnen Betrieb u. a. Angaben zu Veranstaltungen, Besucherinnen und Besuchern, Personal und Finanzen. Weitere Informationen hierzu finden Sie unter www.buehnenverein.de

Buchproduktion
Der Börsenverein des Deutschen Buchhandels e. V. gibt einen aktuellen und umfassenden Überblick über die wirtschaftliche Lage des Buchhandels (Kennzahlen, Daten zur Buchproduktion und -distribution). Weitere Informationen hierzu finden Sie unter www.boersenverein.de

Bibliotheken
Die Deutsche Bibliotheksstatistik (DBS) ist die einzige, alle Bibliothekssparten umfassende und auf einheitlichen Definitionen basierende nationale Statistik für den Bereich der Bibliotheken. Für die Erstellung der DBS ist das Kompetenznetzwerk für Bibliotheken (KNB) zuständig. Die Durchführung und Auswertung von Erhebungen sowie die Betreuung der Statistik verantwortet das Hochschulbibliothekszentrum des Landes Nordrhein-Westfalen. Die DBS enthält Angaben der öffentlichen und wissenschaftlichen Bibliotheken in Deutschland zu den Bereichen Ausstattung, Bestand, Entleihungen, Finanzen und Personal. Weitere Informationen hierzu finden Sie unter www.bibliotheksstatistik.de

Staatliche Archive
Die Angaben über die staatlichen Archive des Bundes und der Länder werden vom Bundesarchiv auf Grundlage einer Abfrage zusammengestellt. Weitere Informationen hierzu finden Sie unter www.bundesarchiv.de

Musikschulen
Die Informationen hierzu beruhen auf Unterlagen des Verbandes Deutscher Musikschulen. Der Verband Deutscher Musikschulen (VdM) ist der Fach- und Trägerverband der öffentlichen gemeinnützigen Musikschulen in Deutschland. Er engagiert sich als Fachpartner für die bundesweite Entwicklung und Umsetzung musikalischer Jugend- und Erwachsenenbildung und vertritt die gemeinsamen Belange der öffentlichen Musikschulen gegenüber Politik und Öffentlichkeit. Weitere Informationen finden Sie unter www.musikschulen.de

Deutscher Chorverband
Der Mitgliederbestand des Deutschen Chorverbandes e. V. wird jährlich bei allen zugehörigen Vereinen ermittelt. Weitere Informationen hierzu finden Sie unter www.deutscher-chorverband.de

Künstlersozialkasse
Die Künstlersozialkasse wurde zur Durchführung der Künstlersozialversicherung geschaffen. Ihre Statistiken bieten u.a. Informationen zur Entwicklung der Versichertenzahlen nach Berufsgruppen, Geschlecht, Alter und Einkommen sowie zur Entwicklung des Haushaltsvolumens und des Bundeszuschusses. Weitere Informationen hierzu finden Sie unter www.kuenstlersozialkasse.de

UNESCO-Welterbestätten in Deutschland
1972 hat die UNESCO das „Übereinkommen zum Schutz des Kultur- und Naturerbes der Welt" (Welterbekonvention) verabschiedet. Demnach sollen die Verantwortung und der Schutz eines Kultur- oder Naturgutes mit universellem Wert nicht allein in der Hand des Staates liegen. Es ist Aufgabe der internationalen Gemeinschaft, sich an diesen Aufgaben unterstützend zu beteiligen. Ein zwischenstaatlich eingerichtetes Komitee prüft jährlich, welche Kultur- oder Naturstätten neu in die Liste des „Welterbes" aufgenommen werden. Dazu müssen die von den Mitgliedstaaten vorgeschlagenen Stätten die festgelegten Kriterien der „Einzigartigkeit" und der „Authentizität" (historische Echtheit) eines Kulturdenkmals oder der „Integrität" einer Naturerbestätte erfüllen. Ebenso muss neben dem aktuellen „Erhaltungszustand" auch ein Erhaltungsplan vorgelegt werden. Weitere Informationen hierzu finden Sie unter www.unesco.de

Goethe-Institut
Das Goethe-Institut ist das weltweit tätige Kulturinstitut der Bundesrepublik Deutschland. Es fördert die Kenntnis der deutschen Sprache im Ausland und pflegt die internationale kulturelle Zusammenarbeit. Darüber hinaus vermittelt es ein umfassendes Deutschlandbild durch Information über das kulturelle, gesellschaftliche und politische Leben. Die vorliegenden Informationen stammen vom Goethe-Institut e. V. Die Zentrale in München berät, koordiniert und sichert die Qualität der Arbeit im Ausland. Hier werden alle Daten ausgewertet, die im weltweiten Netzwerk des Goethe-Instituts generiert werden. Weitere Informationen finden Sie unter www.goethe.de

■ Kulturausgaben

Öffentliche Ausgaben für Kultur
Die öffentlichen Ausgaben für Kultur werden nach dem „Grundmittelkonzept" abgegrenzt. Bei den „Grundmitteln" handelt es sich um die Ausgaben eines Aufgabenbereichs abzüglich der dem jeweiligen Aufgabenbereich zurechenbaren Einnahmen (aus dem öffentlichen und nicht öffentlichen Bereich). Die Grundmittel zeigen die aus allgemeinen Haushaltsmitteln (Steuern, Mitteln aus dem allgemeinen Finanzausgleich, Krediten und Rücklagen) zu finanzierenden Ausgaben eines bestimmten Aufgabenbereichs einschließlich der investiven Maßnahmen.

Die Datenbasis für die Berechnung der Kulturausgaben bildet die Jahresrechnungsstatistik der staatlichen Haushalte sowie der Gemeinden, Gemeindeverbände und Zweckverbände. Informationen zur Methodik dieser Statistiken finden Sie im Kapitel „Finanzen und Steuern" und in den Qualitätsberichten (siehe hierzu www.destatis.de/publikationen › Qualitätsberichte).

Die Kennzahl „Öffentliche Ausgaben für Kultur je Einwohnerin und Einwohner" gibt Aufschluss darüber, wie viele Grundmittel das Bundesland (einschließlich der Gemeinden/ Zweckverbände) aus allgemeinen Haushaltsmitteln für Kultur je Einwohnerin und Einwohner zur Verfügung stellt.

Weitere Informationen zur Berechnung der öffentlichen Kulturausgaben enthält der „Kulturfinanzbericht", eine Gemeinschaftsveröffentlichung der Statistischen Ämter des Bundes und der Länder, unter www.destatis.de/publikationen als Download abrufbar.

7 Kultur, Medien, Freizeit

Methodik

Ausgaben der privaten Haushalte für Kultur und Freizeit
Die Ausgaben der privaten Haushalte für Kultur und Freizeit stammen aus den Laufenden Wirtschaftsrechnungen (LWR), einer jährlichen Erhebung im Rahmen der Wirtschaftsrechnungen privater Haushalte. Bei den LWR handelt es sich um eine Stichprobe, für die jährlich bundesweit 8 000 Haushalte freiwillig zu ihren Einkommen, Einnahmen und Ausgaben, ihren privaten Konsumausgaben, ihren Wohnverhältnissen und zur Ausstattung mit Gebrauchsgütern befragt werden. Die LWR werden am jeweils aktuellen Mikrozensus hochgerechnet und basieren auf dem Mikrozensus 2014.

Weitere Informationen zur Methodik der LWR-Erhebung finden Sie im Kapitel „Einkommen, Konsum, Lebensbedingungen" und dem Qualitätsbericht (siehe hierzu www.destatis.de/publikationen › Qualitätsberichte).

■ Mediennutzung

Die Erhebung zur **Nutzung von Informations- und Kommunikationstechnologien (IKT) in privaten Haushalten** bildet die Basis für europaweit vergleichbare Daten zur Ausstattung privater Haushalte mit IKT sowie zu Art und Umfang der Nutzung von Computer und Internet. Inhaltliche Schwerpunkte sind die Ausstattung mit IKT und verschiedene Nutzungsaspekte des Internets bei den Haushaltsmitgliedern. Ergänzend werden soziodemografische Merkmale erfasst.

Hauptnutzer auf europäischer Ebene ist die Europäische Kommission, Generaldirektion Informationsgesellschaft. Nationale Hauptnutzer sind die Bundesministerien und die amtliche Statistik.

Nationale Rechtsgrundlage ist das Informationsgesellschaftsstatistikgesetz (InfoGesStatG) vom 22.12.2005 (BGBl. I S. 3685). Europäische Rechtsgrundlage ist die Verordnung (EG) Nr. 808/2004 des Europäischen Parlaments und des Rates vom 21.4.2004 über Gemeinschaftsstatistiken zur Informationsgesellschaft (ABl. EU Nr. L 143 S. 49), zuletzt geändert durch die Verordnung (EG) Nr. 1006/2009 des Europäischen Parlaments und des Rates vom 16.9.2009 (ABl. EU Nr. L 283 S. 31), in Verbindung mit dem Bundesstatistikgesetz (BStatG) vom 22.1.1987 (BGBl. I S. 462, 565).

Die methodische Konzeption der IKT-Erhebung folgt den in der europäischen Rechtsgrundlage festgelegten methodischen Vorgaben. Allgemeines Ziel der Vorgaben ist die Sicherstellung der europäischen Vergleichbarkeit der Ergebnisse. Die Auskunftserteilung erfolgt bei der IKT-Erhebung schriftlich. Die Erhebung wird dezentral durch die Statistischen Ämter der Länder durchgeführt. Die Befragten erhalten die Fragebogen auf postalischem Weg vom jeweiligen Statistischen Landesamt und füllen sie selbstständig aus. Jeder Haushalt füllt einen Haushaltsfragebogen und jedes Haushaltsmitglied im Alter ab 10 Jahren (Stichtag für das Erhebungsjahr 2015: 31.12.2014) einen Personenfragebogen aus. Die Befragung ist freiwillig.

Die Erhebung wird als repräsentative Quotenstichprobe mit bundesweit 12 000 Haushalten durchgeführt. Die Stichprobenergebnisse des Erhebungsjahres 2015 wurden auf Basis des Mikrozensus 2014 auf die Grundgesamtheiten von ca. 39,7 Millionen Haushalten und ca. 73,1 Millionen Personen ab 10 Jahren frei hochgerechnet und mittels einer nichtlinearen Regressionsschätzung an die gemeinsame Randverteilung mehrerer Merkmale angepasst.

Der Bezugszeitraum umfasst die letzten drei Monate (bei einigen Merkmalen die letzten zwölf Monate) vor der Erhebung. Der Erhebungszeitraum der IKT-Erhebung umfasst die Monate April und Mai des gleichen Jahres.

Weitere Informationen zur Methodik der IKT-Erhebung finden Sie in den Qualitätsberichten (siehe hierzu www.destatis.de/publikationen › Qualitätsberichte).

Filmwirtschaft
Die statistische Abteilung der Spitzenorganisation der Filmwirtschaft e. V. (SPIO) erfasst alle verfügbaren Daten im Bereich der deutschen Filmwirtschaft, wertet sie aus und stellt die Ergebnisse im Filmstatistischen Jahrbuch der Öffentlichkeit zur Verfügung. Weitere Informationen hierzu finden Sie im Internet unter www.spio.de, ergänzende Angaben zur Filmförderungsanstalt (FFA) und zum Deutschen Filmförderfonds (DFFF) sind erhältlich unter www.ffa.de

Fernsehen
Auf ihren Internetseiten veröffentlicht die ARD Mediadaten und statistische Informationen über das Erste Deutsche Fernsehen, die Dritten Fernsehprogramme und die Partnerprogramme PHOENIX, Ki.KA, 3sat und ARTE. Die Programmstatistiken werden nach verschiedenen Kriterien systematisiert. Darüber hinaus stellt die ARD ihre Finanz- und Werbestatistik ins Netz. Auch das Zweite Deutsche Fernsehen (ZDF) veröffentlicht seine Programm-, Finanz- und Unternehmensdaten im Netz. Weitere Informationen hierzu finden Sie unter www.ard.de/intern bzw. www.zdf.de

Die Arbeitsgemeinschaft Fernsehforschung (AGF) ist der Zusammenschluss der Sender ARD, ProSiebenSat.1 Media AG, der Mediengruppe RTL Deutschland und ZDF zur gemeinsamen Durchführung und Weiterentwicklung der kontinuierlichen quantitativen Erfassung der Nutzung von Bewegtbildinhalten in Deutschland, einschließlich der Erhebung und Auswertung der Daten. Das AGF-Fernsehpanel umfasst 5 000 täglich berichtende Haushalte (Berichtsbasis Fernsehpanel D+EU), in denen fast 10 500 Personen leben. Damit wird die Fernsehnutzung von 72,2 Millionen Personen ab 3 Jahren bzw. 36,7 Millionen Fernsehhaushalten abgebildet (Stand: 1.1.2014). Weitere Informationen finden Sie unter www.agf.de

Hörfunk
Die ARD veröffentlicht in ihrem Jahrbuch jährlich eine statistische Übersicht über die Hörfunkprogramme aller ARD-Rundfunkanstalten (BR, HR, MDR, NDR, Radio Bremen, RBB, SR, SWR, WDR und Deutsche Welle) und des Deutschlandradios. Weitere Informationen hierzu finden Sie unter www.ard.de

■ Bürgerschaftliches Engagement

Bundesfreiwilligendienst
Seit dem 1.7.2011 können sich Frauen und Männer aller Generationen im Rahmen des Bundesfreiwilligendienstes (BFD) für das Allgemeinwohl engagieren – im sozialen, ökologischen und kulturellen Bereich sowie in weiteren Bereichen wie Sport, Integration, Kultur und Bildung, aber auch beim Zivil- und Katastrophenschutz. Er fördert damit das lebenslange Lernen; jungen Freiwilligen bietet er die Chance, praktische und soziale Kompetenzen zu erwerben und erhöht für benachteiligte Jugendliche die Chancen des Einstiegs in ein geregeltes Berufsleben. Ältere Freiwillige werden ermutigt, ihre bereits vorhandenen Kompetenzen sowie ihre Lebens- und Berufserfahrung einzubringen und weiterzuvermitteln. Die Ausgestaltung des Bundesfreiwilligendienstes erfolgt arbeitsmarktneutral. In der Regel dauert der BFD 12 Monate, mindestens jedoch 6 und höchstens 18 Monate (in Ausnahmefällen 24 Monate). Der Bundesfreiwilligendienst trat unmittelbar nach der Aussetzung der Wehrpflicht in Kraft und soll die Folgen des gleichzeitig wegfallenden Zivildienstes zumindest teilweise kompensieren. Weitere Informationen finden Sie unter www. bundesfreiwilligendienst.de

Stiftungen
Die Informationen über deutsche Stiftungen aller Rechtsformen werden in der umfassenden „Datenbank Deutscher Stiftungen" erfasst. Diese Datenbank des Bundesverbands Deutscher Stiftungen – der Dachverband der Stiftungen – ermöglicht Analysen, Studien und Trendaussagen über das Stiftungswesen in Deutschland. Neben der eigenen Recherche ist die Beantwortung eines umfangreichen Fragebogens Grundlage der Daten. Da die Beantwortung der Fragen freiwillig ist, sind die Informationen über die einzelnen Stiftungen unterschiedlich umfangreich. Seit 1991 werden Daten zu Stiftungen systematisch erfasst. Ende 2015 existierten 21 301 rechtsfähige Stiftungen bürgerlichen Rechts. Einen Überblick geben die aktuellen Publikationen „Zahlen, Daten, Fakten zum deutschen Stiftungswesen" und „Verzeichnis Deutscher Stiftungen", die im Oktober 2014 erschienen sind.

Die individuelle Gestaltungsfreiheit für Stiftungen in Deutschland äußert sich in einer Vielfalt an Formen, Typen und einer großen Heterogenität. Für die Abbildung der Stiftungstätigkeit wurden 42 Bereiche in Anlehnung an die §§ 52 – 54 AO definiert, die wiederum zu folgenden Hauptgruppen zusammengefasst wurden: Soziales, Bildung und Erziehung, Wissenschaft und Forschung, Kunst und Kultur, Umweltschutz, Öffentliches Gesundheitswesen sowie Sport. Daneben gibt es noch „Andere gemeinnützige Zwecke" und „Privatnützige Zwecke". Die Auswertung der Angaben rechtsfähiger Stiftungen des bürgerlichen Rechts erfolgte über Mehrfachantworten.

Stiftungen finden sich in Deutschland flächendeckend, doch gibt es erkennbare regionale Konzentrationen. Weitere Informationen finden Sie unter *www.stiftungen.org*

Telefonseelsorge

Die Telefonseelsorge ist eine bundesweite Organisation. Umfassend ausgebildete ehrenamtliche Mitarbeiterinnen und Mitarbeiter mit vielseitigen Lebens- und Berufskompetenzen stehen Ratsuchenden in 105 Telefonseelsorgestellen vor Ort zur Verfügung. Träger sind die Evangelische Kirche (*www.ekd.de; www.diakonie.de*) und die Katholische Kirche (*www.dbk.de*). Seit 1997 besteht eine Partnerschaft zwischen der Telefonseelsorge in Deutschland und der Deutschen TelekomAG, die sämtliche Gebühren für die unter den Sonderrufnummern geführten Gespräche trägt. Weitere Informationen finden Sie unter *www.telefonseelsorge.de*

■ Sport

Die Angaben zum Sport beruhen auf Erhebungen des Deutschen Olympischen Sportbunds (DOSB) und der Deutschen Sporthilfe. Daten über Förderleistungen der Deutschen Sporthilfe für Spitzensportlerinnen und Spitzensportler sowie Angaben über die Teilnahme und Medaillengewinne bei Olympischen Spielen stellen den Bereich des Leistungs- bzw. Spitzensports dar. Weitere Informationen hierzu finden Sie unter *www.dosb.de* und *www.sporthilfe.de*

Olympische Spiele

Die Olympischen Spiele sind Wettkämpfe zwischen Athletinnen und Athleten in Einzel- oder Mannschaftswettbewerben, nicht zwischen Ländern. Die teilnehmenden Aktiven werden von ihren Nationalen Olympischen Komitees (NOKs) ausgewählt. In Deutschland übernimmt der Deutsche Olympische Sportbund seit 2006 diese Funktion. Die Meldungen der Aktiven werden vom Internationalen Olympischen Komitee (IOC) entgegengenommen. Die Wettkämpfe finden unter der fachlichen Leitung der jeweiligen internationalen Fachverbände statt. Die Olympischen Spiele bestehen aus den Spielen der Olympiade und den Olympischen Winterspielen. Weitere Informationen hierzu finden Sie unter *www.dosb.de*

Paralympische Spiele

Das Internationale Paralympic Komitee (IPC) wurde 1989 gegründet und ist eine der größten Sportorganisationen der Welt. Es repräsentiert eine große Zahl der Aktiven mit Behinderung und sorgt für vergleichbare Bedingungen des Leistungssports der Behinderten und Nicht-Behinderten. Eine Vereinbarung zwischen dem IOC und dem IPC garantiert seit 2001 die Durchführung der Paralympics. Sie sichert ferner, dass die Paralympics seit 2008 kurz nach den Olympischen Spielen und in den gleichen Wettkampfstätten und Einrichtungen wie die Olympischen Spiele stattfinden. Weitere Informationen hierzu finden Sie unter *www.dosb.de*

Kultur, Medien, Freizeit

Glossar

Bibliotheken | Die Bibliothek ist eine Einrichtung in öffentlicher, privater oder kirchlicher Trägerschaft, die unter archivarischen, ökonomischen und synoptischen Gesichtspunkten publizierte Informationen für die Benutzerinnen und Benutzer sammelt, ordnet und verfügbar macht. Die Palette der Dienstleistungen reicht vom Buch in gedruckter oder digitalisierter Form über Zeitungen, Zeitschriften, Tonträger und Bildmaterial bis hin zum Internetzugang für Online-Recherchen. Indem sie ihre Bestände zur Verfügung stellen und archivieren, dienen Bibliotheken der Versorgung der breiten Öffentlichkeit (öffentliche Bibliotheken) und der Forschung (wissenschaftliche Bibliotheken) mit Literatur und Informationen.

Breitbandanschluss | Haushalte mit Breitbandanschluss nutzen einen Internetzugang mit einer im Vergleich zu Telefonmodem oder ISDN-Modem (Schmalbandanschluss) deutlich höheren Datenübertragungsrate, um ins Internet zu gelangen. Zum Breitbandanschluss zählen: DSL-Anschluss, Internetanschlüsse über Kabel (z.B. TV-Kabel, Glasfaser), drahtlose ortsgebundene Internetanschlüsse (z. B. über Satellit, WiMAX) oder drahtlose mobile Internetanschlüsse über Handy/Smartphone bzw. Laptop-Karte/USB-Stick mit mind. 3G, z. B. UMTS.

Buchproduktion | Daten zur Buchproduktion (Titelproduktion) werden anhand der im „Wöchentlichen Verzeichnis der Deutschen Bibliographie" angezeigten Titel erstellt. Dabei werden nur Veröffentlichungen berücksichtigt, die im Buchhandel erhältlich sind.

Bürgerschaftliches Engagement | Als „Bürgerschaftliches Engagement" gilt nach Definition des Deutschen Bundestages eine Tätigkeit, die freiwillig, nicht auf materiellen Gewinn gerichtet und gemeinwohlorientiert ist. Das Engagement findet im öffentlichen Bereich statt und wird in der Regel gemeinschaftlich ausgeübt.

Computer | Der Begriff „Computer" umfasst sowohl stationäre Computer (PC) als auch mobile Computer (z. B. Laptop/Notebook, Netbook, Tablet).

DOSB | Der Deutsche Olympische Sportbund (DOSB) ist die regierungsunabhängige Dachorganisation des deutschen Sports. Er wurde am 20.5.2006 durch den Zusammenschluss des Deutschen Sportbundes (DSB) und des Nationalen Olympischen Komitees für Deutschland gegründet. Zu seinen Mitgliedern zählen Landessportbünde, olympische und nicht-olympische Spitzenverbände, Sportverbände mit besonderen Aufgaben (z.B. der Allgemeine Deutsche Hochschulsportverband) sowie IOC- und persönliche Mitglieder. Er umfasst Breitensport bis Spitzensport und ist die größte Personenvereinigung Deutschlands.

Goethe-Institut | Das Goethe-Institut ist das weltweit tätige Kulturinstitut der Bundesrepublik Deutschland. Es fördert die Kenntnis der deutschen Sprache im Ausland und pflegt die internationale kulturelle Zusammenarbeit. Darüber hinaus vermittelt es ein umfassendes Deutschlandbild durch Information über das kulturelle, gesellschaftliche und politische Leben. Bildungsangebote ermöglichen Mobilität in einer weltweiten Lerngemeinschaft. Mit einem Netzwerk aus Goethe-Instituten, Goethe-Zentren, Kulturgesellschaften, Lesesälen sowie Prüfungs- und Sprachlernzentren nimmt das Goethe-Institut seit über sechzig Jahren weltweit zentrale Aufgaben der auswärtigen Kultur- und Bildungspolitik wahr.

Haushalte | Als Haushalt gilt jede Gesamtheit von Personen, die zusammen wohnen und wirtschaften und in der Regel ihren Lebensunterhalt gemeinsam finanzieren bzw. die Ausgaben für den Haushalt teilen. Zu einem Privathaushalt gehören auch die vorübergehend abwesenden Personen, z. B. Berufspendlerinnen und -pendler, Studierende, Auszubildende, Personen im Krankenhaus und im Urlaub. Entscheidend ist, dass die Abwesenheit nur vorübergehend ist und die Person normalerweise im Haushalt wohnt und lebt bzw. mit ihrem ersten Wohnsitz an der Adresse des Haushalts gemeldet ist. Personen, die in einem Haushalt nur für sich selbst wirtschaften (Alleinlebende, Wohngemeinschaften ohne gemeinsame Haushaltsführung) gelten als eigenständige Privathaushalte. Nicht zum Haushalt gehören Untermieterinnen und Untermieter, Gäste sowie Hausangestellte.

Haushaltstyp | Die Haushalte werden unterschieden durch die Anzahl der Haushaltsmitglieder ab 16 Jahren mit zusätzlich mindestens einem Kind (Person unter 16 Jahren) oder ohne Kind.

Internetzugang/-nutzung | In der Erhebung „Private Haushalte in der Informationsgesellschaft" (IKT-Erhebung) werden als Haushalte mit Internetzugang alle Haushalte erfasst, die einen Internetzugang zu Hause besitzen – unabhängig davon, ob dieser tatsächlich genutzt wird. Die Internetnutzung von Personen ist dagegen nicht ortsgebunden und umfasst auch die Nutzung außerhalb von zu Hause (z. B. Arbeitsplatz, Schule/Universität, Flughafen, Hotel).

Kauf/Bestellungen von Waren oder Dienstleistungen über das Internet | Unter Kauf oder Bestellungen über das Internet wird der Erwerb von Waren und Dienstleistungen auf elektronischem Weg über das Internet verstanden (z. B. über die Webseite der Verkäuferin bzw. des Verkäufers oder über einen Web-/Onlineshop). Nicht erforderlich ist hierbei die Bezahlung oder die Auslieferung der Ware bzw. Dienstleistung auf elektronischem Weg.

Künstlersozialkasse | In Deutschland besteht ein umfassender Sozialversicherungsschutz für Künstlerinnen und Künstler. Die Künstlersozialkasse wurde zur Durchführung der Künstlersozialversicherung geschaffen. Selbstständig erwerbstätige Künstlerinnen und Künstler sowie Publizistinnen und Publizisten werden seit 1983 als Pflichtversicherte über die Künstlersozialkasse in die gesetzliche Renten-, Kranken- und Pflegeversicherung einbezogen.

Monatliches Haushaltsnettoeinkommen | Das monatliche Haushaltsnettoeinkommen ist die Summe der monatlichen Nettoeinkommen aller Haushaltsmitglieder. Es errechnet sich aus den im Laufe des Vorjahres erzielten Bruttoeinkünften aller Haushaltsmitglieder abzüglich Steuern und Beiträgen zur Kranken-, Pflege-, Arbeitslosen- und gesetzlichen Rentenversicherung geteilt durch 12.

Museen | Die Museumsstatistik erfasst alle allgemein zugänglichen und nicht kommerziell ausgerichteten musealen Einrichtungen (Museen, Museumseinrichtungen bzw. -komplexe, Ausstellungshäuser), bei denen eine Sammlung oder Ausstellung von Objekten mit kultureller, historischer oder allgemein wissenschaftlicher Zielsetzung vorhanden ist.

Musikschulen | Musikschulen sind öffentliche gemeinnützige Einrichtungen der musikalischen Bildung für Kinder, Jugendliche und Erwachsene und erfüllen einen öffentlichen Bildungsauftrag. Sie bieten eine musikalische Früherziehung und geben qualifizierten Instrumental- und Vokalunterricht. Ferner ermöglichen sie das gemeinsame Musizieren in Orchestern, Chören und Ensembles. Der Verband Deutscher Musikschulen (VdM) ist der Fach- und Trägerverband der öffentlichen gemeinnützigen Musikschulen in Deutschland.

Rundfunk | Das Rundfunksystem in Deutschland hat eine duale Struktur, bestehend aus öffentlich-rechtlichen und kommerziellen Programmanbietern. Der öffentlich-rechtliche Rundfunk umfasst die Hörfunk-, Fernseh- und Telemedienangebote von ARD, ZDF, Deutschlandradio, die Deutsche Welle sowie seit 2010 das DRadio Wissen.

Die in der ARD vereinten neun Landesrundfunkanstalten (BR, HR, MDR, NDR, Radio Bremen, RBB, SR, SWR und WDR) produzieren für ein oder mehrere Bundesländer regional ausgerichtete Hörfunk- und Fernsehangebote sowie gemeinsam das nationale Erste Deutsche Fernsehen.

Das ZDF ist im Unterschied zur ARD zentral organisiert. Als nationaler Fernsehsender aller deutschen Bundesländer veranstaltet es ein bundesweit einheitliches Vollprogramm. Auch das von ARD und ZDF gemeinsam veranstaltete Deutschlandradio bietet ein Programm für ganz Deutschland an.
Zum Gesamtangebot von ARD und ZDF gehören außerdem der Ereignis- und Dokumentationskanal PHOENIX, der Kinderkanal Ki.KA sowie die Partnerprogramme 3sat und ARTE. Zusätzlich sind ARD und ZDF mit der Verbreitung von jeweils drei ausschließlich digital verbreiteten Spartenkanälen beauftragt.

7 Kultur, Medien, Freizeit

Glossar

Die Deutsche Welle (DW) ist der Auslandssender der Bundesrepublik Deutschland. Sie verbreitet weltweit multimediale Angebote in Deutsch und in 29 weiteren Sprachen. Die DW ist Mitglied der ARD.

Staatliche Archive des Bundes und der Länder | Die staatlichen Archive des Bundes (Bundesarchiv, Politisches Archiv des Auswärtigen Amtes, Geheimes Staatsarchiv Preußischer Kulturbesitz) und der Länder verwalten die Unterlagen von Verfassungsorganen, Behörden, Gerichten, Streitkräften, Körperschaften, Anstalten und Stiftungen des öffentlichen Rechts und anderer Einrichtungen des Bundes und der Länder und können diese Überlieferung durch Unterlagen privater Herkunft ergänzen.

Stiftung | Die Stiftung steht als Oberbegriff für eine Institution, die im privaten, öffentlichen und kirchlichen Recht verankert und ausgestaltet ist und in unterschiedlichen Rechtsformen organisiert sein kann. Kernstück der Stiftung ist das Stiftungsvermögen, das die Stifterin bzw. der Stifter auf die Stiftung überträgt und das dauerhaft der Verwirklichung bestimmter, meist gemeinnütziger Zwecke gewidmet ist. Was die Ausgestaltung der Stiftungszwecke und die historische Ausprägung der Stiftung betrifft, weist das deutsche Stiftungswesen eine komplexe Vielfalt auf. Noch heute sind Stiftungen aus dem 10. Jahrhundert aktiv. Der Prototyp der Stiftung ist die rechtsfähige Stiftung des bürgerlichen Rechts.

Theater | Die Theaterstatistik enthält Angaben über die öffentlich getragenen Theaterunternehmen (Stadttheater, Staatstheater und Landesbühnen), die ortsfesten Privattheater, die in Theater integrierten Kulturorchester, die selbstständigen Kulturorchester mit eigenem Etat und zu Festspielunternehmen.

UNESCO-Welterbestätten | Die Welterbestätten der UNESCO stehen unter dem besonderen Schutz der Internationalen Konvention für das Kultur- und Naturerbe der Menschheit. Die Aufnahme in die Liste des Weltkulturerbes folgt strengen Kriterien, die in der 1972 von der UNESCO verabschiedeten Konvention festgelegt sind. Die UNESCO-Welterbestätten in Deutschland umfassen u. a. Baudenkmäler, Städteensembles und Kulturlandschaften.

Sporthilfe, Deutsche | Diese Stiftung hat ihren Tätigkeitsschwerpunkt in der Förderung sportlicher Eliten. Einnahmen, die durch Spenden, Events, Vermarktung, Erlöse aus der Lotterie „GlücksSpirale" und den Sport-Briefmarken erzielt werden, dienen Förderkonzepten für junge Talente und Top-Athletinnen und -Athleten sowie der Zukunftssicherung deutscher Spitzensportlerinnen und Spitzensportler.

7 Kultur, Medien, Freizeit

Mehr zum Thema

Liebe Leserin, lieber Leser,
ein Thema in diesem Kapitel spricht Sie besonders an oder Sie benötigen weitere Informationen? Auf dieser Seite nennen wir Ihnen, nach Themen gegliedert, weitere Veröffentlichungen unseres Hauses. Ausführliche Informationen zu den Produktkategorien sowie dem Informationsangebot des Statistischen Bundesamtes finden Sie auf Seite 8 dieser Ausgabe.

Web-Angebote
www.destatis.de ist Ihre erste Adresse in Sachen Statistik. Hier finden Sie alle Informationen, die das Statistische Bundesamt veröffentlicht, tagesaktuell. Unsere Veröffentlichungen können Sie direkt über unsere Website *www.destatis.de/publikationen* downloaden.

GENESIS-Online
Unter *www.destatis.de/genesis* bietet die Haupt-Datenbank des Statistischen Bundesamtes ein breites Themenspektrum fachlich tief gegliederter Ergebnisse der amtlichen Statistik. Daten zu *Kultur, Medien, Freizeit* finden Sie unter dem Menüpunkt › Themen, Code 216 und 913, Daten zur *Informations- und Kommunikationstechnologie* unter Code 63931

Weitere Veröffentlichungen zu den Themen

▪ Kulturausgaben

Gemeinschaftsveröffentlichungen
- Kulturfinanzbericht 2014

▪ Mediennutzung

Fachserie 15 Wirtschaftsrechnungen
- Reihe 4: Private Haushalte in der Informationsgesellschaft – Nutzung von Informations- und Kommunikationstechnologien (IKT)

Fachberichte
- Informationsgesellschaft in Deutschland (erschienen 2009)

WISTA – Wirtschaft und Statistik
- Heft 8/11: Internetnutzung in privaten Haushalten in Deutschland
- Heft 5/12: Der Einsatz von Computer und Internet in privaten Haushalten in Deutschland
- Heft 1/14: Mobile Internetnutzung in Deutschland und Europa 2012
- Heft 8/14: E-Commerce in privaten Haushalten 2013

Themenübergreifend

Gemeinschaftsveröffentlichungen
- Kulturindikatoren auf einen Blick (erschienen 2008)

Fachberichte
- Beschäftigung in Kultur und Kulturwirtschaft (erschienen 2015)
- Zeitverwendung für Kultur und kulturelle Aktivitäten in Deutschland (erschienen 2016)

8 Soziales

Rund jede **elfte Person** Ende 2014 auf **Mindestsicherungsleistungen** angewiesen | **Grundsicherung** im Alter und bei Erwerbsminderung 2015 für rund **1 038 000 Personen** | Staat gab 2014 netto je Einwohnerin bzw. je Einwohner **327 Euro Sozialhilfe** aus | **124 200 Gefährdungseinschätzungen** für Minderjährige im Jahr 2014 | Ausgaben der öffentlichen Hand für Kinder- und Jugendhilfe stiegen 2014 auf **37,8 Milliarden Euro** | 2014 begannen rund **16 100** junge Menschen eine **Vollzeitpflege in einer anderen Familie**

8 Soziales

Seite

227 Auf einen Blick

Tabellen

228 Sozialbudget nach Institutionen
Sozialversicherungssysteme | Sondersysteme | Systeme des öffentlichen Dienstes | Arbeitgebersysteme | Entschädigungssysteme | Förder- und Fürsorgesysteme

229 Sozialversicherungen
Gesetzliche Rentenversicherung | Durchschnittliche monatliche Rentenzahlbeträge | Gesetzliche Krankenversicherung | Soziale Pflegeversicherung | Arbeitslosenversicherung | Gesetzliche Unfallversicherung

233 Versorgungssystem des öffentlichen Dienstes
Empfängerinnen und Empfänger von Ruhegehalt, Witwen- und Witwergeld, Waisengeld | Durchschnittliche Versorgungsbezüge | Zugänge von Empfängerinnen und Empfängern von Ruhegehalt

234 Sozialleistungen
Mindestsicherungsquote nach Ländern | Hilfe zum Lebensunterhalt | Grundsicherung im Alter und bei Erwerbsminderung | Leistungen nach Kapitel 5 bis 9 des SGB XII | Ausgaben der Sozialhilfe | Grundsicherung für Arbeitsuchende | Leistungen nach dem Asylbewerberleistungsgesetz | Kriegsopferfürsorge | Hilfen zur Erziehung | Sozialpädagogische Familienhilfe | Eingliederungshilfe bei (drohender) seelischer Behinderung | Gefährdungseinschätzung | Maßnahmen des Familiengerichts auf Grund einer Gefährdung des Kindeswohls | Vorläufige Schutzmaßnahmen | Andere Aufgaben der Kinder- und Jugendhilfe | Ausgaben und Einnahmen der Träger der öffentlichen Kinder- und Jugendhilfe | Einrichtungen und tätige Personen in der Kinder- und Jugendhilfe

244 Methodik

247 Glossar

253 Mehr zum Thema

8 Soziales

8.0 Auf einen Blick

Sozialleistungsquote
in %

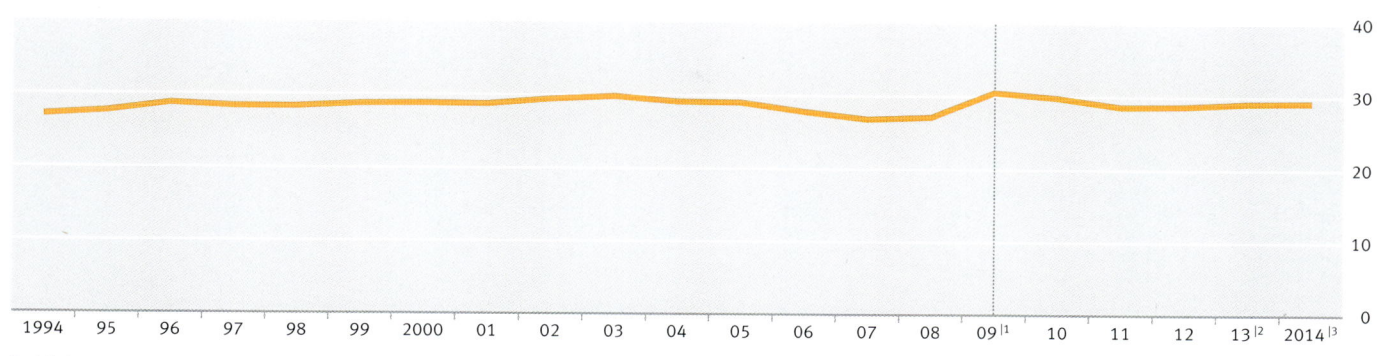

Sozialleistungen im Verhältnis zum Bruttoinlandsprodukt. – Stand: Mai 2015.

1 Der Anstieg 2009 ist in erster Linie Folge der durch die Finanzmarktkrise gesunkenen Wirtschaftskraft, verbunden mit höheren Ausgaben im Bereich des SGB II und des SGB III. Dazu kommt die erstmalige Berücksichtigung der Grundleistungen der privaten Krankenversicherung ab 2009. Deshalb sind die Quoten vor und ab 2009 nicht miteinander vergleichbar.
2 Vorläufiges Ergebnis.
3 Geschätztes Ergebnis.

Quelle: Bundesministerium für Arbeit und Soziales

Sozialbudget 2014
Leistungen nach Institutionen, in %

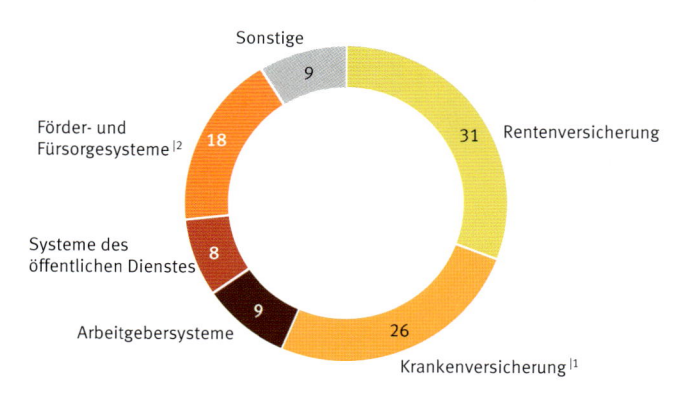

- Rentenversicherung: 31
- Krankenversicherung [1]: 26
- Förder- und Fürsorgesysteme [2]: 18
- Arbeitgebersysteme: 9
- Sonstige: 9
- Systeme des öffentlichen Dienstes: 8

Sozialbudget einschl. Beiträge des Staates, ohne Verrechnungen. – Berechnungsstand: Mai 2015, geschätzt.

1 Einschl. private Krankenversicherung.
2 Grundsicherung für Arbeitsuchende, Kindergeld und Familienleistungsausgleich, Kinder- und Jugendhilfe, Sozialhilfe etc.

Quelle: Bundesministerium für Arbeit und Soziales

Mindestsicherungsquote 2014
in %

Land	%
Berlin	19
Bremen	18
Sachsen-Anhalt	14
Mecklenburg-Vorpommern	14
Hamburg	13
Nordrhein-Westfalen	11
Brandenburg	11
Sachsen	11
Schleswig-Holstein	10
Saarland	10
Thüringen	9
Niedersachsen	9
Hessen	9
Rheinland-Pfalz	7
Baden-Württemberg	5
Bayern	5

Deutschland 9

Ergebnisse der Sozialberichterstattung der amtlichen Statistik. – Bevölkerungsstand: 31.12.2014 (Ergebnisse auf Grundlage des Zensus 2011, Stand: 10.4.2014). Die Mindestsicherungsquote stellt den Anteil der Empfängerinnen und Empfänger von Mindestsicherungsleistungen, z. B. Sozialhilfe und Grundsicherung für Arbeitsuchende, an der Gesamtbevölkerung dar.

8 Soziales

8.1 Sozialbudget nach Institutionen 2014

	Leistungen						Finanzierung							
	insgesamt	Sozialschutzleistungen			Verwaltungs- und sonstige Ausgaben	Verrechnungen	insgesamt	Sozialbeiträge			Beiträge des Staates	Zuschüsse des Staates	Sonstige Einnahmen	Verrechnungen
		Einkommensleistungen	Sachleistungen	Beiträge des Staates				der Versicherten	der Arbeitgeber/-innen					
									tatsächlich	unterstellt				
	Mill. EUR													
Sozialleistungen insgesamt [1]	849 173	502 918	309 371	–	36 884	–	897 420	272 670	236 254	75 665	–	298 023	14 808	–
nachrichtlich: Sozialleistungen einschl. Beiträge des Staates	883 244	502 918	309 371	34 071	36 884	–	931 492	272 670	236 254	75 665	34 071	298 023	14 808	–
Sozialversicherungssysteme														
Rentenversicherung	271 336	245 070	4 528	17 304	3 883	552	274 727	90 754	91 640	–	7 595	84 286	349	104
Krankenversicherung	204 811	9 394	181 658	1 912	11 045	803	201 892	100 619	63 593	–	24 797	11 971	610	303
Pflegeversicherung	25 407	–	23 249	943	1 206	10	25 863	15 123	9 302	–	1 392	–	46	–
Unfallversicherung	12 480	6 264	3 208	231	2 640	138	13 432	1 562	10 755	–	42	785	273	16
Arbeitslosenversicherung	28 802	13 501	3 455	7 265	3 958	623	30 739	14 496	15 617	–	245	9	372	–
Sondersysteme														
Alterssicherung der Landwirte	2 798	2 687	21	3	68	19	2 802	597	–	–	–	2 204	1	–
Versorgungswerke	5 043	4 657	–	–	385	–	15 442	7 710	786	–	–	–	6 945	–
Private Altersvorsorge	330	330	–	–	–	–	14 112	11 104	–	–	–	3 008	–	–
Private Krankenversicherung	21 473	787	16 640	–	4 045	–	24 376	22 294	2 082	–	–	–	–	–
Private Pflegeversicherung	1 004	–	806	28	170	–	2 083	1 736	347	–	–	–	–	–
Systeme des öffentlichen Dienstes														
Pensionen	50 643	50 366	–	–	277	–	51 526	251	–	20 546	–	28 233	1 093	1 404
Familienzuschläge	3 223	3 192	–	–	31	–	3 223	–	–	–	–	2 484	680	59
Beihilfen	14 229	5	14 082	–	142	–	14 404	–	–	10 991	–	2 862	287	263
Arbeitgebersysteme														
Entgeltfortzahlung	43 453	43 453	–	–	–	–	43 453	–	–	43 453	–	–	–	–
Betriebliche Altersversorgung	25 993	25 090	–	–	903	–	34 945	5 134	29 811	–	–	–	–	–
Zusatzversorgung	11 504	10 477	–	–	1 027	–	17 784	1 290	12 322	–	–	480	3 692	–
Sonstige Arbeitgeberleistungen	676	–	676	–	–	–	676	–	–	676	–	–	–	–
Entschädigungssysteme														
Soziale Entschädigung	1 364	892	309	–	72	91	1 338	–	–	–	–	1 338	–	–
Lastenausgleich	19	15	0	–	2	1	19	–	–	–	–	19	0	–
Wiedergutmachung	930	873	4	–	53	–	930	–	–	–	–	930	–	–
Sonstige Entschädigungen	453	186	258	–	9	–	453	–	–	–	–	453	–	–
Förder- und Fürsorgesysteme														
Kindergeld und Familienleistungsausgleich	41 773	41 514	–	–	259	–	41 773	–	–	–	–	41 773	–	–
Erziehungsgeld/Elterngeld	6 207	6 191	–	–	16	–	6 207	–	–	–	–	6 207	–	–
Grundsicherung für Arbeitsuchende	41 701	17 943	13 849	5 202	4 706	–	41 701	–	–	–	–	41 701	–	–
Arbeitslosenhilfe/sonst. Arbeitsförderung	679	12	661	3	3	–	679	–	–	–	–	137	456	86
Ausbildungs- und Aufstiegsförderung	2 456	2 335	–	–	121	–	2 456	–	–	–	–	2 453	3	–
Sozialhilfe	31 763	17 686	11 353	1 181	1 542	–	31 763	–	–	–	–	31 762	–	1
Kinder- und Jugendhilfe	34 015	–	33 768	–	247	–	34 015	–	–	–	–	34 015	–	–
Wohngeld	915	–	845	–	70	–	915	–	–	–	–	915	–	–

Berechnungsstand: Mai 2015, geschätzt.

1 Konsolidiert um Beiträge des Staates für Empfänger/-innen sozialer Leistungen und Verrechnungen (Zahlungen der Institutionen untereinander).

Quelle: Bundesministerium für Arbeit und Soziales

8 Soziales

8.2 Sozialversicherungen
8.2.1 Gesetzliche Rentenversicherung – Renten der allgemeinen und knappschaftlichen Rentenversicherung am 1.7.2015

	Renten insgesamt [1]	Renten an Versicherte							Renten an Hinterbliebene	
		zusammen	Renten wegen verminderter Erwerbsfähigkeit			Renten wegen Alters			zusammen	darunter Witwen- und Witwerrenten
			zusammen	Männer	Frauen	zusammen	Männer	Frauen		
	1 000		%			1 000	%		1 000	%
Insgesamt	25 236	19 617	1 752	49,5	50,5	17 865	44,5	55,5	5 619	94,2
Allgemeine Rentenversicherung	24 217	19 000	1 688	48,2	51,8	17 312	43,4	56,6	5 217	93,9
Knappschaftliche Rentenversicherung	1 019	617	64	84,0	16,0	553	79,8	20,2	402	97,7

1 Ohne ruhende Renten.
Quelle: Bundesministerium für Arbeit und Soziales

8.2.2 Durchschnittliche monatliche Rentenzahlbeträge

	Allgemeine Rentenversicherung		Knappschaftliche Rentenversicherung [1]	
	Versichertenrente	Witwen- und Witwerrente	Versichertenrente	Witwen- und Witwerrente
	EUR			
Früheres Bundesgebiet				
Insgesamt				
2013	719	526	1 196	753
2014	731	533	1 209	761
2015	769	542	1 231	771
Männer				
2013	967	239	1 257	337
2014	979	243	1 271	340
2015	998	272	1 291	373
Frauen				
2013	520	559	742	759
2014	531	567	755	767
2015	585	575	814	776
Neue Länder und Berlin-Ost				
Insgesamt				
2013	862	550	1 066	687
2014	881	561	1 088	702
2015	928	569	1 124	709
Männer				
2013	1 031	302	1 189	364
2014	1 046	311	1 207	373
2015	1 061	347	1 225	409
Frauen				
2013	747	604	818	704
2014	768	617	843	720
2015	835	620	914	725

Stichtag: 1.7. – Nach Abzug des Beitrags der Rentner/-innen an Kranken- und Pflegeversicherung.
1 Ohne Knappschaftsausgleichsleistungen.
Quelle: Bundesministerium für Arbeit und Soziales

Durchschnittliche monatliche Rentenzahlbeträge 2015
in EUR

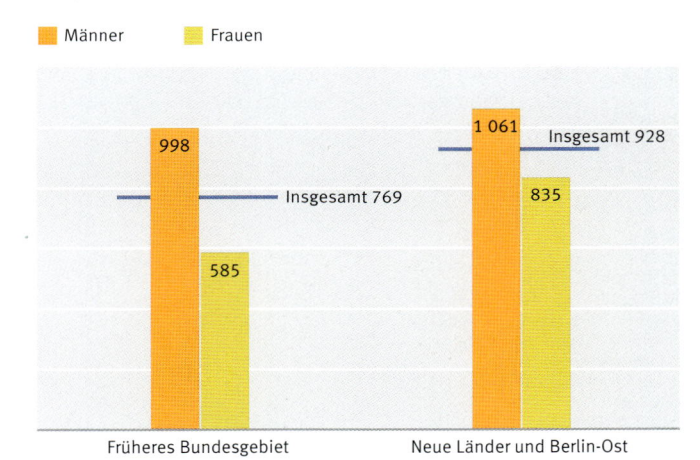

Männer — Frauen

Früheres Bundesgebiet: Männer 998, Frauen 585, Insgesamt 769
Neue Länder und Berlin-Ost: Männer 1 061, Frauen 835, Insgesamt 928

Stichtag: 1.7. – Allgemeine Rentenversicherung. – Versichertenrente.
Quelle: Bundesministerium für Arbeit und Soziales

8 Soziales

8.2 Sozialversicherungen

8.2.3 Gesetzliche Rentenversicherung – Einnahmen, Ausgaben und Vermögen 2014

	Einnahmen			Ausgaben				Vermögen [3]
	insgesamt	darunter		insgesamt [2]	Aufwendungen für Leistungen		sonstige Ausgaben [2]	
		Beiträge	Bundes-zuschüsse [1]		zusammen	darunter Rentenausgaben		
	Mill. EUR	%		Mill. EUR		%	Mill. EUR	
Insgesamt [4]	269 359	74,9	24,7	266 193	262 014	89,8	4 179	39 442
davon:								
Allgemeine Rentenversicherung [5]	263 529	76,3	23,3	260 363	256 562	86,7	3 801	39 289
Knappschaftliche Rentenversicherung [5]	14 909	4,8	35,6	14 909	14 531	88,8	378	153

Die Darstellung der Tabelle erfolgt nicht mehr nach dem Bruttoprinzip. Ein Vergleich mit den Ergebnissen der Vorjahre ist daher nicht möglich.

1 Allgemeiner Bundeszuschuss nach §§ 213 und 215 SGB VI, einschl. zusätzlicher Bundeszuschuss.
2 Einschl. Verwaltungs- und Verfahrenskosten.
3 Bzw. Bar- und Anlagevermögen = Nachhaltigkeitsrücklage (für KnRV Rücklage nach § 293 SGB VI) zuzüglich Verwaltungsvermögen.
4 Ohne Ausgleichszahlungen zwischen der Allgemeinen Rentenversicherung und der Knappschaftlichen Rentenversicherung. – Ohne Finanzausgleich.
5 Einschl. Ausgleichszahlungen zwischen der Allgemeinen Rentenversicherung und der Knappschaftlichen Rentenversicherung. – Ohne Finanzausgleich.

Quelle: Bundesministerium für Arbeit und Soziales, Rechnungsergebnisse der Rentenversicherung

8.2.4 Gesetzliche Krankenversicherung – Kassen und Versicherte

Weitere Informationen zu Gesundheitsausgaben und Krankenversicherungsschutz siehe Kapitel „Gesundheit"

	Kassen [1]	Versicherte [2]			Darunter						
		insgesamt	männlich	weiblich	pflichtversichert [3]		freiwillig versichert		Rentner/-innen	
		1 000	%		1 000	%	1 000	%	1 000	%
2013	134	69 861	47,2	52,8	30 458	43,6	5 306	7,6	16 671	23,9
2014	132	70 290	47,4	52,6	30 846	43,9	5 507	7,8	16 653	23,7
2015	123	70 728	47,5	52,5	31 241	44,2	5 672	8,0	16 747	23,7
davon (2015):										
Allgemeine Ortskrankenkassen (AOK)	11	24 496	48,4	51,6	10 853	44,3	1 183	4,8	6 506	26,6
Betriebskrankenkassen (BKK)	98	11 715	49,7	50,3	5 326	45,5	1 153	9,8	2 156	18,4
Innungskrankenkassen (IKK)	6	5 432	52,5	47,5	2 814	51,8	351	6,5	887	16,3
Landwirtschaftliche Krankenkassen (LKK)	1	698	53,8	46,2	184	26,4	32	4,6	304	43,6
Knappschaft-Bahn-See (KBS)	1	1 717	48,5	51,5	523	30,4	87	5,1	808	47,1
Ersatzkassen (EK)	6	26 670	44,5	55,5	11 541	43,3	2 866	10,7	6 085	22,8

Durchschnitt errechnet aus zwölf Monatswerten.

1 Anzahl der Kassen am Jahresende.
2 Versicherte = Mitglieder und mitversicherte Familienangehörige zusammen.
3 Pflichtmitglieder einschl. Studierende, ohne Rentner/-innen.

Quelle: Bundesministerium für Gesundheit

8.2.5 Gesetzliche Krankenversicherung – Einnahmen und Ausgaben

	Einnahmen [1]	Ausgaben						Sonstige Ausgaben [4]	Leistungen je versicherte Person
		insgesamt	Aufwendungen für Leistungen	darunter					
				Behandlungen durch Ärzte/Ärztinnen [2]	Krankenhausbehandlung	Arzneimittel [3]	Krankengeld		
	Mill. EUR			%				Mill. EUR	EUR
2013	195 848	194 490	182 746	22,7	35,5	24,9	5,3	32 896	2 616
2014	204 237	205 540	193 631	22,3	35,0	25,7	5,5	34 107	2 755
2015 [5]	212 422	213 549	202 059	22,4	25,0	34,8	5,6	36 241	2 857
davon (2015) [5]:									
Allgemeine Ortskrankenkassen (AOK)	79 791	79 783	75 414	20,7	24,3	37,1	4,5	14 519	3 079
Betriebskrankenkassen (BKK)	31 355	31 641	29 911	24,4	24,1	32,4	7,3	5 275	2 553
Innungskrankenkassen (IKK)	14 412	14 758	13 951	22,4	24,3	33,9	7,5	2 474	2 568
Landwirtschaftliche Krankenkassen (LKK)	2 534	2 500	2 292	20,2	23,8	38,7	0,1	600	3 283
Knappschaft Bahn-See (KBS)	7 054	7 073	6 736	18,5	23,4	40,6	3,6	1 270	3 923
Ersatzkassen (EK)	77 276	77 794	73 755	23,7	26,5	33,0	6,0	12 103	2 765

1 Ohne Beiträge aus geringfügiger Beschäftigung.
2 Einschl. Zahnärzte/-ärztinnen.
3 Einschl. Heil- und Hilfsmittel sowie Zahnersatz.
4 Einschl. Verwaltungskosten.
5 Vorläufiges Ergebnis.

Quelle: Bundesministerium für Gesundheit

8 Soziales
8.2 Sozialversicherungen
8.2.6 Soziale Pflegeversicherung

Weitere Informationen zu Pflege siehe Kapitel „Gesundheit"

	Versicherte zum 1.10.	Leistungs- empfänger/ -innen am Jahresende	Einnahmen		Ausgaben							sonstige Ausgaben [2]
			insgesamt	darunter Beitrags- einnahmen	insgesamt	Leistungs- ausgaben	davon					
							Pflegegeld	Pflegesach- leistung	stationäre Pflege [1]	übrige Leistungs- ausgaben		
	1 000		Mill. EUR				%					Mill. EUR
2013	69 950	2 480	24 957	24 863	24 329	23 173	24,5	14,5	50,1	10,9		1 156
2014	70 458	2 569	25 910	25 831	25 455	24 240	24,5	14,7	49,1	11,7		1 215
2015	70 892	2 665	30 687	30 609	29 007	26 637	24,2	13,9	48,7	13,2		1 270

1 Einschl. teilstationärer Pflege und Kurzzeitpflege.
2 Einschl. Verwaltungsausgaben.

Quelle: Bundesministerium für Gesundheit

8.2.7 Arbeitslosenversicherung – Empfängerinnen und Empfänger von Arbeitslosengeld nach dem SGB III

	Empfänger/ -innen von Arbeits- losengeld (SGB III)	Davon bei					
		Arbeitslosigkeit			Weiterbildung		
		insgesamt	Männer	Frauen	insgesamt	Männer	Frauen
	1 000		%		1 000	%	
2013	975	915	56,4	43,6	60	52,4	47,6
2014	952	888	55,9	44,1	64	52,8	47,2
2015	898	834	55,8	44,2	64	52,9	47,1

Bestandsdaten im Jahresdurchschnitt.
Quelle: Statistik der Bundesagentur für Arbeit

Arbeitslose erhalten unter bestimmten Voraussetzungen **Arbeitslosengeld** als Entgeltersatzleistung. Das Arbeitslosengeld ist eine Versicherungsleistung und wird bei Arbeitslosigkeit oder bei beruflicher Weiterbildung gezahlt. Anspruch auf Arbeitslosengeld hat, wer arbeitslos ist, die Anwartschaftszeit erfüllt und sich bei der Agentur für Arbeit persönlich arbeitslos gemeldet hat. Arbeitslosigkeit liegt vor, wenn die Arbeitnehmerin bzw. der Arbeitnehmer beschäftigungslos ist, sich bemüht, seine Beschäftigungslosigkeit zu beenden (Eigenbemühungen) und den Vermittlungsbemühungen der Agentur für Arbeit zur Verfügung steht. Die persönliche Arbeitslosmeldung schließt den Antrag auf Arbeitslosengeld ein. Die Anwartschaftszeit hat in der Regel erfüllt, wer innerhalb der letzten zwei Jahre vor der Arbeitslosmeldung 360 Kalendertage versicherungspflichtig beschäftigt war oder sonstige Versicherungspflichtzeiten zurückgelegt hat oder sich antragspflichtversichert hatte.

8.2.8 Arbeitslosenversicherung – Kurzarbeiterinnen und Kurzarbeiter

	Kurzarbeiter/-innen		
	insgesamt	Männer	Frauen
	1 000	%	
2013	124	83,2	16,8
2014	94	84,7	15,3
2015	88	86,7	13,3

Bestandsdaten im Jahresdurchschnitt.
Quelle: Statistik der Bundesagentur für Arbeit

Kurzarbeiterinnen und Kurzarbeiter sind beschäftigte Arbeitnehmerinnen und Arbeitnehmer, bei denen wegen eines unvermeidbaren vorübergehenden Arbeitsausfalls mehr als 10 % der betriebsüblichen Arbeitszeit ausfallen und die Anspruch auf Kurzarbeitergeld haben. In Deutschland handelt es sich dabei um eine Leistung der Arbeitslosenversicherung an die betroffenen Arbeitnehmerinnen und Arbeitnehmer. Unterschieden wird zwischen der „konjunkturellen Kurzarbeit", dem „Transferkurzarbeitergeld" und dem „Saison-Kurzarbeitergeld".

8.2.9 Arbeitslosenversicherung – Einnahmen und Ausgaben

	Einnahmen		Ausgaben			
	insgesamt	darunter Beiträge	insgesamt	davon		
				Leistungen der aktiven Arbeits- förderung [1]	Leistungen zum Ersatz des Arbeitsentgelts [2][3]	sonstige Ausgaben [4]
	Mrd. EUR	%	Mrd. EUR			
2013	33	85	33	9	16	7
2014	34	85	32	8	16	8
2015	35	85	31	8	16	8

Jahressummen.
1 Darunter Leistungen zur Förderung der Teilhabe (schwer-)behinderter Menschen am Arbeitsleben, Eingliederungstitel etc.
2 Bei Arbeitslosigkeit und Zahlungsunfähigkeit des Arbeitgebers/der Arbeitgeberin, einschl. Erstattungen an die Renten- und Pflegeversicherung.
3 Darunter Arbeitslosen- und Insolvenzgeld.
4 Einschl. Verwaltungsausgaben.

Quelle: Bundesagentur für Arbeit

8 Soziales

8.2 Sozialversicherungen

8.2.10 Gesetzliche Unfallversicherung – Versicherte und Rentenbestand

	Versicherte	Rentenbestand am Jahresende			
		insgesamt	darunter		
			Renten an Verletzte und Erkrankte	Witwen- und Witwerrenten	Waisenrenten
	1 000	Anzahl	%		
2012	62 380	933 198	86,3	12,2	1,4
2013	64 217	917 265	86,3	12,3	1,4
2014	65 048	902 236	86,4	12,3	1,3
davon (2014):					
Gewerbliche Berufsgenossenschaften	51 574	730 931	85,7	13,0	1,3
Landwirtschaftliche Berufsgenossenschaften	3 280	89 618	89,5	9,3	1,1
Unfallversicherungsträger der öffentlichen Hand [1]	10 195	81 687	89,1	9,8	1,1

Ohne Schülerunfallversicherung.

1 Einschl. Feuerwehrunfallkassen, Eisenbahn-Unfallkasse, Unfallkasse Post und Telekom.

Quelle: Bundesministerium für Arbeit und Soziales

8.2.11 Gesetzliche Unfallversicherung – Einnahmen, Ausgaben und Vermögen

	Einnahmen		Ausgaben						sonstige Ausgaben [2]	Vermögen am Jahresende
	insgesamt	darunter Beiträge	insgesamt	Aufwendungen für Leistungen	darunter					
					Renten	Heilbehandlung [1]	Verletztengeld	Unfallverhütung		
	Mill. EUR	%	Mill. EUR	%					Mill. EUR	
2012	14 605	87,1	14 564	10 723	52,3	29,8	5,9	10,0	3 841	19 542
2013	14 652	87,3	14 675	10 884	51,5	30,3	6,2	10,1	3 791	19 830
2014	14 776	87,8	14 758	11 082	50,7	30,8	6,2	10,4	3 676	20 278

Ohne Schülerunfallversicherung.

1 Leistungen für ambulante Heilbehandlung, Heilanstaltspflege, Zahnersatz und sonstige Heilbehandlungskosten.
2 Einschl. Verwaltungs- und Verfahrenskosten.

Quelle: Bundesministerium für Arbeit und Soziales

8 Soziales

8.3 Versorgungssystem des öffentlichen Dienstes
8.3.1 Versorgungsempfängerinnen und -empfänger und durchschnittliche Versorgungsbezüge

	Versorgungsempfänger/-innen am 1.1.2015				Versorgungsbezüge [1] im Januar 2015		
	insgesamt	von Ruhegehalt	von Witwen-/Witwergeld	von Waisengeld	Ruhegehalt	Witwen-/Witwergeld	Waisengeld
	1 000				EUR		
Bundesbereich	623,6	448,5	166,2	8,9	2 340	1 330	380
Bund	180,5	133,4	44	3,0	2 920	1 710	400
Beamte/Beamtinnen und Richter/-innen	89,0	63,2	23,9	1,9	2 940	1 700	380
Berufssoldaten/-soldatinnen	91,4	70,2	20,1	1,2	2 910	1 720	420
Bundeseisenbahnvermögen	162,9	97,9	62,5	2,5	2 150	1 200	420
Post [2]	273,3	211,7	58,3	3,3	2 040	1 180	330
Rechtlich selbstständige Einrichtungen [3]	6,9	5,4	1,4	0,1	2 860	1 700	400
Landesbereich	822,5	655,2	153,7	13,5	2 970	1 750	390
Schuldienst	429,0	366,8	56,6	5,6	3 010	1 860	400
Vollzugsdienst	156,3	114,5	38,7	3,1	2 430	1 370	330
Übrige Bereiche	237,1	174,0	58,4	4,8	3 270	1 900	420
Kommunaler Bereich	118,7	84,7	31,7	2,3	2 920	1 710	380
Sozialversicherung [4]	22,0	16,5	5,1	0,4	2 790	1 680	380
Insgesamt	1 586,8	1 205,0	356,7	25,1	2 730	1 550	390
nachrichtlich: Versorgung nach Kap. I des Gesetzes zu Art. 131 des Grundgesetzes [5]							
Insgesamt	9,8	0,3	9,0	0,6	1 150	1 040	560
nachrichtlich: Versorgung nach beamtenrechtlichen Grundsätzen							
Insgesamt	24,3	17,2	6,8	0,4	2 920	1 620	410

Ergebnisse der Versorgungsempfängerstatistik. – Versorgung nach Beamten- und Soldatenversorgungsgesetz sowie Versorgung nach Artikel G131 des Grundgesetzes.

1 Bruttodurchschnittsbezüge.
2 Deutsche Post AG, Deutsche Telekom AG, Deutsche Postbank.
3 Ohne Forschungseinrichtungen.
4 Einschl. Bundesagentur für Arbeit.
5 Nach dem Zweiten Weltkrieg nicht übernommene Bedienstete mit Beamtenversorgung des Deutschen Reiches.

8.3.2 Zugänge von Empfängerinnen und Empfängern von Ruhegehalt im öffentlichen Dienst

Grund für den Eintritt des Versorgungsfalles	2000		2005		2014	
	1 000	%	1 000	%	1 000	%
Insgesamt	66,2	100	45,4	100	63,4	100
Dienstunfähigkeit	40,8	61,7	13,0	28,7	9,9	15,6
Erreichen einer Altersgrenze	21,6	32,6	28,7	63,2	51,0	80,4
Besondere Altersgrenze	6,6	9,9	5,7	12,5	8,1	12,8
Antragsaltersgrenze bei Schwerbehinderung oder bei besonderer Altersgrenze	3,1	4,6	2,4	5,2	5,5	8,7
Allgemeine Antragsaltersgrenze	7,7	11,6	6,8	14,9	18,9	29,8
Regelaltersgrenze	4,3	6,5	13,9	30,6	18,4	29,1
Vorruhestandsregelung	3,2	4,9	2,5	5,6	1,6	2,5
Sonstige Gründe	0,6	0,8	1,1	2,5	0,9	1,5

Ergebnisse der Versorgungsempfängerstatistik.

Versorgungsempfängerinnen und -empfänger am 1.1.2015
nach Beamten- und Soldatenversorgungsgesetz, in %

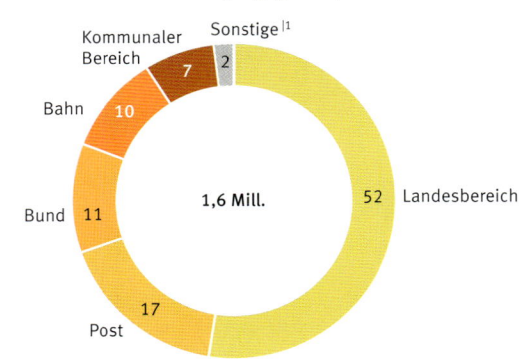

Gesamt: 1,6 Mill.
- Landesbereich: 52
- Post: 17
- Bund: 11
- Bahn: 10
- Kommunaler Bereich: 7
- Sonstige [1]: 2

Ergebnisse der Versorgungsempfängerstatistik.
1 Rechtlich selbstständige Einrichtungen unter Bundesaufsicht und Sozialversicherung.

8 Soziales

8.4 Sozialleistungen
8.4.1 Mindestsicherungsquote nach Ländern

	2006 [1]	2007 [1][2]	2008 [1]	2009 [1][2]	2010 [1]	2011 [2][3]	2012 [3]	2013 [2][3]	2014 [2][3]
	%								
Deutschland	10,1	9,8	9,3	9,5	9,2	9,0	9,0	9,1	9,3
Baden-Württemberg	5,7	5,4	5,1	5,4	5,2	5,0	5,0	5,1	5,3
Bayern	5,3	5,0	4,7	4,9	4,6	4,4	4,4	4,5	4,7
Berlin	20,0	19,9	19,3	19,5	19,2	19,9	19,5	19,4	19,3
Brandenburg	14,6	13,9	13,1	12,7	12,0	11,7	11,5	11,3	11,1
Bremen	17,5	17,0	16,3	16,7	16,8	16,7	16,7	17,1	17,5
Hamburg	13,8	13,6	13,1	13,3	13,0	13,2	13,1	13,2	13,4
Hessen	9,0	8,8	8,5	8,7	8,4	8,3	8,3	8,6	8,9
Mecklenburg-Vorpommern	17,8	16,8	15,5	15,0	14,4	14,0	13,7	13,7	13,5
Niedersachsen	10,3	10,0	9,6	9,6	9,3	9,1	9,0	9,2	9,3
Nordrhein-Westfalen	10,8	10,7	10,3	10,7	10,7	10,6	10,7	11,0	11,4
Rheinland-Pfalz	7,5	7,2	7,0	7,2	6,9	6,7	6,6	6,9	7,2
Saarland	9,8	9,6	9,1	9,4	9,2	9,0	9,1	9,4	9,8
Sachsen	14,1	13,6	12,7	12,6	11,9	11,4	11,0	10,8	10,6
Sachsen-Anhalt	16,7	16,3	15,4	15,1	14,4	14,2	14,0	13,9	13,8
Schleswig-Holstein	10,4	10,1	9,7	9,7	9,5	9,5	9,5	9,6	9,8
Thüringen	12,7	12,2	11,1	11,1	10,4	9,8	9,6	9,4	9,3
nachrichtlich:									
Früheres Bundesgebiet	8,6	8,4	8,0	8,2	8,1	7,9	7,9	8,1	8,4
Neue Länder einschl. Berlin	16,0	15,5	14,6	14,5	13,9	13,6	13,4	13,3	13,1

Die **Mindestsicherungsquote** stellt den Anteil der Empfängerinnen und Empfänger von Mindestsicherungsleistungen an der Gesamtbevölkerung dar. Zu diesen Leistungen zählen **Hilfe zum Lebensunterhalt** außerhalb von Einrichtungen nach dem SGB XII ohne einmalige Leistungen, Leistungen der **Grundsicherung im Alter und bei Erwerbsminderung** nach dem SGB XII ohne einmalige Leistungen, **Arbeitslosengeld II/Sozialgeld** nach dem SGB II, Regelleistungen nach dem **Asylbewerberleistungsgesetz** sowie laufende Leistungen der **Kriegsopferfürsorge** nach dem Bundesversorgungsgesetz.

Ergebnisse der Sozialberichterstattung der amtlichen Statistik.

1 Bevölkerungsstand (2006 – 2010): 31.12. des jeweiligen Jahres auf Grundlage früherer Zählungen (Volkszählung 1987 im ehemaligen Bundesgebiet und Registerzählung 1990 in der ehemaligen DDR).
2 Da die Kriegsopferfürsorge nur alle zwei Jahre erhoben wird, enthalten die Mindestsicherungsquoten in ungeraden Jahren jeweils das Ergebnis des Vorjahres.
3 Bevölkerungsstand (ab 2011): 31.12. des jeweiligen Jahres (Grundlage des Zensus 2011). Die Ergebnisse von 2006 bis 2010 sind nur eingeschränkt mit den Ergebnissen ab 2011 vergleichbar.

Nettoausgaben Sozialhilfe 2014
nach Hilfearten in %

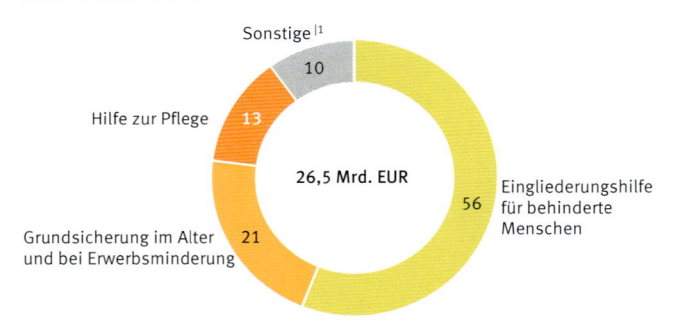

26,5 Mrd. EUR

- Sonstige [1]: 10
- Hilfe zur Pflege: 13
- Grundsicherung im Alter und bei Erwerbsminderung: 21
- Eingliederungshilfe für behinderte Menschen: 56

Ergebnisse der Statistik der Ausgaben und Einnahmen der Sozialhilfe.

1 Hilfe zum Lebensunterhalt, Hilfen zur Gesundheit einschl. Erstattungen an Krankenkassen für die Übernahme der Krankenbehandlung sowie Hilfen zur Überwindung besonderer sozialer Schwierigkeiten einschl. Hilfe in anderen Lebenslagen.

8 Soziales
8.4 Sozialleistungen

8.4.2 Empfängerinnen und Empfänger von Hilfe zum Lebensunterhalt am 31.12.2014

Alter von ... bis unter ... Jahren	Insgesamt	Männlich	Weiblich
	1 000		
Insgesamt	382	203	180
unter 15	26	14	12
15 – 65	271	157	113
65 und mehr	86	32	54
	je 1 000 Einwohner/-innen [1]		
Insgesamt	4,7	5,1	4,3
unter 15	2,4	2,5	2,3
15 – 65	5,1	5,8	4,3
65 und mehr	5,0	4,3	5,6
	1 000		
	Außerhalb von Einrichtungen		
unter 15	21	10	10
15 – 65	108	57	51
65 und mehr	4	2	2
Zusammen	133	69	64
	In Einrichtungen [2]		
unter 15	5	3	2
15 – 65	162	100	62
65 und mehr	82	30	52
Zusammen	250	134	116

Ergebnisse der Statistik der Empfänger von Hilfe zum Lebensunterhalt. – Empfänger/-innen am 31.12.

1 Anteil der Empfänger/-innen an der gleichaltrigen Bevölkerung; Bevölkerungsstand: 31.12.2014 (Grundlage des Zensus 2011).
2 Als Einrichtung zählen z.B. Krankenhäuser, Pflegeheime.

8.4.3 Empfängerinnen und Empfänger von Grundsicherung im Alter und bei Erwerbsminderung im Dezember 2015

Personen, die vor dem Jahr 1947 geboren sind, erreichten die Altersgrenze mit 65 Jahren. Für Personen, die im Jahr 1947 oder später geboren sind, wird die Altersgrenze seit 2012 schrittweise auf 67 Jahre angehoben.

	Insgesamt	Männlich	Weiblich
	1 000		
Insgesamt	1 038	498	540
18 Jahre bis unter die Altersgrenze	502	284	218
Altersgrenze und älter	536	214	322
	Außerhalb von Einrichtungen		
18 Jahre bis unter die Altersgrenze	367	202	165
Altersgrenze und älter	464	186	278
Zusammen	831	388	442
	In Einrichtungen		
18 Jahre bis unter die Altersgrenze	135	81	54
Altersgrenze und älter	72	28	44
Zusammen	207	109	98

Ergebnisse der Statistik der Empfänger von Grundsicherung im Alter und bei Erwerbsminderung.

8.4.4 Empfängerinnen und Empfänger von Leistungen nach dem 5. bis 9. Kapitel des SGB XII 2014

	Insgesamt	Männlich	Weiblich
	1 000		
Insgesamt [1]	1 397	717	680
Hilfen zur Gesundheit	28	12	15
Eingliederungshilfe für behinderte Menschen [1]	860	509	351
Hilfe zur Pflege [1]	453	161	292
Sonstige Hilfen [2]	100	55	45
	je 1 000 Einwohner/-innen [3]		
Insgesamt [1]	17,2	18,1	16,5
Hilfen zur Gesundheit	0,3	0,3	0,4
Eingliederungshilfe für behinderte Menschen [1]	10,6	12,8	8,5
Hilfe zur Pflege [1]	5,6	4,0	7,1
Sonstige Hilfen [2]	1,2	1,4	1,1
	1 000		
	Außerhalb von Einrichtungen		
Hilfen zur Gesundheit	22	10	12
Eingliederungshilfe für behinderte Menschen [1]	410	237	173
Hilfe zur Pflege [1]	131	53	79
Sonstige Hilfen [2]	82	44	38
Zusammen [1]	623	334	289
	In Einrichtungen		
Hilfen zur Gesundheit	7	3	4
Eingliederungshilfe für behinderte Menschen [1]	541	326	215
Hilfe zur Pflege [1]	327	110	217
Sonstige Hilfen [2]	20	12	8
Zusammen [1]	879	443	436

Ergebnisse der Statistik der Empfänger von Leistungen nach dem 5. bis 9. Kapitel SGB XII (im Laufe des Berichtsjahres).

1 Mehrfachzählungen sind ausgeschlossen soweit aus den Meldungen erkennbar.
2 Hilfen zur Überwindung besonderer sozialer Schwierigkeiten und in anderen Lebenslagen.
3 Anteil der Empfänger/-innen an der Bevölkerung; Bevölkerungsstand: Durchschnitt des Jahres 2014 (Grundlage des Zensus 2011).

8.4.5 Ausgaben der Sozialhilfe 2014

Weitere Informationen zu Pflege und Behinderung siehe Kapitel „Gesundheit"

	Insgesamt	Außerhalb von Einrichtungen [1]	In Einrichtungen [1]
	Mill. EUR		
Bruttoausgaben	28 966	9 198	19 067
davon:			
Hilfe zum Lebensunterhalt	1 464	750	714
Grundsicherung im Alter und bei Erwerbsminderung	5 871	4 398	1 473
Leistungen nach dem 5. bis 9. Kapitel des SGB XII	21 631	4 000	16 847
davon:			
Hilfen zur Gesundheit	84	.	.
Erstattungen an Krankenkassen für die Übernahme der Krankenbehandlung	700	.	.
Eingliederungshilfe für behinderte Menschen	16 358	2 824	13 534
Hilfe zur Pflege	4 007	929	3 078
Sonstige Hilfen [2]	482	247	235
darunter:			
Nettoausgaben	26 462	8 843	16 843
	EUR		
Nettoausgaben je Einwohner/-in [3]	327	X	X

Ergebnisse der Statistik der Ausgaben und Einnahmen der Sozialhilfe.

1 Ohne Hilfen zur Gesundheit und Erstattungen an Krankenkassen für die Übernahme der Krankenbehandlung.
2 Hilfen zur Überwindung besonderer sozialer Schwierigkeiten und in anderen Lebenslagen.
3 Bevölkerungsstand: Durchschnitt des Jahres 2014 (Grundlage des Zensus 2011).

8 Soziales

8.4 Sozialleistungen
8.4.6 Grundsicherung für Arbeitsuchende (SGB II) – Bedarfsgemeinschaften

	Bedarfs-gemein-schaften	Personen in Bedarfs-gemein-schaften	Darunter Leistungsberechtigte					
			zusammen	darunter Regelleistungsberechtigte				
				zusammen	davon			
						erwerbsfähige Leistungsberechtigte		nicht erwerbs-fähige Leistungs-berechtigte
	insgesamt					zusammen	Männer	Frauen	
	Anzahl					%			Anzahl
2012	3 337 213	6 285 097	5 954 052	5 917 190	4 402 946	48,4	51,6	1 514 244
2013	3 337 194	6 277 867	5 995 764	5 939 233	4 389 820	48,4	51,6	1 549 413
2014	3 317 377	6 257 673	5 997 087	5 934 719	4 354 239	48,4	51,6	1 580 481
2015	3 288 220	6 245 123	6 000 050	5 929 693	4 327 206	48,6	51,4	1 602 487

Bestandsdaten im Jahresdurchschnitt. – Das seit 2005 angewandte Zähl- und Gültigkeitskonzept wurde mit der Revision zum Berichtsmonat Januar 2016 geändert. – Nähere Informationen dazu finden Sie auf der Homepage der BA unter www.statistik.arbeitsagentur.de

Quelle: Statistik der Bundesagentur für Arbeit

Eine **Bedarfsgemeinschaft** (BG) bezeichnet eine Konstellation von Personen, die im selben Haushalt leben und gemeinsam wirtschaften. Von jedem Mitglied der BG – mit Ausnahme der Kinder – wird erwartet, dass es sein Einkommen und Vermögen zur Deckung des Gesamtbedarfs aller Angehörigen der BG einsetzt. Es besteht eine sogenannte bedingte Einstandspflicht. Eine BG hat mindestens eine Person, die leistungsberechtigt ist.

8.4.7 Grundsicherung für Arbeitsuchende (SGB II) – Zahlungsansprüche

	Zahlungsansprüche der Bedarfsgemein-schaften insgesamt	Darunter für Gesamtregelleistung (Arbeitslosengeld II und Sozialgeld)				Durchschnittlicher monatlicher Zahlungs-anpruch je Bedarfs-gemeinschaft
		zusammen	darunter für			
			Regelbedarf Arbeits-losengeld II	Regelbedarf Sozialgeld	Kosten der Unterkunft	
	1 000 EUR					EUR
2012	32 822 056	27 475 756	12 692 523	516 921	13 445 764	820
2013	33 702 170	28 161 625	12 933 097	561 533	13 820 677	842
2014	34 362 168	28 690 529	13 122 690	627 304	14 071 539	863
2015	34 863 883	28 944 761	13 254 014	691 075	14 117 617	884

Jahressummen. – Das seit 2005 angewandte Zähl- und Gültigkeitskonzept wurde mit der Revision zum Berichtsmonat Januar 2016 geändert. – Nähere Informationen dazu finden Sie auf der Homepage der BA unter www.statistik.arbeitsagentur.de

Quelle: Statistik der Bundesagentur für Arbeit

8.4.8 Empfängerinnen und Empfänger von Asylbewerberregelleistungen am 31.12.2014
Weitere Informationen zu Asyl siehe Kapitel „Bevölkerung"

	Insgesamt		Männlich	Weiblich
	Anzahl	%	Anzahl	
Insgesamt	362 850	100	230 364	132 486
	Alter von ... bis unter ... Jahren			
unter 7	51 109	14,1	26 087	25 022
7 – 11	23 289	6,4	12 119	11 170
11 – 15	20 328	5,6	10 685	9 643
15 – 18	12 978	3,6	7 328	5 650
18 – 21	30 920	8,5	23 868	7 052
21 – 25	41 366	11,4	30 519	10 847
25 – 30	53 182	14,7	38 097	15 085
30 – 40	70 410	19,4	46 980	23 430
40 – 50	34 213	9,4	21 553	12 660
50 – 60	15 891	4,4	8 927	6 964
60 – 65	3 943	1,1	2 020	1 923
65 und mehr	5 221	1,4	2 181	3 040
	Staatsangehörigkeit			
Afrika	71 323	19,7	53 735	17 588
Amerika	723	0,2	397	326
Asien	137 842	38,0	94 097	43 745
Europa	139 498	38,4	73 403	66 095
Übrige Staaten, staatenlos	2 164	0,6	1 380	784
Unbekannt	11 300	3,1	7 352	3 948

Ergebnisse der Statistik der Empfänger von Asylbewerberregelleistungen.

8 Soziales

8.4 Sozialleistungen

8.4.9 Ausgaben für Asylbewerberleistungen 2014

	Insgesamt	Außerhalb von Einrichtungen	In Einrichtungen
	Mill. EUR		
Bruttoausgaben	2 401,5	1 401,5	1 000,0
davon:			
Regelleistungen	1 811,1	1 054,4	756,6
Besondere Leistungen [1]	590,5	347,1	243,4
Nettoausgaben	2 364,3	1 371,9	992,4
	EUR		
Nettoausgaben je Einwohner/-in [2]	29,20	X	X

Ergebnisse der Statistik der Ausgaben und Einnahmen für Asylbewerberleistungen.
1 U. a. bei Krankheit, Schwangerschaft und Geburt.
2 Bevölkerungsstand: Durchschnitt des Jahres 2014 auf Grundlage des Zensus 2011.

8.4.10 Kriegsopferfürsorge

	Hilfeart nach dem Bundesversorgungsgesetz (BVG)										
	insgesamt	Leistungen zur Teilhabe am Arbeitsleben und ergänzende Leistungen	Krankenhilfe	Hilfe zur Pflege	Hilfe zur Weiterführung des Haushalts	Altenhilfe	Erziehungsbeihilfe	Ergänzende Hilfe zum Lebensunterhalt	Erholungshilfe	Wohnungshilfe	Hilfen in besonderen Lebenslagen
Empfänger/-innen laufender Leistungen am 31.12. [1]											
2010	42 204	491	–	15 277	795	1 581	249	4 583	–	–	19 025
2012	34 406	493	–	12 552	748	1 229	243	3 709	–	–	15 294
2014	29 331	608	–	9 756	582	1 013	273	3 918	–	–	13 108
Empfänger/-innen einmaliger Leistungen bis zum 31.12. (im Laufe des Jahres) [1]											
2010	19 232	383	864	870	405	7 154	200	1 048	3 402	592	3 397
2012	14 198	413	669	792	362	4 493	179	851	2 654	588	3 151
2014	9 916	385	511	588	271	2 432	121	684	1 662	504	2 726
Ausgaben in 1 000 EUR [2]											
2010	478 252	6 904	346	226 700	2 479	3 684	4 623	21 960	4 153	2 062	202 866
2012	430 959	7 151	215	200 844	1 764	3 401	3 117	18 066	2 898	1 926	190 901
2014	388 723	6 411	227	156 407	1 647	2 794	4 831	18 178	2 074	1 393	194 304

Ergebnisse der Statistik der Kriegsopferfürsorge. – Leistungen für Berechtigte im In- und Ausland. – Ab 2010 einschl. der Leistungen nach dem Gesetz über die Entschädigung für Opfer von Gewalttaten (OEG), Infektionsschutzgesetz (IfSG), Gesetz über die Rehabilitierung und Entschädigung von Opfern rechtsstaatswidriger Strafverfolgungsmaßnahmen im Beitrittsgebiet (StrRehaG) und dem Gesetz über die Aufhebung rechtsstaatswidriger Verwaltungsentscheidungen im Beitrittsgebiet und die daran anknüpfenden Folgeansprüche (VwRehaG). Außerdem sind ab 2010 bei den einzelnen Leistungsarten nur Leistungen im Inland dargestellt. Daher ist die Vergleichbarkeit zu den Vorjahren eingeschränkt.
1 Personen, die Hilfe verschiedener Art erhielten, wurden bei jeder Hilfeart gezählt.
2 Den Ausgaben stehen 2010 Einnahmen in Höhe von 134 Mill. Euro gegenüber, 2012 von 113 Mill. Euro und 2014 von 98 Mill. Euro.

8 Soziales
8.4 Sozialleistungen
8.4.11 Hilfen zur Erziehung 2014

Weitere Informationen zu Kinderbetreuung, Kinder- und Elterngeld sowie Adoptionen siehe Kapitel „Bevölkerung"

	Insgesamt	Männlich	Weiblich	Personen insgesamt im Alter von ... bis unter ... Jahren					
				unter 6	6 – 9	9 – 12	12 – 15	15 – 18	18 und mehr
	Anzahl	%							
	Ambulante Hilfen								
Flexible Hilfen gemäß § 27 SGB VIII [1]									
Begonnene Hilfen	30 659	55,2	44,8	28,7	16,8	16,7	17,7	14,3	5,8
Beendete Hilfen	28 788	55,2	44,8	24,2	13,7	17,2	17,9	17,2	9,8
Hilfen am 31.12.	41 245	56,0	44,0	22,9	16,7	20,1	18,0	14,6	7,7
Erziehungsberatung									
Begonnene Hilfen	311 907	53,4	46,6	26,2	19,7	18,1	16,7	13,0	6,2
Beendete Hilfen	311 265	53,4	46,6	23,0	18,8	18,5	17,4	14,5	7,8
Hilfen am 31.12.	141 653	53,7	46,3	22,5	20,1	20,3	17,2	13,1	6,9
Soziale Gruppenarbeit									
Begonnene Hilfen	7 427	71,7	28,3	–	23,3	28,3	22,9	16,7	8,9
Beendete Hilfen	7 188	72,3	27,7	–	9,0	27,0	29,4	23,1	11,4
Hilfen am 31.12.	8 912	69,0	31,0	–	17,6	35,3	31,0	12,2	3,8
Erziehungsbeistand									
Begonnene Hilfen	21 772	56,6	43,4	3,1	4,4	10,6	28,8	36,4	16,7
Beendete Hilfen	20 507	57,0	43,0	2,1	2,9	7,4	21,6	38,0	28,0
Hilfen am 31.12.	24 755	59,9	40,1	2,8	4,5	10,5	26,5	37,6	18,1
Betreuungshelfer/-innen									
Begonnene Hilfen	5 949	63,5	36,5	–	3,0	6,4	15,0	33,1	42,4
Beendete Hilfen	5 843	64,0	36,0	–	1,6	5,0	10,5	29,8	53,0
Hilfen am 31.12.	5 141	64,0	36,0	–	3,0	8,0	17,1	31,6	40,3
	Stationäre/teilstationäre Hilfen								
Erziehung in einer Tagesgruppe									
Begonnene Hilfen	8 120	74,9	25,1	3,6	38,7	38,0	16,5	3,2	–
Beendete Hilfen	8 229	74,7	25,3	2,7	11,9	43,3	30,6	11,5	–
Hilfen am 31.12.	16 751	74,6	25,4	2,1	21,4	46,0	23,6	6,9	–
Vollzeitpflege in einer anderen Familie									
Begonnene Hilfen	16 082	49,9	50,1	50,3	13,4	10,2	10,8	11,0	4,3
Beendete Hilfen	14 353	49,8	50,2	28,7	11,4	9,8	11,6	15,2	23,4
Hilfen am 31.12.	69 823	50,8	49,2	24,4	18,8	17,4	17,4	16,3	5,6
Heimerziehung; sonstige betreute Wohnform									
Begonnene Hilfen	39 719	56,6	43,4	8,1	7,3	10,5	22,4	41,4	10,2
Beendete Hilfen	36 089	54,4	45,6	5,1	4,6	7,2	16,6	36,1	30,4
Hilfen am 31.12.	72 204	57,8	42,2	5,3	7,8	13,4	21,9	36,4	15,3
Intensive sozialpädagogische Einzelbetreuung									
Begonnene Hilfen	3 366	61,0	39,0	–	–	3,3	13,2	46,6	36,9
Beendete Hilfen	3 273	60,0	40,0	–	–	1,3	7,4	32,1	59,2
Hilfen am 31.12.	3 581	62,6	37,4	–	–	2,3	13,3	40,7	43,7

Ergebnisse der Kinder- und Jugendhilfestatistiken.

1 Einschl. stationärer Hilfen gemäß § 27 SGB VIII. – Zu den flexiblen Hilfen gemäß § 27 Absatz 2 SGB VIII gehören Hilfen, die keine Verbindung zu den Hilfearten der §§ 28 bis 35 SGB VIII aufweisen. Diese Hilfen sollen eine besonders individuelle Ausgestaltung und Kombination unterschiedlichster Unterstützungskomponenten gewährleisten, um so einem besonderen erzieherischen Bedarf gerecht zu werden.

8 Soziales

8.4 Sozialleistungen
8.4.12 Sozialpädagogische Familienhilfe 2014

	Familien mit begonnener Hilfe		Familien am 31.12. mit andauernder Hilfe		Familien mit beendeter Hilfe	
	insgesamt	darunter mit Bezug von Transferleistungen [1]	insgesamt	darunter mit Bezug von Transferleistungen [1]	insgesamt	durchschnittliche Dauer
	Anzahl	%	Anzahl	%	Anzahl	Monate
Familien insgesamt	47 099	64,1	70 745	67,5	43 106	16
davon mit:						
1 Kind	22 537	63,7	31 269	66,7	19 883	15
2 Kindern	12 877	60,8	19 367	64,8	12 017	17
3 Kindern	6 755	65,1	11 076	67,8	6 435	18
4 und mehr Kindern	4 930	73,7	9 033	75,9	4 771	20
Zahl der Kinder in den Familien insgesamt	91 604	65,8	146 220	69,4	85 660	X
Hilfe wird durchgeführt						
in der Herkunftsfamilie	44 969	64,0	67 920	67,4	41 383	16
davon:						
Eltern leben zusammen	14 909	51,3	22 969	55,0	13 102	17
Elternteil lebt alleine	23 152	73,8	35 134	76,7	21 646	16
Elternteil lebt mit neuem Partner/neuer Partnerin zusammen	6 908	58,6	9 817	63,4	6 635	16
in einer Verwandtenfamilie	1 102	68,2	1 474	72,5	893	14
in einer nicht verwandten Familie	479	70,6	578	70,2	384	13

Ergebnisse der Kinder- und Jugendhilfestatistiken.

1 Die Familie lebt teilweise oder ganz von Arbeitslosengeld II (SGB II), Grundsicherung im Alter und bei Erwerbsminderung oder Sozialhilfe (SGB XII).

Begonnene erzieherische Hilfen für unter 18-Jährige mit Migrationshintergrund 2014
Anteil an allen unter 18-Jährigen mit begonnenen erzieherischen Hilfen, in %

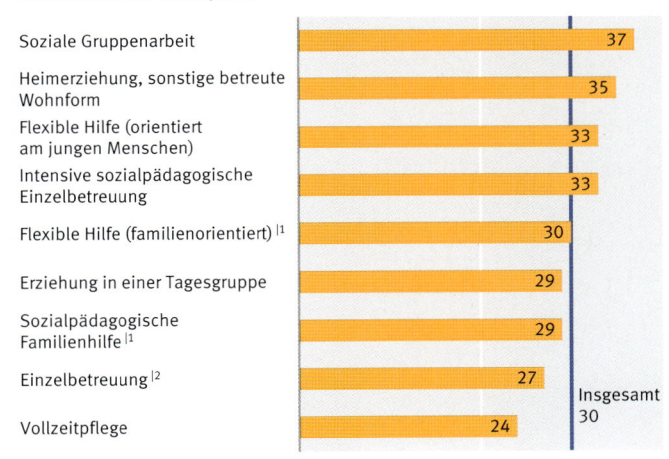

	%
Soziale Gruppenarbeit	37
Heimerziehung, sonstige betreute Wohnform	35
Flexible Hilfe (orientiert am jungen Menschen)	33
Intensive sozialpädagogische Einzelbetreuung	33
Flexible Hilfe (familienorientiert) [1]	30
Erziehung in einer Tagesgruppe	29
Sozialpädagogische Familienhilfe [1]	29
Einzelbetreuung [2]	27
Vollzeitpflege	24
Insgesamt	30

Ohne Erziehungsberatungen nach § 28 SGB VIII.
1 Anteil der betreuten Familien.
2 Unterstützung durch Erziehungsbeistände und Betreuungshelfer/-innen.

Begonnene Hilfen zur Erziehung junger Menschen 2014
nach anregenden Institutionen oder Personen, in %

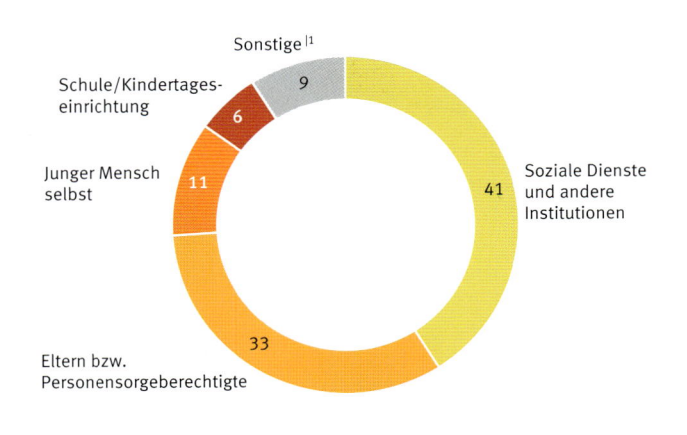

- Soziale Dienste und andere Institutionen: 41
- Eltern bzw. Personensorgeberechtigte: 33
- Junger Mensch selbst: 11
- Schule/Kindertageseinrichtung: 6
- Sonstige [1]: 9

Ohne Erziehungsberatungen gemäß § 28 SGB VIII.
1 Z. B. Gericht, Staatsanwaltschaft, Polizei, Arzt/Ärztin, Klinik, Gesundheitsamt, ehemalige Klienten/Klientinnen oder Bekannte.

8 Soziales

8.4 Sozialleistungen

8.4.13 Eingliederungshilfe bei (drohender) seelischer Behinderung 2014

	Begonnene Hilfen			Hilfen am 31.12.			Beendete Hilfen		
	insgesamt	davon		insgesamt	davon		insgesamt	davon	
		männlich	weiblich		männlich	weiblich		männlich	weiblich
	Anzahl	%		Anzahl	%		Anzahl	%	
Insgesamt	27 124	69,2	30,8	58 695	71,5	28,5	22 067	68,6	31,4
Alter von ... bis unter ... Jahren									
unter 6	1 384	71,8	28,2	1 532	71,7	28,3	389	70,4	29,6
6 – 9	6 241	74,7	25,3	7 532	77,0	23,0	2 212	77,4	22,6
9 – 12	8 902	70,7	29,3	19 708	71,2	28,8	5 953	70,3	29,7
12 – 15	5 011	72,0	28,0	14 833	75,0	25,0	5 896	70,4	29,6
15 – 18	3 153	60,3	39,7	8 870	71,1	28,9	3 728	69,8	30,2
18 und mehr	2 433	53,9	46,1	6 220	58,0	42,0	3 889	56,8	43,2

Ergebnisse der Kinder- und Jugendhilfestatistiken. – Eingliederungshilfe für seelisch behinderte Kinder und Jugendliche gemäß § 35a SGB VIII.

8.4.14 Gefährdungseinschätzung nach § 8a Absatz 1 SGB VIII 2014

	Verfahren insgesamt	Davon nach dem Ergebnis der Gefährdungseinschätzung			
		akute Kindeswohlgefährdung	latente Kindeswohlgefährdung	keine Kindeswohlgefährdung aber Hilfebedarf	keine Kindeswohlgefährdung und kein (weiterer) Hilfebedarf
	Anzahl	%			
Insgesamt	124 213	15,0	18,0	33,4	33,5
Alter von ... bis unter ... Jahren					
unter 3	30 070	14,6	15,6	33,4	36,4
3 – 6	24 885	11,9	17,5	32,9	37,7
6 – 9	21 142	13,1	18,8	34,1	34,0
9 – 12	17 579	13,7	19,9	34,3	32,1
12 – 15	17 325	17,8	19,8	32,7	29,7
15 – 18	13 212	22,8	18,7	33,4	25,2

Eine **Kindeswohlgefährdung** liegt vor, wenn als Ergebnis der Gefährdungseinschätzung eine Situation zu bejahen ist, in der eine erhebliche Schädigung des körperlichen, geistigen oder seelischen Wohls des Kindes/Jugendlichen bereits eingetreten ist oder mit ziemlicher Sicherheit zu erwarten ist und diese Situation von den Sorgeberechtigten nicht abgewendet wird oder werden kann.

Kann die Frage nach der gegenwärtig tatsächlich bestehenden Gefahr nicht eindeutig beantwortet werden, besteht aber der Verdacht auf eine Kindeswohlgefährdung bzw. kann eine Kindeswohlgefährdung nicht ausgeschlossen werden, ist von einer „latenten Kindeswohlgefährdung" auszugehen.

Ergebnisse der Kinder- und Jugendhilfestatistiken.

8.4.15 Maßnahmen des Familiengerichts aufgrund einer Gefährdung des Kindeswohls 2014

	Kinder und Jugendliche im Berichtsjahr					
	insgesamt	davon nach Geschlecht		davon im Alter von bis unter Jahren		
		männlich	weiblich	unter 6	6 – 14	14 – 18
	Anzahl	%				
Insgesamt	30 751	53,5	46,5	40,8	38,1	21,0
davon:						
Auferlegung der Inanspruchnahme von Leistungen der Kinder- und Jugendhilfe gemäß § 1666 Abs. 3 BGB	8 446	52,5	47,5	46,4	40,4	13,2
Aussprache von anderen Geboten oder Verboten gegenüber Personensorgeberechtigten oder Dritten gemäß § 1666 Abs. 3 Nr. 5 BGB	3 678	50,5	49,5	44,2	42,9	12,9
Ersetzung von Erklärungen des/der Personensorgeberechtigten gemäß § 1666 Abs. 3 Nr. 5 BGB	1 598	54,4	45,6	41,0	41,5	17,5
Vollständige Übertragung der elterlichen Sorge auf das Jugendamt oder einen Dritten als Vormund oder Pfleger gemäß § 1666 Abs. 3 Nr. 6 BGB	8 497	58,7	41,3	35,0	30,1	34,9
Teilweise Übertragung der elterlichen Sorge auf das Jugendamt oder einen Dritten als Vormund oder Pfleger gemäß § 1666 Abs. 3 Nr. 6 BGB	8 532	50,5	49,5	39,7	41,2	19,1

Ergebnisse der Kinder- und Jugendhilfestatistiken.

8 Soziales

8.4 Sozialleistungen
8.4.16 Vorläufige Schutzmaßnahmen 2014

	Inobhutnahme			
	insgesamt		auf eigenen Wunsch	wegen Gefährdung
	Anzahl	%		
Insgesamt	48 059	100	23,8	76,2
Alter von … bis unter … Jahren				
unter 3	4 257	8,9	–	8,9
3 – 6	2 513	5,2	–	5,2
6 – 9	2 322	4,8	0,1	4,7
9 – 12	3 070	6,4	0,6	5,7
12 – 14	5 394	11,2	2,6	8,7
14 – 16	12 432	25,9	7,7	18,1
16 – 18	18 071	37,6	12,8	24,8
	Männlich			
Alter von … bis unter … Jahren				
unter 3	2 253	4,7	–	4,7
3 – 6	1 349	2,8	–	2,8
6 – 9	1 294	2,7	0,0	2,6
9 – 12	1 690	3,5	0,2	3,3
12 – 14	2 363	4,9	0,9	4,1
14 – 16	6 145	12,8	3,3	9,5
16 – 18	12 281	25,6	7,9	17,7
Zusammen	27 375	57,0	12,3	44,7
	Weiblich			
Alter von … bis unter … Jahren				
unter 3	2 004	4,2	–	4,2
3 – 6	1 164	2,4	–	2,4
6 – 9	1 028	2,1	0,0	2,1
9 – 12	1 380	2,9	0,4	2,5
12 – 14	3 031	6,3	1,7	4,6
14 – 16	6 287	13,1	4,5	8,6
16 – 18	5 790	12,0	4,9	7,1
Zusammen	20 684	43,0	11,5	31,5

Ergebnisse der Kinder- und Jugendhilfestatistiken.

Eine **vorläufige Schutzmaßnahme** ist eine kurzfristige Maßnahme der Jugendämter zum Schutz von Kindern und Jugendlichen in einer akuten, sie gefährdenden Situation. Minderjährige werden auf eigenen Wunsch oder auf Initiative anderer (etwa der Polizei oder von Erzieherinnen und Erziehern) in Obhut genommen und – meist für Stunden oder einige Tage – in einer geeigneten Einrichtung untergebracht, etwa in einem Heim.

Anlässe für vorläufige Schutzmaßnahmen 2014
in %

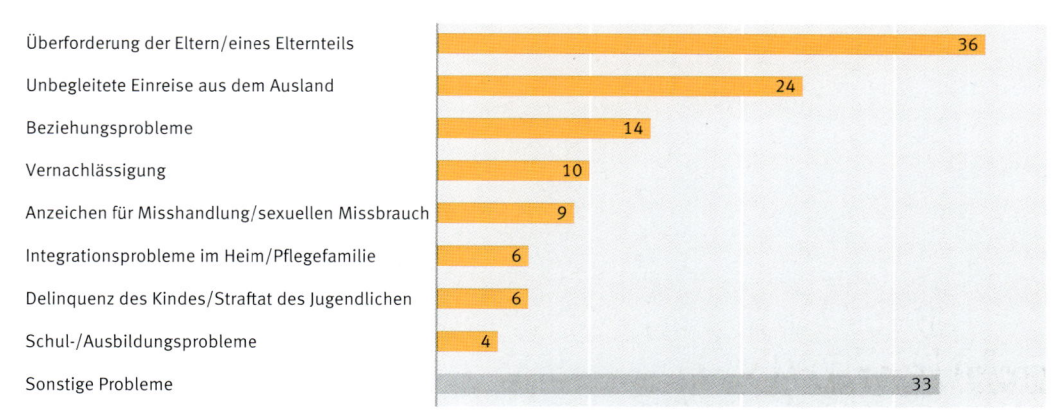

Anlass	%
Überforderung der Eltern/eines Elternteils	36
Unbegleitete Einreise aus dem Ausland	24
Beziehungsprobleme	14
Vernachlässigung	10
Anzeichen für Misshandlung/sexuellen Missbrauch	9
Integrationsprobleme im Heim/Pflegefamilie	6
Delinquenz des Kindes/Straftat des Jugendlichen	6
Schul-/Ausbildungsprobleme	4
Sonstige Probleme	33

Ergebnisse der Kinder- und Jugendhilfestatistiken.
Für jedes Kind oder jede(n) Jugendliche(n) konnten bis zu zwei Anlässe für die Maßnahme angegeben werden.

8 Soziales

8.4 Sozialleistungen
8.4.17 Andere Aufgaben der Kinder- und Jugendhilfe

	2012	2013	2014
Kinder und Jugendliche am Jahresende unter Amtsvormundschaft	675 786	660 668	645 563
davon unter:			
Gesetzlicher Amtsvormundschaft	4 950	5 171	5 323
Bestellter Amtsvormundschaft	31 619	32 219	35 825
Bestellter Amtspflegschaft	33 489	33 774	32 808
Beistandschaften nach § 1712 BGB	605 728	589 504	571 607
Sorgeerklärungen nicht miteinander verheirateter Eltern	X	161 376	173 986
davon:			
Abgegebene Sorgeerklärungen	X	160 644	172 531
Ersetzte Sorgeerklärungen	X	732	1 455
Tagespflegepersonen, für die eine Pflegeerlaubnis nach § 43 SGB VIII besteht	54 509	55 130	55 014

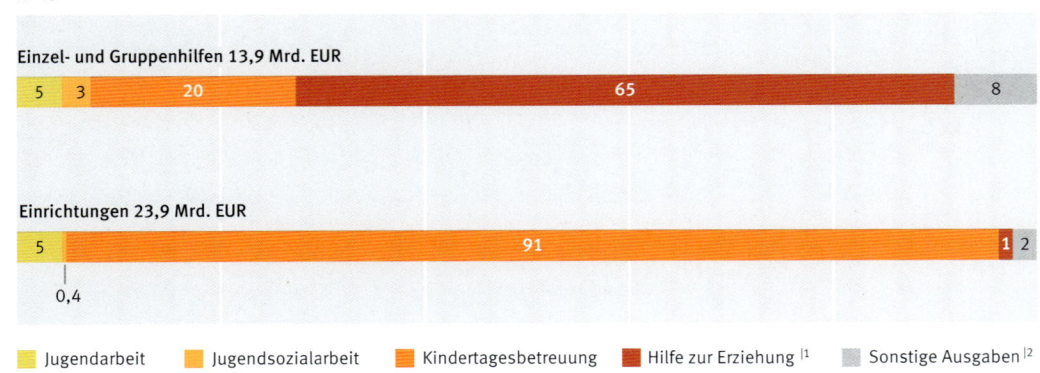

Ergebnisse der Kinder- und Jugendhilfestatistiken.

Mit der Geburt eines Kindes, dessen Eltern nicht miteinander verheiratet sind und das eines Vormunds bedarf, wird das Jugendamt Vormund (**gesetzliche Amtsvormundschaft**).

Die **bestellte Amtsvormundschaft** setzt voraus, dass ein(e) Minderjährige(r) nicht unter elterlicher Sorge steht. Dies kann durch Tod der Eltern eintreten, oder wenn die Eltern nicht in der Lage sind, die elterliche Sorge verantwortlich zu übernehmen.

Bei der **bestellten Amtspflegschaft** wird nur für Teile der elterlichen Sorge Amtspflege bestellt. Die verbleibenden Teile der elterlichen Sorge werden weiterhin durch die Eltern oder einen Elternteil wahrgenommen.

Mit der Einrichtung einer **Beistandschaft** für minderjährige Kinder (§ 1712 BGB) wird das Jugendamt zum Beistand des Kindes, um z. B. die Vaterschaft festzustellen oder/und Unterhaltsansprüche des Kindes geltend zu machen.

8.4.18 Ausgaben und Einnahmen der Träger der öffentlichen Kinder- und Jugendhilfe 2014

	Insgesamt	Einzel- und Gruppenhilfen	Einrichtungen
	1 000 EUR		
Jugendarbeit	1 709 142	624 783	1 084.359
Jugendsozialarbeit	479 356	382 476	96 880
Erzieherischer Kinder- und Jugendschutz, Förderung der Erziehung in der Familie	615 755	563 434	52 321
dar. Unterbringung von Müttern oder Vätern mit ihrem(n) Kind(ern)	287 807	285 399	2 408
Kindertagesbetreuung	24 617 379	2 796 283	21 821 096
Hilfe zur Erziehung, Hilfe für junge Volljährige, Inobhutnahme und Eingliederungshilfe für seelisch behinderte Kinder und Jugendliche	9 293 822	8 955 452	338 370
Mitarbeiterfortbildung	24 309	15 068	9 242
Sonstige Aufgaben	892 826	554 945	337 881
Ausgaben zusammen	37 632 589	13 892 441	23 740 148
Personalausgaben der Jugendhilfeverwaltung	157 824	–	157 824
Ausgaben insgesamt	**37 790 413**	**13 892 441**	**23 897 972**
davon:			
Öffentliche Träger	23 483 170	12 790 088	10 693 082
Förderung von freien Trägern	14 307 242	1 102 352	13 204 890
Einnahmen insgesamt	**2 856 231**	**936 985**	**1 919 246**
Reine Ausgaben insgesamt	**34 934 182**	**12 955 456**	**21 978 726**

Ergebnisse der Kinder- und Jugendhilfestatistiken.

Ausgaben für Kinder- und Jugendhilfe 2014
in %

Einzel- und Gruppenhilfen 13,9 Mrd. EUR

Jugendarbeit	Jugendsozialarbeit	Kindertagesbetreuung	Hilfe zur Erziehung	Sonstige Ausgaben
5	3	20	65	8

Einrichtungen 23,9 Mrd. EUR

Jugendarbeit	Jugendsozialarbeit	Kindertagesbetreuung	Hilfe zur Erziehung	Sonstige Ausgaben
5	0,4	91	1	2

■ Jugendarbeit   ■ Jugendsozialarbeit   ■ Kindertagesbetreuung   ■ Hilfe zur Erziehung [1]   ■ Sonstige Ausgaben [2]

Ergebnisse der Kinder- und Jugendhilfestatistiken.

1 Einschl. Hilfe für junge Volljährige, Inobhutnahme und Eingliederungshilfe für seelisch behinderte Kinder und Jugendliche.
2 Einschl. allgemeine Förderung der Familie, Unterbringung von Müttern oder Vätern mit ihrem(n) Kind(ern), Mitarbeiterfortbildung sowie Personalausgaben.

8 Soziales

8.4 Sozialleistungen

8.4.19 Einrichtungen und tätige Personen in der Kinder- und Jugendhilfe am 31.12.2014

	Kinder und Jugendliche im Berichtsjahr			genehmigte Plätze	tätige Personen insgesamt	darunter pädagogisches Personal
	Einrichtungen insgesamt	davon				
		Einrichtungen öffentlicher Träger	Einrichtungen freier Träger			
	Anzahl					
Deutschland	32 893	7 372	25 521	310 596	231 123	206 734
Baden-Württemberg	4 002	1 097	2 905	34 246	28 249	26 635
Bayern	4 151	807	3 344	50 638	33 119	29 195
Berlin	1 668	169	1 499	22 552	11 554	10 816
Brandenburg	1 570	387	1 183	10 668	6 375	5 768
Bremen	352	38	314	2 163	2 921	2 671
Hamburg	366	85	281	4 363	3 641	3 353
Hessen	2 071	698	1 373	26 701	17 301	15 193
Mecklenburg-Vorpommern	1 070	179	891	10 498	4 793	4 236
Niedersachsen	2 834	695	2 139	27 405	22 022	19 098
Nordrhein-Westfalen	6 446	1 385	5 061	53 821	55 749	49 891
Rheinland-Pfalz	1 635	450	1 185	15 392	12 401	10 630
Saarland	437	61	376	4 247	3 108	2 744
Sachsen	2 670	349	2 321	16 371	10 577	9 632
Sachsen-Anhalt	1 508	371	1 137	10 822	6 739	6 043
Schleswig-Holstein	700	169	531	11 744	6 580	5 509
Thüringen	1 413	432	981	8 965	5 994	5 320

Ergebnisse der Kinder- und Jugendhilfestatistiken.

8 Soziales

Methodik

■ Sozialbudget nach Institutionen

Um einen Gesamtüberblick zu vermitteln, zeigt die Tabelle 8.1 dieses Kapitels die Sozialleistungen der staatlichen Einrichtungen, der öffentlichen Körperschaften und der Arbeitgeberinnen und Arbeitgeber in der Abgrenzung des **Sozialbudgets** der Bundesregierung nach Institutionen sowie nach Leistungs- und Finanzierungsarten. Detaillierte Informationen aus verschiedenen Erhebungen und Geschäftsstatistiken runden das Kapitel ab. Da die Zahlen des Sozialbudgets zum Teil definitorisch anders abgegrenzt bzw. bereinigt sind, besteht keine volle Vergleichbarkeit mit den Angaben aus den Statistiken der Sozialleistungen (insbesondere mit den Rechnungsabschlüssen der Sozialleistungsträger) bzw. mit den Ergebnissen der Finanzstatistik im Kapitel 9 dieses Jahrbuchs. Die Definitionen zum Sozialbudget, auch soweit sie die Rechtslage betreffen, beziehen sich auf den Zeitraum bis 2016.

Das „Glossar" enthält Erläuterungen zur Abgrenzung der einzelnen Sozialleistungen bzw. Institutionen des Sozialbudgets. Damit die einzelnen Bereiche untereinander und mit den umfassenderen Volkswirtschaftlichen Gesamtrechnungen vergleichbar sind, mussten sie für die Darstellung im Sozialbudget bereinigt werden. So werden z. B. die Sozialleistungen insgesamt bereinigt um die Selbstbeteiligung der Leistungsempfängerinnen und Leistungsempfänger und um die Beiträge des Staates zur Kranken-, Pflege-, Arbeitslosen- und Rentenversicherung für Empfängerinnen und Empfänger sozialer Leistungen. Die Beiträge des Staates sind allerdings nach wie vor in den Leistungen der einzelnen Institutionen enthalten. Weiter wird die Krankenversicherung um die Mutterschutzleistungen des Bundes ergänzt, die Sozialhilfe um die zusätzlichen Leistungen der Länder und Gemeinden sowie um die Leistungen nach dem Asylbewerberleistungsgesetz, die Kinder- und Jugendhilfe um Leistungen nach dem Kinder- und Jugendplan des Bundes und nach dem Unterhaltsvorschussgesetz. Darlehen finden im Sozialbudget keinen Niederschlag.

Dieses Kapitel enthält – neben den als Bundesstatistiken durchgeführten Erhebungen der Statistischen Ämter des Bundes und der Länder – auch Statistiken anderer Stellen, wie Ministerien und der Bundesagentur für Arbeit. Dies geschieht, um einen möglichst umfassenden Überblick über die Sozialleistungen in Deutschland zu geben. Daten, die nicht die Statistischen Ämter des Bundes und der Länder erheben, sind durch eine Quellenangabe gekennzeichnet.

Im Folgenden werden die Methodiken der Erhebungen dargestellt, die die Statistischen Ämter des Bundes und der Länder durchführen. Es handelt sich bei diesen Bundesstatistiken um dezentrale Statistiken. Dies bedeutet, dass das Statistische Bundesamt das Erhebungs- und Aufbereitungskonzept entwickelt und Organisation sowie EDV-Technik vorbereitet. Die Statistischen Ämter der Länder führen die Erhebungen durch und bereiten die Daten zu Ergebnissen bis auf Landesebene auf. Aus den Länderergebnissen stellt das Statistische Bundesamt die Bundesergebnisse zusammen und veröffentlicht diese. Die Bundesstatistiken unterliegen umfangreichen Plausibilitätsprüfungen und einer durchgehenden Qualitätskontrolle durch die Statistischen Ämter des Bundes und der Länder. Insofern sind die Ergebnisse dieser Erhebungen grundsätzlich von hoher Aussagekraft und Qualität. Ausführliche methodische Erläuterungen sowie fachlich und regional tiefer gegliederte Ergebnisse enthalten die Veröffentlichungen der Fachserie 13 „Sozialleistungen" (siehe hierzu „Mehr zum Thema" am Ende dieses Kapitels). Detaillierte Informationen zur Methodik der einzelnen Statistiken sind in den „Qualitätsberichten" dokumentiert (siehe hierzu www.destatis.de/publikationen › Qualitätsberichte).

■ Versorgungssystem des öffentlichen Dienstes

Die **Versorgungsempfängerstatistik** liefert Daten über die Leistungsberechtigten des öffentlich-rechtlichen Alterssicherungssystems jährlich am 1. Januar. Anspruch auf eine Leistung nach dem Beamten- und Soldatenversorgungsrecht haben Beamtinnen und Beamte, Richterinnen und Richter sowie Berufssoldatinnen und Berufssoldaten, die wegen des Erreichens einer Altersgrenze, aus Dienstunfähigkeit oder aus sonstigen Gründen (einstweiliger Ruhestand, Vorruhestand) aus dem aktiven Dienst ausgeschieden sind (Empfängerinnen und Empfänger von Ruhegehalt).

Leistungsberechtigt sind des Weiteren Hinterbliebene von verstorbenen aktiven Beamtinnen und Beamten oder von verstorbenen Pensionärinnen und Pensionären (Empfängerinnen und Empfänger von Witwen- und Witwergeld, Waisengeld). Die Versorgung der nach dem Zweiten Weltkrieg nicht übernommenen Beschäftigten des Deutschen Reiches regelt sich nach dem Gesetz zu Artikel 131 Grundgesetz (G131), soweit ein Anspruch auf eine beamtenrechtliche Versorgung besteht.

Der *öffentliche Dienst* wird in der Versorgungsempfängerstatistik in den vier Ebenen Bundesbereich, Landesbereich, kommunaler Bereich und Sozialversicherung (einschl. Bundesagentur für Arbeit) dargestellt.

Die Versorgungsempfängerstatistik ist eine wichtige Grundlage für politische Entscheidungen zur Weiterentwicklung des Versorgungsrechts. Sie bildet zusammen mit der Personalstandstatistik die Basis für Berechnungen über die Höhe der bestehenden Versorgungsanwartschaften und der zukünftigen Versorgungsausgaben. Sie wird für die Ermittlung der Zuweisungssätze zum Versorgungsfonds des Bundes verwendet und dient der mittelfristigen Finanzplanung des Bundes.

Rechtsgrundlage für die Statistiken der öffentlichen Finanzen und des Personals im öffentlichen Dienst ist das Gesetz über die Statistiken der öffentlichen Finanzen und des Personals im öffentlichen Dienst (Finanz- und Personalstatistikgesetz – FPStatG).

■ Sozialleistungen

Sozialhilfestatistik
Um die Auswirkungen des Zwölften Buches Sozialgesetzbuch (SGB XII „Sozialhilfe") beurteilen und das Gesetz fortentwickeln zu können, werden in der amtlichen **Sozialhilfestatistik** verschiedene Erhebungen als Bundesstatistiken durchgeführt. Diese Vollerhebungen liefern Ergebnisse über die Zahl und Struktur der Sozialhilfeempfängerinnen und Sozialhilfeempfänger sowie über die mit den Hilfeleistungen nach dem SGB XII verbundenen finanziellen Aufwendungen.

Rechtsgrundlagen der Sozialhilfestatistiken sind die §§ 121–128h des SGB XII. Für sämtliche Erhebungen besteht gemäß § 125 SGB XII bzw. gemäß § 128g eine Auskunftspflicht durch die örtlichen Träger (Sozialämter der kreisfreien Städte bzw. Landkreise) oder die überörtlichen Träger der Sozialhilfe (Länder selbst oder höhere Kommunalbehörden, z. B. Landeswohlfahrtsverbände, Landschaftsverbände oder Bezirke).

Das Berichtssystem der Sozialhilfestatistik hat sich mit Inkrafttreten des SGB XII zum 1.1.2005 grundlegend geändert. Es gliedert sich seitdem in die folgenden Teilerhebungen, die sich jeweils durch unterschiedliche Erhebungsverfahren, Berichtszeiten und Inhalte unterscheiden:

- Statistik der Empfängerinnen und Empfänger von Hilfe zum Lebensunterhalt (ohne Kurzzeitempfängerinnen und Kurzzeitempfänger) nach dem 3. Kapitel SGB XII, jährliche Bestandserhebung zum 31.12. sowie Meldung der Zu- und Abgänge

- Statistik der Empfängerinnen und Empfänger von Hilfe zum Lebensunterhalt mit kurzzeitiger Hilfegewährung, vierteljährliche Bestandserhebung zum Quartalsende

- Statistik der Empfängerinnen und Empfänger von Grundsicherung im Alter und bei Erwerbsminderung nach dem 4. Kapitel des SGB XII, quartalsweise Erhebung, insbesondere Bestandserhebung zum Quartalsende

- Statistik der Empfängerinnen und Empfänger von Leistungen nach dem 5. bis 9. Kapitel des SGB XII (u. a. für Eingliederungshilfe für behinderte Menschen, Hilfe zur Pflege, Hilfen zur Gesundheit, Hilfen zur Überwindung besonderer sozialer Schwierigkeiten und Hilfen in anderen Lebenslagen; bis Ende 2004

wurden diese Leistungen als „Hilfen in besonderen Lebenslagen" bezeichnet), jährlich für das abgelaufene Kalenderjahr und zum 31.12.
- Statistik der Ausgaben und Einnahmen der Sozialhilfe, jährlich für das abgelaufene Kalenderjahr.

Das Statistische Bundesamt veröffentlicht die Bundesergebnisse der dezentralen Statistiken der Empfängerinnen und Empfänger von Hilfe zum Lebensunterhalt, der Empfängerinnen und Empfänger von Leistungen nach dem 5. bis 9. Kapitel des SGB XII und der Ausgaben und Einnahmen der Sozialhilfe in der Regel rund zehn bis zwölf Monate nach Ablauf des Erhebungszeitraumes. Auf Länderebene werden die Daten üblicherweise früher veröffentlicht. Die Bundesergebnisse der zentralen Statistik der Empfängerinnen und Empfänger von Grundsicherung im Alter und bei Erwerbsminderung werden in der Regel rund vier Monate nach Ablauf des Erhebungsquartals veröffentlicht.

Asylbewerberleistungsstatistik
Um die Auswirkungen des Asylbewerberleistungsgesetzes (AsylbLG) beurteilen sowie das Gesetz fortentwickeln zu können, werden auch in der amtlichen **Asylbewerberleistungsstatistik** verschiedene Erhebungen als Bundesstatistiken durchgeführt. Bei diesen Erhebungen handelt es sich um Vollerhebungen. Sie liefern Ergebnisse über die Zahl und Struktur der Empfängerinnen und Empfänger von Asylbewerberleistungen sowie über die mit den Hilfeleistungen nach dem AsylbLG verbundenen finanziellen Aufwendungen.

Rechtsgrundlage der Asylbewerberleistungsstatistik bildet § 12 AsylbLG. Für sämtliche Erhebungen besteht gemäß § 12 Abs. 5 AsylbLG eine Auskunftspflicht durch die Stellen, die für die Durchführung des AsylbLG zuständig sind.

Die Bundesergebnisse der Asylbewerberleistungsstatistiken veröffentlicht das Statistische Bundesamt in der Regel rund sieben Monate nach Ablauf des Erhebungszeitraumes. Auf Länderebene werden die Daten üblicherweise früher veröffentlicht.

Im Einzelnen umfasst die amtliche Asylbewerberleistungsstatistik die folgenden Erhebungen, die sich jeweils durch unterschiedliche Berichtszeiten und Inhalte unterscheiden:

- Statistik der Empfängerinnen und Empfänger von Asylbewerberregelleistungen, jährliche Bestandserhebung zum 31.12.
- Statistik der Empfängerinnen und Empfänger von besonderen Asylbewerberleistungen, jährlich für das abgelaufene Kalenderjahr und zum 31.12.
- Statistik der Ausgaben und Einnahmen für Asylbewerberleistungen, jährlich für das abgelaufene Kalenderjahr.

Kriegsopferfürsorgestatistik
Zweck der **Kriegsopferfürsorgestatistik** ist es, Feststellungen über den Umfang der Leistungen der Kriegsopferfürsorge sowie über den Personenkreis der Leistungsempfängerinnen und -empfänger zu treffen. Bund und Länder benötigen für Planung, Weiterentwicklung und Ausgestaltung des Kriegsopferfürsorgerechts zuverlässige statistische Angaben.

Die Statistik der Kriegsopferfürsorge wird als zweijährliche Vollerhebung durchgeführt. Die Rechtsgrundlage bildet das Gesetz über die Durchführung von Statistiken auf dem Gebiet der Kriegsopferfürsorge.

Die Daten erheben die Statistischen Landesämter bei den örtlichen und überörtlichen Trägern der Kriegsopferfürsorge. Die Deutschlandergebnisse der Erhebung zum Jahresende 2014 lagen im September 2015 vor. Die Ergebnisse der Statistik werden auch für Schätzungen im Rahmen der Gesundheitsausgabenrechnung genutzt.

Kinder- und Jugendhilfestatistik
Um die Auswirkungen des Achten Buch Sozialgesetzbuch (SGB VIII „Kinder- und Jugendhilfe") beurteilen und das Gesetz fortentwickeln zu können, werden seit 1991 in den amtlichen **Kinder- und Jugendhilfestatistiken** verschiedene Erhebungen als Bundesstatistiken durchgeführt. Diese Erhebungen liefern als Totalerhebungen u. a. Ergebnisse über die Zahl der erzieherischen Hilfen, die Situation der Hilfeempfängerinnen und Hilfeempfänger sowie über die finanziellen Aufwendungen, die mit den Hilfeleistungen nach dem SGB VIII verbunden sind.

Rechtsgrundlagen der Kinder- und Jugendhilfestatistiken sind die §§ 98 bis 103 SGB VIII. Bei allen Erhebungen besteht für die Träger der öffentlichen und der freien Jugendhilfe gemäß § 102 SGB VIII eine Auskunftspflicht, die nach Erhebungen differenziert ist.

Die Bundesergebnisse der Kinder- und Jugendhilfestatistiken liegen in der Regel zwischen sieben bis elf Monate nach Ablauf des Erhebungszeitraumes vor. Auf Länderebene werden die Daten üblicherweise früher veröffentlicht.

Im Einzelnen umfassen die amtlichen Kinder- und Jugendhilfestatistiken folgende Erhebungen, die sich jeweils durch Erhebungsfragen, Berichtszeiträume bzw. Stichtage unterscheiden:

- Teil I (jährlich): Statistiken der erzieherischen Hilfe, der Eingliederungshilfe für seelisch behinderte junge Menschen, Hilfe für junge Volljährige und anderen Leistungen des Jugendamtes nach den §§ 27 – 35a, 41 – 42 SGB VIII, Erhebung von während des Jahres begonnenen und beendeten Hilfen und Bestandserhebung zum 31.12.
- Teil II (alle vier Jahre, zuletzt 2008): Statistik der mit öffentlichen Mitteln geförderten Maßnahmen der Jugendarbeit (ab 2015 alle zwei Jahre Statistik der Angebote der Jugendarbeit nach § 11 SGB VIII)
- Teil III.1 (ab 2006, jährlich): Kinder und tätige Personen in Tageseinrichtungen
- Teil III.2 (alle vier Jahre, zuletzt 2010, ab 2014 alle zwei Jahre): Einrichtungen und tätige Personen in der Kinder- und Jugendhilfe (ohne Einrichtungen der Kindertagesbetreuung)
- Teil III.3 (neu ab 2006, jährlich): Kinder und tätige Personen in öffentlich geförderter Kindertagespflege
- Teil III.4 (ab 2006 bis 2008, jährlich): Plätze in Tageseinrichtungen und in Kindertagespflege
- Teil III.5 (neu ab 2009): Statistik über Personen in Großtagespflegestellen und die dort betreuten Kinder
- Teil IV (jährlich für das abgelaufene Kalenderjahr): Statistik der Ausgaben und Einnahmen der Träger der öffentlichen Kinder- und Jugendhilfe

Die Erhebungsinhalte der vier Teile der Kinder- und Jugendhilfestatistiken sind so aufeinander abgestimmt, dass zusammenhängende Aussagen über einzelne Themenfelder möglich sind, z. B. über die Anzahl der Heimunterbringungen, die Zahl der Einrichtungen für Heimerziehung und das dort tätige Personal sowie die Ausgaben für Heimerziehung.

Grundsicherung für Arbeitsuchende
Mit dem Vierten Gesetz für moderne Dienstleistungen am Arbeitsmarkt („Hartz IV") wurde zum 1.1.2005 die vorherige Arbeitslosen- und Sozialhilfe für Erwerbsfähige durch die **Grundsicherung für Arbeitsuchende** ersetzt. Diese ist im SGB II geregelt.

Die Statistik der Grundsicherung für Arbeitsuchende wird gemäß § 53 SGB II von der Bundesagentur für Arbeit (BA) geführt und berichtet über Leistungsansprüche hilfebedürftiger Personen, die in Bedarfsgemeinschaften leben. Dabei wird zwischen erwerbsfähigen Leistungsberechtigten und nicht erwerbsfähigen Leistungsberechtigten unterschieden. Die erwerbsfähigen Leistungsberechtigten erhalten Arbeitslosengeld II, die nicht erwerbsfähigen Leistungsberechtigten Sozialgeld.

8 Soziales

Methodik

Die Bedarfsgemeinschaft ist ein rechtliches Konstrukt, welches alle Personen einschließt, die dem Grunde nach leistungsberechtigt sind; sie besteht aus mindestens einem Leistungsberechtigten. Die jeweilige Wohngemeinschaft kann noch weitere Personen außerhalb des SGB II umfassen.

Die Höhe der Leistungen orientiert sich am Bedarf der Empfängerinnen und Empfänger. Dabei wird – unter Berücksichtigung der Freibetragsregelungen – vorhandenes Einkommen und Vermögen der Personen angerechnet.
Die Grundsicherung für Arbeitsuchende umfasst folgende Zahlungsansprüche:
– Gesamtregelleistung,
  diese setzt sich zusammen aus Arbeitslosengeld II für erwerbsfähige Leistungsberechtigte (ELB) und Sozialgeld für nicht erwerbsfähige Leistungsberechtigte (NEF) und beinhaltet den Regelbedarf, Leistungen für Mehrbedarfe, Kosten der Unterkunft sowie den bis zum 31.12.2010 befristeten Zuschlag nach Bezug von Arbeitslosengeld gemäß § 24 SGB II (alte Fassung),
– Sozialversicherungsleistungen,
– weitere Zahlungsansprüche in besonderen Lebenssituationen.

Aufgrund der hohen Fallzahlen und der Höhe der damit verbundenen Ausgaben des Bundes sowie der Kommunen stellt die Statistik der Grundsicherung für Arbeitsuchende eine wichtige Datenquelle für die Sozialberichterstattung dar. Sie ergänzt die Arbeitsmarktstatistik nach dem SGB III, hin zu einer umfassenden Arbeitsmarktstatistik für Deutschland und die Regionen.

Eine detaillierte methodische Beschreibung der Statistik der Grundsicherung für Arbeitsuchende nach dem SGB II finden Sie auf der Homepage der BA unter *www.statistik.arbeitsagentur.de*

Die „Sozialberichterstattung der amtlichen Statistik" zählt alle Empfängerinnen und Empfänger von Arbeitslosengeld II sowie von Sozialgeld und weiteren Leistungen nach Sondertatbeständen des SGB II zu den Bezieherinnen und Beziehern von staatlichen Mindestsicherungsleistungen.

8 Soziales

Glossar

Altersgrenze | Die *Altersgrenze der Beamtenversorgung* des Bundes ist der gesetzlich bestimmte Zeitpunkt des Eintritts in den Ruhestand. Die allgemeine Antragsaltersgrenze liegt für Personen, die vor 1947 geboren wurden bei 65 Jahren. Beginnend mit dem Geburtsjahrgang 1947 wird die Altersgrenze ab dem 1.1.2012 bis zum Jahr 2031 schrittweise auf 67 Jahre angehoben. Im Falle einer Schwerbehinderung ist ab dem 60. bzw. 62. Lebensjahr ein Antrag auf den vorgezogenen Ruhestand möglich.

Alterssicherung der Landwirte (AdL, Sozialbudget) | Dieses berufsspezifisch ausgerichtete Sondersystem der Alterssicherung regelt für selbstständig tätige landwirtschaftliche Unternehmer und ihre Familienangehörigen eine Teilsicherung im Alter und bei verminderter Erwerbsfähigkeit. Zu diesem Zweck gewährt die Sozialversicherung für Landwirtschaft, Forsten und Gartenbau als Bundesträger der AdL bei Erfüllung der Voraussetzungen Renten wegen Alters und wegen Erwerbsminderung, Witwen-, Witwer- und Waisenrenten und Rehabilitationsleistungen. Die gewährten Leistungen entsprechen weitgehend denen der gesetzlichen Rentenversicherung. Als besondere Leistung gibt es die sogenannte Betriebs- und Haushaltshilfe, die sicherstellt, dass der Hof bei Krankheit des Landwirts weitergeführt werden kann. Beitragspflichtig sind selbstständig tätige landwirtschaftliche Unternehmer und (ab 1995) deren Ehegatten sowie mitarbeitende Familienangehörige. Für die mitarbeitenden Familienangehörigen zahlt der landwirtschaftliche Unternehmer einen Beitrag in Höhe der Hälfte des Einheitsbeitrags. Befreiung von der Versicherungspflicht ist möglich, z. B. bei regelmäßigem außerlandwirtschaftlichem Einkommen von mehr als 4 800 Euro jährlich. Einkommensschwächere landwirtschaftliche Unternehmer erhalten auf Antrag einen Zuschuss zum Beitrag.

Arbeitslosengeld | Arbeitslose erhalten unter bestimmten Voraussetzungen Arbeitslosengeld als Entgeltersatzleistung. Das Arbeitslosengeld ist eine Versicherungsleistung und wird auf Antrag bei Arbeitslosigkeit oder bei beruflicher Weiterbildung gezahlt. Arbeitslosengeld als Lohnersatzleistung wird Arbeitslosen anstelle des ausfallenden Arbeitsentgeltes gezahlt. Der Leistungsanspruch beträgt 60 % bzw. 67 % des zuletzt erhaltenen pauschalierten Nettoarbeitsentgeltes. Die Anspruchsdauer beträgt mindestens 180 Kalendertage, bei älteren Arbeitslosen kann sie bis zu 720 Kalendertage betragen. Anspruch auf Arbeitslosengeld hat, wer arbeitslos ist, die Anwartschaftszeit erfüllt und sich bei der Agentur für Arbeit persönlich arbeitslos gemeldet hat. Arbeitslosigkeit liegt vor, wenn die Arbeitnehmerin bzw. der Arbeitnehmer beschäftigungslos ist, sich bemüht, seine Beschäftigungslosigkeit zu beenden (Eigenbemühungen) und den Vermittlungsbemühungen der Agentur für Arbeit zur Verfügung steht. Die persönliche Arbeitslosmeldung schließt den Antrag auf Arbeitslosengeld ein. Die Anwartschaftszeit hat in der Regel erfüllt, wer innerhalb der letzten zwei Jahre vor der Arbeitslosmeldung 360 Kalendertage versicherungspflichtig beschäftigt war, sonstige Versicherungspflichtzeiten zurückgelegt hat oder sich antragspflichtversichert hatte.

Arbeitslosenversicherung (Sozialbudget) | Die Leistungen der Arbeitsförderung setzen sich aus den Leistungen der aktiven Arbeitsförderung nach dem Dritten Kapitel des SGB III einerseits und den Entgeltersatzleistungen nach dem Vierten Kapitel des SGB III andererseits zusammen. Hauptziele der Arbeitsförderung sind die Verhinderung von Arbeitslosigkeit sowie, wenn diese bereits eingetreten ist, ihre schnellstmögliche Beendigung. Zur Verwirklichung dieser Zielsetzung dienen die Beratung und Vermittlung sowie die sonstigen Leistungen der aktiven Arbeitsförderung (z. B. die Förderung der beruflichen Aus- und Weiterbildung). Während die Beratung für alle Personengruppen (junge Menschen, Erwachsene und Arbeitgeber) zugänglich ist und die Vermittlung für alle Ausbildungssuchenden, Arbeitsuchenden und Arbeitgeber, sind bei den sonstigen Leistungen der aktiven Arbeitsförderung die jeweiligen Voraussetzungen zu erfüllen. Das Arbeitslosengeld und das Insolvenzgeld sind ebenfalls an besondere Voraussetzungen geknüpft.

Asylbewerberleistungen | Diese Leistungen werden nach dem Asylbewerberleistungsgesetz (AsylbLG) gewährt, das am 1.11.1993 in Kraft getreten ist. Asylbewerberinnen und Asylbewerber und sonstige nach dem Asylbewerberleistungsgesetz Berechtigte erhalten seitdem bei Bedarf anstelle der Sozialhilfe Leistungen nach dem AsylbLG. Die Leistungsberechtigten erhalten Regelleistungen zur Deckung des notwendigen Bedarfs (Ernährung, Unterkunft, Heizung, Kleidung, Gesundheits- und Körperpflege sowie Gebrauchs- und Verbrauchsgüter des Haushalts). Diese werden entweder in Form von Grundleistungen gewährt (§ 3 AsylbLG) oder in besonderen Fällen in Form von Hilfe zum Lebensunterhalt (§ 2 AsylbLG) analog zu den Leistungen nach dem Zwölften Buch Sozialgesetzbuch (SGB XII). Daneben erhalten die Asylbewerberinnen und Asylbewerber in speziellen Bedarfssituationen besondere Leistungen, z. B. bei Krankheit, Schwangerschaft und Geburt (§ 4 AsylbLG). Die analoge Anwendung von Leistungen nach dem 5. bis 9. Kapitel des SGB XII erfolgt auch in diesem Bereich in besonderen Fällen auf der Grundlage des § 2 AsylbLG. Demnach ist Hilfe bei Krankheit, Hilfe bei Schwangerschaft und Mutterschaft sowie Hilfe zur Pflege zu gewähren. Die übrigen Hilfen können bewilligt werden, wenn dies im Einzelfall gerechtfertigt ist. Im Sozialbudget werden die Leistungen nach dem SGB XII und AsylbLG weiterhin zusammen in der Institution „Sozialhilfe" ausgewiesen. Erfasst werden hier auch weitere soziale Hilfen des Bundes und der Länder.

Ausbildungs- und Aufstiegsförderung (Sozialbudget) | Das *Bundesausbildungsförderungsgesetz* (BAföG) regelt die staatliche Unterstützung für die Ausbildung von Schülerinnen und Schülern sowie Studierenden. Ziel ist es, Kindern aus wirtschaftlich und sozial schlechter gestellten Familien eine Ausbildung zu ermöglichen, die ihrer Neigung, Eignung und Leistung entspricht. Die Leistungen werden regelmäßig auf ihre Angemessenheit hin überprüft und an den Bedarf angepasst. Die letzte deutliche Anhebung der Freibeträge und Bedarfssätze erfolgte durch das 23. BAföG-Änderungsgesetz, das zum Wintersemester 2010/11 in Kraft getreten ist. Der aktuelle Höchstfördersatz für Studierende beträgt 670 Euro monatlich. Im Zuge des 25. BAföG-Änderungsgesetzes wurde bereits eine Erhöhung der Freibeträge und Bedarfssätze ab 1. August 2016 bzw. zum Wintersemester 2016/17 beschlossen. Der neue Höchstfördersatz für Studierende wird dann 735 Euro monatlich betragen. Ausbildungsförderung wird geleistet, wenn der auszubildenden Person bzw. ihren unterhaltsverpflichteten Eltern oder ihrer Ehegattin bzw. Ehegatten oder eingetragenen Lebenspartnerin bzw. Lebenspartner keine eigenen Mittel für Ausbildung und Unterhalt zur Verfügung stehen. Einkommen und Vermögen der auszubildenden Person sowie das Einkommen der Eltern und der Ehegattin bzw. des Ehegatten oder der eingetragenen Lebenspartnerin bzw. des Lebenspartners sind anzurechnen (familienabhängige Förderung). Die Geldleistungen nach dem BAföG werden infolge des 25. BAföG-ÄndG seit 1.1.2015 vollständig vom Bund erbracht. Leistungen zur beruflichen Weiterbildung sind im *Aufstiegsfortbildungsförderungsgesetz* (AFBG) geregelt. Mit dem AFBG werden Teilnehmerinnen und Teilnehmer an beruflichen Aufstiegsfortbildungsmaßnahmen z. B. zur Meisterin oder zum Meister, zur Technikerin oder zum Techniker oder zu vergleichbaren Abschlüssen finanziell unterstützt. Das AFBG dient damit der Gleichstellung der Förderbedingungen in allgemeiner und beruflicher Bildung. Gefördert werden sowohl Voll- wie auch Teilzeitmaßnahmen. Die Förderung selbst besteht aus Zuschüssen und zinsgünstigen Darlehensanteilen. Mit dem 25. BAföG-ÄndG werden ab 1.8.2016 auch im AFBG der Unterhaltsbedarfssatz und die Einkommensfreibeträge steigen. Die Förderung nach dem AFBG erfolgt zu 78 % durch den Bund und zu 22 % durch die Länder.

Beihilfen (Sozialbudget) | Leistungen des Staates in seiner Funktion als Arbeitgeber nach den Beamtengesetzen als Beihilfen zu den Kosten in Krankheits-, Pflege-, Geburts- und Todesfällen sowie bei Dienstunfällen.

Betriebliche Altersvorsorge (Sozialbudget) | Hierbei handelt es sich klassischerweise um eine freiwillige Leistung der Arbeitgeberin oder des Arbeitgebers. Seit dem 1.1.2002 haben Beschäftigte jedoch grundsätzlich das Recht, Teile ihres Lohnes oder Gehaltes in eine wertgleiche Zusage auf eine betriebliche Altersversorgung umzuwandeln (Entgeltumwandlung). Leistungen der betrieblichen Altersversorgung können von der Arbeitgeberin bzw. dem Arbeitgeber direkt erfolgen – über eine Direktzusage bzw. eine Unterstützungskasse – oder über externe Versorgungsträger erbracht werden (Direktversicherung, Pensionskasse oder Pensionsfonds). Die Förderung erfolgt in unterschiedlicher Art und Weise: über die Steuer- und Beitragsfreiheit der Aufwendungen und – in den externen Durchführungswegen – über Zulagen und zusätzlichen steuerlichen Sonderausgabenabzug (Riester-Förderung).

Bundesbereich | Behörden, Gerichte, rechtlich unselbstständige Einrichtungen und Unternehmen des Bundes, Deutsche Bundesbank, Bundeseisenbahnvermögen und Versorgungsempfänger/-innen des Bundespensionsservice für Post und

8 Soziales

Glossar

Telekommunikation, sowie rechtlich selbstständige Einrichtungen in öffentlich-rechtlicher Rechtsform unter Aufsicht des Bundes, ohne Sozialversicherungsträger und Bundesagentur für Arbeit.

Dienstunfähigkeit | Sie liegt vor, wenn eine Beamtin oder ein Beamter, eine Richterin oder ein Richter sowie eine Berufssoldatin oder ein Berufssoldat aus gesundheitlichen Gründen dauerhaft nicht in der Lage ist die dienstlichen Pflichten zu erfüllen.

Einrichtungen in öffentlich-rechtlicher Rechtsform | Rechtlich selbstständige Körperschaften, Anstalten und öffentlich-rechtliche Stiftungen, die unter der Aufsicht des Bundes, der Länder oder der Gemeinden/Gemeindeverbände stehen einschließlich Zweckverbände aber ohne Sozialversicherungsträger und Bundesagentur für Arbeit.

Elterngeld (Sozialbudget) | Es dient zum Ausgleich wegfallenden Erwerbseinkommens für den Elternteil, der das Kind betreut. Das Elterngeld wird seit dem 1.1.2007 nach dem Bundeselterngeld- und Elternzeitgesetz gewährt. Es beträgt regelmäßig zwischen 65 % und 67 % des maßgeblichen Nettoeinkommens vor der Geburt des Kindes, höchstens jedoch 1 800 Euro je Lebensmonat. Für Eltern mit einem durchschnittlichen monatlichen Einkommen von mehr als 1 200 Euro vor der Geburt sinkt die Ersatzrate bis auf 65 %. Für Eltern mit einem durchschnittlichen Einkommen von unter 1 000 Euro vor der Geburt steigt die Ersatzrate schrittweise auf bis 100 %. Eltern, die vor der Geburt ihres Kindes nicht erwerbstätig waren, erhalten mindestens 300 Euro je Lebensmonat. Bei Mehrlingsgeburten wird ein Mehrlingszuschlag gewährt. Familien mit mehreren kleinen Kindern können einen Geschwisterbonus erhalten. Elterngeld kann in den ersten 14 Lebensmonaten des Kindes in Anspruch genommen werden. Den Eltern stehen gemeinsam grundsätzlich zwölf Monatsbeträge an Elterngeld zu, die für die Lebensmonate des Kindes gezahlt werden. Ein Elternteil kann mindestens für 2 und höchstens für 12 Monate Elterngeld beziehen. Wenn beide Eltern vom Angebot des Elterngeldes Gebrauch machen und für mindestens 2 Monate eine Minderung des Einkommens aus Erwerbstätigkeit erfolgt, haben die Eltern Anspruch auf 2 weitere Monate (Partnermonate) – also maximal 14 Monate. Alleinerziehende können die vollen 14 Monatsbeträge selbst beanspruchen, wenn ihnen Erwerbseinkommen wegfällt. Auf Antrag kann der Auszahlungszeitraum für das Elterngeld auf die doppelte Anzahl der Auszahlungsmonate verlängert werden. Dies führt zu einer Halbierung des pro Lebensmonat zustehenden Betrages.

Mit dem Gesetz zur Einführung des ElterngeldPlus mit Partnerschaftsbonus und einer flexibleren Elternzeit haben Eltern von Kindern, die ab dem 1.7.2015 geboren werden, die Möglichkeit, zwischen dem Bezug von ElterngeldPlus und dem Bezug vom bisherigen Elterngeld (Basiselterngeld) zu wählen oder beides zu kombinieren.

Das ElterngeldPlus berechnet sich wie das Basiselterngeld, beträgt aber maximal die Hälfte des Elterngeldbetrags, der Eltern ohne Teilzeiteinkommen nach der Geburt zustünde. Dafür wird es für den doppelten Zeitraum gezahlt: ein Elterngeldmonat = zwei ElterngeldPlus-Monate. Damit profitieren Eltern vom ElterngeldPlus auch über den 14. Lebensmonat des Kindes hinaus und genießen mehr Zeit für sich und ihr Kind. Alleinerziehende können das neue ElterngeldPlus im gleichen Maß nutzen.

Darüber hinaus bietet der neu eingeführte Partnerschaftsbonus die Möglichkeit, für vier weitere Monate ElterngeldPlus zu nutzen: Wenn Mutter und Vater in vier aufeinanderfolgenden Monaten gleichzeitig zwischen 25 und 30 Wochenstunden arbeiten, bekommt jeder Elternteil vier zusätzliche Monatsbeträge ElterngeldPlus. Die Höhe des Elterngeldes in einem Partnerschaftsbonus-Monat wird genauso berechnet wie in einem ElterngeldPlus-Monat. Alleinerziehende können ebenso vier zusätzliche Bonusmonate beantragen, vorausgesetzt sie arbeiten an vier aufeinander folgenden Monaten pro Woche zwischen 25 und 30 Stunden.

Seit dem 1.1.2011 wird das Elterngeld grundsätzlich vollständig als Einkommen beim Arbeitslosengeld II, bei der Sozialhilfe und beim Kinderzuschlag berücksichtigt. Etwas anderes gilt für Elterngeldberechtigte, die vor der Geburt ihres Kindes erwerbstätig waren. Sie erhalten einen Elterngeldfreibetrag, der dem Einkommen des elterngeldbeziehenden Elternteils vor der Geburt entspricht, allerdings höchstens 300 Euro beträgt. Zudem entfällt das Elterngeld für Elternpaare, die vor der Geburt des Kindes ein zu versteuerndes Einkommen von mehr als 500 000 Euro haben (für Alleinerziehende ab 250 000 Euro).

Entgeltfortzahlung (Sozialbudget) | Dazu zählen Leistungen der öffentlichen und privaten Arbeitgeberinnen und Arbeitgeber aufgrund rechtlicher Verpflichtungen im Falle der Arbeitsunfähigkeit durch Krankheit, bei Mutterschaft und Heilverfahren. Erfasst werden hier im Sozialbudget auch die freiwilligen Leistungen der Arbeitgeberinnen und Arbeitgeber sowie ihr Zuschuss zum Mutterschaftsgeld nach dem Mutterschutzgesetz.

Familienzuschläge (Sozialbudget) | Zuschläge für Ehegatten und Kinder, die den aktiven oder ehemaligen Bediensteten nach den Beamtengesetzen gezahlt werden.

Gesetzliche Krankenversicherung (Sozialbudget) | *Pflichtmitglieder* der gesetzlichen Krankenversicherung sind insbesondere Arbeitnehmerinnen und Arbeitnehmer, deren Arbeitsentgelt zwischen der Geringfügigkeitsgrenze und der jeweils maßgeblichen Versicherungspflichtgrenze liegt. Des Weiteren zählen dazu Auszubildende, Bezieherinnen und Bezieher von Arbeitslosengeld oder – unter bestimmten Voraussetzungen – Arbeitslosengeld II, Studierende (grundsätzlich bis zum Abschluss des 14. Fachsemesters und bis zur Vollendung des 30. Lebensjahres), Bezieherinnen und Bezieher einer Rente aus der gesetzlichen Rentenversicherung (wenn sie seit der Aufnahme einer Erwerbstätigkeit bis zur Stellung des Rentenantrags mindestens 9/10 der zweiten Hälfte des Zeitraums gesetzlich krankenversichert waren), behinderte Menschen, die in anerkannten Werkstätten für behinderte Menschen beschäftigt sind, Landwirtinnen und Landwirte, ihre mitarbeitenden Familienangehörigen und Altenteilerinnen und Altenteiler sowie Künstlerinnen und Künstler und Publizistinnen und Publizisten, sofern sie die gesetzlichen Voraussetzungen hierfür erfüllen. Darüber hinaus besteht unter bestimmten Voraussetzungen eine nachrangige Versicherungspflicht für Personen, die keinen anderweitigen Anspruch auf Absicherung im Krankheitsfall haben.

Beiträge aus Arbeitsentgelt bzw. aus Renten der gesetzlichen Rentenversicherung werden je zur Hälfte von den Arbeitnehmerinnen und Arbeitnehmern und von ihren Arbeitgeberinnen und Arbeitgebern bzw. von den pflichtversicherten Rentnerinnen und Rentnern und den zuständigen Rentenversicherungsträgern getragen.

Krankenkassen, die ihren Finanzbedarf mit den Zuweisungen aus dem Gesundheitsfond nicht decken können, können darüber hinaus einen Zusatzbeitrag erheben, der von den Mitgliedern allein zu tragen ist. Die Zusatzbeitragssätze können von Krankenkasse zu Krankenkasse variieren. Eine Übersicht über die aktuellen Zusatzbeitragssätze der Krankenkassen kann auf der Homepage des Spitzenverbandes Bund der Krankenkassen unter www.gkv-spitzenverband.de abgerufen werden.

Die *freiwillige Mitgliedschaft* in der gesetzlichen Krankenversicherung ist grundsätzlich als Weiterversicherung nach Ende eines Tatbestandes der Versicherungspflicht ausgestaltet. Beitragsfrei familienversichert sind die Ehegattin oder der Ehegatte, die eingetragene Lebenspartnerin oder der Lebenspartner und die Kinder von Mitgliedern und familienversicherten Kindern unter bestimmten Voraussetzungen. Hierzu gehört insbesondere, dass das Gesamteinkommen 415 Euro monatlich regelmäßig nicht übersteigt, bei Ausübung einer geringfügigen Beschäftigung 450 Euro monatlich.

Die gesetzliche Krankenversicherung erbringt Leistungen für die Versicherten. Diese umfassenden Leistungen werden überwiegend als Sachleistung gewährt. In Form von Geldleistungen werden Krankengeld und Mutterschaftsgeld gezahlt – als Ersatz für Verdienstausfall für die Zeit von sechs Wochen vor bis acht bzw. zwölf Wochen nach der Entbindung. Außerdem gehören Maßnahmen zur Früherkennung von Krankheiten und zu ihrer Verhütung zum Leistungskatalog.

Gesetzliche Rentenversicherung (Sozialbudget) | Versicherungspflichtig sind alle Personen, die gegen Arbeitsentgelt oder zu ihrer Berufsausbildung beschäftigt sind. Zu den Pflichtversicherten gehören auch bestimmte Gruppen von Selbstständigen

(z. B. selbstständig tätige Lehrerinnen und Lehrer sowie Erzieherinnen und Erzieher, Handwerkerinnen und Handwerker, Hebammen und Entbindungspfleger). Die Versicherungspflicht besteht unabhängig von der Höhe des Einkommens. Personen, die nicht versicherungspflichtig sind, haben die Möglichkeit, sich freiwillig zu versichern bzw. durch eine Versicherungspflicht auf Antrag versicherungspflichtig zu werden. Die Beiträge für Pflichtversicherte werden entsprechend dem jeweils geltenden Beitragssatz bis zu einer Beitragsbemessungsgrenze grundsätzlich je zur Hälfte von der Arbeitnehmerin bzw. dem Arbeitnehmer und der Arbeitgeberin bzw. dem Arbeitgeber getragen. Sonderregelungen gelten in der knappschaftlichen Rentenversicherung.

Die Rentenversicherung erbringt Leistungen bei Gefährdung oder Minderung der Erwerbsfähigkeit, im Alter sowie bei Tod der bzw. des Versicherten. Sie zahlt bei verminderter Erwerbsfähigkeit und im Alter Renten an die Versicherten. Bei Tod der oder des Versicherten sind den Hinterbliebenen Witwen- oder Witwerrenten und Waisenrenten zu zahlen. Die Rentenversicherung erbringt ferner Leistungen zur Teilhabe. Das sind Leistungen zur medizinischen Rehabilitation, Leistungen zur Teilhabe am Arbeitsleben sowie ergänzende Leistungen.

Gesetzliche Unfallversicherung (Sozialbudget) | Versichert sind nach dem Siebten Buch Sozialgesetzbuch (SGB VII) Arbeitnehmerinnen und Arbeitnehmer und Auszubildende. Eine Ausnahme bilden Beamtinnen und Beamte. Darüber hinaus sind weitere Personengruppen versichert, so bestimmte Selbstständige (z. B. Landwirtinnen und Landwirte), Kinder, die in Kindertageseinrichtungen oder durch geeignete Tagespflegepersonen betreut werden, Schülerinnen und Schüler und Studierende sowie bestimmte ehrenamtlich tätige Personen. Für andere Personen besteht die Möglichkeit der freiwilligen Versicherung, z. B. für Unternehmerinnen und Unternehmer, die nicht bereits kraft Gesetzes oder Satzung versichert sind.

Die gesetzliche Unfallversicherung hat die Aufgabe, mit allen geeigneten Mitteln Versicherungsfälle (Arbeitsunfälle und Berufskrankheiten) und arbeitsbedingte Gesundheitsgefahren zu verhüten, nach Eintritt eines Versicherungsfalls die Gesundheit und Leistungsfähigkeit der Versicherten wiederherzustellen sowie Versicherte bzw. Hinterbliebene durch Geldleistungen zu entschädigen. Die Leistungen umfassen insbesondere Heilbehandlungsmaßnahmen, medizinische Rehabilitation, Leistungen zur Teilhabe am Arbeitsleben, Geldleistungen an Versicherte (z. B. Verletztengeld während der Zeit der Arbeitsunfähigkeit, Übergangsgeld während der Durchführung von Leistungen zur Teilhabe am Arbeitsleben oder Rentenleistungen) sowie Geldleistungen an Hinterbliebene (z. B. Witwen-/Witwerrenten). Die Beiträge für die Versicherten trägt allein die Unternehmerin bzw. der Unternehmer.

Grundsicherung für Arbeitsuchende (Sozialbudget) | Die Grundsicherung für Arbeitsuchende ist ein steuerfinanziertes Fürsorgesystem, das für erwerbsfähige Leistungsberechtigte und die mit diesen in Bedarfsgemeinschaft lebenden Personen Leistungen zur Eingliederung in den Arbeitsmarkt sowie Leistungen zur Sicherung des Lebensunterhalts zur Verfügung stellt.

Das Arbeitslosengeld II (ALG II) sichert den Lebensunterhalt erwerbsfähiger Personen, soweit sie hilfebedürftig sind. Hilfebedürftig ist, wer seinen Lebensunterhalt nicht durch Einkommen oder Vermögen sichern kann. Anspruch auf Arbeitslosengeld II können daher auch Personen haben, die mit ihrer Erwerbstätigkeit ein nicht bedarfsdeckendes Einkommen erzielen. Sozialgeld erhalten hilfebedürftige nicht erwerbsfähige Personen, die mit erwerbsfähigen Leistungsberechtigten in einer Bedarfsgemeinschaft leben.

Innerhalb der Bedarfsgemeinschaft ist wechselseitig Einkommen und Vermögen unter Berücksichtigung von Freibeträgen und Schonvermögen für die Mitglieder der Bedarfsgemeinschaft zur Deckung des Lebensunterhalts einzusetzen.

Grundsicherung im Alter und bei Erwerbsminderung | Die Leistung wurde durch das Grundsicherungsgesetz (GSiG) eingeführt, das zum 1.1.2003 in Kraft getreten ist. Mit der Reform der Sozialhilfe, die zum 1.1.2005 in Kraft getreten ist, wurde das GSiG als 4. Kapitel in das Zwölfte Buch Sozialgesetzbuch (SGB XII „Sozialhilfe") eingeordnet. Seit diesem Zeitpunkt ist die Grundsicherung im Alter und bei Erwerbsminderung Bestandteil des Sozialhilferechts (siehe hierzu auch die Ausführungen zum Stichwort „Sozialhilfe" im *Glossar* sowie zur „Sozialhilfestatistik" in der „*Methodik*"). Nach dem 4. Kapitel des SGB XII haben Personen mit Erreichen der Altersgrenze gem. § 41 SGB XII sowie dauerhaft voll erwerbsgeminderte Personen ab 18 Jahren mit gewöhnlichem Aufenthalt in der Bundesrepublik Deutschland bei Hilfebedürftigkeit einen Anspruch auf Leistungen der Grundsicherung im Alter und bei Erwerbsminderung. Die Leistungen entsprechen denen bei der Hilfe zum Lebensunterhalt außerhalb von Einrichtungen (3. Kapitel SGB XII). Einkommen wird – wie bei der Hilfe zum Lebensunterhalt – angerechnet, z. B. Rentenbezüge oder Vermögen von Leistungsberechtigten, nicht getrennt lebender Ehegatten oder Lebenspartnerinnen und Lebenspartner sowie Partnerinnen und Partner einer eheähnlichen Gemeinschaft. Allerdings wird gegenüber unterhaltsverpflichteten Kindern bzw. Eltern mit einem Jahreseinkommen unterhalb von 100 000 Euro kein Unterhaltsrückgriff vorgenommen. Der Verzicht auf den Unterhaltsrückgriff soll die sogenannte „verschämte Armut" verhindern. Vor allem ältere Menschen machten vor Einführung der Grundsicherung bestehende Ansprüche auf Hilfe zum Lebensunterhalt oftmals nicht geltend, weil sie den Rückgriff des Sozialamts auf ihre unterhaltspflichtigen Kinder fürchteten.

Kinder- und Jugendhilfe (Sozialbudget) | Am 1.1.1991 trat das neue Kinder- und Jugendhilferecht als Achtes Buch Sozialgesetzbuch (SGB VIII) im früheren Bundesgebiet in Kraft. In den neuen Bundesländern erlangte es bereits mit dem Beitritt am 3.10.1990 seine Geltung. Zentraler Regelungsgegenstand des Gesetzes ist ein breit gefächertes Leistungsspektrum. Es sieht sowohl allgemeine Förderangebote für junge Menschen und für die Familie insgesamt vor als auch individuelle Leistungen für Kinder, Jugendliche und ihre Eltern sowie junge Volljährige in unterschiedlichen Lebenslagen und unterschiedlichen Erziehungssituationen. Um die Auswirkungen der Bestimmungen des SGB VIII beurteilen zu können, werden gemäß §§ 98ff. SGB VIII mehrere Bundesstatistiken durchgeführt. Die mögliche Palette der Aussagen reicht von den in Kindertageseinrichtungen geförderten Kinder über Aussagen zur Umsetzung von Erziehungshilfen bis hin zu differenzierten Daten zu den öffentlichen Ausgaben für die Kinder- und Jugendhilfe nach einzelnen Leistungsbereichen. Dabei beschränken sich die möglichen Aussagen nicht nur auf die Anzahl der geleisteten Hilfen, sondern können sich auch auf die Hilfeempfängerinnen und Hilfeempfänger, ihre Lebenssituation und die Durchführung einer Hilfe beziehen. Ein wichtiger Bereich sind die Hilfen zur Erziehung (§§ 27 bis 35 SGB VIII). Sie reichen von flexiblen Erziehungshilfen, Erziehungsberatung, sozialer Gruppenarbeit und Betreuung einzelner junger Menschen (Erziehungsbeistand, Betreuungshelferinnen und Betreuungshelfer) über sozialpädagogische Familienhilfe, Erziehung in einer Tagesgruppe, Vollzeitpflege in einer anderen Familie sowie Heimerziehung und sonstige betreute Wohnform bis zu intensiver sozialpädagogischer Einzelbetreuung. Die erzieherischen Hilfen einschließlich der Hilfe für junge Volljährige und die Schutzmaßnahmen für Kinder und Jugendliche erfasst die Kinder- und Jugendhilfestatistik am umfangreichsten. Hierzu werden die Erhebungsmerkmale jährlich erhoben, die seit 2007 für alle Hilfearten gleich sind. Auch die Erhebungen zu *Adoptionen, Amtsvormundschaften, Amtspflegschaften und Beistandschaften,* sowie *Pflegeerlaubnis*. Maßnahmen des Familiengerichts wie Sorgerechtsentzüge werden jährlich durchgeführt. Seit 2007 werden auch die Eingliederungshilfen für junge Menschen mit (drohender) seelischer Behinderung (§ 35a SGB VIII) jährlich statistisch erfasst. Seit 2012 findet ergänzend jährlich eine Erhebung zu den Gefährdungseinschätzungen durch die Jugendämter nach § 8a Abs. 1 SGB VIII statt.

Die statistischen Erhebungen zu ausgewählten, mit öffentlichen Mitteln geförderten Maßnahmen der Kinder- und Jugendarbeit (§ 11 SGB VIII) wurden für das Jahr 2012 ausgesetzt. Seit dem Berichtsjahr 2015 sind die öffentlich geförderten Angebote der Kinder- und Jugendarbeit nach einer neuen Erfassungssystematik gezählt worden. Diese Erhebung soll alle zwei Jahre wiederholt werden. Die Kindertagesbetreuung gemäß §§ 22ff. SGB VIII wird seit 2006 jährlich mit folgenden Statistiken erhoben: „Kinder und tätige Personen in Tageseinrichtungen", „Kinder und tätige Personen in öffentlich geförderter Kindertagespflege" und ab 2009 „Personen in Großtagespflegestellen und die dort betreuten Kinder". Um die Erhebung zu vereinfachen, ist der Stichtag seit 2009 der 1. März (vorher 15. März). Ebenfalls regelmäßig erfasst und befragt – zuletzt am 31.12.2014 – werden die *übrigen Einrichtungen der Kinder- und Jugendhilfe*, z. B. Einrichtungen der Heimerziehung, Beratungsstellen, Jugendzentren, Jugendkunst- und -musikschulen sowie Geschäftsstellen freier Träger und die für die Kinder- und Jugendhilfe zuständigen Behörden wie die kommunalen Jugendämter. Die Teilerhebung liefert Informationen zu Trägerstrukturen, Einrichtungsgrößen und den darin tätigen Personen. Diese Erhebung wurde bis 2014 alle vier Jahre durchgeführt, findet zukünftig aber alle zwei Jahre statt.

Die *Ausgaben der öffentlichen Träger der Jugendhilfe* werden jährlich einschließlich der Fördermittel für freie Träger erfasst. Sie geben einen Überblick über den (finanziellen) Stellenwert dieser Leistungen für die nachwachsenden Generationen. Im Sozialbudget werden zu diesen Ausgaben der öffentlichen Träger für Jugendhilfe noch die Leistungen nach dem Unterhaltsvorschussgesetz einbezogen (zur Jugendhilfestatistik siehe auch *„Methodik"*).

Kindergeld und Familienleistungsausgleich (Sozialbudget) | Sie zeigen die im Rahmen des Familienleistungsausgleichs insgesamt durch Kinderfreibeträge oder Kindergeld bewirkte steuerliche Entlastung und gewährte Familienförderung sowie die Leistungen nach dem Bundeskindergeldgesetz. Durch den mit Wirkung ab 1996 eingeführten Familienleistungsausgleich sind Einkommensteuer- und Kindergeldrecht vereinheitlicht worden. Seither kommt für jedes Kind der Kinderfreibetrag als Steuerfreistellung des Existenzminimums eines Kindes zur Anwendung oder das Kindergeld, das als Steuervergütung im laufenden Kalenderjahr gewährt wird. Auf diese Weise ist die gebotene Steuerfreistellung in jedem Fall gewährleistet. Soweit das Kindergeld dazu nicht erforderlich ist, dient es der Förderung der Familien, und zwar vornehmlich der Familien mit geringem Einkommen. Das Kindergeld betrug von 2010 bis 2014 für das erste und zweite Kind jeweils 184 Euro, für das dritte Kind 190 Euro und für das vierte und jedes weitere Kind jeweils 215 Euro. Ab 2015 betrug es für das erste und zweite Kind jeweils 188 Euro, für das dritte Kind 194 Euro und für das vierte und jedes weitere Kind jeweils 219 Euro. Seit 1.1.2016 beträgt das Kindergeld für das erste und zweite Kind jeweils 190 Euro, für das dritte Kind 196 Euro und für das vierte und jedes weitere Kind jeweils 221 Euro.

Kommunaler Bereich | Behörden, rechtlich unselbstständige Einrichtungen und Unternehmen der Gemeinden, Gemeindeverbände, sowie rechtlich selbstständige Einrichtungen in öffentlich-rechtlicher Rechtsform unter Aufsicht der Gemeinden einschl. Zweckverbände.

Kurzarbeiterinnen und Kurzarbeiter | Beschäftigte Arbeitnehmerinnen und Arbeitnehmer, bei denen wegen eines unvermeidbaren vorübergehenden Arbeitsausfalls mehr als 10 % der betriebsüblichen Arbeitszeit ausfallen und die Anspruch auf Kurzarbeitergeld haben (§§ 95 ff. SGB III).

Landesbereich | Behörden, Gerichte, rechtlich unselbstständige Einrichtungen und Unternehmen der Länder, sowie rechtlich selbstständige Einrichtungen in öffentlich-rechtlicher Rechtsform unter Aufsicht der Länder, ohne Sozialversicherungsträger.

Lastenausgleich (Sozialbudget) | Er umfasst Leistungen zum Ausgleich von Schäden und Verlusten, die sich infolge der Vertreibungen und Zerstörungen in der Kriegs- und Nachkriegszeit und infolge der Neuordnung des Geldwesens in der Währungsreform 1948 nach dem Grundsatz der sozialen Gerechtigkeit ergeben haben: Ausgleichsleistungen für Vertreibungsschäden, Kriegssachschäden, Ostschäden, Sparerschäden und Schäden in der ehemaligen DDR. Der Ausgleich wurde gewährt als Leistung mit Rechtsanspruch (u. a. Hauptentschädigung, Kriegsschadenrente, Hausratsentschädigung, Entschädigung für Sparguthaben) oder als Leistung ohne Rechtsanspruch (hauptsächlich Eingliederungs- und Aufbaudarlehen). Weitere Leistungen wurden nach dem Flüchtlingshilfegesetz und dem Reparationsschädengesetz erbracht. Die Leistungsgewährung beschränkte sich auf das frühere Bundesgebiet. Infolge Fristablaufs ist heute eine Leistungsgewährung nicht mehr möglich. Bei Ausgleich der festgestellten Schäden, z. B. durch Vermögensrückgaben in den neuen Ländern, fordert die Ausgleichsverwaltung – seit dem 1.1.2010 auch das Bundesausgleichsamt – Lastenausgleich von den Lastenausgleichsempfängerinnen und -empfängern oder ihren Erben zurück.

Mindestsicherungsquote | Sie stellt den Anteil der Empfängerinnen und Empfänger von Mindestsicherungsleistungen an der Gesamtbevölkerung dar. Transferleistungen der sozialen Mindestsicherungssysteme werden als finanzielle Hilfen des Staates zur Sicherung des laufenden Lebensunterhalts an leistungsberechtigte Personen ausgezahlt. Leistungsberechtigt ist, wer seinen grundlegenden Lebensunterhalt aufgrund von besonderen Lebensumständen nicht aus eigenen Mitteln decken kann. Zu den Leistungen der Mindestsicherung zählen die folgenden Hilfen:

– Arbeitslosengeld II und Sozialgeld nach dem Zweiten Buch Sozialgesetzbuch (SGB II „Grundsicherung für Arbeitsuchende"),
– Hilfe zum Lebensunterhalt außerhalb von Einrichtungen im Rahmen der „Sozialhilfe" nach dem SGB XII ohne einmalige Leistungen,
– Leistungen der Grundsicherung im Alter und bei Erwerbsminderung im Rahmen der „Sozialhilfe" nach dem SGB XII ohne einmalige Leistungen,
– Regelleistungen nach dem Asylbewerberleistungsgesetz (AsylbLG),
– Laufende Leistungen der Kriegsopferfürsorge nach dem Bundesversorgungsgesetz (BVG).

Pensionen (Sozialbudget) | Das sind Ruhegehälter sowie Witwen-, Witwer- und Waisengelder, die Gebietskörperschaften, ihre Wirtschaftsunternehmen und sonstige öffentlich-rechtliche Körperschaften aufgrund von beamtenrechtlichen Vorschriften zahlen. Erfasst werden auch die Leistungen an Bundesbeamtinnen und Bundesbeamte bei den privatisierten Wirtschaftsunternehmen Bahn und Post, Beschäftigte der Sozialversicherungsträger sowie Empfängerinnen und Empfänger einer Versorgung nach dem Gesetz zu Artikel 131 Grundgesetz.

Pflegeversicherung (Sozialbudget) | Träger der sozialen Pflegeversicherung sind die Pflegekassen. Der versicherte Personenkreis der sozialen Pflegeversicherung umfasst die in der gesetzlichen Krankenversicherung Versicherten (Pflichtmitglieder, freiwillige Mitglieder, Familienversicherte). Leistungsberechtigt sind Personen, die wegen einer Krankheit oder einer Behinderung für die gewöhnlichen und regelmäßig wiederkehrenden Verrichtungen im Ablauf des täglichen Lebens auf Dauer in erheblichem Maße der Hilfe bedürfen. Die pflegebedürftigen Menschen werden nach dem Umfang des Hilfebedarfs in drei Pflegestufen unterteilt. Die Leistungen der Pflegeversicherung richten sich danach, ob ambulante, teilstationäre oder stationäre Pflege erforderlich ist. Bei teilstationärer und stationärer Pflege gewähren die Pflegekassen Pflegesachleistungen, bei ambulanter Pflege hat die bzw. der Pflegebedürftige die Wahl zwischen Pflegesachleistungen (Einsätze zugelassener ambulanter Dienste), dem Pflegegeld oder der anteiligen Kombination beider Leistungsarten. Für die häuslichen Pflegepersonen werden unter gewissen Voraussetzungen Beiträge zur gesetzlichen Rentenversicherung entrichtet. Die Leistungen für die ambulante Pflege gibt es seit 1.4.1995, für stationäre Pflege seit 1.7.1996. Sie werden überwiegend durch Beiträge der Arbeitnehmerinnen bzw. Arbeitnehmer und der Arbeitgeberinnen bzw. Arbeitgeber je zur Hälfte finanziert (außer Sachsen). Die Belastung der Arbeitskosten wird für die Arbeitgeberin bzw. den Arbeitgeber durch den Wegfall eines Feiertages kompensiert (außer Sachsen).

Seit April 2002 wurde mit dem Pflegeleistungs-Ergänzungsgesetz die Situation pflegebedürftiger Menschen mit besonderem Betreuungsbedarf verbessert und Initiativen zum Aufbau von sogenannten niedrigschwelligen Betreuungsangeboten angestoßen – insbesondere für die Betreuung zu Hause versorgter dementer Menschen.

Seit dem 1.7.2008 betrug der Beitragssatz 1,95 % (für Kinderlose 2,2 %). Erstmals können seither auch Pflegebedürftige der sogenannten Pflegestufe 0 Betreuungsleistungen aus Mitteln der Pflegeversicherung erhalten. Neben sonstigen Leistungsverbesserungen wurde zur sozialen Flankierung der Pflegezeit ein Anspruch auf Zuschüsse zur Kranken- und Pflegeversicherung eingeführt sowie die Zahlung von Beiträgen zur Arbeitslosenversicherung für pflegende Angehörige.

Seit dem 1.1.2013 betrug der Beitragssatz 2,05 % (für Kinderlose 2,3 %). Mit Einführung des Pflege-Neuausrichtungsgesetzes zum 1.1.2013 haben Personen mit erheblich eingeschränkter Alltagskompetenz erstmals Anspruch auf Regelleistungen

8 Soziales

Glossar

der Pflegeversicherung (sog. Pflegestufe „0") bzw. auf verbesserte Leistungen nach § 123 SGB XI (Pflegestufe I und II).

Seit dem 1.1.2015 beträgt der Beitragssatz 2,35 % (für Kinderlose 2,6 %). Durch das erste Pflegestärkungsgesetz wurden seit dem 1.1.2015 die Leistungen für Pflegebedürftige und ihre Angehörigen ausgeweitet und die Zahl der zusätzlichen Betreuungskräfte in stationären Pflegeeinrichtungen erhöht. Zudem wurde ein Pflegevorsorgefonds eingerichtet.

Private Altersvorsorge (Sozialbudget) | Seit 2002 besteht die Möglichkeit einer staatlichen Förderung für eine zusätzliche kapitalgedeckte private Altersvorsorge zur Ergänzung der gesetzlichen Rente. Der Personenkreis umfasst alle Pflichtmitglieder der gesetzlichen Rentenversicherung und der Alterssicherung der Landwirte sowie Beamtinnen und Beamte und Empfängerinnen und Empfänger von Amtsbezügen. In den begünstigten Personenkreis aufgenommen wurden 2008 auch Bezieherinnen und Bezieher einer Rente wegen voller Erwerbsminderung oder Erwerbsunfähigkeit oder einer Versorgung wegen vollständiger Dienstunfähigkeit. Die Förderung erfolgt über Zulagen und zusätzlichen steuerlichen Sonderausgabenabzug. Der Aufbau einer solchen Eigenvorsorge ist freiwillig. Die Gesamtsparleistung (Mindesteigenbeitrag plus Zulage) ist gestiegen von 1 % in 2002/03 (über 2 % in 2004/05 und 3 % in 2006/07) bis zum Jahr 2008 auf maximal 4 % des in der Rentenversicherung beitragspflichtigen Vorjahreseinkommens bzw. der bezogenen Besoldung oder Amtsbezüge des Vorjahres, begrenzt auf die für den Sonderausgabenabzug zu berücksichtigenden Höchstbeträge.

Private Krankenversicherung (Sozialbudget) | Ab dem Jahr 2009 ist die Berücksichtigung der Grundleistungen der privaten Krankenversicherung im Sozialbudget erforderlich. Dies ist eine Folge der im Rahmen des GKV-Wettbewerbsstärkungsgesetzes aus dem Jahr 2007 ab dem 1.1.2009 für den Bereich der privaten Krankenversicherung eingeführten Krankenversicherungspflicht und – im Zusammenhang damit – der Einführung eines Basistarifs mit Kontrahierungszwang und Beitragsbegrenzung. Die Änderung erfolgt gemäß den europäischen Vorschriften (Verordnung (EG) Nr. 10/2008 der Kommission zur Durchführung der Verordnung (EG) Nr. 458/2007 des Europäischen Parlaments und des Rates über das Europäische System integrierter Sozialschutzstatistiken (ESSOSS)). Sie entspricht im Übrigen auch der Vorgehensweise in den Volkswirtschaftlichen Gesamtrechnungen des Statistischen Bundesamtes. Mit dem Sozialbudget 2010 wurde daher die private Krankenversicherung als neue Institution aufgenommen.

Ruhegehalt | Bezüge pensionierter Beamtinnen und Beamter, Richterinnen und Richter und Berufssoldatinnen und Berufssoldaten.

Sonstige Arbeitgeberleistungen (Sozialbudget) | Beihilfen im Krankheitsfall, freiwillige Familienzulagen und Wohnungsbeihilfen der privaten Arbeitgeberinnen und Arbeitgeber.

Sonstige Entschädigungen (Sozialbudget) | Dazu zählen Leistungen nach dem Unterhaltssicherungsgesetz für Wehr- und Zivildienstleistende und ihre Angehörigen, ferner einmalige Unterstützungen und Eingliederungshilfen nach dem Kriegsgefangenenentschädigungsgesetz, dem Häftlingshilfegesetz (auch an Aussiedlerinnen und Aussiedler) und dem Allgemeinen Kriegsfolgengesetz.

Soziales Entschädigungsrecht (Sozialbudget) | Es umfasst Leistungen für Kriegsopfer nach dem Bundesversorgungsgesetz (BVG) und für Berechtigte nach den Gesetzen, die eine entsprechende Anwendung des BVG vorsehen (z. B. Gewaltopfer, Wehrdienstbeschädigte, Zivildienstbeschädigte, Opfer staatlichen Unrechts in der DDR und Impfgeschädigte sowie deren Hinterbliebene). Die Leistungen bemessen sich nach Umfang und Schwere der Schädigungsfolgen und dem jeweiligen Bedarf und setzen sich aus mehreren Einzelleistungen zusammen (Geld- und Sachleistungen). Dazu zählen beispielsweise Beschädigtenrente, Pflegezulage und Berufsschadensausgleich sowie Hinterbliebenenrente und Bestattungsgeld als auch Leistungen zur Heil- und Krankenbehandlung und medizinischen Rehabilitation. Die Rentenleistungen an Geschädigte und Hinterbliebene, die dem Ausgleich schädigungsbedingten Mehraufwandes dienen oder die vorrangig ideellen Charakter haben, werden ohne Berücksichtigung des Einkommens gezahlt. Die Höhe der anderen Leistungen, die bei Bedürftigkeit als Einkommens- oder Unterhaltsersatz gezahlt werden, hängt vom Einkommen der Berechtigten ab – soweit der Bedarf nicht ausschließlich schädigungsbedingt ist. Ergänzend hierzu tritt im Bedarfsfall die Kriegsopferfürsorge mit ihren individuellen Hilfen ein: z. B. Hilfe in besonderen Lebenslagen, Hilfe zur Pflege oder die ergänzende Hilfe zum Lebensunterhalt. Diese Leistungen hängen überwiegend vom Einkommen und Vermögen der Berechtigten ab, soweit der Bedarf nicht ausschließlich schädigungsbedingt ist. Für die Durchführung des Sozialen Entschädigungsrechts sind die Versorgungsbehörden sowie die Fürsorge- bzw. Hauptfürsorgestellen in den einzelnen Ländern zuständig. Für die Durchführung der Sozialen Entschädigung für Wehrdienstopfer und ihre Hinterbliebenen ist die Bundeswehrverwaltung zuständig.

Sozialhilfe (Sozialbudget) | Sie schützt als letztes „Auffangnetz" vor Armut, sozialer Ausgrenzung und besonderer Belastung. Sie soll den Leistungsberechtigten ermöglichen, ein menschenwürdiges Leben zu führen. Die Sozialhilfe erbringt gemäß dem Zwölften Buch Sozialgesetzbuch (SGB XII „Sozialhilfe") Leistungen für diejenigen Personen und Haushalte, die ihren Bedarf nicht aus eigener Kraft decken können und auch keine (ausreichenden) Ansprüche aus vorgelagerten Versicherungs- und Versorgungssystemen haben.

Das SGB XII „Sozialhilfe" unterscheidet im Einzelnen folgende Leistungen:
- 3. Kapitel SGB XII: Hilfe zum Lebensunterhalt (§§ 27–40),
- 4. Kapitel SGB XII: Grundsicherung im Alter und bei Erwerbsminderung (§§ 41–46b),
- 5. Kapitel SGB XII: Hilfen zur Gesundheit (§§ 47–52),
- 6. Kapitel SGB XII: Eingliederungshilfe für behinderte Menschen (§§ 53–60),
- 7. Kapitel SGB XII: Hilfe zur Pflege (§§ 61–66),
- 8. Kapitel SGB XII: Hilfe zur Überwindung besonderer sozialer Schwierigkeiten (§§ 67–69),
- 9. Kapitel SGB XII: Hilfe in anderen Lebenslagen (§§ 70–74).

Zu weitreichenden Änderungen für die amtliche Statistik der Hilfe zum Lebensunterhalt führte die Einführung der „Grundsicherung für Arbeitsuchende" nach dem Zweiten Buch Sozialgesetzbuch (SGB II) zum 1.1.2005 (Viertes Gesetz für moderne Dienstleistungen am Arbeitsmarkt). Leistungen der Grundsicherung für Arbeitsuchende erhalten seit 2005 bisherige Empfängerinnen und Empfänger von Hilfe zum Lebensunterhalt außerhalb von Einrichtungen (Sozialhilfeempfängerinnen und Sozialhilfeempfänger im engeren Sinne) – sofern sie grundsätzlich erwerbsfähig sind – sowie deren Familienangehörige. Deshalb wurden erwerbsfähige hilfebedürftige Personen letztmalig zum Jahresende 2004 in der Sozialhilfestatistik erfasst. Hilfe zum Lebensunterhalt nach dem SGB XII erhalten seit dem 1.1.2005 lediglich nicht erwerbsfähige Hilfebedürftige, die ihren Lebensunterhalt nicht aus eigenen Mitteln (insbesondere Einkommen und Vermögen) oder durch Leistungen anderer Sozialleistungsträger decken können. Dazu gehören auch z. B. zeitlich befristet voll Erwerbsgeminderte (Personen, die unter den üblichen Bedingungen des allgemeinen Arbeitsmarktes weniger als drei Stunden täglich erwerbstätig sein können), längerfristig Erkrankte (länger als sechs Monate), Kinder bis zum vollendeten 15. Lebensjahr, sofern sie nicht in einem Haushalt von erwachsenen und hilfebedürftigen erwerbsfähigen Personen leben (ansonsten würde ein Anspruch auf Grundsicherung für Arbeitsuchende bestehen) oder ältere Personen, die zwar noch nicht die Regelaltersgrenze erreicht haben, aber bereits Leistungen der Alterssicherungssysteme (insbesondere aus der gesetzlichen Rentenversicherung) erhalten. Eine weitere Veränderung in der Sozialhilfestatistik ergab sich in der Vergangenheit, weil Asylbewerberinnen und Asylbewerber seit dem 1.11.1993 anstelle der Sozialhilfe Leistungen nach dem Asylbewerberleistungsgesetz erhalten.

Sozialversicherung | Umfasst die Bundesagentur für Arbeit, die gesetzliche Krankenversicherung, Unfallversicherung, die Rentenversicherung und rechtlich selbstständige Einrichtungen in öffentlich-rechtlicher Rechtsform nach SGB unter Aufsicht des Bundes und der Länder und die Knappschaftsversicherung.

Steuerliche Leistungen (Sozialbudget) | Darunter werden vier unterschiedliche Arten von steuerlichen Maßnahmen zusammengefasst: sozialpolitisch begründete

8 Soziales

Glossar

Maßnahmen (mit Subventions-, Anreiz- oder Förderungszielen), Maßnahmen wegen geminderter steuerlicher Leistungsfähigkeit, Splitting-Verfahren für Ehegatten sowie Steuerermäßigung für Pflege- und Betreuungsleistungen. Entsprechend europäischer Konvention und Vorschriften (Verordnung (EG) Nr. 10/2008 der Kommission zur Durchführung der Verordnung (EG) Nr. 458/2007 des Europäischen Parlaments und des Rates über das Europäische System integrierter Sozialschutzstatistiken (ESSOSS)) fließen die steuerlichen Leistungen nicht mehr in die Berechnung der Sozialleistungsquote mit ein und werden nur noch nachrichtlich ausgewiesen.

Versorgung nach beamtenrechtlichen Grundsätzen | Dies betrifft Bezieherinnen und Bezieher von Amtsgehalt (Bundespräsidentin bzw. Bundespräsident, Bundeskanzlerin bzw. Bundeskanzler, Ministerpräsidentinnen und Ministerpräsidenten der Länder, Ministerinnen und Minister, Senatorinnen und Senatoren, Parlamentarische Staatssekretärinnen und Staatssekretäre, Richterinnen und Richter beim Bundesverfassungsgericht) sowie Angestellte bzw. Arbeiterinnen und Arbeiter, die aufgrund einer Dienstordnung beschäftigt waren, und ihre Hinterbliebenen.

Versorgungsbezüge | Es wird der Bruttobetrag der laufenden Versorgungsbezüge für den Monat Januar vor Abzug der Lohnsteuer nachgewiesen. Enthalten sind das Ruhegehalt der ehemaligen Bediensteten, das Witwen- und Witwergeld und das Waisengeld. Einmalige Zahlungen und Übergangsgelder sind nicht enthalten.

Versorgungsempfängerinnen und Versorgungsempfänger | *Versorgungsempfängerinnen* und *Versorgungsempfänger nach Beamten- und Soldatenversorgungsrecht* sind pensionierte Beamtinnen und Beamte, Richterinnen und Richter, Berufssoldatinnen und Berufssoldaten sowie Hinterbliebene von verstorbenen aktiven Beamtinnen und Beamten und Ruhegehaltempfängerinnen und Ruhegehaltempfängern. *Versorgungsempfängerinnen* und *Versorgungsempfänger nach dem Gesetz zu Artikel 131 des Grundgesetzes* sind nach dem Zweiten Weltkrieg nicht übernommene ehemalige Bedienstete sowie ihre Hinterbliebenen.

Versorgungswerke (Sozialbudget) | Sie basieren auf der berufsständischen Selbstverwaltung in öffentlich-rechtlichen Körperschaften mit Zwangsmitgliedschaft (Kammerverfassung) und wurden aufgrund von Landesgesetzen für bestimmte freie Berufe zur Alters- und Hinterbliebenenversorgung errichtet. Einbezogen in diese Versicherungs- und Versorgungswerke sind insbesondere Ärztinnen und Ärzte, Zahnärztinnen und Zahnärzte, Tierärztinnen und Tierärzte, Apothekerinnen und Apotheker, Rechtsanwältinnen und Rechtsanwälte, Notarinnen und Notare, Wirtschaftsprüferinnen und Wirtschaftsprüfer, Steuerberaterinnen und Steuerberater sowie Architektinnen und Architekten. Gewährt werden Leistungen zur Teilhabe, bei Berufsunfähigkeit, bei Alter und zugunsten von Hinterbliebenen.

Vorruhestand | Ausscheiden aus dem Dienst vor einer gesetzlichen Altersgrenze aufgrund einer speziellen gesetzlichen Regelung.

Waisengeld | Bezüge hinterbliebener Kinder von verstorbenen Ruhegehaltempfängerinnen und Ruhegehaltempfängern und von Bediensteten, die zum Zeitpunkt ihres Todes Anspruch auf Ruhegehalt oder Ruhelohn hatten.

Wiedergutmachung (Sozialbudget) | Sie enthält vor allem Leistungen nach dem Bundesentschädigungsgesetz (BEG) und die darauf basierenden Regelungen für Opfer der nationalsozialistischen Verfolgung, aber auch Ausgaben im Rahmen des Strafrechtlichen Rehabilitierungsgesetzes (StRehaG) und des Beruflichen Rehabilitierungsgesetzes (BerRehaG).

Witwen- und Witwergeld | Bezüge hinterbliebener Ehegatten von verstorbenen Ruhegehaltempfängerinnen und Ruhegehaltempfängern und von Bediensteten, die zum Zeitpunkt ihres Todes Anspruch auf Ruhegehalt oder Ruhelohn hatten.

Wohngeld (Sozialbudget) | Das ist ein Zuschuss zu den Wohnkosten, der von Bund und Ländern je zur Hälfte getragen wird. Es wird – gemäß den Vorschriften des Wohngeldgesetzes – einkommensschwächeren Haushalten geleistet, damit diese die Wohnkosten für angemessenen und familiengerechten Wohnraum tragen können. Wohngeld wird entweder als Mietzuschuss für Mieterinnen und Mieter geleistet oder als Lastenzuschuss für Eigentümerinnen oder Eigentümer von Wohnraum, den sie selbst nutzen. Die Höhe des Zuschusses richtet sich dabei nach der Anzahl der zu berücksichtigenden Haushaltsmitglieder, dem Gesamteinkommen und der zuschussfähigen Miete bzw. Belastung. Einen Teil der Wohnkosten muss in jedem Fall die Mieterin oder der Mieter bzw. die Eigentümerin oder der Eigentümer selbst tragen. Leistungen für Bildung und Teilhabe nach dem Bundeskindergeldgesetz erhalten seit 2011 Personen auch für die Kinder, die bei der Wohngeldbewilligung als Haushaltsmitglieder berücksichtigt worden sind und für die Kindergeld bezogen wird.

Zusatzversorgung (Sozialbudget) | Dies ist die zusätzliche Alters- und Hinterbliebenenversorgung zu den Renten aus der gesetzlichen Rentenversicherung für Tarifbeschäftigte öffentlicher Arbeitgeber. Die Personen sind z. B. bei der Versorgungsanstalt des Bundes und der Länder oder bei kommunalen und kirchlichen Zusatzversorgungskassen versichert.

8 Soziales

Mehr zum Thema

Liebe Leserin, lieber Leser,
ein Thema in diesem Kapitel spricht Sie besonders an oder Sie benötigen weitere Informationen? Auf dieser Seite nennen wir Ihnen, nach Themen gegliedert, weitere Veröffentlichungen unseres Hauses. Ausführliche Informationen zu den Produktkategorien sowie dem Informationsangebot des Statistischen Bundesamtes finden Sie auf Seite 8 dieser Ausgabe.

Web-Angebote

www.destatis.de ist Ihre erste Adresse in Sachen Statistik. Hier finden Sie alle Informationen, die das Statistische Bundesamt veröffentlicht, tagesaktuell. Unsere Veröffentlichungen können Sie direkt über unsere Website *www.destatis.de/publikationen* downloaden.

GENESIS-Online

Unter *www.destatis.de/genesis* bietet die Haupt-Datenbank des Statistischen Bundesamtes ein breites Themenspektrum fachlich tief gegliederter Ergebnisse der amtlichen Statistik. Daten zu *Soziales* finden Sie unter dem Menüpunkt › Themen, Code 22, bzw. zur Kinder- und Jugendhilfe unter Code 225, Daten zum *Versorgungssystem des öffentlichen Dienstes* unter Code 742

Weitere Veröffentlichungen zu den Themen

- **Sozialbudget nach Institutionen**

    Bundesministerium für Arbeit und Soziales – Statistik (*www.bmas.de*)

- **Versorgungssystem des öffentlichen Dienstes**

    Fachserie 14 Finanzen und Steuern
    Reihe 6.1 | Versorgungsempfänger des öffentlichen Dienstes

    WISTA – Wirtschaft und Statistik
    Heft 2/11 | Entwicklung im Bereich der Beamtenversorgung

- **Sozialleistungen**

    Fachserie 13 Sozialleistungen
    Reihe 1 | Angaben zur Krankenversicherung (Ergebnisse des Mikrozensus)
    Reihe 6 | Jugendhilfe
    Reihe 7 | Leistungen an Asylbewerber

    Fachberichte
    | Elterngeld regional: Geburten 2013
    | Einnahmen und Ausgaben der Kindertagesstätten in freier Trägerschaft 2010
    | Der Personalschlüssel in der Kindertagesbetreuung 2015
    | Kriegsopferfürsorge 2014

    WISTA – Wirtschaft und Statistik
    Heft 3/12 | Das neue Bundeskinderschutzgesetz und dessen Umsetzung in den Statistiken der Kinder- und Jugendhilfe
    Heft 3/16 | Neukonzeption der Statistik der Empfänger von Grundsicherung im Alter und bei Erwerbsminderung

    Gemeinschaftsveröffentlichungen
    | Kindertagesbetreuung regional 2015

Im Internetauftritt des Arbeitskreises „Sozialberichterstattung der amtlichen Statistik" werden Daten und Informationen zu Armuts- und Sozialindikatoren auf Ebene des Bundes und der Länder bereitgestellt. Sie stehen unter *www.amtliche-sozialberichterstattung.de* als Download zur Verfügung.

9 Finanzen und Steuern

Öffentlicher Gesamthaushalt im Jahr 2015 mit **29,6 Milliarden Euro Finanzierungsüberschuss** | **Verschuldung** Deutschlands 2014 **auf 2 049 Milliarden Euro gestiegen** | **16 000** Einkommensteuerpflichtige hatten 2011 Einkünfte von **1 Million Euro und mehr** | 2011 wurden mehr als **6 Millionen** umsatzsteuerpflichtige Unternehmen erfasst | **507 Unternehmen** waren 2014 **Umsatzmilliardäre** | 2015 pro Kopf rund **98 Liter Bier** und **1 004 Zigaretten** abgesetzt

9 Finanzen und Steuern

Seite

257 Auf einen Blick

Tabellen

258 Öffentliche Finanzen
Entwicklung der öffentlichen Finanzen | Länderfinanzausgleich | Kassenmäßige Ausgaben und Einnahmen | Schulden und Finanzvermögen | Jahresabschlüsse öffentlicher Fonds, Einrichtungen und Unternehmen

271 Steuern
Steueraufkommen nach Steuerarten | Lohn- und Einkommensteuer | Köperschaftsteuer | Personengesellschaften, Gemeinschaften mit Einkünften aus Gewerbebetrieb | Gewerbesteuer | Erbschaft- und Schenkungsteuer | Umsatzsteuer | Verbrauchsteuern

281 Methodik

283 Glossar

286 Mehr zum Thema

9 Finanzen und Steuern

9.0 Auf einen Blick

Verschuldung des Öffentlichen Gesamthaushalts
in Mrd. EUR

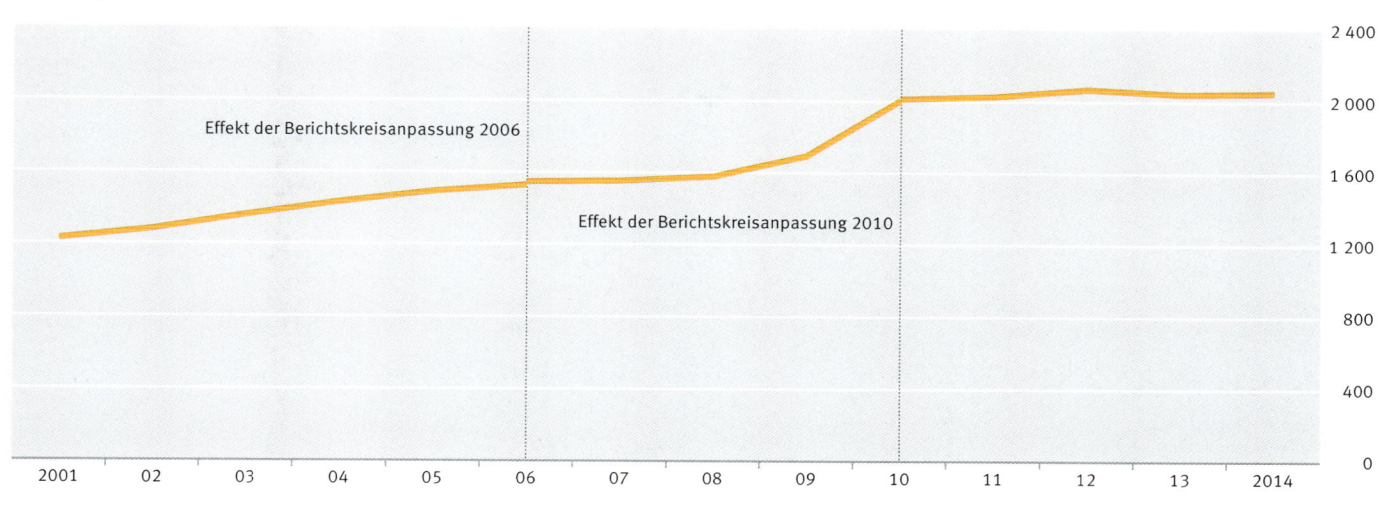

Effekt der Berichtskreisanpassung 2006

Effekt der Berichtskreisanpassung 2010

Finanzierungssalden der Ebenen des Öffentlichen Gesamthaushalts
in Mrd. EUR

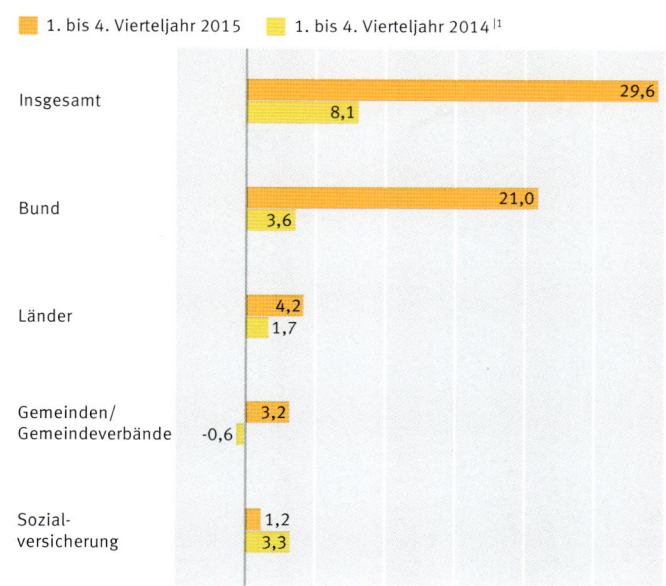

- 1. bis 4. Vierteljahr 2015
- 1. bis 4. Vierteljahr 2014 [1]

Ebene	2015	2014
Insgesamt	29,6	8,1
Bund	21,0	3,6
Länder	4,2	1,7
Gemeinden/Gemeindeverbände	-0,6	3,2
Sozialversicherung	1,2	3,3

1 Revidiertes Ergebnis.

Steueraufkommen nach ausgewählten Steuerarten
in Mrd. EUR

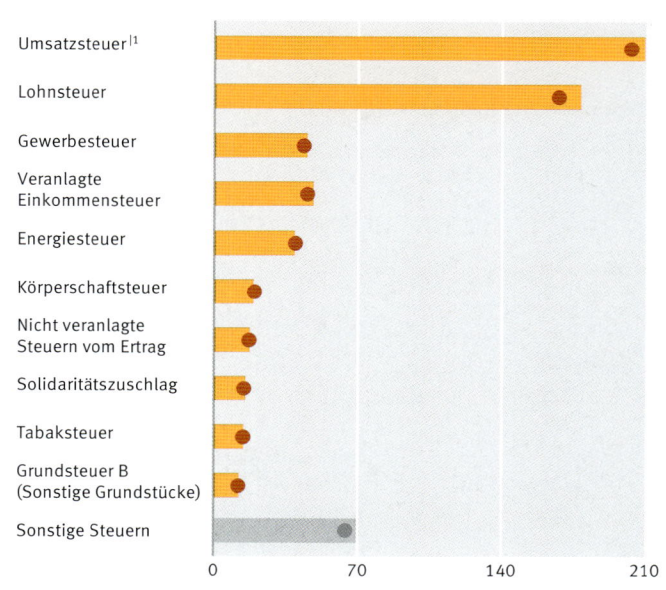

- 2015
- 2014

Umsatzsteuer [1]
Lohnsteuer
Gewerbesteuer
Veranlagte Einkommensteuer
Energiesteuer
Körperschaftsteuer
Nicht veranlagte Steuern vom Ertrag
Solidaritätszuschlag
Tabaksteuer
Grundsteuer B (Sonstige Grundstücke)
Sonstige Steuern

Kassenmäßige Steuereinnahmen des Bundes, der Länder und der Gemeinden/Gemeindeverbände im Jahr 2013 und 2014 nach Steuerarten vor der Verteilung.

1 Einschl. Einfuhrumsatzsteuer.

2016 - 01 - 0243

9 Finanzen und Steuern

9.1 Entwicklung der öffentlichen Finanzen
9.1.1 Ausgaben, Einnahmen, Finanzierungssaldo und Schulden

	2000	2005	2010 [1]	2011	2012	2013	2014	2015
	Mill. EUR							
Ausgaben des Öffentlichen Gesamthaushalts [2]	960 788	1 002 244	1 105 876	1 110 165	1 174 449	1 208 297	1 236 659	1 272 807
darunter:								
Bund	265 508	281 483	333 062	324 852	357 503	348 117	345 366	341 286
Länder	250 791	259 968	287 269	295 907	321 459	329 347	341 189	355 202
Gemeinden/Gemeindeverbände	146 074	153 183	182 267	184 878	196 864	206 272	214 978	227 695
Einnahmen des Öffentlichen Gesamthaushalts [2]	979 322	946 460	1 030 908	1 103 862	1 163 357	1 201 058	1 244 589	1 302 339
darunter:								
Bund	292 433	250 043	288 698	307 144	335 455	335 222	348 927	362 282
Länder	240 376	237 235	266 782	286 486	315 642	328 753	342 820	359 369
Gemeinden/Gemeindeverbände	148 009	150 945	175 392	183 908	197 770	207 764	214 416	230 846
Steuereinnahmen [3]	467 413	452 380	530 673	573 372	600 214	619 515	643 496	673 551
darunter:								
Bund	198 790	190 176	225 811	247 984	256 303	259 866	270 746	281 608
Länder	189 493	180 457	210 052	224 291	236 344	244 206	254 276	267 939
Gemeinden/Gemeindeverbände	57 297	60 036	70 442	76 633	81 251	84 342	87 488	93 066
Finanzierungssaldo des Öffentlichen Gesamthaushalts [2]	18 552	− 55 787	− 74 989	− 6 418	− 11 031	− 7 179	8 080	29 623
darunter:								
Bund	26 943	− 31 402	− 44 323	− 17 667	− 22 004	− 12 852	3 620	21 035
Länder	− 10 375	− 22 728	− 20 560	− 9 558	− 5 787	− 561	1 682	4 208
Gemeinden/Gemeindeverbände	1 934	− 2 237	− 6 875	− 970	906	1 493	− 563	3 151
Schulden des Öffentlichen Gesamthaushalts [4]	1 210 918	1 489 853	2 011 677	2 025 438	2 068 289	2 043 344	2 049 171	.
darunter:								
Bund	774 834	903 282	1 287 460	1 279 583	1 287 517	1 282 683	1 289 697	.
Länder	338 073	471 339	600 110	615 399	644 929	624 915	619 477	.
Gemeinden/Gemeindeverbände	98 011	115 232	123 569	129 633	135 178	135 116	139 436	.
Sozialversicherung	.	.	539	823	665	631	561	.

1 Für die Schuldenstatistik ab 2010 mit erweitertem Berichtskreis (einschl. aller Extrahaushalte sowie Träger der Sozialversicherung) und neuem Erhebungsprogramm.
2 Von 2000 bis 2011 Ergebnisse der jährlichen Rechnungsstatistik, ab 2012 vierteljährliche Kassenergebnisse mit erweitertem Berichtskreis. Um Zahlungen zwischen den Einheiten bereinigt. 2000 einschl. einmaliger Versteigerungserlöse des Bundes aus den Mobilfunklizenzen in Höhe von 50,8 Mrd. Euro. 2012 bis 2014 revidierte Ergebnisse.
3 Kassenmäßige Steuereinnahmen, nach der Steuerverteilung. – Ab 1994 Ergänzungszuweisungen an finanzschwache Länder beim Bund abgesetzt und bei den Ländern entsprechend zugesetzt.
4 Bis 2009 als Kreditmarktschulden und Kassenkredite nachgewiesen, ab 2010 als Schulden beim nicht öffentlichen Bereich.

Einnahmen und Ausgaben des Öffentlichen Gesamthaushalts
in Mrd. EUR

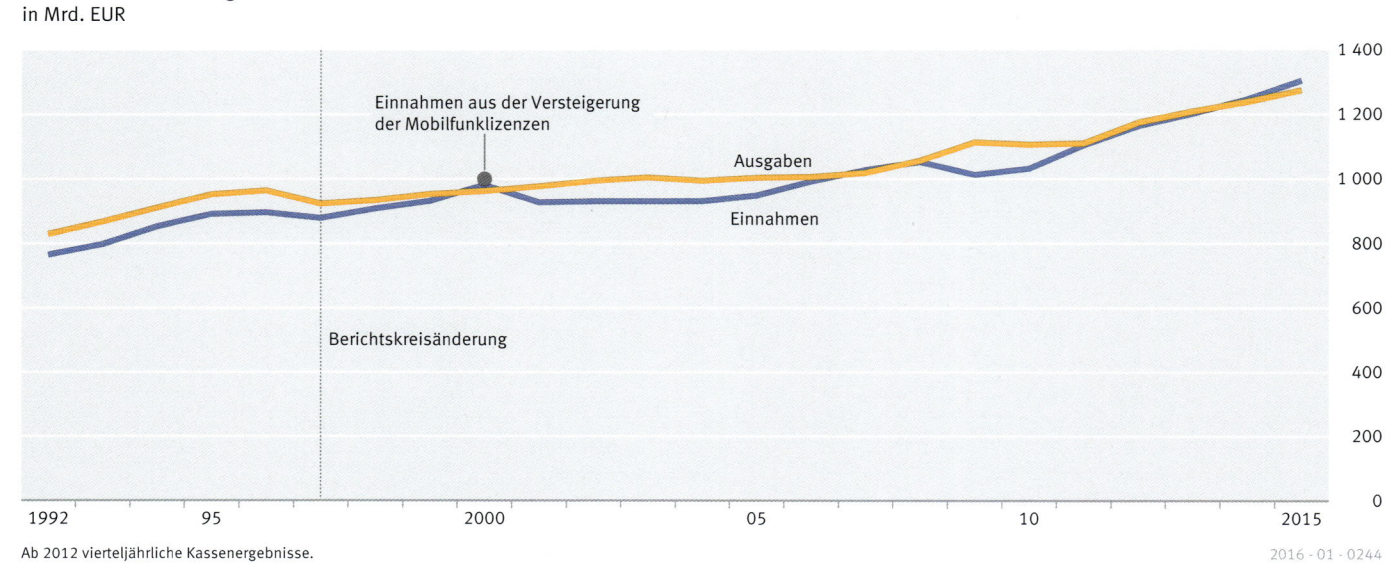

Ab 2012 vierteljährliche Kassenergebnisse.

9 Finanzen und Steuern

9.1 Entwicklung der öffentlichen Finanzen
9.1.2 Länderfinanzausgleich

	2000	2005	2010	2014	2015 [1]
	Mill. EUR				
Baden-Württemberg	− 1 957	− 2 235	− 1 709	− 2 357	− 2 313
Bayern	− 1 884	− 2 234	− 3 511	− 4 856	− 5 449
Berlin	+ 2 812	+ 2 456	+ 2 900	+ 3 491	+ 3 613
Brandenburg	+ 644	+ 588	+ 401	+ 510	+ 495
Bremen	+ 442	+ 366	+ 445	+ 604	+ 626
Hamburg	− 556	− 383	− 66	− 56	− 112
Hessen	− 2 734	− 1 606	− 1 752	− 1 756	− 1 720
Mecklenburg-Vorpommern	+ 500	+ 434	+ 399	+ 463	+ 473
Niedersachsen	+ 568	+ 363	+ 259	+ 278	+ 418
Nordrhein-Westfalen	− 1 141	− 490	+ 354	+ 899	+ 1 021
Rheinland-Pfalz	+ 392	+ 294	+ 267	+ 289	+ 349
Saarland	+ 167	+ 113	+ 89	+ 144	+ 152
Sachsen	+ 1 182	+ 1 020	+ 854	+ 1 035	+ 1 023
Sachsen-Anhalt	+ 711	+ 587	+ 497	+ 586	+ 597
Schleswig-Holstein	+ 185	+ 146	+ 101	+ 173	+ 248
Thüringen	+ 670	+ 581	+ 472	+ 553	+ 581

Ausgleichspflichtig (−), ausgleichsberechtigt (+).
1 Vorläufiges Ergebnis.
Quelle: Bundesministerium der Finanzen

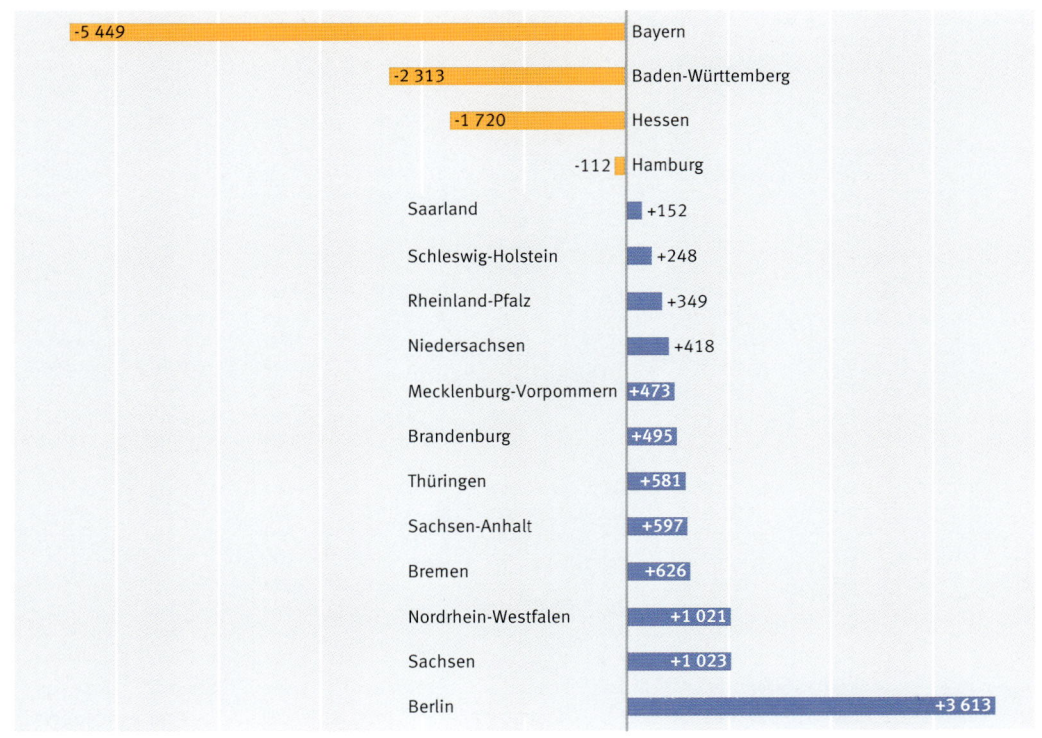

Damit die Länder die ihnen durch das Grundgesetz zugewiesenen Aufgaben erfüllen können, müssen sie frei und unabhängig über ausreichende Finanzmittel verfügen. Der **Länderfinanzausgleich**, als eine von vier Stufen des grundgesetzlich geregelten bundesstaatlichen Finanzausgleichs, dient der Verringerung der Finanzkraftunterschiede zwischen finanzstarken und finanzschwachen Ländern mit dem Ziel, allen Einwohnerinnen und Einwohnern im gesamten Bundesgebiet gleichwertige Lebensverhältnisse zu ermöglichen.

Länderfinanzausgleich 2015
in Mill. EUR

■ Ausgleichspflichtig (−), Geberländer   ■ Ausgleichsberechtigt (+), Nehmerländer

Bayern	−5 449
Baden-Württemberg	−2 313
Hessen	−1 720
Hamburg	−112
Saarland	+152
Schleswig-Holstein	+248
Rheinland-Pfalz	+349
Niedersachsen	+418
Mecklenburg-Vorpommern	+473
Brandenburg	+495
Thüringen	+581
Sachsen-Anhalt	+597
Bremen	+626
Nordrhein-Westfalen	+1 021
Sachsen	+1 023
Berlin	+3 613

Vorläufiges Ergebnis.
Quelle: Bundesministerium der Finanzen

9 Finanzen und Steuern

9.2 Kassenmäßige Ausgaben und Einnahmen des Öffentlichen Gesamthaushalts

Die **kassenmäßigen Ausgaben und Einnahmen** basieren auf den vierteljährlichen Kassenabschlüssen (Kassenergebnisse). Sie umfassen ab dem Berichtsjahr 2011 die Kern- und Extrahaushalte des Bundes, der Länder, der Gemeinden und Gemeindeverbände, der Sozialversicherung sowie die EU-Anteile.

9.2.1 Kassenergebnisse nach Ebenen

	Insgesamt		Veränderung 2015 gegenüber Vorjahr	Davon				
	2014 revidiert	2015		Bund	EU-Anteile	Länder	Gemeinden/ Gemeindeverbände	Sozialversicherung
	Mill. EUR		%	Mill. EUR				
Ausgaben								
Personalausgaben	254 850	263 229	3,3	47 665	–	135 179	60 640	19 745
Laufender Sachaufwand	334 158	354 511	6,1	30 587	–	46 076	50 975	226 874
Zinsausgaben	56 854	50 827	– 10,6	29 798	–	16 894	4 031	104
an Öffentlichen Gesamthaushalt	811	748	– 7,8	48	–	455	216	28
an andere Bereiche	56 043	50 080	– 10,6	29 749	–	16 439	3 815	76
Laufende Zuweisungen und Zuschüsse, Schuldendiensthilfen	1 047 851	1 086 343	3,7	226 025	29 516	150 137	131 607	549 059
an Öffentlichen Gesamthaushalt	547 177	569 032	4,0	170 760	–	114 401	60 747	223 124
an andere Bereiche	500 674	517 312	3,3	55 265	29 516	35 736	70 860	325 936
abzüglich Zahlungen von gleicher Ebene	546 955	569 515	4,1	21 828	–	34 605	49 444	222 025
Ausgaben der laufenden Rechnung	1 146 758	1 185 395	3,4	312 246	29 516	313 681	197 809	573 758
Baumaßnahmen	34 435	33 093	– 3,9	7 035	–	7 762	18 006	290
Erwerb von Sachvermögen	12 319	13 540	9,9	2 103	–	4 234	6 707	496
Vermögensübertragungen	44 639	49 912	11,8	22 526	–	24 573	2 810	3
an Öffentlichen Gesamthaushalt	20 268	26 103	28,8	9 678	–	14 852	1 564	10
an andere Bereiche	24 371	23 808	– 2,3	12 849	–	9 721	1 245	– 7
Darlehen	7 666	7 608	– 0,8	998	–	4 887	1 720	3
an Öffentlichen Gesamthaushalt	1 828	2 054	12,4	0	–	653	1 402	–
an andere Bereiche	5 837	5 553	– 4,9	998	–	4 235	318	3
Erwerb von Beteiligungen	11 251	8 543	– 24,1	370	–	4 293	2 373	1 508
Tilgungsausgaben an Öffentlichen Gesamthaushalt	1 653	2 231	35,0	19	–	1 126	1 086	–
abzüglich Zahlungen von gleicher Ebene	22 062	27 515	24,7	4 011	–	5 354	2 814	10
Ausgaben der Kapitalrechnung	89 901	87 412	– 2,8	29 040	–	41 521	29 887	2 289
Bereinigte Ausgaben	1 236 659	1 272 807	2,9	341 286	29 516	355 202	227 695	576 046
Einnahmen								
Steuern und steuerähnliche Abgaben	1 091 350	1 141 707	4,6	309 796	30 796	249 694	84 845	466 577
Einnahmen aus wirtschaftlicher Tätigkeit	29 042	29 119	0,3	7 258	–	8 525	13 037	299
Zinseinnahmen	13 990	13 352	– 4,6	8 750	–	2 667	1 028	908
vom Öffentlichen Gesamthaushalt	1 260	1 218	– 3,4	137	–	590	462	29
von anderen Bereichen	12 730	12 135	– 4,7	8 612	–	2 077	567	879
Laufende Zuweisungen und Zuschüsse, Schuldendiensthilfen	571 034	593 596	4,0	31 168	– 1 280	96 747	138 567	328 394
vom Öffentlichen Gesamthaushalt	545 646	568 209	4,1	25 148	–	87 008	129 844	326 209
von anderen Bereichen	25 387	25 387	0,0	6 020	– 1 280	9 739	8 723	2 186
Sonstige laufende Einnahmen	64 187	66 854	4,2	15 993	–	20 319	27 582	2 960
abzüglich Zahlungen von gleicher Ebene	546 955	569 515	4,1	21 828	–	34 605	49 444	222 025
Einnahmen der laufenden Rechnung	1 222 647	1 275 114	4,3	351 137	29 516	343 347	215 615	577 112
Veräußerung von Vermögen	11 079	15 707	41,8	8 642	–	1 932	5 016	117
Vermögensübertragungen	23 572	28 571	21,2	4 449	–	13 798	10 314	10
vom Öffentlichen Gesamthaushalt	18 554	23 163	24,8	4 102	–	10 637	8 413	10
von anderen Bereichen	5 018	5 408	7,8	347	–	3 161	1 900	–
Darlehensrückflüsse	8 283	8 954	8,1	2 067	–	5 038	1 814	35
vom Öffentlichen Gesamthaushalt	2 424	2 834	16,9	372	–	1 173	1 289	–
von anderen Bereichen	5 859	6 120	4,5	1 695	–	3 865	525	35
Schuldenaufnahme beim Öffentlichen Gesamthaushalt	1 069	1 508	41,1	–	–	607	901	–
abzüglich Zahlungen von gleicher Ebene	22 062	27 515	24,7	4 011	–	5 354	2 814	10
Einnahmen der Kapitalrechnung	21 941	27 225	24,1	11 146	–	16 022	15 231	152
Bereinigte Einnahmen	1 244 589	1 302 339	4,6	362 282	29 516	359 369	230 846	577 265
Finanzierungssaldo	8 080	29 623	X	21 035	0	4 208	3 151	1 229

9 Finanzen und Steuern

9.2 Kassenmäßige Ausgaben und Einnahmen des Öffentlichen Gesamthaushalts
9.2.2 Kassenergebnisse nach Ländern 2015

	Insgesamt	Länder	Gemeinden/Gemeindeverbände
	Mill. EUR		
Bereinigte Ausgaben			
Deutschland	492 405	355 202	227 695
Baden-Württemberg	64 413	47 027	34 224
Bayern	77 865	52 481	37 713
Berlin	25 881	25 881	–
Brandenburg	14 906	11 470	7 159
Bremen	5 853	5 853	–
Hamburg	16 189	16 189	–
Hessen	40 655	26 538	19 581
Mecklenburg-Vorpommern	9 616	7 646	4 380
Niedersachsen	42 614	30 230	21 162
Nordrhein-Westfalen	110 268	71 057	59 459
Rheinland-Pfalz	22 910	17 245	10 788
Saarland	5 872	4 219	2 466
Sachsen	23 355	17 621	11 355
Sachsen-Anhalt	13 997	10 797	6 222
Schleswig-Holstein	16 151	11 434	7 901
Thüringen	11 899	9 468	5 287
Bereinigte Einnahmen			
Deutschland	499 722	359 369	230 846
Baden-Württemberg	64 473	46 200	35 110
Bayern	81 398	54 600	39 127
Berlin	27 098	27 098	–
Brandenburg	15 811	12 085	7 450
Bremen	5 528	5 528	–
Hamburg	16 341	16 341	–
Hessen	40 340	26 388	19 415
Mecklenburg-Vorpommern	10 345	8 245	4 510
Niedersachsen	43 698	30 529	21 947
Nordrhein-Westfalen	108 685	70 057	58 876
Rheinland-Pfalz	22 448	16 712	10 858
Saarland	5 433	4 032	2 215
Sachsen	24 462	18 556	11 526
Sachsen-Anhalt	14 903	11 517	6 408
Schleswig-Holstein	16 385	11 691	7 877
Thüringen	12 413	9 742	5 526
Finanzierungssaldo			
Deutschland	7 359	4 208	3 151
Baden-Württemberg	93	– 793	886
Bayern	3 533	2 118	1 414
Berlin	1 218	1 218	–
Brandenburg	906	615	291
Bremen	– 326	– 326	–
Hamburg	154	154	–
Hessen	– 321	– 155	– 166
Mecklenburg-Vorpommern	729	599	130
Niedersachsen	1 084	299	785
Nordrhein-Westfalen	– 1 585	– 1 002	– 583
Rheinland-Pfalz	– 462	– 533	70
Saarland	– 439	– 187	– 252
Sachsen	1 121	949	172
Sachsen-Anhalt	906	721	186
Schleswig-Holstein	233	256	– 23
Thüringen	513	274	239

Finanzierungssalden der Länder und Gemeinden/Gv. 2015
in Mill. EUR

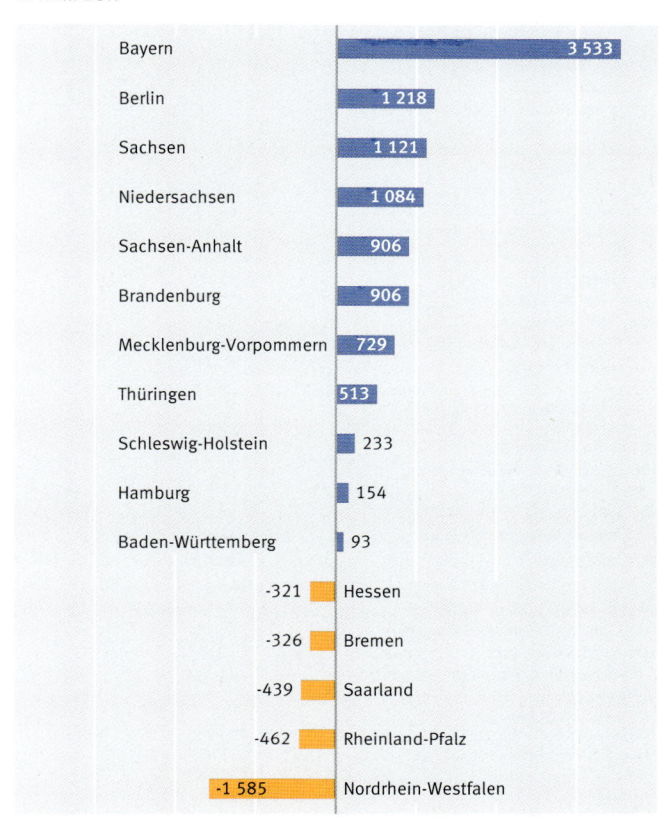

Bayern	3 533
Berlin	1 218
Sachsen	1 121
Niedersachsen	1 084
Sachsen-Anhalt	906
Brandenburg	906
Mecklenburg-Vorpommern	729
Thüringen	513
Schleswig-Holstein	233
Hamburg	154
Baden-Württemberg	93
Hessen	-321
Bremen	-326
Saarland	-439
Rheinland-Pfalz	-462
Nordrhein-Westfalen	-1 585

2016 - 01 - 0246

9 Finanzen und Steuern

9.2 Kassenmäßige Ausgaben und Einnahmen des Öffentlichen Gesamthaushalts
9.2.3 Kassenergebnisse nach Arten und Ländern 2015

	Insgesamt	Baden-Württemberg	Bayern	Berlin	Brandenburg	Bremen	Hamburg	Hessen
	Mill. EUR							
Ausgaben								
Personalausgaben	195 819	26 794	30 104	9 323	5 394	1 969	5 612	15 748
Laufender Sachaufwand	97 051	10 799	12 003	7 831	2 794	1 337	5 017	8 041
Zinsausgaben	20 925	2 108	1 347	1 638	481	741	979	1 785
an Öffentlichen Gesamthaushalt	671	33	31	2	4	79	93	51
an andere Bereiche	20 254	2 075	1 316	1 636	476	662	886	1 734
Laufende Zuweisungen und Zuschüsse, Schuldendiensthilfen	281 744	37 361	42 519	6 771	10 077	1 600	4 108	23 135
an Öffentlichen Gesamthaushalt	175 148	24 695	27 264	2 215	6 838	566	1 107	14 888
an andere Bereiche	106 596	12 666	15 255	4 556	3 239	1 034	3 001	8 247
abzüglich Zahlungen von gleicher Ebene	166 002	23 211	20 809	1 683	5 862	516	1 016	12 057
Ausgaben der laufenden Rechnung	429 536	53 852	65 164	23 880	12 884	5 132	14 701	36 653
Baumaßnahmen	25 768	4 689	6 280	425	676	161	738	1 770
Erwerb von Sachvermögen	10 941	1 874	2 494	238	258	68	486	680
Vermögensübertragungen	27 382	3 901	4 241	1 491	1 086	421	439	1 338
an Öffentlichen Gesamthaushalt	16 416	2 216	2 269	669	528	211	307	1 066
an andere Bereiche	10 967	1 685	1 972	822	558	210	132	273
Darlehen	6 607	401	390	261	120	20	48	258
an Öffentlichen Gesamthaushalt	2 054	194	101	–	5	–	–	64
an andere Bereiche	4 553	207	289	261	115	20	48	193
Erwerb von Beteiligungen	6 666	943	1 262	221	355	112	82	721
Tilgungsausgaben an Öffentlichen Gesamthaushalt	2 212	69	209	26	3	5	0	44
abzüglich Zahlungen von gleicher Ebene	16 708	1 314	2 176	661	476	67	306	808
Ausgaben der Kapitalrechnung	62 868	10 561	12 700	2 001	2 022	721	1 488	4 003
Bereinigte Ausgaben	492 405	64 413	77 865	25 881	14 906	5 853	16 189	40 655
Einnahmen								
Steuern und steuerähnliche Abgaben	334 540	46 923	58 965	13 653	8 528	2 722	10 178	28 129
Einnahmen aus wirtschaftlicher Tätigkeit	21 561	2 808	4 313	931	537	144	518	1 804
Zinseinnahmen	3 695	307	283	47	48	131	395	149
vom Öffentlichen Gesamthaushalt	1 052	58	50	17	19	79	93	46
von anderen Bereichen	2 644	249	232	29	29	52	302	104
Laufende Zuweisungen und Zuschüsse, Schuldendiensthilfen	235 314	30 009	28 956	10 732	9 622	2 320	2 457	16 807
vom Öffentlichen Gesamthaushalt	216 852	27 641	26 098	9 955	9 105	2 071	2 098	15 334
von anderen Bereichen	18 462	2 369	2 859	777	516	249	359	1 473
Sonstige laufende Einnahmen	47 901	4 823	5 929	2 498	1 678	467	3 229	4 207
abzüglich Zahlungen von gleicher Ebene	166 002	23 211	20 809	1 683	5 862	516	1 016	12 057
Einnahmen der laufenden Rechnung	477 010	61 660	77 637	26 177	14 551	5 268	15 762	39 039
Veräußerung von Vermögen	6 948	1 295	1 754	81	201	90	438	587
Vermögensübertragungen	24 112	2 329	3 745	1 158	1 112	219	435	1 279
vom Öffentlichen Gesamthaushalt	19 051	1 738	2 926	1 006	777	210	380	992
von anderen Bereichen	5 061	591	818	152	335	9	56	287
Darlehensrückflüsse	6 852	467	333	343	424	18	12	229
vom Öffentlichen Gesamthaushalt	2 462	270	60	–	11	12	–	100
von anderen Bereichen	4 390	197	273	343	412	7	12	129
Schuldenaufnahme beim Öffentlichen Gesamthaushalt	1 508	37	105	–	1	–	–	15
abzüglich Zahlungen von gleicher Ebene	16 708	1 314	2 176	661	476	67	306	808
Einnahmen der Kapitalrechnung	22 713	2 814	3 761	921	1 261	261	580	1 301
Bereinigte Einnahmen	499 722	64 473	81 398	27 098	15 811	5 528	16 341	40 340
Finanzierungssaldo	7 359	93	3 533	1 218	906	– 326	154	– 321

Flächenländer einschl. Gemeinden/Gemeindeverbände.

9 Finanzen und Steuern

9.2 Kassenmäßige Ausgaben und Einnahmen des Öffentlichen Gesamthaushalts
9.2.3 Kassenergebnisse nach Arten und Ländern 2015

	Mecklenburg-Vorpommern	Niedersachsen	Nordrhein-Westfalen	Rheinland-Pfalz	Saarland	Sachsen	Sachsen-Anhalt	Schleswig-Holstein	Thüringen
	Mill. EUR								
Ausgaben									
Personalausgaben	3 484	18 483	42 127	9 616	2 553	8 702	5 010	6 269	4 632
Laufender Sachaufwand	1 973	7 253	21 834	4 662	1 313	4 312	3 274	2 646	1 960
Zinsausgaben	348	1 896	5 340	1 307	528	357	622	844	605
an Öffentlichen Gesamthaushalt	5	8	173	156	2	15	1	9	9
an andere Bereiche	342	1 888	5 167	1 151	526	342	620	835	596
Laufende Zuweisungen und Zuschüsse, Schuldendiensthilfen	6 124	26 626	67 314	13 894	3 110	14 427	7 859	9 839	6 980
an Öffentlichen Gesamthaushalt	3 897	16 620	41 070	9 233	2 108	9 621	4 967	5 910	4 150
an andere Bereiche	2 227	10 007	26 244	4 661	1 002	4 806	2 893	3 929	2 830
abzüglich Zahlungen von gleicher Ebene	3 490	15 693	38 305	9 239	2 068	8 673	4 343	5 230	3 778
Ausgaben der laufenden Rechnung	8 438	38 566	98 310	20 240	5 435	19 124	12 422	14 368	10 400
Baumaßnahmen	522	1 754	3 719	1 007	235	1 695	580	863	655
Erwerb von Sachvermögen	160	1 011	1 907	423	73	476	241	332	223
Vermögensübertragungen	728	1 842	4 846	894	228	3 083	1 167	667	1 010
an Öffentlichen Gesamthaushalt	533	1 066	3 118	593	125	2 008	669	493	545
an andere Bereiche	195	776	1 728	301	103	1 075	497	174	465
Darlehen	45	249	2 422	755	71	1 340	60	60	110
an Öffentlichen Gesamthaushalt	1	176	409	23	60	1 011	1	4	6
an andere Bereiche	43	72	2 013	731	11	329	60	56	104
Erwerb von Beteiligungen	125	335	1 878	46	53	273	68	175	16
Tilgungsausgaben an Öffentlichen Gesamthaushalt	40	27	860	78	7	807	1	29	7
abzüglich Zahlungen von gleicher Ebene	442	1 170	3 673	533	230	3 442	540	342	522
Ausgaben der Kapitalrechnung	1 178	4 049	11 959	2 670	436	4 231	1 575	1 783	1 499
Bereinigte Ausgaben	9 616	42 614	110 268	22 910	5 872	23 355	13 997	16 151	11 899
Einnahmen									
Steuern und steuerähnliche Abgaben	5 483	30 079	71 381	15 105	3 630	13 938	7 589	10 907	7 331
Einnahmen aus wirtschaftlicher Tätigkeit	439	2 314	3 982	867	156	1 168	523	642	417
Zinseinnahmen	36	167	1 266	299	20	202	52	247	47
vom Öffentlichen Gesamthaushalt	2	62	338	105	13	121	2	20	27
von anderen Bereichen	34	105	929	194	7	81	51	227	20
Laufende Zuweisungen und Zuschüsse, Schuldendiensthilfen	6 317	22 176	52 309	12 415	3 152	14 410	8 771	7 777	7 084
vom Öffentlichen Gesamthaushalt	5 909	20 050	48 226	11 588	3 043	13 568	8 260	7 264	6 642
von anderen Bereichen	408	2 126	4 083	827	109	843	510	513	442
Sonstige laufende Einnahmen	811	3 164	13 333	2 118	469	1 796	1 184	1 429	766
abzüglich Zahlungen von gleicher Ebene	3 490	15 693	38 305	9 239	2 068	8 673	4 343	5 230	3 778
Einnahmen der laufenden Rechnung	9 595	42 206	103 967	21 566	5 358	22 841	13 776	15 771	11 868
Veräußerung von Vermögen	85	528	975	283	23	174	98	235	103
Vermögensübertragungen	899	1 748	4 164	826	170	2 979	1 525	609	916
vom Öffentlichen Gesamthaushalt	692	1 418	3 504	598	149	2 409	979	469	804
von anderen Bereichen	207	330	660	228	21	570	546	140	112
Darlehensrückflüsse	203	362	2 616	281	109	1 296	43	75	42
vom Öffentlichen Gesamthaushalt	3	243	297	111	100	1 187	6	57	5
von anderen Bereichen	200	119	2 320	170	10	109	37	18	37
Schuldenaufnahme beim Öffentlichen Gesamthaushalt	4	25	636	25	3	614	–	37	6
abzüglich Zahlungen von gleicher Ebene	442	1 170	3 673	533	230	3 442	540	342	522
Einnahmen der Kapitalrechnung	750	1 493	4 718	882	75	1 620	1 127	614	545
Bereinigte Einnahmen	10 345	43 698	108 685	22 448	5 433	24 462	14 903	16 385	12 413
Finanzierungssaldo	729	1 084	– 1 585	– 462	– 439	1 121	906	233	513

Flächenländer einschl. Gemeinden/Gemeindeverbände.

9 Finanzen und Steuern

9.2 Kassenmäßige Ausgaben und Einnahmen des Öffentlichen Gesamthaushalts
9.2.4 Investitionsausgaben nach Arten 2015

	Insgesamt	Darunter					
		Baumaßnahmen	Erwerb von unbeweglichen Sachen	Erwerb von beweglichen Sachen	Erwerb von Beteiligungen	Darlehen an andere Bereiche	Zuschüsse für Investitionen an andere Bereiche
	Mill. EUR						
Insgesamt	83 097	33 093	4 793	8 748	8 543	5 553	22 368
Bund	22 224	7 035	386	1 717	370	998	11 719
Sozialversicherung	2 289	290	23	473	1 508	3	– 7
Länder [1]	58 584	25 768	4 384	6 557	6 666	4 553	10 657
Baden-Württemberg	9 388	4 689	977	897	943	207	1 676
Bayern	12 191	6 280	1 291	1 203	1 262	289	1 866
Berlin	1 917	425	65	173	221	261	772
Brandenburg	1 961	676	80	178	355	115	557
Bremen	571	161	7	60	112	20	210
Hamburg	1 487	738	313	174	82	48	132
Hessen	3 626	1 770	261	419	721	193	262
Mecklenburg-Vorpommern	1 045	522	51	109	125	43	195
Niedersachsen	3 949	1 754	335	677	335	72	776
Nordrhein-Westfalen	11 187	3 719	486	1 421	1 878	2 013	1 670
Rheinland-Pfalz	2 452	1 007	187	236	46	731	244
Saarland	466	235	14	59	53	11	93
Sachsen	3 849	1 695	108	367	273	329	1 076
Sachsen-Anhalt	1 445	580	52	189	68	60	497
Schleswig-Holstein	1 595	863	94	238	175	56	170
Thüringen	1 460	655	64	159	16	104	463

1 Flächenländer einschl. Gemeinden/Gemeindeverbände.

9.3 Schulden und Finanzvermögen des Öffentlichen Gesamthaushalts
9.3.1 Entwicklung des Schuldenstandes des Öffentlichen Gesamthaushalts

	Schuldenstand		Veränderung des Schuldenstandes gegenüber Vorjahr	
	insgesamt	je Einwohner/-in [1]	absolut	Veränderungsrate
	Mill. EUR	EUR	Mill. EUR	%
31.12.2007	1 552 371	18 871	7 008	0,5
31.12.2008	1 577 881	19 213	25 510	1,6
31.12.2009	1 694 368	20 698	116 487	7,4
31.12.2010 [2]	2 011 677	24 607	317 309	18,7
31.12.2011	2 025 438	25 244	13 761	0,7
31.12.2012	2 068 289	25 725	42 851	2,1
31.12.2013	2 043 344	25 356	– 24 945	– 1,2
31.12.2014	2 049 171	25 322	5 827	0,3

Als **Schuldenstand** gilt die Verschuldung des Öffentlichen Gesamthaushalts gegenüber dem nicht öffentlichen Bereich.

Zu den **Schulden** beim nicht öffentlichen Bereich zählen:
– Kassenkredite beim nicht öffentlichen Bereich,
– Wertpapierschulden,
– Kredite beim nicht öffentlichen Bereich.

Bis 2009 als Kreditmarktschulden und Kassenkredite nachgewiesen, ab 2010 als Schulden beim nicht öffentlichen Bereich.
1 Ab 2011 berechnet jeweils mit dem Bevölkerungsstand zum 30.6.; Ergebnisse auf Grundlage des Zensus 2011.
2 Ab 2010 mit erweitertem Berichtskreis (einschl. aller Extrahaushalte sowie der Träger der Sozialversicherung) und neuem Erhebungsprogramm.

9 Finanzen und Steuern

9.3 Schulden und Finanzvermögen des Öffentlichen Gesamthaushalts
9.3.2 Schuldenstand des Öffentlichen Gesamthaushalts nach Körperschaftsgruppen am 31.12.2014

	Insgesamt	Bund	Länder			Gemeinden/ Gemeindeverbände	Sozialversicherung
			zusammen	Flächenländer	Stadtstaaten		
	Mill. EUR						
Schulden beim nicht öffentlichen Bereich	2 049 171	1 289 697	619 477	510 948	108 529	139 436	561
Kassenkredite	75 706	20 093	7 583	6 511	1 071	48 031	–
bei Kreditinstituten	64 618	9 411	7 288	6 217	1 071	47 919	–
beim sonstigen inländischen Bereich	9 298	8 899	295	295	–	105	–
beim sonstigen ausländischen Bereich	1 790	1 783	0	0	–	7	–
Wertpapierschulden	1 582 674	1 205 964	375 412	310 446	64 966	1 297	–
Geldmarktpapiere	37 550	29 138	8 412	8 412	–	–	–
Kapitalmarktpapiere	1 545 124	1 176 826	367 000	302 034	64 966	1 297	–
Kredite	390 791	63 640	236 482	193 990	42 492	90 108	561
bei Kreditinstituten	253 205	35 479	128 389	105 377	23 012	88 776	561
beim sonstigen inländischen Bereich	119 148	11 422	106 404	86 931	19 473	1 323	0
beim sonstigen ausländischen Bereich	18 437	16 739	1 690	1 683	7	8	–
Schulden beim öffentlichen Bereich	58 054	8 980	32 837	28 064	4 773	7 657	8 580
Kassenkredite	14 667	1 433	2 629	1 703	925	2 306	8 300
beim Bund	9	–	–	–	–	0	9
bei Ländern	864	0	719	136	583	145	–
bei Gemeinden/Gemeindeverbänden	1 034	–	7	–	7	1 027	–
bei Zweckverbänden und dgl.	67	–	–	–	–	67	–
bei der gesetzlichen Sozialversicherung	8 269	–	0	–	0	30	8 239
bei verbundenen Unternehmen, Beteiligungen und Sondervermögen	4 172	1 433	1 731	1 395	335	968	41
bei sonstigen öffentlichen Sonderrechnungen	251	–	172	172	–	69	10
Kredite	43 387	7 547	30 209	26 361	3 848	5 350	280
beim Bund	12 993	6 389	6 543	5 669	875	61	–
bei Ländern	9 648	–	9 400	7 068	2 331	248	0
bei Gemeinden/Gemeindeverbänden	2 361	–	188	103	85	2 173	–
bei Zweckverbänden und dgl.	169	–	–	–	–	169	–
bei der gesetzlichen Sozialversicherung	227	–	51	35	15	7	169
bei verbundenen Unternehmen, Beteiligungen und Sondervermögen	10 542	241	9 741	9 513	229	560	–
bei sonstigen öffentlichen Sonderrechnungen	7 446	917	4 285	3 973	312	2 132	111
Kreditähnliche Rechtsgeschäfte	2 092	205	926	722	204	899	62
Hypotheken-, Grund- und Rentenschulden	194	10	11	3	8	128	45
Restkaufgelder	573	2	230	230	0	341	–
Finanzierungsleasing	1 326	193	686	490	196	430	17
ÖPP-Projekte nach ESVG [1]	30 549	23 780	3 660	3 419	241	3 108	–
Bürgschaften	601 292	463 603	108 393	79 410	28 983	29 263	34

1 Bei ÖPP-Projekten nach ESVG handelt es sich um Projekte, bei denen der öffentliche Partner das Baurisiko oder der private Partner nur das Baurisiko und kein weiteres Risiko (Ausfallrisiko oder Nachfragerisiko) trägt. Nachgewiesen wird der Bauwert entsprechend dem Baufortschritt der Investitionsmaßnahmen aus den ÖPP-Projekten abzüglich der bis zum Ende des Berichtsjahres geleisteten Zahlungen an die Auftragnehmer.

Schulden der Länder und Gemeinden/Gemeindeverbände 2014
je Einwohner/-in, in EUR

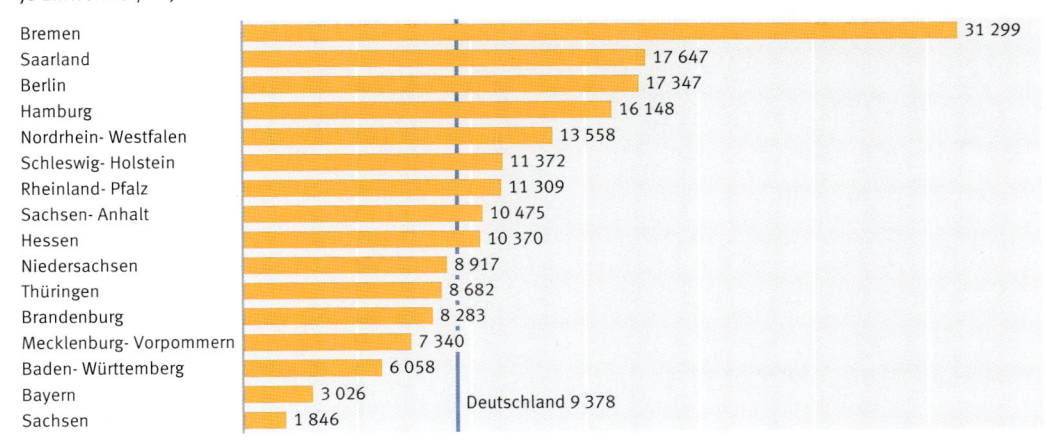

Land	EUR
Bremen	31 299
Saarland	17 647
Berlin	17 347
Hamburg	16 148
Nordrhein-Westfalen	13 558
Schleswig-Holstein	11 372
Rheinland-Pfalz	11 309
Sachsen-Anhalt	10 475
Hessen	10 370
Niedersachsen	8 917
Thüringen	8 682
Brandenburg	8 283
Mecklenburg-Vorpommern	7 340
Baden-Württemberg	6 058
Bayern	3 026
Sachsen	1 846
Deutschland	9 378

Schulden beim nicht öffentlichen Bereich. – Stichtag: 31.12.

9 Finanzen und Steuern

9.3 Schulden und Finanzvermögen des Öffentlichen Gesamthaushalts
9.3.3 Schulden der Länder und Gemeinden/Gemeindeverbände am 31.12.2014

	Insgesamt	Davon		Schulden beim öffentlichen Bereich	Kreditähnliche Rechtsgeschäfte	Bürgschaften	Schulden beim nicht öffentlichen Bereich je Einwohner/-in [1]
		Wertpapierschulden und Kredite beim nicht öffentlichen Bereich	Kassenkredite beim nicht öffentlichen Bereich				
	Mill. EUR						EUR
Länder und Gemeinden/Gemeindeverbände zusammen							
Deutschland	758 913	703 299	55 614	40 494	1 825	137 656	9 378
Baden-Württemberg	64 650	64 346	304	2 954	161	29 150	6 058
Bayern	38 236	37 945	290	1 449	212	8 883	3 026
Berlin	59 692	59 686	6	933	15	7 511	17 347
Brandenburg	20 302	19 453	849	222	28	1 573	8 283
Bremen	20 594	19 714	880	1 728	0	1 401	31 299
Hamburg	28 242	28 057	185	2 112	189	20 071	16 148
Hessen	62 889	53 472	9 417	1 929	192	6 074	10 370
Mecklenburg-Vorpommern	11 724	11 034	690	531	104	1 171	7 340
Niedersachsen	69 667	66 418	3 248	1 388	158	8 068	8 917
Nordrhein-Westfalen	238 500	209 420	29 080	8 915	196	28 601	13 558
Rheinland-Pfalz	45 245	39 115	6 129	9 889	112	3 230	11 309
Saarland	17 461	15 424	2 037	582	8	1 537	17 647
Sachsen	7 467	7 367	100	6 175	51	3 724	1 846
Sachsen-Anhalt	23 441	22 238	1 204	439	100	2 589	10 475
Schleswig-Holstein	32 078	31 084	993	728	42	11 581	11 372
Thüringen	18 724	18 524	200	521	259	2 493	8 682
Länder							
Deutschland	619 477	611 894	7 583	32 837	926	108 393	7 655
Baden-Württemberg	57 498	57 393	105	2 459	94	22 583	5 387
Bayern	24 096	24 096	–	1 210	1	5 625	1 907
Berlin	59 692	59 686	6	933	15	7 511	17 347
Brandenburg	18 214	18 135	79	123	0	1 166	7 431
Bremen	20 594	19 714	880	1 728	0	1 401	31 299
Hamburg	28 242	28 057	185	2 112	189	20 071	16 148
Hessen	44 071	40 989	3 082	459	20	1 222	7 267
Mecklenburg-Vorpommern	9 745	9 745	–	7	86	755	6 101
Niedersachsen	57 183	57 183	0	716	99	5 664	7 319
Nordrhein-Westfalen	186 442	183 522	2 920	7 351	4	21 274	10 598
Rheinland-Pfalz	32 760	32 711	49	8 689	106	2 131	8 188
Saarland	13 834	13 786	49	517	0	1 138	13 982
Sachsen	3 144	3 144	0	5 553	17	2 196	777
Sachsen-Anhalt	20 294	20 294	–	235	95	2 257	9 068
Schleswig-Holstein	27 915	27 688	227	344	20	11 125	9 897
Thüringen	15 752	15 752	–	402	182	2 275	7 304
Gemeinden/Gemeindeverbände							
Deutschland	139 436	91 405	48 031	7 657	899	29 263	1 857
Baden-Württemberg	7 152	6 953	199	495	68	6 568	670
Bayern	14 140	13 849	290	238	211	3 258	1 119
Brandenburg	2 088	1 318	770	99	28	407	852
Hessen	18 819	12 483	6 335	1 470	172	4 852	3 103
Mecklenburg-Vorpommern	1 979	1 289	690	524	18	416	1 239
Niedersachsen	12 483	9 235	3 248	672	59	2 404	1 598
Nordrhein-Westfalen	52 058	25 898	26 160	1 564	192	7 326	2 959
Rheinland-Pfalz	12 485	6 405	6 080	1 200	6	1 099	3 121
Saarland	3 627	1 638	1 988	65	8	399	3 665
Sachsen	4 323	4 223	100	622	34	1 528	1 069
Sachsen-Anhalt	3 148	1 944	1 204	204	5	332	1 406
Schleswig-Holstein	4 163	3 396	766	384	22	456	1 476
Thüringen	2 972	2 772	200	119	77	218	1 378

1 „Je Einwohner/-in" berechnet mit dem Bevölkerungsstand zum 30.6.; Ergebnisse auf Grundlage des Zensus 2011.

9 Finanzen und Steuern

9.3 Schulden und Finanzvermögen des Öffentlichen Gesamthaushalts
9.3.4 Finanzvermögen des Öffentlichen Gesamthaushalts am 31.12.2014

	Insgesamt	Bund	Länder			Gemeinden/ Gemeinde-verbände	Sozial-versicherung
			zusammen	Flächenländer	Stadtstaaten		
	Mill. EUR						
Finanzvermögen beim nicht öffentlichen Bereich [1]	539 794	212 594	134 685	117 151	17 535	68 566	123 948
Bargeld und Einlagen	191 608	26 135	37 175	35 050	2 125	38 547	89 751
Bargeld	453	52	146	132	14	207	47
Sichteinlagen	68 347	24 100	8 743	7 136	1 608	20 007	15 498
Sonstige Einlagen	122 808	1 984	28 286	27 782	504	18 333	74 206
Wertpapiere	150 589	97 215	29 251	28 130	1 120	4 972	19 151
Geldmarktpapiere mit Ursprungslaufzeit bis zu 1 Jahr	3 680	18	334	300	34	395	2 933
Kapitalmarktpapiere mit Ursprungslaufzeit mehr als 1 Jahr	146 909	97 197	28 916	27 830	1 086	4 577	16 218
Ausleihungen	129 008	78 272	44 286	37 236	7 050	3 965	2 485
Ursprungslaufzeit bis zu 1 Jahr	44 499	34 321	9 797	7 964	1 833	176	206
Ursprungslaufzeit mehr als 1 Jahr	84 508	43 951	34 489	29 272	5 217	3 789	2 279
Sonstige Forderungen [2]	68 589	10 971	23 974	16 735	7 239	21 083	12 561

Einschl. Extrahaushalte.
1 Ohne Anteilsrechte.
2 Einschl. sonstige Forderungen beim öffentlichen Bereich.

9.3.5 Finanzvermögen der Länder und der Gemeinden/Gemeindeverbände am 31.12.2014

	Insgesamt [1]	Bargeld und Einlagen	Wertpapiere		Ausleihungen		Sonstige Forderungen [2]	Finanzvermögen beim nicht öffent-lichen Bereich je Einwohner/-in [3]
			Ursprungslaufzeit					
			bis 1 Jahr	über 1 Jahr	bis 1 Jahr	über 1 Jahr		
	Mill. EUR							EUR
Deutschland	203 252	75 722	729	33 494	9 973	38 278	45 057	2 512
Baden-Württemberg	26 052	17 697	68	3 793	6	587	3 901	2 441
Bayern	27 100	14 551	44	2 013	11	5 476	5 004	2 145
Berlin	9 918	953	5	364	350	4 582	3 664	2 882
Brandenburg	6 751	2 202	8	738	0	2 958	845	2 754
Bremen	2 516	109	9	0	1 483	535	380	3 824
Hamburg	5 101	1 063	21	722	0	99	3 196	2 917
Hessen	15 314	7 398	30	1 525	487	1 932	3 942	2 525
Mecklenburg-Vorpommern	3 796	1 608	3	60	1	1 460	663	2 377
Niedersachsen	8 093	3 082	38	290	0	1 804	2 878	1 036
Nordrhein-Westfalen	70 868	15 630	210	22 019	7 614	16 048	9 348	4 029
Rheinland-Pfalz	7 450	1 941	131	109	3	1 518	3 749	1 862
Saarland	954	249	1	2	2	188	511	964
Sachsen	9 973	3 966	7	1 719	13	626	3 641	2 465
Sachsen-Anhalt	3 118	1 863	8	89	0	93	1 065	1 393
Schleswig-Holstein	3 484	2 026	146	19	1	261	1 030	1 235
Thüringen	2 764	1 384	0	30	1	108	1 241	1 282

Einschl. Extrahaushalte.
1 Ohne Anteilsrechte.
2 Einschl. sonstige Forderungen beim öffentlichen Bereich.
3 „Je Einwohner/-in" berechnet mit den Ergebnissen auf Grundlage des Zensus 2011 jeweils zum 30.06.

9 Finanzen und Steuern

9.4 Jahresabschlüsse öffentlicher Fonds, Einrichtungen und Unternehmen
9.4.1 Nach Wirtschaftsbereichen 2013

	Insgesamt	Grundstücks- und Wohnungswesen	Wasserversorgung	Abwasserentsorgung	Energieversorgung	Öffentliche Verwaltung, Verteidigung, Sozialversicherung
	Anzahl					
Fonds, Einrichtungen und Unternehmen	15 314	1 790	1 767	1 388	1 579	1 197
Beschäftigte	1 965 942	55 172	35 925	30 771	129 620	112 733
dar. weiblich	966 428	27 832	10 110	6 947	33 743	41 216
	Mill. EUR					
	Bilanz Aktivseite, Anlagenachweis					
Anlagevermögen	1 034 799	144 182	41 851	68 053	89 765	194 828
Immaterielle Vermögensgegenstände	8 367	101	646	973	1 419	265
Sachanlagen	518 952	137 425	38 620	65 219	54 337	28 280
Finanzanlagen	507 480	6 656	2 586	1 861	34 009	166 283
Umlaufvermögen	778 795	19 207	5 411	4 194	47 122	159 640
Vorräte zusammen	22 444	9 921	190	139	2 736	1 341
Forderungen	604 535	4 884	3 709	2 411	35 935	88 509
dar.: aus Lieferungen und Leistungen	523 278	708	2 113	1 038	16 136	83 843
an Gebietskörperschaften, Eigenbetriebe und Einrichtungsträger	12 766	602	429	831	734	1 194
Wertpapiere, Bar- und Buchgeldbestände	151 816	4 403	1 512	1 644	8 450	69 791
Sonstige Aktiva	48 586	2 990	96	181	1 123	4 942
	Bilanz Passivseite					
Eigenkapital	409 975	73 500	16 627	19 783	48 215	40 052
Gezeichnetes Grundkapital bzw. Stammkapital	127 525	22 821	5 977	4 305	13 206	25 470
Rücklagen	281 931	54 171	10 158	14 665	32 458	17 157
Gewinn/Verlust	519	– 3 492	492	813	2 550	– 2 576
Empfangene Ertragszuschüsse	21 603	100	5 803	9 525	4 100	855
Rückstellungen	186 628	6 902	1 734	2 405	27 139	24 283
dar.: Rückstellungen für Pensionen u. ä. Verpflichtungen	25 604	690	447	646	4 601	3 766
Sonstige Rückstellungen	157 926	6 054	1 201	1 686	21 856	20 397
Verbindlichkeiten	1 138 279	79 463	19 465	34 000	54 860	271 028
Sonstige Passiva	105 695	6 415	3 729	6 715	3 696	23 194
Bilanzsumme	1 862 180	166 379	47 358	72 428	138 009	359 411
	Gewinn- und Verlustrechnung					
Umsatzerlöse	415 848	24 973	10 044	9 544	172 968	15 803
dar. Umsätze mit öffentlichen Haushalten	33 814	6 749	544	1 165	770	4 003
Bestandserhöhung oder -verminderung	– 5 270	2	1	– 38	– 5	– 5 419
Andere aktivierte Eigenleistungen	2 376	107	145	109	407	46
Sonstige betriebliche Erträge	60 402	2 668	786	767	6 164	12 953
dar. Zuweisungen und Zuschüsse von öffentlichen Haushalten	22 790	460	79	99	25	8 356
Betriebsertrag [1]	475 333	27 768	10 975	10 381	179 535	23 382
Materialaufwand	251 792	11 326	4 772	3 089	149 967	3 491
dar. für Roh-, Hilfs- und Betriebsstoffe, Waren	161 949	2 283	2 940	783	126 572	1 526
Personalaufwand	99 356	2 617	1 860	1 635	8 323	9 914
Löhne und Gehälter	75 835	2 067	1 463	1 250	6 601	4 120
Sozialabgaben, Altersversorgung und Unterstützung	23 521	551	397	385	1 722	5 794
Abschreibungen	32 110	6 085	1 888	2 591	4 920	909
dar. auf immaterielle Vermögensgegenstände und Sachanlagen	30 374	5 148	1 838	2 544	4 667	847
Betriebsaufwand [2]	460 471	22 683	9 806	8 643	173 729	23 705
Betriebsfremde Erträge	46 964	1 136	324	100	3 216	12 497
Betriebsfremde Aufwendungen	46 850	2 733	773	1 242	3 175	10 852
dar. Abschreibungen auf Finanzanlagen und auf Wertpapiere des Umlaufvermögens	6 257	42	15	12	317	1 377
Ergebnis der gewöhnlichen Geschäftstätigkeit	14 975	3 487	721	596	5 847	1 321
Außerordentliches Ergebnis	2 231	– 23	61	– 22	– 31	49
Steueraufwand	4 103	345	126	26	1 659	76
Erträge aus Verlustübernahmen	4 462	64	14	11	1 722	83
Abgeführte Gewinne aufgrund Gewinngemeinschaften, (Teil-) Gewinnabführungsverträgen	12 094	3 424	400	53	3 740	85
Jahresgewinn bzw. -überschuss, Jahresverlust bzw. -fehlbetrag	5 471	– 241	270	506	2 139	1 291

Fußnoten siehe nächste Seite.

9 Finanzen und Steuern

9.4 Jahresabschlüsse öffentlicher Fonds, Einrichtungen und Unternehmen
9.4.1 Nach Wirtschaftsbereichen 2013

	Verwaltung und Führung von Unternehmen und Betrieben, Unternehmensberatung	Gesundheitswesen	Sammlung, Behandlung und Beseitigung von Abfällen, Rückgewinnung	Erbringung von Dienstleistungen des Sports, der Unterhaltung und der Erholung	Landverkehr und Transport in Rohrfernleitungen	Übrige
	Anzahl					
Fonds, Einrichtungen und Unternehmen	1 074	845	559	511	483	4 121
Beschäftigte	30 792	657 559	61 821	17 393	161 819	672 337
dar. weiblich	13 945	470 746	11 269	9 141	28 127	313 352
	Mill. EUR					
	Bilanz Aktivseite, Anlagenachweis					
Anlagevermögen	129 139	44 139	13 090	5 259	30 687	273 805
Immaterielle Vermögensgegenstände	2 257	388	71	9	152	2 087
Sachanlagen	5 621	42 516	10 054	4 218	26 483	106 180
Finanzanlagen	121 262	1 236	2 965	1 033	4 052	165 537
Umlaufvermögen	23 740	18 103	6 648	860	8 175	485 694
Vorräte zusammen	293	1 509	383	14	869	5 048
Forderungen	14 881	12 122	2 713	591	6 302	432 477
dar.: aus Lieferungen und Leistungen	527	6 908	673	66	883	410 383
an Gebietskörperschaften, Eigenbetriebe und Einrichtungsträger	449	3 639	857	224	520	3 286
Wertpapiere, Bar- und Buchgeldbestände	8 565	4 471	3 553	255	1 003	48 169
Sonstige Aktiva	541	1 905	266	45	59	36 438
	Bilanz Passivseite					
Eigenkapital	77 623	13 225	5 059	2 806	12 217	100 869
Gezeichnetes Grundkapital bzw. Stammkapital	14 270	4 112	1 322	675	6 180	29 188
Rücklagen	56 072	11 025	2 958	2 512	7 140	73 615
Gewinn/Verlust	7 282	− 1 912	779	− 380	− 1 103	− 1 934
Empfangene Ertragszuschüsse	39	187	149	105	329	411
Rückstellungen	10 732	6 342	7 533	240	5 467	93 851
dar.: Rückstellungen für Pensionen u. ä. Verpflichtungen	4 634	1 232	478	23	1 726	7 360
Sonstige Rückstellungen	5 029	4 988	6 972	195	3 606	85 942
Verbindlichkeiten	64 018	16 233	6 331	2 279	15 888	574 715
Sonstige Passiva	1 007	28 161	933	733	5 019	26 092
Bilanzsumme	153 420	64 147	20 005	6 164	38 920	795 938
	Gewinn- und Verlustrechnung					
Umsatzerlöse	4 604	43 780	11 124	977	25 796	96 234
dar. Umsätze mit öffentlichen Haushalten	455	2 615	2 442	123	5 030	9 918
Bestandserhöhung oder -verminderung	− 108	11	73	0	3	210
Andere aktivierte Eigenleistungen	18	19	10	1	117	1 398
Sonstige betriebliche Erträge	3 669	9 356	1 083	389	3 122	19 445
dar. Zuweisungen und Zuschüsse von öffentlichen Haushalten	157	2 658	226	246	730	9 751
Betriebsertrag [1]	8 186	55 110	12 291	1 368	29 038	117 299
Materialaufwand	2 957	14 543	5 949	629	15 701	39 372
dar. für Roh-, Hilfs- und Betriebsstoffe, Waren	1 358	9 859	778	227	3 307	12 316
Personalaufwand	1 755	30 498	2 852	528	7 714	31 661
Löhne und Gehälter	1 426	24 652	2 247	418	6 136	25 456
Sozialabgaben, Altersversorgung und Unterstützung	329	5 846	605	110	1 578	6 204
Abschreibungen	320	3 140	1 019	226	2 289	8 724
dar. auf immaterielle Vermögensgegenstände und Sachanlagen	316	2 994	979	219	2 256	8 566
Betriebsaufwand [2]	7 834	55 069	11 563	1 730	29 426	116 285
Betriebsfremde Erträge	7 892	140	238	182	637	20 603
Betriebsfremde Aufwendungen	7 705	352	373	91	624	18 929
dar. Abschreibungen auf Finanzanlagen und auf Wertpapiere des Umlaufvermögens	2 301	14	4	9	44	2 122
Ergebnis der gewöhnlichen Geschäftstätigkeit	539	− 172	593	− 271	− 376	2 689
Außerordentliches Ergebnis	209	33	− 16	8	158	1 804
Steueraufwand	528	48	106	21	38	1 129
Erträge aus Verlustübernahmen	94	54	15	165	1 550	689
Abgeführte Gewinne aufgrund Gewinngemeinschaften, (Teil-) Gewinnabführungsverträgen	928	24	108	13	1 199	2 120
Jahresgewinn bzw. -überschuss, Jahresverlust bzw. -fehlbetrag	− 613	− 155	378	− 132	95	1 933

1 Einschl. Fördermittel nach dem Krankenhausfinanzierungsgesetz (KHG).
2 Einschl. Fördermittel nach dem KHG (negativer Saldo) sowie sonstige betriebliche Aufwendungen.

9 Finanzen und Steuern

9.4 Jahresabschlüsse öffentlicher Fonds, Einrichtungen und Unternehmen
9.4.2 Nach Rechtsformen 2013

	Insgesamt	Privatrechtlich		Öffentlich-rechtlich		
		zusammen	darunter GmbH	zusammen	darunter	
					Eigenbetriebe	Zweckverbände
	Anzahl					
Fonds, Einrichtungen und Unternehmen	15 314	9 964	8 950	5 350	3 696	1 108
Beschäftigte	1 965 942	1 168 739	902 432	797 203	363 373	37 652
dar. weiblich	966 428	563 992	483 540	402 436	168 911	14 169
	Mill. EUR					
	Bilanz Aktivseite, Anlagenachweis					
Anlagevermögen	1 034 799	564 513	276 205	470 286	266 157	40 307
Immaterielle Vermögensgegenstände	8 367	5 972	2 700	2 395	1 453	323
Sachanlagen	518 952	268 218	170 376	250 734	132 963	35 197
Finanzanlagen	507 480	290 323	103 129	217 157	131 741	4 788
Umlaufvermögen	778 795	167 949	86 021	610 846	163 370	6 113
Vorräte zusammen	22 444	15 084	11 728	7 360	2 911	305
Forderungen	604 535	95 637	52 124	508 897	95 105	3 082
dar.: aus Lieferungen und Leistungen	523 278	31 634	21 674	491 644	85 354	915
an Gebietskörperschaften, Eigenbetriebe und Einrichtungsträger	12 766	5 189	4 634	7 577	4 852	451
Wertpapiere, Bar- und Buchgeldbestände	151 816	57 228	22 169	94 588	65 354	2 726
Sonstige Aktiva	48 586	6 531	4 058	42 055	16 262	189
	Bilanz Passivseite					
Eigenkapital	409 975	240 571	136 293	169 404	60 747	16 236
Gezeichnetes Grundkapital bzw. Stammkapital	127 525	57 035	28 263	70 490	27 910	3 816
Rücklagen	281 931	176 648	107 617	105 283	36 737	11 996
Gewinn/Verlust	519	6 888	412	− 6 369	− 3 900	425
Empfangene Ertragszuschüsse	21 603	5 193	3 211	16 410	8 685	5 389
Rückstellungen	186 628	135 129	32 510	51 499	11 731	2 805
dar.: Rückstellungen für Pensionen u.ä. Verpflichtungen	25 604	17 305	6 667	8 299	1 440	579
Sonstige Rückstellungen	157 926	115 175	24 622	42 751	10 064	2 197
Verbindlichkeiten	1 138 279	322 138	168 389	816 142	325 943	17 406
Sonstige Passiva	105 695	35 962	25 882	69 732	38 683	4 773
Bilanzsumme	1 862 180	738 993	366 284	1 123 186	445 789	46 609
	Gewinn- und Verlustrechnung					
Umsatzerlöse	415 848	325 096	222 709	90 752	45 651	7 421
dar. Umsätze mit öffentlichen Haushalten	33 814	14 740	9 396	19 074	9 371	1 592
Bestandserhöhung oder -verminderung	− 5 270	51	86	− 5 320	112	− 29
Andere aktivierte Eigenleistungen	2 376	1 997	1 162	379	179	72
Sonstige betriebliche Erträge	60 402	26 694	15 108	33 708	16 919	913
dar. Zuweisungen und Zuschüsse von öffentlichen Haushalten	22 790	3 585	3 278	19 204	12 043	150
Betriebsertrag [1]	475 333	354 747	239 933	120 586	63 079	8 402
Materialaufwand	251 792	222 215	156 039	29 578	14 911	3 096
dar. für Roh-, Hilfs- und Betriebsstoffe, Waren	161 949	148 892	110 987	13 057	6 346	957
Personalaufwand	99 356	57 762	41 605	41 594	21 477	1 862
Löhne und Gehälter	75 835	46 629	33 610	29 206	13 160	1 427
Sozialabgaben, Altersversorgung und Unterstützung	23 521	11 133	7 995	12 388	8 317	435
Abschreibungen	32 110	19 839	11 306	12 271	5 451	1 647
dar. auf immaterielle Vermögensgegenstände und Sachanlagen	30 374	19 317	10 832	11 057	5 220	1 611
Betriebsaufwand [2]	460 471	345 193	231 982	115 278	59 914	7 733
Betriebsfremde Erträge	46 964	20 648	7 836	26 316	11 296	209
Betriebsfremde Aufwendungen	46 850	19 802	8 415	27 048	12 771	624
dar. Abschreibungen auf Finanzanlagen und auf Wertpapiere des Umlaufvermögens	6 257	4 598	1 181	1 660	1 315	5
Ergebnis der gewöhnlichen Geschäftstätigkeit	14 975	10 399	7 372	4 577	1 690	253
Außerordentliches Ergebnis	2 231	332	78	1 899	56	12
Steueraufwand	4 103	3 454	2 077	649	374	34
Erträge aus Verlustübernahmen	4 462	4 232	1 915	230	177	15
Abgeführte Gewinne aufgrund Gewinngemeinschaften, (Teil-) Gewinnabführungsverträgen	12 094	8 752	4 742	3 342	263	7
Jahresgewinn bzw. -überschuss, Jahresverlust bzw. -fehlbetrag	5 471	2 756	2 546	2 715	1 286	239

1 Einschl. Fördermittel nach dem Krankenhausfinanzierungsgesetz (KHG).
2 Einschl. Fördermittel nach dem KHG (negativer Saldo) sowie sonstige betriebliche Aufwendungen.

9.5 Kassenmäßige Steuereinnahmen – Steueraufkommen nach Steuerarten

	2012	2013	2014	2015	2012	2013	2014	2015
	Mill. EUR				%			
Insgesamt	600 046	619 708	643 617	673 261	100	100	100	100
Gemeinschaftsteuern (netto) nach Art. 106 Abs. 3 GG	426 190	442 752	461 985	483 178	71,0	71,4	71,8	71,8
Lohnsteuer [1]	149 065	158 198	167 983	178 891	24,8	25,5	26,1	26,6
Veranlagte Einkommensteuer [2]	37 262	42 280	45 613	48 580	6,2	6,8	7,1	7,2
Nicht veranlagte Steuern vom Ertrag [2]	20 059	17 259	17 423	17 945	3,3	2,8	2,7	2,7
Abgeltungsteuer auf Zins- und Veräußerungserträge (einschl. ehem. Zinsabschlag)	8 234	8 664	7 812	8 259	1,4	1,4	1,2	1,2
Körperschaftsteuer [2]	16 934	19 508	20 044	19 583	2,8	3,1	3,1	2,9
Umsatzsteuer	142 439	148 315	154 228	159 015	23,7	23,9	24,0	23,6
Einfuhrumsatzsteuer	52 196	48 528	48 883	50 905	8,7	7,8	7,6	7,6
Bundessteuern [3]	99 794	100 454	101 804	104 204	16,6	16,2	15,8	15,5
Versicherungsteuer	11 138	11 553	12 046	12 419	1,9	1,9	1,9	1,8
Tabaksteuer	14 143	13 820	14 612	14 921	2,4	2,2	2,3	2,2
Kaffeesteuer	1 054	1 021	1 016	1 032	0,2	0,2	0,2	0,2
Branntweinsteuer	2 121	2 102	2 060	2 070	0,4	0,3	0,3	0,3
Alcopopsteuer	2	2	1	2	0,0	0,0	0,0	0,0
Schaumweinsteuer	450	434	412	429	0,1	0,1	0,1	0,1
Zwischenerzeugnissteuer	14	14	15	14	0,0	0,0	0,0	0,0
Stromsteuer	6 973	7 009	6 638	6 593	1,2	1,1	1,0	1,0
Energiesteuer	39 305	39 364	39 758	39 594	6,6	6,4	6,2	5,9
Kraftfahrzeugsteuer	8 443	8 490	8 501	8 805	1,4	1,4	1,3	1,3
Luftverkehrsteuer	948	978	990	1 023	0,2	0,2	0,2	0,2
Kernbrennstoffsteuer	1 577	1 285	708	1 371	0,3	0,2	0,1	0,2
Solidaritätszuschlag	13 624	14 378	15 047	15 930	2,3	2,3	2,3	2,4
Pauschalierte Eingangsabgaben	2	2	2	2	0,0	0,0	0,0	0,0
Sonstige Bundessteuern	0	0	0	0	0,0	0,0	2,8	0,0
Landessteuern [3]	14 201	15 723	17 556	20 339	2,4	2,5	2,7	3,0
Vermögensteuer	− 1	− 1	− 3	− 1	X	X	X	X
Erbschaftsteuer	4 305	4 633	5 452	6 290	0,7	0,7	0,8	0,9
Grunderwerbsteuer	7 389	8 394	9 339	11 249	1,2	1,4	1,5	1,7
Rennwett- und Lotteriesteuer	1 432	1 635	1 673	1 712	0,2	0,3	0,3	0,3
Feuerschutzsteuer	380	392	409	413	0,1	0,1	0,1	0,1
Biersteuer	697	669	684	676	0,1	0,1	0,1	0,1
Zölle	4 462	4 231	4 552	5 159	0,7	0,7	0,7	0,8
Gemeindesteuern [4]	55 398	56 549	57 721	60 381	9,2	9,1	9,0	9,0
Grundsteuer A	375	385	383	394	0,1	0,1	0,1	0,1
Grundsteuer B	11 642	11 992	12 308	12 821	1,9	1,9	1,9	1,9
Gewerbesteuer (brutto)	42 345	43 027	43 756	45 737	7,1	6,9	6,8	6,8
Sonstige Steuern der Gemeinden	1 037	1 145	1 275	1 429	0,2	0,2	0,2	0,2

Vor der Verteilung.

1 Nach Abzug von Kindergeld (Familienkassen- und steuerliches Kindergeld), ausschl. Pauschsteuer Mini-Jobs und Altersvorsorge.
2 Nach Abzug von Erstattungen des Bundeszentralamtes für Steuern (BZSt).
3 Ohne den gemeindlichen Bereich der Stadtstaaten.
4 Einschl. des gemeindlichen Bereichs der Stadtstaaten, ohne steuerähnliche Einnahmen.

9 Finanzen und Steuern

9.6 Lohn- und Einkommensteuer
9.6.1 Besteuerungsgrundlagen der Einkommensteuer

	2011	2010	Veränderung 2011 gegenüber Vorjahr
	Mrd. EUR		%
Einkünfte aus:			
Land- und Forstwirtschaft [1]	9,6	8,7	10,7
+ Gewerbebetrieb [1]	123,5	114,0	8,3
+ selbstständiger Arbeit [1]	73,6	70,8	4,1
+ nichtselbstständiger Arbeit [2]	873,2	834,0	4,7
+ Kapitalvermögen [2]	9,7	9,9	– 1,7
+ Vermietung und Verpachtung [2]	18,4	17,0	8,7
+ Sonstige [2]	49,0	47,5	3,0
= Summe der Einkünfte	1 157,1	1 101,9	5,0
– Altersentlastungsbetrag	3,9	3,9	0,0
– Entlastungsbetrag für Alleinerziehende	1,1	1,1	0,5
= **Gesamtbetrag der Einkünfte**	**1 151,7**	**1 096,6**	**5,0**
– Verlustabzug	5,5	5,8	– 4,0
– Sonderausgaben	154,9	147,1	5,3
– außergewöhnliche Belastungen	11,8	11,6	1,4
– Altersvorsorgebeiträge	4,9	4,6	7,0
– Steuerbegünstigungen	0,4	0,4	1,6
= Einkommen	974,2	927,1	5,1
– Kinderfreibetrag	23,1	21,4	7,9
= **zu versteuerndes Einkommen**	**950,8**	**905,4**	**5,0**
= tarifliche Einkommensteuer	200,0	185,8	7,6
– Steuerermäßigungen	11,8	10,7	10,1
+ hinzuzurechnendes Kindergeld	7,2	6,6	8,1
+ Anspruch auf Altersvorsorgezulage	0,7	0,6	6,1
+ hinzuzurechnende Steuer nach § 32d EStG	5,6	5,1	10,1
= **festzusetzende Einkommensteuer**	**201,7**	**187,5**	**7,5**

1 Gewinneinkünfte.
2 Überschusseinkünfte.

Die **Einkommensteuer** wird auf das Einkommen von natürlichen Personen erhoben. Bei bestimmten Einkünften wird die Einkommensteuer bei der Einkommensentstehung durch Steuerabzug (z. B. Lohnsteuer und Kapitalertragsteuer, Zinsabschlag) erhoben. Rechtsgrundlage ist das Einkommensteuergesetz (EStG).

Die **Lohnsteuer** ist eine Erhebungsform der Einkommensteuer, also keine Steuer eigener Art. Sie wird bei Arbeitnehmerinnen und Arbeitnehmern durch Abzug vom Arbeitslohn erhoben.

Einkunftsarten 2011
Anteil an den Einkünften insgesamt, in %

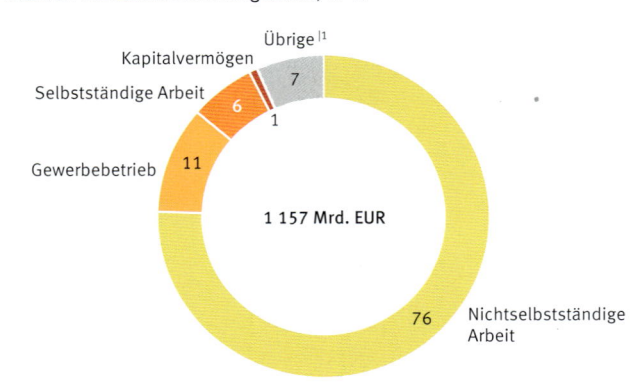

- Übrige [1]: 7
- Kapitalvermögen: 1
- Selbstständige Arbeit: 6
- Gewerbebetrieb: 11
- Nichtselbstständige Arbeit: 76

1 157 Mrd. EUR

1 Vermietung und Verpachtung, Land- und Forstwirtschaft sowie Sonstiges.

9 Finanzen und Steuern

9.6 Lohn- und Einkommensteuer
9.6.2 Steuerpflichtige mit Einkünften aus freiberuflicher Tätigkeit in ausgewählten Freien Berufen 2010

Berufsgruppe [1]	Einkünfte aus freiberuflicher Tätigkeit					
	insgesamt			darunter überwiegende Einkünfte aus freiberuflicher Tätigkeit [2]		
	Steuerfälle	Summe	je Steuerfall	Steuerfälle	Summe	je Steuerfall
	Anzahl	1 000 EUR	EUR	Anzahl	1 000 EUR	EUR
Freie Berufe insgesamt	1 958 032	67 235 800	34 338	1 253 887	64 346 894	51 318
Rechtsanwälte/-anwältinnen, Notare/Notarinnen (einschl. Patentanwälte/-anwältinnen)	79 162	4 792 639	60 542	62 559	4 688 736	74 949
Rechtsanwälte/-anwältinnen ohne Notariat	65 334	3 562 937	54 534	51 529	3 484 837	67 629
Rechtsanwälte/-anwältinnen mit Notariat [3]	9 769	630 187	64 509	7 990	617 860	77 329
Notare/Notarinnen	2 100	351 236	167 255	1 463	340 986	233 073
Patentanwälte/-anwältinnen	1 959	248 279	126 738	1 577	245 053	155 392
Freiberufliche Tätigkeit im Bereich sonstiger Rechtsberatung	11 651	501 814	43 070	7 152	476 050	66 562
Wirtschaftsprüfer/-innen und vereidigte Buchprüfer/-innen	2 685	164 337	61 206	1 726	154 121	89 294
Wirtschaftsprüfer/-innen	2 278	144 467	63 418	1 438	134 855	93 780
Vereidigte Buchprüfer/-innen	407	19 871	48 823	288	19 266	66 896
Steuerberater/-innen und Steuerbevollmächtigte	42 929	3 053 601	71 131	33 985	2 983 713	87 795
Sonstige Wirtschaftsberater/-innen (ohne Vermögensberater/-innen und -verwalter/-innen)	75 421	2 680 006	35 534	47 359	2 438 622	51 492
Markt- und Meinungsforschung	2 847	29 811	10 471	1 755	26 286	14 978
Unternehmens- und Public-Relations-Berater/-innen	72 574	2 650 195	36 517	45 604	2 412 335	52 897
Tätigkeiten im Bereich Datenverarbeitung zusammen	39 959	1 256 564	31 446	25 647	1 202 311	46 879
Programmierungstätigkeiten	19 590	560 645	28 619	12 561	537 151	42 763
Beratungsleistungen auf dem Gebiet der Informationstechnologie	15 578	599 736	38 499	10 321	576 349	55 842
Sonstige Tätigkeiten im Bereich Datenverarbeitung	4 791	96 184	20 076	2 765	88 811	32 120
Forschungs- und Entwicklungstätigkeit	16 244	446 747	27 502	8 636	400 292	46 352
Werbung	13 256	160 075	12 076	8 567	149 391	17 438
Lehrtätigkeit	197 430	2 567 318	13 004	116 228	2 264 737	19 485
Sonstige Lehrtätigkeit	186 530	2 234 315	11 978	106 599	1 935 984	18 161
Fahr- und Flugschulen	10 900	333 003	30 551	9 629	328 754	34 142
Ärzte/Ärztinnen (Ärzte/Ärztinnen für Allgemeinmedizin, praktische Ärzte/Ärztinnen und Fachärzte/-ärztinnen)	143 418	16 006 364	111 606	114 207	15 550 766	136 163
Zahnärzte/Zahnärztinnen (einschl. Dentisten/Dentistinnen), ohne Zahntechniker/-innen	44 826	5 902 183	131 669	43 359	5 883 880	135 701
Tierärzte/Tierärztinnen	10 455	504 597	48 264	8 875	495 150	55 792
Sonstige Heilberufe	188 796	5 246 423	27 789	134 913	4 999 683	37 059
Heilpraktiker/-innen	30 875	410 976	13 311	21 924	410 699	18 733
Psychologische Psychotherapeuten/Psychotherapeutinnen	37 577	1 372 759	36 532	27 908	1 330 370	47 670
Masseure/Masseurinnen, medizinische Bademeister/-innen, Krankengymnasten/-gymnastinnen, Entbindungspfleger/Hebammen und verwandte Berufe	58 681	1 719 405	29 301	47 497	1 677 497	35 318
Sonstige selbstständige Tätigkeiten im Gesundheitswesen	61 663	1 743 283	28 271	37 584	1 581 117	42 069
Architekten/Architektinnen, Innenarchitekten/-architektinnen, Vermessungs- und Bauingenieure/-ingenieurinnen (ohne Film- und Bühnenarchitekten/-architektinnen)	129 319	4 544 381	35 141	96 138	4 361 278	45 365
Tätigkeiten im Bereich Hochbau und Innenarchitektur	45 712	1 455 687	31 845	36 508	1 419 927	38 894
Tätigkeiten im Bereich Orts-, Regional- und Landesplanung	6 969	214 690	30 806	5 368	208 013	38 751
Tätigkeiten im Bereich Garten- und Landschaftsgestaltung	4 051	110 307	27 230	3 098	106 990	34 535
Bautechnische Gesamtplanung	44 939	1 742 937	38 785	33 229	1 672 803	50 342
Sonstige Ingenieurbüros	25 116	901 961	35 912	15 825	837 146	52 900
Vermessungsingenieure/-ingenieurinnen	2 532	118 798	46 919	2 110	116 397	55 164
Ingenieure/Ingenieurinnen für technische Fachplanung und Ingenieurdesign	40 638	1 490 044	36 666	28 973	1 422 996	49 115
Technische, physikalische und chemische Untersuchung	3 560	86 432	24 279	1 894	77 169	40 744
Künstlerische Berufe	172 257	2 306 113	13 388	100 966	2 068 282	20 485
Bildende Künstler/-innen	41 073	448 590	10 922	30 749	436 227	14 187
Restauratoren/Restauratorinnen	2 311	37 117	16 061	1 866	35 995	19 290
Komponisten/Komponistinnen und Musikbearbeiter/-innen	12 458	214 114	17 187	7 589	197 615	26 040
Schriftsteller/-innen	44 735	677 150	15 137	18 347	572 026	31 178
Bühnen-, Film-, Hörfunk- und Fernsehkünstler/-innen	64 487	822 746	12 758	37 625	726 782	19 316
Artisten/Artistinnen	2 146	28 127	13 107	1 517	26 568	17 514
Filmhersteller/-innen, Kameramann/-frau (einschl. Tonstudio)	5 047	78 269	15 508	3 273	73 068	22 324
Freiberufliche Tätigkeit im Bereich Journalismus	60 939	998 244	16 381	38 522	920 724	23 901
Tätigkeit für/in Korrespondenz- und Nachrichtenbüros	1 301	15 510	11 922	785	13 942	17 761
Journalisten/Journalistinnen und Pressefotografen/-fotografinnen	59 638	982 734	16 478	37 737	906 782	24 029
Freiberuflich tätige Fotografen/Fotografinnen	13 803	195 894	14 192	9 736	189 144	19 427
Übersetzer/-innen und Dolmetscher/-innen	26 561	402 447	15 152	19 125	380 884	19 916
Textil-, Schmuck- und Möbeldesigner/-innen	32 498	502 757	15 470	24 788	484 595	19 550
Freiberuflich tätige Sachverständige	49 168	1 142 804	23 243	28 414	1 021 206	35 940
Lotsen/Lotsinnen	908	118 485	130 490	869	118 129	135 937
Sonstige	562 149	12 165 532	21 641	291 249	11 615 036	39 880

1 Die Daten sind aufgrund von Änderungen der Wirtschaftszweigsystematik zum Teil mit den vorherigen Erhebungen nicht vergleichbar.
2 Die Einkünfte aus freiberuflicher Tätigkeit überwiegen die jeweiligen Einkünfte aus Land- und Forstwirtschaft, aus Gewerbebetrieb und aus nichtselbstständiger Arbeit.
3 Diese Kombination ist nicht in allen Bundesländern vertreten.

9 Finanzen und Steuern

9.6 Lohn- und Einkommensteuer
9.6.3 Veranlagte Einkommensteuerpflichtige 2011

Einkommensteuerpflichtige sind alle natürlichen Personen, soweit sie Einkünfte aus einer der im Einkommensteuergesetz bezeichneten sieben Einkunftsarten beziehen (Land- und Forstwirtschaft, Gewerbebetrieb, selbstständige Arbeit, nichtselbstständige Arbeit, Kapitalvermögen, Vermietung und Verpachtung, sonstige Einkünfte). Die unbeschränkte Einkommensteuerpflicht betrifft Personen mit Wohnsitz oder gewöhnlichem Aufenthalt im Inland. Die Gruppe der veranlagten Steuerpflichtigen umfasst die gesetzlich zur Veranlagung verpflichteten und freiwillig veranlagten Personen.

Gesamtbetrag der Einkünfte von ... bis unter ... EUR	Gesamtbetrag der Einkünfte				Zu versteuerndes Einkommen				Festgesetzte Einkommensteuer			
	Steuerpflichtige	%	1 000 EUR	%	Steuerpflichtige	%	1 000 EUR	%	Steuerpflichtige	%	1 000 EUR	%
Insgesamt	26 924 837	X	1 151 715 365	X	26 922 624	X	950 838 735	X	21 906 167	X	201 549 048	X
	Verlustfälle (Steuerpflichtige mit negativem Gesamtbetrag der Einkünfte)											
Zusammen	252 573	100	– 4 745 430	100	252 573	100	– 5 568 453	100	–	–	–	–
	Gewinnfälle (Steuerpflichtige mit positivem Gesamtbetrag der Einkünfte von ... bis unter ... EUR)											
0 – 7 500	2 061 484	7,7	7 060 352	0,6	2 060 034	7,7	3 736 869	0,4	144 859	0,7	140 048	0,1
7 500 – 15 000	3 413 461	12,8	39 292 093	3,4	3 413 047	12,8	27 122 605	2,8	1 689 621	7,7	777 877	0,4
15 000 – 25 000	4 893 731	18,3	97 882 737	8,5	4 893 589	18,3	75 427 880	7,9	3 923 234	17,9	6 233 689	3,1
25 000 – 50 000	9 354 846	35,1	335 847 543	29,0	9 354 732	35,1	273 760 320	28,6	9 218 967	42,1	39 882 511	19,8
50 000 – 100 000	5 361 772	20,1	363 337 299	31,4	5 361 726	20,1	302 543 796	31,6	5 348 953	24,4	64 531 968	32,0
100 000 – 250 000	1 378 128	5,2	191 387 182	16,5	1 378 101	5,2	162 049 097	16,9	1 373 467	6,3	49 448 219	24,5
250 000 – 500 000	154 318	0,6	51 238 425	4,4	154 311	0,6	46 014 536	4,8	153 164	0,7	16 833 401	8,4
500 000 – 1 000 000	38 183	0,1	25 514 184	2,2	38 179	0,1	23 534 105	2,5	37 740	0,2	8 977 056	4,5
1 000 000 – 2 500 000	12 374	0,0	18 107 908	1,6	12 367	0,0	16 882 416	1,8	12 213	0,1	6 339 775	3,1
2 500 000 – 5 000 000	2 567	0,0	8 750 453	0,8	2 565	0,0	8 247 278	0,9	2 554	0,0	2 924 677	1,5
5 000 000 und mehr	1 400	0,0	18 042 618	1,6	1 400	0,0	17 088 285	1,8	1 395	0,0	5 459 827	2,7
Zusammen	26 672 264	100	1 156 460 795	100	26 670 051	100	956 407 188	100	21 906 167	100	201 549 048	100

9.7 Körperschaftsteuer der unbeschränkt Körperschaftsteuerpflichtigen 2011

Bestimmte juristische Personen, z. B. Kapitalgesellschaften, Aktiengesellschaften (AG) oder Gesellschaften mit beschränkter Haftung (GmbH), unterliegen der **Körperschaftsteuer**. Es handelt sich hierbei um eine besondere Art der Einkommensteuer und eine Gemeinschaftsteuer nach Art. 106 Absatz 3 GG. Dies bedeutet, dass das Aufkommen aus der Körperschaftsteuer Bund und Ländern gemeinsam zusteht. Die Körperschaftsteuer erheben die Länder.

Gesamtbetrag der Einkünfte von ... bis unter ... EUR	Körperschaften, Personenvereinigungen und Vermögensmassen insgesamt [1]									
	Gesamtbetrag der Einkünfte		zu versteuerndes Einkommen/Verlust		festgesetzte Körperschaftsteuer				verbleibender Verlustvortrag zum 31.12. des Berichtsjahres	
					positiv		negativ			
	Steuerpflichtige	1 000 EUR	Steuerpflichtige	1 000 EUR	Steuerpflichtige	1 000 EUR	Steuerpflichtige	1 000 EUR	Steuerpflichtige	1 000 EUR
	Gewinn- und Verlustfälle									
Insgesamt	1 060 561	146 098 342	800 707	121 505 789	448 711	26 000 246	–	–	518 228	569 881 952
dar. Nichtsteuerbelastete	611 850	– 48 787 558	352 072	– 54 852 382	–	–	–	–	515 264	460 915 509
	Verlustfälle (Steuerpflichtige mit negativem Gesamtbetrag der Einkünfte)									
unter – 25 Mill.	182	– 24 796 283	179	– 24 575 147	.	.	–	–	178	106 250 015
– 25 Mill. – – 5 Mill.	877	– 8 623 867	864	– 8 363 869	13	4 330	–	–	854	55 049 110
– 5 Mill. – – 1 Mill.	4 526	– 9 286 865	4 494	– 9 181 393	50	3 531	–	–	4 478	57 088 640
– 1 Mill. – – 500 000	4 825	– 3 359 482	4 806	– 3 339 088	38	1 726	–	–	4 791	26 071 071
– 500 000 – – 100 000	26 789	– 5 699 189	26 765	– 5 687 260	65	3 008	–	–	25 798	41 923 216
– 100 000 – – 50 000	24 026	– 1 691 507	24 021	– 1 686 844	12	822	–	–	22 963	14 396 888
– 50 000 – – 25 000	35 061	– 1 243 790	35 057	– 1 243 541	.	.	–	–	33 246	10 897 371
– 25 000 – 0	243 911	– 1 482 008	243 910	– 1 481 985	13	166	–	–	231 456	25 998 372
Zusammen	340 197	– 56 182 989	340 096	– 55 559 127	197	13 658	–	–	323 764	337 674 683
dar. Nichtsteuerbelastete	340 000	– 55 863 075	339 899	– 55 467 706	–	–	–	–	323 618	334 651 677
	Gewinnfälle (Steuerpflichtige mit positivem Gesamtbetrag der Einkünfte)									
0 – 25 000	461 894	2 507 781	245 144	1 447 795	236 712	217 757	–	–	151 911	53 999 871
25 000 – 50 000	75 164	2 688 392	56 566	1 755 667	54 824	263 170	–	–	17 458	18 619 216
50 000 – 100 000	62 216	4 410 121	50 669	3 223 414	49 599	483 062	–	–	10 886	8 418 504
100 000 – 500 000	84 618	18 578 121	73 708	15 288 153	72 920	2 292 939	–	–	10 340	24 813 782
500 000 – 1 Mill.	16 677	11 645 664	14 794	9 867 207	14 774	1 478 338	–	–	1 863	19 432 583
1 Mill. – 5 Mill.	15 172	31 335 709	15 113	28 065 478	15 072	4 195 363	–	–	1 475	28 013 339
5 Mill. – 25 Mill.	3 695	37 725 711	3 689	34 214 763	3 687	5 091 281	–	–	414	22 765 655
25 Mill. und mehr	928	93 389 832	928	83 202 439	926	11 964 679	–	–	117	56 144 317
Zusammen	720 364	202 281 331	460 611	177 064 916	448 514	25 986 589	–	–	194 464	232 207 268
dar. Nichtsteuerbelastete	271 850	7 075 517	12 173	615 324	–	–	–	–	191 646	126 263 832

1 Ohne steuerbefreite Körperschaften, die zur Gliederung ihres verwendbaren Eigenkapitals verpflichtet sind, und ohne Organgesellschaften.

9 Finanzen und Steuern

9.8 Personengesellschaften, Gemeinschaften mit Einkünften aus Gewerbebetrieb 2011

Personengesellschaften und **Gemeinschaften** sind selbst nicht Träger von Rechten und Pflichten. Sie werden durch die Gesellschafter verkörpert. Gesellschafter können sowohl natürliche Personen als auch Körperschaften sein.

Nr. der Klassifikation [1]	Wirtschaftsabschnitt	Einkünfte aus Gewerbebetrieb [2]						Summe der Einkünfte neben Einkünften aus Gewerbebetrieb		Beteiligte
		insgesamt		davon						
				Negative Einkünfte		Positive Einkünfte				
		Anzahl	1 000 EUR	Anzahl	1 000 EUR	Anzahl	1 000 EUR	Anzahl	1 000 EUR	Anzahl
A–N, P–S	Wirtschaftsabschnitte insgesamt [3]	518 563	99 409 156	147 261	– 20 662 315	371 302	120 071 470	19 838	1 227 079	3 412 669
A	Land- und Forstwirtschaft, Fischerei	6 855	224 163	1 975	– 84 059	4 880	308 222	784	36 631	23 092
B	Bergbau und Gewinnung von Steinen und Erden	1 086	778 214	273	– 251 607	813	1 029 821	.	.	4 813
C	Verarbeitendes Gewerbe	44 694	31 258 896	8 575	– 3 499 889	36 119	34 758 785	921	20 467	136 772
D	Energieversorgung	71 280	945 929	34 402	– 1 880 378	36 878	2 826 307	2 430	23 354	384 400
E	Wasserversorgung; Abwasser- und Abfallentsorgung und Beseitigung von Umweltverschmutzungen	1 624	670 701	368	– 79 374	1 256	750 075	38	203	9 904
F	Baugewerbe	39 215	4 780 914	5 513	– 542 683	33 702	5 323 597	698	10 793	106 562
G	Handel; Instandhaltung und Reparatur von Kraftfahrzeugen	90 016	19 702 029	21 236	– 1 895 829	68 780	21 597 858	1 475	10 394	238 641
H	Verkehr und Lagerei	15 177	1 833 100	2 956	– 1 712 048	12 221	3 545 148	202	2 015	511 582
I	Gastgewerbe	25 909	1 012 306	6 957	– 334 817	18 952	1 347 123	930	7 544	77 841
J	Information und Kommunikation	20 837	2 935 459	5 922	– 2 299 539	14 915	5 234 998	268	18 382	98 922
K	Erbringung von Finanz- und Versicherungsdienstleistungen	21 112	11 475 261	6 379	– 2 494 622	14 733	13 969 883	1 953	512 300	1 020 640
L	Grundstücks- und Wohnungswesen	82 889	10 799 751	25 800	– 3 338 911	57 089	14 138 662	7 201	277 097	380 327
M	Erbringung von freiberuflichen, wissenschaftlichen und technischen Dienstleistungen	27 059	6 414 728	7 171	– 1 112 708	19 888	7 527 436	888	115 216	90 538
N	Erbringung von sonstigen wirtschaftlichen Dienstleistungen	25 260	3 056 248	6 663	– 495 403	18 597	3 551 651	456	13 308	153 445
P	Erziehung und Unterricht	2 838	152 413	841	– 36 757	1 997	189 170	.	.	7 917
Q	Gesundheits- und Sozialwesen	6 228	1 013 751	1 899	– 215 226	4 329	1 228 978	471	95 954	28 669
R	Kunst, Unterhaltung und Erholung	15 352	350 516	4 900	– 155 788	10 452	506 304	213	5 081	66 199
S	Erbringung von sonstigen Dienstleistungen	20 709	2 004 735	5 296	– 232 497	15 413	2 237 231	541	64 427	70 767
	Nicht zuordenbar [4]	423	43	135	– 180	288	222	269	6 980	1 638

1 Klassifikation der Wirtschaftszweige, Ausgabe 2008 (WZ 2008), Tiefengliederung für die Steuerstatistiken.
2 Einschl. Einkommen der Organgesellschaften.
3 Einschl. „Nicht zuordenbar", ohne Abschnitt O „Öffentliche Verwaltung".
4 Bei Einkünften aus Gewerbebetrieb, die zwischen – 5 000 und 5 000 Euro liegen, ist die Angabe des Wirtschaftszweiges nicht zwingend erforderlich.

Einkünfte und festgesetzte Einkommensteuer 2011
nach Einkunftshöhe der Steuerpflichtigen in Quartilen, in %

Die 25 % der Steuerpflichtigen mit den höchsten Einkünften (4. Quartil) erzielten 57,8 % der Einkünfte und zahlten 75,8 % der gesamten festgesetzten Einkommensteuer. Die 25 % der Steuerpflichtigen mit den niedrigsten Einkünften (1. Quartil) vereinigten 5,0 % der Einkünfte auf sich und trugen 0,9 % zur festgesetzten Einkommensteuer bei.

- Anteil am Gesamtbetrag der Einkünfte
- Anteil an der festgesetzten Einkommensteuer

	1. Quartil	2. Quartil	3. Quartil	4. Quartil
Anteil am Gesamtbetrag der Einkünfte	5	14	23	58
Anteil an der festgesetzten Einkommensteuer	0,9	6	17	76

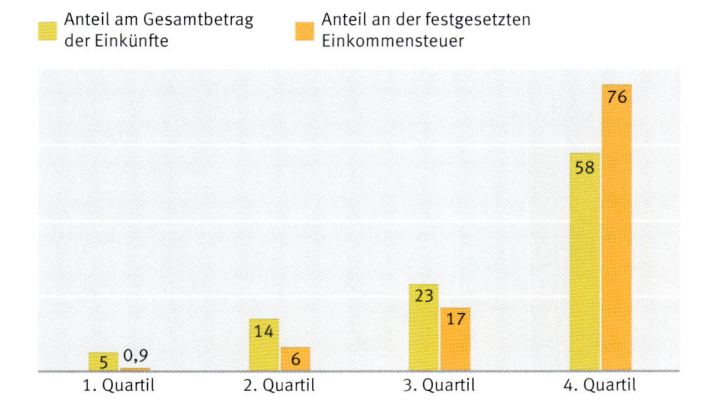

Durchschnittliche Hebesätze der Gewerbesteuer 2014
in %

Land	Hebesatz
Hamburg	470
Bremen	457
Nordrhein-Westfalen	446
Sachsen	418
Saarland	416
Berlin	410
Hessen	401
Niedersachsen	390
Thüringen	389
Rheinland-Pfalz	379
Bayern	377
Sachsen-Anhalt	368
Mecklenburg-Vorpommern	362
Baden-Württemberg	361
Schleswig-Holstein	360
Brandenburg	314

Deutschland 397

9 Finanzen und Steuern

9.9 Gewerbesteuer 2011

Die **Gewerbesteuer** ist eine von den Gemeinden erhobene Realsteuer, der inländische Gewerbebetriebe unterliegen. Die Höhe richtet sich nach dem Gewerbeertrag und dem örtlichen Hebesatz.

	Steuerpflichtige		Gewinn		Verlust		Abgerundeter Gewerbeertrag [1]	Steuermessbetrag [1]	
	Anzahl	%	Anzahl	1 000 EUR	Anzahl	1 000 EUR			%
	nach der Höhe des abgerundeten Gewerbeertrags								
Insgesamt	3 402 557	100	2 581 740	330 672 655	820 817	− 90 036 401	246 010 790	10 048 634	100
mit Steuermessbetrag von 0									
mit negativem Gewerbeertrag	910 438	26,8	99 969	19 265 191	810 469	− 71 322 820	− 72 778 559	–	–
ohne Gewerbeertrag	479 345	14,1	473 747	15 208 610	5 598	− 1 336 492	–	–	–
mit positivem Gewerbeertrag	688 032	20,2	687 606	9 990 831	426	− 96 572	8 003 766	–	–
Zusammen	2 077 815	61,1	1 261 322	44 464 632	816 493	− 72 755 884	− 64 774 793		
mit positivem Steuermessbetrag									
Gewerbeertrag von ... bis unter ... EUR									
unter 5 000	61 432	1,8	60 997	478 540	435	− 21 672	123 606	4 309	0,0
5 000 – 10 000	36 954	1,1	36 721	491 444	233	− 6 686	266 648	8 643	0,1
10 000 – 15 000	26 670	0,8	26 482	623 388	188	− 9 969	325 718	11 022	0,1
15 000 – 24 500	35 478	1,0	35 271	988 746	207	− 20 488	685 702	23 597	0,2
24 500 – 50 000	547 470	16,1	547 029	20 745 252	441	− 42 599	19 280 287	250 438	2,5
50 000 – 100 000	329 250	9,7	328 872	24 430 426	378	− 97 943	22 860 272	557 153	5,5
100 000 – 500 000	232 620	6,8	231 850	49 704 199	770	− 504 919	45 140 983	1 439 483	14,3
500 000 – 1 000 000	26 233	0,8	25 913	19 954 623	320	− 379 077	18 182 199	626 317	6,2
1 000 000 – 5 000 000	22 326	0,7	21 613	47 150 940	713	− 1 788 905	45 810 737	1 595 773	15,9
5 000 000 und mehr	6 309	0,2	5 670	121 640 464	639	− 14 408 259	158 109 432	5 531 898	55,1
Zusammen	1 324 742	38,9	1 320 418	286 208 022	4 324	− 17 280 516	310 785 583	10 048 634	100
	nach Rechtsformgruppen								
Einzelgewerbetreibende	1 970 987	57,9	1 596 158	63 147 218	374 829	− 3 991 567	56 432 163	1 176 773	11,7
Personengesellschaften u. Ä.	403 191	11,8	294 370	105 256 254	108 821	− 20 305 454	65 114 373	2 686 739	26,7
Kapitalgesellschaften [2]	980 824	28,8	658 927	147 700 159	321 897	− 57 710 602	117 284 707	5 668 663	56,4
Übrige juristische Personen	47 555	1,4	32 285	14 569 023	15 270	− 8 028 778	7 179 547	516 459	5,1
	nach Wirtschaftsabschnitten [3]								
A Land- und Forstwirtschaft, Fischerei	34 686	1,0	24 344	1 572 764	10 342	− 410 144	1 028 449	39 501	0,4
B Bergbau und Gewinnung von Steinen und Erden	2 879	0,1	2 092	1 826 281	787	− 448 666	1 580 443	66 603	0,7
C Verarbeitendes Gewerbe	278 771	8,2	219 717	87 872 644	59 054	− 16 084 123	80 075 907	3 145 321	31,3
D Energieversorgung	159 102	4,7	77 570	7 565 613	81 532	− 5 254 008	1 951 545	231 165	2,3
E Wasserversorgung; Abwasser- und Abfallentsorgung und Beseitigung von Umweltverschmutzungen	11 184	0,3	8 479	2 631 975	2 705	− 694 294	1 850 299	84 252	0,8
F Baugewerbe	390 177	11,5	334 720	20 755 930	55 457	− 2 370 691	16 190 796	474 666	4,7
G Handel; Instandhaltung und Reparatur von Kraftfahrzeugen	733 828	21,6	558 243	57 850 045	175 585	− 7 887 960	48 275 355	1 675 617	16,7
H Verkehr und Lagerei	113 280	3,3	93 415	8 469 193	19 865	− 3 413 308	6 302 197	270 289	2,7
I Gastgewerbe	209 289	6,2	163 261	6 483 268	46 028	− 1 247 019	5 108 039	132 409	1,3
J Information und Kommunikation	147 071	4,3	105 163	13 979 513	41 908	− 6 260 951	9 864 483	451 784	4,5
K Erbringung von Finanz- und Versicherungsdienstleistungen	186 532	5,5	150 710	52 154 049	35 822	− 22 735 517	35 862 241	1 754 812	17,5
L Grundstücks- und Wohnungswesen	204 285	6,0	137 982	20 839 354	66 303	− 7 599 747	4 605 944	343 223	3,4
M Erbringung von freiberuflichen wissenschaftlichen und technischen Dienstleistungen	358 825	10,5	269 195	22 952 868	89 630	− 9 770 671	14 894 082	747 396	7,4
N Erbringung von sonstigen wirtschaftlichen Dienstleistungen	203 866	6,0	159 686	13 353 752	44 180	− 2 362 996	10 090 428	347 789	3,5
P Erziehung und Unterricht	19 484	0,6	13 010	492 647	6 474	− 152 621	297 619	11 490	0,1
Q Gesundheits- und Sozialwesen	32 722	1,0	21 931	1 347 435	10 791	− 563 653	694 582	36 897	0,4
R Kunst, Unterhaltung und Erholung	66 349	1,9	47 319	2 309 489	19 030	− 1 069 493	1 198 045	58 440	0,6
S Erbringung von sonstigen Dienstleistungen	250 227	7,4	194 903	8 215 834	55 324	− 1 710 538	6 140 336	176 979	1,8

1 Anzahl der Fälle = Steuerpflichtige aus Spalte 1.
2 Kapitalgesellschaften, Erwerbs- und Wirtschaftsgenossenschaften, Versicherungsvereine auf Gegenseitigkeit.
3 Klassifikation der Wirtschaftszweige, Ausgabe 2008 (WZ 2008); Tiefengliederung für die Steuerstatistiken.

9 Finanzen und Steuern

9.10 Erbschaft- und Schenkungsteuer

Die **Erbschaftsteuer** wird als Erbanfallsteuer erhoben. Sie knüpft an den Erwerb der einzelnen Erbin bzw. des einzelnen Erben oder der sonstigen Erwerberin bzw. des sonstigen Erwerbers an. Schenkungsteuerpflichtig ist jede freigebige Zuwendung unter Lebenden, sofern die Schenkenden oder die Beschenkten Inländerinnen oder Inländer sind.

9.10.1 Nachlassgegenstände, Nachlassverbindlichkeiten und Reinnachlass 2014

Reinnachlass von … bis unter … EUR [1]	Nachlassgegenstände insgesamt	Vermögensarten [2]				Nachlassverbindlichkeiten	Reinnachlass
		land- und forstwirtschaftliches Vermögen	Grundvermögen	Betriebsvermögen	übriges Vermögen		
	Anzahl [3]						
Insgesamt	59 786	8 356	36 947	3 991	58 620	59 339	60 222
unter 5 000	1 386	175	530	94	1 282	1 628	1 822
5 000 – 10 000	313	49	108	8	295	282	313
10 000 – 50 000	6 943	545	2 102	77	6 675	6 791	6 943
50 000 – 100 000	9 604	950	4 195	129	9 299	9 480	9 604
100 000 – 200 000	12 634	1 650	7 521	292	12 390	12 481	12 634
200 000 – 300 000	6 822	1 056	4 667	249	6 729	6 754	6 822
300 000 – 500 000	8 008	1 418	6 013	527	7 947	7 944	8 008
500 000 – 2,5 Mill.	12 740	2 274	10 653	2 023	12 677	12 654	12 740
2,5 Mill. – 5 Mill.	829	151	726	304	823	823	829
5 Mill. und mehr	507	88	432	288	503	502	507
	1 000 EUR						
Insgesamt	39 333 366	397 352	11 708 102	4 524 463	22 703 449	7 603 573	31 729 792
unter 5 000	963 299	6 643	409 245	24 537	522 873	1 054 924	– 91 626
5 000 – 10 000	28 816	347	14 732	1 421	12 317	26 446	2 370
10 000 – 50 000	490 330	5 492	148 664	16 232	319 942	260 137	230 193
50 000 – 100 000	1 040 054	13 152	347 193	8 640	671 068	330 175	709 878
100 000 – 200 000	2 398 631	35 894	901 633	41 886	1 419 218	568 997	1 829 633
200 000 – 300 000	2 089 837	37 292	809 535	44 333	1 198 677	414 737	1 675 100
300 000 – 500 000	3 768 165	63 162	1 430 254	59 775	2 214 974	625 298	3 142 867
500 000 – 2,5 Mill.	14 190 447	135 263	5 339 037	629 817	8 086 330	2 004 754	12 185 692
2,5 Mill. – 5 Mill.	3 326 256	17 416	1 024 669	382 667	1 901 504	533 865	2 792 391
5 Mill. und mehr	11 037 532	82 691	1 283 141	3 315 155	6 356 546	1 784 239	9 253 293

Enthalten ist das im Rahmen einer Erstfestsetzung ermittelte vererbte Vermögen im Festsetzungsjahr.

1 Ausgenommen sind Fälle ohne Nachlassgegenstände und Nachlassverbindlichkeiten (sonstige Erwerbe, z. B. Vermächtnisse).
2 Die summierte Anzahl der Fälle der Vermögensarten kann größer sein als die Anzahl der Fälle beim Gesamtwert der Nachlassgegenstände.
3 Anzahl = Steuerpflichtige bzw. Fälle.

9.10.2 Steuerliche Eckwerte für unbeschränkt steuerpflichtige Erwerbe 2014

Steuerpflichtige Erwerbe [1]	Wert des anteiligen Reinerwerbs durch Erbanfall [2]	Wert der sonstigen Erwerbe	Wert der Erwerbe vor Abzug [2][3]	Wert der Erwerbe nach Abzug [2][3]	Gesamtwert der Vorerwerbe	Freibetrag § 16 ErbStG	Steuerpflichtiger Erwerb	Tatsächlich festgesetzte Steuer
	Anzahl [4]							
Insgesamt	X	X	138 535	137 961	23 427	138 893	138 906	135 414
Erwerb von Todes wegen	98 862	28 262	108 908	108 900	8 844	109 206	109 209	108 281
Schenkungen	X	X	29 627	29 061	14 583	29 687	29 697	27 133
Nachrichtlich: Steuerpflichtiger Erwerb von 0	X	X	40 884	34 988	9 019	35 406	41 448	–
	1 000 EUR							
Insgesamt	X	X	72 286 547	32 556 683	12 885 347	11 999 903	33 793 125	5 427 698
Erwerb von Todes wegen	25 859 686	4 744 864	30 556 538	25 692 770	2 171 333	7 639 772	20 363 835	4 327 054
Schenkungen	X	X	41 730 010	6 863 913	10 714 015	4 360 131	13 429 291	1 100 644
Nachrichtlich: Steuerpflichtiger Erwerb von 0	X	X	36 516 469	3 518 157	1 248 892	5 213 912	–	–

1 Erstfestsetzungen mit steuerpflichtigem Erwerb > 0 Euro, sowie nachrichtlich mit steuerpflichtigem Erwerb = 0 Euro.
2 Erwerbe von Todes wegen: Nachweis nur für maschinell gelieferte Fälle.
3 Vor bzw. nach Abzug von Steuerbefreiungen nach § 13 Erbschaftsteuer- und Schenkungsteuergesetz (ErbStG), Steuerbegünstigungen nach § 13a ErbStG, Steuerbefreiung nach § 13c ErbStG, Zugewinnausgleichsforderungen nach § 5 ErbStG, Freibetrag nach § 17 ErbStG, Summe der abzugsfähigen Nutzungs- und Duldungsauflagen sowie abzugsfähigen Erwerbsnebenkosten und DBA-Vermögen (Doppelbesteuerungsabkommen).
4 Anzahl = Steuerpflichtige bzw. Fälle.

9 Finanzen und Steuern

9.11 Umsatzsteuer – Veranlagungen 2011

Die **Umsatzsteuer**, auch Mehrwertsteuer genannt, besteuert den Austausch von Lieferungen und Leistungen (= Umsatz). Sie zählt zu den indirekten Steuern, da Steuerschuldner (= Unternehmen) und wirtschaftlich Belastete (= Leistungsempfänger/-innen) nicht identisch sind. Seit dem 1.1.2007 beträgt der Steuersatz in Deutschland 19 %, der ermäßigte Steuersatz 7 %. Letzterer wird u. a. auf Lebensmittel, Zeitschriften und Bücher sowie künstlerische Leistungen angewandt.

Lieferungen und Leistungen von ... bis unter ... EUR	Steuerpflichtige		Lieferungen und Leistungen [1]		Innergemeinschaftliche Erwerbe		Umsatzsteuer vor Abzug der Vorsteuerbeträge [2]	Abziehbare Vorsteuerbeträge [3]	Verbleibende Umsatzsteuer/ Überschuss
	Anzahl	%	Mill. EUR	%	Mill. EUR	%	Mill. EUR		
Insgesamt [4]	6 193 775	100	5 842 963	100	519 621	100	935 766	797 664	138 102
unter 17 501	2 557 554	41,3	11 305	0,2	964	0,2	2 834	5 069	− 2 236
17 501 – 50 000	1 123 684	18,1	35 242	0,6	369	0,1	5 888	3 588	2 300
50 000 – 100 000	724 682	11,7	51 822	0,9	524	0,1	8 623	4 890	3 732
100 000 – 250 000	762 683	12,3	121 184	2,1	1 622	0,3	19 905	11 741	8 163
250 000 – 500 000	394 448	6,4	139 394	2,4	2 477	0,5	22 314	14 030	8 284
500 000 – 1 Mill.	262 765	4,2	184 616	3,2	4 203	0,8	29 671	19 113	10 557
1 Mill. – 2 Mill.	161 597	2,6	226 162	3,9	6 655	1,3	37 216	25 148	12 068
2 Mill. – 5 Mill.	114 026	1,8	352 660	6,0	14 446	2,8	57 084	40 818	16 266
5 Mill. – 10 Mill.	42 356	0,7	294 660	5,0	17 168	3,3	46 816	35 294	11 522
10 Mill. – 25 Mill.	28 072	0,5	431 292	7,4	33 275	6,4	71 058	57 425	13 633
25 Mill. – 50 Mill.	10 327	0,2	358 855	6,1	34 126	6,6	55 167	46 315	8 851
50 Mill. – 100 Mill.	5 699	0,1	395 197	6,8	41 649	8,0	58 814	51 298	7 515
100 Mill. – 250 Mill.	3 519	0,1	537 010	9,2	59 425	11,4	78 153	70 056	8 097
250 Mill. und mehr	2 363	0,0	2 703 561	46,3	302 718	58,3	442 225	412 877	29 348

1 Umsätze der Unternehmen, ohne Umsatzsteuer.
2 Umsatzsteuer insgesamt für alle steuerpflichtigen Umsätze.
3 Einschl. Vorsteuerberichtigungsbeträge.
4 Einschl. 7 202 Steuerpflichtige mit negativen Lieferungen und Leistungen im Endergebnis in Höhe von insgesamt − 871 Mill. Euro.

Umsatzsteuer – Veranlagungen 2011
Steuerpflichtige sowie Lieferungen und Leistungen nach ausgewählten Wirtschaftszweigen [1], in %

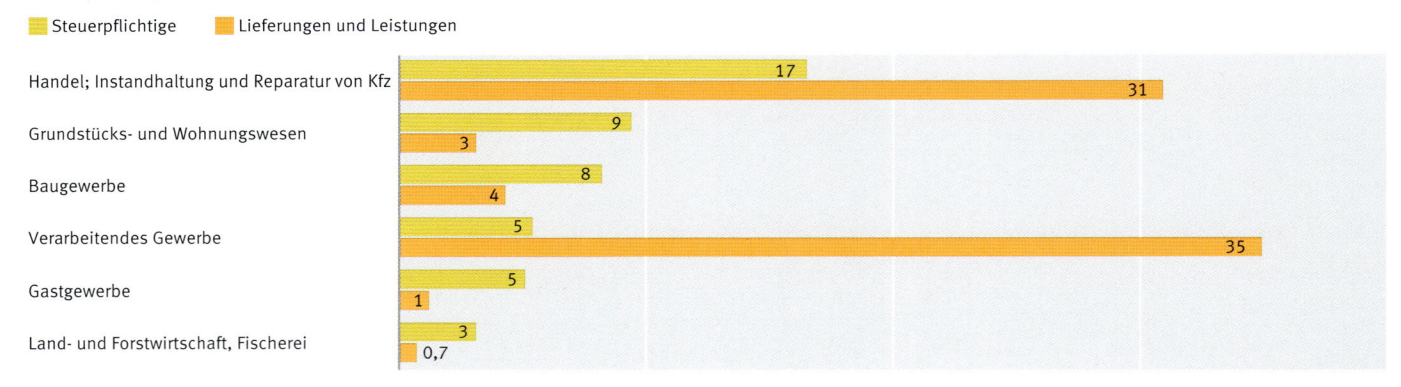

Wirtschaftszweig	Steuerpflichtige	Lieferungen und Leistungen
Handel; Instandhaltung und Reparatur von Kfz	17	31
Grundstücks- und Wohnungswesen	9	3
Baugewerbe	8	4
Verarbeitendes Gewerbe	5	35
Gastgewerbe	5	1
Land- und Forstwirtschaft, Fischerei	3	0,7

1 Klassifikation der Wirtschaftszweige, Ausgabe 2008 (WZ 2008). – Einschl. Steuerpflichtige mit negativen Lieferungen und Leistungen im Endergebnis.

9 Finanzen und Steuern

9.12 Umsatzsteuer – Voranmeldungen
9.12.1 Umsatzsteuerpflichtige sowie deren Lieferungen und Leistungen 2014

Lieferungen und Leistungen von ... bis unter ... EUR	Steuerpflichtige		Lieferungen und Leistungen [1]		Steuerpflichtige		Lieferungen und Leistungen [1]		Steuerpflichtige		Lieferungen und Leistungen [1]	
	Anzahl	%	Mill. EUR	%	Anzahl	%	Mill. EUR	%	Anzahl	%	Mill. EUR	%
	Alle Rechtsformen				**Einzelunternehmen**				**Gesellschaft bürgerlichen Rechts u. a. Personengesellschaften [2]**			
Insgesamt	3 240 221	100	5 870 875	100	2 182 130	100	567 637	100	273 289	100	189 734	100
über 17 500 – 50 000	877 395	27,1	28 007	0,5	719 262	33,0	22 965	4,0	72 131	26,4	2 256	1,2
50 000 – 100 000	644 634	19,9	46 287	0,8	512 041	23,5	36 649	6,5	50 302	18,4	3 623	1,9
100 000 – 250 000	718 093	22,2	114 622	2,0	518 222	23,7	81 716	14,4	62 779	23,0	10 153	5,4
250 000 – 500 000	377 650	11,7	133 564	2,3	223 921	10,3	78 206	13,8	38 198	14,0	13 547	7,1
500 000 – 1 Mill.	255 612	7,9	179 672	3,1	117 095	5,4	80 892	14,3	25 948	9,5	18 143	9,6
1 Mill. – 2 Mill.	159 963	4,9	223 999	3,8	54 622	2,5	75 171	13,2	13 530	5,0	18 655	9,8
2 Mill. – 5 Mill.	113 684	3,5	351 502	6,0	27 416	1,3	81 715	14,4	6 931	2,5	21 144	11,1
5 Mill. – 10 Mill.	43 239	1,3	300 766	5,1	6 622	0,3	45 021	7,9	2 238	0,8	15 209	8,0
10 Mill. – 25 Mill.	27 930	0,9	429 543	7,3	2 342	0,1	33 567	5,9	810	0,3	11 898	6,3
25 Mill. – 50 Mill.	10 370	0,3	362 944	6,2	421	0,0	14 178	2,5	233	0,1	7 948	4,2
50 Mill. – 100 Mill.	5 710	0,2	399 740	6,8	122	0,0	8 212	1,4	103	0,0	7 142	3,8
100 Mill. – 250 Mill.	3 559	0,1	546 072	9,3	35	0,0	5 095	0,9	33	0,0	5 154	2,7
250 Mill. und mehr	2 382	0,1	2 754 158	46,9	9	0,0	4 250	0,7	53	0,0	54 863	28,9
	Kommanditgesellschaften [3]				**Aktiengesellschaften [4]**				**Gesellschaften mit beschränkter Haftung [5]**			
Insgesamt	155 462	100	1 318 336	100	8 038	100	1 038 479	100	545 352	100	2 256 728	100
über 17 500 – 50 000	11 763	7,6	393	0,0	551	6,9	18	0,0	53 544	9,8	1 742	0,1
50 000 – 100 000	13 681	8,8	1 002	0,1	528	6,6	38	0,0	56 073	10,3	4 121	0,2
100 000 – 250 000	23 998	15,4	4 000	0,3	842	10,5	140	0,0	99 776	18,3	16 613	0,7
250 000 – 500 000	20 980	13,5	7 607	0,6	730	9,1	266	0,0	86 299	15,8	31 256	1,4
500 000 – 1 Mill.	21 813	14,0	15 728	1,2	925	11,5	666	0,1	83 449	15,3	59 698	2,6
1 Mill. – 2 Mill.	19 694	12,7	28 114	2,1	823	10,2	1 180	0,1	65 952	12,1	93 261	4,1
2 Mill. – 5 Mill.	19 404	12,5	61 304	4,7	1 036	12,9	3 324	0,3	53 648	9,8	167 257	7,4
5 Mill. – 10 Mill.	9 434	6,1	66 475	5,0	712	8,9	5 065	0,5	21 660	4,0	150 934	6,7
10 Mill. – 25 Mill.	7 606	4,9	118 462	9,0	669	8,3	10 689	1,0	14 416	2,6	222 622	9,9
25 Mill. – 50 Mill.	3 318	2,1	116 948	8,9	341	4,2	12 252	1,2	5 134	0,9	178 859	7,9
50 Mill. – 100 Mill.	1 869	1,2	130 668	9,9	278	3,5	19 601	1,9	2 808	0,5	196 635	8,7
100 Mill. – 250 Mill.	1 152	0,7	176 325	13,4	256	3,2	40 797	3,9	1 676	0,3	257 810	11,4
250 Mill. und mehr	750	0,5	591 311	44,9	347	4,3	944 443	90,9	917	0,2	875 919	38,8
	Erwerbs- und Wirtschaftsgenossenschaften				**Betriebe gewerblicher Art von Körperschaften des öffentlichen Rechts**				**Sonstige Rechtsformen [6]**			
Insgesamt	5 574	100	67 299	100	6 349	100	39 522	100	64 027	100	393 141	100
über 17 500 – 50 000	553	9,9	17	0,0	594	9,4	19	0,0	18 997	29,7	597	0,2
50 000 – 100 000	504	9,0	36	0,1	611	9,6	45	0,1	10 894	17,0	773	0,2
100 000 – 250 000	702	12,6	113	0,2	1 151	18,1	189	0,5	10 653	16,6	1 698	0,4
250 000 – 500 000	492	8,8	176	0,3	961	15,1	349	0,9	6 069	9,5	2 158	0,5
500 000 – 1 Mill.	515	9,2	373	0,6	918	14,5	658	1,7	4 949	7,7	3 514	0,9
1 Mill. – 2 Mill.	593	10,6	868	1,3	738	11,6	1 048	2,7	4 011	6,3	5 701	1,5
2 Mill. – 5 Mill.	937	16,8	3 081	4,6	637	10,0	1 990	5,0	3 675	5,7	11 687	3,0
5 Mill. – 10 Mill.	465	8,3	3 280	4,9	322	5,1	2 288	5,8	1 786	2,8	12 494	3,2
10 Mill. – 25 Mill.	429	7,7	6 594	9,8	214	3,4	3 296	8,3	1 444	2,3	22 414	5,7
25 Mill. – 50 Mill.	179	3,2	6 271	9,3	101	1,6	3 577	9,0	643	1,0	22 912	5,8
50 Mill. – 100 Mill.	102	1,8	7 286	10,8	37	0,6	2 565	6,5	391	0,6	27 631	7,0
100 Mill. – 250 Mill.	70	1,3	10 525	15,6	31	0,5	4 673	11,8	306	0,5	45 693	11,6
250 Mill. und mehr	33	0,6	28 678	42,6	34	0,5	18 825	47,6	239	0,4	235 870	60,0

1 Umsatz der Unternehmen, ohne Umsatzsteuer.
2 Einschl. Offene Handelsgesellschaften und ähnlicher Gesellschaften.
3 Einschl. GmbH & Co. KG.
4 Einschl. Kommanditgesellschaften auf Aktien, Europäische AG und sonstige Kapitalgesellschaften.
5 Einschl. Unternehmergesellschaft haftungsbeschränkt.
6 Sonstige juristische Personen des privaten Rechts, Körperschaften des öffentlichen Rechts, ausländische Rechtsformen.

9 Finanzen und Steuern

9.12 Umsatzsteuer – Voranmeldungen
9.12.2 Umsatzsteuerpflichtige, Umsätze und Umsatzsteuer

Nr. der Klassi-fikation [1]		Steuer-pflichtige [2]	Steuerbarer Umsatz		Umsatzsteuer		
			Lieferungen und Leistungen [3]	innergemein-schaftliche Erwerbe	vor Abzug der Vorsteuer-beträge	abziehbare Vorsteuer-beträge	Umsatzsteuer-voraus-zahlung [4]
		Anzahl	Mill. EUR				
	2011	3 215 095	5 687 179	513 263	925 789	786 744	139 566
	2012	3 250 319	5 752 249	524 684	938 810	797 362	142 437
	2013	3 243 538	5 765 567	523 320	938 447	791 246	148 698
	2014	3 240 221	5 870 875	544 937	953 279	799 718	154 989
	2014 nach Wirtschaftsabschnitten						
A	Land- und Forstwirtschaft, Fischerei [5]	95 748	41 511	1 349	4 538	4 723	– 180
B	Bergbau und Gewinnung von Steinen und Erden	1 956	20 723	638	3 632	2 900	731
C	Verarbeitendes Gewerbe	234 011	2 050 920	285 570	283 149	282 578	1 165
D	Energieversorgung	73 071	309 223	2 468	89 163	76 350	12 809
E	Wasserversorgung; Abwasser- und Abfallentsorgung und Beseitigung von Umweltverschmutzungen	11 321	44 752	1 499	7 350	6 080	1 275
F	Baugewerbe	363 943	261 730	3 008	47 239	30 371	16 870
G	Handel; Instandhaltung und Reparatur von Kraftfahrzeugen	616 529	1 884 219	229 575	314 044	270 917	43 956
H	Verkehr und Lagerei	104 960	210 967	3 120	32 823	25 530	7 301
I	Gastgewerbe	220 745	74 181	455	10 924	6 525	4 401
J	Information und Kommunikation	123 508	199 009	5 268	39 937	24 944	14 996
K	Erbringung von Finanz- und Versicherungsdienstleistungen [6]	25 037	67 671	1 504	17 199	13 077	4 124
L	Grundstücks- und Wohnungswesen	297 822	139 775	1 077	18 463	10 172	8 288
M	Erbringung von freiberuflichen, wissenschaftlichen und technischen Dienstleistungen	476 572	230 845	4 728	42 803	22 094	20 700
N	Erbringung von sonstigen wirtschaftlichen Dienstleistungen	184 407	142 229	3 021	25 376	13 772	11 599
P	Erziehung und Unterricht	44 781	10 965	123	1 267	533	734
Q	Gesundheits- und Sozialwesen	50 072	95 743	450	2 533	1 633	900
R	Kunst, Unterhaltung und Erholung	101 045	37 771	235	4 816	2 995	1 821
S	Erbringung von sonstigen Dienstleistungen	214 693	48 641	849	8 023	4 523	3 499

1 Klassifikation der Wirtschaftszweige, Ausgabe 2008 (WZ 2008), Tiefgliederung für die Steuerstatistiken.
2 Voranmeldungspflichtige mit Jahresumsätzen über 17 500 Euro.
3 Umsatz der Unternehmen, ohne Umsatzsteuer.
4 Negativer Vorauszahlungsbetrag (–) bedeutet Überschuss zugunsten der Steuerpflichtigen.
5 Ohne land- und forstwirtschaftliche Unternehmen, für die eine Umsatzsteuer-Zahllast nicht entsteht.
6 Ohne steuerfreie Umsätze, die nicht zum Vorsteuerabzug berechtigen.

9.13 Ausgewählte Ergebnisse der Verbrauchsteuerstatistiken

Weitere Informationen zum Verbrauch ausgewählter Genussmittel siehe Kapitel „Einkommen, Konsum, Lebensbedingungen"

	Einheit	Berichtsjahr		Veränderung gegenüber Vorjahr		Einheit	Berichtsjahr		Veränderung gegenüber Vorjahr
Energieerzeugnisse		2015	2014	%	**Bier**		2015	2014	%
Absatz ausgewählter Energie-erzeugnisse [1]					Braustätten	Anzahl	1 388	1 359	2,1
Kraftstoffe:					Bierabsatz [5]				
Benzin [2]	1 000 hl	245 562	248 519	– 1,2	Insgesamt	1 000 hl	95 718	95 667	0,1
Gasöle (Dieselkraftstoff) [3]	1 000 hl	432 796	421 324	2,7	Versteuert	1 000 hl	79 490	80 066	– 0,7
Flüssiggase	1 000 t	543	573	– 5,2	Steuerfrei	1 000 hl	16 228	15 601	4,0
Heizstoffe:					darunter:				
Heizöl leicht	1 000 hl	196 068	192 579	1,8	in andere EU-Länder	1 000 hl	9 885	10 136	– 2,5
Heizöl schwer	1 000 t	877	953	– 8,0	in Drittländer	1 000 hl	6 203	5 313	16,8
Flüssiggase	1 000 t	1 626	1 133	43,5	**Branntwein** [6][7]		2014/15	2013/14	%
Tabak							Betriebsjahr (1.10. – 30.9.)		
Versteuerung von Tabakwaren [4]					Erzeugung insgesamt	hl Alkohol	11 488 475	10 585 493	8,5
Versteuerte Mengen:					Brennereien insgesamt	Anzahl	19 151	20 153	– 5,0
Zigaretten	Mill. St	81 267	79 521	2,2	**Schaumwein** [8]		2015	2014	%
Zigarillos, Zigarren	Mill. St	2 956	3 858	– 23,4	Versteuerte Menge insgesamt	hl	3 015 238	3 174 195	– 5,0
Feinschnitt	t	25 470	25 700	– 0,9					
Pfeifentabak	t	1 732	1 359	27,5					

2015 vorläufiges Ergebnis.
1 Netto, d. h. nach Abzug von Steuererstattungen und -vergütungen.
2 Ohne Flugbenzin.
3 Und ihnen im Siedeverhalten entsprechende Energieerzeugnisse.
4 Berechnet aus den gegen Entgelt ausgelieferten Tabaksteuerzeichen (Nettowerte; Rücknahme von Steuerzeichen berücksichtigt).
5 Ohne alkoholfreies Bier und ohne Malztrunk.
6 Quelle: Bundesmonopolverwaltung für Branntwein.
7 Angaben umfassen Brennereien innerhalb und außerhalb des Branntweinmonopols.
8 Einschl. Schaumwein zum ermäßigten Steuersatz.

9 Finanzen und Steuern

Methodik

■ Öffentliche Finanzen

Die Daten der **Finanzstatistiken zum Öffentlichen Gesamthaushalt** bieten ein umfassendes, detailliertes Bild über die gesamte öffentliche Finanzwirtschaft. Sie zeigen, welche Einnahmen den Einheiten des Öffentlichen Gesamthaushalts zugeflossen sind, welche Ausgaben damit finanziert werden konnten und in welchem Umfang zurückgegriffen werden musste auf Fremdmittel (Schulden beim nicht öffentlichen Bereich) oder auf Rücklagen zur Deckung des Finanzierungssaldos (Differenz zwischen Ausgaben und Einnahmen einschließlich des Saldos haushaltstechnischer Verrechnungen). Künftige Belastungen der Einheiten des Öffentlichen Gesamthaushalts aus aufgenommenen Fremdmitteln ergeben sich aus dem Stand der Schulden des Öffentlichen Gesamthaushalts beim nicht öffentlichen Bereich. Die Ergebnisse der Finanzstatistiken sind eine bedeutende Informationsquelle zur Kennzeichnung der Situation der öffentlichen Finanzen in Deutschland. Für Analysen und Vergleiche auf nationaler Ebene liefern die Finanzstatistiken relevante Informationen über die öffentlichen Einnahmen, Ausgaben und den Schuldenstand. Für die Abbildung des Staates in den Volkswirtschaftlichen Gesamtrechnungen sind sie eine bedeutende Basisstatistik. Mit der Statistik der Schulden des Öffentlichen Gesamthaushalts stehen wichtige Informationen über die Höhe und Struktur der öffentlichen Verschuldung bereit. Eine herausragende Bedeutung erwächst der Schuldenberichterstattung für die Europäische Wirtschafts- und Währungsunion.

Der Öffentliche Gesamthaushalt umfasst Kernhaushalte und Extrahaushalte. Die Erfassung der **öffentlichen Finanzen der Kernhaushalte** der Gebietskörperschaften erfolgt in Verbindung mit der Haushaltsaufstellung, dem Haushaltsvollzug und der Rechnungslegung der öffentlichen Haushalte. Fortschreitende Ausgliederungen aus den Kernhaushalten und die Übertragung von öffentlichen Aufgaben auf öffentlich bestimmte Fonds, Einrichtungen und Unternehmen mit eigenem Rechnungswesen beeinträchtigen die Vergleichbarkeit der öffentlichen Finanzen, insbesondere der Länder untereinander. Zur Sicherung der Vergleichbarkeit der öffentlichen Finanzen werden daher neben den Kernhaushalten auch die **Finanzen der Extrahaushalte** berücksichtigt. Extrahaushalte sind öffentliche Fonds, Einrichtungen und Unternehmen, soweit sie nach den Kriterien des Europäischen Systems Volkswirtschaftlicher Gesamtrechnungen (ESVG 2010) dem Sektor Staat zuzurechnen sind.

Die Ergebnisse der vierteljährlichen **Kassenstatistik** (Tabelle 9.2.1), der aktuellsten Statistik im Bereich der öffentlichen Finanzen, basieren auf den vierteljährlichen Kassenabschlüssen (Kassenergebnissen). Sie umfassen ab dem Berichtsjahr 2011 neben den Kernhaushalten des Bundes, der Länder, der Gemeinden/Gemeindeverbände und der Sozialversicherung auch deren Extrahaushalte sowie die Finanzanteile an der Europäischen Union. Die vierteljährlichen Kassenergebnisse entsprechen sachlich und systematisch dem Stand des aktuellen Berichtsjahrs.

Die Darstellung der Ausgaben und Einnahmen des Öffentlichen Gesamthaushalts erfolgt grundsätzlich nach der Systematik der staatlichen und kommunalen Haushalte. In der vierteljährlichen **Kassenstatistik** werden die Ausgaben und Einnahmen nach gesamtwirtschaftlich bedeutsamen Arten gegliedert. Bei den Ausgabe- und Einnahmearten wird unter gesamtwirtschaftlichen Gesichtspunkten unterschieden zwischen laufender Rechnung, Kapitalrechnung und besonderen Finanzierungsvorgängen (periodenübergreifenden Transaktionen). Die Zahlungen der Kern- und Extrahaushalte untereinander werden bei der Zusammenfassung zu Körperschaftsgruppen bzw. zum Öffentlichen Gesamthaushalt zur Vermeidung von Doppelzählungen bereinigt. Die Ausgabe- und Einnahmesummen der einzelnen Haushaltsebenen lassen sich deshalb nicht zum Gesamtergebnis addieren. Die Finanzen der Stadtstaaten sind in der finanzstatistischen Darstellung grundsätzlich den Länderhaushalten zugerechnet.

In der jährlichen **Schulden- und Finanzvermögenstatistik** sind bereits ab dem Berichtsjahr 2010 mit den Kern- und Extrahaushalten alle Einheiten des Staatssektors einbezogen. Damit ist neben den bereits in den Vorjahren erhobenen Kernhaushalten Bund, Länder und Gemeinden/Gemeindeverbände auch der Kernhaushalt der Sozialversicherung Bestandteil der Erhebung. Alle Extrahaushalte der vier Kernhaushalte komplettieren den Berichtskreis der Schulden- und Finanzvermögenstatistik.

Die Ergebnisse der **Schuldenstatistik** sind nach Körperschaftsgruppen, Schuldarten sowie den jeweiligen Gläubigern differenziert dargestellt. Aus der Summe der Schulden aller Körperschaftsgruppen beim nicht öffentlichen Bereich resultiert der nationale Schuldenstand (Tabelle 9.3.2). Für eine vergleichende Analyse der Verschuldung der Länder (Tabelle 9.3.3) sollten sowohl die Verschuldung der Länder als auch die der kommunalen Ebene – aufgrund unterschiedlicher Kommunalisierungsgrade – herangezogen werden (siehe hierzu Abbildung „Schulden der Länder und Gemeinden/Gemeindeverbände 2014"). Bedingt durch die Ausweitung des Berichtskreises und einer gleichzeitigen Anpassung der Erhebungsinhalte an die Anforderungen des ESVG 2010 im Berichtsjahr 2010, ist ein Vergleich mit den Vorjahreszahlen (Tabelle 9.3.1) nur eingeschränkt aussagefähig.

Die **Finanzvermögenstatistik** erhebt das Finanzvermögen des Öffentlichen Gesamthaushalts. Die Erhebungseinheiten sind die staatlichen (Bund, Länder) und kommunalen Haushalte (Gemeinden, Gemeindeverbände), die Träger der Sozialversicherung und die Bundesagentur für Arbeit sowie alle Extrahaushalte (öffentlich bestimmte Fonds, Einrichtungen und Unternehmen des Staatssektors). Nachgewiesen wird nur das Finanzvermögen beim nicht öffentlichen Bereich; dieses wird untergliedert in Bargeld und Einlagen, Wertpapiere, Ausleihungen und Sonstige Forderungen (Tabellen 9.3.4 und 9.3.5).

Die **Jahresabschlussstatistik** liefert für die kaufmännisch buchenden öffentlich bestimmten Fonds, Einrichtungen und Unternehmen die für die Darstellung der Finanzen des Öffentlichen Bereichs zentralen Kennziffern (Tabellen 9.4.1 und 9.4.2). Erhoben werden Angaben der Bilanz, der Gewinn- und Verlustrechnung und des Anlagenachweises sowie zur Verwendung des Jahresergebnisses.

Rechtsgrundlage für die Statistiken der öffentlichen Finanzen ist das Gesetz über die Statistiken der öffentlichen Finanzen und des Personals im öffentlichen Dienst (Finanz- und Personalstatistikgesetz – FPStatG).

■ Steuern

Bei den Steuerstatistiken ist zu unterscheiden zwischen den kurzfristigen Nachweisen über die **kassenmäßigen Steuereinnahmen**, den in jährlichen und mehrjährlichen Zeitabständen erfolgenden **Erhebungen der Steuerbemessungsgrundlagen** (Voranmeldungen und Veranlagungen) und den laufenden Angaben über die **Verbrauchsteuern**.

Rechtsgrundlage der Steuerstatistiken ist das Gesetz über Steuerstatistiken (StStatG, Art. 35 des Jahressteuergesetzes 1996 vom 11.11.1995, BGBl. I S. 1250) in seiner jeweils geltenden Fassung, in Verbindung mit dem Gesetz über die Statistik für Bundeszwecke (BStatG) vom 22.1.1987 (BGBl. I S. 462, 565) in seiner jeweils geltenden Fassung.

Die **Statistik der kassenmäßigen Steuereinnahmen** (Tabelle 9.5) bildet die vierteljährlich und jährlich bei Bund, Ländern, Gemeinden und Gemeindeverbänden eingehenden Zahlungen aus Steuern und Zöllen in der Untergliederung nach einzelnen Steuerarten ab. Neben dem Steueraufkommen sind auch die Steueranteile enthalten, die nach den Verteilungsvorgängen den Gebietskörperschaften verbleiben, sowie die Finanzanteile für die Europäische Union.

Die kommunalen Körperschaften bestimmen autonom **Hebesätze** (Abbildung S. 278). Sie dienen der Festsetzung der Steuern, die die Steuerpflichtigen für land- und forstwirtschaftliche Betriebe (**Grundsteuer A**), für sonstige Grundstücke (**Grundsteuer B**) bzw. als Gewerbetreibende (**Gewerbesteuer**) zu entrichten haben. Daher ist das Istaufkommen der Grundsteuern A und B sowie der Gewerbesteuer durch den Einfluss der Hebesätze als bundesweiter Vergleichsmaßstab ungeeignet. Der vom Statistischen Bundesamt erstellte Realsteuervergleich ermöglicht eine Vergleichbarkeit (siehe hierzu *www.destatis.de/publikationen*).

9 Finanzen und Steuern

Methodik

Die **Erhebungen der Steuerbemessungsgrundlagen** werden jährlich bzw. in mehrjährlichen Abständen durchgeführt. Sie betreffen die Einkommensteuerstatistik, die Körperschaftsteuerstatistik, die Erbschaft- und Schenkungsteuerstatistik, die Gewerbesteuerstatistik und die Umsatzsteuerstatistiken (Voranmeldungen und Veranlagungen). Grundlage für die Erhebungen der Steuerbemessungsgrundlagen sind die aus dem Besteuerungsverfahren festgestellten Angaben. Daher kann von einer sehr hohen Genauigkeit dieser Statistiken ausgegangen werden. Die Aktualität ist jedoch eingeschränkt. Gründe hierfür sind die lange Veranlagungsdauer, die anspruchsvolle Aufbereitung und die großen Datenmengen. Aufgrund periodenfremder Erstattungen oder Vorauszahlungen weicht das Steueraufkommen, das in den Erhebungen über die Steuerbemessungsgrundlagen nachgewiesen wird, von den auf das Kalenderjahr bezogenen kassenmäßigen Steuereinnahmen (Tabelle 9.5) ab.

Die **Einkommensteuerstatistik** (Tabellen 9.6.1 bis 9.6.3) enthält die Steuerpflichtigen mit Angaben über die Einkünfte, das Einkommen, die Einkommensteuer sowie Steuervergünstigungen der natürlichen Personen. Dazu zählen auch die Einkommensverhältnisse ausgewählter freier Berufe. Das Wohnsitzfinanzamt verschlüsselt die Art der freiberuflichen Tätigkeit anhand der von den Steuerpflichtigen gemachten Angaben zum ausgeübten Beruf. Über die Einkommensteuerstatistik sind auch Angaben über die **Personengesellschaften und Gemeinschaften** (Tabelle 9.8) möglich, für die eine besondere Feststellung der Einkünfte erfolgt. Mit entsprechenden Angaben gehen Körperschaften, Personenvereinigungen und Vermögensmassen in die **Körperschaftsteuerstatistik** (Tabelle 9.7) ein.

Die **Gewerbesteuerstatistik** (Tabelle 9.9) weist die Bemessungsgrundlagen für den Gewerbeertrag nach. Aus diesen Bemessungsgrundlagen leitet sich der Steuermessbetrag ab. Die Erhebung der Gewerbesteuer mittels Hebesatz durch die Gemeinden bildet die Gewerbesteuerstatistik nicht ab. Angaben zu den Gewerbesteuerhebesätzen liegen jedoch im Rahmen des Realsteuervergleichs vor oder können der Gemeinschaftsveröffentlichung „Hebesätze der Realsteuern" entnommen werden.

Die **Erbschaft- und Schenkungsteuerstatistik** (Tabellen 9.10.1 und 9.10.2) gibt einen Überblick über alle steuerpflichtigen Erwerbe von Todes wegen und Schenkungen unter Lebenden, für die im Berichtsjahr erstmals Erbschaft- oder Schenkungsteuer festgesetzt wurde.

In der **Umsatzsteuerstatistik (Veranlagungen)** werden die Unternehmen erfasst, die zur Abgabe einer Umsatzsteuererklärung verpflichtet sind (Tabelle 9.11). Somit werden auch – im Gegensatz zur Umsatzsteuerstatistik (Voranmeldungen) – Unternehmen mit Umsätzen unter 17 501 Euro abgebildet. Aufgrund der geltenden Abgabefristen für die Umsatzsteuererklärung, liegen die Daten der Umsatzsteuerstatistik (Veranlagungen) im Vergleich zu den Daten der Umsatzsteuerstatistik (Voranmeldungen) erst später vor. Neben den steuerlichen Merkmalen, wie steuerfreie und steuerpflichtige Lieferungen und Leistungen (Umsätze), innergemeinschaftliche Erwerbe, abziehbare Vorsteuerbeträge und verbleibende Umsatzsteuer, werden dabei auch Ordnungsmerkmale erfasst. Das sind u. a. der Wirtschaftszweig, in dem das Unternehmen schwerpunktmäßig tätig ist, und die Rechtsform.

Die **Umsatzsteuerstatistik (Voranmeldungen)** bildet die Angaben der Unternehmen mit Lieferungen und Leistungen über 17 500 Euro ab, die zur Abgabe einer Umsatzsteuer-Voranmeldung verpflichtet sind (Tabellen 9.12.1 und 9.12.2). Neben den steuerlichen Merkmalen, wie steuerfreie und steuerpflichtige Lieferungen und Leistungen (Umsätze), innergemeinschaftliche Erwerbe, abziehbare Vorsteuerbeträge und Umsatzsteuer-Vorauszahlung, werden dabei auch Ordnungsmerkmale erfasst. Das sind u. a. der Wirtschaftszweig (Tabelle 9.12.2), in dem das Unternehmen schwerpunktmäßig tätig ist, und die Rechtsform (Tabelle 9.12.1).

Aus den **Verbrauchsteuerstatistiken** (Tabelle 9.13) gehen unter anderem die Verbrauchsteuer-Belastung und die versteuerten Mengen bestimmter Genussmittel (Bier, Schaumwein, Branntwein, Tabakwaren) sowie von Energieerzeugnissen hervor. Die Steuer bemisst sich bei den Tabakwaren nach Menge und Kleinverkaufspreis, bei den übrigen verbrauchsteuerpflichtigen Waren nach der abgesetzten Menge der Erzeugnisse. Die Periodizität ist bei den einzelnen Verbrauchsteuerstatistiken unterschiedlich, aber in allen Fällen sind Jahresangaben verfügbar.

Detaillierte Informationen zur Methodik der einzelnen Statistiken sind in den „Qualitätsberichten" dokumentiert (siehe hierzu *www.destatis.de/publikationen* › Qualitätsberichte).

9 Finanzen und Steuern

Glossar

Ausgaben/Einnahmen des Öffentlichen Gesamthaushalts | Sie sind nach gesamtwirtschaftlich bedeutsamen Arten gegliedert. Die Gliederung basiert auf der Systematik der kameralen staatlichen und kommunalen Haushalte.

Ausgaben/Einnahmen der laufenden Rechnung | Summe der Ausgaben und Einnahmen, die im Rahmen des Verwaltungsvollzugs sowie des Betriebs von Einrichtungen und Anstalten meistens regelmäßig anfallen (Personalausgaben, laufender Sachaufwand, Zinsausgaben und -einnahmen, Zuweisungen und Zuschüsse für laufende Zwecke, Gebühreneinnahmen, Steuern), bereinigt um Zahlungen von gleicher Ebene.

Ausgaben/Einnahmen der Kapitalrechnung | Summe der Ausgaben und Einnahmen, die der Finanzierung von eigenen Investitionen und denen anderer Träger dienen (Baumaßnahmen, Erwerb und Veräußerung von Sachvermögen, Zuweisungen und Zuschüsse für Investitionen, sonstige Vermögensübertragungen, Darlehensgewährungen und -rückflüsse), bereinigt um Zahlungen von gleicher Ebene.

Bereinigte Ausgaben/Einnahmen | Summe der Ausgaben/Einnahmen der laufenden Rechnung und der Kapitalrechnung.

Besondere Finanzierungsvorgänge | Summe der periodenübergreifenden Finanztransaktionen.

Bilanz, Gewinn- und Verlustrechnung, Anlagenachweis, Ergebnisverwendung | Ausgewählte Angaben aus den Jahresabschlüssen der öffentlichen Fonds, Einrichtungen und Unternehmen. Inhaltlich entsprechen diese Positionen der Mindestgliederung, die durch HGB, Eigenbetriebsrecht und weitere spezialrechtliche Vorschriften (z. B. Krankenhausbuchführungsverordnung) vorgegeben ist.

Braustätte | Wird durch die Herstellungsgeräte und die sie umschließenden Räume gebildet und somit nicht als wirtschaftliche, sondern als technische und räumliche Betriebseinheit verstanden. Dargestellt werden die tatsächlich betriebenen Braustätten, die auch als Herstellungs-, Brauereibetrieb oder Brauerei bezeichnet werden.

Bundessteuern | Steuern, deren Aufkommen gemäß Artikel 106 Abs. 1 GG dem Bund zusteht. Die Bundessteuern umfassen z. B. die Verbrauchsteuern ohne Biersteuer (u. a. Energie-, Strom-, Tabak-, Kaffee-, Schaumweinsteuer), die Kraftfahrzeugsteuer (seit 1.7.2009, davor Landessteuer) und die Versicherungsteuer.

Einkommen | Gesamtbetrag der Einkünfte abzüglich Sonderausgaben, außergewöhnliche Belastungen, Altersvorsorgebeiträge, Steuerbegünstigungen für Wohnzwecke und Verlustabzug.

Erbfall | Mit dem Tode (Erbfall) einer Person (Erblasserin bzw. Erblasser) geht deren Vermögen (Nachlass oder Erbschaft) als Ganzes auf eine oder mehrere Personen (Erbinnen und Erben) über (§ 1922 BGB).

Erbschaftsteuer bzw. Schenkungsteuer | Der Steuer unterliegen die Erwerbe von Todes wegen, die Schenkungen unter Lebenden, die Zweckzuwendungen sowie das Vermögen bestimmter Stiftungen in Zeitabständen von 30 Jahren (§ 1 ErbStG).

Erwerbe vor/nach Abzug | Erwerbe vor bzw. nach Abzug von Steuerbefreiungen, Steuerbegünstigungen und Freibeträgen (außer persönlicher Freibetrag nach § 16 ErbStG) usw.

Eventualverbindlichkeiten | Darunter fallen Bürgschaften und Gewährleistungen der öffentlichen Haushalte, die lediglich die übernommenen Haftungssummen enthalten. Obligatorisch kraft Gesetz übertragene Bürgschaften bleiben unberücksichtigt.

Extrahaushalte | Alle öffentlichen Fonds, Einrichtungen und Unternehmen, die nach den Kriterien des Europäischen Systems Volkswirtschaftlicher Gesamtrechnungen (ESVG 2010) dem Sektor Staat zuzurechnen sind.

Finanzierungssaldo | Der Finanzierungssaldo des Öffentlichen Gesamthaushalts in Abgrenzung der Finanzstatistik ist der Saldo der bereinigten Ausgaben und Einnahmen zuzüglich des Saldos haushaltstechnischer Verrechnungen. Dieser weicht von dem in den Volkswirtschaftlichen Gesamtrechnungen nachgewiesenen Finanzierungssaldo des Staates aufgrund methodischer Unterschiede ab.

Finanzvermögen des Öffentlichen Gesamthaushalts | Nachgewiesen wird das Finanzvermögen entsprechend dem Schuldnerprinzip beim nicht öffentlichen Bereich. Dazu zählen Wertpapiere und Ausleihungen jeweils bei Kreditinstituten, beim sonstigen inländischen Bereich oder beim sonstigen ausländischen Bereich sowie Bargeld und Einlagen und alle sonstigen Forderungen.

Freiberuflich Tätige | Einkommensteuerpflichtige Personen mit Einkünften aus freiberuflicher Tätigkeit in ausgewählten Berufsgruppen.

Gemeindesteuern | Steuern, deren Aufkommen gemäß Artikel 106 Abs. 6 GG den Gemeinden/Gemeindeverbänden zusteht. Dazu gehören die sogenannten Realsteuern (Grundsteuer A und Grundsteuer B, Gewerbesteuer) sowie die örtlichen Verbrauch- und Aufwandsteuern (wie Schankerlaubnis-, Jagd- und Fischerei-, Getränke-, Hunde- und Vergnügungsteuer).

Gemeinschaftsteuern | Steuern, deren Aufkommen gemäß Artikel 106 Abs. 3 GG dem Bund und den Ländern gemeinsam zusteht. Sie umfassen Lohnsteuer, veranlagte Einkommensteuer, nicht veranlagte Steuern vom Ertrag, Abgeltungsteuer und Körperschaftsteuer (sie bilden zusammen die Steuern vom Einkommen) sowie Umsatzsteuer und Einfuhrumsatzsteuer.

Gesamtbetrag der Einkünfte | Summe der Einkünfte aus den sieben Einkunftsarten nach Abzug der Werbungskosten/Betriebsausgaben vermindert u. a. um den Altersentlastungsbetrag und den Entlastungsbetrag für Alleinerziehende. In der Körperschaftsteuer ergibt sich der Gesamtbetrag der Einkünfte aus der Summe der Einkünfte vermindert um den Freibetrag für Land- und Forstwirtinnen bzw. -wirte und abziehbare Spenden und Beiträge sowie im Falle der Organschaft korrigiert um das dem Organträger zuzurechnende Einkommen der Organgesellschaft.

Gesellschafter/Beteiligter | Eine Personengesellschaft/Gemeinschaft entsteht, wenn sich mindestens zwei natürliche und/oder juristische Personen zur Erreichung eines gemeinsamen Zweckes zusammenschließen. Die natürlichen und/oder juristischen Personen werden als Gesellschafter oder Mitunternehmer bezeichnet. Der Begriff „Beteiligter" ist diesen Begriffen gleichzusetzen. Im Gegensatz zur Kapitalgesellschaft haften die Gesellschafter einer Personengesellschaft unbeschränkt, das heißt sowohl mit dem Gesellschaftsvermögen als auch mit ihrem Privatvermögen soweit nicht einzelne Gesellschafter mit ihrer Haftung beschränkt sind (z. B. Kommanditisten einer KG).

Gewerbebetrieb | Das ist eine selbstständige nachhaltige Betätigung, die mit der Absicht, Gewinn zu erzielen, unternommen wird und sich als Beteiligung am allgemeinen wirtschaftlichen Verkehr darstellt (§ 15 EStG). Die Betätigung darf weder als Ausübung von Land- und Forstwirtschaft noch als Ausübung eines freien Berufs noch als eine andere selbstständige Arbeit anzusehen sein. Ein Gewerbebetrieb liegt auch dann vor, wenn die Gewinnerzielungsabsicht nur ein Nebenzweck ist und seine Voraussetzungen im Übrigen gegeben sind.

Gewerbeertrag | Gewinn aus Gewerbebetrieb, modifiziert um eine Reihe von Hinzurechnungen und Kürzungen gemäß Gewerbesteuergesetz.

Gewinnfälle | Körperschaft- und Einkommensteuerpflichtige mit positivem Gesamtbetrag der Einkünfte.

Haushaltstechnische Verrechnungen | Interne Verrechnungen, die für die finanzstatistische Darstellung zur Vermeidung von Doppelzählungen eliminiert werden.

9 Finanzen und Steuern

Glossar

Hebesatz | Von der Gemeinde für das jeweilige Kalenderjahr festgesetzter Prozentsatz, der auf die Messbeträge der Realsteuern (Gewerbesteuer, Grundsteuer A und B) angewandt wird (sog. Hebesatzanspannung) und der für die einzelnen Realsteuerarten in aller Regel unterschiedlich hoch ist.

Innergemeinschaftliche Erwerbe | Bestandteil des steuerbaren Umsatzes. Ein innergemeinschaftlicher Erwerb liegt vor, wenn die Lieferung aus dem Gemeinschaftsgebiet der EU erfolgt. Die Lieferung muss von einem Unternehmer durch sein Unternehmen gegen Entgelt erfolgen. Die erworbene Lieferung unterliegt dann der Umsatzsteuer. Der innergemeinschaftliche Erwerb ist in § 1a UStG geregelt.

Kassenkredite (bzw. Kassenverstärkungskredite) | Kurzfristige Verbindlichkeiten, die zur Überbrückung vorübergehender Kassenanspannungen dienen.

Kernhaushalte | Haushalte des Bundes, der Länder, der Gemeinden/Gemeindeverbände und der Sozialversicherung (in der jährlichen Schulden- und Finanzvermögenstatistik ab dem Berichtsjahr 2010, in der vierteljährlichen Kassenstatistik und vierteljährlichen Schuldenstatistik ab dem Berichtsjahr 2011).

Körperschaftsteuer | Eine besondere Art der Einkommensteuer für juristische Personen (insbesondere Kapitalgesellschaften, z. B. AG und GmbH), andere Personenvereinigungen und Vermögensmassen. Besteuerungsgrundlage ist das Einkommen, das die Körperschaft innerhalb des Kalenderjahres bezogen hat.

Körperschaftsteuerpflichtige | Körperschaften, Personenvereinigungen und Vermögensmassen nach den §§ 1 und 2 KStG.

Landessteuern | Steuern, deren Aufkommen gemäß Artikel 106 Abs. 2 GG den Ländern zusteht. Die Landessteuern umfassen die Vermögen-, Erbschaft-, Grunderwerb-, Rennwett- und Lotterie-, Feuerschutz- und Biersteuer.

Lieferungen und Leistungen (Umsätze) | Bestandteil des steuerbaren Umsatzes. Umsätze im Sinne der Umsatzsteuerstatistiken (Voranmeldungen und Veranlagungen) sind Lieferungen, sonstige Leistungen (Ausgangsumsätze) und der Eigenverbrauch der Unternehmen, abgekürzt „Lieferungen und Leistungen".

Mitunternehmerinnen und Mitunternehmer | Im Sinne des § 15 Abs. 1 Nr. 2 EStG ist Mitunternehmerin bzw. Mitunternehmer, wer als zivilrechtliche Gesellschafterin bzw. als zivilrechtlicher Gesellschafter einer Personengesellschaft unternehmerisches Risiko trägt und unternehmerische Initiative entfalten kann.

Nachlassgegenstände | Das Guthaben/Vermögen, das die Erblasserin oder der Erblasser hinterlässt. Nachlassgegenstände sind land- und forstwirtschaftliches Vermögen, Grund- und Betriebsvermögen sowie das übrige Vermögen (z. B. Kapitalforderungen, Wertpapiere, Bankguthaben, Versicherungen, Renten, Bargeld, Hausrat usw.).

Nachlassverbindlichkeiten | Erwerbslasten, die den Erwerb aus der Sicht der steuerpflichtigen Person schmälern. Dies sind z. B. Hypotheken, Steuerschulden, Verbindlichkeiten, Erbfallkosten und Schulden, die mit dem erworbenen Vermögen in wirtschaftlichem Zusammenhang stehen.

Negative Einkünfte | Einkünfte, die kleiner als Null sind.

Öffentliche Fonds, Einrichtungen und Unternehmen | Sie entstehen durch Aufgabenauslagerungen, Neugründung oder Beteiligungserwerb. Es sind Einheiten, deren Eigner mehrheitlich – unmittelbar oder mittelbar – die Kernhaushalte (Bund, Länder, Gemeinden/Gemeindeverbände, Sozialversicherung) sind.

Öffentlicher Gesamthaushalt | Er umfasst
- in den vierteljährlichen Kassenergebnissen des Öffentlichen Gesamthaushalts ab dem Berichtsjahr 2011 die Kern- und Extrahaushalte des Bundes, der Länder, der Gemeinden/Gemeindeverbände, der Sozialversicherung sowie die Finanzanteile der Europäischen Union (EU-Anteile),
- in der jährlichen Schuldenstatistik ab dem Berichtsjahr 2010 die Kern- und Extrahaushalte des Bundes, der Länder, der Gemeinden/Gemeindeverbände und der Sozialversicherung.

Personengesellschaften/Gemeinschaften | Gesellschaften/Gemeinschaften, die selbst nicht Träger von Rechten und Pflichten sind. Sie werden durch die Gesellschafter verkörpert. Gesellschafter können sowohl natürliche Personen als auch Körperschaften sein.

Positive Einkünfte | Einkünfte, die größer bzw. gleich Null sind.

Reinerwerb | Anteiliger Reinnachlass je Erwerberin bzw. Erwerber.

Reinnachlass | Nachlassgegenstände abzüglich Nachlassverbindlichkeiten.

Schulden beim nicht öffentlichen Bereich | Sie enthalten die Schulden entsprechend dem Gläubigerprinzip
- bei Kreditinstituten,
- beim sonstigen inländischen Bereich sowie
- beim sonstigen ausländischen Bereich.

Der ausgewiesene **nationale Schuldenstand** entspricht ab dem Berichtsjahr 2010 der Summe der Schulden beim nicht öffentlichen Bereich des öffentlichen Gesamthaushalts. Bis zum Berichtsjahr 2009 basierte der nationale Schuldenstand auf den Kreditmarktschulden einschließlich der Kassenkredite. Aufgrund dieser methodischen Umstellung und der Berichtskreiserweiterung zum Berichtsjahr 2010 ist ein Vergleich des Schuldenstandes zu den Vorjahren nur eingeschränkt möglich.

Schulden beim öffentlichen Bereich | Sie enthalten die Schulden entsprechend dem Gläubigerprinzip
- beim Bund,
- bei den Ländern,
- bei den Gemeinden/Gemeindeverbänden,
- bei den Zweckverbänden,
- bei der Sozialversicherung,
- bei verbundenen Unternehmen, Beteiligungen und Sondervermögen sowie
- bei sonstigen öffentlichen Sonderrechnungen.

Zu beachten ist, dass die Schulden beim öffentlichen Bereich unkonsolidiert ausgewiesen werden.

Summe der Einkünfte | Bei Personengesellschaften und Gemeinschaften ist dies die Addition aus den Einkunftsarten: Land- und Forstwirtschaft, Gewerbebetrieb, Selbstständige Arbeit, Kapitalvermögen, Vermietung und Verpachtung, Sonstige Einkünfte. In der Einkommensteuerstatistik werden zudem die Einkünfte aus nichtselbstständiger Arbeit berücksichtigt.

Sonstiger Erwerb | Erwerb durch Vermächtnisse, Verträge zugunsten Dritter, geltend gemachte Pflichtteilsansprüche usw.

Steuerbarer Umsatz | Gem. § 1 des Umsatzsteuergesetzes (UStG) umfasst der steuerbare Umsatz
- die Lieferungen und sonstigen Leistungen, die ein Unternehmen im Inland gegen Entgelt im Rahmen seines Unternehmens ausführt,
- die Einfuhr von Gegenständen aus dem Drittlandgebiet in das Inland (= Einfuhrumsatzsteuer, nicht Bestandteil der Umsatzsteuerstatistiken) und
- die innergemeinschaftlichen Erwerbe im Inland gegen Entgelt.

9 Finanzen und Steuern

Glossar

Steuermessbetrag nach dem Gewerbeertrag | Abgerundeter Gewerbeertrag, nach Anwendung einer bundeseinheitlichen sogenannten Steuermesszahl von 3,5 %. Bei natürlichen Personen/Personengesellschaften gilt vorab ein Freibetrag von 24 500 Euro. Für bestimmte Körperschaften gilt ein Freibetrag von 5 000 Euro.

Steuerpflichtiger Erwerb | Gemäß § 10 ErbStG die Bereicherung der Erwerberin oder des Erwerbers, soweit sie nicht steuerfrei ist.

Umsatzsteuerpflichtige | Im Sinne des § 2 Abs. 1 UStG ist ein Unternehmer umsatzsteuerpflichtig, wenn er eine gewerbliche oder berufliche Tätigkeit selbstständig ausübt. Das Unternehmen umfasst die gesamte gewerbliche oder berufliche Tätigkeit des Unternehmers. Gewerblich oder beruflich ist jede nachhaltige Tätigkeit zur Erzielung von Einnahmen, auch wenn die Gewinnabsicht fehlt oder eine Personenvereinigung nur ihren Mitgliedern gegenüber tätig wird. Der Kreis der in der Umsatzsteuerstatistik (Voranmeldungen) erfassten Steuerpflichtigen umfasst die Unternehmen, die im Statistikjahr Umsatzsteuer-Voranmeldungen abgegeben haben, mit jährlichen Lieferungen und Leistungen über 17 500 Euro. Nicht erfasst sind Jahreszahler (Unternehmer, die keine Voranmeldung, sondern nur eine jährliche Umsatzsteuererklärung abgeben müssen) und Kleinunternehmer (mit jährlichen Umsätzen unter 17 501 Euro). Die Abbildung der Unternehmen, die im Statistikjahr nach § 2 Abs. 1 UStG eine Umsatzsteuererklärung abgegeben haben (darunter fallen auch die Unternehmen mit Umsätzen unter 17 501 Euro), erfolgt in der Umsatzsteuerstatistik (Veranlagungen).

Unbeschränkte/beschränkte Steuerpflicht | Unbeschränkt steuerpflichtig sind Personen, die im Inland ihren Wohnsitz oder ihren gewöhnlichen Aufenthalt haben bzw. Körperschaften, Personenvereinigungen und Vermögensmassen, die ihren Sitz im Inland haben. Der Steuer unterliegen in diesem Fall sowohl das inländische als auch das ausländische Einkommen oder Vermögen. Beschränkte Steuerpflicht liegt vor, wenn der gewöhnliche Aufenthalt und der Wohnsitz der/des Steuerpflichtigen (bei der Erbschaft- und Schenkungsteuer auch der Erblasserin bzw. des Erblassers oder der Schenkerin bzw. des Schenkers) bzw. der Sitz einer Körperschaft, Personenvereinigung oder Vermögensmasse nicht im Inland liegen. Zu versteuern ist hier nur das inländische Einkommen oder Vermögen. Zusammenveranlagte Ehegatten gelten als ein Steuerpflichtiger.

Verlustfälle | Körperschaft- und Einkommensteuerpflichtige mit negativem Gesamtbetrag der Einkünfte.

Vorerwerb | Dem Erbfall vorangegangene Schenkung von der Erblasserin oder dem Erblasser an die Erwerberin oder den Erwerber.

Wirtschaftszweig | Die Wirtschaftszweigklassifikation dient der Zuordnung der Unternehmen zu einer wirtschaftlichen Tätigkeit. Grundsätzlich wird ein Unternehmen einem einzigen Wirtschaftszweig zugeordnet. Maßgebend für die Zuordnung ist dabei die Haupttätigkeit des Unternehmens. Mit dem Berichtsjahr 2009 erfolgte in den Steuerstatistiken der Umstieg von der Klassifikation der Wirtschaftszweige, Ausgabe 2003 (WZ 2003) auf die Klassifikation der Wirtschaftszweige, Ausgabe 2008 (WZ 2008).

Zu versteuerndes Einkommen | In der Körperschaftsteuerstatistik das Einkommen im Sinne des § 8 Abs. 1 KStG, vermindert um die Freibeträge der §§ 24 und 25 KStG. In der Einkommensteuerstatistik wird das Einkommen um Kinderfreibeträge und den Härteausgleich gem. § 46 Abs. 3 EStG, § 70 EStDV gemindert.

9 Finanzen und Steuern

Mehr zum Thema

Liebe Leserin, lieber Leser,
ein Thema in diesem Kapitel spricht Sie besonders an oder Sie benötigen weitere Informationen? Auf dieser Seite nennen wir Ihnen, nach Themen gegliedert, weitere Veröffentlichungen unseres Hauses. Ausführliche Informationen zu den Produktkategorien sowie dem Informationsangebot des Statistischen Bundesamtes finden Sie auf Seite 8 dieser Ausgabe.

Web-Angebote
www.destatis.de ist Ihre erste Adresse in Sachen Statistik. Hier finden Sie alle Informationen, die das Statistische Bundesamt veröffentlicht, tagesaktuell. Unsere Veröffentlichungen können Sie direkt über unsere Website *www.destatis.de/publikationen* downloaden.

GENESIS-Online
Unter *www.destatis.de/genesis* bietet die Haupt-Datenbank des Statistischen Bundesamtes ein breites Themenspektrum fachlich tief gegliederter Ergebnisse der amtlichen Statistik. Daten zu *Finanzen* finden Sie unter dem Menüpunkt › Themen, Code 71, Daten zu *Steuern* unter Code 73

Weitere Veröffentlichungen zu den Themen

- **Öffentliche Finanzen**

  Fachserie 14 Finanzen und Steuern

Reihe 2	Vierteljährliche Kassenergebnisse des Öffentlichen Gesamthaushalts
Reihe 3.1	Rechnungsergebnisse der öffentlichen Haushalte
Reihe 3.3	Rechnungsergebnisse der kommunalen Kern- und Extrahaushalte
Reihe 3.3.1	Rechnungsergebnisse der Kernhaushalte der Gemeinden und Gemeindeverbände
Reihe 5	Schulden des Öffentlichen Gesamthaushalts
Reihe 5.1	Finanzvermögen des Öffentlichen Gesamthaushalts

  WISTA – Wirtschaft und Statistik

Heft 2/11	Ausgliederungen aus den Kernhaushalten: öffentliche Fonds, Einrichtungen und Unternehmen
Heft 7/11	Die gesetzliche Sozialversicherung in den Finanz- und Personalstatistiken
Heft 11/11	Integration in den Finanz- und Personalstatistiken
Heft 5/14	Jahresabschlussstatistik öffentlicher Fonds, Einrichtungen und Unternehmen
Heft 10/14	Schulden des Öffentlichen Gesamthaushalts am 31. Dezember 2013
Heft 12/14	Finanzvermögen des Öffentlichen Gesamthaushalts am 31. Dezember 2013

- **Steuern**

  Fachserie 14 Finanzen und Steuern

Reihe 4	Steuerhaushalt
Reihe 7.1	Lohn- und Einkommensteuer
Reihe 7.1.1	Jährliche Einkommensteuer
Reihe 7.2	Körperschaftsteuer
Reihe 8.1	Umsatzsteuer (Voranmeldungen)
Reihe 8.2	Umsatzsteuer (Veranlagungen)
Reihe 9.1	Tabaksteuer
Reihe 9.2	Biersteuer
Reihe 9.3	Energiesteuer
Reihe 9.5	Schaumweinsteuer
Reihe 9.6	Luftverkehrsteuer
Reihe 9.7	Stromsteuer
Reihe 10.1	Realsteuervergleich
Reihe 10.2	Gewerbesteuer

  Fachberichte

  - Jährliche Körperschaftsteuerstatistik (2011)
  - Staatliche Förderung der Riesterrente (2010)
  - Statistik der Personengesellschaften und Gemeinschaften (2009)
  - Erbschaft- und Schenkungsteuer (2014)
  - Verbrauchsteuern (2000 – 2015)
  - Branntweinsteuer (2015)

9 Finanzen und Steuern

Mehr zum Thema

■ Steuern

WISTA – Wirtschaft und Statistik

Heft 7/10	Statistische Auswertung der Riester-Förderung
Heft 8/10	Der Beschäftigungsbeitrag mittelständischer Unternehmen
Heft 12/10	Jährliche Körperschaftsteuerstatistik – Methodik und erste Ergebnisse
Heft 4/11	Die neue Umsatzsteuerstatistik nach Veranlagungen
Heft 11/11	Politikberatung durch Mikrosimulationen – Berechnungen für die Gemeindefinanzkommission
Heft 8/12	Weiterentwicklung der Gewerbesteuerstatistik
Heft 10/13	Das Taxpayer-Panel 2001 – 2008
Heft 10/14	Ergebnisse der Umsatzsteuerstatistik (Voranmeldungen) 2012
Heft 11/14	Analyse der Umsatzsteuerstatistik auf Basis der Veranlagungen 2009

Gemeinschaftsveröffentlichungen

- Hebesätze der Realsteuern
- Steuern regional – Ergebnisse der Steuerstatistiken

10 | Wahlen

In **18. Legislaturperiode** regiert eine **Koalition** aus **CDU/CSU und SPD** | Zusammen hatte sie **504 von insgesamt 631 Sitzen** im Bundestag | An Wahl zum 18. Deutschen Bundestag nahmen **71,5 %** der Wahlberechtigten teil | Im **Europäischen Parlament** ist Deutschland mit **96 Sitzen** vertreten | Stärkste deutsche Fraktion ist derzeit die **CDU/CSU** mit **34 Sitzen** | **48 %** der deutschen Wahlberechtigten **beteiligten** sich 2014 an Wahl zum Europäischen Parlament

10 Wahlen

Seite

291 **Auf einen Blick**

Tabellen

292 **Wahl zum Deutschen Bundestag**
Sitzverteilung im Deutschen Bundestag | Wahlberechtigte, Wahlbeteiligung und Stimmabgabe nach Ländern | Wahlberechtigte, Wahlbeteiligung und Stimmabgabe der Männer und Frauen | Wahlberechtigte, Wahlbeteiligung und Stimmabgabe in ausgewählten Gemeinden

296 **Wahl der Abgeordneten des Europäischen Parlaments aus der Bundesrepublik Deutschland**
Deutsche Sitze im Europäischen Parlament | Wahlberechtigte, Wahlbeteiligung und Stimmabgabe nach Ländern | Wahlberechtigte, Wahlbeteiligung und Stimmabgabe der Männer und Frauen

297 **Landtagswahlen**
Sitzverteilung in den Länderparlamenten | Wahlberechtigte, Wahlbeteiligung und Stimmabgabe

298 **Mitglieder der Bundesregierung und Länderregierungen, Stimmenzahl der Länder im Bundesrat**

299 **Methodik**

300 **Glossar**

302 **Mehr zum Thema**

10 Wahlen

10.0 Auf einen Blick

■ CDU   ■ CSU   ■ SPD   ■ DIE LINKE   ■ GRÜNE

Sitzverteilung im 18. Deutschen Bundestag, Wahl am 22.9.2013

CDU: 255, CSU: 56, SPD: 193, DIE LINKE: 64, GRÜNE: 63 — insgesamt 631

Gewinne und Verluste von Sitzen gegenüber der letzten Wahl

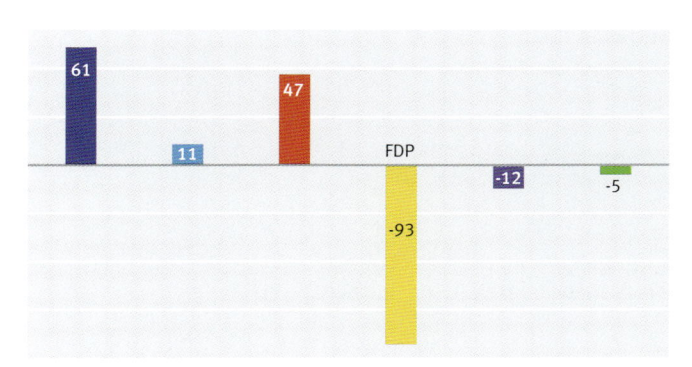

CDU: 61; CSU: 11; SPD: 47; FDP: -93; DIE LINKE: -12; GRÜNE: -5

Bundeskanzler und die Bundeskanzlerin der Bundesrepublik Deutschland

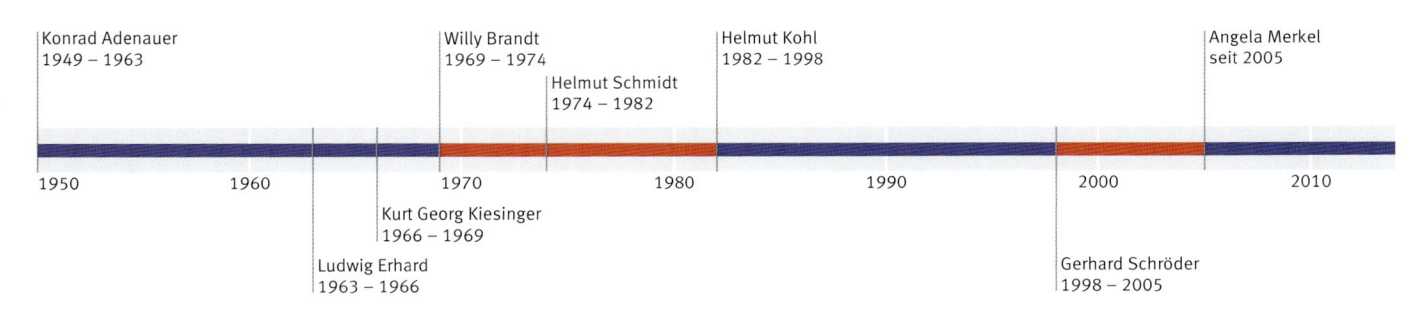

- Konrad Adenauer 1949 – 1963
- Ludwig Erhard 1963 – 1966
- Kurt Georg Kiesinger 1966 – 1969
- Willy Brandt 1969 – 1974
- Helmut Schmidt 1974 – 1982
- Helmut Kohl 1982 – 1998
- Gerhard Schröder 1998 – 2005
- Angela Merkel seit 2005

Sitzverteilung im Europäischen Parlament, Wahl am 25.5.2014
Sitze der Fraktionen insgesamt und der deutschen Parteien

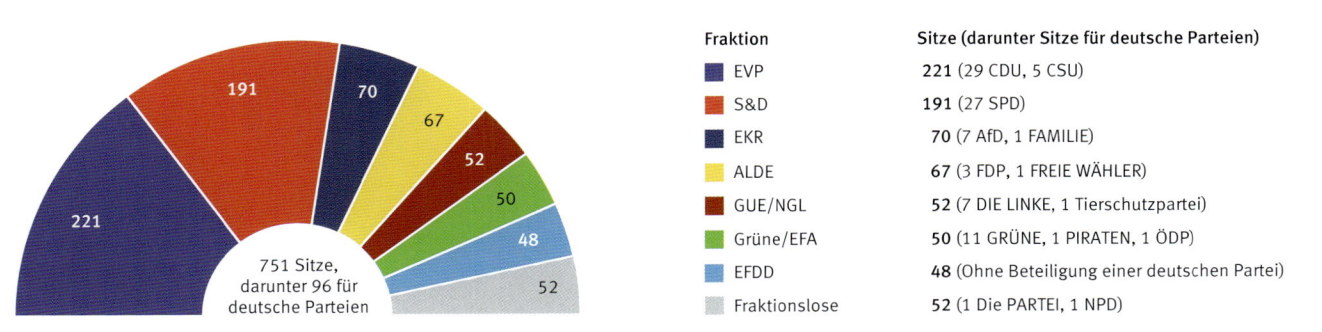

751 Sitze, darunter 96 für deutsche Parteien

Fraktion	Sitze (darunter Sitze für deutsche Parteien)
EVP	221 (29 CDU, 5 CSU)
S&D	191 (27 SPD)
EKR	70 (7 AfD, 1 FAMILIE)
ALDE	67 (3 FDP, 1 FREIE WÄHLER)
GUE/NGL	52 (7 DIE LINKE, 1 Tierschutzpartei)
Grüne/EFA	50 (11 GRÜNE, 1 PIRATEN, 1 ÖDP)
EFDD	48 (Ohne Beteiligung einer deutschen Partei)
Fraktionslose	52 (1 Die PARTEI, 1 NPD)

10 Wahlen

10.1 Wahl zum Deutschen Bundestag
10.1.1 Sitzverteilung im Deutschen Bundestag

	Sitze insgesamt	Davon entfielen auf					
		CDU	SPD	FDP	DIE LINKE	GRÜNE	CSU
Bundestagswahl am 22.9.2013							
Deutschland	631	255	193	–	64	63	56
dar. Frauen	229	63	81	–	36	35	14
Baden-Württemberg	78	43	20	–	5	10	–
Bayern	91	–	22	–	4	9	56
Berlin	27	9	8	–	6	4	–
Brandenburg	20	9	5	–	5	1	–
Bremen	6	2	2	–	1	1	–
Hamburg	13	5	5	–	1	2	–
Hessen	45	21	16	–	3	5	–
Mecklenburg-Vorpommern	13	6	3	–	3	1	–
Niedersachsen	66	31	25	–	4	6	–
Nordrhein-Westfalen	138	63	52	–	10	13	–
Rheinland-Pfalz	31	16	10	–	2	3	–
Saarland	9	4	3	–	1	1	–
Sachsen	33	17	6	–	8	2	–
Sachsen-Anhalt	19	9	4	–	5	1	–
Schleswig-Holstein	24	11	9	–	1	3	–
Thüringen	18	9	3	–	5	1	–
Bundestagswahl am 27.9.2009							
Deutschland	622 [1]	194	146	93	76	68	45
dar. Frauen	204	42	56	23	40	37	6
Baden-Württemberg	84	37	15	15	6	11	–
Bayern	91	–	16	14	6	10	45
Berlin	23	6	5	3	5	4	–
Brandenburg	19	5	5	2	6	1	–
Bremen	6	1	2	1	1	1	–
Hamburg	13	4	4	2	1	2	–
Hessen	45	15	12	8	4	6	–
Mecklenburg-Vorpommern	14	6	2	1	4	1	–
Niedersachsen	62	21	19	9	6	7	–
Nordrhein-Westfalen	129	45	39	20	11	14	–
Rheinland-Pfalz	32	13	8	5	3	3	–
Saarland	10	4	2	1	2	1	–
Sachsen	35	16	5	4	8	2	–
Sachsen-Anhalt	17	5	3	2	6	1	–
Schleswig-Holstein	24	9	6	4	2	3	–
Thüringen	18	7	3	2	5	1	–

1 Einschl. 21 Überhangmandaten für die CDU: 1 in Schleswig-Holstein, 2 in Mecklenburg-Vorpommern, 4 in Sachsen, 1 in Thüringen, 2 in Rheinland-Pfalz, 10 in Baden-Württemberg und 1 im Saarland sowie 3 für die CSU in Bayern.

10 Wahlen

10.1 Wahl zum Deutschen Bundestag
10.1.2 Wahlberechtigte, Wahlbeteiligung und Stimmabgabe nach Ländern

	Wahlberechtigte	Wahlbeteiligung	Von den gültigen Zweitstimmen entfielen auf					
			CDU, in Bayern CSU	SPD	FDP	DIE LINKE	GRÜNE	Sonstige
	1 000	%						
	Bundestagswahl am 22.9.2013							
Deutschland	61 946,9	71,5	41,5 [1]	25,7	4,8	8,6	8,4	10,9
Baden-Württemberg	7 689,9	74,3	45,7	20,6	6,2	4,8	11,0	11,7
Bayern	9 472,7	70,0	49,3	20,0	5,1	3,8	8,4	13,5
Berlin	2 505,7	72,5	28,5	24,6	3,6	18,5	12,3	12,6
Brandenburg	2 065,9	68,4	34,8	23,1	2,5	22,4	4,7	12,4
Bremen	483,8	68,8	29,3	35,6	3,4	10,1	12,1	9,5
Hamburg	1 281,9	70,3	32,1	32,4	4,8	8,8	12,7	9,2
Hessen	4 413,3	73,2	39,2	28,8	5,6	6,0	9,9	10,5
Mecklenburg-Vorpommern	1 350,7	65,3	42,5	17,8	2,2	21,5	4,3	11,6
Niedersachsen	6 117,5	73,4	41,1	33,1	4,2	5,0	8,8	7,8
Nordrhein-Westfalen	13 253,6	72,5	39,8	31,9	5,2	6,1	8,0	9,0
Rheinland-Pfalz	3 092,4	72,8	43,3	27,5	5,5	5,4	7,6	10,6
Saarland	796,1	72,5	37,8	31,0	3,8	10,0	5,7	11,7
Sachsen	3 406,4	69,5	42,6	14,6	3,1	20,0	4,9	14,8
Sachsen-Anhalt	1 930,9	62,1	41,2	18,2	2,6	23,9	4,0	10,0
Schleswig-Holstein	2 251,8	73,1	39,2	31,5	5,6	5,2	9,4	9,0
Thüringen	1 834,3	68,2	38,8	16,1	2,6	23,4	4,9	14,2
	Bundestagswahl am 27.9.2009							
Deutschland	62 168,5	70,8	33,8 [2]	23,0	14,6	11,9	10,7	6,0
Baden-Württemberg	7 633,8	72,4	34,4	19,3	18,8	7,2	13,9	6,4
Bayern	9 382,6	71,6	42,5	16,8	14,7	6,5	10,8	8,7
Berlin	2 471,7	70,9	22,8	20,2	11,5	20,2	17,4	7,9
Brandenburg	2 128,7	67,0	23,6	25,1	9,3	28,5	6,1	7,4
Bremen	488,0	70,3	23,9	30,2	10,6	14,3	15,4	5,5
Hamburg	1 256,6	71,3	27,8	27,4	13,2	11,2	15,6	4,7
Hessen	4 398,9	73,8	32,2	25,6	16,6	8,5	12,0	5,1
Mecklenburg-Vorpommern	1 400,3	63,0	33,1	16,6	9,8	29,0	5,5	5,9
Niedersachsen	6 112,1	73,3	33,2	29,3	13,3	8,6	10,7	4,9
Nordrhein-Westfalen	13 288,3	71,4	33,1	28,5	14,9	8,4	10,1	5,0
Rheinland-Pfalz	3 103,9	72,0	35,0	23,8	16,6	9,4	9,7	5,6
Saarland	808,6	73,7	30,7	24,7	11,9	21,2	6,8	4,8
Sachsen	3 518,2	65,0	35,6	14,6	13,3	24,5	6,7	5,4
Sachsen-Anhalt	2 028,6	60,5	30,1	16,9	10,3	32,4	5,1	5,2
Schleswig-Holstein	2 234,7	73,6	32,2	26,8	16,3	7,9	12,7	4,2
Thüringen	1 913,6	65,2	31,2	17,6	9,8	28,8	6,0	6,7

1 CDU: 34,1 %, CSU: 7,4 %.
2 CDU: 27,3 %, CSU: 6,5 %.

10 Wahlen

10.1 Wahl zum Deutschen Bundestag
10.1.3 Wahlberechtigte, Wahlbeteiligung und Stimmabgabe der Männer und Frauen

Alter von ... bis unter ... Jahren	Wahl-berechtigte	Wahl-beteiligung [1]	Wähler/-innen		Von 100 gültigen Stimmen nebenstehender Altersgruppen entfielen auf						
			insgesamt	dar. gültig	CDU	SPD	FDP	DIE LINKE	GRÜNE	CSU	Sonstige
	1 000	%	1 000		%						
	Bundestagswahl am 22.9.2013										
	Insgesamt										
Insgesamt	**61 947**	**72,4**	**44 310**	**43 727**	**34,1**	**25,7**	**4,8**	**8,6**	**8,4**	**7,4**	**10,9**
18 – 25	5 380	61,8	3 234	3 203	25,1	24,5	4,9	7,4	11,9	6,5	19,7
25 – 35	8 696	63,9	5 427	5 373	29,6	21,9	4,7	8,6	10,7	6,9	17,5
35 – 45	8 699	70,7	6 129	6 071	32,9	21,7	4,9	8,0	11,2	7,5	13,7
45 – 60	17 841	75,2	13 323	13 177	31,4	26,3	4,4	9,8	10,4	6,9	10,9
60 – 70	8 504	79,8	6 461	6 377	35,1	28,4	4,9	10,1	5,8	8,0	7,8
70 und mehr	12 827	74,8	9 736	9 526	43,6	28,3	5,2	6,7	3,3	8,3	4,6
	Männer										
18 – 25	2 731	61,6	1 657	1 642	23,4	25,2	5,7	7,3	8,7	6,3	23,3
25 – 35	4 408	63,0	2 711	2 684	27,6	22,1	5,4	8,7	8,6	6,8	20,8
35 – 45	4 395	69,6	3 041	3 014	31,0	22,1	5,6	8,3	9,5	7,4	16,2
45 – 60	8 933	74,7	6 647	6 580	29,6	27,2	5,0	10,1	9,0	6,8	12,3
60 – 70	4 108	79,9	3 133	3 095	31,7	29,7	5,6	11,1	5,3	7,5	9,1
70 und mehr	5 284	79,9	4 290	4 210	39,9	29,8	5,9	7,7	3,0	8,0	5,7
Zusammen	**29 859**	**72,7**	**21 479**	**21 225**	**31,4**	**26,6**	**5,5**	**9,1**	**7,3**	**7,2**	**13,0**
	Frauen										
18 – 25	2 649	62,0	1 577	1 561	27,0	23,8	4,0	7,5	15,3	6,7	15,8
25 – 35	4 288	64,9	2 717	2 690	31,7	21,8	4,1	8,5	12,8	7,0	14,2
35 – 45	4 304	71,8	3 088	3 057	34,9	21,4	4,1	7,8	12,9	7,7	11,2
45 – 60	8 908	75,7	6 676	6 597	33,2	25,3	3,7	9,4	11,8	6,9	9,6
60 – 70	4 396	79,7	3 328	3 281	38,3	27,2	4,2	9,0	6,3	8,4	6,5
70 und mehr	7 542	71,3	5 446	5 315	46,5	27,1	4,6	5,9	3,6	8,6	3,8
Zusammen	**32 088**	**72,1**	**22 831**	**22 502**	**36,7**	**25,0**	**4,1**	**8,1**	**9,6**	**7,6**	**9,0**

Ergebnisse der Repräsentativstatistiken.

1 Anteil der Wähler/-innen mit Stimm- und Wahlscheinvermerk im Wählerverzeichnis an den Wahlberechtigten.

10 Wahlen

10.1 Wahl zum Deutschen Bundestag
10.1.4 Wahlberechtigte, Wahlbeteiligung und Stimmabgabe in ausgewählten Gemeinden

	Bevölkerung am 30.9.2013 [1]	Wahlberechtigte	Wahlbeteiligung	Von den gültigen Zweitstimmen entfielen auf					
				CDU, in Bayern CSU	SPD	FDP	DIE LINKE	GRÜNE	Sonstige
	Anzahl		%						
	Bundestagswahl am 22.9.2013								
Berlin	3 407 614	2 505 718	72,5	28,5	24,6	3,6	18,5	12,3	12,6
Hamburg	1 748 788	1 281 918	70,3	32,1	32,4	4,8	8,8	12,7	9,2
München	1 402 455	917 148	71,2	37,8	23,9	7,7	4,6	14,1	11,9
Köln	1 028 952	722 435	72,5	33,0	29,8	6,0	8,1	14,1	9,0
Frankfurt am Main	698 570	414 972	70,7	33,7	26,6	7,0	8,5	14,4	9,8
Stuttgart	602 811	374 255	76,7	38,3	21,9	7,5	6,4	15,8	10,0
Düsseldorf	597 808	415 139	73,3	38,8	28,2	7,6	7,0	9,6	8,8
Dortmund	574 671	420 647	68,1	29,0	39,5	4,0	7,8	9,6	10,1
Essen	568 706	428 928	71,3	32,9	37,3	4,6	7,1	8,2	9,9
Bremen	547 157	400 633	69,9	29,1	34,9	3,5	10,3	12,8	9,4
Leipzig	526 909	430 321	67,9	34,6	18,7	3,0	21,9	9,2	12,6
Dresden	527 340	430 136	74,1	38,6	14,9	3,1	18,7	9,1	15,5
Hannover	517 201	374 279	72,4	31,6	35,1	4,5	7,2	13,9	7,7
Nürnberg	497 843	348 914	66,9	37,1	27,7	4,9	6,6	10,9	12,8
Duisburg	486 172	337 326	67,4	28,4	40,9	3,1	8,3	6,1	13,1
Bochum	361 186	279 860	72,3	29,8	39,7	3,6	8,0	9,2	9,7
Wuppertal	343 229	246 429	69,6	33,9	32,1	5,8	8,3	9,9	10,1
Bielefeld	328 502	238 358	72,5	35,2	32,7	4,0	8,5	11,6	8,1
Bonn	310 646	226 487	77,3	36,3	25,9	8,3	6,3	13,7	9,5
Karlsruhe	298 542	205 735	72,9	37,5	22,7	6,0	6,0	15,0	12,7
Münster	297 401	227 762	79,1	37,8	27,2	6,8	6,3	15,2	6,8
Mannheim	297 098	198 525	69,4	35,1	27,5	5,5	7,5	11,1	13,3
Augsburg	275 207	187 230	63,7	42,8	22,6	4,6	5,8	11,0	13,3
Wiesbaden	273 778	189 698	69,8	38,7	27,8	6,8	5,9	11,7	9,1
Gelsenkirchen	257 595	181 476	65,3	27,7	44,0	3,0	7,6	5,5	12,2
Mönchengladbach	255 407	192 676	66,2	43,7	28,1	5,9	6,4	6,2	9,7

Gemeinden mit 250 000 Einwohnerinnen und Einwohnern und mehr.
1 Vorläufige Ergebnisse auf Grundlage des Zensus 2011, Zensusdaten mit dem Stand vom 10.4.2014.

10 Wahlen

10.2 Wahl der Abgeordneten des Europäischen Parlaments aus der Bundesrepublik Deutschland
10.2.1 Deutsche Sitze im Europäischen Parlament

	Sitze insgesamt	Verteilung auf die Parteien						
		CDU	SPD	GRÜNE	FDP	DIE LINKE	CSU	Sonstige
Europawahl am 25.5.2014								
Deutschland	96	29	27	11	3	7	5	14 [1]
dar. Frauen	35	5	13	6	1	4	2	4 [2]
Europawahl am 7.6.2009								
Deutschland	99	34	23	14	12	8	8	–
dar. Frauen	37	8	10	7	5	4	3	–

1 AfD 7 Sitze, je 1 Sitz FREIE WÄHLER, Tierschutzpartei, FAMILIE, PIRATEN, ÖDP, NPD und Die Partei.
2 AfD 2 Sitze, je 1 Sitz FREIE WÄHLER und PIRATEN.

10.2.2 Wahlberechtigte, Wahlbeteiligung und Stimmabgabe nach Ländern am 25.5.2014

	Wahlberechtigte	Wähler/-innen bzw. Wahlbeteiligung	Stimmen		Von den gültigen Stimmen entfielen auf						
			ungültig	gültig	CDU	SPD	GRÜNE	FDP	DIE LINKE	CSU	Sonstige
	Anzahl										
Deutschland	61 998 824	29 843 798	488 706	29 355 092	8 812 653	8 003 628	3 139 274	986 841	2 168 455	1 567 448	4 676 793
Baden-Württemberg	7 713 126	4 015 264	89 490	3 925 774	1 542 244	902 720	517 842	161 669	142 360	–	658 939
Bayern	9 503 690	3 886 041	14 589	3 871 452	–	779 399	466 916	118 364	113 914	1 567 448	825 411
Berlin	2 519 758	1 177 832	18 166	1 159 666	232 274	278 694	220 998	31 953	188 344	–	207 403
Brandenburg	2 060 156	961 109	26 563	934 546	233 468	251 482	57 057	20 051	183 727	–	188 761
Bremen	483 728	195 029	1 466	193 563	43 353	66 536	33 997	6 301	18 499	–	24 877
Hamburg	1 283 323	558 277	5 406	552 871	135 780	186 638	95 169	20 513	47 630	–	67 141
Hessen	4 422 994	1 867 868	24 314	1 843 554	564 294	558 541	238 657	74 773	103 573	–	303 716
Mecklenburg-Vorpommern	1 344 770	629 039	21 086	607 953	210 268	129 112	30 780	11 464	119 198	–	107 131
Niedersachsen	6 126 291	3 006 852	28 617	2 978 235	1 174 739	967 811	324 221	75 347	118 385	–	317 732
Nordrhein-Westfalen	13 265 031	6 941 739	95 723	6 846 016	2 439 979	2 307 234	688 410	274 991	322 197	–	813 205
Rheinland-Pfalz	3 093 894	1 763 166	41 702	1 721 464	661 339	529 232	139 047	63 988	62 977	–	264 881
Saarland	793 193	429 269	13 695	415 574	145 182	143 009	24 762	9 281	27 630	–	65 710
Sachsen	3 392 983	1 669 244	47 487	1 621 757	559 899	252 388	97 256	41 589	296 853	–	373 772
Sachsen-Anhalt	1 916 865	824 614	26 609	798 005	245 010	173 082	38 485	21 007	174 103	–	146 318
Schleswig-Holstein	2 257 089	978 082	7 697	970 385	334 121	309 934	120 245	36 394	43 302	–	126 389
Thüringen	1 821 933	940 373	26 096	914 277	290 703	167 816	45 432	19 156	205 763	–	185 407
	%										
Deutschland	X	48,1	1,6	98,4	30,0	27,3	10,7	3,4	7,4	5,3	15,9
Baden-Württemberg	X	52,1	2,2	97,8	39,3	23,0	13,2	4,1	3,6	–	16,8
Bayern	X	40,9	0,4	99,6	–	20,1	12,1	3,1	2,9	40,5	21,3
Berlin	X	46,7	1,5	98,5	20,0	24,0	19,1	2,8	16,2	–	17,9
Brandenburg	X	46,7	2,8	97,2	25,0	26,9	6,1	2,1	19,7	–	20,2
Bremen	X	40,3	0,8	99,2	22,4	34,4	17,6	3,3	9,6	–	12,9
Hamburg	X	43,5	1,0	99,0	24,6	33,8	17,2	3,7	8,6	–	12,1
Hessen	X	42,2	1,3	98,7	30,6	30,3	12,9	4,1	5,6	–	16,5
Mecklenburg-Vorpommern	X	46,8	3,4	96,6	34,6	21,2	5,1	1,9	19,6	–	17,6
Niedersachsen	X	49,1	1,0	99,0	39,4	32,5	10,9	2,5	4,0	–	10,7
Nordrhein-Westfalen	X	52,3	1,4	98,6	35,6	33,7	10,1	4,0	4,7	–	11,9
Rheinland-Pfalz	X	57,0	2,4	97,6	38,4	30,7	8,1	3,7	3,7	–	15,4
Saarland	X	54,1	3,2	96,8	34,9	34,4	6,0	2,2	6,6	–	15,8
Sachsen	X	49,2	2,8	97,2	34,5	15,6	6,0	2,6	18,3	–	23,0
Sachsen-Anhalt	X	43,0	3,2	96,8	30,7	21,7	4,8	2,6	21,8	–	18,3
Schleswig-Holstein	X	43,3	0,8	99,2	34,4	31,9	12,4	3,8	4,5	–	13,0
Thüringen	X	51,6	2,8	97,2	31,8	18,4	5,0	2,1	22,5	–	20,3

10 Wahlen

10.2 Wahl der Abgeordneten des Europäischen Parlaments aus der Bundesrepublik Deutschland
10.2.3 Wahlberechtigte, Wahlbeteiligung und Stimmabgabe der Männer und Frauen

Alter von ... bis unter ... Jahren	Wahl-berechtigte	Wahl-beteiligung [1]	Wähler/-innen		Von 100 gültigen Stimmen nebenstehender Altersgruppen entfielen auf						
			insgesamt	dar. gültig	CDU	SPD	GRÜNE	FDP	DIE LINKE	CSU	Sonstige
	1 000	%	1 000		%						
Europawahl am 25.5.2014											
Insgesamt											
Insgesamt	61 999	49,2	29 844	29 355	30,0	27,3	10,7	3,4	7,4	5,3	15,9
18 – 25	4 956	36,8	1 793	1 771	24,1	21,3	17,0	3,0	7,0	4,1	23,6
25 – 35	8 703	37,3	3 145	3 110	25,4	20,0	15,6	3,1	8,1	4,1	23,7
35 – 45	8 420	44,1	3 706	3 667	28,5	21,3	15,6	3,5	6,7	4,6	19,8
45 – 60	17 939	50,7	9 014	8 900	26,7	27,0	14,0	3,2	7,9	4,6	16,7
60 – 70	8 697	58,2	4 953	4 870	29,4	32,3	6,9	3,5	8,5	5,8	13,6
70 und mehr	13 284	56,8	7 233	7 038	39,1	31,9	2,9	3,6	6,0	7,2	9,2
Männer											
18 – 25	2 538	37,0	927	916	23,8	21,2	12,1	3,6	7,3	4,1	27,8
25 – 35	4 433	36,8	1 581	1 565	24,6	19,4	12,3	3,7	8,5	4,1	27,3
35 – 45	4 250	43,5	1 845	1 826	27,2	21,0	12,7	4,2	7,2	4,8	22,9
45 – 60	9 001	50,2	4 511	4 455	25,7	27,4	11,8	3,6	8,3	4,7	18,6
60 – 70	4 207	58,6	2 428	2 387	26,6	32,9	6,3	3,7	9,5	5,6	15,5
70 und mehr	5 516	61,8	3 289	3 201	35,7	32,9	2,6	3,9	6,9	7,2	10,9
Zusammen	29 946	49,5	14 582	14 350	28,0	27,5	9,0	3,8	8,0	5,3	18,4
Frauen											
18 – 25	2 418	36,7	866	855	24,4	21,3	22,1	2,3	6,7	4,0	19,1
25 – 35	4 270	37,9	1 564	1 545	26,2	20,7	19,0	2,5	7,7	4,0	20,0
35 – 45	4 170	44,8	1 861	1 841	29,8	21,6	18,4	2,9	6,2	4,5	16,7
45 – 60	8 939	51,2	4 502	4 445	27,6	26,6	16,1	2,8	7,6	4,5	14,8
60 – 70	4 490	57,8	2 525	2 484	32,0	31,8	7,6	3,3	7,6	6,0	11,8
70 und mehr	7 767	53,2	3 944	3 836	41,9	31,1	3,1	3,4	5,4	7,3	7,9
Zusammen	32 053	48,9	15 262	15 005	31,9	27,1	12,3	3,0	6,8	5,4	13,5

Ergebnisse der Repräsentativstatistiken.
1 Anteil der Wähler/-innen mit Stimm- und Wahlscheinvermerk im Wählerverzeichnis an den Wahlberechtigten.

10.3 Landtagswahlen
10.3.1 Sitzverteilung in den Länderparlamenten

	Datum der Landtagswahl	Abgeordnete insgesamt	CDU, in Bayern CSU	SPD	FDP	DIE LINKE	GRÜNE [1]	Sonstige
Baden-Württemberg	13.3.2016	143	42	19	12	–	47	23 [2]
Bayern	15.9.2013	180	101	42	–	–	18	19 [3]
Berlin	18.9.2011	149	39	47	–	19	29	15 [4]
Brandenburg	14.9.2014	88	21	30	–	17	6	14 [5]
Bremen	10.5.2015	83	20	30	6	8	14	5 [6]
Hamburg	15.2.2015	121	20	58	9	11	15	8 [2]
Hessen	22.9.2013	110	47	37	6	6	14	–
Mecklenburg-Vorpommern	4.9.2011 [7]	71	18	27	–	14	7	5 [8]
Niedersachsen	20.1.2013	137	54	49	14	–	20	–
Nordrhein-Westfalen	13.5.2012	237	67	99	22	–	29	20 [4]
Rheinland-Pfalz	13.3.2016	101	35	39	7	–	6	14 [2]
Saarland	25.3.2012	51	19	17	–	9	2	4 [4]
Sachsen	31.8.2014	126	59	18	–	27	8	14 [2]
Sachsen-Anhalt	13.3.2016	87	30	11	–	16	5	25 [2]
Schleswig-Holstein	6.5.2012	69	22	22	6	–	10	9 [9]
Thüringen	14.9.2014	91	34	12	–	28	6	11 [2]

Stand nach dem Ergebnis der letzten Wahl.

1 Brandenburg: BÜNDNIS 90/DIE GRÜNEN (GRÜNE/B90); Hamburg: BÜNDNIS 90/DIE GRÜNEN Landesverband Hamburg, Grüne Alternative Liste (GRÜNE/GAL).
2 Alternative für Deutschland (AfD).
3 FW FREIE WÄHLER Bayern e. V. (FW FREIE WÄHLER).
4 Piratenpartei Deutschland (PIRATEN).
5 Alternative für Deutschland (AfD) 11 Sitze und Brandenburger Vereinigte Bürgerbewegungen/Freie Wähler (BVB/FREIE WÄHLER) 3 Sitze.
6 Alternative für Deutschland (AfD) 4 Sitze und Bürger in Wut (BIW) 1 Sitz.
7 Einschl. Nachwahl am 18.9.2011 im Wahlkreis 33 Rügen I.
8 Nationaldemokratische Partei Deutschlands (NPD).
9 Piratenpartei Deutschland (PIRATEN) 6 Sitze und Südschleswigscher Wählerverband (SSW) 3 Sitze.

10 Wahlen

10.3 Landtagswahlen
10.3.2 Wahlberechtigte, Wahlbeteiligung und Stimmabgabe

	Datum der Landtagswahl	Wahlberechtigte	Wahlbeteiligung	Von den gültigen Stimmen entfielen auf					
				CDU, in Bayern CSU	SPD	FDP	DIE LINKE	GRÜNE [1]	Sonstige
		1 000	%						
Baden-Württemberg	13.3.2016	7 683,5	70,4	27,0	12,7	8,3	2,9	30,3	18,8
Bayern	15.9.2013	9 442,0	63,6	47,7	20,6	3,3	2,1	8,6	17,7
Berlin	18.9.2011	2 469,7	60,2	23,3	28,3	1,8	11,7	17,6	17,2
Brandenburg	14.9.2014	2 094,5	47,9	23,0	31,9	1,5	18,6	6,2	18,9
Bremen	10.5.2015	487,6	50,2	22,4	32,8	6,6	9,5	15,1	13,5
Hamburg	15.2.2015	1 299,4	56,5	15,9	45,6	7,4	8,5	12,3	10,3
Hessen	22.9.2013	4 392,2	73,2	38,3	30,7	5,0	5,2	11,1	9,6
Mecklenburg-Vorpommern	4.9.2011 [2]	1 373,9	51,5	23,0	35,6	2,8	18,4	8,7	11,5
Niedersachsen	20.1.2013	6 097,7	59,4	36,0	32,6	9,9	3,1	13,7	4,6
Nordrhein-Westfalen	13.5.2012	13 262,0	59,6	26,3	39,1	8,6	2,5	11,3	12,1
Rheinland-Pfalz	13.3.2016	3 072,0	70,4	31,8	36,2	6,2	2,8	5,3	17,6
Saarland	25.3.2012	797,5	61,6	35,2	30,6	1,2	16,1	5,0	11,8
Sachsen	31.8.2014	3 376,6	49,1	39,4	12,4	3,8	18,9	5,7	19,8
Sachsen-Anhalt	13.3.2016	1 877,6	61,1	29,8	10,6	4,9	16,3	5,2	33,2
Schleswig-Holstein	6.5.2012	2 239,6	60,2	30,8	30,4	8,2	2,3	13,2	15,2
Thüringen	14.9.2014	1 812,4	52,7	33,5	12,4	2,5	28,2	5,7	17,8

1 Brandenburg: BÜNDNIS 90/DIE GRÜNEN (GRÜNE/B90); Hamburg: BÜNDNIS 90/DIE GRÜNEN Landesverband Hamburg, Grüne Alternative Liste (GRÜNE/GAL).
2 Einschl. Nachwahl am 18.9.2011 im Wahlkreis 33 Rügen I.

10.4 Mitglieder der Bundesregierung und Länderregierungen, Stimmenzahl der Länder im Bundesrat

Bundesregierung Landesregierung	Datum der Bundestags- bzw. Landtagswahl	Parteizugehörigkeit der Bundeskanzlerin, des Ministerpräsidenten [1]	Parteizugehörigkeit der Minister/-innen [2]						Stimmenzahl im Bundesrat
			CDU, in Bayern CSU	SPD	FDP	DIE LINKE	GRÜNE [3]	Sonstige	
Bundesregierung	22.9.2013	CDU	9	6	–	–	–	–	X
Baden-Württemberg	13.3.2016	GRÜNE	5	–	–	–	5	–	6
Bayern	15.9.2013	CSU	11	–	–	–	–	–	6
Berlin	18.9.2011	SPD	3	3	–	–	–	2 [4]	4
Brandenburg	14.9.2014	SPD	–	5	–	3	–	1 [4]	4
Bremen	10.5.2015	SPD	–	4	–	–	3	–	3
Hamburg	15.2.2015	SPD	–	6	–	–	3	2 [4]	3
Hessen	22.9.2013	CDU	8	–	–	–	2	–	5
Mecklenburg-Vorpommern	4.9.2011 [5]	SPD	3	5	–	–	–	–	3
Niedersachsen	20.1.2013	SPD	–	5	–	–	4	–	6
Nordrhein-Westfalen	13.5.2012	SPD	–	9	–	–	3	–	6
Rheinland-Pfalz	13.3.2016	SPD	–	4	2	–	2	1 [4]	4
Saarland	25.3.2012	CDU	3	3	–	–	–	–	3
Sachsen	31.8.2014	CDU	7	3	–	–	–	–	4
Sachsen-Anhalt	13.3.2016	CDU	5	2	–	–	1	–	4
Schleswig-Holstein	6.5.2012	SPD	–	3	–	–	2	2 [6]	4
Thüringen	14.9.2014	DIE LINKE	–	3	–	4	2	–	4

1 Bzw. der Ministerpräsidentin. – In Berlin: Regierender Bürgermeister; in Bremen: Präsident des Senats; in Hamburg: Erster Bürgermeister.
2 In Berlin, Bremen und Hamburg: Senatoren bzw. Senatorinnen.
3 Brandenburg: BÜNDNIS 90/DIE GRÜNEN (GRÜNE/B90); Hamburg: BÜNDNIS 90/DIE GRÜNEN Landesverband Hamburg, Grüne Alternative Liste (GRÜNE/GAL).
4 Parteilos.
5 Einschl. Nachwahl am 18.9.2011 im Wahlkreis 33 Rügen I.
6 Südschleswigscher Wählerverband (SSW) 1 Ministerin, Parteilos 1 Ministerin.

10 Wahlen

Methodik

Für die Lebendigkeit der Demokratie ist es von entscheidender Bedeutung, in welchem Maße die Bürgerinnen und Bürger von ihren in der Verfassung garantierten Rechten Gebrauch machen und damit Einfluss auf die politische Willensbildung nehmen. Eine zentrale Rolle spielt dabei die Ausübung des Wahlrechts, mit der Bürgerinnen und Bürger über die Zusammensetzung der demokratischen Vertretungen in der Europäischen Union sowie in Bund, Land und Gemeinde entscheiden.

■ Wahl zum Deutschen Bundestag, Wahl der Abgeordneten des Europäischen Parlaments aus der Bundesrepublik Deutschland

Rechtsgrundlage der Wahlstatistik ist das Gesetz über die allgemeine und die repräsentative Wahlstatistik bei der Wahl zum Deutschen Bundestag und bei der Wahl der Abgeordneten des Europäischen Parlaments aus der Bundesrepublik Deutschland (Wahlstatistikgesetz – WStatG vom 21.5.1999 (BGBl. I S. 1023)), geändert durch Art. 1a des Gesetzes vom 27.4.2013 (BGBl. I S. 962). Für die Europa- und Bundestagswahlen sind danach allgemeine und repräsentative Wahlstatistiken zu erstellen.

Die **allgemeine Wahlstatistik** dient der Information der Öffentlichkeit über das Wahlergebnis. Sie erfasst alle Wahlberechtigten, die Wählerinnen und Wähler, ungültige Stimmen sowie die Stimmabgabe für die einzelnen Wahlvorschläge in regionaler Gliederung durch eine Vollerhebung. Die Wählerverzeichnisse und die abgegebenen Stimmzettel dienen hier als Grundlage. Nach der Feststellung durch die Wahlvorstände und Wahlausschüsse wird die Statistik in Form des vorläufigen amtlichen Wahlergebnisses in der Wahlnacht bekannt gegeben. Das endgültige amtliche Wahlergebnis liegt etwa zwei bis drei Wochen nach dem Wahltag vor. Auf Bundes- und Landesebene ist die zeitliche und räumliche Vergleichbarkeit gegeben. Die repräsentative Wahlstatistik ergänzt die Ergebnisse.

Die **repräsentative Wahlstatistik** ermöglicht eine Analyse des Wahlverhaltens von Männern und Frauen, der altersspezifischen Unterschiede und der Struktur der Wählerinnen und Wähler sowie Nichtwählerinnen und -wähler. Der Bundeswahlleiter trifft, im Einvernehmen mit den Landeswahlleiterinnen und Landeswahlleitern und den Statistischen Ämtern der Länder, eine Auswahl der Stichprobenwahlbezirke. Dies erfolgt nach dem Zufallsprinzip auf der Basis mathematischer Grundsätze unter strikter Wahrung des Wahlgeheimnisses. Auf der Grundlage von Wählerverzeichnissen und Stimmzetteln mit Unterscheidungsaufdruck werden Geschlechts- und Altersgliederung der Wahlberechtigten sowie der Wählerinnen und Wähler erfasst. Die gewonnene Stichprobe ist repräsentativ für die Länder und damit zugleich für die ganze Bundesrepublik Deutschland.

Vor der Neuregelung durch das Wahlstatistikgesetz 2002 wurde die repräsentative Wahlstatistik für Bundestagswahlen seit 1953 nach dem Bundeswahlgesetz durchgeführt und für die Europawahlen seit 1979 nach dem Europawahlgesetz. Für die Bundestagswahlen 1994 und 1998 hatte der Gesetzgeber die repräsentative Wahlstatistik ausgesetzt. Zeitliche und räumliche Vergleichbarkeit ist – bis auf die Bundestagswahlen 1994 und 1998 – gegeben. Mit Änderung des Gesetzes am 27.4.2013 wurde die Anzahl der Geburtsjahresgruppen für die Stimmabgabe von fünf auf sechs erhöht.

Detaillierte Informationen zur Methodik der einzelnen Statistiken sind in den „Qualitätsberichten" dokumentiert (siehe hierzu *www.destatis.de/publikationen* › Qualitätsberichte).

HINWEIS:
Die Reihenfolge der Parteien für die Bundestagswahlen in den Tabellen orientiert sich an dem Ergebnis der Zweitstimmen der jeweils letzten Bundestagswahl, für die Europawahlen an dem Ergebnis der jeweils letzten Europawahl.

10 Wahlen

Glossar

Abgeordnete | Die von den Wahlberechtigten ins Parlament gewählten Personen. Sie sind Vertreterinnen und Vertreter des ganzen Volkes und an Aufträge und Weisungen nicht gebunden, sondern nur ihrem Gewissen unterworfen. Sie werden in allgemeiner, unmittelbarer, freier, gleicher und geheimer Wahl gewählt. Wählbar ist, wer am Wahltag Deutsche bzw. Deutscher (bzw. bei Europawahlen Unionsbürger/-in) ist und das 18. Lebensjahr vollendet hat (passives Wahlrecht). Näheres regeln das Grundgesetz (Artikel 38) sowie das Bundes- bzw. Europawahlgesetz.
Seit der Bundestagswahl 2002 ist die gesetzliche Zahl der Abgeordneten auf 598 festgelegt. Bei der Europawahl 2014 waren 96 Abgeordnete aus der Bundesrepublik Deutschland zu wählen.

Bundesrat | Die Länder wirken über den Bundesrat an der Gesetzgebung des Bundes mit. Die Stimmenzahl der Länder im Bundesrat ist nach der Einwohnerzahl gestaffelt. Die Stimmen eines Landes können nur einheitlich abgegeben werden.

Deutscher Bundestag | Er ist das Parlament der Bundesrepublik Deutschland mit Sitz in Berlin. Als zentrales Verfassungsorgan im politischen System Deutschlands hat er eine Vielzahl von Funktionen. An erster Stelle steht die Gesetzgebungsfunktion. Dies bedeutet, der Bundestag schafft das Bundesrecht und ändert die Verfassung. Hierbei bedarf es in gesetzlich bestimmten Fällen der Mitwirkung des Bundesrates, der jedoch keine zweite Parlamentskammer ist. Auch entscheidet der Bundestag über die Zustimmung zu internationalen Verträgen mit anderen Staaten und Organisationen und beschließt den Bundeshaushalt. Im Rahmen seiner Kreationsfunktion wählt er etwa die Bundeskanzlerin bzw. den Bundeskanzler und wirkt bei der Wahl der Bundespräsidentin bzw. des Bundespräsidenten, der Bundesrichterinnen und Bundesrichter und anderer wichtiger Bundesorgane mit. Der Bundestag übt die parlamentarische Kontrolle gegenüber der Regierung und der Exekutive des Bundes aus. Ferner kontrolliert er den Einsatz der Bundeswehr. Der Deutsche Bundestag wird für vier Jahre gewählt (Wahlperiode), zuletzt am 22.9.2013.

Europäisches Parlament | Es ist das einzige, direkt vom Volk der Mitgliedstaaten legitimierte Organ der Europäischen Union (EU). Durch die Europawahl als demokratischer Akt können die Bürgerinnen und Bürger somit unmittelbar Einfluss auf die Unionspolitik nehmen. Das Europäische Parlament ist sozusagen die Bürgerkammer der EU, neben dem Rat (EU-Ministerrat) als Staatenkammer. Die Abgeordneten des Europäischen Parlaments werden in allgemeiner, unmittelbarer, freier und geheimer Wahl nach dem Verhältniswahlsystem für fünf Jahre gewählt. Die letzte Direktwahl der insgesamt 751 Abgeordneten zum Europäischen Parlament fand in den 28 Mitgliedstaaten der EU vom 22. bis 25.5.2014 statt. Wahltag in der Bundesrepublik Deutschland war der 25.5.2014. Ein einheitliches Wahlgesetz auf EU-Ebene besteht nicht. Die Abgeordneten werden daher nach den verschiedenen nationalen Verfahren gewählt. Seit 1979 wählen die Bürgerinnen und Bürger der EU in fünfjährigem Turnus die Abgeordneten des Europäischen Parlaments.

Landtage | Sie sind die Volksvertretungen der einzelnen Bundesländer Deutschlands. In den Landtagswahlen wird ihre Zusammensetzung festgelegt. Je nach Bundesland dauert die Legislaturperiode vier bzw. fünf Jahre. Die Stadtstaaten verwenden eigene Bezeichnungen: In Berlin heißt der Landtag „Abgeordnetenhaus", in Bremen und Hamburg „Bürgerschaft". Hauptaufgaben der Landesparlamente sind die Kontrolle der Landesregierung, der Erlass von Gesetzen sowie die Gestaltung und Freigabe des Landeshaushaltes.

Parteien | Nach dem Grundgesetz (Artikel 21) haben sie die Aufgabe, an der politischen Willensbildung des Volkes mitzuwirken. Ihre Gründung ist frei, ihre innere Ordnung muss demokratischen Grundsätzen entsprechen. Verfassungswidrig sind solche Parteien, die nach ihren Zielen oder nach dem Verhalten ihrer Anhängerschaft darauf ausgerichtet sind, die freiheitlich demokratische Grundordnung zu beeinträchtigen oder zu beseitigen oder den Bestand der Bundesrepublik Deutschland zu gefährden. Das Bundesverfassungsgericht kann diese Parteien in einem besonderen Verfahren verbieten. Von dieser Möglichkeit wurde bisher zweimal Gebrauch gemacht: 1952 wurde die Sozialistische Reichspartei – eine extreme Rechtspartei – verboten, 1956 wurde die KPD für verfassungswidrig erklärt und aufgelöst.

Rechtsgrundlage | *Bundestagswahl* | Einzelheiten der Wahl, darunter auch die Nachfolge von verstorbenen Abgeordneten oder von Abgeordneten, die ihr Mandat niedergelegt haben, regeln das Bundeswahlgesetz in der Fassung der Bekanntmachung vom 23.7.1993 (BGBl. I S. 1288, 1594), zuletzt geändert durch Artikel 1 des Gesetzes vom 3.5.2016 (BGBl. I S. 1062), und die Bundeswahlordnung in der Fassung der Bekanntmachung vom 19.4.2002 (BGBl. I S. 1376), zuletzt geändert durch Artikel 1 der Verordnung vom 13.5.2013 (BGBl. I S. 1255).

Europawahl | In allen Mitgliedstaaten gelten grundlegende gemeinsame Vorschriften des Europarechts: Artikel 14 des Vertrages über die Europäische Union und Artikel 223 des Vertrages über die Arbeitsweise der Europäischen Union (konsolidierte Fassungen ABl 2012 C C326/13 und C326/47), der Direktwahlakt in der Fassung vom 20.9.1976 (BGBl. 1977 II S. 733/734), zuletzt geändert durch Beschluss des Rates vom 25.6.2002 und 23.9.2002 (BGBl. 2003 II S. 810, 2004 II S. 520), sowie die Richtlinie 93/109/EG des Rates vom 6.12.1993 (ABl. L 329 vom 30.12.1993, S. 34-38), geändert durch Artikel 1 der Richtlinie 2013/1/EU des Rates vom 20.12.2012 (ABl. L 26 vom 26.1.2013, S. 27-29) zur Ausübung des aktiven und passiven Wahlrechts für Unionsbürgerinnen und -bürger.
Vorbehaltlich dieser Regelungen bestimmt sich das Wahlrecht in jedem Mitgliedstaat nach den innerstaatlichen Bestimmungen. Maßgebend in der Bundesrepublik Deutschland ist das Europawahlgesetz in der Fassung der Bekanntmachung vom 8.3.1994 (BGBl. I S. 423, 555, 852), zuletzt geändert durch Artikel I des Gesetzes vom 7.10.2013 (BGBl. I S. 3749), mit weitgehenden Verweisungen auf das Bundeswahlgesetz und die Europawahlordnung in der Fassung der Bekanntmachung vom 2.5.1994 (BGBl. I S. 957), zuletzt geändert durch Artikel 1 der Verordnung vom 16.12.2013 (BGBl. I S. 4335).

Sitzverteilung | *Bundestagswahl* | Für die Sitzverteilung wurde erstmals 2013 ein neues zweistufiges Sitzverteilungsverfahren eingesetzt. In der ersten Stufe werden in einem ersten Schritt für jedes Land anhand der dortigen deutschen Bevölkerung Sitzkontingente ermittelt. Hierbei ist die Bedingung einzuhalten, dass insgesamt 598 Sitze zu vergeben sind. Im zweiten Schritt erfolgt sodann eine vorläufige Verteilung der ermittelten Sitzkontingente im jeweiligen Land auf die Parteien anhand der Zahl der Zweitstimmen pro Partei. Als Ergebnis der ersten Stufe wird für jede Partei das Maximum aus den nach Sitzkontingenten errechneten Sitzen und den direkt gewonnenen Wahlkreissitzen gebildet. Diese Sitzzahl stellt die auf Bundesebene garantierte Mindestsitzzahl der jeweiligen Partei dar.
In der zweiten Stufe werden die jeder Partei nach dem Anteil ihrer Zweitstimmen zustehenden Sitze auf Bundesebene ermittelt. Da hierbei die Bedingung gilt, dass die in der ersten Stufe jeweils garantierte Mindestsitzzahl zu erreichen ist, muss in der Regel die Gesamtsitzzahl von 598 erhöht werden. Alsdann erfolgt die Verteilung der so ermittelten Sitze der Parteien auf ihre Landeslisten wiederum nach dem Anteil ihrer Zweitstimmen unter der Bedingung, dass ihre errungenen Direktmandate garantiert sind.
Seit der Bundestagswahl 2009 wird das Verfahren nach Sainte-Laguë/Schepers zur Berechnung eingesetzt. Durch die Sperrklausel sind bei der Wahl zum Bundestag für eine Partei mindestens 5 % der im Bundesgebiet abgegebenen Stimmen oder mindestens drei Wahlkreissiege erforderlich, um bei der Sitzverteilung berücksichtigt zu werden.

Europawahl | Bei der Verteilung der Sitze zur Europawahl 2014 wurden erstmals alle Wahlvorschläge berücksichtigt. Das Bundesverfassungsgericht hatte die Anwendung einer Sperrklausel bei Europawahlen für nichtig erklärt. Zunächst werden die für jeden Wahlvorschlag abgegebenen Stimmen zusammengezählt. Listen desselben Wahlvorschlagsberechtigten für einzelne Länder gelten dabei als verbunden und werden bei der Sitzverteilung im Verhältnis zu den übrigen Wahlvorschlägen als ein Wahlvorschlag behandelt, sofern der Wahlvorschlagsberechtigte der Listenverbindung nicht ausdrücklich ausschließen wollte. Die zu vergebenden Mandate wurden, wie auch erstmals bei der Europawahl 2009, nach dem Berechnungsverfahren Sainte-Laguë/Schepers zugeteilt. Hierzu werden die Stimmenanzahlen der einzelnen Parteien durch einen gemeinsamen Zuteilungsdivisor geteilt. Der Divisor wird dabei im Wege des sogenannten iterativen Verfahrens so bestimmt, dass die Summe der Sitzzahlen mit der Gesamtzahl der zu vergebenden Mandate übereinstimmt. Jede Partei erhält so viele Sitze, wie nach Standardrundung der sich ergebenden Quotienten auf sie entfallen.

10 Wahlen

Glossar

Verhältniswahl | *Bundestagswahl* | Die Wahl erfolgt nach den Grundsätzen einer – mit der Personenwahl verbundenen – Verhältniswahl. Seit 1953 hat jede Wählerin bzw. jeder Wähler zwei Stimmen. Mit der sogenannten Erststimme kann die Wählerin oder der Wähler nach den Grundsätzen der (relativen) Mehrheitswahl eine Kandidatin bzw. einen Kandidaten im Wahlkreis seines ersten Wohnsitzes wählen, mit der sogenannten Zweitstimme die Landesliste einer Partei.

Europawahl | Jede Wählerin und jeder Wähler hat eine Stimme. Die Wahl erfolgt nach den Grundsätzen der Verhältniswahl mit Listenwahlvorschlägen. Die Listenwahlvorschläge können für ein Bundesland aufgestellt werden oder als gemeinsame Liste für alle Bundesländer. Von den insgesamt 25 zur Wahl zugelassenen Parteien und sonstigen politischen Vereinigungen bei der Europawahl 2014 nahmen 2 mit einer Liste oder mehreren Listen für ein Land an der Wahl teil, 23 mit einer gemeinsamen Liste für alle Länder.

Wahlberechtigte | *Bundestagswahl* | Wahlberechtigt und wählbar sind nur Deutsche. Unter bestimmten Voraussetzungen sind auch Deutsche wahlberechtigt, die im Ausland wohnen. Das Wahl- und Wählbarkeitsalter liegt seit dem 1.1.1975 einheitlich bei 18 Lebensjahren.

Europawahl | Alle Deutschen, die am Wahltag das 18. Lebensjahr vollendet haben, seit mindestens drei Monaten im Bundesgebiet oder in den übrigen Mitgliedstaaten der Europäischen Union eine Wohnung inne haben oder sich sonst gewöhnlich dort aufhalten und nicht vom Wahlrecht ausgeschlossen sind, sind wahlberechtigt. Auch Deutsche, die außerhalb der Mitgliedstaaten der Europäischen Union leben, sind unter bestimmten Voraussetzungen wahlberechtigt. In Deutschland lebende Bürgerinnen und Bürger der Mitgliedstaaten der Europäischen Union können unter den gleichen Voraussetzungen wie Deutsche an der Wahl der Abgeordneten aus der Bundesrepublik Deutschland teilnehmen.

Wahlkreise | Das Wahlgebiet der Bundesrepublik Deutschland ist für Bundestagswahlen in Wahlkreise eingeteilt. Seit der Bundestagswahl 2002 ist die Zahl der Wahlkreise gesetzlich auf 299 festgelegt.

Wahlen

Mehr zum Thema

Liebe Leserin, lieber Leser,
ein Thema in diesem Kapitel spricht Sie besonders an oder Sie benötigen weitere Informationen? Auf dieser Seite nennen wir Ihnen, nach Themen gegliedert, weitere Veröffentlichungen unseres Hauses. Ausführliche Informationen zu den Produktkategorien sowie dem Informationsangebot des Statistischen Bundesamtes finden Sie auf Seite 8 dieser Ausgabe.

Web-Angebote

www.destatis.de ist Ihre erste Adresse in Sachen Statistik. Hier finden Sie alle Informationen, die das Statistische Bundesamt veröffentlicht, tagesaktuell. Unsere Veröffentlichungen können Sie direkt über unsere Website *www.destatis.de/publikationen* downloaden.

Die Ergebnisse – auch aus früheren Bundestags-, Europa- bzw. Landtagswahlen stehen zum Download über die Homepage des Bundeswahlleiters unter *www.bundeswahlleiter.de* zur Verfügung.

GENESIS-Online

Unter *www.destatis.de/genesis* bietet die Haupt-Datenbank des Statistischen Bundesamtes ein breites Themenspektrum fachlich tief gegliederter Ergebnisse der amtlichen Statistik. Daten zu *Wahlen* finden Sie unter dem Menüpunkt › Themen, Code 14

Weitere Veröffentlichungen zu den Themen

- **Wahl zum Deutschen Bundestag**

  Veröffentlichungen des Bundeswahlleiters

	Wahl zum 17. Deutschen Bundestag am 27. September 2009
	Karte der Wahlkreise für die Wahl zum 17. Deutschen Bundestag
Heft 1	Ergebnisse und Vergleichszahlen früherer Bundestags-, Europa- und Landtagswahlen sowie Strukturdaten für die Bundestagswahlkreise
Heft 2	Vorläufige Ergebnisse nach Wahlkreisen
Heft 3	Endgültige Ergebnisse nach Wahlkreisen
Heft 4	Wahlbeteiligung und Stimmabgabe der Männer und Frauen nach Altersgruppen
Heft 5	Textliche Auswertung der Wahlergebnisse
Sonderheft	Die Wahlbewerber für die Wahl zum 17. Deutschen Bundestag 2009
	Wahl zum 18. Deutschen Bundestag am 22. September 2013
	Karte der Wahlkreise für die Wahl zum 18. Deutschen Bundestag
Heft 1	Vergleichszahlen früherer Bundestags- und Landtagswahlen sowie Strukturdaten für die Bundestagswahlkreise
Heft 2	Vorläufige Ergebnisse nach Wahlkreisen
Heft 3	Endgültige Ergebnisse nach Wahlkreisen
Heft 4	Wahlbeteiligung und Stimmabgabe der Männer und Frauen nach Altersgruppen
Heft 5, Teil 1	Textliche Auswertung (Wahlergebnisse)
Heft 5, Teil 2	Textliche Auswertung (Repräsentative Wahlstatistik und Wahlbezirksstatistik)
Sonderheft	Die Wahlbewerber für die Wahl zum 18. Deutschen Bundestag 2013

  WISTA – Wirtschaft und Statistik

Heft 8/13	Grundlagen und Daten der Wahl zum 18. Deutschen Bundestag am 22.9.2013
Heft 12/13	Endgültiges Ergebnis der Wahl zum 18. Deutschen Bundestag am 22.9.2013
Heft 12/14	Wahlverhalten bei der Bundestagswahl 2013 und der Europawahl 2014 – ein Vergleich

- **Wahl der Abgeordneten des Europäischen Parlaments aus der Bundesrepublik Deutschland**

  Veröffentlichungen des Bundeswahlleiters

	Wahl der Abgeordneten des Europäischen Parlaments aus der Bundesrepublik Deutschland am 7. Juni 2009
Heft 1	Ergebnisse und Vergleichszahlen früherer Europa-, Bundestags- und Landtagswahlen sowie Strukturdaten für die kreisfreien Städte und Landkreise
Heft 2	Vorläufige Ergebnisse nach kreisfreien Städten und Landkreisen

10 Wahlen

Mehr zum Thema

- **Wahl der Abgeordneten des Europäischen Parlaments aus der Bundesrepublik Deutschland**

Veröffentlichungen des Bundeswahlleiters

	Wahl der Abgeordneten des Europäischen Parlaments aus der Bundesrepublik Deutschland am 7. Juni 2009
Heft 3	Endgültige Ergebnisse nach kreisfreien Städten und Landkreisen
Heft 4	Wahlbeteiligung und Stimmabgabe der Männer und Frauen nach Altersgruppen
Heft 5	Textliche Auswertung der Wahlergebnisse
Sonderheft	Die Wahlbewerber für die Wahl zum Europäischen Parlament aus der Bundesrepublik Deutschland 2009

	Wahl der Abgeordneten des Europäischen Parlaments aus der Bundesrepublik Deutschland am 25. Mai 2014
Heft 1	Vergleichszahlen früherer Europa-, Bundestags- und Landtagswahlen sowie Strukturdaten für die kreisfreien Städte und Landkreise
Heft 2	Vorläufige Ergebnisse nach kreisfreien Städten und Landkreisen
Heft 3	Endgültige Ergebnisse nach kreisfreien Städten und Landkreisen
Heft 4	Wahlbeteiligung und Stimmabgabe der Männer und Frauen nach dem Alter
Heft 5, Teil 1	Textliche Auswertung (Wahlergebnisse)
Heft 5, Teil 2	Textliche Auswertung (Repräsentative Wahlstatistik und Wahlbezirksstatistik)
Sonderheft	Die Wahlbewerber für die Wahl zum Europäischen Parlament aus der Bundesrepublik Deutschland 2014

WISTA – Wirtschaft und Statistik

Heft 5/14	Europawahl 2014
Heft 7/14	Achte Direktwahl zum Europäischen Parlament in der Bundesrepublik Deutschland am 25. Mai 2014
Heft 12/14	Wahlverhalten bei der Bundestagswahl 2013 und der Europawahl 2014 – ein Vergleich

11 | Justiz

2014 Anträge für rund **1,1 Millionen Zivilprozesse** neu bei Amtsgerichten eingereicht | **Einstellungsquote** staatsanwaltschaftlicher Ermittlungsverfahren betrug **65 %** | In gerichtlichen Strafverfahren wurden rund **749 000** Personen **verurteilt** | **567 000** Verurteilte erhielten eine **Geldstrafe, 110 000** eine **Freiheitsstrafe, 12 000** eine **Jugendstrafe** | Ende März 2015 saßen knapp **52 000 Strafgefangene** im Justizvollzug ein

11 Justiz

Seite	
307	**Auf einen Blick**
	Tabellen
308	**Geschäftsentwicklung bei Gerichten und Staatsanwaltschaften**
	Bundesverfassungsgericht	Zivilgerichte	Familiengerichte	Staatsanwaltschaften	Strafgerichte	Fachgerichte
311	**Straftaten und gerichtliche Strafverfolgung**
	Straftaten	Abgeurteilte und Verurteilte	Angewandtes Strafrecht	Entziehung der Fahrerlaubnis	Verurteilte wegen Straftaten im Straßenverkehr
315	**Justizvollzug**
	Belegung und Belegungsfähigkeit in den Justizvollzugsanstalten	Strafgefangene
316	**Methodik**
317	**Glossar**
318	**Mehr zum Thema**

11 Justiz

11.0 Auf einen Blick

Verurteilte Deutsche
je 100 000 Personen der gleichen Bevölkerungsgruppe ab 14 Jahren

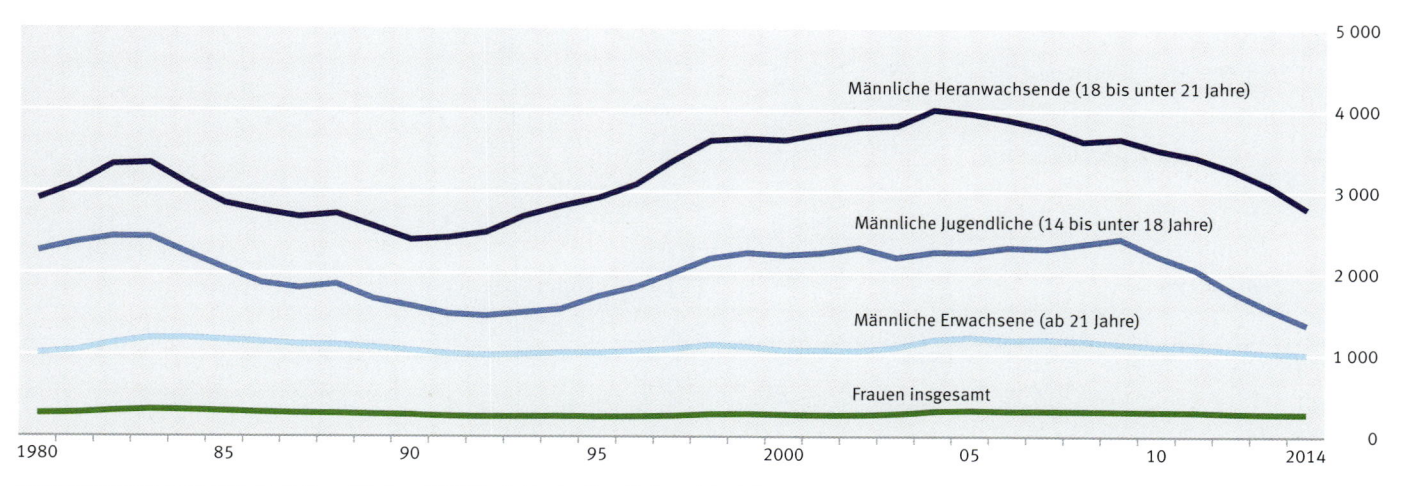

- Männliche Heranwachsende (18 bis unter 21 Jahre)
- Männliche Jugendliche (14 bis unter 18 Jahre)
- Männliche Erwachsene (ab 21 Jahre)
- Frauen insgesamt

Früheres Bundesgebiet, seit 1995 einschl. Gesamt-Berlin; seit 2007 Deutschland. – Ohne Straßenverkehrsdelikte.

2016 - 01 - 0253

11 Justiz

11.1 Geschäftsentwicklung bei Gerichten und Staatsanwaltschaften
11.1.1 Bundesverfassungsgericht

	2013	2014	2015
Neuzugänge	6 686	6 811	5 891
Erledigte Verfahren	6 521	6 589	6 133
Verfassungsbeschwerden	6 369	6 400	5 739
Normenkontrollverfahren	19	37	14
Andere Verfahren	133	152	138
Erledigt durch			
Senatsentscheidungen	33	39	43
Kammerentscheidungen	6 084	6 169	5 755
darunter:			
Nichtannahme	6 007	6 062	5 660
Stattgabe	72	97	92
Andere Erledigungsart	404	381	335

Quelle: Bundesverfassungsgericht

Mit **Verfassungsbeschwerden** können Bürgerinnen und Bürger eine Verletzung ihrer Grundrechte geltend machen; in **Normenkontrollverfahren** wird in der Regel auf Antrag von Gerichten die Verfassungsmäßigkeit von Gesetzen überprüft.

Entscheidungen, ob ein Gesetz mit dem Grundgesetz vereinbar ist, sind den **Senaten** vorbehalten. Die **Kammern** befinden vor allem darüber, ob eine Verfassungsbeschwerde zur Entscheidung angenommen wird.

11.1.2 Zivilgerichte

	2012	2013	2014
Erstinstanzliche Verfahren			
Amtsgerichte [1]			
Neuzugänge	1 150 663	1 138 419	1 107 028
Erledigte Verfahren	1 165 234	1 138 823	1 107 215
davon:			
Nachbarschaftssachen	8 269	8 320	8 605
Verkehrsunfallsachen	130 775	129 486	131 921
Wohnungsmietsachen	273 782	266 273	260 680
Kaufsachen	147 411	150 534	142 584
Andere Sachgebiete	604 997	584 210	563 425
Landgerichte			
Neuzugänge	355 623	358 792	332 044
Erledigte Verfahren	356 445	348 651	334 499
davon:			
Bau-/Architektensachen (ohne Honorarsachen)	28 577	28 828	28 406
Miet-/Kredit-/Leasingsachen	42 282	38 407	37 171
Verkehrsunfallsachen	20 786	21 398	21 748
Kaufsachen	25 060	24 523	24 024
Andere Sachgebiete	239 740	235 495	223 150
Rechtsmittelverfahren			
Landgerichte			
Neuzugänge	57 482	55 374	54 981
Erledigte Verfahren	58 241	55 716	55 386
davon:			
Nachbarschaftssachen	1 026	1 034	957
Verkehrsunfallsachen	10 123	9 635	9 411
Wohnungsmietsachen	11 344	11 295	11 100
Kaufsachen	3 727	3 584	3 787
Andere Sachgebiete	32 021	30 168	30 131
Oberlandesgerichte			
Neuzugänge	52 560	51 363	49 444
Erledigte Verfahren	50 868	51 460	49 790
davon:			
Bau-/Architektensachen (ohne Honorarsachen)	4 401	4 330	4 304
Verkehrsunfallsachen	3 041	3 195	3 260
Kaufsachen	3 624	3 787	3 868
Andere Sachgebiete	39 802	40 148	38 358
Bundesgerichtshof [2]			
Neuzugänge	6 449	6 743	6 230
Erledigte Verfahren	6 012	6 623	6 443
dar. Revisionen	3 591	4 228	4 246

1 Ohne Mahnsachen und ohne freiwillige Gerichtsbarkeit.
2 Einschl. Familiensachen.

11.1.3 Familiengerichte

	2012	2013	2014
Amtsgerichte			
Neuzugänge	655 486	650 309	628 886
Erledigte Verfahren	675 432	668 713	648 930
davon:			
Scheidungsverfahren	205 891	195 335	190 917
Andere Eheverfahren	597	546	411
Verfahren über abgetrennte Scheidungsfolgesachen	22 640	21 329	13 724
Übrige Verfahren	446 304	451 503	443 878
Oberlandesgerichte			
Berufungen und Beschwerden gegen Endentscheidungen			
Neuzugänge	30 178	29 742	30 312
Erledigte Verfahren	31 275	30 338	30 148

11 Justiz

11.1 Geschäftsentwicklung bei Gerichten und Staatsanwaltschaften

11.1.4 Staatsanwaltschaften

	2012	2013	2014
	Staatsanwaltschaften beim Landgericht [1]		
Neuzugänge	4 564 814	4 564 505	4 710 995
Erledigte Verfahren	4 556 600	4 537 363	4 696 112
Einleitende Stelle			
Polizeibehörde	3 710 390	3 729 121	3 865 925
Staats- bzw. Amtsanwaltschaft	691 993	671 919	678 417
Steuer- bzw. Zollfahndungsstelle	109 625	93 143	100 156
Verwaltungsbehörde	44 592	43 180	51 614
Art der Strafsache			
Vorsätzliche Körperverletzung	434 583	429 668	430 365
Diebstahl (einschl. Unterschlagung)	663 825	668 600	684 237
Betrug (einschl. Untreue)	894 125	887 302	980 370
Straßenverkehrsdelikte	808 240	801 190	821 395
Betäubungsmitteldelikte	258 440	283 545	316 966
Sonstige Straftaten	1 497 387	1 467 058	1 462 779

1 Einschl. Amtsanwaltschaften.

Von der Staatsanwaltschaft erledigte Ermittlungsverfahren 2014
in %

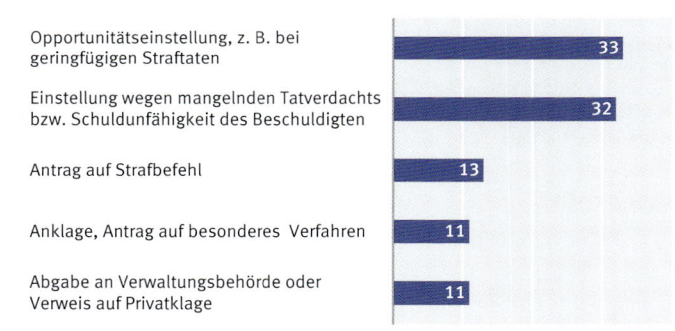

- Opportunitätseinstellung, z. B. bei geringfügigen Straftaten: 33
- Einstellung wegen mangelnden Tatverdachts bzw. Schuldunfähigkeit des Beschuldigten: 32
- Antrag auf Strafbefehl: 13
- Anklage, Antrag auf besonderes Verfahren: 11
- Abgabe an Verwaltungsbehörde oder Verweis auf Privatklage: 11

Ohne durch Abgabe, Verbindung mit einer anderen Sache, vorläufige Einstellung oder „anderweitig" erledigte Verfahren.

2016 - 01 - 0254

11.1.5 Strafgerichte

	2012	2013	2014
	Erstinstanzliche Verfahren [1]		
	Amtsgerichte [2]		
Neuzugänge	727 112	700 679	679 438
Erledigte Strafverfahren	736 029	700 394	679 123
dar. Straftaten im Straßenverkehr	127 367	117 494	114 198
Art der Einleitung			
Anklage	542 991	512 928	494 190
Einspruch gegen einen Strafbefehl	154 814	151 532	148 266
Andere Einleitungsart	38 224	35 934	36 667
Art der Erledigung			
Urteil	324 600	304 830	286 593
Einstellung gemäß § 153a StPO	57 655	54 385	53 770
Einstellung gemäß § 47 JGG	39 147	36 295	35 498
Einstellung aus anderen Gründen	90 118	88 496	89 207
Zurücknahme der Klage/Anklage, des Antrags/Einspruchs	51 453	49 041	48 494
Verbindung mit einer anderen Sache	98 296	91 808	94 360
Andere Erledigungsart	74 760	75 539	71 201
	Landgerichte		
Neuzugänge	13 890	13 350	12 932
Erledigte Strafverfahren	13 625	13 077	12 860
dar. eingeleitet durch Anklage	11 635	11 006	10 664
	Oberlandesgerichte		
Neuzugänge	25	17	19
Erledigte Strafverfahren	14	24	17
dar. eingeleitet durch Anklage	13	20	16
	Rechtsmittelverfahren [1]		
	Landgerichte		
Neuzugänge	48 861	47 254	45 943
Erledigte Berufungen	49 595	46 936	45 727
dar. Straftaten im Straßenverkehr	7 450	6 852	6 511
Berufung wurde eingelegt durch			
den/die Beschuldigte(n)	45 226	42 795	41 634
die Staatsanwaltschaft			
zugunsten des/der Beschuldigten	192	186	200
zuungunsten des/der Beschuldigten	11 102	10 134	9 718
andere Beteiligte bzw. Berechtigte	379	362	412
Art der Erledigung			
Urteil	24 799	23 709	23 044
Einstellung gemäß § 153a StPO	2 198	2 091	2 097
Einstellung aus anderen Gründen	2 459	2 350	2 335
Zurücknahme der Berufung	17 434	16 319	15 867
Andere Erledigungsart	2 705	2 467	2 384
	Oberlandesgerichte		
Neuzugänge	5 948	5 863	5 986
Erledigte Revisionen	5 910	5 907	6 002
Revision wurde eingelegt durch			
den/die Beschuldigte(n)	5 733	5 725	5 834
die Staatsanwaltschaft			
zugunsten des/der Beschuldigten	8	8	10
zuungunsten des/der Beschuldigten	157	168	140
andere Beteiligte bzw. Berechtigte	44	36	44
	Bundesgerichtshof		
Neuzugänge	3 479	3 480	3 412
Erledigte Verfahren	3 365	3 489	3 294
dar. Revisionen	2 968	2 998	2 856

1 Ohne Bußgeldverfahren.
2 Ohne Strafbefehlsverfahren, die ohne Einspruch rechtskräftig geworden sind.

11 Justiz

11.1 Geschäftsentwicklung bei Gerichten und Staatsanwaltschaften
11.1.6 Fachgerichte

	2012	2013	2014
Arbeitsgerichtsbarkeit			
Arbeitsgerichte			
Neuzugänge	403 550	403 486	381 965
Erledigte Klagen	400 998	403 457	392 061
darunter:			
Klagen von Arbeitnehmern/-nehmerinnen [1]	377 365	379 574	368 223
Klagen von Arbeitgebern/-geberinnen [2]	23 572	23 804	23 791
Gegenstand der Klage [3]			
Arbeitsentgelt	169 720	162 128	152 049
Bestandsstreitigkeiten	211 640	222 433	211 149
Tarifliche Einstufungen	4 411	3 539	2 927
Sonstige Sachen	124 255	125 875	118 086
Art der Erledigung			
Streitiges Urteil	29 646	27 960	28 762
Sonstiges Urteil	34 881	34 110	33 436
Vergleich	234 920	242 399	236 689
Andere Erledigungsart	101 551	98 988	93 174
Landesarbeitsgerichte			
Neuzugänge	19 035	15 632	16 484
Erledigte Berufungen	19 104	16 229	15 631
Bundesarbeitsgericht			
Neuzugänge	4 081	2 684	2 332
Erledigte Verfahren	4 304	2 646	2 644
darunter:			
Revisionen	968	943	1 100
Nichtzulassungsbeschwerden	3 069	1 538	1 262
Sozialgerichtsbarkeit			
Sozialgerichte			
Neuzugänge	395 566	392 999	371 388
Erledigte Klagen	399 479	392 252	386 193
Gegenstand der Klage			
Rentenversicherung	71 032	68 066	66 564
Angelegenheit nach dem SGB II	157 021	149 986	144 365
Sonstige Sachen	171 426	174 200	175 264
Art der Erledigung			
Entscheidung	66 509	65 414	65 708
Gerichtlicher Vergleich	42 133	39 265	35 382
Übereinstimmende Erledigungserklärung	39 131	36 633	37 925
Anerkenntnis	60 379	61 765	56 223
Zurücknahme	157 203	153 850	155 388
Andere Erledigungsart	34 124	35 325	35 567
Landessozialgerichte			
Neuzugänge	27 827	27 991	27 370
Erledigte Berufungen	27 138	26 845	27 032
Gegenstand			
Rentenversicherung	7 931	8 088	8 295
Angelegenheit nach dem SGB II	4 601	4 640	4 840
Sonstige Sachen	14 606	14 117	13 897
Bundessozialgericht			
Neuzugänge	2 698	2 604	2 400
Erledigte Verfahren	2 689	2 568	2 539
Art des Verfahrens			
Revisionen	470	417	419
Nichtzulassungsbeschwerden	2 219	2 151	2 120

	2012	2013	2014
Verwaltungsgerichtsbarkeit			
Erstinstanzliche Hauptverfahren			
Verwaltungsgerichte			
Neuzugänge	132 789	151 463	142 947
Erledigte Verfahren	133 421	146 278	128 703
Gegenstand des Verfahrens			
Polizei-, Ordnungs-, Wohnrecht	14 836	13 081	12 749
Asylrecht	19 505	23 572	30 683
Abgabenrecht	16 666	16 957	15 482
Recht des öffentlichen Dienstes	12 002	13 480	12 465
Sonstige Sachen	70 412	79 188	57 324
Art der Erledigung			
Urteil	33 551	33 386	33 711
Beschluss	70 749	94 002	74 475
Andere Erledigungsart	29 121	18 890	20 517
Oberverwaltungsgerichte bzw. Verwaltungsgerichtshöfe			
Neuzugänge	975	1 061	928
Erledigte Verfahren	969	881	912
Rechtsmittelverfahren			
Oberverwaltungsgerichte bzw. Verwaltungsgerichtshöfe			
Neuzugänge	14 442	14 043	13 057
Erledigte Verfahren	15 423	14 644	13 723
Art des Verfahrens			
Berufungen	3 571	3 064	3 089
Anträge auf Zulassung der Berufung	11 671	11 415	10 509
Beschwerden und Prozesskostenhilfeanträge	181	165	125
Bundesverwaltungsgericht, Revisionssenate			
Neuzugänge	1 353	1 327	1 256
Erledigte Verfahren	1 304	1 373	1 283
Finanzgerichtsbarkeit			
Finanzgerichte			
Neuzugänge	38 840	37 488	35 914
Erledigte Klagen	42 509	39 364	39 564
Art der Erledigung			
Urteil bzw. Vorbescheid	10 204	9 671	9 179
Beschluss	13 910	12 922	13 897
Zurücknahme der Klage	14 255	13 125	12 986
Andere Erledigungsart	4 140	3 646	3 502
Bundesfinanzhof			
Neuzugänge	3 016	3 069	2 736
Erledigte Verfahren	2 962	3 046	3 049
Art der Entscheidung			
Rechtsmittel war erfolglos	2 051	2 065	1 966
Verworfen als unzulässig	786	800	748
Zurückgewiesen als unbegründet	1 265	1 265	1 218
Rechtsmittel war erfolgreich	479	566	572
Zurückgewiesen an Vorinstanz	153	198	191
Eigene Sachentscheidung getroffen	326	368	381
Rücknahme	432	415	511

1 Einschl. der von Gewerkschaften und Betriebsräten eingereichten Klagen.
2 Und deren Organisationen.
3 Mehrere Gegenstände in einem Verfahren sind mehrfach gezählt.

11 Justiz

11.2 Straftaten und gerichtliche Strafverfolgung
11.2.1 Straftaten und polizeilich ermittelte Tatverdächtige

	Bekanntgewordene Straftaten	Aufgeklärte	Aufklärungsquote	Strafmündige Tatverdächtige (ab 14 Jahren)							
				insgesamt			Deutsche		Ausländer/-innen		
				zusammen	männlich	weiblich	zusammen	darunter weiblich	zusammen	darunter weiblich	Anteil an Tatverdächtigen insgesamt
	Anzahl		%	Anzahl	%		Anzahl	%	Anzahl	%	
2012	5 997 040	3 259 822	54	2 018 669	75	25	1 528 110	26	490 559	23	24
2013	5 961 662	3 249 396	55	2 024 885	74	26	1 499 222	26	525 663	23	26
2014	6 082 064	3 336 398	55	2 081 209	74	26	1 478 465	27	602 744	23	29
darunter (2014):											
Mord und Totschlag (Versuch und Vollendung; 211–213, 216)	2 179	2 103	97	2 714	87	13	1 858	16	856	7	32
Gefährliche und schwere Körperverletzung (224, 226, 231)	125 752	103 615	82	127 917	84	16	91 690	17	36 227	14	28
Gegen die sexuelle Selbstbestimmung (174-184b)	46 982	36 864	78	31 643	93	7	25 690	6	5 953	10	19
darunter:											
Sexueller Missbrauch von Kindern (176, 176a, 176b)	12 134	10 320	85	8 481	96	4	7 447	4	1 034	4	12
Vergewaltigung und sexuelle Nötigung (177, Abs. 2, 3 und 4, 178)	7 345	5 952	81	6 098	99	1	4 198	1	1 900	1	31
Sonstige sexuelle Nötigung (177 Abs. 1 und 5)	4 622	3 650	79	3 551	99	1	2 639	1	912	1	26
Schwerer und einfacher Diebstahl (242–244a, 247, 248a–c)	2 440 060	659 491	27	433 338	71	29	288 806	31	144 532	26	33
darunter:											
Diebstahl von Kraftwagen (einschl. unbefugter Ingebrauchnahme)	36 388	9 997	27	9 468	92	8	6 113	10	3 355	5	35
Diebstahl von Fahrrädern (einschl. unbefugter Ingebrauchnahme)	339 760	32 592	10	24 231	92	8	17 975	10	6 256	5	26
Taschendiebstahl	157 069	9 195	6	7 642	76	24	2 078	24	5 564	24	73
Schwerer Einbruchdiebstahl in Geldinstitute	1 459	454	31	370	94	6	231	8	139	3	38
Dienst-, Büro-, Fabrikations-, Werkstatt- und Lagerräume	92 311	16 954	18	14 132	93	7	10 245	8	3 887	4	28
Wohnungseinbruchdiebstahl (244 Abs. 1 Nr. 3)	152 123	24 125	16	16 741	86	14	10 776	15	5 965	13	36
Ladendiebstahl	365 373	335 237	92	239 415	63	37	149 698	40	89 717	32	37
Raub, räuberische Erpressung, räuberischer Angriff auf Kraftfahrer (249–252, 255, 316a)	45 475	23 460	52	28 500	91	9	18 640	10	9 860	8	35
Gegen die Umwelt (324–330a)	13 553	8 044	59	9 883	88	12	7 619	13	2 264	8	23
Rauschgiftdelikte nach dem BtMG	276 734	261 201	94	226 888	87	13	179 239	14	47 649	7	21

Ohne Vergehen im Straßenverkehr. – In Klammern §§ des Strafgesetzbuches.
Quelle: Bundeskriminalamt (Polizeiliche Kriminalstatistik)

Polizeilich ermittelte Tatverdächtige nach Altersgruppen 2014
in %

In Altersjahren von ... bis ...

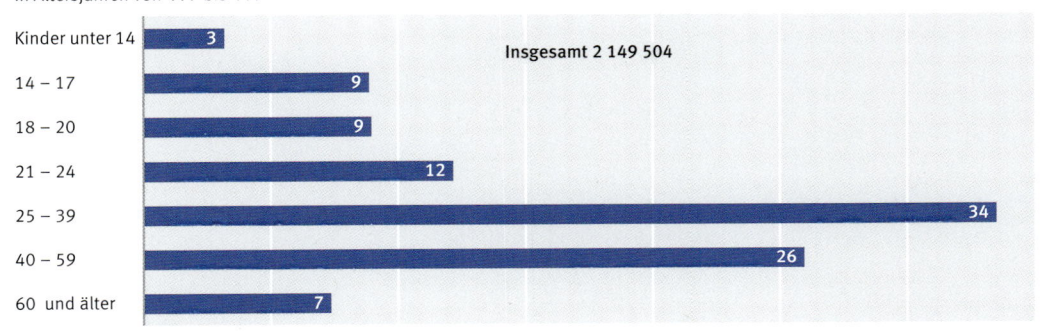

Insgesamt 2 149 504

Altersgruppe	%
Kinder unter 14	3
14 – 17	9
18 – 20	9
21 – 24	12
25 – 39	34
40 – 59	26
60 und älter	7

Quelle: Bundeskriminalamt (Polizeiliche Kriminalstatistik)

11 Justiz

11.2 Straftaten und gerichtliche Strafverfolgung
11.2.2 Abgeurteilte und Verurteilte

Abgeurteilte sind Angeklagte, gegen die Strafbefehle erlassen wurden bzw. deren Strafverfahren nach Eröffnung des Hauptverfahrens durch Urteil oder Einstellungsbeschluss rechtskräftig abgeschlossen sind. Ihre Zahl setzt sich zusammen aus den Verurteilten und aus den Personen, gegen die andere Entscheidungen (u. a. Freispruch) getroffen worden sind.

	Abgeurteilte	Verurteilte								
		insgesamt	Deutsche				Ausländer/-innen [1]			
			zusammen		Jugendliche	Heran-wachsende	Erwachsene	zusammen	Jugendliche	Heran-wachsende	Erwachsene
	Anzahl			je 100 000 Strafmündige [2]	%			Anzahl	%		
	Früheres Bundesgebiet [3]										
1980	928 906	732 481	648 899	1 352	12	14	74	83 582	6	9	85
1990	878 305	692 363	569 323	1 141	5	10	86	123 040	7	9	84
2000	908 261	732 733	550 890	1 055	7	10	83	181 843	6	10	84
	Deutschland										
2011	1 003 458	807 815	630 240	969	7	10	83	177 575	5	8	87
2012	960 225	773 901	596 959	918	6	10	84	176 942	5	7	88
2013	935 788	755 938	570 896	885	6	9	86	185 042	4	7	89
2014	923 384	748 782	554 109	860	5	8	87	194 673	3	7	90
davon:											
Männer	740 565	601 779	440 209	1 411	5	9	86	161 570	3	7	90
Frauen	182 819	147 003	113 900	343	5	7	88	33 103	4	7	90

1 Einschl. Staatenloser sowie Verurteilter, die den Stationierungsstreitkräften angehören.
2 Ab 14 Jahren.
3 Ab 1995 einschl. der Angaben für Gesamt-Berlin.

Ausfilterung im Strafverfahren 2014

6 082 000 polizeilich registrierte Fälle
→ Ausgefiltert: Nicht aufgeklärte Fälle

3 336 000 aufgeklärte Fälle
→ Ausgefiltert: Mehrfachtaten bereits erfasster Tatverdächtiger

2 150 000 ermittelte Tatverdächtige
→ Ausgefiltert: Tatverdächtige unter 14 Jahren, die nicht strafmündig sind

2 081 000 strafmündige Tatverdächtige
→ Ausgefiltert: Tatverdächtige, die nicht angeklagt wurden etwa weil der Tatverdacht nicht hinreichend oder die Schuld geringfügig war

744 000 Abgeurteilte
→ Ausgefiltert: Angeklagte, die vom Gericht freigesprochen oder deren Verfahren eingestellt wurden

592 000 Verurteilte
→ Ausgefiltert: Verurteilte zu Bewährungsstrafe, Geldstrafe, sonstige Sanktionen

36 000 zu unbedingter Freiheits- bzw. Jugendstrafe Verurteilte (ohne Bewährungsstrafen)

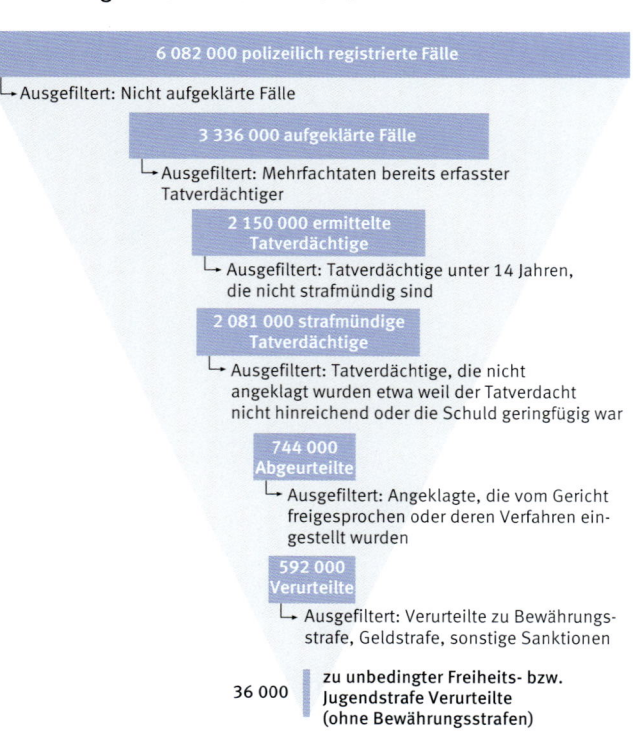

Ohne Straßenverkehrsdelikte.
Quellen: Bundeskriminalamt (Polizeiliche Kriminalstatistik),
Statistisches Bundesamt (Strafverfolgungsstatistik)

2016 - 01 - 0256

11 Justiz

11.2 Straftaten und gerichtliche Strafverfolgung
11.2.3 Nach allgemeinem Strafrecht Verurteilte

	Insgesamt	Verurteilt zu								Strafarrest	Geldstrafe [1]
		Freiheitsstrafe									
		zusammen	darunter zur Bewährung ausgesetzt	bis einschl. 9 Monate	mehr als ... bis einschließlich ...				lebenslange		
					9 Monate – 1 Jahr	1 – 2	2 – 5	5 – 15			
						Jahre					
	Anzahl		%	Anzahl							
2012											
Heranwachsende	23 098	1 030	86	701	148	139	34	8	–	3	22 065
Erwachsene	659 108	120 779	70	73 191	16 275	21 441	8 140	1 637	95	17	538 312
2013											
Heranwachsende	21 830	923	86	597	146	142	34	4	–	1	20 906
Erwachsene	652 371	114 957	70	69 216	15 771	20 497	7 868	1 513	92	8	537 406
2014											
Heranwachsende	21 242	823	85	530	125	127	32	9	–	–	20 419
Erwachsene	655 446	109 223	69	64 565	15 399	19 996	7 729	1 440	94	7	546 216

1 Soweit nicht neben oder in Verbindung mit einer Freiheitsstrafe verhängt.

11.2.4 Nach Jugendstrafrecht Verurteilte

	Insgesamt	Verurteilt zu									
		Jugendstrafe				Zuchtmitteln				Erziehungsmaßregeln	
		zusammen	darunter zur Bewährung ausgesetzt	6 Monate (Mindeststrafe) bis 1 Jahr	mehr als 1 Jahr	zusammen	Jugendarrest	Auferlegung besonderer Pflichten	Verwarnung nach § 14 JGG	zusammen	darunter Erteilung von Weisungen
	Anzahl		%	Anzahl							
2012											
Jugendliche	44 984	4 761	64	2 534	2 227	49 978	8 914	27 013	14 051	16 563	16 428
Heranwachsende	46 711	10 042	58	4 697	5 345	47 227	7 556	27 237	12 434	13 560	13 486
2013											
Jugendliche	39 518	4 323	64	2 296	2 027	43 295	7 554	23 514	12 227	15 017	14 896
Heranwachsende	42 219	8 864	59	4 169	4 695	42 252	6 927	24 209	11 116	12 931	12 839
2014											
Jugendliche	34 812	3 909	63	2 109	1 800	37 665	6 790	20 278	10 597	13 975	13 844
Heranwachsende	37 282	7 863	60	3 736	4 127	36 892	5 916	21 369	9 607	12 113	12 045

Eine Jugendstrafe, einzelne Zuchtmittel bzw. Erziehungsmaßregeln können nebeneinander angeordnet sein. Die Werte können nicht zum „Insgesamt" addiert werden.

11.2.5 Entziehung der Fahrerlaubnis und Fahrverbote

	Entziehung der Fahrerlaubnis				Fahrverbote				
	insgesamt	darunter zum wiederholten Male	davon mit einer Dauer		insgesamt	darunter zum wiederholten Male	davon mit einer Dauer von		
			bis einschl. 6 Monate	von mehr als 6 Monaten			1 Monat	mehr als ... bis einschl. ... Monaten	
								1 – 2	2 – 3
	Anzahl	%	Anzahl			%	Anzahl		
2011	101 044	13	20 313	80 731	28 361	7	11 247	5 494	11 620
2012	99 126	13	19 871	79 255	27 307	7	11 049	5 071	11 187
2013	94 213	13	19 388	74 825	26 232	7	10 664	4 981	10 587
2014	90 740	13	18 475	72 265	25 977	7	10 531	5 096	10 350
davon (2014):									
Jugendliche	577	X	242	335	559	X	226	126	207
Heranwachsende	4 740	4	1 804	2 936	1 794	4	757	380	657
Erwachsene	85 423	13	16 429	68 994	23 624	7	9 548	4 590	9 486

Auch soweit die schwerste der Aburteilung zugrunde liegende Straftat kein Straßenverkehrsdelikt war.

11 Justiz

11.2 Straftaten und gerichtliche Strafverfolgung
11.2.6 Verurteilte wegen Straftaten im Straßenverkehr

	Verurteilte			Verstöße gegen das Strafgesetzbuch (§§ des StGB)					Verstöße gegen das Straßenverkehrsgesetz
	insgesamt	davon mit Vergehen		unerlaubtes Entfernen vom Unfallort (142)	fahrlässige Tötung i. V. m. Verkehrsunfall (222)	fahrlässige Körperverletzung i. V. m. Verkehrsunfall (229) [1]	Volltrunkenheit i. V. m. Verkehrsunfall (323a) [2]	Gefährdung des Straßenverkehrs (315b-c, 316)	
		ohne Trunkenheit	in Trunkenheit						
	Anzahl	%		Anzahl					
	Früheres Bundesgebiet [3]								
1980	329 300	46	54	43 338	3 113	64 981	2 611	155 139	60 118
1990	258 681	40	60	41 219	1 698	39 971	2 089	139 324	34 380
2000	209 894	45	55	31 610	1 229	21 967	1 038	108 280	45 770
	Deutschland								
2011	172 201	48	52	31 557	642	13 211	263	82 356	44 172
2012	166 688	49	51	31 200	644	12 356	251	79 102	43 135
2013	159 664	50	50	30 715	596	11 556	231	74 029	42 537
2014	156 725	51	49	29 595	585	11 375	230	71 980	42 960
davon (2014):									
Jugendliche	2 403	82	18	216	7	83	–	459	1 638
Heranwachsende	8 437	56	44	1 993	57	912	8	3 415	2 052
Erwachsene	145 885	50	50	27 386	521	10 380	222	68 106	39 270

1 Bis 1997: § 230 StGB.
2 Bis einschl. 1980 § 330a StGB – Vollrausch in Verbindung mit Verkehrsunfall.
3 Ab 1995 einschl. der Angaben für Gesamt-Berlin.

Verurteilte nach Deliktgruppen 2014
in %

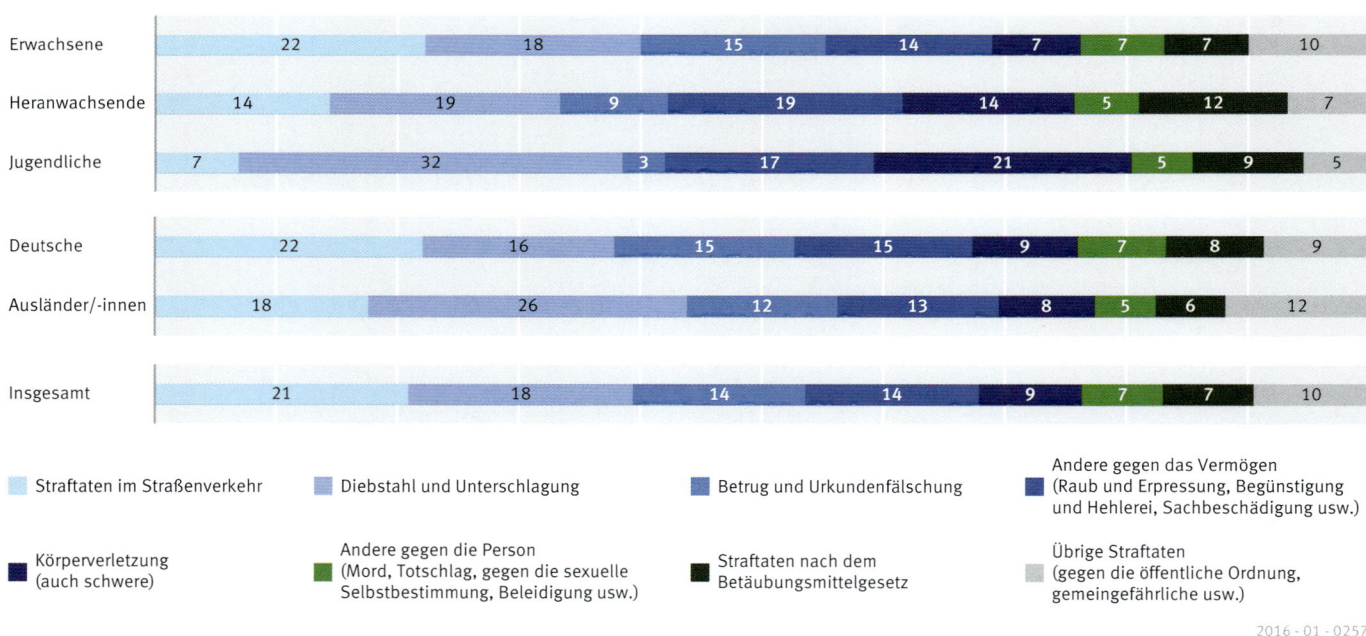

	Straftaten im Straßenverkehr	Diebstahl und Unterschlagung	Betrug und Urkundenfälschung	Andere gegen das Vermögen	Körperverletzung (auch schwere)	Andere gegen die Person	Straftaten nach dem Betäubungsmittelgesetz	Übrige Straftaten
Erwachsene	22	18	15	14	7	7	7	10
Heranwachsende	14	19	9	19	14	5	12	7
Jugendliche	7	32	3	17	21	5	9	5
Deutsche	22	16	15	15	9	7	8	9
Ausländer/-innen	18	26	12	13	8	5	6	12
Insgesamt	21	18	14	14	9	7	7	10

Legende:
- Straftaten im Straßenverkehr
- Diebstahl und Unterschlagung
- Betrug und Urkundenfälschung
- Andere gegen das Vermögen (Raub und Erpressung, Begünstigung und Hehlerei, Sachbeschädigung usw.)
- Körperverletzung (auch schwere)
- Andere gegen die Person (Mord, Totschlag, gegen die sexuelle Selbstbestimmung, Beleidigung usw.)
- Straftaten nach dem Betäubungsmittelgesetz
- Übrige Straftaten (gegen die öffentliche Ordnung, gemeingefährliche usw.)

2016 - 01 - 0257

11 Justiz

11.3 Justizvollzug
11.3.1 Belegungsfähigkeit und Belegung der Justizvollzugsanstalten am 30.11.2014

	Anstalten	Belegungsfähigkeit			Belegung [1]			insgesamt	davon in	
		insgesamt	davon für		insgesamt	davon in			Einzel-	gemeinsamer
			Einzel-	gemeinsame		Einzel-	gemeinsamer		Unterbringung	
			Unterbringung			Unterbringung				
	Anzahl							% der Belegungsfähigkeit		
Deutschland	184	75 793	55 249	20 544	61 872	45 542	16 330	82	82	79
Baden-Württemberg	19	7 693	4 751	2 942	6 522	3 852	2 670	85	81	91
Bayern	36	11 874	7 915	3 959	11 117	6 881	4 236	94	87	107
Berlin	7	4 750	4 110	640	3 932	3 582	350	83	87	55
Brandenburg	5	1 789	1 471	318	1 378	1 258	120	77	86	38
Bremen	1	724	628	96	482	463	19	67	74	20
Hamburg	6	2 150	1 930	220	1 494	1 357	137	69	70	62
Hessen	16	5 719	4 347	1 372	4 582	3 894	688	80	90	50
Mecklenburg-Vorpommern	5	1 491	1 039	452	1 117	828	289	75	80	64
Niedersachsen	13	6 429	5 076	1 353	4 759	4 121	638	74	81	47
Nordrhein-Westfalen	37	19 148	12 894	6 254	14 550	10 515	4 035	76	82	65
Rheinland-Pfalz	10	3 402	3 342	60	3 151	2 580	571	93	77	952
Saarland	2	973	907	66	801	699	102	82	77	155
Sachsen	10	3 780	2 593	1 187	3 442	2 148	1 294	91	83	109
Sachsen-Anhalt	5	2 215	1 667	548	1 704	1 295	409	77	78	75
Schleswig-Holstein	6	1 589	1 438	151	1 202	1 129	73	76	79	48
Thüringen	6	2 067	1 141	926	1 639	940	699	79	82	75

1 Ohne vorübergehend abwesende Personen (insbesondere Hafturlauber/-innen).

Gefangene und Verwahrte nach Art des Vollzugs
in 1 000

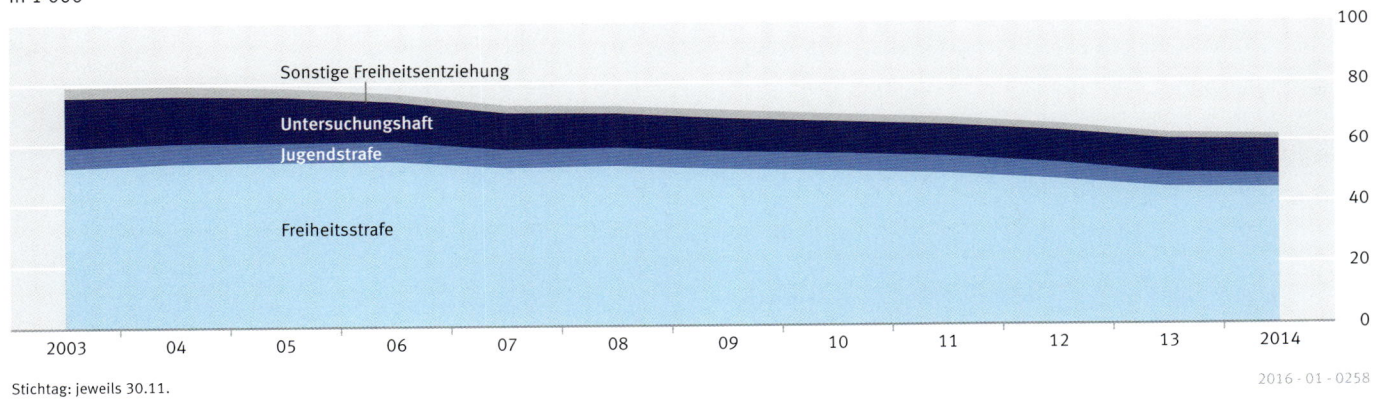

Stichtag: jeweils 30.11.

11.3.2 Strafgefangene am 31.3.2015

Alter von ... bis unter ... Jahren	Insgesamt	Jugendstrafe			Freiheitsstrafe mehr als ... bis einschließlich ...					
		bis einschl. 1 Jahr	mehr als 1 bis einschl. 2 Jahre	mehr als 2 Jahre	bis einschl. 9 Monate	9 Monate – 1 Jahr	1 – 2 Jahre	2 – 5 Jahre	5 – 15 Jahre	lebenslange
	Anzahl									
Insgesamt	51 883	1 085	1 612	1 700	17 878	4 202	8 619	10 924	3 980	1 883
14 – 18	439	122	195	122	–	–	–	–	–	–
18 – 21	2 118	426	736	782	64	9	37	60	4	–
21 – 25	5 477	512	667	782	1 407	330	761	870	131	17
25 – 30	9 980	24	12	14	4 072	958	2 018	2 266	549	67
30 – 40	16 664	1	2	–	6 700	1 712	3 286	3 454	1 133	376
40 und mehr	17 205	–	–	–	5 635	1 193	2 517	4 274	2 163	1 423
	%									
Männeranteil	94	95	97	98	92	94	95	95	96	94
Frauenanteil	6	5	3	2	8	6	5	5	4	6

11 Justiz

Methodik

Die Justizgeschäftsstatistiken liefern verfahrensbezogene Informationen zu Geschäftsanfall und Geschäftserledigung bei Gerichten und Staatsanwaltschaften. Die Strafverfolgungsstatistik berichtet über Abgeurteilte und Verurteilte, die Strafvollzugsstatistik über Gefangene. Die Erhebungen in der Justiz werden als koordinierte Länderstatistiken auf der Grundlage bundeseinheitlicher Verwaltungsanordnungen geführt. Das Statistische Bundesamt bereitet die Landesergebnisse zum Bundesergebnis auf. Dabei liegen aus der Strafverfolgungsstatistik erst seit 2007 flächendeckende Angaben für Deutschland vor. Soweit in diesem Kapitel Zeitreihen zur Strafverfolgungsstatistik präsentiert werden, beziehen sich die Ergebnisse bis 2006 auf das frühere Bundesgebiet.

Detaillierte Informationen zur Methodik der einzelnen Statistiken sind in unseren „Qualitätsberichten" dokumentiert (siehe hierzu www.destatis.de/publikationen › Qualitätsberichte).

■ Geschäftsentwicklung bei Gerichten und Staatsanwaltschaften

Die verfahrensbezogenen Justizstatistiken über **Geschäftsanfall** und **Geschäftserledigung** bei Gerichten und Staatsanwaltschaften dienen in erster Linie der Kapazitätsmessung bei den Justizorganen. Dazu führen die Justizministerien der Länder bei den Zivil-, Familien-, Straf-, Verwaltungs-, Arbeits-, Sozial- und Finanzgerichten sowie bei den Staatsanwaltschaften der Länder Verfahrenserhebungen durch. Die Statistischen Ämter der Länder erstellen auf dieser Datenbasis Landesergebnisse. Das Statistische Bundesamt bereitet die Landesergebnisse zum Bundesergebnis auf. Die Geschäftsstatistiken über das Bundesverfassungsgericht sowie über die anderen Bundesgerichte, die nicht Gegenstand der Erhebungen der Justizministerien der Länder sind, ergänzen die Ergebnisse dieser Justizstatistiken.

■ Straftaten und gerichtliche Strafverfolgung

Die personenbezogenen **Statistiken der Strafrechtspflege** dienen der Evaluation kriminalpolitischer Maßnahmen und der Messung der gerichtlich registrierten Kriminalität. Um ein vollständigeres Bild über Ausmaß und Entwicklung der Kriminalität entwerfen zu können, werden zusätzlich Ergebnisse der sogenannten Polizeilichen Kriminalstatistik herangezogen. Diese führen die Kriminalämter des Bundes und der Länder durch.

Die Polizeiliche Kriminalstatistik informiert über die bekanntgewordenen und die aufgeklärten Straftaten (mit Ausnahme der Staatsschutzdelikte und der Vergehen im Straßenverkehr) sowie über die polizeilich ermittelten **Tatverdächtigen**.

Die Strafverfolgungsstatistik weist die **Abgeurteilten** (Angeklagten) und **Verurteilten** nach. Erwachsene (21 Jahre und mehr) werden nach allgemeinem Strafrecht, Jugendliche (14 bis unter 18 Jahre) nach Jugendstrafrecht behandelt. Bei Heranwachsenden (18 bis unter 21 Jahre) kann – je nach Grad der sittlichen Reife der Angeklagten – entweder allgemeines oder Jugendstrafrecht zur Anwendung kommen.

Große Differenzen ergeben sich zwischen den Zahlen für die bekannt gewordenen bzw. aufgeklärten **Straftaten** sowie für die Tatverdächtigen aus der polizeilichen Kriminalstatistik und die Verurteilten aus der Strafverfolgungsstatistik. Der Grund hierfür ist vor allem, dass nicht alle bekannt gewordenen Straftaten aufgeklärt werden. Ferner wird nicht gegen alle von der Polizei ermittelten Tatverdächtigen Anklage erhoben und nicht jedes Strafverfahren endet mit einer Verurteilung, sondern auch mit einer anderen Entscheidung wie Verfahrenseinstellung oder Freispruch.

■ Justizvollzug

Die **Strafvollzugsstatistik** gibt Auskunft über die Justizvollzugsanstalten, deren Belegungskapazität und tatsächliche Belegung in ausgewählten Kalendermonaten (Gefangenenbestand nach Vollzugsarten) sowie die Zu- und Abgänge während des Berichtsmonats (Gefangenenbewegung). Demografische Merkmale, d. h. Alter und Familienstand, sowie kriminologische Merkmale, wie Straftat, Art und Höhe der Strafe oder Vorstrafen, erfasst die Statistik nur für die Strafgefangenen und Sicherungsverwahrten am Stichtag 31.3.

11 Justiz

Glossar

Abgeurteilte | In der Terminologie der Strafverfolgungsstatistik sind Abgeurteilte Personen, gegen die Strafbefehle erlassen wurden bzw. deren Strafverfahren nach Eröffnung des Hauptverfahrens rechtskräftig abgeschlossen worden sind – durch Urteil oder Einstellungsbeschluss. Ihre Zahl setzt sich zusammen aus den Verurteilten sowie aus Personen, gegen die andere Entscheidungen getroffen wurden (u. a. Freispruch, Einstellung des Strafverfahrens). Bei der Aburteilung von Straftaten, die in Tateinheit oder in Tatmehrheit begangen wurden, ist nur die Straftat statistisch erfasst, die nach dem Gesetz mit der schwersten Strafe bedroht ist. Werden mehrere Straftaten derselben Person in verschiedenen Verfahren abgeurteilt, so wird der Angeklagte für jedes Strafverfahren gesondert gezählt.

Aufgeklärte Straftat | Nach der Polizeilichen Kriminalstatistik gilt eine Straftat dann als aufgeklärt, wenn nach dem polizeilichen Ermittlungsergebnis eine mindestens namentlich bekannte oder auf frischer Tat ergriffene tatverdächtige Person festgestellt worden ist.

Berufung | Sie richtet sich gegen die tatsächliche Würdigung eines Falles.

Beschwerde | Sie ist das Rechtsmittel gegen eine gerichtliche Entscheidung, die kein Urteil ist.

Einsitzende in Justizvollzugsanstalten | Dazu zählen alle Gefangenen und Verwahrten, die sich zu einem bestimmten Stichtag in einer Einrichtung des Justizvollzugs befinden. Die Justizvollzugsstatistik erfasst die Strafgefangenen (Vollzug von Freiheits- und Jugendstrafe), die Sicherungsverwahrten sowie die Einsitzenden in Untersuchungs-, Abschiebehaft und sonstiger Freiheitsentziehung getrennt.

Entziehung der Fahrerlaubnis (Sperre) | Begeht eine Person eine Straftat beim Fahren eines Kraftfahrzeuges oder unter Verletzung von Fahrzeugführerpflichten, sieht das Strafgesetzbuch die Entziehung der Fahrerlaubnis vor. Die Fahrerlaubnis kann auch entzogen bzw. die Erteilung einer (neuen) Fahrerlaubnis untersagt werden, wenn eine Verurteilung der Person wegen Schuldunfähigkeit nicht möglich ist.

Fahrverbot | Bei einer Verurteilung wegen einer Straftat kann ein Fahrverbot für ein bis drei Monate erteilt werden, wenn die Person die Straftat beim Fahren eines Kraftfahrzeuges oder unter Verletzung von Fahrzeugführerpflichten begangen hat. Bei bestimmten Verkehrsstraftaten ist ein Fahrverbot in der Regel anzuordnen, wenn die Entziehung der Fahrerlaubnis unterbleibt.

Maßnahmen | Im Sinne des Jugendgerichtsgesetzes handelt es sich hierbei um Zuchtmittel und Erziehungsmaßregeln. Diese können nebeneinander angeordnet werden.

Ordentliche Gerichtsbarkeit | Dazu zählen die Zivil-, Familien- und Strafgerichte, deren erste Instanz die Amtsgerichte darstellen. Die übergeordneten Landgerichte bzw. Oberlandesgerichte können unter bestimmten Voraussetzungen ebenfalls in erster Instanz urteilen. Ansonsten haben sie die Funktion der Rechtsmittelinstanz. Die Landgerichte entscheiden über Berufungen/Beschwerden, die Oberlandesgerichte über Berufungen/Beschwerden und Revisionen.

Revision | Sie richtet sich gegen die rechtliche Würdigung eines Falles.

Tatverdächtige | Jede Person ist tatverdächtig, die aufgrund des polizeilichen Ermittlungsergebnisses zumindest hinreichend verdächtig ist, eine mit Strafe bedrohte Handlung begangen zu haben.

Verurteilte | Das sind Straffällige, gegen die nach allgemeinem Strafrecht eine Freiheitsstrafe, Strafarrest und/oder Geldstrafe verhängt worden ist oder deren Straftat nach Jugendstrafrecht mit Jugendstrafe und/oder Maßnahmen geahndet wurde. Verurteilt werden kann eine Person nur dann, wenn sie zum Zeitpunkt der Tat strafmündig war, d. h. 14 Jahre und mehr (§ 19 StGB).

11 Justiz

Mehr zum Thema

Liebe Leserin, lieber Leser,
ein Thema in diesem Kapitel spricht Sie besonders an oder Sie benötigen weitere Informationen? Auf dieser Seite nennen wir Ihnen, nach Themen gegliedert, weitere Veröffentlichungen unseres Hauses. Ausführliche Informationen zu den Produktkategorien sowie dem Informationsangebot des Statistischen Bundesamtes finden Sie auf Seite 8 dieser Ausgabe.

Web-Angebote
www.destatis.de ist Ihre erste Adresse in Sachen Statistik. Hier finden Sie alle Informationen, die das Statistische Bundesamt veröffentlicht, tagesaktuell. Unsere Veröffentlichungen können Sie direkt über unsere Website *www.destatis.de/publikationen* downloaden.

GENESIS-Online
Unter *www.destatis.de/genesis* bietet die Haupt-Datenbank des Statistischen Bundesamtes ein breites Themenspektrum fachlich tief gegliederter Ergebnisse der amtlichen Statistik. Daten zur *Justiz (Rechtspflege)* finden Sie unter dem Menüpunkt › Themen, Code 24

Weitere Veröffentlichungen zu den Themen

- **Geschäftsentwicklung bei Gerichten und Staatsanwaltschaften**

    Fachserie 10   Rechtspflege

Reihe 2.1	Zivilgerichte
Reihe 2.2	Familiengerichte
Reihe 2.3	Strafgerichte
Reihe 2.4	Verwaltungsgerichte
Reihe 2.5	Finanzgerichte
Reihe 2.6	Staatsanwaltschaften
Reihe 2.7	Sozialgerichte
Reihe 2.8	Arbeitsgerichte

- **Straftaten und gerichtliche Strafverfolgung**

    Fachserie 10   Rechtspflege

Reihe 3	Strafverfolgung

- **Justizvollzug**

    Fachserie 10   Rechtspflege

Reihe 4.1	Strafvollzug – Demographische und kriminologische Merkmale der Strafgefangenen

    WISTA – Wirtschaft und Statistik

Heft 3/15	Staatsanwaltschaftliche Ermittlungstätigkeit in Deutschland – Umfang und Struktur der Verfahrenserledigung
Heft 4/15	Konzepte eines internationalen statistischen Vergleichs von Straftaten

    Broschüren

	Justiz auf einen Blick (2015)

12 Volkswirtschaftliche Gesamtrechnungen

Deutsche Wirtschaft 2015 weiter im Aufschwung | **Bruttoinlandsprodukt** stieg auf 3 026 Milliarden Euro | **Staat** erzielt Finanzierungsüberschuss | Fast **70 %** der **Wertschöpfung** entstand in **Dienstleistungsbereichen** | Inländischer **Konsum** stützt Konjunktur | **Arbeitnehmerentgelte** legten **kräftig zu**

12 Volkswirtschaftliche Gesamtrechnungen

Seite

321 Auf einen Blick

Tabellen

322 Inlandsproduktsberechnung (Stand: Mai 2016)
Bruttoinlandsprodukt, Bruttonationaleinkommen, Volkseinkommen | Wertschöpfung, Inlandsprodukt, Einkommen | Erwerbstätigkeit, Arbeitsstunden | Gesamtwirtschaftliche Kennzahlen | Bruttowertschöpfung nach Wirtschaftsbereichen | Verwendung des Bruttoinlandsprodukts | Konsumausgaben der privaten Haushalte im Inland nach Verwendungszwecken | Bruttoinvestitionen

329 Vermögensrechnung (Stand: Mai 2016)
Kapitalproduktivität, Kapitalintensität | Anlagevermögen nach Vermögensarten

331 Sektoren der Volkswirtschaftlichen Gesamtrechnungen (Stand: Mai 2016)
Hauptaggregate der Sektoren | Unternehmensgewinne und Primäreinkommen der Kapitalgesellschaften | Produktionswert, Vorleistungen und Wertschöpfung des Staates, Konsumausgaben | Einnahmen und Ausgaben sowie Finanzierungssaldo des Staates | Verfügbares Einkommen und Sparen der privaten Haushalte | Einnahmen und Ausgaben aus der bzw. an die übrige(n) Welt

336 Güterbilanzen zu Herstellungspreisen (Stand: Mai 2016)
Inländische Produktion und Importe | Informations- und Kommunikationstechnologie (IKT)

338 Gesamtwirtschaftliche Bedeutung der Exporte (Stand: Mai 2016)

338 VGR der Länder (Stand: August 2015/Februar 2016)
Bruttoinlandsprodukt nach Ländern

339 Methodik

341 Glossar

344 Mehr zum Thema

12 Volkswirtschaftliche Gesamtrechnungen

12.0 Auf einen Blick

Entstehung, Verwendung und Verteilung des Bruttoinlandsprodukts 2015
in Mrd. EUR

Entstehung		=	Verwendung		=	Verteilung	
Bruttowertschöpfung	2 722,5		Konsumausgaben	2 221,6		Volkseinkommen	2 261,2
Land- und Forstwirtschaft, Fischerei	15,0		Private Konsumausgaben	1 634,8		Arbeitnehmerentgelt	1 541,3
Produzierendes Gewerbe ohne Baugewerbe	700,4		Konsumausgaben des Staates	586,8		Unternehmens- und Vermögenseinkommen	719,9
Baugewerbe	127,8						
Handel, Verkehr, Gastgewerbe	421,1						
Information und Kommunikation	134,0					Produktions- und Importabgaben an den Staat abzüglich Subventionen vom Staat	298,9
Finanz- und Versicherungsdienstleister	106,8						
Grundstücks- und Wohnungswesen	304,2		Bruttoinvestitionen	568,1			
Unternehmensdienstleister	304,7		Bruttoanlageinvestitionen	606,1			
Öffentliche Dienstleister, Erziehung, Gesundheit	497,8		Vorratsveränderungen	-38,0			
Sonstige Dienstleister	110,8					Abschreibungen	531,3
			Außenbeitrag	236,2		Saldo der Primäreinkommen aus der übrigen Welt	65,4
Gütersteuern abzüglich Gütersubventionen	303,4		Exporte	1 419,7			
			Importe	1 183,5			

Bruttoinlandsprodukt 3 025,9

2016 - 01 - 0259

12 Volkswirtschaftliche Gesamtrechnungen

12.1 Bruttoinlandsprodukt, Bruttonationaleinkommen, Volkseinkommen

	Bruttoinlandsprodukt				Bruttonationaleinkommen		Volkseinkommen		Arbeitnehmerentgelt		Bruttolöhne und -gehälter	
	preisbereinigt		in jeweiligen Preisen		insgesamt	je Ein-wohner/-in	insgesamt	je Ein-wohner/-in	insgesamt	Anteil am Volkseinkommen	insgesamt	monatlich je Arbeit-nehmer/-in
			insgesamt	je Ein-wohner/-in								
	Maßeinheit [1]	% [2]	Mrd EUR	EUR	Mrd EUR [3]	EUR [3]	Mrd EUR [3]	EUR [3]	Mrd EUR [3]	%	Mrd EUR [3]	EUR [3]
Früheres Bundesgebiet (ohne Berlin und Saarland)												
1925	–	–	–	–	41,6	1 170	34,0	540	20,4	59,9	19,0	140
1926	–	–	–	–	43,6	1 210	35,6	560	21,0	59,0	19,4	150
1927	–	–	–	–	48,7	1 350	39,9	620	23,5	58,8	21,7	160
1928	–	–	–	–	52,1	1 430	42,9	670	25,9	60,3	24,0	170
1929	–	–	–	–	52,3	1 430	42,9	660	26,5	61,9	24,6	180
1930	–	–	–	–	48,8	1 330	39,3	600	24,9	63,3	23,0	170
1931	–	–	–	–	40,8	1 100	31,9	490	20,6	64,6	18,9	160
1932	–	–	–	–	33,6	900	25,3	380	15,6	61,8	14,3	130
1933	–	–	–	–	34,5	920	26,1	400	15,6	59,8	14,3	130
1934	–	–	–	–	38,8	1 030	29,9	450	17,5	58,7	16,1	130
1935	–	–	–	–	43,2	1 140	33,7	500	19,2	56,9	17,6	140
1936	–	–	–	–	47,9	1 260	37,9	560	21,1	55,6	19,4	140
1937	–	–	–	–	53,8	1 400	42,4	630	23,4	55,2	21,5	150
1938	–	–	–	–	59,2	1 520	47,3	690	26,0	54,9	24,0	160
Früheres Bundesgebiet (ohne Berlin-West und Saarland)												
1950	218,2	–	49,7	1 059	50,4	1 075	40,1	856	23,4	58,2	20,4	124
1951	239,3	9,7	61,0	1 287	61,7	1 302	48,7	1 028	28,3	58,0	24,8	145
1952	261,7	9,3	69,8	1 461	70,5	1 477	55,4	1 160	31,6	57,1	27,6	156
1953	285,0	8,9	74,9	1 555	75,6	1 570	59,2	1 230	34,8	58,8	30,4	165
1954	307,1	7,8	80,4	1 651	80,8	1 660	63,4	1 301	38,1	60,1	33,3	174
1955	344,3	12,1	91,9	1 868	92,3	1 876	72,7	1 477	43,4	59,7	37,9	188
1956	370,9	7,7	101,6	2 040	102,0	2 048	80,7	1 621	48,7	60,3	42,5	202
1957	393,4	6,1	110,7	2 195	111,2	2 204	88,5	1 754	53,4	60,4	46,0	213
1958	410,9	4,5	119,0	2 330	119,2	2 335	94,7	1 855	57,7	60,9	49,6	227
1959	443,2	7,9	130,3	2 524	130,3	2 524	103,1	1 996	62,0	60,2	53,2	240
1960	481,4	8,6	146,0	2 799	146,2	2 802	116,1	2 226	69,4	59,7	59,8	262
Früheres Bundesgebiet												
1960	511,3	–	154,8	2 792	154,9	2 795	122,8	2 215	73,8	60,1	63,7	262
1961	535,0	4,6	169,6	3 019	169,4	3 016	133,3	2 373	83,2	62,4	71,8	289
1962	559,9	4,7	184,5	3 245	184,3	3 243	144,2	2 538	92,1	63,9	79,5	315
1963	575,7	2,8	195,5	3 407	195,4	3 404	152,3	2 653	98,8	64,9	85,3	334
1964	614,0	6,7	214,8	3 706	214,5	3 701	167,3	2 886	108,0	64,5	94,0	365
1965	646,9	5,4	234,8	4 005	234,3	3 997	183,3	3 127	119,7	65,3	103,9	398
1966	664,9	2,8	249,6	4 220	249,2	4 213	194,2	3 283	128,9	66,4	111,4	427
1967	662,9	– 0,3	252,8	4 263	252,4	4 258	194,7	3 284	128,8	66,1	111,4	441
1968	699,0	5,5	272,7	4 583	272,9	4 586	213,8	3 593	138,2	64,7	119,0	468
1969	751,2	7,5	305,2	5 081	305,7	5 088	236,7	3 941	155,5	65,7	133,5	511
1970	789,0	5,0	345,3	5 693	345,5	5 696	271,2	4 471	184,4	68,0	157,4	590
1970	56,8	–	360,6	5 945	361,6	5 963	282,1	4 652	185,1	65,6	158,4	591
1971	58,6	3,1	400,2	6 529	400,8	6 539	311,4	5 080	209,9	67,4	179,0	657
1972	61,1	4,3	436,4	7 076	436,6	7 080	339,6	5 507	232,6	68,5	197,3	715
1973	64,0	4,8	486,0	7 842	486,2	7 845	380,3	6 136	264,6	69,6	222,9	794
1974	64,6	0,9	526,0	8 477	526,3	8 481	411,4	6 630	292,7	71,1	245,3	878
1975	64,1	– 0,9	551,0	8 912	552,0	8 928	430,5	6 962	306,0	71,1	254,2	932
1976	67,2	4,9	597,4	9 709	599,0	9 735	467,7	7 602	330,7	70,7	272,9	997
1977	69,5	3,3	636,5	10 367	637,2	10 378	497,2	8 097	355,0	71,4	293,4	1 064
1978	71,6	3,0	678,9	11 071	682,1	11 122	531,6	8 667	379,0	71,3	312,6	1 118
1979	74,5	4,2	737,4	12 017	738,6	12 038	573,3	9 343	410,3	71,6	337,9	1 179
1980	75,6	1,4	788,5	12 808	790,0	12 831	609,3	9 897	445,9	73,2	366,7	1 255
1981	76,0	0,5	825,8	13 388	825,9	13 390	635,5	10 302	467,8	73,6	384,7	1 313
1982	75,7	– 0,4	860,2	13 956	859,6	13 945	659,6	10 701	482,8	73,2	395,8	1 361
1983	76,9	1,6	898,3	14 624	900,4	14 659	689,5	11 226	493,5	71,6	403,1	1 398
1984	79,0	2,8	942,0	15 398	947,9	15 495	726,5	11 876	512,8	70,6	417,3	1 433
1985	80,9	2,3	984,4	16 132	990,9	16 234	762,4	12 493	533,5	70,0	434,2	1 468
1986	82,7	2,3	1 037,6	16 984	1 041,2	17 050	805,7	13 194	561,7	69,7	457,2	1 515
1987	83,9	1,4	1 065,1	17 439	1 067,8	17 482	825,4	13 514	587,3	71,2	478,0	1 558
1988	87,0	3,7	1 123,3	18 280	1 131,7	18 416	878,2	14 290	611,8	69,7	498,2	1 598

12 Volkswirtschaftliche Gesamtrechnungen

12.1 Bruttoinlandsprodukt, Bruttonationaleinkommen, Volkseinkommen

	Bruttoinlandsprodukt				Bruttonationaleinkommen		Volkseinkommen		Arbeitnehmerentgelt		Bruttolöhne und -gehälter	
	preisbereinigt		in jeweiligen Preisen		insgesamt	je Einwohner/-in	insgesamt	je Einwohner/-in	insgesamt	Anteil am Volkseinkommen	insgesamt	monatlich je Arbeitnehmer/-in
			insgesamt	je Einwohner/-in								
	Maßeinheit [1]	% [2]	Mrd EUR	EUR	Mrd EUR [3]	EUR [3]	Mrd EUR [3]	EUR [3]	Mrd EUR [3]	%	Mrd EUR [3]	EUR [3]
	Früheres Bundesgebiet											
1989	90,4	3,9	1 200,7	19 346	1 211,1	19 514	938,7	15 125	639,9	68,2	521,8	1 641
1990	95,1	5,3	1 306,7	20 658	1 317,9	20 836	1 017,9	16 092	690,0	67,8	562,5	1 717
1991	100	5,1	1 415,8	22 096	1 417,8	22 128	1 089,0	16 996	747,4	68,6	609,2	1 822
	Deutschland											
1991	79,0	–	1 579,8	19 754	1 595,8	19 954	1 226,5	15 337	856,8	69,9	702,6	1 659
1992	80,5	1,9	1 695,3	21 060	1 710,7	21 251	1 306,6	16 231	928,7	71,1	761,4	1 829
1993	79,8	– 1,0	1 748,6	21 601	1 759,7	21 739	1 326,8	16 391	950,6	71,6	780,8	1 907
1994	81,7	2,5	1 830,3	22 555	1 830,8	22 562	1 375,5	16 951	975,5	70,9	793,6	1 943
1995	83,1	1,7	1 898,9	23 354	1 895,1	23 308	1 429,2	17 577	1 010,7	70,7	818,5	2 001
1996	83,8	0,8	1 926,3	23 606	1 924,5	23 624	1 449,0	17 787	1 019,8	70,4	826,9	2 025
1997	85,4	1,8	1 967,1	24 133	1 961,2	24 061	1 471,8	18 057	1 024,2	69,6	825,1	2 025
1998	87,1	2,0	2 018,2	24 780	2 004,8	24 615	1 501,2	18 432	1 045,8	69,7	842,1	2 043
1999	88,8	2,0	2 064,9	25 360	2 047,5	25 146	1 520,2	18 671	1 076,0	70,8	867,5	2 069
2000	91,4	3,0	2 116,5	25 983	2 102,4	25 810	1 554,9	19 089	1 117,4	71,9	897,9	2 090
2001	93,0	1,7	2 179,9	26 741	2 161,5	26 516	1 596,5	19 589	1 134,3	71,0	914,8	2 138
2002	93,0	0,0	2 209,3	27 082	2 182,8	26 757	1 606,7	19 695	1 141,9	71,1	921,9	2 168
2003	92,3	– 0,7	2 220,1	27 224	2 200,0	26 978	1 612,7	19 776	1 143,6	70,9	920,5	2 195
2004	93,4	1,2	2 270,6	27 875	2 286,6	28 071	1 692,5	20 779	1 146,1	67,7	925,4	2 206
2005	94,1	0,7	2 300,9	28 288	2 321,3	28 539	1 716,8	21 108	1 144,0	66,6	924,1	2 212
2006	97,5	3,7	2 393,3	29 483	2 434,5	29 991	1 811,1	22 312	1 164,4	64,3	938,1	2 229
2007	100,7	3,3	2 513,2	31 031	2 550,2	31 487	1 882,3	23 241	1 197,2	63,6	969,3	2 261
2008	101,8	1,1	2 561,7	31 719	2 586,4	32 025	1 896,9	23 487	1 241,6	65,5	1 008,1	2 314
2009	96,1	– 5,6	2 460,3	30 569	2 515,6	31 256	1 821,5	22 633	1 246,7	68,4	1 009,5	2 314
2010	100	4,1	2 580,1	32 137	2 630,9	32 770	1 923,2	23 955	1 283,8	66,8	1 039,0	2 372
2011	103,7	3,7	2 703,1	33 673	2 771,3	34 523	2 028,1	25 264	1 339,7	66,1	1 088,6	2 454
2012	104,1	0,4	2 754,9	34 253	2 820,4	35 068	2 051,7	25 510	1 391,5	67,8	1 133,5	2 522
2013	104,4	0,3	2 820,8	34 978	2 882,0	35 737	2 096,6	25 998	1 430,8	68,2	1 168,3	2 575
2014	106,1	1,6	2 915,7	36 003	2 982,4	36 828	2 176,2	26 872	1 485,3	68,3	1 213,7	2 645
2015	107,9	1,7	3 025,9	37 087	3 091,3	37 889	2 261,2	27 714	1 541,3	68,2	1 261,1	2 718

Die Ergebnisse von 1925 bis erste Angabe 1970, von zweite Angabe 1970 bis 1991 sowie die Angaben für Deutschland sind wegen konzeptioneller und definitorischer Unterschiede nicht voll vergleichbar.

1 Preisbereinigte Ergebnisse bis erste Angabe 1970 in Preisen von 1991 (jeweils in Mrd. EUR); preisbereinigte Ergebnisse ab zweite Angabe 1970 in Preisen des jeweiligen Vorjahres als Kettenindex (1991 = 100 bzw. 2010 = 100).
2 Veränderung gegenüber Vorjahr in %.
3 Für den Zeitraum 1925 bis 1938 auf das frühere Bundesgebiet umgerechnete Ergebnisse des Statistischen Reichsamtes in Mrd. RM bzw. Reichsmark.

Wirtschaftswachstum in Deutschland
Veränderung des preisbereinigten Bruttoinlandsprodukts gegenüber Vorjahr, in %

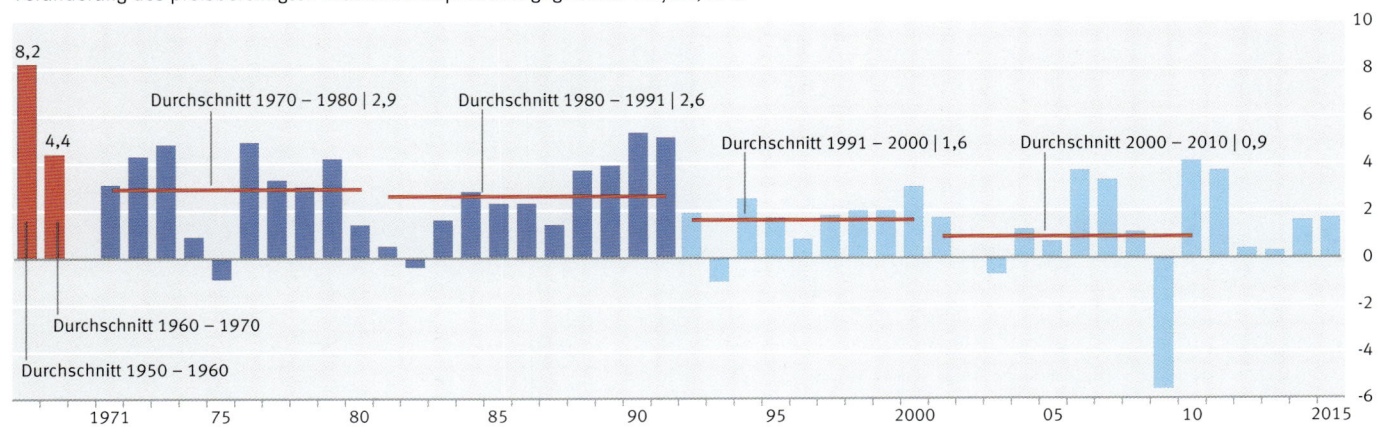

Durchschnitt 1950 – 1960 | 8,2
Durchschnitt 1960 – 1970 | 4,4
Durchschnitt 1970 – 1980 | 2,9
Durchschnitt 1980 – 1991 | 2,6
Durchschnitt 1991 – 2000 | 1,6
Durchschnitt 2000 – 2010 | 0,9

Die Ergebnisse von 1950 bis 1970 (früheres Bundesgebiet) sind wegen konzeptioneller und definitorischer Unterschiede nicht voll mit den Ergebnissen von 1970 bis 1991 (früheres Bundesgebiet) und den Angaben ab 1991 (Deutschland) vergleichbar. Die preisbereinigten Ergebnisse von 1950 bis 1970 (früheres Bundesgebiet) sind in Preisen von 1991 berechnet. Die Ergebnisse von 1970 bis 1991 (früheres Bundesgebiet) sowie die Angaben ab 1991 (Deutschland) werden in Preisen des jeweiligen Vorjahres als Kettenindex nachgewiesen. Bei der VGR-Revision 2011 wurden zudem nur die Ergebnisse für Deutschland bis 1991 zurückgerechnet; Angaben vor 1991 sind unverändert geblieben.

12 Volkswirtschaftliche Gesamtrechnungen

12.2 Wertschöpfung, Inlandsprodukt, Einkommen

	2012	2013	2014	2015
	in jeweiligen Preisen in Mrd. EUR			
Wertschöpfung und Inlandsprodukt				
Bruttowertschöpfung	2 475,1	2 536,9	2 623,1	2 722,5
+ Nettogütersteuern	279,7	284,0	292,6	303,4
Gütersteuern	286,1	290,3	299,2	310,7
abzügl.: Gütersubventionen	6,3	6,4	6,7	7,3
= Bruttoinlandsprodukt	2 754,9	2 820,8	2 915,7	3 025,9
– Abschreibungen	492,2	505,1	517,8	531,3
= Nettoinlandsprodukt	2 262,7	2 315,7	2 397,9	2 494,6
Nettoproduktionsabgaben [1]	275,5	279,2	287,6	299,7
Arbeitnehmerentgelt (Inland)	1 389,2	1 428,3	1 482,8	1 538,4
Betriebsüberschuss/Selbstständigeneinkommen	598,0	608,2	627,5	656,5
Nationaleinkommen und Volkseinkommen				
Bruttoinlandsprodukt	2 754,9	2 820,8	2 915,7	3 025,9
+ Primäreinkommen aus der übrigen Welt	206,4	190,2	193,3	197,3
– Primäreinkommen an die übrige Welt	140,8	129,0	126,5	131,9
= Bruttonationaleinkommen	2 820,4	2 882,0	2 982,4	3 091,3
– Abschreibungen	492,2	505,1	517,8	531,3
= Nettonationaleinkommen (Primäreinkommen)	2 328,2	2 377,0	2 464,7	2 560,1
– Produktions- und Importabgaben [2]	300,6	304,7	314,0	326,4
+ Subventionen [3]	24,1	24,4	25,5	27,5
= Volkseinkommen	2 051,7	2 096,6	2 176,2	2 261,2
Arbeitnehmerentgelt (Inländer/-innen)	1 391,5	1 430,8	1 485,3	1 541,5
Unternehmens- und Vermögenseinkommen	660,2	665,8	690,9	719,9
Nationaleinkommen und verfügbares Einkommen				
Nettonationaleinkommen (Primäreinkommen)	2 328,2	2 377,0	2 464,7	2 560,1
+ Laufende Transfers aus der übrigen Welt	53,5	58,4	60,0	63,8
– Laufende Transfers an die übrige Welt	88,9	101,1	97,0	101,6
= Verfügbares Einkommen der Gesamtwirtschaft	2 292,8	2 334,2	2 427,7	2 522,2

1 Produktions- und Importabgaben abzügl. Subventionen.
2 Vom Staat empfangen.
3 Vom Staat geleistet.

12.3 Erwerbstätigkeit und Arbeitsstunden

	2012	2013	2014	2015
	Durchschnitt in 1 000			
Bevölkerung [1]	80 426	80 646	80 983	81 589
– Nichterwerbspersonen	36 195	36 195	36 253	36 651
= Erwerbspersonen	44 231	44 451	44 730	44 938
– Erwerbslose [2]	2 224	2 182	2 090	1 950
= Erwerbstätige (Inländer/-innen)	42 007	42 269	42 640	42 988
– Selbstständige [3]	4 560	4 459	4 397	4 326
= Arbeitnehmer (Inländer/-innen)	37 447	37 810	38 243	38 662
+ Pendlersaldo	53	59	63	68
= Arbeitnehmer/-innen im Inland	37 500	37 869	38 306	38 730
+ Selbstständige [3]	4 560	4 459	4 397	4 326
= Erwerbstätige im Inland	42 060	42 328	42 703	43 056
	Mill. Stunden			
Geleistete Arbeitsstunden im Inland [4]				
der Erwerbstätigen	57 845	57 639	58 349	59 038
der Arbeitnehmer/-innen	48 785	48 871	49 726	50 486

1 Durchschnittliche Bevölkerung auf Basis des Zensus 2011 (Ergebnis zum Stichtag 9. Mai 2011: 80 219 695 Einwohner).
2 Ergebnisse der Arbeitskräfteerhebung; Personen in Privathaushalten im Alter von 15 bis 74 Jahren.
3 Einschl. mithelfende Familienangehörige.
4 Quelle: Institut für Arbeitsmarkt- und Berufsforschung (IAB) der Bundesagentur für Arbeit (BA).

12 Volkswirtschaftliche Gesamtrechnungen

12.4 Gesamtwirtschaftliche Kennzahlen

	2012	2013	2014	2015
Wirtschaftswachstum (Bruttoinlandsprodukt preisbereinigt, verkettet) [1]	0,4	0,3	1,6	1,7
Erwerbsquote (Erwerbspersonen in % der Bevölkerung)	55,0	55,1	55,2	55,1
Erwerbslosenquote (Erwerbslose in % der Erwerbspersonen)	5,0	4,9	4,7	4,3
Bruttoinlandsprodukt in jeweiligen Preisen je erwerbstätige Person in EUR	65 498	66 642	68 277	70 278
Bruttoinlandsprodukt in jeweiligen Preisen je geleistete Arbeitsstunde der Erwerbstätigen in EUR	47,6	48,9	50,0	51,3
Arbeitsproduktivität je erwerbstätige Person (Bruttoinlandsprodukt preisbereinigt, verkettet je erwerbstätige Person) [1]	– 0,8	– 0,3	0,7	0,9
Arbeitsproduktivität je Erwerbstätigenstunde (Bruttoinlandsprodukt preisbereinigt, verkettet je geleistete Arbeitsstunde der Erwerbstätigen) [1]	0,5	0,7	0,4	0,5
Arbeitnehmerentgelt je Arbeitnehmer/-in in EUR je Monat	3 087	3 143	3 226	3 310
Arbeitnehmerentgelt je geleistete Arbeitsstunde der Arbeitnehmer/-innen in EUR	28,5	29,2	29,8	30,5
Lohnstückkosten (Personenkonzept; Arbeitnehmerentgelt je Arbeitnehmer/-innen in Relation zur Produktivität je erwerbstätige Person) [1]	3,3	2,2	1,9	1,8
Lohnstückkosten (Stundenkonzept; Arbeitnehmerentgelt je Arbeitnehmerstunde in Relation zur Produktivität je Erwerbstätigenstunde) [1]	3,1	2,0	1,6	1,7
Bruttolöhne und -gehälter je Arbeitnehmer/-in in EUR je Monat	2 513	2 565	2 635	2 707
Bruttolöhne und -gehälter je Arbeitnehmer/-in in EUR je Monat (ohne marginal Beschäftigte) [2]	2 912	2 970	3 042	3 104
Bruttolöhne und -gehälter je geleistete Arbeitsstunde der Arbeitnehmer/-innen in EUR	23,2	23,9	24,4	24,9
Lohnquote (unbereinigt; Arbeitnehmerentgelt in % des Volkseinkommens)	67,8	68,2	68,3	68,2
Lohnquote (bereinigt) [3]	69,1	69,3	69,1	68,8
Arbeitseinkommensquote (Arbeitnehmerentgelt je Arbeitnehmer/-in in % des Volkseinkommens je erwerbstätige Person)	76,1	76,3	76,1	75,8
Sparquote (Sparen in % des verfügbaren Einkommens der privaten Haushalte) [4]	9,3	9,1	9,5	9,7
Staatsquote (Ausgaben des Staates in % des Bruttoinlandsprodukts)	44,5	44,5	44,3	44,0
Defizitquote (Finanzierungssaldo des Staates in % des Bruttoinlandsprodukts)	– 0,1	– 0,1	0,3	0,6

1 Veränderung gegenüber Vorjahr in %.
2 Als „marginal Beschäftigte" werden hier Personen angesehen, die als Arbeiter/-innen und Angestellte keine voll sozialversicherungspflichtige Beschäftigung ausüben, jedoch nach dem Labour-Force-Konzept der Internationalen Arbeitsorganisation als Erwerbstätige gelten, wenn sie in einem einwöchigen Berichtszeitraum wenigstens eine Stunde gegen Entgelt gearbeitet haben. Dazu zählen in Deutschland insbesondere ausschließlich geringfügig Beschäftigte und Beschäftigte in Arbeitsgelegenheiten (sog. „1-Euro-Jobs").
3 Arbeitseinkommensquote multipliziert mit der Arbeitnehmerquote (Anteil der Arbeitnehmer/-innen an den Erwerbstätigen) in einem festen Basisjahr, hier 1991.
4 Einschl. der Zunahme betrieblicher Versorgungsansprüche.

Die **Defizitquote** wird definiert als negativer Finanzierungssaldo des Staates in Prozent des nominalen Bruttoinlandsprodukts (positiver Saldo: Überschussquote). Laut Maastricht-Vertrag darf die Defizitquote den Grenzwert von 3 % nicht überschreiten.

Die **Sparquote** wird definiert als Sparen, d. h. nichtkonsumierter Teil (Ausgabenkonzept) in Prozent des verfügbaren Einkommens der privaten Haushalte (zuzüglich der Zunahme betrieblicher Versorgungsansprüche).

Die **Arbeitsproduktivität** wird berechnet als preisbereinigtes Bruttoinlandsprodukt (der Gesamtwirtschaft) bzw. preisbereinigte Bruttowertschöpfung (eines Wirtschaftsbereichs) je erwerbstätige Person oder je geleistete Erwerbstätigenstunde.

Arbeitsproduktivität in Deutschland
Veränderung gegenüber Vorjahr, in %

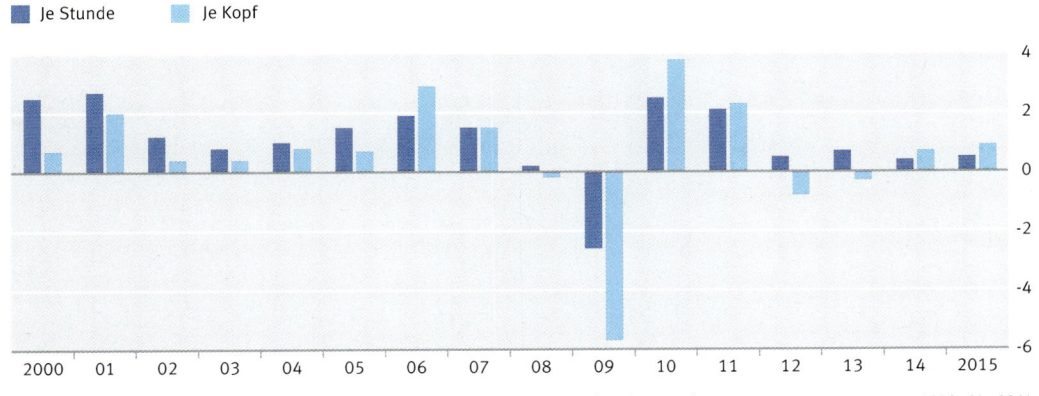

■ Je Stunde   ■ Je Kopf

Preisbereinigtes Bruttoinlandsprodukt je erwerbstätige Person bzw. je geleistete Erwerbstätigenstunde.

12 Volkswirtschaftliche Gesamtrechnungen

12.5 Bruttowertschöpfung in jeweiligen Preisen nach Wirtschaftsbereichen

	2013	2014	2015	2013	2014	2015
	Mrd. EUR			% der Bruttowertschöpfung insgesamt		
Alle Wirtschaftsbereiche	2 536,9	2 623,1	2 722,5	100	100	100
Land- und Forstwirtschaft, Fischerei	20,0	17,9	15,0	0,8	0,7	0,5
Produzierendes Gewerbe	768,9	795,5	828,2	30,3	30,3	30,4
Produzierendes Gewerbe ohne Baugewerbe	655,5	674,8	700,4	25,8	25,7	25,7
Bergbau und Gewinnung von Steinen und Erden	5,2	4,6	...	0,2	0,2	...
Verarbeitendes Gewerbe	572,6	593,6	614,5	22,6	22,6	22,6
Energieversorgung	50,8	49,6	...	2,0	1,9	...
Wasserversorgung, Entsorgung u. Ä.	26,8	27,0	...	1,1	1,0	...
Baugewerbe	113,3	120,7	127,8	4,5	4,6	4,7
Dienstleistungsbereiche	1 748,0	1 809,7	1 879,3	68,9	69,0	69,0
Handel, Verkehr, Gastgewerbe	396,3	407,2	421,1	15,6	15,5	15,5
Handel; Instandh. u. Rep. v. Kfz	238,9	244,3	252,2	9,4	9,3	9,3
Verkehr und Lagerei	120,1	123,5	126,4	4,7	4,7	4,6
Gastgewerbe	37,2	39,4	42,4	1,5	1,5	1,6
Information und Kommunikation	122,9	127,5	134,0	4,8	4,9	4,9
Finanz- und Versicherungsdienstleister	104,7	107,6	106,8	4,1	4,1	3,9
Grundstücks- und Wohnungswesen	283,6	291,8	304,2	11,2	11,1	11,2
Unternehmensdienstleister	276,4	290,2	304,7	10,9	11,1	11,2
Freiberufl., wissenschaftl. u. techn. Dienstleister	153,9	162,0	...	6,1	6,2	...
Sonstige Unternehmensdienstleister	122,5	128,2	...	4,8	4,9	...
Öffentliche Dienstleister, Erziehung, Gesundheit	460,6	478,4	497,8	18,2	18,2	18,3
Öff. Verwaltung, Verteidigung; Sozialversicherung	157,4	161,5	...	6,2	6,2	...
Erziehung und Unterricht	115,1	118,9	...	4,5	4,5	...
Gesundheits- und Sozialwesen	188,2	198,0	...	7,4	7,5	...
Sonstige Dienstleister	103,5	107,0	110,8	4,1	4,1	4,1
Kunst, Unterhaltung und Erholung	35,0	36,9	...	1,4	1,4	...
Sonstige Dienstleister a. n. g.	61,2	62,6	...	2,4	2,4	...
Häusliche Dienste	7,2	7,5	...	0,3	0,3	...

Klassifikation der Wirtschaftszweige, Ausgabe 2008 (WZ 2008).

Wirtschaftsstruktur in Deutschland
in %

2015 — 2 722,5 Mrd. EUR
- Dienstleistungsbereiche: 69
- Produzierendes Gewerbe ohne Baugewerbe: 26
- Baugewerbe: 5
- Land- und Forstwirtschaft, Fischerei: 1

1991 — 1 437,0 Mrd. EUR
- Dienstleistungsbereiche: 62
- Produzierendes Gewerbe ohne Baugewerbe: 31
- Baugewerbe: 6
- Land- und Forstwirtschaft, Fischerei: 1

Gemessen als Anteil der nominalen Bruttowertschöpfung des jeweiligen Wirtschaftsbereichs an der nominalen Bruttowertschöpfung insgesamt.

12 Volkswirtschaftliche Gesamtrechnungen

12.6 Verwendung des Bruttoinlandsprodukts in jeweiligen Preisen

	2013	2014	2015	2013	2014	2015
	Mrd EUR			Veränderung gegenüber Vorjahr in %		
Konsum	2 104,6	2 156,2	2 221,6	2,3	2,5	3,0
Private Konsumausgaben	1 562,7	1 592,2	1 634,8	1,9	1,9	2,7
Konsumausgaben der inländ. priv. Haushalte	1 517,5	1 544,0	1 585,3	1,8	1,8	2,7
Konsumausgaben der privaten Organisationen ohne Erwerbszweck	45,3	48,1	49,5	4,2	6,4	2,9
Konsumausgaben des Staates	541,9	564,0	586,8	3,7	4,1	4,0
Bruttoinvestitionen	546,8	563,1	568,1	3,0	3,0	0,9
Bruttoanlageinvestitionen	557,3	585,1	606,1	0,3	5,0	3,6
Ausrüstungen |1	181,3	189,8	200,1	− 2,0	4,7	5,4
Bauten	277,2	291,8	297,6	1,6	5,2	2,0
Sonstige Anlagen |2	98,8	103,5	108,5	0,9	4,8	4,7
Vorratsveränderungen und Nettozugang an Wertsachen	− 10,5	− 22,0	− 38,0	X	X	X
Inländische Verwendung	2 651,4	2 719,3	2 789,7	2,5	2,6	2,6
Außenbeitrag	169,4	196,4	236,2	X	X	X
Exporte	1 283,1	1 333,2	1 419,7	1,3	3,9	6,5
abzüglich: Importe	1 113,7	1 136,8	1 183,5	1,3	2,1	4,1
Bruttoinlandsprodukt	2 820,8	2 915,7	3 025,9	2,4	3,4	3,8

1 Einschl. militärischer Waffensysteme.
2 Geistiges Eigentum sowie Nutztiere und Nutzpflanzungen.

12.7 Verwendung des Bruttoinlandsprodukts (preisbereinigt, verkettet)

	2013	2014	2015	2013	2014	2015
	Index 2010 = 100			Veränderung gegenüber Vorjahr in %		
Konsum	103,0	104,2	106,4	0,7	1,1	2,2
Private Konsumausgaben	103,0	103,9	106,1	0,6	0,9	2,0
Konsumausgaben der inländ. priv. Haushalte	102,9	103,8	105,9	0,6	0,9	2,1
Konsumausgaben der privaten Organisationen ohne Erwerbszweck	105,9	109,9	110,9	1,1	3,8	0,9
Konsumausgaben des Staates	103,0	104,8	107,4	0,8	1,7	2,5
Bruttoinvestitionen	101,8	103,9	103,3	1,5	2,0	− 0,5
Bruttoanlageinvestitionen	105,3	109,0	111,3	− 1,3	3,5	2,2
Ausrüstungen |1	101,6	106,3	111,4	− 2,3	4,5	4,8
Bauten	107,5	110,7	111,0	− 1,1	2,9	0,3
Sonstige Anlagen |2	106,3	109,7	112,5	− 0,3	3,1	2,6
Vorratsveränderungen und Nettozugang an Wertsachen	X	X	X	X	X	X
Inländische Verwendung	102,7	104,1	105,7	0,8	1,3	1,6
Außenbeitrag	X	X	X	X	X	X
Exporte	113,0	117,6	123,9	1,6	4,0	5,4
abzüglich: Importe	109,9	114,0	120,7	3,1	3,7	5,8
Bruttoinlandsprodukt	104,4	106,1	107,9	0,3	1,6	1,7

1 Einschl. militärischer Waffensysteme.
2 Geistiges Eigentum sowie Nutztiere und Nutzpflanzungen.

Verwendung des deutschen Bruttoinlandsprodukts 2015
Preisbereinigt

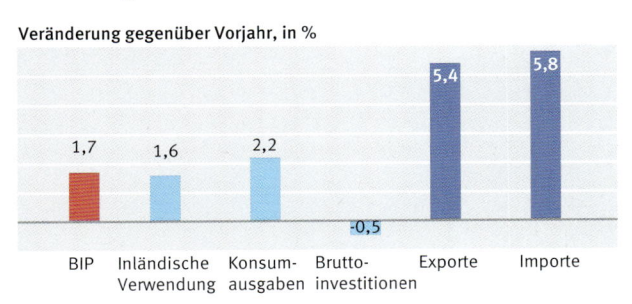

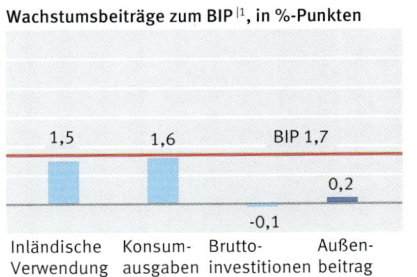

Veränderung gegenüber Vorjahr, in %

- BIP: 1,7
- Inländische Verwendung: 1,6
- Konsumausgaben: 2,2
- Bruttoinvestitionen: -0,5
- Exporte: 5,4
- Importe: 5,8

Wachstumsbeiträge zum BIP |1, in %-Punkten

- Inländische Verwendung: 1,5
- Konsumausgaben: 1,6
- BIP 1,7
- Bruttoinvestitionen: 0,2
- Außenbeitrag: -0,1

Der **Wachstumsbeitrag** ist definiert als rechnerischer Beitrag eines Aggregats zur Entwicklung des Bruttoinlandsprodukts (BIP). Der Wachstumsbeitrag eines Aggregats wird dabei ermittelt, indem von der tatsächlichen Wachstumsrate des BIP eine hypothetische abgezogen wird, die sich ergäbe, wenn das Aggregat gegenüber der Vorperiode unverändert bliebe (sogenannter komparativer Ansatz).

1 Die Wachstumsbeiträge sind – abgesehen von Rundungsdifferenzen – jeweils additiv: Konsumausgaben und Bruttoinvestitionen ergeben die inländische Verwendung, welche wiederum zusammen mit dem Außenbeitrag das BIP ergibt.

12 Volkswirtschaftliche Gesamtrechnungen

12.8 Konsumausgaben der privaten Haushalte im Inland nach Verwendungszwecken in jeweiligen Preisen

	2013	2014	2015	2013	2014	2015
	Mrd. EUR			% der Konsumausgaben der privaten Haushalte im Inland insgesamt		
Nahrungsmittel und alkoholfreie Getränke	150,2	153,3	157,7	10,2	10,2	10,2
Alkoholische Getränke, Tabakwaren und Drogen	47,8	48,9	51,0	3,2	3,3	3,3
Bekleidung und Schuhe	72,0	73,4	74,8	4,9	4,9	4,9
Wohnung, Wasser, Strom, Gas u. a. Brennstoffe	365,3	365,5	369,6	24,8	24,3	24,0
Einrichtungsgegenstände (Möbel), Apparate, Geräte u. Ausrüstungen für den Haushalt sowie deren Instandhaltung	98,5	100,2	103,8	6,7	6,7	6,7
Gesundheitspflege	76,8	80,8	84,8	5,2	5,4	5,5
Verkehr	209,4	213,5	217,8	14,2	14,2	14,1
Nachrichtenübermittlung	40,5	40,5	41,6	2,7	2,7	2,7
Freizeit, Unterhaltung und Kultur	139,8	142,5	146,7	9,5	9,5	9,5
Bildungswesen	11,9	12,0	12,7	0,8	0,8	0,8
Beherbergungs- und Gaststättendienstleistungen	75,4	79,4	84,2	5,1	5,3	5,5
Andere Waren und Dienstleistungen	188,0	192,1	196,7	12,7	12,8	12,8
Konsumausgaben der privaten Haushalte im Inland	**1 475,5**	**1 502,2**	**1 541,4**	**100**	**100**	**100**
Konsumausgaben der Inländer/-innen in der übrigen Welt	70,5	70,8	73,3	X	X	X
abzügl. Konsumausgaben der Gebietsfremden im Inland	28,6	29,0	29,5	X	X	X
Konsumausgaben der inländischen privaten Haushalte	**1 517,5**	**1 544,0**	**1 585,3**	**X**	**X**	**X**

12.9 Bruttoinvestitionen in jeweiligen Preisen

	2013	2014	2015	2013	2014	2015
	Mrd. EUR			Veränderung gegenüber Vorjahr in %		
Bruttoinvestitionen insgesamt	**546,8**	**563,1**	**568,1**	**3,0**	**3,0**	**0,9**
Bruttoanlageinvestitionen	557,3	585,1	606,1	0,3	5,0	3,6
Ausrüstungsinvestitionen	181,3	189,8	200,1	− 2,0	4,7	5,4
Maschinen und Geräte [1]	130,4	134,8	...	− 2,4	3,4	...
Fahrzeuge	50,9	55,0	...	− 0,8	8,1	...
Staat	12,4	10,2	12,5	− 4,1	− 17,8	22,6
Übrige Sektoren	168,8	179,6	187,6	− 1,8	6,4	4,4
Bauinvestitionen	277,2	291,8	297,6	1,6	5,2	2,0
Wohnbauten	163,7	173,1	178,8	2,1	5,7	3,3
Staat	1,2	1,2	1,3	22,2	6,4	3,5
Übrige Sektoren	162,6	171,8	177,5	2,0	5,7	3,3
Nichtwohnbauten	113,5	118,7	118,8	0,8	4,6	0,1
Hochbau (Nichtwohngebäude)	75,6	78,2	78,2	0,6	3,5	0,0
Tiefbau (sonstige Bauten)	37,9	40,5	40,6	1,2	6,8	0,2
Staat	33,3	34,8	35,0	2,7	4,4	0,8
Übrige Sektoren	80,2	83,9	83,8	0,0	4,6	− 0,2
Sonstige Anlageinvestitionen	98,8	103,5	108,5	0,9	4,8	4,7
Nutztiere und Nutzpflanzungen	0,3	0,3	...	− 3,3	0,6	...
Geistiges Eigentum	98,5	103,2	...	0,9	4,8	...
Vorratsveränderungen und Nettozugang an Wertsachen	− 10,5	− 22,0	− 38,0	X	X	X

1 Einschl. militärischer Waffensysteme.

12 Volkswirtschaftliche Gesamtrechnungen

12.10 Kapitalproduktivität, Kapitalintensität

	Bruttoinlandsprodukt	Bruttoanlagevermögen [1]	Erwerbstätige	Kapitalproduktivität [2]	Kapitalintensität [3]
	preisbereinigt, Kettenindex 2010 = 100		Messzahl 2010 = 100	Index 2010 = 100	
1991	79,0	68,5	94,6	115,3	72,5
1992	80,5	70,8	93,3	113,8	75,8
1993	79,8	72,8	92,1	109,6	79,0
1994	81,7	74,8	92,1	109,2	81,2
1995	83,1	76,8	92,5	108,2	83,0
1996	83,8	78,7	92,6	106,5	85,1
1997	85,4	80,6	92,5	105,9	87,1
1998	87,1	82,5	93,6	105,5	88,1
1999	88,8	84,5	95,2	105,0	88,8
2000	91,4	86,5	97,3	105,6	88,9
2001	93,0	88,4	97,0	105,2	91,0
2002	93,0	89,8	96,6	103,5	93,0
2003	92,3	91,2	95,6	101,2	95,4
2004	93,4	92,4	95,9	101,0	96,4
2005	94,1	93,6	95,9	100,4	97,7
2006	97,5	95,0	96,6	102,6	98,3
2007	100,7	96,5	98,3	104,4	98,1
2008	101,8	97,9	99,6	104,0	98,3
2009	96,1	98,9	99,7	97,1	99,2
2010	100	100	100	100	100
2011	103,7	101,2	101,4	102,4	99,8
2012	104,1	102,4	102,5	101,6	99,9
2013	104,4	103,5	103,2	100,9	100,3
2014	106,1	104,7	104,1	101,3	100,6
2015	107,9	105,9	105,0	101,8	100,9
Veränderung gegenüber Vorjahr in %					
1992	1,9	3,2	– 1,3	– 1,2	4,6
1993	– 1,0	2,8	– 1,3	– 3,6	4,1
1994	2,5	2,8	0,0	– 0,3	2,8
1995	1,7	2,6	0,4	– 0,9	2,2
1996	0,8	2,4	0,0	– 1,6	2,4
1997	1,8	2,3	– 0,1	– 0,5	2,4
1998	2,0	2,3	1,2	– 0,4	1,1
1999	2,0	2,4	1,6	– 0,4	0,8
2000	3,0	2,3	2,3	0,6	0,1
2001	1,7	2,1	– 0,3	– 0,4	2,4
2002	0,0	1,6	– 0,4	– 1,6	2,1
2003	– 0,7	1,5	– 1,1	– 2,2	2,6
2004	1,2	1,4	0,3	– 0,2	1,0
2005	0,7	1,3	0,0	– 0,6	1,3
2006	3,7	1,5	0,8	2,2	0,7
2007	3,3	1,5	1,7	1,7	– 0,2
2008	1,1	1,5	1,3	– 0,4	0,2
2009	– 5,6	1,0	0,1	– 6,6	0,9
2010	4,1	1,1	0,3	2,9	0,8
2011	3,7	1,2	1,4	2,4	– 0,2
2012	0,4	1,2	1,2	– 0,8	0,0
2013	0,3	1,0	0,6	– 0,7	0,4
2014	1,6	1,2	0,9	0,4	0,3
2015	1,7	1,2	0,8	0,5	0,4

1 Bestand am Jahresende.
2 Bruttoinlandsprodukt je Einheit Bruttoanlagevermögen, beide preisbereinigt, Kettenindex 2010 = 100.
3 Bruttoanlagevermögen (preisbereinigt, Kettenindex 2010 = 100) je erwerbstätige Person (umgerechnet auf Messzahl 2010 = 100).

Unter **Kapitalintensität** versteht man das Verhältnis zwischen den Produktionsfaktoren Kapital und Arbeit.

Unter **Kapitalproduktivität** versteht man das Verhältnis von preisbereinigtem, verketteten BIP (für die gesamte Volkswirtschaft) bzw. Bruttowertschöpfung (für einzelne Wirtschaftsbereiche) zu preisbereinigtem, verketteten Anlagevermögen (Kapitalstock).

12.11 Anlagevermögen nach Vermögensarten

	2007	2008	2009	2010	2011	2012	2013	2014	2015
Zu Wiederbeschaffungspreisen in Mrd. EUR									
Brutto									
Sachanlagen	12 693,5	13 250,3	13 539,8	13 846,4	14 380,4	14 916,4	15 400,5	15 864,7	16 285,2
Nutztiere und Nutzpflanzungen	9,9	10,9	10,5	10,8	11,9	12,8	12,8	12,3	12,7
Ausrüstungen [1]	2 126,3	2 195,2	2 220,0	2 253,4	2 293,8	2 340,8	2 351,7	2 367,9	2 403,7
Maschinen und Geräte [1]	1 624,6	1 664,4	1 679,7	1 693,3	1 711,5	1 745,3	1 749,8	1 756,3	1 778,6
Fahrzeuge	501,6	530,8	540,4	560,1	582,3	595,5	602,0	611,5	625,1
Bauten	10 557,3	11 044,2	11 309,2	11 582,2	12 074,7	12 562,8	13 036,0	13 484,6	13 868,9
Wohnbauten	5 948,4	6 225,0	6 387,5	6 567,5	6 862,7	7 176,6	7 496,6	7 794,5	8 054,7
Nichtwohnbauten	4 608,9	4 819,2	4 921,7	5 014,6	5 212,0	5 386,2	5 539,5	5 690,1	5 814,2
Geistiges Eigentum	694,7	724,3	741,1	767,2	807,6	840,6	869,8	904,6	939,7
Alle Anlagegüter	**13 388,2**	**13 974,6**	**14 280,9**	**14 613,6**	**15 188,0**	**15 757,0**	**16 270,3**	**16 769,3**	**17 225,0**
Netto									
Sachanlagen	7 500,6	7 792,3	7 899,5	8 028,4	8 302,4	8 569,9	8 803,5	9 027,9	9 227,6
Nutztiere und Nutzpflanzungen	7,6	8,5	8,1	8,3	9,3	10,1	10,0	9,6	10,0
Ausrüstungen [1]	1 093,4	1 139,6	1 141,0	1 156,6	1 181,3	1 204,6	1 206,7	1 214,7	1 235,5
Maschinen und Geräte [1]	809,9	839,0	840,8	844,8	856,7	876,4	878,7	883,4	898,2
Fahrzeuge	283,6	300,6	300,2	311,8	324,6	328,3	328,0	331,3	337,3
Bauten	6 399,6	6 644,2	6 750,4	6 863,5	7 111,9	7 355,1	7 586,8	7 803,6	7 982,2
Wohnbauten	3 764,5	3 907,5	3 974,9	4 053,6	4 205,8	4 368,9	4 532,8	4 682,4	4 808,0
Nichtwohnbauten	2 635,1	2 736,7	2 775,6	2 809,9	2 906,0	2 986,3	3 054,0	3 121,2	3 174,1
Geistiges Eigentum	363,2	379,3	387,8	400,8	422,4	439,5	453,7	471,5	489,0
Alle Anlagegüter	**7 863,8**	**8 171,5**	**8 287,3**	**8 429,2**	**8 724,8**	**9 009,4**	**9 257,2**	**9 499,4**	**9 716,6**
Preisbereinigt, Kettenindex (2010 = 100)									
Brutto									
Sachanlagen	96,7	98,1	99,0	100	101,1	102,3	103,3	104,4	105,6
Nutztiere und Nutzpflanzungen	98,4	101,2	100,7	100	98,9	98,6	98,5	98,6	98,6
Ausrüstungen [1]	97,0	99,3	99,3	100	100,6	101,4	101,9	102,6	103,7
Maschinen und Geräte [1]	98,3	100,1	100	100	100,1	100,7	101,1	101,6	102,4
Fahrzeuge	93,0	96,8	97,4	100	102,3	103,4	104,3	105,8	107,5
Bauten	96,6	97,8	98,9	100	101,2	102,4	103,5	104,8	106,0
Wohnbauten	95,7	97,2	98,6	100	101,6	103,3	104,9	106,6	108,2
Nichtwohnbauten	97,8	98,6	99,3	100	100,7	101,3	101,8	102,4	103,0
Geistiges Eigentum	92,8	95,4	97,8	100	102,6	105,1	107,3	109,6	111,7
Alle Anlagegüter	**96,5**	**97,9**	**98,9**	**100**	**101,2**	**102,4**	**103,5**	**104,7**	**105,9**
Netto									
Sachanlagen	98,5	99,4	99,6	100	100,7	101,3	101,7	102,3	103,0
Nutztiere und Nutzpflanzungen	98,0	101,5	100,8	100	98,6	98,2	98,4	98,4	98,4
Ausrüstungen [1]	96,9	100,3	99,4	100	101,0	101,7	101,9	102,7	104,0
Maschinen und Geräte [1]	97,9	101,0	100,3	100	100,5	101,5	101,9	102,7	103,9
Fahrzeuge	94,4	98,4	97,2	100	102,4	102,3	102,0	102,8	104,1
Bauten	98,8	99,3	99,6	100	100,6	101,2	101,7	102,3	102,9
Wohnbauten	98,1	98,8	99,4	100	100,9	101,9	102,7	103,7	104,7
Nichtwohnbauten	99,8	100	100	100	100,1	100,2	100,1	100,2	100,4
Geistiges Eigentum	92,9	95,6	97,9	100	102,7	105,2	107,1	109,3	111,2
Alle Anlagegüter	**98,3**	**99,3**	**99,5**	**100**	**100,8**	**101,5**	**102,0**	**102,7**	**103,4**

Bestand am Jahresende
1 Einschl. militärischer Waffensysteme.

12.12 Hauptaggregate der Sektoren 2015

	Gesamte Volks-wirtschaft	Nichtfinanzielle Kapitalgesellschaften	Finanzielle Kapitalgesellschaften	Staat	Private Haushalte und private Org. o. E.	Übrige Welt
	Mrd. EUR					
Produktionswert	5 417,9	3 823,2	246,0	437,3	911,4	–
dar. FISIM [1]	83,2	–	83,2	–	–	–
– Vorleistungen	2 695,4	2 094,9	143,9	144,0	312,7	–
dar. FISIM [1]	54,6	19,6	1,6	2,9	30,5	–
= Bruttowertschöpfung	2 722,5	1 728,3	102,2	293,4	598,7	–
– Abschreibungen	531,3	294,2	10,1	67,2	159,8	–
= Nettowertschöpfung [2]	2 191,2	1 434,1	92,1	226,2	438,9	– 236,2
– Geleistete Arbeitnehmerentgelte	1 538,4	1 025,9	70,4	229,6	212,6	13,0
– Geleistete sonstige Produktionsabgaben	21,2	10,3	2,2	0,1	8,6	–
+ Empfangene sonstige Subventionen	24,9	23,2	–	0,2	1,5	–
= Betriebsüberschuss/Selbstständigeneinkommen	656,5	421,1	19,5	– 3,3	219,2	– 249,2
+ Empfangene Arbeitnehmerentgelte	1 541,3	–	–	–	1 541,3	10,2
– Geleistete Subventionen	27,5	–	–	27,5	–	4,7
+ Empfangene Produktions- und Importabgaben	326,4	–	–	326,4	–	5,4
– Geleistete Vermögenseinkommen	724,2	360,2	285,3	48,0	30,7	179,6
+ Empfangene Vermögenseinkommen	787,5	136,0	242,7	21,6	387,3	116,2
= Primäreinkommen (Nettonationaleinkommen)	2 560,1	196,8	– 23,1	269,2	2 117,1	– 301,6
– Geleistete Einkommen- und Vermögensteuern	355,8	64,6	8,8	–	282,4	10,0
+ Empfangene Einkommen- und Vermögensteuern	365,4	–	–	365,4	–	0,4
– Geleistete Nettosozialbeiträge [3]	621,4	–	–	–	621,4	3,4
+ Empfangene Nettosozialbeiträge [3]	622,2	23,0	97,6	500,8	0,8	2,6
– Geleistete monetäre Sozialleistungen	532,8	17,1	44,2	470,8	0,8	0,5
+ Empfangene monetäre Sozialleistungen	525,6	–	–	–	525,6	7,7
– Geleistete sonstige laufende Transfers	293,8	27,4	128,6	64,6	73,2	50,0
+ Empfangene sonstige laufende Transfers	252,8	11,9	125,8	21,5	93,7	91,0
= Verfügbares Einkommen (Ausgabenkonzept)	2 522,2	122,7	18,7	621,5	1 759,3	– 263,8
– Konsumausgaben	2 221,6	–	–	586,8	1 634,8	–
dar. FISIM [1]	28,4	–	–	2,9	25,5	–
+ Zunahme betrieblicher Versorgungsansprüche	–	– 6,1	– 44,4	–	50,5	–
= Sparen	300,6	116,6	– 25,7	34,7	175,0	– 263,8
– Geleistete Vermögenstransfers	40,3	0,9	1,7	29,8	7,9	4,2
+ Empfangene Vermögenstransfers	37,7	18,3	–	12,2	7,3	6,8
– Bruttoinvestitionen	568,1	304,9	9,2	66,6	187,4	–
+ Abschreibungen	531,3	294,2	10,1	67,2	159,8	–
– Nettozugang an nichtproduzierten Vermögensgütern	– 2,1	– 1,2	–	– 1,9	0,9	2,1
= Finanzierungssaldo	263,4	124,4	– 26,6	19,6	145,9	– 263,4

1 Finanzserviceleistung, indirekte Messung.
2 Für den Sektor „übrige Welt" Importe abzüglich Exporte aus der bzw. an die übrige(n) Welt.
3 Sozialbeiträge einschl. Sozialbeiträge aus Kapitalerträgen abzüglich Dienstleistungsentgelt privater Sozialschutzsysteme.

12 Volkswirtschaftliche Gesamtrechnungen

12.13 Unternehmensgewinne und Primäreinkommen der Kapitalgesellschaften

	2012	2013	2014	2015
	Mrd. EUR			
Kapitalgesellschaften				
Nettowertschöpfung	1 373,7	1 409,2	1 463,2	1 526,2
− Geleistete Arbeitnehmerentgelte	987,7	1 014,9	1 054,6	1 096,3
− Geleistete sonstige Nettoproduktionsabgaben	− 10,2	− 11,0	− 11,5	− 10,7
Betriebsüberschuss	396,2	405,4	420,1	440,6
+ Empfangene Vermögenseinkommen	432,9	397,4	384,8	378,6
− Geleistete Vermögenseinkommen (ohne Ausschüttungen und Entnahmen)	332,5	319,3	301,8	298,0
= Unternehmensgewinne	496,6	483,5	503,1	521,2
− Geleistete Ausschüttungen und Entnahmen	360,4	350,8	347,0	339,4
− Reinvestierte Gewinne an die übrige Welt	2,6	0,6	5,4	8,0
= Primäreinkommen (Nettonationaleinkommen)	133,7	132,2	150,6	173,8
Nichtfinanzielle Kapitalgesellschaften				
Nettowertschöpfung	1 282,2	1 318,3	1 369,9	1 434,1
− Geleistete Arbeitnehmerentgelte	922,1	947,4	985,1	1 025,9
− Geleistete sonstige Nettoproduktionsabgaben	− 11,3	− 12,0	− 12,4	− 12,9
Betriebsüberschuss	371,3	382,9	397,2	421,1
+ Empfangene Vermögenseinkommen	128,9	124,0	121,6	136,0
− Geleistete Vermögenseinkommen (ohne Ausschüttungen und Entnahmen)	40,2	39,4	36,7	35,7
= Unternehmensgewinne	460,0	467,5	482,2	521,3
− Geleistete Ausschüttungen und Entnahmen	342,0	331,2	324,0	318,6
− Reinvestierte Gewinne an die übrige Welt	2,0	0,5	4,6	5,9
= Primäreinkommen (Nettonationaleinkommen)	116,0	135,8	153,5	196,8
Finanzielle Kapitalgesellschaften				
Nettowertschöpfung	91,5	91,0	93,3	92,1
− Geleistete Arbeitnehmerentgelte	65,6	67,5	69,6	70,4
− Geleistete sonstige Nettoproduktionsabgaben	1,1	1,0	1,0	2,2
= Betriebsüberschuss	24,8	22,5	22,8	19,5
+ Empfangene Vermögenseinkommen	304,1	273,5	263,3	242,7
− Geleistete Vermögenseinkommen (ohne Ausschüttungen und Entnahmen)	292,3	279,9	265,2	262,4
= Unternehmensgewinne	36,6	16,1	20,9	− 0,1
− Geleistete Ausschüttungen und Entnahmen	18,3	19,6	23,0	20,9
− Reinvestierte Gewinne an die übrige Welt	0,6	0,1	0,8	2,1
= Primäreinkommen (Nettonationaleinkommen)	17,7	− 3,6	− 2,9	− 23,1

12.14 Produktionswert, Vorleistungen und Wertschöpfung des Staates, Konsumausgaben

	Staat insgesamt			Gebietskörperschaften			Sozialversicherung		
	2013	2014	2015	2013	2014	2015	2013	2014	2015
	Mrd. EUR								
Marktproduktion	17,5	17,6	17,9	17,5	17,6	17,9	–	–	–
+ Sonstige Nichtmarktproduktion |1	396,8	407,9	419,4	366,6	376,9	387,8	30,2	30,9	31,6
= **Produktionswert**	**414,4**	**425,5**	**437,3**	**384,2**	**394,6**	**405,7**	**30,2**	**30,9**	**31,6**
− Vorleistungen	135,0	138,6	144,0	125,9	129,5	134,7	9,1	9,1	9,2
= **Bruttowertschöpfung**	**279,4**	**286,9**	**293,4**	**258,2**	**265,1**	**271,0**	**21,1**	**21,8**	**22,4**
− Abschreibungen	63,4	65,4	67,2	62,3	64,3	66,1	1,1	1,1	1,1
= **Nettowertschöpfung**	**216,0**	**221,5**	**226,2**	**195,9**	**200,8**	**204,9**	**20,0**	**20,7**	**21,3**
− Arbeitnehmerentgelt	218,6	224,6	229,6	198,6	203,9	208,4	20,0	20,7	21,2
− Sonstige Nettoproduktionsabgaben |2	− 0,3	− 0,2	− 0,2	− 0,3	− 0,2	− 0,2	0,0	0,0	0,0
= **Betriebsüberschuss** |3	**− 2,4**	**− 2,9**	**− 3,3**	**− 2,4**	**− 2,9**	**− 3,3**	**0,0**	**0,0**	**0,0**
Sonstige Nichtmarktproduktion	382,5	393,1	404,2	352,4	362,3	372,6	30,1	30,8	31,6
− Verkäufe aus Nichtmarktproduktion	67,7	69,1	69,5	65,8	66,9	66,5	1,9	2,2	3,0
+ Soziale Sachleistungen	227,1	240,1	252,1	31,7	33,7	36,1	195,4	206,4	216,0
= **Konsumausgaben des Staates**	**541,9**	**564,0**	**586,8**	**318,3**	**329,1**	**342,2**	**223,7**	**235,0**	**244,6**

1 Einschl. der Nichtmarktproduktion für die Eigenverwendung.
2 Sonstige Produktionsabgaben abzüglich sonstiger Subventionen.
3 Aus Marktproduktion.

12.15 Einnahmen und Ausgaben sowie Finanzierungssaldo des Staates

	2013	2014	2015	2013	2014	2015
	Mrd. EUR			Veränderung gegenüber Vorjahr in %		
Einnahmen	1 252,4	1 299,6	1 350,7	2,5	3,8	3,9
Verkäufe	99,6	101,5	102,6	5,1	2,0	1,1
Marktproduktion (ohne Gütersteuern)	17,5	17,6	17,9	8,5	0,5	1,6
Sonstige Nichtmarktproduktion [1]	82,0	83,9	84,7	4,4	2,3	1,0
Sonstige Subventionen	0,3	0,3	0,2	−22,1	−12,5	−18,5
Vermögenseinkommen	21,4	24,9	21,6	−8,3	16,8	−13,5
Zinsen	11,9	11,7	10,9	−14,2	−1,6	−7,1
Sonstiges (Kapitalerträge, Nettopachten u. Ä.)	1,6	1,5	1,4	1,9	−3,0	−8,1
Ausschüttungen	7,9	11,7	9,3	0,0	48,4	−20,5
Steuern [2]	637,4	659,6	691,8	2,9	3,5	4,9
Produktions- und Importabgaben	304,7	314,0	326,4	1,4	3,0	4,0
Gütersteuern	286,0	294,8	305,2	1,6	3,1	3,6
Sonstige Produktionsabgaben	18,7	19,2	21,2	−1,8	2,8	10,1
Einkommen- und Vermögensteuern	332,7	345,6	365,4	4,3	3,9	5,7
Nettosozialbeiträge	464,9	481,9	500,8	2,4	3,7	3,9
Tatsächliche Sozialbeiträge	431,6	448,0	466,3	2,4	3,8	4,1
Unterstellte Sozialbeiträge	33,3	34,0	34,5	1,6	1,8	1,6
Sonstige laufende Transfers	18,5	19,1	21,5	−1,5	3,4	12,3
Nichtlebensversicherungsleistungen	0,3	0,3	0,3	2,8	3,5	0,8
Laufende Transfers innerhalb des Staatssektors	−	−	−	−	−	−
Laufende Transfers im Rahmen internationaler Zusammenarbeit	1,6	1,2	1,4	−13,1	−21,7	14,8
Übrige laufende Transfers	16,6	17,6	19,8	−0,3	5,7	12,3
Vermögenstransfers	10,4	12,2	12,2	−6,2	17,1	0,1
Vermögenswirksame Steuern	4,6	5,5	6,3	7,6	17,7	15,4
Investitionszuschüsse	3,6	3,2	3,6	−11,6	−9,2	10,8
Sonstige Vermögenstransfers	2,2	3,5	2,3	−20,0	59,0	−33,9
− Ausgaben	1 256,2	1 291,2	1 331,1	2,6	2,8	3,1
Vorleistungen	135,0	138,6	144,0	2,7	2,6	3,9
Arbeitnehmerentgelt	218,6	224,6	229,6	2,7	2,7	2,2
Sonstige Produktionsabgaben	0,1	0,1	0,1	2,9	−2,9	5,9
Vermögenseinkommen	56,0	51,5	48,0	−11,2	−8,1	−6,8
Subventionen [3]	24,4	25,5	27,5	1,1	4,6	8,0
Gütersubventionen	6,4	6,7	7,3	0,5	4,9	9,2
Sonstige Subventionen	18,0	18,8	20,2	1,4	4,4	7,5
Monetäre Sozialleistungen	438,6	451,0	470,8	2,2	2,8	4,4
Soziale Sachleistungen	227,1	240,1	252,1	5,5	5,7	5,0
Sonstige laufende Transfers	63,0	61,6	64,6	14,6	−2,2	4,9
Nettoprämien für Nichtlebensversicherungen	0,3	0,3	0,3	2,8	3,5	0,8
Laufende Transfers innerhalb des Staatssektors	−	−	−	−	−	−
Laufende Transfers im Rahmen internationaler Zusammenarbeit	5,4	5,4	4,7	28,1	−1,4	−12,7
Übrige laufende Transfers	57,3	56,0	59,6	13,5	−2,3	6,6
Vermögenstransfers	31,2	36,4	29,8	−5,6	16,5	−18,2
Investitionszuschüsse	23,9	24,0	25,9	0,1	0,5	8,0
Sonstige Vermögenstransfers	7,3	12,4	3,8	−21,0	68,9	−69,1
Bruttoinvestitionen	63,5	63,2	66,6	2,1	−0,5	5,3
Nettozugang an nichtproduzierten Vermögensgütern	−1,3	−1,3	−1,9	−11,0	2,3	38,0
= Finanzierungssaldo	−3,8	8,4	19,6	X	X	X
nachrichtlich:						
Konsumausgaben	541,9	564,0	586,8	3,7	4,1	4,0
Konsumausgaben für den Individualverbrauch	349,3	366,3	382,6	4,7	4,9	4,5
Konsumausgaben für den Kollektivverbrauch	192,7	197,7	204,2	2,0	2,6	3,2

1 Einschl. der Nichtmarktproduktion für die Eigenverwendung.
2 Ohne Steuern inländischer Sektoren an die EU.
3 Ohne Subventionen der EU an inländische Sektoren.

12.16 Verfügbares Einkommen und Sparen der privaten Haushalte

	2012	2013	2014	2015
	Mrd. EUR			
Betriebsüberschuss/Selbstständigeneinkommen	204,7	205,2	210,3	219,2
− Saldo der geleisteten und empfangenen betrieblich bedingten Zinsen, geleistete Pachten	31,1	27,7	24,7	22,1
= Unternehmensgewinne	173,6	177,6	185,5	197,1
+ Empfangene Arbeitnehmerentgelte	1 391,5	1 430,8	1 485,3	1 541,3
Bruttolöhne und -gehälter	1 133,5	1 168,3	1 213,7	1 261,1
Nettolöhne und -gehälter	757,8	779,7	808,1	836,5
Abzüge der Arbeitnehmer/-innen	375,7	388,6	405,6	424,6
Sozialbeiträge der Arbeitgeber/-innen	258,1	262,5	271,6	280,1
+ Empfangene Vermögenseinkommen	403,3	399,7	390,1	384,1
Übrige Zinsen, Pachteinkommen	54,0	47,5	43,0	40,9
Ausschüttungen und Gewinnentnahmen	282,2	280,1	276,1	266,9
Sonstige Kapitalerträge	67,0	72,2	71,0	76,3
− Geleistete übrige Zinsen	7,6	6,6	5,9	5,3
= **Primäreinkommen**	**1 960,7**	**2 001,5**	**2 055,0**	**2 117,1**
+ Empfangene monetäre Sozialleistungen	480,7	492,1	505,6	525,6
Geldleistungen der Sozialversicherung	291,5	297,0	304,9	316,7
Sozialleistungen aus privaten Sicherungssystemen ...	55,3	57,5	58,7	59,1
Beamtenpensionen. Leistungen der Unterstützungskassen, Beihilfen und Vorruhestandsgeld	60,5	62,7	65,6	68,4
Monetäre Sozialleistungen der Gebietskörperschaften	73,5	74,9	76,3	81,3
+ Empfangene sonstige laufende Transfers	84,9	86,7	90,6	94,5
Nichtlebensversicherungsleistungen	55,6	55,7	57,4	58,3
Sozialbeiträge [1]	0,7	0,7	0,8	0,8
Übrige laufende Transfers	28,5	30,2	32,4	35,4
− Geleistete Einkommen- und Vermögensteuern	243,9	255,9	267,0	282,4
Einkommensteuer	236,6	248,6	259,6	274,7
Sonstige direkte Steuern und Abgaben	7,2	7,3	7,4	7,7
− Geleistete Sozialbeiträge	551,4	562,5	581,6	601,2
Tatsächliche Sozialbeiträge	515,7	526,2	544,7	563,8
Tatsächliche Sozialbeiträge der Arbeitgeber/-innen	222,4	226,2	234,8	242,7
Sozialbeiträge der Arbeitnehmer/-innen	197,5	201,7	209,3	216,9
Sozialbeiträge der Selbstständigen und Nichterwerbstätigen, Beiträge für Empfänger sozialer Leistungen einschließlich deren Eigenbeiträge ...	95,8	98,3	100,7	104,2
Unterstellte Sozialbeiträge der Arbeitgeber/-innen ...	35,7	36,2	36,9	37,4
− Sozialbeiträge aus Kapitalerträgen abzüglich Dienstleistungsentgelt privater Sozialschutzsysteme	17,7	18,7	19,6	20,2
− Geleistete monetäre Sozialleistungen	0,7	0,7	0,8	0,8
− Geleistete sonstige laufende Transfers	70,2	70,7	72,1	73,2
Nettoprämien für Nichtlebensversicherungen	55,8	56,7	57,9	58,8
Übrige laufende Transfers	14,4	14,1	14,2	14,4
= **Verfügbares Einkommen** (Ausgabenkonzept)	**1 642,4**	**1 671,8**	**1 710,1**	**1 759,3**
− Private Konsumausgaben	1 533,8	1 562,7	1 592,2	1 634,8
+ Zunahme betrieblicher Versorgungsansprüche	47,9	48,1	49,6	50,5
= **Sparen**	**156,5**	**157,1**	**167,6**	**175,0**
nachrichtlich:				
Verfügbares Einkommen (Ausgabenkonzept)	**1 642,4**	**1 671,8**	**1 710,1**	**1 759,3**
+ Soziale Sachleistungen	333,7	349,3	366,3	382,6
= Verfügbares Einkommen (Verbrauchskonzept)	1 976,2	2 021,0	2 076,4	2 141,9
− Individualkonsum	1 867,6	1 912,7	1 958,5	2 017,4
+ Zunahme betrieblicher Versorgungsansprüche	47,9	48,1	49,6	50,5
= **Sparen**	**156,5**	**157,1**	**167,6**	**175,0**

Einschl. privater Organisationen ohne Erwerbszweck.

1 Unterstellte Sozialbeiträge für die Alters- und Hinterbliebenenversorgung sowie für Beihilfen, Unterstützungen u. Ä., welche private Organisationen ohne Erwerbszweck von privaten Haushalten empfangen.

12 Volkswirtschaftliche Gesamtrechnungen

12.17 Einnahmen und Ausgaben aus der bzw. an die übrige(n) Welt

	2013	2014	2015	2013	2014	2015
	Mrd. EUR			Veränderung gegenüber Vorjahr in %		
Einnahmen aus der übrigen Welt	**1 547,3**	**1 603,3**	**1 703,2**	**0,4**	**3,6**	**6,2**
Exporte	1 283,1	1 333,2	1 419,7	1,3	3,9	6,5
Waren	1 078,5	1 118,5	1 183,9	0,7	3,7	5,9
Dienstleistungen	204,7	214,7	235,8	4,4	4,9	9,8
dar. FISIM [1]	7,6	7,9	8,2	− 0,7	3,8	3,4
Primäreinkommen	190,2	193,3	197,3	− 7,8	1,6	2,1
Arbeitnehmerentgelt	11,9	12,5	13,0	3,5	4,5	4,7
Vermögenseinkommen	172,9	175,6	179,6	− 8,7	1,6	2,3
Subventionen	5,5	5,3	4,7	− 1,9	− 2,3	− 12,5
Laufende Transfers	58,4	60,0	63,8	9,0	2,9	6,2
Vermögenstransfers	15,6	16,7	22,4	9,1	6,8	34,3
Ausgaben an die übrige Welt	**1 359,2**	**1 375,5**	**1 439,8**	**1,2**	**1,2**	**4,7**
Importe	1 113,7	1 136,8	1 183,5	1,3	2,1	4,1
Waren	868,2	888,4	917,1	− 0,3	2,3	3,2
Dienstleistungen	245,6	248,4	266,4	7,6	1,2	7,3
dar. FISIM [1]	4,2	4,1	4,1	− 3,8	− 3,0	− 0,5
Primäreinkommen	129,0	126,5	131,9	− 8,4	− 1,9	4,2
Arbeitnehmerentgelt	9,5	10,0	10,2	3,3	5,0	2,4
Vermögenseinkommen	115,2	112,1	116,2	− 9,4	− 2,7	3,7
Produktions- und Importabgaben	4,3	4,5	5,4	− 4,7	3,6	21,9
Laufende Transfers	101,1	97,0	101,6	13,7	− 4,1	4,7
Vermögenstransfers	15,3	15,1	22,9	X	X	X
Finanzierungssaldo	**188,2**	**227,8**	**263,4**	**X**	**X**	**X**
Außenbeitrag (Exporte minus Importe)	169,4	196,4	236,2	X	X	X
Waren	210,3	230,1	266,8	X	X	X
Dienstleistungen	− 40,9	− 33,7	− 30,6	X	X	X
Primäreinkommen	61,2	66,8	65,4	X	X	X
Laufende Transfers	− 42,8	− 37,0	− 37,9	X	X	X
Vermögenstransfers	0,3	1,6	− 0,4	X	X	X

1 Finanzserviceleistung, indirekte Messung.

12.18 Güterbilanz zu Herstellungspreisen – Inländische Produktion und Importe 2012

	Aufkommen an Gütern			Verwendung von Gütern					
	inländische Produktion	Importe cif	insgesamt	intermediäre Verwendung, Vorratsveränderungen [1]	private Konsumausgaben im Inland	Konsumausgaben des Staates	Bruttoanlageinvestitionen	Exporte	insgesamt
	Mrd. EUR								
Alle Gütergruppen	5 143,8	1 034,9	6 178,8	2 584,3	1 324,9	516,5	511,0	1 242,1	6 178,8
Erzeugnisse der Land-, Forstwirtschaft und Fischerei	50,3	30,2	80,5	52,5	18,3	0,0	0,3	9,4	80,5
Bergbauerzeugnisse; Steine und Erden	12,0	106,6	118,6	106,2	3,8	0,1	0,2	8,4	118,6
Nahrungs- und Futtermittel; Getränke; Tabakerzeugnisse	171,7	49,7	221,4	61,7	107,2	0,4	0,0	52,0	221,4
Textilien; Bekleidung; Leder- und Lederwaren	20,8	44,5	65,3	5,1	33,3	0,0	0,2	26,7	65,3
Holzwaren; Papiererzeugnisse; Druckerzeugnisse	81,1	22,7	103,7	63,4	9,7	0,0	4,0	26,6	103,7
Kokereierzeugnisse und Mineralölerzeugnisse	76,0	44,2	120,2	62,9	34,2	0,1	0,0	23,0	120,2
Chemische Erzeugnisse	122,5	78,4	200,9	88,3	10,4	0,1	0,0	102,1	200,9
Pharmazeutische Erzeugnisse	32,9	34,7	67,6	– 5,8	10,6	17,4	0,0	45,4	67,6
Gummi-, Kunststoff-, Glaswaren, Keramik u. Ä.	109,1	36,5	145,5	81,8	9,4	0,0	4,6	49,7	145,5
Metalle und Metallerzeugnisse	224,7	81,7	306,4	193,2	5,0	0,0	19,1	89,0	306,4
DV-Geräte, elektronische und optische Erzeugnisse	61,3	92,4	153,8	33,0	17,2	0,4	21,7	81,5	153,8
Elektrische Ausrüstungen	92,0	43,7	135,7	52,7	8,8	0,0	12,7	61,5	135,7
Maschinen	221,3	70,5	291,8	75,4	1,2	0,0	52,5	162,7	291,8
Fahrzeuge	328,0	107,9	435,8	105,3	57,2	0,1	46,3	226,9	435,8
Möbel; sonst. Waren; Rep. und Inst. von Maschinen	93,2	32,4	125,6	42,1	26,0	0,6	25,8	31,0	125,6
Energie und Dienstleistungen der Energieversorgung	118,4	2,8	121,2	77,4	39,0	0,3	0,0	4,5	121,2
Dienstleistungen der Wasserversorgung, der Entsorgung, usw.	56,5	9,4	65,9	35,3	19,3	0,7	0,0	10,6	65,9
Bauarbeiten	273,8	0,2	274,0	94,0	5,1	0,0	174,5	0,4	274,0
Handels- und Verkehrsleistungen, Dienstleistungen des Gastgewerbes	833,9	43,1	876,9	425,1	309,0	11,3	20,3	111,2	876,9
Informations- und Kommunikationsdienstleistungen	238,2	27,6	265,8	155,0	55,7	0,0	25,7	29,4	265,8
Finanz-, Versicherungs-, Unternehmensdienstleistungen; Dienstleistungen des Grundstücks- und Wohnungswesens	1 067,6	72,0	1 139,6	609,9	345,5	5,3	95,1	83,8	1 139,6
darunter: Forschungs- und Entwicklungsleistungen	81,6	9,3	90,9	1,3	1,7	5,0	70,1	12,9	90,9
Öffentliche und sonstige Dienstleistungen	858,7	3,8	862,5	169,9	198,9	479,7	8,0	6,0	862,5
	%								
Alle Gütergruppen	83,3	16,7	100	41,8	21,4	8,4	8,3	20,1	100
Erzeugnisse der Land-, Forstwirtschaft und Fischerei	62,5	37,5	100	65,2	22,7	0,0	0,4	11,6	100
Bergbauerzeugnisse; Steine und Erden	10,2	89,8	100	89,5	3,2	0,1	0,1	7,1	100
Nahrungs- und Futtermittel; Getränke; Tabakerzeugnisse	77,6	22,4	100	27,9	48,4	0,2	0,0	23,5	100
Textilien; Bekleidung; Leder- und Lederwaren	31,9	68,1	100	7,8	51,0	0,0	0,2	41,0	100
Holzwaren; Papiererzeugnisse; Druckerzeugnisse	78,2	21,8	100	61,1	9,3	0,0	3,9	25,7	100
Kokereierzeugnisse und Mineralölerzeugnisse	63,2	36,8	100	52,3	28,4	0,1	0,0	19,2	100
Chemische Erzeugnisse	61,0	39,0	100	43,9	5,2	0,0	0,0	50,8	100
Pharmazeutische Erzeugnisse	48,7	51,3	100	-8,6	15,8	25,7	0,0	67,2	100
Gummi-, Kunststoff-, Glaswaren, Keramik u. Ä.	74,9	25,1	100	56,2	6,5	0,0	3,2	34,2	100
Metalle und Metallerzeugnisse	73,3	26,7	100	63,1	1,6	0,0	6,2	29,1	100
DV-Geräte, elektronische und optische Erzeugnisse	39,9	60,1	100	21,4	11,2	0,3	14,1	53,0	100
Elektrische Ausrüstungen	67,8	32,2	100	38,9	6,5	0,0	9,3	45,3	100
Maschinen	75,8	24,2	100	25,8	0,4	0,0	18,0	55,8	100
Fahrzeuge	75,2	24,8	100	24,2	13,1	0,0	10,6	52,1	100
Möbel; sonst. Waren; Rep. und Inst. von Maschinen	74,2	25,8	100	33,6	20,7	0,5	20,6	24,7	100
Energie und Dienstleistungen der Energieversorgung	97,7	2,3	100	63,9	32,2	0,2	0,0	3,7	100
Dienstleistungen der Wasserversorgung, der Entsorgung, usw.	85,8	14,2	100	53,6	29,3	1,0	0,0	16,1	100
Bauarbeiten	99,9	0,1	100	34,3	1,9	0,0	63,7	0,2	100
Handels- und Verkehrsleistungen, Dienstleistungen des Gastgewerbes	95,1	4,9	100	48,5	35,2	1,3	2,3	12,7	100
Informations- und Kommunikationsdienstleistungen	89,6	10,4	100	58,3	21,0	0,0	9,7	11,1	100
Finanz-, Versicherungs-, Unternehmensdienstleistungen; Dienstleistungen des Grundstücks- und Wohnungswesens	93,7	6,3	100	53,5	30,3	0,5	8,3	7,4	100
darunter: Forschungs- und Entwicklungsleistungen	89,8	10,2	100	1,4	1,8	5,4	77,1	14,2	100
Öffentliche und sonstige Dienstleistungen	99,6	0,4	100	19,7	23,1	55,6	0,9	0,7	100

Statistische Güterklassifikation in Verbindung mit den Wirtschaftszweigen (CPA), Ausgabe 2008.

1 Einschl. Nettozugang an Wertsachen.

12 Volkswirtschaftliche Gesamtrechnungen

12.19 Güterbilanz zu Herstellungspreisen – Informations- und Kommunikationstechnologie (IKT) 2012

		Aufkommen an Gütern			Verwendung von Gütern				
		inländische Produktion	Importe cif	insgesamt	intermediäre Verwendung, Vorratsveränderungen [1]	Konsumausgaben im Inland	Bruttoanlageinvestitionen	Exporte	insgesamt
		Mrd. EUR							
	Volkswirtschaft insgesamt	5 143,8	1 034,9	6 178,8	2 584,3	1 841,4	511,0	1242,1	6178,8
1.–7.	IKT-Gütergruppen insgesamt	208,3	93,9	302,2	150,6	44,5	38,3	68,8	302,2
1.–4.	IKT-Waren	25,2	74,5	99,7	26,1	12,2	15,1	46,4	99,7
1.	Computer und Zubehör	4,5	21,6	26,1	3,5	2,0	8,6	12,0	26,1
2.	Telekommunikationsgeräte und -einrichtungen	4,3	15,9	20,2	3,4	2,2	4,1	10,4	20,2
3.	Unterhaltungselektronik	2,6	12,0	14,6	0,5	7,3	1,5	5,2	14,6
4.	Sonstige Informations- und Kommunikationstechnik	13,8	25,1	38,8	18,6	0,7	0,9	18,7	38,8
5.–7.	IKT-Dienstleistungen	183,1	19,4	202,4	124,5	32,3	23,2	22,4	202,4
5.	Software und IT-Beratung	94,6	13,7	108,3	70,7	2,2	18,8	16,5	108,3
6.	Telekommunikationsdienstleistungen	63,8	4,5	68,2	35,9	28,7	0,0	3,6	68,2
7.	Sonstige IKT-Dienstleistungen	24,7	1,2	25,9	17,9	1,4	4,4	2,3	25,9
		%							
	Anteil der IKT-Gütergruppen zur Volkswirtschaft insgesamt	4,0	9,1	4,9	5,8	2,4	7,5	5,5	4,9

Zusammengefasste IKT-Gütergruppen auf Basis der detaillierten IKT-Güterliste der OECD 2008.
1 Einschl. Nettozugang an Wertsachen.

Aufkommensstruktur der IKT 2012
in %

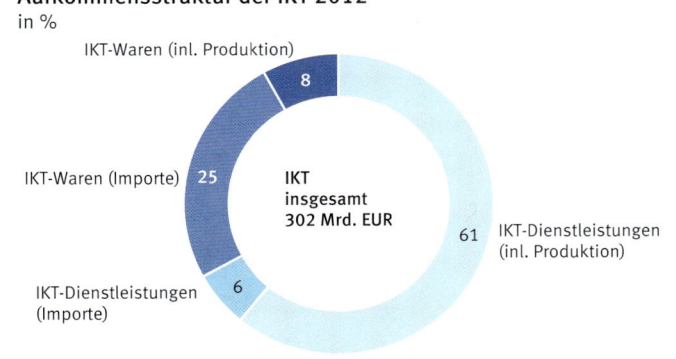

- IKT-Waren (inl. Produktion): 8
- IKT-Waren (Importe): 25
- IKT-Dienstleistungen (Importe): 6
- IKT-Dienstleistungen (inl. Produktion): 61

IKT insgesamt 302 Mrd. EUR

Verwendungsstruktur der IKT 2012
in %

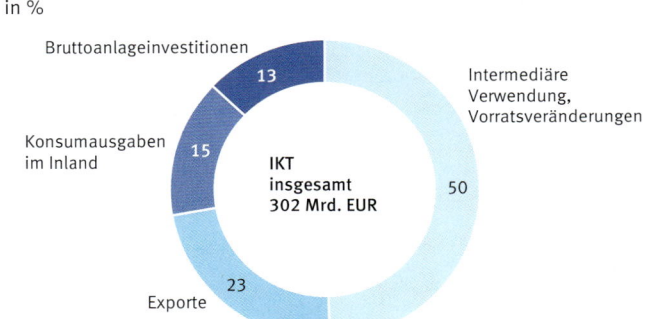

- Bruttoanlageinvestitionen: 13
- Konsumausgaben im Inland: 15
- Exporte: 23
- Intermediäre Verwendung, Vorratsveränderungen: 50

IKT insgesamt 302 Mrd. EUR

Aufkommensstruktur der F&E [1] 2012
in %

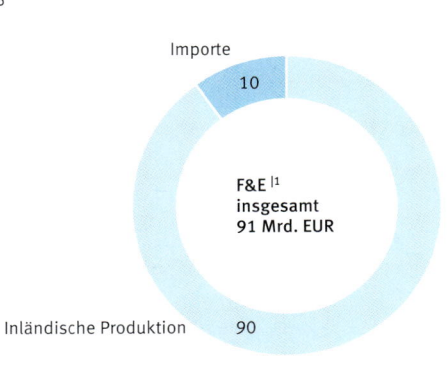

- Importe: 10
- Inländische Produktion: 90

F&E [1] insgesamt 91 Mrd. EUR

Verwendungsstruktur der F&E [1] 2012
in %

- Intermediäre Verwendung, Vorratsveränderungen: 1
- Konsumausgaben im Inland: 7
- Exporte: 14
- Bruttoanlageinvestitionen: 77

F&E [1] insgesamt 91 Mrd. EUR

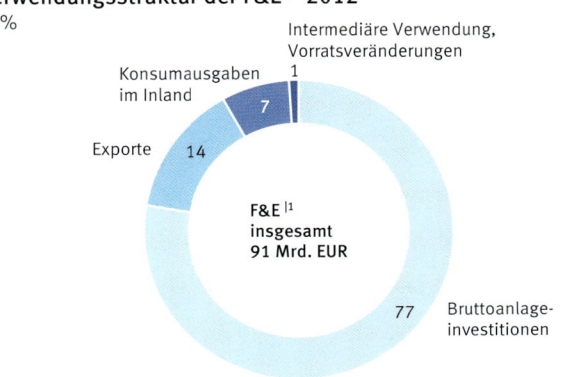

1 Forschungs- und Entwicklungsleistungen.

12 Volkswirtschaftliche Gesamtrechnungen

12.20 Gesamtwirtschaftliche Bedeutung der Exporte

	Einheit	2010	2011	2012
Exporte	Mrd. EUR	1 090,1	1 211,5	1 266,9
Exportinduzierte Importe	Mrd. EUR	429,5	493,8	515,6
	in % der Exporte	39,4	40,8	40,7
Exportinduziertes BIP	Mrd. EUR	660,6	717,7	751,3
	in % des BIP	25,6	26,6	27,3
Exportabhängige Erwerbstätige	Mill.	9,4	9,9	10,3
	Anteil [1] in %	22,9	23,7	24,5
nachrichtlich:				
Bruttoinlandsprodukt (BIP)	Mrd. EUR	2 580,1	2 703,1	2 754,9
Erwerbstätige	Mill.	41,0	41,6	42,1

1 Anteil an den Erwerbstätigen insgesamt.

Die **exportinduzierten Importe** sind Waren ausländischen Ursprungs, sowie bei der inländischen Produktion für den Export eingesetzte importierte Vorleistungen (Waren und Dienstleistungen).

Das **exportinduzierte Bruttoinlandsprodukt** umfasst das Bruttoinlandsprodukt, das bei der inländischen Produktion von Exportgütern direkt oder bei der Produktion von Vorleistungsgütern für die Exportgüterproduktion im Inland entstanden ist.

Die **exportabhängigen Erwerbstätigen** umfassen neben den Erwerbstätigen die direkt in der Exportgüterproduktion arbeiten, auch die Erwerbstätigen, die Vorleistungsgüter für die Exportgüterproduktion im Inland produzieren.

Der **Importanteil** ist der Anteil ausländischer Wertschöpfung an den Gütern für die letzte Verwendung (Konsum, Investitionen und Exporte).

12.21 Bruttoinlandsprodukt nach Ländern 2015

	In jeweiligen Preisen	
	Wert	Anteil an Deutschland
	Mrd. EUR	%
Deutschland	3 025,9	100
Baden-Württemberg	460,7	15,2
Bayern	549,2	18,1
Berlin	124,2	4,1
Brandenburg	65,3	2,2
Bremen	31,6	1,0
Hamburg	109,3	3,6
Hessen	263,4	8,7
Mecklenburg-Vorpommern	39,9	1,3
Niedersachsen	258,5	8,5
Nordrhein-Westfalen	645,6	21,3
Rheinland-Pfalz	132,0	4,4
Saarland	35,0	1,2
Sachsen	112,7	3,7
Sachsen-Anhalt	56,2	1,9
Schleswig-Holstein	85,6	2,8
Thüringen	56,8	1,9
nachrichtlich:		
Früheres Bundesgebiet		
ohne Berlin	2 570,9	85,0
einschl. Berlin	2 695,1	89,1
Neue Länder		
ohne Berlin	330,8	10,9
einschl. Berlin	455,0	15,0

Berechnungsstand: August 2015/Februar 2016.
Quelle: Arbeitskreis Volkswirtschaftliche Gesamtrechnungen der Länder

Exportabhängigkeitsquote der Erwerbstätigen
in %

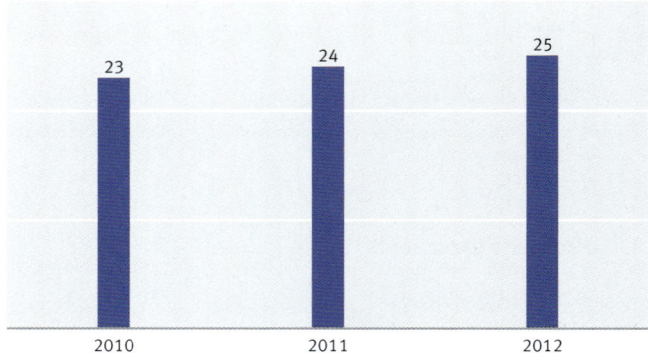

2010	2011	2012
23	24	25

Exportabhängige Erwerbstätige in % aller Erwerbstätigen im Inland.

Importanteil der letzten Verwendung von Gütern 2012
in %

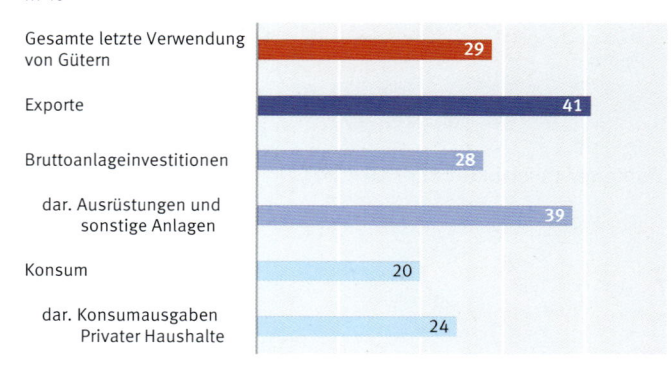

	%
Gesamte letzte Verwendung von Gütern	29
Exporte	41
Bruttoanlageinvestitionen	28
dar. Ausrüstungen und sonstige Anlagen	39
Konsum	20
dar. Konsumausgaben Privater Haushalte	24

Einbezogen sind direkt für die letzte Verwendung importierte Güter und bei der inländischen Produktion eingesetzte importierte Vorleistungen.

Methodik

■ Zweck und Abgrenzung der Volkswirtschaftlichen Gesamtrechnungen

Die Volkswirtschaftlichen Gesamtrechnungen (VGR) haben die Aufgabe, ein möglichst umfassendes und übersichtliches quantitatives Gesamtbild des wirtschaftlichen Geschehens in Deutschland zu geben. Dabei werden alle Wirtschaftseinheiten (Personen, Institutionen) mit ihren für die Beschreibung des Wirtschaftsablaufs wichtigen wirtschaftlichen Tätigkeiten und damit verbundenen Vorgängen (produzieren, verteilen, konsumieren, investieren, finanzieren) einbezogen. Die Wirtschaftseinheiten und ihre Tätigkeiten werden zu großen Gruppen (Wirtschaftsbereiche, Sektoren) zusammengefasst.

Auf die Angaben der VGR stützen sich Politik, Wirtschaft und Verwaltung bei ihren Arbeiten und Entscheidungen. Die Ergebnisse werden in der gesamten EU in gleicher Weise berechnet, basierend auf dem Europäischen System Volkswirtschaftlicher Gesamtrechnungen (ESVG). So ist sichergestellt, dass europaweit vergleichbare harmonisierte Ergebnisse für politische und wirtschaftliche Entscheidungen zur Verfügung stehen. Innerhalb der EU dienen die Angaben zum Bruttonationaleinkommen (BNE) beispielsweise zur Berechnung der Eigenmittel, also der Mitgliedsbeiträge der einzelnen Staaten an die EU.

Zur Volkswirtschaft wird die wirtschaftliche Betätigung aller Wirtschaftseinheiten gerechnet, die ihren ständigen Sitz bzw. Wohnsitz im Wirtschaftsgebiet haben (Inlandskonzept). Ein Wirtschaftsgebiet kann die gesamte Volkswirtschaft sein (z. B. Deutschland) oder ein Teil davon (z. B. ein Bundesland). Die Region außerhalb des jeweiligen Wirtschaftsgebiets wird nicht als Ausland bezeichnet, sondern als „übrige Welt". Die Staatsangehörigkeit ist im Allgemeinen für die Abgrenzung ohne Bedeutung. Ebenso ist es unerheblich, welche Rechtsform die Wirtschaftseinheiten haben.

Die deutschen VGR bestehen aus der Inlandsproduktsberechnung, der Input-Output-Rechnung, der Vermögensrechnung, der Erwerbstätigenrechnung, der Arbeitsvolumenrechnung und der Finanzierungsrechnung.

Die **Inlandsproduktsberechnung** ist vor allem auf die zahlenmäßige Darstellung von Marktvorgängen ausgerichtet. Berechnet und veröffentlicht werden vierteljährliche und jährliche Angaben zur Entstehung, Verwendung und Verteilung des Bruttoinlandsprodukts (BIP) in jeweiligen Preisen sowie preisbereinigt. Ebenfalls werden Ergebnisse für die Produktionsfaktoren nachgewiesen, z. B. Angaben zu Erwerbstätigen und Erwerbspersonen (**Erwerbstätigenrechnung**) und zum Anlagevermögen bzw. Kapitalstock (**Vermögensrechnung**). Die ermittelten Größen – allen voran das BIP – sind wichtige Daten für die laufende Wirtschaftsbeobachtung sowie für die Beurteilung und Gestaltung der Wirtschaftspolitik.

Die Tabellen der **Input-Output-Rechnung (IOR)** geben einen detaillierten und tief gegliederten Einblick in die Güterströme und Produktionsverflechtungen in der Volkswirtschaft und mit der übrigen Welt. Sie dienen unter anderem als Grundlage für Strukturuntersuchungen der Wirtschaft sowie für Analysen der direkten und indirekten Auswirkungen von Nachfrage-, Preis- und Lohnänderungen auf die Gesamtwirtschaft und die einzelnen Bereiche. Darüber hinaus sind sie eine vielseitig verwendbare Basis für Modell- und Simulationsrechnungen sowie Prognosen. Die Input-Output-Rechnung ist ein integraler Bestandteil der Volkswirtschaftlichen Gesamtrechnungen des Statistischen Bundesamtes. Dies bedeutet, dass ihre Eckdaten vollständig mit den Ergebnissen der Inlandsproduktsberechnung abgestimmt sind. Als Darstellungseinheiten werden in den Input-Output-Tabellen nach produktionsrelevanten Merkmalen abgegrenzte „homogene Produktionseinheiten" verwendet. Sie werden zu Produktionsbereichen zusammengefasst, die jeweils ausschließlich und vollständig die Güter einer Gütergruppe produzieren.

■ Berechnungsmethode

Für die Berechnung der Ergebnisse der VGR werden alle geeigneten laufenden wirtschaftsstatistischen Erhebungen verwendet, die zum jeweiligen Veröffentlichungs- bzw. Revisionszeitpunkt vorliegen. Zusätzlich werden weitere Datenquellen ausgewertet wie administrative Daten (z. B. Finanz- und Steuerstatistiken, Daten der Bundesagentur für Arbeit), Geschäftsstatistiken und Jahresabschlüsse großer Unternehmen (z. B. Lufthansa, Telekom, Kreditinstitute), Haushaltsbefragungen (Einkommens- und Verbrauchsstichprobe (EVS), Mikrozensus) sowie Informationen von Verbänden. Hinzu kommen Expertenschätzungen und Fortschreibungen von Zeitreihen.

Das **Bruttoinlandsprodukt** wird durch zwei Ansätze berechnet: den Entstehungs- und den Verwendungsansatz. Zwischen den beiden daraus resultierenden Rechenergebnissen findet anschließend eine Abstimmung statt, die zum Veröffentlichungsergebnis des BIP und seiner Aggregate führt.

Auf der **Entstehungsseite** (Produktionsansatz) wird die wirtschaftliche Leistung aus dem Blickwinkel der Produzenten ermittelt, basierend auf allen zum Zeitpunkt der Berechnung verfügbaren Produktionsstatistiken (z. B. Kostenstrukturerhebung, Monatserhebung im Einzelhandel). Ausgehend von den Produktionswerten der Wirtschaftseinheiten wird durch Abzug der Vorleistungen (intermediärer Verbrauch) die Bruttowertschöpfung errechnet, die die wirtschaftliche Leistung der Wirtschaftsbereiche misst und das zentrale Kennzahl für die Entstehungsseite ist. Aus der Summe der Bruttowertschöpfung aller Wirtschaftsbereiche ergibt sich dann das BIP, indem – als Bewertungskorrektur beim Übergang von Herstellungspreisen zu Marktpreisen – die Gütersteuern (wie Tabak-, Mineralöl- oder Mehrwertsteuer) hinzugefügt und die Gütersubventionen abgezogen werden.

Auf der **Verwendungsseite** (Ausgabenansatz) wird die wirtschaftliche Leistung mit Hilfe der Verwendung von inländischen Waren und Dienstleistungen ermittelt: Sie können im Inland konsumiert oder investiert oder ins Ausland exportiert werden. Zu bestimmen sind daher private und staatliche Konsumausgaben, Investitionen und Außenbeitrag (Exporte abzüglich Importe), aus deren Summe sich das BIP des Verwendungsansatzes ergibt. In die verwendungsseitige Rechnung werden insbesondere Daten des Einzelhandels, der Investitionserhebung und der Außenhandelsstatistik mit einbezogen.

Die wirtschaftliche Leistung kann im Wirtschaftskreislauf als dritte Möglichkeit mit Hilfe der **Verteilungsrechnung** ermittelt werden, d. h. anhand der im Produktionsprozess entstandenen Einkommen. In Deutschland ist allerdings bis jetzt eine eigenständige Berechnung über die Verteilungsseite nicht möglich, da keine ausreichenden Basisdaten über die Unternehmens- und Vermögenseinkommen vorliegen.

Die **Preisbereinigung** erfolgt in den deutschen VGR seit der großen Revision 2005 entsprechend internationaler Konventionen und verbindlicher europäischer Rechtsvorschriften auf der Grundlage einer jährlich wechselnden Preisbasis (Vorjahrespreisbasis). Anders als bei der früheren Festpreisbasis wird dabei nicht für die gesamte Zeitreihe ein festes Jahr verwendet, sondern jeweils das Vorjahr als Basisjahr (also z. B. die jahresdurchschnittlichen Preise von 2010 für Ergebnisse von 2011). Dadurch werden bei der Vorjahrespreismethode immer aktuelle Preisrelationen berücksichtigt, was die Berechnung der „realen" Veränderungsraten genauer macht (insbesondere das Wachstum des BIP). Durch Verkettung („Chain-linking") werden für jedes Merkmal vergleichbare Zeitreihen gebildet.

■ Struktur der Darstellung

Die Ergebnisse der amtlichen Volkswirtschaftlichen Gesamtrechnungen werden in Form eines geschlossenen **Kontensystems** mit doppelter Verbuchung aller nachgewiesenen Vorgänge ermittelt. Sie werden in einer Reihe von **Tabellen** dargestellt, die das Kontensystem ergänzen. In den Tabellen werden die Kontenpositionen teils tiefer untergliedert, teils nach besonderen Gesichtspunkten zusammengefasst, teils in sonstiger Hinsicht erweitert (z. B. preisbereinigte Angaben, Angaben je Einwohnerin und Einwohner).

Als kleinste **Darstellungseinheit** dienen Institutionen, die entweder selbst bilanzieren oder bei denen es aus rechtlicher und wirtschaftlicher Sicht möglich

Volkswirtschaftliche Gesamtrechnungen

Methodik

wäre, eine vollständige Rechnungsführung zu erstellen. Die Zusammenfassung der kleinsten Darstellungseinheiten zu Gruppen richtet sich in erster Linie nach der Art und Kombination der in ihnen vereinigten Tätigkeiten, ihrer Stellung zum Markt und ihren Finanzierungsmöglichkeiten. In den VGR werden die folgenden **Sektoren** unterschieden:

- Nichtfinanzielle Kapitalgesellschaften (z. B. Kapital- und Personengesellschaften wie AGs, GmbHs, OHGs und KGs; sonstige öffentliche Einheiten (z. B. Eigenbetriebe), die nach den Regeln des ESVG 2010 als Marktproduzenten angesehen werden; rechtlich unselbstständige Eigenbetriebe der privaten Organisationen ohne Erwerbszweck wie Krankenhäuser und Pflegeheime),
- Finanzielle Kapitalgesellschaften (z. B. Banken, Versicherungen),
- Staat (Bund, Länder, Gemeinden, Sozialversicherung sowie deren Extrahaushalte, d. h. aus den Kernhaushalten ausgegliederte öffentliche Einheiten, die nach den Regeln des ESVG 2010 als Nichtmarktproduzenten angesehen werden),
- Private Haushalte (als Konsumentinnen und Konsumenten, aber auch als Produzentinnen und Produzenten, z. B. selbstständige Landwirtinnen und Landwirte),
- Private Organisationen ohne Erwerbszweck (z. B. politische Parteien, Gewerkschaften, Kirchen, Wohlfahrtsverbände, Vereine).

Die Gesamtheit der Wirtschaftseinheiten, die ihren ständigen Sitz (Wohnsitz) außerhalb des Wirtschaftsgebietes haben, wird als „übrige Welt" bezeichnet (siehe auch Abschnitt „Zweck und Abgrenzung der VGR").

■ Aktualität und Genauigkeit

Das **Jahresergebnis** des Bruttoinlandsprodukts und seiner wichtigsten Komponenten wird in Deutschland bereits sehr früh veröffentlicht, nämlich ca. 15 Tage nach Ende der Berichtsperiode, also Mitte Januar, in einer Pressekonferenz. Alle Veröffentlichungstermine der deutschen VGR werden etwa ein Jahr im Voraus festgelegt und publiziert.

Die aktuellen Ergebnisse der VGR werden zu jedem dieser Veröffentlichungstermine überprüft und gegebenenfalls überarbeitet. Diese **Revisionen** finden in der laufenden Rechnung kontinuierlich statt, um aktuelle Informationen in das Zahlenwerk einzubeziehen, die von den bisherigen Datengrundlagen signifikant abweichen. Jeweils im August geschieht dies für die zurückliegenden vier Jahre. Darüber hinaus findet alle fünf bis zehn Jahre eine sogenannte umfassende Revision statt, bei der neue Methoden, neue Basisstatistiken etc. in die VGR eingearbeitet werden. Bei diesen sogenannten großen Revisionen werden die gesamten Zeitreihen – aktuell bis 1991 zurück – überarbeitet und bei Bedarf revidiert.
Die Ergebnisse der letzten umfassenden Revision der Volkswirtschaftlichen Gesamtrechnungen wurden im September 2014 veröffentlicht.

Detaillierte Informationen zur Methodik der einzelnen Statistiken sind in den „Qualitätsberichten" dokumentiert (siehe hierzu *www.destatis.de/publikationen* › Qualitätsberichte).

12 Volkswirtschaftliche Gesamtrechnungen

Glossar

Abschreibungen | Wertminderung des Anlagevermögens während einer Periode durch normalen Verschleiß und wirtschaftliches Veralten. Das Risiko für Verluste durch versicherbare Schadensfälle ist dabei mit eingeschlossen. Abschreibungen werden auf das gesamte Anlagevermögen berechnet, also sowohl auf Sachanlagen als auch auf geistiges Eigentum, jedoch nicht auf Tiere. Die Abschreibungen in den Volkswirtschaftlichen Gesamtrechnungen sind zu Wiederbeschaffungspreisen (jeweiligen Preisen) bewertet. Sie ermöglichen den Übergang vom Brutto- zum Nettokonzept bei Wertschöpfung, Inlandsprodukt und Betriebsüberschuss.

Anlagevermögen | Bestand aller produzierten Vermögensgüter, die länger als ein Jahr wiederholt oder dauerhaft in der Produktion eingesetzt werden. Einbezogen sind Sachanlagen und geistiges Eigentum. Zu den Sachanlagen zählen Nutztiere und Nutzpflanzen, Ausrüstungen einschließlich militärischer Waffensysteme, Wohnbauten und Nichtwohnbauten. Als geistiges Eigentum werden Forschung und Entwicklung, Software und Datenbanken, Urheberrechte und Suchbohrungen zusammengefasst. Die Berechnung erfolgt mit Hilfe einer Kumulationsmethode, ausgehend von den Bruttoanlageinvestitionen und Angaben über die durchschnittliche Nutzungsdauer der einzelnen Anlagegütergruppen. Bei der Anwendung des Bruttokonzepts (Bruttoanlagevermögen) werden die Anlagen mit ihrem Neuwert – ohne Berücksichtigung der Wertminderung – dargestellt, während beim Nettokonzept (Nettoanlagevermögen) die seit dem Investitionszeitpunkt aufgelaufenen Abschreibungen abgezogen sind.

Arbeitnehmerinnen und Arbeitnehmer | Personen, die in einem Arbeits- oder Dienstverhältnis stehen und eine Vergütung erhalten (Arbeiterinnen und Arbeiter, Angestellte, Beamtinnen und Beamte, Richterinnen und Richter, Soldatinnen und Soldaten, Sozialdienstleistende, Auszubildende, Praktikantinnen und Praktikanten oder Volontärinnen und Volontäre). Auch Heimarbeiterinnen und Heimarbeiter sowie geringfügig Beschäftigte zählen dazu.

Arbeitnehmerentgelt | Von Arbeitgeberinnen und Arbeitgebern geleistete Bruttolöhne und -gehälter einschließlich Sozialbeiträgen der Arbeitgeberinnen und Arbeitgeber. Dazu gehören neben den tatsächlichen Arbeitgeberbeiträgen zur Sozialversicherung und an private Sozialschutzsysteme auch unterstellte Sozialbeiträge, die den Gegenwert der sozialen Leistungen darstellen, die direkt von den Arbeitgeberinnen und Arbeitgebern an gegenwärtig oder früher beschäftigte Arbeitnehmerinnen und Arbeitnehmer gezahlt werden.

Arbeitseinkommensquote | Arbeitnehmerentgelt je Arbeitnehmerin bzw. Arbeitnehmer in Prozent des Volkseinkommens je erwerbstätige Person.

Arbeitsproduktivität | In den Volkswirtschaftlichen Gesamtrechnungen definiert als preisbereinigtes Bruttoinlandsprodukt (der Gesamtwirtschaft) bzw. preisbereinigte Bruttowertschöpfung (eines Wirtschaftsbereichs) je erwerbstätige Person oder je geleistete Erwerbstätigenstunde. Diese Definition für Arbeitsproduktivität kann jedoch nur als grobes Orientierungsmittel dienen, da bei dieser Berechnung der gesamte „reale" Ertrag der wirtschaftlichen Tätigkeit ausschließlich auf den Produktionsfaktor Arbeit bezogen wird – ohne Berücksichtigung des Kapitals und der unternehmerischen Leistung.

Außenbeitrag | Saldo zwischen Exporten und Importen von Waren und Dienstleistungen. Da in Deutschland traditionell mehr exportiert als importiert wird, ist der Saldo in den meisten Perioden positiv. In diesem Fall ist auch von Exportüberschuss die Rede.

Betriebsüberschuss | Selbstständigeneinkommen, das sich nach Abzug des Arbeitnehmerentgelts von der Nettowertschöpfung ergibt. Dabei sind ein kalkulatorischer Unternehmerlohn sowie das Entgelt für das eingesetzte eigene und fremde Sach- und Geldkapital der jeweiligen Wirtschaftseinheit eingeschlossen.

Bruttoanlageinvestitionen | Erwerb abzüglich Veräußerungen von Anlagegütern durch gebietsansässige Produzenten in einem Zeitraum. Dazu zählen die Käufe neuer Anlagegüter (einschließlich aller eingeführten und selbsterstellten Anlagegüter) sowie die Käufe abzüglich der Verkäufe gebrauchter Anlagegüter. Die Käufe und Verkäufe von gebrauchten Anlagegütern saldieren sich weitgehend in der Volkswirtschaft, mit Ausnahme der Verkäufe von Anlageschrott und gebrauchten Anlagegütern an private Haushalte (Kraftwagen) und an die übrige Welt (Kraftwagen, Schiffe usw.) Ausgenommen sind geringwertige nicht aktivierte Güter, vor allem solche, die periodisch wiederbeschafft werden (z. B. kleinere Werkzeuge und Reifen). Größere Reparaturen, die zu einer wesentlichen Steigerung des Wertes einer Anlage führen und/oder deren Nutzungsdauer verlängern, sind dagegen Bestandteile der Bruttoanlageinvestitionen. Die Bruttoanlageinvestitionen werden untergliedert in Ausrüstungen (Maschinen, Geräte, Fahrzeuge) einschließlich militärischer Waffensysteme, Bauten (Wohnbauten, Nichtwohnbauten einschließlich Bodenverbesserungen und Grundstücksübertragungskosten) und sonstige Anlagen (geistiges Eigentum sowie Nutztiere und Nutzpflanzen).

Bruttoinlandsprodukt | Wert der im Inland erwirtschafteten Leistung einer Volkswirtschaft in einer Periode. Die Veränderungsrate des preisbereinigten Bruttoinlandsprodukts (BIP) dient als Messgröße für das Wirtschaftswachstum und ist damit die wichtigste Größe der Volkswirtschaftlichen Gesamtrechnungen. Bei der Berechnung und Darstellung des Bruttoinlandsprodukts wird zwischen der Entstehungs-, Verwendungs- und Verteilungsrechnung unterschieden.

Bruttolöhne und -gehälter | Alle Löhne und Gehälter, die Arbeitnehmerinnen und Arbeitnehmern aus ihrem Arbeits- oder Dienstverhältnis zufließen. Dazu gehören auch die Lohnsteuer und Sozialbeiträge der Arbeitnehmerinnen und Arbeitnehmer, aber nicht die Sozialbeiträge der Arbeitgeberinnen und Arbeitgeber.

Bruttonationaleinkommen | Bruttoinlandsprodukt abzüglich der Primäreinkommen, die an die übrige Welt geflossen sind, und zuzüglich der Primäreinkommen, die von inländischen Wirtschaftseinheiten aus der übrigen Welt bezogen worden sind. Zu den Primäreinkommen zählen neben den Arbeitseinkommen von Pendlerinnen und Pendlern vor allem Zinsen und andere grenzüberschreitende Vermögenseinkommen sowie Produktions- und Importabgaben abzüglich Subventionen an die bzw. von der EU. Es handelt sich in erster Linie um einen Einkommensindikator.

Bruttowertschöpfung | Produktionswert abzüglich Vorleistungen für einzelne Wirtschaftsbereiche; umfasst also nur den im Produktionsprozess geschaffenen Mehrwert, da die von anderen Wirtschaftseinheiten produzierten Vorprodukte abgezogen werden. Die Bruttowertschöpfung ist bewertet zu Herstellungspreisen, d. h. ohne die auf die Güter zu zahlenden Steuern (Gütersteuern), aber einschließlich der empfangenen Gütersubventionen. Beim Übergang von der Bruttowertschöpfung (zu Herstellungspreisen) zum Bruttoinlandsprodukt (zu Marktpreisen) sind zum Ausgleich der Bewertungsdifferenzen zwischen Entstehungs- und Verwendungsseite die Nettogütersteuern (also der Saldo zwischen Gütersteuern und Gütersubventionen) global hinzuzufügen.

Defizitquote | Negativer Finanzierungssaldo des Staates in Prozent des nominalen Bruttoinlandsprodukts (positiver Saldo: Überschussquote). Laut Maastricht-Vertrag darf die Defizitquote den Grenzwert von 3 % nicht überschreiten.

Entstehungsseite/-rechnung | Teilgebiet der Inlandsproduktsberechnung, in dem die wirtschaftliche Leistung von der Produktionsseite her berechnet und dargestellt wird. Das Bruttoinlandsprodukt (BIP) ergibt sich dabei als Summe der Bruttowertschöpfung der einzelnen Wirtschaftsbereiche zuzüglich der Gütersteuern und abzüglich der Gütersubventionen.

Erwerbslose | Alle Personen, die nicht erwerbstätig sind, aber für die Aufnahme einer Erwerbstätigkeit zur Verfügung stehen und aktiv nach einer Arbeit suchen (Definition der Internationalen Arbeitsorganisation, ILO).

Erwerbslosenquote | Erwerbslose in Prozent der Erwerbspersonen.

Erwerbspersonen | Erwerbslose und Erwerbstätige nach dem Inländerkonzept.

Erwerbsquote | Anteil der Erwerbspersonen an der Bevölkerung.

Glossar

Erwerbstätige | Alle Personen, die als Arbeitnehmerinnen bzw. Arbeitnehmer oder als Selbstständige bzw. mithelfende Familienangehörige eine auf wirtschaftlichen Erwerb gerichtete Tätigkeit ausüben, unabhängig vom Umfang dieser Tätigkeit.

Exporte | Alle Verkäufe von Waren und Dienstleistungen an Wirtschaftseinheiten, die ihren ständigen Sitz (Wohnsitz) außerhalb Deutschlands haben. Anders als in der Außenhandelsstatistik ist nicht der physische Grenzübertritt der Ware ausschlaggebend für die Erfassung, sondern der Eigentumsübergang zwischen inländischen und gebietsfremden Wirtschaftseinheiten. In der Güterbilanz ohne die Konsumausgaben der Gebietsfremden im Inland.

Finanzierungssaldo des Staates | Einnahmen abzüglich Ausgaben des Staates. Sind die Ausgaben in einer Periode höher als die Einnahmen, so ist der Finanzierungssaldo negativ und man spricht von einem Staatsdefizit. Bei einem positiven Finanzierungssaldo spricht man dagegen von einem Staatsüberschuss.

FISIM | Abkürzung des englischen Begriffs „Financial Intermediation Services, Indirectly Measured", unterstellte Bankgebühren. Kreditinstitute stellen ihren Kunden traditionell nur einen Teil der erbrachten Dienstleistung direkt in Rechnung, z. B. in Form von Kontoführungs- und Safegebühren. Einen Großteil der Dienstleistung begleichen die Kunden jedoch indirekt, indem sie für ihre Einlagen geringere Zinsen erhalten und für ihre Kredite höhere Zinsen zahlen müssen, als der dienstleistungsfreie Referenzzinssatz. Diese indirekten Entgelte, die Banken aus dem Kredit- und Einlagengeschäft erzielen, werden in den Volkswirtschaftlichen Gesamtrechnungen modellmäßig ermittelt und als einen Teil des Produktionswertes erfasst.

Güterbilanz | In der Input-Output-Tabelle nachgewiesene Güterströme, gegliedert nach zusammengefassten Gütergruppen. Die Güterbilanz zeigt das Aufkommen von Waren und Dienstleistungen aus inländischer Produktion und aus Importen sowie die Verwendung der Waren und Dienstleistungen nach Verwendungskategorien. Für jede Gütergruppe entspricht das gesamte Güteraufkommen der gesamten Güterverwendung.

Gütersteuern | Alle Steuern und ähnlichen Abgaben, die mengen- oder wertabhängig pro Einheit einer produzierten oder gehandelten Ware oder Dienstleistung zu entrichten sind. Dazu zählen Mehrwertsteuer, Importabgaben (Zölle und Importsteuern), sonstige Gütersteuern (z. B. Verbrauchsteuern, Vergnügungssteuern, Versicherungsteuer).

Gütersubventionen | Alle Subventionen, die mengen- oder wertabhängig pro Einheit einer produzierten oder eingeführten Ware oder Dienstleistung geleistet werden. Dazu gehören Importsubventionen und sonstige Gütersubventionen.

Herstellungspreis | Betrag, den Produzenten je Einheit produzierter Waren und Dienstleistungen von Käufern erhalten – ohne die zu zahlenden Gütersteuern (z. B. Mineralölsteuer) und zuzüglich der empfangenen Gütersubventionen. Handelsspannen werden als Dienstleistungen des Handels nachgewiesen.

Importe | Alle Käufe von Waren und Dienstleistungen bei Wirtschaftseinheiten, die ihren ständigen Sitz (Wohnsitz) außerhalb Deutschlands haben. In der Güterbilanz ohne die Konsumausgaben inländischer Wirtschaftseinheiten in der übrigen Welt. Die eingeführten Waren werden in der Güterbilanz zudem zum Grenzwert (cif – cost, insurance, freight) dargestellt.

Input-Output-Tabelle | Zeigt, wie sich die inländische Produktion und die Importe nach Gütergruppen zusammensetzen und wie diese Güter verwendet werden. Dabei wird zwischen der intermediären Verwendung der einzelnen Produktionsbereiche (Verbrauch von Vorleistungsgütern) und der letzten Verwendung (Konsumausgaben, Bruttoinvestitionen, Exporte) unterschieden. Außerdem beschreibt sie, welche intermediären Inputs (Vorleistungen) und Primärinputs (Wertschöpfungskomponenten) bei der inländischen Produktion von Waren und Dienstleistungen eingesetzt werden. Zudem bildet sie die Grundlage für die Input-Output-Analysen zu der gesamtwirtschaftlichen Bedeutung der Exporte, der Exportabhängigkeitsquote der Erwerbstätigen sowie dem Importanteil der letzten Verwendung von Gütern.

Intermediäre Verwendung | Verbrauch von Vorleistungen.

Kapitalintensität | Verhältnis zwischen den Produktionsfaktoren Kapital und Arbeit, berechnet als Bruttoanlagevermögen (preisbereinigt, Kettenindex 2010 = 100) je erwerbstätige Person (umgerechnet auf Messzahl 2010 = 100).

Kapitalproduktivität | In den Volkswirtschaftlichen Gesamtrechnungen definiert als Verhältnis von preisbereinigtem, verketteten BIP (für die gesamte Volkswirtschaft) bzw. Bruttowertschöpfung (für einzelne Wirtschaftsbereiche) zu preisbereinigtem, verketteten Anlagevermögen (Kapitalstock). Diese Definition für Kapitalproduktivität kann jedoch nur als grobes Orientierungsmittel dienen, da bei dieser Berechnung der gesamte „reale" Ertrag der wirtschaftlichen Tätigkeit analog zur Arbeitsproduktivität ausschließlich auf einen Produktionsfaktor (hier das Kapital) bezogen wird – ohne Berücksichtigung der Arbeit und der unternehmerischen Leistung

Kettenindex | Zeitliche Verknüpfung (Multiplikation) von Teilindizes, die sich jeweils auf das Vorjahr beziehen und somit ein jährlich wechselndes Wägungsschema haben. Zur Darstellung wird der Kettenindex auf ein bestimmtes Referenzjahr bezogen (zurzeit 2010 = 100), was aber nicht zu verwechseln ist mit dem Preisbasisjahr bei der früheren Festpreisrechnung.

Konsumausgaben der privaten Haushalte | Waren- und Dienstleistungskäufe der inländischen privaten Haushalte für Konsumzwecke. Neben den tatsächlichen Käufen sind auch bestimmte unterstellte Käufe einbegriffen, z. B. der Eigenkonsum der Unternehmerinnen und Unternehmer, der Wert der Nutzung von Eigentümerwohnungen sowie Naturalentgelte. Konsum auf Geschäftskosten wird nicht zu den Konsumausgaben der privaten Haushalte gerechnet, sondern zu den Vorleistungen.

Konsumausgaben der privaten Organisationen ohne Erwerbszweck | Wert der Güter, die von privaten Organisationen ohne Erwerbszweck produziert werden, jedoch ohne selbsterstellte Anlagen und ohne Verkäufe, sowie von privaten Organisationen ohne Erwerbszweck auf dem Markt gekaufte Güter, die ohne Umwandlung als soziale Sachtransfers den privaten Haushalten für ihren Konsum zur Verfügung gestellt werden.

Konsumausgaben des Staates | Wert der Güter, die vom Staat selbst produziert werden, jedoch ohne selbsterstellte Anlagen und Verkäufe, sowie Ausgaben für Güter, die als soziale Sachtransfers den privaten Haushalten für ihren Konsum zur Verfügung gestellt werden.

Konsumausgaben im Inland | Konsumausgaben, bei denen auch die Konsumausgaben der Gebietsfremden im Inland einbezogen und die Konsumausgaben der inländischen Wirtschaftseinheiten in der übrigen Welt ausgeschlossen werden.

Laufende Transfers | Einkommen- und Vermögensteuer, Sozialbeiträge und Sozialleistungen sowie sonstige laufende Transfers.

Lohnquote (bereinigt) | Arbeitseinkommensquote (Arbeitnehmerentgelt je Arbeitnehmerin bzw. Arbeitnehmer in Prozent des Volkseinkommens je erwerbstätige Person) multipliziert mit der Arbeitnehmerquote (Anteil der Arbeitnehmerinnen und Arbeitnehmer an den Erwerbstätigen) in einem festen Basisjahr.

Lohnquote (unbereinigt) | Arbeitnehmerentgelt in Prozent des Volkseinkommens.

Lohnstückkosten | Arbeitnehmerentgelt je Arbeitnehmerin und Arbeitnehmer bzw. je Arbeitnehmerstunde im Verhältnis zur Arbeitsproduktivität je erwerbstätige Person (Personenkonzept) bzw. je Erwerbstätigenstunde (Stundenkonzept).

Nettogütersteuern | Gütersteuern abzüglich Gütersubventionen.

12 Volkswirtschaftliche Gesamtrechnungen

Glossar

Nettoinlandsprodukt | Bruttoinlandsprodukt abzüglich Abschreibungen.

Nettonationaleinkommen | Zu Marktpreisen: Bruttonationaleinkommen abzüglich Abschreibungen. Zu Faktorkosten: Abzüglich des Saldos aus Produktions- und Importabgaben minus Subventionen; wird als Volkseinkommen bezeichnet.

Nettowertschöpfung | Bruttowertschöpfung abzüglich Abschreibungen.

Nettozugang an Wertsachen | Käufe abzüglich Verkäufe von Goldbarren und nichtumlauffähigen Goldmünzen sowie Schmuck, Edelsteine, Kunstgegenstände und Antiquitäten zum Zweck der Werterhaltung. Wird nur zusammengefasst mit den Vorratsveränderungen veröffentlicht.

Nichterwerbspersonen | Bevölkerungsgruppe, die weder als Erwerbstätige noch als arbeitsuchende Erwerbslose aktiv am Erwerbsleben beteiligt ist und damit nicht zu den Erwerbspersonen zählt.

Pendlersaldo | Übergangsposition vom Inländerkonzept (Wohnortprinzip) zum Inlandskonzept (Arbeitsortprinzip), bei der zu den Erwerbstätigen bzw. Arbeitnehmerinnen und Arbeitnehmern die Pendlerinnen und Pendler hinzugezählt („einpendeln") beziehungsweise davon abgezogen werden („auspendeln").

Private Konsumausgaben | Summe aus Konsumausgaben der privaten Haushalte und Konsumausgaben der privaten Organisationen ohne Erwerbszweck.

Produktions- und Importabgaben | Indirekte Steuern, die sich aus den Gütersteuern (z. B. Mehrwertsteuer, Importabgaben, Verbrauchsteuern) und sonstigen Produktionsabgaben (z. B. Grundsteuer) zusammensetzen.

Produktionswert | Wert der von inländischen Wirtschaftseinheiten getätigten Verkäufe von Gütern (Waren und Dienstleistungen) aus eigener Produktion an andere (in- und ausländische) Wirtschaftseinheiten, ohne Gütersteuern, aber zuzüglich der produzierten und noch nicht verkauften Waren sowie bei Unternehmen auch zuzüglich der selbst erstellten Anlagen. Der Produktionswert der sogenannten „Nichtmarktproduzenten" aus den Sektoren Staat und Private Organisationen ohne Erwerbszweck, deren Leistungen der Allgemeinheit überwiegend ohne spezielles Entgelt zur Verfügung gestellt werden, werden stattdessen durch Addition der Aufwandsposten (z. B. Arbeitnehmerentgelt, Vorleistungen, Abschreibungen) dieser Institutionen ermittelt.

Sachanlagen | Wohnbauten, Nichtwohnbauten, Ausrüstungen einschließlich militärischer Waffensysteme und Nutztiere und Nutzpflanzungen.

Sektoren in den VGR | Gesamte Volkswirtschaft, nichtfinanzielle Kapitalgesellschaften, finanzielle Kapitalgesellschaften, Staat, private Haushalte, private Organisationen ohne Erwerbszweck, übrige Welt.

Sonstige Anlagen | Geistiges Eigentum (Forschung und Entwicklung, Software und Datenbanken, Urheberrechte, Suchbohrungen) sowie Nutztiere und Nutzpflanzungen.

Sparquote | Sparen, d. h. nichtkonsumierter Teil des verfügbaren Einkommens der privaten Haushalte nach dem Ausgabenkonzept zuzüglich der Zunahme betrieblicher Versorgungsansprüche, in Prozent des gesamten verfügbaren Einkommens der privaten Haushalte (zuzüglich der Zunahme betrieblicher Versorgungsansprüche).

Staat | Bund, Länder, Gemeinden und Sozialversicherung.

Staatsquote | Verhältnis von Staatsausgaben zum Bruttoinlandsprodukt.

Subventionen | Laufende Zahlungen ohne Gegenleistung, die der Staat oder Institutionen der Europäischen Union an gebietsansässige Produzenten leisten, um den Umfang der Produktion dieser Einheiten, ihre Verkaufspreise oder die Entlohnung der Produktionsfaktoren zu beeinflussen.

Übrige Welt | Gesamtheit der Wirtschaftseinheiten, die ihren ständigen Sitz (Wohnsitz) außerhalb des Wirtschaftsgebietes haben.

Unternehmens- und Vermögenseinkommen | Ausgangspunkt für die Ermittlung der Unternehmens- und Vermögenseinkommen ist der im Rahmen der Entstehungsrechnung als Saldo ermittelte Nettobetriebsüberschuss einschl. des Selbstständigeneinkommens aller Wirtschaftseinheiten. Durch Addition des Saldos der aus dem Ausland empfangenen Vermögenseinkommen abzüglich der an das Ausland geleisteten Vermögenseinkommen erhält man die Unternehmens- und Vermögenseinkommen. Sie bilden zusammen mit dem Arbeitnehmerentgelt das Volkseinkommen.

Verfügbares Einkommen der Gesamtwirtschaft | Volkseinkommen erhöht um die Produktions- und Importabgaben abzüglich Subventionen sowie um die empfangenen laufenden Transfers aus der übrigen Welt und abzüglich der geleisteten laufenden Transfers an die übrige Welt.

Verteilungsseite/-rechnung | Teilgebiet der Inlandsproduktsberechnung, in dem die wirtschaftliche Leistung anhand der im Wirtschaftsprozess entstandenen Einkommen berechnet und dargestellt wird. Allerdings ist in Deutschland bisher keine eigenständige, komplette Berechnung des Bruttoinlandsprodukts (BIP) auf diesem Wege möglich, weil über den Betriebsüberschuss bzw. die Unternehmens- und Vermögenseinkommen nur lückenhafte statistische Basisdaten vorliegen, sodass diese Größen als Saldengrößen aus dem gesamtwirtschaftlichen Kreislauf abgeleitet werden.

Verwendungsseite/-rechnung | Teilgebiet der Inlandsproduktsberechnung, in dem die wirtschaftliche Leistung von der Ausgabenseite her berechnet und dargestellt wird. Sie zeigt, wie die Güter aus der Inlandsproduktion und den Importen verwendet werden, wobei der Vorleistungsverbrauch bereits abgezogen ist. Das Bruttoinlandsprodukt (BIP) wird dabei ermittelt aus den privaten Konsumausgaben, den Konsumausgaben des Staates, den Bruttoanlageinvestitionen, den Vorratsveränderungen und dem Nettozugang an Wertsachen sowie dem Außenbeitrag.

Volkseinkommen (Nettonationaleinkommen zu Faktorkosten) | Summe aller Erwerbs- und Vermögenseinkommen, die inländischen Haushalten letztlich zugeflossen sind. Es setzt sich zusammen aus dem empfangenen Arbeitnehmerentgelt und den Unternehmens- und Vermögenseinkommen. Das Volkseinkommen ist eine häufig genutzte Größe der Verteilungsrechnung.

Vorleistungen | Wert der Güter (Waren und Dienstleistungen), die inländische Wirtschaftseinheiten von anderen (in- und ausländischen) Wirtschaftseinheiten bezogen und im Berichtszeitraum im Zuge der Produktion verbraucht, verarbeitet oder umgewandelt haben. Die Vorleistungen umfassen neben Roh-, Hilfs- und Betriebsstoffen, Brenn- und Treibstoffen auch Bau- und sonstige Leistungen für laufende Reparaturen, Transportkosten, Post- und Telekommunikationsgebühren, Anwaltskosten, gewerbliche Mieten, Benutzungsgebühren für öffentliche Einrichtungen usw. Die Vorleistungen schließen nicht die eingesetzte Handelsware ein.

Vorratsveränderungen | Differenz zwischen Anfangs- und Endbeständen von Vorräten, die von Buchwerten auf eine konstante Preisbasis umgerechnet und anschließend mit jahresdurchschnittlichen Preisen bewertet werden. Die so ermittelte Vorratsveränderung ist frei von Scheingewinnen und -verlusten, die durch reine Preisverschiebungen der Buchwerte während der Lagerzeit entstehen. Zusammengefasst mit den Vorratsveränderungen wird der Nettozugang an Wertsachen veröffentlicht.

Wachstumsbeitrag | Rechnerischer Beitrag eines Aggregats zur Entwicklung des Bruttoinlandsprodukts (BIP). Der Wachstumsbeitrag eines Aggregats wird dabei ermittelt, indem von der tatsächlichen Wachstumsrate des BIP eine hypothetische abgezogen wird, die sich ergäbe, wenn das Aggregat gegenüber der Vorperiode unverändert bliebe (sogenannter komparativer Ansatz).

Wirtschaftswachstum | Veränderungsrate des preisbereinigten Bruttoinlandsprodukts.

12 Volkswirtschaftliche Gesamtrechnungen

Mehr zum Thema

Liebe Leserin, lieber Leser,
ein Thema in diesem Kapitel spricht Sie besonders an oder Sie benötigen weitere Informationen? Auf dieser Seite nennen wir Ihnen, nach Themen gegliedert, weitere Veröffentlichungen unseres Hauses. Ausführliche Informationen zu den Produktkategorien sowie dem Informationsangebot des Statistischen Bundesamtes finden Sie auf Seite 8 dieser Ausgabe.

Web-Angebote
www.destatis.de ist Ihre erste Adresse in Sachen Statistik. Hier finden Sie alle Informationen, die das Statistische Bundesamt veröffentlicht, tagesaktuell. Unsere Veröffentlichungen können Sie direkt über unsere Website *www.destatis.de/publikationen* downloaden.

GENESIS-Online
Unter *www.destatis.de/genesis* bietet die Haupt-Datenbank des Statistischen Bundesamtes ein breites Themenspektrum fachlich tief gegliederter Ergebnisse der amtlichen Statistik. Daten zu den *Volkswirtschaftlichen Gesamtrechnungen* finden Sie unter dem Menüpunkt › Themen, Code 81

Weitere Veröffentlichungen zu den Themen

■ Inlandsproduktsberechnung

Fachserie 18   Volkswirtschaftliche Gesamtrechnungen

Reihe 1.1	Inlandsproduktsberechnung – Erste Jahresergebnisse
Reihe 1.2	Inlandsproduktsberechnung – Vierteljahresergebnisse
Reihe 1.3	Inlandsproduktsberechnung – Saisonbereinigte Vierteljahresergebnisse nach Census X-12-ARIMA und BV4.1
Reihe 1.4	Inlandsproduktsberechnung – Detaillierte Jahresergebnisse
Reihe 1.5	Inlandsproduktsberechnung – Lange Reihen ab 1970

WISTA – Wirtschaft und Statistik

Heft 1/16	Bruttoinlandsprodukt 2015
Heft 2/16	Entwicklung der unbezahlten Arbeit privater Haushalte
Heft 3/16	Einflussfaktoren des subjektiven Wohlbefindens
Heft 3/16	Volkswirtschaftliche Gesamtrechnungen – Reflexionen 2016

■ Input-Output-Rechnung/Güterbilanz

Fachserie 18   Volkswirtschaftliche Gesamtrechnungen

Reihe 2	Input-Output-Rechnung

13 | Arbeitsmarkt

2015 niedrigste **Erwerbslosenquote** EU-weit **(4,6 %)** | **Normalarbeitsverhältnisse** nehmen mit einem Anteil von **69 %** an den Kernerwerbstätigen weiter zu | Mit knapp **43 Millionen** höchste **Erwerbstätigenzahl** seit 1991 | **86 %** der **Erwerbspersonen** bestreiten Ihren **Lebensunterhalt** überwiegend durch eigene Berufstätigkeit | **Öffentlicher Dienst** 2015: jeder zweite Beschäftigte an allgemeinbildenden und beruflichen Schulen im Beamtenstatus

13 Arbeitsmarkt

Seite

347 **Auf einen Blick**

Tabellen

348 **Erwerbsbeteiligung der Bevölkerung**
Entwicklung im Zeitverlauf | Nach Ländern | Überwiegender Lebensunterhalt

351 **Erwerbstätige und Erwerbslose**
Nach Wirtschaftsabschnitten | Nach Ländern | Nach Alter | Geleistete Arbeitsstunden | Nach Erwerbsform | Atypisch Beschäftigte | Freiberuflerinnen und Freiberufler | Erwerbstätigenquote | Erwerbslosenquote

359 **Generation 55 Plus**
Ältere Erwerbstätige nach Stellung im Beruf | Erwerbstätigenquote

360 **Personal des öffentlichen Dienstes**
Nach Arbeitgebern | Vollzeit- und Teilzeitbeschäftigte | Nach Besoldungs- und Entgeltgruppen | Nach Aufgabenbereichen

362 **Sozialversicherungspflichtig Beschäftigte**
Nach Ländern | Nach Wirtschaftszweigen | Nach ausgewählten Personengruppen | Nach Berufshauptgruppen und ausgewählten Berufsgruppen

365 **Arbeitslose**
Nach ausgewählten Personengruppen | Ländern | Arbeitslosenquote | Gemeldete Arbeitsstellen

367 **Methodik**

371 **Glossar**

374 **Mehr zum Thema**

13 Arbeitsmarkt

13.0 Auf einen Blick

Erwerbsbeteiligung
in Mill.

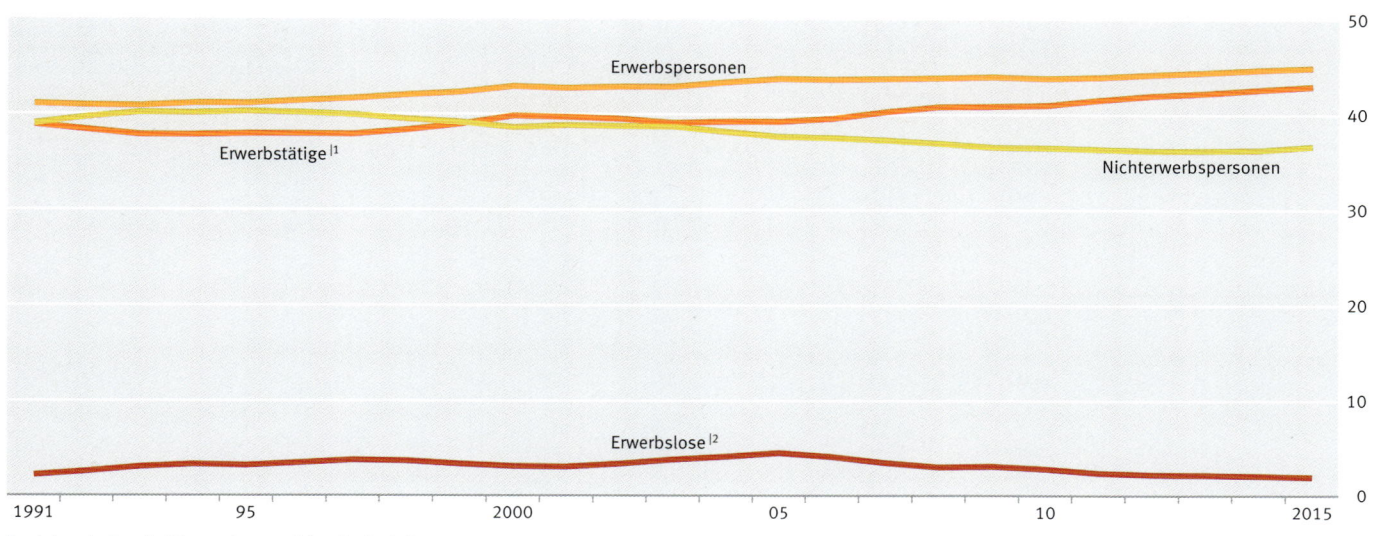

Ergebnisse der Erwerbstätigenrechnung. – Jahresdurchschnitte.
1 Erwerbstätige mit Wohnort in Deutschland (Inländerkonzept).
2 Ergebnisse der Arbeitskräfteerhebung.

Erwerbstätige nach Erwerbsform
in %

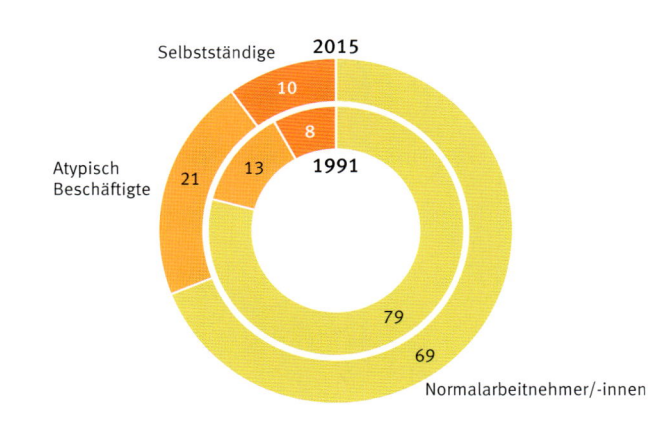

2015: Selbstständige 10, Atypisch Beschäftigte 21, Normalarbeitnehmer/-innen 69
1991: Selbstständige 8, Atypisch Beschäftigte 13, Normalarbeitnehmer/-innen 79

Ergebnisse des Mikrozensus. – Ohne mithelfende Familienangehörige.

Bevölkerung nach überwiegendem Lebensunterhalt 2015
in %

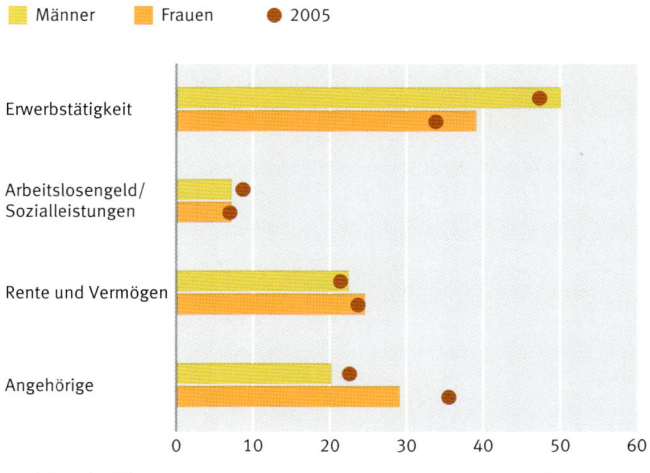

Männer ■ Frauen ● 2005

- Erwerbstätigkeit
- Arbeitslosengeld/Sozialleistungen
- Rente und Vermögen
- Angehörige

Ergebnisse des Mikrozensus.

13 Arbeitsmarkt

13.1 Erwerbsbeteiligung der Bevölkerung
13.1.1 Entwicklung der Erwerbsbeteiligung

	Bevölkerung [1]	Erwerbs-personen [2][3]	Davon			
			Erwerbslose [3]	Erwerbstätige [2]		
				zusammen	davon	
					Arbeitnehmer/-innen [2]	Selbstständige [2][4]
	1 000				%	
	Früheres Bundesgebiet					
1970	60 651	26 798	103	26 695	83,7	16,3
1971	61 302	26 943	132	26 811	84,7	15,3
1972	61 672	27 131	177	26 954	85,3	14,7
1973	61 976	27 479	208	27 271	85,8	14,2
1974	62 054	27 358	346	27 012	86,2	13,8
1975	61 829	26 947	613	26 334	86,3	13,7
1976	61 531	26 861	634	26 227	86,9	13,1
1977	61 400	26 884	600	26 284	87,5	12,5
1978	61 327	27 109	566	26 543	87,8	12,2
1979	61 359	27 533	484	27 049	88,3	11,7
1980	61 566	27 978	483	27 495	88,5	11,5
1981	61 682	28 329	798	27 531	88,7	11,3
1982	61 638	28 634	1 302	27 332	88,7	11,3
1983	61 423	28 934	1 850	27 084	88,7	11,3
1984	61 175	29 251	1 930	27 321	88,8	11,2
1985	61 024	29 683	1 976	27 707	89,0	11,0
1986	61 066	30 044	1 807	28 237	89,1	10,9
1987	61 077	30 391	1 759	28 632	89,3	10,7
1988	61 450	30 795	1 760	29 035	89,5	10,5
1989	62 063	31 170	1 595	29 575	89,6	10,4
1990	63 254	31 829	1 423	30 406	89,8	10,2
1991	64 074	32 279	1 266	31 013	89,9	10,1
	Deutschland					
1991	79 973	41 023	2 172	38 851	90,8	9,2
1992	80 500	40 879	2 573	38 306	90,6	9,4
1993	80 946	40 836	3 050	37 786	90,3	9,7
1994	81 147	41 086	3 306	37 780	90,1	9,9
1995	81 308	41 090	3 205	37 885	90,0	10,0
1996	81 466	41 361	3 471	37 890	89,8	10,2
1997	81 510	41 625	3 764	37 861	89,7	10,3
1998	81 446	41 997	3 682	38 315	89,7	10,3
1999	81 422	42 293	3 366	38 927	89,8	10,2
2000	81 457	42 906	3 114	39 792	90,0	10,0
2001	81 517	42 726	3 059	39 667	89,9	10,1
2002	81 578	42 874	3 376	39 498	89,7	10,3
2003	81 549	42 885	3 810	39 075	89,5	10,5
2004	81 456	43 345	4 127	39 218	89,1	10,9
2005	81 337	43 726	4 506	39 220	88,8	11,2
2006	81 173	43 663	4 104	39 559	88,7	11,3
2007	80 992	43 732	3 473	40 259	88,8	11,2
2008	80 764	43 823	3 018	40 805	89,0	11,0
2009	80 483	43 943	3 098	40 845	89,0	11,0
2010	80 284	43 804	2 821	40 983	89,1	10,9
2011	80 275	43 933	2 399	41 534	89,0	11,0
2012	80 426	44 231	2 224	42 007	89,1	10,9
2013	80 646	44 451	2 182	42 269	89,5	10,5
2014	80 983	44 730	2 090	42 640	89,7	10,3
2015	81 589	44 938	1 950	42 988	89,9	10,1

Zu den **Erwerbspersonen** zählen die Erwerbslosen und Erwerbstätigen mit Wohnsitz in Deutschland (Inländerkonzept).

Zu den **Erwerbstätigen** zählen alle Personen, die als Arbeitnehmerinnen und Arbeitnehmer (Arbeiterinnen und Arbeiter, Angestellte, Beamtinnen und Beamte, geringfügig Beschäftigte, Soldatinnen und Soldaten) oder als Selbstständige bzw. mithelfende Familienangehörige eine auf wirtschaftlichen Erwerb gerichtete Tätigkeit ausüben.

Zu den **Erwerbslosen** zählen Personen, die nicht erwerbstätig sind, für die Aufnahme einer Beschäftigung zur Verfügung stehen und aktiv danach suchen.

1 Ergebnisse der Bevölkerungsstatistik auf Basis des Zensus 2011, Jahresdurchschnitte.
2 Ergebnisse der Erwerbstätigenrechnung nach dem Inländerkonzept (Wohnort in Deutschland) in der Abgrenzung der Volkswirtschaftlichen Gesamtrechnungen (VGR); Stand: Mai 2016.
3 Abgrenzung der Erwerbslosen gemäß Definition der ILO. – Angaben vor 1991 basieren auf einer Schätzung unter Einbezug verschiedener Quellen. Zwischen 1991 und 2004 geschätzte Jahresdurchschnittswerte auf Basis des Mikrozensus. Ab 2005 Jahresdurchschnittswerte aus dem unterjährig erhobenen Mikrozensus. Personen in Privathaushalten im Alter von 15 bis 74 Jahren.
4 Einschl. mithelfende Familienangehörige.

13 Arbeitsmarkt

13.1 Erwerbsbeteiligung der Bevölkerung
13.1.2 Erwerbsbeteiligung nach Ländern 2015

	Bevölkerung insgesamt	Erwerbspersonen	Davon		Nichterwerbspersonen
			Erwerbstätige	Erwerbslose	
	1 000				
Deutschland	81 404	42 228	40 279	1 949	39 176
Baden-Württemberg	10 766	5 834	5 653	181	4 932
Bayern	12 735	6 912	6 715	198	5 823
Berlin	3 486	1 829	1 656	173	1 657
Brandenburg	2 464	1 277	1 204	73	1 186
Bremen	663	322	304	18	341
Hamburg	1 773	953	912	41	820
Hessen	6 115	3 176	3 050	126	2 939
Mecklenburg-Vorpommern	1 601	806	743	63	794
Niedersachsen	7 850	4 013	3 843	170	3 837
Nordrhein-Westfalen	17 666	8 820	8 361	459	8 846
Rheinland-Pfalz	4 019	2 075	1 999	76	1 944
Saarland	988	487	460	27	501
Sachsen	4 057	2 067	1 936	131	1 990
Sachsen-Anhalt	2 231	1 132	1 041	91	1 099
Schleswig-Holstein	2 840	1 430	1 370	59	1 410
Thüringen	2 153	1 095	1 031	64	1 058

Ergebnisse des Mikrozensus.

Selbstständigenquote nach Ländern 2015
in %

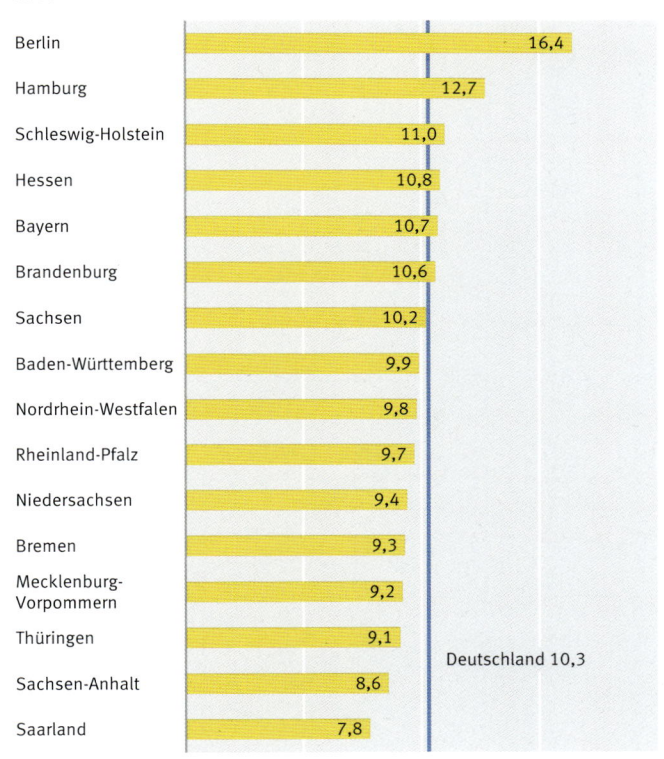

Land	%
Berlin	16,4
Hamburg	12,7
Schleswig-Holstein	11,0
Hessen	10,8
Bayern	10,7
Brandenburg	10,6
Sachsen	10,2
Baden-Württemberg	9,9
Nordrhein-Westfalen	9,8
Rheinland-Pfalz	9,7
Niedersachsen	9,4
Bremen	9,3
Mecklenburg-Vorpommern	9,2
Thüringen	9,1
Sachsen-Anhalt	8,6
Saarland	7,8

Deutschland 10,3

Ergebnisse des Mikrozensus.

13 Arbeitsmarkt
13.1 Erwerbsbeteiligung der Bevölkerung
13.1.3 Erwerbsbeteiligung und überwiegender Lebensunterhalt 2015

Weitere Informationen zu Arbeitslosengeld und sonstigen Sozialleistungen siehe Kapitel „Soziales"

	Insgesamt		Davon mit überwiegendem Lebensunterhalt durch							
			Erwerbs-/Berufstätigkeit		Arbeitslosengeld I, II und sonstige Sozialleistungen [1]		Rente und Vermögen		Angehörige	
	1 000	%	1 000	%	1 000	%	1 000	%	1 000	%
Bevölkerung	81 404	100	36 209	44,5	5 859	7,2	19 190	23,6	20 146	24,7
Männer	39 972	100	20 028	50,1	2 884	7,2	8 983	22,5	8 076	20,2
Frauen	41 433	100	16 181	39,1	2 975	7,2	10 207	24,6	12 070	29,1
Erwerbspersonen	42 228	100	36 179	85,7	2 495	5,9	1 174	2,8	2 380	5,6
Männer	22 616	100	20 014	88,5	1 318	5,8	665	2,9	619	2,7
Frauen	19 612	100	16 165	82,4	1 177	6,0	508	2,6	1 762	9,0
davon:										
Erwerbstätige	40 279	100	36 163	89,8	1 055	2,6	1 104	2,7	1 957	4,9
Männer	21 491	100	20 005	93,1	430	2,0	624	2,9	432	2,0
Frauen	18 788	100	16 158	86,0	625	3,3	480	2,6	1 525	8,1
Erwerbslose	1 949	100	X	X	1 440	73,9	69	3,6	423	21,7
Männer	1 125	100	X	X	888	79,0	41	3,7	186	16,5
Frauen	824	100	X	X	552	67,0	28	3,4	237	28,8
nachrichtlich:										
Neue Länder einschl. Berlin	8 205	100	7 037	85,8	785	9,6	220	2,7	164	2,0
Männer	4 341	100	3 749	86,4	406	9,4	120	2,8	65	1,5
Frauen	3 865	100	3 287	85,1	379	9,8	59	2,6	100	2,6
Nichterwerbspersonen	39 176	100	X	X	3 364	8,6	18 016	46,0	17 766	45,3
Männer	17 356	100	X	X	1 566	9,0	8 318	47,9	7 458	43,0
Frauen	21 821	100	X	X	1 798	8,2	9 698	44,4	10 308	47,2
nachrichtlich:										
Neue Länder einschl. Berlin	7 785	100	X	X	853	11,0	4 282	55,0	2 644	34,0
Männer	3 513	100	X	X	408	11,6	1 830	52,1	1 273	36,2
Frauen	4 271	100	X	X	445	10,4	2 452	57,4	1 371	32,1

Ergebnisse des Mikrozensus.

1 Sonstige Sozialleistungen sind u. a. Sozialgeld, Sozialhilfe, Elterngeld/Erziehungsgeld, Pflegeversicherung, BAföG.

Erwerbstätige nach Wirtschaftsbereichen
1991 = 100

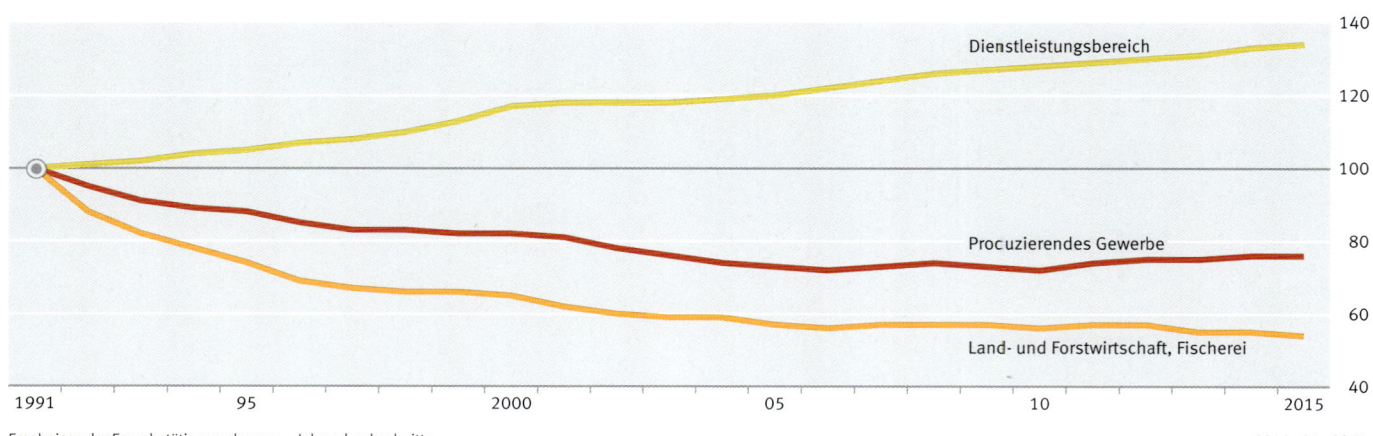

Ergebnisse der Erwerbstätigenrechnung. – Jahresdurchschnitte.

13 Arbeitsmarkt

13.2 Erwerbstätige und Erwerbslose
13.2.1 Erwerbstätige im Inland nach Wirtschaftsabschnitten

Nr. der Klassifikation [1]	Wirtschaftsgliederung	1991	1995	2000	2005	2010	2015 [2]	Veränderung 2015 gegenüber 1991
		Durchschnitt in 1 000						%
		Erwerbstätige						
A – T	Alle Wirtschaftsbereiche	38 790	37 958	39 917	39 326	41 020	43 056	11,0
A	Land- und Forstwirtschaft, Fischerei	1 174	866	758	668	661	634	– 46,0
B – F	Produzierendes Gewerbe	13 856	12 128	11 358	10 095	10 036	10 511	– 24,1
B	Bergbau und Gewinnung von Steinen und Erden	301	182	120	87	71	...	...
C	Verarbeitendes Gewerbe	10 064	8 040	7 828	7 243	7 138	7 508	– 25,4
D	Energieversorgung	378	335	264	247	249	...	...
E	Wasserversorgung, Entsorgung u. Ä.	225	251	252	241	247	...	...
F	Baugewerbe	2 888	3 320	2 894	2 277	2 331	2 436	– 15,7
G – T	Dienstleistungsbereiche	23 760	24 964	27 801	28 563	30 323	31 911	34,3
G	Handel; Instandhaltung und Reparatur von Kraftfahrzeugen	5 576	5 673	6 037	5 797	5 813	5 926	6,3
H	Verkehr und Lagerei	2 195	1 955	1 897	1 897	1 983	2 141	– 2,5
I	Gastgewerbe	1 043	1 157	1 445	1 514	1 680	1 857	78,0
J	Information und Kommunikation	959	948	1 081	1 149	1 162	1 210	26,2
K	Finanz- und Versicherungsdienstleister	1 206	1 259	1 288	1 260	1 214	1 198	– 0,7
L	Grundstücks- und Wohnungswesen	253	331	439	444	463	469	85,4
M	Freiberufliche, wissenschaftliche und technische Dienstleister	1 113	1 357	1 860	2 148	2 408	...	...
N	Sonstige Unternehmensdienstleister	1 195	1 339	1 950	2 187	2 764	...	...
O	Öffentliche Verwaltung, Verteidigung; Sozialversicherung	3 280	3 109	2 943	2 769	2 741	...	...
P	Erziehung und Unterricht	1 696	1 827	1 977	2 098	2 292	...	...
Q	Gesundheits- und Sozialwesen	3 114	3 605	4 138	4 449	4 882	...	...
R	Kunst, Unterhaltung und Erholung	382	420	520	571	621	...	...
S	Sonstige Dienstleister a. n. g.	1 128	1 262	1 400	1 443	1 509	...	...
T	Häusliche Dienste	620	722	826	837	791	...	...
		darunter Arbeitnehmer/-innen						
A – T	Alle Wirtschaftsbereiche	35 227	34 161	35 922	34 916	36 533	38 730	9,9
A	Land- und Forstwirtschaft, Fischerei	509	340	330	302	309	349	– 31,4
B – F	Produzierendes Gewerbe	13 264	11 450	10 650	9 329	9 259	9 757	– 26,4
B	Bergbau und Gewinnung von Steinen und Erden	297	178	117	84	69	...	...
C	Verarbeitendes Gewerbe	9 756	7 717	7 539	6 941	6 857	7 254	– 25,6
D	Energieversorgung	378	335	264	247	249	...	...
E	Wasserversorgung, Entsorgung u. Ä.	221	247	248	235	241	...	...
F	Baugewerbe	2 612	2 973	2 482	1 822	1 843	1 945	– 25,5
G – T	Dienstleistungsbereiche	21 454	22 371	24 942	25 285	26 965	28 624	33,4
G	Handel; Instandhaltung und Reparatur von Kraftfahrzeugen	4 892	4 936	5 300	5 045	5 127	5 318	8,7
H	Verkehr und Lagerei	2 076	1 820	1 746	1 749	1 845	2 003	– 3,5
I	Gastgewerbe	746	845	1 134	1 217	1 383	1 578	111,5
J	Information und Kommunikation	918	886	989	1 004	1 018	1 075	17,1
K	Finanz- und Versicherungsdienstleister	1 098	1 143	1 154	1 101	1 061	1 043	– 5,0
L	Grundstücks- und Wohnungswesen	207	275	373	381	393	409	97,6
M	Freiberufliche, wissenschaftliche und technische Dienstleister	868	1 046	1 475	1 634	1 836	...	...
N	Sonstige Unternehmensdienstleister	1 016	1 163	1 768	1 982	2 535	...	...
O	Öffentliche Verwaltung, Verteidigung; Sozialversicherung	3 280	3 109	2 943	2 769	2 741	...	...
P	Erziehung und Unterricht	1 629	1 742	1 867	1 944	2 123	...	...
Q	Gesundheits- und Sozialwesen	2 896	3 330	3 811	4 041	4 449	...	...
R	Kunst, Unterhaltung und Erholung	302	319	396	420	440	...	...
S	Sonstige Dienstleister a. n. g.	906	1 035	1 160	1 161	1 223	...	...
T	Häusliche Dienste	620	722	826	837	791	...	...

Ergebnisse der Erwerbstätigenrechnung nach dem Inlandskonzept (Arbeitsort in Deutschland) in der Abgrenzung der Volkswirtschaftlichen Gesamtrechnungen (VGR); Stand: Mai 2016.

1 Klassifikation der Wirtschaftszweige, Ausgabe 2008 (WZ 2008).
2 Vorläufiges Ergebnis.

13 Arbeitsmarkt

13.2 Erwerbstätige und Erwerbslose
13.2.2 Geleistete Arbeitsstunden im Inland nach Wirtschaftsabschnitten

Nr. der Klassifikation [1]	Wirtschaftsgliederung	1991	1995	2000	2005	2010	2015 [2]	Veränderung 2015 gegenüber 1991
		Durchschnitt in Mill. Stunden						%
		Erwerbstätige						
A – T	Alle Wirtschaftsbereiche	60 261	57 999	57 960	55 500	57 013	59 038	– 2,0
A	Land- und Forstwirtschaft, Fischerei	2 284	1 822	1 488	1 212	1 148	1 038	– 54,6
B – F	Produzierendes Gewerbe	21 429	19 067	17 386	15 260	15 003	15 767	– 26,4
B	Bergbau und Gewinnung von Steinen und Erden	424	279	187	136	112	...	...
C	Verarbeitendes Gewerbe	15 184	12 326	11 659	10 676	10 246	10 957	– 27,8
D	Energieversorgung	601	528	408	372	372	...	...
E	Wasserversorgung, Entsorgung u. Ä.	355	400	391	377	381	...	...
F	Baugewerbe	4 865	5 533	4 742	3 698	3 892	3 934	– 19,1
G – T	Dienstleistungsbereiche	36 547	37 111	39 085	39 028	40 862	42 232	15,6
G	Handel; Instandhaltung und Reparatur von Kraftfahrzeugen	8 723	8 635	8 639	8 113	7 991	7 942	– 9,0
H	Verkehr und Lagerei	3 599	3 144	2 901	2 803	2 871	3 055	– 15,1
I	Gastgewerbe	1 829	2 064	2 258	2 171	2 289	2 333	27,6
J	Information und Kommunikation	1 433	1 422	1 572	1 675	1 717	1 833	27,9
K	Finanz- und Versicherungsdienstleister	2 061	2 046	2 039	1 921	1 814	1 792	– 13,1
L	Grundstücks- und Wohnungswesen	416	494	598	564	569	556	33,7
M	Freiberufliche, wissenschaftliche und technische Dienstleister	1 780	2 131	2 769	3 150	3 599	...	...
N	Sonstige Unternehmensdienstleister	1 832	1 971	2 580	2 791	3 453	...	...
O	Öffentliche Verwaltung, Verteidigung; Sozialversicherung	4 855	4 541	4 225	3 917	3 814	...	...
P	Erziehung und Unterricht	2 434	2 531	2 633	2 745	2 940	...	...
Q	Gesundheits- und Sozialwesen	4 741	5 200	5 679	5 955	6 506	...	...
R	Kunst, Unterhaltung und Erholung	627	662	775	812	882	...	...
S	Sonstige Dienstleister a. n. g.	1 787	1 834	1 930	1 922	1 963	...	...
T	Häusliche Dienste	429	437	487	481	456	...	...
		darunter Arbeitnehmer/-innen						
A – T	Alle Wirtschaftsbereiche	52 089	49 252	48 837	46 215	47 845	50 486	– 3,1
A	Land- und Forstwirtschaft, Fischerei	718	532	478	421	429	459	– 36,1
B – F	Produzierendes Gewerbe	20 098	17 539	15 746	13 576	13 281	14 145	– 29,6
B	Bergbau und Gewinnung von Steinen und Erden	415	271	180	130	107	...	...
C	Verarbeitendes Gewerbe	14 499	11 606	10 994	10 015	9 628	10 413	– 28,2
D	Energieversorgung	601	528	408	372	372	...	...
E	Wasserversorgung, Entsorgung u. Ä.	343	390	379	363	369	...	...
F	Baugewerbe	4 240	4 744	3 784	2 696	2 805	2 883	– 32,0
G – T	Dienstleistungsbereiche	31 273	31 180	32 613	32 218	34 136	35 882	14,7
G	Handel; Instandhaltung und Reparatur von Kraftfahrzeugen	7 150	6 935	6 919	6 464	6 506	6 670	– 6,7
H	Verkehr und Lagerei	3 312	2 817	2 534	2 461	2 560	2 750	– 17,0
I	Gastgewerbe	1 192	1 224	1 399	1 424	1 564	1 667	39,8
J	Information und Kommunikation	1 336	1 285	1 369	1 377	1 420	1 565	17,1
K	Finanz- und Versicherungsdienstleister	1 813	1 772	1 731	1 572	1 480	1 472	– 18,8
L	Grundstücks- und Wohnungswesen	314	372	451	439	433	443	41,1
M	Freiberufliche, wissenschaftliche und technische Dienstleister	1 227	1 441	1 923	2 101	2 442	...	...
N	Sonstige Unternehmensdienstleister	1 379	1 531	2 133	2 331	2 999	...	...
O	Öffentliche Verwaltung, Verteidigung; Sozialversicherung	4 855	4 541	4 225	3 917	3 814	...	...
P	Erziehung und Unterricht	2 276	2 390	2 464	2 540	2 719	...	...
Q	Gesundheits- und Sozialwesen	4 239	4 603	5 000	5 169	5 694	...	...
R	Kunst, Unterhaltung und Erholung	451	457	516	529	555	...	...
S	Sonstige Dienstleister a. n. g.	1 299	1 375	1 460	1 412	1 493	...	...
T	Häusliche Dienste	429	437	487	481	456	...	...

Ergebnisse der Erwerbstätigenrechnung nach dem Inlandskonzept (Arbeitsort in Deutschland) in der Abgrenzung der Volkswirtschaftlichen Gesamtrechnungen (VGR); Stand: Mai 2016.

1 Klassifikation der Wirtschaftszweige, Ausgabe 2008 (WZ 2008).
2 Vorläufiges Ergebnis.

Quellen: Statistisches Bundesamt, Institut für Arbeitsmarkt- und Berufsforschung (IAB) der Bundesagentur für Arbeit (BA)

13 Arbeitsmarkt

13.2 Erwerbstätige und Erwerbslose
13.2.3 Erwerbstätige im Inland und geleistete Arbeitsstunden nach Ländern 2015

	Erwerbstätige				Geleistete Arbeitsstunden			
	insgesamt	Wirtschaftsbereich			insgesamt	Wirtschaftsbereich		
		Land- und Forstwirtschaft, Fischerei	Produzierendes Gewerbe	Dienstleistungsbereich		Land- und Forstwirtschaft, Fischerei	Produzierendes Gewerbe	Dienstleistungsbereich
	Durchschnitt in 1 000	%			Durchschnitt in Mill. Stunden	%		
Erwerbstätige								
Deutschland	43 032,0	1,5	24,4	74,1	58 998,7	1,8	26,7	71,5
Baden-Württemberg	6 071,9	1,1	31,2	67,8	8 305,2	1,3	33,6	65,1
Bayern	7 271,9	1,9	27,5	70,6	10 041,1	2,5	29,6	68,0
Berlin	1 846,3	0,0	12,0	88,0	2 583,0	0,0	13,1	86,9
Brandenburg	1 080,4	2,9	22,6	74,5	1 559,8	3,0	24,8	72,2
Bremen	419,9	0,1	19,0	80,9	560,8	0,1	21,0	78,9
Hamburg	1 202,0	0,2	12,7	87,1	1 681,6	0,2	13,7	86,1
Hessen	3 343,6	0,9	21,4	77,7	4 570,9	1,1	23,5	75,5
Mecklenburg-Vorpommern	739,9	3,2	18,9	77,9	1 056,4	3,5	20,9	75,6
Niedersachsen	3 963,2	2,7	23,6	73,7	5 366,4	3,3	26,2	70,5
Nordrhein-Westfalen	9 181,5	0,9	22,8	76,2	12 258,9	1,1	25,5	73,4
Rheinland-Pfalz	1 984	2,1	25,8	72,1	2 659,6	2,4	28,5	69,0
Saarland	520,3	0,5	27,4	72,1	694,6	0,7	30,0	69,4
Sachsen	2 015,7	1,4	27,0	71,6	2 878,1	1,6	29,5	68,9
Sachsen-Anhalt	1 000,2	2,1	26,4	71,5	1 431,4	2,2	29,1	68,7
Schleswig-Holstein	1 349,2	2,5	19,4	78,1	1 835,4	3,0	21,7	75,3
Thüringen	1 042,1	2,0	29,7	68,3	1 515,6	2,2	31,9	65,9
nachrichtlich:								
Früheres Bundesgebiet ohne Berlin	35 307,5	1,4	24,9	73,7	47 974,4	1,8	27,3	71,0
Neue Länder einschl. Berlin	7 724,5	1,6	22,3	76,1	11 024,3	1,8	24,5	73,8
darunter Arbeitnehmer/-innen								
Deutschland	38 732,0	0,9	25,2	73,9	50 503,1	0,9	28,1	71,0
Baden-Württemberg	5 498,0	0,6	32,5	66,9	7 175,0	0,5	35,7	63,7
Bayern	6 482,3	0,6	28,8	70,6	8 471,2	0,6	31,6	67,8
Berlin	1 617,6	0,0	12,2	87,8	2 142,7	0,0	13,5	86,5
Brandenburg	955,5	2,8	22,4	74,9	1 309,9	3,0	24,6	72,5
Bremen	388,6	0,1	19,7	80,3	500,4	0,1	22,0	77,9
Hamburg	1 087,4	0,1	13,3	86,5	1 459,0	0,1	14,5	85,3
Hessen	3 017,4	0,5	21,9	77,6	3 929,1	0,5	24,2	75,3
Mecklenburg-Vorpommern	667,1	3,0	18,9	78,2	910,7	3,3	21,0	75,7
Niedersachsen	3 576,5	1,6	24,6	73,8	4 599,1	1,6	27,9	70,5
Nordrhein-Westfalen	8 335,7	0,6	23,5	75,9	10 597,3	0,6	26,7	72,7
Rheinland-Pfalz	1 783,9	1,3	26,8	71,9	2 261,5	1,2	30,4	68,4
Saarland	480,9	0,3	28,2	71,5	616,0	0,3	31,4	68,3
Sachsen	1 797,2	1,4	27,0	71,7	2 441,8	1,5	29,7	68,8
Sachsen-Anhalt	913,5	2,1	26,2	71,8	1 256,8	2,2	29,0	68,7
Schleswig-Holstein	1 198,6	1,6	19,8	78,6	1 537,9	1,6	22,4	75,9
Thüringen	931,8	1,8	29,9	68,2	1 294,8	2,0	32,4	65,6
nachrichtlich:								
Früheres Bundesgebiet ohne Berlin	31 849,3	0,8	25,8	73,4	41 146,5	0,7	28,8	70,5
Neue Länder einschl. Berlin	6 882,7	1,6	22,4	76,1	9 356,6	1,7	24,7	73,6

Jahresdurchschnitt 2015; Stand: Februar 2016. – Vorläufiges Ergebnis.
Quelle: Arbeitskreis „Erwerbstätigenrechnung des Bundes und der Länder"

13 Arbeitsmarkt

13.2 Erwerbstätige und Erwerbslose
13.2.4 Erwerbstätige nach Erwerbsform

	Insgesamt [1]	Selbstständige		Abhängig Beschäftigte						
		zusammen	darunter ohne Beschäftigte	zusammen	davon					
					Normalarbeitnehmer/-innen	atypisch Beschäftigte				
						zusammen [2]	darunter [3]			
							befristet	Teilzeit	geringfügig	Zeitarbeit
	1 000		%	1 000						
2000	33 530	3 418	49,6	29 862	23 850	6 012	2 265	3 944	1 749	.
Männer	18 862	2 465	46,2	16 354	14 785	1 569	1 201	390	254	.
Frauen	14 667	952	58,6	13 507	9 065	4 442	1 063	3 554	1 495	.
2005	33 116	3 795	55,6	28 992	22 138	6 854	2 498	4 673	2 416	.
Männer	18 159	2 641	51,7	15 463	13 615	1 848	1 327	591	448	.
Frauen	14 956	1 154	64,4	13 529	8 523	5 006	1 171	4 082	1 968	.
2010	35 145	3 917	55,4	31 076	23 131	7 945	2 858	4 942	2 517	743
Männer	18 918	2 669	50,8	16 223	13 821	2 402	1 411	670	575	504
Frauen	16 227	1 248	65,1	14 853	9 309	5 543	1 447	4 272	1 942	238
2011 [4]	35 109	3 919	55,9	31 042	23 185	7 857	2 811	4 965	2 612	746
Männer	18 790	2 656	51,0	16 108	13 776	2 333	1 383	680	569	496
Frauen	16 319	1 263	66,3	14 934	9 410	5 524	1 428	4 285	2 043	250
2012	35 444	3 917	55,9	31 391	23 682	7 709	2 640	4 937	2 489	717
Männer	18 983	2 662	50,9	16 295	13 993	2 302	1 312	694	546	494
Frauen	16 461	1 255	66,4	15 096	9 689	5 406	1 328	4 243	1 943	223
2013	35 631	3 810	54,9	31 701	24 063	7 638	2 524	4 969	2 444	679
Männer	19 002	2 574	49,9	16 409	14 177	2 232	1 240	711	551	460
Frauen	16 628	1 235	65,3	15 291	9 886	5 405	1 284	4 259	1 893	219
2014	35 879	3 744	54,7	32 021	24 515	7 506	2 464	4 868	2 335	666
Männer	19 095	2 515	49,7	16 562	14 357	2 206	1 203	706	533	451
Frauen	16 783	1 229	64,8	15 459	10 159	5 300	1 261	4 162	1 801	215
2015	36 155	3 688	54,0	32 367	24 832	7 534	2 531	4 844	2 339	666
Männer	19 211	2 477	49,1	16 716	14 476	2 240	1 243	699	536	455
Frauen	16 944	1 211	64,0	15 651	10 356	5 295	1 288	4 144	1 803	212

Normalarbeitnehmerinnen und Normalarbeitnehmer sind Personen mit einem Beschäftigungsverhältnis, das in Vollzeit und unbefristet ausgeübt wird und die direkt in dem Unternehmen arbeiten, mit dem ein Arbeitsvertrag besteht.

Atypisch Beschäftigte sind Personen, die kein Normalarbeitsverhältnis haben, d. h. Teilzeitbeschäftigung mit 20 oder weniger Stunden, geringfügige oder befristete Beschäftigung oder ein Zeitarbeitsverhältnis.

Ergebnisse des Mikrozensus. – Personen im Alter von 15 bis 64 Jahren, nicht in Bildung oder Ausbildung, ohne Wehr-/Zivil- oder Freiwilligendienstleistende. – Bis 2004 Ergebnisse einer Bezugswoche im Frühjahr, ab 2005 Jahresdurchschnittswerte sowie geänderte Erhebungs- und Hochrechnungsverfahren.

1 Ohne mithelfende Familienangehörige.
2 Vor 2006 ohne Zeitarbeitnehmer/-innen.
3 Überschneidungen möglich.
4 Ab 2011 Hochrechnung anhand der Bevölkerungsfortschreibung auf Grundlage des Zensus 2011. Zeitreihenvergleiche nur eingeschränkt möglich.

Erwerbstätige nach Erwerbsform und Geschlecht
in %

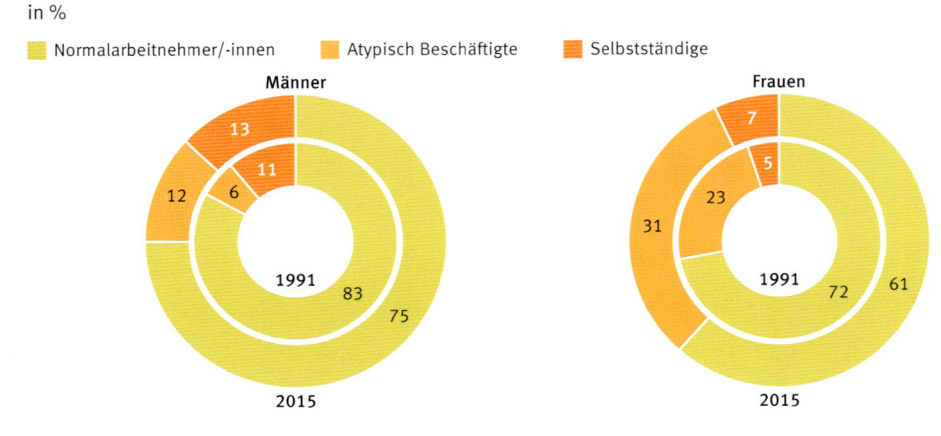

■ Normalarbeitnehmer/-innen   ■ Atypisch Beschäftigte   ■ Selbstständige

Männer — 1991: 13 / 12 / 75; 2015: 11 / 6 / 83

Frauen — 1991: 7 / 31 / 61; 2015: 5 / 23 / 72

Ergebnisse des Mikrozensus. – Ohne mithelfende Familienangehörige.

13 Arbeitsmarkt

13.2 Erwerbstätige und Erwerbslose
13.2.5 Freiberuflerinnen und Freiberufler

Neukonzeption auf Basis der Klassifikation der Berufe 2010 (Ebene der Berufsgattungen) in Verbindung mit dem für den freien Beruf erforderlichen Bildungsniveau. Dabei wird unterstellt, dass die gegenwärtige Tätigkeit mit dem dafür erforderlichen Bildungsabschluss übereinstimmt. Die Berufsgruppenzugehörigkeit und die Berufe orientieren sich an der vom Bundesministerium für Wirtschaft und Technologie herausgegebenen und vom Institut für Freie Berufe unterstützten Broschüre „Existenzgründung durch freie Berufe" (Berlin 2010).

Ausgewählte Berufe	2012		2013		2014		2015	
	Selbstständige	Darunter ohne Beschäftigte	Selbstständige	Darunter ohne Beschäftigte	Selbstständige	Darunter ohne Beschäftigte	Selbstständige	Darunter ohne Beschäftigte
	1 000	%	1 000	%	1 000	%	1 000	%
Selbstständige insgesamt	4 315	56,9	4 239	56,0	4 192	55,9	4 161	55,4
dar. in freien Berufen	955	57,2	955	57,2	984	57,7	992	57,5
Heil- und heilpädagogische Berufe	269	29,6	264	29,7	283	31,7	294	31,0
darunter:								
Ärzte/Ärztinnen	123	18,0	121	17,4	121	15,4	124	14,2
Zahnärzte/-ärztinnen	50	/	48	/	51	/	53	/
Tierärzte/-ärztinnen	13	38,5	13	40,4	13	44,0	14	38,9
Physiotherapeuten/-therapeutinnen	33	43,4	32	44,1	38	45,3	37	41,8
Psychotherapeuten/-therapeutinnen	19	84,1	20	89,7	25	8,8	24	93,5
Sozialberufe	52	86,0	49	85,0	49	85,7	53	84,2
darunter:								
Erzieher/-innen	17	75,4	14	76,1	19	74,9	17	73,3
Pädagogen/Pädagoginnen	29	94,3	27	91,5	24	93,4	28	91,9
Rechts-, steuer- und wirtschaftsberatende Berufe	191	43,8	191	42,3	192	43,8	189	45,1
darunter:								
Rechtsanwälte/Rechtsanwältinnen	87	39,8	87	36,2	90	37,2	82	37,6
Steuerbevollmächtigte	47	24,3	49	27,6	45	29,6	46	29,0
Unternehmensberater/-innen	22	70,4	21	75,1	22	76,1	24	77,8
Vermögens-, Finanz,- Anlagen-, Rentenberater/-innen	15	73,1	16	67,3	16	71,6	17	69,7
Kulturberufe	155	93,0	156	91,4	169	91,8	171	91,5
darunter:								
Journalisten/Journalistinnen	37	94,9	33	94,4	34	93,3	30	92,7
Dolmetscher/-innen, Übersetzer/-innen	19	95,7	19	94,4	20	95,7	21	91,5
Schauspieler/-innen	10	96,7	7	97,3	7	94,8	9	92,0
Grafiker/-innen	18	86,4	18	80,3	22	89,7	21	87,5
Kunsthandwerker/-innen	15	93,9	18	96,2	15	92,5	20	93,3
Autoren/Autorinnen, Schriftsteller/-innen, Werbetexter/-innen, Dichter/-innen	14	97,3	14	98,5	15	96,6	14	92,5
Medien-, Informations- und Kommunikationberufe	62	90,2	73	90,7	70	91,4	70	91,3
darunter:								
Seminarleiter/-innen	12	95,5	12	93,6	12	96,6	11	96,8
Lehrer/-innen (soweit anders nicht genannt)	33	88,7	38	89,4	36	89,9	38	89,0
Erwachsenenbildner/-innen an IHK's, VHS und anderen Bildungseinrichtungen	17	90,3	22	91,3	21	90,6	20	92,9
Naturwissenschaftliche/technische und Umweltberufe	215	60,0	212	60,4	211	59,2	203	58,4
darunter:								
Ingenieure/Ingenieurinnen	63	56,4	60	55,1	57	51,6	59	54,7
Architekten/Architektinnen	50	62,2	51	63,4	49	61,4	49	59,8
Baustatiker/-innen	20	46,4	23	49,4	21	51,9	21	48,6
Fahrschulinhaber/-innen	13	/	12	44,4	13	/	14	/
Wissenschaftler/-innen (soweit anders nicht genannt)	10	84,4	11	82,8	11	84,7	11	85,2

Ergebnisse des Mikrozensus.

13 Arbeitsmarkt

13.2 Erwerbstätige und Erwerbslose
13.2.6 Erwerbstätige und Erwerbstätigenquoten

Alter von ... bis unter ... Jahren	2000			2005			2010			2015		
	Insgesamt	Männer	Frauen	Insgesamt	Männer	Frauen	Insgesamt	Männer	Frauen	Insgesamt	Männer	Frauen
	1 000											
Insgesamt	36 604	20 680	15 924	36 566	20 135	16 432	38 938	21 048	17 891	40 279	21 491	18 788
dar. 15 – 65	36 231	20 439	15 793	36 047	19 806	16 240	38 270	20 637	17 633	39 242	20 845	18 398
15 – 20	1 381	799	582	1 266	728	537	1 162	664	499	1 030	573	457
20 – 25	2 946	1 602	1 344	2 916	1 545	1 371	3 127	1 643	1 484	2 774	1 450	1 324
25 – 30	3 601	1 963	1 638	3 348	1 808	1 541	3 743	1 975	1 768	3 989	2 102	1 888
30 – 35	5 170	2 932	2 238	3 854	2 192	1 661	3 841	2 111	1 730	4 192	2 278	1 915
35 – 40	5 539	3 159	2 380	5 288	2 959	2 330	4 181	2 286	1 895	4 144	2 219	1 926
40 – 45	5 047	2 769	2 279	5 835	3 174	2 662	5 804	3 131	2 674	4 459	2 382	2 076
45 – 50	4 593	2 497	2 095	4 896	2 595	2 301	5 746	3 060	2 686	5 629	2 993	2 636
50 – 55	3 663	2 074	1 589	4 202	2 222	1 980	4 908	2 568	2 341	5 680	2 974	2 705
55 – 60	3 105	1 826	1 280	3 039	1 707	1 332	3 904	2 106	1 798	4 568	2 389	2 179
60 – 65	1 186	818	368	1 402	877	526	1 854	1 094	759	2 776	1 485	1 292
65 und mehr	372	241	131	520	328	191	668	411	258	1 037	647	390
nachrichtlich:												
Früheres Bundesgebiet ohne Berlin	29 140	16 593	12 547	29 380	16 310	13 070	31 221	16 952	14 269	32 667	17 487	15 180
Neue Länder einschl. Berlin	7 463	4 087	3 377	7 187	3 825	3 362	7 718	4 095	3 622	7 612	4 004	3 608
	%											
Insgesamt	52,6	61,5	44,3	51,5	58,4	45,0	54,8	60,9	49,1	56,8	62,2	51,7
dar. 15 – 65	65,4	72,8	57,7	65,4	71,2	59,5	71,0	75,9	66,0	73,8	77,7	69,8
15 – 20	29,7	33,4	25,7	25,7	28,6	22,7	27,3	30,0	24,3	25,4	27,0	23,6
20 – 25	66,1	69,4	62,6	59,3	61,2	57,4	63,6	65,4	61,8	63,5	64,5	62,5
25 – 30	75,6	81,0	70,1	69,7	74,0	65,2	75,4	78,5	72,3	77,9	80,4	75,4
30 – 35	80,1	89,3	70,5	75,7	84,6	66,4	79,8	86,8	72,6	82,3	88,2	76,2
35 – 40	81,2	90,0	71,8	79,3	87,2	71,2	81,7	88,6	74,8	84,1	89,9	78,3
40 – 45	81,8	89,1	74,5	80,9	86,5	75,1	84,7	89,6	79,6	85,6	90,4	80,7
45 – 50	80,3	87,6	73,1	79,8	84,7	74,8	84,0	88,1	79,6	86,5	90,3	82,6
50 – 55	74,1	83,4	64,6	75,2	80,8	69,7	80,2	84,5	76,0	83,9	87,6	80,1
55 – 60	56,5	66,0	46,8	63,3	71,3	55,3	71,3	77,7	65,0	77,2	81,5	73,1
60 – 65	19,9	27,8	12,2	28,1	35,8	20,7	40,8	48,9	32,9	53,1	58,8	47,8
65 und mehr	2,6	4,3	1,5	3,3	5,0	2,1	3,9	5,6	2,6	5,9	8,4	3,9
nachrichtlich:												
Früheres Bundesgebiet ohne Berlin	53,4	63,0	44,5	52,5	60,1	45,3	55,3	61,7	49,2	57,5	63,1	52,1
Neue Länder einschl. Berlin	49,6	56,3	43,4	47,8	52,2	43,7	53,0	57,6	48,7	54,3	58,5	50,3

Ergebnisse des Mikrozensus. – Bis 2004 Ergebnisse einer Bezugswoche im Frühjahr, ab 2005 Jahresdurchschnittswerte sowie geänderte Erhebungs- und Hochrechnungsverfahren, ab 2011 Hochrechnung anhand der Bevölkerungsfortschreibung auf Grundlage des Zensus 2011. Zeitreihenvergleiche nur eingeschränkt möglich.

13 Arbeitsmarkt

13.2 Erwerbstätige und Erwerbslose
13.2.7 Erwerbslose und Erwerbslosenquoten

Alter von ... bis unter ... Jahren	2000			2005			2010			2015		
	Insgesamt	Männer	Frauen	Insgesamt	Männer	Frauen	Insgesamt	Männer	Frauen	Insgesamt	Männer	Frauen
	1 000											
Insgesamt	3 127	1 691	1 435	4 583	2 574	2 009	2 948	1 698	1 250	1 949	1 125	824
dar. 15 – 65	3 124	1 689	1 434	4 578	2 572	2 007	2 944	1 695	1 249	1 940	1 119	821
15 – 20	111	60	52	218	120	98	139	78	61	88	48	40
20 – 25	274	167	106	529	316	213	322	191	130	208	125	83
25 – 30	266	157	109	479	285	194	343	211	132	246	149	98
30 – 35	364	188	175	458	262	196	307	178	129	228	137	91
35 – 40	408	210	199	547	304	243	304	176	128	191	113	78
40 – 45	371	195	176	628	333	295	353	200	154	177	96	81
45 – 50	365	188	177	544	296	247	363	198	165	214	115	99
50 – 55	344	173	171	527	284	243	334	184	149	226	124	102
55 – 60	524	276	247	475	254	221	324	181	143	210	123	87
60 – 65	97	75	22	173	117	57	156	99	57	151	90	61
65 und mehr	/	/	/	/	/	/	/	/	/	9	5	/
nachrichtlich:												
Früheres Bundesgebiet ohne Berlin	1 702	977	724	2 900	1 646	1 254	1 977	1 144	832	1 356	788	567
Neue Länder einschl. Berlin	1 425	714	711	1 683	929	754	972	554	418	593	336	257
	%											
Insgesamt	7,9	7,6	8,3	11,1	11,3	10,9	7,0	7,5	6,5	4,6	5,0	4,2
dar. 15 – 65	7,9	7,6	8,3	11,3	11,5	11,0	7,1	7,6	6,6	4,7	5,1	4,3
15 – 20	7,4	6,9	8,1	14,7	14,2	15,4	10,7	10,5	10,9	7,9	7,8	8,0
20 – 25	8,5	9,5	7,3	15,4	17,0	13,4	9,3	10,4	8,1	7,0	7,9	5,9
25 – 30	6,9	7,4	6,2	12,5	13,6	11,2	8,4	9,7	6,9	5,8	6,6	4,9
30 – 35	6,6	6,0	7,3	10,6	10,7	10,6	7,4	7,8	7,0	5,2	5,7	4,5
35 – 40	6,9	6,2	7,7	9,4	9,3	9,5	6,8	7,2	6,3	4,4	4,9	3,9
40 – 45	6,8	6,6	7,2	9,7	9,5	10,0	5,7	6,0	5,4	3,8	3,9	3,8
45 – 50	7,4	7,0	7,8	10,0	10,3	9,7	5,9	6,1	5,8	3,7	3,7	3,6
50 – 55	8,6	7,7	9,7	11,1	11,3	10,9	6,4	6,7	6,0	3,8	4,0	3,6
55 – 60	14,4	13,1	16,2	13,5	13,0	14,2	7,7	7,9	7,4	4,4	4,9	3,9
60 – 65	7,5	8,4	5,6	11,0	11,7	9,7	7,8	8,3	7,0	5,2	5,7	4,5
65 und mehr	/	/	/	/	/	/	/	/	/	0,8	0,8	/
nachrichtlich:												
Früheres Bundesgebiet ohne Berlin	5,5	5,6	5,5	9,0	9,2	8,8	6,0	6,3	5,5	4,0	4,3	3,6
Neue Länder einschl. Berlin	16,0	14,9	17,4	19,0	19,5	18,3	11,2	11,9	10,3	7,2	7,8	6,6

Ergebnisse des Mikrozensus. – Bis 2004 Ergebnisse einer Bezugswoche im Frühjahr, ab 2005 Jahresdurchschnittswerte sowie geänderte Erhebungs- und Hochrechnungsverfahren, ab 2011 Hochrechnung anhand der Bevölkerungsfortschreibung auf Grundlage des Zensus 2011. Zeitreihenvergleiche nur eingeschränkt möglich.

13 Arbeitsmarkt

13.2 Erwerbstätige und Erwerbslose
13.2.8 Entwicklung der Erwerbslosen und Erwerbslosenquoten

	Erwerbslose			Erwerbslosenquoten [1]		
	und zwar im Alter von ... bis ... Jahre			und zwar von Personen im Alter von ... bis ... Jahre		
	15 – 74	15 – 24	25 – 74	15 – 74	15 – 24	25 – 74
	1 000			%		
2000	3 123	382	2 741	7,9	8,5	7,8
Männer	1 689	228	1 462	7,7	9,5	7,4
Frauen	1 434	154	1 279	8,3	7,4	8,4
2005	4 571	745	3 826	11,2	15,5	10,6
Männer	2 567	435	2 133	11,4	16,8	10,7
Frauen	2 004	311	1 693	10,9	14,0	10,5
2010	2 845	442	2 403	7,0	9,8	6,6
Männer	1 624	257	1 368	7,4	10,7	7,0
Frauen	1 221	185	1 036	6,5	8,8	6,2
2011	2 399	389	2 010	5,8	8,5	5,5
Männer	1 336	223	1 112	6,1	9,2	5,7
Frauen	1 063	166	897	5,6	7,8	5,3
2012	2 224	353	1 872	5,4	8,0	5,1
Männer	1 236	205	1 031	5,6	8,7	5,2
Frauen	989	147	841	5,2	7,3	4,9
2013	2 182	340	1 842	5,2	7,8	4,9
Männer	1 231	197	1 034	5,5	8,5	5,2
Frauen	951	143	808	4,9	7,1	4,7
2014	2 090	328	1 762	5,0	7,7	4,7
Männer	1 188	190	999	5,3	8,3	5,0
Frauen	902	138	764	4,6	7,1	4,4
2015	1 950	296	1 653	4,6	7,2	4,4
Männer	1 123	173	950	5,0	7,9	4,7
Frauen	827	123	703	4,2	6,5	4,0

Ergebnisse der Arbeitskräfteerhebung. – Bis 2004 Ergebnisse einer Berichtswoche im Frühjahr, ab 2005 Jahresdurchschnittswerte sowie geänderte Erhebungs- und Hochrechnungsverfahren, ab 2010 Hochrechnung anhand der Bevölkerungsfortschreibung auf Grundlage des Zensus 2011. Zeitreihenvergleiche nur eingeschränkt möglich.

1 Anteil der Erwerbslosen an allen Erwerbspersonen nach europäischer Abgrenzung (Personen in Privathaushalten).

Erwerbslosenquoten nach Personenkreisen
in %

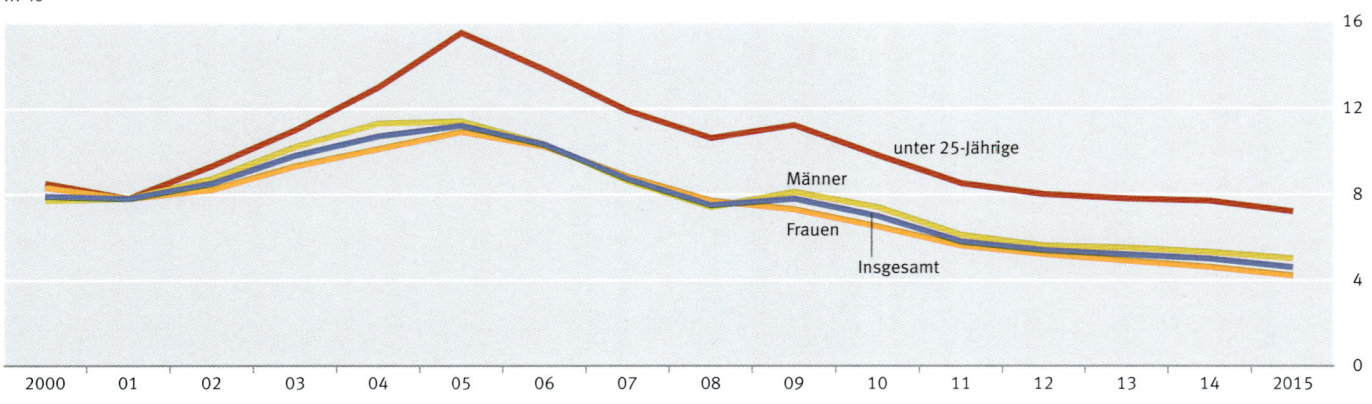

Ergebnisse der Arbeitskräfteerhebung. – Bis 2004 Ergebnisse einer Berichtswoche im Frühjahr, ab 2005 Jahresdurchschnittswerte sowie geänderte Erhebungs- und Hochrechnungsverfahren, ab 2010 Hochrechnung anhand der Bevölkerungsfortschreibung auf Grundlage des Zensus 2011.

13 Arbeitsmarkt

13.3 Generation 55 Plus – Ältere Erwerbstätige

Unsere Gesellschaft altert. Zum einen nimmt die Lebenserwartung des Einzelnen zu, zum anderen stagniert die Geburtenrate. Dieser Prozess verändert in zunehmendem Maße auch die Erwerbstätigkeit. So hat in den vergangenen Jahren die Erwerbstätigkeit älterer Menschen immer weiter zugenommen. Rund 45 % der 55- bis unter 65-Jährigen gingen 2005 einer Erwerbstätigkeit nach, 2015 waren bereits zwei Drittel dieser Altersgruppe erwerbstätig.

Die Erwerbstätigkeit von Männern und Frauen im fortgeschrittenen Alter differiert stark voneinander. So waren 2015 von den 60- bis unter 65-Jährigen Männern 59 % erwerbstätig, aber nur 48 % der Frauen. In der Altersgruppe der 65- bis unter 70-Jährigen gingen noch 18 % der Männer und 11 % der Frauen einer Erwerbstätigkeit nach.

13.3.1 Ältere Erwerbstätige nach Stellung im Beruf

Alter von ... bis unter ... Jahren	Erwerbstätige	Darunter	
		Selbstständige [1]	Abhängig Beschäftigte
	1000		
2005			
50 – 55	4 202	547	3 606
55 – 60	3 039	426	2 568
60 – 65	1 402	287	1 075
65 – 70	354	133	184
70 – 75	108	45	45
2010			
50 – 55	4 908	617	4 265
55 – 60	3 904	496	3 384
60 – 65	1 854	334	1 501
65 – 70	404	165	217
70 – 75	180	68	92
2015			
50 – 55	5 680	724	4 938
55 – 60	4 568	582	3 968
60 – 65	2 776	415	2 343
65 – 70	615	209	388
70 – 75	268	114	141

Ergebnisse des Mikrozensus.
1 Ohne mithelfende Familienangehörige.

13.3.2 Erwerbstätigenquote Älterer

Alter von ... bis unter ... Jahren	Insgesamt	Männer	Frauen
	%		
2005			
55 – 60	63,3	71,3	55,3
60 – 65	28,1	35,8	20,7
65 – 70	6,5	8,4	4,7
2010			
55 – 60	71,3	77,7	65,0
60 – 65	40,8	48,9	32,9
65 – 70	8,5	10,7	6,5
2015			
55 – 60	77,2	81,5	73,1
60 – 65	53,1	58,8	47,8
65 – 70	14,4	18,2	11,0

Ergebnisse des Mikrozensus.

Erwerbstätigenquote nach ausgewählten Altersjahren
in %

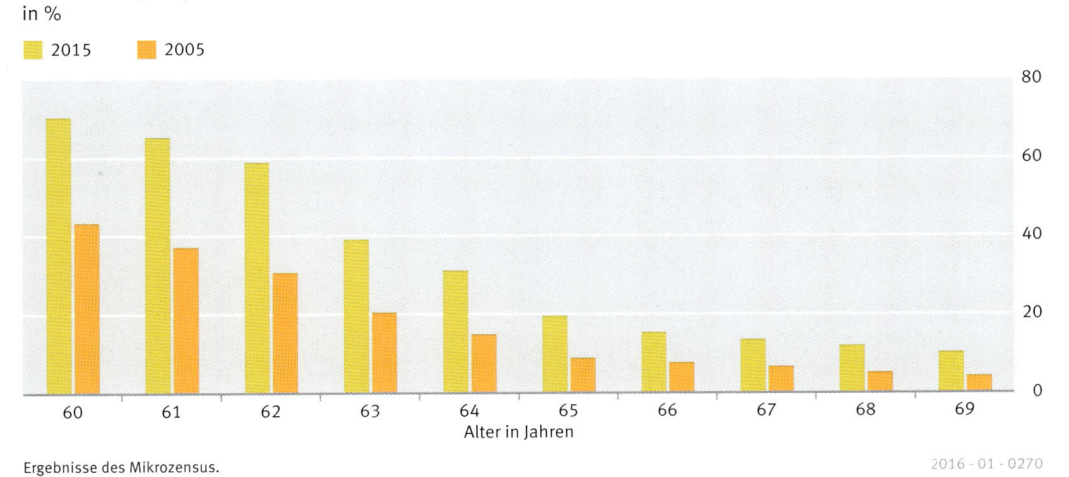

■ 2015   ■ 2005

Ergebnisse des Mikrozensus.

13 Arbeitsmarkt

13.4 Personal des öffentlichen Dienstes
13.4.1 Beschäftigte des öffentlichen Dienstes

	Insgesamt	Davon			
		Bundes-bereich	Landes-bereich	kommunaler Bereich	Sozialver-sicherung [1]
	1 000				
Insgesamt					
2000	4 908,9	597,7	2 390,7	1 572,0	348,6
2005	4 599,4	560,9	2 298,1	1 373,0	367,4
2010	4 586,1	530,3	2 317,8	1 355,2	382,8
2015	4 645,5	489,4	2 346,9	1 439,5	369,6
Vollzeitbeschäftigte					
2000	3 697,0	555,2	1 804,8	1 066,0	271,1
2005	3 237,7	496,0	1 610,4	871,5	259,9
2010	3 106,7	461,2	1 567,5	819,6	258,4
2015	3 158,7	432,0	1 603,9	878,2	244,7
Teilzeitbeschäftigte ohne Altersteilzeitbeschäftigte					
2000	1 153,6	33,1	564,1	485,6	70,8
2005	1 135,3	34,9	575,5	439,6	85,3
2010	1 189,5	38,5	609,8	444,8	96,3
2015	1 377,8	45,0	692,5	527,4	112,8
Altersteilzeitbeschäftigte					
2000	58,2	9,4	21,7	20,5	6,6
2005	226,4	30,0	112,2	61,9	22,2
2010	290,0	30,6	140,5	90,9	28,1
2015	109,0	12,4	50,5	33,9	12,1

Ergebnisse der Personalstandstatistik. – Stichtag 30.6.

1 Einschl. Bundesagentur für Arbeit.

Beschäftigte des öffentlichen Dienstes nach Aufgabenbereichen am 30.6.2015
in %

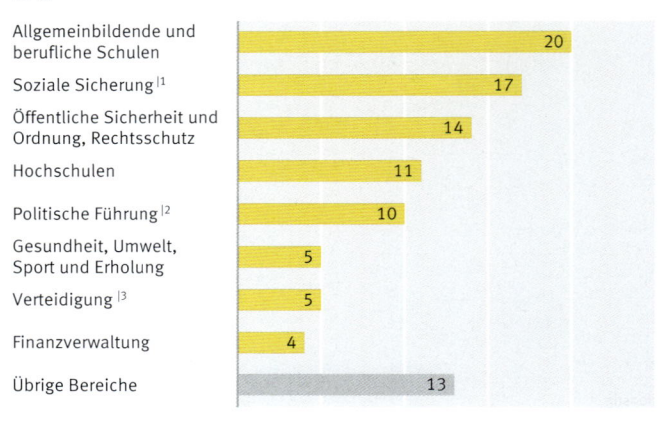

Aufgabenbereich	%
Allgemeinbildende und berufliche Schulen	20
Soziale Sicherung [1]	17
Öffentliche Sicherheit und Ordnung, Rechtsschutz	14
Hochschulen	11
Politische Führung [2]	10
Gesundheit, Umwelt, Sport und Erholung	5
Verteidigung [3]	5
Finanzverwaltung	4
Übrige Bereiche	13

Ergebnisse der Personalstandstatistik.

1 Einschl. gesetzliche Krankenversicherung, Rentenversicherung, Unfallversicherung, Bundesagentur für Arbeit.
2 Einschl. zentraler Verwaltung und auswärtiger Angelegenheiten.
3 Einschl. Berufs-/Zeitsoldaten und -soldatinnen, ohne freiwillig Wehrdienstleistende.

2016 - 01 - 0271

13.4.2 Beschäftigte des öffentlichen Dienstes nach Besoldungs- und Entgeltgruppen am 30.6.2015

Einstufungen	Insgesamt		Davon							
			Bundesbereich		Landesbereich		kommunaler Bereich		Sozial-versicherung [1]	
	1 000	%	1 000	%	1 000	%	1 000	%	1 000	%
Insgesamt	4 645,5	100	489,4	100	2 346,9	100	1 439,5	100	369,6	100
Beamte/Beamtinnen, Richter/-innen, Berufs- und Zeitsoldaten/-soldatinnen	1 837,3	39,5	345,7	70,6	1 273,3	54,3	186,1	12,9	32,1	8,7
Besoldungsordnung B	11,4	0,2	3,2	0,6	4,3	0,2	3,8	0,3	0,1	0,0
Besoldungsordnung R	28,2	0,6	0,5	0,1	27,6	1,2	X	X	X	X
Besoldungsordnung C, W	37,7	0,8	0,3	0,1	37,4	1,6	X	X	0,0	0,0
Besoldungsordnung A	1 654,9	35,6	335,3	68,5	1 113,5	47,4	174,8	12,1	31,4	8,5
davon:										
A16 – A13	522,3	11,2	43,0	8,8	440,6	18,8	34,0	2,4	4,6	1,3
A12 – A9	807,3	17,4	116,1	23,7	562,6	24,0	102,9	7,1	25,7	7,0
A8 – A5	307,1	6,6	159,6	32,6	108,7	4,6	37,9	2,6	1,0	0,3
A4 – A2	18,2	0,4	16,6	3,4	1,5	0,1	0,0	0,0	0,0	0,0
In Ausbildung	105,1	2,3	6,5	1,3	90,6	3,9	7,5	0,5	0,6	0,2
Arbeitnehmer/-innen	2 808,2	60,5	143,7	29,4	1 073,6	45,7	1 253,4	87,1	337,5	91,3
E15Ü – E13 TVöD/TV-L [2]	349,3	7,5	11,3	2,3	281,7	12,0	42,8	3,0	13,5	3,6
E12 – E9 TVöD/TV-L	775,4	16,7	33,0	6,7	298,9	12,7	299,8	20,8	143,7	38,9
E8 – E5 TVöD/TV-L	1 164,4	25,1	67,3	13,8	346,6	14,8	632,0	43,9	118,6	32,1
E4 – E1 TVöD/TV-L	298,0	6,4	18,9	3,9	59,6	2,5	208,4	14,5	11,1	3,0
Sonstige [3]	120,2	2,6	5,7	1,2	46,1	2,0	29,3	2,0	39,2	10,6
In Ausbildung	100,9	2,2	7,6	1,5	40,7	1,7	41,1	2,9	11,5	3,1

Ergebnisse der Personalstandstatistik.

1 Einschl. Bundesagentur für Arbeit.
2 Einschl. außertarifliche Angestellte.
3 Beinhaltet alle Tarifverträge, die nicht dem TVöD/TV-L zugeordnet wurden und einzelvertragliche Beschäftigungsverhältnisse sowie Dienstordnungsangestellte (Angestellte in der Sozialversicherung, die aufgrund einer Dienstordnung ein Gehalt nach beamtenrechtlichen Grundsätzen erhalten).

Bei Beamtinnen und Beamten ist das Grundgehalt der Hauptbestandteil der Dienstbezüge. Es bestimmt sich nach der **Besoldungsgruppe** des verliehenen Amtes. Die Besoldungsordnungen A und B regeln die Besoldung für den Beamten- und Soldatenbereich, die Besoldungsordnungen W und C die der Hochschullehrerinnen und Hochschullehrer. Die Besoldungsordnung R regelt die Besoldung der Richterinnen und Richter sowie der Staatsanwältinnen und Staatsanwälte. Die Vergütung der Arbeitnehmerinnen und Arbeitnehmer beruht überwiegend auf den **Entgeltgruppen** (E1 bis E15 Ü) des Tarifvertrags des öffentlichen Dienstes (TVöD) und des Tarifvertrags der Länder (TV-L).

13 Arbeitsmarkt

13.4 Personal des öffentlichen Dienstes
13.4.3 Beschäftigte des öffentlichen Dienstes nach Aufgabenbereichen am 30.6.2015

Aufgabenbereich (Haushaltssystematik 2012)	Insgesamt		Davon							
			Bundesbereich		Landesbereich		kommunaler Bereich		Sozialversicherung [1]	
	1 000	%	1 000	%	1 000	%	1 000	%	1 000	%
Insgesamt										
Insgesamt	4 645,5	100	489,4	100	2 346,9	100	1 439,5	100	369,6	100
Politische Führung und zentrale Verwaltung [2]	480,0	10,3	44,1	9,0	132,2	5,6	303,7	21,1	X	X
Verteidigung	239,8	5,2	239,8	49,0	X	X	X	X	X	X
Öffentliche Sicherheit und Ordnung	455,1	9,8	48,7	9,9	282,4	12,0	124,1	8,6	X	X
dar. Polizei	311,0	6,7	44,5	9,1	266,5	11,4	X	X	X	X
Rechtsschutz	178,1	3,8	4,9	1,0	173,2	7,4	X	X	X	X
Finanzverwaltung	186,7	4,0	44,5	9,1	141,9	6,0	0,3	0,0	X	X
Bildungswesen, Wissenschaft, Forschung, kulturelle Angelegenheiten	1 603,3	34,5	15,5	3,2	1 408,9	60,0	178,9	12,4	X	X
darunter:										
Allgemeinbildende und berufliche Schulen	938,0	20,2	–	–	831,1	35,4	106,9	7,4	X	X
Hochschulen	518,7	11,2	0,4	0,1	518,3	22,1	X	X	X	X
Soziale Sicherung, Familie und Jugend, Arbeitsmarktpolitik	776,7	16,7	4,3	0,9	30,6	1,3	372,1	25,9	369,6	100
dar. Kindertagesbetreuung nach dem SGB VIII	210,2	4,5	–	–	8,7	0,4	201,5	14,0	X	X
Gesundheit, Umwelt, Sport und Erholung	248,4	5,3	7,7	1,6	48,2	2,1	192,6	13,4	X	X
dar. Krankenhäuser und Heilstätten	141,9	3,1	–	–	23,7	1,0	118,3	8,2	X	X
Wohnungswesen, Städtebau, Raumordnung und kommunale Gemeinschaftsdienste	131,4	2,8	0,0	0,0	18,0	0,8	113,3	7,9	X	X
Sonstiges	346,0	7,4	80,0	16,4	111,5	4,8	154,4	10,7	X	X
Beamte/Beamtinnen, Richter/-innen, Berufs- und Zeitsoldaten/-soldatinnen										
Politische Führung und zentrale Verwaltung [2]	148,2	8,1	22,4	6,5	58,9	4,6	66,9	36,0	X	X
Verteidigung	187,5	10,2	187,5	54,2	X	X	X	X	X	X
Öffentliche Sicherheit und Ordnung	328,4	17,9	39,3	11,4	240,0	18,8	49,0	26,3	X	X
dar. Polizei	266,8	14,5	37,2	10,7	229,6	18,0	X	X	X	X
Rechtsschutz	116,7	6,4	2,8	0,8	113,9	8,9	X	X	X	X
Finanzverwaltung	156,8	8,5	37,9	11,0	118,8	9,3	0,0	0,0	X	X
Bildungswesen, Wissenschaft, Forschung, kulturelle Angelegenheiten	717,8	39,1	3,3	1,0	701,1	55,1	13,5	7,2	X	X
darunter:										
Allgemeinbildende und berufliche Schulen	636,3	34,6	–	–	625,9	49,2	10,4	5,6	X	X
Hochschulen	58,4	3,2	0,3	0,1	58,1	4,6	X	X	X	X
Soziale Sicherung, Familie und Jugend, Arbeitsmarktpolitik	71,4	3,9	1,5	0,4	7,0	0,5	30,9	16,6	32,1	100
dar. Kindertagesbetreuung	1,6	0,1	–	–	0,2	0,0	1,4	0,8	X	X
Gesundheit, Umwelt, Sport und Erholung	15,1	0,8	1,6	0,5	7,5	0,6	6,1	3,3	X	X
dar. Krankenhäuser und Heilstätten	1,2	0,1	–	–	0,2	0,0	1,0	0,5	X	X
Wohnungswesen, Städtebau, Raumordnung und kommunale Gemeinschaftsdienste	18,9	1,0	–	–	7,0	0,5	11,9	6,4	X	X
Sonstiges	76,5	4,2	49,4	14,3	19,2	1,5	7,9	4,2	X	X
Zusammen	1 837,3	100	345,7	100	1 273,3	100	186,1	100	32,1	100
Arbeitnehmer/-innen										
Politische Führung und zentrale Verwaltung [2]	331,8	11,8	21,7	15,1	73,3	6,8	236,8	18,9	X	X
Verteidigung	52,3	1,9	52,3	36,4	X	X	X	X	X	X
Öffentliche Sicherheit und Ordnung	126,7	4,5	9,3	6,5	42,4	3,9	75,1	6,0	X	X
dar. Polizei	44,2	1,6	7,3	5,1	36,9	3,4	X	X	X	X
Rechtsschutz	61,4	2,2	2,0	1,4	59,3	5,5	X	X	X	X
Finanzverwaltung	30,0	1,1	6,6	4,6	23,1	2,2	0,3	0,0	X	X
Bildungswesen, Wissenschaft, Forschung, kulturelle Angelegenheiten	885,4	31,5	12,2	8,5	707,8	65,9	165,4	13,2	X	X
darunter:										
Allgemeinbildende und berufliche Schulen	301,7	10,7	–	–	205,2	19,1	96,5	7,7	X	X
Hochschulen	460,3	16,4	0,1	0,1	460,3	42,9	X	X	X	X
Soziale Sicherung, Familie und Jugend, Arbeitsmarktpolitik	705,3	25,1	2,9	2,0	23,6	2,2	341,3	27,2	337,5	100
dar. Kindertagesbetreuung	208,6	7,4	–	–	8,5	0,8	200,1	16,0	X	X
Gesundheit, Umwelt, Sport und Erholung	233,3	8,3	6,1	4,2	40,7	3,8	186,5	14,9	X	X
dar. Krankenhäuser und Heilstätten	140,8	5,0	–	–	23,5	2,2	117,3	9,4	X	X
Wohnungswesen, Städtebau, Raumordnung und kommunale Gemeinschaftsdienste	112,5	4,0	0,0	0,0	11,0	1,0	101,5	8,1	X	X
Sonstiges	269,5	9,6	30,6	21,3	92,3	8,6	146,5	11,7	X	X
Zusammen	2 808,2	100	143,7	100	1 073,6	100	1 253,4	100	337,5	100

Ergebnisse der Personalstandstatistik.

1 Einschl. Bundesagentur für Arbeit.
2 Einschl. Auswärtige Angelegenheiten.

13 Arbeitsmarkt

13.5 Sozialversicherungspflichtig Beschäftigte
13.5.1 Am Arbeitsort nach Ländern am 30.6.2015

	Sozialversicherungspflichtig Beschäftigte			Darunter Ausländer/-innen			Ausschließlich geringfügig entlohnte Beschäftigte	
	insgesamt	Männer	Frauen	zusammen	darunter aus		insgesamt	darunter Frauen
					EU-Mitgliedstaaten	sonstigen europäischen Staaten		
	1 000	%		1 000	%		1 000	%
Deutschland [1]	30 771	53,6	46,4	2 829	55,3	29,6	4 902	63,6
Baden-Württemberg	4 360	54,8	45,2	578	58,7	30,2	706	65,1
Bayern	5 185	54,2	45,8	602	59,9	26,7	774	67,0
Berlin	1 311	49,0	51,0	138	47,0	30,8	146	54,9
Brandenburg	806	51,5	48,5	30	68,6	16,2	92	55,0
Bremen	311	55,9	44,1	26	44,9	34,8	48	60,0
Hamburg	913	53,4	46,6	90	45,9	28,4	105	60,1
Hessen	2 409	54,5	45,5	308	52,0	29,3	379	63,7
Mecklenburg-Vorpommern	554	48,4	51,6	14	70,3	12,9	65	53,1
Niedersachsen	2 784	54,4	45,6	180	57,5	26,6	512	64,9
Nordrhein-Westfalen	6 406	54,9	45,1	582	48,4	37,2	1235	64,3
Rheinland-Pfalz	1 345	53,4	46,6	117	58,0	27,3	264	65,0
Saarland	377	55,1	44,9	39	73,1	16,3	69	64,3
Sachsen	1 530	50,9	49,1	40	62,9	15,5	163	56,3
Sachsen-Anhalt	776	50,1	49,9	17	62,0	18,0	80	57,1
Schleswig-Holstein	914	52,1	47,9	48	55,2	27,4	176	61,7
Thüringen	786	51,3	48,7	21	65,6	15,5	82	56,0

1 Die Summe der Beschäftigten in den Regionen ergibt nicht die Gesamtzahl für Deutschland, da zum Auswertungszeitpunkt einzelne Anschriften von Betrieben regional nicht zugeordnet werden können.

Quelle: Statistik der Bundesagentur für Arbeit

13.5.2 Am Arbeitsort nach wirtschaftlicher Gliederung am 30.6.2015

Nr. der Klassifikation [1]	Wirtschaftsgliederung	Insgesamt	Frauen	Ausländer/-innen
		1 000	%	
	Insgesamt	30 771	46,4	9,2
A	Land- und Forstwirtschaft, Fischerei	248	32,2	20,2
B	Bergbau und Gewinnung von Steinen und Erden	75	11,7	6,4
C	Verarbeitendes Gewerbe	6 666	25,5	8,6
D	Energieversorgung	227	25,8	2,5
E	Wasserversorgung, Entsorgung u. Ä.	234	18,9	6,4
F	Baugewerbe	1 712	13,1	11,5
G	Handel; Instandhaltung und Reparatur von Kraftfahrzeugen	4 252	52,2	7,6
H	Verkehr und Lagerei	1 608	24,9	12,6
I	Gastgewerbe	994	55,8	28,7
J	Information und Kommunikation	943	34,3	7,5
K	Finanz- und Versicherungsdienstleister	999	56,1	3,2
L	Grundstücks- und Wohnungswesen	240	51,3	6,2
M	Freiberufliche, wissenschaftliche und technische Dienstleister	2 006	51,7	6,6
N	Sonstige Unternehmensdienstleister	2 170	41,3	21,0
O	Öffentliche Verwaltung, Verteidigung; Sozialversicherung	1 698	63,7	2,2
P	Erziehung und Unterricht	1 170	71,1	5,9
Q	Gesundheits- und Sozialwesen	4 385	77,1	5,6
R	Kunst, Unterhaltung und Erholung	267	52,4	12,1
S	Sonstige Dienstleister a. n. g.	805	68,5	7,9
T	Häusliche Dienste	47	86,3	27,3
U	Exterritoriale Organisationen und Körperschaften	19	38,6	19,6
	Keine Zuordnung möglich	5	48,6	20,1

1 Klassifikation der Wirtschaftszweige, Ausgabe 2008 (WZ 2008).

Quelle: Statistik der Bundesagentur für Arbeit

13 Arbeitsmarkt

13.5 Sozialversicherungspflichtig Beschäftigte
13.5.3 Am Arbeitsort nach ausgewählten Personengruppen

	Insgesamt	Männer	Frauen	Deutsche	Ausländer/-innen [1]	Vollzeit-beschäftigte [1]	Teilzeit-beschäftigte [1]
	1 000						
1999	27 418	15 440	11 979	25 566	1 839	.	.
2000	27 842	15 608	12 233	25 927	1 899	.	.
2001	27 798	15 497	12 301	25 830	1 949	23 026	4 501
2002	27 660	15 288	12 372	25 713	1 930	22 741	4 633
2003	26 949	14 834	12 116	25 123	1 813	22 072	4 579
2004	26 548	14 618	11 930	24 799	1 739	21 587	4 654
2005	26 300	14 404	11 895	24 578	1 712	21 210	4 775
2006	26 534	14 563	11 971	24 785	1 739	21 269	4 946
2007	27 050	14 916	12 134	25 247	1 788	21 595	5 129
2008	27 695	15 226	12 470	25 826	1 854	22 030	5 331
2009	27 603	14 988	12 615	25 756	1 830	21 721	5 538
2010	27 967	15 149	12 817	26 071	1 879	21 774	5 841
2011	28 644	15 531	13 112	26 608	2 019	.	.
2012	29 280	15 838	13 442	27 070	2 193	.	.
2013	29 616	15 966	13 650	27 257	2 341	21 841	7 424
2014	30 175	16 241	13 934	27 595	2 563	22 091	7 740
2015	30 771	16 504	14 267	27 926	2 829	22 578	8 186

Stand: jeweils 30.6.
1 Die Merkmale „Staatsangehörigkeit" und „Vollzeit-/Teilzeitbeschäftigung" enthalten nicht die Fälle „Ohne Angabe".
Quelle: Statistik der Bundesagentur für Arbeit

Die Bundesagentur für Arbeit hat im August 2014 eine Revision der Beschäftigungsstatistik bis 1999 durchgeführt. Weitere Informationen siehe Methodenbericht der Bundesagentur für Arbeit „Beschäftigungsstatistik - Revision 2014" (*www.statistik.arbeitsagentur.de*).

Sozialversicherungspflichtig Beschäftigte nach ausgewählten Staatsangehörigkeiten am 30.6.2015
in 1 000

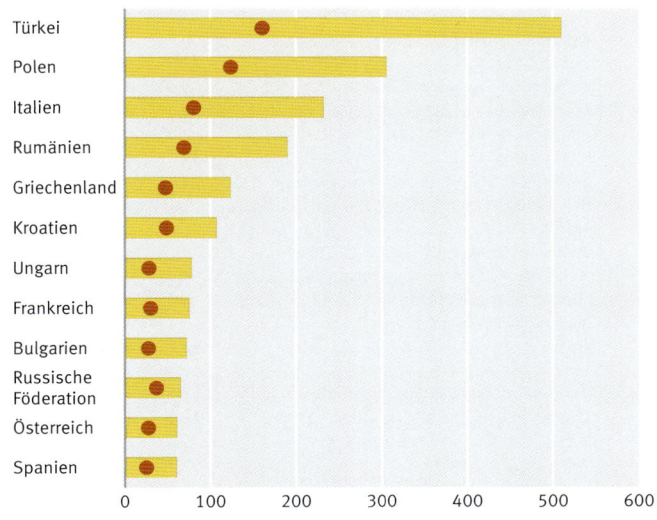

● darunter Frauen

Türkei	
Polen	
Italien	
Rumänien	
Griechenland	
Kroatien	
Ungarn	
Frankreich	
Bulgarien	
Russische Föderation	
Österreich	
Spanien	

Quelle: Statistik der Bundesagentur für Arbeit

13 Arbeitsmarkt

13.5 Sozialversicherungspflichtig Beschäftigte
13.5.4 Am Arbeitsort nach Berufshauptgruppen und ausgewählten Berufsgruppen am 30.6.2015

Nr. der Klassifikation [1]	Ausgeübte Tätigkeit	Insgesamt (1 000)	Frauen (%)	Ausländer/-innen	Nr. der Klassifikation [1]	Ausgeübte Tätigkeit	Insgesamt (1 000)	Frauen (%)	Ausländer/-innen
	Insgesamt	30 771,3	46,4	9,2	53	Schutz-, Sicherheits-, Überwachungsberufe	314,3	28,6	8,0
11	Land-, Tier-, Forstwirtschaftsberufe	229,8	26,9	20,2	531	Obj.-, Pers.-, Brandschutz, Arbeitssicherh.	295,9	27,6	8,4
111	Landwirtschaft	137,9	22,8	27,3	533	Gewerbe, Gesundheitsaufsicht, Desinfektion	12,3	48,2	3,6
12	Gartenbauberufe, Floristik	258,6	30,7	12,0	54	Reinigungsberufe	792,8	76,5	27,3
121	Gartenbau	224,8	21,0	13,4	61	Einkaufs-, Vertriebs- und Handelsberufe	920,0	37,3	4,7
21	Rohstoffgewinnung, Glas-, Keramikverarbeitung	127,7	11,2	11,4	611	Einkauf und Vertrieb	688,1	34,5	4,9
211	Berg-, Tagebau und Sprengtechnik	28,8	6,2	10,1	612	Handel	167,3	43,0	4,6
22	Kunststoff- und Holzherst., -verarbeitung	533,8	15,3	12,9	62	Verkaufsberufe	2 056,7	73,6	8,2
221	Kunststoff, Kautschukherstell., -verarbeitung	239,7	25,2	17,9	621	Verkauf (ohne Produktspezialisierung)	1 206,8	72,4	8,6
23	Papier-, Druckberufe, tech. Mediengestalt.	277,4	35,2	9,0	622	Verkauf Bekleid., Elektro, Kfz, Hartwaren	401,1	60,0	7,1
232	Technische Mediengestaltung	108,4	49,5	6,7	623	Verkauf von Lebensmitteln	336,6	87,9	8,6
24	Metallerzeugung, -bearbeitung, Metallbau	1 320,4	8,8	12,8	63	Tourismus-, Hotel- und Gaststättenberufe	734,9	67,5	22,9
241	Metallerzeugung	100,1	5,9	18,8	631	Tourismus und Sport	79,8	74,0	6,4
242	Metallbearbeitung	662,5	12,7	14,5	632	Hotellerie	167,6	77,5	21,4
25	Maschinen- und Fahrzeugtechnikberufe	1 751,9	10,0	8,9	633	Gastronomie	460,0	63,2	27,2
251	Maschinenbau- und Betriebstechnik	1 253,1	12,4	9,6	71	Berufe Unternehmensführung, -organisation	3 977,0	64,8	4,7
26	Mechatronik-, Energie- und Elektroberufe	993,4	10,6	6,7	711	Geschäftsführung und Vorstand	184,7	21,1	6,9
262	Energietechnik	436,8	3,8	6,0	713	Unternehmensorganisation und -strategie	1 500,3	48,9	4,6
263	Elektrotechnik	460,0	18,0	7,9	714	Büro und Sekretariat	2 070,2	79,9	4,7
27	Techn. Entwickl., Konstr., Produktionssteuer.	1 026,1	19,7	6,4	72	Finanzdienstl. Rechnungsw., Steuerberatung	1 385,0	61,7	3,1
271	Technische Forschung und Entwicklung	236,6	12,3	8,6	721	Versicherungs- und Finanzdienstleistungen	776,9	56,1	2,8
272	Techn. Zeichnen, Konstruktion, Modellbau	227,5	32,5	3,9	722	Rechnungswesen, Controlling und Revision	435,5	65,9	3,9
28	Textil- und Lederberufe	127,5	55,0	14,5	723	Steuerberatung	172,7	76,3	2,7
281	Textiltechnik und -produktion	42,2	38,3	15,9	73	Berufe in Recht und Verwaltung	985,4	75,7	2,1
282	Textilverarbeitung	63,7	70,4	14,5	731	Rechtsberatung, -sprechung und -ordnung	172,5	75,0	3,0
29	Lebensmittelherstellung u. -verarbeitung	806,7	42,3	25,3	732	Verwaltung	759,2	75,9	1,8
291	Getränkeherstellung	14,3	8,2	5,7	733	Medien-Dokumentations-Informationsdienst	53,6	75,6	3,1
292	Lebensmittel- u. Genussmittelherstellung	316,3	30,3	23,9	81	Medizinische Gesundheitsberufe	2 347,0	83,0	5,5
293	Speisenzubereitung	476,1	51,4	26,8	811	Arzt- und Praxishilfe	603,7	98,5	4,7
31	Bauplanung, Architektur, Vermessungsberufe	237,4	27,0	5,0	813	Gesundh., Krankenpfl., Rettungsd., Geburtsh.	1 000,4	81,1	5,4
311	Bauplanung u. -überwachung, Architektur	203,2	26,7	5,6	814	Human- und Zahnmedizin	243,3	52,3	11,8
32	Hoch- und Tiefbauberufe	553,5	1,4	18,2	817	Nicht ärztliche Therapie und Heilkunde	219,6	80,9	3,0
321	Hochbau	423,5	1,3	20,8	818	Pharmazie	138,0	84,9	3,6
33	(Innen-) Ausbauberufe	367,2	3,2	13,6	82	Nichtmed. Gesundheit, Körperpfl., Medizintech.	832,8	81,8	8,2
331	Bodenverlegung	49,7	0,9	17,6	821	Altenpflege	514,2	84,8	8,5
332	Maler., Stuckat., Bauwerksabd., Bautenschutz	170,8	5,0	12,5	822	Ernährungs-, Gesundheitsberatung, Wellness	14,4	77,1	3,6
333	Aus-,Trockenbau. Iso. Zimmer. Glas. Roll.bau	146,7	1,9	13,5	823	Körperpflege	173,8	92,0	11,5
34	Gebäude- u. versorgungstechnische Berufe	674,2	4,2	7,4	825	Medizin-, Orthopädie- und Rehatechnik	121,7	59,0	3,2
341	Gebäudetechnik	281,0	7,0	7,2	83	Erziehung, soz., hauswirt. Berufe, Theologie	1 528,1	84,2	4,9
342	Klempnerei, Sanitär, Heizung, Klimatechnik	227,3	0,8	6,9	831	Erziehung, Sozialarb., Heilerziehungspfl.	1 284,3	83,6	3,5
343	Ver- und Entsorgung	166,0	4,2	8,5	832	Hauswirtschaft und Verbraucherberatung	204,6	93,5	13,2
41	Mathematik-Biologie-Chemie-, Physikberufe	386,8	37,0	8,1	833	Theologie und Gemeindearbeit	39,2	53,1	7,7
412	Biologie	45,9	66,8	7,6	84	Lehrende und ausbildende Berufe	599,2	55,3	7,8
413	Chemie	289,5	34,5	7,9	841	Lehrtätigkeit an allgemeinbild. Schulen	199,1	73,4	4,7
414	Physik	42,1	20,0	9,9	843	Lehr-, Forschungstätigkeit an Hochschulen	189,2	42,8	14,6
42	Geologie-, Geografie-, Umweltschutzberufe	39,8	27,6	3,5	844	Lehrtätig. außerschul. Bildungseinricht.	65,8	54,5	6,9
422	Umweltschutztechnik	16,3	17,5	1,8	91	Geistes-Gesellschafts-Wirtschaftswissen.	75,5	61,7	6,0
43	Informatik- und andere IKT-Berufe	687,5	15,8	7,4	912	Geisteswissenschaften	7,7	49,5	7,7
431	Informatik	212,7	17,6	6,4	914	Wirtschaftswissenschaften	8,5	45,3	6,2
434	Softwareentwicklung und Programmierung	177,5	12,5	10,4	92	Werbung, Marketing, kaufm., red. Medienberufe	539,6	54,2	6,2
51	Verkehr, Logistik (außer Fahrzeugführ.)	1 861,9	28,8	15,2	921	Werbung und Marketing	404,7	53,6	6,9
513	Lagerwirt., Post, Zustellung, Güterumschlag	1 516,2	27,7	16,7	924	Redaktion und Journalismus	78,8	50,9	4,3
516	Kaufleute – Verkehr und Logistik	179,3	35,9	7,9	93	Produktdesign, Kunsthandwerk	62,9	49,3	6,9
52	Führer von Fahrzeug- und Transportgeräten	1 053,0	4,8	12,3	94	Darstellende, unterhaltende Berufe	114,7	34,6	13,6
521	Fahrzeugführung im Straßenverkehr	861,1	5,4	12,8	1	Angehörige der regulären Streitkräfte	2,4	43,3	16,0
522	Fahrzeugführung im Eisenbahnverkehr	28,2	3,7	3,7		keine Zuordnung möglich	188,1	40,8	4,0
525	Bau- und Transportgeräteführung	144,0	1,5	10,8					

1 Klassifikation der Berufe (KldB 2010).

Quelle: Statistik der Bundesagentur für Arbeit.

13 Arbeitsmarkt

13.6 Arbeitslose
13.6.1 Nach ausgewählten Personengruppen

	Arbeitslose insgesamt	Und zwar				Langzeit-arbeitslose [1]	Ausländer/-innen	Schwerbehinderte
		Frauen	im Alter von ... bis unter ... Jahren					
			15 – 20	15 – 25	55 – 65			
Deutschland								
1991	2 602 203	1 321 649	95 800	395 739	.	.	221 884	.
1995	3 611 921	1 761 311	95 222	431 103	734 754	.	436 261	.
2000	3 889 695	1 836 317	101 342	428 510	842 115	1 454 189	465 660	184 097
2005	4 860 909	2 257 639	124 055	620 132	581 702	1 588 089	672 801	180 907
2010	3 238 965	1 478 924	55 300	325 548	532 012	1 140 368	500 904	175 381
2011	2 976 488	1 390 126	47 776	279 102	542 589	1 068 130	470 298	180 354
2012	2 897 126	1 346 726	46 707	274 144	544 491	1 046 635	474 305	176 040
2013	2 950 338	1 353 232	46 523	276 278	570 736	1 069 721	504 470	178 632
2014	2 898 388	1 333 314	45 715	258 301	580 314	1 076 752	529 511	181 110
2015	2 794 664	1 277 452	45 674	238 547	568 491	1 039 281	563 447	178 809
Früheres Bundesgebiet ohne Berlin								
1991	1 596 457	753 491	51 579	230 959	.	.	191 064	.
1995	2 427 083	1 043 519	72 317	306 526	553 789	.	392 779	.
2000	2 380 987	1 068 861	63 864	257 016	558 901	936 570	401 916	140 463
2005	3 246 755	1 499 568	85 497	411 707	398 208	990 280	582 519	135 396
2010	2 227 473	1 022 250	40 773	223 337	354 103	783 029	428 688	129 246
2011	2 026 545	955 697	35 385	190 739	360 156	738 253	398 311	133 192
2012	1 999 918	939 258	34 890	193 212	363 855	717 954	404 049	130 540
2013	2 080 342	962 604	35 312	203 235	385 433	753 949	432 583	133 845
2014	2 074 553	961 495	34 831	196 564	395 938	771 165	455 267	136 712
2015	2 020 503	928 421	34 687	185 525	392 245	754 130	483 634	135 914
Neue Länder einschl. Berlin								
1991	1 005 745	568 157	44 221	164 780	.	.	30 820	.
1995	1 184 838	717 792	22 904	124 577	180 965	.	43 482	.
2000	1 508 707	767 457	37 478	171 494	283 215	517 620	63 744	43 634
2005	1 614 154	758 071	38 559	208 425	183 495	597 809	90 283	45 511
2010	1 011 492	456 673	14 527	102 211	177 909	357 339	72 215	46 135
2011	949 943	434 429	12 391	88 363	182 433	329 877	71 987	47 162
2012	897 209	407 468	11 818	80 932	180 636	328 681	70 257	45 500
2013	869 995	390 629	11 211	73 043	185 303	315 772	71 888	44 787
2014	823 835	371 819	10 884	61 737	184 377	305 586	74 244	44 398
2015	774 162	349 032	10 987	53 022	176 246	285 151	79 813	42 896

Jahresdurchschnitte. – Ab 2005 Änderung der Grundlagen der Arbeitsmarktstatistik mit Einführung des Sozialgesetzbuches II (SGB II).

1 Ein Jahr und länger arbeitslos.

Quelle: Statistik der Bundesagentur für Arbeit

Arbeitslose nach ausgewählten Personengruppen
in Mill.

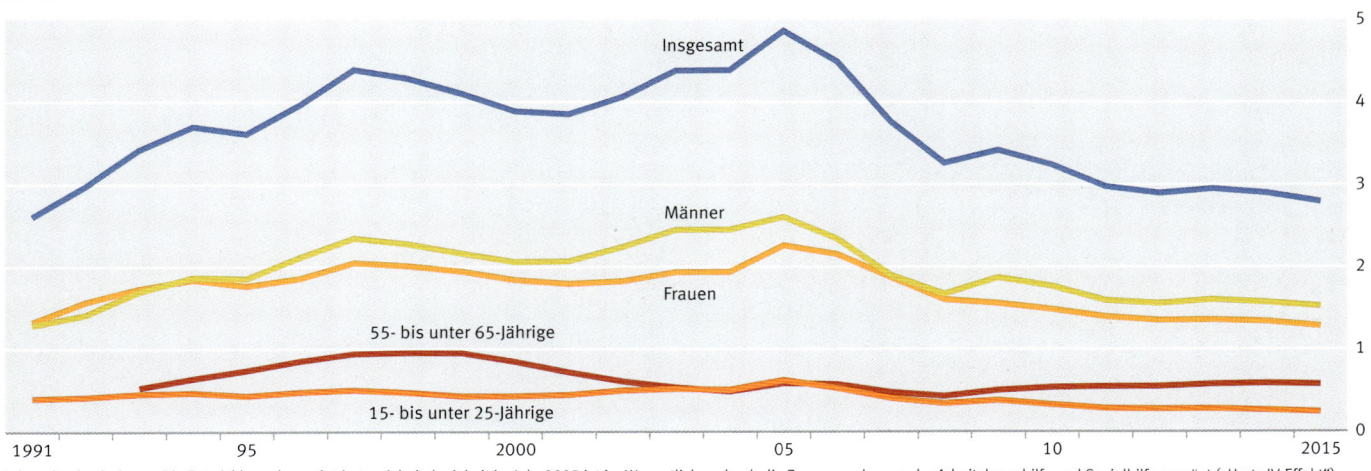

Jahresdurchschnitte. – Die Entwicklung der registrierten Arbeitslosigkeit im Jahr 2005 ist im Wesentlichen durch die Zusammenlegung der Arbeitslosenhilfe und Sozialhilfe geprägt („Hartz IV-Effekt").
Quelle: Statistik der Bundesagentur für Arbeit

13 Arbeitsmarkt

13.6 Arbeitslose
13.6.2 Nach Ländern 2015

	Registrierte Arbeitslose			Arbeitslosenquoten [1]			Gemeldete Arbeitsstellen [2]
	insgesamt	Männer	Frauen	insgesamt	Männer	Frauen	
	Anzahl			%			Anzahl
Deutschland	2 794 664	1 517 211	1 277 452	6,4	6,6	6,2	568 743
Baden-Württemberg	227 098	120 107	106 992	3,8	3,8	3,8	82 009
Bayern	256 527	138 845	117 681	3,6	3,7	3,5	87 784
Berlin	194 812	109 090	85 722	10,7	11,4	9,8	22 493
Brandenburg	114 873	63 106	51 766	8,7	9,1	8,2	15 416
Bremen	37 355	20 666	16 689	10,9	11,4	10,4	5 452
Hamburg	73 291	40 364	32 927	7,4	7,9	6,9	15 197
Hessen	177 944	94 780	83 164	5,5	5,5	5,4	42 549
Mecklenburg-Vorpommern	86 095	48 181	37 914	10,4	11,2	9,5	11 438
Niedersachsen	256 434	138 234	118 200	6,1	6,2	6,1	55 325
Nordrhein-Westfalen	744 228	403 829	340 398	8,0	8,1	7,8	116 396
Rheinland-Pfalz	112 882	60 737	52 144	5,2	5,3	5,1	27 760
Saarland	36 895	20 260	16 635	7,2	7,4	7,0	6 443
Sachsen	174 319	94 799	79 519	8,2	8,5	7,9	27 444
Sachsen-Anhalt	118 852	64 037	54 815	10,2	10,4	10	14 597
Schleswig-Holstein	97 850	54 259	43 591	6,5	6,9	6,0	18 174
Thüringen	85 212	45 916	39 296	7,4	7,5	7,3	18 248

Jahresdurchschnitt.
1 Bezogen auf alle zivilen Erwerbspersonen.
2 Die Angaben für Deutschland enthalten auch alle Arbeitsstellen, die der BA gemeldet sind, deren Arbeitsort jedoch im Ausland liegt. Somit ergibt die Summe aller Bundesländer nicht die Zahl für Deutschland.
Quelle: Statistik der Bundesagentur für Arbeit

Stellenangebot
in 1 000

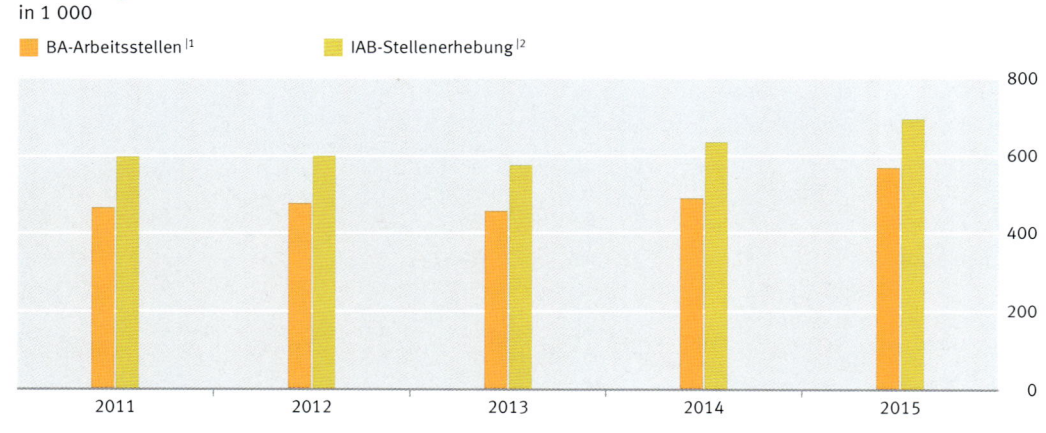

■ BA-Arbeitsstellen [1]   ■ IAB-Stellenerhebung [2]

1 Statistik der Bundesagentur für Arbeit (BA): Gemeldete Arbeitsstellen.
2 Institut für Arbeitsmarkt und Berufsforschung (IAB)-Stellenerhebung: Gesamtwirtschaftliches Stellenangebot (sofort zu besetzende Stellen). Jahresdurchschnitt auf Basis der publizierten Quartalswerte.
Quellen: Statistik der Bundesagentur für Arbeit, Institut für Arbeitsmarkt- und Berufsforschung (IAB-Stellenerhebung)

13 Arbeitsmarkt

Methodik

■ Erwerbsbeteiligung der Bevölkerung/Erwerbstätige und Erwerbslose

Erwerbstätigenrechnung im Rahmen der Volkswirtschaftlichen Gesamtrechnungen

Die Zahl der Erwerbstätigen in Deutschland im Durchschnitt einer bestimmten Periode wird zum einen für Zwecke der laufenden nationalen – und international vergleichbaren – Arbeitsmarktbeobachtung benötigt, zum anderen als Bezugszahl für weitere Aggregate der Volkswirtschaftlichen Gesamtrechnungen (VGR).

Das Statistische Bundesamt veröffentlicht regelmäßig monatliche, vierteljährliche und jährliche Durchschnittszahlen der Erwerbstätigen für Deutschland. Daneben publiziert der Arbeitskreis Erwerbstätigenrechnung des Bundes und der Länder (AK ETR) jährliche und vierteljährliche Durchschnittszahlen zur Erwerbstätigkeit für Länder sowie jährliche Zahlen für Kreise, die auf die Eckzahlen der Erwerbstätigenrechnung des Bundes abgestimmt sind.

Gesamtwirtschaftliche Monatsdaten zur Erwerbstätigkeit nach dem Inländerkonzept als Ursprungswerte und saisonbereinigte Werte werden seit 2005 gemeinsam mit Erwerbslosenzahlen und -quoten (sowohl Ursprungswerte als auch mit Trendbereinigung) publiziert. Monatliche Erwerbstätigenzahlen nach dem Inlandskonzept werden ebenfalls veröffentlicht. Die Erwerbslosenzahlen erhebt der Mikrozensus (siehe hierzu auch den Abschnitt „Mikrozensus mit integrierter Arbeitskräfteerhebung").

Zu den **Erwerbstätigen in den Volkswirtschaftlichen Gesamtrechnungen** zählen alle Personen, die als Arbeitnehmerinnen und Arbeitnehmer oder als Selbstständige einschließlich mithelfender Familienangehöriger eine auf wirtschaftlichen Erwerb gerichtete Tätigkeit ausüben – unabhängig vom Umfang oder Ertrag dieser Tätigkeit. Hierbei liegt das Personenkonzept zugrunde. Das bedeutet, dass Personen mit mehreren gleichzeitigen Beschäftigungsverhältnissen nur einmal mit ihrer Haupterwerbstätigkeit erfasst werden. Grundlage für die Definition bilden die Normen der Internationalen Arbeitsorganisation (International Labour Organization, ILO), die im Einklang stehen mit den entsprechenden Definitionen im Europäischen System der Volkswirtschaftlichen Gesamtrechnungen (ESVG 2010). Ergebnisse nach der ILO-Definition sind aufgrund ihrer großen Verbreitung und ihrer Unabhängigkeit von nationalen Regelungen besonders gut für internationale Vergleiche von Arbeitsmarktdaten geeignet.

Je nach Verwendungszweck wird die Zahl der Erwerbstätigen für Deutschland insgesamt und gegliedert nach Stellung im Beruf nach dem Inländerkonzept (Wohnortkonzept) oder nach dem Inlandskonzept (Arbeitsortkonzept) dargestellt. Beide Konzepte unterscheiden sich durch den Pendlersaldo.

Die quartalsweise und jährlich veröffentlichten Erwerbstätigenzahlen nach wirtschaftsfachlicher Gliederung weisen die VGR stets nach dem Inlandskonzept nach. Sie gehören zu den Indikatoren des Verbreitungsstandards des Internationalen Währungsfonds (IWF).

Die durchschnittliche Zahl der Erwerbstätigen in einer bestimmten Berichtsperiode wird aus unterschiedlichen amtlichen und externen erwerbsstatistischen Quellen ermittelt. Hierbei handelt es sich um Statistiken für Teilbereiche der Wirtschaft (z. B. kurzfristige, mittelfristige und langfristige Erhebungen für einzelne Wirtschaftsbereiche) oder um Stichprobenerhebungen mit unterschiedlicher Periodizität (z. B. Mikrozensus). Daneben zählen insbesondere die Arbeitsmarktstatistiken der Bundesagentur für Arbeit (BA) über sozialversicherungspflichtig Beschäftigte und geringfügig Beschäftigte sowie die Personalstandstatistik für den öffentlichen Dienst zu den wichtigsten Quellen. Insgesamt fließen zurzeit 60 erwerbsstatistische Quellen in die Experten- und ökonometrischen Schätzungen der Erwerbstätigenrechnung der VGR des Bundes ein. Alle Quellen werden laufend beobachtet und analysiert. Zudem erfolgen laufend Konsistenzprüfungen mit anderen Aggregaten der VGR und der arbeitsmarktstatistischen Berichterstattung.

Ergebnisse für die Gesamtwirtschaft des früheren Bundesgebiets sind ab dem Jahr 1950 verfügbar. Für sechs zusammengefasste Wirtschaftsabschnitte liegen Daten ab 1970 vor. Gesamtdeutsche Ergebnisse sind ab 1991 für 64 Wirtschaftsabteilungen verfügbar.

Vorläufige gesamtwirtschaftliche monatliche Erwerbstätigenzahlen werden bereits 30 Tage nach Monatsende veröffentlicht. Somit liegen auch erste Quartalsergebnisse für die Gesamtwirtschaft mit Veröffentlichung des dritten Monatsergebnisses eines Quartals vor, d. h. ebenfalls nach rund 30 Tagen. Ausführliche Quartalsergebnisse werden 45 bis 50 Tage nach Quartalsende publiziert. Diese sind gegliedert nach Stellung im Beruf (Arbeitnehmerinnen und Arbeitnehmer sowie Selbstständige einschließlich mithelfender Familienangehöriger) und zehn zusammengefassten Wirtschaftsabschnitten (Klassifikation der Wirtschaftszweige, Ausgabe 2008). Erste vorläufige Jahresdaten werden wenige Tage nach Jahresablauf veröffentlicht.

Da die Ausgangsdaten, die für die Erwerbstätigenrechnung der VGR benötigt werden, nur sukzessive im Zeitverlauf anfallen und kurzfristig verfügbare Ergebnisse teilweise später korrigiert werden, steigen Vollständigkeit und Zuverlässigkeit der Ausgangsdaten – und damit der Genauigkeitsgrad – mit zunehmendem zeitlichem Abstand zur jeweiligen Berichtsperiode. Es ist daher notwendig, die Daten in mehreren Zeitabständen den jeweils aktuellen Erkenntnissen anzupassen. Mehrjährige Beobachtungen zeigen, dass die ersten vorläufigen Ergebnisse (Bundesrechnung) von den endgültigen Zahlen zur Erwerbstätigkeit um durchschnittlich 0,3 Prozentpunkte nach oben oder unten abweichen. Letzte endgültige Zahlen werden in der Regel rund drei Jahre nach Jahresende publiziert.

Beim Vergleich mit anderen Statistiken ist zu berücksichtigen, dass es sich um zeitraumbezogene Ergebnisse handelt (Monats-, Quartals-, Halbjahres- bzw. Jahresdurchschnittswerte) und nicht um Stichtagsergebnisse oder Ergebnisse, die auf eine Berichtswoche bezogen sind. Indem sie umfangreiche erwerbsstatistische Informationen und aufwendige Kontrollverfahren einbezieht, gilt die Erwerbstätigenzahl der VGR als umfassendster und – vom Verlauf her – als sicherster Indikator für die Bestimmung der Gesamterwerbstätigkeit.

Ausführliche methodische Erläuterungen sowie fachlich und regional tiefer gegliederte Ergebnisse enthalten die Veröffentlichungen der Fachserie 18 „Volkswirtschaftliche Gesamtrechnungen" (siehe hierzu auch „Mehr zum Thema" am Ende dieses Kapitels).

Mikrozensus mit integrierter Arbeitskräfteerhebung

Der Mikrozensus ist die größte amtliche Haushaltsbefragung über die Bevölkerung und den Arbeitsmarkt in Deutschland. Seit 1957 – und für die neuen Länder seit 1991 – liefert er entsprechende statistische Informationen.

Bis 2004 bezogen sich die Fragen des Mikrozensus auf die Verhältnisse in einer einzigen Berichtswoche im Frühjahr. Seit 2005 wird der Mikrozensus als kontinuierliche Erhebung mit gleitender Berichtswoche durchgeführt. Bei dieser Erhebungsform verteilt sich das gesamte Befragungsvolumen auf alle Wochen des Jahres, wobei die letzte Woche vor der Befragung die Berichtswoche darstellt. Bei einer gleichmäßigen Verteilung ist es damit grundsätzlich möglich, neben Jahres- auch unterjährige Ergebnisse bereitzustellen.

Der Mikrozensus ist eine unverzichtbare Datenquelle für Parlament, Regierung, Verwaltung, Sozialpartner, Wissenschaft und die gesamte interessierte Öffentlichkeit. Indem er sozioökonomische Eck- und Strukturdaten laufend bereitstellt, schließt er die Datenlücke zwischen den Bevölkerungszensen. Dabei ist er als Mehrzweckstichprobe konzipiert, die zahlreiche unterschiedliche Erhebungsteile als Ersatz für Einzelerhebungen umfasst. Für viele kleinere Erhebungen der Markt- und Meinungsforschung sowie der amtlichen Statistik dient der Mikrozensus als Hochrechnungs-, Adjustierungs- oder Kontrollinstrument.

Die **Arbeitskräfteerhebung** (Labour Force Survey, LFS) ist seit 1968 Teil des Mikrozensus. Sie wird in allen Mitgliedstaaten der Europäischen Union in harmonisierter Form durchgeführt. Der Europäischen Kommission dient der LFS als wichtiges Instrument für die Bereitstellung von vergleichbaren statistischen Informationen über Niveau, Struktur und Entwicklung von Erwerbstätigkeit und Arbeitslosigkeit in den Mitgliedstaaten der Europäischen Union. EU-weite beschäftigungspolitische Ziele werden mit dem LFS gemessen.

13 Arbeitsmarkt

Methodik

Der Stichprobenumfang des Mikrozensus beträgt in der Regel 1 % der Bevölkerung. Im Jahr 2015 wurde die Erhebung in etwa 342 600 Haushalten mit rund 691 000 Personen durchgeführt. Die Befragung erfolgt dezentral in den Statistischen Ämtern der Länder mit Hilfe von Interviewerinnen und Interviewern. Diesen stehen Laptops (CAPI) zur Verfügung. Die Befragten haben auch die Möglichkeit, den Fragebogen selbst auszufüllen. Die meisten Erhebungsmerkmale unterliegen der Auskunftspflicht.

Die Stichproben wurden als Zufallsstichproben aus der Volkszählung 1987 (früheres Bundesgebiet) bzw. dem Bevölkerungsregister „Statistik" (neue Länder) auf Vorrat gezogen. Ihre Aktualisierung erfolgt jährlich anhand der Bautätigkeitsstatistik. Auswahleinheiten sind Flächen (sogenannte „Auswahlbezirke") mit durchschnittlich neun Wohnungen (Flächenstichprobe). In den Auswahlbezirken werden alle Personen in Privathaushalten und Gemeinschaftsunterkünften am Haupt- und Nebenwohnsitz erfasst. Für eine hohe Genauigkeit der Ergebnisse wird die Auswahlgrundlage vor Stichprobenziehung nach Gebäudegrößenklassen und Regionaleinheiten mit durchschnittlich 350 000 Einwohnerinnen und Einwohnern geschichtet. Jährlich wird ein Viertel aller in der Stichprobe enthaltenen Auswahlbezirke ausgetauscht, d. h. die Haushalte in den Auswahlbezirken verbleiben bis zu vier Jahre in der Stichprobe („partielle Rotation"). Mit dem Zensus 2011 wurde eine neue Datengrundlage geschaffen. Die Nutzung von Zufallsstichproben auf Basis dieser Daten erfolgt ab dem Berichtsjahr 2016.

Die zweistufige Hochrechnung verfolgt das Ziel, zufallsbedingte und systematische Fehler zu reduzieren. Zunächst wird eine Kompensation der bekannten ausgefallenen Haushalte vorgenommen. Anschließend erfolgt eine gebundene Hochrechnung an Eckzahlen aus der laufenden Bevölkerungsfortschreibung. Ab der Veröffentlichung der Jahresergebnisse für den Mikrozensus 2013 werden Bevölkerungseckwerte auf Basis des Zensus 2011 genutzt. Um Vergleiche zu Vorjahresergebnissen zu ermöglichen, wurden auch die Hochrechnungsfaktoren für die Ergebnisse der Jahre 2011 und 2012 neu berechnet.

Aufgrund der Auskunftspflicht liegt die Ausfallquote der Haushalte („Unit-Nonresponse") im Mikrozensus auf Jahresebene nur bei ca. 5 %. Hierbei handelt es sich überwiegend um nicht erreichbare Personen. Die Quote der Nichtbeantwortung einer Frage bzw. eines Merkmals („Item-Nonresponse") liegt in den meisten Fällen für wichtige Merkmale deutlich unter 10 %. In Einzelfällen – insbesondere bei sensiblen Merkmalen mit freiwilliger Auskunftserteilung – kann sie aber deutlich höher liegen.

Bei den Ergebnissen des Mikrozensus ist ein Stichprobenfehler zu berücksichtigen. Für hochgerechnete Besetzungszahlen unter 5 000 – d. h. weniger als 50 Fälle in der Stichprobe – geht der einfache relative Standardfehler über 15 % hinaus. Solche Ergebnisse sollten wegen ihres geringen Aussagewertes für Vergleiche nicht herangezogen werden. Besetzungszahlen unter 5 000 werden deshalb bei Veröffentlichungen durch einen Schrägstrich (/) ersetzt.

Der Mikrozensus liefert Informationen über die Erwerbsbeteiligung, den erlernten und ausgeübten Beruf sowie weitere arbeitsplatz- und betriebsbezogene Merkmale. Daten u. a. zur Bevölkerungsstruktur (Demografie), dem Haushalts- und Familienzusammenhang sowie über die Bildung in tiefer fachlicher und regionaler Gliederung stehen ebenfalls zur Verfügung. Die Merkmale der LFS, zu denen auch die zur Erwerbsbeteiligung gehören, werden für die EU-Mitgliedstaaten und eine Reihe weiterer Länder harmonisiert erhoben. Dies bedeutet, die Erhebungen sind europaweit vergleichbar.

Der Erwerbsstatus wird nach dem **Labour-Force-Konzept** erfasst. Dieses hat die Internationale Arbeitsorganisation (International Labour Organization, ILO) entwickelt. In der EU wurde dieses Konzept konkretisiert. Das Konzept stellt die internationale Vergleichbarkeit der Merkmale sicher. Danach wird jeder Person der Bevölkerung ein eindeutiger Erwerbsstatus zugeschrieben: Eine Person ist entweder erwerbstätig oder erwerbslos. Andernfalls zählt sie als Nichterwerbsperson. In die **nationale Berichterstattung** fließen die Erwerbslosenzahlen und -quoten ein, die auf Basis des Mikrozensus bestimmt wurden.

Die weitergehenden Strukturmerkmale des Mikrozensus und darauf basierende Analysen finden Eingang in Hauspublikationen wie dem Datenreport (gemeinsam herausgegeben mit der Bundeszentrale für politische Bildung, dem Wissenschaftszentrum Berlin und dem Sozio-oekonomischen Panel des Deutschen Instituts für Wirtschaftsforschung), die Zeitschrift „Wirtschaft und Statistik" und das Online-Magazin „STATmagazin". Eine detaillierte Darstellung der Ergebnisse des Mikrozensus zum Arbeitsmarkt und ausführliche methodische Erläuterungen finden sich in der Fachserie 1, Reihe 4.1.1 „Stand und Entwicklung der Erwerbstätigkeit" sowie in Reihe 4.1.2 „Beruf, Ausbildung und Arbeitsbedingungen der Erwerbstätigen".

Erwerbstätigenzahlen aus der Erwerbstätigenrechnung im Rahmen der Volkswirtschaftlichen Gesamtrechnungen (VGR) und aus dem Mikrozensus unterscheiden sich, obwohl beide im Einklang mit dem Labour-Force-Konzept ermittelt werden. Dies ist vor allem auf die methodischen Unterschiede zwischen beiden Statistiken zurückzuführen:

Der *Mikrozensus* ist als Stichprobe mit einer statistischen Unschärfe behaftet, dem Stichprobenzufallsfehler. Da die Stichprobe des Mikrozensus sehr groß angelegt ist, ist diese Unschärfe allerdings bei der Zahl der Erwerbstätigen vergleichsweise gering.

Das *Labour-Force-Konzept* zur Erwerbstätigkeit weicht deutlich vom Alltagsverständnis ab. Die Erfassung ist daher in Haushaltsbefragungen z. T. nicht vollständig, wenn die Befragten sich beispielsweise hauptsächlich als Rentnerinnen und Rentner, Arbeitslose, Hausfrauen oder Studierende verstehen und kleinere Nebentätigkeiten im Interview deswegen nicht angeben.

Die *Erwerbstätigenrechnung* greift dagegen im Bereich kleinerer Tätigkeiten überwiegend auf die Angaben aus den gesetzlich vorgeschriebenen Meldungen zur „Geringfügigen Beschäftigung" zurück. Sie zielt generell darauf ab, ein möglichst umfassendes Bild der Erwerbstätigkeit aus ökonomischer Sicht zu erlangen.

Die unterschiedlichen methodischen Ansätze implizieren unterschiedliche Anwendungsgebiete beider Erhebungen. Für die Betrachtung konjunktureller und gesamtwirtschaftlicher Entwicklungen der Erwerbstätigkeit wird die Zahl aus der Erwerbstätigenrechnung herangezogen. Die Arbeitskräfteerhebung bzw. der Mikrozensus werden dagegen meist verwendet für europäische Vergleiche sowie für differenziertere Analysen von Teilpopulationen.

■ Personal des öffentlichen Dienstes

Die Personalstandstatistik erhebt Daten zum Personal der öffentlichen Arbeitgeber. Rechtsgrundlage für die Statistiken der öffentlichen Finanzen und des Personals im öffentlichen Dienst ist das Gesetz über die Statistiken der öffentlichen Finanzen und des Personals im öffentlichen Dienst (Finanz- und Personalstatistikgesetz – FPStatG).

Die Personalstandstatistik liefert Daten über die Beschäftigten der öffentlichen Arbeitgeber, die in einem unmittelbaren Dienst- oder Arbeitsvertragsverhältnis mit der jeweiligen Einrichtung stehen. Die öffentlichen Arbeitgeber umfassen den öffentlichen Dienst und die rechtlich selbstständigen Einrichtungen in privater Rechtsform mit überwiegend öffentlicher Beteiligung. Zum öffentlichen Dienst gehören der Bund, die Länder, die Gemeinden/Gemeindeverbände, das Bundeseisenbahnvermögen, die Sozialversicherungsträger einschließlich der Bundesagentur für Arbeit und die öffentlich bestimmten rechtlich selbstständigen Einrichtungen in öffentlich-rechtlicher Rechtsform.

Die Personalstandstatistik ist Grundlage für politische Entscheidungen zur Weiterentwicklung des Dienst-, Besoldungs-, Tarif- und Versorgungsrechts. Die Ergebnisse sind ferner Grundlage für Benchmarking, insbesondere im kommunalen Bereich. Sie werden von Ländern und Gemeinden genutzt, um Rationalisierungspotenziale zu erkennen. Die Personalstandstatistik bildet die Basis für Berechnungen im Zusammenhang mit künftigen Versorgungsausgaben und dient der mittelfristigen

13 Arbeitsmarkt

Methodik

Finanzplanung des Bundes und der Länder. Darüber hinaus fließen ihre Ergebnisse in die Erwerbstätigenrechnung und die Arbeitsmarktstatistiken der Bundesagentur für Arbeit ein.

Detaillierte Informationen zur Methodik der einzelnen Statistiken sind in den „Qualitätsberichten" dokumentiert (siehe hierzu www.destatis.de/publikationen › Qualitätsberichte).

■ Sozialversicherungspflichtig Beschäftigte

Die **Beschäftigungsstatistik** der Bundesagentur für Arbeit (BA) beruht auf dem „Gemeinsamen Meldeverfahren zur gesetzlichen Kranken-, Pflege-, Renten- und Arbeitslosenversicherung". Dieses wurde mit Wirkung vom 1.1.1973 im früheren Bundesgebiet eingeführt, nach der Wiedervereinigung auch in den neuen Ländern und Berlin-Ost. Eine vollständige Überarbeitung und Neugestaltung des Verfahrens erfolgte zum 1.1.1999. Dieses Verfahren verlangt von den Arbeitgeberinnen und Arbeitgebern für alle sozialversicherungspflichtig Beschäftigten einheitliche Meldungen an die Sozialversicherungsträger über demografische, erwerbsstatistische und sozialversicherungsrechtliche Tatbestände. Die maschinelle Verarbeitung der anfallenden Betriebsmeldungen ermöglicht sowohl Auswertungen zur kurzfristigen, laufenden Arbeitsmarkt- und Konjunkturbeobachtung als auch weitergehende Strukturanalysen und -vergleiche in größeren Zeitabständen.

Vierteljährliche Bestandsergebnisse zum Quartalsende für das frühere Bundesgebiet liegen seit dem Stichtag 30.6.1974 vor, für die neuen Länder und Berlin-Ost – von gewissen Einschränkungen der Merkmalsgliederungen abgesehen – seit dem 31.3.1992.

Die Daten werden in einem mehrstufigen Verwaltungsverfahren erhoben. Die Arbeitgeberinnen und Arbeitgeber übermitteln ihre Meldungen in der Regel an die zuständigen Krankenkassen. Diese prüfen die Meldungen auf formale und inhaltliche Richtigkeit und nehmen – falls erforderlich – Korrekturen vor. Die von den Krankenkassen geprüften Daten werden an die Datenstellen der Rentenversicherung weitergeleitet.

Nach einer weiteren Prüfung werden die Daten, die für die Arbeitsverwaltung relevant sind, an die BA übermittelt. Diese führt für jede versicherte Person unter ihrer Versicherungsnummer ein Versichertenkonto, auf dem alle eingehenden Meldungen in der Reihenfolge des Wirksamkeitsdatums gespeichert werden. Diese Versichertendatei („Register") bildet die Grundlage stichtagsbezogener Auszählungen für statistische Zwecke.

Der Beschäftigtenbestand wird monatlich durch eine automatisierte Auswertung der Versichertenkonten durchgeführt, jeweils sechs Monate nach dem Berichtsstichtag (jeweils letzter Tag eines Monats). Die Wartezeit von sechs Monaten zwischen Berichtsstichtag und Auszählungszeitpunkt ist ein Kompromiss zwischen größtmöglicher Aktualität der Ergebnisse und möglichst vollständiger Erfassung aller für den Berichtsstichtag relevanten Meldungen. Erfahrungsgemäß liegen der BA nach sechs Monaten etwa 95 % der Meldungen vor.

Die BA stellt dem Statistischen Bundesamt und den Statistischen Ämtern der Länder über eine online zugängliche Datenbank das Datenmaterial zur Verfügung. Das Statistische Bundesamt nutzt die Daten insbesondere für Auswertungen im Rahmen des erwerbsstatistischen Berichtssystems. Die Statistischen Ämter der Länder nutzen sie für vertiefte Regionalanalysen.

Als Registerauswertung ermöglicht die Beschäftigungsstatistik gegenüber den Stichprobenerhebungen eine weitaus tiefere Differenzierung in den Merkmalskombinationen, vor allem nach Regionen und wirtschaftlichem Schwerpunkt der Betriebe.

Bezogen auf die Zahl aller Erwerbstätigen laut Erwerbstätigenrechnung stellen die voll sozialversicherungspflichtig Beschäftigten einen Anteil von knapp 72 %.

Berücksichtigt man zusätzlich die geringfügig entlohnten Beschäftigten, für die auch Sozialabgaben geleistet werden, erhöht sich dieser Anteil auf fast 83 %.

Abweichungen zu Ergebnissen anderer erwerbsstatistischer Quellen (z. B. dem Mikrozensus) beruhen auf methodischen und konzeptionellen Unterschieden. Diese betreffen u. a. den Berichtszeitraum (Stichtag, Zeitraum, Berichtswoche), den Berichtsweg (Betriebsmeldung, Selbstauskünfte von Haushalten) und die Abgrenzung der Erhebungseinheiten (Arbeitsort, Wohnort).

Ausführliche methodische Erläuterungen sowie fachlich und regional tiefer gegliederte Ergebnisse sind bei der Bundesagentur für Arbeit erhältlich. Entsprechende Informationen im Internetangebot der BA finden Sie unter:
http://statistik.arbeitsagentur.de/Navigation/Statistik/Statistik-nach-Themen/ Beschaeftigung/Beschaeftigung-Nav.html

Die Statistik der geringfügigen Beschäftigung umfasst zum einen die geringfügig entlohnte Beschäftigung. Eine geringfügig entlohnte Beschäftigung liegt vor, wenn das Arbeitsentgelt aus dieser Beschäftigung regelmäßig im Monat die Geringfügigkeitsgrenze nicht überschreitet. Seit dem 1.1.2013 liegt die Geringfügigkeitsgrenze bei 450 Euro (Minijobs). Eine Zeitgrenze (vormals weniger als 15 Stunden in der Woche) gibt es nicht mehr. Zum anderen zählt die kurzfristige Beschäftigung mit weniger als 50 Arbeitstagen pro Kalenderjahr (im Zeitraum vom 1.1.2015 bis 31.12.2018: 3 Monate oder insgesamt 70 Arbeitstage) zur geringfügigen Beschäftigung.

Die Grundlage der Statistik der geringfügigen Beschäftigung bildet das Meldeverfahren für sozialversicherungspflichtige Arbeitnehmerinnen und Arbeitnehmer. Seit dem 1.4.1999 sind für geringfügig beschäftigte Arbeitnehmerinnen und Arbeitnehmer grundsätzlich die gleichen Meldungen zu erstatten wie für sozialversicherungspflichtig Beschäftigte.

Eine weitere Neuregelung zur geringfügigen Beschäftigung durch die Hartz-Gesetze erfolgte am 1.4.2003. Danach ist neben einer sozialversicherungspflichtigen Hauptbeschäftigung die Ausübung einer geringfügigen Beschäftigung möglich (Nebenjob), ohne dass sie durch die Zusammenrechnung mit der Hauptbeschäftigung sozialversicherungspflichtig wird. Der Arbeitslohn aus einer geringfügigen Beschäftigung bleibt für Arbeitnehmerinnen und Arbeitnehmer steuer- und abgabenfrei, wenn die Arbeitgeberin bzw. der Arbeitgeber den Pauschalbeitrag entrichtet und die Einkünfte der Arbeitnehmerin bzw. des Arbeitnehmers zusammen monatlich 450 Euro nicht übersteigen.

Die statistischen Informationen werden nur noch an eine zentrale Stelle entrichtet, die „Minijob-Zentrale der Deutschen Rentenversicherung Knappschaft-Bahn-See (KBS)" in Essen.

Auf der Basis der Meldungen über geringfügig Beschäftigte kann monatlich, nach einer Wartezeit von wenigstens sechs Monaten, eine zuverlässige Statistik erstellt werden.

Die Statistischen Ämter des Bundes und der Länder veröffentlichen Ergebnisse zu „geringfügig entlohnten Beschäftigten" (ausschließlich und im Nebenjob). Daten zur „kurzfristigen Beschäftigung" werden nicht aufbereitet. Quartalsauswertungen zur ausschließlich geringfügig entlohnten Beschäftigung stehen für das frühere Bundesgebiet und die neuen Länder ab 30.6.1999 und die im Nebenjob geringfügig Beschäftigten ab Juni 2003 zur Verfügung.

Die Statistik der Bundesagentur für Arbeit hat im August 2014 eine Revision der Beschäftigungsstatistik durchgeführt. Hintergrund ist u.a. eine modernisierte Datenaufbereitung und eine Erweiterung der Personengruppe der sozialversicherungspflichtig Beschäftigten.
Die Abweichung der neu aufbereiteten Daten zu früheren veröffentlichten Ergebnissen waren so bedeutend, dass eine rückwirkende Revision der Daten ab 1999 erforderlich war.

13 Arbeitsmarkt

Methodik

■ Arbeitslose, Arbeitsuchende und gemeldete Stellen

Datengrundlage für die Erstellung der **Statistik über Arbeitslose und Arbeitsuchende** sind die Meldungen der Arbeitslosen und Arbeitsuchenden bei den Agenturen für Arbeit und den Jobcentern (gemeinsame Einrichtungen und zugelassene kommunale Träger). Diese Statistik ist damit eine Vollerhebung und umfasst alle bei den zuständigen Trägern gemeldeten Personen.

Grundlage für die **Statistik der gemeldeten Arbeitsstellen** sind die bei den Agenturen für Arbeit und den Jobcentern in gemeinsamer Einrichtung zur Vermittlung gemeldeten Stellenangebote.

Ergebnisse über Arbeitslose, Arbeitslosenquoten und gemeldete Stellen/Arbeitsstellen sind für das frühere Bundesgebiet ab 1950 verfügbar. Für die neuen Länder liegen vergleichbare Ergebnisse ab 1991 vor.

Beim langfristigen Vergleich dieser Ergebnisse ist zu beachten, dass die Aussagekraft durch verwaltungsrechtliche Maßnahmen und Reformen eingeschränkt ist, wie z.B. folgende:

Bei den Statistiken der Bundesagentur für Arbeit (BA) wurden bei der Darstellung von Ergebnissen ab Januar 2003 die beiden Teilgebiete Deutschlands als Westdeutschland (früheres Bundesgebiet ohne Berlin) und Ostdeutschland (neue Länder und Berlin) abgegrenzt. In dieser Regionalabgrenzung stehen Daten ab dem Berichtsjahr 1991 als rückgerechnete Ergebnisse zur Verfügung und werden im Folgenden entsprechend berücksichtigt.

Darüber hinaus haben sich die Grundlagen der Arbeitsmarktstatistik mit der Einführung des SGB II ab dem 1.1.2005 in Deutschland geändert. Bis Ende 2004 basierten die Statistiken allein auf den Geschäftsdaten der Agenturen für Arbeit. Nach der Zusammenlegung von Arbeitslosen- und Sozialhilfe sind die Agenturen nur noch für einen Teil der Arbeitslosen zuständig. Als Träger der neuen Grundsicherung für Arbeitsuchende nach dem SGB II treten mit den Jobcentern (gemeinsame Einrichtungen und zugelassene kommunale Träger) weitere Akteure auf den Arbeitsmarkt.

Zur Sicherung der Vergleichbarkeit und Qualität der Statistik wurde die BA im SGB II beauftragt, die bisherige Arbeitsmarktstatistik unter Einbeziehung der Grundsicherung für Arbeitsuchende weiter zu führen. Dabei wird die Definition der Arbeitslosigkeit aus dem SGB III beibehalten. Weitere Definitionen und Abgrenzungen hinsichtlich der dargestellten Personengruppen, arbeitsmarktpolitischen Maßnahmen und ausgewiesenen Größen sind im Sozialgesetzbuch (SGB III und IV) festgelegt.

Die Daten zur Arbeitslosigkeit speisen sich daher ab Januar 2005 aus dem IT-Fachverfahren der BA, aus als plausibel bewerteten Datenlieferungen zugelassener kommunaler Träger und – sofern keine plausiblen Daten geliefert wurden – aus ergänzenden Schätzungen. Ab Berichtsmonat Januar 2007 werden diese Daten integriert verarbeitet (vorher additiv).

Außerdem wurde der Erhebungsstichtag der Statistiken der BA ab 2005 auf die Monatsmitte gelegt. Bis dahin wurden statistische Erhebungen jeweils am Monatsende durchgeführt. Damit kann in der Regel schon am Ende des Berichtsmonats über den Arbeitsmarkt berichtet werden. Zudem passen Monatsmittezahlen besser zu den Monatsdurchschnittswerten der Arbeitsmarktstatistik des Statistischen Bundesamtes nach dem Konzept der ILO.

Für Zwecke der kurzfristigen Arbeitsmarktbeobachtung veröffentlicht die BA monatlich u. a. die Zahl der registrierten Arbeitslosen, Arbeitslosenquoten und gemeldeten Arbeitsstellen nach ausgewählten Merkmalen sowie die Zahl der Kurzarbeiterinnen und Kurzarbeiter.

In der Statistik der gemeldeten Arbeitsstellen erfasst die BA die Zahl der Stellenangebote, die ihr von Arbeitgeberinnen und Arbeitgebern zur Vermittlung gemeldet wurden. Das Institut für Arbeitsmarkt- und Berufsforschung bestimmt durch die Befragung einer repräsentativen Stichprobe von Betrieben das gesamtwirtschaftliche Stellenangebot. Seit 2006 erfolgt die Befragung quartalsweise und die Ergebnisse fließen u. a. in die EU-Statistik für offene Stellen ein.

Nach den Ergebnissen dieser Betriebsbefragung erfasst die BA mit den ihr gemeldeten Arbeitsstellen nur einen Teil des gesamten Stellenangebots. Insofern hat die BA-Monatsstatistik der gemeldeten Arbeitsstellen zwar ihre Bedeutung als Konjunkturindikator, ist aber zur Feststellung des tatsächlichen Arbeitskräftebedarfs der Wirtschaft nur begrenzt geeignet.

Die monatliche Arbeitsmarktberichterstattung über die Bestandsergebnisse der Arbeitslosen und die Arbeitslosenquoten sowie deren Veränderung sind von höchstem politischem und öffentlichem Interesse. Diese hochaktuellen Arbeitsmarktdaten werden – gemeinsam mit den Erwerbstätigen- und Erwerbslosendaten des Statistischen Bundesamtes – als wichtigste Indikatoren für die Beurteilung der Lage auf dem Arbeitsmarkt herangezogen. Allerdings eignen sich die Daten der BA nur für die nationale Arbeitsmarktbeobachtung. Wegen der von Land zu Land sehr unterschiedlichen Gesetzgebunger und Verwaltungspraktiken ist ihre Aussagekraft für internationale Vergleiche stark eingeschränkt.

Aus diesem Grund werden für zwischenstaatliche Vergleiche die Daten der Erwerbslosen nach der ILO-Definition aus dem Mikrozensus bzw. der Arbeitskräftestichprobe in der Europäischen Union verwendet.

Ausführliche methodische Hinweise können Sie den Monats-, Methoden- und Qualitätsberichten der BA entnehmen.

Diese sowie weitere statistische Informationen finden Sie im Internetangebot der BA unter *www.statistik.arbeitsagentur.de*

13 Arbeitsmarkt

Glossar

Abhängig Beschäftigte/abhängig Erwerbstätige/Arbeitnehmerinnen und Arbeitnehmer | Personen, die ihre Haupttätigkeit auf vertraglicher Basis für eine Arbeitgeberin bzw. einen Arbeitgeber in einem abhängigen Arbeitsverhältnis ausüben und hierfür eine Vergütung erhalten. Nicht von Bedeutung dabei ist der zeitliche Umfang der ausgeübten Tätigkeit oder ob aus dieser der überwiegende Lebensunterhalt bestritten werden kann.

Altersteilzeit | Sie ermöglicht älteren Beschäftigten eine frühere Beendigung des aktiven Berufslebens (Blockmodell) oder einen gleitenden Übergang in den Ruhestand (Teilzeitmodell). Während der Gesamtlaufzeit der Altersteilzeit wird die Arbeitszeit auf die Hälfte der bisherigen Arbeitszeit reduziert. Die Personalstandstatistik weist alle Altersteilzeitbeschäftigten als Teilzeitbeschäftigte nach – unabhängig davon, welches Modell gewählt wurde und in welcher Phase sie sich befinden.

Arbeitnehmerinnen und Arbeitnehmer | *Erwerbstätigenrechnung im Rahmen der Volkswirtschaftlichen Gesamtrechnungen* | Dazu zählen sozialversicherungspflichtig Beschäftigte, Personen in beruflicher Ausbildung einschließlich Praktikantinnen und Praktikanten sowie Volontärinnen und Volontäre, Führungskräfte und Hauspersonal. Ebenfalls den Arbeitnehmerinnen und Arbeitnehmern zugeordnet werden geringfügig entlohnte Beschäftigte, Beamtinnen und Beamte einschließlich Richterinnen und Richter, Soldatinnen und Soldaten, Wehrpflichtige, Zivildienstleistende sowie – nach Aussetzung der Wehrpflicht – Personen im freiwilligen Wehrdienst und Freiwilligendienst sowie Anteilseignerinnen und Anteilseigner von Kapitalgesellschaften, wenn sie in diesen Gesellschaften arbeiten. Auch dazu zählen Heimarbeiterinnen und Heimarbeiter, Leiharbeitnehmerinnen und Leiharbeitnehmer sowie Personen in Beschäftigungsprogrammen, z. B. von den Arbeitsagenturen geförderte Beschäftigungen wie „Ein-Euro-Jobs". Personen, die vorübergehend nicht arbeiten, gelten ebenfalls als Arbeitnehmerinnen und Arbeitnehmer, sofern sie formell mit ihrem Arbeitsplatz verbunden sind (z. B. Urlaub, Krankheit, Streik, Elternurlaub, Altersteilzeit in Freistellungsphase usw.).
Personalstandstatistik | Das sind Beschäftigte in einem privatrechtlichen Arbeitsvertragsverhältnis. Hierunter fallen Angestellte, Arbeiterinnen und Arbeiter sowie Dienstordnungsangestellte. Beamtinnen und Beamte sind nicht enthalten.

Arbeitslose | Als Arbeitslose nach § 16 SGB III zählen Personen, die
– vorübergehend nicht in einem Beschäftigungsverhältnis stehen oder nur eine weniger als 15 Stunden wöchentlich umfassende Beschäftigung ausüben,
– eine versicherungspflichtige, mindestens 15 Stunden wöchentlich umfassende Beschäftigung suchen,
– den Vermittlungsbemühungen der Agentur für Arbeit oder des Jobcenters zur Verfügung stehen, also arbeitsfähig und -bereit sind,
– in der Bundesrepublik Deutschland wohnen,
– nicht jünger als 15 Jahre sind und die Altersgrenze für den Renteneintritt noch nicht erreicht haben,
– sich persönlich bei einer Agentur für Arbeit oder einem Jobcenter arbeitslos gemeldet haben.
Für Hilfebedürftige nach dem SGB II findet nach § 53 a (1) SGB II die Arbeitslosendefinition des § 16 SGB III sinngemäß Anwendung.

Arbeitslose Ausländerinnen und Ausländer | Nichtdeutsche Arbeitslose, die eine Arbeitnehmertätigkeit in Deutschland ausüben dürfen. Staatenlose und Personen mit ungeklärter Staatsangehörigkeit werden unter „keine Angabe" ausgewiesen.

Arbeitslose Schwerbehinderte | Schwerbehinderte im Sinne des § 2 (2) SGB IX sind Personen, die über einen Grad der Behinderung von wenigstens 50 verfügen. Den schwerbehinderten Menschen gleichgestellt sind behinderte Menschen mit einem Grad der Behinderung von weniger als 50, aber wenigstens 30, wenn sie infolge ihrer Behinderung ohne die Gleichstellung einen geeigneten Arbeitsplatz im Sinne des § 73 SGB IX nicht erlangen oder nicht behalten können.

Arbeitslosenquote | Sie zeigt die relative Unterauslastung des Arbeitskräfteangebots an, indem sie die Arbeitslosen zu den Erwerbspersonen (Erwerbstätige plus Arbeitslose) in Beziehung setzt. Der Kreis der Erwerbstätigen als ein Teil der Bezugsgröße kann unterschiedlich abgegrenzt werden:
– Alle zivilen Erwerbstätigen: Sie ergeben sich aus der Summe der abhängigen Erwerbstätigen (ohne Soldatinnen und Soldaten) sowie der Selbstständigen und mithelfenden Familienangehörigen.
– Alle abhängigen zivilen Erwerbspersonen: Sie ergeben sich aus der Summe der sozialversicherungspflichtig Beschäftigten (einschließlich Auszubildender), der geringfügig Beschäftigten, der Beamtinnen und Beamten (ohne Soldatinnen und Soldaten), der Personen in Arbeitsgelegenheiten und der auspendelnden Grenzarbeitnehmerinnen und Grenzarbeitnehmer. Diese Art der Quotenberechnung hat in Deutschland die längere Tradition (seit 1950).

Aufgabenbereich | Die Untergliederung erfolgt in Abstimmung mit der Finanzstatistik auf der Grundlage des geltenden staatlichen Funktionenplans bzw. des kommunalen Gliederungsplans oder Produktrahmens. Die Zusammenfassung der staatlichen und kommunalen Aufgabenbereiche wird entsprechend dem Schlüssel der Finanzstatistik vorgenommen.

Auszubildende | Das sind Personen in anerkannten Ausbildungsberufen, die in praktischer Berufsausbildung stehen (einschließlich Praktikantinnen und Praktikanten sowie Volontärinnen und Volontäre).

Beamtinnen und Beamte | *Mikrozensus* | Personen in einem öffentlich-rechtlichen Dienstverhältnis des Bundes, der Länder, der Gemeinden und sonstiger Körperschaften des öffentlichen Rechts (einschließlich der Beamtenanwärterinnen und Beamtenanwärter und der Beamtinnen und Beamten im Vorbereitungsdienst), Richterinnen und Richter sowie Soldatinnen und Soldaten. Ferner zählen auch Personen im freiwilligen Wehrdienst, Pfarrerinnen und Pfarrer, Priester und andere kirchlichen Würdenträgerinnen und Würdenträger dazu.
Personalstandstatistik | Bedienstete, die durch eine Ernennungsurkunde in das Beamtenverhältnis berufen worden sind, einschließlich der Beamtinnen und Beamten in Ausbildung und der Bezieherinnen und Bezieher von Amtsgehalt.

Beteiligung am Erwerbsleben (Erwerbskonzept) | Nach dem Labour-Force-Konzept der ILO gliedert sich die Bevölkerung nach ihrer Beteiligung am Erwerbsleben in Erwerbspersonen und Nichterwerbspersonen.

Bundesbereich | Personal des Bundes sowie der Einrichtungen in öffentlich-rechtlicher Rechtsform, die unter der Rechtsaufsicht des Bundes stehen, ohne Sozialversicherungsträger und Bundesagentur für Arbeit (Öffentlicher Dienst im Bundesbereich).

Einstufung | Die Beschäftigten sind bei den einzelnen Besoldungs- und Entgeltgruppen nachgewiesen, die für die Auszahlung der Bezüge zum Zeitpunkt des Berichtsstichtags maßgeblich waren.

Erwerbstätigenquote | Anteil der Erwerbstätigen an der Bevölkerung derselben Altersgruppe.

Erwerbslose | Personen ohne Erwerbstätigkeit im Alter von 15 Jahren und mehr (in der Arbeitskräfteerhebung konkretisiert auf 15 bis 74 Jahren), die sich in den letzten vier Wochen aktiv um eine Arbeitsstelle bemüht haben und sofort, d. h. innerhalb von zwei Wochen, für die Aufnahme einer Tätigkeit zur Verfügung stehen. Dabei spielt es keine Rolle, ob sie bei einer Arbeitsagentur als arbeitslos gemeldet sind oder nicht. Diese Abgrenzung folgt dem Labour-Force-Konzept der ILO. Die Unterschiede zwischen den Erwerbslosen und den Arbeitslosen der Bundesagentur für Arbeit sind erheblich. Einerseits können nicht bei den Arbeitsagenturen registrierte Arbeitsuchende erwerbslos sein. Andererseits zählen Arbeitslose, die eine Tätigkeit von weniger als 15 Wochenstunden ausüben nach ILO-Definition nicht als Erwerbslose sondern als Erwerbstätige.

Erwerbslosenquote | Anteil der Erwerbslosen an den Erwerbspersonen derselben Altersgruppe.

13 Arbeitsmarkt

Glossar

Erwerbspersonen | Personen im Alter von 15 Jahren und mehr mit Wohnsitz in Deutschland (Inländerkonzept), die eine unmittelbar oder mittelbar auf Erwerb gerichtete Tätigkeit ausüben oder suchen (Selbstständige, mithelfende Familienangehörige, abhängig Beschäftigte), unabhängig von der Bedeutung des Ertrages dieser Tätigkeit für ihren Lebensunterhalt und ohne Rücksicht auf den Umfang der von ihnen tatsächlich geleisteten oder vertragsmäßig zu leistenden Arbeitszeit. Erwerbspersonen setzen sich aus den Erwerbstätigen und Erwerbslosen zusammen.

Erwerbstätige | Personen im Alter von 15 Jahren und mehr, die im Berichtszeitraum mindestens eine Stunde gegen Entgelt irgendeiner beruflichen Tätigkeit nachgehen bzw. in einem Arbeitsverhältnis stehen (Arbeitnehmerinnen und Arbeitnehmer einschließlich Soldatinnen und Soldaten sowie mithelfende Familienangehörige), selbstständig ein Gewerbe oder eine Landwirtschaft betreiben oder einen freien Beruf ausüben. In der *Erwerbstätigenrechnung im Rahmen der Volkswirtschaftlichen Gesamtrechnungen* werden je nach Verwendungszweck die Erwerbstätigen mit Wohnsitz in Deutschland (Inländerkonzept) oder mit Arbeitsort in Deutschland (Inlandskonzept) dargestellt.

Freie Berufe | Tätigkeiten, die wissenschaftlich, künstlerisch, schriftstellerisch, beratend, unterrichtend oder erziehend sind. Unterschieden werden können Selbstständige in Freien Berufen und mithelfende Familienangehörige sowie Arbeitnehmerinnen und Arbeitnehmer in Freien Berufen. Die Definition der Selbstständigen in Freien Berufen regelt das Einkommensteuergesetz (EStG) gemäß § 18, Abs. 1. Nr. 1 (sogenannte „Katalogberufe"). Freiberufliche Tätigkeiten unterliegen nicht der Gewerbeordnung. Nach dem Partnerschaftsgesellschaftsgesetz (PartGG) § 1, Abs. 2 haben Freie Berufe im Allgemeinen auf der Grundlage besonderer beruflicher Qualifikation oder schöpferischer Begabung die persönliche, eigenverantwortliche und fachlich unabhängige Erbringung von Dienstleistungen höherer Art im Interesse der Auftraggeber und der Allgemeinheit zum Inhalt.

Geleistete Arbeitsstunden | Alle effektiv geleisteten Arbeitsstunden von erwerbstätigen Personen, die einen Arbeitsplatz in Deutschland haben, unabhängig von deren Wohnort. Ergebnisse der Arbeitszeitrechnung stellt das Institut für Arbeitsmarkt- und Berufsforschung (IAB) bereit. Zur Berechnung der durchschnittlichen tatsächlich geleisteten Arbeitszeit werden kalendermäßige Vorgaben, tarifliche Vorgaben (wöchentliche Arbeitszeit, Urlaub), konjunkturelle Einflüsse (Kurzarbeit, bezahlte Überstunden, Arbeitszeitkontensalden), Krankenstand, Ausfälle durch Schlechtwetter und Arbeitskampf sowie Teilzeitbeschäftigung (einschließlich geringfügiger Beschäftigung) berücksichtigt. Als Quellen werden neben den Geschäftsstatistiken der BA Statistiken des Statistischen Bundesamtes, das Tarifarchiv des Wirtschafts- und Sozialwissenschaftlichen Instituts (WSI), die Krankenstandstatistik des Bundesministeriums für Gesundheit (BMG) und eigene Erhebungen des IAB verwendet.

Gemeldete Arbeitsstellen | Sozialversicherungspflichtige, geringfügige oder sonstige Stellen (z.B. Beamten-, Praktika-, Traineestellen) mit einer vorgesehenen Beschäftigungsdauer von mehr als sieben Tagen, die den Arbeitsagenturen und den gemeinsamen Einrichtungen (§ 44b SGB II) zur Besetzung gemeldet wurden. Da keine generelle Meldepflicht besteht, handelt es sich nur um einen Teil des gesamtwirtschaftlichen Stellenangebots.

Gesamtwirtschaftliches Stellenangebot | Das Institut für Arbeitsmarkt- und Berufsforschung (IAB) erhebt im Rahmen einer repräsentativen Betriebsbefragung (IAB-Stellenerhebung) seit 1989 das gesamtwirtschaftliche Stellenangebot. Die Daten über Anzahl und Struktur der offenen Stellen setzen sich zusammen aus den von den Betrieben der Bundesagentur für Arbeit zur Vermittlung gemeldeten Stellen, sowie allen anderen (nicht gemeldeten) Stellenangebote.

Geringfügige Beschäftigung | Es werden zwei Arten von geringfügigen Beschäftigungen im Bereich der Beschäftigungsstatistik unterschieden:
- Eine geringfügig entlohnte Beschäftigung nach § 8 Abs. 1 Nr. 1 SGB IV liegt vor, wenn das Arbeitsentgelt aus dieser Beschäftigung (§ 14 SGB IV) regelmäßig im Monat die Geringfügigkeitsgrenze nicht überschreitet. Seit dem 1.1.2013 liegt die Grenze bei 450 Euro. Diese Beschäftigung kann ausschließlich oder als Nebenjob zu einer voll sozialversicherungspflichtigen Beschäftigung ausgeübt werden.
- Eine kurzfristige Beschäftigung liegt nach § 8 Abs. 1 Nr. 2 SGB IV vor, wenn die Beschäftigung für eine Zeitdauer ausgeübt wird, die innerhalb eines Kalenderjahres auf nicht mehr als zwei Monate oder insgesamt 50 Arbeitstage (im Zeitraum vom 1.1.2015 bis 31.12.2018: 3 Monate oder insgesamt 70 Arbeitstage) nach ihrer Eigenart begrenzt zu sein pflegt oder im Voraus vertraglich begrenzt ist.

Kommunaler Bereich | Personal der Gemeinden und Gemeindeverbände sowie der Einrichtungen in öffentlich-rechtlicher Rechtsform, die unter der Rechtsaufsicht der Kommunen stehen (Öffentlicher Dienst im kommunalen Bereich).

Landesbereich | Personal der Länder sowie der Einrichtungen in öffentlich-rechtlicher Rechtsform, die unter der Rechtsaufsicht der Länder stehen, ohne Sozialversicherungsträger (Öffentlicher Dienst im Landesbereich).

Langzeitarbeitslose | Alle Personen, die am jeweiligen Stichtag der Zählung ein Jahr und mehr bei den Arbeitsagenturen oder Jobcentern arbeitslos gemeldet waren.

Mithelfende Familienangehörige | Familienangehörige, die in einem landwirtschaftlichen oder nichtlandwirtschaftlichen Betrieb mithelfen, der von einem Familienmitglied als Selbstständige bzw. als Selbstständiger geleitet wird. Sie erhalten hierfür keinen Lohn bzw. kein Gehalt. Für sie werden keine Pflichtbeiträge zur gesetzlichen Rentenversicherung gezahlt.

Nichterwerbspersonen | Personen, die nach dem ILO-Konzept weder als erwerbstätig noch als erwerbslos einzustufen sind.

Öffentlicher Dienst | Bund, Länder und Gemeinden/Gemeindeverbände, das Bundeseisenbahnvermögen, die Sozialversicherungsträger einschließlich der Bundesagentur für Arbeit und die öffentlich bestimmten rechtlich selbstständigen Einrichtungen in öffentlich-rechtlicher Rechtsform.

Personal im öffentlichen Dienst | Beamtinnen und Beamte, Richterinnen und Richter, Soldatinnen und Soldaten, Arbeitnehmerinnen und Arbeitnehmer (Angestellte und Arbeiterinnen und Arbeiter) einschließlich des Personals in Ausbildung. Nicht enthalten sind geringfügig Beschäftigte, Arbeitsgelegenheiten nach § 16 d SGB II („Ein-Euro-Jobs") sowie Freiwilligendienste.

Richterinnen und Richter | Berufsrichterinnen bzw. -richter im Sinne des Deutschen Richtergesetzes.

Selbstständige | Personen, die einen Betrieb oder eine Arbeitsstätte gewerblicher oder landwirtschaftlicher Art wirtschaftlich und organisatorisch als Eigentümerinnen und Eigentümer oder Pächterinnen und Pächter leiten (einschließlich selbstständiger Handwerkerinnen und Handwerker) sowie alle freiberuflich Tätigen, Hausgewerbetreibenden und Zwischenmeisterinnen und Zwischenmeister. Zu den Selbstständigen zählen auch von den Arbeitsagenturen geförderte Selbstständige, z. B Empfängerinnen und Empfänger von Einstiegsgeld und Gründungszuschuss.

Soldatinnen und Soldaten | Berufs- und Zeitsoldatinnen und -soldaten. Freiwillig Wehrdienstleistende sind nicht enthalten.

Sozialversicherung | Sozialversicherungsträger und Bundesagentur für Arbeit. In Anlehnung an die Finanzstatistik und die Volkswirtschaftlichen Gesamtrechnungen wird dieser Bereich gesondert dargestellt, obwohl es sich um Einrichtungen in öffentlich-rechtlicher Rechtsform handelt, die unter der Rechtsaufsicht von Bund und Ländern stehen.

Sozialversicherungspflichtig Beschäftigte | Alle Arbeitnehmerinnen und Arbeitnehmer, die kranken-, renten-, pflegeversicherungspflichtig und/oder beitragspflichtig nach dem Recht der Arbeitsförderung (SGB III) sind oder für die Beitragsanteile zur gesetzlichen Rentenversicherungen oder nach dem Recht der Arbeitsförderung SGB III zu zahlen sind. Dazu gehören auch insbesondere Auszubildende, Altersteilzeitbeschäftigte, Praktikantinnen und Praktikanten, Werkstudentinnen und

13 Arbeitsmarkt

Glossar

Werkstudenten, Personen, die aus einem sozialversicherungspflichtigen Beschäftigungsverhältnis zur Ableistung von gesetzlichen Dienstpflichten (z. B. Wehrübung) einberufen werden, behinderte Menschen in anerkannten Werkstätten oder gleichartigen Einrichtungen, Personen in Einrichtungen der Jugendhilfe, Berufsbildungswerken oder ähnlichen Einrichtungen für behinderte Menschen sowie Personen, die ein freiwilliges soziales, ein freiwilliges ökologisches Jahr oder einen Bundesfreiwilligendienst ableisten.

Teilzeitbeschäftigte | Beschäftigte, deren regelmäßige Arbeitszeit weniger als die übliche volle Wochenarbeitszeit einer vollzeitbeschäftigten Person beträgt (einschließlich aller Beschäftigten in Altersteilzeit, unabhängig vom gewählten Modell).

Vollzeitbeschäftigte | Beschäftigte, deren regelmäßige Arbeitszeit die übliche volle Wochenarbeitsstundenzahl beträgt (bei Lehrkräften entsprechende Anzahl von Wochenlehrstunden). Nicht enthalten sind Beschäftigte in Altersteilzeit, auch wenn sie sich in der Arbeitsphase des Blockmodells befinden.

13 Arbeitsmarkt

Mehr zum Thema

Liebe Leserin, lieber Leser,
ein Thema in diesem Kapitel spricht Sie besonders an oder Sie benötigen weitere Informationen? Auf dieser Seite nennen wir Ihnen, nach Themen gegliedert, weitere Veröffentlichungen unseres Hauses. Ausführliche Informationen zu den Produktkategorien sowie dem Informationsangebot des Statistischen Bundesamtes finden Sie auf Seite 8 dieser Ausgabe.

Web-Angebote
www.destatis.de ist Ihre erste Adresse in Sachen Statistik. Hier finden Sie alle Informationen, die das Statistische Bundesamt veröffentlicht, tagesaktuell. Unsere Veröffentlichungen können Sie direkt über unsere Website *www.destatis.de/publikationen* downloaden.

GENESIS-Online
Unter *www.destatis.de/genesis* bietet die Haupt-Datenbank des Statistischen Bundesamtes ein breites Themenspektrum fachlich tief gegliederter Ergebnisse der amtlichen Statistik. Daten zum *Arbeitsmarkt* finden Sie unter dem Menüpunkt › Themen, Code 13, Daten zum *Mikrozensus – Bereich Bevölkerung und Erwerbstätigkeit* › Themen, Code 122, Daten zum *Personal des öffentlichen Dienstes* unter Code 74

Weitere Veröffentlichungen zu den Themen

- **Erwerbsbeteiligung der Bevölkerung / Erwerbstätige und Erwerbslose**

  Fachserie 1   Bevölkerung und Erwerbstätigkeit

  Reihe 4.1.1   Stand und Entwicklung der Erwerbstätigkeit
  Reihe 4.1.2   Beruf, Ausbildung und Arbeitsbedingungen der Erwerbstätigen

  Personal des öffentlichen Dienstes

  Fachserie 14   Finanzen und Steuern

  Reihe 6   Personal des öffentlichen Dienstes

  WISTA – Wirtschaft und Statistik

  Heft 11/11   Entwicklung der Beschäftigung im öffentlichen Dienst

- **Sozialversicherungspflichtig Beschäftigte / Arbeitslose / Arbeitsstellen**

  Bundesagentur für Arbeit – Statistik (*www.statistik.arbeitsagentur.de*)

- **Themenübergreifend**

  Fachserie 18   Volkswirtschaftliche Gesamtrechnungen

  Reihe 1.2   Inlandsproduktsberechnung – Vierteljahresergebnisse
  Reihe 1.4   Inlandsproduktsberechnung – Detaillierte Jahresergebnisse
  Reihe 1.5   Inlandsproduktsberechnung – Lange Reihen ab 1970

  WISTA – Wirtschaft und Statistik

  Heft 4/15   Der Mikrozensus im Vergleich mit anderen Arbeitsmarktstatistiken – Ergebnisunterschiede und Hintergründe seit 2011
  Heft 6/15   Unterbeschäftigung, Überbeschäftigung und Wunscharbeitszeiten in Deutschland
  Heft 2/16   Erfassung der Langzeiterwerbslosigkeit in Mikrozensus und Arbeitskräfteerhebung
  Heft 3/16   Die Erfassung der Erwerbsbeteiligung durch unterschiedliche Erhebungsmethoden

  Broschüren

  Qualität der Arbeit (2015)
  Arbeitsmarkt auf einen Blick – Deutschland und Europa (2016)

- **STATmagazin**

  Berufspendler: Infrastruktur wichtiger als Benzinpreis (2014)
  Erwerbstätigkeit 2014 weiterhin auf Wachstumskurs (2015)

14 Verdienste und Arbeitskosten

Vollzeitbeschäftigte verdienen durchschnittlich knapp über **47 700 Euro** brutto im Jahr | **Stundenverdienste** im **früheren Bundesgebiet** fast **ein Drittel höher** als in **neuen Ländern** | Arbeitnehmerinnen und Arbeitnehmer **in leitender Stellung** verdienen mehr als **drei Mal so viel** wie **Ungelernte** | Eine **Stunde Arbeit kostet** in Deutschland durchschnittlich **32,60 Euro** | **Nominallöhne** stiegen 2015 **stärker** als **Tarifverdienste** | Seit **1. Januar 2015** gilt in **Deutschland** ein **flächendeckender gesetzlicher Mindestlohn**

14 Verdienste und Arbeitskosten

Seite

377 Auf einen Blick

Tabellen

378 Durchschnittliche Bruttoverdienste
Nach Wirtschaftszweigen | Nach Geschlecht | Nach Beschäftigungsart | Nach Betriebsgrößenklassen | Nominallohnindex

382 Tarifverdienste und Mindestlöhne
Index der tariflichen Monatsverdienste | Tarifbindung | Tarifverdienste | Branchenspezifische Mindestlöhne in Deutschland

384 Verdienste im öffentlichen Dienst
Besoldung der Bundesbeamtinnen und Bundesbeamten | Tarifverdienste der Beschäftigten bei Bund und Kommunen

385 Jahresschätzung der Arbeitskosten je geleistete Stunde

386 Methodik

388 Glossar

389 Mehr zum Thema

14 Verdienste und Arbeitskosten

14.0 Auf einen Blick

Durchschnittliche Bruttostundenverdienste 2015
Vollzeit- und teilzeitbeschäftigte Arbeitnehmerinnen und Arbeitnehmer (einschl. Beamtinnen und Beamte) im Produzierenden Gewerbe und im Dienstleistungsbereich, in EUR

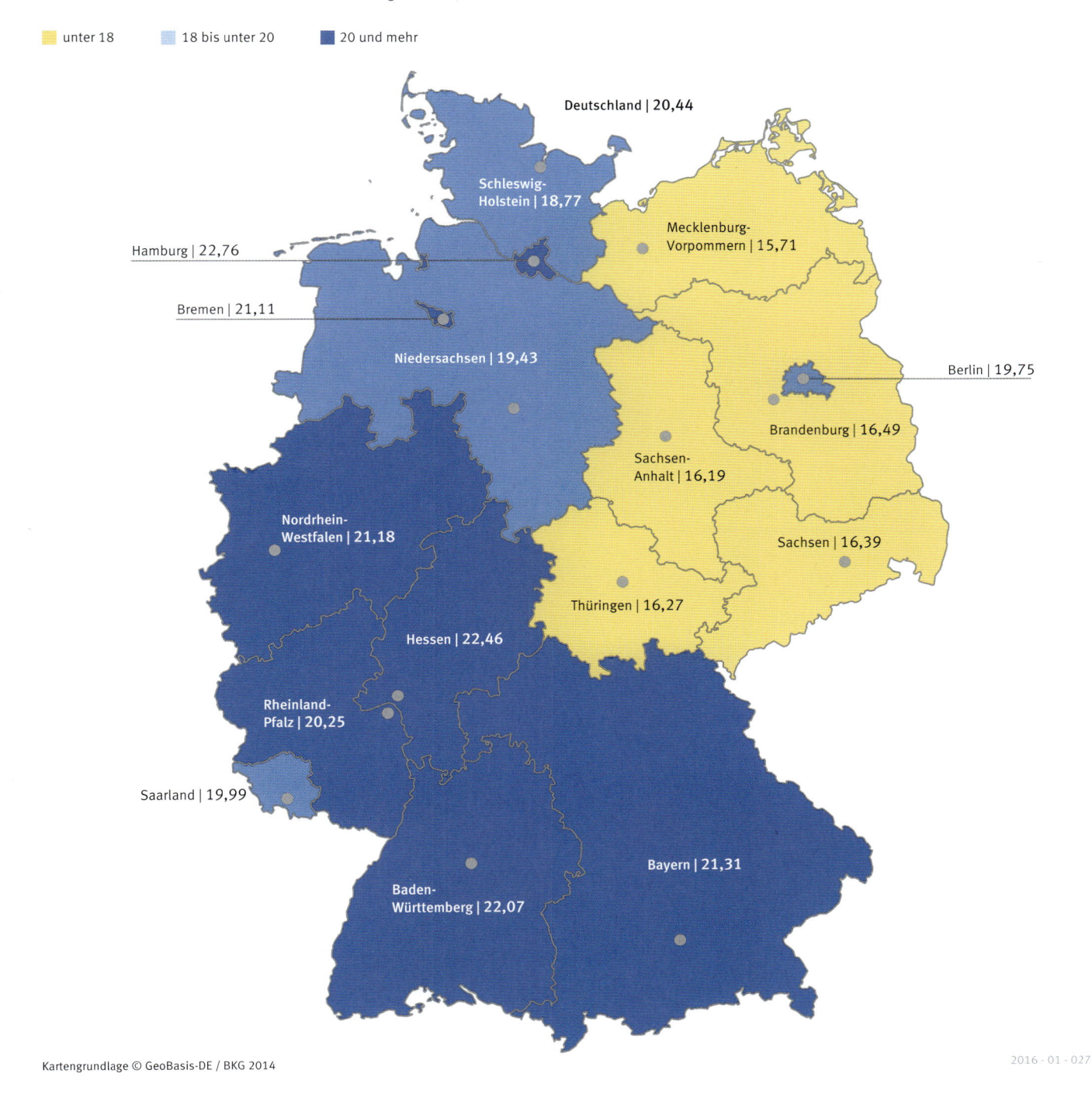

- unter 18
- 18 bis unter 20
- 20 und mehr

Deutschland | 20,44
Schleswig-Holstein | 18,77
Hamburg | 22,76
Mecklenburg-Vorpommern | 15,71
Bremen | 21,11
Niedersachsen | 19,43
Berlin | 19,75
Brandenburg | 16,49
Sachsen-Anhalt | 16,19
Nordrhein-Westfalen | 21,18
Sachsen | 16,39
Thüringen | 16,27
Hessen | 22,46
Rheinland-Pfalz | 20,25
Saarland | 19,99
Baden-Württemberg | 22,07
Bayern | 21,31

Kartengrundlage © GeoBasis-DE / BKG 2014

Statistisches Bundesamt, Statistisches Jahrbuch 2016

14 Verdienste und Arbeitskosten
14.1 Bruttoverdienste
14.1.1 Durchschnittliche Bruttoverdienste der vollzeitbeschäftigten Arbeitnehmerinnen und Arbeitnehmer nach Wirtschaftszweigen 2015

Nr. der Klassifikation [1]	Wirtschaftsgliederung	Bezahlte Wochenarbeitszeit	Bruttostundenverdienst		Bruttomonatsverdienst		Bruttojahresverdienst		
			insgesamt	ohne Sonderzahlungen	insgesamt	ohne Sonderzahlungen	insgesamt	ohne Sonderzahlungen	Sonderzahlungen
		Stunden	EUR						
B – S	Produzierendes Gewerbe und Dienstleistungsbereich	39,1	23,40	21,24	3 979	3 612	47 752	43 345	4 407
B – N	Privatwirtschaft [2]	39,0	23,76	21,25	4 023	3 598	48 279	43 175	5 104
B – F	Produzierendes Gewerbe	38,6	25,08	22,40	4 203	3 755	50 438	45 054	5 384
B	Bergbau und Gewinnung von Steinen und Erden	40,5	25,57	22,70	4 495	3 990	53 938	47 876	6 062
C	Verarbeitendes Gewerbe	38,4	26,23	23,27	4 375	3 879	52 495	46 554	5 941
D	Energieversorgung	38,6	33,05	28,85	5 544	4 839	66 525	58 062	8 463
E	Wasserversorgung; Abwasser- und Abfallentsorgung und Beseitigung von Umweltverschmutzungen	40,4	19,95	18,44	3 504	3 239	42 047	38 865	3 182
F	Baugewerbe	39,2	18,99	17,80	3 231	3 027	38 774	36 330	2 445
G – S	Dienstleistungsbereich	39,5	22,43	20,57	3 848	3 528	46 173	42 340	3 833
G – N	Marktbestimmte Dienstleistungen	39,3	22,54	20,18	3 852	3 449	46 222	41 386	4 836
G	Handel; Instandhaltung und Reparatur von Kraftfahrzeugen	39,4	21,43	19,26	3 668	3 296	44 012	39 558	4 454
H	Verkehr und Lagerei	40,5	18,22	16,83	3 209	2 965	38 510	35 576	2 934
I	Gastgewerbe	39,5	13,28	12,70	2 282	2 183	27 386	26 195	(1 191)
J	Information und Kommunikation	39,2	31,98	28,24	5 453	4 814	65 441	57 773	(7 668)
K	Erbringung von Finanz- und Versicherungsdienstleistungen	38,7	34,38	28,66	5 775	4 813	69 298	57 760	11 538
L	Grundstücks- und Wohnungswesen	38,8	25,92	22,61	4 368	3 811	52 420	45 737	(6 683)
M	Erbringung von freiberuflichen, wissenschaftlichen und technischen Dienstleistungen	39,3	28,90	25,49	4 936	4 353	59 231	52 231	7 000
N	Erbringung von sonstigen wirtschaftlichen Dienstleistungen	38,5	14,85	14,07	2 485	2 356	29 826	28 267	1 559
O – S	Nicht marktbestimmte Dienstleistungen	39,7	22,26	21,19	3 841	3 657	46 094	43 878	2 215
O	Öffentliche Verwaltung, Verteidigung; Sozialversicherung	39,9	21,46	20,60	3 722	3 574	44 661	42 885	1 776
P	Erziehung und Unterricht	40,0	24,99	24,17	4 340	4 198	52 086	50 382	1 704
Q	Gesundheits- und Sozialwesen	39,5	21,91	20,62	3 756	3 534	45 072	42 412	2 659
R	Kunst, Unterhaltung und Erholung	39,5	22,87	21,04	3 926	3 612	47 111	43 344	3 767
S	Erbringung von sonstigen Dienstleistungen	39,2	21,09	19,58	3 589	3 332	43 067	39 986	3 081

Vierteljährliche Verdiensterhebung.
1 Klassifikation der Wirtschaftszweige, Ausgabe 2008 (WZ 2008).
2 Privatwirtschaft = Produzierendes Gewerbe und marktbestimmte Dienstleistungen.

Reallohnindex
Veränderung gegenüber Vorjahresquartal, in %

Im Produzierenden Gewerbe und im Dienstleistungsbereich.

14 Verdienste und Arbeitskosten
14.1 Bruttoverdienste
14.1.2 Durchschnittliche Bruttoverdienste der vollzeitbeschäftigten Arbeitnehmerinnen und Arbeitnehmer nach Wirtschaftszweigen und Geschlecht 2015

Nr. der Klassifi-kation [1]	Wirtschaftsgliederung	Deutschland			Früheres Bundesgebiet einschl. Berlin			Neue Länder		
		Bruttomonatsverdienst ohne Sonderzahlungen			Bruttomonatsverdienst ohne Sonderzahlungen			Bruttomonatsverdienst ohne Sonderzahlungen		
		Männer	Frauen	Anteil Frauen-verdienst	Männer	Frauen	Anteil Frauen-verdienst	Männer	Frauen	Anteil Frauen-verdienst
		EUR		%	EUR		%	EUR		%
B – S	**Produzierendes Gewerbe und Dienstleistungsbereich**	**3 810**	**3 161**	**83,0**	**3 937**	**3 227**	**82,0**	**2 929**	**2 807**	**95,8**
B – N	**Privatwirtschaft** [2]	**3 775**	**3 047**	**80,7**	**3 919**	**3 150**	**80,4**	**2 756**	**2 408**	**87,4**
B – F	**Produzierendes Gewerbe**	**3 874**	**3 164**	**81,7**	**4 031**	**3 296**	**81,8**	**2 848**	**2 480**	**87,1**
B	Bergbau und Gewinnung von Steinen und Erden	4 000	3 881	97,0	4 086	3 914	95,8	3 699	3 824	103,4
C	Verarbeitendes Gewerbe	4 052	3 140	77,5	4 200	3 280	78,1	2 927	2 365	80,8
D	Energieversorgung	5 024	4 073	81,1	5 157	4 176	81,0	4 166	3 750	90,0
E	Wasserversorgung; Abwasser- und Abfallentsorgung und Beseitigung von Umweltverschmutzungen	3 240	3 228	99,6	3 344	3 348	100,1	2 797	2 950	105,5
F	Baugewerbe	3 031	2 983	98,4	3 163	3 076	97,2	2 469	2 572	104,2
G – S	**Dienstleistungsbereich**	**3 760**	**3 160**	**84,0**	**3 863**	**3 209**	**83,1**	**3 002**	**2 895**	**96,4**
G – N	Marktbestimmte Dienstleistungen	3 660	2 987	81,6	3 792	3 079	81,2	2 633	2 361	89,7
G	Handel; Instandhaltung und Reparatur von Kraftfahrzeugen	3 528	2 812	79,7	3 629	2 877	79,3	2 591	2 258	87,1
H	Verkehr und Lagerei	2 989	2 858	95,6	3 084	2 898	94,0	2 452	2 651	108,1
I	Gastgewerbe	2 350	2 002	85,2	2 422	2 073	85,6	1 970	1 745	88,6
J	Information und Kommunikation	5 105	3 948	77,3	5 200	4 060	78,1	3 952	2 989	75,6
K	Erbringung von Finanz- und Versicherungs-dienstleistungen	5 408	3 941	72,9	5 463	3 992	73,1	4 297	3 423	79,7
L	Grundstücks- und Wohnungswesen	4 117	3 368	81,8	4 360	3 462	79,4	2 931	2 997	102,3
M	Erbringung von freiberuflichen, wissenschaftlichen und technischen Dienstleistungen	4 907	3 449	70,3	5 022	3 542	70,5	3 697	2 635	71,3
N	Erbringung von sonstigen wirtschaftlichen Dienstleistungen	2 400	2 238	93,3	2 476	2 311	93,3	2 000	1 873	93,7
O – S	Nicht marktbestimmte Dienstleistungen	3 980	3 335	83,8	4 023	3 349	83,2	3 703	3 271	88,3
O	Öffentliche Verwaltung, Verteidigung; Sozial-versicherung	3 680	3 376	91,7	3 700	3 360	90,8	3 549	3 432	96,7
P	Erziehung und Unterricht	4 506	3 947	87,6	4 524	3 919	86,6	4 357	4 086	93,8
Q	Gesundheits- und Sozialwesen	4 259	3 138	73,7	4 307	3 178	73,8	3 958	2 940	74,3
R	Kunst, Unterhaltung und Erholung	4 163	2 777	66,7	4 336	2 806	64,7	3 288	2 668	81,1
S	Erbringung von sonstigen Dienstleistungen	3 816	2 907	76,2	3 960	3 002	75,8	2 843	2 322	81,7

Vierteljährliche Verdiensterhebung.

1 Klassifikation der Wirtschaftszweige, Ausgabe 2008 (WZ 2008).
2 Privatwirtschaft = Produzierendes Gewerbe und marktbestimmte Dienstleistungen.

14 Verdienste und Arbeitskosten
14.1 Bruttoverdienste
14.1.3 Durchschnittliche Bruttoverdienste der Arbeitnehmerinnen und Arbeitnehmer nach Beschäftigungsart und Leistungsgruppen 2015

Arbeitnehmerinnen und Arbeitnehmer werden zu Analysezwecken in verschiedene **Leistungsgruppen** eingestuft. Zur **Leistungsgruppe 1** zählen „Arbeitnehmerinnen und Arbeitnehmer in leitender Stellung" mit Aufsichts- und Dispositionsbefugnis sowie Arbeitnehmerinnen und Arbeitnehmer mit Tätigkeiten, die umfassende Fachkenntnisse erfordern. In der Regel ist hierzu ein Hochschulstudium erforderlich. In die **Leistungsgruppe 2** werden „Herausgehobene Fachkräfte" eingestuft, d. h. Arbeitnehmerinnen und Arbeitnehmer mit sehr schwierigen bis komplexen oder vielgestaltigen Tätigkeiten. In der Regel erfordert dies eine abgeschlossene Berufsausbildung, mehrjährige Berufserfahrung und spezielle Fachkenntnisse. Die **Leistungsgruppe 3** enthält „Fachkräfte", d. h. Arbeitnehmerinnen und Arbeitnehmer mit schwierigen Fachtätigkeiten, für deren Ausübung in der Regel eine abgeschlossene Berufsausbildung, zum Teil verbunden mit Berufserfahrung, erforderlich ist. Die **Leistungsgruppe 4** umfasst „Angelernte Arbeitnehmerinnen und Arbeitnehmer" mit überwiegend einfachen Tätigkeiten, für deren Ausführung keine berufliche Ausbildung, aber Fertigkeiten für spezielle, branchengebundene Aufgaben erforderlich sind. In der **Leistungsgruppe 5** werden „Ungelernte Arbeitnehmerinnen und Arbeitnehmer" mit einfachen, schematischen Tätigkeiten oder isolierten Arbeitsvorgängen zusammengefasst, für deren Ausübung keine berufliche Ausbildung erforderlich ist.

Geschlecht	Deutschland					Früheres Bundesgebiet einschl. Berlin					Neue Länder				
Leistungs-gruppen	bezahlte Wochen-arbeits-zeit	Bruttostunden-verdienst		Bruttomonats-verdienst		bezahlte Wochen-arbeits-zeit	Bruttostunden-verdienst		Bruttomonats-verdienst		bezahlte Wochen-arbeits-zeit	Bruttostunden-verdienst		Bruttomonats-verdienst	
		insgesamt	ohne Sonder-zahlungen	insgesamt	ohne Sonder-zahlungen		insgesamt	ohne Sonder-zahlungen	insgesamt	ohne Sonder-zahlungen		insgesamt	ohne Sonder-zahlungen	insgesamt	ohne Sonder-zahlungen
	Stunden	EUR				Stunden	EUR				Stunden	EUR			
Vollzeit- und teilzeitbeschäftigte Arbeitnehmer/-innen (ohne geringfügig Beschäftigte)															
Insgesamt	35,5	22,42	20,44	3 462	3 156	35,3	23,27	21,13	3 574	3 244	36,7	17,26	16,27	2 756	2 597
Männer	38,3	24,45	22,09	4 065	3 672	38,2	25,41	22,86	4 218	3 795	38,7	17,93	16,82	3 018	2 832
Frauen	32,1	19,39	17,97	2 703	2 506	31,7	19,94	18,43	2 743	2 534	34,6	16,46	15,60	2 474	2 344
Vollzeitbeschäftigte Arbeitnehmer/-innen															
Insgesamt	39,1	23,40	21,24	3 979	3 612	39,1	24,28	21,94	4 122	3 726	39,6	17,84	16,78	3 069	2 886
1	39,6	44,15	38,30	7 595	6 589	39,6	45,33	39,09	7 792	6 719	39,8	34,71	31,97	6 007	5 534
2	39,2	27,98	25,35	4 765	4 317	39,1	28,76	25,97	4 891	4 417	39,6	21,98	20,60	3 782	3 545
3	39,1	19,07	17,63	3 241	2 998	39,0	19,80	18,25	3 358	3 095	39,7	15,12	14,30	2 606	2 465
4	39,1	15,67	14,61	2 660	2 479	39,0	16,22	15,07	2 749	2 554	39,4	12,40	11,85	2 124	2 031
5	38,4	13,18	12,43	2 197	2 072	38,3	13,41	12,63	2 231	2 101	38,8	11,28	10,79	1 901	1 818
Männer	39,3	24,77	22,34	4 224	3 810	39,2	25,73	23,12	4 382	3 937	39,7	18,12	16,99	3 125	2 929
1	39,6	46,88	40,20	8 062	6 913	39,5	47,94	40,90	8 239	7 028	39,8	36,97	33,66	6 398	5 826
2	39,2	29,51	26,57	5 029	4 528	39,1	30,27	27,17	5 152	4 625	39,6	22,46	20,93	3 868	3 604
3	39,2	19,75	18,25	3 368	3 112	39,1	20,57	18,95	3 499	3 223	39,8	15,19	14,38	2 626	2 486
4	39,3	16,20	15,10	2 765	2 576	39,2	16,76	15,56	2 857	2 653	39,6	12,72	12,17	2 188	2 093
5	38,6	13,45	12,71	2 256	2 132	38,6	13,67	12,90	2 291	2 162	38,9	11,54	11,06	1 949	1 867
Frauen	38,9	20,25	18,70	3 423	3 161	38,8	20,81	19,14	3 507	3 227	39,4	17,32	16,39	2 967	2 807
1	39,6	35,19	32,06	6 059	5 522	39,6	36,13	32,72	6 216	5 629	39,8	30,16	28,58	5 220	4 947
2	39,1	24,68	22,73	4 197	3 865	39,1	25,29	23,20	4 293	3 937	39,6	21,33	20,16	3 666	3 465
3	38,9	17,61	16,32	2 976	2 757	38,8	18,14	16,76	3 057	2 824	39,4	14,99	14,15	2 569	2 424
4	38,5	14,15	13,20	2 364	2 206	38,3	14,64	13,60	2 438	2 267	39,1	11,59	11,07	1 969	1 880
5	37,9	12,71	11,94	2 095	1 968	37,8	12,94	12,14	2 128	1 996	38,7	10,85	10,34	1 823	1 738
Teilzeitbeschäftigte Arbeitnehmer/-innen (ohne geringfügig Beschäftigte)															
Insgesamt	25,1	18,07	16,88	1 974	1 844	24,5	18,64	17,37	1 988	1 852	28,9	15,09	14,34	1 891	1 798
1	25,5	32,96	30,89	3 646	3 418	25,2	33,47	31,28	3 663	3 423	27,6	29,36	28,19	3 518	3 378
2	26,3	24,51	22,80	2 806	2 610	25,8	25,00	23,21	2 801	2 601	31,1	21,09	19,91	2 845	2 687
3	25,4	17,54	16,28	1 934	1 795	24,6	18,19	16,83	1 946	1 800	29,4	14,64	13,84	1 870	1 768
4	25,0	13,18	12,44	1 434	1 353	24,4	13,59	12,78	1 441	1 355	28,3	11,41	10,95	1 400	1 344
5	23,2	11,53	11,00	1 160	1 107	22,8	11,69	11,13	1 160	1 104	25,8	10,40	10,06	1 168	1 129
Männer	26,1	18,54	17,34	2 099	1 963	25,7	19,19	17,90	2 139	1 995	28,5	15,02	14,32	1 858	1 771
1	24,9	35,82	33,78	3 877	3 597	25,0	36,50	33,78	3 961	3 665	24,4	30,69	29,21	3 252	3 095
2	27,5	26,39	24,34	3 158	2 913	27,3	26,97	24,82	3 194	2 940	29,9	21,86	20,56	2 844	2 675
3	27,1	17,87	16,61	2 106	1 958	26,6	18,70	17,32	2 158	1 999	30,0	14,20	13,48	1 852	1 758
4	26,2	12,78	12,18	1 460	1 391	25,7	13,07	12,43	1 461	1 390	28,9	11,56	11,15	1 452	1 400
5	24,0	11,16	10,75	1 162	1 119	23,7	11,24	10,82	1 157	1 114	26,0	10,63	10,25	1 203	1 160
Frauen	25,0	17,97	16,79	1 950	1 821	24,3	18,53	17,26	1 959	1 824	28,9	15,10	14,34	1 898	1 803
1	25,7	31,79	29,94	3 549	3 343	25,3	32,22	30,25	3 538	3 322	29,0	28,87	27,81	3 635	3 502
2	26,2	24,19	22,54	2 749	2 562	25,6	24,66	22,93	2 738	2 546	31,2	20,97	19,82	2 845	2 689
3	25,2	17,49	16,24	1 913	1 775	24,4	18,12	16,76	1 920	1 776	29,3	14,69	13,88	1 872	1 769
4	24,7	13,29	12,51	1 427	1 344	24,1	13,73	12,88	1 435	1 347	28,1	11,36	10,89	1 386	1 329
5	22,9	11,65	11,08	1 160	1 103	22,6	11,83	11,23	1 160	1 101	25,8	10,33	10,00	1 156	1 119
nachrichtlich: Geringfügig beschäftigte Arbeitnehmer/-innen															
Insgesamt	–	–	–	315	–	–	–	–	318	–	–	–	–	278	–
Männer	–	–	–	306	–	–	–	–	309	–	–	–	–	285	–
Frauen	–	–	–	320	–	–	–	–	325	–	–	–	–	273	–

Vierteljährliche Verdiensterhebung.

14 Verdienste und Arbeitskosten
14.1 Bruttoverdienste
14.1.4 Durchschnittliche Bruttomonatsverdienste der vollzeitbeschäftigten Arbeitnehmerinnen und Arbeitnehmer nach Betriebsgrößenklassen bzw. -eigenschaften 2015

	Deutschland		Früheres Bundesgebiet einschl. Berlin		Neue Länder	
	insgesamt	ohne Sonderzahlungen	insgesamt	ohne Sonderzahlungen	insgesamt	ohne Sonderzahlungen
	EUR					
Betriebe insgesamt	3 979	3 612	4 122	3 726	3 069	2 886
nach Betriebsgrößenklassen						
mit ... bis ... Arbeitnehmer/-innen						
bis zu 49	3 291	3 043	3 442	3 171	2 550	2 415
50 – 99	3 512	3 209	3 659	3 332	2 732	2 557
100 – 249	3 790	3 434	3 936	3 552	2 921	2 734
250 – 499	4 208	3 757	4 345	3 864	3 216	2 979
500 – 999	4 595	4 070	4 689	4 139	3 665	3 387
1 000 und mehr	5 417	4 698	5 471	4 738	4 377	3 935
nach Betriebseigenschaften						
Mit Handwerkseigenschaft	3 178	2 970	3 325	3 096	2 433	2 334
Ohne Handwerkseigenschaft	4 074	3 688	4 212	3 797	3 163	2 968

Vierteljährliche Verdiensterhebung.

14.1.5 Index der durchschnittlichen Bruttomonatsverdienste (Nominallohnindex)

Nr. der Klassifikation [1]	Wirtschaftsgliederung	Nominallohnindex							
		2010 = 100				Veränderung gegenüber Vorjahr in %			
		2012	2013	2014	2015	2012	2013	2014	2015
B – S	Produzierendes Gewerbe und Dienstleistungsbereich	105,9	107,4	110,2	113,2	2,5	1,4	2,6	2,7
B – N	Privatwirtschaft [2]	106,4	107,6	110,4	113,4	(2,5)	1,1	2,6	2,7
B – F	Produzierendes Gewerbe	108,1	109,9	113,0	116,3	(3,1)	1,7	2,8	2,9
B	Bergbau und Gewinnung von Steinen und Erden	107,2	110,4	111,4	115,1	(2,9)	3,0	0,9	3,3
C	Verarbeitendes Gewerbe	108,4	110,4	113,7	117,1	(3,2)	1,8	3,0	3,0
D	Energieversorgung	105,6	106,2	106,8	110,8	(2,8)	0,6	0,6	3,7
E	Wasserversorgung; Abwasser- und Abfallentsorgung und Beseitigung von Umweltverschmutzungen	105,5	106,9	109,2	112,0	(2,4)	1,3	2,2	2,6
F	Baugewerbe	107,4	108,1	110,8	113,6	(3,5)	0,7	2,5	2,5
G – S	Dienstleistungsbereich	104,7	106,0	108,7	111,5	(2,2)	1,2	2,5	2,6
G	Handel; Instandhaltung und Reparatur von Kraftfahrzeugen	106,1	105,7	107,4	109,7	(3,3)	– 0,4	1,6	2,1
H	Verkehr und Lagerei	104,0	105,0	106,6	108,9	(2,2)	1,0	1,5	2,2
I	Gastgewerbe	104,9	104,7	108,8	113,3	(2,3)	– 0,2	3,9	4,1
J	Information und Kommunikation	102,9	102,7	106,4	108,6	(0,1)	– 0,2	3,6	2,1
K	Erbringung von Finanz- und Versicherungsdienstleistungen	105,5	108,2	112,1	113,8	(2,3)	2,6	3,6	1,5
L	Grundstücks- und Wohnungswesen	104,1	108,9	109,9	113,3	(1,5)	4,6	0,9	3,1
M	Erbringung von freiberuflichen, wissenschaftlichen und technischen Dienstleistungen	101,9	101,8	104,5	107,9	(– 1,5)	– 0,1	2,7	3,3
N	Erbringung von sonstigen wirtschaftlichen Dienstleistungen	105,5	108,9	112,2	116,2	(1,5)	3,2	3,0	3,6
O	Öffentliche Verwaltung, Verteidigung; Sozialversicherung	105,0	107,0	110,6	113,5	(2,7)	1,9	3,4	2,6
P	Erziehung und Unterricht	103,5	105,8	108,3	110,7	(2,6)	2,2	2,4	2,2
Q	Gesundheits- und Sozialwesen	105,9	108,4	110,7	113,9	(3,4)	2,4	2,1	2,9
R	Kunst, Unterhaltung und Erholung	97,4	98,5	101,8	106,1	(– 4,3)	1,1	3,4	4,2
S	Erbringung von sonstigen Dienstleistungen	105,2	105,7	109,3	111,9	(2,6)	0,5	3,4	2,4

Vierteljährliche Verdiensterhebung.
1 Klassifikation der Wirtschaftszweige, Ausgabe 2008 (WZ 2008).
2 Privatwirtschaft = Produzierendes Gewerbe und marktbestimmte Dienstleistungen.

14 Verdienste und Arbeitskosten

14.2 Tarifverdienste und Mindestlöhne
14.2.1 Index der tariflichen Monatsverdienste

Nr. der Klassifikation [1]	Wirtschaftsgliederung	Ohne Sonderzahlungen				Mit Sonderzahlungen			
		2010=100		Veränderung gegenüber Vorjahr in %		2010=100		Veränderung gegenüber Vorjahr in %	
		2014	2015	2014	2015	2014	2015	2014	2015
A – S	**Gesamtwirtschaft**	**110,2**	**112,9**	**2,9**	**2,5**	**110,3**	**112,6**	**3,2**	**2,1**
B – S	**Produzierendes Gewerbe und Dienstleistungsbereich**	**110,2**	**112,9**	**2,9**	**2,5**	**110,3**	**112,6**	**3,2**	**2,1**
B – N	**Privatwirtschaft** [2]	**110,7**	**113,5**	**2,9**	**2,5**	**110,2**	**113,1**	**2,9**	**2,6**
B – F	**Produzierendes Gewerbe**	**111,5**	**114,6**	**3,0**	**2,8**	**110,7**	**113,9**	**3,0**	**2,9**
A	Land- und Forstwirtschaft, Fischerei	110,2	112,2	2,9	1,8	110,0	112,1	2,5	1,9
B	Bergbau und Gewinnung von Steinen und Erden	109,2	111,5	1,8	2,1	107,5	110,6	0,7	2,9
C	Verarbeitendes Gewerbe	111,9	115,2	3,0	2,9	110,9	114,4	3,1	3,2
	darunter:								
	Chemische Industrie	112,2	114,9	3,2	2,4	110,6	113,3	3,3	2,4
	Metallgewerbe	112,1	115,6	3,0	3,1	111,0	114,8	3,1	3,4
D	Energieversorgung	110,3	112,5	2,4	2,0	110,0	111,6	2,8	1,5
E	Wasserversorgung, Entsorgung, Beseitigung von Umweltverschmutzung	110,5	113,2	3,3	2,4	111,7	113,3	4,0	1,4
F	Baugewerbe	109,9	112,5	2,5	2,4	109,8	112,5	2,5	2,5
G – S	**Dienstleistungsbereich**	**109,8**	**112,2**	**2,9**	**2,2**	**110,1**	**112,1**	**3,2**	**1,8**
G	Handel; Instandhaltung und Reparatur von Kraftfahrzeugen	110,7	113,0	3,1	2,1	110,4	112,6	3,0	2,0
H	Verkehr und Lagerei	109,4	111,9	2,7	2,3	109,4	112,3	2,7	2,7
I	Gastgewerbe	107,2	110,8	1,5	3,4	107,2	110,7	1,7	3,3
J	Information und Kommunikation	109,0	111,1	2,6	1,9	108,9	111,2	2,4	2,1
K	Erbringung von Finanz- und Versicherungsdienstleistungen	108,5	111,2	2,3	2,5	108,9	111,1	2,8	2,0
L	Grundstücks- und Wohnungswesen	110,8	112,3	2,7	1,4	110,9	112,4	2,7	1,4
M	Erbringung von freiberuflichen, wissenschaftlichen und technischen Dienstleistungen	110,9	113,5	3,1	2,3	110,9	113,4	3,2	2,3
N	Erbringung von sonstigen wirtschaftlichen Dienstleistungen	110,2	112,2	2,8	1,8	110,1	112,1	2,8	1,8
O	Öffentliche Verwaltung, Verteidigung, Sozialversicherung	110,2	112,6	3,2	2,2	110,8	112,3	3,7	1,4
P	Erziehung und Unterricht	109,0	111,1	2,8	1,9	109,2	111,2	2,9	1,8
Q	Gesundheits- und Sozialwesen	110,2	113,1	2,9	2,6	110,7	112,9	3,4	2,0
R	Kunst, Unterhaltung, Erholung	109,4	111,4	2,9	1,8	110,1	111,6	3,4	1,4
S	Erbringung von sonstigen Dienstleistungen	110,0	112,8	3,0	2,5	110,6	112,8	3,5	2,0

Vierteljährlicher Index der Tarifverdienste.
1 Klassifikation der Wirtschaftszweige, Ausgabe 2008 (WZ 2008).
2 Privatwirtschaft = Produzierendes Gewerbe und marktbestimmte Dienstleistungen.

Index der tariflichen Monatsverdienste mit Sonderzahlungen 2015
Veränderung gegenüber Vorjahr, in %

Wirtschaftszweig	%
Metallgewerbe	3,4
Bergbau und Gewinnung von Steinen und Erden	2,9
Verkehr und Lagerei	2,7
Baugewerbe	2,5
Chemische Industrie	2,4
Handel; Instandhaltung und Reparatur von Kraftfahrzeugen	2,0
Energie- und Wasserversorgung	1,5
Öffentlicher Dienst	1,4
Insgesamt	2,1

Quelle: Statistik der Tarifverdienste

Tarifbindung nach Arbeitnehmerinnen und Arbeitnehmern in ausgewählten Wirtschaftszweigen 2010
in %

Wirtschaftszweig	%
Öffentliche Verwaltung, Verteidigung; Sozialversicherung	100
Erbringung von Finanz- und Versicherungsdienstleistungen	89
Energieversorgung	84
Verarbeitendes Gewerbe	51
Baugewerbe	47
Verkehr und Lagerei	45
Gesundheits- und Sozialwesen	44
Gastgewerbe	36
Handel; Instandhaltung und Reparatur von Kraftfahrzeugen	32
Gesamtwirtschaft	55

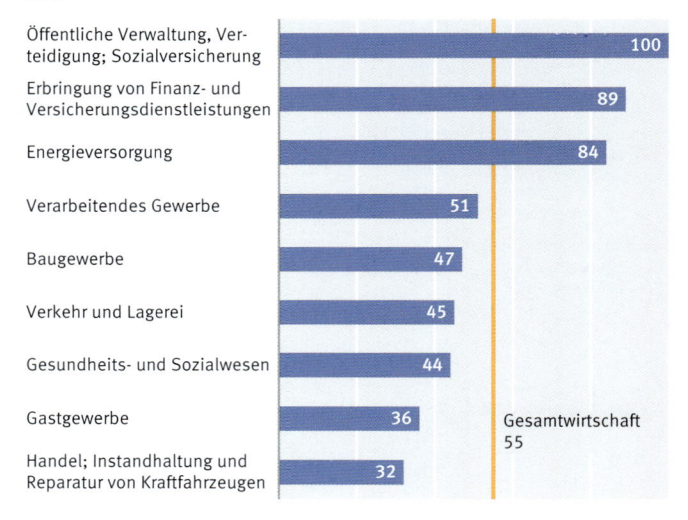

Ergebnisse der Verdienststrukturerhebung 2010. – Arbeitnehmerinnen und Arbeitnehmer in tarifgebundenen Betrieben.

14 Verdienste und Arbeitskosten

14.2 Tarifverdienste und Mindestlöhne

Laufzeiten, Tariferhöhungen sowie Einmalzahlungen ausgewählter Tarifabschlüsse

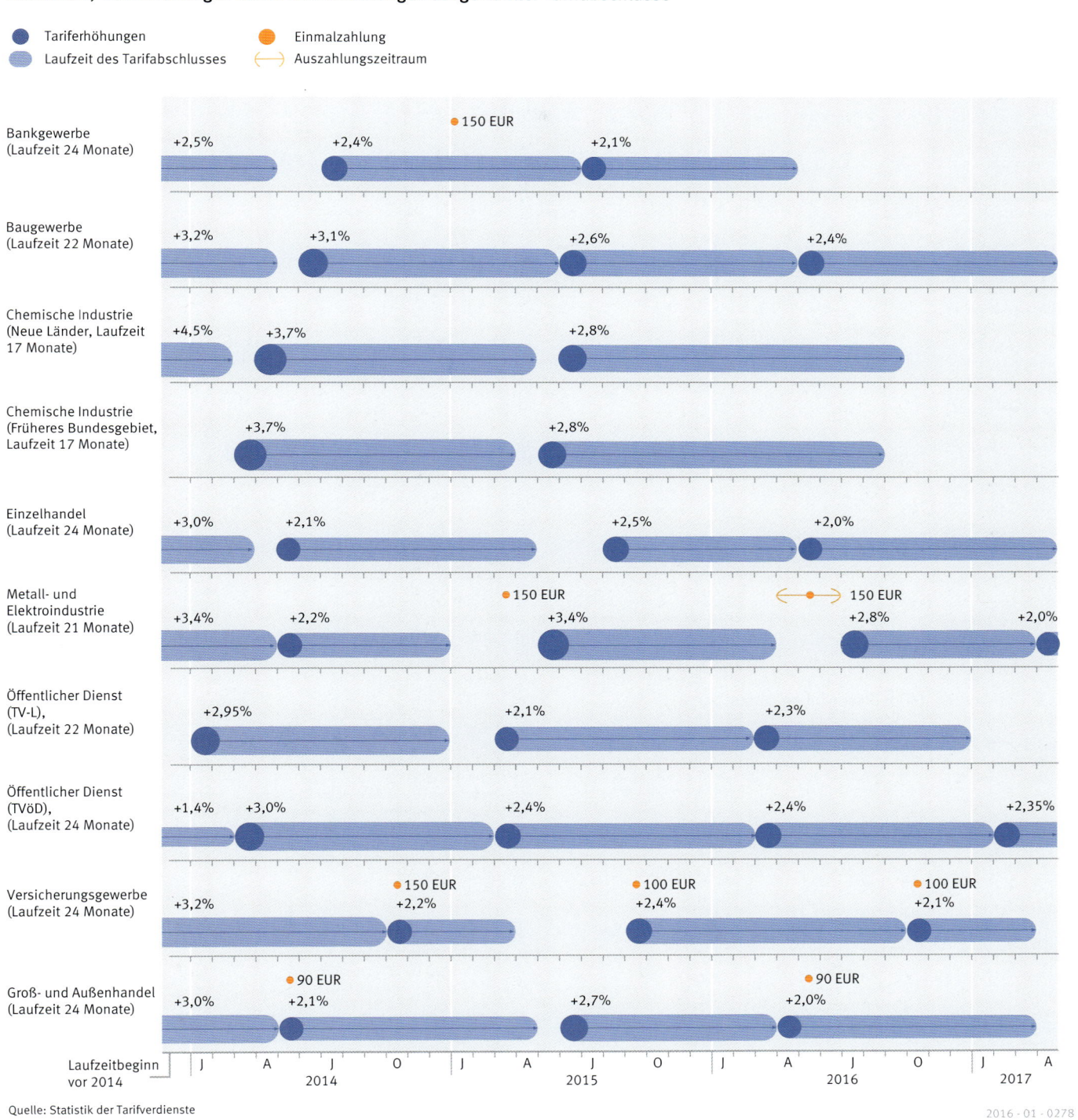

- ● Tariferhöhungen
- ● Einmalzahlung
- ▬ Laufzeit des Tarifabschlusses
- ⟷ Auszahlungszeitraum

Bankgewerbe (Laufzeit 24 Monate): +2,5%; +2,4%; 150 EUR; +2,1%

Baugewerbe (Laufzeit 22 Monate): +3,2%; +3,1%; +2,6%; +2,4%

Chemische Industrie (Neue Länder, Laufzeit 17 Monate): +4,5%; +3,7%; +2,8%

Chemische Industrie (Früheres Bundesgebiet, Laufzeit 17 Monate): +3,7%; +2,8%

Einzelhandel (Laufzeit 24 Monate): +3,0%; +2,1%; +2,5%; +2,0%

Metall- und Elektroindustrie (Laufzeit 21 Monate): +3,4%; +2,2%; 150 EUR, +3,4%; 150 EUR, +2,8%; +2,0%

Öffentlicher Dienst (TV-L) (Laufzeit 22 Monate): +2,95%; +2,1%; +2,3%

Öffentlicher Dienst (TVöD) (Laufzeit 24 Monate): +1,4%; +3,0%; +2,4%; +2,4%; +2,35%

Versicherungsgewerbe (Laufzeit 24 Monate): +3,2%; 150 EUR, +2,2%; 100 EUR, +2,4%; 100 EUR, +2,1%

Groß- und Außenhandel (Laufzeit 24 Monate): +3,0%; 90 EUR, +2,1%; +2,7%; 90 EUR, +2,0%

Laufzeitbeginn vor 2014 — 2014 — 2015 — 2016 — 2017

Quelle: Statistik der Tarifverdienste

2016 - 01 - 0278

14 Verdienste und Arbeitskosten

14.2 Tarifverdienste und Mindestlöhne
14.2.2 Branchenspezifische Mindestlöhne in Deutschland

	Früheres Bundesgebiet einschl. Berlin	Neue Länder
	EUR je Stunde	
Abfallwirtschaft	9,10	9,10
Arbeitnehmerüberlassung (Zeitarbeit)	8,80 [1]	8,20 [2]
Aus- und Weiterbildungsdienstleistungen	14,00	13,50
Baugewerbe		
Werker/-innen, Maschinenwerker/-innen	11,25	11,05
Fachwerker/-innen, Maschinistinnen/Maschinisten, Kraftfahrer/-innen	14,45 (Berlin: 14,30)	11,05
Dachdeckerhandwerk	12,05	12,05
Fleischwirtschaft	8,60	8,60
Gebäudereinigung		
Innen- und Unterhaltungsreinigungsarbeiten	9,80	8,70
Glas- und Fassadenreinigungsarbeiten	12,98	11,10
Geld- und Wertdienste		
Mobile Dienstleistungen (Geld- und Werttransport)	11,80 bis 15,73 [1][3]	11,24 [2]
Stationäre Dienstleistungen (Geldbearbeitung)	10,11 bis 12,92 [1][4]	9,33 [2]
Gerüstbauerhandwerk	10,70	10,70
Land- und Forstwirtschaft sowie Gartenbau	8,00	7,90
Maler- und Lackiererhandwerk		
ungelernte Arbeitnehmer/-innen	10,10	10,10
gelernte Arbeitnehmer/-innen, Gesellinnen/Gesellen	13,10 (Berlin: 12,90)	11,30
Pflegebranche	9,75	9,00
Steinmetz- und Steinbildhauerhandwerk	11,35	11,00
Textil- und Bekleidungsindustrie	8,50 (mit Berlin-West)	8,25 (mit Berlin-Ost)
Wäschereidienstleistungen im Objektkundengeschäft	8,50 [1]	8,00 [2]

Seit dem 1.1.2015 gilt in Deutschland ein flächendeckender **gesetzlicher Mindestlohn** von 8,50 Euro für alle Arbeitnehmerinnen und Arbeitnehmer. In einer Übergangszeit bis zum 31.12.2016 sind für laufende branchenspezifische Mindestlöhne auch Bruttostundenverdienste unter 8,50 Euro erlaubt. Sofern branchenspezifische Mindestlöhne über 8,50 Euro liegen, können sie auch danach fortbestehen.

Am 1.5.2016 galten in 15 Branchen branchenspezifische Mindestlöhne.

Stand: 1.5.2016.

1 Ohne Angaben für Berlin.
2 Einschl. der Angaben für Berlin.
3 Die Regelungen sind in den Bundesländern unterschiedlich. Mobile Dienstleistungen von 1.1. bis 31.12.: Baden-Württemberg, Bayern 14,38 €; Bremen, Hamburg, Hessen 14,06 €; Niedersachsen 14,83 €; Nordrhein-Westfalen 15,73 €; Rheinland-Pfalz, Saarland 12,92 €; Schleswig-Holstein 11,80 €.
4 Die Regelungen sind in den Bundesländern unterschiedlich. Stationäre Dienstleistungen von 1.1. bis 31.12.: Baden-Württemberg, Bremen, Hamburg, Niedersachsen 12,36 €; Bayern, Hessen, Nordrhein-Westfalen 12,92 €; Rheinland-Pfalz, Saarland, Schleswig-Holstein 10,11 €.

Quelle: Statistik der Tarifverdienste

14.3 Verdienste im öffentlichen Dienst 2016
Weitere Informationen zu Beschäftigten des öffentlichen Dienstes siehe Kapitel „Arbeitsmarkt"

14.3.1 Besoldung der Bundesbeamtinnen und -beamten

Besoldungsgruppe lediger Beamtinnen/Beamter	Stufe 1	Stufe 4	Stufe 6	Stufe 8
	EUR			
A 2	1 974,72	2 097,74	2 167,73	2 237,70
A 3	2 050,34	2 180,14	2 254,62	2 329,12
A 4	2 093,25	2 247,86	2 335,90	2 420,56
A 5	2 109,02	2 287,37	2 396,87	2 504,08
A 6	2 154,17	2 377,66	2 504,08	2 632,76
A 7	2 261,41	2 522,14	2 710,65	2 852,86
A 8	2 392,34	2 720,81	2 927,35	3 097,80
A 9	2 581,96	2 935,26	3 158,96	3 344,99
A 10	2 763,68	3 217,08	3 508,93	3 748,44
A 11	3 158,96	3 691,46	3 935,62	4 179,79
A 12	3 386,86	4 019,32	4 309,99	4 602,99
A 13	3 971,66	4 563,45	4 836,69	5 106,41
A 14	4 084,44	4 849,46	5 201,76	5 554,05
A 15	4 992,48	5 573,81	5 923,78	6 271,40
A 16	5 507,53	6 179,56	6 584,18	6 986,46

Zusätzlich zu den aufgeführten Besoldungen erhalten verheiratete Beamtinnen und Beamte einen **monatlichen Familienzuschlag** von 126,70 Euro in den Besoldungsgruppen A2 bis A8 bzw. 133,04 Euro in allen übrigen Besoldungsgruppen. Der Zuschlag erhöht sich beim ersten und zweiten Kind um je 113,74 Euro und für das dritte und jedes weitere zu berücksichtigende Kind um 354,38 Euro. Alle Angaben gelten ausschließlich für Bundesbeamtinnen und Bundesbeamte. Die Besoldung der Landesbeamtinnen und Landesbeamten regeln die Besoldungsrichtlinien des jeweiligen Bundeslandes.

Stand: 1.3.2015.

Quelle: Statistik der Tarifverdienste

14 Verdienste und Arbeitskosten
14.3 Verdienste im öffentlichen Dienst 2016

Weitere Informationen zu Beschäftigten des öffentlichen Dienstes siehe Kapitel „Arbeitsmarkt"

14.3.2 Tarifverdienste der Beschäftigten bei Bund und Kommunen

Entgeltgruppe	Stufe 1	Stufe 3	Stufe 5	Stufe 6
	EUR			
1	–	1 740,08	1 810,25	1 897,38
2	1 908,26	2 163,60	2 357,19	2 496,38
3	2 060,76	2 333,03	2 502,44	2 568,98
4	2 093,40	2 454,02	2 623,44	2 673,03
5	2 197,47	2 538,73	2 738,39	2 798,90
6	2 289,44	2 647,62	2 841,25	2 919,91
7	2 333,03	2 732,33	2 944,10	3 028,81
8	2 485,48	2 865,46	3 095,36	3 171,59
9 [1	2 648,85	3 071,16	3 776,53	4 025,78
9a [1	2 648,85	2 974,36	3 464,92	3 539,95
9b [1	2 648,85	3 071,16	3 776,53	4 025,78
10	2 986,43	3 552,17	4 275,08	4 387,25
11	3 095,36	3 676,82	4 592,90	4 842,18
12	3 204,27	4 050,72	5 047,84	5 297,11
13	3 573,37	4 175,38	5 159,99	5 396,82
14	3 876,23	4 549,26	5 496,55	5 808,12
15	4 280,05	4 923,20	6 020,00	6 331,60

Stand: 1.3.2016.
1 Entgeltgruppe 9 gilt nur für Beschäftigte der Kommunen, Entgeltgruppen 9a und 9b gelten nur für Beschäftigte des Bundes.
Quelle: Statistik der Tarifverdienste

14.4 Jahresschätzung der Arbeitskosten je geleistete Stunde

Nr. der Klassifikation [1	Wirtschaftsgliederung	2000	2005	2010	2012	2013	2015
B – S	Produzierendes Gewerbe und Dienstleistungsbereich	25,00	27,00	29,00	30,70	31,20	32,60
B – N	Privatwirtschaft [2	24,90	27,10	29,10	30,90	31,30	32,70
B – F	Produzierendes Gewerbe	26,50	29,30	31,90	33,80	34,70	36,30
B	Bergbau und Gewinnung von Steinen und Erden	30,80	32,50	37,60	40,90	43,00	43,00
C	Verarbeitendes Gewerbe	27,50	30,20	32,90	35,00	36,10	38,00
D	Energieversorgung	36,00	41,40	44,00	46,80	46,40	46,40
E	Wasserversorgung; Abwasser- und Abfallentsorgung und Beseitigung von Umweltverschmutzungen	23,30	25,30	26,10	27,40	27,50	28,90
F	Baugewerbe	20,10	21,60	23,70	25,10	25,30	26,20
G – S	Dienstleistungsbereich	24,10	25,90	27,60	29,30	29,60	30,90
G – N	Marktbestimmte Dienstleistungen	23,30	25,30	26,90	28,60	28,60	29,90
G	Handel; Instandhaltung und Reparatur von Kraftfahrzeugen	20,40	22,90	24,20	25,90	25,80	26,30
H	Verkehr und Lagerei	22,10	23,40	25,10	25,50	25,10	25,60
I	Gastgewerbe	13,00	13,90	14,60	15,80	15,70	16,90
J	Information und Kommunikation	32,40	36,20	38,80	41,30	41,50	44,30
K	Erbringung von Finanz- und Versicherungsdienstleistungen	33,20	38,20	44,00	47,10	48,30	50,90
L	Grundstücks- und Wohnungswesen	27,10	28,60	30,70	32,80	33,20	34,20
M	Erbringung von freiberuflichen, wissenschaftlichen und technischen Dienstleistungen	29,10	31,90	35,50	38,20	38,00	40,20
N	Erbringung von sonstigen wirtschaftlichen Dienstleistungen	15,10	15,10	16,70	18,40	19,00	20,00
O – S	Nicht marktbestimmte Dienstleistungen	25,20	26,70	28,70	30,20	31,10	32,40
O	Öffentliche Verwaltung, Verteidigung; Sozialversicherung	24,90	28,00	31,10	33,00	34,10	36,10
P	Erziehung und Unterricht	32,30	32,10	33,20	34,70	35,40	36,90
Q	Gesundheits- und Sozialwesen	22,40	23,30	24,90	26,60	27,50	28,40
R	Kunst, Unterhaltung und Erholung	24,60	24,00	25,70	26,50	27,40	29,00
S	Erbringung von sonstigen Dienstleistungen	22,10	22,80	24,40	26,40	26,10	27,30

Jahresschätzung Arbeitskosten.
1 Klassifikation der Wirtschaftszweige, Ausgabe 2008 (WZ 2008).
2 Privatwirtschaft = Produzierendes Gewerbe und marktbestimmte Dienstleistungen.

Verdienste sind für Arbeitnehmerinnen und Arbeitnehmer der wichtigste Bestandteil des persönlichen Einkommens. Für die Arbeitgeberinnen und Arbeitgeber stellen sie **Kosten** dar und sind der Preis für die Arbeitsleistung der Arbeitnehmerinnen und Arbeitnehmer. Um diese Kostenseite abzubilden, gibt es neben den Verdienststatistiken auch EU-weit vereinheitlichte Arbeitskostenstatistiken, die sowohl die Verdienste als auch die Lohnnebenkosten der Arbeitgeberinnen und Arbeitgeber erfassen. So lässt sich feststellen, welche Kosten der Arbeitgeberin und dem Arbeitgeber für eine geleistete Arbeitsstunde entstehen. Im Jahr 2015 kostete eine Stunde Arbeit in Deutschland durchschnittlich 32,60 Euro. In der Erbringung von Finanz- und Versicherungsdienstleistungen verzeichneten Arbeitgeberinnen und Arbeitgeber mit 50,90 Euro die höchsten, im Gastgewerbe mit 16,90 Euro die niedrigsten Arbeitskosten.

14 Verdienste und Arbeitskosten

Methodik

Die Daten über Verdienste und Arbeitskosten erlauben Einblicke in die Kostensituation der Wirtschaft und ihre Veränderung. Damit bilden sie eine wichtige Informationsgrundlage, z. B. für die Konjunkturanalyse und Geldpolitik.
Die amtliche Statistik über Verdienste und Arbeitskosten umfasst im Wesentlichen

- die Vierteljährliche Verdiensterhebung über Verdienste und Arbeitszeiten, Statistiken über Tarifverdienste sowie Dienstbezüge (jährlich),
- in mehrjährlichen Abständen erstellte Statistiken über die Verdienststrukturen sowie die Arbeitskosten (Bruttoverdienste sowie Lohnnebenkosten).

■ Bruttoverdienste

Vierteljährliche Verdiensterhebung

Die **Vierteljährliche Verdiensterhebung** beruht auf dem Verdienststatistikgesetz, das zum 1.1.2007 in Kraft getreten ist. Sie ersetzt seitdem die „Laufende Verdiensterhebung". Die Vierteljährliche Verdiensterhebung erfasst vierteljährlich Angaben zur Berechnung der bezahlten Arbeitsstunden sowie Bruttostunden-, Bruttomonats- und Bruttojahresverdienste der vollzeit-, teilzeit- und geringfügig beschäftigten Arbeitnehmerinnen und Arbeitnehmer. Diese Merkmale werden zudem nach Geschlecht, Wirtschaftszweigen, Leistungsgruppen und Betriebsgrößenklassen untergliedert dargestellt.

Die Vierteljährliche Verdiensterhebung ist eine Stichprobenerhebung. Die Stichprobe umfasst eine Auswahl von 40 500 Betrieben. Die Ergebnisse beziehen sich auf das Produzierende Gewerbe und den Dienstleistungsbereich. Nach der Klassifikation der Wirtschaftszweige, Ausgabe 2008 (WZ 2008) erstreckt sich die Erhebung auf die Abschnitte B bis S. In den Wirtschaftszweigen „Öffentliche Verwaltung, Verteidigung; Sozialversicherung" sowie „Erziehung und Unterricht" wird aufgrund der Nutzung bereits vorhandener Statistiken fast komplett auf eine Erhebung verzichtet. Nur in den Bereichen P 85.5 „Sonstiger Unterricht" und P 85.6 „Erbringung von Dienstleistungen für den Unterricht" werden Betriebe befragt.

Grundsätzlich umfasst die Erhebung Betriebe mit zehn und mehr Arbeitnehmerinnen und Arbeitnehmern. Betriebe mit fünf und mehr Arbeitnehmerinnen und Arbeitnehmern umfasst die Erhebung in den Wirtschaftszweigen „Vorbereitende Baustellenarbeiten", „Bauinstallation" und „sonstiges Ausbaugewerbe", „Einzelhandel", „Gastgewerbe", „Grundstücks- und Wohnungswesen", „Erbringung von freiberuflichen, wissenschaftlichen und technischen Dienstleistungen", „Erbringung von Dienstleistungen des Sports, der Unterhaltung und der Erholung", „Erbringung von sonstigen Dienstleistungen". Ein Betrieb im Sinne dieser Erhebung ist die örtliche Einheit als Zusammenfassung der räumlich zusammenhängenden Teile eines Unternehmens.

Die Verdiensterhebung enthält alle sozialversicherungspflichtigen Arbeitnehmerinnen und Arbeitnehmer der Stichprobenbetriebe. Eine Ausnahme bilden die Arbeitnehmerinnen und Arbeitnehmer in Altersteilzeit, Auszubildende, Praktikantinnen und Praktikanten, Volontärinnen und Volontäre, ehrenamtlich Tätige, tätige Inhaberinnen und Inhaber, Mitinhaberinnen und Mitinhaber und Familienangehörige ohne Arbeitsvertrag, ausschließlich auf Honorarbasis bezahlte Personen, Personen im Vorruhestand sowie Personen in sogenannten „Ein-Euro-Jobs". Im Gegensatz zu den Tarifverdiensten umfassen die Bruttomonats- und Bruttostundenverdienste auch die Verdienste von Arbeitnehmerinnen und Arbeitnehmern in nicht tarifgebundenen Betrieben und von außertariflich bezahlten Arbeitnehmerinnen und Arbeitnehmern. Sie spiegeln somit die tatsächlich gezahlten Bruttoverdienste wider.

Nicht nur die Erhöhung oder Senkung von Verdiensten, sondern auch die Veränderungen in der Arbeitnehmerstruktur beeinflussen die Entwicklung der Durchschnittsverdienste. Um die Verdienstentwicklung unter Ausschluss dieser Strukturveränderungen darzustellen, werden Indizes nach der Formel von „Laspeyres" errechnet – mit konstanter Arbeitnehmerstruktur.

Die Verdienststrukturerhebung und die Vierteljährliche Verdiensterhebung verwenden für gleiche Merkmale gleiche Abgrenzungen. Im Unterschied zur Vierteljährlichen Verdiensterhebung erfasst die Verdienststrukturerhebung weitere Merkmale und auch Arbeitnehmerinnen und Arbeitnehmer in Altersteilzeit, Auszubildende, Praktikantinnen und Praktikanten.

■ Tarifverdienste und Mindestlöhne

Index der Tarifverdienste und Arbeitszeiten

Der **Index der Tarifverdienste und Arbeitszeiten** informiert über die durchschnittliche Entwicklung der Tarifverdienste und tariflichen Arbeitszeiten für alle Wirtschaftsbereiche mit Ausnahme der privaten Haushalte.

In den Index der Tarifverdienste fließen rund 500 ausgewählte Tarifverträge und Besoldungsordnungen aus dem früheren Bundesgebiet und den neuen Ländern ein. Die zur Berechnung des Tarifverdienstindex herangezogenen Tarifverträge und Besoldungsordnungen umfassen in jedem nachzuweisenden Wirtschaftszweig mindestens 75 % der tarifgebundenen Beschäftigten sowie der nach Besoldungsordnung entlohnten Beamtinnen und Beamten. Die übrigen Tarifbeschäftigten werden proportional auf die ausgesuchten Tarifverträge verteilt.

Seit der Umstellung des Tarifindex auf Basis 2010 = 100 werden Tarifindizes sowohl ohne Sonderzahlungen als auch mit Sonderzahlungen berechnet. Die Tarifindizes ohne Sonderzahlungen messen die Entwicklung der tariflichen Grundvergütung, d. h. der Tarifverdienste und Besoldungsordnungen, die dauerhaft und regelmäßig zu zahlen sind. In die Tarifindizes mit Sonderzahlungen fließen dagegen auch tariflich festgelegte Einmalzahlungen, Urlaubs- und Weihnachtsgeld, Beiträge zu vermögenswirksamen Leistungen und/oder zur betrieblichen Altersversorgung mit ein.

Die wesentliche Grundlage für das aktuelle Wägungsschema der Tarifindizes – also für die Auswahl der einbezogenen Tarifverträge und die Anzahl der Arbeitnehmerinnen und Arbeitnehmer – sind das Ergebnisse der Verdienststrukturerhebung (VSE) für den Berichtsmonat Oktober 2010, bei der rund 34 000 Betriebe des Produzierenden Gewerbes und des Dienstleistungsbereichs befragt wurden. Da die VSE 2010 die Landwirtschaft nicht umfasste, wurde für diesen Wirtschaftszweig auf die Verdiensterhebung in der Landwirtschaft zurückgegriffen. Die VSE erfasst zudem keine Gebietskörperschaften. Die Angaben hierzu werden aus der jährlichen Personalstandstatistik für den öffentlichen Dienst abgeleitet.

Tarifindizes werden als sogenannte Laspeyres-Festbasis-Indizes berechnet. Dies bedeutet, dass die Entwicklung der in den Tarifverträgen geregelten Verdienste mit festen Gewichten in die Berechnung der Tarifindizes einfließt. Der Tarifindex umfasst voll- und teilzeit sozialversicherungspflichtige Arbeitnehmerinnen und Arbeitnehmer sowie Beamtinnen und Beamte.

Mindestlöhne

Seit 1.1.2015 gilt in Deutschland ein flächendeckender gesetzlicher Mindestlohn von 8,50 Euro für alle Arbeitnehmerinnen und Arbeitnehmer. Mit der Einführung des gesetzlichen Mindestlohns hat die Bundesregierung eine ständige Mindestlohnkommission berufen, zu deren Aufgaben unter anderem alle zwei Jahre der Beschluss zur Anpassung des Mindestlohns zählt. Das Gesetz sieht vor, dass sich die Kommission dabei nachlaufend an der Tarifentwicklung orientiert. Die Mindestlohnkommission hat daraufhin beschlossen, sich bei der erstmaligen Anpassung des gesetzlichen Mindestlohns zum 1. Januar 2017 am monatlichen Index der tariflichen Stundenverdienste ohne Sonderzahlungen zu orientieren. Bei dem bis spätestens zum 30. Juni 2016 bekanntzugebenden Beschluss verwendet die Kommission die Veränderungsrate dieser Indexreihe vom Dezember 2014 bis zum Zeitpunkt des Beschlusses. Für die Anpassungen des Mindestlohns ab dem Jahr 2018 hat die Mindestlohnkommission entschieden, dass sie in der Regel die Tarifentwicklung der beiden vorhergehenden Kalenderjahre verwenden wird. Ausführliche Informationen zum Thema „Mindestlöhne" finden Sie unter *www.destatis.de › Zahlen und Fakten › Verdienste und Arbeitskosten › Mindestlöhne*

14 Verdienste und Arbeitskosten

Methodik

■ Verdienste im öffentlichen Dienst

Die monatlichen Dienstbezüge, die in der Tabelle 14.3.1 nachgewiesen sind, beziehen sich auf die folgenden Besoldungsgruppen der Bundesbeamtinnen und Bundesbeamten nach der „Besoldungsordnung A":
A16: Leitende(r) Regierungsdirektor/-in, A15: Regierungsdirektor/-in, A14: Oberregierungsrat/-rätin, A13: Regierungsrat/-rätin, A12: Amtsrat/-rätin, A11: Amtmann/Amtfrau, A10: Oberinspektor/-in, A9: Inspektor/-in, A8: Hauptsekretär/-in, Hauptwerkmeister/-in, A7: Obersekretär/-in, Oberwerkmeister/-in, A6: Sekretär/-in, Werkmeister/-in, A5: Assistent/-in, A4: Amtsmeister/-in, A3: Hauptamtsgehilfe/-gehilfin, A2: Oberamtsgehilfe/-gehilfin.

Verheiratete Beamtinnen und Beamte erhalten zusätzlich zu den aufgeführten Besoldungen einen monatlichen Familienzuschlag von 126,70 Euro in den Besoldungsgruppen A2 bis A8 bzw. 133,04 Euro in allen übrigen Besoldungsgruppen. Der Zuschlag erhöht sich beim ersten und zweiten Kind um je 113,74 Euro und für das dritte und jedes weitere zu berücksichtigende Kind um 354,38 Euro (Stand: 1.3.2015). Alle Angaben gelten ausschließlich für Bundesbeamtinnen und Bundesbeamte.

Die Besoldung der Landesbeamtinnen und Landesbeamten regeln die Besoldungsrichtlinien des jeweiligen Bundeslandes. Weitere Informationen finden Sie in der Veröffentlichung „Verdienste im öffentlichen Dienst bei Bund, Ländern und Gemeinden".

■ Arbeitskosten

Jahresschätzung der Arbeitskosten
Die Berechnung der Jahresschätzung der Arbeitskosten basiert auf dem Niveau der Arbeitskosten je geleistete Stunde der Arbeitskostenerhebung, die alle vier Jahre stattfindet. Die Fortschätzung des Niveaus für Zwischenjahre erfolgt anhand der jährlichen Veränderungsrate des Arbeitskostenindex. Revisionen des Arbeitskostenindex können die Ergebnisse der Jahresschätzung der Arbeitskosten vom aktuellen Rand bis zu jenem Jahr verändern, das auf das Berichtsjahr der letzten Arbeitskostenerhebung folgt. Die hier veröffentlichten Ergebnisse der Jahresschätzung beruhen auf dem Rechenstand des Arbeitskostenindex vom vierten Quartal 2015.

Arbeitskostenerhebung
Die Arbeitskostenerhebung wird im Abstand von vier Jahren durchgeführt, zuletzt für das Berichtsjahr 2012. Die Ergebnisse beschränken sich auf das Produzierende Gewerbe und den Dienstleistungsbereich (Abschnitte B bis S der Klassifikation der Wirtschaftszweige, Ausgabe 2008 (WZ 2008)) und Arbeitnehmerinnen und Arbeitnehmer in Unternehmen mit zehn und mehr Beschäftigten. Die Stichprobe der Arbeitskostenerhebung umfasst eine Auswahl von maximal 34 000 Unternehmen, die unter Auskunftspflicht summierte Angaben über zuletzt rund 10,4 Millionen Arbeitnehmerinnen und Arbeitnehmer meldeten. Die Angaben der Wirtschaftszweige „Öffentliche Verwaltung, Verteidigung; Sozialversicherung" sowie „Erziehung und Unterricht" werden dabei größtenteils nicht erhoben, sondern aus der jährlichen Personalstandstatistik für den öffentlichen Dienst abgeleitet.

Arbeitskostenindex
Der **Vierteljährliche Arbeitskostenindex** basiert auf der Größe „Arbeitskosten je geleistete Arbeitsstunde". Er gibt an, wie sich die gesamten Arbeitskosten aller Arbeitnehmerinnen und Arbeitnehmer entwickelt haben. Der Index ermöglicht es, die Arbeitskostenentwicklung in die beiden Hauptkomponenten der Arbeitskosten zu unterteilen: nämlich in die Entwicklung der Kosten für Bruttoverdienste sowie der Lohnnebenkosten. Die aktuellen Ergebnisse des Arbeitskostenindex werden zu jedem Veröffentlichungstermin überprüft. Neue Informationen werden eingearbeitet und die Ergebnisse bei Bedarf entsprechend revidiert.

Detaillierte Informationen zur Methodik der einzelnen Statistiken sind in den „Qualitätsberichten" dokumentiert (siehe hierzu *www.destatis.de/publikationen* › Qualitätsberichte).

14 Verdienste und Arbeitskosten

Glossar

Arbeitnehmerinnen und Arbeitnehmer | Die „Vierteljährliche Verdiensterhebung" erfasst Angaben für folgende Arbeitnehmerinnen und Arbeitnehmer:
- den größten Teil der sozialversicherungspflichtig beschäftigten Arbeitnehmerinnen und Arbeitnehmer (ohne die unten aufgeführten Sozialversicherungspflichtigen),
- geringfügig und kurzfristig Beschäftigte,
- nicht sozialversicherungspflichtige Arbeitnehmerinnen und Arbeitnehmer mit einem Arbeitsvertrag, die zumindest teilweise erfolgsunabhängige Verdienstbestandteile erhalten,
- Arbeitnehmerinnen und Arbeitnehmer, die ihren Wohnsitz im Ausland haben und im Inland arbeiten,
- Heimarbeiterinnen und Heimarbeiter, Saisonarbeitskräfte sowie Aushilfskräfte, die als abhängig Beschäftigte eine bezahlte Leistung erbringen,
- Beamtinnen und Beamte in den Wirtschaftsbereichen „Öffentliche Verwaltung, Verteidigung; Sozialversicherung" und „Erziehung und Unterricht".

Nicht einbezogen sind Arbeitnehmerinnen und Arbeitnehmer in Altersteilzeit, Beamtinnen und Beamte außerhalb der oben aufgeführten Wirtschaftsbereiche, Arbeitnehmerinnen und Arbeitnehmer, die ihren Wohnsitz im Inland haben und im Ausland arbeiten, Auszubildende, Praktikantinnen und Praktikanten, Personen, die keinen Verdienst für ihre Leistung erhalten, tätige Inhaberinnen und Inhaber, Mitinhaberinnen und Mitinhaber und Familienangehörige ohne Arbeitsvertrag, ausschließlich auf Honorarbasis bezahlte Personen, Personen im Vorruhestand sowie Personen in sogenannten „Ein-Euro-Jobs".

Die „Verdienststrukturerhebung" und die „Arbeitskostenerhebung" erfassen zusätzlich Arbeitnehmerinnen und Arbeitnehmer in Altersteilzeit, Auszubildende, Praktikantinnen und Praktikanten.

Arbeitskosten | Sie umfassen die Gesamtheit aller Aufwendungen, die Arbeitgeberinnen und Arbeitgeber durch die Beschäftigung von Arbeitskräften tragen. Zu den Arbeitskosten gehören das Arbeitnehmerentgelt mit Bruttoverdiensten in Form von Geld- und Sachleistungen, die Sozialbeiträge der Arbeitgeberinnen und Arbeitgeber, die Kosten der beruflichen Aus- und Weiterbildung, sonstige Aufwendungen sowie Steuern auf die Lohnsumme oder Beschäftigtenzahl.

Arbeitsvolumen | Dieses umfasst die tatsächlich geleistete Arbeitszeit aller Erwerbstätigen, die als Arbeitnehmerinnen und Arbeitnehmer (Arbeiterinnen und Arbeiter, Angestellte, Beamtinnen und Beamte, geringfügig Beschäftigte, Soldatinnen und Soldaten) oder als Selbstständige bzw. als mithelfende Familienangehörige innerhalb Deutschlands eine auf wirtschaftlichen Erwerb gerichtete Tätigkeit ausüben. Hierzu zählen auch die geleisteten Arbeitsstunden von Personen mit mehreren gleichzeitigen Beschäftigungsverhältnissen. Nicht zum Arbeitsvolumen gehören hingegen die bezahlten, aber nicht geleisteten Arbeitsstunden, z. B. wegen Jahresurlaub, Erziehungsurlaub, Feiertagen, Kurzarbeit oder krankheitsbedingter Abwesenheit.

Arbeitszeit | Als bezahlte Arbeitszeit gelten die im Berichtszeitraum bezahlten geleisteten Stunden zuzüglich der bezahlten Ausfallstunden. Die bezahlten geleisteten Stunden sind in der Regel die „hinter der Stechuhr" verbrachten Zeiten, d. h. innerhalb der Arbeitsstätten bzw. auf Arbeitsstelle, abzüglich allgemein betrieblich festgesetzter Ruhepausen wie der Mittagszeit. Bezahlte Ausfallstunden umfassen z. B. Krankheitstage, gesetzliche Feiertage, bezahlten Urlaub, durch Arbeitszeitflexibilisierung im Berichtszeitraum abgefeierte und bezahlte Stunden, die entweder im vorangegangenen Zeitraum bereits vorgearbeitet wurden oder im Folgezeitraum noch zu leisten sind, bezahlte Arbeitspausen sowie bezahlte Freizeit aus betrieblichen und persönlichen Gründen, z. B. Betriebsversammlungen, Betriebsausflüge, Arztbesuche, Familienfeiern u. Ä.

Bruttoverdienst | Er umfasst den (regelmäßig gezahlten) steuerpflichtigen Arbeitslohn gemäß den Lohnsteuerrichtlinien zuzüglich
- sonstiger Bezüge (= Sonderzahlungen),
- steuerfreier Zuschläge für Schicht-, Samstags-, Sonntags-, Feiertags- oder Nachtarbeit,
- steuerfreier Beiträge der Arbeitgeberin bzw. des Arbeitgebers für die Arbeitnehmerinnen und Arbeitnehmer in der Entgeltumwandlung (z. B. an Pensionskassen oder -fonds nach § 3 Nr. 63 des EStG),
- steuerfreie Essenszuschüsse und
- pauschale Lohnsteuer nach §§ 40, 40a und 40b EStG, sofern sie von der Arbeitgeberin bzw. vom Arbeitgeber getragen wird.

Geleistete Arbeitsstunden | Die geleisteten Arbeitsstunden, die in die Berechnung der durchschnittlichen Jahresangaben der Arbeitskosten einfließen, beziehen sich auf den Teil des Arbeitsvolumens, der von Arbeitnehmerinnen und Arbeitnehmern tatsächlich geleistet wird.

Leistungsgruppen | Diese werden für Analysezwecke gebildet. Sie stellen eine grobe Abstufung der Arbeitnehmertätigkeiten nach folgender Qualifikation dar:
Zur **Leistungsgruppe 1** zählen „Arbeitnehmerinnen und Arbeitnehmer in leitender Stellung" mit Aufsichts- und Dispositionsbefugnis. Hierzu gehören z. B. angestellte Geschäftsführerinnen und Geschäftsführer, sofern deren Verdienst zumindest teilweise erfolgsunabhängige Zahlungen enthält. Eingeschlossen sind auch alle Arbeitnehmerinnen und Arbeitnehmer, die in größeren Führungsbereichen Dispositions- oder Führungsaufgaben wahrnehmen sowie Arbeitnehmerinnen und Arbeitnehmer mit Tätigkeiten, die umfassende kaufmännische oder technische Fachkenntnisse erfordern. In der Regel erwerben die Personen ihre Fachkenntnisse in einem Hochschulstudium.
In die **Leistungsgruppe 2** werden „Herausgehobene Fachkräfte" eingestuft, d. h. Arbeitnehmerinnen und Arbeitnehmer mit sehr schwierigen bis komplexen oder vielgestaltigen Tätigkeiten. Hierfür benötigen sie in der Regel nicht nur eine abgeschlossene Berufsausbildung, sondern darüber hinaus mehrjährige Berufserfahrung und spezielle Fachkenntnisse. Sie führen die Tätigkeiten überwiegend selbstständig aus. In die Gruppe gehören auch Arbeitnehmerinnen und Arbeitnehmer, die in kleinen Verantwortungsbereichen gegenüber anderen Mitarbeiterinnen und Mitarbeitern Dispositions- oder Führungsaufgaben wahrnehmen (z. B. Vorarbeiterinnen und Vorarbeiter, Meisterinnen und Meister).
Die **Leistungsgruppe 3** enthält „Fachkräfte", d. h. Arbeitnehmerinnen und Arbeitnehmer mit schwierigen Fachtätigkeiten, für deren Ausübung in der Regel eine abgeschlossene Berufsausbildung erforderlich ist, zum Teil verbunden mit Berufserfahrung.
Die **Leistungsgruppe 4** umfasst „Angelernte Arbeitnehmerinnen und Arbeitnehmer" mit überwiegend einfachen Tätigkeiten. Für die Ausführung der Tätigkeiten ist zwar keine berufliche Ausbildung erforderlich, aber insbesondere Kenntnisse und Fertigkeiten für spezielle, branchengebundene Aufgaben. Die erforderlichen Kenntnisse und Fertigkeiten erwerben die Arbeitskräfte in der Regel durch eine Anlernzeit von bis zu zwei Jahren.
Die **Leistungsgruppe 5** fasst „Ungelernte Arbeitnehmerinnen und Arbeitnehmer" mit einfachen, schematischen Tätigkeiten oder isolierten Arbeitsvorgängen zusammen. Für die Ausübung dieser Tätigkeiten benötigen sie keine berufliche Ausbildung. Das erforderliche Wissen und die notwendigen Fertigkeiten können durch Anlernen innerhalb von maximal drei Monaten vermittelt werden.

Mindestlohn, gesetzlicher | Seit 1.1.2015 gilt in Deutschland ein flächendeckender gesetzlicher Mindestlohn von 8,50 Euro für alle Arbeitnehmerinnen und Arbeitnehmer. Er gilt grundsätzlich für alle Branchen und Regionen. In einer Übergangszeit bis zum 31.12.2016 sind für laufende branchenspezifische Mindestlöhne auch Bruttostundenverdienste unter 8,50 Euro erlaubt. Sofern branchenspezifische Mindestlöhne über 8,50 Euro liegen, können sie auch danach fortbestehen. Dauerhaft vom Mindestlohn ausgenommen sind Jugendliche unter 18 Jahren und Auszubildende. Weiter gilt der Mindestlohn nicht für Personen, die ein Pflichtpraktikum oder ein freiwilliges Praktikum von bis zu drei Monaten während der Ausbildung oder des Studiums absolvieren sowie für Langzeitarbeitslose in den ersten sechs Monaten ihrer Tätigkeit.

Nominallohnindex | Dieser Index umfasst die durchschnittlichen Bruttomonatsverdienste einschließlich Sonderzahlungen von Vollzeit-, Teilzeit- und geringfügig Beschäftigten im Produzierenden Gewerbe und im Dienstleistungsbereich. Der Nominallohnindex wird als sogenannter Laspeyres-Kettenindex berechnet, d. h. die Struktur der Arbeitnehmerinnen und Arbeitnehmer wird dem jeweiligen Vorjahr entnommen.

Sonderzahlungen | Sie entsprechen den „sonstigen Bezügen" gemäß den Lohnsteuerrichtlinien. Dies sind unregelmäßige, nicht jeden Monat geleistete Zahlungen, wie Urlaubs- und Weihnachtsgeld, Leistungsprämien, Abfindungen, Gewinnbeteiligungen, Prämien für Verbesserungsvorschläge, Vergütungen für Erfindungen oder der steuerliche Wert (geldwerte Vorteil) von Aktienoptionen.

Vollzeiteinheiten | Dazu zählen alle Vollzeitbeschäftigten sowie die entsprechend ihrer Arbeitszeit in Vollzeitarbeitsplätze umgerechneten Teilzeitbeschäftigten.

14 Verdienste und Arbeitskosten

Mehr zum Thema

Liebe Leserin, lieber Leser,
ein Thema in diesem Kapitel spricht Sie besonders an oder Sie benötigen weitere Informationen? Auf dieser Seite nennen wir Ihnen, nach Themen gegliedert, weitere Veröffentlichungen unseres Hauses. Ausführliche Informationen zu den Produktkategorien sowie dem Informationsangebot des Statistischen Bundesamtes finden Sie auf Seite 8 dieser Ausgabe.

Web-Angebote
www.destatis.de ist Ihre erste Adresse in Sachen Statistik. Hier finden Sie alle Informationen, die das Statistische Bundesamt veröffentlicht, tagesaktuell. Unsere Veröffentlichungen können Sie direkt über unsere Website *www.destatis.de/publikationen* downloaden.

GENESIS-Online
Unter *www.destatis.de/genesis* bietet die Haupt-Datenbank des Statistischen Bundesamtes ein breites Themenspektrum fachlich tief gegliederter Ergebnisse der amtlichen Statistik. Daten zu *Verdienste und Arbeitskosten* finden Sie unter dem Menüpunkt › Themen, Code 62

Weitere Veröffentlichungen zu den Themen

■ **Bruttoverdienste**

Fachserie 16 Verdienste und Arbeitskosten

Reihe 1	Verdienste in der Landwirtschaft
Reihe 2.1	Arbeitnehmerverdienste – vierteljährliche Ergebnisse
Reihe 2.2	Index der Arbeitnehmerverdienste
Reihe 2.3	Arbeitnehmerverdienste – Jahresergebnisse
Reihe 2.4	Arbeitnehmerverdienste und Indizes der Arbeitnehmerverdienste – Lange Reihen
	Verdienststrukturen 2010

Fachberichte

Reallohnindex und Index der Bruttomonatsverdienste (einschl. Sonderzahlungen)
Verdienstindizes für Erbbauzinsberechnungen

WISTA – Wirtschaft und Statistik

Heft 12/10	Vier Jahre Neukonzeption der Verdienststatistik. Ein Fazit aus Sicht der Vierteljährlichen Verdiensterhebung
Heft 1/11	Verdienstunterschiede zwischen Männern und Frauen
Heft 7/12	Vierteljährliche Verdiensterhebung: Einführung der rollierenden Stichprobe
Heft 2/13	Methodik der Verdienststrukturerhebung 2010
Heft 2/13	Verdienststrukturerhebung 2010
Heft 8/13	Vierteljährliche Verdiensterhebung: neue Nutzer, neue Indizes, die neuesten Ergebnisse
Heft 1/15	Entgeltumwandlung in Deutschland – Eine Analyse auf Basis der Verdienststrukturerhebung 2010
Heft 4/15	Sonderzahlungen in Deutschland

STATmagazin

Frauenverdienste – Männerverdienste: Wie groß ist der Abstand wirklich (2013)

■ **Tarifverdienste und Mindestlöhne**

Fachserie 16 Verdienste und Arbeitskosten

Reihe 4	Tarifverdienste
Reihe 4.3	Index der Tarifverdienste und Arbeitszeiten

Fachberichte

Tarifbindung in Deutschland 2010

WISTA – Wirtschaft und Statistik

Heft 11/09	Tarifverdienste online
Heft 4/12	Bilanz der Tarifrunde 2011: Höhere Tarifabschlüsse, weniger Einmalzahlungen
Heft 4/13	Bilanz der Tarifrunde 2012: Höhere Tarifabschlüsse, Regelungen zur Zeitarbeit
Heft 10/13	Neuberechnung des Index der Tarifverdienste verbessert Kohärenz der Verdienststatistiken

Unter *www.destatis.de/tarifdatenbank* hat das Statistische Bundesamt eine Tarifdatenbank eingerichtet. Sie wird laufend um neue Tarifverträge und aktuelle Tarifinformationen ergänzt.

14 Verdienste und Arbeitskosten

Mehr zum Thema

- Tarifverdienste und Mindestlöhne

    Zurzeit sind Tarifinformationen zu folgenden Branchen abrufbar:

    | Bankgewerbe
    | Baugewerbe
    | Chemische Industrie
    | Einzelhandel
    | Gesundheitswesen
    | Metall- und Elektroindustrie
    | Öffentlicher Dienst der Länder
    | Versicherungsgewerbe

- **Verdienste im öffentlichen Dienst**

    Fachberichte

    | Verdienste im öffentlichen Dienst für Beamte und Tarifbeschäftigte bei Bund, Ländern und Gemeinden

- **Arbeitskosten**

    Fachserie 16   Verdienste und Arbeitskosten

	Arbeitskosten im Produzierenden Gewerbe und im Dienstleistungsbereich 2012
Heft 1	Ergebnisse für Deutschland
Heft 2	Ergebnisse für das frühere Bundesgebiet
Heft 3	Ergebnisse für die neuen Länder

    Fachberichte

    | Aufwendungen und Anwartschaften betrieblicher Altersversorgung 2012

    WISTA – Wirtschaft und Statistik

    | Heft 12/14 | Arbeitskostenerhebung 2012 |

- **Themenübergreifend**

    Fachserie 16   Verdienste und Arbeitskosten

    | Reihe 2.5 | Nettoverdienste (Modellrechnung) |

15 Preise

Anhaltend sinkende **Energiepreise** sorgen auch **2015** für rückläufige oder schwächer ansteigende Preisentwicklungen auf nahezu allen Wirtschaftsstufen | **Einfuhrpreise** fielen 2015 gegenüber 2014 um **2,6 %** | **Erzeugerpreise** gewerblicher Produkte gingen 2015 um **− 1,8 %** zurück | **Großhandelspreise** 2015 wie 2014 mit einem Rückgang von **1,2 %** gegenüber dem Vorjahr | **Erzeugerpreise** für Dienstleistungen überwiegend mit Preissteigerungen | **Verbraucherpreise** 2015 mit **+ 0,3 %** so niedrig wie seit 2009 nicht mehr

15 Preise

Seite	
393	**Auf einen Blick**
	Tabellen
394	**Energiepreise**
	Einfuhrpreisindex	Erzeugerpreisindex gewerblicher Produkte	Verbraucherpreisindex
395	**Nahrungsmittelpreise**
	Einfuhrpreisindex	Erzeugerpreisindex landwirtschaftlicher Produkte	... gewerblicher Produkte	Verbraucherpreisindex
396	**Einfuhrpreise**
	Einfuhrpreisindex	Erzeugnisse der Vorleistungsgüterproduzenten	... der Investitionsgüterproduzenten	... der Konsumgüterproduzenten	Energie	Erzeugnisse der Land- und Forstwirtschaft, Fischerei
397	**Ausfuhrpreise**
	Ausfuhrpreisindex	Erzeugnisse der Vorleistungsgüterproduzenten	... der Investitionsgüterproduzenten	... der Konsumgüterproduzenten	Energie	Erzeugnisse der Land- und Forstwirtschaft, Fischerei
398	**Erzeugerpreise landwirtschaftlicher Produkte und der Produkte des Holzeinschlags aus den Staatsforsten**
	Erzeugerpreisindex landwirtschaftlicher Produkte	... der Produkte des Holzeinschlags aus den Staatsforsten	Holzprodukte zur Energieerzeugung
399	**Erzeugerpreise gewerblicher Produkte**
	Erzeugerpreisindex gewerblicher Produkte	Erzeugnisse der Vorleistungsgüterproduzenten	... der Investitionsgüterproduzenten	... der Konsumgüterproduzenten	Energie
400	**Erzeugerpreise für Dienstleistungen**
	Verkehr und Lagerei	Information und Kommunikation	Freiberufliche, wissenschaftliche und technische Dienstleistungen	Verwaltungs- und Unterstützungsdienstleistungen
401	**Großhandelsverkaufspreise**
	Index der Großhandelsverkaufspreise	Großhandel mit landwirtschaftlichen Grundstoffen und lebenden Tieren	... mit Nahrungs- und Genussmitteln, Getränken und Tabakwaren	... mit Gebrauchs- und Verbrauchsgütern	... mit Geräten der Informations- und Kommunikationstechnik	... mit sonstigen Maschinen, Ausrüstungen und Zubehör	Sonstiger Großhandel	Großhandel ohne ausgeprägten Schwerpunkt
402	**Bau- und Immobilienpreise**
	Baupreisindizes	Preisindex für Bauland	Baukostenindex für Wohngebäude	Häuserpreisindex
403	**Kaufwerte für baureifes Land**
	Kauffälle	Veräußerte Fläche	Durchschnittlicher Kaufwert
404	**Verbraucherpreise**
	Verbraucherpreisindex	Verbrauchsgüter	Gebrauchsgüter mittlerer Lebensdauer	Langlebige Gebrauchsgüter	Dienstleistungen	Nettokaltmiete
405	**Methodik**
408	**Glossar**
409	**Mehr zum Thema**

15 Preise

15.0 Auf einen Blick

Index der Einfuhrpreise
Veränderung gegenüber Vorjahresmonat, in %

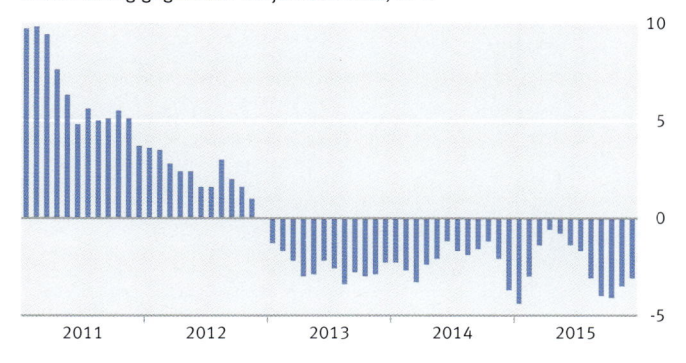

Index der Ausfuhrpreise
Veränderung gegenüber Vorjahresmonat, in %

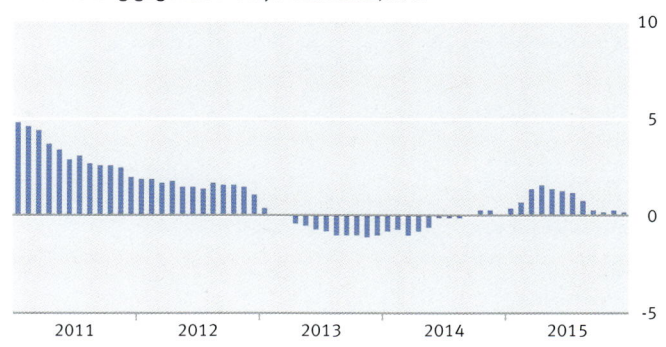

Index der Erzeugerpreise gewerblicher Produkte
Veränderung gegenüber Vorjahresmonat, in %

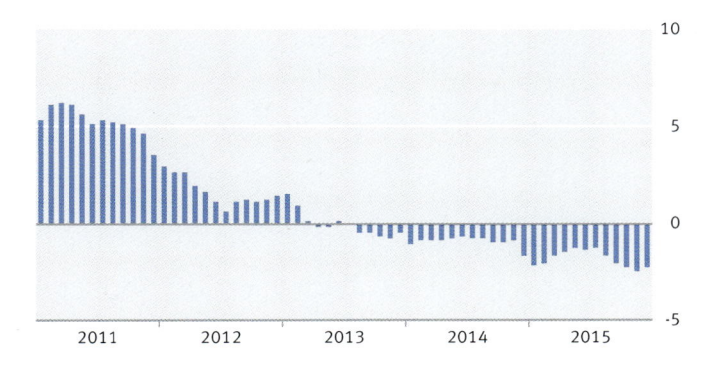

Index der Großhandelsverkaufspreise
Veränderung gegenüber Vorjahresmonat, in %

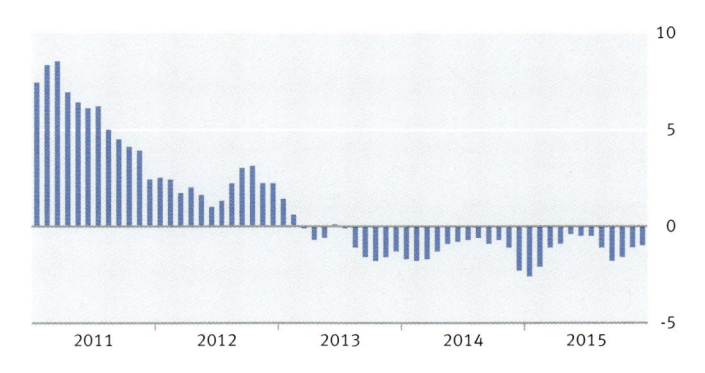

Index der Verbraucherpreise
Veränderung gegenüber Vorjahresmonat, in %

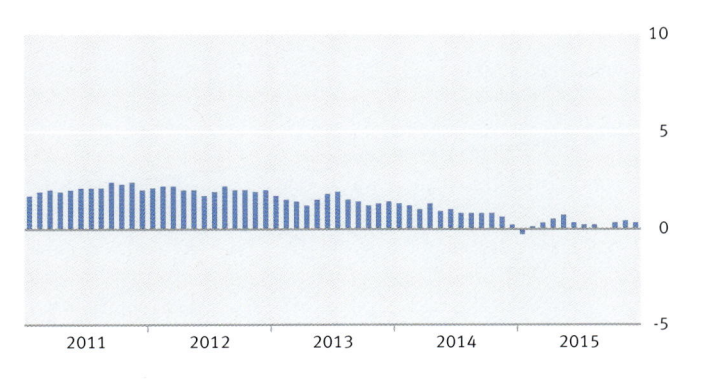

15 Preise

15.1 Energiepreise

	Anteil an Energie [1]	Jahresdurchschnitt			Veränderung gegenüber Vorjahr	
		2013	2014	2015	2014	2015
	%	2010 = 100			%	
Einfuhrpreisindex für Energie	100	128,0	115,2	83,8	– 10,0	– 27,3
Primärenergieträger						
Erdöl	43,3	136,0	123,8	78,8	– 9,0	– 36,3
Erdgas, verflüssigt oder gasförmig	25,9	122,3	105,4	90,7	– 13,8	– 13,9
Kohle	4,0	93,3	85,7	86,4	– 8,1	0,8
Sekundärenergieträger						
Mineralölerzeugnisse	23,5	131,6	121,1	86,8	– 8,0	– 28,3
Elektrischer Strom	2,2	83,5	69,9	67,6	– 16,3	– 3,3
Kokereierzeugnisse	1,3	86,4	79,6	78,9	– 7,9	– 0,9
Erzeugerpreisindex gewerblicher Produkte für Energie	100	112,0	108,5	102,6	– 3,1	– 5,4
Primärenergieträger						
Erdöl und Erdgas	.	143,4	129,4	107,9	– 9,8	– 16,6
Kohle	.	114,1	113,0	111,3	– 1,0	– 1,5
Sekundärenergieträger						
Elektrischer Strom und Dienstleistungen der Elektrizitätsversorgung	45,1	99,5	97,8	94,9	– 1,7	– 3,0
Erdgas (Verteilung)	27,8	127,1	121,8	116,2	– 4,2	– 4,6
Kokerei- und Mineralölerzeugnisse	.	117,1	110,7	94,4	– 5,5	– 14,7
Fernwärme	4,1	119,7	118,7	115,6	– 0,8	– 2,6
Wasser und Dienstleistungen der Wasserversorgung	4,0	104,9	106,3	108,5	1,3	2,1
Verbraucherpreisindex für Energie	100	118,0	115,5	107,4	– 2,1	– 7,0
Haushaltsenergie (Strom, Gas u. a. Brennstoffe)	64,0	120,6	119,5	112,8	– 0,9	– 5,6
Strom	24,6	123,4	125,8	124,8	1,9	– 0,8
Zentralheizung, Fernwärme u. a.	14,4	119,5	118,0	111,4	– 1,3	– 5,6
Gas	13,6	111,8	111,7	110,0	– 0,1	– 1,5
Flüssige Brennstoffe	10,4	127,5	117,5	90,4	– 7,8	– 23,1
Feste Brennstoffe	1,0	113,3	111,8	111,9	– 1,3	0,1
Kraftstoffe	36,0	113,5	108,5	97,7	– 4,4	– 10,0

1 Abweichungen in den Summen ergeben sich durch Rundungen.

Der **Einfuhrpreisindex** enthält vor allem Primärenergieträger wie Erdöl oder Erdgas. Weiterverarbeitete Energieträger wie Mineralölerzeugnisse werden nur in geringem Umfang eingeführt.

Die in Deutschland genutzte Sekundärenergie stammt größtenteils aus inländischer Produktion: Strom wird zu 93 % im Inland erzeugt, Dieselkraftstoffe stammen zu 78 % und Benzin zu 74 % aus deutschen Raffinerien. Der **Erzeugerpreisindex gewerblicher Produkte** enthält daher überwiegend Sekundärenergieträger. Zu einem geringen Anteil wird auch Primärenergie in Deutschland gewonnen – insbesondere durch die Braunkohleförderung.

Der **Verbraucherpreisindex** enthält vor allem Sekundärenergieträger wie Kraftstoffe, Strom und Gas. Primärenergieträger sind für die Verbraucherinnen und Verbraucher von geringer Bedeutung.

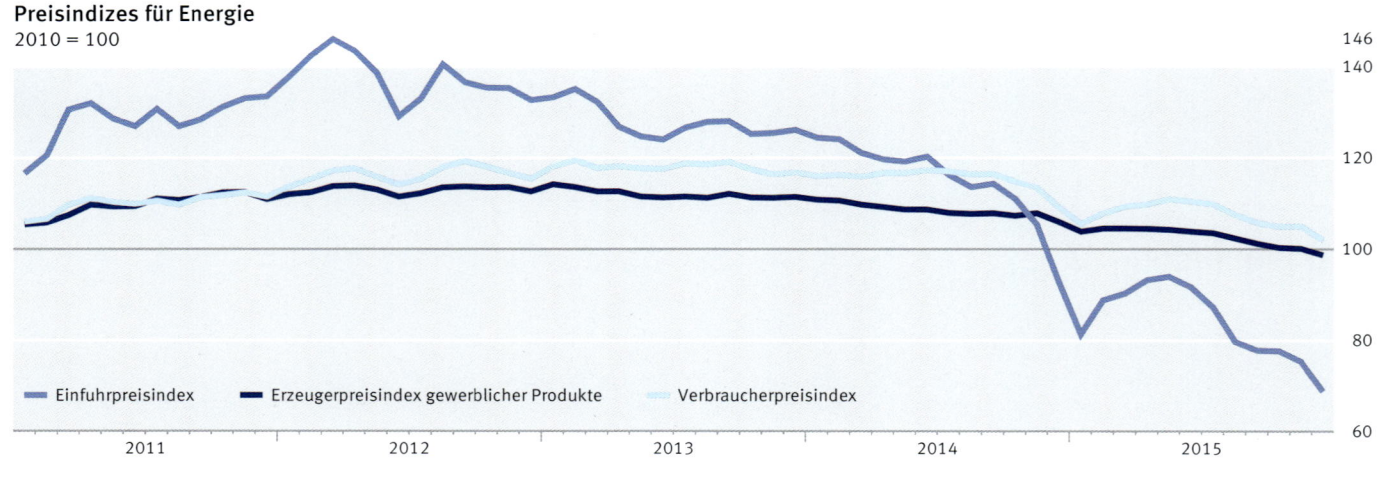

Preisindizes für Energie
2010 = 100

— Einfuhrpreisindex — Erzeugerpreisindex gewerblicher Produkte — Verbraucherpreisindex

15 Preise

15.2 Nahrungsmittelpreise

	Anteil an Nahrungsmitteln	Jahresdurchschnitt			Veränderung gegenüber Vorjahr	
		2013	2014	2015	2014	2015
	%	2010 = 100			%	
Einfuhrpreisindex für Nahrungsmittel [1]	100	110,5	111,6	113,5	1,0	1,7
darunter:						
Gemüse und Früchte	32,1	112,0	111,0	119,7	−0,9	7,8
Kaffee, Tee, Kakao, Gewürze und Waren daraus	14,6	92,6	106,0	110,6	14,5	4,3
Fleisch und Zubereitungen von Fleisch	14,1	111,3	108,6	106,7	−2,4	−1,7
Milch und Milcherzeugnisse, Eier	12,7	113,3	114,7	104,5	1,2	−8,9
Getreide und Getreideerzeugnisse	9,0	119,2	113,5	110,8	−4,8	−2,4
Fische, Krebs- und Weichtiere und Zubereitungen daraus	8,1	119,0	122,6	126,7	3,0	3,3
Erzeugerpreisindex landwirtschaftlicher Produkte	100	120,7	111,8	106,9	−7,4	−4,4
darunter:						
Tiere	32,7	120,8	112,7	107,4	−6,7	−4,7
Milch	25,5	122,4	120,7	94,8	−1,4	−21,5
Getreide (einschl. Saatgut)	15,1	124,9	106,4	106,8	−14,8	0,4
Erzeugnisse des Gemüse- und Gartenbaus	12,2	105,0	102,3	107,4	−2,6	5,0
Handelsgewächse (z. B. Raps, Zuckerrüben)	7,3	109,6	89,1	97,8	−18,7	9,8
Erzeugerpreisindex gewerblicher Produkte für Nahrungsmittel	100	112,9	112,8	110,2	−0,1	−2,3
darunter:						
Fleisch und Fleischerzeugnisse	29,4	113,9	111,0	107,3	−2,5	−3,3
Milch und Milcherzeugnisse	17,8	111,7	116,5	106,7	4,3	−8,4
Back- und Teigwaren	16,9	110,3	112,5	115,4	2,0	2,6
Obst- und Gemüseerzeugnisse	6,7	119,7	120,1	116,9	0,3	−2,7
Pflanzliche und tierische Öle und Fette	3,4	115,1	108,0	105,9	−6,2	−1,9
Verbraucherpreisindex für Nahrungsmittel	100	110,4	111,5	112,4	1,0	0,8
darunter:						
Fleisch und Fleischwaren	22,9	113,4	113,4	112,8	0,0	−0,5
Brot und Getreideerzeugnisse	19,2	109,2	110,6	112,3	1,3	1,5
Molkereiprodukte und Eier	15,8	110,0	116,9	111,9	6,3	−4,3
Gemüse	12,4	104,1	100,6	105,9	−3,4	5,3
Obst	9,7	117,0	116,8	122,6	−0,2	5,0

1 Internationales Warenverzeichnis für den Außenhandel (SITC, Rev. 4) 01-07; 09.

Der **Einfuhrpreisindex für Nahrungsmittel** umfasst sowohl unverarbeitete als auch weiterverarbeitete Nahrungsmittel. Er verläuft daher zwar stabiler als der Erzeugerpreisindex landwirtschaftlicher Produkte, weist aber gleichzeitig mehr Schwankungen auf als der Erzeugerpreisindex gewerblicher Produkte.

Der **Erzeugerpreisindex landwirtschaftlicher Produkte** misst die durchschnittliche Preisentwicklung pflanzlicher und tierischer Erzeugnisse. Bei den pflanzlichen Erzeugnissen spielen vor allem Angebotsschwankungen aufgrund klimatischer Faktoren eine große Rolle. Daraus resultierende Preisschwankungen wirken sich – bei einem globalisierten Markt – weltweit aus.

Der **Erzeugerpreisindex gewerblicher Produkte** für Nahrungsmittel misst die durchschnittliche Preisentwicklung weiterverarbeiteter Nahrungsmittel. Hier spielen die Rohstoffkosten eine geringere Rolle als bei den landwirtschaftlichen Produkten, da der Verarbeitungsgrad höher ist. Stabilere Faktoren wie Lohn-, Betriebs- oder Verpackungskosten haben hier größeres Gewicht, sodass die Preise im Ernährungsgewerbe weniger stark schwanken.

Preisindizes für Nahrungsmittel
2010 = 100

1 Internationales Warenverzeichnis für den Außenhandel (SITC, Rev. 4) 01-07; 09.

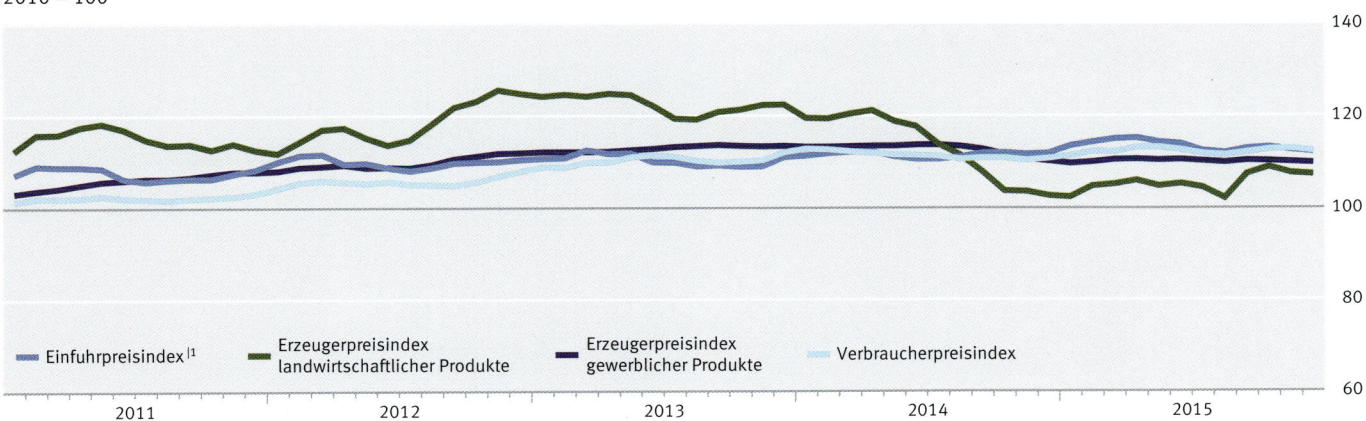

15 Preise

15.3 Einfuhrpreise

	Gewichtung	Jahresdurchschnitt			Veränderung gegenüber Vorjahr	
		2013	2014	2015	2014	2015
	%	2010 = 100			%	
Einfuhrpreisindex	100	105,9	103,6	100,9	– 2,2	– 2,6
Erzeugnisse der Vorleistungsgüterproduzenten	35,0	103,0	101,9	102,3	– 1,1	0,4
darunter:						
Metalle	6,8	99,1	97,1	96,8	– 2,0	– 0,3
Chemische Grundstoffe	5,5	112,6	111,4	107,7	– 1,1	– 3,3
Elektronische Bauelemente und Leiterplatten	3,6	84,2	84,0	89,0	– 0,2	6,0
Erzeugnisse der Investitionsgüterproduzenten	27,4	97,7	97,1	99,2	– 0,6	2,2
darunter:						
Kraftwagen und Kraftwagenteile	9,3	102,1	102,1	103,5	0,0	1,4
Maschinen	8,6	103,8	104,0	106,9	0,2	2,8
Erzeugnisse der Konsumgüterproduzenten	20,6	106,8	107,0	110,0	0,2	2,8
Gebrauchsgüter	4,9	101,0	100,2	103,4	– 0,8	3,2
darunter:						
Geräte der Unterhaltungselektronik	1,5	93,8	90,9	91,9	– 3,1	1,1
Verbrauchsgüter	15,7	108,7	109,1	112,1	0,4	2,7
darunter:						
Pharmazeutische und ähnliche Erzeugnisse	3,5	99,6	98,6	102,6	– 1,0	4,1
Energie	13,4	128,0	115,2	83,8	– 10,0	– 27,3
Erdöl und Erdgas	9,2	130,8	116,9	83,2	– 10,6	– 28,8
Kokereierzeugnisse und Mineralölerzeugnisse	3,3	129,3	119,0	86,4	– 8,0	– 27,4
Kohle	0,5	93,3	85,7	86,4	– 8,1	0,8
Elektrischer Strom	0,3	83,5	69,9	67,6	– 16,3	– 3,3
Erzeugnisse der Land- und Forstwirtschaft, Fischerei	3,6	109,6	107,8	112,3	– 1,6	4,2

Vorleistungsgüter sind Erzeugnisse, die überwiegend für Unternehmen bestimmt sind und dort im Produktionsprozess verbraucht, verarbeitet oder umgewandelt werden.

Investitionsgüter werden vor allem für Unternehmen hergestellt und können dort über einen längeren Zeitraum genutzt werden.

Konsumgüter sind Erzeugnisse, die (in der Regel über den Groß- und Einzelhandel) überwiegend an Privathaushalte abgegeben und dort genutzt oder verbraucht werden.

Zur **Energie** zählen alle Energieprodukte, unabhängig davon, ob sie für Unternehmen oder Privathaushalte bestimmt sind.

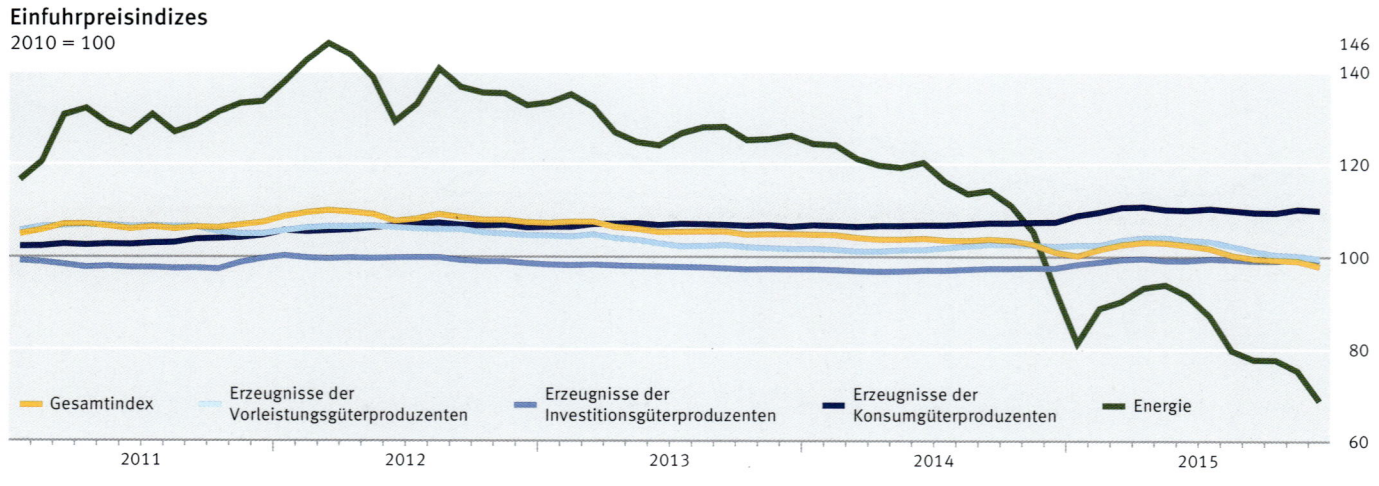

Einfuhrpreisindizes
2010 = 100

[Liniendiagramm mit folgenden Reihen: Gesamtindex, Erzeugnisse der Vorleistungsgüterproduzenten, Erzeugnisse der Investitionsgüterproduzenten, Erzeugnisse der Konsumgüterproduzenten, Energie; Zeitraum 2011–2015]

2016 - 01 - 0282

15 Preise

15.4 Ausfuhrpreise

	Gewichtung [1]	Jahresdurchschnitt			Veränderung gegenüber Vorjahr	
		2013	2014	2015	2014	2015
	%	2010 = 100			%	
Ausfuhrpreisindex	100	104,3	104,0	104,9	−0,3	0,9
Erzeugnisse der Vorleistungsgüterproduzenten	35,6	104,4	103,6	103,7	−0,8	0,1
darunter:						
Chemische Grundstoffe	6,2	111,0	109,9	107,8	−1,0	−1,9
Metalle	5,1	101,2	98,6	98,4	−2,6	−0,2
Erzeugnisse der Investitionsgüterproduzenten	44,8	102,4	102,9	105,4	0,5	2,4
darunter:						
Kraftwagen und Kraftwagenteile	17,7	102,8	103,0	106,6	0,2	3,5
Maschinen	16,4	104,8	106,0	107,8	1,1	1,7
Erzeugnisse der Konsumgüterproduzenten	16,4	105,9	106,5	107,3	0,6	0,8
Gebrauchsgüter	3,4	101,9	102,3	103,7	0,4	1,4
darunter:						
Elektrische Haushaltsgeräte, Teile dafür	0,8	103,4	105,0	105,8	1,5	0,8
Verbrauchsgüter	13,0	106,9	107,6	108,2	0,7	0,6
darunter:						
Pharmazeutische und ähnliche Erzeugnisse	3,6	100,8	103,1	105,0	2,3	1,8
Energie	2,3	123,2	112,9	94,6	−8,4	−16,2
Kokereierzeugnisse und Mineralölerzeugnisse	1,4	128,8	119,9	94,2	−6,9	−21,4
Erdöl und Erdgas	0,5	131,8	117,2	107,9	−11,1	−7,9
Erzeugnisse der Land- und Forstwirtschaft, Fischerei	1,0	115,8	109,0	110,7	−5,9	1,6

1 Abweichungen in den Summen ergeben sich durch Rundungen.

Ausfuhrpreisindizes
2010 = 100

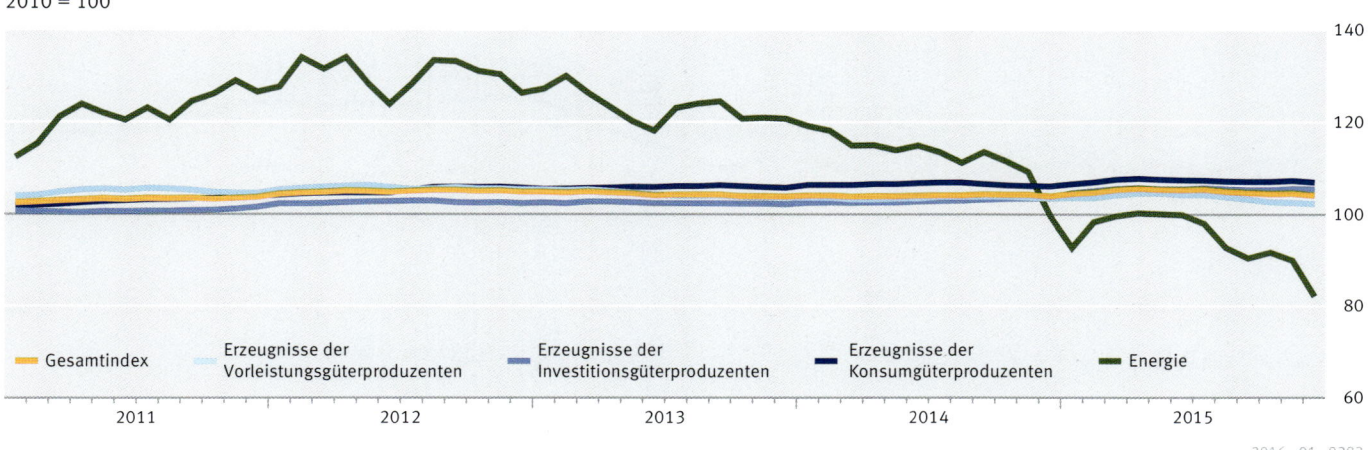

Gesamtindex — Erzeugnisse der Vorleistungsgüterproduzenten — Erzeugnisse der Investitionsgüterproduzenten — Erzeugnisse der Konsumgüterproduzenten — Energie

15 Preise

15.5 Erzeugerpreise landwirtschaftlicher Produkte und der Produkte des Holzeinschlags aus den Staatsforsten

	Gewichtung [1]	Jahresdurchschnitt			Veränderung gegenüber Vorjahr	
		2013	2014	2015	2014	2015
	%	2010 = 100			%	
Erzeugerpreisindex landwirtschaftlicher Produkte	100	120,7	111,1	106,9	− 8,0	− 3,8
Pflanzliche Erzeugung	39,4	120,2	103,7	114,3	− 13,7	10,2
Getreide (einschl. Saatgut)	15,1	124,9	106,4	106,8	− 14,8	0,4
Getreide	14,9	125,0	106,2	106,7	− 15,0	0,5
Getreidesaatgut	0,3	121,2	117,5	112,4	− 3,1	− 4,3
Handelsgewächse	7,3	109,6	89,1	97,8	− 18,7	9,8
Raps	5,7	101,6	87,2	97,0	− 14,2	11,2
Zuckerrüben	1,7	136,5	95,5	100,3	− 30,0	5,0
Kartoffeln (einschl. Pflanzkartoffeln)	3,6	170,6	129,5	208,5	− 24,1	61,0
Erzeugnisse des Gemüse- und Gartenbaus	12,2	105,0	102,3	107,4	− 2,6	5,0
Gemüse	5,1	105,4	102,7	113,7	− 2,6	10,7
Pflanzen und Blumen	7,1	104,7	102,0	103,0	− 2,6	1,0
Obst	1,1	128,0	96,5	95,0	− 24,6	− 1,6
Tierische Erzeugung	60,6	121,1	115,9	102,1	− 4,3	− 11,9
Tiere	32,7	120,8	112,7	107,4	− 6,7	− 4,7
Rinder	8,8	123,6	116,9	121,3	− 5,4	3,8
Schweine	18,6	120,2	109,5	98,4	− 8,9	− 10,1
Schafe und Ziegen	0,4	119,9	122,0	126,3	1,8	3,5
Geflügel	4,8	118,2	117,0	114,7	− 1,0	− 2,0
Milch	25,5	122,4	120,7	94,8	− 1,4	− 21,5
Eier	2,4	110,2	108,0	108,7	− 2,0	0,6
Erzeugerpreisindex der Produkte des Holzeinschlags aus den Staatsforsten	100	119,0	124,3	120,8	4,5	− 2,8
Stammholz und -abschnitte zusammen	74,3	120,1	125,5	121,1	4,5	− 3,5
Industrieholz	21,3	107,9	113,2	111,8	4,9	− 1,2
Brennholz	4,4	154,5	157,9	159,1	2,2	0,8
nachrichtlich:						
Holzprodukte zur Energieerzeugung	100	113,8	111,9	107,5	− 1,7	− 3,9
Holz in Form von Plättchen oder Schnitzeln [2]	36,8	111,3	103,1	99,8	− 7,4	− 3,2
Pellets, Briketts, Scheiten o. ä. Formen aus Sägespänen u. a. Sägenebenprodukten	23,6	127,5	123,6	112,2	− 3,1	− 9,2
Industrieholz	39,6	107,9	113,2	111,8	4,9	− 1,2

1 Abweichungen in den Summen ergeben sich durch Rundungen.
2 Ohne Waldhackschnitzel.

Erzeugerpreisindizes landwirtschaftlicher Produkte und der Produkte des Holzeinschlags aus den Staatsforsten
2010 = 100

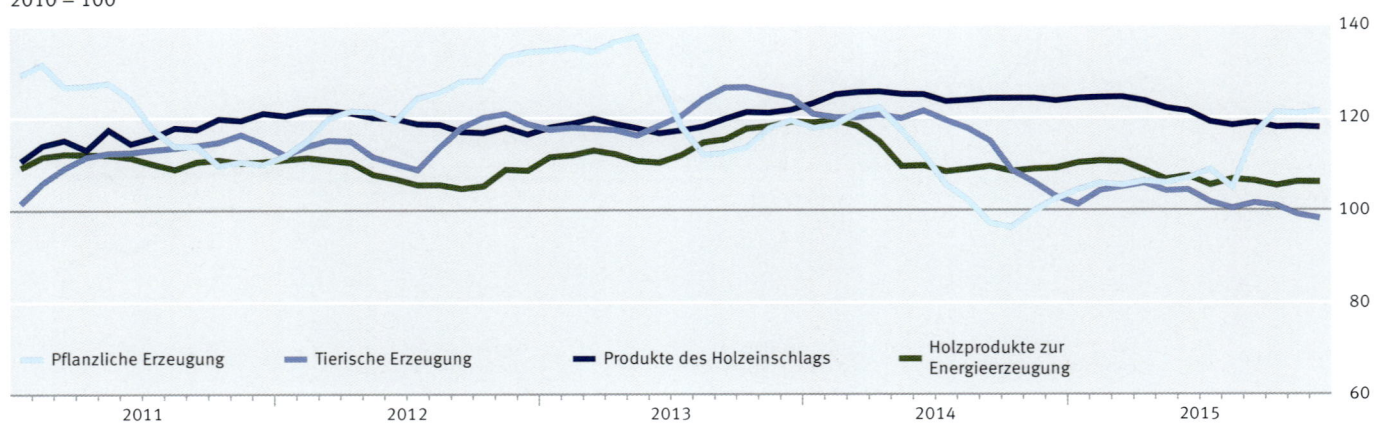

2016 - 01 - 0284

15 Preise

15.6 Erzeugerpreise gewerblicher Produkte

	Gewichtung	Jahresdurchschnitt			Veränderung gegenüber Vorjahr	
		2013	2014	2015	2014	2015
	%	2010 = 100			%	
Erzeugerpreisindex gewerblicher Produkte	100	106,9	105,8	103,9	– 1,0	– 1,8
Erzeugnisse der Vorleistungsgüterproduzenten	31,1	104,6	103,5	102,3	– 1,1	– 1,2
darunter:						
Metalle	5,5	101,6	99,1	97,6	– 2,5	– 1,5
Gummi- und Kunststoffwaren	3,8	107,3	107,7	107,2	0,4	– 0,5
Chemische Grundstoffe	3,1	111,7	109,3	103,1	– 2,1	– 5,7
Papier, Pappe und Waren daraus	2,2	104,6	104,4	104,0	– 0,2	– 0,4
Erzeugnisse der Investitionsgüterproduzenten	23,9	103,0	103,5	104,2	0,5	0,7
darunter:						
Kraftwagen und Kraftwagenteile	9,8	101,8	101,9	102,3	0,1	0,4
Maschinen	6,8	105,4	106,5	107,5	1,0	0,9
Reparatur, Instandhaltung und Installation von Maschinen und Ausrüstungen (einschl. Wartung)	2,6	105,2	106,8	108,7	1,5	1,8
Stahl- und Leichtmetallbauerzeugnisse	1,4	105,1	105,1	105,8	0,0	0,7
Erzeugnisse der Konsumgüterproduzenten	18,1	108,4	109,0	108,1	0,6	– 0,8
Erzeugnisse der Verbrauchsgüterproduzenten	15,8	109,0	109,5	108,3	0,5	– 1,1
darunter:						
Nahrungsmittel	9,3	112,9	112,8	110,2	– 0,1	– 2,3
Getränke	1,7	106,7	108,1	108,4	1,3	0,3
Erzeugnisse der Gebrauchsgüterproduzenten	2,3	104,3	105,7	107,1	1,3	1,3
darunter:						
Möbel	1,2	106,2	107,9	109,4	1,6	1,4
Energie	26,9	112,0	108,5	102,6	– 3,1	– 5,4
darunter:						
Elektrischer Strom und Dienstleistungen der Elektrizitätsversorgung	12,2	99,5	97,8	94,9	– 1,7	– 3,0
Erdgas (Verteilung)	7,5	127,1	121,8	116,2	– 4,2	– 4,6
Kokerei- und Mineralölerzeugnisse	.	117,1	110,7	94,4	– 5,5	– 14,7
Wasser und Dienstleistungen der Wasserversorgung	1,1	104,9	106,3	108,5	1,3	2,1
Erdöl und Erdgas	.	143,4	129,4	107,9	– 9,8	– 16,6

Erzeugerpreisindizes gewerblicher Produkte
2010 = 100

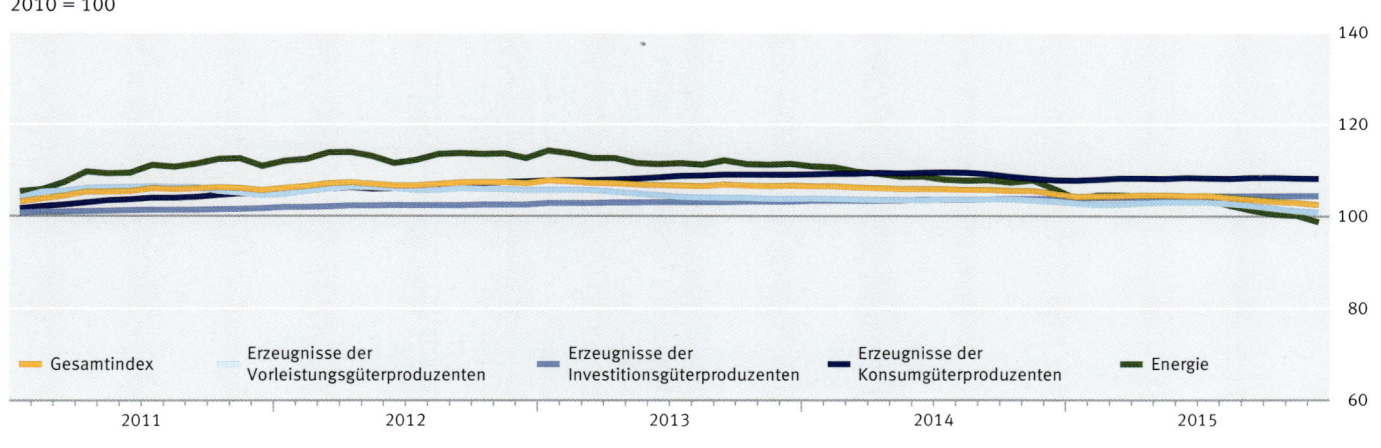

15 Preise

15.7 Erzeugerpreise für Dienstleistungen

	Umsatz [1]	Jahresdurchschnitt			Veränderung gegenüber Vorjahr	
	2010	2013	2014	2015	2014	2015
	Mrd. EUR	2010 = 100			%	
Verkehr und Lagerei						
Güterbeförderung im Straßenverkehr, Umzugstransporte	34,5	105,8	106,2	106,4	0,4	0,2
Post-, Kurier- und Expressdienste	27,5	103,0	104,4	105,3	1,4	0,9
Güterbeförderung in der See- und Küstenschifffahrt	26,0	129,6	140,7	138,2	8,6	−1,8
Lagerei	7,5	103,6	104,1	105,0	0,5	0,9
Güterbeförderung im Eisenbahnverkehr	6,0	108,3	110,7	112,5	2,2	1,6
Luftfracht	4,2	127,8	131,3	127,1	2,7	−3,2
Frachtumschlag	2,8	101,8	102,2	102,4	0,4	0,2
Information und Kommunikation						
Erbringung von Dienstleistungen der Informationstechnologie	80,8	98,8	98,5	98,4	−0,3	−0,1
Telekommunikationsdienstleistungen (Fernmeldedienste)	72,7	93,6	93,1	92,1	−0,5	−1,1
Datenverarbeitung, Hosting u. Ä.; Webportale	5,5	92,5	91,1	90,3	−1,5	−0,9
Korrespondenz- und Nachrichtenbüros; Recherchedienste	3,1	103,4	104,2	107,5	0,8	3,2
Verlegen von Software (ohne Computerspiele)	0,7	100,1	99,7	100,1	−0,4	0,4
Freiberufliche, wissenschaftliche und technische Dienstleistungen						
Architektur- und Ingenieurbüros	45,1	108,9	114,1	115,0	4,8	0,8
Wirtschaftsprüfung und Steuerberatung, Buchführung	23,5	109,9	110,7	112,2	0,7	1,4
Public Relations- und Unternehmensberatung	20,9	102,9	103,7	104,5	0,8	0,8
Werbung	20,2	101,3	102,5	103,7	1,2	1,2
Rechtsberatung	18,3	107,8	113,6	114,7	5,4	1,0
Technische, physikalische und chemische Untersuchung	8,8	105,3	107,3	108,1	1,9	0,7
Markt- und Meinungsforschung	2,2	101,4	102,0	103,0	0,6	1,0
Verwaltungs- und Unterstützungsdienstleistungen						
Überlassung von Arbeitskräften	27,6	110,2	114,0	117,2	3,4	2,8
Reinigung von Gebäuden, Straßen und Verkehrsmitteln	15,2	104,1	106,4	108,4	2,2	1,9
Wach- und Sicherheitsdienste	4,2	107,7	110,4	113,9	2,5	3,2
Personalvermittlung	1,7	112,5	116,5	119,3	3,6	2,4

1 Quelle: Dienstleistungsstatistik, Strukturerhebung im Dienstleistungsbereich 2010.

Erzeugerpreisindizes für Dienstleistungen messen die durchschnittliche Preisentwicklung für Dienstleistungen, die in bestimmten Branchen für gewerbliche und private Kunden erbracht werden. Da noch nicht für alle Dienstleistungsbereiche Indizes vorliegen, werden bisher keine Gesamtindizes berechnet.

Erzeugerpreisindizes für Dienstleistungen
2010 = 100

Güterbeförderung im Straßenverkehr, Umzugstransporte — Dienstleistungen der Informationstechnologie — Architektur- und Ingenieurbüros — Überlassung von Arbeitskräften

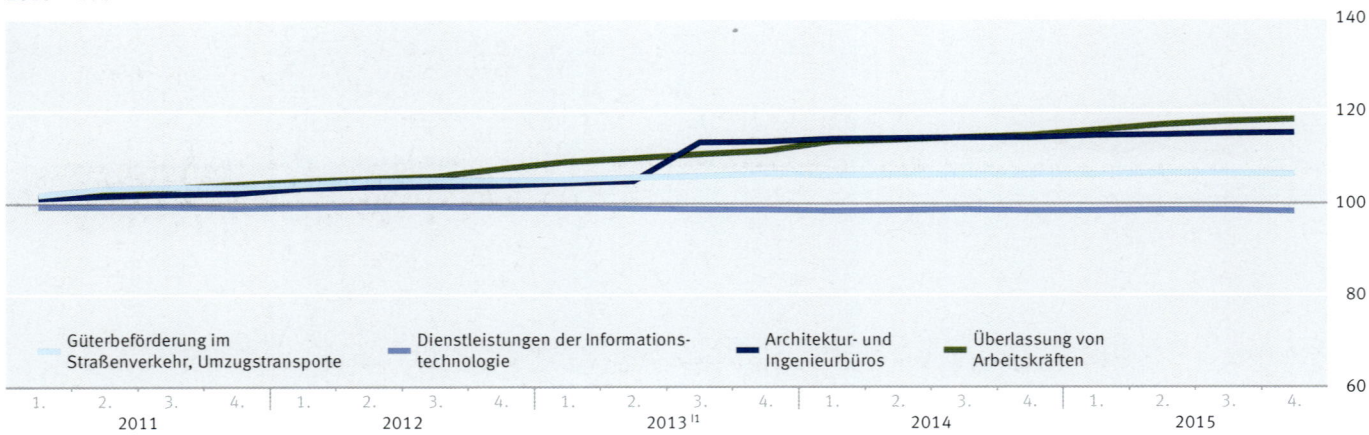

1 Drittes Quartal 2013: Anhebung der Gebührensätze als Folge der Einführung der neuen Honorarordnung für Architektinnen und Architekten und Ingenieurinnen und Ingenieure.

15 Preise

15.8 Großhandelsverkaufspreise

	Gewichtung	Jahresdurchschnitt			Veränderung gegenüber Vorjahr	
		2013	2014	2015	2014	2015
	%	2010 = 100			%	
Index der Großhandelsverkaufspreise	100	107,4	106,1	104,8	−1,2	−1,2
Großhandel mit landwirtschaftlichen Grundstoffen und lebenden Tieren	4,5	126,0	114,6	110,1	−9,0	−3,9
darunter:						
Großhandel mit Getreide, Rohtabak, Saatgut und Futtermitteln	2,9	129,8	117,5	111,9	−9,5	−4,8
Großhandel mit Nahrungs- und Genussmitteln, Getränken und Tabakwaren	16,0	111,5	111,8	112,9	0,3	1,0
darunter:						
Großhandel mit Obst, Gemüse und Kartoffeln	2,4	112,7	110,5	115,0	−2,0	4,1
Großhandel mit Getränken	2,1	106,9	109,0	110,2	2,0	1,1
Großhandel mit Fleisch und Fleischwaren	1,4	112,6	111,1	109,3	−1,3	−1,6
Großhandel mit Milch, Milcherzeugnissen, Eiern, Speiseölen und Nahrungsfetten	1,1	116,3	117,2	110,0	0,8	−6,1
Großhandel mit Gebrauchs- und Verbrauchsgütern [1]	21,8	104,0	104,5	105,8	0,5	1,2
darunter:						
Großhandel mit Foto- und optischen Erzeugnissen, elektrischen Haushaltsgeräten und Geräten der Unterhaltungselektronik	4,3	99,1	98,5	99,7	−0,6	1,2
Großhandel mit Geräten der Informations- und Kommunikationstechnik	8,2	87,6	86,3	89,1	−1,5	3,2
Großhandel mit sonstigen Maschinen, Ausrüstungen und Zubehör	8,9	107,4	107,9	108,9	0,5	0,9
Sonstiger Großhandel	35,1	109,5	107,0	101,7	−2,3	−5,0
darunter:						
Großhandel mit festen Brennstoffen und Mineralölerzeugnissen	12,4	115,8	110,2	95,0	−4,8	−13,8
Großhandel mit Erzen, Metallen und Metallhalbzeug	7,4	102,5	99,8	98,9	−2,6	−0,9
Großhandel mit Holz, Baustoffen, Anstrichmitteln und Sanitärkeramik	4,5	106,5	108,1	109,7	1,5	1,5
Großhandel ohne ausgeprägten Schwerpunkt	5,5	110,1	109,7	109,5	−0,4	−0,2

1 Der Großhandel mit Nahrungs- und Genussmitteln, Getränken und Tabakwaren zählt hier nicht zum Großhandel mit Verbrauchsgütern.

Indizes der Großhandelsverkaufspreise
2010 = 100

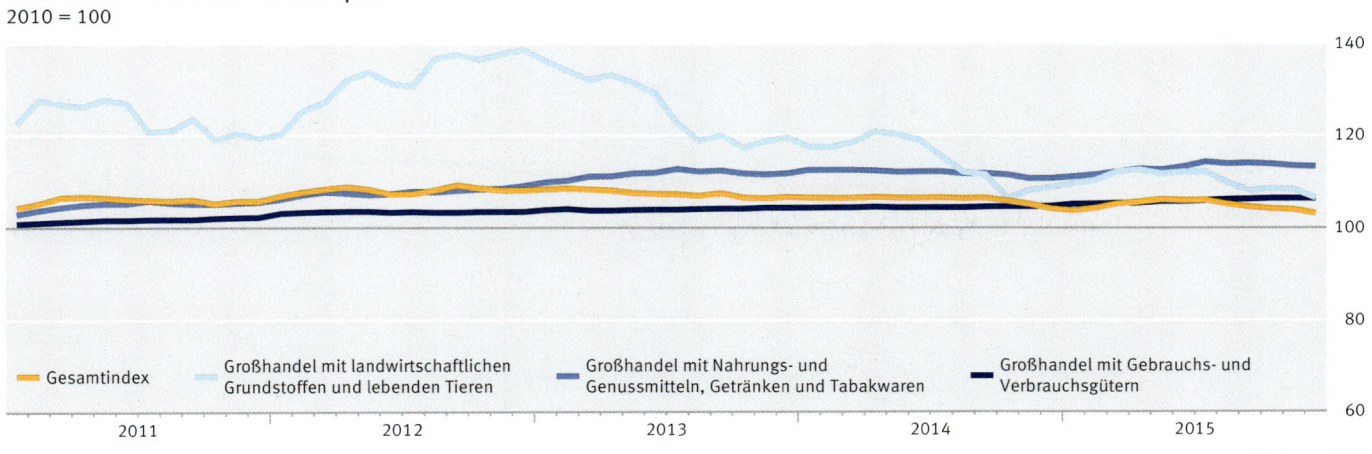

15 Preise

15.9 Bau- und Immobilienpreise

	Gewichtung	Jahresdurchschnitt			Veränderung gegenüber Vorjahr	
		2013	2014	2015	2014	2015
	%	2010 = 100			%	
Baupreisindizes						
Konventioneller Neubau von Wohngebäuden	100	107,5	109,4	111,1	1,8	1,6
Rohbauarbeiten	45,5	107,1	108,7	109,9	1,5	1,1
darunter:						
Mauerarbeiten	11,0	104,8	106,4	107,4	1,5	0,9
Betonarbeiten	15,7	106,0	106,9	107,4	0,8	0,5
Zimmer- und Holzbauarbeiten	4,6	110,8	113,4	115,3	2,3	1,7
Dachdeckungs- und Dachabdichtungsarbeiten ..	4,8	109,5	111,3	113,4	1,6	1,9
Ausbauarbeiten	54,5	107,9	110,0	112,2	1,9	2
darunter:						
Putz- und Stuckarbeiten	4,1	106,8	108,6	110,0	1,7	1,3
Tischlerarbeiten	9,6	107,4	108,1	110,1	0,7	1,9
Heizanlagen und zentrale Wassererwärmungs-anlagen	7,0	110,3	113,2	116,1	2,6	2,6
Gas-, Wasser- und Entwässerungsanlagen innerhalb von Gebäuden	4,6	111,1	114,0	117,2	2,6	2,8
Konventioneller Neubau von Bürogebäuden	100	107,6	109,6	111,4	1,9	1,6
Konventioneller Neubau von gewerblichen Betriebsgebäuden	100	107,8	109,7	111,5	1,8	1,6
Straßenbau	100	108,9	110,3	111,4	1,3	1,0
Brücken im Straßenbau	100	106,5	107,7	108,5	1,1	0,7
Ortskanäle	100	106,4	108,0	110,1	1,5	1,9
Instandhaltung von Wohngebäuden ohne Schönheitsreparaturen	100	109,0	111,5	114,0	2,3	2,2
Einfamiliengebäude in vorgefertigter Bauart	100	109,8	112,8	115,0	2,7	2,0
Preisindex für Bauland [1]	100	112,3	115,9	121,0	3,2	4,4
Baukostenindex für Wohngebäude	100	106,9	107,9	109,2	0,9	1,2
darunter:						
Materialkosten	58,8	107,4	108,4	108,6	0,9	0,2
Arbeitskosten	36,9	106,3	107,3	110,5	0,9	3,0
Häuserpreisindex	100	110,4	113,9	119,3	3,2	4,7
Neu erstellte Wohnimmobilien	13,0	109,4	113,4	119,7	3,7	5,6
Bestehende Wohnimmobilien	87,0	110,5	113,9	119,2	3,1	4,7

1 Angaben für die Jahre 2014 und 2015 ohne Bremen. Angaben für das Jahr 2015 sind vorläufig.

Baupreisindizes messen die durchschnittliche Entwicklung der Preise für den Neubau ausgewählter Bauwerksarten des Hoch- und Ingenieurbaus sowie für Instandhaltungsmaßnahmen an Wohngebäuden.

Der **Baukostenindex** für Wohngebäude misst hingegen die durchschnittliche Preisentwicklung der beim Bauen von Wohngebäuden von den Bauunternehmen eingesetzten Produktionsfaktoren und sonstigen Kostenfaktoren. Hierzu zählen insbesondere Arbeit und Material, aber auch Ausrüstungen, Energie sowie Transporte. Honorare für Architektinnen und Architekten sowie der Preis für das Baugrundstück sind weder Bestandteil eines Baukostenindex noch eines Baupreisindex.

Der **Häuserpreisindex** misst die durchschnittliche Preisentwicklung aller Wohnimmobilien, die als „Gesamtpaket" aus Grundstück und Gebäude verkauft bzw. erworben werden.

Bau- und Immobilienpreisindizes
2010 = 100

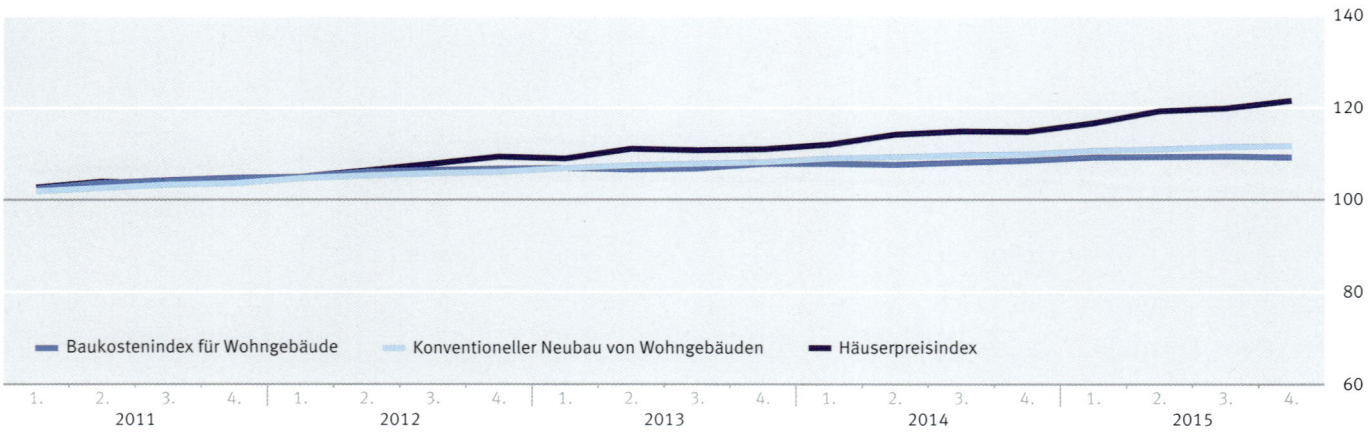

15 Preise

15.10 Kaufwerte für baureifes Land 2014

	Kauffälle	Veräußerte Fläche	Durchschnittlicher Kaufwert
	Anzahl	1 000 m²	EUR je m²
Deutschland	76 223	75 874	139
Baden-Württemberg	6 516	5 136	184
Bayern	17 072	15 801	235
Berlin	982	1 344	384
Brandenburg	6 142	6 845	60
Bremen	.	.	.
Hamburg	861	984	698
Hessen	6 123	5 117	211
Mecklenburg-Vorpommern	1 521	1 695	64
Niedersachsen	12 548	13 166	77
Nordrhein-Westfalen	6 339	4 511	143
Rheinland-Pfalz	5 601	3 942	129
Saarland	1 022	864	89
Sachsen	5 080	10 486	46
Sachsen-Anhalt	2 282	2 563	35
Schleswig-Holstein	1 770	1 436	113
Thüringen	2 364	1 984	45

Die **Kaufwerte für baureifes Land** beziehen sich auf Flächen, die nach öffentlich-rechtlichen Vorschriften baulich nutzbar und von den Gemeinden für die Bebauung vorgesehen sind. Es handelt sich nicht um einen Index, sondern um absolute Werte. Die Ergebnisse sind nicht über die Zeit vergleichbar.

Durchschnittliche Kaufwerte für baureifes Land 2014
in EUR je m²

Land	EUR je m²
Hamburg	698
Berlin	384
Bayern	235
Hessen	211
Baden-Württemberg	184
Nordrhein-Westfalen	143
Rheinland-Pfalz	129
Schleswig-Holstein	113
Saarland	89
Niedersachsen	77
Mecklenburg-Vorpommern	64
Brandenburg	60
Sachsen	46
Thüringen	45
Sachsen-Anhalt	35

Deutschland 139

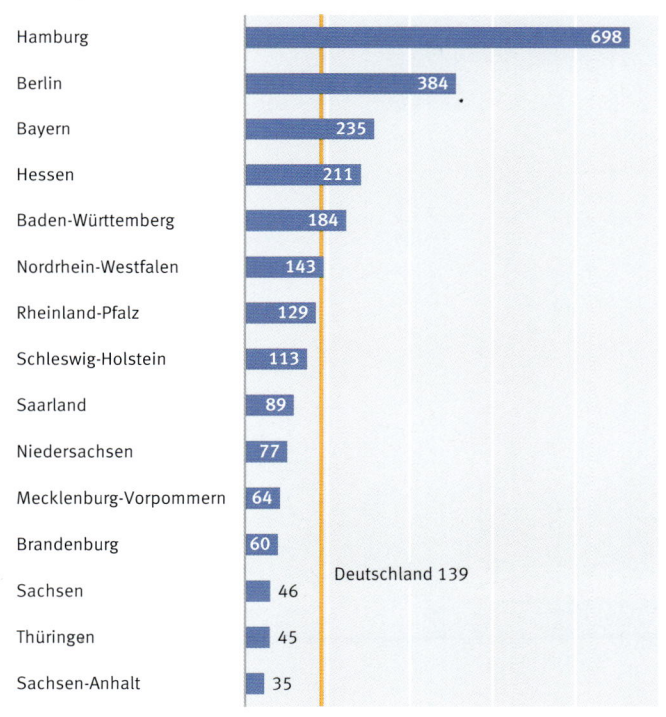

Ohne Bremen.

2016 - 01 - 0289

15 Preise

15.11 Verbraucherpreise

	Gewichtung	Jahresdurchschnitt			Veränderung gegenüber Vorjahr	
		2013	2014	2015	2014	2015
	%	2010 = 100			%	
Verbraucherpreisindex	100	105,7	106,6	106,9	0,9	0,3
Nahrungsmittel und alkoholfreie Getränke	10,3	110,4	111,5	112,3	1,0	0,7
Alkoholische Getränke und Tabakwaren	3,8	107,0	110,3	113,4	3,1	2,8
Bekleidung und Schuhe	4,5	104,4	105,5	106,3	1,1	0,8
Wohnung, Wasser, Strom, Gas u. a. Brennstoffe	31,7	107,5	108,4	108,0	0,8	− 0,4
Möbel, Leuchten, Geräte u. a. Haushaltszubehör	5,0	102,1	102,5	103,2	0,4	0,7
Gesundheitspflege	4,4	99,4	101,4	103,4	2,0	2,0
Verkehr	13,5	107,5	107,3	105,5	− 0,2	− 1,7
Nachrichtenübermittlung	3,0	93,4	92,3	91,2	− 1,2	− 1,2
Freizeit, Unterhaltung und Kultur	11,5	103,1	104,4	105,0	1,3	0,6
Bildungswesen	0,9	95,1	93,1	92,8	− 2,1	− 0,3
Beherbergungs- und Gaststättendienstleistungen	4,5	106,0	108,2	111,0	2,1	2,6
Andere Waren und Dienstleistungen	7,0	104,3	106,1	107,2	1,7	1,0
Verbrauchsgüter	30,8	111,5	111,7	110,0	0,2	− 1,5
darunter:						
Nahrungsmittel	9,1	110,4	111,5	112,4	1,0	0,8
Haushaltsenergie (Strom, Gas u. a. Brennstoffe)	6,8	120,6	119,5	112,8	− 0,9	− 5,6
Kraftstoffe	3,8	113,5	108,5	97,7	− 4,4	− 10,0
Gebrauchsgüter mit mittlerer Lebensdauer	9,1	104,1	104,8	105,5	0,7	0,7
darunter:						
Bekleidungsartikel	3,3	104,2	105,3	105,8	1,1	0,5
Schuhe und Schuhzubehör	0,8	104,6	105,5	106,7	0,9	1,1
Heimtextilien	0,4	104,7	105,9	107,7	1,1	1,7
Langlebige Gebrauchsgüter	8,1	97,4	96,9	97,3	− 0,5	0,4
darunter:						
Kauf von Fahrzeugen	3,3	100,8	101,2	102,2	0,4	1,0
Möbel und Leuchten	1,7	102,4	102,9	103,7	0,5	0,8
Informationsverarbeitungsgeräte	0,6	74,3	71,6	71,6	− 3,6	0,0
Dienstleistungen ohne Nettokaltmiete	31,0	103,8	105,5	106,9	1,6	1,3
darunter:						
Freizeit- und Kulturdienstleistungen	3,3	107,2	110,4	111,3	3,0	0,8
Telekommunikationsdienstleistungen	2,6	93,6	92,5	91,3	− 1,2	− 1,3
Versicherungsdienstleistungen	2,3	104,1	105,8	106,7	1,6	0,9
Dienstleistungen sozialer Einrichtungen	1,1	108,3	112,2	115,3	3,6	2,8
Nettokaltmiete	21,0	103,8	105,4	106,7	1,5	1,2

Verbrauchsgüter, z. B. Nahrungsmittel, werden relativ oft gekauft oder fast täglich konsumiert.

Gebrauchsgüter werden in der Regel seltener gekauft. Beim Verbraucherpreisindex sind Gebrauchsgüter mittlerer Lebensdauer beispielsweise Bekleidungsartikel und Schuhe, langlebige Gebrauchsgüter sind u. a. Fahrzeuge, Möbel und Computer.

Bei den **Dienstleistungen** spielen die Wohnungsmieten eine wichtige Rolle. Aber auch andere Dienstleistungen, z. B. Versicherungsdienstleistungen, gehören hier dazu.

Verbraucherpreisindizes
2010 = 100

— Gesamtindex   — Verbrauchsgüter   — Gebrauchsgüter mit mittlerer Lebensdauer   — Langlebige Gebrauchsgüter   — Dienstleistungen ohne Nettokaltmiete   — Nettokaltmiete

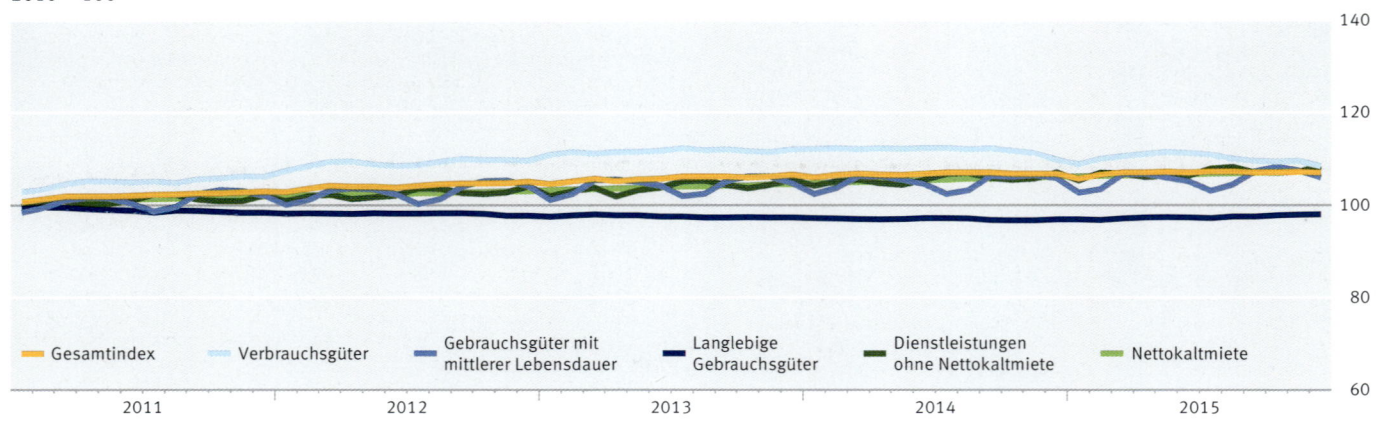

15 Preise

Methodik

■ Preisstatistik

Das Statistische Bundesamt veröffentlicht die Ergebnisse von zeitlichen und räumlichen Preisvergleichen in Form von Indizes. Die Indizes beziehen sich auf die Wirtschaftsstufen Erzeugung, Außenhandel, Großhandel sowie privater Konsum. Absolute Durchschnittspreise in Euro werden nur in wenigen Bereichen berechnet, als Kaufwerte für Bauland bzw. landwirtschaftliche Grundstücke sowie für ausgewählte Energieträger.

Die Preisindizes dienen als Grundlage für wirtschafts- und geldpolitische Entscheidungen. Der nationale Verbraucherpreisindex und der europaweit harmonisierte Verbraucherpreisindex werden z. B. zur Messung von Inflation aus Sicht der privaten Endverbraucherinnen und Endverbraucher verwendet. Auch sind Preisindizes häufig Bestandteil vertraglicher Vereinbarungen über laufende Zahlungen, die in privaten und gewerblichen Verträgen vorkommen. Solche Vereinbarungen sollen sicherstellen, dass die Gläubigerin bzw. der Gläubiger auch künftig den Betrag erhält, der wertmäßig der ursprünglich festgelegten Geldsumme entspricht. Schließlich werden Preisindizes verwendet, um nominale wirtschaftliche Größen wie das Bruttoinlandsprodukt (BIP) um Preisänderungen zu bereinigen und somit reale Wachstumsraten zu berechnen.

■ Berechnung von Preisindizes

Die meisten Preisindizes der amtlichen Statistik geben Auskunft über die Preisentwicklung im Zeitablauf. Sie zeigen an, wie sich die Preise gegenüber dem Basisjahr geändert haben. Zusätzlich werden Veränderungsraten berechnet, welche die prozentuale Preisentwicklung zum Vorjahresmonat und zum Vormonat angeben. Die Berechnung von Preisindizes für den zeitlichen Preisvergleich kann in fünf Schritten dargestellt werden:

1. Schritt: Zunächst wird der Geltungsbereich der Preisstatistik festgelegt (z. B. sämtliche Konsumausgaben der privaten Haushalte oder sämtliche Verkäufe von Produktionsbetrieben bestimmter Wirtschaftsbereiche in Deutschland). Dann erfolgt eine Untergliederung aller im Geltungsbereich umgesetzten Waren und Dienstleistungen in einzelne Güterbereiche. Dabei werden in der Regel international abgestimmte Güterklassifikationen verwendet, z. B. in der Erzeugerpreisstatistik das Güterverzeichnis für Produktionsstatistiken.

2. Schritt: Anschließend wird der sogenannte „Warenkorb" festgelegt. Damit ist die Güterauswahl gemeint, die sämtliche Waren und Dienstleistungen des jeweiligen Geltungsbereiches repräsentieren soll. Bei dieser Güterauswahl lassen sich zwei Ebenen unterscheiden. Auf der oberen Ebene ist eine vollständige Zusammenstellung der jeweils relevanten Waren und Dienstleistungen zu Güterarten. Sie bleiben einschließlich ihrer Gewichte für fünf Jahre unverändert. Für jede dieser Güterarten des Warenkorbes werden anschließend konkrete Waren und Dienstleistungen für die Preismessung ausgewählt. Häufig werden in einem repräsentativen Stichprobenverfahren zunächst Berichtsstellen ermittelt, z. B. Geschäfte, Unternehmen, Betriebe. Aus deren Angebot werden dann die wichtigsten Produkte für die Preiserhebung bestimmt. Diese konkreten Einzelprodukte stellen die untere Ebene des Warenkorbes dar. Auf dieser Ebene der einzelnen Preisrepräsentanten wird der Warenkorb ständig angepasst, da wegfallende oder an Marktbedeutung verlierende Güter ersetzt oder neue Gütervarianten aufgenommen werden.

3. Schritt: Für die Produkte des Warenkorbes erfolgt eine monatliche oder vierteljährliche Preisbeobachtung, z. B. durch schriftliche Preismeldung, Onlinemeldung der ausgewählten Einheiten, Internetrecherche oder durch Preiserhebung in den Einzelhandelsgeschäften vor Ort. Letztere führen Erhebungsbeauftragte der amtlichen Statistik durch. Im Zuge der Preisbeobachtung wird der Warenkorb auf der unteren Ebene ständig aktualisiert. Konkrete Produktrepräsentanten, z. B. Produkte einer bestimmten Marke, werden ausgetauscht, wenn sie nicht mehr oder nur noch wenig verkauft werden.

4. Schritt: Aus den erhobenen Preisdaten werden fortlaufende Preisreihen für einzelne Produkte und Berichtsstellen erstellt. Beim Austausch von konkreten Produktrepräsentanten oder bei Veränderungen der Produkteigenschaften wird die Vergleichbarkeit der Preise durch Mengen- oder Qualitätsbereinigung rechnerisch hergestellt. Verringert z. B. ein Anbieter die Verpackungsgröße eines Produktes bei gleich bleibendem Preis, wird dies in der Preisstatistik wie eine Preiserhöhung behandelt. Weiterhin werden Qualitätsänderungen berücksichtigt – z. B. bei Gütern mit technischem Fortschritt. Qualitätsbereinigungen sind bei der Berechnung von Preisindizes zwingend notwendig. Ohne Qualitätsbereinigung würden sich Verbesserungen oder Verschlechterungen der Güterqualität als Preisänderung in den Preisindizes niederschlagen. Damit wäre eine sinnvolle Interpretation der gemessenen Preisentwicklung erschwert. Daher ist es notwendig, qualitative Veränderungen der Produkte bei der Preismessung zu quantifizieren und aus der Preisberechnung herauszurechnen. Die fortlaufenden Preisreihen für einzelne Produkte und Berichtsstellen werden anschließend zu Teilindizes zusammengefasst.

5. Schritt: Schließlich wird der gesamte Preisindex als gewichteter Mittelwert der Teilindizes der einzelnen Güterbereiche berechnet. Die Gewichtungsinformationen für die obere Ebene des Warenkorbes sind im sogenannten Wägungsschema enthalten und spiegeln die Bedeutung der einzelnen Güterbereiche für die Grundgesamtheit aller Waren und Dienstleistungen in den jeweiligen Wirtschaftsstufen wider. Güterbereiche mit hohen Umsätzen bzw. Ausgaben gehen mit einem entsprechend hohen Gewicht in den Gesamtindex ein. Das Wägungsschema wird in der Regel nur alle fünf Jahre aktualisiert, um innerhalb des Fünfjahreszeitraums die reine Preisentwicklung darstellen zu können, unbeeinflusst von Änderungen in der Zusammensetzung der Grundgesamtheit.

■ Außenhandelspreisindizes

Die Ein- und Ausfuhrpreisindizes messen die durchschnittliche Entwicklung der Preise aller Waren, die zwischen Deutschland und dem Ausland gehandelt werden. Die Außenhandelspreise werden monatlich bei einer repräsentativen Auswahl von Import- und Exportunternehmen erhoben. In einigen Fällen werden auch internationale Börsennotierungen herangezogen. Zu den mit dem Ausland gehandelten Waren zählen u. a. Getreide, Rohkaffee, Erdöl, Erdgas, Erze, Fahrzeug- und Maschinenbauerzeugnisse. Beobachtet werden tatsächlich gezahlte Preise „frei deutsche Grenze". Nicht enthalten in den Preisen sind öffentliche Abgaben wie Zölle und Einfuhrumsatzsteuer bei der Einfuhr oder Umsatzsteuer und Exporthilfen bei der Ausfuhr. In Fremdwährung gemeldete Preise werden mit den jeweils geltenden Devisenkursen in Euro umgerechnet. Die Indizes der Außenhandelspreise werden für die Gesamtheit der Ein- bzw. Ausfuhrwaren sowie für eine große Zahl von Warengruppen verschiedener Aggregationsstufen berechnet und veröffentlicht. Die Waren werden gegliedert nach ausgewählten Positionen des systematischen Güterverzeichnisses für Produktionsstatistiken (GP 2009), nach Warengruppen der Ernährungswirtschaft und der gewerblichen Wirtschaft (EGW 2002) sowie nach dem Internationalen Warenverzeichnis für den Außenhandel (SITC, Rev. 4). Räumlich erfolgt eine Gliederung nach dem Handel mit Euro-Ländern und Nicht-Euro-Ländern.

■ Erzeugerpreisindex landwirtschaftlicher Produkte

Der Erzeugerpreisindex landwirtschaftlicher Produkte misst die Preisentwicklung landwirtschaftlicher Produkte aus pflanzlicher bzw. tierischer Erzeugung, wie Getreide, Raps oder Rinder. Obwohl es sich um einen Erzeugerpreisindex handelt, werden die Preise überwiegend nicht bei den Erzeugerinnen und Erzeugern erhoben, da diese ihre Produkte aufgrund saisonaler Schwankungen nur sehr unregelmäßig verkaufen. Die Preise werden monatlich hauptsächlich bei Unternehmen mit Sitz in Deutschland erfragt, die pflanzliche und tierische Erzeugnisse regelmäßig von den landwirtschaftlichen Betrieben kaufen, vermarkten oder hierüber Statistiken führen. Bei den ermittelten Preisen handelt es sich um tatsächlich gezahlte Preise (ohne Umsatzsteuer). Die Ergebnisse werden in fachlicher Gliederung auf tiefster Ebene für 35 landwirtschaftliche Erzeugnisse dargestellt, gegliedert nach pflanzlichen und tierischen Erzeugnissen.

15 Preise

Methodik

■ Erzeugerpreise der Produkte des Holzeinschlags aus den Staatsforsten

Der Erzeugerpreisindex der Produkte des Holzeinschlags aus den Staatsforsten misst die Entwicklung der Preise für Rohholzprodukte, die die Forstverwaltungen der Länder verkaufen. Die Landesforstverwaltungen sind bedeutende Marktteilnehmer am Rohholzmarkt. Daher ist die Preisentwicklung des Rohholzes aus den Staatsforsten ein wichtiger Indikator für die Preisentwicklung am Rohholzmarkt insgesamt. Bei den ermittelten Preisen handelt es sich um tatsächlich gezahlte Preise (ohne Umsatzsteuer). Die Ergebnisse werden in fachlicher Gliederung auf tiefster Ebene für 20 Holzprodukte dargestellt, gegliedert nach Stammholz und Stammholzabschnitte, nach Industrieholz sowie nach Brennholz. Seit Januar 2010 wird zudem aus einzelnen Reihen des Erzeugerpreisindex gewerblicher Produkte und des Erzeugerpreisindex der Produkte des Holzeinschlags aus den Staatsforsten der Preisindex für Holzprodukte zur Energieerzeugung berechnet. Dieser misst die Preisentwicklung von Holzprodukten, die der Energieerzeugung dienen können.

■ Erzeugerpreisindex gewerblicher Produkte

Der Erzeugerpreisindex gewerblicher Produkte (Inlandsabsatz) misst die durchschnittliche Preisentwicklung von Rohstoffen und Industrieerzeugnissen, die in Deutschland hergestellt und im Inland verkauft werden. Dazu zählen z. B. Mineralölprodukte, Metalle, chemische Grundstoffe, Nahrungsmittel und Kraftwagen. Die Produzenten dieser Güter gehören zum Verarbeitenden Gewerbe, zur Energie- und Wasserwirtschaft sowie zum Bergbau. Für die Messung der Preisentwicklung melden die Erzeuger gewerblicher Produkte dem Statistischen Bundesamt monatlich die mit ihren Abnehmern vertraglich vereinbarten Preise ohne Umsatzsteuer (Mehrwertsteuer), aber einschließlich Verbrauchsteuern und anderer gesetzlicher Abgaben, z. B. Umlagen nach dem „Erneuerbare-Energien-Gesetz". Die Ergebnisse des Erzeugerpreisindex gewerblicher Produkte werden in fachlicher Gliederung auf der tiefsten Ebene für 1 260 Güterarten des Güterverzeichnisses der Produktionsstatistiken (GP 2009) dargestellt.

■ Erzeugerpreisindizes für Dienstleistungen

Die Erzeugerpreisindizes für Dienstleistungen messen die durchschnittliche Preisentwicklung für Dienstleistungen, die in bestimmten Branchen für gewerbliche und private Kunden erbracht werden. Dazu zählen Verkehr und Logistik, Information und Kommunikation, freiberufliche, wissenschaftliche und technische Dienstleistungen sowie Verwaltungs- und Unterstützungsleistungen. Für die Messung der Preisentwicklung melden die Berichtsfirmen dem Statistischen Bundesamt quartalsweise die Nettopreise ohne Umsatzsteuer, aber gegebenenfalls einschließlich Verbrauchsteuern (z. B. Mineralölsteuer einschließlich Ökosteuer, Tabaksteuer) und anderen gesetzlichen Abgaben (z. B. Luftverkehrsabgabe). Die Ergebnisse werden in fachlicher Gliederung auf tiefster Ebene für rund 25 Dienstleistungsbereiche der Wirtschaftszweigklassifikation (WZ 2008) dargestellt. Da noch nicht für alle Dienstleistungsbereiche Indizes vorliegen, werden bisher keine Gesamtindizes berechnet.

■ Großhandelsverkaufspreisindex

Der Großhandelsverkaufspreisindex misst die Preisentwicklung für die von Großhändlern im Inland abgesetzten Waren, soweit diese Verkäufe der Großhandelsfunktion zuzurechnen sind. Zu den abgesetzten Waren zählen z. B. Benzin, Heizöl, Metalle, Erze, Getreide und Saatgut. Die Waren können sowohl im Inland produziert als auch nach Deutschland importiert worden sein. Direkte Verkäufe an den Endabnehmer bzw. ins Ausland werden dabei nicht berücksichtigt. Für die Messung der Preisentwicklung melden die Großhandelsunternehmen dem Statistischen Bundesamt monatlich die tatsächlich erzielten Preise ohne Umsatzsteuer, aber gegebenenfalls einschließlich Verbrauchsteuern wie der Tabaksteuer und anderer gesetzlicher Abgaben. Die Ergebnisse des Großhandelsverkaufspreisindex werden in fachlicher Gliederung auf tiefster Ebene für 64 Wirtschaftszweige der Wirtschaftszweigklassifikation (WZ 2008) veröffentlicht.

■ Baupreisindizes

Baupreisindizes messen die durchschnittliche Entwicklung der Preise für den Neubau ausgewählter Bauwerksarten des Hoch- und Ingenieurbaus sowie für Instandhaltungsmaßnahmen an Wohngebäuden. In ihnen schlagen sich neben Veränderungen bei den Faktorkosten auch Veränderungen der Produktivität, der Gewinnmargen der Bauunternehmen sowie Änderungen bei der Umsatzsteuer nieder. Honorare für Architektinnen und Architekten sowie der Preis für das Baugrundstück sind dagegen nicht Bestandteil eines Baupreisindex. Erhoben werden die Preise vierteljährlich bei Unternehmen mit Sitz in Deutschland, die als Auftragnehmer regelmäßig Bauleistungen erbringen für den Neubau von Wohn-, Büro- und gewerblichen Betriebsgebäuden, von Straßen, Brücken und Ortskanälen sowie für die Instandhaltung von Wohngebäuden. In der Regel sind dies Unternehmen des Baugewerbes. Es können jedoch auch Unternehmen anderer Wirtschaftszweige sein. Die Berichtsfirmen melden vierteljährlich vertraglich vereinbarte Preise für die Ausführung von Bauleistungen (keine Angebotspreise). Baupreisindizes werden von derzeit 177 repräsentativ ausgewählten Bauleistungen berechnet.

■ Baukostenindex für Wohngebäude

Der Baukostenindex für Wohngebäude misst die durchschnittliche Preisentwicklung der beim Bauen von Wohngebäuden von den Bauunternehmen eingesetzten Produktionsfaktoren und sonstigen Kostenfaktoren, insbesondere Arbeit und Material, aber auch Ausrüstungen, Energie sowie Transporte. Dieser Index wird daher häufig auch als Faktor- oder Inputpreisindex bezeichnet. Die Berechnung des Baukostenindex erfolgt auf der Grundlage bereits vorhandener, vorwiegend amtlicher Datenquellen und Informationen. Zur Abdeckung der Preisentwicklung für Baumaterialien sowie für die darüber hinaus berücksichtigten Kostenfaktoren Ausrüstungen, Energie, Betriebsstoffe und Bauhilfsstoffe werden die Ergebnisse der Statistik der Erzeugerpreisstatistik herangezogen. Die Zeitreihen der Erzeugerpreisstatistik gelten dabei als Einkaufspreisindizes für die Bauunternehmen. In die Berechnung der Baukostenindizes fließen die Preise ohne Umsatzsteuer (Mehrwertsteuer) ein. Für die Abdeckung der Arbeitskosten wird auf den vom Statistischen Bundesamt ermittelten Arbeitskostenindex zurückgegriffen – speziell auf die Zeitreihen für den gesondert berechneten Wirtschaftsabschnitt des Baugewerbes. Der Arbeitskostenindex enthält sowohl die Bruttolöhne und -gehälter als auch die Lohnnebenkosten. Neben dem Baukostenindex insgesamt werden auch die Indizes für die Materialkosten und die Arbeitskosten veröffentlicht.

■ Häuserpreisindex

Der Häuserpreisindex misst die durchschnittliche Entwicklung der Preise aller Wohnimmobilien, die als „Gesamtpaket" aus Grundstück und Gebäude verkauft bzw. erworben werden. Dazu zählt sowohl der Erwerb von neu erstellten als auch der Erwerb von bestehenden Wohnimmobilien. Zur Berechnung des Häuserpreisindex werden vierteljährlich von den Gutachterausschüssen für Grundstückswerte die in den Kaufverträgen angegebenen Preise (Transaktionspreise, keine Angebotspreise) einschließlich Umsatzsteuer erhoben. Neben dem Häuserpreisindex insgesamt werden auch Preisindizes für neu erstellte sowie für bestehende Wohnimmobilien veröffentlicht.

■ Kaufwerte für Bauland

Die Statistik der Kaufwerte für Bauland gibt einen Überblick über die Käufe bzw. Verkäufe von unbebauten Grundstücken mit einer Größe von mindestens 100 m², soweit sie in den Baugebieten der Gemeinden liegen und als Bauland vorgesehen sind (baureifes Land, Rohbauland oder sonstiges Bauland). Der Großteil der Verkäufe und Käufe bezieht sich hierbei auf baureifes Land. Ergebnisse werden nicht in Form von Preisindizes ausgewiesen, sondern als absolute Werte (in Euro pro m² Boden). Die ausgewiesenen Kaufwerte sind für einen zeitlichen Vergleich nur bedingt verwendbar, weil die den Durchschnittswerten jeweils zugrundeliegenden Grundstücke in ihrer Struktur ganz unterschiedlich zusammengesetzt sein können.

15 Preise

Methodik

Die Kaufwerte für Bauland werden vierteljährlich ermittelt, vor allem aus Meldungen der Gutachterausschüsse für Grundstückswerte, in wenigen Bundesländern aber auch aus Meldungen der Finanzämter. Veröffentlicht werden die Anzahl der Käufe bzw. Verkäufe, die Summe der Fläche sowie die Durchschnittspreise je m² („Kaufwert") für die Baulandarten, für Gemeindegrößenklassen und Baugebiete.

■ Verbraucherpreisindizes

Der Verbraucherpreisindex für Deutschland (VPI) misst die durchschnittliche Preisentwicklung aller Waren und Dienstleistungen, die private Haushalte für Konsumzwecke kaufen. Darunter fallen zum Beispiel Nahrungsmittel, Bekleidung und Kraftfahrzeuge ebenso wie Mieten, Reinigungsdienstleistungen oder Reparaturen. Nach dem Inlandskonzept werden alle Ausgaben berücksichtigt, die in Deutschland getätigt werden, d.h. neben den Ausgaben von beispielsweise Single-Haushalten, Ehepaaren, Familien oder Rentnerehepaaren auch die Ausgaben ausländischer Touristinnen und Touristen. Die Veränderung des Verbraucherpreisindex zum Vorjahresmonat bzw. zum Vorjahr wird umgangssprachlich auch als Inflationsrate bezeichnet. Für die Messung der Preisentwicklung der einzelnen Güter des Warenkorbes notieren Preiserheberinnen und Preiserheber in ganz Deutschland monatlich die Preise der gleichen Produkte in denselben Geschäften. Zusätzlich erfolgt für viele Güterarten eine zentrale Preiserhebung, beispielsweise im Internet oder in Versandhauskatalogen. Für die Preismessung werden die Anschaffungspreise einschließlich Umsatzsteuer (Mehrwertsteuer) und Verbrauchsteuern beobachtet. Die Ergebnisse werden in fachlicher Gliederung auf der tiefsten Ebene für rund 600 Positionen auf der Grundlage der „Systematik der Einnahmen und Ausgaben privater Haushalte" in der für den Verbraucherpreisindex geltenden Fassung (SEA-VPI) sowie für unterschiedliche Zusammenfassungen dargestellt.

■ Harmonisierter Verbraucherpreisindex

Zusätzlich zum Verbraucherpreisindex für Deutschland (VPI) berechnet das Statistische Bundesamt für europäische Zwecke den Harmonisierten Verbraucherpreisindex (HVPI). Dieser misst die Preisentwicklung in Deutschland nach harmonisierten Konzepten, Methoden und Verfahren. Der HVPI für Deutschland wird aus der gleichen Datenbasis abgeleitet wie der VPI. Die Erfassungsbereiche des VPI und des deutschen HVPI unterscheiden sich derzeit im Wesentlichen darin, dass der deutsche VPI zusätzlich Wohneigentum einbezieht, das die Eigentümerin bzw. der Eigentümer selbst nutzt. Außerdem berücksichtigt der deutsche HVPI im Gegensatz zum VPI keine Glücksspiele. Seit Januar 2012 werden die Gewichte des HVPI unter Verwendung von vorläufigen Ergebnissen der Volkswirtschaftlichen Gesamtrechnungen vom Vorvorjahr (t-2) jährlich neu berechnet, wobei eine Korrektur von Vergangenheitswerten nicht vorgesehen ist.

■ Berechnung von räumlichen Preisindizes

Für einen Preisvergleich müssen die Preise von gleichen oder vergleichbaren Gütern gegenüber gestellt werden. Beim zeitlichen Preisvergleich ist dies dadurch gewährleistet, dass immer die gleichen Güter in denselben Berichtsstellen beobachtet werden. Beim räumlichen Preisvergleich werden hingegen die Preisunterschiede gemessen, die zu einem Zeitpunkt in unterschiedlichen Berichtsstellen bestehen. Um hier einen reinen Preisvergleich zu ermöglichen, der nicht durch Unterschiede in der Güterauswahl und der Güterqualität beeinflusst ist, müssen die Güter sehr eng definiert werden. In allen Berichtsstellen müssen Güter ausgewählt werden, die der Definition entsprechen. Gleichzeitig muss gewährleistet sein, dass die ausgewählten Güter in möglichst allen betrachteten Regionen repräsentativ für die jeweilige Verbrauchskategorie sind, d. h. in allen betrachteten Regionen eine hohe Verbrauchsbedeutung haben.

Beim räumlichen Preisvergleich können sich die Berichtsstellen in unterschiedlichen Ländern befinden (internationaler Preisvergleich) oder in verschiedenen Regionen eines Landes (regionaler Preisvergleich). Für den internationalen Preisvergleich werden jährlich Preismessungen in Berlin durchgeführt, die in die Berechnung von internationalen Kaufkraftparitäten und Preisniveauindizes durch das Statistische Amt der Europäischen Union (Eurostat) eingehen. Weitere Informationen zu den Preisniveauindizes finden Sie im Kapitel „Internationales".

Detaillierte Informationen zur Methodik der einzelnen Statistiken sind in den Qualitätsberichten dokumentiert (siehe hierzu *www.destatis.de/publikationen* > Qualitätsberichte).

15 Preise

Glossar

Baukostenindex für Wohngebäude | Er misst die durchschnittliche Preisentwicklung der beim Bauen von Wohngebäuden von den Bauunternehmen eingesetzten Produktionsfaktoren und sonstigen Kostenfaktoren, insbesondere Arbeit und Material, aber auch Ausrüstungen, Energie sowie Transporte.

Baupreisindizes | Diese messen die durchschnittliche Entwicklung der Preise für den Neubau ausgewählter Bauwerksarten des Hoch- und Ingenieurbaus sowie für Instandhaltungsmaßnahmen an Wohngebäuden.

Deflationierung | Bereinigung von nominalen wirtschaftlichen Größen wie dem Bruttoinlandsprodukt (BIP) um Preisänderungen zur Berechnung realer Wachstumsraten.

Ein- und Ausfuhrpreisindizes | Die Ein- und Ausfuhrpreisindizes messen die durchschnittliche Entwicklung der Preise aller Waren, die zwischen Deutschland und dem Ausland gehandelt werden. Im Einfuhrpreisindex sind dies z. B. Erdöl, Mineralölerzeugnisse, Rohstoffe und Getreide, im Ausfuhrpreisindex z. B. Kraftwagen und Kraftwagenteile, Maschinen und chemische Erzeugnisse.

Erzeugerpreisindizes | Sie messen die durchschnittliche Entwicklung der Verkaufspreise einzelner Wirtschaftszweige auf der Wirtschaftsstufe der Erzeuger.

Erzeugerpreisindex der Produkte des Holzeinschlags aus den Staatsforsten | Dieser misst die Entwicklung der Preise für Rohholzprodukte, die die Forstverwaltungen der Länder verkaufen. Dazu zählen Stammholz und Stammholzabschnitte, Industrieholz sowie Brennholz.

Erzeugerpreisindizes für Dienstleistungen | Sie messen die durchschnittliche Preisentwicklung für Dienstleistungen, die in bestimmten Branchen für gewerbliche und private Kundinnen und Kunden erbracht werden. Dazu zählen Verkehr und Logistik, Information und Kommunikation, freiberufliche, wissenschaftliche und technische Dienstleistungen sowie Verwaltungs- und Unterstützungsleistungen.

Erzeugerpreisindex für Holzprodukte zur Energieerzeugung | Dieser Index misst die Preisentwicklung von Holzprodukten, die der Energieerzeugung dienen können. Er wird aus einzelnen Reihen des Erzeugerpreisindex gewerblicher Produkte und des Erzeugerpreisindex der Produkte des Holzeinschlags aus den Staatsforsten berechnet und im Rahmen des Erzeugerpreisindex der Produkte des Holzeinschlags als Sondergliederung veröffentlicht.

Erzeugerpreisindex gewerblicher Produkte (Inlandsabsatz) | Er misst die durchschnittliche Preisentwicklung von Rohstoffen und Industrieerzeugnissen, die in Deutschland hergestellt und im Inland verkauft werden. Dazu zählen z. B. Mineralölprodukte, Metalle, chemische Grundstoffe und Nahrungsmittel. Die Produzenten dieser Güter gehören zum Verarbeitenden Gewerbe, zur Energie- und Wasserwirtschaft sowie zum Bergbau.

Erzeugerpreisindex landwirtschaftlicher Produkte | Dieser Index misst die Entwicklung der Preise landwirtschaftlicher Produkte aus pflanzlicher bzw. tierischer Erzeugung, wie Getreide, Raps oder Rinder.

Gebrauchsgüter | Dies sind Waren, die eine gewisse Zeit genutzt werden können, ohne dass sie dabei verbraucht werden, z. B. Geräte der Unterhaltungselektronik, Haushaltsgeräte und Möbel. Im Verbraucherpreisindex unterscheidet man zwischen Gebrauchsgütern mittlerer Lebensdauer, wie Bekleidungsartikel und Schuhe, und langlebigen Gebrauchsgütern, wie Schränke und Fernsehgeräte.

Großhandelsverkaufspreisindex | Er misst die Preisentwicklung für die von Großhändlern im Inland abgesetzten Waren, soweit diese Verkäufe der Großhandelsfunktion zuzurechnen sind, z. B. für Benzin, Heizöl, Metalle, Erze, Getreide und Saatgut.

Häuserpreisindex | Dieser misst die durchschnittliche Preisentwicklung aller Wohnimmobilien, die als „Gesamtpaket" aus Grundstück und Gebäude verkauft bzw. erworben werden. Dazu zählt sowohl der Erwerb von neu erstellten als auch der Erwerb von bestehenden Wohnimmobilien.

Inflation | In einer Marktwirtschaft können sich die Preise für Waren und Dienstleistungen jederzeit ändern – einige Preise steigen, während andere fallen. Erhöhen sich die Güterpreise allgemein und nicht nur die Preise einzelner Produkte, so spricht man von „Inflation". Ist dies der Fall, kann man für einen Euro weniger kaufen oder anders ausgedrückt: Ein Euro ist dann weniger wert als zuvor. Gemessen am Verbraucherpreisindex bedeutet „Inflationsrate" dessen prozentuale Veränderung gegenüber dem entsprechenden Vorjahreszeitraum – also Vorjahresmonat oder Vorjahr.

Investitionsgüter | So bezeichnet man Erzeugnisse, die vor allem für Unternehmen hergestellt werden und dort über einen längeren Zeitraum genutzt werden können, z. B. Produktionsmaschinen, Stahl- und Leichtmetallbauerzeugnisse, Schienen- und Kraftfahrzeuge.

Kaufwerte für Bauland | Die Statistik der Kaufwerte für Bauland gibt einen Überblick über die Käufe beziehungsweise Verkäufe von unbebauten Grundstücken mit einer Größe von mindestens 100 m², soweit sie in den Baugebieten der Gemeinden liegen und als Bauland (baureifes Land, Rohbauland oder sonstiges Bauland) vorgesehen sind.

Konsumgüter | Das sind Erzeugnisse, die (in der Regel über den Groß- und Einzelhandel und von Dienstleistern) überwiegend an Privathaushalte abgegeben und dort genutzt oder verbraucht werden. Zum Beispiel Haushaltsgeräte, Möbel sowie Unterhaltungselektronik, aber auch Verbrauchsgüter wie Nahrungsmittel, Getränke, Tabakwaren und pharmazeutische Erzeugnisse. Zu den Konsumgütern gehören auch Dienstleistungen, die private Haushalte erwerben, z. B. Handwerkerleistungen, Versicherungen und Gesundheitsleistungen.

Preisindizes | Die Preisstatistik veröffentlicht Ergebnisse von zeitlichen und räumlichen Preisvergleichen in Form von Indizes. Indizes messen relative Unterschiede. Sie normieren Zahlen, indem ein Bezugswert auf 100 gesetzt wird. Zeitliche Preisindizes zeigen, wie sich die Preise gegenüber dem Basisjahr geändert haben. Liegt beispielsweise der Verbraucherpreisindex in einem Monat bei 120, sind die Preise in diesem Monat 20 % höher als im Durchschnitt des Basisjahres. Räumliche Preisindizes geben die Relation des Preisniveaus einer Region zu einer Vergleichsregion an.

Primärenergieträger | Das sind weitgehend unverarbeitete Energieträger, wie Erdöl oder Erdgas.

Sekundärenergieträger | Das sind weiterverarbeitete Energieträger, wie Strom oder Kraftstoffe.

Verbraucherpreisindex | Er misst die durchschnittliche Preisentwicklung aller Waren und Dienstleistungen, die private Haushalte für Konsumzwecke kaufen. Darunter fallen zum Beispiel Nahrungsmittel, Miete, Strom, Kraftstoffe und Friseurdienstleistungen. Die Veränderung des Verbraucherpreisindex für Deutschland gegenüber dem Vorjahresmonat oder dem Vorjahr wird umgangssprachlich auch als Inflationsrate bezeichnet.

Verbrauchsgüter | Dazu zählen Waren, die im Zuge ihrer Nutzung verbraucht werden, z. B. Nahrungsmittel oder Putzmittel.

Vorleistungsgüter | Das sind Erzeugnisse, die überwiegend für Unternehmen bestimmt sind und dort im Produktionsprozess verbraucht, verarbeitet oder umgewandelt werden. Dazu zählen zum Beispiel Metalle, Holz, chemische Grundstoffe, Gummi- und Kunststoffwaren, Papier und Karton sowie elektronische Bauelemente.

Wertsicherungsklauseln/Preisgleitklauseln | Von diesen Klauseln spricht man, wenn Zahlungen in privaten oder gewerblichen Verträgen mittels Preisindizes an die Preisentwicklung angepasst werden. Dies soll sicherstellen, dass die Gläubigerin bzw. der Gläubiger auch künftig den Betrag erhält, der wertmäßig der ursprünglich festgelegten Geldsumme entspricht.

15 Preise

Mehr zum Thema

Liebe Leserin, lieber Leser,
ein Thema in diesem Kapitel spricht Sie besonders an oder Sie benötigen weitere Informationen? Auf dieser Seite nennen wir Ihnen, nach Themen gegliedert, weitere Veröffentlichungen unseres Hauses. Ausführliche Informationen zu den Produktkategorien sowie dem Informationsangebot des Statistischen Bundesamtes finden Sie auf Seite 8 dieser Ausgabe.

Web-Angebote
www.destatis.de ist Ihre erste Adresse in Sachen Statistik. Hier finden Sie alle Informationen, die das Statistische Bundesamt veröffentlicht, tagesaktuell. Unsere Veröffentlichungen können Sie direkt über unsere Website www.destatis.de/publikationen downloaden.

GENESIS-Online
Unter www.destatis.de/genesis bietet die Haupt-Datenbank des Statistischen Bundesamtes ein breites Themenspektrum fachlich tief gegliederter Ergebnisse der amtlichen Statistik. Daten zu Preise finden Sie unter dem Menüpunkt › Themen, Code 61

Weitere Veröffentlichungen zu den Themen

■ **Energiepreise**

Fachserie 17   Preise

Reihe 1	Preisindizes für die Land- und Forstwirtschaft
Reihe 2	Preise und Preisindizes für gewerbliche Produkte (Erzeugerpreise)
Reihe 7	Verbraucherpreisindizes für Deutschland
Reihe 8.1	Preisindizes für die Einfuhr
Reihe 8.2	Preisindizes für die Ausfuhr

Fachbericht

	Daten zur Energiepreisentwicklung (monatlich)

■ **Einfuhrpreise**

Fachserie 17   Preise

Reihe 8.1	Preisindizes für die Einfuhr

WISTA – Wirtschaft und Statistik

Heft 4/14	Die Indizes der Außenhandelspreise auf Basis 2010

■ **Ausfuhrpreise**

Fachserie 17   Preise

Reihe 8.2	Preisindizes für die Ausfuhr

WISTA – Wirtschaft und Statistik

Heft 4/14	Die Indizes der Außenhandelspreise auf Basis 2010

■ **Erzeugerpreise landwirtschaftlicher Produkte und der Produkte des Holzeinschlags aus den Staatsforsten**

Fachserie 17   Preise

Reihe 1	Preisindizes für die Land- und Forstwirtschaft

WISTA – Wirtschaft und Statistik

Heft 3/10	Preisindex für Holzprodukte zur Energieerzeugung

■ **Erzeugerpreise gewerblicher Produkte**

Fachserie 17   Preise

Reihe 2	Preise und Preisindizes für gewerbliche Produkte (Erzeugerpreise)

WISTA – Wirtschaft und Statistik

Heft 3/14	Index der Erzeugerpreise gewerblicher Produkte (Inlandsabsatz) auf Basis 2010

15 Preise

Mehr zum Thema

■ Erzeugerpreise für Dienstleistungen

WISTA – Wirtschaft und Statistik

Heft 12/05	Entwicklung von Erzeugerpreisindizes für Dienstleistungen
Heft 9/12	Der Markt für technische, physikalische und chemische Untersuchungen im Spiegel der Preis- und Dienstleistungsstatistiken
Heft 4/13	Die neuen Erzeugerpreisindizes für IT-Dienstleistungen

■ Großhandelsverkaufspreise

Fachserie 17 Preise

Reihe 6	Index der Großhandelsverkaufspreise

WISTA – Wirtschaft und Statistik

Heft 8/14	Index der Großhandelsverkaufspreise auf Basis 2010

■ Bau- und Immobilienpreise

Fachserie 17 Preise

Reihe 4	Preisindizes für die Bauwirtschaft
Reihe 5	Kaufwerte für Bauland

WISTA – Wirtschaft und Statistik

Heft 10/12	Preisindizes für Wohnimmobilien
Heft 11/13	Neuberechnung der Baupreisindizes auf Basis 2010

■ Verbraucherpreise

Fachserie 17 Preise

Reihe 7	Verbraucherpreisindizes für Deutschland

Tabellenbände

- Verbraucherpreisindizes für Deutschland – Jahresbericht (jährlich)
- Verbraucherpreisindizes für Deutschland – Lange Reihen ab 1948 (monatlich)
- Harmonisierte Verbraucherpreisindizes (monatlich)

Fachberichte

- Turnusmäßige Überarbeitung des Verbraucherpreisindex (2013)

WISTA – Wirtschaft und Statistik

Heft 3/12	Geschäftstypengewichtung im Verbraucherpreisindex
Heft 8/12	Jährliche Neugewichtung des Harmonisierten Verbraucherpreisindex
Heft 12/12	Berechnung eines regelbedarfsrelevanten Verbraucherpreisindex für die Fortschreibung der Regelbedarfsstufen nach SGB XII
Heft 5/13	Verbraucherpreisstatistik auf neuer Basis 2010
Heft 11/14	Sind ärmere Haushalte stärker von Inflation betroffen?
Heft 3/15	Harmonisierter Verbraucherpreisindex: Jährliche Aktualisierung der Gewichtung

15 Preise

Mehr zum Thema

■ **Themenübergreifend**

Fachserie 17   Preise

Reihe 9.2 | Preise und Preisindizes für Verkehr

WISTA – Wirtschaft und Statistik

Heft 2/14 | Internationale Preisvergleiche für den Kaufkraftausgleich der Auslandsbesoldung
Heft 2/14 | Small-Area-Verfahren zur Schätzung regionaler Mietpreise
Heft 4/14 | Automatisierte Preiserhebung im Internet
Heft 1/15 | Ist ökologischer Konsum teurer?
Heft 2/16 | Preisentwicklung 2015

Statmagazin

| Nahrungsmittelpreise in Zeiten der Globalisierung (2012)
| Bauen, kaufen, mieten: Zur Situation auf dem deutschen Wohnungsmarkt (2014)

16 Außenhandel

Deutsche Wirtschaft in hohem Maße **exportorientiert** | **Ausfuhren** erreichten 1 196 Milliarden Euro im Jahr 2015 | **Wichtigste Empfängerländer** deutscher Waren sind die **Vereinigten Staaten,** Frankreich und das Vereinigte Königreich | **Wichtigste Exportgüter** sind **Kraftfahrzeuge und Kraftfahrzeugteile,** gefolgt von Maschinen | **Importe** betrugen 948 Milliarden Euro | **Außenbilanzsaldo** erreichte **Rekordüberschuss** von 248 Milliarden Euro

16 Außenhandel

Seite

415 Auf einen Blick

Tabellen

416 Gesamtentwicklung
Ex- und Import | Ex- und Import je Einwohner/-in

417 Handelspartner
Ex- und Import nach Ländergruppen und ausgewählten Ländern | Anteil des EU-Handels am gesamten deutschen Außenhandel

420 Handelswaren
Ex- und Import nach Güterabteilungen, industriellen Hauptgruppen und Warengruppen

423 Ex- und Import nach Bundesländern
Export | Import

424 Handelskennzahlen
Exportquote, Importquote, Importabhängigkeitsquote | Außenhandelsbilanz | Deutscher Export-Performance-Index | Terms of Trade

425 Unternehmensstruktur
Außenhandel nach Unternehmensgrößen | Unternehmen nach Beschäftigten | Anteil der Wirtschaftszweige am Ex- und Import

427 Methodik

428 Glossar

429 Mehr zum Thema

16 Außenhandel

16.0 Auf einen Blick

Entwicklung des Außenhandels
in Mrd. EUR

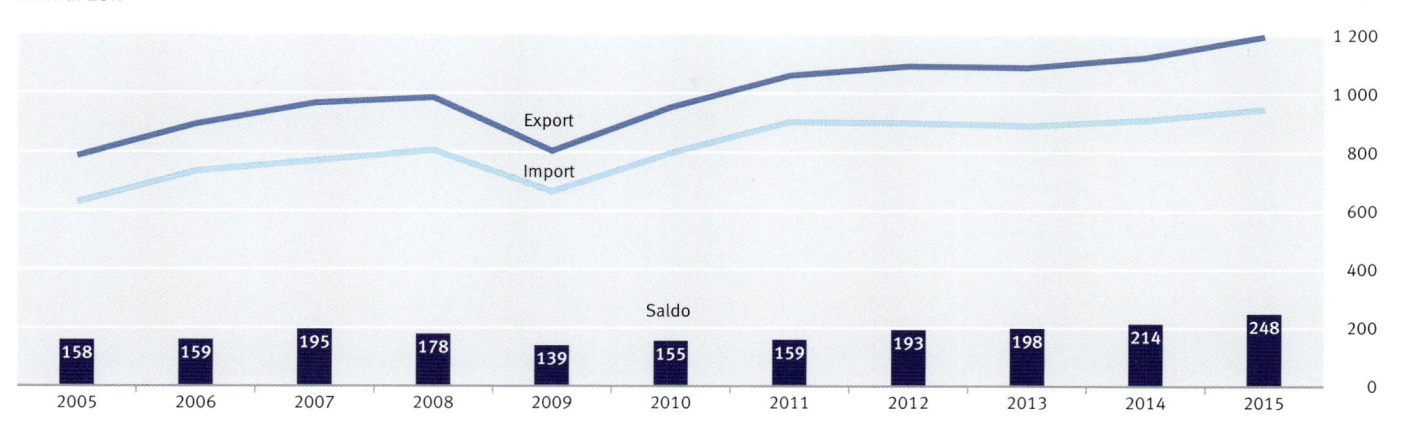

Jahr	Saldo
2005	158
2006	159
2007	195
2008	178
2009	139
2010	155
2011	159
2012	193
2013	198
2014	214
2015	248

Die wichtigsten Handelspartner Deutschlands 2015
in Mrd. EUR

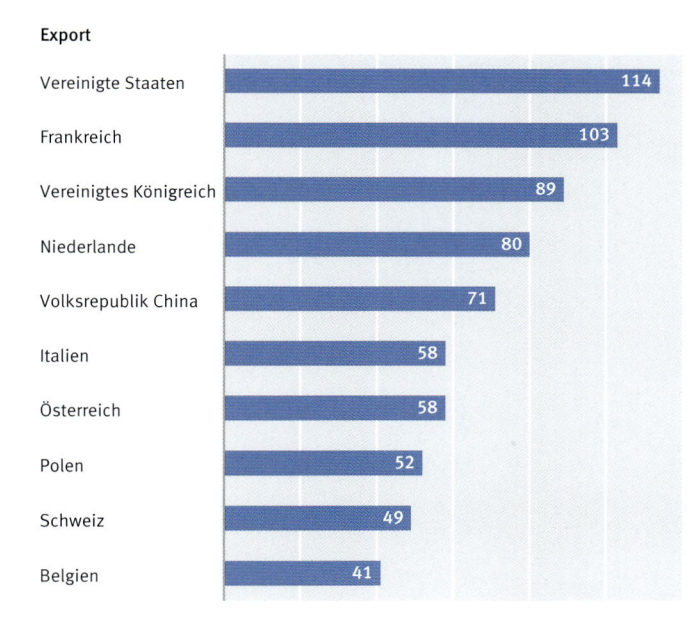

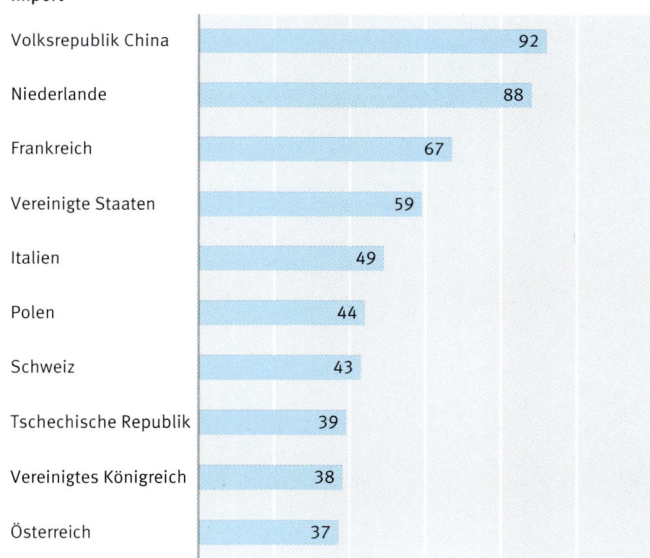

Export

Land	Mrd. EUR
Vereinigte Staaten	114
Frankreich	103
Vereinigtes Königreich	89
Niederlande	80
Volksrepublik China	71
Italien	58
Österreich	58
Polen	52
Schweiz	49
Belgien	41

Import

Land	Mrd. EUR
Volksrepublik China	92
Niederlande	88
Frankreich	67
Vereinigte Staaten	59
Italien	49
Polen	44
Schweiz	43
Tschechische Republik	39
Vereinigtes Königreich	38
Österreich	37

Statistisches Bundesamt, Statistisches Jahrbuch 2016

16 Außenhandel

16.1 Gesamtentwicklung
16.1.1 Export und Import

	Tatsächliche Werte			Veränderung gegenüber Vorjahr		
	Export	Import	Außenhandels-bilanz	Export	Import	Außenhandels-bilanz
	Mill. EUR			%		
2000	597 440	538 311	59 128	17,1	21,0	– 9,3
2001	638 268	542 774	95 494	6,8	0,8	61,5
2002	651 320	518 532	132 788	2,0	– 4,5	39,1
2003	664 455	534 534	129 921	2,0	3,1	– 2,2
2004	731 544	575 448	156 096	10,1	7,7	20,1
2005	786 266	628 087	158 179	7,5	9,1	1,3
2006	893 042	733 994	159 048	13,6	16,9	0,5
2007	965 236	769 887	195 348	8,1	4,9	22,8
2008	984 140	805 842	178 297	2,0	4,7	– 8,7
2009	803 312	664 615	138 697	– 18,4	– 17,5	– 22,2
2010	951 959	797 097	154 863	18,5	19,9	11,7
2011	1 061 225	902 523	158 702	11,5	13,2	2,5
2012	1 092 627	899 405	193 222	3,0	– 0,3	21,8
2013	1 088 025	890 393	197 632	– 0,4	– 1,0	2,3
2014	1 123 746	910 145	213 601	3,3	2,2	8,1
2015	1 195 935	948 053	247 882	6,4	4,2	16,0

Die **Außenhandelsbilanz** ist die Differenz zwischen Exporten und Importen.

16.1.2 Export und Import je Einwohner/-in

	Je Einwohner/-in		Veränderung gegenüber Vorjahr	
	Export	Import	Export	Import
	EUR		%	
2000	7 263	6 600	17,0	20,2
2001	7 742	6 628	6,6	0,4
2002	7 891	6 327	1,9	– 4,5
2003	8 051	6 517	2,0	3,0
2004	8 867	7 027	10,1	7,8
2005	9 538	7 660	7,6	9,0
2006	10 849	8 960	13,7	17,0
2007	11 740	9 407	8,2	5,0
2008	12 001	9 880	2,2	5,0
2009	9 820	8 159	– 18,2	– 17,4
2010	11 645	9 803	18,6	20,2
2011	13 211	11 304	13,5	15,3
2012	13 569	11 226	2,7	– 0,7
2013	13 471	11 093	– 0,7	– 1,2
2014	13 840	11 276	2,7	1,6
2015	14 681	11 706	6,1	3,8

16 Außenhandel

16.2 Handelspartner
16.2.1 Export nach Ländergruppen und ausgewählten Ländern

	Tatsächliche Werte					Veränderung gegenüber Vorjahr				
	2011	2012	2013	2014	2015	2011	2012	2013	2014	2015
	Mill. EUR					%				
Insgesamt	1 061 225	1 092 627	1 088 025	1 123 746	1 195 935	11,5	3,0	− 0,4	3,3	6,4
Europa	752 279	747 917	743 053	761 898	805 171	11,4	− 0,6	− 0,7	2,5	5,7
EU-Länder	629 953	619 535	618 383	648 446	693 901	10,0	− 1,7	− 0,2	4,9	7,0
davon:										
Eurozone	424 052	409 356	405 220	413 753	435 384	8,5	− 3,5	− 1,0	2,1	5,2
Belgien	46 976	43 799	42 438	42 005	41 375	4,3	− 6,8	− 3,1	− 1,0	− 1,5
Estland	1 552	1 582	1 687	1 718	1 584	30,5	1,9	6,6	1,9	− 7,8
Finnland	8 449	8 034	8 166	8 768	9 049	10,5	− 4,9	1,6	7,4	3,2
Frankreich	101 444	102 439	99 250	100 580	103 047	13,2	1,0	− 3,1	1,3	2,5
Griechenland	5 073	4 738	4 728	4 854	4 689	− 13,2	− 6,6	− 0,2	2,7	− 3,4
Irland	4 472	4 658	5 461	5 210	5 837	7,6	4,2	17,2	− 4,6	12,0
Italien	62 044	55 504	53 212	54 240	58 102	5,9	− 10,5	− 4,1	1,9	7,1
Lettland	1 322	1 433	1 426	1 515	1 597	37,8	8,4	− 0,5	6,3	5,4
Litauen	2 207	2 374	2 472	2 565	2 753	26,5	7,5	4,2	3,7	7,3
Luxemburg	6 185	5 578	5 517	5 340	5 261	12,3	− 9,8	− 1,1	− 3,2	− 1,5
Malta	323	323	359	578	703	− 22,5	0,0	11,0	61,1	21,7
Niederlande	69 423	70 280	70 975	72 736	79 517	10,2	1,2	1,0	2,5	9,3
Österreich	57 671	56 551	56 217	55 807	58 041	10,6	− 1,9	− 0,6	− 0,7	4,0
Portugal	7 026	6 154	6 364	7 094	7 546	− 9,6	− 12,4	3,4	11,5	6,4
Slowakei	10 377	10 340	10 637	11 251	12 373	19,1	− 0,4	2,9	5,8	10,0
Slowenien	3 954	3 851	4 096	4 101	4 571	10,1	− 2,6	6,4	0,1	11,5
Spanien	34 811	31 047	31 349	34 820	38 783	1,7	− 10,8	1,0	11,1	11,4
Zypern	742	669	865	572	557	4,8	− 9,8	29,3	− 33,9	− 2,6
Nicht-Eurozone	205 901	210 179	213 163	234 693	258 518	13,1	2,1	1,4	10,1	10,2
Bulgarien	2 370	2 688	2 646	3 283	3 443	9,0	13,4	− 1,5	24,0	4,9
Dänemark	14 769	14 875	15 827	16 783	17 595	5,1	0,7	6,4	6,0	4,8
Kroatien	2 255	2 200	2 042	2 248	2 632	10,5	− 2,4	− 7,2	10,1	17,1
Polen	43 503	41 823	42 473	47 692	52 109	15,5	− 3,9	1,6	12,3	9,3
Rumänien	8 801	9 160	9 637	10 759	12 180	20,7	4,1	5,2	11,7	13,2
Schweden	22 034	21 092	20 700	21 464	23 067	13,7	− 4,3	− 1,9	3,7	7,5
Tschech. Republik	30 824	31 287	31 054	33 469	36 479	15,4	1,5	− 0,7	7,8	9,0
Ungarn	15 775	16 207	17 504	19 832	21 721	11,6	2,7	8,0	13,3	9,5
Vereinigtes Königreich	65 570	70 847	71 280	79 163	89 292	11,8	8,0	0,6	11,1	12,8
Europa ohne EU	122 326	128 382	124 670	113 452	111 270	19,8	5,0	− 2,9	− 9,0	− 1,9
dar.: Norwegen	7 857	8 516	8 202	8 465	8 151	6,7	8,4	− 3,7	3,2	− 3,7
Russische Föderation	34 459	38 103	35 802	29 223	21 768	30,8	10,6	− 6,0	− 18,4	− 25,5
Schweiz	47 875	48 933	46 924	46 202	49 252	14,9	2,2	− 4,1	− 1,5	6,6
Türkei	20 118	20 100	21 372	19 246	22 403	23,8	− 0,1	6,3	− 9,9	16,4
Afrika	20 733	21 936	21 817	22 521	24 085	3,7	5,8	− 0,5	3,2	6,9
dar. Südafrika	8 665	8 813	8 528	8 299	9 632	13,2	1,7	− 3,2	− 2,7	16,1
Amerika	110 424	128 703	130 427	135 293	157 296	11,0	16,6	1,3	3,7	16,3
dar. NAFTA-Länder	88 714	104 751	107 116	113 618	134 904	12,4	18,1	2,3	6,1	18,7
dar. Vereinigte Staaten	73 776	86 971	89 348	95 928	113 900	12,5	17,9	2,7	7,4	18,7
Brasilien	11 163	11 727	11 287	10 384	9 894	7,5	5,1	− 3,8	− 8,0	− 4,7
Asien	167 574	179 630	179 038	190 973	196 579	13,0	7,2	− 0,3	6,7	2,9
dar.: ASEAN-Länder	19 577	22 746	22 005	22 372	22 990	9,7	16,2	− 3,3	1,7	2,8
China	64 863	66 746	66 912	74 369	71 211	20,6	2,9	0,2	11,1	− 4,2
Japan	15 115	17 138	17 076	16 910	17 026	15,0	13,4	− 0,4	− 1,0	0,7
Indien	10 856	10 421	9 146	8 894	9 753	17,0	− 4,0	− 12,2	− 2,8	9,7
Australien und Ozeanien	9 479	10 727	9 946	9 566	10 229	5,6	13,2	− 7,3	− 3,8	6,9
dar. Australien	8 348	9 362	8 585	7 796	8 430	6,4	12,2	− 8,3	− 9,2	8,1

16 Außenhandel

16.2 Handelspartner
16.2.2 Import nach Ländergruppen und ausgewählten Ländern

	Tatsächliche Werte					Veränderung gegenüber Vorjahr				
	2011	2012	2013	2014	2015	2011	2012	2013	2014	2015
	Mill. EUR					%				
Insgesamt	902 523	899 405	890 393	910 145	948 053	13,2	– 0,3	– 1,0	2,2	4,2
Europa	622 869	622 784	625 934	642 738	654 357	15,0	0,0	0,5	2,7	1,8
EU-Länder	506 211	502 579	509 738	527 117	543 828	13,7	– 0,7	1,4	3,4	3,2
davon:										
Eurozone	340 682	340 314	343 487	350 550	357 536	12,7	– 0,1	0,9	2,1	2,0
Belgien	38 328	37 671	38 978	39 507	36 861	15,1	– 1,7	3,5	1,4	– 6,7
Estland	534	491	499	529	560	27,0	– 8,0	1,7	5,9	5,8
Finnland	6 578	6 175	6 057	7 279	8 781	9,1	– 6,1	– 1,9	20,2	20,6
Frankreich	65 948	63 637	63 489	66 714	67 008	8,7	– 3,5	– 0,2	5,1	0,4
Griechenland	1 942	1 814	1 786	1 746	1 822	1,6	– 6,6	– 1,5	– 2,2	4,3
Irland	12 334	10 093	8 781	8 870	10 988	– 9,0	– 18,2	– 13,0	1,0	23,9
Italien	47 844	47 946	46 911	48 522	49 039	14,0	0,2	– 2,2	3,4	1,1
Lettland	658	679	636	642	644	13,2	3,3	– 6,3	1,0	0,3
Litauen	1 694	1 772	1 742	1 600	1 662	16,8	4,6	– 1,7	– 8,2	3,9
Luxemburg	2 974	2 736	2 987	3 041	3 256	9,3	– 8,0	9,2	1,8	7,1
Malta	418	331	483	330	326	59,4	– 20,8	45,9	– 31,8	– 1,1
Niederlande	81 804	85 765	88 698	87 796	88 123	21,7	4,8	3,4	– 1,0	0,4
Österreich	37 028	36 393	36 734	36 218	37 341	12,2	– 1,7	0,9	– 1,4	3,1
Portugal	4 707	4 875	5 107	5 206	5 554	17,0	3,6	4,8	1,9	6,7
Slowakei	10 726	12 015	12 253	12 834	13 675	16,9	12,0	2,0	4,7	6,6
Slowenien	4 438	4 582	4 589	4 820	5 260	21,3	3,3	0,1	5,0	9,1
Spanien	22 491	23 206	23 639	24 804	26 523	2,4	3,2	1,9	4,9	6,9
Zypern	236	132	117	93	111	– 5,8	– 44,0	– 11,4	– 20,9	20,0
Nicht-Eurozone	165 529	162 264	166 251	176 567	186 292	15,8	– 2,0	2,5	6,2	5,5
Bulgarien	2 087	2 227	2 727	2 589	2 843	26,8	6,7	22,5	– 5,0	9,8
Dänemark	12 178	11 313	11 559	11 832	11 663	14,6	– 7,1	2,2	2,4	– 1,4
Kroatien	848	876	906	978	1 186	18,4	3,4	3,5	7,9	21,3
Polen	32 305	33 027	36 013	39 648	44 483	16,9	2,2	9,0	10,1	12,2
Rumänien	8 362	8 619	9 171	10 217	10 690	29,4	3,1	6,4	11,4	4,6
Schweden	14 115	13 774	13 908	14 026	14 175	10,1	– 2,4	1,0	0,9	1,1
Tschech. Republik	32 684	32 493	33 010	36 760	39 312	13,9	– 0,6	1,6	11,4	6,9
Ungarn	18 208	18 467	19 491	21 972	23 682	11,1	1,4	5,5	12,7	7,8
Vereinigtes Königreich	44 741	41 469	39 466	38 545	38 258	18,0	– 7,3	– 4,8	– 2,3	– 0,7
Europa ohne EU	116 659	120 205	116 196	115 621	110 529	20,7	3,0	– 3,3	– 0,5	– 4,4
dar.: Norwegen	20 634	21 668	18 069	17 781	16 160	20,2	5,0	– 16,6	– 1,6	– 9,1
Russische Föderation	40 886	42 765	41 234	38 322	29 776	28,4	4,6	– 3,6	– 7,1	– 22,3
Schweiz	36 996	37 775	38 321	39 392	42 661	13,8	2,1	1,4	2,8	8,3
Türkei	11 790	12 071	12 298	13 389	14 428	17,7	2,4	1,9	8,9	7,8
Afrika	21 945	24 145	23 108	20 242	18 167	28,8	10,0	– 4,3	– 12,4	– 10,3
dar. Südafrika	6 215	5 106	4 767	4 901	5 884	15,9	– 17,9	– 6,6	2,8	20,1
Amerika	80 568	80 549	75 023	74 191	84 557	12,4	0,0	– 6,9	– 1,1	14,0
dar. NAFTA-Länder	58 187	59 851	56 931	56 648	67 736	9,5	2,9	– 4,9	– 0,5	19,6
dar. Vereinigte Staaten	48 531	51 070	48 582	49 207	59 302	7,3	5,2	– 4,9	1,3	20,5
Brasilien	11 260	10 615	8 885	9 067	8 503	19,2	– 5,7	– 16,3	2,0	– 6,2
Asien	173 115	167 873	162 960	170 050	188 044	5,9	– 3,0	– 2,9	4,4	10,6
dar.: ASEAN-Länder	26 036	26 789	27 186	29 299	34 348	10,3	2,9	1,5	7,8	17,2
China	79 528	78 529	74 544	79 828	91 524	2,9	– 1,3	– 5,1	7,1	14,7
Japan	23 595	21 910	19 492	19 007	20 239	5,0	– 7,1	– 11,0	– 2,5	6,5
Indien	7 536	7 022	6 968	7 087	7 540	20,8	– 6,8	– 0,8	1,7	6,4
Australien und Ozeanien	4 026	4 054	3 368	2 924	2 927	28,4	0,7	– 16,9	– 13,2	0,1
dar. Australien	2 968	3 025	2 527	2 035	2 030	31,7	1,9	– 16,5	– 19,5	– 0,2

16 Außenhandel

16.2 Handelspartner
16.2.3 Anteil des EU-Handels am gesamten deutschen Außenhandel

	Export			Import		
	EU	Eurozone	Nicht-Eurozone	EU	Eurozone	Nicht-Eurozone
	%					
2011	59,4	40,0	19,4	56,1	37,7	18,3
2012	56,7	37,5	19,2	55,9	37,8	18,0
2013	56,8	37,2	19,6	57,2	38,6	18,7
2014	57,7	36,8	20,9	57,9	38,5	19,4
2015	58,0	36,4	21,6	57,4	37,7	19,6

Als „Eurozone" wird die Gruppe von Mitgliedstaaten der Europäischen Union (EU) bezeichnet, die den Euro als offizielle Währung eingeführt hat. Die Mitgliedstaaten, die den Euro nicht als Währung eingeführt haben, bilden die Ländergruppe „Nicht-Eurozone".

Anteil des EU-Handels am deutschen Außenhandel
in %

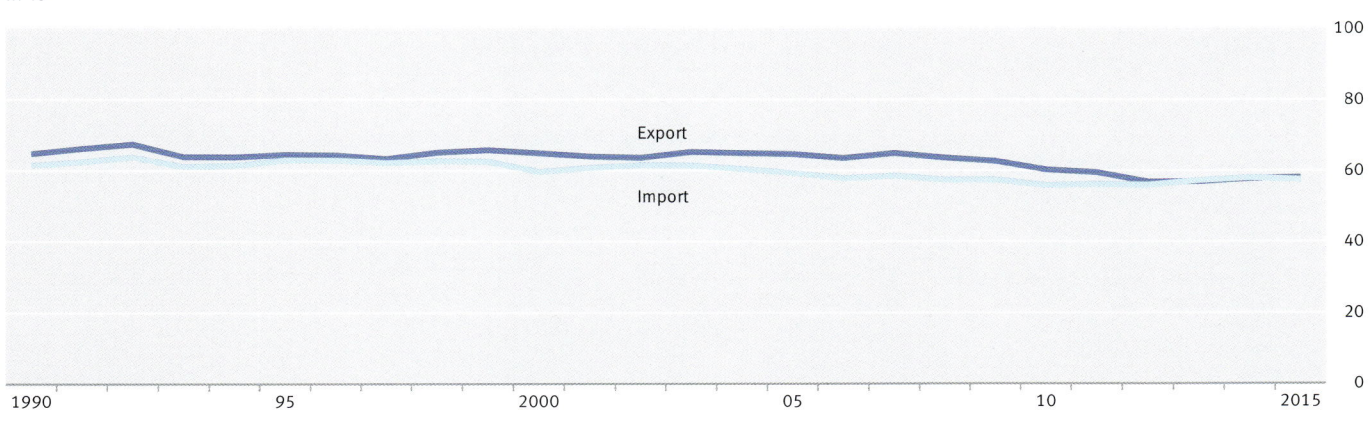

Außenhandel nach Ländergruppen 2015
in %

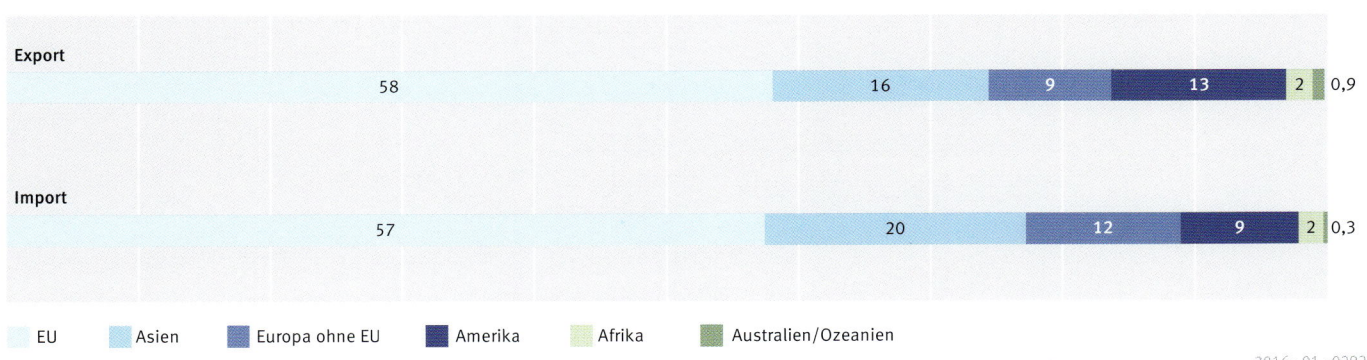

Export: EU 58 | Asien 16 | Europa ohne EU 9 | Amerika 13 | Afrika 2 | Australien/Ozeanien 0,9

Import: EU 57 | Asien 20 | Europa ohne EU 12 | Amerika 9 | Afrika 2 | Australien/Ozeanien 0,3

16 Außenhandel

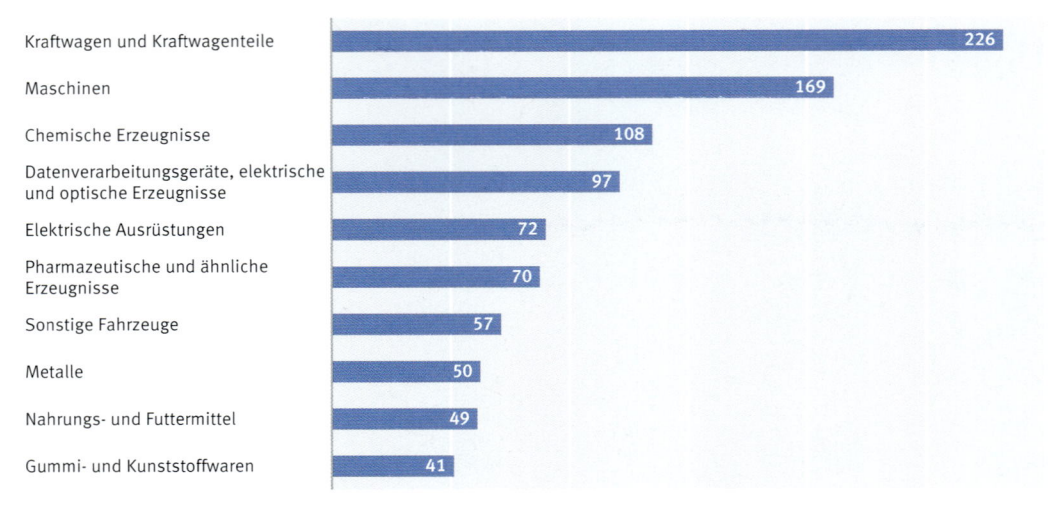

16.3 Handelswaren
16.3.1 Export nach Güterabteilungen des Güterverzeichnisses für Produktionsstatistiken

Nr. der Klassifikation [1]	Warenbenennung	Export 2015 Mill. EUR	%	2014 Mill. EUR	%
	Insgesamt	**1 195 935**	**100**	**1 123 746**	**100**
01	Erzeugnisse der Landwirtschaft und Jagd	9 894	0,8	9 454	0,8
02	Forstwirtschaftliche Erzeugnisse	382	0,0	369	0,0
03	Fische und Fischereierzeugnisse	275	0,0	259	0,0
05	Kohle	125	0,0	135	0,0
06	Erdöl und Erdgas	8 415	0,7	5 416	0,5
07	Erze	133	0,0	135	0,0
08	Steine und Erden, sonstige Bergbauerzeugnisse	1 298	0,1	1 295	0,1
10	Nahrungsmittel und Futtermittel	48 874	4,1	49 210	4,4
11	Getränke	5 174	0,4	5 126	0,5
12	Tabakerzeugnisse	3 851	0,3	3 266	0,3
13	Textilien	10 999	0,9	10 821	1,0
14	Bekleidung	14 926	1,2	14 787	1,3
15	Leder und Lederwaren	6 629	0,6	6 253	0,6
16	Holz und Holz-, Kork-, Korb-, Flechtwaren ohne Möbel	6 346	0,5	6 279	0,6
17	Papier, Pappe und Waren daraus	19 001	1,6	19 022	1,7
19	Kokereierzeugnisse und Mineralölerzeugnisse	12 389	1,0	15 077	1,3
20	Chemische Erzeugnisse	107 708	9,0	107 362	9,6
21	Pharmazeutische und ähnliche Erzeugnisse	70 135	5,9	61 642	5,5
22	Gummi- und Kunststoffwaren	41 405	3,5	40 097	3,6
23	Glas und -waren, Keramik, Steine und Erden	14 119	1,2	13 726	1,2
24	Metalle	50 134	4,2	50 412	4,5
25	Metallerzeugnisse	40 346	3,4	39 624	3,5
26	Datenverarbeitungsgeräte, elektr. u. opt. Erzeugnisse	96 708	8,1	89 189	7,9
27	Elektrische Ausrüstungen	71 610	6,0	68 702	6,1
28	Maschinen	169 002	14,1	166 145	14,8
29	Kraftwagen und Kraftwagenteile	225 708	18,9	203 434	18,1
30	Sonstige Fahrzeuge	57 485	4,8	49 922	4,4
31	Möbel	9 374	0,8	8 807	0,8
35	Energieversorgung	3 573	0,3	3 454	0,3
89	Sonstige Waren	89 916	7,5	74 325	6,6

1 Gliederung nach dem Güterverzeichnis für Produktionsstatistiken, Ausgabe 2009 (GP 2009).

Die wichtigsten deutschen Handelswaren des Exportes 2015
in Mrd. EUR

Warengruppe	Mrd. EUR
Kraftwagen und Kraftwagenteile	226
Maschinen	169
Chemische Erzeugnisse	108
Datenverarbeitungsgeräte, elektrische und optische Erzeugnisse	97
Elektrische Ausrüstungen	72
Pharmazeutische und ähnliche Erzeugnisse	70
Sonstige Fahrzeuge	57
Metalle	50
Nahrungs- und Futtermittel	49
Gummi- und Kunststoffwaren	41

16 Außenhandel

16.3 Handelswaren
16.3.2 Import nach Güterabteilungen des Güterverzeichnisses für Produktionsstatistiken

Nr. der Klassifikation [1]	Warenbenennung	Import			
		2015		2014	
		Mill. EUR	%	Mill. EUR	%
	Insgesamt	948 053	100	910 145	100
01	Erzeugnisse der Landwirtschaft und Jagd	29 519	3,1	27 480	3,0
02	Forstwirtschaftliche Erzeugnisse	778	0,1	812	0,1
03	Fische und Fischereierzeugnisse	655	0,1	661	0,1
05	Kohle	3 867	0,4	4 177	0,5
06	Erdöl und Erdgas	60 778	6,4	76 500	8,4
07	Erze	6 163	0,7	7 253	0,8
08	Steine und Erden, sonstige Bergbauerzeugnisse	1 448	0,2	1 503	0,2
10	Nahrungsmittel und Futtermittel	42 406	4,5	41 941	4,6
11	Getränke	5 401	0,6	5 454	0,6
12	Tabakerzeugnisse	906	0,1	972	0,1
13	Textilien	10 545	1,1	10 361	1,1
14	Bekleidung	30 594	3,2	28 788	3,2
15	Leder und Lederwaren	12 827	1,4	11 427	1,3
16	Holz und Holz-, Kork-, Korb-, Flechtwaren ohne Möbel	5 932	0,6	5 834	0,6
17	Papier, Pappe und Waren daraus	14 803	1,6	14 716	1,6
19	Kokereierzeugnisse und Mineralölerzeugnisse	20 190	2,1	27 457	3,0
20	Chemische Erzeugnisse	76 041	8,0	74 618	8,2
21	Pharmazeutische und ähnliche Erzeugnisse	46 146	4,9	40 733	4,5
22	Gummi- und Kunststoffwaren	27 911	2,9	26 875	3,0
23	Glas und -waren, Keramik, Steine und Erden	10 089	1,1	9 501	1,0
24	Metalle	52 420	5,5	51 019	5,6
25	Metallerzeugnisse	26 300	2,8	25 426	2,8
26	Datenverarbeitungsgeräte, elektr. u. opt. Erzeugnisse	101 804	10,7	90 042	9,9
27	Elektrische Ausrüstungen	51 905	5,5	48 102	5,3
28	Maschinen	72 553	7,7	70 803	7,8
29	Kraftwagen und Kraftwagenteile	97 277	10,3	87 324	9,6
30	Sonstige Fahrzeuge	37 534	4,0	36 741	4,0
31	Möbel	11 571	1,2	10 971	1,2
35	Energieversorgung	1 504	0,2	1 708	0,2
89	Sonstige Waren	88 187	9,3	70 947	7,8

1 Gliederung nach dem Güterverzeichnis für Produktionsstatistiken, Ausgabe 2009 (GP 2009).

Die wichtigsten deutschen Handelswaren des Importes 2015
in Mrd. EUR

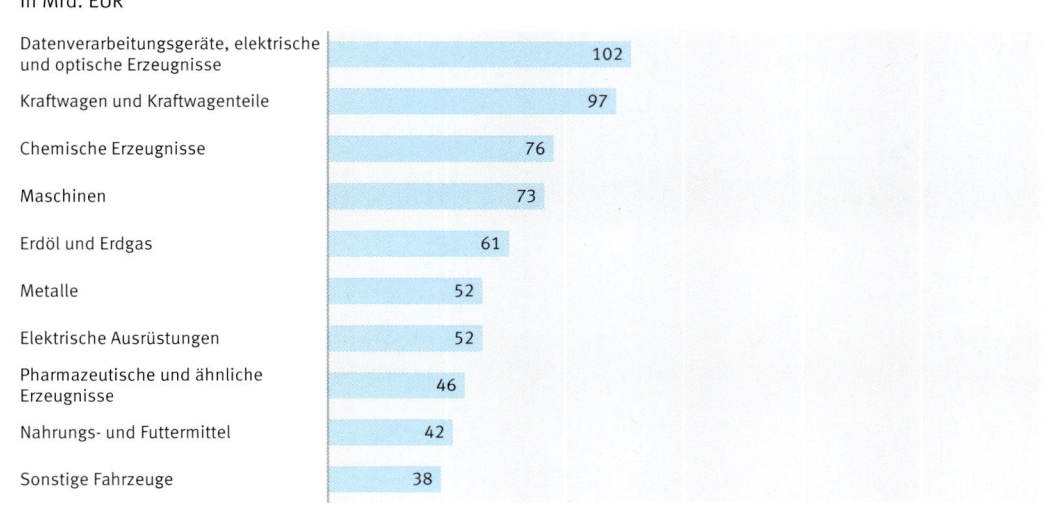

Warengruppe	Mrd. EUR
Datenverarbeitungsgeräte, elektrische und optische Erzeugnisse	102
Kraftwagen und Kraftwagenteile	97
Chemische Erzeugnisse	76
Maschinen	73
Erdöl und Erdgas	61
Metalle	52
Elektrische Ausrüstungen	52
Pharmazeutische und ähnliche Erzeugnisse	46
Nahrungs- und Futtermittel	42
Sonstige Fahrzeuge	38

16 Außenhandel

16.3 Handelswaren

16.3.3 Ex- und Import nach industriellen Hauptgruppen (Main Industrial Groupings, MIGS)

Nr. der Klassifi-kation [1]	Warenbenennung	Export				Import			
		2015		2014		2015		2014	
		Mill. EUR	%	Mill. EUR	%	Mill. EUR	%	Mill. EUR	%
	Insgesamt	**1 195 935**	*100*	**1 123 746**	*100*	**948 053**	*100*	**910 145**	*100*
11	Landwirtschaftsgüter	10 551	*0,9*	10 083	*0,9*	30 952	*3,3*	28 953	*3,2*
21	Vorleistungsgüter	349 913	*29,3*	344 066	*30,6*	278 583	*29,4*	269 685	*29,6*
22	Investitionsgüter	542 612	*45,4*	503 143	*44,8*	290 404	*30,6*	268 467	*29,5*
23	Gebrauchsgüter	33 842	*2,8*	31 600	*2,8*	40 988	*4,3*	37 449	*4,1*
24	Verbrauchsgüter	170 402	*14,2*	160 274	*14,3*	156 378	*16,5*	146 135	*16,1*
25	Energie	24 502	*2,0*	24 082	*2,1*	86 339	*9,1*	109 842	*12,1*
31	Waren, die nicht zugeordnet werden konnten	64 114	*5,4*	50 498	*4,5*	64 410	*6,8*	49 614	*5,5*

1 Gliederung nach den Main Industrial Groupings (MIGS).

16.3.4 Ex- und Import nach Warengruppen der Ernährungswirtschaft und der Gewerblichen Wirtschaft (EGW)

Nr. der Klassifi-kation [1]	Warenbenennung	Export				Import			
		2015		2014		2015		2014	
		Mill. EUR	%	Mill. EUR	%	Mill. EUR	%	Mill. EUR	%
	Insgesamt	**1 195 935**	*100*	**1 123 746**	*100*	**948 053**	*100*	**910 145**	*100*
1 – 4	Ernährungswirtschaft	67 501	*5,6*	66 687	*5,9*	78 000	*8,2*	75 517	*8,3*
5 – 8	Gewerbliche Wirtschaft	1 089 651	*91,1*	1 034 519	*92,1*	820 122	*86,5*	800 232	*87,9*
7 + 8	Fertigwaren	1 018 880	*85,2*	960 058	*85,4*	673 609	*71,1*	628 447	*69,0*
1	Lebende Tiere	1 262	*0,1*	1 335	*0,1*	1 381	*0,1*	1 659	*0,2*
2	Nahrungsmittel tierischen Ursprungs	21 145	*1,8*	22 738	*2,0*	19 090	*2,0*	19 623	*2,2*
3	Nahrungsmittel pflanzlichen Ursprungs	34 071	*2,8*	32 511	*2,9*	46 835	*4,9*	43 713	*4,8*
4	Genussmittel	11 023	*0,9*	10 103	*0,9*	10 693	*1,1*	10 522	*1,2*
5	Rohstoffe	15 085	*1,3*	12 227	*1,1*	77 675	*8,2*	95 078	*10,4*
6	Halbwaren	55 686	*4,7*	62 234	*5,5*	68 838	*7,3*	76 707	*8,4*
7	Vorerzeugnisse	125 099	*10,5*	124 006	*11,0*	97 749	*10,3*	94 665	*10,4*
8	Enderzeugnisse	893 781	*74,7*	836 052	*74,4*	575 860	*60,7*	533 782	*58,6*
9	Andere nicht aufgliederbare Warenverkehre	38 784	*3,2*	22 540	*2,0*	49 932	*5,3*	34 396	*3,8*

1 Gliederung nach Warengruppen der Ernährungs- und der Gewerblichen Wirtschaft in der Außenhandelsstatistik, Ausgabe 2002 (EGW 2002).

16 Außenhandel

16.4 Ex- und Import nach Bundesländern

16.4.1 Export

	2014	2015		
	Insgesamt		Anteil am insgesamt	Veränderung gegenüber Vorjahr
	Mill. EUR		%	
Deutschland	1 123 746	1 195 935	100	6,4
Baden-Württemberg	180 729	194 807	16,3	7,8
Bayern	168 589	178 930	15,0	6,1
Berlin	13 307	14 140	1,2	6,3
Brandenburg	13 230	14 184	1,2	7,2
Bremen	17 325	17 600	1,5	1,6
Hamburg	51 258	56 460	4,7	10,1
Hessen	58 474	60 035	5,0	2,7
Mecklenburg-Vorpommern	7 170	8 013	0,7	11,7
Niedersachsen	77 583	83 003	6,9	7,0
Nordrhein-Westfalen	179 687	181 457	15,2	1,0
Rheinland-Pfalz	48 126	51 238	4,3	6,5
Saarland	13 743	15 313	1,3	11,4
Sachsen	35 907	38 378	3,2	6,9
Sachsen-Anhalt	14 995	15 310	1,3	2,1
Schleswig-Holstein	19 632	19 703	1,6	0,4
Thüringen	12 987	13 528	1,1	4,2
Waren ausländischen Ursprungs	207 994	231 748	19,4	11,4
Nicht ermittelte Bundesländer	3 010	2 089	0,2	− 30,6

16.4.2 Import

	2014	2015		
	Insgesamt		Anteil am insgesamt	Veränderung gegenüber Vorjahr
	Mill. EUR		%	
Deutschland	915 559	953 583	100	4,2
Baden-Württemberg	145 435	155 999	16,4	7,3
Bayern	150 304	161 256	16,9	7,3
Berlin	9 911	11 392	1,2	14,9
Brandenburg	18 236	16 229	1,7	− 11,0
Bremen	13 522	13 631	1,4	0,8
Hamburg	70 595	69 466	7,3	− 1,6
Hessen	80 343	83 400	8,7	3,8
Mecklenburg-Vorpommern	5 284	5 293	0,6	0,2
Niedersachsen	76 883	81 272	8,5	5,7
Nordrhein-Westfalen	206 329	207 335	21,7	0,5
Rheinland-Pfalz	31 994	34 083	3,6	6,5
Saarland	12 642	14 988	1,6	18,6
Sachsen	20 616	22 100	2,3	7,2
Sachsen-Anhalt	16 043	16 156	1,7	0,7
Schleswig-Holstein	19 963	20 024	2,1	0,3
Thüringen	8 666	9 281	1,0	7,1
Für das Ausland bestimmte Waren	28 404	31 582	3,3	11,2
Nicht ermittelte Bundesländer	390	96	0,0	− 75,4

Export der Bundesländer 2015
pro Kopf, in 1 000 EUR

(Reihenfolge von oben nach unten): Hamburg, Bremen, Baden-Württemberg, Saarland, Bayern, Rheinland-Pfalz, Niedersachsen, Nordrhein-Westfalen, Hessen, Sachsen, Schleswig-Holstein, Sachsen-Anhalt, Thüringen, Brandenburg, Mecklenburg-Vorpommern, Berlin

Deutschland 15

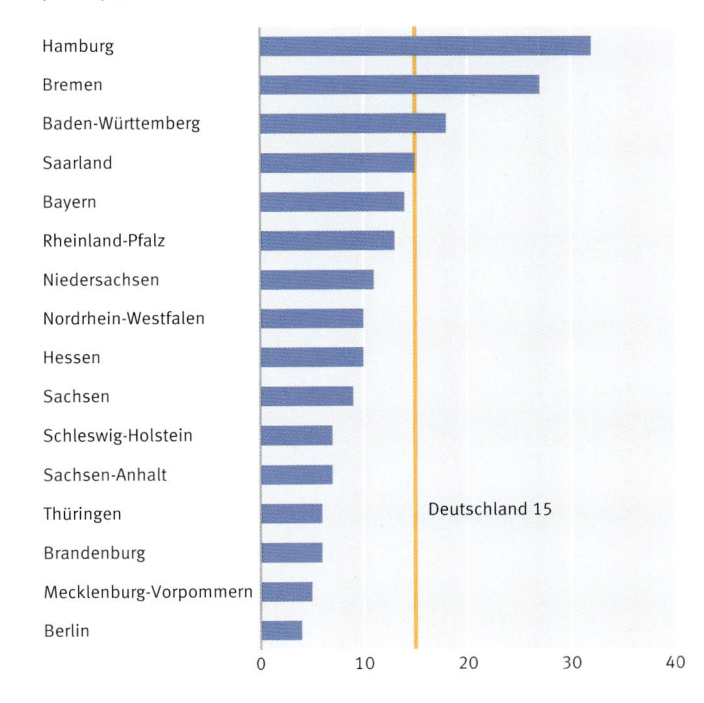

Import der Bundesländer 2015
pro Kopf, in 1 000 EUR

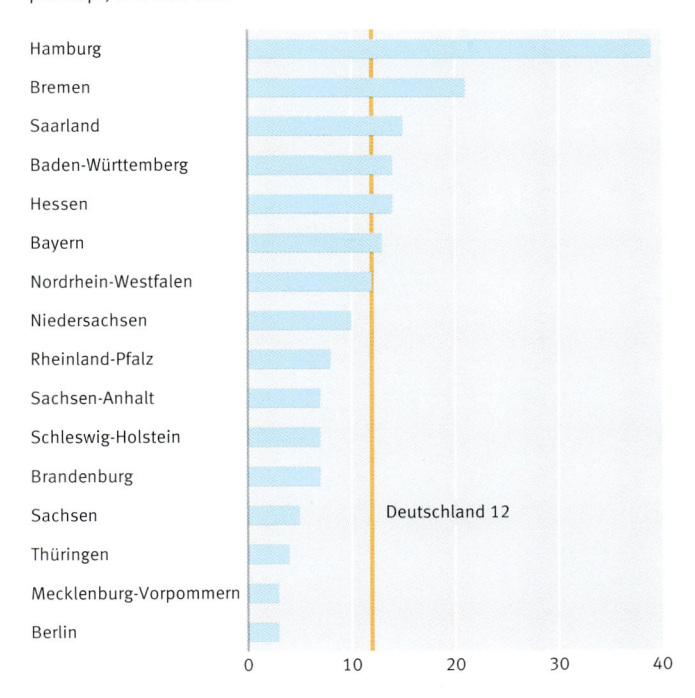

(Reihenfolge von oben nach unten): Hamburg, Bremen, Saarland, Baden-Württemberg, Hessen, Bayern, Nordrhein-Westfalen, Niedersachsen, Rheinland-Pfalz, Sachsen-Anhalt, Schleswig-Holstein, Brandenburg, Sachsen, Thüringen, Mecklenburg-Vorpommern, Berlin

Deutschland 12

16 Außenhandel

16.5 Handelskennzahlen
16.5.1 Exportquote, Importquote, Importabhängigkeitsquote

	Exportquote	Importquote	Importabhängigkeitsquote
	%		
2011	39,3	33,4	35,5
2012	39,7	32,6	35,1
2013	38,6	31,6	33,9
2014	38,5	31,2	33,7
2015	39,5	31,3	34,1

Export- und Importquote stellen das Verhältnis zwischen den Exporten/Importen und dem Bruttoinlandsprodukt dar (Exportquote = Export/BIP; Importquote = Import/BIP). Die **Importabhängigkeitsquote** bezieht die Importe auf die gesamte Inlandsnachfrage, d. h. auf das um den Außenhandelssaldo bereinigte Bruttoinlandsprodukt (Import/(BIP – Export – Import)).

16.5.2 Außenhandelsbilanz

	Außenhandelsbilanz	Normierte Außenhandelsbilanz	Außenbeitragsquote
	Mill. EUR	%	
2011	158 702	8,1	5,9
2012	193 222	9,7	7,0
2013	197 632	10,0	7,0
2014	213 601	10,5	7,3
2015	247 882	11,6	8,2

Die **normierte Außenhandelsbilanz** bezieht die Außenhandelsbilanz (Differenz zwischen Export und Import) auf den gesamten Handel (Summe der Exporte und Importe). Die **Außenbeitragsquote** stellt das Verhältnis der Außenhandelsbilanz an der gesamten Wirtschaftsleistung (BIP) dar.

16.5.3 Deutscher Export-Performance-Index

	2011	2012	2013	2014	2015
	2010 = 100				
Export-Performance-Index	99	93	94	97	98
Export-Performance-Index ohne Energieprodukte	101	96	97	97	92
Index der deutschen Exporte	117	111	115	118	105

Der **Export-Performance-Index** ermittelt die Entwicklung des Marktanteils deutscher Waren im Ausland, bezogen auf ein bestimmtes Basisjahr. Die berechneten Marktanteile ergeben sich aus der Relation der deutschen Exporte in die 25 wichtigsten Partnerländer zu den gesamten Importen dieser Länder. Zur Methode siehe „Wirtschaft und Statistik", 4/2012, S. 338f.

Quelle: UN Comtrade und Berechnungen des Statistischen Bundesamts

16.5.4 Index des Volumens und der Durchschnittswerte, Terms of Trade

	Export		Import		Terms of Trade
	Index des Volumens	Index der Durchschnittswerte	Index des Volumens	Index der Durchschnittswerte	
	2010 = 100				
2011	108,4	102,9	108,9	104,3	98,7
2012	109,3	106,6	106,2	109,6	97,3
2013	109,4	106,0	107,3	107,5	98,6
2014	111,8	106,6	110,4	106,1	100,5
2015	115,8	109,3	113,3	107,4	101,8

Der **Index des Volumens** (nach Laspeyres) stellt das Handelsvolumen in Preisen eines Basisjahres dar. Er gibt die von Durchschnittswertveränderungen bereinigte Entwicklung des Außenhandels wieder.

Der **Index der Durchschnittswerte** (nach Paasche) gibt Auskunft über die Entwicklung der Durchschnittswerte der Im- und Exporte. Sie werden mit Mengen des aktuellen Berichtszeitraums gewichtet.

Die **Terms of Trade** geben an, wie sich die Kaufkraft einer Exporteinheit, gemessen in Importeinheiten, im Vergleich zum Basisjahr verändert hat. Sie errechnen sich aus dem Durchschnittswertindex für Exporte, bezogen auf den Durchschnittswertindex für Importe.

16 Außenhandel

16.6 Unternehmensstruktur
16.6.1 Außenhandel nach Unternehmensgrößen 2015

Unternehmen mit ... bis unter ... EUR Umsatz	Export				Import			
	Unternehmen		Umsatz		Unternehmen		Umsatz	
	Anzahl	%	Mrd. EUR	%	Anzahl	%	Mrd. EUR	%
Insgesamt	330 848	100	1 196	100	720 018	100	948	100
unter 100 000	226 710	68,5	6	0,5	586 531	81,5	9	1,0
100 000 – 500 000	51 198	15,5	12	1,0	74 187	10,3	17	1,8
500 000 – 1 Mill.	13 918	4,2	10	0,9	18 405	2,6	13	1,4
1 Mill. – 10 Mill.	29 282	8,9	100	8,4	32 152	4,5	105	11,0
10 Mill. – 50 Mill.	7 140	2,2	162	13,6	6 543	0,9	146	15,4
50 Mill. – 100 Mill.	1 302	0,4	96	8,0	1 081	0,2	78	8,2
100 Mill. – 1 Mrd.	1 203	0,4	332	27,8	1 025	0,1	277	29,2
1 Mrd. und mehr	95	0,0	478	40,0	94	0,0	303	32,0

Unternehmen nach Größenklassen 2015
Export in EUR

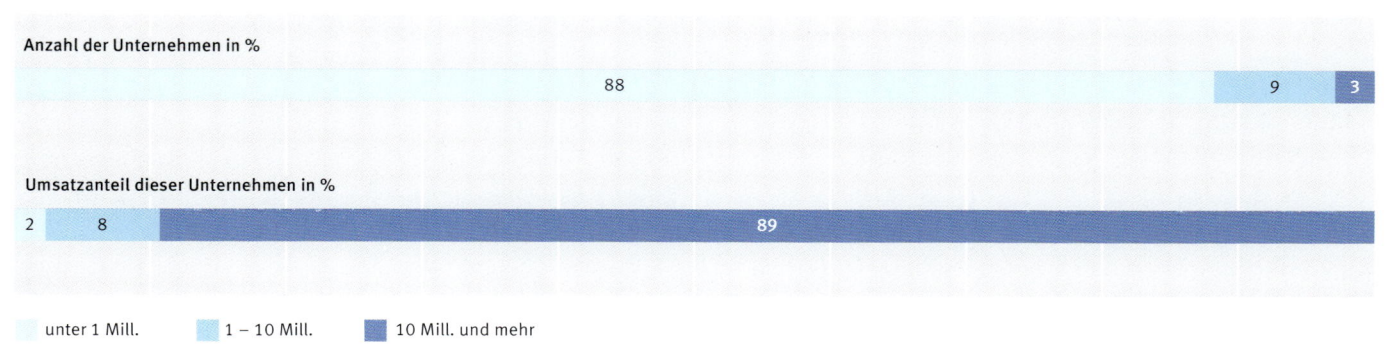

Anzahl der Unternehmen in %: 88 | 9 | 3

Umsatzanteil dieser Unternehmen in %: 2 | 8 | 89

☐ unter 1 Mill.   ☐ 1 – 10 Mill.   ■ 10 Mill. und mehr

16.6.2 Unternehmen im Außenhandel nach Beschäftigten 2014

Unternehmen mit ... bis ... Beschäftigten	Export			Import		
	Unternehmen		Umsatz	Unternehmen		Umsatz
	Anzahl	%	%	Anzahl	%	%
Insgesamt	318 479	100	100	687 017	100	100
0 – 9	110 336	34,6	3,2	269 711	39,3	5,1
10 – 49	55 957	17,6	5,6	95 795	13,9	8,9
50 – 249	20 626	6,5	11,3	27 828	4,1	13,6
250 und mehr	6 153	1,9	64,8	8 455	1,2	54,1
Unbekannt	125 407	39,4	15,0	285 228	41,5	18,4

16.6 Unternehmensstruktur
16.6.3 Anteil der Wirtschaftszweige im Außenhandel am Export und Import 2014

Nr. der Klassifikation [1]	Wirtschaftsgliederung (H. v. = Herstellung von)	Export	Import
		Wertmäßiger Anteil in %	
	Insgesamt	100	100
	darunter:		
A	Land- und Forstwirtschaft, Fischerei	0,2	0,2
B	Bergbau und Gewinnung von Steinen und Erden	0,2	0,2
C	Verarbeitendes Gewerbe	66,0	43,0
10	H. v. Nahrungs- und Futtermittel	3,4	2,8
11	H. v. Getränken	0,2	0,2
13	H. v. Textilien	0,6	0,4
14	H. v. Bekleidung	0,4	0,4
15	H. v. Leder, Lederwaren und Schuhen	0,2	0,2
16	H. v. Holz-, Flecht-, Korb- und Korkwaren (ohne Möbel)	0,4	0,4
17	H. v. Papier, Pappe und Waren daraus	1,4	0,8
18	H. v. Druckerzeugnissen, Vervielfältigung von bespielten Ton-, Bild- und Datenträgern	0,2	0,2
19	Kokerei und Mineralölverarbeitung	0,6	2,8
20	H. v. chemischen Erzeugnissen	6,0	4,0
21	H. v. pharmazeutischen Erzeugnissen	2,8	2,2
22	H. v. Gummi- und Kunststoffwaren	2,4	1,8
23	H. v. Glas und Glaswaren, Keramik, Verarbeitung von Steinen und Erden	1,0	0,6
24	Metallerzeugung und Metallbearbeitung	4,2	3,2
25	H. v. Metallerzeugnissen	2,8	1,4
26	H. v. Datenverarbeitungsgeräten, elektronischen und optischen Erzeugnissen	3,0	1,8
27	H. v. elektrischen Ausrüstungen	4,2	2,4
28	Maschinenbau	9,6	4,0
29	H. v. Kraftwagen und Kraftwagenteilen	18,0	10,2
30	Sonstiger Fahrzeugbau	3,0	2,4
31	H. v. Möbeln	0,4	0,4
32	H. v. sonstigen Waren	1,2	0,8
33	Reparatur und Instandhaltung von Maschinen und Ausrüstungen	0,2	0,4
D	Energieversorgung	0,6	1,6
E	Wasserversorgung, Abwasser und Abfallentsorgung und Beseitigung von Umweltverschmutzungen	0,4	0,2
F	Baugewerbe	0,2	0,2
G	Handel; Instandhaltung und Reparatur von Kraftfahrzeugen	14,8	32,6
H	Verkehr und Lagerei	0,6	1,8
M	Erbringung von freiberuflichen, wissenschaftlichen und technischen Dienstleistungen [2]	1,6	1,6
	Sonstige öffentliche und persönliche Dienstleistungen [3]	16,0	19,0

1 Klassifikation der Wirtschaftszweige, Ausgabe 2008 (WZ 2008).
2 Der Bereich „Erbringung von freiberuflichen, wissenschaftlichen und technischen Dienstleistungen" enthält auch Managementtätigkeiten von Holdinggesellschaften (WZ 70.10.1).
3 Diese Position umfasst die Abschnitte J „Information und Kommunikation"; K „Erbringung von Finanz- und Versicherungsdienstleistungen"; L „Grundstücks- und Wohnungswesen" sowie N „Sonstige wirtschaftliche Dienstleistungen".

16 Außenhandel

Methodik

Außenhandelsstatistiken sind ein Schlüsselindikator für die Wirtschaftsentwicklung und somit ein wichtiges Instrument für zahlreiche öffentliche und private Entscheidungsträgerinnen und Entscheidungsträger. Sie ermöglichen beispielsweise nationalen und internationalen Behörden die Vorbereitung bi- und multilateraler Verhandlungen und helfen Unternehmen bei der Durchführung von Marktstudien und der Festlegung ihrer Handelsstrategie. Sie sind auch eine unverzichtbare Informationsquelle für Zahlungsbilanzstatistiken, die Volkswirtschaftlichen Gesamtrechnungen oder Konjunkturanalysen.

Gegenstand der Außenhandelsstatistik ist der **grenzüberschreitende Warenverkehr** Deutschlands mit dem Ausland. Dies bedeutet, alle körperlich ein- und ausgehenden Waren sowie elektrischer Strom werden erfasst und nachgewiesen. Das betrifft auch den Handel mit Waren, die unentgeltlich oder auf ausländische Rechnung ein- bzw. ausgeführt werden. Dienstleistungen aller Art sind grundsätzlich nicht Gegenstand der Außenhandelsstatistik. Eine Ausnahme stellen die Veredelungsgeschäfte dar: Diese werden in der Außenhandelsstatistik erfasst und nachgewiesen.

Die wichtigsten **Erhebungsmerkmale** der Außenhandelsstatistik sind die Lieferrichtung (Ein- oder Ausfuhr), die Warenart, der Wert, die Menge, das Partnerland sowie das inländische Herkunfts- bzw. Zielbundesland.

Das **Erhebungsgebiet** umfasst das Gebiet Deutschlands nach dem Gebietsstand seit dem 3.10.1990. Ausland ist das Gebiet außerhalb des Erhebungsgebiets.

Die Außenhandelsstatistik ist eine vom Gesetzgeber angeordnete monatliche Erhebung, die der Auskunftspflicht unterliegt. Die Rechtsgrundlagen für die Außenhandelsstatistik bilden Verordnungen des Europäischen Parlamentes und des Rates der EU. Dabei existieren Grund- und Durchführungsverordnungen sowohl für den Teilbereich Intrahandelsstatistik als auch für die Extrahandelsstatistik. Neben den EU-Rechtsgrundlagen stützt sich die Außenhandelsstatistik auf nationales Recht (Außenhandelsstatistikgesetz bzw. -durchführungsverordnung sowie das Bundesstatistikgesetz).

In der Außenhandelsstatistik wird erhebungstechnisch zwischen Extra- und Intrahandel unterschieden.

Die **Extrahandelsstatistik** erfasst den grenzüberschreitenden Warenverkehr mit Drittländern (Länder außerhalb der EU).

Die Erhebung der **Extrahandelsdaten** erfolgt über die Zollverwaltung im Zeitpunkt der Erledigung der gesetzlich vorgeschriebenen Einfuhr- oder Ausfuhrförmlichkeiten. Die Statistikdaten werden überwiegend elektronisch im Rahmen des IT-Zollverfahrens „ATLAS" an das Statistische Bundesamt übermittelt. Das Erhebungssystem im Extrahandel garantiert eine nahezu vollständige Erfassung aller grenzüberschreitenden Warenbewegungen.

Die **Intrahandelsstatistik** erfasst den grenzüberschreitenden Warenverkehr zwischen Deutschland und den anderen Mitgliedstaaten der EU, d. h. die Warentransaktionen innerhalb der Gemeinschaft. Hierbei handelt es sich um ein Erhebungssystem in Form einer Direktanmeldung durch die am Intrahandel beteiligten Unternehmen.

Das **Intrastat-System** ist durch eine enge Verknüpfung mit dem Umsatzsteuersystem gekennzeichnet, das eine (indirekte) Kontrolle der statistischen Meldungen über die monatlich von den Unternehmen bei den Finanzämtern abzugebenden Umsatzsteuer-Voranmeldungen ermöglicht.

Ausgenommen von der Anmeldung zur Außenhandelsstatistik sind u. a. Warenbewegungen von geringer wirtschaftlicher Bedeutung (z. B. Messe- und Ausstellungsgut). Seit Januar 2007 sind auch Warenverkehre zur oder nach Reparatur von der Anmeldung befreit. Die Befreiungstatbestände sind in den jeweiligen Befreiungslisten für die beiden Erhebungssysteme aufgeführt.

Bei direkter Firmenbefragung (Intrastat-System) sind diejenigen Unternehmen von der Meldung befreit, deren innergemeinschaftliche Warenverkehre je Verkehrsrichtung (Eingang bzw. Versendung) im Vorjahr bzw. im laufenden Jahr den Wert von derzeit 500 000 Euro bei der Versendung und 800 000 Euro bei den Eingängen nicht übersteigen (bis Ende 2015 betrug die Anmeldeschwelle 500 000 Euro je Verkehrsrichtung).

In den Ergebnissen der Außenhandelsstatistik sind Zuschätzungen für befreite Warenverkehre sowie für Antwortausfälle im Intrahandel enthalten. In den endgültigen Ergebnissen werden die Zuschätzungen für Antwortausfälle so weit wie möglich durch die nachträglich eingegangenen Meldungen ersetzt. Die Zuschätzungen im Intrahandel werden nach Partnerländern, Bundesländern und Kapiteln des Warenverzeichnisses für die Außenhandelsstatistik aufgeteilt.

Erste monatliche Gesamtergebnisse werden in Form einer Pressemitteilung knapp 40 Tage nach Ende des jeweiligen Berichtsmonats veröffentlicht. Rund zwei Wochen danach liegen vorläufige Ergebnisse in tiefer fachlicher und regionaler Gliederung vor. Die Ergebnisse werden monatlich revidiert. Endgültige Ergebnisse liegen etwa zehn Monate nach Ablauf eines Berichtsjahres vor.

Aufgrund unterschiedlicher Revisionsstände kann es zu Abweichungen zwischen den im Statistischen Jahrbuch und den in GENESIS-Online veröffentlichten Außenhandelsergebnissen kommen.

Außenhandelsergebnisse der EU-Mitgliedstaaten werden auch von Eurostat, dem Statistischen Amt der EU, veröffentlicht. Dabei gibt es aber methodische Unterschiede gegenüber den nationalen Veröffentlichungen. In den EU-Veröffentlichungen gilt im Intrahandel das **Versendungsland** bei den Einfuhren als Partnerland. Das ist das Land, aus dem die Waren versandt werden, ohne dass sie in anderen Ländern anderen als beförderungsbedingten Aufenthalten oder Rechtsgeschäften unterworfen werden. Im Extrahandel ist dagegen – wie in den nationalen deutschen Außenhandelsergebnissen generell – das **Ursprungsland** maßgeblich.

Detaillierte Informationen zur Methodik der einzelnen Statistiken sind in den „Qualitätsberichten" dokumentiert (siehe hierzu *www.destatis.de/publikationen* › Qualitätsberichte).

Glossar

Außenbeitragsquote | Sie stellt das Verhältnis des Außenhandelssaldos – d. h. der Differenz zwischen Ausfuhren und Einfuhren – zur gesamten Wirtschaftsleistung dar. In der Regel bezieht der Begriff „Außenbeitrag" neben Waren auch Dienstleistungen ein. Die hier abgebildete Außenbeitragsquote umfasst jedoch ausschließlich Waren.

Außenhandelsbilanz | Sie ergibt sich aus der Differenz zwischen den Ausfuhren und den Einfuhren.

Außenhandelsbilanz, normierte | Die normierte Außenhandelsbilanz bezieht die Außenhandelsbilanz (Differenz zwischen Ausfuhren und Einfuhren) auf den gesamten Handel (Summe der Ausfuhren und Einfuhren).

Bestimmungsland | Dies ist das Land, in dem die Waren aus Deutschland ge- oder verbraucht bzw. be- oder verarbeitet werden sollen. Ist das Bestimmungsland nicht bekannt, so gilt als Bestimmungsland das letzte zum Zeitpunkt der Ausfuhr bekannte Land, in das die Waren körperlich verbracht werden sollen.

Eurozone/Nicht-Eurozone | Die Eurozone umfasst alle Mitgliedstaaten der EU, in denen der Euro gesetzliches Zahlungsmittel ist. Die Nicht-Eurozone beinhaltet alle übrigen Mitgliedstaaten der EU.

Exportquote | Sie stellt das Verhältnis der Ausfuhren zum Bruttoinlandsprodukt dar.

Export-Performance-Index, deutscher | Der deutsche Export-Performance-Index ermittelt die Entwicklung des Marktanteils deutscher Waren im Ausland durch den Vergleich zwischen den Marktanteilen in einer bestimmten Periode gegenüber den Marktanteilen in einem Basisjahr. Die betrachteten Marktanteile ergeben sich aus der Relation der deutschen Ausfuhren in die 25 wichtigsten Partnerländer zu den gesamten Einfuhren dieser 25 Länder. Der Index der deutschen Exporte gibt wieder, wie stark sich die tatsächlichen Werte für die 25 größten Partnerländer der deutschen Exporte bezogen auf ein Basisjahr verändert haben.

Importabhängigkeitsquote | Sie stellt das Verhältnis der Einfuhren zu dem um den Außenhandelssaldo – die Differenz zwischen Ausfuhren und Einfuhren – bereinigten Bruttoinlandsprodukt dar.

Importquote | Sie stellt das Verhältnis der Importe zum Bruttoinlandsprodukt dar.

Index der Durchschnittswerte (nach „Paasche") | Er gibt Auskunft über die Bewegung der Einfuhr- und Ausfuhrdurchschnittswerte auf der Grundlage der statistischen Werte. Der Durchschnittswertindex ist kein echter Preisindex, weil Durchschnittswerte und nicht Einzelpreise seine Berechnungsgrundlage bilden. Die ebenfalls vom Statistischen Bundesamt laufend berechneten echten Preisindizes (Indizes der Ein- und Ausfuhrpreise) finden Sie im Kapitel 15 „Preise".

Index des Volumens (nach „Laspeyres") | Dieser gibt die von Durchschnittswertveränderungen bereinigte Außenhandelsentwicklung wieder.

Länder | Die Bezeichnung der Länder richtet sich nach dem Länderverzeichnis für die Außenhandelsstatistik.

Partnerland | Als Partnerland wird in der Außenhandelsstatistik grundsätzlich das Ursprungsland (bei der Einfuhr) bzw. das Bestimmungsland (bei der Ausfuhr) nachgewiesen.

Terms of Trade | Sie geben an, wie sich die Kaufkraft einer Exporteinheit, gemessen in Importeinheiten, im Vergleich zum Basisjahr verändert hat.

Ursprungsland | Dies gilt als das Land, in dem eine Ware vollständig gewonnen oder hergestellt wurde. Sind an der Herstellung einer Ware zwei oder mehr Länder beteiligt, so gilt als Ursprungsland das Land, in dem die letzte wesentliche Be- oder Verarbeitung stattgefunden hat. Werden Waren deutschen Ursprungs wiedereingeführt, tritt anstelle des Ursprungslandes grundsätzlich das Land, aus dem diese Waren körperlich nach Deutschland gelangen. Gleiches gilt für die Wiedereinfuhr von Waren nach Veredelung.

Warengliederung | Die Gliederung der Waren erfolgt nach Warengruppen der Ernährungswirtschaft und der Gewerblichen Wirtschaft (EGW), nach Güterabteilungen des Güterverzeichnisses für Produktionsstatistiken (GP) sowie nach den Industriellen Hauptgruppen (Main Industrial Groupings, MIGS).

Wert (tatsächlicher Wert) | Den internationalen Standards entsprechend wird als Warenwert der Grenzübergangswert („Statistischer Wert") zugrunde gelegt. Der Wert ergibt sich in der Regel aus dem in Rechnung gestellten Entgelt für eine Ware beim Kauf im Einfuhrgeschäft oder beim Verkauf einer Ware im Ausfuhrgeschäft, wobei eine Kostenabgrenzung frei deutsche Grenze vorzunehmen ist. Zölle, Steuern oder andere Abgaben, die anlässlich der Einfuhr bzw. Ausfuhr erhoben wurden, sind nicht im „Statistischen Wert" enthalten.
Bei Waren, die unentgeltlich oder im Rahmen eines Miet- oder Leasinggeschäftes geliefert werden, ist als statistischer Wert der Preis der Ware anzusetzen, der im Falle eines Kaufgeschäfts unter den Bedingungen des freien Wettbewerbs vermutlich berechnet worden wäre. Entsprechend wird bei (unentgeltlichen) Warenverkehren zur Veredelung verfahren.
Bei der Versendung/beim Eingang nach Veredelung entspricht der Wert dem Gesamtbetrag, der beim Verkauf der veredelten Waren berechnet worden wäre.

Wirtschaftszweig | Die Gliederung nach Wirtschaftszweigen erfolgt nach den Abschnitten der Klassifikation der Wirtschaftszweige (WZ 2008). Sie dient dazu, die wirtschaftlichen Tätigkeiten von Unternehmen, Betrieben und anderen statistischen Einheiten in allen amtlichen Statistiken einheitlich zu erfassen.

16 Außenhandel

Mehr zum Thema

Liebe Leserin, lieber Leser,
ein Thema in diesem Kapitel spricht Sie besonders an oder Sie benötigen weitere Informationen? Auf dieser Seite nennen wir Ihnen, nach Themen gegliedert, weitere Veröffentlichungen unseres Hauses. Ausführliche Informationen zu den Produktkategorien sowie dem Informationsangebot des Statistischen Bundesamtes finden Sie auf Seite 8 dieser Ausgabe.

Web-Angebote
www.destatis.de ist Ihre erste Adresse in Sachen Statistik. Hier finden Sie alle Informationen, die das Statistische Bundesamt veröffentlicht, tagesaktuell. Unsere Veröffentlichungen können Sie direkt über unsere Website *www.destatis.de/publikationen* downloaden.

GENESIS-Online
Unter *www.destatis.de/genesis* bietet die Haupt-Datenbank des Statistischen Bundesamtes ein breites Themenspektrum fachlich tief gegliederter Ergebnisse der amtlichen Statistik. Daten zum *Außenhandel* finden Sie unter dem Menüpunkt › Themen, Code 51000

Weitere Veröffentlichungen zu dem Thema

■ **Außenhandel**

Fachserie 7   Außenhandel

Reihe 1 | Zusammenfassende Übersichten für den Außenhandel

Fachberichte

| Deutscher Außenhandel – Export und Import im Zeichen der Globalisierung, Ausgabe 2015
| Außenhandel und Dienstleistungsverkehr der Bundesrepublik Deutschland mit dem Ausland 2011 – 2015

WISTA – Wirtschaft und Statistik

Heft 4/14 | Der deutsche Außenhandel im Jahr 2013
Heft 3/15 | Außenhandel mit Afrika im Jahr 2014

17 Zahlungsbilanz

Die Zahlungsbilanz bildet alle wirtschaftlichen **Transaktionen zwischen Deutschland und der übrigen Welt** ab | In den letzten Jahren **Überschuss der Warenexporte über die -importe** | 2015 betrug er **263 Milliarden Euro** | Traditionell mehr Dienstleistungsimporte als -exporte | 2015 **Dienstleistungsdefizit von 30 Milliarden Euro** – **Hauptgrund:** Deutsche tragen Geld durchs **Reisen** ins Ausland

17 Zahlungsbilanz

Seite

433 Auf einen Blick

Tabellen

434 **Zahlungsbilanz**
Entwicklung | Veränderung der Nettokapitalanlagen nach inländischen Sektoren

436 **Leistungen an Entwicklungsländer und multilaterale Organisationen**
Deutsche Netto-ODA-Leistungen | Bilaterale Netto-ODA-Leistungen nach ausgewählten Entwicklungsländern

437 **Direktinvestitionen**
Unmittelbare und mittelbare ausländische Direktinvestitionen in Deutschland | Unmittelbare und mittelbare deutsche Direktinvestitionen im Ausland nach Wirtschaftszweig

439 **Vermögensstatus der Bundesrepublik Deutschland gegenüber dem Ausland**

440 **Methodik**

441 **Glossar**

442 **Mehr zum Thema**

17 Zahlungsbilanz

17.0 Auf einen Blick

Leistungsbilanz
Saldo in Mrd. EUR

Jahr	Wert
2015	257
2014	213
2013	190
2012	194

Dienstleistungsverkehr
Saldo in Mrd. EUR

Jahr	Wert
2015	−30
2014	−35
2013	−43
2012	−33

Warenverkehr (fob-Werte) [1]
Saldo in Mrd. EUR

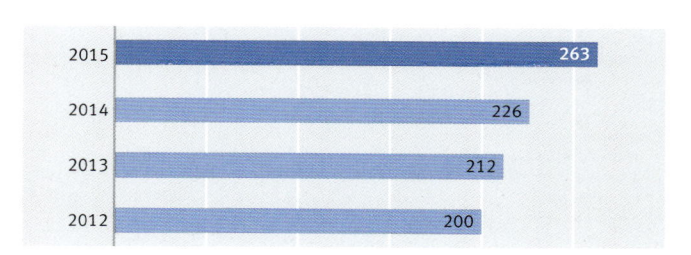

Jahr	Wert
2015	263
2014	226
2013	212
2012	200

Sekundäreinkommen
Saldo in Mrd. EUR

Jahr	Wert
2015	−40
2014	−41
2013	−44
2012	−40

Primäreinkommen [2]
Saldo in Mrd. EUR

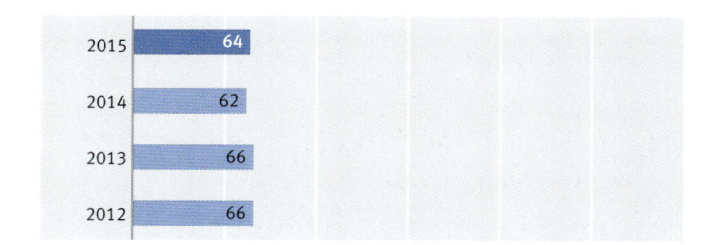

Jahr	Wert
2015	64
2014	62
2013	66
2012	66

1 Außenhandel frei an Bord (fob) einschl. Ergänzungen.
2 Einkommen aus unselbstständiger Arbeit und Kapitalerträgen.
Quelle: Deutsche Bundesbank

17 Zahlungsbilanz

17.1 Entwicklung der Zahlungsbilanz

Die **Zahlungsbilanz** liefert Informationen über Umfang und Entwicklung der internationalen Verflechtung und bietet Orientierungshilfen für die Finanz-, Geld- und Außenwirtschaftspolitik. Sie stellt ein zusammengefasstes Bild der wirtschaftlichen Transaktionen zwischen In- und Ausländern dar. Gegliedert wird sie in die **Leistungsbilanz**, die **Vermögensänderungsbilanz** und die **Kapitalbilanz**.

Angaben zur Zahlungsbilanz in Deutschland ermittelt und veröffentlicht die Deutsche Bundesbank monatlich. Nähere Informationen hierzu finden Sie auf der Internetseite der **Deutschen Bundesbank** unter *www.bundesbank.de*

	2012	2013	2014	2015	2012	2013	2014	2015
	Mill. EUR							
	Leistungsbilanz/Vermögensänderungsbilanz							
	Ausfuhr bzw. Einnahmen				Einfuhr bzw. Ausgaben			
Warenhandel (fob) [1]	1 071 431	1 079 803	1 114 783	1 180 263	871 031	868 155	888 284	916 807
Dienstleistungen [2]	196 509	204 556	219 722	238 558	229 284	247 780	255 075	268 724
Fertigungsdienstleistungen [3]	3 879	3 193	3 999	4 163	3 701	3 178	3 591	3 882
Transportleistungen	44 218	45 356	43 507	47 142	54 407	57 431	56 761	59 797
Reiseverkehr	29 683	31 081	32 609	33 229	65 105	68 794	70 261	68 796
Versicherungs- und Altersvorsorgeleistungen [4]	8 303	6 741	9 235	9 849	3 116	3 006	8 333	9 660
Finanzdienstleistungen	19 482	19 528	19 642	21 633	10 689	11 405	11 825	11 451
Gebühren für die Nutzung von geistigem Eigentum	8 005	10 116	11 306	13 161	4 974	6 511	7 032	8 043
Instandhaltungs- und Reparaturdienstleistungen	2 855	4 495	5 452	7 042	1 122	9 054	6 503	7 540
Bauleistungen inländischer Firmen im Ausland (Saldo) [5]	–	–	1 025	860	–	–	–	–
Bauleistungen ausländischer Firmen im Inland (Saldo) [5]	–	–	–	–	–	–	– 503	– 439
Telekommunikations-, EDV- und Informationsdienstleistungen	19 708	20 430	21 541	25 487	18 266	21 188	18 941	21 691
Sonstige unternehmensbezogene Dienstleistungen	55 628	58 158	64 781	68 760	65 087	64 070	66 566	72 419
Forschung und Entwicklung	12 961	15 604	17 680	19 428	9 375	11 516	13 329	15 416
Freiberufliche Dienstleistungen und Managementberatungsleistungen	20 778	22 350	23 053	23 274	27 960	27 643	26 341	27 979
Technische Dienstleistungen, Provisionen und sonstige Dienstleistungen	21 889	20 204	24 048	26 058	27 751	24 911	26 896	29 024
Dienstleistungen für persönliche Zwecke, Kultur und Freizeit	801	1 339	1 442	1 622	1 973	2 103	2 610	2 497
Regierungsleistungen [6]	3 948	4 118	4 094	4 527	845	1 040	1 060	1 426
Primäreinkommen	204 702	192 491	191 357	194 811	138 876	126 737	128 969	131 072
Arbeitnehmerentgelt	12 357	12 290	12 833	13 847	9 203	11 767	12 574	13 112
Vermögenseinkommen	186 792	174 618	173 184	175 881	125 126	110 610	111 926	112 511
Sonstige Primäreinkommen [7]	5 552	5 584	5 340	5 083	4 547	4 361	4 469	5 449
Sekundäreinkommen	52 747	59 852	61 180	64 053	92 605	103 610	101 833	103 603
Staat	13 046	17 008	16 385	17 411	38 538	46 716	44 553	42 957
Alle Sektoren ohne Staat [8]	39 701	42 843	44 795	46 642	54 067	56 894	57 280	60 646
Leistungsbilanz insgesamt	1 525 389	1 536 702	1 587 042	1 677 685	1 331 796	1 346 283	1 374 161	1 420 206
Saldo der Leistungsbilanz	193 593	190 420	212 880	257 480	–	–	–	–
Vermögensänderungsbilanz	14 683	16 363	17 288	22 196	15 096	16 954	16 150	22 355
Nicht produzierte Sachvermögen	9 972	11 132	12 263	18 266	8 227	10 057	9 482	16 129
Vermögensübertragungen	4 711	5 231	5 025	3 930	6 869	6 898	6 668	6 225
Saldo der Vermögensänderungsbilanz	– 413	– 591	1 138	– 159	–	–	–	–
Saldo insgesamt	193 179	189 829	214 019	257 321	–	–	–	–
	Kapitalbilanz							
	Inländische Nettokapitalanlagen im Ausland				Ausländische Nettokapitalanlagen im Inland			
Kapitalverkehr								
Direktinvestitionen	+ 76 835	+ 68 688	+ 85 658	+ 98 017	+ 50 386	+ 47 079	+ 6 240	+ 41 579
Wertpapieranlagen	+ 105 603	+ 140 366	+ 149 023	+ 124 134	+ 53 817	– 20 184	+ 11 583	– 75 003
Finanzderivate und Mitarbeiteraktienoptionen [9]	+ 24 138	+ 23 944	+ 31 769	+ 25 796	–	–	–	–
Übriger Kapitalverkehr [10]	+ 165 925	– 173 131	+ 36 069	+ 11 341	+ 124 792	– 185 075	+ 37 698	+ 58 302
Währungsreserven [11]	+ 1 297	+ 838	– 2 564	– 2 213	–	–	–	–
Kapitalverkehr insgesamt	+ 373 797	+ 60 705	+ 299 954	+ 257 076	+ 228 996	– 158 179	+ 55 521	+ 24 879
Saldo der Kapitalbilanz	+ 144 802	+ 218 884	+ 244 434	+ 232 197	–	–	–	–
Saldo der statistisch nicht aufgliederbaren Transaktionen [12]	– 48 378	+ 29 056	+ 30 415	– 25 124	–	–	–	–

1 Ohne Fracht- und Versicherungskosten des Außenhandels.
2 Einschl. Fracht- und Versicherungskosten des Außenhandels.
3 Enthält Entgelte für die Be- und Verarbeitung von Waren, die sich nicht im Eigentum des Bearbeiters befinden.
4 In den Prämienzahlungen enthaltene Dienstleistungskomponenten. Die Nettoprämien sowie die Versicherungsleistungen werden in den Sekundäreinkommen bzw. – im Fall der Lebensversicherung – in der Kapitalbilanz erfasst. Ab 2014 einschl. Provisionen für Versicherungsmakler.
5 Seit 2014 werden Baustellen, die weniger als ein Jahr bestehen, als Dienstleistungen ausgewiesen. Die Neuanlage und Liquidation von Baustellen, die länger als ein Jahr bestehen, werden unter Direktinvestitionen, die Gewinne unter Primäreinkommen erfasst. Bis einschl. 2013 wird keine Unterscheidung nach der Fristigkeit vorgenommen und der Ausweis erfolgt unter den Direktinvestitionen.
6 Einnahmen und Ausgaben öffentlicher Stellen für Dienstleistungen, soweit sie nicht unter anderen Positionen ausgewiesen sind; einschl. der Einnahmen von ausländischen militärischen Dienststellen.
7 Enthält u. a. Pacht, Produktions- und Importabgaben an die EU sowie Subventionen von der EU.
8 Enthält Prämien und Leistungen von Versicherungen (ohne Lebensversicherungen).
9 Saldo der Transaktionen aus Optionen und Finanztermingeschäften.
10 Enthält insbesondere Finanz- und Handelskredite sowie Bargeld und Einlagen.
11 Ohne Zuteilung von Sonderziehungsrechten und bewertungsbedingten Änderungen.
12 Statistischer Restposten, der die Differenz zwischen dem Saldo der Kapitalbilanz und den Salden der Leistungs- sowie der Vermögensänderungsbilanz abbildet.

Quelle: Deutsche Bundesbank

17 Zahlungsbilanz

17.2 Veränderung der Nettokapitalanlagen nach inländischen Sektoren

	Monetäre Finanzinstitute [1]		Unternehmen und Privatpersonen [2]		Staat		Bundesbank	
	2015	2014	2015	2014	2015	2014	2015	2014
	Mill. EUR							
Inländische Nettokapitalanlagen im Ausland (Zunahme +)								
Aktiva								
Direktinvestitionen	+ 3 275	+ 5 280	+ 94 743	+ 80 378	–	–	–	–
Wertpapieranlagen	– 1 705	+ 22 046	+ 129 414	+ 142 452	– 1 728	– 5 966	– 1 847	– 9 510
Finanzderivate und Mitarbeiteraktienoptionen [3]	+ 20 030	+ 20 551	+ 5 766	+ 11 218	–	–	–	–
Übriger Kapitalverkehr	– 90 287	+ 76 305	– 9 679	– 7 517	– 12 057	+ 17 161	+ 123 364	– 49 880
Währungsreserven [4]	–	–	–	–	–	–	– 2 213	– 2 564
Ausländische Nettokapitalanlagen im Inland (Zunahme +)								
Passiva								
Direktinvestitionen	+ 1 060	– 693	+ 40 520	+ 6 933	–	–	–	–
Wertpapieranlagen [5]	– 12 480	– 12 658	+ 29 646	+ 8 796	– 92 169	+ 15 445	–	–
Übriger Kapitalverkehr	– 41 434	+ 32 495	+ 18 120	+ 16 777	– 11 235	– 5 610	+ 92 852	– 5 964

1 Ohne Deutsche Bundesbank.
2 Enthält finanzielle Kapitalgesellschaften (ohne die Monetären Finanzinstitute) sowie nichtfinanzielle Kapitalgesellschaften, private Haushalte und private Organisationen ohne Erwerbszweck.
3 Saldo der Transaktionen aus Optionen und Finanztermingeschäften.
4 Ohne Zuteilung von Sonderziehungsrechten und bewertungsbedingten Änderungen.
5 Einschl. Anleihen der früheren Bundesbahn, der früheren Bundespost und der früheren Treuhandanstalt.
Quelle: Deutsche Bundesbank

Als **Direktinvestitionen** gelten Finanzbeziehungen zu in- und ausländischen Unternehmen, sofern dem Kapitalgeber 10 % oder mehr der Anteile oder Stimmrechte unmittelbar bzw. unmittelbar und mittelbar zusammen mehr als 50 % zuzurechnen sind; einschl. Zweigniederlassungen und Betriebsstätten. Als Direktinvestitionen gelten auch kurzfristige Finanz- und Handelskredite, Baustellen mit einer Dauer über einem Jahr sowie alle Anlagen in Grundbesitz.

17 Zahlungsbilanz

17.3 Leistungen an Entwicklungsländer und multilaterale Organisationen

Die **Öffentliche Entwicklungszusammenarbeit (Official Development Assistance, ODA)** umfasst Leistungen an Entwicklungsländer (nach Definition des Entwicklungsausschusses der Organisation für wirtschaftliche Zusammenarbeit und Entwicklung – Development Assistance Committee, DAC) bzw. an Staatsangehörige von Entwicklungsländern oder an internationale Organisationen zugunsten dieser Entwicklungsländer, die von öffentlichen Stellen vergeben werden und bei denen jede Transaktion mit dem Hauptziel der Förderung der wirtschaftlichen und sozialen Entwicklung dieser Länder eingesetzt wird. Für Instrumente der finanziellen Zusammenarbeit gelten zusätzliche Anforderungen an die Finanzierungsbedingungen („Konzessionalität"). Die ODA-Leistungen sind in bilaterale und multilaterale Leistungen gegliedert. **Bilateral** = deutsche bilaterale ODA-Leistungen, **multilateral** = deutscher Anteil an den ODA-Leistungen multilateraler Geber. Zur bilateralen ODA zählen auch Schuldenerlasse und Leistungen in Deutschland, insbesondere Studienplatzkosten für Studierende aus Entwicklungsländern sowie gewisse Kosten für Flüchtlinge aus Entwicklungsländern.

17.3.1 Deutsche Netto-ODA-Leistungen

	Einheit	2007	2008	2009	2010	2011	2012	2013	2014
Öffentliche Entwicklungszusammenarbeit (ODA)	Mill. EUR	8 978	9 693	8 674	9 804	10 136	10 067	10 717	12 486
Bilateral	Mill. EUR	5 807	6 283	5 096	6 082	6 256	6 678	7 119	8 735
Multilateral	Mill. EUR	3 171	3 410	3 578	3 722	3 880	3 389	3 598	3 751
ODA-Anteil am Bruttonationaleinkommen (BNE)	%	0,37	0,38	0,35	0,39	0,39	0,37	0,38	0,42
BNE [1]	Mrd. EUR	2 447	2 532	2 444	2 535	2 620	2 708	2 814	2 982

1 Das Bruttonationaleinkommen (BNE) entspricht jeweils dem Berechnungsstand Mai des Folgejahres. Es können aber Abweichungen zu den aktuellen Rechenergebnissen der Volkswirtschaftlichen Gesamtrechnungen auftreten.

17.3.2 Bilaterale Netto-ODA-Leistungen nach ausgewählten Entwicklungsländern 2014

	Mill. EUR		Mill. EUR		Mill. EUR
Insgesamt	8 734,9	Namibia	17,8	**Asien**	2 795,3
Europa	671,5	Niger	20,3	darunter:	
darunter:		Nigeria	16,3	Afghanistan	399,0
Albanien	30,6	Ruanda	26,7	Armenien	24,0
Bosnien und Herzegowina ...	19,8	Sambia	28,8	Aserbaidschan	25,3
Kosovo	36,8	Senegal	17,2	Bangladesch	51,1
Mazedonien	26,9	Seychellen	0,0	Bhutan	0,5
Moldau Rep.	12,2	Sierra Leone	18,9	China	320,7
Montenegro	4,2	Simbabwe	26,8	Georgien	– 12,3
Serbien	18,7	Somalia	20,1	Indien	328,3
Türkei	259,2	Sudan	13,2	Indonesien	102,4
Ukraine	108,0	Südafrika	77,4	Irak	75,6
Weißrussland	10,6	Südsudan	69,1	Iran, Islam. Rep.	44,7
Afrika	2 273,4	Swasiland	– 0,5	Jemen	94,0
darunter:		Tansania	39,3	Jordanien	43,6
Ägypten	108,6	Togo	21,7	Kambodscha	35,7
Algerien	3,9	Tschad	10,3	Kasachstan	9,7
Angola	3,2	Tunesien	40,1	Kirgisistan	46,2
Äthiopien	44,0	Uganda	34,1	Korea, Demokr. Volksrep..	1,7
Benin	58,6	Zentralafrikanische Republik ...	21,0	Laos	22,2
Botsuana	0,2	**Amerika**	1 368,9	Libanon	80,6
Burkina Faso	37,6	darunter:		Malaysia	7,7
Burundi	19,5	Argentinien	15,4	Malediven	1,4
Côte d'Ivoire	14,1	Bolivien	32,7	Mongolei	19,1
Dschibuti	0,8	Brasilien	352,8	Myanmar	266,4
Eritrea	0,4	Chile	122,4	Nepal	28,1
Gabun	0,2	Costa Rica	4,5	Pakistan	93,5
Gambia	0,3	Dominikanische Republik	0,3	Palästinensische Gebiete	94,1
Ghana	27,1	Ecuador	27,4	Philippinen	– 58,1
Guinea	8,9	El Salvador	1,1	Sri Lanka	– 9,2
Guinea-Bissau	0,2	Guatemala	17,0	Syrien, Arab. Rep.	208,4
Kamerun	65,9	Guyana	0,5	Tadschikistan	19,2
Kap Verde	0,4	Grenada	2,1	Thailand	4,5
Kenia	79,7	Haiti	15,6	Timor-Leste	5,9
Kongo	0,5	Honduras	– 4,5	Turkmenistan	1,2
Kongo, Demokr. Rep.	69,7	Jamaika	– 2,4	Usbekistan	14,9
Lesotho	3,2	Kolumbien	117,6	Vietnam	99,4
Liberia	30,9	Kuba	1,6	**Ozeanien**	8,9
Libyen	4,4	Mexiko	187,8	darunter:	
Madagaskar	13,7	Nicaragua	13,3	Fidschi	1,6
Malawi	25,6	Panama	1,6	Papua-Neuguinea	0,8
Mali	56,3	Paraguay	4,3	**Entwicklungsländer, nicht aufteilbar**	1 616,9
Marokko	312,6	Peru	50,5		
Mauretanien	10,9	Uruguay	53,7		
Mauritius	0,0	Venezuela	6,1		
Mosambik	58,4				

Quelle: Bundesministerium für wirtschaftliche Zusammenarbeit und Entwicklung (BMZ)

17 Zahlungsbilanz

17.4 Direktinvestitionen

Der Stand der Direktinvestitionen in den Tabellen 17.4.1 und 17.4.2 setzt sich zusammen aus dem Anteil am Eigenkapital (Nominalkapital, Rücklagen, Gewinne und Verluste) eines ausländischen (bzw. inländischen) Unternehmens, der einem Inländer (bzw. einem Ausländer) zuzurechnen ist, und den Krediten und Darlehen, die der Anteilseigner sowie bestimmte andere mit ihm verbundene Kreditgeber dem Unternehmen gewährt haben. Davon sind die Kredite an die Kapitalgeber und an Schwesterunternehmen (in Abhängigkeit vom Sitz der Konzernzentrale) abzuziehen. Ausführliche methodische Erläuterungen enthält die Statistische Sonderveröffentlichung 10 der Deutschen Bundesbank „Bestandserhebung über Direktinvestitionen, April 2016", S. 77 ff.

17.4.1 Unmittelbare und mittelbare ausländische Direktinvestitionen in Deutschland

Wirtschaftszweig der Investitionsobjekte	Stand am Jahresende								
	2013	2014	nach ausgewählten Kapitalgeberländern						
			Frankreich	Vereinigtes Königreich	Niederlande	Belgien	Schweiz	Vereinigte Staaten	Japan
	Mill. EUR								
Insgesamt	460 485	461 833	25 717	37 928	94 333	7 743	28 713	26 989	17 318
Verarbeitendes Gewerbe	115 153	114 091	5 517	7 304	31 453	2 884	11 357	7 466	4 673
darunter:									
Kokerei und Mineralölverarbeitung	13 883	11 114	.[1]	.[1]	7 276	–	–	.[1]	–
Herstellung von chemischen Erzeugnissen	15 178	14 199	355	1 381	4 069	943	736	1 614	624
Herstellung von pharmazeutischen Erzeugnissen	9 953	10 260	1 066	697	2 289	.[1]	560	399	728
Herstellung von Mess- und Kontrollgeräten, Uhren und elektromedizinischen Geräten	7 949	7 980	704	446	637	191	1 492	2 102	279
Maschinenbau	16 881	17 732	429	848	2 655	507	3 141	1 905	1 165
Energieversorgung	13 866	13 885	1 883	373	589	.[1]	605	.[1]	.[1]
Handel; Instandhaltung und Reparatur von Kraftfahrzeugen	49 876	50 731	3 848	4 372	11 063	1 076	5 510	1 809	6 634
Information und Kommunikation	60 078	52 286	862	11 308	4 055	– 34	330	316	251
Banken	53 800	54 758	7 890	3 733	6 200	542	920	– 877	3 290
Fonds; Private Equity Funds und Wagniskapitalgeber/ Venture Capital Unternehmen; Sonstige Finanzierungsinstitutionen	22 219	26 230	1 813	3 432	11 580	.[1]	300	989	–
Versicherungen und Rückversicherungen [2]	5 171	5 899	– 387	– 146	– 825	– 406	221	3 087	.[1]
Grundstücks- und Wohnungsbauwesen	29 902	28 748	731	1 328	7 134	693	2 695	587	27
Verwaltung und Führung von Unternehmen und Betrieben (Beteiligungsgesellschaften)	76 437	80 211	2 255	5 355	16 072	1 509	4 062	11 620	1 703
Erbringung von sonstigen wirtschaftlichen Dienstleistungen	7 246	5 860	676	– 48	2 038	5	838	– 20	34

1 Aus Gründen der Geheimhaltung von Einzelangaben nicht veröffentlicht, aber in den Summen enthalten.
Quelle: Deutsche Bundesbank

17 Zahlungsbilanz
17.4 Direktinvestitionen
17.4.2 Unmittelbare und mittelbare deutsche Direktinvestitionen im Ausland nach Wirtschaftszweig des ausländischen Investitionsobjekts

Anlageland	Stand am Jahresende 2014								
	Alle Wirtschafts-zweige	darunter:							
		Herstellung von chemi-schen Erzeug-nissen	Maschinenbau	Herstellung von elek-trischen Aus-rüstungen	Herstellung von Kraft-wagen und Kraftwagen-teilen	Handel; In-standhaltung und Reparatur von Kraftfahr-zeugen	Banken	Fonds; Private Equity Funds u. Wagniska-pitalgeber/ Venture Capital Unternehmen; Sonstige Finanzierungs-institutionen	Verwaltung und Führung von Unternehmen und Betrieben (Beteiligungs-gesellschaften)
	Mill. EUR								
Insgesamt	957 930	77 426	30 186	19 833	86 653	149 270	83 217	40 810	65 446
Europa	470 163	29 345	13 266	11 632	39 124	85 539	55 649	− 44 602	54 776
EU-Länder (EU-27)	394 866	25 247	9 407	9 968	35 829	67 443	52 628	− 51 066	50 725
darunter:									
Belgien	38 256	11 747	217	116	782	3 673	531	10 302	344
Dänemark	5 296	263	542	.|1	83	1 326	−	191	453
Frankreich	34 338	2 306	1 741	1 228	1 864	7 636	1 224	− 984	1 429
Irland	11 753	807	.|1	97	.|1	1 647	2 218	303	90
Italien	31 327	1 719	782	403	592	6 760	4 252	1 288	151
Luxemburg	67 851	.|1	− 7	.|1	−	486	16 761	18 269	20 471
Niederlande	− 98 119	2 037	481	524	237	4 601	900	− 127 782	9 439
Österreich	28 768	503	740	3 080	1 091	7 221	730	2 521	1 228
Portugal	3 635	84	107	.|1	361	1 149	234	35	204
Schweden	27 241	666	429	11	11 966	1 814	380	830	90
Spanien |2	25 877	946	617	1 348	1 272	4 165	1 334	1 309	2 112
Tschechische Republik	24 709	387	597	464	4 959	2 931	353	.|1	4 540
Ungarn	14 078	263	441	347	5 250	1 499	492	11	664
Vereinigtes Königreich |3	109 921	1 770	963	1 186	2 262	10 418	19 746	30 571	8 983
Andere europäische Länder	75 297	4 099	3 859	1 664	3 295	18 097	3 021	6 464	4 051
darunter:									
Norwegen	8 858	306	214	.|1	78	2 054	.|1	972	911
Russische Föderation	16 574	490	475	149	1 146	5 114	881	618	3
Schweiz	31 235	2 298	2 481	976	299	8 811	1 305	2 201	2 852
Türkei	9 181	583	678	408	1 407	1 485	.|1	778	159
Afrika	9 213	743	162	334	2 574	1 185	.|1	124	316
dar. Südafrika	5 920	491	154	220	2 436	873	.|1	55	99
Amerika	329 934	28 586	9 062	2 888	19 362	29 949	20 117	76 696	9 551
darunter:									
Argentinien	2 742	334	30	35	602	496	.|1	26	.|1
Brasilien	20 022	3 083	1 210	927	5 684	1 550	.|1	249	223
Kanada	13 743	1 252	− 210	347	239	2 187	.|1	1 094	274
Mexiko	9 699	1 400	90	387	3 903	1 300	.|1	284	1
Vereinigte Staaten	271 174	20 859	7 926	1 090	8 810	22 054	17 856	72 870	7 804
Asien	129 671	17 601	7 542	4 678	25 469	27 626	6 680	6 131	501
darunter:									
China |4	59 717	7 857	5 323	2 232	18 501	11 135	1 358	2 083	24
Hongkong	3 887	162	102	− 3	−	2 524	− 898	775	267
Japan	12 621	979	220	−	3 851	3 662	215	1 229	4
Korea, Republik	8 229	1 573	712	304	681	1 732	.|1	697	−
Malaysia	5 122	638	51	228	60	533	.|1	.|1	13
Singapur	13 470	2 071	77	15	.|1	3 986	2 936	501	65
Vereinigte Arabische Emirate	2 392	218	16	78	.|1	1 229	.|1	.|1	8
Ozeanien und Polarregionen	18 948	1 150	155	301	124	4 970	.|1	2 460	302
dar. Australien	18 065	1 081	143	285	124	4 694	.|1	2 457	302

1 Aus Gründen der Geheimhaltung von Einzelangaben nicht veröffentlicht, aber in den Summen enthalten.
2 Einschl. der Kanarischen Inseln.
3 Einschl. Guernsey, Insel Man und Jersey.
4 Ohne Hongkong.

Quelle: Deutsche Bundesbank

17 Zahlungsbilanz

17.5 Vermögensstatus der Bundesrepublik Deutschland gegenüber dem Ausland

	Aktiva			Passiva			Saldo		
	2013	2014	2015	2013	2014	2015	2013	2014	2015
	Mill. EUR								
Insgesamt	6 936 956	7 656 189	7 903 763	5 984 281	6 460 290	6 415 551	952 675	1 195 899	1 488 212
Direktinvestitionen [1]	1 510 480	1 648 602	1 811 227	1 156 410	1 182 778	1 249 303	354 070	465 824	561 924
Beteiligungskapital	1 143 754	1 253 759	1 379 599	484 873	515 247	546 869	658 881	738 512	832 730
Börsennotierte Unternehmen	47 416	58 183	60 195	31 833	36 549	40 504	15 583	21 634	19 691
Nicht-börsennotierte Aktiengesellschaften	539 922	592 780	660 181	204 211	209 053	224 794	335 711	383 727	435 387
Sonstige Anteilsrechte [2]	556 416	602 796	659 223	248 829	269 645	281 572	307 587	333 151	377 651
Direktinvestitionskredite (an)	366 726	394 843	431 628	671 537	667 531	702 434	− 304 811	− 272 688	− 270 806
Direktinvestitionsunternehmen	186 904	208 091	241 659	165 967	149 240	150 609	20 937	58 851	91 050
Direktinvestoren [3]	55 948	63 379	60 801	284 595	297 628	325 180	− 228 647	− 234 249	− 264 379
Schwestergesellschaften	123 874	123 373	129 168	220 975	220 663	226 645	− 97 101	− 97 290	− 97 477
Wertpapieranlagen	2 235 963	2 533 351	2 668 887	2 460 803	2 644 679	2 575 383	− 224 840	− 111 328	93 504
Aktien [4]	285 329	332 526	383 225	493 077	494 682	530 837	− 207 748	− 162 156	− 147 612
Investmentfondsanteile [5]	381 490	441 519	491 224	126 983	126 846	135 237	254 507	314 673	355 987
Schuldverschreibungen kurzfristig [6]	27 649	27 840	21 676	163 575	160 894	168 101	− 135 926	− 133 054	− 146 425
Schuldverschreibungen langfristig [7]	1 541 495	1 731 466	1 772 762	1 677 167	1 862 257	1 741 208	− 135 672	− 130 791	31 554
Finanzderivate und Mitarbeiteraktienoptionen	629 766	791 460	669 542	618 406	814 503	681 384	11 360	− 23 043	− 11 842
Übrige Kapitalanlagen	2 416 994	2 524 031	2 594 575	1 748 662	1 818 330	1 909 481	668 332	705 701	685 094
Finanzkredite [8]	568 920	587 940	597 079	330 157	343 670	345 419	238 763	244 270	251 660
dar. Monetäre Finanzinstitute [9]	404 753	414 978	423 991	–	–	–	404 753	414 978	423 991
Bargeld und Einlagen	1 643 795	1 720 904	1 778 490	1 166 605	1 218 327	1 295 880	477 190	502 577	482 610
dar. Monetäre Finanzinstitute [9]	782 918	898 652	843 715	778 566	836 085	820 649	4 352	62 567	23 066
Handelskredite und Anzahlungen [10]	83 901	88 349	88 121	96 855	97 142	104 357	− 12 954	− 8 793	− 16 236
Versicherungs-, Altersvorsorgeleistungen und Standardgarantiesysteme	36 865	38 130	39 132	128 370	131 664	133 756	− 91 505	− 93 534	− 94 624
Sonstige Anteilsrechte [11]	60 639	66 357	68 538	5 421	5 407	5 587	55 218	60 950	62 951
Sonstige Forderungen/Verbindlichkeiten	22 874	22 351	23 215	7 768	7 740	9 133	15 106	14 611	14 082
SZR-Verbindlichkeiten	–	–	–	13 486	14 380	15 349	− 13 486	− 14 380	− 15 349
Währungsreserven	143 753	158 745	159 532	–	–	–	143 753	158 745	159 532

Stichtag, soweit nicht anders angegeben, Jahresende.

1 Als Direktinvestitionen gelten Finanzbeziehungen zu in- und ausländischen Unternehmen, sofern dem Kapitalgeber 10 % oder mehr der Anteile oder Stimmrechte unmittelbar bzw. unmittelbar und mittelbar zusammen mehr als 50 % zuzurechnen sind; einschl. Zweigniederlassungen und Betriebsstätten. Als Direktinvestitionen gelten auch kurzfristige Finanz- und Handelskredite, Baustellen mit einer Dauer über einem Jahr sowie alle Anlagen in Grundbesitz.
2 Enthält Grundbesitz, Kapitalanteile an nicht-AGs und Forderungen bzw. Verbindlichkeiten aus Bauleistungen.
3 Kredite, die entgegen der Richtung der Direktinvestitionsbeziehung vergeben werden, also vom Direktinvestitionsunternehmen an den Direktinvestor.
4 Einschl. Genussscheine.
5 Einschl. reinvestierter Erträge.
6 Ursprüngliche Laufzeit bis zu einem Jahr.
7 Ursprüngliche Laufzeit von mehr als einem Jahr oder keine Laufzeitbegrenzung. Bis einschl. 2012 bereinigt um Stückzinsen.
8 Buchkredite, Schuldscheindarlehen, im Wege der Abtretung erworbene Forderungen u. ä.
9 Ohne Bundesbank; näheres zur Sektorengliederung siehe „Glossar" am Ende dieses Kapitels.
10 Forderungen und Verbindlichkeiten aus Zahlungszielen und Anzahlungen im Waren- und Dienstleistungsverkehr.
11 Anteilsrechte, die nicht unter den Direktinvestitionen und Wertpapieranlagen auszuweisen sind.

Quelle: Deutsche Bundesbank

Maßgebend für die Wertansätze sind Marktpreise; bei den Positionen in Fremdwährung werden die Devisenkurse und bei den Wertpapierpositionen zusätzlich die Börsenkurse berücksichtigt. Die Werte für das Beteiligungskapital und für die Kredite im Rahmen der Direktinvestitionen beruhen im wesentlichen auf den Bilanzen der Investitionsobjekte.

Als „kurzfristig" sind Aktiva und Passiva mit einer Laufzeit bis zu einem Jahr, als „langfristig" mit einer Laufzeit von mehr als einem Jahr oder ohne Laufzeitbegrenzung bezeichnet.

17 Zahlungsbilanz

Methodik

■ Zahlungsbilanz

Die Zahlungsbilanz liefert Informationen über Umfang und Entwicklung der internationalen Verflechtung und bietet Orientierungshilfen für die Finanz-, Geld- und Außenwirtschaftspolitik. Sie stellt ein zusammengefasstes Bild der wirtschaftlichen Transaktionen zwischen Inländern (in Deutschland ansässige natürliche und juristische Personen) und Ausländern (im Ausland ansässige natürliche und juristische Personen) dar. Gegliedert wird sie in die **Leistungsbilanz**, die **Vermögensänderungsbilanz** und die **Kapitalbilanz**.

Angaben zur Zahlungsbilanz in Deutschland ermittelt und veröffentlicht die Deutsche Bundesbank monatlich. Nähere Informationen hierzu finden Sie auf der Homepage der Deutschen Bundesbank unter *www.bundesbank.de*

Zwischen den vorgenannten drei Teilbilanzen gibt es einen buchhalterischen Zusammenhang. Nimmt man Leistungs- und Vermögensänderungsbilanz zusammen, so geht ein dortiger Überschuss mit einer Zunahme von Auslandsforderungen beziehungsweise einer Abnahme von Auslandsverbindlichkeiten in der Kapitalbilanz einher. Ein Defizit in der Leistungs- und Vermögensänderungsbilanz bedeutet umgekehrt eine Abnahme von Forderungen beziehungsweise Zunahme an Verbindlichkeiten gegenüber dem Ausland.

■ Leistungen an Entwicklungsländer und multilaterale Organisationen

Angaben über die **Leistungen öffentlicher Entwicklungszusammenarbeit (Official Development Assistance, ODA) der Bundesrepublik Deutschland an Entwicklungsländer und multilaterale Organisationen** werden vom Statistischen Bundesamt im Auftrag des Bundesministeriums für wirtschaftliche Zusammenarbeit und Entwicklung (BMZ) erfasst und zusammengestellt. Dies geschieht nach den Richtlinien des Entwicklungsausschusses der OECD (Development Assistance Committee, DAC). Die Angaben sind mit den Angaben in der Zahlungsbilanz nicht voll vergleichbar, da sie teilweise auf anderen Unterlagen beruhen. Einerseits sind in der Zahlungsbilanz Leistungen enthalten, die nach den OECD/DAC-Richtlinien nicht berücksichtigt werden. Andererseits sind bestimmte in der DAC-Statistik zu erfassende Leistungen nach den Konzepten der Zahlungsbilanzstatistik nicht aufzunehmen. Weitere Informationen bietet die Homepage des BMZ unter *www.bmz.de*

■ Direktinvestitionen

Angaben über den Stand **deutscher Direktinvestitionen im Ausland und ausländischer Direktinvestitionen in der Bundesrepublik Deutschland** ermittelt und veröffentlicht die Deutsche Bundesbank seit Ende 1976 jährlich. Sie geben Auskunft über den Stand der Kapitalverflechtung der deutschen Wirtschaft mit dem Ausland auf der Grundlage internationaler Unternehmensbeteiligungen. Ausführliche methodische Erläuterungen zu Direktinvestitionen enthält die Statistische Sonderveröffentlichung 10 der Deutschen Bundesbank „Bestandserhebung über Direktinvestitionen, April 2016", S. 77 ff.

17 Zahlungsbilanz

Glossar

Direktinvestitionen | Sie setzen sich zum einen aus dem Anteil am Eigenkapital (Nominalkapital, Rücklagen, Gewinne und Verluste) eines ausländischen (bzw. inländischen) Unternehmens zusammen, der einem Inländer (bzw. einem Ausländer) zuzurechnen ist. Dazu kommen die Kredite und Darlehen, die der Anteilseigner sowie bestimmte andere mit ihm verbundene Kreditgeber dem Unternehmen gewährt haben. Bei den in den Tabellen 17.4.1 und 17.4.2 gezeigten Bestandswerten der Direktinvestitionen werden die Kapitalbeziehungen innerhalb multinationaler Konzerne saldiert, Kredite an Kapitalgeber in Abzug gebracht und grenzüberschreitende Schwesterkredite nach dem Sitz der Konzernzentrale zugeordnet.

Forderungen | Das sind wirtschaftliche Rechte gegen das Vermögen ausländischer Volkswirtschaften. In der Tabelle 17.2 über den Kapitalverkehr mit dem Ausland werden sie als inländische Nettokapitalanlagen im Ausland bezeichnet. Zu den Forderungen zählen insbesondere Finanzkredite, Bargeld und Einlagen, Wertpapiere und das Eigentum an Zweigniederlassungen, Betriebsstätten, Grundstücken und Gebäuden.

Gliederung des Kapitalverkehrs nach Sektoren | Diese folgt der Systematik der nationalen Zahlungsbilanzveröffentlichungen der Deutschen Bundesbank. Sie fasst Sektoren zusammen, die im Zuge der Überarbeitung des Methodenhandbuches zur Erstellung der Zahlungsbilanz (BPM6) an die Volkswirtschaftlichen Gesamtrechnungen (nach ESVG 2010) angepasst wurden. Es werden folgende Sektoren unterschieden: Monetäre Finanzinstitute, Unternehmen und Privatpersonen, Staat, Deutsche Bundesbank. Unternehmen und Privatpersonen entsprechen den VGR-Sektoren Finanzielle Kapitalgesellschaften ohne Monetäre Finanzinstitute, nichtfinanzielle Kapitalgesellschaften, private Haushalte und private Organisationen ohne Erwerbszweck. Zu den Unternehmen rechnen auch die Unternehmen in öffentlichem Besitz, wie etwa die Deutsche Bahn AG und die Deutsche Post AG. Der Sektor „Staat" umfasst den Bund einschließlich des Lastenausgleichsfonds und des ERP-Sondervermögens (European Recovery Program), die Länder, Gemeinden und Gemeindeverbände sowie die Sozialversicherung.

Kapitalbilanz | Sie enthält alle Transaktionen, bei denen sich grenzüberschreitende Finanzpositionen ändern (z. B. Bargeld und Einlagen, Wertpapiere oder Beteiligungen sowie die Währungsreserven der Deutschen Bundesbank).

Leistungsbilanz | Diese umfasst alle Waren- und Dienstleistungsumsätze, sowie die Primär- und Sekundäreinkommen (Erwerbs- und Vermögenseinkommen und laufende Übertragungen), die im Berichtszeitraum stattgefunden haben.

Öffentliche Entwicklungszusammenarbeit (Official Development Assistance, ODA) | Es handelt sich hierbei um Leistungen an Entwicklungsländer (nach Definition des Development Assistance Committee, DAC) bzw. in Ausnahmefällen an Staatsangehörige von Entwicklungsländern oder an internationale Organisationen zugunsten dieser Entwicklungsländer. Öffentliche Stellen vergeben diese Leistungen. Jede Transaktion hat zum Hauptziel die Förderung der wirtschaftlichen und sozialen Entwicklung dieser Länder. Für die Vergabe von Darlehen, Beteiligungen und anderen Instrumenten der finanziellen Zusammenarbeit gelten zusätzliche Anforderungen an die Finanzierungsbedingungen („Konzessionalität"), um sicherzustellen, dass die Kredite günstiger als am Markt angeboten werden. Die ODA-Leistungen sind in bilaterale und multilaterale Leistungen gegliedert.

Saldo der statistisch nicht aufgliederbaren Transaktionen (Restposten) | In dieser Position schlagen sich alle Erfassungslücken sowie Ungenauigkeiten bei der periodengerechten Zuordnung nieder. Der Saldo wird gesondert ausgewiesen.

Sekundäreinkommen | Unter den Sekundäreinkommen werden – im Gegensatz zur Vermögensänderungsbilanz – regelmäßige Zahlungen verstanden, denen keine erkennbare Leistung der anderen Seite gegenübersteht. Beispiele hierfür sind die Überweisungen der in Deutschland beschäftigten ausländischen Arbeitnehmerinnen und Arbeitnehmer in ihre Heimatländer, Einkommen- und Vermögensteuer, Sozialbeiträge und Sozialleistungen, aber auch Zahlungen des Staates an internationale Organisationen wie die Vereinten Nationen oder Leistungen im Rahmen der deutschen Entwicklungshilfe.

Verbindlichkeiten | Das sind alle Anrechte auf Teile des deutschen Volksvermögens, die sich in der Hand von Ausländern befinden (Tabelle 17.2: Ausländische Nettokapitalanlagen im Inland). Zu den Verbindlichkeiten zählen insbesondere Finanzkredite, Bargeld und Einlagen, Wertpapiere und das Eigentum an Zweigniederlassungen, Betriebsstätten, Grundstücken und Gebäuden.

Vermögensänderungsbilanz | Sie umfasst die nicht produzierten Sachvermögen, wie den Erwerb bzw. die Veräußerung von Frequenzspektren im Mobilfunk. Des Weiteren enthält sie Vermögensübertragungen, die im Gegensatz zu den laufenden Übertragungen (Sekundäreinkommen) diejenigen unentgeltlichen Leistungen umfassen, die nicht direkt das Einkommen oder den Verbrauch der beteiligten Länder verändern (z. B. Schuldenerlass).

Warenhandel (fob-Werte) | Spezialhandel zuzüglich Ergänzungen zum Außenhandel (Lagerverkehr auf inländische Rechnung u. a.). Die Einfuhr wurde umgerechnet von den cif-Werten (cost, insurance, freight = Kosten, Versicherungen, Fracht inbegriffen) der Außenhandelsstatistik auf fob-Werte (free on board = frei an Bord).

17 Zahlungsbilanz

Mehr zum Thema

Liebe Leserin, lieber Leser,
ein Thema in diesem Kapitel spricht Sie besonders an oder Sie benötigen weitere Informationen? Auf dieser Seite nennen wir Ihnen, nach Themen gegliedert, weitere Veröffentlichungen der Deutschen Bundesbank, deren Daten in diesem Kapitel überwiegend verwendet wurden. Ausführliche Informationen zu den Produktkategorien sowie dem Informationsangebot des Statistischen Bundesamtes finden Sie auf Seite 8 dieser Ausgabe.

Web-Angebote
www.destatis.de ist Ihre erste Adresse in Sachen Statistik. Hier finden Sie alle Informationen, die das Statistische Bundesamt veröffentlicht, tagesaktuell. Unsere Veröffentlichungen können Sie direkt über unsere Website *www.destatis.de/publikationen* downloaden.

GENESIS-Online
Unter *www.destatis.de/genesis* bietet die Haupt-Datenbank des Statistischen Bundesamtes ein breites Themenspektrum fachlich tief gegliederter Ergebnisse der amtlichen Statistik. Daten zur *Zahlungsbilanz* sind leider nicht verfügbar, da diese Angaben von der Deutschen Bundesbank (*www.bundesbank.de*) stammen.

Weitere Veröffentlichungen zu den Themen

- **Zahlungsbilanz**
  - Statistisches Beiheft Zahlungsbilanzstatistik, Deutsche Bundesbank

- **Direktinvestitionen**
  - Bestandserhebung über Direktinvestitionen (Statistische Sonderveröffentlichung 10, Deutsche Bundesbank, April 2016)

18 | Umwelt

Klimaschutz im Jahr 2013 mit **42,5 Mrd. EUR** wichtigste Säule der Umweltschutzwirtschaft | Einnahmen an **Umweltsteuern** betrugen 2015 rund **58,5 Mrd. EUR** | Mehr als **zwei Drittel** des Abfallaufkommens recycelt | Gut **1 Million Tonnen** Klärschlamm im Jahr 2014 **thermisch entsorgt** | Bei **2 539 Unfällen** im Jahr 2014 wurden **11 861 Kubikmeter wassergefährdende Stoffe** freigesetzt | **24 %** der **Wälder** waren 2015 geschädigt | CO_2-Emissionen von Pkw der privaten Haushalte 2014 betrugen **89,2 Mill. t** (ohne Biokraftstoffe)

18 Umwelt

Seite

445 Auf einen Blick

Tabellen

446 Umweltschutz im Betriebs- und Unternehmensbereich
Investitionen | Laufende Aufwendungen | Umsatz mit Waren, Bau- und Dienstleistungen für den Umweltschutz

449 Wasser und Abwasser
Wassergewinnung nach Ländern, nach Wirtschaftsbereichen | Öffentliche Wasserabgabe | Öffentliche und nicht-öffentliche Abwasserentsorgung | Bevölkerung mit Anschluss an die öffentliche Kanalisation | Klärschlammentsorgung | Unfälle mit wassergefährdenden Stoffen nach Unfallkriterien, nach Wassergefährdungsklassen

455 Abfallbilanz
Abfallaufkommen | Verwertungsquote | Recyclingquote

456 Klimawirksame Stoffe
Verwendung bestimmter klimawirksamer Stoffe | Nach Stoffarten | Nach Wirtschaftszweigen

458 Straftaten gegen die Umwelt
Straftaten | Verurteilte

459 Energie, Rohstoffe, Emissionen – Material- und Energieflussrechnungen
Material- und Energieflüsse | Primärenergieverbrauch | Verwendung von Energieträgern im Inland | Treibhausgasemissionen | Luftschadstoffe | Wasserentnahme | Abgabe von Wasser

464 Umweltzustand – Waldschäden
Nach Ländern | Nach Baumarten und Altersstufen

465 Umweltschutzmaßnahmen und Nachhaltigkeit
Einnahmen ausgewählter umweltbezogener Steuern | Indikatoren der deutschen Nachhaltigkeitsstrategie zu Umwelt und Ökonomie

466 Methodik

469 Glossar

471 Mehr zum Thema

18 Umwelt

18.0 Auf einen Blick

Entnahmen und Abgaben von Material (ohne Wasser) 2013
in Mill. t

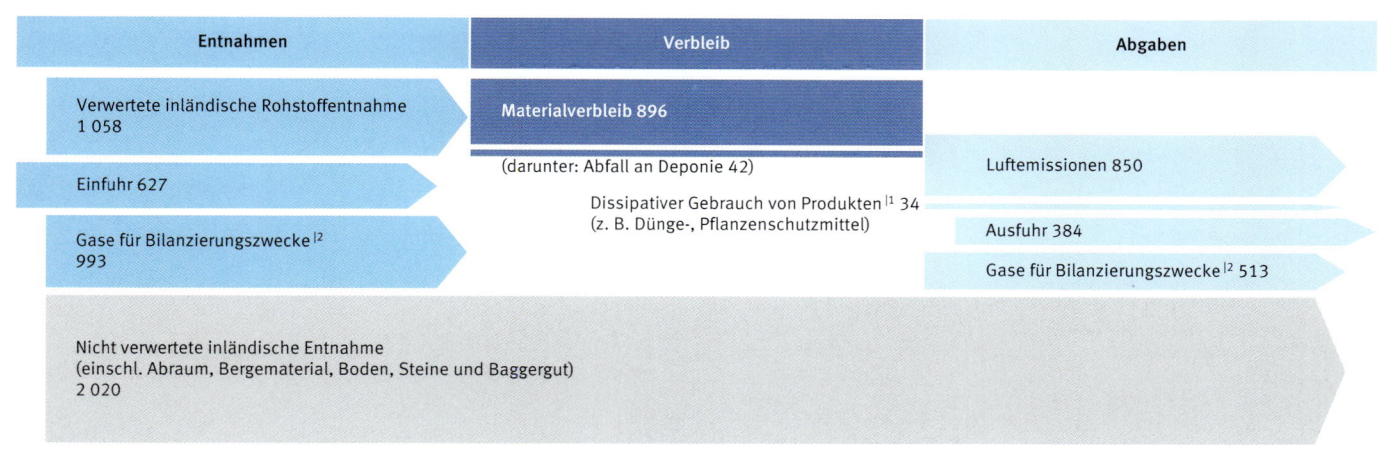

Entnahmen	Verbleib	Abgaben
Verwertete inländische Rohstoffentnahme 1 058	Materialverbleib 896	
Einfuhr 627	(darunter: Abfall an Deponie 42)	Luftemissionen 850
Gase für Bilanzierungszwecke [2] 993	Dissipativer Gebrauch von Produkten [1] 34 (z. B. Dünge-, Pflanzenschutzmittel)	Ausfuhr 384
		Gase für Bilanzierungszwecke [2] 513
Nicht verwertete inländische Entnahme (einschl. Abraum, Bergematerial, Boden, Steine und Baggergut) 2 020		

1 Einschl. dissipativen Verlusten, ohne Emissionen im Wasser, Wirtschaftsdünger als Trockenmasse.
2 Insbesondere für bzw. aus Verbrennungsprozessen (O_2, N_2 bzw. H_2O).

Abfallaufkommen 2014
in %

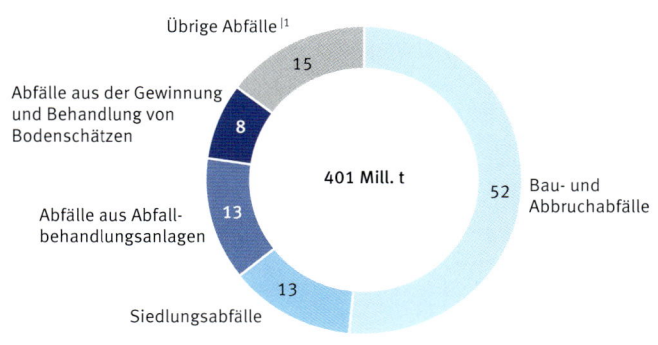

401 Mill. t

- Übrige Abfälle [1]: 15
- Abfälle aus der Gewinnung und Behandlung von Bodenschätzen: 8
- Abfälle aus Abfallbehandlungsanlagen: 13
- Siedlungsabfälle: 13
- Bau- und Abbruchabfälle: 52

Vorläufiges Ergebnis.
1 Insbesondere aus Produktion und Gewerbe.

Unfälle mit wassergefährdenden Stoffen
in m³

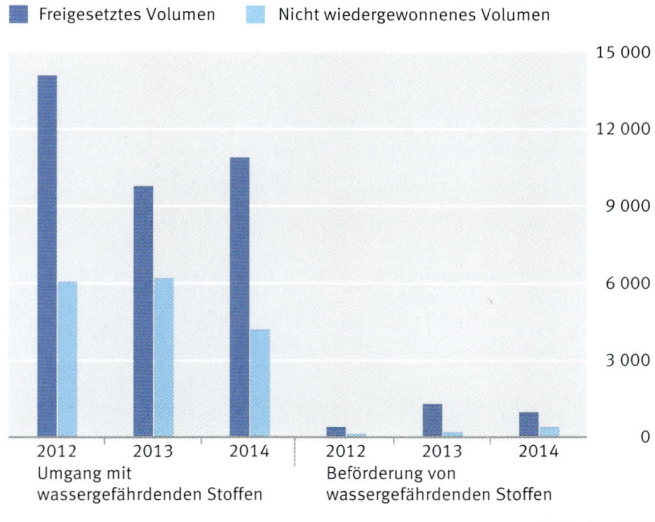

■ Freigesetztes Volumen ■ Nicht wiedergewonnenes Volumen

Umgang mit wassergefährdenden Stoffen: 2012, 2013, 2014
Beförderung von wassergefährdenden Stoffen: 2012, 2013, 2014

18 Umwelt

18.1 Umweltschutz im Betriebs- und Unternehmensbereich
18.1.1 Investitionen für den Umweltschutz im Produzierenden Gewerbe 2013

Nr. der Klassifikation [1]	Wirtschaftsgliederung (H. v. = Herstellung von)	Unternehmen [2]	Investitionen insgesamt [3]	davon für den Umweltschutz							
				zusammen	Abfallwirtschaft	Gewässerschutz	Lärmbekämpfung	Luftreinhaltung	Naturschutz und Landschaftspflege	Bodensanierung	Klimaschutz
		Anzahl	1 000 EUR								
B – E	Produzierendes Gewerbe (ohne Baugewerbe) insgesamt	44 021	72 950 789	7 512 499	984 318	3 081 167	93 095	670 363	58 858	49 572	2 575 127
B	Bergbau und Gewinnung von Steinen und Erden	372	1 052 718	114 835	7 328	62 700	6 895	20 609	5 556	96	11 650
	darunter:										
8	Gewinnung von Steinen und Erden, sonstiger Bergbau	349	335 100	15 352	1 451	.	527	2 623	.	96	7 913
C	Verarbeitendes Gewerbe	36 629	55 473 215	2 333 457	160 848	575 270	72 765	575 722	14 150	34 492	900 209
	darunter:										
10	H. v. Nahrungs- und Futtermitteln	4 693	3 881 486	186 574	7 466	37 302	4 073	16 520	2 598	1 256	117 360
17	H. v. Papier, Pappe und Waren daraus	765	1 338 526	115 427	5 509	19 972	2 638	7 376	263	2 181	77 487
19	Kokerei und Mineralölverarbeitung	49	737 437	91 017	.	17 605	.	28 927	.	8 275	36 039
20	H. v. chemischen Erzeugnissen	1 206	5 361 041	633 524	41 281	291 095	4 883	143 048	2 568	4 378	146 272
22	H. v. Gummi- und Kunststoffwaren	2 749	2 600 257	91 147	7 905	7 529	1 588	16 457	260	4 686	52 721
23	H.v. Glas und Glaswaren, Keramik, Verarbeitung von Steinen und Erden	1 492	1 732 749	141 022	31 692	8 426	3 913	50 300	1 120	324	45 247
24	Metallerzeugung und -bearbeitung	898	2 911 423	224 462	8 768	25 227	12 457	114 511	608	776	62 116
25	H. v. Metallerzeugnissen	6 826	3 859 936	95 144	6 479	11 413	5 923	17 664	1 039	1 293	51 333
28	Maschinenbau	5 289	6 243 503	120 301	5 701	16 383	7 942	23 103	1 139	2 778	63 255
29	H. v. Kraftwagen und Kraftwagenteilen	1 010	13 812 239	321 874	22 929	77 739	24 696	107 567	1 909	5 933	81 102
D	Energieversorgung	1 974	10 490 408	1 730 096	26 884	92 548	12 692	43 657	28 982	9 348	1 515 984
E	Wasserversorgung; Abwasser- und Abfallentsorgung und Beseitigung von Umweltverschmutzungen	5 046	5 934 447	3 334 112	789 256	2 350 649	742	30 376	10 170	5 635	147 284
	darunter:										
36	Wasserversorgung	1 646	1 946 626	489 490	7 360	441 524	.	4 782	4 570	.	30 864
37	Abwasserentsorgung	1 415	2 610 631	1 983 124	63 806	1 875 144	160	3 945	4 142	1 011	34 914
38	Sammlung, Behandlung und Beseitigung von Abfällen; Rückgewinnung	1 919	1 362 763	852 744	715 387	33 612	.	21 407	.	3 367	77 382

1 Klassifikation der Wirtschaftszweige, Ausgabe 2008 (WZ 2008), Kurzbezeichnungen.
2 Unternehmen des Bergbaus und Verarbeitenden Gewerbes mit 20 Beschäftigten und mehr; in der Energieversorgung alle Unternehmen; in der Wasserversorgung werden Unternehmen mit einer jährlichen Wasserabgabe von 200 000 m^3 und mehr, in der Abfallbeseitigung ab 1 Mill. Euro Umsatz einbezogen.
3 Aktive Bruttozugänge an erworbenen und selbsterstellten Sachanlagen.

Umweltschutzinvestitionen 2013
nach Umweltbereichen, in %

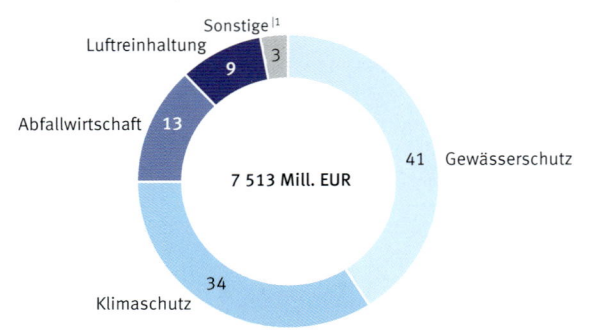

7 513 Mill. EUR
- Gewässerschutz: 41
- Klimaschutz: 34
- Abfallwirtschaft: 13
- Luftreinhaltung: 9
- Sonstige [1]: 3

1 Zu den sonstigen Umweltbereichen zählen Lärmbekämpfung, Naturschutz und Landschaftspflege sowie Bodensanierung.

Umweltschutzinvestitionen für den Klimaschutz 2013
in Mill. EUR

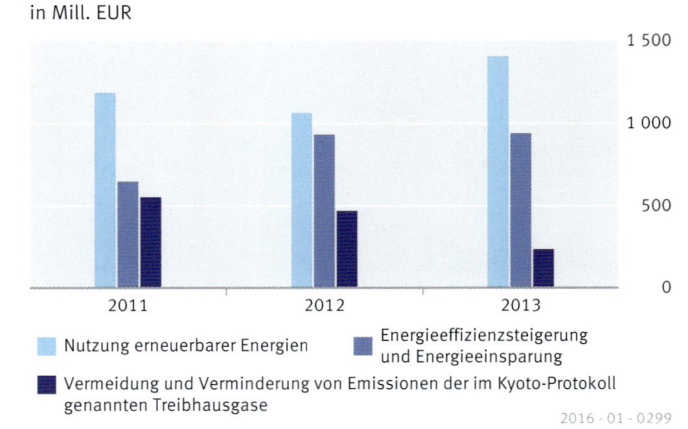

- Nutzung erneuerbarer Energien
- Energieeffizienzsteigerung und Energieeinsparung
- Vermeidung und Verminderung von Emissionen der im Kyoto-Protokoll genannten Treibhausgase

18 Umwelt

18.1 Umweltschutz im Betriebs- und Unternehmensbereich
18.1.2 Laufende Aufwendungen für den Umweltschutz 2013

Nr. der Klassifi- kation [1]	Wirtschaftsgliederung (H. v. = Herstellung von)	Unter- nehmen [2]	Laufende Aufwendungen für den Umweltschutz							
			insgesamt	davon						
				Abfallwirt- schaft	Gewässer- schutz	Lärmbe- kämpfung	Luftrein- haltung	Naturschutz und Land- schaftspflege	Boden- sanierung	Klimaschutz
		Anzahl	1 000 EUR							
B – E	Produzierendes Gewerbe (ohne Baugewerbe) insgesamt	21 940	26 024 531	12 190 566	7 940 724	264 108	3 088 450	164 438	213 751	2 162 494
B	Bergbau und Gewinnung von Steinen und Erden	136	241 674	38 883	80 879	7 403	29 914	33 730	41 927	8 938
C	Verarbeitendes Gewerbe	20 337	9 065 656	2 772 023	3 018 329	210 845	2 253 067	46 452	124 443	640 497
	darunter:									
10	H. v. Nahrungs- und Futtermitteln	2 573	628 231	168 682	359 808	4 019	35 058	948	1 577	58 140
17	H. v. Papier, Pappe und Waren daraus	541	572 291	220 446	220 363	1 825	49 177	797	800	78 883
19	Kokerei und Mineralölverarbeitung	40	768 204	50 897	147 544	2 829	520 627	4 706	29 060	12 541
20	H. v. chemischen Erzeugnissen	818	2 109 872	682 682	921 157	23 464	392 168	4 036	39 684	46 681
21	H. v. pharmazeutischen Erzeugnissen	209	231 117	92 367	80 076	501	16 454	4 355	7 744	29 620
22	H. v. Gummi- und Kunststoffwaren	1 683	(328 286)	X	46 762	(3 467)	43 891	X	4 423	X
23	H. v. Glas und Glaswaren, Keramik, Verarbeitung von Steinen und Erden	812	341 027	116 050	56 831	9 014	127 844	10 036	1 327	19 924
24	Metallerzeugung und -bearbeitung	648	1 548 387	341 438	429 020	107 872	620 928	1 576	6 112	41 442
25	H. v. Metallerzeugnissen	3 162	312 823	(142 158)	97 929	6 352	(41 452)	(2 177)	1 925	20 830
28	Maschinenbau	3 306	322 751	142 605	96 025	7 526	38 517	(4 225)	X	24 367
29	H. v. Kraftwagen und Kraftwagenteilen	715	908 459	265 648	268 907	32 171	239 865	8 199	16 323	77 346
D	Energieversorgung	635	3 701 200	900 948	652 025	44 348	681 102	70 540	32 751	1 319 486
E	Wasserversorgung; Abwasser- und Abfallentsorgung und Beseitigung von Umweltverschmutzungen	832	13 016 002	8 478 712	4 189 493	1 511	124 367	13 716	14 630	193 574
	darunter:									
36	Wasserversorgung	164	716 207	34 206	663 355	5	299	1 817	392	16 132
37	Abwasserentsorgung	113	3 787 057	378 573	3 353 398	(176)	11 570	9 481	3 725	30 134
38	Sammlung, Behandlung und Beseitigung von Abfällen; Rückgewinnung	543	8 429 553	7 987 250	171 688	1 330	110 433	2 408	9 137	147 307

Vorläufige Ergebnisse.
1 Klassifikation der Wirtschaftszweige, Ausgabe 2008 (WZ 2008), Kurzbezeichnungen.
2 Unternehmen mit 50 Beschäftigten und mehr; ohne Baugewerbe.

Laufende Aufwendungen für den Umweltschutz 2013

nach Umweltbereichen, in %

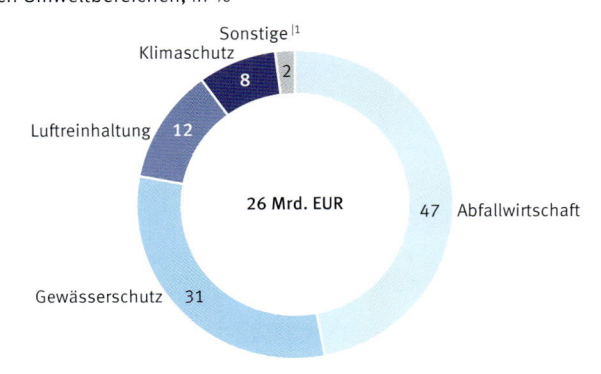

26 Mrd. EUR
- Abfallwirtschaft: 47
- Gewässerschutz: 31
- Luftreinhaltung: 12
- Klimaschutz: 8
- Sonstige [1]: 2

1 Zu den sonstigen Umweltbereichen zählen Lärmbekämpfung, Naturschutz und Landschaftspflege sowie Bodensanierung.

nach Wirtschaftszweigen, in %

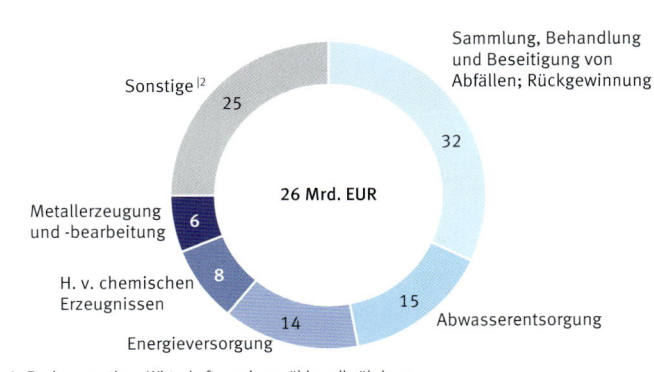

26 Mrd. EUR
- Sammlung, Behandlung und Beseitigung von Abfällen; Rückgewinnung: 32
- Sonstige [2]: 25
- Abwasserentsorgung: 15
- Energieversorgung: 14
- H. v. chemischen Erzeugnissen: 8
- Metallerzeugung und -bearbeitung: 6

2 Zu den sonstigen Wirtschaftszweigen zählen alle übrigen Wirtschaftszweige des Produzierenden Gewerbes.

18 Umwelt

18.1 Umweltschutz im Betriebs- und Unternehmensbereich
18.1.3 Umsatz mit Umweltschutzgütern und -leistungen 2013

Nr. der Klassifikation [1]	Wirtschaftsgliederung (H. v. = Herstellung von)	Umsatz für den Umweltschutz						
		insgesamt	davon erzielt mit Umweltschutzgütern und -leistungen für					
			Abfallwirtschaft	Abwasserwirtschaft	Lärmbekämpfung	Luftreinhaltung	Klimaschutz	sonstige [2]
		1 000 EUR						
	Insgesamt	66 473 614	3 435 741	6 707 319	3 040 410	6 746 370	42 459 116	4 084 658
B	Bergbau und Gewinnung von Steinen und Erden	37 871	.	.	.	.	3 156	.
C	Verarbeitendes Gewerbe	51 238 700	2 639 447	3 651 722	2 694 545	6 396 744	33 146 362	2 709 880
	darunter:							
20	H. v. chemischen Erzeugnissen	2 642 982	30 272	93 908	34 868	955 286	1 342 298	186 349
22	H. v. Gummi- und Kunststoffwaren	4 340 314	354 353	1 010 519	219 260	12 621	2 555 094	188 465
23	H. v. Glas und Glaswaren, Keramik, Verarbeitung von Steinen und Erden	2 754 257	45 356	413 693	166 646	383 596	1 558 721	186 246
25	H. v. Metallerzeugnissen	3 784 513	389 692	.	171 928	906 937	1 966 047	.
26	H. v. Datenverarbeitungsgeräten, elektronischen und optischen Erzeugnissen	2 808 202	21 417	393 995	30 884	493 368	1 838 295	30 244
27	H. v. elektrischen Ausrüstungen	7 339 170	113 068	31 479	1 786	137 664	6 935 546	119 627
28	Maschinenbau	17 288 941	1 085 031	1 331 425	134 897	1 795 657	12 251 514	690 417
29	H. v. Kraftwagen und Kraftwagenteilen	5 923 056	374 839	92 219	1 845 619	1 355 381	1 295 289	959 709
D – E	Energieversorgung, Wasserversorgung; Abwasser- und Abfallentsorgung und Beseitigung von Umweltverschmutzungen	595 541	.	.	.	.	263 309	.
F	Baugewerbe	6 329 384	317 729	2 392 722	233 771	52 115	2 841 476	491 570
	darunter:							
42	Tiefbau	2 554 784	151 822	1 699 793	139 617	.	387 319	.
43	Vorbereitende Baustellenarbeiten, Bauinstallation und sonstiges Ausbaugewerbe	2 815 976	135 431	370 260	53 410	.	1 967 797	.
B – F	Produzierendes Gewerbe	58 201 496	3 143 126	6 130 864	2 928 338	6 474 821	36 254 303	3 270 044
G – U	Sonstige Wirtschaftszweige	8 272 118	292 615	576 455	112 071	271 549	6 204 813	814 615
	darunter:							
71	Architektur- und Ingenieurbüros; technische, physikalische und chemische Untersuchung	3 377 501	207 815	483 185	84 133	150 941	1 869 311	582 116
	darunter:							
71.1	Architektur- und Ingenieurbüros	3 046 083	179 567	458 791	73 534	105 901	1 827 746	400 545

Nähere Informationen hierzu siehe „Glossar"/„Methodik" am Ende dieses Kapitels.
1 Klassifikation der Wirtschaftszweige, Ausgabe 2008 (WZ 2008), Kurzbezeichnungen.
2 Arten- und Landschaftsschutz, Schutz und Sanierung von Boden, Grund- und Oberflächenwasser sowie umweltbereichsübergreifende Waren, Bau- und Dienstleistungen.

Umsatz mit Umweltschutzgütern und -leistungen 2013
nach Umweltbereichen, in %

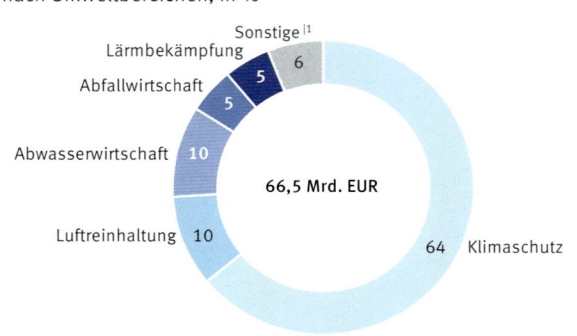

66,5 Mrd. EUR

- Klimaschutz: 64
- Luftreinhaltung: 10
- Abwasserwirtschaft: 10
- Abfallwirtschaft: 5
- Lärmbekämpfung: 5
- Sonstige [1]: 6

1 Arten- und Landschaftsschutz, Schutz und Sanierung von Boden, Grund- und Oberflächenwasser sowie umweltbereichsübergreifende Waren, Bau- und Dienstleistungen.

Die wichtigsten Umweltschutzgüter und -leistungen 2013
nach Umsatz im In- und Ausland, in Mill. EUR

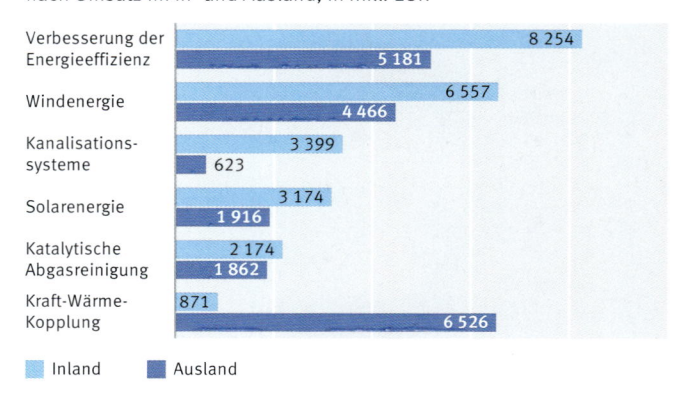

	Inland	Ausland
Verbesserung der Energieeffizienz	8 254	5 181
Windenergie	6 557	4 466
Kanalisationssysteme	3 399	623
Solarenergie	3 174	1 916
Katalytische Abgasreinigung	2 174	1 862
Kraft-Wärme-Kopplung	871	6 526

18 Umwelt

18.2 Wasser und Abwasser
18.2.1 Wassergewinnung nach Ländern 2013

	Insgesamt	Davon					
		Grundwasser	Quellwasser	Uferfiltrat	angereichertes Grundwasser	See- und Talsperrenwasser	Flusswasser
	Mill. m³						
	Insgesamt						
Deutschland	25 327	5 438	477	883	565	1 997	15 966
Baden-Württemberg	4 062	467	143	33	6	185	3 228
Bayern	3 461	865	167	165	38	38	2 188
Berlin	537	62	–	124	26	39	286
Brandenburg	633	412	0	10	21	9	182
Bremen	1 105	16	–	0	–	0	1 090
Hamburg	508	123	0	3	0	67	315
Hessen	1 076	297	46	5	42	11	675
Mecklenburg-Vorpommern	141	101	0	3	1	18	19
Niedersachsen	2 952	704	15	5	4	817	1 407
Nordrhein-Westfalen	5 050	1 399	28	413	390	282	2 539
Rheinland-Pfalz	1 927	242	44	48	1	21	1 570
Saarland	203	86	2	–	–	–	115
Sachsen	587	266	12	60	15	168	67
Sachsen-Anhalt	361	131	2	6	22	57	144
Schleswig-Holstein	2 543	201	1	7	0	227	2 107
Thüringen	178	67	17	0	0	57	37
	darunter: Öffentliche Wassergewinnung [1]						
Deutschland	5 053	3 077	422	436	444	614	61
Baden-Württemberg	653	333	130	6	3	147	34
Bayern	852	607	154	62	6	23	–
Berlin	207	57	–	124	26	–	–
Brandenburg	125	120	0	3	2	–	–
Bremen	12	12	–	–	–	–	–
Hamburg	113	113	–	–	–	–	–
Hessen	341	257	41	2	41	–	–
Mecklenburg-Vorpommern	93	78	0	3	–	–	12
Niedersachsen	538	461	11	0	2	63	0
Nordrhein-Westfalen	1 179	465	23	146	348	185	12
Rheinland-Pfalz	245	175	32	28	–	9	–
Saarland	61	59	2	–	–	–	–
Sachsen	270	62	11	59	5	131	2
Sachsen-Anhalt	72	53	1	3	12	3	0
Schleswig-Holstein	175	174	–	–	–	0	–
Thüringen	119	49	17	–	0	53	0

Die regionale Zuordnung erfolgt nach dem Sitz des Betriebes bzw. Wasserversorgungsunternehmens (WVU).
1 Einschl. WVU, die Wasser aussschließlich an andere WVU weiterverteilen.

18 Umwelt

18.2 Wasser und Abwasser
18.2.2 Wassergewinnung nach Wirtschaftsbereichen

	Wasser-gewinnung insgesamt	Nichtöffentliche Wasserversorgung						Öffentliche Wasserversorgung [1]	
		zusammen		darunter					
				Energieversorgung		Bergbau und Verarbeitendes Gewerbe			
	Mill. m³	Mill. m³	Anzahl der Betriebe	Mill. m³	Anzahl der Betriebe	Mill. m³	Anzahl der Betriebe	Mill. m³	Anzahl der Betriebe
2010	33 036	27 955	7 126	20 656	187	6 783	4 534	5 081	4 663
2013	25 327	20 273	10 202	13 577	229	6 099	4 374	5 053	4 532
davon: 2013 nach Ländern									
Baden-Württemberg	4 062	3 409	1 721	2 977	30	390	700	653	863
Bayern	3 461	2 609	1 457	1 880	39	678	1 049	852	1 780
Berlin	537	330	58	325	11	4	32	207	1
Brandenburg	633	509	308	139	9	354	96	125	84
Bremen	1 105	1 093	45	1 035	7	56	13	12	2
Hamburg	508	395	92	155	1	198	39	113	1
Hessen	1 076	735	361	471	11	196	227	341	393
Mecklenburg-Vorpommern	141	48	437	7	8	18	64	93	52
Niedersachsen	2 952	2 414	1 455	1 844	21	416	377	538	225
Nordrhein-Westfalen	5 050	3 872	1 830	2 022	48	1 797	814	1 179	396
Rheinland-Pfalz	1 927	1 682	707	216	9	1 389	248	245	178
Saarland	203	143	112	98	9	43	49	61	38
Sachsen	587	317	390	66	7	247	273	270	75
Sachsen-Anhalt	361	290	557	48	4	197	127	72	39
Schleswig-Holstein	2 543	2 368	458	2 288	9	74	136	175	334
Thüringen	178	59	214	5	6	44	130	119	71

Die regionale Zuordnung erfolgt nach dem Sitz des Wasserversorgungsunternehmens (WVU).

1 Einschl. WVU, die Wasser ausschließlich an andere WVU weiterverteilen.

18.2.3 Öffentliche Wasserabgabe

	Wasserabgabe zum Letztgebrauch			Wasserwerks-eigengebrauch [3]	Wasserverlust/ Messdifferenz [3]	Nachrichtlich: Wasserabgabe über Weiterverteilung
	insgesamt	darunter an Haushalte und Kleingewerbe [1]	durchschnittlicher täglicher Pro-Kopf-Verbrauch [2]			
	Mill. m³	%	l	Mill. m³		
2010	4 500	79,5	121	145	474	2 002
2013	4 468	79,2	121	136	471	2 043
davon: 2013 nach Ländern						
Baden-Württemberg	561	80,3	116	12	77	463
Bayern	728	80,5	130	25	100	185
Berlin	189	74,4	114	5	9	4
Brandenburg	111	85,9	108	3	11	9
Bremen	37	80,8	121	1	2	1
Hamburg	104	92,8	138	3	5	6
Hessen	307	87,9	124	8	30	225
Mecklenburg-Vorpommern	86	70,8	105	2	6	3
Niedersachsen	461	77,4	126	18	31	151
Nordrhein-Westfalen	1 069	78,9	133	24	98	548
Rheinland-Pfalz	217	80,4	119	9	23	55
Saarland	52	80,0	114	2	7	25
Sachsen	190	66,7	86	11	26	224
Sachsen-Anhalt	104	72,8	93	3	16	45
Schleswig-Holstein	162	76,0	129	5	10	29
Thüringen	92	76,1	88	7	21	67

Die regionale Zuordnung erfolgt nach dem Sitz des Wasserversorgungsunternehmens (WVU).

1 Anteil bezogen auf die Wasserabgabe zum Letztgebrauch insgesamt.
2 Bezogen auf die angeschlossene Bevölkerung am 30.6. des Berichtsjahres. 2013: Bevölkerungsfortschreibung nach Zensus 2011.
3 Einschl. WVU, die Wasser ausschließlich an andere WVU weiterverteilen.

18 Umwelt

18.2 Wasser und Abwasser
18.2.4 Öffentliche und nicht öffentliche Abwasserentsorgung

	Eingeleitete Abwassermenge			Davon nach Art des Abwassers			
	insgesamt	davon		häusliches und betriebliches Schmutzwasser	Fremdwasser	Niederschlagswasser	nicht öffentliches Abwasser
		behandelt	unbehandelt				
	Mill. m³	%					
2010	35 237	31,0	69,0	14,3	6,5	7,6	71,6
2013	29 674	36,8	63,2	17,0	7,5	8,7	66,8
davon: 2013 nach Ländern							
Baden-Württemberg	5 176	35,5	64,5	10,7	10,0	12,7	66,7
Bayern	4 585	43,6	56,4	21,7	7,9	10,8	59,7
Berlin	414	20,6	79,4	17,9	–	2,5	79,6
Brandenburg	357	74,7	25,3	59,6	2,3	4,5	33,5
Bremen	1 171	6,5	93,5	4,3	0,5	0,5	94,7
Hamburg	565	30,6	69,4	21,8	3,5	3,2	71,4
Hessen	1 757	54,5	45,5	16,9	18,0	16,9	48,2
Mecklenburg-Vorpommern	133	74,7	25,3	55,1	7,4	6,7	30,8
Niedersachsen	2 930	24,5	75,5	15,5	3,0	1,2	80,3
Nordrhein-Westfalen	6 130	43,5	56,5	21,4	8,7	9,1	60,8
Rheinland-Pfalz	2 335	30,4	69,6	10,0	5,1	8,3	76,6
Saarland	307	62,9	37,1	20,2	18,1	22,5	39,2
Sachsen	527	86,1	13,9	36,0	20,1	23,5	20,4
Sachsen-Anhalt	439	51,7	48,3	27,5	6,7	6,4	59,4
Schleswig-Holstein	2 563	8,2	91,8	6,3	0,7	0,6	92,4
Thüringen	285	84,3	15,7	44,8	17,5	14,1	23,6

18.2.5 Bevölkerung mit Anschluss an die öffentliche Kanalisation

	Bevölkerung insgesamt	Bevölkerung mit Anschluss an die öffentliche Kanalisation						Bevölkerung ohne Anschluss an die öffentliche Kanalisation		darunter mit Anschluss an	
		zusammen		mit		ohne		zusammen		Kleinkläranlagen	abflusslose Gruben
				Anschluss an Abwasserbehandlungsanlage							
	1 000	1 000	%[1]	1 000	%[1]	1 000	%[1]	1 000	%[1]	1 000	1 000
2010	81 751	78 950	96,6	78 239	95,7	711	0,9	2 801	3,4	2 205	575
2013	80 586	78 058	96,9	77 489	96,2	568	0,7	2 528	3,1	2 034	489
davon: 2013 nach Ländern											
Baden-Württemberg	10 598	10 532	99,4	10 531	99,4	1	0,0	65	0,6	42	23
Bayern	12 549	12 187	97,1	12 162	96,9	25	0,2	362	2,9	317	45
Berlin	3 394	3 382	99,6	3 382	99,6	–	–	13	0,4	1	12
Brandenburg	2 447	2 146	87,7	2 146	87,7	–	–	301	12,3	81	220
Bremen	655	653	99,7	653	99,7	–	–	2	0,3	0	2
Hamburg	1 743	1 728	99,2	1 728	99,2	–	–	15	0,8	4	10
Hessen	6 025	5 997	99,5	5 996	99,5	1	0,0	28	0,5	13	15
Mecklenburg-Vorpommern	1 597	1 416	88,7	1 415	88,6	1	0,1	181	11,3	161	20
Niedersachsen	7 789	7 359	94,5	7 359	94,5	0	0,0	430	5,5	423	6
Nordrhein-Westfalen	17 546	17 191	98,0	17 190	98,0	1	0,0	355	2,0	317	36
Rheinland-Pfalz	3 989	3 963	99,4	3 963	99,4	1	0,0	25	0,6	11	14
Saarland	992	987	99,5	980	98,8	7	0,7	5	0,5	3	1
Sachsen	4 042	3 701	91,6	3 584	88,7	117	2,9	341	8,4	290	51
Sachsen-Anhalt	2 249	2 129	94,7	2 099	93,4	30	1,3	120	5,3	93	26
Schleswig-Holstein	2 808	2 662	94,8	2 661	94,8	1	0,0	146	5,2	141	5
Thüringen	2 164	2 023	93,5	1 640	75,8	383	17,7	141	6,5	138	2

Stand: jeweils 30.6. – Einwohner/-innen am Ort ihrer alleinigen bzw. Hauptwohnung.
1 Anteil bezogen auf Bevölkerung insgesamt. 2013: Bevölkerungsfortschreibung nach Zensus 2011.

18 Umwelt

18.2 Wasser und Abwasser
18.2.6 Klärschlammentsorgung aus der öffentlichen, biologischen Abwasserbehandlung

	Direkte Klärschlammentsorgung insgesamt	Davon					
		stoffliche Verwertung					
		zusammen	in der Landwirtschaft [1]		bei landschaftsbaulichen Maßnahmen		sonstige stoffliche Verwertung	
	t Trockenmasse	t Trockenmasse	t Trockenmasse	% [3]	t Trockenmasse	% [3]	t Trockenmasse	% [3]
2013	1 787 871	748 868	484 464	27,1	203 712	11,4	60 692	3,4
2014	1 809 166	722 416	470 882	26,0	216 148	11,9	35 386	2,0
davon: 2014 nach Ländern								
Baden-Württemberg	228 499	12 099	2 833	1,2	8 437	3,7	829	0,4
Bayern	282 591	109 773	47 269	16,7	60 358	21,4	2 146	0,8
Berlin	52 164	–	–	–	–	–	–	–
Brandenburg	81 215	30 894	14 294	17,6	14 426	17,8	2 174	2,7
Bremen	21 599	11 434	8 043	37,2	3 391	15,7	–	–
Hamburg	48 550	–	–	–	–	–	–	–
Hessen	155 592	77 169	54 229	34,9	20 625	13,3	2 315	1,5
Mecklenburg-Vorpommern	36 153	32 653	30 112	83,3	1 369	3,8	1 172	3,2
Niedersachsen	147 231	108 722	90 084	61,2	11 157	7,6	7 481	5,1
Nordrhein-Westfalen	410 899	86 973	67 920	16,5	13 367	3,3	5 686	1,4
Rheinland-Pfalz	89 359	66 645	60 736	68,0	3 250	3,6	2 659	3,0
Saarland	19 415	11 857	8 066	41,5	3 791	19,5	–	–
Sachsen	71 641	52 414	11 315	15,8	36 380	50,8	4 719	6,6
Sachsen-Anhalt	60 248	44 417	19 375	32,2	19 963	33,1	5 079	8,4
Schleswig-Holstein	68 440	48 068	47 258	69,1	194	0,3	616	0,9
Thüringen	35 570	29 298	9 348	26,3	19 440	54,7	510	1,4

	Davon							
	thermische Entsorgung						sonstige direkte Entsorgung [2]	
	zusammen	Monoverbrennung		Mitverbrennung		unbekannt		
	t Trockenmasse	t Trockenmasse	% [3]	t Trockenmasse	% [3]	t Trockenmasse	% [3]	t Trockenmasse	% [3]
2013	1 034 771	230 581	12,9	250 326	14,0	553 864	31,0	4 232	0,2
2014	1 084 108	431 286	23,8	400 115	22,1	252 707	14,0	2 642	0,1
davon: 2014 nach Ländern									
Baden-Württemberg	216 400	.	.	.	.	216 400	94,7	–	–
Bayern	172 128	78 372	27,7	90 496	32,0	3 260	1,2	690	0,2
Berlin	52 164	52 164	100	–	–	–	–	–	–
Brandenburg	49 880	6 331	7,8	43 549	53,6	–	–	441	0,5
Bremen	10 165	4 156	19,2	6 009	27,8	–	–	–	–
Hamburg	48 550	48 550	100	–	–	–	–	–	–
Hessen	78 423	55 771	35,8	16 491	10,6	6 161	4,0	–	–
Mecklenburg-Vorpommern	3 461	718	2,0	2 743	7,6	–	–	39	0,1
Niedersachsen	38 365	3 611	2,5	34 754	23,6	–	–	144	0,1
Nordrhein-Westfalen	323 926	158 591	38,6	143 298	34,9	22 037	5,4	–	–
Rheinland-Pfalz	22 653	3 982	4,5	18 660	20,9	11	0,0	61	0,1
Saarland	7 558	–	–	7 558	38,9	–	–	–	–
Sachsen	19 142	526	0,7	18 616	26,0	–	–	85	0,1
Sachsen-Anhalt	14 738	9 693	16,1	3 574	5,9	1 471	2,4	1 093	1,8
Schleswig-Holstein	20 283	8 821	12,9	8 095	11,8	3 367	4,9	89	0,1
Thüringen	6 272	–	–	6 272	17,6	–	–	–	–

Einschl. der von anderen Abwasserbehandlungsanlagen bezogenen Klärschlammmenge, ohne Abgabe an andere Abwasserbehandlungsanlagen.
1 Nach Klärschlammverordnung (AbfKlärV); im eigenen Bundesland und in anderen Bundesländern verwerteter Klärschlamm nach Bericht für die EU-Kommission. Für 2013: Zum Teil revidierte Werte.
2 Hierzu zählt auch die Abgabe an Trocknungsanlagen, wenn die weitere Entsorgung nicht bekannt ist.
3 Anteil bezogen auf die „Direkte Klärschlammentsorgung insgesamt".

18 Umwelt
18.2 Wasser und Abwasser

18.2.7 Unfälle mit wassergefährdenden Stoffen nach Unfallbereichen und Flussgebietseinheiten 2014

Flussgebietseinheit	Insgesamt	Freigesetztes Volumen	Nicht wiedergewonnenes Volumen	
	Anzahl	m³		% des freigesetzten Volumens
Deutschland	2 539	11 861,4	4 588,9	38,7
Unfälle beim Umgang				
Donau	71	109,5	21,1	19,3
Rhein	335	2 664,0	283,7	10,7
Ems	65	260,2	127,0	48,8
Weser	123	2 525,6	1 789,7	70,9
Elbe	159	5 130,6	1 786,7	34,8
Oder	2	10,5	10,5	100
Maas	18	12,2	10,7	87,6
Eider	16	6,4	1,7	27,1
Schlei/Trave	19	162,5	156,7	96,4
Warnow/Peene	7	13,4	12,1	90,9
Unfälle bei der Beförderung				
Donau	185	271,7	146,6	54,0
Rhein	728	257,1	143,9	56,0
Ems	52	11,7	3,1	26,9
Weser	323	106,5	30,6	28,7
Elbe	322	232,6	32,0	13,8
Oder	3	0,5	0,5	100
Maas	73	63,5	11,8	18,6
Eider	14	7,2	6,4	88,6
Schlei/Trave	16	14,1	13,5	95,4
Warnow/Peene	8	1,8	0,5	28,6

18.2.8 Unfälle mit wassergefährdenden Stoffen nach Unfallbereichen und betroffenen Gebieten 2014

Betroffenes Gebiet	Insgesamt	Freigesetztes Volumen	Nicht wiedergewonnenes Volumen
	Anzahl	m³	
Unfälle insgesamt	2 539	11 861,4	4 588,9
Unfälle beim Umgang			
Unfälle zusammen	815	10 894,8	4 200,0
davon im:			
Wasserschutzgebiet	59	192,9	143,5
Heilquellenschutzgebiet	6	1,3	1,3
Überschwemmungsgebiet	13	19,7	18,4
Risikogebiet (Hochwasser)	8	29,5	13,8
sonstigen schutzwürdigen Gebiet	14	95,4	62,0
anderen Gebiet [1]	715	10 556,1	3 961,0
Unfälle bei der Beförderung			
Unfälle zusammen	1 724	966,6	388,9
davon im:			
Wasserschutzgebiet	214	71,5	32,3
Heilquellenschutzgebiet	16	52,2	50,5
Überschwemmungsgebiet	19	3,9	1,6
Risikogebiet (Hochwasser)	13	9,4	6,2
sonstigen schutzwürdigen Gebiet	42	69,9	13,6
anderen Gebiet [1]	1 420	759,8	284,7

1 Einschl. ohne Angabe.

18 Umwelt
18.2 Wasser und Abwasser
18.2.9 Unfälle mit wassergefährdenden Stoffen nach Wassergefährdungsklassen und Unfallbereichen

	Unfälle insgesamt	Dabei		
		freigesetztes Volumen	nicht wiedergewonnenes Volumen	
	Anzahl	m³		% des freigesetzten Volumens
2013	2 538	11 074,0	6 396,9	57,8
und zwar:				
Unfälle mit ausschließlich Betriebsstofftanks	1 157	209,7	63,7	30,4
Unfälle mit Jauche, Gülle, Silagesickersaft	161	8 073,6	5 005,2	62,0
2014	2 539	11 861,4	4 588,9	38,7
und zwar:				
Unfälle mit ausschließlich Betriebsstofftanks	1 130	270,0	56,7	21,0
Unfälle mit Jauche, Gülle, Silagesickersaft	122	6 968,3	2 272,9	32,6
2014 nach Wassergefährdungsklassen (WGK) und Arten der freigesetzten Stoffe				
WGK 1	207	2 266,7	1 902,5	83,9
WGK 2	1 643	1 949,2	238,6	12,2
WGK 3	373	556,3	94,5	17,0
WGK unbekannt [1]	316	7 089,3	2 353,2	33,2
Mineralölprodukte zusammen	2 200	2 000,4	303,5	15,2
WGK 1	98	178,4	35,5	19,9
WGK 2	1 611	1 722,0	196,5	11,4
WGK 3	352	80,4	62,0	77,1
WGK unbekannt	139	19,6	9,5	48,4
Sonstige Stoffe zusammen	339	9 861,0	4 285,4	43,5
WGK 1	109	2 088,2	1 867,1	89,4
WGK 2	32	227,2	42,1	18,5
WGK 3	21	475,8	32,5	6,8
WGK unbekannt [1]	177	7 069,7	2 343,8	33,2
2014 nach Unfallbereichen und Wassergefährdungsklassen (WGK) der freigesetzten Stoffe				
Unfälle beim Umgang zusammen	815	10 894,8	4 200,0	38,6
WGK 1	113	1 866,7	1 693,7	90,7
WGK 2	462	1 679,3	152,5	9,1
WGK 3	76	478,9	86,2	18,0
WGK unbekannt [1]	164	6 869,9	2 267,5	33,0
Lageranlagen [1]	491	6 727,1	2 335,3	34,7
Abfüll- und Umschlaganlagen [1]	68	123,2	56,1	45,5
Herstellungs-, Behandlungs- und Verwendungsanlagen [1]	120	868,5	129,3	14,9
Sonstige Anlagen [1]	136	3 176,1	1 679,4	52,9
Unfälle bei der Beförderung zusammen	1 724	966,6	388,9	40,2
WGK 1	94	400,0	208,8	52,2
WGK 2	1 181	269,9	86,1	31,9
WGK 3	297	77,4	8,3	10,7
WGK unbekannt [1]	152	219,4	85,7	39,1
Straßenfahrzeuge [1]	1 614	606,4	194,3	32,0
Eisenbahnwagen	32	72,1	68,1	94,5
Schiffe	63	52,9	42,0	79,3
Rohrfernleitungen	9	230,9	80,4	34,8
Sonstige Beförderungsmittel	6	4,3	4,1	95,3

1 Enthält auch Unfälle mit Jauche, Gülle, Silagesickersaft, Gärsubstrat sowie vergleichbare in der Landwirtschaft anfallende Stoffe.

18 Umwelt

18.3 Abfallbilanz 2014

	Abfallaufkommen insgesamt	Davon Verbleib in Abfallentsorgungsanlagen mit							Verwertungsquote [1]	Recyclingquote [2]
		Beseitigungsverfahren				Verwertungsverfahren				
		zusammen	Ablagerung	thermische Beseitigung	Behandlung zur Beseitigung	zusammen	energetische Verwertung	stoffliche Verwertung		
	1 000 t								%	
Abfallaufkommen insgesamt	400 953	85 337	71 383	9 457	4 497	315 616	39 351	276 265	79	69
Gefährliche Abfälle [3]	23 493	8 076	4 590	1 444	2 042	15 418	2 550	12 867	66	55
Nicht gefährliche Abfälle [3]	377 459	77 261	66 792	8 013	2 456	300 198	36 801	263 398	80	70
Siedlungsabfälle [4] insgesamt	51 102	6 005	123	4 765	1 117	45 097	11 553	33 544	88	66
davon:										
Haushaltstypische Siedlungsabfälle	45 553	5 127	18	4 164	946	40 426	9 878	30 549	89	67
davon:										
Hausmüll, hausmüllähnliche Gewerbeabfälle gemeinsam über die öffentliche Müllabfuhr eingesammelt	14 179	4 572	–	3 699	873	9 607	7 311	2 296	68	16
Sperrmüll	2 475	311	–	250	61	2 164	806	1 357	87	55
Abfälle aus der Biotonne	4 134	1	–	–	1	4 133	67	4 065	100	98
Garten- und Parkabfälle biologisch abbaubar	5 785	3	1	1	2	5 782	214	5 568	100	96
Andere getrennt gesammelte Fraktionen	18 980	239	17	214	9	18 741	1 479	17 262	99	91
Glas	2 432	2	2	0	–	2 429	1	2 429	100	100
Papier, Pappe, Kartonagen	7 972	2	–	2	0	7 970	66	7 905	100	99
gemischte Verpackungen/Wertstoffe	5 707	196	–	192	4	5 511	786	4 725	97	83
Elektroaltgeräte	598	0	–	–	0	598	1	597	100	100
Sonstiges (Verbunde, Metalle, Textilien usw.)	2 271	39	14	20	5	2 232	625	1 606	98	71
Sonstige Siedlungsabfälle	5 549	878	106	602	171	4 670	1 675	2 995	84	54
davon:										
Hausmüllähnliche Gewerbeabfälle, getrennt vom Hausmüll angeliefert oder eingesammelt	3 585	596	2	527	66	2 989	1 535	1 454	83	41
Straßenkehricht/Garten- und Parkabfälle (Boden und Steine)	918	243	98	59	86	675	55	620	74	68
Biologisch abbaubare Küchen- und Kantinenabfälle	767	4	–	0	4	763	60	703	99	92
Marktabfälle	73	8	–	7	2	65	3	62	89	84
Leuchtstoffröhren und andere quecksilberhaltige Abfälle	8	1	1	–	0	7	0	7	93	93
Andere getrennt gesammelte Fraktionen	198	27	6	8	13	171	22	149	86	75
Abfälle aus Gewinnung und Behandlung von Bodenschätzen	30 172	30 029	30 013	1	16	143	5	138	0	0
Bau- und Abbruchabfälle	209 538	24 664	23 478	130	1 055	184 874	1 467	183 407	88	88
darunter:										
Boden (einschl. Aushub von verunreinigten Standorten), Steine und Baggergut	121 105	18 457	17 697	14	746	102 649	4	102 645	85	85
Übrige Abfälle (insbesondere aus Produktion und Gewerbe)	59 508	17 556	13 153	2 843	1 560	41 952	11 299	30 654	70	52
Sekundärabfälle [5]	50 633	7 083	4 615	1 718	750	43 551	15 028	28 523	86	56

Vorläufiges Ergebnis.

1 Anteil des Inputs aller mit einem Verwertungsverfahren eingestuften Behandlungsanlagen am Abfallaufkommen insgesamt.
2 Anteil des Inputs aller mit dem Verfahren „Stoffliche Verwertung" eingestuften Behandlungsanlagen am Abfallaufkommen insgesamt.
3 Die Abfallarten sind durch die Abfallverzeichnisverordnung bestimmt. Gefährliche Abfälle im Sinne des Kreislaufwirtschaftsgesetzes sind dort mit einem Sternchen (*) versehen. Alle anderen gelten als nicht gefährliche Abfälle.
4 Siedlungsabfälle: Haushaltsabfälle und andere Abfälle, die aufgrund ihrer Beschaffenheit oder Zusammensetzung den Abfällen aus Haushalten ähnlich sind, z. B. hausmüllähnliche Gewerbeabfälle, Marktabfälle, Straßenkehrricht.
5 Abfälle aus Abfallbehandlungsanlagen ohne Abfälle aus Abwasserbehandlungsanlagen (EAV 1908), Abfälle aus der Zubereitung von Wasser für den menschlichen Gebrauch oder industriellen Brauchwasser (EAV 1909), Abfälle aus der Sanierung von Böden und Grundwasser (EAV 1913) und Sekundärabfälle, die als Rohstoffe/Produkte aus dem Entsorgungsprozess herausgehen.

18 Umwelt

18.4 Klimawirksame Stoffe
18.4.1 Verwendung bestimmter klimawirksamer Stoffe in Tonnen 2014

Nr. der Klassifikation [1]		Verwendung		Davon eingesetzt als				Treibmittel bei der Herstellung von		sonstiges Mittel
		insgesamt	Veränderung gegenüber Vorjahr	Kältemittel	davon			Aerosolen	Kunst- und Schaumstoffen	
					Erstfüllung von Neuanlagen	Erstfüllung von umgerüsteten Anlagen	Instandhaltung von bestehenden Anlagen			
		t								
	Insgesamt	9 274	130	7 073	4 944	248	1 881	628	1 400	173
	nach Stoffarten									
	FKW	94	2	0	.	.	0	.	.	93
	darunter:									
	R 14	52	0	0	.	.	0	.	.	51
	R 116	35	1	–	–	–	–	–	–	35
	R 318	6	2	.	.	.	.	.	.	6
	H-FKW	7 035	174	4 949	4 033	49	867	628	1 378	79
	darunter:									
	R 23	18	2	9	5	.	.	–	–	9
	R 134	25	5	25	11	1	14	–	–	–
	R 134a	6 500	282	4 894	4 000	48	846	622	971	13
	R 143a	1	– 3	1	.	.	1	–	–	–
	R 152a	239	3	–	–	–	–	–	–	–
	R 227ea	61	8	3	1	.	.	–	12	46
	R 245fa	58	11	.	–	–	.	–	57	–
	R 365mfc	112	– 23	.	.	–	–	–	103	–
	R 1234yf	14	12	14	14	.	0	–	–	–
	FKW und H-FKW zusammen	7 128	176	4 949	4 033	49	867	628	1 378	173
	Blends	2 146	– 46	2 124	911	199	1 014	–	22	–
	darunter:									
	R 404 A	903	– 91	903	347	57	499	–	–	–
	R 407 A	13	– 2	13	4	4	6	–	–	–
	R 407 C	525	– 10	525	246	40	239	–	–	–
	R 407 F	36	31	36	15	16	4	–	–	–
	R 410 A	362	31	362	244	8	109	–	–	–
	R 417 A	20	– 1	20	11	2	7	–	–	–
	R 422 A	8	– 2	8	1	2	4	–	–	–
	R 422 D	143	– 6	143	6	59	78	–	–	–
	R 437 A	6	– 2	6	0	1	5	–	–	–
	R 507 A	106	– 1	106	37	9	60	–	–	–
	nach Wirtschaftszweigen [2]									
20	H. v. chemischen Erzeugnissen	1 285	103	28	14	0	14	128	1 123	7
21	H. v. pharmazeutischen Erzeugnissen	469	– 8	2	.	.	2	.	.	–
27	H. v. elektrischen Ausrüstungen	74	– 27	71	57	1	13	.	.	.
28	Maschinenbau	1 433	– 107	1 368	903	74	391	.	.	59
29	H. v. Kraftwagen und Kraftwagenteilen	3 253	244	3 251	3 233	2	16	.	.	.
33	Reparatur und Installation von Maschinen und Ausrüstungen	720	126	720	292	58	370	–	–	–
43	Vorbereitende Baustellenarbeiten, Bauinstallation und sonstige Ausbaugewerbe [3]	869	– 7	868	322	90	457	.	–	.
45	Handel mit Kraftfahrzeugen; Instandhaltung und Reparatur von Kraftfahrzeugen	413	– 15	397	.	.	.	.	.	.
	Übrige Wirtschaftszweige	759	– 179	367	124	23	220	32	272	87

1 Klassifikation der Wirtschaftszweige, Ausgabe 2008 (WZ 2008).
2 H. v. = Herstellung von.
3 Überwiegend Kälte-Klima-Fachbetriebe, die der Klassifikationsnummer 43.22.0 „Gas-, Wasser-, Heizungs- sowie Lüftungs- und Klimainstallation" zugerechnet werden.

18 Umwelt

18.4 Klimawirksame Stoffe
18.4.2 Verwendung bestimmter klimawirksamer Stoffe in Tonnen CO$_2$-Äquivalent 2014

Nr. der Klassifi-kation [1]		Verwendung		Davon eingesetzt als				Treibmittel bei der Herstellung von		sonstiges Mittel
		insgesamt	Veränderung gegenüber Vorjahr [2]	Kältemittel	davon			Aerosolen	Kunst- und Schaum-stoffen	
					Erstfüllung von Neuanlagen	Erstfüllung von umge-rüsteten Anlagen	Instandhal-tung von bestehenden Anlagen			
		1 000 t CO$_2$-Äquivalent								
	Insgesamt	17 100	177	13 408	8 363	631	4 414	890	1 619	1 183
	nach Stoffarten									
	FKW	876	31	3	.	.	1	.	.	872
	darunter:									
	R 14	384	− 2	3	.	.	1	.	.	381
	R 116	430	17	−	−	−	−	−	−	430
	R 318	61	17	−	−	−	−	−	−	61
	H-FKW	9 976	426	7 180	5 822	71	1 287	890	1 596	311
	darunter:									
	R 23	263	24	129	77	.	.	−	−	135
	R 134	28	6	28	12	1	15	−	−	−
	R 134a	9 295	403	6 998	5 720	69	1 210	889	1 388	19
	R 143a	4	− 15	4	.	.	3	−	−	.
	R 152a	30	0	−	−	−	−	−	−	.
	R 227ea	196	24	9	4	.	.	−	38	149
	R 245fa	59	11	.	−	−	.	−	59	.
	R 365mfc	89	− 18	.	.	−	−	−	82	.
	R 1234yf	0	0	0	0	.	0	−	−	.
	FKW und H-FKW zusammen	10 852	457	7 183	5 823	71	1 288	890	1 596	1 183
	Blends	6 248	− 279	6 226	2 540	560	3 125	−	23	−
	darunter:									
	R 404 A	3 540	− 357	3 540	1 360	223	1 957	−	−	−
	R 407 A	27	− 4	27	7	7	12	−	−	−
	R 407 C	931	− 18	931	436	71	424	−	−	−
	R 407 F	65	57	65	27	30	8	−	−	−
	R 410 A	756	65	756	510	18	229	−	−	−
	R 417 A	47	− 1	47	25	5	17	−	−	−
	R 422 A	24	− 7	24	3	6	14	−	−	−
	R 422 D	391	− 15	391	17	162	212	−	−	−
	R 437 A	11	− 3	11	0	1	9	−	−	−
	R 507 A	421	− 2	421	147	35	238	−	−	−
	nach Wirtschaftszweigen [3]									
20	H. v. chemischen Erzeugnissen	1 811	114	74	33	1	40	183	1 544	9
21	H. v. pharmazeutischen Erzeugnissen	673	− 12	5	.	.	5	.	.	.
27	H. v. elektrischen Ausrüstungen	149	− 33	140	110	2	27	.	.	.
28	Maschinenbau	3 201	− 317	3 028	1 754	185	1 089	.	.	167
29	H. v. Kraftwagen und Kraftwagenteilen	4 646	333	4 643	4 612	3	29	.	.	.
33	Reparatur und Installation von Maschinen und Ausrüstungen	1 726	277	1 726	708	150	868	−	−	−
43	Vorbereitende Baustellenarbeiten, Bauinstallation und sonstige Ausbaugewerbe [4]	2 277	− 75	2 276	812	232	1 232	.	−	.
45	Handel mit Kraftfahrzeugen; Instand-haltung und Reparatur von Kraftfahrzeugen	708	− 69	594	.	−	.	−	−	.
	Übrige Wirtschaftszweige	1 909	− 41	921	334	57	531	38	70	880

1 Klassifikation der Wirtschaftszweige, Ausgabe 2008 (WZ 2008).
2 Um die Vergleichbarkeit der CO$_2$-Äquivalente (GWP-Wert) darzustellen sind die Werte für das Berichtsjahr 2012 rückwirkend an den Stand der CO$_2$-Äquivalente nach IPCC- 2007 angepasst worden.
3 H. v. = Herstellung von.
4 Überwiegend Kälte-Klima-Fachbetriebe, die der Klassifikationsnummer 43.22.0 „Gas-, Wasser-, Heizungs- sowie Lüftungs- und Klimainstallation" zugerechnet werden.

18 Umwelt

18.5 Straftaten gegen die Umwelt

	Insgesamt	Art der Straftat (§§ des Strafgesetzbuches)									
		Gewässerverunreinigung	Bodenverunreinigung	Luftverunreinigung	Verursachen von Lärm, Erschütterungen und nicht ionisierenden Strahlen	umweltgefährdende Abfallbeseitigung	unerlaubtes Betreiben von Anlagen	unerlaubter Umgang mit radioaktiven Stoffen u. a. gefährlichen Stoffen und Gütern	Gefährdung schutzbedürftiger Gebiete	besonders schwerer Fall einer Umweltstraftat	schwere Gefährdung durch Freisetzen von Giften
		(324)	(324a)	(325)	(325a)	(326)	(327)	(328)	(329)	(330)	(330a)
	Straftaten [1]										
1995	35 643	7 075	1 602	377	66	24 619	1 526	124	62	108	84
2000	34 415	5 912	2 294	311	42	24 349	1 144	168	47	.	148
2005	18 376	3 759	1 748	176	45	11 909	559	115	15	.	50
2006	17 305	3 791	1 511	195	64	10 786	551	140	24	.	243
2007	16 528	3 439	1 639	198	68	10 357	517	117	28	.	165
2008	14 999	3 291	1 253	188	65	9 426	531	128	31	.	86
2009	14 474	3 119	1 135	211	18	9 227	534	145	29	.	56
2010	13 716	3 001	1 072	204	25	8 726	495	108	22	.	63
2011	13 342	2 912	999	256	24	8 486	469	113	36	.	47
2012	12 749	2 587	1 038	165	23	8 189	494	108	30	.	115
2013	12 333	2 561	960	139	25	7 907	455	102	34	.	150
2014	13 553	2 735	948	137	17	8 923	482	117	46	.	148
	Verurteilte [2]										
	Früheres Bundesgebiet einschl. Berlin										
1995	3 306	537	44	9	–	2 456	239	7	2	9	3
2000	3 417	284	123	10	1	2 873	112	9	2	1	2
2005	2 209	207	87	7	–	1 822	74	5	–	6	1
2006	1 873	214	66	5	–	1 525	56	4	–	3	–
	Deutschland										
2007	1 807	182	108	2	–	1 417	91	5	–	2	–
2008	1 505	168	87	4	–	1 140	90	6	1	7	2
2009	1 334	167	71	7	2	1 014	66	3	–	3	1
2010	1 301	154	76	7	–	986	70	3	1	4	–
2011	1 163	164	63	3	–	870	49	5	1	7	1
2012	1 078	129	60	3	–	797	79	2	1	7	–
2013	1 094	108	51	3	1	864	57	1	–	6	3
2014	1 111	93	46	5	–	882	69	8	2	5	1

1 Quelle: Bundeskriminalamt (Polizeiliche Kriminalstatistik).
2 Ergebnisse der Strafverfolgungsstatistik.

18 Umwelt
18.6 Energie, Rohstoffe, Emissionen – Material- und Energieflussrechnungen
Weitere Informationen zu Energie siehe Kapitel „Energie"
18.6.1 Material- und Energieflüsse – Entnahmen

	2005	2011	2012	2013
	Mill. t			
Verwertete inländische Entnahme [1]	1 082	1 115	1 086	1 058
Abiotische verwertete Rohstoffe	834	833	804	798
Energieträger	221	202	209	202
dar. Braunkohle	178	177	185	183
Mineralische Rohstoffe	613	631	595	596
Erze	0	0	0	0
Sonstige mineralische Rohstoffe	613	631	595	596
Baumineralien	550	567	535	535
dar. Feldsteine, Kiese, gebrochene Natursteine	343	358	335	338
Industriemineralien	63	64	59	61
Biotische verwertete Rohstoffe	248	282	283	260
Pflanzliche Biomasse aus der Landwirtschaft	221	253	255	232
Biomasse aus der Forstwirtschaft (Laub- und Nadelholz)	27	29	27	28
Biomasse von Tieren	0	0	0	0
Entnahme von Gasen	1 023	955	966	993
dar. Sauerstoffentnahme für Verbrennungsprozesse	943	878	887	914
Einfuhr [2]	564	616	604	627
Rohstoffe	326	334	335	353
Halbwaren	114	131	124	129
Fertigwaren	122	148	142	142
Nichtverwertete inländische Rohstoffentnahme	2 174	2 078	1 979	2 020
dar. Abraum der Braunkohle	1 727	1 690	1 586	1 630

1 Summenbildung ohne Gase.
2 Einschl. importierter Abfall zur letzten Verwendung.

18.6.2 Material- und Energieflüsse – Abgaben

	2005	2011	2012	2013
	Mill. t			
Verwertete inländische Abgabe	1 443	1 351	1 363	1 397
Luftemissionen [1]	877	823	827	850
dar. Kohlendioxid	866	813	818	841
Dissipativer Gebrauch von Produkten	35	34	33	34
dar. organischer Dünger	26	24	25	24
Dissipative Verluste (Brems- und Reifenverluste)	0	0	0	0
Abgabe von sonstigen Gasen	531	494	502	513
dar. Wasser aus Verbrennungsprozessen	393	360	366	377
Ausfuhr	357	378	377	384
Rohstoffe	78	87	85	90
Halbwaren	130	122	123	125
Fertigwaren	149	170	169	169
Nichtverwertete inländische Abgabe [2]	2 174	2 078	1 979	2 020
Saldo	868	957	916	896
dar. Abfall an Deponie	46	37	37	42

1 Ohne FCKW und Halone.
2 Wert entspricht der nichtverwerteten inländischen Entnahme.

Material- und Energieflussrechnungen umfassen die Darstellung von physischen und energetischen Strömen zwischen der Umwelt und dem menschlichen Aktivitätsbereich. Die Tabelle zeigt eine Auswahl der wichtigsten Parameter. Sie vermittelt einen Überblick über Entnahmen und Abgaben der Materialflüsse bezogen auf die Gesamtwirtschaft Deutschlands. Die Daten wurden an die europäischen Vorgaben angepasst.

Eingesetzte Umweltressourcen
Veränderungsrate 2014 gegenüber 2000, in %

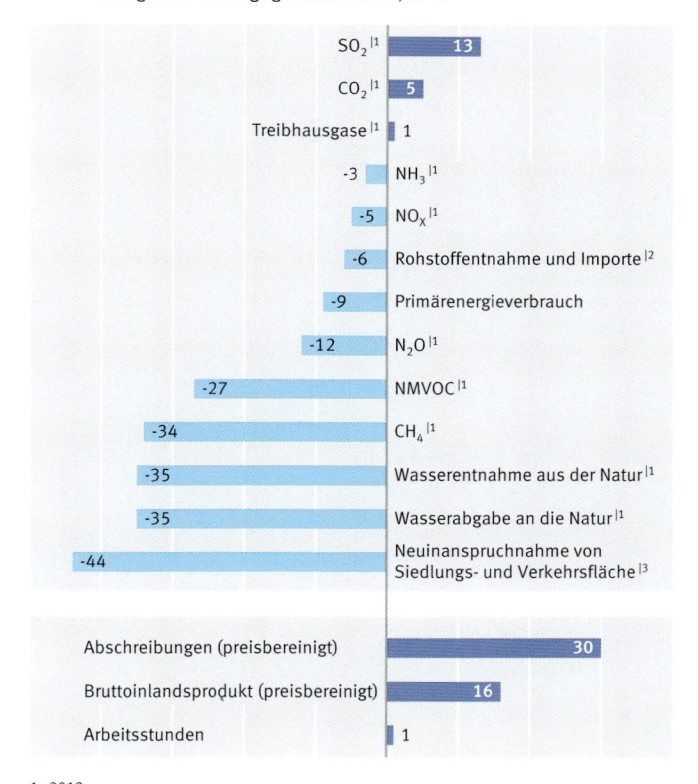

SO_2 [1]	13
CO_2 [1]	5
Treibhausgase [1]	1
NH_3 [1]	-3
NO_X [1]	-5
Rohstoffentnahme und Importe [2]	-6
Primärenergieverbrauch	-9
N_2O [1]	-12
NMVOC [1]	-27
CH_4 [1]	-34
Wasserentnahme aus der Natur [1]	-35
Wasserabgabe an die Natur [1]	-35
Neuinanspruchnahme von Siedlungs- und Verkehrsfläche [3]	-44
Abschreibungen (preisbereinigt)	30
Bruttoinlandsprodukt (preisbereinigt)	16
Arbeitsstunden	1

1 2013.
2 Abiotisch.
3 2013. – Gleitendes Vierjahresmittel.

2016 - 01 - 0302

18 Umwelt

18.6 Energie, Rohstoffe, Emissionen – Material- und Energieflussrechnungen
18.6.3 Primärenergieverbrauch

	2005	2010	2011	2012	2013	2014 [1]
	PJ					
Erzeugnisse der Land-, Forstwirtschaft und Fischerei	166	181	179	202	209	192
Bergbauerzeugnisse, Steine und Erden	90	83	102	68	68	66
Erzeugnisse des Verarbeitenden Gewerbes	3 992	3 877	3 938	3 861	3 892	3 856
Nahrungsmittel und Getränke, Tabakwaren	224	228	223	227	225	214
Papier, Pappe und Waren daraus	305	249	239	230	243	231
Chemische Erzeugnisse	1 400	1 432	1 450	1 414	1 401	1 389
Glas, -waren, Keramik, bearbeitete Steine und Erden	255	280	292	280	278	271
Metalle	684	653	691	691	662	667
Energie und Dienstleistungen der Energieversorgung	3 536	3 483	3 227	3 038	3 056	2 991
Wasser, Dienstleistungen der Wasserversorgung und Entsorgung	112	126	121	117	134	126
Bauarbeiten	231	277	242	216	217	197
Handelsleistungen, Instandhaltung- und Reparaturarbeiten an Kfz	435	392	390	389	405	385
Verkehrs- und Lagereileistungen	1 147	1 239	1 165	1 209	1 212	1 216
Beherbergungs- und Gastronomiedienstleistungen	120	111	103	100	107	95
Informations- und Kommunikationsdienstleistungen	103	90	89	90	91	81
Finanz- und Versicherungsdienstleistungen	48	45	40	41	42	36
Dienstleistungen des Grundstücks- und Wohnungswesens	35	37	36	37	38	37
Freiberufliche, wissenschaftliche und technische Dienstleistungen	168	188	176	174	180	176
Sonstige wirtschaftliche Dienstleistungen	22	24	23	21	23	29
Dienstleistungen der öffentlichen Verwaltung, Verteidigung, Sozialversicherung	159	163	145	137	148	135
Erziehungs- und Unterrichtsdienstleistungen	130	122	102	91	99	87
Dienstleistungen des Gesundheits- und Sozialwesens	176	182	163	161	170	162
Sonstige Dienstleistungen	163	146	125	123	125	121
Alle Produktionsbereiche	**10 834**	**10 766**	**10 368**	**10 075**	**10 215**	**9 989**
Private Haushalte	3 948	4 016	3 700	3 775	3 925	3 597
Alle Produktionsbereiche und private Haushalte (Inländerkonzept) [2]	**14 781**	**14 782**	**14 068**	**13 851**	**14 140**	**13 586**
Bunkerungssaldo [3]	– 498	– 602	– 538	– 576	– 545	– 563
Fackel- und Leitungsverluste/ Statistische Differenz [4]	275	37	69	172	227	142
Alle Produktionsbereiche und private Haushalte (Inlandskonzept) [5]	**14 558**	**14 217**	**13 599**	**13 447**	**13 822**	**13 165**

1 Vorläufiges Ergebnis.
2 Kraftwerksverluste und Eigenverbrauch beim Energieerzeuger.
3 Energieverbrauch der im Inland ansässigen Produktionseinheiten in der übrigen Welt abzüglich des Energieverbrauchs der nicht ansässigen Produktionseinheiten im Inland.
4 Differenz zwischen aufkommens- und verwendungsseitiger Berechnung.
5 Konzept der nationalen Energiebilanz.

18 Umwelt

18.6 Energie, Rohstoffe, Emissionen – Material- und Energieflussrechnungen
18.6.4 Verwendung von Energieträgern im Inland

	2005	2010	2011	2012	2013	2014 [1]
	PJ					
Steinkohle	2 108	2 004	2 007	1 969	2 063	1 985
Braunkohle	1 708	1 652	1 719	1 798	1 779	1 723
Erdöl (roh)	4 920	4 053	3 979	4 042	3 940	3 890
Ottokraftstoffe	1 245	987	995	925	902	898
Flugturbinenkraftstoff	386	384	357	375	377	375
Dieselkraftstoff	1 294	1 405	1 443	1 450	1 500	1 530
Heizöl	1 778	1 606	1 390	1 473	1 493	1 373
Flüssiggas	149	157	153	157	162	134
Andere Mineralölprodukte	1 411	1 302	1 287	1 244	1 263	1 291
Erdgas, Erdölgas	3 111	3 245	2 960	2 941	3 003	2 682
Andere Gase	227	231	232	227	234	226
Erneuerbare Energien	1 061	1 783	1 840	1 608	1 705	1 720
Wasserkraft	70	75	64	78	83	71
Wind-, Photovoltaikanlagen	103	178	246	277	298	336
Holz, Stroh und andere feste Stoffe	338	532	511	458	525	479
Biodiesel und andere flüssige Stoffe	192	318	292	130	121	124
Klärgas einschl. Biogas	42	291	320	261	282	303
Siedlungsabfälle einschl. Deponiegas	88	106	110	114	127	132
Geo-/Solarthermie, Wärmepumpen	17	39	43	60	62	68
Nicht erneuerbare Abfälle, Abwärme und Andere	211	244	255	231	208	207
Strom	2 098	2 111	2 080	2 096	2 095	2 039
Kernenergie	1 779	1 533	1 178	1 085	1 061	1 059
Fernwärme	469	495	450	461	446	401
Energieträger insgesamt	**23 741**	**22 950**	**22 069**	**21 851**	**22 025**	**21 326**
– Ausstoß der Umwandlungsbereiche	8 959	8 167	8 002	8 000	7 885	7 740
+ Fackel- und Leitungsverluste [2]/ Statistische Differenz [3]	275	37	69	172	227	142
– Bunkerungssaldo [4]	498	602	538	576	545	563
Primärenergieverbrauch insgesamt [5]	**14 558**	**14 217**	**13 599**	**13 447**	**13 822**	**13 165**

1 Vorläufiges Ergebnis.
2 Fackel- und Leitungsverluste werden nicht dem Verbraucher/der Verbraucherin zugeordnet.
3 Differenz zwischen aufkommensseitiger und verwendungsseitiger Berechnung.
4 Energieverbrauch der im Inland ansässigen Produktionseinheiten in der übrigen Welt abzüglich des Energieverbrauchs der nicht ansässigen Produktionseinheiten im Inland.
5 Konzept der nationalen Energiebilanz (Inlandskonzept).

Primärenergieverbrauch 2014
in %

Private Haushalte: 32
Alle Produktionsbereiche: 68
13 586 PJ

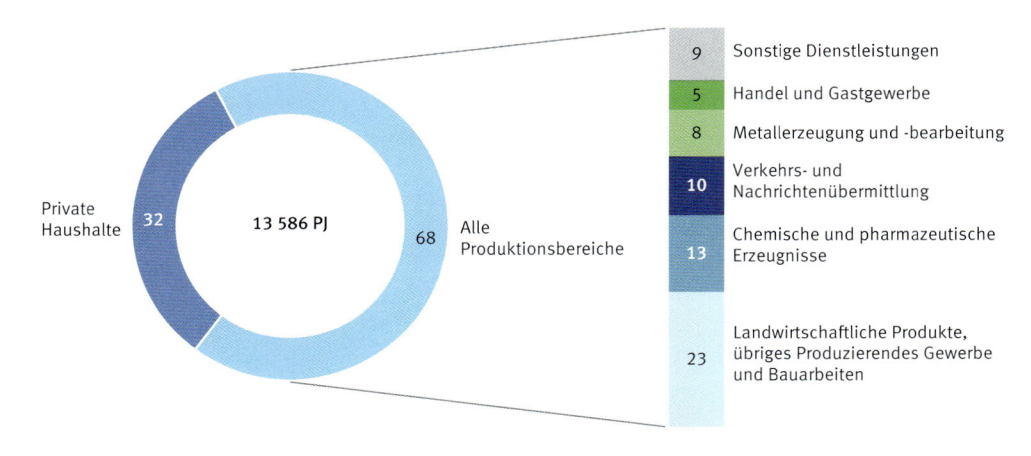

- 9 Sonstige Dienstleistungen
- 5 Handel und Gastgewerbe
- 8 Metallerzeugung und -bearbeitung
- 10 Verkehrs- und Nachrichtenübermittlung
- 13 Chemische und pharmazeutische Erzeugnisse
- 23 Landwirtschaftliche Produkte, übriges Produzierendes Gewerbe und Bauarbeiten

Vorläufiges Ergebnis. – Umwandlungen werden den (End-)Abnehmern zugerechnet.

18 Umwelt

18.6 Energie, Rohstoffe, Emissionen – Material- und Energieflussrechnungen
18.6.5 Luftemissionen nach Produktionsbereichen – Treibhausgasemissionen (einschließlich CO$_2$-Emissionen aus Biomasse)

	2005	2010	2013
	1 000 t CO$_2$–Äquivalente		
Erzeugnisse der Land-, Forstwirtschaft und Fischerei	73 633	75 836	82 991
Bergbauerzeugnisse, Steine und Erden	15 711	10 873	10 697
Hergestellte Waren	189 916	184 623	179 082
Energie und Dienstleistungen der Energieversorgung	400 368	414 198	416 378
Wasser, Dienstleistungen der Wasserversorgung und Entsorgung	36 171	30 536	28 571
Bauarbeiten	10 419	10 295	10 933
Handelsleistungen, Instandhaltungs- und Reparaturarbeiten an Kfz	20 907	20 379	20 366
Verkehrs- und Lagereileistungen	81 156	91 104	93 154
Dienstleistungen	46 639	45 161	44 274
Alle Produktionsbereiche	**874 921**	**883 006**	**886 446**
Private Haushalte	233 088	234 333	228 357
Alle Produktionsbereiche und private Haushalte (Inländerkonzept)	1 108 009	1 117 340	1 114 803
Übergangssaldo [1]	– 50 105	– 58 518	– 60 005
Emissionen insgesamt (Inlandskonzept, Brutto)	1 057 904	1 058 822	1 054 798
Emissionen/Absorptionen aus LULUCF [2]	– 12 199	– 17 662	– 15 694
Emissionen insgesamt (Inlandskonzept, Netto)	**1 045 705**	**1 041 160**	**1 039 104**

Die **Treibhausgasemissionen** umfassen die Emissionen an CO$_2$, N$_2$O, CH$_4$, SF$_6$ sowie die voll- und teilfluorierten Kohlenwasserstoffe (PFCs und HFCs). Die Luftemissionen wurden gegliedert nach Produktionsbereichen einerseits und Energieträgern bzw. Prozessen andererseits. Die Daten basieren auf emissionsrelevanten Energieeinsätzen und sonstigen emissionserzeugenden Anlagen in den jeweiligen Produktionsbereichen. Bei der Berechnung, die auf Daten des Umweltbundesamtes beruhen, wurden spezifische Emissionsfaktoren der eingesetzten Energieträger berücksichtigt.

1 Der Übergangssaldo bewirkt den Übergang vom Inländer- (VGR) zum Inlandskonzept, welches für das Reporting gemäß Kyoto-Protokoll verwendet wird.
2 Die Berücksichtigung des Saldos von Emission und Absorption von CO$_2$ durch Landnutzung, Landnutzungsänderung und Forstwirtschaft (LULUCF) führt vom Brutto- zum Nettowert.

18.6.6 Luftemissionen nach Produktionsbereichen – Luftschadstoffe

	2005	2010	2013
	t		
	Schwefeldioxid (SO$_2$)		
Erzeugnisse der Land-, Forstwirtschaft und Fischerei	1 961	3 161	6 885
Bergbauerzeugnisse, Steine und Erden	6 974	6 106	5 095
Hergestellte Waren	165 975	146 859	141 351
Energie und Dienstleistungen der Energieversorgung	217 344	205 977	204 166
Wasser, Dienstleistungen der Wasserversorgung und Entsorgung	204	76	83
Bauarbeiten	1 561	1 076	1 150
Handelsleistungen, Instandhaltungs- und Reparaturarbeiten an Kfz, Verkehrs- und Lagereileistungen, Dienstleistungen	360 924	408 050	426 412
Alle Produktionsbereiche	**754 942**	**771 305**	**785 141**
Private Haushalte	47 593	49 999	40 166
Alle Produktionsbereiche und private Haushalte (Inländerkonzept)	**802 535**	**821 304**	**825 308**
	Stickstoffoxide (NO$_X$)		
Erzeugnisse der Land-, Forstwirtschaft und Fischerei	157 367	149 519	156 990
Bergbauerzeugnisse, Steine und Erden	10 280	8 558	6 984
Hergestellte Waren	217 242	195 014	187 114
Energie und Dienstleistungen der Energieversorgung	286 583	318 475	311 842
Wasser, Dienstleistungen der Wasserversorgung und Entsorgung	59 554	41 889	38 055
Bauarbeiten	70 866	57 514	51 580
Handelsleistungen, Instandhaltungs- und Reparaturarbeiten an Kfz, Verkehrs- und Lagereileistungen, Dienstleistungen	896 147	967 870	981 867
Alle Produktionsbereiche	**1 698 037**	**1 738 840**	**1 734 432**
Private Haushalte	411 898	291 517	245 915
Alle Produktionsbereiche und private Haushalte (Inländerkonzept)	**2 109 935**	**2 030 357**	**1 980 347**
	Ammoniak (NH$_3$)		
Erzeugnisse der Land-, Forstwirtschaft und Fischerei	621 425	603 248	633 354
Bergbauerzeugnisse, Steine und Erden	37	33	30
Hergestellte Waren	13 614	12 774	12 877
Energie und Dienstleistungen der Energieversorgung	2 324	2 371	2 460
Wasser, Dienstleistungen der Wasserversorgung und Entsorgung	2 959	3 136	3 660
Bauarbeiten	159	130	131
Handelsleistungen, Instandhaltungs- und Reparaturarbeiten an Kfz, Verkehrs- und Lagereileistungen, Dienstleistungen	3 931	3 922	4 147
Alle Produktionsbereiche	**644 449**	**625 614**	**656 660**
Private Haushalte	27 411	21 171	18 058
Alle Produktionsbereiche und private Haushalte (Inländerkonzept)	**671 860**	**646 785**	**674 717**

18 Umwelt

18.6 Energie, Rohstoffe, Emissionen – Material- und Energieflussrechnungen
18.6.6 Luftemissionen nach Produktionsbereichen – Luftschadstoffe

	2005	2010	2013
	t		
Flüchtige Kohlenwasserstoffe ohne Methan (NMVOC)			
Erzeugnisse der Land-, Forstwirtschaft und Fischerei	226 276	217 407	217 624
Bergbauerzeugnisse, Steine und Erden	897	471	465
Hergestellte Waren	529 762	615 470	578 111
Energie und Dienstleistungen der Energieversorgung	11 249	13 373	12 226
Wasser, Dienstleistungen der Wasserversorgung und Entsorgung	3 084	1 587	1 322
Bauarbeiten	11 476	8 121	5 508
Handelsleistungen, Instandhaltungs- und Reparaturarbeiten an Kfz, Verkehrs- und Lagereileistungen, Dienstleistungen	81 170	72 725	67 713
Alle Produktionsbereiche	863 915	929 155	882 969
Private Haushalte	516 034	353 033	296 330
Alle Produktionsbereiche und private Haushalte (Inländerkonzept)	**1 379 948**	**1 282 187**	**1 179 299**
Feinstaubemissionen (PM$_{10}$)			
Erzeugnisse der Land-, Forstwirtschaft und Fischerei	49 681	51 450	55 950
Bergbauerzeugnisse, Steine und Erden	16 823	15 260	15 990
Hergestellte Waren	28 680	18 636	17 932
Energie und Dienstleistungen der Energieversorgung	11 539	11 138	10 746
Wasser, Dienstleistungen der Wasserversorgung und Entsorgung	2 600	1 916	1 869
Bauarbeiten	7 724	6 550	6 475
Handelsleistungen, Instandhaltungs- und Reparaturarbeiten an Kfz, Verkehrs- und Lagereileistungen, Dienstleistungen	122 708	95 782	96 517
Alle Produktionsbereiche	239 755	200 733	205 479
Private Haushalte	67 391	74 970	62 075
Alle Produktionsbereiche und private Haushalte (Inländerkonzept)	**307 146**	**275 703**	**267 554**

18.6.7 Wasserentnahme und Wasserabgabe nach Produktionsbereichen 2013

	Entnahme von Wasser aus der Natur	Fremdbezug	Wassereinsatz (Sp. 1 + Sp. 2)	Wasserausbau	Wassereinbau in andere Materialien	Wasserabgabe (Sp. 3 + Sp. 4 – Sp. 5)	Abgabe an Abwasserbeseitigung	Abgabe von Wasser an die Natur (Sp. 6 – Sp. 7)
	1	2	3	4	5	6	7	8
	Mill. m³							
Erzeugnisse der Land-, Forstwirtschaft und Fischerei	385	159	543	0	251	292	20	272
Kohle	929	20	950	0	0	950	1	948
Erze, Steine und Erden, sonstige Bergbauerzeugnisse und Dienstleistungen	391	2	393	0	0	393	3	390
Nahrungsmittel, Getränke, Tabakerzeugnisse	245	171	416	0	41	376	161	214
Textilien, Bekleidung, Leder und Lederwaren	15	15	30	0	0	30	15	16
Holz, Holz-, Kork-, Flecht- und Korbwaren (ohne Möbel)	3	5	8	0	0	8	2	6
Papier, Pappe und Waren daraus	427	34	461	0	0	461	47	414
Kokerei- und Mineralölerzeugnisse	82	36	118	0	0	118	6	112
Chemische und pharmazeutische Erzeugnisse	2 052	443	2 495	0	0	2 495	265	2 230
Gummi- und Kunststoffwaren	44	17	62	0	0	62	9	52
Glas, Glaswaren, Keramik; verarbeitete Steine und Erden	128	33	162	0	0	162	21	140
Metalle und Metallerzeugnisse	365	84	449	0	0	449	42	407
Datenverarbeitungsgeräte, elektronische und optische Erzeugnisse	34	23	57	0	0	57	21	36
Maschinen	26	12	37	0	0	37	12	25
Kraftwagen und Kraftwagenteile sowie sonstige Fahrzeuge	53	20	73	0	0	73	19	54
Möbel und Waren a.n.g.	11	8	19	0	0	19	6	13
Energie und Dienstleistungen der Energieversorgung	13 324	365	13 688	0	0	13 688	16	13 672
Wasser, Dienstleistungen der Wasserversorgung	5 600	– 4 992	608	0	0	608	48	559
Dienstleistungen der Abwasser-, Abfallentsorgung und der Rückgewinnung	4 819	3	4 822	0	0	4 822	– 4 126	8 948
Bauarbeiten und Dienstleistungen	54	597	651	0	0	651	563	88
Alle Produktionsbereiche	28 988	– 2 946	26 042	0	292	25 750	– 2 848	28 598
Privater Verbrauch	24	2 943	2 967	190	0	3 158	2 848	309
Produktionsbereiche und privater Verbrauch insgesamt	**29 011**	**– 3**	**29 009**	**190**	**292**	**28 907**	**0**	**28 907**

18 Umwelt

18.6 Energie, Rohstoffe, Emissionen – Material- und Energieflussrechnungen
18.6.8 Abgabe von Wasser nach ausgewählten Produktionsbereichen 2013

	Insgesamt	Abwasser			Wasserverluste	Verdunstung	Fremd- und Regenwasser
		zusammen	direkt abgeleitet	indirekt abgeleitet			
	Mill. m³						
Erzeugnisse der Land-, Forstwirtschaft und Fischerei	292	20	0	20	0	272	0
Kohle; Erdöl und Erdgas	950	918	916	1	0	32	0
Erze, Steine und Erden, sonstige Bergbauerzeugnisse und Dienstleistungen	393	364	361	3	0	29	0
Nahrungsmittel, Getränke, Tabakerzeugnisse	376	348	187	161	0	28	0
Papier, Pappe und Waren daraus	461	400	353	47	0	61	0
Chemische und pharmazeutische Erzeugnisse	2 495	2 402	2 137	265	0	93	0
Metalle und Metallerzeugnisse	449	371	329	42	0	78	0
Energie und Dienstleistungen der Energieversorgung	13 688	12 357	12 341	16	0	1 332	0
Wasser, Dienstleistungen der Wasserversorgung	607	137	88	48	470	0	0
Dienstleistungen der Abwasser-, Abfallentsorgung und der Rückgewinnung	4 823	18	0	18	0	1	4 804
Übrige Produktionsbereiche	1 217	1 014	341	674	0	202	0
Alle Produktionsbereiche	25 750	18 348	17 053	1 295	470	2 127	4 804
Privater Verbrauch	3 158	3 068	219	2 848	0	90	0
Produktionsbereiche und privater Verbrauch zusammen	28 907	21 416	17 272	4 144	470	2 217	4 804

18.7 Umweltzustand – Waldschäden
18.7.1 Waldschäden nach Ländern

Die **Erfassung der Schäden** erfolgt nach den Schadstufen 0 bis 4. In der Schadstufe 0 (ohne Schadmerkmale) werden Bäume erfasst, deren Nadel- bzw. Blattverlust unter 10 % liegt. Der Schadstufe 1 (Warnstufe; schwach geschädigt) werden Bäume mit einer Kronenverlichtung von 11 % bis 25 % zugeordnet. Erst ab der Schadstufe 2 (Nadel- bzw. Blattverlust über 25 %) sind eindeutige Schäden festzustellen. Daher repräsentieren die zusammengefassten Schadstufen 2 bis 4 die geschädigte Waldfläche. Die Ergebnisse basieren auf den jährlichen Waldschadenserhebungen der Landesforstverwaltungen.

	Waldschäden der Probebäume der Schadstufe 2 – 4			
	2005	2010	2014	2015
	%			
Deutschland	29	23	26	24
Baden-Württemberg	43	35	42	36
Bayern	32	27	23	24
Berlin	41	24	17	13
Brandenburg	14	7	10	9
Bremen [2]	7	11	8	.
Hamburg [1]	.	.	.	.
Hessen	33	25	34	29
Mecklenburg-Vorpommern	12	17	16	14
Niedersachsen	13	17	19	16
Nordrhein-Westfalen	25	23	36	26
Rheinland-Pfalz	31	26	24	25
Saarland	34	27	27	30
Sachsen	15	14	15	17
Sachsen-Anhalt	20	15	16	18
Schleswig-Holstein	33	26	22	19
Thüringen	34	32	33	31

1 Ab 2002 liegen keine Angaben mehr vor.
2 Für 2015 liegen keine Angaben vor.

Quelle: Bundesministerium für Ernährung und Landwirtschaft

18.7.2 Waldschäden nach Baumarten und Altersstufen

	Anteil der Schadstufen [1] an den Probebäumen				
	Schadstufe 0	Schadstufe 1	Schadstufe 2 – 4		
	Bäume insgesamt			Bäume bis 60 Jahre	Bäume über 60 Jahre
	%				
2015					
Fichte	35	37	28	7	42
Kiefer	36	51	13	5	16
Sonstige Nadelbäume [2]	41	40	19	8	29
Buche	22	45	33	11	38
Eiche	24	40	36	2	47
Sonstige Laubbäume [3]	41	39	20	17	24
2005					
Fichte	27	42	31	8	45
Kiefer	34	47	19	10	26
Sonstige Nadelbäume [2]	35	40	25	13	40
Buche	16	40	44	14	53
Eiche	15	34	51	17	62
Sonstige Laubbäume [3]	44	40	16	14	20

1 Der Gesundheitszustand der Bäume wird durch die Begutachtung der Baumkronen während der Vegetationszeit ermittelt.
2 Vor allem Tanne, Lärche, Douglasie.
3 Hauptsächlich Esche, Ahorn, Birke, Erle, Hainbuche, Linde und Pappel.

Quelle: Bundesministerium für Ernährung und Landwirtschaft

18 Umwelt

18.8 Umweltschutzmaßnahmen und Nachhaltigkeit
18.8.1 Einnahmen ausgewählter umweltbezogener Steuern

	2005	2010	2011	2012	2013	2014	2015
	Mill. EUR						
Umweltbezogene Steuern	55 672	55 227	58 502	58 058	57 732	57 588	58 529
darunter:							
Energiesteuer	46 999	46 739	49 175	48 667	48 263	48 097	48 701
Energiesteuer [1]	40 101	39 838	40 036	39 305	39 364	39 758	39 594
Stromsteuer	6 462	6 171	7 247	6 973	7 009	6 638	6 593
Emissionsberechtigungen	–	390	653	528	321	709	864
Kernbrennstoffsteuer	–	–	922	1 577	1 285	708	1 371
Beitrag zum Erdölbevorratungsverband	436	340	316	284	284	284	280
Verkehrssteuer	8 673	8 488	9 327	9 391	9 469	9 491	9 828
Kraftfahrzeugsteuer	8 673	8 488	8 422	8 443	8 490	8 501	8 805
Luftverkehrsteuer	–	–	905	948	978	990	1 023

1 Bis einschl. 2006 unter der Bezeichnung „Mineralölsteuer" nachgewiesen.

18.8.2 Indikatoren der deutschen Nachhaltigkeitsstrategie zu Umwelt und Ökonomie

	Einheit	2005	2010	2013 [1]	2014 [1]	2015 [1]
Energieproduktivität (1a)	1990 = 100	124,8	135,9	145,9	155,7	156,2
Primärenergieverbrauch (1b)	2008 = 100	97,7	95,4	92,7	88,3	89,5
Rohstoffproduktivität (1c)	1994 = 100	133,8	148,2	150,7	151,5	...
Treibhausgasemissionen (2)	1990 = 100	79,5	75,4	75,7	72,3	72,8
Anteil erneuerbarer Energien am Endenergieverbrauch (3a)	%	7,2	10,9	13,1	13,7	...
Anteil des Stroms aus erneuerbaren Energiequellen am Stromverbrauch (3b)	%	10,2	17,0	25,2	27,4	32,6
Anstieg der Siedlungs- und Verkehrsfläche (4) [2]	ha pro Tag	114,0	87,0	73,0	69,0	...
Artenvielfalt und Landschaftsqualität (5)	2030 = 100	72,0	68,0	69,0	...	...
Staatsdefizit (6a)	%	3,4	4,2	0,1	– 0,3	– 0,7
Strukturelles Defizit (6b)	%	2,0	2,1	– 0,3	– 0,8	– 0,8
Schuldenstand (6c)	%	66,9	81,0	77,2	74,7	71,2
Verhältnis der Bruttoanlageinvestitionen zum BIP (7)	%	19,1	19,4	19,8	20,1	20,0
BIP je Einwohner (10) in Preisen von 2010	1 000 EUR	29,8	32,1	33,4	33,8	34,1
Gütertransportintensität (11a)	1999 = 100	110,3	112,6	110,7	110,6	...
Personentransportintensität (11b)	1999 = 100	96,2	93,1	91,1	91,3	...
Anteil des Schienenverkehrs an der Güterbeförderungsleistung (11c)	%	17,2	17,8	...	...	...
Anteil der Binnenschifffahrt an der Güterbeförderungsleistung (11d)	%	11,6	10,4	...	...	...
Stickstoffüberschuss (12a) [3]	kg/ha	102,0	94,0	92,0	...	...
Ökologischer Landbau (12b)	%	4,6	5,6	6,0	6,2	...
Schadstoffbelastung der Luft (13)	2005 = 100	100	91,8	87,5	83,9	...

Die Nummer in Klammern entspricht der Nummer des jeweiligen Indikators in der deutschen Nachhaltigkeitsstrategie. Nähere Informationen hierzu siehe www.nationale-nachhaltigkeitsstrategie.de

1 Vorläufige Ergebnisse (teilweise geschätzt). Stand: Mai 2016.
2 Gleitender Vierjahresdurchschnitt, Bezug auf das betreffende Jahr und die drei Vorjahre.
3 Gleitender Dreijahresdurchschnitt, Bezug auf das mittlere Jahr.

Seit 2002 gibt es eine **Nachhaltigkeitsstrategie** für Deutschland. Sie umfasst übergreifend die Bereiche Wirtschaft, Umwelt und Gesellschaft. Zur Messung der Wirksamkeit der Strategie dienen Nachhaltigkeitsindikatoren, die meist mit politischen Zielvorgaben versehen sind. Die Bundesregierung legt Indikatoren und Ziele fest. Das Statistische Bundesamt übernimmt die regelmäßige Berichterstattung in Indikatorenberichten zur nachhaltigen Entwicklung. Die Tabelle zeigt Zeitreihen derjenigen Nachhaltigkeitsindikatoren, die vorzugsweise Entwicklungen im Schnittbereich von Umwelt und Ökonomie abbilden.

Umwelt

Methodik

Umweltdaten spielen in der öffentlichen Diskussion eine wichtige Rolle, sei es zu Fragen der Treibhausgase, der Energiegewinnung und -verwendung oder der Waldschäden.

Die Tabellen dieses Kapitels sind gegliedert in die Bereiche **Umweltstatistiken** und **Umweltökonomische Gesamtrechnungen**. Bei den „Umweltstatistiken" werden Ergebnisse der Erhebungen nach dem Umweltstatistikgesetz (UStatG) veröffentlicht. Demgegenüber stellen die „Umweltökonomischen Gesamtrechnungen" ein methodisch abgestimmtes Gesamtbild von Beziehungen zwischen Wirtschaft und Umwelt dar, in das sowohl die umweltstatistischen Ergebnisse als auch andere Quellen als Grundlage einfließen.

■ Umweltstatistiken

Es werden insbesondere die Ergebnisse der Statistiken über die Investitionen für den Umweltschutz dargestellt, die laufenden Aufwendungen sowie die Waren, Bau- und Dienstleistungen für den Umweltschutz, die Wasserversorgung und Abwasserentsorgung, die Unfälle mit wassergefährdenden Stoffen, die Abfallwirtschaft sowie die Verwendung bestimmter klimawirksamer Stoffe. Diese Statistiken liefern wichtige Basisdaten zur Beurteilung der Umweltsituation, der ökologischen Belastungen und ihrer Veränderungen. Die rechtliche Grundlage für diese Erhebungen bildet das Umweltstatistikgesetz (UStatG) vom 16.8.2005 (BGBl. I S. 2446), das zuletzt durch Artikel 5 Absatz 1 des Gesetzes vom 20.10.2015 (BGBl. I S. 1739) geändert worden ist, in Verbindung mit dem Bundesstatistikgesetz (BStatG) vom 22.1.1987 (BGBl. I S. 462, 565), das zuletzt durch Artikel 13 des Gesetzes vom 25.7.2013 (BGBl. I S. 2749) geändert worden ist.

■ Umweltschutz im Betriebs- und Unternehmensbereich

Die jährliche Erhebung der **Investitionen für den Umweltschutz** erfasst bei Unternehmen und dazugehörigen Betrieben des Produzierenden Gewerbes Bestandszugänge an Sachanlagen, die dem Schutz der Umwelt dienen. Die Angaben werden seit 1975 jährlich erhoben. Bei den Investitionen für den Umweltschutz wird unterschieden zwischen den Umweltbereichen Abfallwirtschaft, Gewässerschutz, Lärmbekämpfung, Luftreinhaltung, Naturschutz und Landschaftspflege, Bodensanierung sowie Klimaschutz (seit 2006). Seit dem Berichtsjahr 2003 werden neben den additiven auch die integrierten Umweltschutzinvestitionen erhoben.

Die dreijährliche zentrale Erhebung über **laufende Aufwendungen für den Umweltschutz** liefert seit 1996 Informationen über den Umfang, die Struktur und die Entwicklung der laufenden Aufwendungen für den Umweltschutz im Produzierenden Gewerbe. Hierbei werden alle laufenden Aufwendungen für Maßnahmen, die ausschließlich dem Schutz der Umwelt dienen, nach Arten erhoben. Das sind zum einen Aufwendungen für den Betrieb von Anlagen, die dem Schutz der Umwelt dienen (u. a. Aufwendungen für Hilfs- und Betriebsstoffe und Energie) und zum anderen Aufwendungen für nicht anlagenbezogene Maßnahmen (Gebühren und Beiträge, insbesondere für die kommunale Abfallentsorgung und Abwasserbeseitigung).

Die jährliche dezentrale Erhebung der **Waren, Bau- und Dienstleistungen für den Umweltschutz** wird bei repräsentativ ausgewählten Betrieben des Produzierenden Gewerbes sowie des Dienstleistungsbereichs durchgeführt. Sie liefert Informationen über den Umsatz von Waren, Bau- und Dienstleistungen, die dem Umweltschutz dienen, gegliedert nach Art der Waren und Leistungen und nach Absatzgebieten. Des Weiteren gibt sie die Anzahl der Beschäftigten an, die in den Betrieben für den Umweltschutz tätig sind. Aus dem Dienstleistungsgewerbe sind in die Erhebung Institute und Einrichtungen einbezogen, die technische, physikalische und chemische Untersuchungen, Beratungen, Gutachten, Projektbetreuungen und ähnliche Dienstleistungen durchführen. Entsorgungsleistungen sind nicht Gegenstand der Erhebung.

■ Wasser und Abwasser

Die Statistik der **öffentlichen Wasserversorgung und öffentlichen Abwasserentsorgung** erfasst u. a. Gewinnung, Bezug und Abgabe von Wasser, die Zahl der versorgten Einwohnerinnen und Einwohner sowie Menge und Art der Behandlung des Abwassers. Auskunftspflichtig sind Anstalten und Körperschaften des öffentlichen Rechts, Unternehmen und andere Einrichtungen, die Anlagen für die öffentliche Wasserversorgung und öffentliche Abwasserentsorgung betreiben. Zusätzlich werden jährlich seit 2006 bei den Betreibern von öffentlichen Abwasserbehandlungsanlagen die Mengendaten über die Verwertung und den Verbleib des Klärschlamms aus der öffentlichen Abwasserbehandlung erhoben.

Die Statistik der **nicht öffentlichen Wasserversorgung und nicht öffentlichen Abwasserentsorgung** enthält u. a. Daten über Gewinnung, Bezug und Nutzung von Wasser sowie Menge und Art der Behandlung des Abwassers. Auskunftspflichtig sind alle Betriebe des nicht öffentlichen Bereichs, die im Berichtsjahr mindestens 2 000 m³ Wasser gewinnen oder mindestens 2 000 m³ Wasser/Abwasser in ein Gewässer einleiten und nicht öffentliche Betriebe, die im Berichtsjahr aus Fremdbezug mindestens 10 000 m³ Wasser beziehen.

Die Erhebungen der **Unfälle beim Umgang mit wassergefährdenden Stoffen und bei der Beförderung wassergefährdender Stoffe** finden jährlich statt. Auskunftspflichtig sind die Dienststellen, die nach Landesrecht für die Entgegennahme der Anzeigen über Unfälle mit wassergefährdenden Stoffen zuständig sind. Dies sind in der Regel die Unteren Wasserbehörden oder Polizeidienststellen.

■ Abfallbilanz

Die Angaben aus den abfallstatistischen Erhebungen werden mit Hilfe eines Rechenmodells zur **Abfallbilanz** (Tabelle 18.3) für Deutschland zusammengeführt. Die Aufbereitung der Erhebungen in Form einer Bilanz wird durch § 6 Abs. 1 UStatG angeordnet. Sie zeigt das inländische Abfallaufkommen nach Abfallkategorien und Verwertungs- bzw. Beseitigungspfaden und weist Verwertungs- und Recyclingquoten auf Bundesebene aus. Damit macht sie die Zielerreichung der Vorgaben aus der EU-Abfallrahmenrichtlinie für Recyclingquoten messbar und vergleichbar. Die Berechnung der Abfallbilanz erfolgt ab dem Berichtsjahr 2006 nach dem Bruttomengenprinzip. Ausgehend vom Input aller registrierten Abfallentsorgungsanlagen werden je im Inland erzeugter Abfallart die behandelten und beseitigten Abfallmengen zusammengefasst. Errechnet wird dies über den Input der Anlagen abzüglich des Imports und zuzüglich der Exporte. Mehrfach behandelte Abfallströme erhöhen in gewissem Umfang das Abfallaufkommen. Deshalb werden die erneut behandelten Abfälle, die bereits aus einer Behandlung entstanden sind, separat ausgewiesen.

■ Klimawirksame Stoffe

In dieser dezentralen Erhebung werden bundesweit ca. 14 000 Unternehmen befragt. Die jährliche Erhebung richtet sich an Unternehmen, die bestimmte **klimawirksame Stoffe** herstellen, ein- oder ausführen oder in Mengen von mehr als 20 Kilogramm pro Stoff und Jahr zur Herstellung, Instandhaltung, Wartung oder Reinigung von Erzeugnissen verwenden. Die Erhebung liefert Ergebnisse über die verwendeten Stoffe sowohl in metrischen als auch in GWP/CO_2-Äquivalent (Global Warming Potential) gewichteten Tonnen (Tabelle 18.4.1 und 18.4.2), wobei Letzteres die aussagekräftige Zahl für die Interpretation des Emissionspotenzials liefert, da sie die klimaschädigende Wirkung der Stoffe darstellt.

18 Umwelt

Methodik

Straftaten gegen die Umwelt

Straftaten gegen die Umwelt gefährden nicht nur die Gesundheit von Menschen. Sie schädigen oft nachhaltig die Pflanzen- und Tierwelt. Zu den „klassischen" Umweltdelikten zählen Verunreinigungen von Gewässern, Boden und Luft, ferner illegale Behandlung, Lagerung und Transport von Abfällen in größerem Ausmaß. Bei der Bewertung der Daten ist jedoch zu berücksichtigen, dass die Zahl der registrierten Fälle abhängig ist vom sogenannten Kontroll- und Anzeigeverhalten. Die „Dunkelziffer" kann hoch sein. Die Angaben zu den „registrierten Fällen" basieren auf der Polizeilichen Kriminalstatistik des Bundeskriminalamtes, die Angaben zu „gerichtlich Verurteilten" auf der Strafverfolgungsstatistik des Statistischen Bundesamtes.

Umweltökonomische Gesamtrechnungen

Die Umweltökonomischen Gesamtrechnungen verfolgen das Ziel, Zusammenhänge zwischen der Inanspruchnahme von Natur und Umwelt und den verursachenden sozioökonomischen Aktivitäten darzustellen.
Die Umweltökonomischen Gesamtrechnungen gliedern sich in die vier Themenbereiche:
– Material- und Energieflussrechnungen
– Nutzung von Fläche und Raum
– Umweltzustand
– Umweltschutzmaßnahmen

Die Gliederung der Ergebnisse folgt im Wesentlichen – wenn auch mit unterschiedlichen Gewichten – diesen Themenbereichen.

Energie, Rohstoffe, Emissionen – Material- und Energieflussrechnungen

Material- und Energieflussrechnungen umfassen die Darstellung von physischen und energetischen Strömen zwischen Umwelt und Ökonomie. Die Tabellen 18.6.1 und 18.6.2 geben einen Überblick über die betrachteten Materialströme und die wichtigsten Parameter. Sie zeigen, stark zusammengefasst, die Entnahmen und Abgaben von Materialien, bezogen auf die Gesamtwirtschaft Deutschlands.

Die **Entnahmen** sind gegliedert in:
– Verwertete inländische Entnahme (einschließlich Gewinnung biotischer Rohstoffe)
– Entnahme von Gasen
– Einfuhr an Rohstoffen, Gütern und Abfall
– Nicht verwertete inländische Rohstoffentnahme (Abraum, Bergematerial und Bodenaushub)

Die **Abgaben** sind gegliedert in:
– Luftemissionen
– Dissipativer Gebrauch von Produkten (Düngemittel, Pflanzenschutzmittel, Saatgut und Streusalz) sowie dissipative Verluste
– Abgabe von sonstigen Gasen
– Ausfuhr von Rohstoffen, Gütern und Abfall
– Nicht verwertete inländische Abgabe (Abraum, Bergematerial und Bodenaushub)

Die aktivitätsbezogenen Material- und Energieflussrechnungen (Tabellen 18.6.3 ff.) stellen die Material- und Energieflüsse als Aufkommen und Verwendung der jeweils verursachenden Produktionsbereiche nach der Systematik der Input-Output-Gliederung dar. Die Untergliederung der Tabellen folgt der durch EG-Verordnungen verbindlich eingeführten statistischen Systematik der Wirtschaftszweige in der Europäischen Gemeinschaft (NACE Rev. 2). Die Tabellen zeigen die jeweils durch spezifische ökonomische Aktivitäten verursachten mengenmäßigen Belastungen, z. B. Luftemissionen. Um zu solchen gesamtwirtschaftlichen Ergebnissen zu gelangen, sind neben der Nutzung von Daten aus Primärerhebungen der amtlichen Statistik, in der Regel weitere Berechnungen erforderlich (z. B. Umschlüsselungen, Ergänzungen fehlender Daten etc.). Die Ergebnisse der Material- und Energieflussrechnungen weisen deshalb in vielen Fällen Abweichungen von den ursprünglichen Daten der verwendeten Basisstatistiken auf.

Die Daten über **Emissionen** von Treibhausgasen und sonstigen Luftschadstoffen werden auf der Grundlage des „zentralen Emissionsinventars" (ZES) des Umweltbundesamtes in Abstimmung mit Energiebilanz, Energiestatistik, Verkehrsstatistik und den internationalen Emissionsreports Deutschlands (Kyoto-Report) erstellt.

Umweltzustand – Waldschäden

Waldschäden (Tabellen 18.7.1 und 18.7.2) werden seit 1984 einheitlich nach den Vereinbarungen ermittelt, die das Bundesministerium für Ernährung und Landwirtschaft und die Forstverwaltungen der Länder getroffen haben. Alle Länder wenden dabei ein Stichprobenverfahren (Probebäume) an, das flächenbezogene Aussagen über den Waldzustand liefert. Als wichtigster Vitalitätsweiser wird dabei die Verlichtung der Baumkronen erfasst (= Nadel-/Blattverlust).
Für die Waldschadenserhebungen werden die Erhebungspunkte durch die Knotenpunkte eines Gitternetzes festgelegt, dessen Linienabstand bei einer Vollerhebung höchstens 4 km und bei einer Teilstichprobe höchstens 16 km beträgt.
Die Informationen, die zur Beschreibung des Waldzustandes auf Bundesebene notwendig sind, wurden 1998 erstmals unmittelbar aus den von den Ländern bereitgestellten Einzelbaumdaten des 16 x 16 km-Stichprobennetzes ermittelt (EU-weit vorgegebene Netzdichte).

Umweltschutzmaßnahmen und Nachhaltigkeit

Die Definition von **Umweltsteuern** basiert auf einem auf internationaler Ebene erarbeiteten Konzept einer Statistik über umweltbezogene Steuern. Sie orientiert sich an der Besteuerungsgrundlage – unabhängig von der Motivation zur Einführung der Steuer oder von der Verwendung der Einnahmen. Maßgeblich ist danach, dass die Steuer sich auf eine physische Einheit (oder einen Ersatz dafür) bezieht, die nachweislich spezifische negative Auswirkungen auf die Umwelt hat. Konkret sind darunter Emissionen im weitesten Sinne (Luftemissionen, Abwasser, Abfall, Lärm), Energieerzeugnisse, der Verkehr oder Dünge- und Pflanzenschutzmittel zu verstehen. Für Deutschland quantitativ am bedeutsamsten sind somit bei den Steuern die Energiesteuer (früher Mineralölsteuer) und die Stromsteuer (Besteuerungsgrundlage Energieerzeugnis) sowie die Kraftfahrzeugsteuer (emissionsbezogene bzw. bis 1.7.1997 verkehrsbezogene Besteuerungsgrundlage).
Die hier präsentierten Ergebnisse (Tabelle 18.8.1) beziehen sich ausschließlich auf diese Steuern. Die Mehrwertsteuer auf Kraftfahrzeuge, Mineralöl oder Strom ist nicht einbezogen.
Die Ergebnisse zu den Umweltsteuern werden ein halbes Jahr nach Ablauf des Berichtsjahres veröffentlicht.

Die Zunahme der **Siedlungs- und Verkehrsfläche** ist in Deutschland ein bedeutsames strukturelles Umweltproblem. In den Jahren 2011 bis 2014 hat sie um durchschnittlich 69 Hektar pro Tag zugenommen. Gründe hierfür sind die Ausdehnung der Städte in das Umland, die zunehmende funktionale Trennung von Wohnen, Arbeiten, Versorgungs- und Freizeiteinrichtungen sowie die wachsende Mobilität.

Weitere Angaben zur Siedlungs- und Verkehrsfläche finden Sie im Kapitel 19 „Land- und Forstwirtschaft" (Tabelle 19.1.2) sowie im Kapitel 1 „Geografie und Klima" (Tabelle 1.1.2). Die Daten stammen aus den amtlichen Liegenschaftskatastern.

18 Umwelt

Methodik

Die **Indikatoren zu Umwelt und Ökonomie** (Tabelle 18.8.2) sind Teil des Indikatorensatzes der Nachhaltigkeitsstrategie der Bundesregierung. Ausgewählt wurden diejenigen Nachhaltigkeitsindikatoren, die vorzugsweise Entwicklungen im Schnittbereich von Umwelt und Ökonomie abbilden. Die Ausgangsdaten zu den Indikatoren stammen teils vom Statistischen Bundesamt und teils aus anderen Quellen, desgleichen auch die Methodik der Berechnung. Den Textbeschreibungen zu den Indikatoren zu Umwelt und Ökonomie (siehe „Indikatorenberichte zur nachhaltigen Entwicklung in Deutschland") werden so weit wie möglich Zusatzinformationen aus den Rechenergebnissen der Umweltökonomischen Gesamtrechnungen beigefügt, aus denen sich Informationen über die Beteiligung von Haushalten und Produktionsbereichen an den jeweiligen Umweltbelastungen ergeben.

Detaillierte Informationen zur Methodik der einzelnen Statistiken sind in den „Qualitätsberichten" dokumentiert (siehe hierzu *www.destatis.de/publikationen* › Qualitätsberichte).

Glossar

Abfallbeseitigung | Jedes Entsorgungsverfahren, das keine Verwertung ist, z. B. Ablagerung, Abfallverbrennung oder Behandlungsverfahren, mit denen Abfälle für ein solches Verfahren vorbereitet werden.

Abfallentsorgung | Hierzu zählen Verwertungs- und Beseitigungsverfahren. Die Zuordnung der Abfallmenge in der Bilanz erfolgt nach dem jeweiligen anlagenspezifischen Entsorgungsschwerpunkt.

Abfallverwertung | Jedes Verfahren, durch das Abfälle einem sinnvollen Zweck zugeführt werden, indem sie unmittelbar oder mittelbar andere Materialien ersetzen. Man unterscheidet zwischen der energetischen und der stofflichen Verwertung. Unter stofflicher Verwertung (Recycling) versteht man die Aufbereitung von Abfällen zu Erzeugnissen, Materialien oder Stoffen. Die Aufbereitung von Abfällen zu Materialien für die Verwendung als Brennstoff zählt zur energetischen Verwertung.

Abfüllanlagen | Abfüllen bezieht sich hier auf das Befüllen von Behältern oder Verpackungen mit wassergefährdenden Stoffen. Abfüllanlagen sind auch Flächen einschließlich ihrer Einrichtungen, auf denen wassergefährdende Stoffe von einem Transportbehälter in einen anderen gefüllt werden.

Ablagerung | Ablagerung von Abfällen in oder auf dem Boden (z. B. Deponien oder Lagerung in Behältern in einem Bergwerk), Verpressung in Hohlräumen.

Additive (oder End-of-Pipe) Maßnahmen | Dies sind im Umweltschutz in der Regel separate, vom übrigen Produktionsprozess getrennte Anlagen, die z. B. der Entsorgung von Abfällen (Beispiel Verbrennungsanlage), dem Schutz von Gewässern (Beispiel Kläranlage), der Lärmbekämpfung (Beispiel Lärmschutzwand) oder der Luftreinhaltung (Beispiel Luftfilter) dienen. Sie sind vorhandenen Anlagen vor- oder nachgeschaltet, damit die durch den Produktionsprozess entstandenen Emissionen verringert werden und Umweltstandards genügen.

Angereichertes Grundwasser | Es besteht überwiegend aus planmäßig versickertem Oberflächenwasser, echtem Grundwasser und gegebenenfalls Uferfiltrat.

Anlagen | Das sind selbstständige und ortsfeste oder ortsfest benutzte Funktionseinheiten mit allen dazugehörigen Komponenten (Behälter, Sicherheitseinrichtungen, Auffangwannen und Rohrleitungen). Betrieblich verbundene Funktionseinheiten, die auch nur eine dieser Einrichtungen gemeinsam haben, bilden eine Anlage.

Aufwendungen für Umweltschutz | Sie beinhalten die laufenden Ausgaben für den Betrieb von Umweltschutzanlagen, die Entsorgungskosten von Emissionen. Hinzu kommen die kalkulatorischen Abschreibungen und Zinsen für getätigte Umweltschutzinvestitionen.

Beförderung wassergefährdender Stoffe | Dies bezeichnet den Vorgang der Ortsveränderung einschließlich zeitweiliger Aufenthalte (Zwischenlagerung). Nicht zur Beförderung (sondern zum Umgang) zählen Übernahme und Ablieferung, Ver- und Auspacken sowie Be- und Entladen wassergefährdender Stoffe.

Behandeln von wassergefährdenden Stoffen | Dieser Vorgang umfasst das Einwirken auf wassergefährdende Stoffe, um deren Eigenschaften zu verändern.

Behandlung zur Beseitigung | Physikalische, thermische, chemische oder biologische Verfahren, die die Beschaffenheit der Abfälle verändern, um ihr Volumen oder ihre gefährlichen Eigenschaften zu verringern oder ihre Handhabung zu erleichtern. Die entstehenden Abfälle können mit einem Beseitigungsverfahren entsorgt werden.

Blends | Das sind Gemische bzw. Zubereitungen aus zwei und mehr Stoffen, die mindestens einen klimawirksamen Stoff enthalten. Sie werden zunehmend als Ersatzstoffe für die verbotenen FCKW eingesetzt – vorwiegend als Kältemittel. Die GWP-Werte/CO_2-Äquivalente der Blends werden mittels der GWP-Werte/CO_2-Äquivalente der in ihnen enthaltenen Stoffe ermittelt und fallen daher unterschiedlich aus.

Energieverbrauch (Primärenergieverbrauch) | Darunter fällt der gesamte energetische Energieverbrauch der Produktionsbereiche und privaten Haushalte zuzüglich des nicht energetischen Verbrauchs von Energieträgern. Bei den Umwandlungsbereichen ergibt sich der Energieverbrauch aus der Differenz zwischen der Menge der eingesetzten Energieträger (überwiegend Primärenergieträger) und der erzeugten Energieträger (Sekundärenergieträger). Mit Ausnahme der nicht energetischen Verwendung von Energie wird die eingesetzte Energiemenge bei ihrer Nutzung vollständig verbraucht (z. B. zum Antrieb von Maschinen, Geräten und Fahrzeugen oder zur Raumheizung) und letztlich als Wärme an die Umwelt abgegeben.

Fremdwasser | Hierunter ist das in die Kanalisation abfließende Wasser zu verstehen, welches weder durch häuslichen oder gewerblich-industriellen oder sonstigen Gebrauch verunreinigt wurde (Schmutzwasser) noch aus Niederschlägen stammt. Es ist der unerwünschte Abfluss in einem Entwässerungssystem. Im Einzelnen sind dies insbesondere Drainage- und Sickerwasser, in die Kanalnetze eindringendes Grundwasser, über einen Schmutzwasserkanal (z. B. über Schachtabdeckungen) zufließendes Oberflächenwasser oder unerlaubt eingeleitetes Wasser und Wasser von Baustellen.

Grundwasser | Das ist die Bezeichnung für unterirdisch anstehendes Wasser, das die Hohlräume der Erdrinde zusammenhängend ausfüllt (ohne Uferfiltrat und angereichertes Grundwasser).

GWP-Wert/CO_2-Äquivalente (Global Warming Potential) | Dieser Wert zeigt die klimaschädigende Wirkung eines Stoffes. Er gibt das Treibhauspotenzial eines Stoffes an, also seinen potenziellen Beitrag zur Erwärmung der bodennahen Luftschichten relativ zum Treibhauspotenzial von Kohlendioxid (CO_2), dessen Wert mit 1,0 definiert wird. Das bedeutet, dass sich die Treibhauspotenziale anderer Stoffe relativ zum CO_2 bemessen.

Haushalte und Kleingewerbe | Diese Abnehmergruppe umfasst die privaten Haushalte, das Kleingewerbe und sonstige Kleinabnehmer, bei denen die Wassermenge für gewerbliche und private Nutzung nicht durch getrennte Wasserzähler erfasst, sondern über einen Hauszähler zusammen abgerechnet wird, wie zum Beispiel Bäckereien, Metzgereien, Arztpraxen oder Rechtsanwaltskanzleien.

Herstellen von wassergefährdenden Stoffen | Dieser Vorgang umfasst das Erzeugen, Gewinnen und Schaffen wassergefährdender Stoffe.

Integrierte Maßnahmen im Umweltschutz | Sie sind definitionsgemäß immer ein integrierter, d. h. in der Regel nicht klar isolierbarer Teil einer größeren Anlage. Ihr Kennzeichen ist außerdem, dass sie Emissionen erst gar nicht oder in viel geringerem Umfang entstehen lassen. Als Beispiele seien hier die Kreislaufführung von Stoffen oder die Nutzung von Reaktionswärme (Wärmetauscher, Kopplung mit anderen Prozessen) genannt.

Klärschlamm | Das ist die Bezeichnung für den bei der Abwasserbehandlung angefallenen und beseitigten Stoff, einschließlich der zugegebenen Konditionierungs-, Fällungs- und Flockungshilfsmittel.

Klimawirksam | Fluorderivate der aliphatischen und cyclischen Kohlenwasserstoffe mit bis zu sechs Kohlenstoffatomen sind im Sinne der Erhebung klimawirksam. Diese Stoffe werden in vollhalogenierte (FKW) und teilhalogenierte Kohlenwasserstoffe (H-FKW) und deren Blends unterschieden. Die FKW sind Kohlenwasserstoffe, deren Wasserstoffatome vollständig durch Fluoratome ersetzt sind, während bei den H-FKW die Wasserstoffatome teilweise durch Fluoratome ersetzt werden.

Lageranlagen | Dazu zählen auch Flächen einschließlich ihrer Einrichtungen, die dem Lagern von wassergefährdenden Stoffen in Transportbehältern und Verpackungen dienen.

Glossar

Lagern | Das ist die Bezeichnung für das Vorhalten von wassergefährdenden Stoffen zur weiteren Nutzung, Abgabe oder Entsorgung.

Quellwasser | Das ist ein örtlich begrenzter und natürlicher Grundwasseraustritt, auch nach künstlicher Fassung, ohne Überlaufwasser.

R-Bezeichnung | Die sogenannte Kältemittel-Kurzbezeichnung wurde als Kurzzeichen-System anstelle der chemischen Benennung oder Formel zur Bezeichnung der Kältemittel eingeführt (DIN 8962). Durch Kleinbuchstaben (z. B. R 134a) werden Reinstoffe gekennzeichnet, Großbuchstaben stehen für Blends (z. B. R 410A).

Rohrleitungsanlagen | Dazu zählen außer den Rohren insbesondere die Formstücke, Armaturen, Flansche und Pumpen.

Rohrleitungen | Feste oder flexible Leitungen zum Befördern wassergefährdender Stoffe.

Schmutzwasser | Durch Gebrauch verändertes Wasser.

Siedlungs- und Verkehrsfläche | Sie umfasst Gebäude- und Freifläche, Betriebsfläche (ohne Abbauland), Erholungsfläche, Verkehrsfläche und Friedhof. Die Begriffe Siedlungsfläche und versiegelte Fläche dürfen nicht gleichgesetzt werden. Die Siedlungsflächen umfassen auch einen erheblichen Anteil unbebauter und nicht versiegelter Flächen.

Thermische Abfallbeseitigung | Teilweise oder vollständige Beseitigung von festen, flüssigen oder gasförmigen Stoffen oder Gegenständen durch Verbrennen in Abfallverbrennungsanlagen, Anlagen zur thermischen Zersetzung brennbarer fester oder flüssiger Stoffe unter Sauerstoffmangel (Pyrolyseanlagen) sowie in Anlagen zur Rückgewinnung von einzelnen Bestandteilen aus festen Stoffen durch Verbrennen (z. B. Anlagen zur Verasung von Leiterplatinen). Hauptzweck ist die Beseitigung des Schadstoffpotenzials des Abfalls.

Trockenmasse | Das ist die Masse des Klärschlamms ohne Wasseranteil.

Uferfiltrat | Wasser, das den Wassergewinnungsanlagen durch das Ufer eines Flusses oder Sees im Untergrund nach Bodenpassage zusickert und sich mit dem anstehenden Grundwasser vermischt.

Umgang mit wassergefährdenden Stoffen | Der Umgang mit diesen Stoffen findet statt in Anlagen zum Lagern, Abfüllen und Umschlagen (LAU-Anlagen) oder zum Herstellen, Behandeln und Verwenden (HBV-Anlagen). Zum Umgang zählt auch das innerbetriebliche Befördern wassergefährdender Stoffe.

Umschlaganlagen | Dazu zählen auch Flächen einschließlich ihrer Einrichtungen, auf denen wassergefährdende Stoffe in Behältern oder Verpackungen von einem Transportmittel auf ein anderes umgeladen werden.

Umschlagen | Darunter fällt das Laden und Löschen (Entladen) von Schiffen sowie das Umladen von wassergefährdenden Stoffen in Behältern oder Verpackungen von einem Transportmittel auf ein anderes.

Umweltschutzinvestitionen | Bestandszugänge an Sachanlagen zum Schutz vor schädlichen Einflüssen, die bei der Produktionstätigkeit entstehen (produktionsbezogene Investitionen). Als Sachanlagen für den Umweltschutz gelten alle Sachanlagen, deren Zweck der Schutz vor schädlichen Einflüssen auf die Umwelt ist. Es sind nur produktionsbezogene Sachanlagen zu melden. Diese begrenzen oder vermeiden Emissionen, die (potenziell) bei der Produktionstätigkeit entstehen. Die Umweltschutzinvestitionen umfassen den Wert der Bruttozugänge an erworbenen und für eigene Rechnung selbst erstellten Sachanlagen für Zwecke des Umweltschutzes (einschließlich der noch im Bau befindlichen Sachanlagen). Nicht enthalten sind Kosten der Finanzierung, des Erwerbs von Beteiligungen, Wertpapieren usw., des Erwerbs von Konzessionen, Patenten, Lizenzen usw. sowie des Erwerbs von ganzen Unternehmen.

Unfall | Als Unfall gilt das Austreten einer im Hinblick auf den Schutz der Gewässer nicht unerheblichen Menge wassergefährdender Stoffe aus Anlagen zum Umgang mit wassergefährdenden Stoffen beziehungsweise das Austreten bei deren Beförderung zu Lande, zu Wasser oder in der Luft.

Verwenden | Dazu zählt das Anwenden, Gebrauchen und Verbrauchen von wassergefährdenden Stoffen unter Ausnutzung ihrer Eigenschaften.

Wassergefährdende Stoffe | Das sind überwiegend feste und flüssige Stoffe (einschließlich Zubereitungen), die geeignet sind, dauernd oder in einem nicht nur unerheblichen Ausmaß nachteilige Veränderungen der Wasserbeschaffenheit herbeizuführen.

Wassergefährdungsklassen (WGK) | Wassergefährdende Stoffe werden gemäß ihren physikalischen, chemischen oder biologischen Stoffeigenschaften in folgende Kategorien eingestuft:
1 = schwach wassergefährdend
2 = wassergefährdend
3 = stark wassergefährdend
Die Stoffart JGS (Jauche, Gülle, Silagesickersaft, Gärsubstrat sowie vergleichbare in der Landwirtschaft anfallende Stoffe) ist in keine Wassergefährdungsklasse eingestuft. Bei entsprechend großen freigesetzten Mengen oder besonderen örtlichen Verhältnissen kann JGS jedoch zu einer Gefahr für Gewässer und Boden werden. Unfälle mit JGS werden daher seit 1998 sowohl beim Umgang als auch bei der Beförderung mit erfasst.

Wasserverlust/Messdifferenz | Hierbei handelt es sich um die Menge des in das Verteilungsnetz eingespeisten Wassers, dessen Verbleib im Einzelnen nicht erfasst werden kann. Sie setzt sich zusammen aus tatsächlichen Verlusten, z. B. durch Rohrbrüche, undichten Rohrverbindungen oder Armaturen sowie aus scheinbaren Verlusten, z. B. Fehlanzeigen der Messgeräte oder unkontrollierte Entnahmen.

Wasserwerkseigenverbrauch | Das ist der betriebsinterne Wasserverbrauch innerhalb der Versorgungsanlage, z. B. für Filterspülung, Rohrnetzspülung oder den Sozialbereich.

18　Umwelt

Mehr zum Thema

Liebe Leserin, lieber Leser,
ein Thema in diesem Kapitel spricht Sie besonders an oder Sie benötigen weitere Informationen? Auf dieser Seite nennen wir Ihnen, nach Themen gegliedert, weitere Veröffentlichungen unseres Hauses. Ausführliche Informationen zu den Produktkategorien sowie dem Informationsangebot des Statistischen Bundesamtes finden Sie auf Seite 8 dieser Ausgabe.

Web-Angebote
www.destatis.de ist Ihre erste Adresse in Sachen Statistik. Hier finden Sie alle Informationen, die das Statistische Bundesamt veröffentlicht, tagesaktuell. Unsere Veröffentlichungen können Sie direkt über unsere Website *www.destatis.de/publikationen* downloaden.

GENESIS-Online
Unter *www.destatis.de/genesis* bietet die Haupt-Datenbank des Statistischen Bundesamtes ein breites Themenspektrum fachlich tief gegliederter Ergebnisse der amtlichen Statistik. Daten zur *Umwelt* finden Sie unter dem Menüpunkt › Themen, Code 32, Daten zu den *Umweltökonomischen Gesamtrechnungen* unter Code 85 und zu den *Nachhaltigkeitsindikatoren* unter Code 911

Weitere Veröffentlichungen zu den Themen

- **Investitionen für den Umweltschutz**

  Fachserie 19　Umwelt

  Reihe 3　| Umweltökonomie

- **Wasser und Abwasser**

  Fachserie 19　Umwelt

  Reihe 2　| Wasserwirtschaft

  Fachberichte

  　　| Erhebung der öffentlichen Abwasserbehandlung – Klärschlamm (Ergebnisbericht)

- **Abfall(bilanz)**

  Fachserie 19　Umwelt

  Reihe 1　| Abfallentsorgung

  Fachberichte

  　　| Abfallbilanz
  　　 Erhebung über die Abfallerzeugung

- **Klimawirksame Stoffe**

  Fachberichte

  　　| Erhebung bestimmter klimawirksamer Stoffe 2014

- **Straftaten gegen die Umwelt**

  Fachserie 10　Rechtspflege

  Reihe 3　| Strafverfolgungsstatistik

  Bundeskriminalamt – Statistik (*www.bka.de*)

- **Energie, Rohstoffe, Emissionen – Material- und Energieflussrechnungen**

  WISTA – Wirtschaft und Statistik

Heft 2/12	Berücksichtigung von sekundären Rohstoffen bei der Berechnung von indirekten Importen
Heft 6/12	Umweltökonomische Analyse des Güterverkehrs 1995 bis 2010
Heft 8/12	Luftemissionen
Heft 6/14	Direkte und indirekte CO_2-Emissionen in Deutschland 2000 bis 2010
Heft 3/15	Lohnen sich umweltfreundliche Personenkraftwagen?
Heft 5/15	Energiegesamtrechnungen – Konzepte und Analysen

18 Umwelt

Mehr zum Thema

- **Energie, Rohstoffe, Emissionen – Material- und Energieflussrechnungen**

    STATmagazin

    Trend zum spritsparenden Auto bremst Kraftstoffverbrauch (2010)
    Weniger Kohlendioxid-Emissionen privater Haushalte (2011)
    T-Shirts, Jeans, Blusen: So viel Wasser steckt in unserer Kleidung (2013)
    Leistungsstarke Autos bremsen Erfolge beim Umweltschutz (2015)

- **Umweltschutzmaßnahmen und Nachhaltigkeit**

    WISTA – Wirtschaft und Statistik

Heft 4/13	Test des OECD-Indikatorensets Green Growth in Deutschland
Heft 7/13	Nachhaltigkeitsindikatoren: ein Beispiel für den Dialog zwischen Politik und Statistik
Heft 7/14	Aktuelle Entwicklung der Nachhaltigkeitsindikatoren

- **Themenübergreifend**

    Fachberichte

    Umweltnutzung und Wirtschaft – Bericht zu den Umweltökonomischen Gesamtrechnungen – 2014

    Broschüren

    Nachhaltige Entwicklung in Deutschland, Indikatorenbericht (2014)

19 Land- und Forstwirtschaft

14 % der Bodenfläche sind **Siedlungs- und Verkehrsfläche** | Über die **Hälfte** der Bodenfläche ist **Landwirtschaftsfläche** | **281 000 Betriebe** bewirtschaften **16,7 Millionen Hektar** landwirtschaftlich **genutzte Fläche** | Auf über **einem Viertel** des Ackerlandes wird **Weizen** angebaut | **34 %** der rund 12,6 Millionen **Rinder** sind Milchkühe | 6 100 Betriebe bewirtschaften eine Anbaufläche von **115 000 Hektar** Freilandgemüse | **1,5 Millionen Tonnen Geflügelfleisch** aus gewerblichen Schlachtungen | **1,1 Milliarden Eier** ökologisch erzeugt

19 Land- und Forstwirtschaft

Seite

475 **Auf einen Blick**

Tabellen

476 **Flächennutzung**
Boden-, Siedlungs- und Verkehrsfläche nach Nutzungsarten

477 **Landwirtschaftliche Betriebe**
Landwirtschaftliche Betriebe und landwirtschaftlich genutzte Fläche nach Kulturarten | Betriebssysteme | Viehhaltung | Einkommenskombinationen | Rechtliche und sozialökonomische Gliederung | Arbeitskräfte

481 **Pachtentgelte und Kaufwerte**
Pachtflächen und Pachtentgelte | Veräußerungen von landwirtschaftlichen Grundstücken

482 **Ökologischer Landbau**
Betriebe und landwirtschaftlich genutzte Fläche | Viehbestand

483 **Düngemittel**
Inlandsabsatz nach Nährstoffen und Düngerarten

484 **Forstbetriebe und Forstwirtschaft**
Land- und forstwirtschaftliche Betriebe mit Wald und Kurzumtriebsplantagen | Holzeinschlag

485 **Anbau und Ernte**
Feldfrüchte | Gemüse | Strauchbeeren | Baumobst und Erdbeeren | Speisepilze

490 **Weinanbau und Weinerzeugung**
Bestockte Rebflächen | Weinmosternte | Weinerzeugung

492 **Viehwirtschaft und tierische Erzeugung**
Viehbestand (Rinder, Schweine, Schafe) | Gewerbliche Schlachtungen und Fleischerzeugung | Geflügel | Haltung von Legehennen | Schlachttier- und Fleischuntersuchung

496 **Aquakultur**
Erzeugung aus Aquakultur

497 **Methodik**

499 **Glossar**

501 **Mehr zum Thema**

19 Land- und Forstwirtschaft

19.0 Auf einen Blick

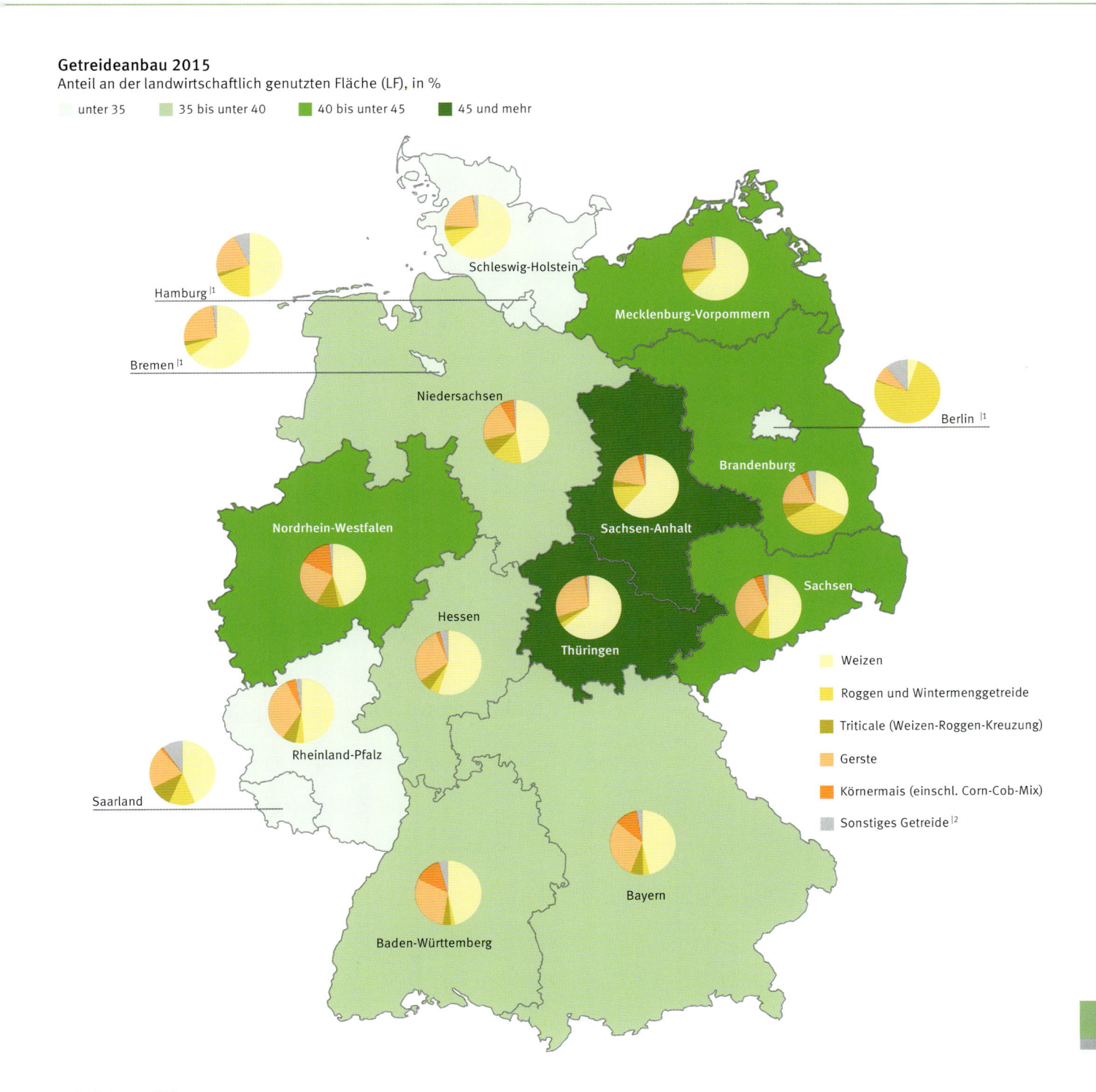

Getreideanbau 2015
Anteil an der landwirtschaftlich genutzten Fläche (LF), in %

- unter 35
- 35 bis unter 40
- 40 bis unter 45
- 45 und mehr

Legende Pie-Charts:
- Weizen
- Roggen und Wintermenggetreide
- Triticale (Weizen-Roggen-Kreuzung)
- Gerste
- Körnermais (einschl. Corn-Cob-Mix)
- Sonstiges Getreide [2]

Regionen: Schleswig-Holstein, Hamburg [1], Bremen [1], Mecklenburg-Vorpommern, Niedersachsen, Berlin [1], Nordrhein-Westfalen, Brandenburg, Sachsen-Anhalt, Sachsen, Hessen, Thüringen, Rheinland-Pfalz, Saarland, Baden-Württemberg, Bayern

1 Ergebnisse aus 2013.
2 Hafer, Sommermenggetreide und anderes Getreide zur Körnergewinnung.

19 Land- und Forstwirtschaft

19.1 Flächennutzung

Ergebnisse der Flächenerhebung nach Art der tatsächlichen Nutzung auf Basis der amtlichen Liegenschaftskataster. – Die Bezeichnungen wurden dem „Verzeichnis der flächenbezogenen Nutzungsarten im Liegenschaftskataster und ihrer Begriffsbestimmungen" (Stand: 1991) der Arbeitsgemeinschaft der Vermessungsverwaltungen der Länder der Bundesrepublik Deutschland (AdV-Nutzungsartenverzeichnis) entnommen.

19.1.1 Bodenfläche nach Nutzungsarten 2014

	Bodenfläche insgesamt	Siedlungs- und Verkehrsfläche (SuV)		Landwirtschaftsfläche		Waldfläche		Wasserfläche	
	km²	km²	%	km²	%	km²	%	km²	%
Deutschland	357 376	48 895	13,7	184 607	51,7	109 306	30,6	8 477	2,4
Baden-Württemberg	35 751	5 140	14,4	16 257	45,5	13 698	38,3	391	1,1
Bayern	70 550	8 351	11,8	33 106	46,9	25 707	36,4	1 234	1,7
Berlin	892	626	70,2	38	4,3	164	18,4	60	6,7
Brandenburg	29 654	2 793	9,4	14 614	49,3	10 529	35,5	1 023	3,4
Bremen	419	236	56,2	118	28,1	8	2,0	52	12,4
Hamburg	755	451	59,8	185	24,5	51	6,8	60	8,0
Hessen	21 115	3 315	15,7	8 859	42,0	8 477	40,1	294	1,4
Mecklenburg-Vorpommern	23 213	1 883	8,1	14 457	62,3	5 082	21,9	1 415	6,1
Niedersachsen	47 615	6 626	13,9	28 510	59,9	10 507	22,1	1 107	2,3
Nordrhein-Westfalen	34 110	7 794	22,8	16 547	48,5	8 828	25,9	667	2,0
Rheinland-Pfalz	19 854	2 840	14,3	8 267	41,6	8 367	42,1	276	1,4
Saarland	2 570	537	20,9	1 100	42,8	874	34,0	26	1,0
Sachsen	18 420	2 445	13,3	10 078	54,7	4 989	27,1	387	2,1
Sachsen-Anhalt	20 452	2 246	11,0	12 555	61,4	5 058	24,7	480	2,3
Schleswig-Holstein	15 803	2 032	12,9	11 024	69,8	1 668	10,6	805	5,1
Thüringen	16 202	1 579	9,7	8 891	54,9	5 298	32,7	202	1,2

19.1.2 Siedlungs- und Verkehrsfläche nach Nutzungsarten 2014

	Siedlungs- und Verkehrsfläche (SuV)	Gebäude- und Freifläche, Betriebsfläche [1]		Erholungsfläche, Friedhof		Verkehrsfläche	
	km²	km²	%	km²	%	km²	%
Deutschland	48 895	26 050	53,3	4 774	9,8	18 071	37,0
Baden-Württemberg	5 140	2 816	54,8	350	6,8	1 974	38,4
Bayern	8 351	4 504	53,9	549	6,6	3 298	39,5
Berlin	626	376	60,0	118	18,8	133	21,2
Brandenburg	2 793	1 401	50,2	291	10,4	1 101	39,4
Bremen	236	148	63,0	38	16,0	50	21,1
Hamburg	451	291	64,4	66	14,7	94	20,8
Hessen	3 315	1 644	49,6	238	7,2	1 433	43,2
Mecklenburg-Vorpommern	1 883	861	45,7	331	17,6	691	36,7
Niedersachsen	6 626	3 643	55,0	507	7,6	2 475	37,4
Nordrhein-Westfalen	7 794	4 580	58,8	769	9,9	2 445	31,4
Rheinland-Pfalz	2 840	1 249	44,0	363	12,8	1 227	43,2
Saarland	537	344	64,1	32	6,0	161	29,9
Sachsen	2 445	1 376	56,3	269	11,0	800	32,7
Sachsen-Anhalt	2 246	914	40,7	540	24,0	793	35,3
Schleswig-Holstein	2 032	1 144	56,3	190	9,4	698	34,3
Thüringen	1 579	758	48,0	121	7,7	699	44,3

1 Ohne Abbauland.

19 Land- und Forstwirtschaft

19.2 Landwirtschaftliche Betriebe
19.2.1 Landwirtschaftliche Betriebe und landwirtschaftlich genutzte Fläche 2015

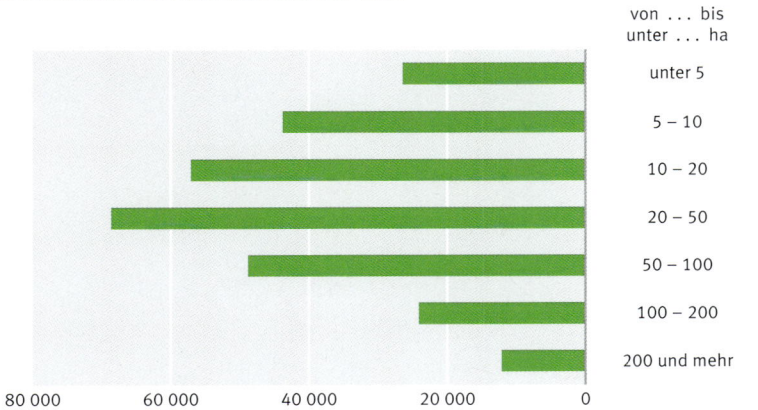

	Insgesamt [1]	Landwirtschaftlich genutzte Fläche von … bis unter … ha					
		unter 5 [1]	5 – 10	10 – 20	20 – 50	50 – 100	100 – 200	200 und mehr
	Zahl der Betriebe in 1 000							
Deutschland	280,8	26,4	43,8	57,1	68,6	48,8	24,1	12,1
darunter:								
Baden-Württemberg	41,6	6,7	7,3	8,7	9,6	6,2	2,6	.
Bayern	92,2	4,1	16,5	24,7	27,9	14,1	4,1	0,7
Brandenburg	5,3	0,3	0,6	0,8	0,9	0,6	0,5	1,5
Hessen	16,4	1,0	2,6	3,5	4,2	2,9	1,7	0,4
Mecklenburg-Vorpommern	4,7	0,3	0,5	0,5	0,6	0,4	0,5	1,7
Niedersachsen	39,5	3,2	4,5	5,5	8,3	9,8	6,2	2,0
Nordrhein-Westfalen	33,9	3,9	4,4	5,9	9,0	7,5	2,8	0,4
Rheinland-Pfalz	18,1	4,3	2,9	3,3	3,1	2,4	1,6	.
Saarland	1,2	0,1	0,2	0,2	0,2	0,2	0,2	0,1
Sachsen	6,3	0,7	1,3	1,2	1,1	0,6	0,6	0,9
Sachsen-Anhalt	4,4	0,4	0,4	0,5	0,6	0,4	0,5	1,6
Schleswig-Holstein	13,0	0,8	1,7	1,7	2,3	3,1	2,4	0,9
Thüringen	3,5	0,3	0,6	0,6	0,5	0,3	0,3	0,8
	Landwirtschaftlich genutzte Fläche in 1 000 ha							
Deutschland	16 730,7	45,4	318,2	858,6	2 290,7	3 440,8	3 261,2	6 515,9
darunter:								
Baden-Württemberg	1 424,1	11,7	54,2	127,9	317,0	433,5	353,1	.
Bayern	3 153,6	8,7	117,7	379,5	931,5	968,0	532,1	216,1
Brandenburg	1 321,7	(0,5)	4,6	11,1	30,1	41,5	79,1	1 154,8
Hessen	769,5	2,0	19,5	52,4	138,6	205,1	225,6	126,4
Mecklenburg-Vorpommern	1 346,2	0,5	3,9	8,0	21,2	30,4	75,9	1 206,4
Niedersachsen	2 604,7	4,0	33,4	82,0	283,7	714,2	837,5	650,0
Nordrhein-Westfalen	1 457,1	4,5	32,7	87,8	306,0	524,5	368,5	133,0
Rheinland-Pfalz	705,4	9,0	20,8	48,9	100,4	175,9	223,6	.
Saarland	77,2	0,1	1,3	3,2	7,8	15,9	30,8	18,1
Sachsen	903,2	1,0	9,0	16,8	33,9	42,0	81,7	718,8
Sachsen-Anhalt	1 173,4	0,5	3,3	6,7	20,2	31,1	70,4	1 041,2
Schleswig-Holstein	989,4	1,7	12,3	24,2	79,3	231,1	332,4	308,5
Thüringen	780,3	0,5	4,7	8,5	16,1	21,6	43,6	685,4

Ergebnisse der Bodennutzungshaupterhebung 2015.
1 Einschl. Betriebe ohne landwirtschaftlich genutzte Fläche.

Betriebe und landwirtschaftlich genutzte Fläche 2015

Landwirtschaftliche Betriebe nach Größe der Fläche | Fläche dieser Betriebe insgesamt

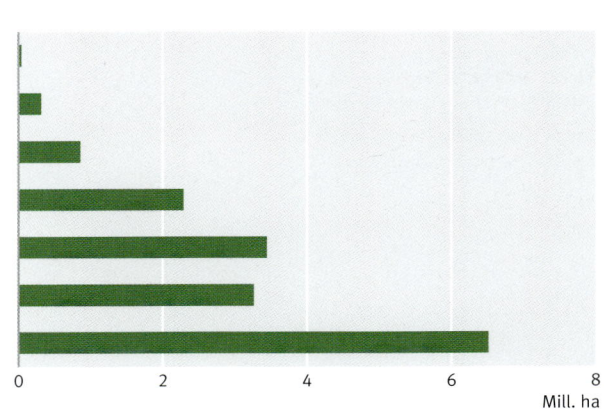

19 Land- und Forstwirtschaft

19.2 Landwirtschaftliche Betriebe
19.2.2 Landwirtschaftlich genutzte Fläche nach Kulturarten

	Insgesamt	Darunter Ackerland							Dauer-kulturen zusammen	Dauergrünland		
		zusammen	darunter							zusammen	darunter	
			Getreide zur Körnergewinnung [1]		Handelsgewächse		Pflanzen zur Grünernte				Wiesen	Weiden (einschl. Mähweiden und Almen)
			zusammen	dar. Weizen	zusammen	dar. Winterraps [1]	zusammen	dar. Silomais/ Grünmais				
	1 000 ha											
2014	16 724,8	11 869,2	6 468,6	3 219,7	1 466,3	1 391,9	2 857,1	2 092,6	202,9	4 650,7	1 829,6	2 620,3
2015	16 730,7	11 846,4	6 529,2	3 282,7	1 374,4	1 281,8	2 746,2	2 100,4	204,7	4 677,1	1 844,0	2 651,0
darunter: 2015 nach Ländern												
Baden-Württemberg	1 424,1	825,6	513,2	238,6	58,5	45,9	186,5	129,7	49,7	548,3	360,2	152,8
Bayern	3 153,6	2 067,7	1 177,3	548,5	134,8	103,8	577,1	427,2	14,6	1 071,2	726,1	304,8
Brandenburg	1 321,7	1 021,0	532,2	169,9	147,9	130,3	249,2	179,3	4,4	296,3	68,1	216,8
Hessen	769,5	472,1	303,8	165,8	57,9	55,6	61,5	44,4	6,5	290,8	118,3	159,1
Mecklenburg-Vorpommern	1 346,2	1 078,9	567,4	351,8	232,8	230,3	184,5	144,1	3,3	263,9	60,5	198,5
Niedersachsen	2 604,7	1 899,1	915,3	432,3	123,3	118,8	590,1	520,1	19,8	685,6	68,1	599,3
Nordrhein-Westfalen	1 457,1	1 049,0	628,4	279,1	59,5	55,8	231,8	190,9	15,6	391,7	199,8	164,2
Rheinland-Pfalz	705,4	409,1	241,6	117,6	45,5	43,1	58,7	33,3	70,8	225,3	64,0	156,3
Saarland	77,2	36,9	22,6	9,9	3,9	3,7	8,0	4,3	0,4	39,9	21,0	17,6
Sachsen	903,2	709,9	398,8	196,8	130,8	126,6	119,4	79,2	5,2	188,0	60,4	123,0
Sachsen-Anhalt	1 173,4	996,3	563,2	347,2	170,5	163,9	152,2	122,4	2,6	174,5	38,4	124,7
Schleswig-Holstein	989,4	661,6	302,3	194,3	91,5	90,9	233,7	167,4	7,2	320,3	27,0	288,8
Thüringen	780,3	610,5	359,4	229,2	116,1	111,8	91,0	56,6	2,5	167,3	30,1	133,5

Ergebnisse der jeweiligen Bodennutzungshaupterhebung.
1 Einschl. Saatguterzeugung.

19.2.3 Landwirtschaftliche Betriebe nach betriebswirtschaftlicher Ausrichtung 2013

	Betriebe	Landwirtschaftlich genutzte Fläche	Standardoutput		Arbeitsleistung	Viehbestand
	1 000	1 000 ha	Mill. EUR	1 000 EUR/Betrieb	1 000 AK-E	1 000 GV
Insgesamt [1]	285,0	16 699,6	46 205,3	*162,1*	522,7	13 088,8
Ackerbaubetriebe [1]	80,6	5 761,0	9 362,8	*116,2*	110,3	253,9
Gartenbaubetriebe	7,1	57,7	2 917,8	*410,7*	44,3	/
Dauerkulturbetriebe	21,1	207,9	2 031,4	*96,2*	40,7	6,8
dar. Weinbau (Rebanlagen)	14,2	114,3	1 096,4	*77,2*	25,1	(1,3)
Futterbaubetriebe (Weideviehbetriebe)	117,8	5 943,4	14 587,8	*123,8*	201,6	7 701,2
dar. Milchvieh	59,0	3 967,1	11 486,4	*194,8*	132,8	5 599,9
Veredlungsbetriebe	17,6	907,0	8 501,9	*482,4*	33,1	2 705,9
Pflanzenbauverbundbetriebe	3,5	174,4	728,1	*207,5*	12,4	19,3
Viehhaltungsverbundbetriebe	7,7	554,9	1 947,3	*253,4*	16,5	768,6
Pflanzenbau-Viehhaltungsverbundbetriebe	29,6	3 093,3	6 128,3	*206,9*	63,9	1 628,3

Ergebnisse der Agrarstrukturerhebung 2013.
1 Einschl. nicht klassifizierbare Betriebe.

19 Land- und Forstwirtschaft

19.2 Landwirtschaftliche Betriebe

19.2.4 Viehhaltung nach Größenklassen der landwirtschaftlichen Betriebe 2013

	Betriebe mit Viehhaltung insgesamt (GV = Großvieheinheit)		Darunter Betriebe mit				Schweinen		Geflügel	
			Rindern							
			zusammen		darunter mit Milchkühen					
	Betriebe	GV	Betriebe	Tiere	Betriebe	Tiere	Betriebe	Tiere	Betriebe	Tiere
	1 000									
Insgesamt	199,2	13 088,8	130,4	12 370,7	78,8	4 251,4	49,1	28 697,4	58,7	177 333,1
Größenklassen der landwirtschaftlich genutzten Fläche von ... bis unter ... ha										
unter 5	8,0	710,9	2,2	90,3	0,4	10,9	2,2	3 852,0	2,8	69 393,6
5 – 10	27,1	223,8	11,9	147,5	2,9	21,7	4,7	193,7	11,6	4 537,3
10 – 20	40,5	696,1	25,4	670,1	12,3	181,9	8,3	851,9	15,6	5 042,2
20 – 50	55,8	2 434,6	40,7	2 444,7	26,7	798,2	14,6	4 995,5	16,0	16 283,1
50 – 100	41,6	3 947,8	30,9	3 853,6	23,0	1 363,7	12,1	9 330,5	8,6	37 684,6
100 – 200	18,8	2 674,5	13,8	2 649,7	10,0	957,1	5,4	5 616,0	3,2	26 293,4
200 – 500	4,9	1 016,7	3,5	939,3	2,0	327,6	1,3	2 250,4	0,8	10 763,2
500 – 1 000	1,3	489,5	1,1	539,2	0,6	194,4	0,3	649,0	0,1	2 285,8
1 000 und mehr	1,1	894,9	1,0	1 036,3	0,8	396,0	0,3	958,3	0,1	5 049,9
Größenklassen der Großvieheinheiten von ... bis unter ... GV										
unter 50	125,2	2 099,2	73,4	2 054,7	32,3	513,5	26,3	2 553,9	45,2	8 937,8
50 – 100	35,0	2 508,6	27,8	2 596,0	22,2	906,0	9,4	4 685,7	7,6	12 372,2
100 – 200	27,3	3 795,8	20,7	3 684,7	17,4	1 346,6	9,2	9 419,1	4,2	30 669,1
200 und mehr	11,7	4 685,2	8,6	4 035,3	6,8	1 485,3	4,2	12 038,7	1,7	125 353,9

Ergebnisse der Agrarstrukturerhebung 2013.

19.2.5 Landwirtschaftliche Betriebe in rechtlicher und sozialökonomischer Gliederung 2013

	Insgesamt		Größenklassen der landwirtschaftlich genutzten Fläche (LF) von ... bis unter ... ha					
			unter 20		20 – 50		50 und mehr	
	Betriebe	LF	Betriebe	LF	Betriebe	LF	Betriebe	LF
	1 000	1 000 ha	1 000	1 000 ha	1 000	1 000 ha	1 000	1 000 ha
Insgesamt	285,0	16 699,6	128,2	1 256,6	71,5	2 378,6	85,4	13 064,3
Einzelunternehmen	256,0	10 897,1	120,7	1 213,6	67,4	2 239,0	67,9	7 444,6
Haupterwerbsbetriebe	124,0	8 129,1	28,7	301,0	37,8	1 315,1	57,5	6 512,9
Nebenerwerbsbetriebe	132,1	2 768,1	92,1	912,6	29,6	923,8	10,4	931,7
Personengemeinschaften [1]	23,7	2 881,4	6,0	35,4	3,6	124,2	14,1	2 721,8
Juristische Personen	5,3	2 921,1	1,5	7,7	0,5	15,4	3,3	2 897,9

Ergebnisse der Agrarstrukturerhebung 2013.

1 Einschl. Personengesellschaften.

19 Land- und Forstwirtschaft

19.2 Landwirtschaftliche Betriebe
19.2.6 Arbeitskräfte in landwirtschaftlichen Betrieben 2013

	Arbeitskräfte			Davon							
	insgesamt	und zwar		Familienarbeitskräfte [1]			ständige Arbeitskräfte [1]			Saisonarbeitskräfte [1]	
		voll-beschäftigt	männlich	zusammen	und zwar		zusammen	und zwar		zusammen	dar. männlich
					voll-beschäftigt	männlich		voll-beschäftigt	männlich		
	1 000										
Insgesamt	1 020,5	303,9	634,5	505,6	180,5	331,2	200,7	123,4	136,9	314,3	166,4
	Größenklassen der landwirtschaftlich genutzten Fläche von ... bis unter ... ha										
unter 5	103,1	20,5	55,7	38,3	9,0	24,0	27,2	11,5	13,9	37,6	17,8
5 – 10	103,1	13,6	66,3	72,9	9,5	49,5	10,6	4,1	6,1	19,6	10,7
10 – 20	148,5	28,0	96,0	107,3	22,6	71,6	12,3	5,5	7,6	28,9	16,7
20 – 50	210,1	65,8	132,1	136,2	55,8	89,1	20,6	10,0	13,6	53,3	29,3
50 – 100	173,8	67,1	108,0	97,0	51,8	62,0	28,2	15,2	19,8	48,6	26,2
100 – 200	123,3	41,3	73,8	42,3	24,7	27,2	27,2	16,6	20,5	53,7	26,2
200 und mehr	158,6	67,6	102,6	11,5	7,1	7,7	74,5	60,5	55,3	72,7	39,6
	Rechtsformen										
Einzelunternehmen	777,2	208,9	483,2	505,6	180,5	331,2	59,3	28,4	39,1	212,4	112,9
Haupterwerbsbetriebe	477,4	178,1	286,2	257,5	153,6	163,3	49,5	24,5	32,7	170,4	90,2
Nebenerwerbsbetriebe	299,9	30,8	197,0	248,0	26,9	167,9	9,8	3,9	6,4	42,0	22,7
Personengemeinschaften [2]	164,2	48,2	98,9	X	X	X	79,5	48,2	54,8	84,7	44,1
Juristische Personen	79,1	46,8	52,4	X	X	X	61,9	46,8	43,0	17,2	9,4
	darunter: nach Ländern										
Baden-Württemberg	181,6	31,1	106,3	81,1	22,0	52,0	21,4	9,2	13,7	79,1	40,6
Bayern	241,6	79,5	152,4	184,0	67,3	118,1	24,5	12,2	15,7	33,2	18,6
Brandenburg	39,4	16,5	25,3	5,7	2,1	3,9	17,9	14,4	12,1	15,9	9,2
Hessen	52,7	11,5	32,2	30,7	7,9	20,8	7,2	3,5	4,9	14,8	6,5
Mecklenburg-Vorpommern	25,0	13,4	17,0	4,4	1,6	3,0	14,5	11,8	10,9	6,2	3,1
Niedersachsen	140,2	42,2	88,5	65,2	27,9	43,9	26,5	14,2	18,6	48,5	25,9
Nordrhein-Westfalen	116,4	31,3	72,0	58,8	22,7	39,3	19,0	8,5	13,4	38,7	19,2
Rheinland-Pfalz	90,5	18,0	53,9	32,6	11,3	21,0	11,5	6,7	7,7	46,4	25,2
Saarland	3,5	1,0	2,2	2,3	0,6	1,5	0,7	0,3	0,4	0,5	0,3
Sachsen	34,8	17,5	21,9	8,5	2,9	5,8	18,7	14,5	12,1	7,6	4,0
Sachsen-Anhalt	23,8	12,7	16,1	4,2	1,7	3,0	13,9	11,1	10,0	5,8	3,1
Schleswig-Holstein	44,6	15,5	29,7	22,3	10,2	14,9	10,4	5,3	7,6	12,0	7,2
Thüringen	22,3	12,5	14,4	4,2	1,4	2,9	13,7	11,1	9,1	4,5	2,4

Ergebnisse der Agrarstrukturerhebung 2013.

1 Im Betrieb beschäftigt.
2 Einschl. Personengesellschaften.

Arbeitskräfte in landwirtschaftlichen Betrieben 2013
Anteil der ... an den Arbeitskräften insgesamt, in %

Familienarbeitskräfte — ständigen Arbeitskräfte — Saisonarbeitskräfte

(Balkendiagramm, Reihenfolge von oben nach unten: Bayern, Saarland, Hessen, Bremen, Nordrhein-Westfalen, Schleswig-Holstein, Niedersachsen, Baden-Württemberg, Hamburg, Rheinland-Pfalz, Berlin, Sachsen, Thüringen, Sachsen-Anhalt, Mecklenburg-Vorpommern, Brandenburg)

19 Land- und Forstwirtschaft

19.3 Pachtentgelte und Kaufwerte

19.3.1 Pachtflächen und Pachtentgelte in landwirtschaftlichen Betrieben 2013

	Landwirtschaftliche Betriebe mit Angabe des Jahrespachtentgeltes											
	insgesamt				und zwar mit							
					Ackerland				Dauergrünland			
	Betriebe	landwirtschaftlich genutzte Fläche	Pachtfläche	Pachtentgelt	Betriebe	landwirtschaftlich genutzte Fläche	Pachtfläche	Pachtentgelt	Betriebe	landwirtschaftlich genutzte Fläche	Pachtfläche	Pachtentgelt
	1 000	1 000 ha		EUR je ha	1 000	1 000 ha		EUR je ha	1 000	1 000 ha		EUR je ha
Deutschland	195,0	14 439,1	8 852,7	243	137,1	12 126,5	5 786,3	277	124,7	9 639,6	2 217,2	153
darunter:												
Baden-Württemberg	29,7	1 270,4	779,5	216	20,4	1 098,1	471,5	246	19,1	976,8	272,0	129
Bayern	61,3	2 579,4	1 338,9	290	45,3	2 169,9	872,1	338	43,8	1 927,5	430,3	191
Brandenburg	3,8	1 263,0	910,2	121	2,8	1 112,1	642,9	131	2,5	880,1	183,5	90
Hessen	13,4	707,6	447,7	153	8,8	531,7	229,0	192	8,6	460,0	138,0	87
Mecklenburg-Vorpommern	2,8	1 080,6	701,0	202	1,8	836,9	437,2	232	1,7	664,8	111,8	111
Niedersachsen	28,7	2 193,7	1 141,5	376	22,1	1 930,8	770,8	435	17,1	1 280,0	300,1	226
Nordrhein-Westfalen	20,5	1 015,3	553,2	385	15,5	848,8	358,8	460	11,4	566,9	151,1	200
Rheinland-Pfalz	14,2	656,9	418,3	214	7,1	528,8	254,7	209	6,3	414,1	129,2	96
Saarland	0,9	72,7	46,9	89	0,5	45,6	.	100	0,6	48,2	.	80
Sachsen	3,8	855,2	639,1	146	2,4	767,1	476,0	162	2,8	696,5	115,3	85
Sachsen-Anhalt	3,1	1 111,4	835,4	231	2,1	874,2	573,8	259	1,5	578,5	90,6	109
Schleswig-Holstein	10,0	897,9	445,8	363	6,9	783,3	280,0	423	7,6	645,0	157,8	255
Thüringen	2,3	714,0	581,9	144	1,3	588,0	399,1	162	1,5	486,4	112,8	72

Ergebnisse der Agrarstrukturerhebung 2013. – Ohne Pachtungen von Eltern, Ehegatten/-gattin und sonstigen Verwandten und Verschwägerten des Betriebsinhabers/der Betriebsinhaberin. – Der Nachweis ist jeweils auf die selbst bewirtschaftete Fläche bezogen.

19.3.2 Jahrespachtentgelt der landwirtschaftlichen Betriebe mit gepachteten Einzelgrundstücken

	1999	2003	2007	2010	2013
	EUR je ha Pachtfläche				
Deutschland	158	174	183	203	243
darunter:					
Baden-Württemberg	172	183	189	197	216
Bayern	227	232	235	251	290
Brandenburg	63	74	80	98	121
Hessen	133	137	140	148	153
Mecklenburg-Vorpommern	93	113	125	152	202
Niedersachsen	255	268	279	307	376
Nordrhein-Westfalen	281	310	312	337	385
Rheinland-Pfalz	178	185	192	199	214
Saarland	79	87	85	86	89
Sachsen	96	108	116	128	146
Sachsen-Anhalt	140	160	172	198	231
Schleswig-Holstein	254	265	261	294	363
Thüringen	100	114	120	130	144

1999 und 2010 Ergebnisse der Landwirtschaftszählung, 2003, 2007 und 2013 der Agrarstrukturerhebung. – Ohne Pachtungen von Eltern, Ehegatten/-gattin und sonstigen Verwandten und Verschwägerten des Betriebsinhabers/der Betriebsinhaberin. – Der Nachweis ist jeweils auf die selbst bewirtschaftete Fläche bezogen.

19.3.3 Veräußerungen landwirtschaftlicher Grundstücke 2014

	Veräußerungsfälle	Veräußerte Fläche [1]	Durchschnittlicher Kaufwert je Hektar [2]
	Anzahl	ha	EUR
Deutschland	46 011	108 940	18 099
davon:			
Baden-Württemberg	5 591	3 826	23 021
Bayern	5 843	7 756	41 440
Brandenburg	3 288	24 837	10 191
Hessen	4 238	3 896	14 578
Mecklenburg-Vorpommern	1 800	15 754	17 539
Niedersachsen	5 639	11 854	28 856
Nordrhein-Westfalen	3 113	4 354	40 049
Rheinland-Pfalz	4 841	3 919	12 092
Saarland	907	620	10 065
Sachsen	2 108	8 481	10 250
Sachsen-Anhalt	3 488	12 289	12 982
Schleswig-Holstein	710	3 107	26 311
Thüringen	4 445	8 246	9 430

Ergebnisse der Statistik der Kaufwerte für landwirtschaftliche Grundstücke. – Ohne Stadtstaaten.
1 Fläche der landwirtschaftlichen Nutzung.
2 Summe der Kaufpreise bezogen auf die Fläche der landwirtschaftlichen Nutzung.

19 Land- und Forstwirtschaft

19.4 Ökologischer Landbau
19.4.1 Landwirtschaftlich genutzte Fläche in Betrieben mit ökologischem Landbau 2013

	Insgesamt			Und zwar mit					
	Betriebe	landwirtschaftlich genutzte Fläche		Ackerland			Wiesen und Weiden [1]		
		insgesamt [2]	dar. ökologisch bewirtschaftet	Betriebe	Fläche		Betriebe	Fläche	
					zusammen [2]	dar. ökologisch bewirtschaftet		zusammen [2]	dar. ökologisch bewirtschaftet
	1 000	1 000 ha	%	1 000	1 000 ha	%	1 000	1 000 ha	%
Deutschland	18,0	1 047,0	96,4	11,2	469,2	94,0	15,6	525,0	98,4
darunter:									
Baden-Württemberg	3,3	124,0	89,6	2,1	46,8	83,8	2,9	70,5	93,7
Bayern	6,3	217,6	98,3	3,9	97,0	97,0	5,7	115,0	99,3
Brandenburg	0,7	137,7	98,6	0,6	88,9	98,0	0,5	45,7	99,6
Hessen	1,7	81,6	99,4	1,1	27,7	99,2	1,6	48,4	99,6
Mecklenburg-Vorpommern	0,7	120,4	99,9	0,5	46,4	100	0,7	72,2	99,9
Niedersachsen	1,2	79,5	93,0	0,8	34,1	87,5	1,0	36,4	96,5
Nordrhein-Westfalen	1,4	62,9	97,3	0,7	18,1	95,4	1,3	36,4	98,1
Rheinland-Pfalz	1,0	47,3	95,7	0,4	13,5	86,4	0,6	27,9	99,7
Saarland	0,1	9,3	95,3	0,1	2,6	87,3	0,1	6,2	98,5
Sachsen	0,4	35,3	97,3	0,3	21,2	96,0	0,4	12,7	99,7
Sachsen-Anhalt	0,3	53,4	99,8	0,3	32,2	99,6	0,3	19,4	100
Schleswig-Holstein	0,4	35,8	94,0	0,3	20,1	90,3	0,4	15,0	98,8
Thüringen	0,2	39,8	85,3	0,2	20,1	72,3	0,2	17,6	98,9

Ergebnisse der Agrarstrukturerhebung 2013.
1 Einschl. Mähweiden und Almen.
2 Einschl. Flächen, die nicht in die ökologische Wirtschaftsweise einbezogen sind.

19.4.2 Viehbestand in Betrieben mit ökologischem Landbau 2013

	Insgesamt		Dar. mit ökologischer Wirtschaftsweise in der Viehhaltung		
	Betriebe	Tiere [1]	Betriebe [2]	Tiere	
	1 000				%
Rinder	10,3	649,8	9,9	621,8	95,7
Schweine	1,9	247,0	1,8	193,9	78,5
Schafe	2,3	230,8	2,2	226,3	98,0
Ziegen	1,8	43,5	1,7	42,2	97,1
Gänse, Enten, Truthühner	1,0	(315,5)	0,9	/	/
Einhufer (z. B. Pferde)	4,4	35,0	4,1	31,9	91,3

Ergebnisse der Agrarstrukturerhebung 2013.
1 Einschl. Viehbestände, die nicht in die ökologische Wirtschaftsweise einbezogen sind.
2 Einschl. Betriebe, die nicht vollständig auf die ökologische Wirtschaftsweise in der Viehhaltung (bzw. der jeweiligen Tierart) umgestellt sind.

19 Land- und Forstwirtschaft

19.5 Düngemittel
19.5.1 Inlandsabsatz nach Nährstoffarten

Wirtschaftsjahr	Insgesamt				Je ha landwirtschaftlich genutzter Fläche [1]			
	Stickstoff (N)	Phosphat (P_2O_5)	Kali (K_2O)	Kalk (CaO)	Stickstoff (N)	Phosphat (P_2O_5)	Kali (K_2O)	Kalk (CaO)
	1 000 t Nährstoff				kg Nährstoff			
2005/06	1 785	274	426	1 897	105,3	16,2	25,1	106,0
2009/10	1 569	235	363	2 075	92,9	13,9	21,5	117,8
2010/11	1 786	286	434	2 276	106,9	17,1	26,0	130,7
2011/12	1 640	247	386	2 398	98,1	14,8	23,1	138,1
2012/13	1 649	284	421	2 539	98,9	17,1	25,3	146,3
2013/14	1 675	284	457	2 871	100,3	17,0	27,4	166,3
2014/15	1 823	301	460	2 761	108,8	18,0	27,4	159,8

1 Bezogen auf die landwirtschaftlich genutzte Fläche, einschl. Brache.

19.5.2 Inlandsabsatz nach Düngerarten

Wirtschaftsjahr	Stickstoff (N)						Phosphat (P_2O_5)			
	zusammen	Kalkammon-salpeter	Ammonnitrat-Harnstoff-Lösung	Harnstoff	andere Einnährstoff-dünger [1]	Mehrnähr-stoffdünger	zusammen	Super-phosphat [2]	andere Phosphat-dünger [3]	Mehrnähr-stoffdünger
	1 000 t Nährstoff									
2005/06	1 785	805	230	301	276	173	274	23	8	243
2009/10	1 569	713	188	280	276	113	235	22	6	207
2010/11	1 786	728	200	377	325	156	286	20	9	258
2011/12	1 640	682	173	311	332	142	247	12	7	228
2012/13	1 649	631	171	357	337	153	284	16	5	263
2013/14	1 675	619	174	357	374	151	284	17	6	261
2014/15	1 823	649	172	459	384	159	301	16	5	280

Wirtschaftsjahr	Kali (K_2O)					Kalk (CaO)				
	zusammen	Kalirohsalz [4]	Kalium-chlorid [5]	Kalium-sulfat [6]	Mehrnähr-stoffdünger	zusammen	Kohlensaurer Kalk [7]	Branntkalk [8]	Konverter-kalk [9]	andere Kalk-dünger [10]
	1 000 t Nährstoff									
2005/06	426	8	215	25	178	1 897	1 352	76	148	321
2009/10	363	10	233	18	101	2 075	1 483	67	185	339
2010/11	434	12	253	27	142	2 276	1 656	59	219	343
2011/12	386	7	255	22	101	2 398	1 720	67	227	383
2012/13	421	7	276	21	117	2 539	1 824	78	271	366
2013/14	457	9	301	24	123	2 871	2 108	92	276	395
2014/15	460	9	307	25	119	2 761	2 044	83	217	416

1 Z. B. Stickstoff-Magnesia, Ammoniumnitrat, Ammonsulfat, Ammonsulfatsalpeter und andere Salpetersorten, Kalkstickstoff.
2 Auch Triple-Superphosphat.
3 Weicherdiges Rohphosphat, teilaufgeschlossenes Rohphosphat, Dicalciumphosphat, Rohphosphat mit wasserlöslichem Anteil, Thomasphosphat, Rohphosphat mit kohlensaurem Kalk.
4 Einschl. Rückstandkali.
5 Einschl. Kaliumchlorid mit Magnesium.
6 Einschl. Kaliumsulfat mit Magnesium.
7 Einschl. kohlensaurer Magnesiumkalk.
8 Einschl. Magnesium-Branntkalk.
9 Einschl. Hüttenkalk.
10 Einschl. Misch-, Carbo- und Rückstandkalk.

19 Land- und Forstwirtschaft

19.6 Forstbetriebe und Forstwirtschaft
19.6.1 Landwirtschaftliche Betriebe mit Wald und Kurzumtriebsplantagen 2013

	Insgesamt		Wald		Kurzumtriebsplantagen	
	Betriebe in 1 000	Fläche in 1 000 ha	Betriebe in 1 000	Fläche in 1 000 ha	Betriebe in 1 000	Fläche in 1 000 ha
Deutschland	153,1	1 303,2	152,8	1 299,6	1,2	3,6
Baden-Württemberg	23,6	135,4	23,5	135,2	/	(0,2)
Bayern	76,2	550,0	76,2	549,5	/	/
Brandenburg	2,5	(73,6)	2,5	(72,4)	0,1	1,2
Hessen	5,1	24,6	5,1	24,5	/	/
Mecklenburg-Vorpommern	1,5	48,0	1,5	47,8	(0,0)	0,2
Niedersachsen	14,7	166,4	14,6	165,9	/	/
Nordrhein-Westfalen	13,2	(154,8)	13,1	(154,5)	/	/
Rheinland-Pfalz	6,3	20,0	6,3	19,9	/	/
Saarland	0,3	1,8	0,3	1,8	0,0	0,0
Sachsen	3,0	(42,4)	3,0	(42,1)	/	/
Sachsen-Anhalt	1,2	30,6	1,2	30,5	0,0	0,1
Schleswig-Holstein	4,3	43,6	4,3	43,4	/	/
Thüringen	1,0	10,8	1,0	10,7	0,0	(0,1)
Berlin, Bremen, Hamburg	0,0	1,2	0,0	1,2	0,0	0,0

Ergebnisse der Agrarstrukturerhebung 2013.

Kurzumtriebsplantagen sind bewirtschaftete Forstflächen, auf denen Holzpflanzen angebaut werden, deren Umtriebszeit bis zu etwa 20 Jahren beträgt (z. B. Pappeln, Weiden). Als Umtriebszeit gilt die Zeit zwischen der Anpflanzung der Bäume und der Ernte des Endprodukts.

Landwirtschaftliche Betriebe können sowohl Wald als auch Kurzumtriebsplantagen besitzen. Deshalb addieren sich zwar die Flächen auf insgesamt, nicht aber die Anzahl der Betriebe.

19.6.2 Holzeinschlag

Der jährliche **Holzeinschlag** wird stark von den jeweiligen Witterungsbedingungen und unvorhersehbaren Ereignissen bzw. Wetterphänomenen (z. B. Orkane) beeinflusst. Die Einordnung der jährlichen Holzeinschlagzahlen ist daher nur anhand mehrjähriger Durchschnittswerte (D) sinnvoll.

	Insgesamt	Laubholz					Nadelholz					
		zusammen	Eiche		Buche und sonstiges Laubholz		zusammen	Kiefer und Lärche		Fichte, Tanne, Douglasie und sonstiges Nadelholz	
			Stammholz, Stangen, Schwellen	Industrie-, Energieholz [1]	Stammholz, Stangen, Schwellen	Industrie-, Energieholz [1]		Stammholz, Stangen, Schwellen	Industrie-, Energieholz [1]	Stammholz, Stangen	Industrie-, Energieholz [1]
	1 000 m³ ohne Rinde										
2004/08 D	61 167	12 045	886	1 299	2 872	6 987	49 122	5 887	5 790	26 953	10 492
2009/13 D	52 836	13 124	596	1 398	2 395	8 735	39 711	5 865	6 635	18 687	8 524
2014	54 356	14 229	623	1 588	2 574	9 444	40 128	6 420	6 873	18 497	8 337
2015	55 613	13 563	645	1 434	2 712	8 772	42 050	6 248	6 316	20 776	8 709

1 Einschl. nicht verwertetes Holz.

Holzeinschlag nach Waldeigentumsarten 2015
in %

- Körperschaftsforsten: 20
- Staatsforsten: 36
- Privatforsten: 44

55,6 Mill. m³ (ohne Rinde)

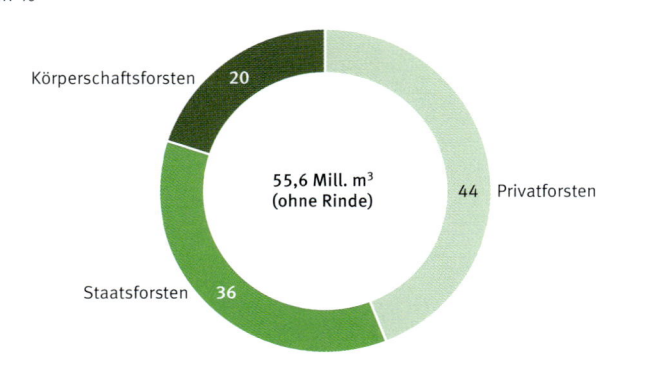

Staatsforsten bezeichnen Wald im Alleineigentum des Bundes oder eines Landes, **Körperschaftsforsten** umfassen Gemeindeforsten (einschließlich Kreisforsten sowie Forsten von Gemeinde- und Kreisverbänden) und Forsten sonstiger Körperschaften des öffentlichen Rechts. Wald, der weder Staatswald noch Körperschaftswald ist, gilt als **Privatwald**.

19 Land- und Forstwirtschaft

19.7 Anbau und Ernte
19.7.1 Feldfrüchte im Hauptanbau und Dauerwiesen

Anbau und Ernte von Feldfrüchten ist abhängig von den jeweiligen Witterungsbedingungen. Ein Vergleich der Erntejahre ist daher nur anhand der Durchschnittswerte (D) sinnvoll.

	Ackerland insgesamt	Getreide zur Körnergewinnung (einschl. Saatguterzeugung) [1]								
		zusammen	Winterweizen einschl. Dinkel und Einkorn	Sommerweizen [2]	Roggen und Wintermenggetreide	Wintergerste	Sommergerste	Hafer	Triticale [3]	Körnermais/ Mais zum Ausreifen (einschl. Corn-Cob-Mix)
	Anbaufläche in 1 000 ha									
2009/14 D	11 874,2	6 581,9	3 117,2	78,9	687,2	1 242,2	414,3	141,4	413,5	487,2
2014	11 869,2	6 460,6	3 159,0	60,7	629,9	1 227,8	345,9	123,8	432,3	481,3
2015	11 846,4	6 517,5	3 210,4	72,2	616,0	1 252,9	368,9	125,7	415,8	455,5
	darunter: 2015 nach Ländern									
Baden-Württemberg	825,6	512,4	231,6	7,0	10,2	91,8	59,7	20,1	23,0	69,0
Bayern	2 067,7	1 174,2	538,0	10,5	35,4	245,9	104,2	23,8	79,3	137,1
Brandenburg	1 021,0	529,0	166,4	3,6	187,0	85,5	7,7	16,3	42,9	19,6
Hessen	472,1	303,2	160,3	5,5	13,9	66,5	19,9	9,8	20,6	6,6
Mecklenburg-Vorpommern	1 078,9	566,8	348,3	3,5	60,9	122,6	7,0	8,8	12,1	3,4
Niedersachsen	1 899,1	914,2	426,6	5,6	135,1	144,4	44,9	9,5	83,6	64,5
Nordrhein-Westfalen	1 049,0	627,6	274,1	5,1	16,6	136,4	14,4	7,0	72,4	101,7
Rheinland-Pfalz	409,1	241,2	113,0	4,6	10,1	37,4	41,9	4,8	17,9	11,6
Saarland	36,9	22,5	9,3	0,5	2,9	3,2	1,4	1,9	2,8	0,4
Sachsen	709,9	398,5	194,4	2,4	33,4	93,2	25,6	8,8	21,6	19,0
Sachsen-Anhalt	996,3	562,9	335,9	11,3	72,5	95,3	7,7	4,7	17,9	17,6
Schleswig-Holstein	661,6	302,1	190,9	3,4	27,6	59,4	5,4	6,1	8,4	/
Thüringen	610,5	359,3	220,0	9,2	9,4	70,5	29,2	3,7	13,3	4,1
	Ertrag in dt je ha									
2009/14 D	X	71,2	77,1	58,3	53,8	67,6	53,5	47,9	60,7	99,9
2014	X	80,5	86,8	60,9	61,2	77,3	59,8	50,6	70,3	107,6
2015	X	75,1	81,5	52,5	56,6	76,9	54,2	45,1	64,0	88,8
	darunter: 2015 nach Ländern									
Baden-Württemberg	X	70,5	76,3	54,0	53,2	67,4	53,9	46,6	65,7	84,3
Bayern	X	71,9	78,3	57,3	52,8	68,2	54,7	47,6	61,3	82,4
Brandenburg	X	57,8	70,8	33,7	46,2	67,0	33,8	29,0	52,2	69,3
Hessen	X	72,8	80,6	49,2	59,5	72,1	48,6	43,1	63,2	83,4
Mecklenburg-Vorpommern	X	83,0	88,5	55,2	60,8	86,3	48,5	44,6	56,7	84,4
Niedersachsen	X	82,2	88,1	59,5	71,2	82,5	59,0	49,8	71,3	102,4
Nordrhein-Westfalen	X	85,6	88,1	70,8	70,9	85,3	53,2	58,6	70,6	99,9
Rheinland-Pfalz	X	68,7	74,1	53,6	66,3	72,0	55,2	47,2	64,6	76,3
Saarland	X	59,4	66,2	47,1	53,8	63,1	43,7	42,4	58,2	76,1
Sachsen	X	73,2	79,8	44,9	50,4	77,3	57,8	49,5	57,6	79,3
Sachsen-Anhalt	X	68,6	73,7	44,1	43,4	76,9	46,7	33,9	49,7	85,8
Schleswig-Holstein	X	96,1	100,3	70,8	79,0	101,7	59,1	60,5	78,3	.
Thüringen	X	70,0	73,3	45,3	64,2	73,1	53,6	36,3	61,6	85,3

1 Ab 2010 ohne anderes Getreide zur Körnergewinnung (z. B. Hirse, Sorghum, Kanariensaat).
2 Einschl. Hartweizen (Durum).
3 Einschl. Sommermenggetreide.

19 Land- und Forstwirtschaft

19.7 Anbau und Ernte
19.7.1 Feldfrüchte im Hauptanbau und Dauerwiesen

	Ackerland										Dauerwiesen und Mähweiden [3]
	Hülsenfrüchte zur Körnergewinnung [1]		Hackfrüchte		Raps und Rübsen [1]	Pflanzen zur Grünernte				alle anderen Ackerflächen	
	Erbsen (ohne Frischerbsen)	Ackerbohnen	Kartoffeln [1]	Zuckerrüben		Leguminosen zur Ganzpflanzenernte [2][3]	Feldgras/ Grasanbau auf dem Ackerland [3]	Silomais/ Grünmais einschl. Lieschkolbenschrot [4]	Getreide zur Ganzpflanzenernte [5]		
	Anbaufläche in 1 000 ha										
2009/14 D	47,6	16,4	250,4	379,6	1 404,5	264,3	379,8	1 939,7	.	.	4 460,6
2014	41,7	20,5	244,8	372,5	1 394,2	273,8	347,1	2 092,6	88,3	533,0	4 450,0
2015	79,1	37,6	236,7	312,8	1 285,5	258,4	267,8	2 100,4	106,6	644,1	4 495,0
	darunter: 2015 nach Ländern										
Baden-Württemberg	6,1	2,4	4,7	14,2	46,2	36,3	9,2	129,7	10,8	53,7	513,1
Bayern	14,2	5,6	40,0	49,9	104,0	93,8	18,8	427,2	31,8	108,2	1 031,0
Brandenburg	7,2	0,6	9,2	7,1	130,7	25,8	33,2	179,3	8,9	89,9	284,9
Hessen	2,5	3,9	3,7	11,5	55,7	10,9	5,5	44,4	/	30,6	277,4
Mecklenburg-Vorpommern	3,6	2,8	11,3	22,6	230,5	12,6	20,7	144,1	7,1	56,9	259,0
Niedersachsen	(2,3)	4,3	105,9	87,1	119,3	9,0	57,3	520,1	(3,3)	76,3	667,4
Nordrhein-Westfalen	1,6	3,2	28,5	47,8	57,0	4,3	30,9	190,9	(5,2)	52,0	363,9
Rheinland-Pfalz	1,4	(0,3)	7,2	14,9	43,3	8,3	14,6	33,3	1,7	43,0	220,3
Saarland	0,2	0,0	0,1	–	3,8	1,3	1,9	4,3	0,5	2,4	38,6
Sachsen	9,3	3,5	6,4	10,7	126,8	17,4	18,6	79,2	4,1	35,5	183,4
Sachsen-Anhalt	16,9	3,5	12,6	33,1	164,1	11,8	9,6	122,4	6,6	52,8	163,1
Schleswig-Holstein	/	2,4	5,2	7,0	91,0	8,2	37,5	167,4	20,4	20,2	315,7
Thüringen	13,7	5,1	1,8	6,9	112,0	18,6	9,4	56,6	5,9	21,3	163,6
	Ertrag in dt je ha										
2009/14 D	32,1	37,4	436,6	698,9	38,8	73,3	69,9	441,3	.	X	.
2014	37,2	42,7	474,2	798,6	44,8	77,9	80,6	473,3	295,1	X	72,8
2015	35,0	35,4	438,1	721,7	39,0	66,9	74,5	413,6	263,7	X	62,9
	darunter: 2015 nach Ländern										
Baden-Württemberg	39,2	33,4	369,4	673,8	40,6	64,4	50,2	393,2	202,5	X	48,2
Bayern	33,3	33,3	353,8	674,8	39,8	66,1	64,8	398,8	251,9	X	62,2
Brandenburg	25,6	24,1	352,1	627,7	36,0	60,5	51,7	289,8	166,9	X	53,9
Hessen	40,2	31,4	356,2	712,3	38,3	42,5	71,0	434,9	274,3	X	54,6
Mecklenburg-Vorpommern	31,6	36,0	352,6	669,8	40,8	55,9	56,8	365,7	313,2	X	55,3
Niedersachsen	40,5	44,5	481,4	777,1	38,8	74,7	99,0	487,9	340,5	X	89,2
Nordrhein-Westfalen	44,8	39,2	509,3	788,4	40,3	60,5	66,7	475,5	283,3	X	55,0
Rheinland-Pfalz	41,2	33,2	338,3	610,8	39,7	51,3	55,1	402,1	254,0	X	52,8
Saarland	30,7	28,7	297,2	–	36,7	53,7	47,7	355,7	297,3	X	46,2
Sachsen	38,4	38,1	401,7	710,4	38,5	80,9	85,0	369,2	194,6	X	58,9
Sachsen-Anhalt	32,7	29,1	462,1	707,0	37,7	72,8	47,7	376,7	200,5	X	49,7
Schleswig-Holstein	.	.	420,4	716,3	.	91,3	93,5	406,1	371,5	X	84,8
Thüringen	37,6	27,2	379,2	613,7	36,9	83,8	81,1	356,8	211,6	X	55,5

1 Einschl. Saat- bzw. Pflanzguterzeugung.
2 Z. B. Klee, Luzerne, Mischungen ab 80 % Leguminosen.
3 Ertrag in Trockenmasse berechnet (Raufutterernte einschl. Grünfutter- und Weidenutzung).
4 Ertrag in Grünmasse (35 % Trockenmasse).
5 Einschl. Teigreife.

19 Land- und Forstwirtschaft

19.7 Anbau und Ernte
19.7.2 Gemüse 2015

Anbau und Ernte von Gemüse ist abhängig von den jeweiligen Witterungsbedingungen. Ein Vergleich der Erntejahre ist daher nur anhand der Durchschnittswerte (D) sinnvoll.

	Gemüse im Freiland								Fruchtgemüse zusammen [1]	Hülsenfrüchte zusammen [2]	Gemüse unter hohen begehbaren Schutzabdeckungen insgesamt [3] [4]
	insgesamt	darunter									
		Kohlgemüse		Blatt- und Stängelgemüse		Wurzel- und Knollengemüse					
		zusammen	dar. Blumenkohl	zusammen	dar. Spargel (im Ertrag)	zusammen	dar. Möhren und Karotten				
	Zahl der Betriebe in 1 000										
Deutschland	6,1	2,7	1,3	4,1	1,9	3,0	1,8		2,3	1,6	1,7
	Anbaufläche in ha										
Deutschland	114 802	18 695	3 565	46 408	20 594	29 355	9 649		9 152	9 384	1 204
darunter:											
Baden-Württemberg	11 283	1 452	132	5 511	2 217	1 991	821		2 001	147	411
Bayern	14 653	2 177	267	4 993	2 670	4 137	1 022		2 831	263	225
Brandenburg	5 670	112	9	4 212	2 861	512	251		775	11	41
Hessen	6 877	954	83	2 979	1 780	1 664	218		618	638	28
Mecklenburg-Vorpommern	1 625	543	18	875	219	104	.		27	10	14
Niedersachsen	18 279	2 820	687	9 100	4 643	4 838	1 632		340	816	75
Nordrhein-Westfalen	21 723	3 916	715	8 912	3 453	3 488	2 238		1 011	4 144	190
Rheinland-Pfalz	19 546	2 342	1 100	6 733	1 125	8 401	1 799		1 196	466	51
Saarland	154	24	2	108	43	11	.		.	1	4
Sachsen	3 973	267	113	629	254	606	61		27	2 434	34
Sachsen-Anhalt	3 895	142	(46)	1 049	616	2 339	659		(87)	(248)	18
Schleswig-Holstein	5 720	3 607	299	572	385	1 073	870		119	199	31
Thüringen	954	283	84	421	327	168	6		.	5	39
	Erntemenge in t [5]										
Deutschland	3 245 396	823 763	105 390	631 657	113 613	1 333 450	526 856		328 483	77 522	146 331
darunter:											
Baden-Württemberg	245 721	57 451	3 032	67 356	10 933	80 139	40 770		(35 453)	1 388	26 728
Bayern	501 792	99 010	7 082	68 871	18 402	170 083	49 554		155 586	2 059	28 271
Brandenburg	82 126	4 453	131	16 909	15 346	17 790	9 998		42 485	33	12 407
Hessen	176 789	51 242	2 314	28 966	10 095	78 992	11 203		12 138	5 123	2 182
Mecklenburg-Vorpommern	29 915	10 012	402	12 521	811	5 591	.		492	100	2 834
Niedersachsen	456 086	70 981	19 388	106 310	25 253	247 758	92 645		7 995	8 881	16 988
Nordrhein-Westfalen	602 621	183 310	23 040	157 817	18 023	184 311	129 729		31 637	39 496	22 175
Rheinland-Pfalz	628 115	86 958	38 298	142 583	6 575	350 403	92 204		33 446	3 731	3 994
Saarland	2 488	758	52	1 057	236	381	.		.	12	179
Sachsen	55 613	8 915	2 567	7 672	1 051	24 584	2 406		440	13 781	3 846
Sachsen-Anhalt	122 621	4 259	(1 193)	7 903	2 818	107 200	40 584		583	(1 915)	7 839
Schleswig-Holstein	301 521	228 762	5 827	3 867	1 637	59 947	53 001		2 276	959	4 848
Thüringen	29 510	15 922	1 741	2 695	2 434	5 687	116		.	28	11 960

1 Einlegegurken, Salatgurken, Speisekürbisse, Zucchini, Zuckermais.
2 Buschbohnen, Stangenbohnen, Dicke Bohnen, Frischerbsen.
3 Feldsalat, Kopfsalat, sonstige Salate, Paprika, Radies, Salatgurken, Tomaten, sonstige Gemüsearten.
4 Einschl. Gewächshäusern.
5 Ohne Spargel (nicht im Ertrag) und Chicorée.

19 Land- und Forstwirtschaft

19.7 Anbau und Ernte
19.7.3 Strauchbeeren 2015

Anbauflächen und Erntemengen nach Strauchbeerenarten werden jährlich erfasst. Die Anbaufläche umfasst auch die Flächen, auf denen noch nicht ertragsfähige Junganlagen stehen.

	Betriebe	Anbaufläche	Ertrag je ha	Erntemenge [1]
	Anzahl	ha	dt	t
Deutschland	1 306	8 119	X	37 454
darunter:				
Baden-Württemberg	472	1 730	X	9 012
Bayern	141	1 062	X	5 026
Niedersachsen	244	2 074	X	10 783
und zwar:				
im Freiland				
Rote und Weiße Johannisbeeren	533	768	*87*	6 694
Schwarze Johannisbeeren	420	1 633	*44*	7 176
Himbeeren	525	856	*46*	3 916
Kulturheidelbeeren	429	2 479	*48*	11 945
Schwarzer Holunder	125	583	X	X
Holunderbeeren	103	X	X	1 759
Holunderblüten	40	X	X	29
Sanddorn (abgeerntet)	21	240	*30*	729
Sanddorn (nicht abgeerntet)	27	470	X	X
Stachelbeeren	307	271	*56*	1 503
Brombeeren	267	139	*69*	962
Aroniabeeren	82	395	*12*	469
Sonstige Strauchbeeren	44	79	X	72
Zusammen	1 281	7 913	X	35 224
unter hohen begehbaren Schutzabdeckungen einschl. Gewächshäusern				
Himbeeren	105	165	*104*	1 715
Sonstige Strauchbeeren	53	41	X	515
Zusammen	128	206	X	2 230
dar. in Betrieben mit ökologischer Erzeugung				
mit vollständig ökologischer Erzeugung	236	2 034	X	4 021
mit teilweise ökologischer Erzeugung [2]	7	42	X	90
Zusammen	243	2 076	X	4 111

1 Bei den Angaben zur Erntemenge sind die Holunderblüten nicht enthalten.
2 Hier wird nur die Anzahl der Betriebe mit teilweise ökologischer Erzeugung nachgewiesen; Angaben zu Fläche und Erntemenge beziehen sich auf die gesamte Strauchbeerenfläche (konventionell und ökologisch).

19.7.4 Ernte und Verwendung von Strauchbeeren 2015

	Erntemenge insgesamt	Verwendung als		
		Tafelobst	Verwertungs-/Industrieobst	nicht vermarktet
	t			
Deutschland	37 454	22 804	13 657	993
Baden-Württemberg	9 012	4 845	4 003	165
Bayern	5 026	1 496	3 317	214
Brandenburg	1 727	901	811	15
Hessen	1 015	817	172	26
Mecklenburg-Vorpommern	1 444	113	1 331	–
Niedersachsen	10 783	9 302	1 063	419
Nordrhein-Westfalen	5 130	3 834	1 196	100
Rheinland-Pfalz	1 408	630	751	27
Sachsen	666	.	441	.
Sachsen-Anhalt	205	45	160	0
Schleswig-Holstein	604	535	51	18
Thüringen	396	.	363	.

19 Land- und Forstwirtschaft

19.7 Anbau und Ernte
19.7.5 Ernte von Baumobst und Erdbeeren 2015

Anbau und Ernte von Obst ist abhängig von den jeweiligen Witterungsbedingungen.

	Baumobst						Erdbeeren			
	insgesamt	davon					insgesamt	davon		darunter
		Äpfel	Birnen	Süßkirschen	Sauerkirschen	Pflaumen aller Art [1]		im Freiland	unter hohen begehbaren Schutzabdeckungen [2]	vollständig ökologisch bewirtschaftet
	t									
Deutschland	1 116 528	973 462	43 071	31 446	17 119	51 430	172 588	160 463	12 125	3 000
darunter:										
Baden-Württemberg	333 831	287 964	13 399	13 807	1 233	17 427	32 341	28 945	3 395	(325)
Bayern	46 668	33 701	5 451	2 976	460	4 080	13 067	12 792	(275)	431
Brandenburg	25 225	22 064	428	815	576	1 343	3 960	3 863	98	.
Hessen	.	10 755	693	819	394	.	8 265	6 966	1 299	123
Mecklenburg-Vorpommern	.	40 651	106	54	110	.	.	8 787	.	5
Niedersachsen	294 318	276 915	8 435	3 834	107	5 028	44 924	43 503	1 422	.
Nordrhein-Westfalen	75 798	65 987	4 920	837	569	3 485	34 902	31 359	3 543	(397)
Rheinland-Pfalz	59 701	33 250	3 626	3 476	6 156	13 193	5 895	5 370	525	/
Saarland	.	.	.	.	.	.	.	.	.	2
Sachsen	103 274	94 117	3 654	555	3 718	1 231	3 043	2 884	158	1
Sachsen-Anhalt	.	28 247	824	1 473	815	.	1 015	945	69	37
Schleswig-Holstein	.	10 518	225	327	200	.	13 304	13 027	276	188
Thüringen	40 876	33 992	139	1 838	2 679	2 227	.	1 766	.	.

1 Pflaumen, Zwetschen, Mirabellen, Renekloden.
2 Einschl. Gewächshäusern.

Erntemengen von Erdbeeren im Zeitvergleich
in 1 000 t

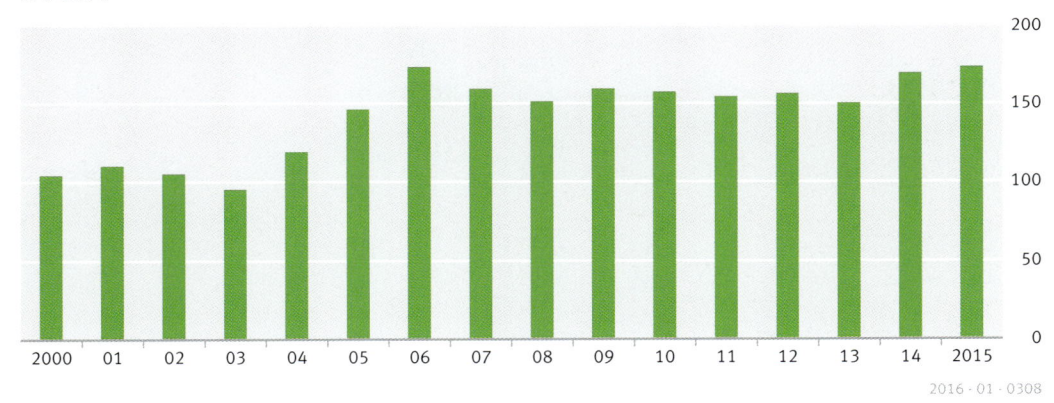

19 Land- und Forstwirtschaft

19.7 Anbau und Ernte
19.7.6 Speisepilze

Ernteflächen und Erntemengen nach den bedeutendsten Speisepilzarten in Betrieben ab 0,1 ha Produktionsfläche werden seit dem Jahr 2012 jährlich ausgewiesen.

	2015		2014	
	Speisepilze insgesamt	Darunter Champignons	Speisepilze insgesamt	Darunter Champignons
	Zahl der Betriebe			
Deutschland	36	31	34	29
	Erntefläche in 1 000 m²			
Deutschland	2 794	2 679	2 605	2 489
darunter:				
Niedersachsen	1 441	.	1 320	.
Nordrhein-Westfalen	489	489	489	489
	Erntemenge in dt			
Deutschland	625 943	615 594	599 226	584 446
darunter:				
Niedersachsen	315 942	.	300 059	.
Nordrhein-Westfalen	133 863	133 863	131 884	131 884

19.7.7 Ökologische Produktion von Gemüse im Freiland und Speisepilzen 2015

Ökologische Produktion von Gemüse und Speisepilzen in Betrieben, die gem. Kontrollverfahren zum ökologischen Landbau, Verordnung (EG) Nr. 834/2007 vollständig auf ökologische Bewirtschaftung umgestellt haben.

	Betriebe	Anbaufläche	Erntemenge [1]
	1 000	ha	t
Gemüse im Freiland insgesamt	1,0	10 750	239 868
davon:			
Kohlgemüse	0,7	1 492	42 164
Blatt- und Stängelgemüse	0,8	2 666	31 274
dar. Spargel (im Ertrag)	0,1	1 012	4 660
Wurzel- und Knollengemüse	0,8	3 317	125 702
Fruchtgemüse	0,7	1 376	24 739
Hülsenfrüchte	0,5	1 499	7 462
Sonstige Gemüsearten	0,4	399	8 527
Speisepilze insgesamt [2]	0,0	42	6 269

1 Erntemengen ohne Chicorée und Spargel (nicht im Ertrag).
2 Die dargestellten Flächen sind Ernteflächen.

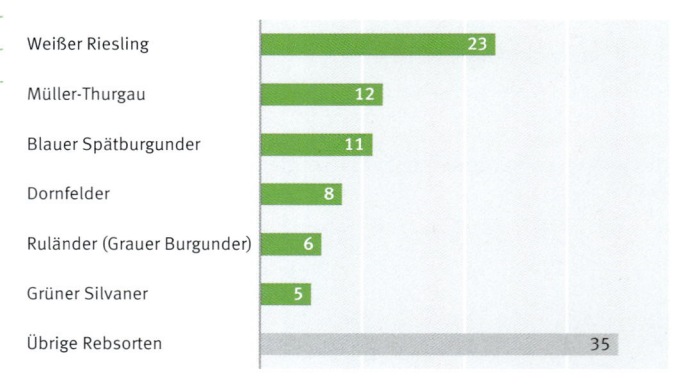

19.8 Weinanbau und Weinerzeugung
19.8.1 Bestockte Rebflächen nach Rebsorten

	1999 [1]	2009 [2]	2015 [2]
	ha		
Bestockte Rebfläche (Keltertrauben)	104 260	102 276	102 544
Weiße Sorten	79 106	65 437	67 074
Bacchus	3 283	1 977	1 732
Burgunder, Weißer	2 402	3 944	4 973
Chardonnay	531	1 228	1 764
Elbling, Weißer	1 043	572	521
Faberrebe	1 586	551	348
Gutedel, Weißer	1 199	1 132	1 138
Huxelrebe	1 289	613	478
Kerner	6 829	3 585	2 792
Morio-Muskat	1 166	488	385
Müller-Thurgau	20 672	13 632	12 736
Ortega	1 054	622	495
Riesling, Weißer	22 355	22 637	23 596
Ruländer	2 638	4 577	5 947
Scheurebe	3 126	1 656	1 414
Silvaner, Grüner	6 859	5 213	4 977
Traminer, Roter (Gewürztraminer)	849	848	936
Sonstige weiße Sorten	2 226	2 162	2 842
Rote Sorten	25 154	36 839	35 469
Dornfelder	3 766	8 001	7 868
Limberger, Blauer	1 118	1 749	1 846
Müllerrebe (Schwarzriesling)	2 289	2 307	2 058
Portugieser, Blauer	4 880	4 203	3 246
Spätburgunder, Blauer	8 647	11 744	11 784
Trollinger, Blauer	2 530	2 431	2 280
Sonstige rote Sorten	1 924	6 404	6 387

1 Angaben der in der Landwirtschaftszählung durchgeführten Weinbauerhebung.
2 Grunderhebung der Rebflächen.

Wichtigste Rebsorten in Deutschland 2015
in %

Rebsorte	%
Weißer Riesling	23
Müller-Thurgau	12
Blauer Spätburgunder	11
Dornfelder	8
Ruländer (Grauer Burgunder)	6
Grüner Silvaner	5
Übrige Rebsorten	35

2016 - 01 - 0309

19 Land- und Forstwirtschaft

19.8 Weinanbau und Weinerzeugung
19.8.2 Weinmosternte nach ausgewählten Ländern und Anbaugebieten

	Weinmost insgesamt				Weißmost		Rotmost	
	Rebfläche im Ertrag	Ertrag je ha	Erntemenge	durchschnittliches Mostgewicht	Rebfläche im Ertrag	Erntemenge	Rebfläche im Ertrag	Erntemenge
	ha	hl	1 000 hl	°Oechsle [1]	ha	1 000 hl	ha	1 000 hl
2014	100 075	92,0	9 212	77	64 515	5 837	35 560	3 375
2015	99 906	88,8	8 873	83	64 873	5 477	35 033	3 396
	darunter: 2015 nach Ländern und Anbaugebieten							
Baden-Württemberg	26 596	84,1	2 237	89	12 353	956	14 244	1 281
Baden	15 478	74,9	1 159	91	9 007	707	6 471	452
Württemberg	11 118	97,0	1 078	87	3 346	249	7 773	829
Bayern	6 066	69,2	420	85	4 908	340	1 159	80
Franken	6 013	69,3	417	85	4 871	338	1 142	79
Hessen	3 549	65,6	233	86	2 994	197	555	36
Hessische Bergstraße	440	69,9	31	89	346	24	94	6
Rheingau	3 109	64,9	202	85	2 648	173	462	29
Rheinland-Pfalz	62 310	94,6	5 894	80	43 543	3 917	18 767	1 977
Ahr	548	71,8	39	79	88	7	460	33
Mittelrhein	439	63,6	28	85	374	23	65	5
Mosel	8 488	88,5	751	78	7 674	672	813	79
Nahe	4 105	76,4	314	82	3 075	226	1 030	88
Pfalz	22 978	98,7	2 267	81	14 466	1 338	8 512	929
Rheinhessen	25 753	96,9	2 495	81	17 865	1 651	7 887	844
Saarland	112	82,9	9	78	98	8	13	1
Sachsen	464	49,9	23	81	374	19	90	4
Sachsen-Anhalt/Thüringen	767	69,9	54	79	572	38	195	16

1 °Oechsle (Grad Oechsle) ist eine Maßeinheit für das Mostgewicht des Traubenmostes.

19.8.3 Weinerzeugung nach ausgewählten Ländern und Anbaugebieten

	Wein und Most		Weißwein und -most zusammen	Rotwein und -most zusammen
	insgesamt	dar. Anteil an Wein mit g. U. [1]		
	1 000 hl	%	1 000 hl	
2014	9 202	96,3	5 789	3 413
2015	8 819	96,9	5 395	3 424
	darunter: 2015 nach Ländern und Anbaugebieten			
Baden-Württemberg	2 232	99,8	955	1 277
Baden	1 159	99,9	707	452
Württemberg	1 073	99,8	249	824
Bayern	404	99,4	319	85
Franken	400	99,5	316	84
Hessen	232	99,5	195	37
Hessische Bergstraße	30	99,1	23	8
Rheingau	201	99,6	172	29
Rheinland-Pfalz	5 866	95,5	3 862	2 004
Ahr	48	93,4	13	35
Mittelrhein	28	97,1	23	5
Mosel	1 250	97,4	952	298
Nahe	232	99,1	165	67
Pfalz	1 701	96,4	1 013	688
Rheinhessen	2 606	93,7	1 695	911
Saarland	6	99,6	5	1
Sachsen	24	96,8	19	5
Sachsen-Anhalt/Thüringen	53	99,8	37	16

1 g. U. = geschützter Ursprungsbezeichnung.

19 Land- und Forstwirtschaft

19.9 Viehwirtschaft und tierische Erzeugung
19.9.1 Rinder

	Rinderbestand						Durchschnittlicher Bestand je Haltung	
	insgesamt	davon					Rinder insgesamt	Milchkühe
		Kälber und Jungrinder bis einschl. 1 Jahr	männliche Rinder über 1 Jahr	Färsen	Milchkühe	sonstige Kühe		
	Anzahl							
3. Mai 2014	12 702 049	3 874 211	1 113 726	2 732 932	4 311 376	669 804	*82*	*56*
3. November 2014	12 742 190	3 908 567	1 095 383	2 768 963	4 295 680	673 597	*82*	*56*
3. Mai 2015	12 653 071	3 845 908	1 076 107	2 762 391	4 286 651	682 014	*84*	*57*
3. November 2015	12 635 456	3 836 207	1 042 529	2 790 741	4 284 639	681 340	*84*	*58*
	am 3. November 2015 nach Ländern							
Baden-Württemberg	1 001 792	284 156	76 076	233 460	/	/	*58*	*/*
Bayern	3 205 357	943 327	219 289	763 323	1 208 192	71 226	*66*	*36*
Berlin	774	168	119	140	124	223	*27*	*14*
Brandenburg	561 859	159 639	30 110	117 520	162 798	91 792	*127*	*221*
Bremen	10 472	2 612	552	2 824	4 059	425	*113*	*75*
Hamburg	6 270	1 675	754	1 557	1 160	1 124	*61*	*55*
Hessen	458 981	126 327	36 189	108 004	145 218	43 243	*52*	*46*
Mecklenburg-Vorpommern	561 075	163 934	31 123	117 502	181 451	67 065	*169*	*223*
Niedersachsen	2 652 139	893 405	287 685	535 362	865 357	70 330	*122*	*82*
Nordrhein-Westfalen	1 458 481	498 951	193 310	277 404	423 042	65 774	*81*	*62*
Rheinland-Pfalz	359 555	95 469	22 438	83 770	118 107	39 771	*67*	*57*
Saarland	49 497	13 346	3 861	11 467	14 726	6 097	*69*	*68*
Sachsen	504 315	140 718	19 852	112 369	190 028	41 348	*70*	*143*
Sachsen-Anhalt	349 288	97 166	14 151	81 442	125 738	30 791	*111*	*203*
Schleswig-Holstein	1 113 178	316 037	87 996	270 139	400 145	38 861	*142*	*92*
Thüringen	342 423	99 277	19 024	74 458	110 849	38 815	*82*	*177*

19.9.2 Schweine

	Schweinebestand						Durchschnittlicher Bestand je Betrieb		
	insgesamt	davon					Schweine insgesamt	Mastschweine	Zuchtschweine
		Ferkel	Jungschweine unter 50 kg Lebendgewicht	Mastschweine mit 50 kg Lebendgewicht und mehr	Zuchtschweine mit 50 kg Lebendgewicht und mehr				
					Zuchtsauen	Eber zur Zucht			
	1 000						Anzahl		
3. Mai 2014	28 097,7	8 257,0	5 699,0	12 037,7	2 080,2	24,0	*1 038*	*531*	*199*
3. November 2014	28 339,2	8 097,8	5 759,2	12 407,6	2 052,3	22,1	*1 057*	*544*	*204*
3. Mai 2015	28 099,5	8 290,9	5 604,3	12 160,0	2 024,3	19,9	*1 087*	*559*	*207*
3. November 2015	27 652,4	8 100,9	5 554,0	11 998,9	1 973,2	25,4	*1 077*	*553*	*208*
	am 3. November 2015 nach Ländern [1]								
Baden-Württemberg	1 849,5	664,9	339,3	675,0	168,0	2,3	*719*	*312*	*140*
Bayern	3 276,6	880,2	630,1	1 515,1	247,4	/	*601*	*324*	*99*
Brandenburg	829,3	360,9	156,1	211,7	99,3	1,2	*4 411*	*1 384*	*1 016*
Hessen	599,9	162,9	126,1	267,5	41,8	/	*568*	*279*	*109*
Mecklenburg-Vorpommern	748,5	301,6	152,6	205,9	87,9	0,3	*4 377*	*1 525*	*970*
Niedersachsen	8 730,9	2 212,4	1 768,1	4 243,5	500,9	/	*1 324*	*731*	*231*
Nordrhein-Westfalen	7 308,1	1 942,3	1 517,8	3 416,9	424,4	/	*937*	*548*	*191*
Rheinland-Pfalz	192,0	55,7	40,7	82,4	13,0	0,2	*678*	*331*	*103*
Saarland	5,3	1,2	1,2	2,5	0,3	0,0	*264*	*127*	*41*
Sachsen	667,0	266,4	136,0	195,1	69,2	0,4	*3 511*	*1 243*	*732*
Sachsen-Anhalt	1 183,8	507,5	223,5	318,0	134,3	0,5	*5 262*	*1 849*	*1 193*
Schleswig-Holstein	1 459,4	367,9	325,9	670,1	93,6	/	*1 539*	*821*	*264*
Thüringen	802,2	377,0	136,5	195,1	93,3	0,3	*4 532*	*1 336*	*974*

1 Seit Mai 2010 werden in den Stadtstaaten Berlin, Bremen und Hamburg keine Schweinebestände mehr erhoben.

19 Land- und Forstwirtschaft

19.9 Viehwirtschaft und tierische Erzeugung
19.9.3 Schafe

	Schafbestand			Durchschnittlicher Schafbestand je Betrieb
	insgesamt	darunter		
		weibliche Schafe zur Zucht	Lämmer und Jungschafe unter 1 Jahr	
	1 000			Anzahl
3. November 2014	1 600,8	1 126,5	435,4	161
3. November 2015	1 579,8	1 111,4	428,4	159
am 3. November 2015 nach Ländern [1]				
Baden-Württemberg	214,2	152,2	57,4	158
Bayern	271,5	185,9	79,0	120
Brandenburg	74,3	52,7	20,0	286
Hessen	113,5	80,1	31,0	139
Mecklenburg-Vorpommern ..	70,7	45,4	23,1	240
Niedersachsen	167,1	113,3	49,0	154
Nordrhein-Westfalen	136,3	95,9	35,3	119
Rheinland-Pfalz	66,2	46,9	17,6	126
Saarland	6,7	4,7	1,7	89
Sachsen	69,3	50,8	16,5	173
Sachsen-Anhalt	76,6	54,7	19,8	270
Schleswig-Holstein	189,7	131,6	53,0	178
Thüringen	123,7	97,1	24,8	337

1 Seit 2011 werden in den Stadtstaaten Berlin, Bremen und Hamburg keine Schafbestände mehr erhoben.

19.9.4 Eingelegte Bruteier und geschlüpfte Küken

	Eingelegte Bruteier				Geschlüpfte Küken [1]			
	Hühnerküken		Entenküken	Gänseküken	Truthuhnküken	Hühnerküken		Entenküken	Gänseküken	Truthuhnküken
	Legerassen	Mastrassen				Legerassen	Mastrassen			
	zum Gebrauch									
	1 000									
2011	113 556	779 853	28 949	1 537	59 689	44 796	645 688	21 914	1 017	47 188
2012	121 347	775 967	28 813	1 399	62 087	46 556	647 520	22 827	975	47 682
2013	111 403	778 514	24 344	1 613	61 655	44 213	654 165	19 208	1 044	47 866
2014	114 687	798 142	26 316	1 597	64 272	44 762	673 572	19 983	1 059	51 127
2015	121 738	803 626	25 527	1 532	65 094	48 007	682 853	19 463	1 054	52 322

Endgültige Ergebnisse. – Erhebungseinheiten sind Betriebe mit einem Fassungsvermögen der Brutanlagen von mindestens 1 000 Eiern.
1 Ohne aussortierte Hahnenküken.

19.9.5 Geflügelfleischerzeugung nach Geflügelarten

	Geschlachtetes Geflügel		Veränderung gegenüber Vorjahr	Geschlachtetes Geflügel		Veränderung gegenüber Vorjahr
	2015	2014		2015	2014	
	1 000		%	Schlachtmenge (t)		%
Insgesamt [1]	715 688	725 078	– 1,3	1 520 443	1 526 311	– 0,4
darunter:						
Jungmasthühner	627 776	634 456	– 1,1	972 171	971 723	0,0
Suppenhühner	31 316	32 673	– 4,2	41 326	41 471	– 0,4
Enten	19 471	20 272	– 4,0	42 843	44 809	– 4,4
Gänse	601	600	0,2	2 954	2 947	0,2
Truthühner	36 517	37 070	– 1,5	461 031	465 248	– 0,9

1 Einschl. Perlhühner, Strauße, Fasane, Wachteln und Tauben.

19 Land- und Forstwirtschaft

19.9 Viehwirtschaft und tierische Erzeugung
19.9.6 Eiererzeugung 2015

	Erzeugte Eier [1]				
	insgesamt	davon in			
		Bodenhaltung	Freilandhaltung	ökologische Erzeugung	Kleingruppenhaltung und ausgestaltete Käfige
	1 000				
Insgesamt	11 806 538	7 497 308	2 058 839	1 076 045	1 174 343
	nach Monaten				
Januar	977 777	602 506	176 065	87 495	111 711
Februar	940 855	591 071	162 800	84 651	102 332
März	1 058 166	669 652	180 564	93 508	114 442
April	981 815	616 344	165 753	89 576	110 142
Mai	1 002 228	630 127	167 241	89 149	115 712
Juni	976 503	620 879	170 059	87 952	97 613
Juli	999 524	633 127	178 340	87 362	100 694
August	973 000	631 338	169 980	85 413	86 268
September	947 879	611 791	165 376	84 323	86 388
Oktober	965 240	617 804	170 615	93 353	83 468
November	972 124	624 058	171 083	94 584	82 399
Dezember	1 011 427	648 611	180 963	98 679	83 174

Endgültige Ergebnisse. – In Betrieben von Unternehmen mit mindestens 3 000 Hennenhaltungsplätzen.

1 Einschl. Bruch-, Knick- und Junghenneneier. – Für den menschlichen Verzehr erzeugte Eier (Konsumeier).

Erzeugte Eier nach Haltungsform 2015
in %

- Ökologische Erzeugung: 9
- Käfighaltung: 10
- Freilandhaltung: 17
- Bodenhaltung: 64

2016 - 01 - 0310

19.9.7 Gewerbliche Schlachtungen und Fleischerzeugung

	Geschlachtete Tiere					Schlachtmenge					
	Rinder	Kälber	Schweine	Schafe	Pferde	zusammen [1]	Rinder	Kälber	Schweine	Schafe	Pferde
	1 000					1 000 t					
2013	3 487	315	58 622	1 002	11	6 624	1 106	44	5 494	20	3
2014	3 573	321	58 814	992	9	6 671	1 133	45	5 516	20	2
2015	3 549	320	59 325	1 017	9	6 722	1 133	46	5 566	20	2
	2015 nach Ländern										
Baden-Württemberg	523	12	4 943	168	1	591	173	1	414	3	0
Bayern	918	17	5 054	102	1	804	316	2	485	2	0
Brandenburg	37	1	1 058	72	0	110	10	0	98	1	0
Bremen	76	0	856	1	0	106	25	0	81	0	0
Hamburg	1	–	1	0	–	0	0	–	0	0	–
Hessen	35	1	457	283	0	61	12	0	43	6	0
Mecklenburg-Vorpommern	137	7	421	12	0	80	40	1	40	0	0
Niedersachsen	542	126	18 946	60	2	1 939	160	18	1 777	1	1
Nordrhein-Westfalen	751	141	19 793	120	2	2 135	230	21	1 902	2	1
Rheinland-Pfalz	79	1	1 218	20	1	138	24	0	114	0	0
Saarland	2	0	9	3	0	2	1	0	1	0	0
Sachsen	15	3	129	12	0	17	4	0	12	0	0
Sachsen-Anhalt	4	0	4 744	4	0	442	1	0	440	0	0
Schleswig-Holstein	339	10	635	155	0	172	109	1	59	4	0
Thüringen	89	1	1 062	5	0	127	26	0	100	0	0

1 Einschl. Ziegen.

19 Land- und Forstwirtschaft

19.9 Viehwirtschaft und tierische Erzeugung
19.9.8 Schlachttier- und Fleischuntersuchung 2015

Gegenstand der Überprüfung nach VO (EG) Nr. 854/2004 [1]	Rinder [2]	Kälber	Schweine	Schafe	Ziegen
Zur Schlachtung im Schlachthof vorgesehene Tiere	3 267 315	319 872	59 504 806	1 025 605	20 208
Zur Schlachtung angenommene bzw. notgeschlachtete Tiere	3 265 142	319 856	59 496 106	1 025 588	20 208
Als genussuntauglich beurteilte Schlachtkörper	26 749	701	148 808	6 517	49
darunter aufgrund von:					
Allgemeinerkrankung	4 968	212	22 375	265	20
Generalisierten Tumoren und Abszessen	7 921	91	45 355	71	5
Abmagerung	1 277	146	5 470	116	15
Organbefunde darunter:					
Veränderung an der Lunge	140 386	9 425	6 046 493	68 240	422
Veränderung am Brustfell	61 374	1 081	3 789 656	7 619	37
Veränderung am Herz/Herzbeutel	24 849	543	1 784 751	5 405	16
Veränderung der Leber nach Parasitenbefall	154 615	872	4 828 472	43 006	239
Andere als genussuntauglich beurteilte Teile des Tierkörpers	198 929	8 911	4 491 017	2 846	77
Hausschlachtungen (i.V.m. Tier-LMHV [3] und Tier-LMÜV [4])	29 678	3 660	110 156	44 820	3 188

1 Verordnung mit besonderen Verfahrensvorschriften für die amtliche Überwachung von zum menschlichen Verzehr bestimmten Erzeugnissen tierischen Ursprungs.
2 Ohne Kälber.
3 Verordnung über Anforderungen an die Hygiene beim Herstellen, Behandeln und Inverkehrbringen von bestimmten Lebensmitteln tierischen Ursprungs.
4 Verordnung zur Regelung bestimmter Fragen der amtlichen Überwachung des Herstellens, Behandelns und Inverkehrbringens von Lebensmitteln tierischen Ursprungs.

Erfasst werden die Ergebnisse der amtlichen Überwachung der **Schlachttier- und Fleischuntersuchungen**. Diese vermitteln einen Überblick über Art und Umfang der Untersuchungen, die Zahl der Beanstandungen und die Beanstandungsgründe und liefern Informationen, inwieweit das für den menschlichen Verzehr vorgesehene Fleisch den Anforderungen an Genusstauglichkeit entspricht. Die Kenntnisse hierüber sind eine Grundlage für den vorbeugenden Verbraucherschutz.

19.9.9 Schlachtgeflügel- und Geflügelfleischuntersuchung 2015

Gegenstand der Überprüfung nach VO (EG) Nr. 854/2004 [1]	Hühner [2]	Suppenhühner	Truthühner	Enten	Gänse
	Anzahl				
Zur Schlachtung im Schlachthof vorgesehene Tiere	632 786 096	31 770 790	37 463 378	19 430 646	578 475
Zur Schlachtung angenommene bzw. notgeschlachtete Tiere	632 702 191	31 770 790	37 463 254	19 430 643	578 468
	Kilogramm				
Gesamtmenge Geflügelfleisch der geschlachteten Tiere	1 101 750 917	50 949 566	595 051 555	28 772 666	3 282 782
Als genussuntauglich beurteiltes Geflügelfleisch	12 608 915	2 036 001	9 180 721	1 321 008	17 265
darunter aufgrund von:					
Allgemeinerkrankung	493 597	125	502 242	46	118
Generalisierten Tumoren und Abszessen	7 978	334 354	121	3 462	1 244
Abmagerung	715 354	78 371	756 317	80 179	1 103
Entzündungen der Gelenke	409 830	13 015	762 049	142 630	26
Hämatomen, Verletzungen, Vernarbungen	201 374	98 504	690 835	55 279	929
Tiefer Dermatitis, infizierten Brustbeulen	3 642 077	55 109	1 139 842	156 687	212

1 Verordnung mit besonderen Verfahrensvorschriften für die amtliche Überwachung von zum menschlichen Verzehr bestimmten Erzeugnissen tierischen Ursprungs.
2 Ohne Suppenhühner.

19 Land- und Forstwirtschaft

19.10 Aquakultur

	Erzeugung aus Aquakultur insgesamt	Und zwar					Muscheln
		Fische	und zwar				
			karpfenartige Fische	dar. Gemeiner Karpfen	forellenartige Fische	dar. Regenbogenforelle [1]	
		Zahl der Betriebe					
2013 [2]	6 119	6 093	3 915	3 852	2 917	2 598	11
2014 [2]	5 977	5 952	3 868	3 812	2 778	2 501	11
	darunter: 2014 nach Ländern						
Baden-Württemberg	156	155	21	20	146	139	–
Bayern	4 783	4 776	3 418	3 374	1 964	1 746	–
Brandenburg	42	42	31	31	14	13	–
Hessen	66	65	15	14	59	56	–
Mecklenburg-Vorpommern	20	19	10	10	10	8	–
Niedersachsen	167	162	39	36	128	113	4
Nordrhein-Westfalen	261	260	16	12	254	235	–
Rheinland-Pfalz	29	29	4	4	29	28	–
Saarland	3	3	–	–	2	2	–
Sachsen	220	220	178	176	64	58	–
Sachsen-Anhalt	16	16	8	8	10	10	–
Schleswig-Holstein	42	34	26	26	15	13	7
Thüringen	172	171	102	101	83	80	–
	Erzeugte Menge in t						
2013 [2]	25 517	20 410	6 098	5 700	12 258	8 334	5 036
2014 [2]	26 294	20 936	5 627	5 285	12 742	8 466	5 280
	darunter: 2014 nach Ländern						
Baden-Württemberg	3 445	3 445	34	29	.	2 658	–
Bayern	6 240	6 238	2 318	2 149	3 807	2 045	–
Brandenburg	1 039	1 039	649	636	370	266	–
Hessen	611	601	23	17	480	389	–
Mecklenburg-Vorpommern	1 053	1 053	.	194	169	.	–
Niedersachsen	4 439	2 650	121	102	.	452	1 731
Nordrhein-Westfalen	1 520	1 520	.	12	1 468	1 211	–
Rheinland-Pfalz	376	376	13	13	.	310	–
Saarland	76	76	–	–	.	.	–
Sachsen	2 351	2 351	1 867	1 776	177	153	–
Sachsen-Anhalt	488	488	74	58	399	381	–
Schleswig-Holstein	3 811	262	101	86	129	76	3 548
Thüringen	844	838	218	213	509	429	–

Ergebnisse ohne Aquarien- und Zierarten, ohne Brut- und Aufzuchtanlagen.
1 Ohne Lachsforelle.
2 Einschl. Stadtstaaten.

Aquakultur ist die kontrollierte Aufzucht von Wasserlebewesen wie Fischen, Krebstieren, Weichtieren und Algen. Traditionell ist die Aquakultur in Deutschland geprägt durch klassische Karpfenteichwirtschaften und Forellenzuchten. Dabei sind die bedeutendsten Fischarten die „Regenbogenforelle" und der „Gemeine Karpfen".

19 Land- und Forstwirtschaft

Methodik

Die Land- und Forstwirtschaft prägt insbesondere die ländlichen Regionen in Deutschland. Eine wichtige Rolle spielt hierbei die Sicherung der Ernährung der Bevölkerung: Über 80 % des Nahrungsbedarfs kann aus heimischer Produktion gedeckt werden. Dabei dient die Landwirtschaft nicht nur der Erzeugung von Nahrungsmitteln. Vielmehr erhalten landwirtschaftliche Betriebe Arbeitsplätze im ländlichen Raum und prägen die Kulturlandschaft. Ihnen kommt damit eine bedeutende und unverzichtbare Rolle innerhalb der Gesamtwirtschaft und der Gesellschaft zu.

Statistiken über die Landwirtschaft und ihre Produkte sind eine wesentliche Grundlage, um Aufkommen und Verwendung der landwirtschaftlichen Produktion (Nahrungs- und Futtermittel) darzustellen. Zudem zeigen sie den strukturellen Wandel in der Landwirtschaft auf. Für wirtschaftliche und politische Entscheidungen stellen diese Informationen eine wichtige Datenbasis dar – sowohl auf nationaler Ebene als auch auf europäischer und internationaler Ebene.

■ Flächennutzung

Die allgemeine **Flächenstatistik** liefert Grundlageninformationen zur Bodennutzung der gesamten Fläche Deutschlands, insbesondere für raumordnungs- und umweltrelevante Entscheidungen auf Bundes-, Länder- und Gemeindeebene. Die Flächennutzung durch die Landwirtschaft wird damit in einen größeren Flächennutzungsrahmen gestellt. Die allgemeine Flächenstatistik basiert auf einer Auswertung der amtlichen Liegenschaftskataster, während sich die Erhebung der landwirtschaftlichen Bodennutzung auf die Befragung landwirtschaftlicher Betriebe stützt.

■ Landwirtschaftliche Betriebe

Die Ergebnisse zur Land- und Forstwirtschaft beruhen auf Erhebungen über Strukturen landwirtschaftlicher Betriebe, Bodennutzung und Ernte, Viehbestand und tierische Erzeugung und der Lebensmittelsicherheit, Weinanbau und Weinerzeugung sowie der Forstwirtschaft. Sie sind – bis auf wenige Ausnahmen – im Agrarstatistikgesetz angeordnet. Erhebungseinheiten sind in der Regel landwirtschaftliche Betriebe. Dies sind nach dem Agrarstatistikgesetz technisch-wirtschaftliche Einheiten mit einer einheitlichen Betriebsführung, die landwirtschaftliche Tätigkeiten als Haupt- oder Nebentätigkeit durchführen. Sofern keine speziellen Erfassungsgrenzen gelten, gehören landwirtschaftliche Betriebe zur Grundgesamtheit, wenn sie eine der folgenden Erfassungsgrenzen erreichen oder überschreiten: a) 5 ha landwirtschaftlich genutzte Fläche (LF), b) 10 Rinder, c) 50 Schweine oder 10 Zuchtsauen, d) 20 Schafe, e) 20 Ziegen, f) 1 000 Stück Geflügel, g) 0,5 ha Hopfenfläche, h) 0,5 ha Tabakfläche, i) 1 ha Dauerkulturfläche im Freiland, j) jeweils 0,5 ha Rebfläche, Baumschulfläche oder Obstanbaufläche, k) 0,5 ha Gemüse- oder Erdbeerfläche im Freiland, l) 0,3 ha Blumen- oder Zierpflanzenfläche im Freiland, m) 0,1 ha Fläche unter hohen begehbaren Schutzabdeckungen einschließlich Gewächshäusern, n) 0,1 ha Produktionsfläche für Speisepilze.

Die **Strukturerhebungen in landwirtschaftlichen Betrieben** umfassen die im Abstand von acht bis zwölf Jahren durchzuführenden Landwirtschaftszählungen und die sie ergänzenden **Agrarstrukturerhebungen**. Diese sind zurzeit alle drei bis vier Jahre durchzuführen.

Im Jahr 2013 wurde die **Agrarstrukturerhebung** als Stichprobenerhebung durchgeführt. Hierbei wurden rund 80 000 landwirtschaftliche Betriebe zu Merkmalen der Bodennutzung, über Viehbestände, über Arbeitskräfte und weitere Strukturmerkmale, wie die Bewässerung im Freiland, befragt.

■ Kaufwerte

Die **Statistik der Kaufwerte** für landwirtschaftliche Grundstücke liefert Angaben über veräußerte Grundstücke, die landwirtschaftlich genutzt werden. Erfasst werden Verkäufe, bei denen die Fläche der landwirtschaftlichen Nutzung mindestens 1 000 m² groß ist. Die Daten werden bei Finanzämtern und Gutachterausschüssen für Grundstückswerte erhoben. Aus den Summen der erzielten Kaufpreise werden jährlich durchschnittliche Kaufwerte, bezogen auf die Summe der Flächen der landwirtschaftlichen Nutzung berechnet. Da sich die durchschnittlichen Kaufwerte jeweils auf andere Grundstücke beziehen, bringt ein Zeitvergleich der Kaufwerte nicht die reinen Preisveränderungen zum Ausdruck. Auch der allmähliche Übergang des Berichtswegs von den Finanzämtern zu den Gutachterausschüssen schränkt die zeitliche Vergleichbarkeit der Daten ein.

■ Forstwirtschaft

In der **Holzeinschlagstatistik** werden die Mengen des eingeschlagenen Holzes ohne Rinde nachgewiesen, differenziert nach vier Holzartengruppen sowie nach Holzsorten.

■ Anbau und Ernte, Weinanbau und Weinerzeugung

Zu den landwirtschaftlichen **Erzeugungsstatistiken** zählen diejenigen Erhebungen, mit deren Hilfe die Erzeugung an pflanzlichen und tierischen Produkten festgestellt bzw. unmittelbar oder mittelbar berechnet wird. Dazu zählen u. a. die Bodennutzungshauptebebung, Viehbestandserhebung, Schlachtungs- und Schlachtgewichtsstatistik, Eier- und Geflügelstatistiken, Gemüse- und Speisepilzerhebung, Strauchbeerenerhebung, Zierpflanzenerhebung, Baumschulerhebung und Baumobstanbauerhebung.

In der jährlichen **Bodennutzungshauptebebung** wird die Nutzung der Flächen erhoben. Die Hauptnutzungs- und Kulturarten sowie detaillierte Angaben zum Anbau auf dem Ackerland werden darin erfasst. Zusätzlich werden spezielle Erhebungen in verschiedenen Bereichen durchgeführt: Der **Anbau und die Ernte von Gemüse, Erdbeeren und Strauchbeeren** wird jährlich erhoben, die **Baumschulflächen** und der **Anbau von Zierpflanzen** alle vier Jahre sowie **Flächen und Bestände der Baumobstanlagen** alle fünf Jahre. Im **Weinbau** werden jährlich die bepflanzten Flächen aus der Weinbaukartei ermittelt. Alle fünf Jahre findet zudem eine sogenannte **Grunderhebung der Rebflächen** statt, in der weitere strukturelle Informationen über die Bewirtschaftung gewonnen werden.

Um die pflanzliche Produktion errechnen zu können, werden die Ernteerträge von landwirtschaftlichen Feldfrüchten, Grünland, Baumobst und Wein durch Berichterstatter geschätzt oder von landwirtschaftlichen Betrieben gemeldet („**Ernte- und Betriebsberichterstattung**"). Für einige Arten werden außerdem objektive Ertragsmessungen auf repräsentativer Basis durchgeführt, und zwar für Getreide, Kartoffeln und Raps unter der Bezeichnung „**Besondere Ernte- und Qualitätsermittlung**". Aus den geschätzten bzw. ermittelten Ernteerträgen werden die Erntemengen unter Zuhilfenahme der aus den oben dargestellten Erhebungen ermittelten Flächen berechnet. Für die Feststellung der endgültigen Weinmosternte werden wiederum Daten aus der Weinbaukartei genutzt. Die Weinbaukartei ist auch die Datenquelle für die Ermittlung der Bestände an Wein und Traubenmost in den Wein anbauenden Ländern sowie für die Weinerzeugung.

■ Viehwirtschaft und tierische Erzeugung

Die **Erhebungen über die Viehbestände** finden jährlich im Mai und November statt. Dabei werden die Rinderbestände durch Auswertung des Herkunftssicherungs- und Informationssystems für Tiere (HIT) erfasst. Die Schweinebestände werden in einer Stichprobenerhebung bei höchstens 20 000 Betrieben mit mindestens 10 Zuchtsauen oder 50 oder mehr Schweinen bestimmt. Seit 2011 werden die Schafbestände immer im November auf Basis einer Stichprobenerhebung bei 5 000 Betrieben mit 20 oder mehr Schafen errechnet.

19 Land- und Forstwirtschaft

Methodik

Die **Fleischerzeugung** wird monatlich ermittelt. Die Merkmale sind die Zahl und das Schlachtgewicht der geschlachteten Rinder, Kälber, Schweine, Schafe, Ziegen und Pferde. In der halbjährlich durchgeführten **Fleischuntersuchungsstatistik** werden die Ergebnisse der Schlachttier- und Fleischuntersuchungen sowie der Schlachtgeflügel- und Geflügelfleischuntersuchungen dargestellt. Dabei werden die Gründe für die Beanstandungen der Tiere bzw. des Fleisches detailliert nachgewiesen.

Hinzu kommen monatliche **Geflügelstatistiken** über die Erzeugung von Geflügel mit Erhebungen in Brütereien (Bruteieranlagen, Kükenschlupf), Geflügelschlachtereien (geschlachtetes Geflügel) und Unternehmen mit Hennenhaltung (Zahl der Hennenhaltungsplätze und der legenden Hennen sowie die Zahl der erzeugten Eier nach Haltungsformen). Die Erhebung in Brütereien findet dabei in allen Brütereien mit einem Fassungsvermögen von mindestens 1 000 Eiern ausschließlich des Schlupfraumes statt. Zur Erhebung in Unternehmen mit Hennenhaltung werden alle Unternehmen mit mindestens 3 000 Hennenhaltungsplätzen herangezogen. Auskunftspflichtig zur Erhebung in Geflügelschlachtereien sind alle Geflügelschlachtereien mit EU-Zulassung.

■ Aquakultur

Die **Erhebung über die Erzeugung in Aquakulturbetrieben** wird jährlich für das jeweils abgeschlossene Kalenderjahr durchgeführt. Dabei werden Daten zur erzeugten Menge insgesamt, zur Erzeugung in Brut- und Aufzuchtanlagen sowie zur aus Wildfängen in die Aquakultur zugeführten Menge erhoben. Zusätzlich werden alle drei Jahre Daten zur Struktur der Aquakulturbetriebe sowie zur Vermarktung von Aquakulturprodukten erhoben.

■ Stichprobenergebnisse

Stichprobenergebnisse erfordern für die Beurteilung der Datenqualität eine statistische Bewertung durch eine Fehlerrechnung, da eine Stichprobe immer mit Fehlern behaftet ist. Als Maß für die Größe des Zufallsfehlers dient der „einfache relative Standardfehler".

Der „einfache relative Standardfehler" ist das Intervall, in dem der „wahre" Wert mit großer Wahrscheinlichkeit liegt. Beispiel: Im November 2015 wurden 27,7 Millionen Schweine in Deutschland gehalten (vgl. Tabelle 19.9.2). Bei einem relativen Standardfehler von 1 % läge der wahre Wert mit einer Wahrscheinlichkeit von 68 % zwischen 27,423 Millionen und 27,977 Millionen Schweinen.

Aus Gründen der Übersichtlichkeit werden die Fehlerrechnungsergebnisse zu Fehlerklassen aggregiert und mit einem entsprechenden Kennzeichen in der Veröffentlichung dargestellt:

( ) = Einfacher relativer Standardfehler zwischen 10 % und unter 15 %. Der Aussagewert des angegebenen Zahlenwertes ist eingeschränkt, da er relativ unsicher ist.

/ = Einfacher relativer Standardfehler von 15 % und mehr. Die Angabe des Zahlenwertes ist wegen des hohen Fehlerwertes nicht sicher genug.

Durch diese Kennzeichnung soll die Nutzerin bzw. der Nutzer in die Lage versetzt werden, die Zuverlässigkeit der Ergebnisse für seine Zwecke abschätzen zu können.

Ausführlichere methodische Erläuterungen und ein detaillierter Ergebnisnachweis sind den speziellen Veröffentlichungen innerhalb der Fachserie 3 „Land- und Forstwirtschaft, Fischerei" zu entnehmen (siehe hierzu auch „Mehr zum Thema" am Ende dieses Kapitels).

Detaillierte Informationen zur Methodik der einzelnen Statistiken sind in den „Qualitätsberichten" dokumentiert (siehe hierzu *www.destatis.de/publikationen* › Qualitätsberichte).

19 Land- und Forstwirtschaft

Glossar

Ackerland | Flächen der landwirtschaftlichen Feldfrüchte einschließlich Hopfen, Grasanbau (zum Abmähen oder Abweiden) sowie Gemüse, Erdbeeren, Blumen und sonstiger Gartengewächse im feldmäßigen Anbau und im Erwerbsgartenbau, auch unter Glas oder anderen begehbaren Schutzabdeckungen. Ferner Ackerflächen mit Obstbäumen, bei denen das Obst nur die Nebennutzung, Ackerfrüchte aber die Hauptnutzung darstellen sowie Schwarz-/Grünbrache und stillgelegte Ackerflächen im Rahmen der Stilllegung.

Anbauflächen | *Bodennutzungshaupterhebung* | Bestandsflächen zum Zeitpunkt der Erhebung mit ihrer Hauptnutzung.
Gemüseerhebung | Flächen – einschließlich Mehrfachanbau auf gleicher Fläche.
Strauchbeerenerhebung | Flächen einschließlich Jungpflanzen.

Aquakulturbetriebe | Technisch-wirtschaftliche Einheiten mit Erzeugung in Aquakultur im Sinne von Artikel 2 Absatz 1 Buchstabe b der Verordnung (EG) Nr. 762/2008, die für Rechnung einer Inhaberin oder eines Inhabers (Betriebsinhaberin/Betriebsinhaber) bewirtschaftet werden und einer einheitlichen Betriebsführung unterliegen.

Arbeitskräfte | Im Berichtszeitraum (März des Vorjahres bis Februar des Berichtsjahres) im landwirtschaftlichen Betrieb beschäftigte Personen im Alter von 15 Jahren und mehr.

Arbeitskräfte-Einheit (AK-Einheit) | Maßeinheit der Arbeitsleistung einer im Berichtszeitraum mit Arbeiten für den landwirtschaftlichen Betrieb (landwirtschaftliche Arbeiten sowie Arbeiten in Einkommenskombinationen) vollbeschäftigten und nach ihrem Alter voll leistungsfähigen Person (Arbeitskraft).

Betriebswirtschaftliche Ausrichtung (BWA) | Die BWA eines Betriebes beschreibt die Spezialisierungsrichtung des Betriebes. Sie untergliedert sich in Allgemeine, Haupt- und Einzel-BWA. Grundlage für die Zuordnung der Betriebe ist seit 2010 der Anteil des Standardoutputs (SO) der einzelnen Betriebszweige am Gesamtstandardoutput des Betriebes.

Dauergrünland | Grünlandflächen (Wiesen oder Weiden), die fünf Jahre oder länger zur Futter- oder Streugewinnung (einschließlich Abweiden) sowie zur Erzeugung erneuerbarer Energien – ohne Unterbrechung durch andere Kulturen – bestimmt sind; auch Grünlandflächen mit Obstbäumen als Nebennutzung und Gras- oder Heugewinnung als Hauptnutzung sowie ertragsarme (Hutungen oder Heiden) und vorübergehend aus der Erzeugung genommene Dauergrünlandflächen mit Beihilfe-/Prämienanspruch.

Einkommenskombinationen | Tätigkeiten, die im landwirtschaftlichen Betrieb ausgeübt und mit denen Umsätze erzielt werden. Diese Tätigkeiten werden von Arbeitskräften des landwirtschaftlichen Betriebes und mit Hilfe der zum landwirtschaftlichen Betrieb gehörenden Betriebsmittel (Grund und Boden, Gebäude, Maschinen) ausgeübt und/oder basieren auf im landwirtschaftlichen Betrieb erzeugten Produkten.

Ernteerträge | Für *landwirtschaftliche Feldfrüchte und Grünland* | Eingebrachte Ernte, für Getreide auf 14 % Feuchtigkeit, für Hülsen- und Ölfrüchte auf 9 % Feuchtigkeit umgerechnet. Für Feldgras/Grasanbau auf dem Ackerland, Leguminosen zur Ganzpflanzenernte, Wiesen und Weiden werden die Ernteschätzungen in Trockenmasse angegeben.
Für *Gemüse und Obst* | Marktfähige Ernteware (Feldabfuhr), unabhängig davon, ob sie auf den Markt gelangt oder nicht (einschließlich Eigenverbrauch und Verluste, die nach der Ernte auftreten).
Für *Wein* | Eingebrachte Ernte (Weinmosternte: Erntemenge der geernteten Trauben bzw. des Traubenmostes, angegeben in Hektoliter Wein).

Familienarbeitskräfte | Betriebsinhaberin bzw. -inhaber, deren/dessen Ehegatte oder Ehegattin (bzw. eine gleichgestellte Person) sowie weitere Familienangehörige und Verwandte, die auf dem landwirtschaftlichen Betrieb leben und arbeiten.

Fläche der landwirtschaftlichen Nutzung (FdlN) | Im Gegensatz zur „landwirtschaftlich genutzten Fläche (LF)" umfasst die FdlN im Wesentlichen nur diejenigen Flächen des Acker- und Grünlandes, die bei der Einheitsbewertung zum landwirtschaftlichen Vermögen gehören und einer Pauschalbewertung unterliegen. Nicht einbezogen werden Flächen, die einer Sonderbewertung unterliegen (z. B. garten- und weinbaulich genutzte Flächen) und alle Flächenverkäufe zu Sonderkonditionen.

Forstwirtschaftliche Betriebe | Technisch-wirtschaftliche Einheiten, die für Rechnung einer Inhaberin oder eines Inhabers (Betriebsinhaberin/Betriebsinhaber) bewirtschaftet werden und keine der für landwirtschaftliche Betriebe geltenden Erfassungsgrenzen erreichen, aber über mindestens 10 ha Waldfläche oder Fläche mit schnell wachsenden Baumarten verfügen.

Großvieheinheit (GV) | Die Großvieheinheit ist eine Standardmaßeinheit, die die Zusammenfassung der verschiedenen Arten von Viehbeständen zu Vergleichszwecken erlaubt. Die Großvieheinheiten werden mit Hilfe entsprechender Umrechnungsschlüssel für die verschiedenen Nutzviecharten bestimmt.

Inlandsabsatz von Düngemitteln | Lieferungen der Düngemittelproduzenten und Importeure an Absatzorganisationen oder Endverbraucherinnen und Endverbraucher. Diese Mengen sind nicht mit dem tatsächlichen Verbrauch in der Land- und Forstwirtschaft sowie im Gartenbau identisch. Inlandsabsatz und tatsächlicher Verbrauch weichen z. B. durch die Lagerhaltung voneinander ab. Außerdem kann der Absatz in anderen Bundesländern erfolgen, wenn Absatzorganisationen die Düngemittel an die Endverbraucher liefern. Der Nährstoffaufwand je ha bezieht sich auf die landwirtschaftlich genutzte Fläche des Erntejahres.

Kaufwert | Durchschnittlicher Preis eines Grundstücks in Euro je m². Kaufwerte für landwirtschaftliche Grundstücke werden ermittelt, indem die für die Grundstücke gezahlten Preise auf die Fläche der landwirtschaftlichen Nutzung bezogen werden. Die gezahlten Preise enthalten keine Grunderwerbsnebenkosten (Grunderwerbsteuer, Vermessungskosten u. a.). Durch die unterschiedliche Zusammensetzung der verkauften Grundstücke von Jahr zu Jahr sind die jeweiligen Kaufwerte nicht voll vergleichbar. Deshalb wird in der Statistik der Kaufwerte für landwirtschaftliche Grundstücke auf die Berechnung von Veränderungsraten (insbesondere von Kaufwerten) verzichtet.

Landwirtschaftliche Betriebe | Technisch-wirtschaftliche Einheiten, die über eine Mindestgröße an landwirtschaftlich genutzter Fläche oder über Mindesttierbestände oder Mindestanbauflächen für Spezialkulturen verfügen, für Rechnung einer Inhaberin oder eines Inhabers bewirtschaftet werden, einer einheitlichen Betriebsführung unterliegen und die in Anhang I der Verordnung (EG) Nr. 1166/2008 genannten Tätigkeiten nach NACE Rev. 2 (pflanzliche Erzeugung, Tierhaltung, landwirtschaftliche Dienstleistungen) als Haupt- oder Nebentätigkeit ausüben.

Landwirtschaftlich genutzte Fläche (LF) | Ackerland, Dauergrünland, Haus- und Nutzgärten, Baum-, Beerenobstanlagen (ohne Erdbeeren), Nussanlagen, Baumschulflächen, Rebflächen, Weihnachtsbaumkulturen, Korbweiden- und Pappelanlagen außerhalb des Waldes und Dauerkulturen unter hohen begehbaren Schutzabdeckungen einschließlich Gewächshäusern.

Landwirtschaftsfläche | Ackerland, Grünland, Gartenland, Weingarten, Moor, Heide, Obstanbaufläche, landwirtschaftliche Betriebsfläche und Brachland. Die Datenerhebung basiert auf einer Auswertung der amtlichen Liegenschaftskataster.

Ökologisch bewirtschaftete landwirtschaftlich genutzte Fläche | *Landwirtschaftlich genutzte Fläche (LF)*, die vollständig oder teilweise auf die ökologische Wirtschaftsweise umgestellt ist. Dies beinhaltet:
Umgestellte LF | Landwirtschaftlich genutzte Fläche, auf der die Umstellung auf den ökologischen Landbau nach den Bestimmungen der Verordnung (EG) Nr. 834/2007 abgeschlossen ist. Die auf dieser Fläche produzierten landwirtschaftlichen Erzeugnisse dürfen bereits als ökologische Erzeugnisse gekennzeichnet und vermarktet werden.

19 Land- und Forstwirtschaft

Glossar

In Umstellung befindliche LF | Landwirtschaftlich genutzte Fläche, die sich nach den Bestimmungen der Verordnung (EG) Nr. 834/2007 gegenwärtig in Umstellung befindet. In dieser Zeit dürfen die auf diesen Flächen produzierten landwirtschaftlichen Erzeugnisse nicht als ökologische Erzeugnisse gekennzeichnet und vermarktet werden.

Ökologischer Landbau | Der landwirtschaftliche Betrieb produziert pflanzliche und/oder tierische Erzeugnisse nach den Grundsätzen der Verordnung (EG) Nr. 834/2007 über die ökologische/biologische Produktion und die Kennzeichnung von ökologischen/biologischen Erzeugnissen.

Pachtflächen | Landwirtschaftlich genutzte Flächen, die vom Betrieb gegen Entgelt zur Nutzung übernommen worden sind (schriftlicher oder mündlicher Pachtvertrag) und auch von diesem bewirtschaftet werden. Hierzu zählt auch eine gepachtete landwirtschaftlich genutzte Fläche, die vorübergehend stillgelegt ist. Die Pachtfläche umfasst die landwirtschaftlich genutzte Fläche aus Einzelgrundstücken und geschlossenen Hofpachten von Familienangehörigen und anderen Verpächterinnen und Verpächtern.

Rebfläche | Mit Reben bestockte Flächen, unabhängig davon, ob sie im Ertrag stehen oder nicht, sowie zeitweilig brachliegende Rebflächen, die wieder mit Reben bepflanzt werden sollen und hierzu vorbereitet werden, soweit sie nicht anderweitig genutzt werden.

Saisonarbeitskräfte | Nicht ständig beschäftigte Arbeitskräfte mit einem auf weniger als sechs Monate abgeschlossenen Arbeitsverhältnis zum Betrieb. Hierzu zählen keine Arbeitskräfte, die im Rahmen der Nachbarschaftshilfe oder im Auftrag von Lohnunternehmen im Betrieb tätig sind.

Siedlungs- und Verkehrsfläche (SuV) | Sie enthält Gebäude- und Freifläche, Betriebsfläche (ohne Abbauland), Erholungsfläche, Verkehrsfläche und Friedhof. Die Begriffe „Siedlungsfläche" und „versiegelte Fläche" dürfen nicht gleichgesetzt werden. Die Siedlungsflächen umfassen auch einen erheblichen Anteil unbebauter und nicht versiegelter Flächen.

Sozialökonomische Gliederung der Betriebe | Haupterwerbsbetriebe sind Einzelunternehmen, bei denen der Anteil des betrieblichen Einkommens am Gesamteinkommen des Betriebes mehr als 50 % beträgt. Alle Betriebe der Rechtsform Einzelunternehmen, die diesen Kriterien nicht entsprechen, werden den Nebenerwerbsbetrieben zugeordnet.

Ständige Arbeitskräfte | In einem unbefristeten oder für mindestens sechs Monate abgeschlossenen Arbeitsverhältnis zum Betrieb stehende Personen. Hierzu rechnen auch Verwandte der Betriebsinhaberin oder des Betriebsinhabers, die nicht auf dem Betrieb leben.

Standardoutput | Standardisierte Rechengröße, die den durchschnittlichen Geldwert (in Euro) der Bruttoagrarerzeugung eines landwirtschaftlichen Betriebes beschreibt. Er wird in der amtlichen Statistik für die Eingruppierung der landwirtschaftlichen Betriebe nach ihrer betriebswirtschaftlichen Ausrichtung genutzt. Der Standardoutput wird je Flächeneinheit einer Fruchtart bzw. je Tiereinheit einer Viehart aus erzeugter Menge mal zugehörigem „Ab-Hof-Preis" als geldliche Bruttoleistung ermittelt. Dabei werden durchschnittliche Erträge und Preise angesetzt, die für einen Bezugszeitraum von fünf Wirtschaftsjahren berechnet werden. Die Summe der Standardoutputs im landwirtschaftlichen Betrieb beschreibt seine betriebswirtschaftliche Größe.

Veräußerungen von landwirtschaftlichen Grundstücken | Erfasst werden Verkäufe von landwirtschaftlichen Grundstücken, bei denen die veräußerte Fläche der landwirtschaftlichen Nutzung (FdlN) mindestens 0,1 ha groß ist. Der Nachweis erfolgt in der Statistik der Kaufwerte für landwirtschaftliche Grundstücke.

19 Land- und Forstwirtschaft

Mehr zum Thema

Liebe Leserin, lieber Leser,
ein Thema in diesem Kapitel spricht Sie besonders an oder Sie benötigen weitere Informationen? Auf dieser Seite nennen wir Ihnen, nach Themen gegliedert, weitere Veröffentlichungen unseres Hauses. Ausführliche Informationen zu den Produktkategorien sowie dem Informationsangebot des Statistischen Bundesamtes finden Sie auf Seite 8 dieser Ausgabe.

Web-Angebote
www.destatis.de ist Ihre erste Adresse in Sachen Statistik. Hier finden Sie alle Informationen, die das Statistische Bundesamt veröffentlicht, tagesaktuell. Unsere Veröffentlichungen können Sie direkt über unsere Website *www.destatis.de/publikationen* downloaden.

GENESIS-Online
Unter *www.destatis.de/genesis* bietet die Haupt-Datenbank des Statistischen Bundesamtes ein breites Themenspektrum fachlich tief gegliederter Ergebnisse der amtlichen Statistik. Daten zur *Land- und Forstwirtschaft* finden Sie unter dem Menüpunkt › Themen, Code 41, Daten zur *Flächennutzung* unter Code 33, Daten zur *Kaufwertestatistik* unter Code 615

Weitere Veröffentlichungen zu den Themen

■ **Flächennutzung**

Fachserie 3 Land- und Forstwirtschaft, Fischerei

Reihe 5.1	Bodenfläche nach Art der tatsächlichen Nutzung
Heft 5	Ergebnisse der Erhebung über landwirtschaftliche Produktionsmethoden 2010 Bodenbearbeitung, Bewässerung, Landschaftselemente

■ **Landwirtschaftliche Betriebe**

Fachserie 3 Land- und Forstwirtschaft, Fischerei

Reihe 2.1.4	Betriebswirtschaftliche Ausrichtung und Standardoutput
Reihe 2.1.5	Sozialökonomische Verhältnisse
Reihe 2.1.7	Einkommenskombinationen
Reihe 2.1.8	Arbeitskräfte
	Ergebnisse der Landwirtschaftszählung 2010
Heft 1	Landwirtschaftliche Berufsbildung der Betriebsleiter/Geschäftsführer
Heft 2	Arbeitskräfte
Heft 4	Hofnachfolge

STATmagazin

	Idylle ade! Vom Bauern zum Unternehmer (2011)

■ **Pachtentgelte und Kaufwerte**

Fachserie 3 Land- und Forstwirtschaft, Fischerei

Reihe 2.1.6	Eigentums- und Pachtverhältnisse
Reihe 2.4	Kaufwerte für landwirtschaftliche Grundstücke
Heft 3	Ergebnisse der Landwirtschaftszählung 2010 Eigentums- und Pachtverhältnisse

■ **Ökologischer Landbau**

Fachserie 3 Land- und Forstwirtschaft, Fischerei

Reihe 2.2.1	Ökologischer Landbau

■ **Düngemittel**

Fachserie 4 Produzierendes Gewerbe

Reihe 8.2	Düngemittelversorgung

WISTA – Wirtschaft und Statistik

Heft 2/11	Testerhebung zum Einsatz von Düngemitteln in der Landwirtschaft

19 Land- und Forstwirtschaft

Mehr zum Thema

■ Forstbetriebe und Forstwirtschaft

Fachserie 3   Land- und Forstwirtschaft, Fischerei

Reihe 2.1.1	Betriebe mit Waldflächen
Reihe 3	Landwirtschaftliche Bodennutzung und pflanzliche Erzeugung

■ Anbau und Ernte

Fachserie 3   Land- und Forstwirtschaft, Fischerei

Reihe 2.1.2	Bodennutzung der Betriebe (Struktur der Bodennutzung)
Reihe 3	Landwirtschaftliche Bodennutzung und pflanzliche Erzeugung
Reihe 3.1.2	Bodennutzung der Betriebe (Landwirtschaftlich genutzte Flächen)
Reihe 3.1.3	Gemüseanbau und -ernte
Reihe 3.1.4	Baumobstflächen
Reihe 3.1.6	Anbau von Zierpflanzen
Reihe 3.1.7	Baumschulerhebung
Reihe 3.1.8	Bodennutzung der Betriebe (Anbau von landwirtschaftlichen Zwischenfrüchten)
Reihe 3.1.9	Strauchbeerenanbau und -ernte
Reihe 3.2.1	Wachstum und Ernte
Reihe 3.3.1	Forstwirtschaftliche Bodennutzung (Holzeinschlagsstatistik)

■ Weinanbau und Weinerzeugung

Fachserie 3   Land- und Forstwirtschaft, Fischerei

Reihe 2.2.3	Betriebe mit Weinbau
Reihe 3.1.5	Rebflächen
Reihe 3.2.1	Wachstum und Ernte – Weinmost
Reihe 3.2.2	Weinerzeugung
Reihe 3.2.3	Weinbestände

■ Viehwirtschaft und tierische Erzeugung

Fachserie 3   Land- und Forstwirtschaft, Fischerei

Reihe 2.1.3	Viehhaltung der Betriebe
Reihe 4	Viehbestand und tierische Erzeugung
Reihe 4.1	Viehbestand
Reihe 4.2.3	Geflügel
Reihe 4.3	Schlachttier- und Fleischuntersuchung

Fachserie 3   Land- und Forstwirtschaft, Fischerei

Reihe 4.6	Erzeugung in Aquakulturbetrieben

WISTA – Wirtschaft und Statistik

Heft 11/12	Aquakultur – Ergebnisse und Methodik

■ Themenübergreifend

Fachserie 3   Land- und Forstwirtschaft, Fischerei

Reihe 1	Ausgewählte Zahlen der Landwirtschaftszählung/Agrarstrukturerhebung
Heft 6	Ergebnisse der Erhebung über landwirtschaftliche Produktionsmethoden Wirtschaftsdünger, Stallhaltung, Weidehaltung

19 Land- und Forstwirtschaft

Mehr zum Thema

- **Themenübergreifend**

  Fachberichte

  Wer produziert unsere Nahrungsmittel? – Aktuelle Ergebnisse der Landwirtschaftszählung 2010 (2011)

  WISTA – Wirtschaft und Statistik

Heft 12/09	Betriebsregister Landwirtschaft
Heft 3/10	Die Landwirtschaftszählung 2010
Heft 2/11	Testerhebung zum Einsatz von Düngemitteln in der Landwirtschaft
Heft 12/11	Schätzung regionaler Daten mithilfe von Small Area-Schätzmethoden
Heft 12/11	Nacherhebung Bewässerung zur Landwirtschaftszählung 2010
Heft 11/12	Aquakultur – Ergebnisse und Methodik
Heft 12/12	Erhebung zum Nachwuchsmangel in der Nutztiermedizin
Heft 8/13	Erhebungen zum Gemüseanbau in Deutschland neu konzipiert
Heft 12/14	Ermittlung von Kreisergebnissen in der Agrarstatistik
Heft 2/15	Bereitstellung harmonisierter Landnutzungs- und Landbedeckungsstatistiken – Pilotstudie zur Unterstützung der europäischen LUCAS-Erhebung

  Broschüre

  Landwirtschaft auf einen Blick (2011)

  Gemeinschaftsveröffentlichung

  Agrarstrukturen in Deutschland – Einheit in Vielfalt – Regionale Ergebnisse der Landwirtschaftszählung 2010 (2011)

20 Produzierendes Gewerbe und Dienstleistungen im Überblick

Fast 4 von 5 Unternehmen waren 2014 im Dienstleistungsbereich tätig | Rund **60 %** aller **tätigen Personen** 2013 bei kleinen und mittleren Unternehmen | Zahl der **Unternehmensinsolvenzen** 2015 auf rund **23 000 gesunken** | **31 %** der Unternehmen nutzen **Social Media** | 2013 rund **578 000 Handwerksunternehmen** | Rund **13 000 Betriebe** mit **250** und mehr sozialversicherungspflichtig Beschäftigten

20 Produzierendes Gewerbe und Dienstleistungen im Überblick

Seite

507 Auf einen Blick

Tabellen

508 Unternehmen im Überblick
Anzahl | Tätige Personen | Umsatz | Bruttowertschöpfung | Bruttoinvestitionen | Betriebswirtschaftliche Kennzahlen | Kleine und mittlere Unternehmen

514 Auslandskontrollierte Unternehmen in Deutschland
Anteil | Tätige Personen | Umsatz | Bruttowertschöpfung | Nach Wirtschaftsabschnitten | Nach Herkunft der Muttergesellschaft

515 Gewerbeanzeigen
Nach Ländern | Nach Wirtschaftsabschnitten | Nach Rechtsformen

518 Insolvenzen
Zusammensetzung | Unternehmensinsolvenzen nach Ländern, ausgewählten Wirtschaftsabschnitten, Alter der Unternehmen und Rechtsformen | Insolvenzhäufigkeit

521 Informations- und Kommunikationstechnologien in Unternehmen
Internetzugang | Internetzugangsart | Datenübertragungsrate | Social Media | E-Commerce | IKT-Branche

525 Handwerksunternehmen
Anzahl | Tätige Personen | Umsatz | Nach Gewerbegruppen | Nach Ländern | Zulassungspflichtige Handwerksunternehmen nach ausgewählten Gewerbezweigen

527 Betriebe im Überblick
Betriebe nach Beschäftigtengrößenklassen | Sozialversicherungspflichtig Beschäftigte

528 Methodik

530 Glossar

532 Mehr zum Thema

20 Produzierendes Gewerbe und Dienstleistungen im Überblick

20.0 Auf einen Blick

Unternehmen, tätige Personen und Bruttowertschöpfung in Unternehmen 2014
in %

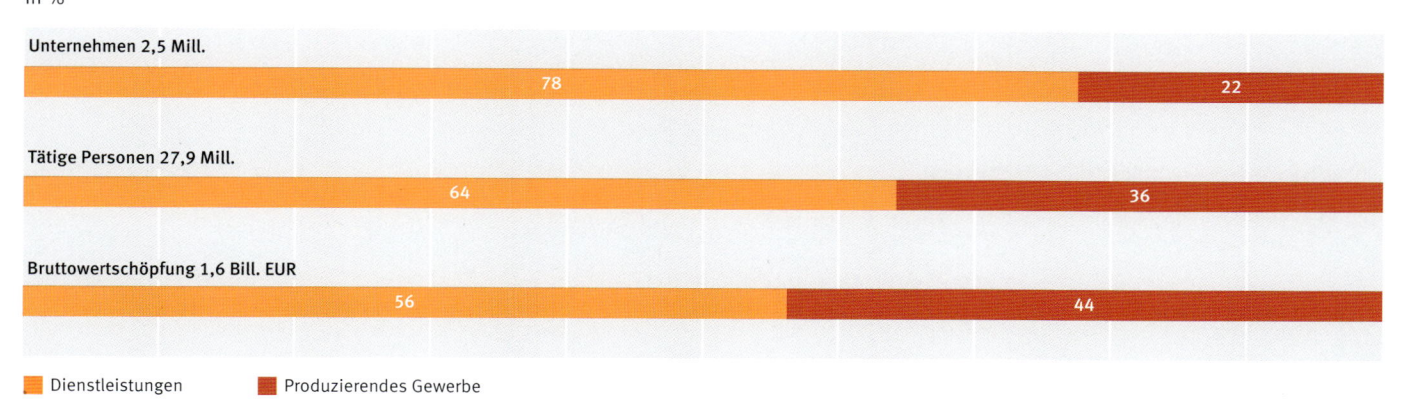

	Dienstleistungen	Produzierendes Gewerbe
Unternehmen 2,5 Mill.	78	22
Tätige Personen 27,9 Mill.	64	36
Bruttowertschöpfung 1,6 Bill. EUR	56	44

Strukturdaten der Unternehmen 2014
nach Wirtschaftsabschnitten

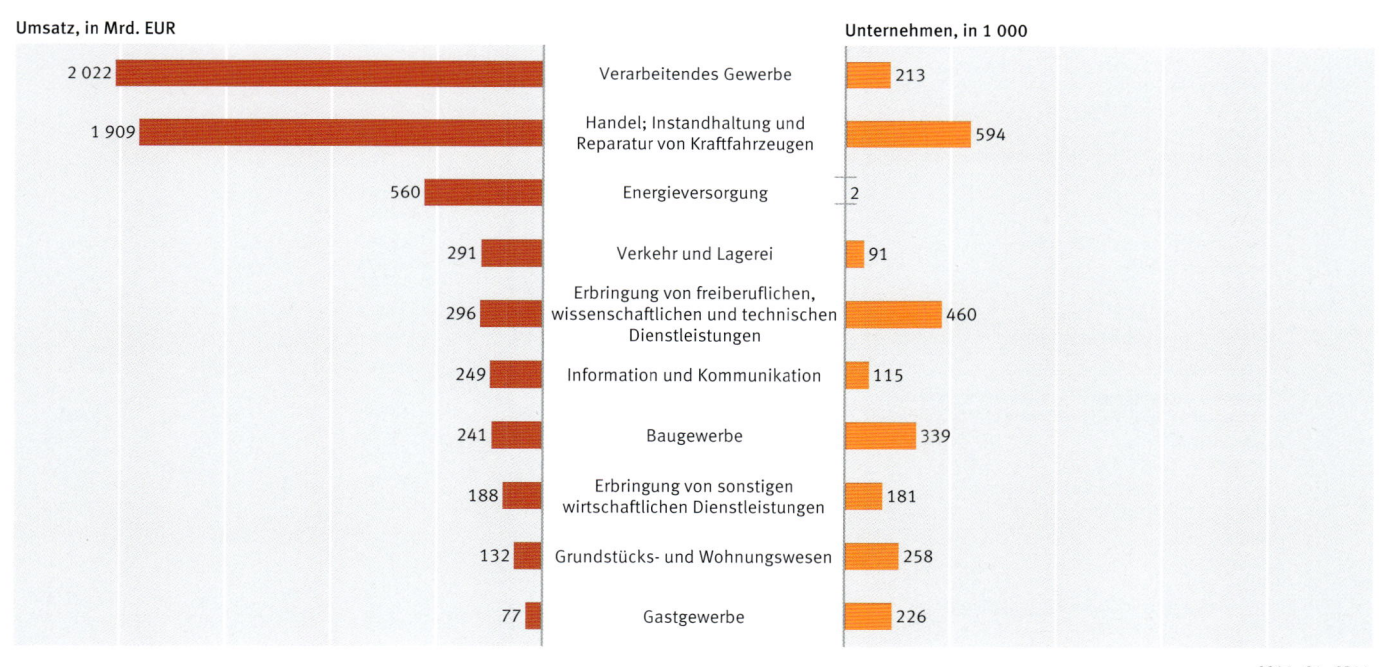

Umsatz, in Mrd. EUR	Wirtschaftsabschnitt	Unternehmen, in 1 000
2 022	Verarbeitendes Gewerbe	213
1 909	Handel; Instandhaltung und Reparatur von Kraftfahrzeugen	594
560	Energieversorgung	2
291	Verkehr und Lagerei	91
296	Erbringung von freiberuflichen, wissenschaftlichen und technischen Dienstleistungen	460
249	Information und Kommunikation	115
241	Baugewerbe	339
188	Erbringung von sonstigen wirtschaftlichen Dienstleistungen	181
132	Grundstücks- und Wohnungswesen	258
77	Gastgewerbe	226

2016 - 01 - 0311

20 Produzierendes Gewerbe und Dienstleistungen im Überblick

20.1 Unternehmen im Überblick
20.1.1 Strukturdaten der Unternehmen 2014

Nr. der Klassifikation [1]	Wirtschaftsgliederung (H. v. = Herstellung von)	Unternehmen	Tätige Personen	Umsatz	Bruttowertschöpfung zu Faktorkosten	Bruttoinvestitionen in Sachanlagen
		Anzahl		Mill. EUR		
	Insgesamt [2]	2 499 102	27 936 485	6 295 857	1 550 683	207 222
B – F	**Produzierendes Gewerbe**	560 507	9 987 703	2 892 601	678 952	86 389
B	**Bergbau und Gewinnung von Steinen und Erden**	1 916	60 841	13 006	5 240	1 420
05	Kohlenbergbau	5	20 164	2 271	1 588	384
06	Gewinnung von Erdöl und Erdgas	4	3 972	3 259	901	477
07	Erzbergbau	–	–	–	–	–
08	Gewinnung von Steinen und Erden, sonstiger Bergbau	1 803	33 465	6 933	2 549	539
09	Erbringung von Dienstleistungen für den Bergbau und für die Gewinnung von Steinen und Erden	103	3 239	542	203	21
C	**Verarbeitendes Gewerbe**	212 602	7 269 135	2 021 564	519 793	59 650
10	H. v. Nahrungs- und Futtermitteln	27 754	785 988	171 065	31 349	4 591
11	Getränkeherstellung	1 977	68 696	20 811	5 127	1292
12	Tabakverarbeitung	21	10 498	17 914	1 546	183
13	H. v. Textilien	4 049	78 957	12 772	3 872	393
14	H. v. Bekleidung	2 910	45 200	9 358	2 584	100
15	H. v. Leder, Lederwaren und Schuhen	1 291	16 306	3 228	742	221
16	H. v. Holz-, Flecht-, Korb- und Korkwaren (ohne Möbel)	12 619	132 235	25 201	6 086	763
17	H. v. Papier, Pappe und Waren daraus	1 699	145 232	39 824	10 110	1 351
18	H. v. Druckerzeugnissen; Vervielfältigung von bespielten Ton-, Bild- und Datenträgern	11 440	150 775	18 951	6 988	865
19	Kokerei und Mineralölverarbeitung	85	22 593	131 075	2 275	956
20	H. v. chemischen Erzeugnissen	3 183	336 430	162 299	36 857	5 257
21	H. v. pharmazeutischen Erzeugnissen	669	127 717	49 695	17 101	1 977
22	H. v. Gummi- und Kunststoffwaren	7 478	417 852	82 454	24 678	3 085
23	H. v. Glas und Glaswaren, Keramik, Verarbeitung von Steinen und Erden	10 387	247 081	49 163	15 764	1 897
24	Metallerzeugung und -bearbeitung	2 707	263 597	98 718	19 028	2 753
25	H. v. Metallerzeugnissen	44 145	883 841	129 637	49 510	4 783
26	H. v. Datenverarbeitungsgeräten, elektronischen und optischen Erzeugnissen	8 158	322 308	71 419	25 804	2 304
27	H. v. elektrischen Ausrüstungen	6 434	506 172	116 963	39 662	2 873
28	Maschinenbau	16 504	1 100 301	254 651	84 158	6 844
29	H. v. Kraftwagen und Kraftwagenteilen	2 834	837 975	419 861	89 379	13 633
30	Sonstiger Fahrzeugbau	1 065	129 098	41 858	11 829	1 034
31	H. v. Möbeln	11 053	142 679	20 587	6 831	456
32	H. v. sonstigen Waren	19 922	259 004	33 214	14 170	1 439
33	Reparatur und Installation von Maschinen und Ausrüstungen	14 218	238 601	40 844	14 342	600
D	**Energieversorgung**	2 058	228 179	560 482	40 468	12 202
E	**Wasserversorgung; Abwasser- und Abfallentsorgung und Beseitigung von Umweltverschmutzungen**	5 396	227 396	56 348	22 962	6 847
36	Wasserversorgung	1 658	35 138	9 559	4 451	2 100
37	Abwasserentsorgung	1 418	43 471	11 508	7 311	3 248
38	Sammlung, Behandlung und Beseitigung von Abfällen; Rückgewinnung	2 245	145 219	34 713	10 967	1 484
39	Beseitigung von Umweltverschmutzungen und sonstige Entsorgung	75	3 568	569	234	14
F	**Baugewerbe**	338 535	2 202 152	241 201	90 489	6 270
41	Hochbau	27 230	305 716	58 915	16 661	1 247
42	Tiefbau	9 600	204 729	29 515	11 351	1 225
43	Vorbereitende Baustellenarbeiten, Bauinstallation und sonstiges Ausbaugewerbe	301 705	1 691 707	152 771	62 477	3 797

20 Produzierendes Gewerbe und Dienstleistungen im Überblick

20.1 Unternehmen im Überblick
20.1.1 Strukturdaten der Unternehmen 2014

Nr. der Klassifikation [1]	Wirtschaftsgliederung (H. v. = Herstellung von)	Unternehmen	Tätige Personen	Umsatz	Bruttowertschöpfung zu Faktorkosten	Bruttoinvestitionen in Sachanlagen
		Anzahl		Mill. EUR		
G – J, K 65, L – N, S 95 [2]	Dienstleistungen	1 938 595	17 948 782	3 403 256	871 731	120 833
G	Handel; Instandhaltung und Reparatur von Kraftfahrzeugen	593 510	6 139 638	1 909 207	269 149	20 630
45	Handel mit Kraftfahrzeugen; Instandhaltung und Reparatur von Kraftfahrzeugen	107 548	825 119	216 084	35 920	3 661
46	Großhandel (ohne Handel mit Kraftfahrzeugen)	152 959	1 825 934	1 166 730	136 961	8 814
47	Einzelhandel (ohne Handel mit Kraftfahrzeugen)	333 002	3 488 584	526 392	96 268	8 155
H	Verkehr und Lagerei	91 397	2 103 986	290 617	98 630	22 921
49	Landverkehr und Transport in Rohrfernleitungen	54 149	791 768	82 691	36 023	8 448
50	Schifffahrt	2 722	26 531	28 399	5 080	1 156
51	Luftfahrt	620	63 705	24 899	4 326	1 931
52	Lagerei sowie Erbringung von sonstigen Dienstleistungen für den Verkehr	20 288	706 069	124 442	40 158	10 694
53	Post-, Kurier- und Expressdienste	13 618	515 913	30 186	13 044	691
I	Gastgewerbe	226 196	2 085 047	77 404	36 062	3 575
55	Beherbergung	46 630	542 602	26 391	13 026	1 956
56	Gastronomie	179 566	1 542 445	51 013	23 036	1 619
J	Information und Kommunikation	114 859	1 180 249	249 166	113 004	14 828
58	Verlagswesen	8 594	197 797	32 790	13 225	488
59	Herstellung, Verleih und Vertrieb von Filmen und Fernsehprogrammen; Kinos; Tonstudios und Verlegen von Musik	10 465	68 683	11 648	5 469	647
60	Rundfunkveranstalter	403	41 623	15 741	7 438	433
61	Telekommunikation	2 841	114 340	63 069	24 704	6 884
62	Erbringung von Dienstleistungen der Informationstechnologie	79 891	665 189	112 826	55 310	5 531
63	Informationsdienstleistungen	12 665	92 617	13 092	6 857	846
K [3]	Erbringung von Finanz- und Versicherungsdienstleistungen					
65	Versicherungen, Rückversicherungen und Pensionskassen (ohne Sozialversicherung)	1 408	155 362	258 096	18 991	.
L	Grundstücks- und Wohnungswesen	257 986	614 919	131 996	80 898	35 067
M	Erbringung von freiberuflichen, wissenschaftlichen und technischen Dienstleistungen	460 004	2 452 208	295 543	148 445	10 968
69	Rechts- und Steuerberatung, Wirtschaftsprüfung	116 027	670 465	50 873	37 980	966
70	Verwaltung und Führung von Unternehmen und Betrieben; Unternehmensberatung	104 502	517 026	107 062	38 544	4 327
71	Architektur- und Ingenieurbüros; technische, physikalische und chemische Untersuchung	125 267	651 183	73 183	41 765	2 264
72	Forschung und Entwicklung	6 305	166 196	14 641	9 765	2 236
73	Werbung und Marktforschung	33 562	248 069	27 318	10 344	461
74	Sonstige freiberufliche, wissenschaftliche und technische Tätigkeiten	64 377	151 763	19 311	8 183	603
75	Veterinärwesen	9 965	47 505	3 157	1 865	109
N	Erbringung von sonstigen wirtschaftlichen Dienstleistungen	181 209	3 175 663	187 892	105 143	12 776
77	Vermietung von beweglichen Sachen	21 684	120 646	32 939	19 605	8 831
78	Vermittlung und Überlassung von Arbeitskräften	9 331	979 501	37 847	28 690	409
79	Reisebüros, Reiseveranstalter und Erbringung sonstiger Reservierungsdienstleistungen	11 824	93 017	29 249	6 816	272
80	Wach- und Sicherheitsdienste sowie Detekteien	5 436	207 098	6 535	4 993	113
81	Gebäudebetreuung; Garten- und Landschaftsbau	85 378	1 262 317	35 423	23 801	1 302
82	Erbringung von wirtschaftlichen Dienstleistungen für Unternehmen und Privatpersonen a. n. g.	47 556	513 084	45 899	21 238	1 850
S [3]	Erbringung von sonstigen Dienstleistungen					
95	Reparatur von Datenverarbeitungsgeräten und Gebrauchsgütern	12 026	41 710	3 335	1 409	68

Auswertung der Strukturerhebungen in den Wirtschaftsabschnitten B – J und L – N sowie den Abteilungen K 65 und S 95.

1 Klassifikation der Wirtschaftszweige, Ausgabe 2008 (WZ 2008). – In den Wirtschaftsabschnitten H, J, L, M, N und S 95 wurden ab dem Berichtsjahr 2014 auch Unternehmen mit einem Umsatz von weniger als 17 500 Euro berücksichtigt.
2 Summenpositionen bezogen auf die in der Tabelle ausgewiesenen Werte.
3 Dieser Wirtschaftsabschnitt ist nicht vollständig erfasst. Daher erfolgt hier kein Nachweis.

20 Produzierendes Gewerbe und Dienstleistungen im Überblick

20.1 Unternehmen im Überblick
20.1.2 Betriebswirtschaftliche Kennzahlen der Unternehmen 2014

Nr. der Klassifikation [1]	Wirtschaftsgliederung (H. v. = Herstellung von)	Umsatz Mill. EUR	Produktionswert	Waren- und Dienstleistungskäufe	Bruttowertschöpfung zu Faktorkosten	Personalaufwendungen	Bruttobetriebsüberschuss
			Verhältnis zum Umsatz in %				
	Insgesamt [2]	6 295 857	65,8	71,6	24,6	15,9	8,4
B – F	Produzierendes Gewerbe	2 892 601	89,7	74,5	23,5	16,3	7,1
B	Bergbau und Gewinnung von Steinen und Erden	13 006	90,5	67,5	40,3	26,2	14,1
05	Kohlenbergbau	2 271	102,1	84,2	69,9	58,1	11,8
06	Gewinnung von Erdöl und Erdgas	3 259	75,0	67,9	27,6	14,2	13,4
07	Erzbergbau	–	–	–	–	–	–
08	Gewinnung von Steinen und Erden, sonstiger Bergbau	6 933	93,5	62,3	36,8	20,8	15,9
09	Erbringung von Dienstleistungen für den Bergbau und für die Gewinnung von Steinen und Erden	542	96,5	62,7	37,4	33,5	3,9
C	Verarbeitendes Gewerbe	2 021 564	88,4	72,1	25,7	18,6	7,1
10	Herstellung von Nahrungs- und Futtermitteln	171 065	90,9	81,2	18,3	12,7	5,6
11	Getränkeherstellung	20 811	96,2	65,8	24,6	16,3	8,3
12	Tabakverarbeitung	17 914	78,7	33,6	8,6	4,7	3,9
13	H. v. Textilien	12 772	94,2	69,5	30,3	22,7	7,6
14	H. v. Bekleidung	9 358	89,6	72,3	27,6	16,9	10,7
15	H. v. Leder, Lederwaren und Schuhen	3 228	84,1	77,7	23,0	16,0	7,0
16	H. v. Holz-, Flecht-, Korb- und Korkwaren (ohne Möbel)	25 201	95,9	76,2	24,1	17,4	6,8
17	H. v. Papier, Pappe und Waren daraus	39 824	93,0	74,3	25,4	18,1	7,3
18	H. v. Druckerzeugnissen; Vervielfältigung von bespielten Ton-, Bild- und Datenträgern	18 951	99,1	62,6	36,9	28,1	8,8
19	Kokerei und Mineralölverarbeitung	131 055	76,8	72,5	1,7	1,6	0,1
20	H. v. chemischen Erzeugnissen	162 299	81,8	77,5	22,7	14,4	8,3
21	H. v. pharmazeutischen Erzeugnissen	49 695	88,2	64,2	34,4	19,0	15,4
22	H. v. Gummi- und Kunststoffwaren	82 454	90,7	70,0	29,9	22,6	7,3
23	H. v. Glas und Glaswaren, Keramik, Verarbeitung von Steinen und Erden	49 163	91,6	67,8	32,1	22,2	9,8
24	Metallerzeugung und -bearbeitung	98 718	97,1	81,3	19,3	15,2	4,1
25	H. v. Metallerzeugnissen	129 637	96,1	61,7	38,2	28,1	10,1
26	H. v. Datenverarbeitungsgeräten, elektronischen und optischen Erzeugnissen	71 419	93,4	64,9	36,1	26,2	9,9
27	H. v. elektrischen Ausrüstungen	116 963	87,6	66,4	33,9	26,5	7,4
28	Maschinenbau	254 651	92,2	67,4	33,0	26,0	7,1
29	H. v. Kraftwagen und Kraftwagenteilen	419 861	82,0	78,9	21,3	14,6	6,7
30	Sonstiger Fahrzeugbau	41 858	97,0	70,6	28,3	22,3	5,9
31	H. v. Möbeln	20 587	95,5	66,5	33,2	25,1	8,1
32	H. v. sonstigen Waren	33 214	88,6	56,8	42,7	29,5	13,2
33	Reparatur und Installation von Maschinen und Ausrüstungen	40 844	95,4	64,9	35,1	27,9	7,2
D	Energieversorgung	560 482	.	91,9	7,2	3,0	4,2
E	Wasserversorgung; Abwasser- und Abfallentsorgung und Beseitigung von Umweltverschmutzungen	56 348	.	58,7	40,8	18,4	22,4
36	Wasserversorgung	9 559	.	51,0	46,6	18,6	28,0
37	Abwasserentsorgung	11 508	.	35,9	63,5	20,6	42,9
38	Sammlung, Behandlung und Beseitigung von Abfällen; Rückgewinnung	34 713	.	68,4	31,6	17,4	14,2
39	Beseitigung von Umweltverschmutzungen und sonstige Entsorgung	569	.	59,0	41,1	27,7	13,4
F	Baugewerbe	241 201	100,6	61,6	37,5	27,3	10,2
41	Hochbau	58 915	103,6	73,5	28,3	19,8	8,5
42	Tiefbau	29 515	102,7	63,5	38,5	30,4	8,1
43	Vorbereitende Baustellenarbeiten, Bauinstallation und sonstiges Ausbaugewerbe	152 771	99,1	56,6	40,9	29,6	11,3

20 Produzierendes Gewerbe und Dienstleistungen im Überblick

20.1 Unternehmen im Überblick
20.1.2 Betriebswirtschaftliche Kennzahlen der Unternehmen 2014

Nr. der Klassi-fikation [1]	Wirtschaftsgliederung (H. v. = Herstellung von)	Umsatz	Produktions-wert	Waren- und Dienstleis-tungskäufe	Bruttowert-schöpfung zu Faktorkosten	Personalauf-wendungen	Bruttobetriebs-überschuss
		Mill. EUR	Verhältnis zum Umsatz in %				
G – J, K 65, L – N, S 95 [2]	Dienstleistungen	3 403 256	45,4	68,8	25,6	15,5	9,4
G	Handel; Instandhaltung und Reparatur von Kraftfahrzeugen	1 909 207	25,0	84,7	14,1	10,5	5,1
45	Handel mit Kraftfahrzeugen; Instandhaltung und Reparatur von Kraftfahrzeugen	216 084	27,1	88,1	16,6	8,2	6,0
46	Großhandel (ohne Handel mit Kraftfahrzeugen)	1 166 730	20,6	34,0	11,7	29,7	4,8
47	Einzelhandel (ohne Handel mit Kraftfahrzeugen)	526 392	34,0	90,3	18,3	10,8	5,2
H	Verkehr und Lagerei	290 617	71,3	66,0	33,9	21,8	12,2
49	Landverkehr und Transport in Rohrfernleitungen	82 691	80,9	57,4	43,6	25,7	17,9
50	Schifffahrt	28 399	70,2	81,6	17,9	4,2	13,7
51	Luftfahrt	24 899	92,5	81,6	17,4	18,1	X
52	Lagerei sowie Erbringung von sonstigen Dienstleistungen für den Verkehr	124 442	59,1	67,4	32,3	20,4	11,9
53	Post-, Kurier- und Expressdienste	30 186	78,4	56,6	43,2	36,5	6,7
I	Gastgewerbe	77 404	101,7	55,3	46,6	29,3	16,4
55	Beherbergung	26 391	101,9	52,9	49,4	30,5	17,6
56	Gastronomie	51 013	101,6	56,5	45,2	28,6	15,8
J	Information und Kommunikation	249 166	78,0	54,3	45,4	24,8	20,6
58	Verlagswesen	32 790	83,8	58,9	40,3	24,1	16,3
59	Herstellung, Verleih und Vertrieb von Filmen und Fernsehprogrammen; Kinos; Tonstudios und Verlegen von Musik	11 648	77,2	52,8	47,0	17,2	29,8
60	Rundfunkveranstalter	15 741	80,6	52,2	47,3	18,9	28,4
61	Telekommunikation	63 069	71,4	60,8	39,2	12,0	27,1
62	Erbringung von Dienstleistungen der Informationstechnologie	112 826	79,0	50,6	49,0	33,2	15,8
63	Informationsdienstleistungen	13 092	84,0	47,7	52,4	28,8	23,5
K [3]	Erbringung von Finanz- und Versicherungsdienstleistungen						
65	Versicherungen, Rückversicherungen und Pensionskassen (ohne Sozialversicherung)	258 096	35,4	28,0	7,4	4,5	2,9
L	Grundstücks- und Wohnungswesen	131 996	87,1	38,7	61,3	8,1	53,2
M	Erbringung von freiberuflichen, wissenschaftlichen und technischen Dienstleistungen	295 543	77,8	50,1	50,2	30,5	19,7
69	Rechts- und Steuerberatung, Wirtschaftsprüfung	50 873	96,1	24,9	74,7	36,6	38,0
70	Verwaltung und Führung von Unternehmen und Betrieben; Unternehmensberatung	107 062	69,4	62,0	36,0	25,8	10,2
71	Architektur- und Ingenieurbüros; technische, physikalische und chemische Untersuchung	73 183	83,3	43,7	57,1	34,0	23,1
72	Forschung und Entwicklung	14 641	91,8	53,4	66,7	58,3	8,4
73	Werbung und Marktforschung	27 318	64,7	61,6	37,9	22,3	15,6
74	Sonstige freiberufliche, wissenschaftliche und technische Tätigkeiten	19 311	62,6	57,9	42,4	19,2	23,2
75	Veterinärwesen	3 157	84,5	40,6	59,1	22,0	37,1
N	Erbringung von sonstigen wirtschaftlichen Dienstleistungen	187 892	78,8	43,4	56,0	35,3	20,6
77	Vermietung von beweglichen Sachen	32 939	85,2	39,6	59,5	9,5	50,0
78	Vermittlung und Überlassung von Arbeitskräften	37 847	94,2	23,3	75,8	70,8	5,0
79	Reisebüros, Reiseveranstalter und Erbringung sonstiger Reservierungs-dienstleistungen	29 249	40,4	76,3	23,3	9,1	14,2
80	Wach- und Sicherheitsdienste sowie Detekteien	6 535	90,6	23,2	76,4	65,0	11,4
81	Gebäudebetreuung; Garten- und Landschaftsbau	35 423	89,8	32,1	67,2	46,1	21,1
82	Erbringung von wirtschaftlichen Dienstleistungen für Unternehmen und Privatpersonen a. n. g.	45 899	75,9	53,7	46,3	28,8	17,5
S [3]	Erbringung von sonstigen Dienstleistungen						
95	Reparatur von Datenverarbeitungsgeräten und Gebrauchsgütern	3 335	74,2	57,0	42,3	24,0	18,3

Auswertung der Strukturerhebungen in den Wirtschaftsabschnitten B – J und L – N sowie den Abteilungen K 65 und S 95.

1 Klassifikation der Wirtschaftszweige, Ausgabe 2008 (WZ 2008). – In den Wirtschaftsabschnitten H, J, L, M, N und S 95 wurden ab dem Berichtsjahr 2014 auch Unternehmen mit einem Umsatz von weniger als 17 500 Euro berücksichtigt.
2 Summenpositionen bezogen auf die in der Tabelle ausgewiesenen Werte.
3 Dieser Wirtschaftsabschnitt ist nicht vollständig erfasst. Daher erfolgt hier kein Nachweis.

20 Produzierendes Gewerbe und Dienstleistungen im Überblick

20.1 Unternehmen im Überblick
20.1.3 Kleine und mittlere Unternehmen (KMU) nach ausgewählten Wirtschaftsabschnitten 2013

Als **KMU** definiert werden alle Unternehmen, in denen weniger als 250 Mitarbeiterinnen und Mitarbeiter tätig sind und deren Jahresumsatz einen Schwellenwert von 50 Mill. Euro nicht überschreitet. Als Kleinstunternehmen gelten dabei alle Unternehmen, in denen weniger als 10 Beschäftigte tätig sind und deren Jahresumsatz unter 2 Mill. Euro liegt. Kleine Unternehmen sind all jene, die weniger als 50 tätige Personen umfassen und deren Jahresumsatz weniger als 10 Mill. Euro beträgt. Diese Definition basiert auf einer Empfehlung (2003/361/EG) der Europäischen Kommission vom 6.5.2003.

Nr. der Klassifikation [1]	Wirtschaftsgliederung/Größenklasse	Unternehmen	Tätige Personen	Umsatz	Bruttowertschöpfung zu Faktorkosten	Bruttoinvestitionen in Sachanlagen
		%				
B–N ohne K, S95	**Insgesamt**					
	KMU	99,3	60,0	31,8	47,1	41,4
	Kleinstunternehmen	80,7	18,3	6,2	11,6	11,2
	Kleine Unternehmen	15,6	22,4	11,1	17,0	14,1
	Mittlere Unternehmen	2,9	19,3	14,4	18,4	16,0
	Großunternehmen	0,7	40,0	68,2	52,9	58,6
	Zusammen	100	100	100	100	100
B	**Bergbau und Gewinnung von Steinen und Erden**					
	KMU	98,0	42,5	36,5	31,3	34,8
	Kleinstunternehmen	51,7	6,1	3,9	4,1	4,1
	Kleine Unternehmen	38,6	19,5	15,5	14,0	18,0
	Mittlere Unternehmen	7,7	16,9	17,1	13,2	12,7
	Großunternehmen	2,0	57,5	63,5	68,7	65,2
	Zusammen	100	100	100	100	100
C	**Verarbeitendes Gewerbe**					
	KMU	97,3	44,1	20,6	30,0	22,3
	Kleinstunternehmen	60,5	6,6	1,7	3,1	2,1
	Kleine Unternehmen	28,6	15,2	5,9	9,6	6,3
	Mittlere Unternehmen	8,2	22,3	12,9	17,3	13,9
	Großunternehmen	2,7	55,9	79,4	70,0	77,7
	Zusammen	100	100	100	100	100
D	**Energieversorgung**					
	KMU	72,0	13,0	3,0	10,7	19,1
	Kleinstunternehmen	17,9	0,2	0,1	0,2	4,7
	Kleine Unternehmen	23,4	1,9	0,4	1,6	3,1
	Mittlere Unternehmen	30,7	10,9	2,5	8,9	11,4
	Großunternehmen	28,0	87,0	97,0	89,3	80,9
	Zusammen	100	100	100	100	100
E	**Wasserversorgung; Abwasser- und Abfallentsorgung und Beseitigung von Umweltverschmutzungen**					
	KMU	95,9	56,2	51,5	56,3	67,5
	Kleinstunternehmen	30,7	2,5	2,8	3,4	6,3
	Kleine Unternehmen	46,2	19,1	16,8	20,4	28,3
	Mittlere Unternehmen	19,0	34,5	31,9	32,5	32,9
	Großunternehmen	4,1	43,8	48,5	43,7	32,5
	Zusammen	100	100	100	100	100
F	**Baugewerbe**					
	KMU	99,9	91,8	83,7	87,3	85,8
	Kleinstunternehmen	80,4	35,4	23,3	24,8	27,4
	Kleine Unternehmen	18,1	41,5	38,2	41,3	38,9
	Mittlere Unternehmen	1,4	15,0	22,2	21,1	19,5
	Großunternehmen	0,1	8,2	16,3	12,7	14,2
	Zusammen	100	100	100	100	100
G	**Handel; Instandhaltung und Reparatur von Kraftfahrzeugen**					
	KMU	99,1	62,0	35,4	50,7	50,9
	Kleinstunternehmen	79,3	20,9	6,4	11,9	12,2
	Kleine Unternehmen	16,7	24,1	13,1	19,9	18,0
	Mittlere Unternehmen	3,2	17,0	16,0	18,9	20,7
	Großunternehmen	0,9	38,0	64,6	49,3	49,1
	Zusammen	100	100	100	100	100
H	**Verkehr und Lagerei**					
	KMU	98,8	50,2	37,8	46,9	30,1
	Kleinstunternehmen	68,5	9,4	4,9	7,3	4,4
	Kleine Unternehmen	25,0	20,7	14,7	19,7	14,7
	Mittlere Unternehmen	5,3	20,2	18,2	19,9	11,0
	Großunternehmen	1,2	49,8	62,2	53,1	69,9
	Zusammen	100	100	100	100	100

20 Produzierendes Gewerbe und Dienstleistungen im Überblick

20.1 Unternehmen im Überblick
20.1.3 Kleine und mittlere Unternehmen (KMU) nach ausgewählten Wirtschaftsabschnitten 2013

Nr. der Klassi-fikation [1]	Wirtschaftsgliederung/Größenklasse	Unternehmen	Tätige Personen	Umsatz	Bruttowert-schöpfung zu Faktorkosten	Bruttoinvestitionen in Sachanlagen
		%				
I	**Gastgewerbe**					
	KMU	99,9	89,4	83,0	83,5	82,5
	Kleinstunternehmen	76,2	29,8	25,8	23,9	19,5
	Kleine Unternehmen	21,8	42,4	36,5	38,2	34,4
	Mittlere Unternehmen	1,9	17,1	20,8	21,4	28,5
	Großunternehmen	0,1	10,6	17,0	16,5	17,5
	Zusammen	100	100	100	100	100
J	**Information und Kommunikation**					
	KMU	99,3	57,0	32,9	38,0	17,8
	Kleinstunternehmen	85,3	16,2	6,3	8,4	4,1
	Kleine Unternehmen	11,1	18,8	10,4	12,2	5,4
	Mittlere Unternehmen	2,9	22,0	16,1	17,5	8,3
	Großunternehmen	0,7	43,0	67,1	62,0	82,2
	Zusammen	100	100	100	100	100
L	**Grundstücks- und Wohnungswesen**					
	KMU	99,9	89,7	73,8	77,2	79,1
	Kleinstunternehmen	95,5	62,7	31,6	36,0	35,4
	Kleine Unternehmen	3,7	16,3	20,5	20,3	22,7
	Mittlere Unternehmen	0,7	10,7	21,6	20,8	21,0
	Großunternehmen	0,1	10,3	26,2	22,8	20,9
	Zusammen	100	100	100	100	100
M	**Erbringung von freiberuflichen, wissenschaftlichen und technischen Dienstleistungen**					
	KMU	99,8	77,0	62,3	71,2	64,5
	Kleinstunternehmen	90,3	36,4	22,9	28,7	26,5
	Kleine Unternehmen	8,5	26,3	22,0	25,4	21,3
	Mittlere Unternehmen	1,0	14,4	17,3	17,1	16,7
	Großunternehmen	0,2	23,0	37,7	28,8	35,5
	Zusammen	100	100	100	100	100
N	**Erbringung von sonstigen wirtschaftlichen Dienstleistungen**					
	KMU	98,7	48,8	46,3	48,3	44,2
	Kleinstunternehmen	80,3	10,4	10,9	12,1	14,3
	Kleine Unternehmen	13,6	13,8	15,4	15,1	16,0
	Mittlere Unternehmen	4,8	24,6	19,9	21,1	13,8
	Großunternehmen	1,3	51,2	53,7	51,7	55,8
	Zusammen	100	100	100	100	100
S95	**Reparatur von Datenverarbeitungsgeräten und Gebrauchsgütern**					
	KMU	99,9	87,4	77,7	83,4	93,7
	Kleinstunternehmen	95,0	53,6	37,6	43,8	50,2
	Kleine Unternehmen	4,2	19,9	20,3	21,6	24,7
	Mittlere Unternehmen	0,6	13,9	19,9	18,0	18,8
	Großunternehmen	0,1	12,6	22,3	16,6	6,3
	Zusammen	100	100	100	100	100

Auswertung der Strukturerhebungen in den Wirtschaftsabschnitten B – N (ohne K), S95.
1 Klassifikation der Wirtschaftszweige, Ausgabe 2008 (WZ 2008).

Unternehmen, Umsatz und tätige Personen nach Unternehmensgrößenklassen 2013
in %

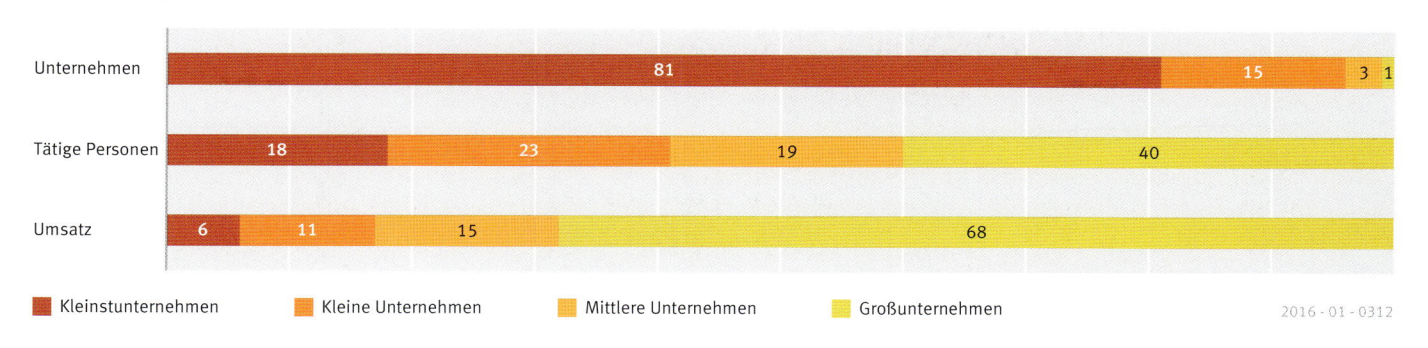

	Kleinstunternehmen	Kleine Unternehmen	Mittlere Unternehmen	Großunternehmen
Unternehmen	81	15	3	1
Tätige Personen	18	23	19	40
Umsatz	6	11	15	68

20.2 Auslandskontrollierte Unternehmen in Deutschland 2013

Auslandskontrollierte Unternehmen sind im Inland ansässig und werden von einem Unternehmen mit Sitz im Ausland kontrolliert, das die Unternehmenspolitik bestimmt. Durch die Beobachtung auslandskontrollierter Unternehmen kann die Verflechtung der deutschen Wirtschaft mit der globalisierten Welt abgebildet werden.

20.2.1 Nach ausgewählten Wirtschaftsabschnitten

Nr. der Klassi-fikation [1]	Wirtschaftsgliederung	Unternehmen %	Tätige Personen [2] %	Umsatz [2] %	Bruttowertschöpfung zu Faktorkosten [2] %
B – N ohne K, S95	Insgesamt	100	100	100	100
B	Bergbau und Gewinnung von Steinen und Erden	0,4	0,5	0,3	0,8
C	Verarbeitendes Gewerbe	21,0	41,8	43,3	33,2
D	Energieversorgung	1,6	2,3	7,8	6,7
E	Wasserversorgung; Abwasser- und Abfallentsorgung und Beseitigung von Umweltverschmutzungen	0,7	0,4	0,3	0,6
F	Baugewerbe	2,4	2,6	1,4	2,3
G	Handel; Instandhaltung und Reparatur von Kraftfahrzeugen	30,5	19,4	33,3	21,8
H	Verkehr und Lagerei	4,4	4,2	2,4	3,7
I	Gastgewerbe	1,9	3,3	0,6	1,3
J	Information und Kommunikation	7,6	5,2	4,1	10,3
L	Grundstücks- und Wohnungswesen	9,0	2,3	0,9	4,1
M	Erbringung von freiberuflichen, wissenschaftlichen und technischen Dienstleistungen	14,8	7,3	3,5	9,9
N	Erbringung von sonstigen wirtschaftlichen Dienstleistungen	5,6	10,6	2,1	5,2
S95	Reparatur von Datenverarbeitungsgeräten und Gebrauchsgütern	0,1	0,1	0,0	0,1

Auswertung der Strukturerhebungen in den Wirtschaftsabschnitten B – N (ohne K), S95.

1 Klassifikation der Wirtschaftszweige, Ausgabe 2008 (WZ 2008).
2 Werte zum Teil geschätzt.

20.2.2 Nach Herkunft der Muttergesellschaft

	Unternehmen %	Tätige Personen [1] %	Umsatz [1] %	Bruttowertschöpfung zu Faktorkosten [1] %
Welt (ohne Deutschland)	100	100	100	100
darunter:				
Europa (ohne Deutschland) [2]	75,1	70,2	66,9	70,2
Afrika	0,4	0,4	0,7	0,4
Nord- und Mittelamerika [2]	15,5	22,7	22,1	21,3
Südamerika	0,2	0,1	0,2	0,1
Asien	8,3	6,2	9,7	7,4
Australien und Ozeanien	0,5	0,4	0,4	0,5

Auswertung der Strukturerhebungen in den Wirtschaftsabschnitten B – N (ohne K), S95.

1 Werte zum Teil geschätzt.
2 Einschl. abhängiger Gebiete einzelner Länder.

Auslandskontrollierte Unternehmen 2013
Anteil an allen Unternehmen, in %

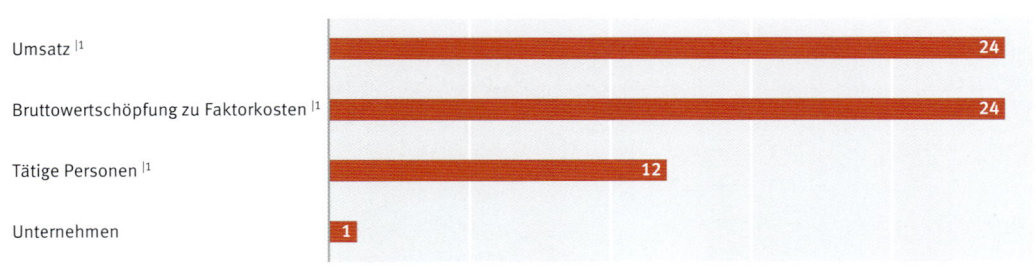

	%
Umsatz [1]	24
Bruttowertschöpfung zu Faktorkosten [1]	24
Tätige Personen [1]	12
Unternehmen	1

Auswertung der Strukturerhebungen in den Wirtschaftsabschnitten B – N (ohne K), S95.

1 Werte zum Teil geschätzt.

20 Produzierendes Gewerbe und Dienstleistungen im Überblick

20.3 Gewerbeanzeigen
20.3.1 Gewerbeanzeigen nach Ländern 2015

	Anmeldung			Abmeldung		
	insgesamt	darunter		insgesamt	darunter	
		Betriebsgründung	sonstige Neugründung		Betriebsaufgabe	sonstige Stilllegung
Deutschland	706 876	124 689	447 120	675 511	109 520	431 296
Baden-Württemberg	90 907	15 466	54 403	88 417	12 101	55 156
Bayern	122 119	20 812	73 961	110 904	16 901	66 099
Berlin	42 124	8 548	30 207	34 557	6 750	24 109
Brandenburg	17 282	3 720	9 433	17 886	3 668	10 647
Bremen	5 311	1 070	3 436	4 706	769	3 236
Hamburg	20 162	3 596	13 859	17 058	2 205	12 332
Hessen	63 583	10 422	40 859	63 139	9 530	40 790
Mecklenburg-Vorpommern	10 483	2 393	5 961	10 998	2 472	6 627
Niedersachsen	59 793	11 308	36 784	56 139	9 959	34 650
Nordrhein-Westfalen	152 589	24 731	102 212	145 163	22 528	96 600
Rheinland-Pfalz	34 985	5 697	22 795	34 573	5 048	23 678
Saarland	6 925	1 394	4 311	6 783	1 189	4 510
Sachsen	29 652	6 140	17 904	30 604	6 185	18 818
Sachsen-Anhalt	12 031	2 794	7 137	13 729	3 455	8 365
Schleswig-Holstein	26 383	3 747	16 854	25 601	3 445	16 686
Thüringen	12 547	2 851	7 004	15 254	3 315	8 993

Ergebnisse der Gewerbeanzeigenstatistik. – Ohne Automatenaufsteller und Reisegewerbe.

Eine **Gewerbeanmeldung** ist abzugeben bei Neugründungen, Umwandlungen, Zuzügen und Übernahmen von Betrieben. Die Neugründungen umfassen Betriebsgründungen und sonstige Neugründungen (Neugründungen von Kleinunternehmen und Nebenerwerbsbetrieben).

Eine **Gewerbeabmeldung** ist abzugeben bei vollständigen Aufgaben, Umwandlungen, Fortzügen und Übergaben von Betrieben. Die vollständigen Aufgaben beinhalten Betriebsaufgaben und sonstige Stilllegungen (Stilllegungen von Kleinunternehmen und Nebenerwerbsbetrieben).

Neugründungen und vollständige Aufgaben
in 1 000

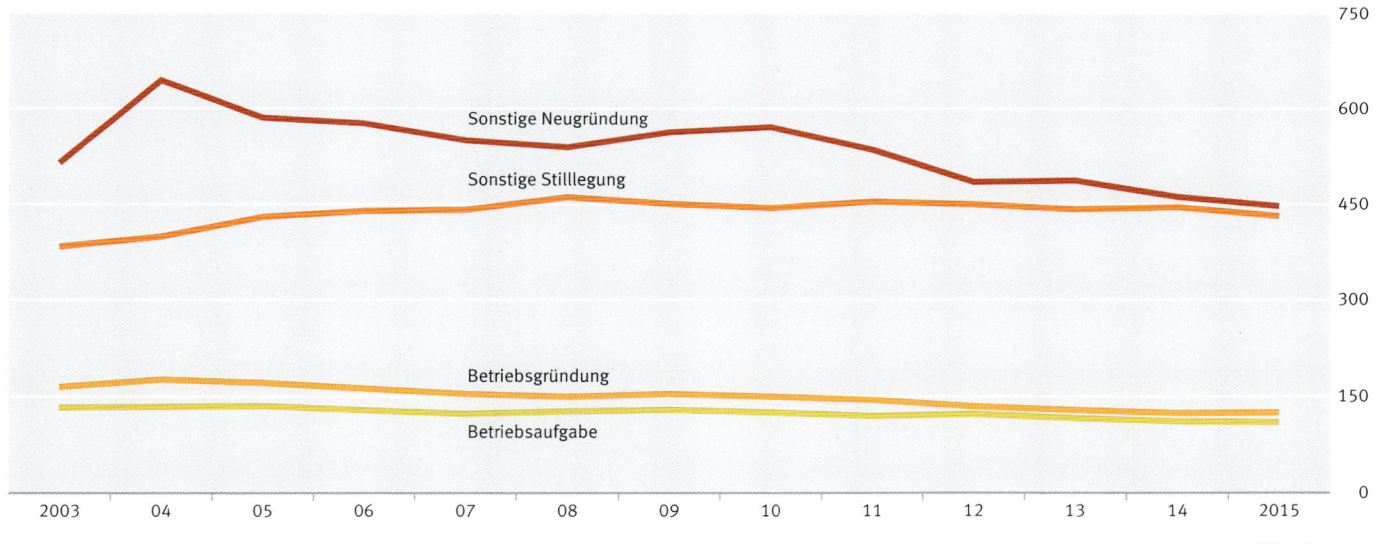

20 Produzierendes Gewerbe und Dienstleistungen im Überblick

20.3 Gewerbeanzeigen
20.3.2 Gewerbeanmeldungen nach Wirtschaftsabschnitten und Rechtsformen 2015

Nr. der Klassi-fikation [1]		Gewerbe-anmeldungen insgesamt	Neuerrichtungen				Umwandlung	Zuzug	Über-nahmen [2]
			Betriebsgründung		sonstige Neugründung				
			zusammen	dar. Haupt-niederlassung	zusammen	darunter Nebenerwerb			
A – S	Insgesamt	706 876	124 689	86 377	447 120	248 703	3 565	78 697	52 805
	nach Wirtschaftsabschnitten								
A	Land- und Forstwirtschaft, Fischerei	5 169	526	457	3 684	2 591	13	512	434
B, C	Bergbau und Gewinnung von Steinen und Erden; Verarbeitendes Gewerbe	29 359	6 364	4 305	16 091	11 777	432	3 678	2 794
D, E	Energieversorgung; Wasserversorgung; Abwasser- und Abfallentsorgung und Beseitigung von Umweltverschmutzungen	7 597	1 949	1 586	3 927	3 203	111	769	841
F	Baugewerbe	99 836	13 997	12 736	67 529	12 385	125	11 888	6 297
G	Handel; Instandhaltung und Reparatur von Kraftfahrzeugen	156 493	32 095	16 848	94 581	62 125	1 302	15 530	12 985
H	Verkehr und Lagerei	20 789	4 690	3 038	12 128	4 400	169	2 408	1 394
I	Gastgewerbe	53 088	13 388	9 392	21 845	7 350	131	787	16 937
J	Information und Kommunikation	29 456	5 651	4 342	17 756	13 131	188	5 047	814
K	Erbringung von Finanz- und Versicherungsdienstleistungen	22 049	4 470	2 979	11 937	5 153	165	4 942	535
L	Grundstücks- und Wohnungswesen	18 105	6 536	5 565	7 095	3 668	94	3 573	807
M	Erbringung von freiberuflichen, wissenschaftlichen und technischen Dienstleistungen	72 554	13 337	10 985	46 949	34 373	298	10 403	1 567
N	Erbringung von sonstigen wirtschaftlichen Dienstleistungen	85 524	10 072	6 790	63 389	37 685	312	9 353	2 398
P	Erziehung und Unterricht	13 794	1 863	916	9 947	7 461	24	1 459	501
Q	Gesundheits- und Sozialwesen	9 674	1 425	1 043	6 888	3 807	71	959	331
R	Kunst, Unterhaltung und Erholung	15 648	2 192	1 289	10 873	8 139	15	1 591	977
O, S	Öffentliche Verwaltung, Verteidigung; Sozialversicherung; Erbringung von sonstigen Dienstleistungen	67 741	6 134	4 106	52 501	31 455	115	5 798	3 193
	nach Rechtsformen								
	Einzelunternehmen	550 351	32 208	21 302	429 537	231 120	247	57 545	30 814
	Personengesellschaften (OHG, KG, GbR)	57 833	26 307	21 298	12 180	12 180	733	4 923	13 690
	dar.: Gesellschaft mit beschränkter Haftung & Co. KG	15 909	10 032	6 616	326	326	640	2 220	2 691
	Gesellschaft des bürgerlichen Rechts	38 195	14 457	13 489	11 664	11 664	37	2 315	9 722
	Gesellschaft mit beschränkter Haftung	91 835	61 564	42 613	5 014	5 014	2 123	15 549	7 585
	dar. Unternehmergesellschaft (haftungsbeschränkt)	16 298	10 874	9 911	2 435	2 435	30	1 834	1 125
	Aktiengesellschaft	1 728	1 052	256	–	–	217	271	188
	Private Company Limited by Shares (Ltd)	1 015	758	79	48	48	5	169	35
	Genossenschaft	366	222	127	–	–	94	24	26
	Eingetragener Verein	849	449	379	250	250	2	24	124
	Sonstige Rechtsformen	2 899	2 129	323	91	91	144	192	343

Ergebnisse der Gewerbeanzeigenstatistik. – Ohne Automatenaufsteller und Reisegewerbe.
1 Klassifikation der Wirtschaftszweige, Ausgabe 2008 (WZ 2008).
2 Rechtsformwechsel, Gesellschaftereintritt, Erbfolge, Kauf, Pacht.

Betriebsgründungen nach Rechtsformen 2015
in %

- Gesellschaft mit beschränkter Haftung: 41
- Einzelunternehmen: 26
- Gesellschaft des bürgerlichen Rechts: 12
- Unternehmergesellschaft (haftungsbeschränkt): 9
- Gesellschaft mit beschränkter Haftung & Co. KG: 8
- Sonstige Rechtsformen: 5

Betriebsgründungen nach Wirtschaftsabschnitten 2015
in %

- Dienstleistungsunternehmen [1]: 37
- Handel [2]: 26
- Gastgewerbe: 11
- Baugewerbe: 11
- Sonstige Wirtschaftszweige: 6
- Information und Kommunikation: 5
- Verarbeitendes Gewerbe [3]: 5

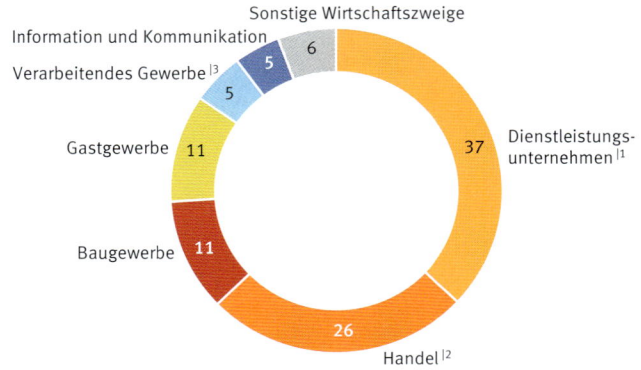

1 Umfasst die Wirtschaftszweige der Abschnitte K bis S.
2 Einschl. Instandhaltung und Reparatur von Kraftfahrzeugen.
3 Einschl. Bergbau und Gewinnung von Steinen und Erden.

20 Produzierendes Gewerbe und Dienstleistungen im Überblick

20.3 Gewerbeanzeigen
20.3.3 Gewerbeabmeldungen nach Wirtschaftsabschnitten und Rechtsformen 2015

Nr. der Klassi- fikation [1]		Gewerbe- abmeldungen insgesamt	Aufgaben				Umwandlung	Fortzug	Über- gaben [2]
			Betriebsaufgabe		sonstige Stilllegung				
			zusammen	dar. Haupt- niederlassung	zusammen	darunter Nebenerwerb			
A – S	Insgesamt	675 511	109 520	75 091	431 296	179 464	4 730	77 987	51 978
	nach Wirtschaftsabschnitten								
A	Land- und Forstwirtschaft, Fischerei	4 315	380	321	2 878	1 420	17	466	574
B, C	Bergbau und Gewinnung von Steinen und Erden; Verarbeitendes Gewerbe	27 845	6 624	4 783	14 262	6 891	448	3 663	2 848
D, E	Energieversorgung; Wasserversorgung; Abwasser- und Abfallentsorgung und Beseitigung von Umwelt- verschmutzungen	5 113	1 103	843	2 267	1 590	143	666	934
F	Baugewerbe	100 711	12 441	11 215	69 728	10 235	217	10 562	7 763
G	Handel; Instandhaltung und Reparatur von Kraftfahr- zeugen	164 380	34 285	18 895	99 201	48 780	1 488	16 034	13 372
H	Verkehr und Lagerei	22 695	4 455	3 191	14 125	3 871	216	2 386	1 513
I	Gastgewerbe	55 352	13 933	10 473	28 045	7 058	155	1 033	12 186
J	Information und Kommunikation	25 338	3 510	2 615	15 273	8 782	299	5 030	1 226
K	Erbringung von Finanz- und Versicherungsdienst- leistungen	25 872	3 471	2 019	16 336	5 402	309	5 106	650
L	Grundstücks- und Wohnungswesen	14 997	3 884	3 225	6 705	2 456	217	3 280	911
M	Erbringung von freiberuflichen, wissenschaftlichen und technischen Dienstleistungen	60 541	8 051	6 434	39 638	23 537	606	10 359	1 887
N	Erbringung von sonstigen wirtschaftlichen Dienst- leistungen	79 267	8 225	5 765	58 351	26 629	390	9 365	2 936
P	Erziehung und Unterricht	9 795	1 442	719	6 299	3 686	26	1 491	537
Q	Gesundheits- und Sozialwesen	7 837	764	549	5 713	2 679	68	927	365
R	Kunst, Unterhaltung und Erholung	12 093	1 735	962	7 640	4 467	25	1 705	988
O, S	Öffentliche Verwaltung, Verteidigung; Sozialversicherung; Erbringung von sonstigen Dienstleistungen	59 360	5 217	3 082	44 835	21 981	106	5 914	3 288
	nach Rechtsformen								
	Einzelunternehmen	544 739	37 887	26 186	420 780	168 948	398	57 063	28 611
	Personengesellschaften (OHG, KG, GbR)	55 533	23 547	19 195	8 221	8 221	702	4 930	18 133
	dar.: Gesellschaft mit beschränkter Haftung & Co. KG	11 638	7 049	4 279	127	127	582	2 127	1 753
	Gesellschaft des bürgerlichen Rechts	39 862	14 378	13 437	7 961	7 961	57	2 419	15 047
	Gesellschaft mit beschränkter Haftung	67 950	43 075	28 465	2 046	2 046	3 060	15 273	4 496
	dar. Unternehmergesellschaft (haftungsbeschränkt)	9 579	6 040	5 471	1 021	1 021	82	1 786	650
	Aktiengesellschaft	2 511	1 505	238	–	–	435	303	268
	Private Company Limited by Shares (Ltd)	1 439	1 121	132	72	72	1	176	69
	Genossenschaft	395	258	64	–	–	82	19	36
	Eingetragener Verein	577	355	290	98	98	2	23	99
	Sonstige Rechtsformen	2 367	1 772	521	79	79	50	200	266

Ergebnisse der Gewerbeanzeigenstatistik. – Ohne Automatenaufsteller und Reisegewerbe.
1 Klassifikation der Wirtschaftszweige, Ausgabe 2008 (WZ 2008).
2 Rechtsformwechsel, Gesellschafteraustritt, Erbfolge, Verkauf, Verpachtung.

Betriebsaufgaben nach Rechtsformen 2015
in %

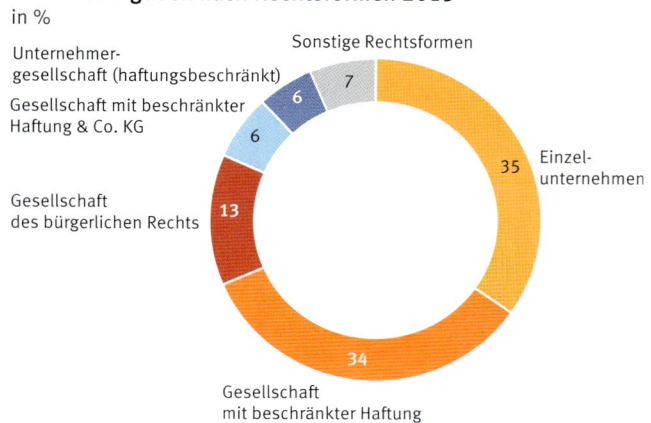

- Sonstige Rechtsformen: 7
- Unternehmergesellschaft (haftungsbeschränkt): 6
- Gesellschaft mit beschränkter Haftung & Co. KG: 6
- Gesellschaft des bürgerlichen Rechts: 13
- Gesellschaft mit beschränkter Haftung: 34
- Einzelunternehmen: 35

Betriebsaufgaben nach Wirtschaftsabschnitten 2015
in %

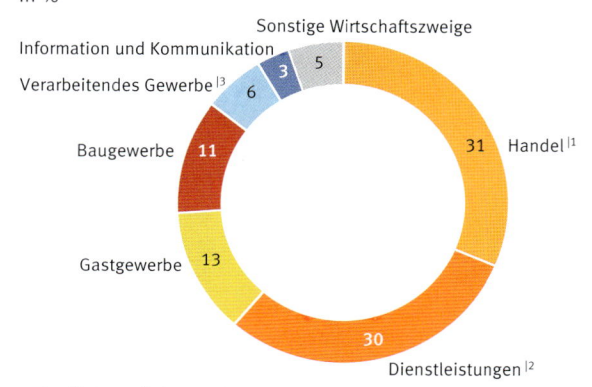

- Sonstige Wirtschaftszweige: 5
- Information und Kommunikation: 3
- Verarbeitendes Gewerbe [3]: 6
- Baugewerbe: 11
- Gastgewerbe: 13
- Dienstleistungen [2]: 30
- Handel [1]: 31

1 Einschl. Instandhaltung und Reparatur von Kraftfahrzeugen.
2 Umfasst die Wirtschaftszweige der Abschnitte K bis S.
3 Einschl. Bergbau und Gewinnung von Steinen und Erden.

20 Produzierendes Gewerbe und Dienstleistungen im Überblick
20.4 Insolvenzen
20.4.1 Zusammensetzung der Insolvenzen

Weitere Informationen zu Verbraucherinsolvenzen siehe Kapitel „Einkommen, Konsum, Lebensbedingungen"

	2000	2005	2010	2015 [1]	2000	2005	2010	2015 [1]
	Anzahl				%			
Insgesamt	42 259	136 554	168 458	127 683	100	100	100	100
Unternehmen	28 235	36 843	31 998	23 123	66,8	27,0	19,0	18,1
Übrige Schuldner/-innen	14 024	99 711	136 460	104 560	33,2	73,0	81,0	81,9
davon:								
Natürliche Personen als Gesellschafter u. Ä.	1 129	3 446	1 814	658	2,7	2,5	1,1	0,5
Verbraucher/-innen	10 479	68 898	108 798	80 347	24,8	50,5	64,6	62,9
Ehemals selbstständig Tätige mit Regelinsolvenzverfahren	.	19 919	17 620	13 714	.	14,6	10,5	10,7
Ehemals selbstständig Tätige mit vereinfachtem Verfahren	.	4 818	5 445	6 872	.	3,5	3,2	5,4
Nachlässe und Gesamtgut	2 416	2 630	2 783	2 969	5,7	1,9	1,6	2,3

Ergebnisse der Insolvenzstatistik.

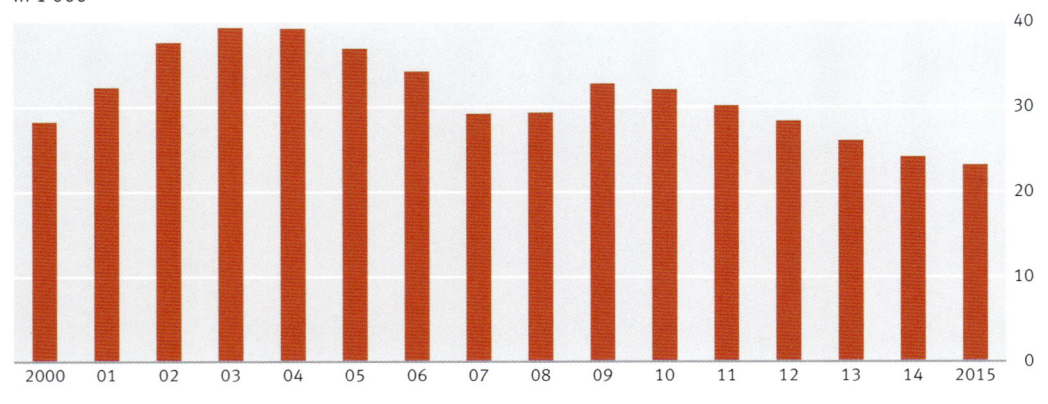

1 Vorläufiges Ergebnis.

20.4.2 Unternehmensinsolvenzen nach Ländern 2015

	Insgesamt	Eröffnet	Mangels Masse abgewiesen	Arbeitnehmer/-innen	Voraussichtliche Forderungen
	Anzahl				1 000 EUR
Deutschland	23 123	16 979	6 144	118 089	17 515 677
Baden-Württemberg	1 867	1 272	595	12 827	1 342 822
Bayern	3 195	2 341	854	14 243	2 306 429
Berlin	1 407	916	491	4 525	961 319
Brandenburg	431	363	68	1 846	539 855
Bremen	242	179	63	2 912	1 181 747
Hamburg	802	640	162	5 370	1 484 470
Hessen	1 501	967	534	6 040	1 052 491
Mecklenburg-Vorpommern	323	258	65	1 123	117 348
Niedersachsen	1 853	1 363	490	10 984	1 506 618
Nordrhein-Westfalen	7 347	5 485	1 862	39 046	4 283 788
Rheinland-Pfalz	894	650	244	4 090	613 189
Saarland	307	211	96	1 841	122 178
Sachsen	1 004	786	218	3 918	557 934
Sachsen-Anhalt	561	427	134	3 134	233 798
Schleswig-Holstein	1 027	842	185	4 025	1 001 916
Thüringen	362	279	83	2 165	209 774

Vorläufige Ergebnisse der Insolvenzstatistik.

Unternehmensinsolvenzen im Zeitvergleich
in 1 000

20 Produzierendes Gewerbe und Dienstleistungen im Überblick

20.4 Insolvenzen
20.4.3 Unternehmensinsolvenzen nach ausgewählten Wirtschaftsabschnitten, Alter der Unternehmen und Rechtsformen 2015

Nr. der Klassifikation [1]		Eröffnet	Mangels Masse abgewiesen	Insgesamt	Veränderung gegenüber Vorjahr	Arbeitnehmer/-innen	Voraussichtliche Forderungen
		Anzahl			%	Anzahl	1 000 EUR
A – N, P – S	Insgesamt	16 979	6 144	23 123	– 4,0	118 089	17 515 677
	nach Wirtschaftsabschnitten						
A	Land- und Forstwirtschaft, Fischerei	104	26	130	– 9,1	408	70 324
B, C	Bergbau und Gewinnung von Steinen und Erden; Verarbeitendes Gewerbe	1 509	241	1 750	– 2,6	33 143	2 525 309
D, E	Energieversorgung; Wasserversorgung; Abwasser- und Abfallentsorgung und Beseitigung von Umweltverschmutzungen	152	48	200	– 16,7	1 046	1 200 471
F	Baugewerbe	2 878	996	3 874	– 2,7	16 346	1 612 124
G	Handel; Instandhaltung und Reparatur von Kraftfahrzeugen	3 088	1 190	4 278	– 5,9	16 840	2 041 110
H	Verkehr und Lagerei	1 109	342	1 451	– 16,4	6 879	1 275 349
I	Gastgewerbe	1 844	546	2 390	1,7	7 628	370 457
J	Information und Kommunikation	457	223	680	– 11,1	2 454	301 162
K	Erbringung von Finanz- und Versicherungsdienstleistungen	458	229	687	5,2	482	1 403 611
L	Grundstücks- und Wohnungswesen	512	253	765	– 2,0	617	2 077 813
M	Erbringung von freiberuflichen, wissenschaftlichen und technischen Dienstleistungen	1 754	986	2 740	– 0,8	9 080	3 288 678
N	Erbringung von sonstigen wirtschaftlichen Dienstleistungen	1 488	582	2 070	– 4,9	12 243	665 533
P	Erziehung und Unterricht	178	62	240	0,0	931	48 069
Q	Gesundheits- und Sozialwesen	415	73	488	– 5,8	6 329	374 080
R	Kunst, Unterhaltung und Erholung	378	134	512	0,0	1 340	113 252
S	Erbringung von sonstigen Dienstleistungen	655	213	868	– 1,8	2 323	148 334
	nach dem Alter der Unternehmen						
	unter 8 Jahren	7 327	3 629	10 956	– 9,8	41 805	5 909 627
	dar. bis 3 Jahre	3 455	1 809	5 264	– 9,5	21 679	1 718 060
	8 Jahre und mehr	6 440	1 723	8 163	– 14,5	72 307	10 456 091
	Unbekannt	3 212	792	4 004	66,6	3 977	1 149 958
	nach Rechtsformen						
	Einzelunternehmen	7 921	1 437	9 358	– 6,0	16 260	1 828 558
	Personengesellschaften (OHG, KG, GbR)	1 309	428	1 737	– 9,5	24 129	4 070 184
	darunter:						
	Gesellschaft mit beschränkter Haftung & Co. KG	1 001	297	1 298	– 10,4	22 583	3 665 913
	Gesellschaft des bürgerlichen Rechts	175	75	250	– 10,4	756	111 911
	Gesellschaft mit beschränkter Haftung	7 400	4 044	11 444	– 0,8	73 505	10 816 342
	darunter:						
	Unternehmergesellschaft (haftungsbeschränkt)	925	1 282	2 207	4,3	3 392	245 227
	Aktiengesellschaft, KGaA	131	45	176	– 11,6	2 832	623 914
	Private Company Limited by Shares (Ltd)	68	80	148	– 25,6	149	26 938
	Sonstige Rechtsformen	150	110	260	– 5,1	1 214	149 741

Vorläufige Ergebnisse der Insolvenzstatistik.

1 Klassifikation der Wirtschaftszweige, Ausgabe 2008 (WZ 2008).

20 Produzierendes Gewerbe und Dienstleistungen im Überblick

20.4 Insolvenzen
20.4.4 Insolvenzhäufigkeit von Unternehmen nach Wirtschaftsabschnitten

Nr. der Klassi-fikation [1]	Wirtschaftsgliederung	Unternehmensinsolvenzen 2015 [2]	Unternehmensinsolvenzen 2014	Unternehmen [3]	Insolvenzhäufigkeiten [4] 2015 [2]	Insolvenzhäufigkeiten [4] 2014
		Anzahl				
A – N, P – S	Insgesamt	23 123	24 085	3 240 221	71	74
A	Land- und Forstwirtschaft, Fischerei	130	143	95 748	X	X
B, C	Bergbau und Gewinnung von Steinen und Erden; Verarbeitendes Gewerbe	1 750	1 797	235 967	74	76
D, E	Energieversorgung; Wasserversorgung; Abwasser- und Abfallentsorgung und Beseitigung von Umweltverschmutzungen	200	240	84 392	24	28
F	Baugewerbe	3 874	3 982	363 943	106	109
G	Handel; Instandhaltung und Reparatur von Kraftfahrzeugen	4 278	4 545	616 529	69	74
H	Verkehr und Lagerei	1 451	1 736	104 960	138	165
I	Gastgewerbe	2 390	2 350	220 745	108	106
J	Information und Kommunikation	680	765	123 508	55	62
K	Erbringung von Finanz- und Versicherungsdienstleistungen	687	653	25 037	X	X
L	Grundstücks- und Wohnungswesen	765	781	297 822	26	26
M	Erbringung von freiberuflichen, wissenschaftlichen und technischen Dienstleistungen	2 740	2 763	476 572	57	58
N	Erbringung von sonstigen wirtschaftlichen Dienstleistungen	2 070	2 176	184 407	112	118
P	Erziehung und Unterricht	240	240	44 781	54	54
Q	Gesundheits- und Sozialwesen	488	518	50 072	97	103
R	Kunst, Unterhaltung und Erholung	512	512	101 045	51	51
S	Erbringung von sonstigen Dienstleistungen	868	884	214 693	40	41

Ergebnisse der Insolvenzstatistik.
1 Klassifikation der Wirtschaftszweige, Ausgabe 2008 (WZ 2008).
2 Vorläufiges Ergebnis.
3 Umsatzsteuerstatistik 2014.
4 Bezogen auf 10 000 Unternehmen. Jeweils berechnet mit den Angaben aus der Umsatzsteuerstatistik 2014.

Insolvenzhäufigkeit von Unternehmen nach Ländern 2015

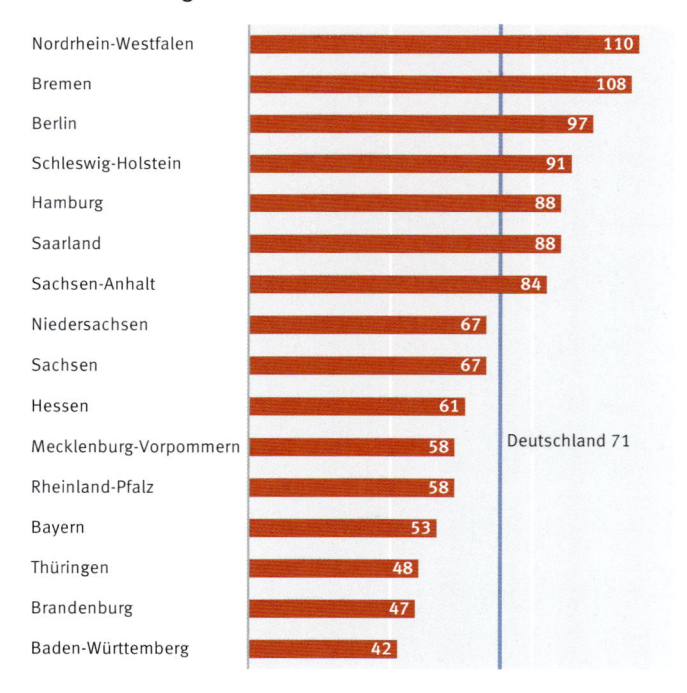

Nordrhein-Westfalen	110
Bremen	108
Berlin	97
Schleswig-Holstein	91
Hamburg	88
Saarland	88
Sachsen-Anhalt	84
Niedersachsen	67
Sachsen	67
Hessen	61
Mecklenburg-Vorpommern	58
Rheinland-Pfalz	58
Bayern	53
Thüringen	48
Brandenburg	47
Baden-Württemberg	42

Deutschland 71

Bezogen auf 10 000 Unternehmen. Jeweils berechnet mit den Angaben der Insolvenzstatistik 2015 und der Umsatzsteuerstatistik 2014. – Für das Jahr 2015 sind die Ergebnisse für Deutschland und Bremen vorläufig.

Insolvenzen von Unternehmen nach Wirtschaftsabschnitten 2015
in %

	%
Dienstleistungsunternehmen [1]	36
Handel, Instandhaltung und Reparatur von Kraftfahrzeugen	19
Baugewerbe	17
Gastgewerbe	10
Verkehr und Lagerei, Information und Kommunikation	9
Verarbeitendes Gewerbe	8
Sonstige Unternehmen	1

Klassifikation der Wirtschaftszweige, Ausgabe 2008 (WZ 2008). – Vorläufige Ergebnisse.
1 Umfasst die Wirtschaftszweige der Abschnitte K bis S.

20 Produzierendes Gewerbe und Dienstleistungen im Überblick

20.5 Informations- und Kommunikationstechnologien in Unternehmen
20.5.1 Kernindikatoren

Indikatoren	2012	2013	2014	2015
	%			
Unternehmen mit				
Einsatz von Computern	86	88	91	92
Internetzugang	85	87	89	89
Verkäufen über eine Website, App oder über EDI [1][2]	17	19	17	25
Einkäufen über eine Website, App oder über EDI [1][2]	41	42	36	44
Unternehmen mit Internetzugang				
über eine feste Breitbandverbindung	84	84	92	93
über eine mobile Breitbandverbindung	32	56	56	56
und einer Website	57	66	67	66
Tätige Personen im Unternehmen, die für geschäftliche Zwecke				
einen Computer mit Internetzugang nutzten	55	55	54	55
mit einem mobilen Internetzugang über ein tragbares Gerät ausgestattet waren	15	15	21	18

Ergebnisse der Erhebung zur Nutzung von Informations- und Kommunikationstechnologien (IKT) in Unternehmen.
1 Die Ergebnisse für dieses Merkmal beziehen sich auf das vorausgegangene Kalenderjahr.
2 Vor 2015 bezog sich die Fragestellung nur auf E-Commerce über Website oder EDI.

Internetzugangsarten von Unternehmen
in % der Unternehmen mit Internetzugang

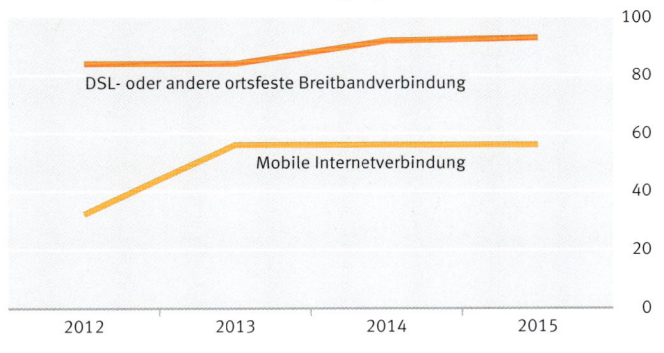

Mehrfachnennung möglich.

Schnelles Internet von 30 Mbit/s und mehr 2015
in Unternehmen ab 10 Beschäftigten, in %

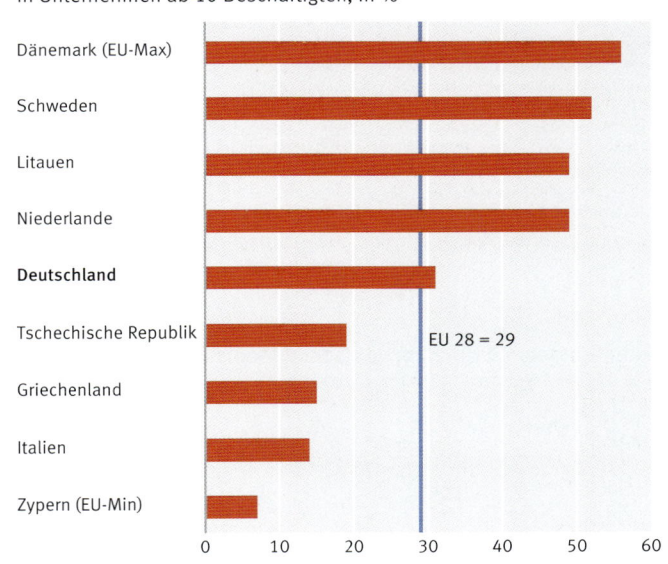

EU 28 = 29

Maximale Datenübertragungsrate der schnellsten Internetverbindung 2015
in % der Unternehmen mit festem Breitband

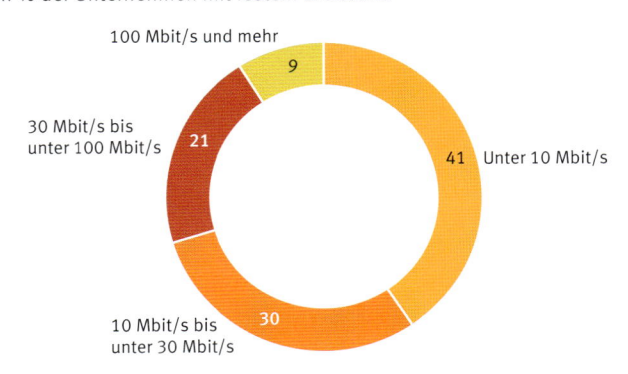

- 100 Mbit/s und mehr: 9
- 30 Mbit/s bis unter 100 Mbit/s: 21
- 10 Mbit/s bis unter 30 Mbit/s: 30
- Unter 10 Mbit/s: 41

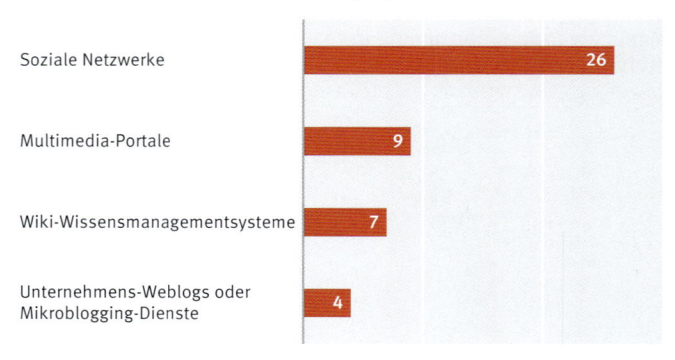

20 Produzierendes Gewerbe und Dienstleistungen im Überblick

20.5 Informations- und Kommunikationstechnologien in Unternehmen

20.5.2 Unternehmen mit Nutzung von Social Media 2015

Unternehmen mit	Insgesamt	Unternehmen mit ... bis ... Beschäftigten			
		1 – 9	10 – 49	50 – 249	250 und mehr
	% der Unternehmen mit Internetzugang				
Nutzung von Social Media insgesamt (nicht ausschließlich für kostenpflichtige Werbung)	31	30	36	47	65
und zwar folgende Plattformen:					
Soziale Netzwerke (z. B. Facebook, LinkedIn, Xing, Google+)	26	25	32	41	57
Unternehmens-Weblogs oder Mikroblogging-Dienste (z. B. Twitter, Communote, identi.ca)	4	/	5	11	22
Multimedia-Portale (z. B. YouTube, Picasa, Slideshare, Podcast)	9	9	11	19	34
Wiki-Wissensmanagementsysteme	7	6	6	12	24

Ergebnisse der Erhebung zur Nutzung von Informations- und Kommunikationstechnologien (IKT) in Unternehmen.

20.5.3 Nutzungszwecke von Social Media 2015

Unternehmen mit Nutzung von Social Media für folgende Zwecke	Insgesamt	Unternehmen mit ... bis ... Beschäftigte		
		10 – 49	50 – 249	250 und mehr
	% der Unternehmen mit Nutzung von Social Media			
Gestaltung des Unternehmensprofils oder Darstellung der Produkte (z. B. Werbung, Neueinführung von Produkten auf dem Markt)	70	67	77	80
Erhalt von Kundenanfragen, -kritik und -meinungen sowie deren Beantwortung	43	41	49	53
Kundeneinbindung in die Entwicklung oder Innovation von Waren oder Dienstleistungen	18	16	20	24
Zusammenarbeit mit Geschäftspartnern (z. B. Lieferanten) oder anderen Organisationen (z. B. öffentliche Behörden, Forschungsinstitute)	18	18	18	22
Gewinnung von neuem Personal	45	40	56	68
Austausch von Meinungen, Ansichten oder Fachwissen innerhalb des Unternehmens	23	20	29	36

Ergebnisse der Erhebung zur Nutzung von Informations- und Kommunikationstechnologien (IKT) in Unternehmen. – Ohne Unternehmen mit 1 bis 9 Beschäftigte.

Unternehmen mit Nutzung von Social Media 2015
in % der Unternehmen mit Internetzugang

Beschäftigte	%
1 – 9	30
10 – 49	36
50 – 249	47
250 und mehr	65

Insgesamt 31

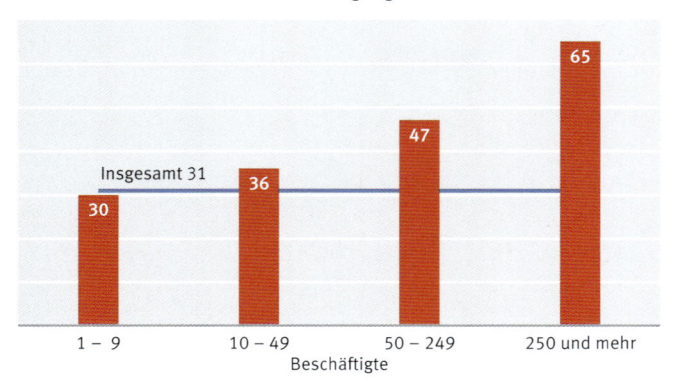

Unternehmen mit Nutzung folgender Social-Media-Plattformen 2015
in % der Unternehmen mit Internetzugang

Plattform	%
Soziale Netzwerke	26
Multimedia-Portale	9
Wiki-Wissensmanagementsysteme	7
Unternehmens-Weblogs oder Mikroblogging-Dienste	4

2016 - 01 - 0320

20 Produzierendes Gewerbe und Dienstleistungen im Überblick

20.5 Informations- und Kommunikationstechnologien in Unternehmen

20.5.4 Unternehmen mit E-Commerce 2014

E-Commerce-Indikator Wirtschaftszweig-Auswahl [1]	Unternehmen mit E-Commerce				
	insgesamt	mit ... bis ... Beschäftigten			
		1 – 9	10 – 49	50 – 249	250 und mehr
Unternehmen mit elektronischen Einkäufen [2] in % an allen Unternehmen					
Untersuchte Wirtschaftsbereiche insgesamt	44	43	52	62	73
darunter:					
Verarbeitendes Gewerbe	46	43	52	61	74
Handel, Instandhaltung und Reparatur von Kraftfahrzeugen	49	48	53	66	82
Unternehmen mit elektronischen Verkäufen [2] in % an allen Unternehmen					
Untersuchte Wirtschaftsbereiche insgesamt	25	25	25	34	51
darunter:					
Verarbeitendes Gewerbe	27	27	26	34	58
Handel, Instandhaltung und Reparatur von Kraftfahrzeugen	35	35	33	56	69
Umsatz aus elektronischen Verkäufen [2] in % am Gesamtumsatz der Unternehmen mit elektronischen Verkäufen					
Untersuchte Wirtschaftsbereiche insgesamt	30	26	23	25	33

1 Klassifikation der Wirtschaftszweige, Ausgabe 2008 (WZ 2008).
2 Elektronisch bedeutet in diesem Fall: „Über eine Website, App oder über EDI".

E-Commerce in Unternehmen 2014 [1]
in % nach Beschäftigtengrößenklassen

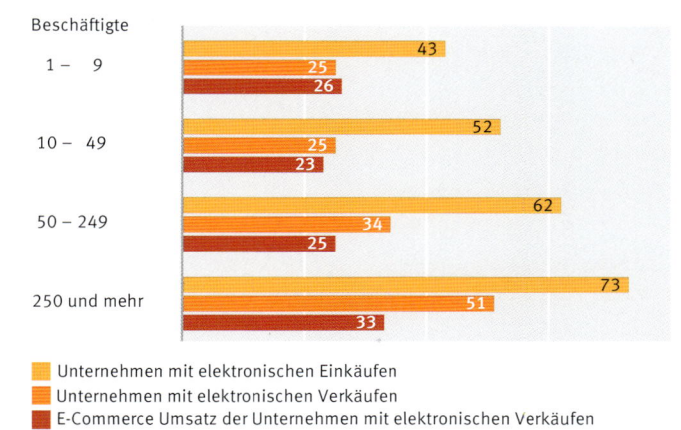

Beschäftigte	Unternehmen mit elektronischen Einkäufen	Unternehmen mit elektronischen Verkäufen	E-Commerce Umsatz der Unternehmen mit elektronischen Verkäufen
1 – 9	43	25	26
10 – 49	52	25	23
50 – 249	62	34	25
250 und mehr	73	51	33

1 Elektronisch bedeutet in diesem Fall: „Über eine Website, App oder über EDI".

Online-Umsatz nach Kundentypen 2014
in % am Online-Umsatz (Website, App)

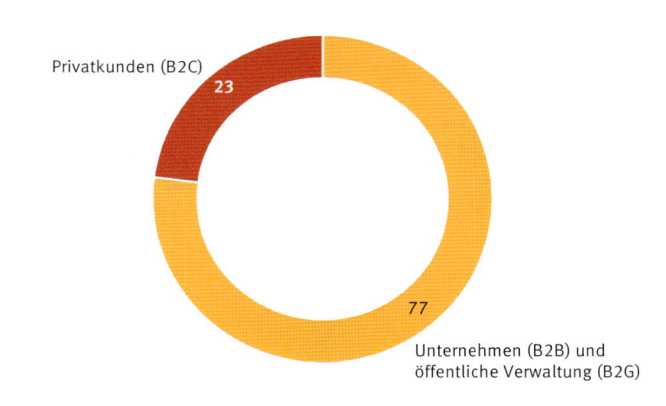

- Privatkunden (B2C): 23
- Unternehmen (B2B) und öffentliche Verwaltung (B2G): 77

Unternehmen ab 10 Beschäftigte.

20 Produzierendes Gewerbe und Dienstleistungen im Überblick

20.5 Informations- und Kommunikationstechnologien in Unternehmen
20.5.5 Unternehmen, tätige Personen, Umsatz und Investitionen in der IKT-Branche 2013

Nr. der Klassifikation [1]	Wirtschaftsbereich	Unternehmen	Tätige Personen [2]	Umsatz	Investitionen
		Anzahl		Mill. EUR	
	IKT im Verarbeitenden Gewerbe [3]				
	Herstellung von				
26.1	elektronischen Bauelementen und Leiterplatten	2 047	74 333	19 606	1 334
26.2	Datenverarbeitungsgeräten und peripheren Geräten	1 053	21 323	5 730	135
26.3	Geräten und Einrichtungen der Telekommunikationstechnik	895	24 461	5 202	125
26.4	Geräten der Unterhaltungselektronik	261	13 405	3 121	55
26.8	magnetischen und optischen Datenträgern	111	535	132	3
	Insgesamt [4]	4 367	134 057	33 791	1 652
	Handel mit IKT-relevanten Waren [5]				
	Großhandel mit				
46.51	Datenverarbeitungsgeräten, peripheren Geräten und Software	3 259	77 671	50 986	338
46.52	elektronischen Bauteilen und Telekommunikationsgeräten	1 952	40 909	30 482	122
	Insgesamt [4]	5 211	118 580	81 468	460
	IKT-Dienstleistungen [6]				
58.2	Verlegen von Software	891	16 420	4 931	283
61.1	Leitungsgebundene Telekommunikation	455	56 965	32 271	3 791
61.2	Drahtlose Telekommunikation	365	21 313	20 806	2 106
61.3	Satellitentelekommunikation	40	610	370	236
61.9	Sonstige Telekommunikation	1 690	26 479	9 384	281
62	Erbringung von Dienstleistungen der Informationstechnologie	68 005	606 524	105 562	5 431
63.1	Datenverarbeitung, Hosting und damit verbundene Tätigkeiten; Webportale	3 970	55 082	8 905	529
95.1	Reparatur von Datenverarbeitungs- und Telekommunikationsgeräten	1 384	9 463	1 269	17
	Insgesamt [4]	76 800	792 856	183 498	12 675
	IKT-Branche insgesamt	86 378	1 045 493	298 757	14 787
	nachrichtlich:				
	Verarbeitendes Gewerbe insgesamt [3]	202 824	7 220 296	1 975 826	58 638
	Großhandel insgesamt [5]	147 873	1 835 399	1 154 055	8 720
	Dienstleistungen insgesamt [6]	956 365	8 925 343	1 067 687	77 892

1 Unterteilungen entsprechen der Klassifikation der Wirtschaftszweige, Ausgabe 2008 (WZ 2008).
2 Anzahl der tätigen Personen zum Stichtag 30. September des Berichtsjahres.
3 Ergebnisse der Strukturerhebungen und der Investitionserhebung für Unternehmen im Verarbeitenden Gewerbe (ohne Bergbau und Gewinnung von Steinen und Erden).
4 Abweichungen in den Summen sind rundungsbedingt.
5 Daten aus der Handelsstatistik.
6 Daten aus der Strukturerhebung im Dienstleistungsbereich; Unternehmen oder Einrichtungen mit einem Gesamtumsatz von 17 500 Euro und mehr, aus den Wirtschaftsabschnitten J und S/Abteilung 95.

Unternehmen und tätige Personen in der IKT-Branche 2013
in % nach Wirtschaftsbereichen

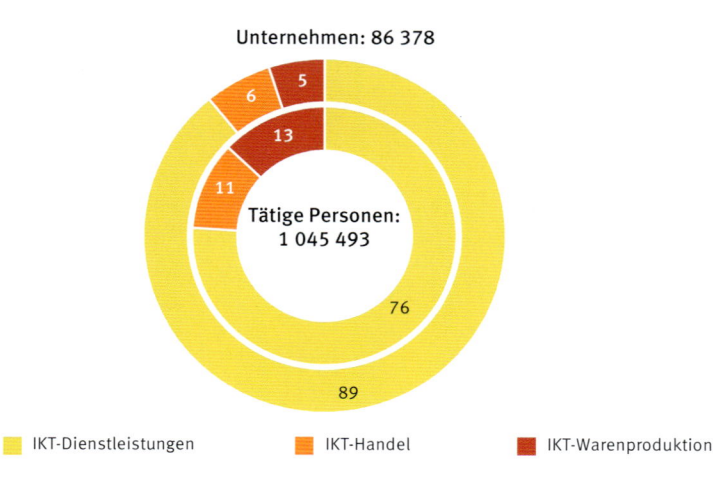

Unternehmen: 86 378 — äußerer Ring: 89 (IKT-Dienstleistungen), 6 (IKT-Handel), 5 (IKT-Warenproduktion)
Tätige Personen: 1 045 493 — innerer Ring: 76, 11, 13

Umsatz und Investitionen in der IKT-Branche 2013
in % nach Wirtschaftsbereichen

Umsatz [1]: 299 Mrd. EUR — äußerer Ring: 86, 3, 11
Investitionen: 15 Mrd. EUR — innerer Ring: 61, 27, 11

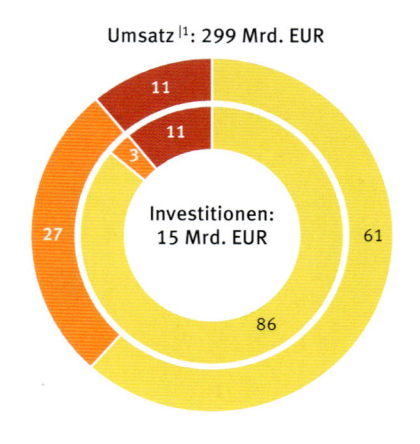

IKT-Dienstleistungen — IKT-Handel — IKT-Warenproduktion

1 Abweichung in der Summe ist rundungsbedingt.

20.6 Handwerksunternehmen
20.6.1 Unternehmen, tätige Personen und Umsatz nach Gewerbegruppen 2013

Gewerbegruppe	Handwerks-unternehmen	Tätige Personen am 31.12.		Umsatz	
		insgesamt	je Unter-nehmen	insgesamt	je tätige Person
	Anzahl			Mrd. EUR	1 000 EUR
Handwerk insgesamt	578 013	5 051 136	9	505,8	100
I Bauhauptgewerbe	76 514	683 446	9	85,1	125
II Ausbaugewerbe	235 947	1 400 143	6	137,8	98
III Handwerke für den gewerblichen Bedarf	77 892	1 289 394	17	100,5	78
IV Kraftfahrzeuggewerbe	53 537	555 708	10	113,3	204
V Lebensmittelgewerbe	26 399	548 424	21	39,4	72
VI Gesundheitsgewerbe	21 185	190 012	9	13,7	72
VII Handwerke für den privaten Bedarf	86 539	384 009	4	16,1	42

Ergebnisse der Handwerkszählung.

Die Ergebnisse weisen **Handwerksunternehmen** nach dem Verzeichnis der Gewerbe lt. Anlage A (zulassungspflichtig) und Anlage B Abschnitt 1 (zulassungsfrei) der Handwerksordnung mit steuerbarem Umsatz aus Lieferungen und Leistungen und/oder mit sozialversicherungspflichtig Beschäftigten im Berichtsjahr 2013 aus. Tätige Personen umfassen sozialversicherungspflichtig und geringfügig entlohnte Beschäftigte sowie (geschätzte) tätige Unternehmerinnen und Unternehmer. Es sind auch diejenigen erfasst, die nicht im handwerklichen Bereich tätig sind (z. B. Verkaufs- und/oder Verwaltungspersonal). Die Umsatzergebnisse sind ohne Umsatzsteuer.

20.6.2 Unternehmen, tätige Personen und Umsatz nach Ländern 2013

	Handwerks-unternehmen	Tätige Personen am 31.12.		Umsatz		Tätige Personen	Umsatz
		insgesamt	je Unternehmen	insgesamt	je tätige Person		
	Anzahl			Mrd. EUR	1 000 EUR	%	
Deutschland	578 013	5 051 136	9	505,8	100	100	100
Baden-Württemberg	75 879	724 292	10	83,6	115	14,3	16,5
Bayern	105 274	882 547	8	97,3	110	17,5	19,2
Berlin	16 320	163 872	10	11,8	72	3,2	2,3
Brandenburg	23 620	150 956	6	12,5	83	3,0	2,5
Bremen	2 841	30 230	11	2,7	90	0,6	0,5
Hamburg	8 461	88 538	10	9,3	105	1,8	1,8
Hessen	40 729	322 512	8	29,8	92	6,4	5,9
Mecklenburg-Vorpommern	13 102	93 427	7	8,2	88	1,8	1,6
Niedersachsen	48 078	498 903	10	48,8	98	9,9	9,6
Nordrhein-Westfalen	111 030	1 067 258	10	108,2	101	21,1	21,4
Rheinland-Pfalz	30 133	247 345	8	25,0	101	4,9	5,0
Saarland	7 113	62 180	9	5,5	88	1,2	1,1
Sachsen	38 636	283 094	7	23,9	84	5,6	4,7
Sachsen-Anhalt	18 053	140 864	8	12,3	87	2,8	2,4
Schleswig-Holstein	19 046	166 067	9	15,8	95	3,3	3,1
Thüringen	19 698	129 051	7	11,2	87	2,6	2,2

Ergebnisse der Handwerkszählung.

Handwerksunternehmen nach Gewerbegruppen 2013
in 1 000

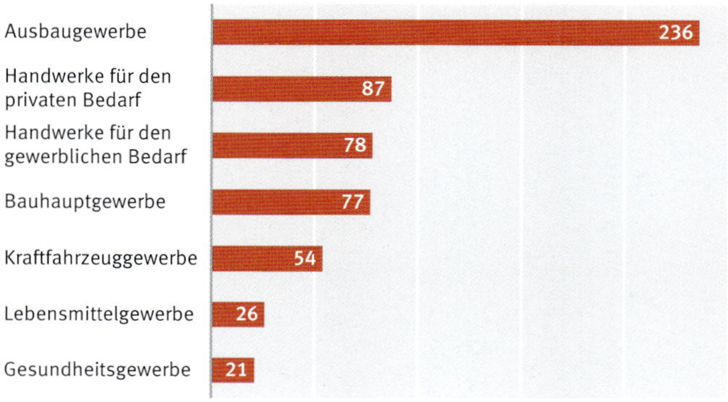

Ausbaugewerbe	236
Handwerke für den privaten Bedarf	87
Handwerke für den gewerblichen Bedarf	78
Bauhauptgewerbe	77
Kraftfahrzeuggewerbe	54
Lebensmittelgewerbe	26
Gesundheitsgewerbe	21

Handwerk nach Zulassungspflicht 2013
in %

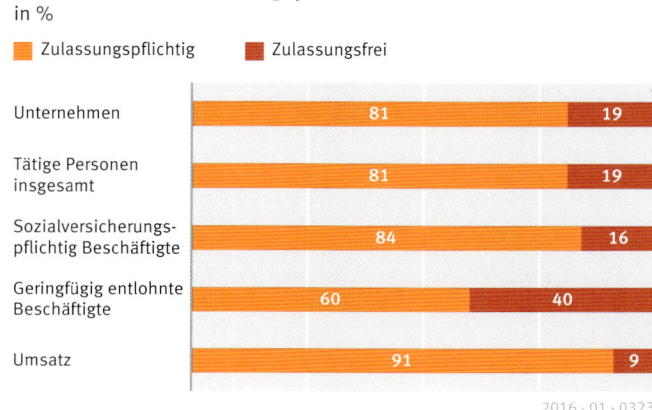

■ Zulassungspflichtig   ■ Zulassungsfrei

	Zulassungspflichtig	Zulassungsfrei
Unternehmen	81	19
Tätige Personen insgesamt	81	19
Sozialversicherungspflichtig Beschäftigte	84	16
Geringfügig entlohnte Beschäftigte	60	40
Umsatz	91	9

20 Produzierendes Gewerbe und Dienstleistungen im Überblick

20.6 Handwerksunternehmen
20.6.3 Beschäftigte und Umsatz in zulassungspflichtigen Handwerksunternehmen nach ausgewählten Gewerbezweigen

Nr. der Klassifikation [1]	Gewerbegruppe/Gewerbezweig	Beschäftigte			Umsatz		
		2013 [2]	2014 [2]	2015 [2][3]	2013	2014	2015 [3]
		30.9.2009 = 100			2009 = 100		
	Insgesamt	98,2	98,3	97,9	104,5	107,3	109,6
	davon:						
	I Bauhauptgewerbe	96,6	96,7	95,7	108,1	111,7	110,9
	darunter:						
01, 05	Maurer und Betonbauer; Straßenbauer	95,3	95,4	94,4	105,8	109,7	109,3
03	Zimmerer	104,8	106,1	105,8	118,9	121,9	121,4
04	Dachdecker	98,0	97,4	96,0	108,1	110,8	108,1
	II Ausbaugewerbe	100,2	100,7	100,5	105,0	106,8	108,0
	darunter:						
09	Stuckateure	95,2	95,9	94,7	107,5	110,3	105,5
10	Maler und Lackierer	93,0	93,3	92,6	105,3	108,0	110,6
23, 24	Klempner; Installateur und Heizungsbauer	102,2	103,6	103,8	107,3	109,4	110,3
25	Elektrotechniker	102,3	102,8	102,7	101,5	103,3	104,5
27	Tischler	100,4	100,1	99,6	108,6	109,4	111,7
39	Glaser	99,9	99,6	97,6	101,2	101,7	100,5
	III Handwerke für den gewerblichen Bedarf	101,6	102,3	102,4	115,9	119,6	120,9
	darunter:						
13	Metallbauer	98,9	98,8	98,1	108,0	109,9	111,2
16	Feinwerkmechaniker	104,8	106,3	107,0	126,1	131,3	134,7
19	Informationstechniker	93,3	91,4	90,0	89,4	91,6	91,2
21	Landmaschinenmechaniker	105,0	106,5	107,1	126,3	129,2	122,8
	IV Kraftfahrzeuggewerbe	98,5	98,3	97,9	95,4	97,7	103,5
	darunter:						
20	Kraftfahrzeugtechniker	98,1	97,9	97,3	94,4	96,7	102,6
	V Lebensmittelgewerbe	95,1	93,5	93,0	102,4	103,3	104,5
	davon:						
30	Bäcker	95,9	93,4	92,7	102,6	105,2	108,7
31	Konditoren	96,3	95,5	95,9	107,0	109,8	109,9
32	Fleischer	93,4	93,2	93,1	102,1	101,4	100,7
	VI Gesundheitsgewerbe	101,0	102,0	103,2	105,5	111,5	115,6
	darunter:						
33	Augenoptiker	99,1	99,8	100,6	104,2	109,3	113,3
35	Orthopädietechniker	108,9	113,4	117,4	111,7	116,8	122,5
37	Zahntechniker	98,6	97,7	96,9	99,0	100,7	103,2
	VII Handwerke für den privaten Bedarf	90,4	89,2	87,9	103,2	107,0	109,8
	darunter:						
08	Steinmetzen und Steinbildhauer	92,3	93,0	91,4	103,0	105,2	106,6
38	Friseure	89,4	87,8	86,4	100,4	103,0	105,6

Ergebnisse der Handwerksberichterstattung. – Für das Ausüben eines zulassungspflichtigen Gewerbes ist der Meisterbrief nötig.
1 Verzeichnis der Gewerbe lt. Anlage A der Handwerksordnung.
2 Durchschnitt errechnet aus 5 Vierteljahren.
3 Vorläufiges Ergebnis.

Ergebnisse über das Handwerk werden vollständig aus Verwaltungsdaten gewonnen. Dies führt zu Abweichungen bei den Merkmalsdefinitionen.

Die **Beschäftigtenangaben** werden aus Daten der Bundesagentur für Arbeit ermittelt. Sie beruhen auf monatlichen Meldungen der Arbeitgeberinnen und Arbeitgeber zur Sozialversicherung bzw. aus dem Meldeverfahren für geringfügig entlohnte Beschäftigte. Tätige Inhaberinnen und Inhaber, nicht sozialversicherungspflichtige Gesellschafterinnen und Gesellschafter, mithelfende Familienangehörige sowie kurzfristig geringfügig Beschäftigte werden bei der Aufbereitung nicht berücksichtigt.

Bei der Interpretation des Merkmals „Beschäftigte" ist zusätzlich zu beachten, dass alle im Unternehmen sozialversicherungspflichtig und geringfügig entlohnten Personen erfasst werden, also auch diejenigen, die nicht im handwerklichen Bereich tätig sind (z. B. Verkaufs- und/oder Verwaltungspersonal).

Die **Umsatzergebnisse** werden aus Umsatzsteuer-Voranmeldungen der Unternehmen gewonnen. Die Daten über die Umsatzsteuer-Voranmeldung werden von den Finanzverwaltungen der Länder an die amtliche Statistik gemeldet. Bei der Interpretation sind einige Besonderheiten zu beachten.

Die Umsätze einiger Unternehmen sind nicht in den Daten der Finanzverwaltungen enthalten. So fehlen die Umsätze von Unternehmen mit Umsätzen bis zu 17 500 Euro im Vorjahr und voraussichtlich nicht über 50 000 Euro im Berichtsjahr sowie von jenen Unternehmen, die nahezu ausschließlich steuerfreie Umsätze erzielen oder bei denen keine Steuerzahllast entsteht. Letzteres gilt nur, sofern die Unternehmen nicht auf die Steuerbefreiung verzichten.

20 Produzierendes Gewerbe und Dienstleistungen im Überblick

20.7 Betriebe im Überblick
20.7.1 Betriebe nach Beschäftigtengrößenklassen 2013

Nr. der Klassi- fikation [1]	Wirtschaftsgliederung	Betriebe insgesamt	Mit ... bis ... sozialversicherungspflichtig Beschäftigten			
			0 – 9	10 – 49	50 – 249	250 und mehr
		Anzahl				
B – N, P – S	Insgesamt	3 835 716	3 415 833	330 971	75 888	13 024
B	Bergbau und Gewinnung von Steinen und Erden	2 647	1 891	604	122	30
C	Verarbeitendes Gewerbe	256 593	188 445	46 474	17 210	4 464
D	Energieversorgung	63 237	61 126	1 200	687	224
E	Wasserversorgung; Abwasser- und Abfallentsorgung und Beseitigung von Umweltverschmutzungen	13 781	9 636	3 079	962	104
F	Baugewerbe	391 523	353 677	34 344	3 315	187
G	Handel; Instandhaltung und Reparatur von Kraftfahrzeugen	742 335	652 284	76 088	12 732	1 231
H	Verkehr und Lagerei	130 803	105 586	19 852	4 642	723
I	Gastgewerbe	255 926	235 825	18 033	1 964	104
J	Information und Kommunikation	136 134	122 110	10 719	2 855	450
K	Erbringung von Finanz- und Versicherungsdienstleistungen	84 570	75 466	6 067	2 291	746
L	Grundstücks- und Wohnungswesen	326 421	322 239	3 584	549	49
M	Erbringung von freiberuflichen, wissenschaftlichen und technischen Dienstleistungen	523 348	490 748	27 806	4 142	652
N	Erbringung von sonstigen wirtschaftlichen Dienstleistungen	219 094	191 511	18 503	7 915	1 165
P	Erziehung und Unterricht	90 070	69 214	17 606	2 836	414
Q	Gesundheits- und Sozialwesen	249 226	202 853	33 073	11 191	2 109
R	Kunst, Unterhaltung und Erholung	107 532	103 248	3 537	635	112
S	Erbringung von sonstigen Dienstleistungen	242 476	229 974	10 402	1 840	260

Zu den **sozialversicherungspflichtig Beschäftigten** zählen alle Arbeitnehmerinnen und Arbeitnehmer einschließlich der zu ihrer Berufsausbildung Beschäftigten, die kranken-, renten-, pflegeversicherungspflichtig oder beitragspflichtig nach dem Recht der Arbeitsförderung sind oder für die von Arbeitgebern Beitragsanteile nach dem Recht der Arbeitsförderung zu entrichten sind. Geringfügig Beschäftigte sind nicht enthalten.

Stand des statistischen Unternehmensregisters: 31.5.2015. – Betriebe mit sozialversicherungspflichtig Beschäftigten 2013 sowie Einbetriebsunternehmen mit sozialversicherungspflichtig Beschäftigten und/oder mit steuerbarem Umsatz 2013.

1 Klassifikation der Wirtschaftszweige, Ausgabe 2008 (WZ 2008).

20.7.2 Sozialversicherungspflichtig Beschäftigte in Betrieben 2013

Nr. der Klassifi- kation [1]	Wirtschaftsgliederung	Beschäftigte insgesamt	In Betrieben mit ... bis ... sozialversicherungspflichtig Beschäftigten			
			0 – 9	10 – 49	50 – 249	250 und mehr
		Anzahl				
B – N, P – S	Insgesamt	27 516 186	4 604 417	6 648 367	7 551 347	8 712 055
B	Bergbau und Gewinnung von Steinen und Erden	61 371	4 471	12 218	11 275	33 407
C	Verarbeitendes Gewerbe	6 621 420	373 123	1 001 812	1 845 705	3 400 780
D	Energieversorgung	241 691	10 354	27 867	73 067	130 403
E	Wasserversorgung; Abwasser- und Abfallentsorgung und Beseitigung von Umweltverschmutzungen	247 566	20 130	68 036	91 866	67 534
F	Baugewerbe	1 563 933	559 968	630 293	295 154	78 518
G	Handel; Instandhaltung und Reparatur von Kraftfahrzeugen	4 331 300	1 030 729	1 498 690	1 204 607	597 274
H	Verkehr und Lagerei	1 538 718	176 319	413 145	453 039	496 215
I	Gastgewerbe	897 085	329 525	352 834	171 016	43 710
J	Information und Kommunikation	906 426	113 506	223 885	285 912	283 123
K	Erbringung von Finanz- und Versicherungsdienstleistungen	1 002 654	118 028	127 026	248 762	508 838
L	Grundstücks- und Wohnungswesen	242 961	101 055	68 878	51 224	21 804
M	Erbringung von freiberuflichen, wissenschaftlichen und technischen Dienstleistungen	1 791 323	467 882	527 237	413 294	382 910
N	Erbringung von sonstigen wirtschaftlichen Dienstleistungen	1 999 086	216 428	410 636	807 458	564 564
P	Erziehung und Unterricht	1 141 120	123 207	346 069	269 975	401 869
Q	Gesundheits- und Sozialwesen	3 885 288	609 759	676 950	1 084 734	1 513 845
R	Kunst, Unterhaltung und Erholung	258 069	75 936	65 372	62 934	53 827
S	Erbringung von sonstigen Dienstleistungen	786 175	273 997	197 419	181 325	133 434

Stand des statistischen Unternehmensregisters: 31.5.2015. – Betriebe mit sozialversicherungspflichtig Beschäftigten 2013 sowie Einbetriebsunternehmen mit sozialversicherungspflichtig Beschäftigten und/oder mit steuerbarem Umsatz 2013.

1 Klassifikation der Wirtschaftszweige, Ausgabe 2008 (WZ 2008).

Methodik

■ Unternehmen im Überblick

In den Wirtschaftsabschnitten B – J, L – N sowie den Abteilungen K 65 und S 95 nach der Klassifikation der Wirtschaftszweige, Ausgabe 2008 (WZ 2008) werden Strukturerhebungen bei den Unternehmen und Betrieben durchgeführt. Die Europäische Verordnung (EG) Nr. 295/2008 des Europäischen Parlaments und des Rates vom 11.3.2008 über die strukturelle Unternehmensstatistik (Neufassung, ABl EU L 97 S. 13) stellt hierfür den rechtlichen Rahmen.

In diesem Kapitel werden zusammenfassend die wichtigsten Angaben zur Struktur der Unternehmen aller abgedeckten Wirtschaftsabteilungen dargestellt. Detaillierte Ergebnisse und Informationen zur Methodik der einzelnen Wirtschaftsbereiche finden Sie in den Kapiteln 21 bis 27 dieses Jahrbuchs.

Kleine und mittlere Unternehmen
Kleinstunternehmen sowie kleine und mittlere Unternehmen (KMU) spielen in der wirtschaftspolitischen Diskussion eine große Rolle. Statistische Ergebnisse zu diesem Thema erfreuen sich einer großen Nachfrage. Das Statistische Bundesamt hat daher im Rahmen einer wirtschaftsbereichsübergreifenden Analyse ausgewählte Informationen über KMU zusammengestellt. Sie basiert auf Daten mehrerer Bereichsstatistiken, die das Produzierende Gewerbe, den Handel und das Gastgewerbe sowie ausgewählte Bereiche aus den sonstigen Dienstleistungen und damit rund 80 % aller Unternehmen abdecken. Bei diesen Bereichsstatistiken werden jährlich Angaben in der Regel mittels Stichprobenerhebung direkt bei den Unternehmen erhoben.

■ Auslandskontrollierte Unternehmen in Deutschland

Struktur und Tätigkeit auslandskontrollierter Unternehmen in Deutschland bildet die sogenannte „**Inward Foreign AffiliaTes Statistics (Inward-FATS)**" ab. Die Statistik basiert auf einer Verordnung der Europäischen Union. Sie verpflichtet die Mitgliedstaaten, jährlich und in einheitlicher Form qualitativ hochwertige Daten an das Statistische Amt der Europäischen Union (Eurostat) zu übermitteln. Ziel der Statistik ist, Informationen über Unternehmen unter ausländischer Kontrolle zu gewinnen sowie über deren Bedeutung für die Volkswirtschaft der Europäischen Union insgesamt. Ferner ermöglicht Inward-FATS, den Weltmarkteinfluss auf die global verflochtenen Unternehmen im Inland zu beobachten. Die Datenaufbereitung für Inward-FATS nimmt in Deutschland zentral das Statistische Bundesamt vor. Als Datenquellen dienen dabei das Unternehmensregister sowie bereits vorhandene Daten aus den jährlichen strukturellen Unternehmensstatistiken. Die Ergebnisse aus Inward-FATS umfassen lediglich den Bereich der nichtfinanziellen gewerblichen Wirtschaft. Dazu gehören neben dem Verarbeitenden Gewerbe das übrige Produzierende Gewerbe, der Handel und das Gastgewerbe sowie der Dienstleistungsbereich, jedoch ohne Erbringung von Finanz- und Versicherungsdienstleistungen.

■ Gewerbeanzeigen

Als Gewerbeanzeigen gelten alle Gewerbean-, -ab- und -ummeldungen. Eine **Gewerbeanmeldung** ist erforderlich, wenn eine Tätigkeit neu begonnen wird, eine Übernahme erfolgt (sei es durch Kauf oder Erbfolge), eine Gesellschafterin bzw. ein Gesellschafter eintritt, eine neue Rechtsform gewählt wird oder der Betrieb in einen anderen Meldebezirk verlegt wird. Dementsprechend wird eine **Gewerbeabmeldung** bei Aufgabe eines Betriebes erforderlich sowie bei dessen Übergabe (Verkauf, Verpachtung, Eintritt der Erbfolge), bei Austritt einer Gesellschafterin bzw. eines Gesellschafters, bei Änderung der Rechtsform sowie bei Verlegung in einen anderen Meldebezirk. Die **Gewerbeummeldung** die bei einer Änderung oder Erweiterung der wirtschaftlichen Tätigkeit, einer Verlegung innerhalb des Meldebezirks oder bei sonstigen Veränderungen erforderlich ist, wird statistisch nicht ausgewertet. Die Anzeigepflicht gilt für selbstständige Betriebe ebenso wie für Zweigniederlassungen und unselbstständige Zweigstellen.

■ Insolvenzen

Seit Einführung der Insolvenzordnung zum 1. Januar 1999 wird zwischen **Regelinsolvenzverfahren** und **vereinfachten Insolvenzverfahren** für Verbraucherinnen und Verbraucher unterschieden. Das Regelinsolvenzverfahren kommt insbesondere für Unternehmen und ehemals selbstständig Tätige in Betracht. Als Insolvenzen gelten alle eröffneten und mangels Masse abgewiesenen Verfahren sowie die Fälle, in denen ein Schuldenbereinigungsplan angenommen wurde. Zum 1.12.2001 wurde das Insolvenzrecht novelliert. Von diesem Zeitpunkt an können mittellosen natürlichen Personen die Verfahrenskosten gestundet werden. Seit dem Jahr 2002 kommt ein vereinfachtes Insolvenzverfahren auch für ehemals selbstständig Tätige zur Anwendung, deren Verhältnisse überschaubar sind (d. h. weniger als 20 Gläubiger und keine Verbindlichkeiten durch Arbeitsverhältnisse). Diese Gesetzesänderungen haben erhebliche Auswirkungen auf die Darstellung der statistischen Ergebnisse. Die Statistik beruht auf Meldungen der Gerichte.

■ Informations- und Kommunikationstechnologien

Die **Statistiken zu Informations- und Kommunikationstechnologien** geben detaillierte Auskünfte über die Ausstattung der Unternehmen mit modernen Informationstechnologien wie Computer, Netzwerke und Internet. Im Mittelpunkt der Erhebung stehen darüber hinaus insbesondere die verschiedenen Nutzungsaspekte des Internets, wie etwa Rechnungsstellung, E-Commerce, Social Media oder Cloud Computing. Ein sich jährlich in Teilen ändernder Merkmalskatalog gewährleistet die Anpassung der Fragen an die aktuellen Entwicklungen im Bereich der Informationstechnologien. Er trägt so dem dynamischen Wandel der Informationsgesellschaft Rechnung.

Die IKT-Erhebung wird auf Basis einer geschichteten Zufallsstichprobe als schriftliche Befragung bei maximal 20 000 Unternehmen und Einrichtungen zur Ausübung freiberuflicher Tätigkeit durchgeführt. Die Teilnahme an der Erhebung ist freiwillig.

Rechtsgrundlage der Erhebung ist die Verordnung EG Nr. 808/2004 des Europäischen Parlaments und des Rates über Gemeinschaftsstatistiken zur Informationsgesellschaft.

■ Handwerksunternehmen

Die hier nachgewiesenen Ergebnisse stammen aus der Handwerkszählung und der vierteljährlichen Handwerksberichterstattung.

Die Tabellen 20.6.1 und 20.6.2 zeigen Ergebnisse zu tätigen Personen und Umsatz nach Gewerbegruppen und Bundesländern für das Berichtsjahr 2013. Diese sind der **Handwerkszählung** entnommen. Tabelle 20.6.3 stellt Messzahlen zur Entwicklung der Jahre 2013, 2014 und 2015 für Gewerbegruppen und ausgewählte Gewerbezweige dar. Sie stammen aus der vierteljährlichen **Handwerksberichterstattung**.

Seit dem Berichtsjahr 2008 werten die Statistischen Ämter der Länder und des Bundes für die Handwerkszählung das statistische Unternehmensregister aus. Dadurch werden Handwerksunternehmen von statistischen Berichtspflichten entlastet. Bei der Handwerkszählung 1995 wurden noch Angaben bei ca. 563 000 Unternehmen erhoben.

Ebenfalls seit dem Berichtsjahr 2008 werten die Statistischen Ämter der Länder und des Bundes für die vierteljährliche Handwerksberichterstattung Verwaltungsdaten aus. Die zuvor durchgeführte Stichprobenerhebung bei rund 41 000 Handwerksunternehmen ist entfallen.

20 Produzierendes Gewerbe und Dienstleistungen im Überblick

Methodik

■ Betriebe im Überblick

Durch Auswertungen aus dem statistischen **Unternehmensregister** zu Betrieben sowie zu deren sozialversicherungspflichtig Beschäftigten können wirtschaftliche Strukturen in Deutschland dargestellt werden. Die Auswertungen umfassen nahezu alle Wirtschaftsbereiche mit Ausnahme der Land- und Forstwirtschaft sowie Fischerei und der öffentlichen Verwaltung, Verteidigung und Sozialversicherung.

Das statistische Unternehmensregister ist eine regelmäßig aktualisierte Datenbank der Unternehmen und Betriebe mit steuerbarem Umsatz aus Lieferungen und Leistungen und sozialversicherungspflichtig Beschäftigten. Weitgehend unberücksichtigt bleiben Unternehmen ohne Umsatzsteuerpflicht und ohne sozialversicherungspflichtig Beschäftigte. Quellen zur Pflege des Registers sind zum einen Dateien aus Verwaltungsbereichen, wie der Bundesagentur für Arbeit oder der Finanzbehörden, und zum anderen Angaben aus einzelnen Bereichsstatistiken, z. B. aus den statistischen Rückläufen des Produzierenden Gewerbes, des Handels oder des Dienstleistungsbereichs. Die Statistischen Ämter der Länder pflegen das Unternehmensregister. Es dient der rationellen Unterstützung statistischer Erhebungen und trägt als Auswertungsinstrument zur Entlastung der Wirtschaft bei.

Die Auswertung des Unternehmensregisters für das Statistische Jahrbuch bezieht alle Betriebe ein, die im Berichtsjahr (hier 2013) über sozialversicherungspflichtig Beschäftigte (ohne geringfügig Beschäftigte) verfügten bzw. Einbetriebsunternehmen ohne sozialversicherungspflichtig Beschäftigte, aber mit steuerbarem Umsatz von mehr als 17 500 Euro.

Vor allem die Datenlage in den Verwaltungen bestimmt die Qualität der Angaben des Unternehmensregisters. Mit der Zusammenführung von Daten aus verschiedenen Quellen und der kombinierten Plausibilisierung verbessert sich die Qualität der Angaben im Unternehmensregister insgesamt.

Glossar

Betrieb | Dies ist eine Niederlassung an einem bestimmten Ort, einschließlich örtlich und organisatorisch angegliederter Betriebsteile.

Betriebsaufgabe | Vollständige Aufgabe eines Betriebes (Hauptniederlassung, Zweigniederlassung, unselbstständige Zweigstelle), der von einer natürlichen Person oder einer juristischen Person oder einer Gesellschaft ohne Rechtspersönlichkeit (Personengesellschaft) geführt wurde. Bei einer natürlichen Person ist Voraussetzung, dass sie ins Handelsregister eingetragen war oder zuletzt mindestens eine Arbeitnehmerin bzw. einen Arbeitnehmer beschäftigt hat.

Betriebsgründung | Gründung eines Betriebes durch eine juristische Person, eine Gesellschaft ohne Rechtspersönlichkeit (Personengesellschaft) oder eine natürliche Person. Bei einer natürlichen Person, die eine Hauptniederlassung anmeldet, ist Voraussetzung, dass sie entweder in das Handelsregister eingetragen ist oder aber eine Handwerkskarte besitzt oder mindestens eine Arbeitnehmerin bzw. einen Arbeitnehmer beschäftigt.

Bruttobetriebsüberschuss | Er berechnet sich wie folgt:

Bruttobetriebsüberschuss =
  Bruttowertschöpfung zu Faktorkosten
  − Personalaufwendungen

Bruttoinvestitionen in Sachanlagen | Sie umfassen Bruttozugänge an aktivierten Sachanlagen, bewertet zu Anschaffungs- bzw. Herstellungskosten ohne Abzug von Abschreibungen.

Bruttowertschöpfung zu Faktorkosten | Sie ist ein Maß für die Beurteilung der wirtschaftlichen Leistung und beinhaltet die Bruttoerträge durch betriebliche Aktivitäten nach Abzug der Waren- und Dienstleistungskäufe und nach Anpassung bezüglich der betrieblichen Subventionen und indirekten Steuern. Sie kann folgendermaßen errechnet werden:

Bruttowertschöpfung zu Faktorkosten =
  Umsatz
  + selbsterstellte Anlagen
  + sonstige betriebliche Erträge (ohne Subventionen)
  +/− Vorratsveränderungen bei Waren und Dienstleistungen
  − Waren- und Dienstleistungskäufe
  − betriebliche Steuern und Abgaben
  + Subventionen

Wirtschaftsabschnitt K | Hier wird die Bruttowertschöpfung zu Faktorkosten als Produktionswert minus Waren- und Dienstleistungskäufen insgesamt ermittelt.

Ehemals selbstständig Tätige mit Regelinsolvenzverfahren | Personen, die früher eine selbstständige wirtschaftliche Tätigkeit ausgeübt haben und deren Vermögensverhältnisse nicht überschaubar sind (zum Zeitpunkt der Antragstellung mehr als 19 Gläubigerinnen bzw. Gläubiger oder es bestehen gegen sie Forderungen aus Arbeitsverhältnissen).

Ehemals selbstständig Tätige mit vereinfachtem Verfahren | Personen, die früher eine selbstständige wirtschaftliche Tätigkeit ausgeübt haben und deren Vermögensverhältnisse überschaubar sind (zum Zeitpunkt der Antragstellung höchstens 19 Gläubigerinnen bzw. Gläubiger und es bestehen gegen sie keine Forderungen aus Arbeitsverhältnissen).

Eröffnetes Insolvenzverfahren | Ein Verfahren wird eröffnet, wenn das Vermögen der Schuldnerin oder des Schuldners ausreicht, um die Verfahrenskosten zu begleichen, oder wenn ein entsprechender Geldbetrag vorgeschossen wird.

Gewerbegruppe | Die Gewerbezweige des zulassungspflichtigen und zulassungsfreien Handwerks werden zu Gewerbegruppen zusammengefasst. Ergebnisse für die Gewerbegruppen zeigen die Tabellen 20.6.1 und 20.6.3. Eine detaillierte Aufstellung der Gewerbegruppen und ihrer jeweiligen Gewerbezweige finden Sie jeweils im Anhang der Fachserien der Handwerksstatistiken (Fachserie 4, Reihe 7.1 und 7.2).

Gewerbezweige | Das sind die Handwerksberufe, die nach dem Verzeichnis der Gewerbe (Anlage A und B1 der Handwerksordnung in der gültigen Fassung) als zulassungspflichtiges oder zulassungsfreies Handwerk betrieben werden können.

Handwerksunternehmen | Das sind Unternehmen, die in die Handwerksrolle eingetragen sind oder in das Verzeichnis der Gewerbe, die als zulassungsfreie Handwerke betrieben werden können. Das Handwerk wird über bestimmte berufliche Tätigkeiten abgegrenzt. Es gibt Tätigkeiten, für deren berufliche Ausübung bestimmte Voraussetzungen erfüllt sein müssen. Die Handwerksordnung regelt, welche Tätigkeiten dies sind und welche Voraussetzungen für deren Ausübung jeweils erfüllt sein müssen. In der Handwerksordnung werden zulassungspflichtige, zulassungsfreie und handwerksähnliche Gewerbe unterschieden, für deren Ausübung als stehendes Gewerbe bestimmte Bedingungen erfüllt sein müssen. Die Ausübung zulassungspflichtiger Gewerbe ist nur den in der Handwerksrolle eingetragenen natürlichen und juristischen Personen und Personengesellschaften gestattet. Wer demgegenüber den selbstständigen Betrieb eines zulassungsfreien Handwerks oder eines handwerksähnlichen Gewerbes beginnt, hat dies der Handwerkskammer anzuzeigen, in deren Bezirk seine gewerbliche Niederlassung liegt.

Insolvenzverfahren | Ziel eines gerichtlichen Insolvenzverfahrens ist die gemeinschaftliche Befriedigung der Gläubigerinnen und Gläubiger durch Verteilung des Vermögens der Schuldnerin bzw. des Schuldners oder – in einer abweichenden Regelung – die Erstellung eines Insolvenzplans zum Erhalt bzw. der Sanierung des Unternehmens. Den redlichen Schuldnerinnen und Schuldnern soll zudem die Gelegenheit gegeben werden, sich von ihren Verbindlichkeiten zu befreien. Zum 1.12.2001 wurde das Insolvenzrecht novelliert. Von diesem Zeitpunkt an können mittellosen natürlichen Personen die Verfahrenskosten gestundet werden. Es wird zwischen Regelinsolvenzverfahren und vereinfachten Insolvenzverfahren unterschieden.

Insolvenzantrag, mangels Masse abgewiesen | Eine Abweisung mangels Masse erfolgt, wenn das Vermögen der Schuldnerin oder des Schuldners nicht ausreicht, um die Verfahrenskosten zu begleichen. Für natürliche Personen gilt seit 1.12.2001, dass sie sich die Verfahrenskosten stunden lassen können.

Kleine und mittlere Unternehmen (KMU) | Der Begriff KMU umfasst Kleinstunternehmen, kleine Unternehmen und mittlere Unternehmen. Das Statistische Bundesamt definiert KMU in Anlehnung an die Umsatz- und Beschäftigtengrößenklassen der Empfehlung (2003/361/EG) der Europäischen Kommission vom 6.5.2003 wie folgt:

Größenklasse	Beschäftigte		Jahresumsatz
Kleinstunternehmen	bis 9	und	bis 2 Mill. Euro
Kleine Unternehmen	bis 49	und	bis 10 Mill. Euro und kein Kleinstunternehmen
Mittlere Unternehmen	bis 249	und	bis 50 Mill. Euro und kein kleines Unternehmen
Großunternehmen	über 249	oder	über 50 Mill. Euro

Nachlassinsolvenzverfahren | Eine besondere Art des Insolvenzverfahrens und ein wichtiges Mittel zur Beschränkung der Haftung von Erbinnen und Erben für die Nachlassverbindlichkeiten.

Personalaufwendungen | Alle Geld- und Sachbezüge der Arbeitnehmerinnen und Arbeitnehmer sowie die Sozialaufwendungen.

Glossar

Produktionswert | Er gibt den Wert der produzierten Waren und Dienstleistungen an und berechnet sich wie folgt:

Produktionswert =
- Umsatz
- \+ selbsterstellte Anlagen
- \+ sonstige betriebliche Erträge (ohne Subventionen)
- +/− Vorratsveränderungen bei fertigen und unfertigen Erzeugnissen aus eigener Produktion
- +/− Vorratsveränderungen von zum Wiederverkauf in unverändertem Zustand gekauften Waren und Dienstleistungen
- − Käufe von Waren und Dienstleistungen zum Wiederverkauf in unverändertem Zustand

Wirtschaftsabschnitt K | Bei Versicherungen, Pensionskassen und -fonds gehören Erträge aus Kapitalanlagen zum Produktionswert explizit dazu.

Regelinsolvenzverfahren | Diese Art des Verfahrens kommt für Unternehmen und seit Dezember 2001 auch für Kleinunternehmen (Kleingewerbe) in Betracht. Außerdem findet es Anwendung bei solchen natürlichen Personen, die selbstständig wirtschaftlich tätig sind. Dazu gehört u. a. auch die persönlich haftende Gesellschafterin bzw. der Gesellschafter einer OHG oder die Mehrheitsgesellschafterin bzw. der Mehrheitsgesellschafter einer Kapitalgesellschaft. Das Regelinsolvenzverfahren findet auch Anwendung bei Personen, die früher eine selbstständige Tätigkeit ausgeübt haben und deren Vermögensverhältnisse nicht überschaubar sind, d. h. die mehr als 19 Gläubigerinnen bzw. Gläubiger haben oder bei denen Forderungen aus Arbeitsverhältnissen bestehen.

Sonstige Neugründung | Gründung der Hauptniederlassung eines Einzelunternehmens (Nicht-Kaufmann/-frau). Dieses ist nicht im Handelsregister eingetragen, besitzt keine Handwerkskarte und beschäftigt keine Arbeitnehmerinnen und Arbeitnehmer. Die Gründung eines Gewerbes, das im Nebenerwerb betrieben wird, gilt ebenfalls als sonstige Neugründung.

Sonstige Stilllegung | Vollständige Aufgabe einer Hauptniederlassung eines Einzelunternehmens (Nicht-Kaufmann/-frau), das nicht im Handelsregister eingetragen war und keine Arbeitnehmerinnen und Arbeitnehmer beschäftigte. Die Aufgabe eines Gewerbes, das im Nebenerwerb betrieben wurde, gilt ebenfalls als sonstige Stilllegung.

Tätige Personen | Die Gesamtzahl der Beschäftigten einschließlich mitarbeitender Inhaberinnen und Inhaber bzw. Teilhaberinnen und Teilhaber und unbezahlt mithelfender Familienangehöriger sowie alle Personen, die ein arbeitsrechtliches Verhältnis zum Unternehmen bzw. Betrieb haben.

Umsatz | Er umfasst die insgesamt in Rechnung gestellten Beträge, die den Verkäufen von Waren und Dienstleistungen an Dritte entsprechen, einschließlich Steuern und Abgaben (ohne Umsatzsteuer).

Wirtschaftsabschnitt K | Hier werden Umsatzäquivalente verwendet, für Versicherungen sind dies die gebuchten Bruttobeiträge und für Pensionskassen und -fonds die Pensionsbeiträge.

Unternehmen | In der amtlichen Statistik wird ein Unternehmen als kleinste rechtlich selbstständige Einheit definiert, die aus handels- bzw. steuerrechtlichen Gründen Bücher führt. Ferner muss das Unternehmen eine jährliche Feststellung des Vermögensbestandes bzw. des Erfolgs der wirtschaftlichen Tätigkeit vornehmen. Hierzu zählen auch Einrichtungen zur Ausübung einer freiberuflichen Tätigkeit.

Vereinfachte Insolvenzverfahren | Diese Art des Verfahrens kommt sowohl für Verbraucherinnen und Verbraucher als auch für ehemals selbstständig Tätige, deren Verhältnisse überschaubar sind (d. h. weniger als 20 Gläubiger und keine Verbindlichkeiten durch Arbeitsverhältnisse), zur Anwendung.

Waren- und Dienstleistungskäufe | Sie umfassen den Wert aller Waren und Dienstleistungen, die für den Wiederverkauf, die Verwendung im Produktionsprozess oder im Rahmen der betrieblichen Leistungserstellung gekauft werden, mit Ausnahme von Anlagegütern.

Wirtschaftsabschnitt K | Bei Versicherungen wird hier der Wert der erhaltenen Rückversicherungsdienstleistungen plus Provisionen und sonstige externe Aufwendungen verstanden.

Produzierendes Gewerbe und Dienstleistungen im Überblick

Mehr zum Thema

Liebe Leserin, lieber Leser,
ein Thema in diesem Kapitel spricht Sie besonders an oder Sie benötigen weitere Informationen? Auf dieser Seite nennen wir Ihnen, nach Themen gegliedert, weitere Veröffentlichungen unseres Hauses. Ausführliche Informationen zu den Produktkategorien sowie dem Informationsangebot des Statistischen Bundesamtes finden Sie auf Seite 8 dieser Ausgabe.

Web-Angebote
www.destatis.de ist Ihre erste Adresse in Sachen Statistik. Hier finden Sie alle Informationen, die das Statistische Bundesamt veröffentlicht, tagesaktuell. Unsere Veröffentlichungen können Sie direkt über unsere Website *www.destatis.de/publikationen* downloaden.

GENESIS-Online
Unter *www.destatis.de/genesis* bietet die Haupt-Datenbank des Statistischen Bundesamtes ein breites Themenspektrum fachlich tief gegliederter Ergebnisse der amtlichen Statistik. Daten zum *Produzierenden Gewerbe* finden Sie unter dem Menüpunkt › Themen, Code 42, Daten zu *kleinen und mittleren Unternehmen* unter Code 48121, Daten zu *auslandskontrollierten Unternehmen* unter Code 48131, Daten zu *Gewerbeanzeigen* unter Code *523*, Daten zu *Insolvenzen* unter Code 524, Daten zu *IKT* unter Code 52911, Daten zum *Handwerk* unter Code 53

Weitere Veröffentlichungen zu den Themen

■ **Unternehmen im Überblick**

Fachserie 4 Produzierendes Gewerbe

Reihe 2	Indizes für das Produzierende Gewerbe
Reihe 3	Produktion im Verarbeitenden Gewerbe sowie im Bergbau und der Gewinnung von Steinen und Erden
Reihe 4	Verarbeitendes Gewerbe sowie Bergbau und Gewinnung von Steinen und Erden
Reihe 5	Baugewerbe
Reihe 6	Energie- und Wasserversorgung

Fachserie 9 Dienstleistungen

Reihe 3	Konjunkturstatistische Erhebungen in bestimmten Dienstleistungsbereichen
Reihe 4	Strukturerhebung im Dienstleistungsbereich
Reihe 4.1	Verkehr und Lagerei
Reihe 4.2	Information und Kommunikation
Reihe 4.3	Grundstücks- und Wohnungswesen
Reihe 4.4	Erbringung von freiberuflichen, wissenschaftlichen und technischen Dienstleistungen
Reihe 4.5	Erbringung von sonstigen wirtschaftlichen Dienstleistungen
Reihe 4.6	Reparatur von Datenverarbeitungsgeräten und Gebrauchsgütern

Fachberichte

- Architektur- und Ingenieurbüros
- Grundstücks- und Wohnungswesen
- Information und Kommunikation
- Landverkehr und Transport in Rohrfernleitungen
- Rechts- und Steuerberatung, Wirtschaftsprüfung
- Verkehr und Lagerei
- Verlagswesen
- Vermittlung und Überlassung von Arbeitskräften
- Werbung und Marktforschung

WISTA – Wirtschaft und Statistik

Heft 2/10	150 Jahre Produktionsstatistik im Bergbau und Verarbeitenden Gewerbe
Heft 8/10	Der Beschäftigungsbeitrag mittelständischer Unternehmen
Heft 12/12	Unternehmen unter ausländischer Kontrolle
Heft 1/14	Die wirtschaftliche Bedeutung kleiner und mittlerer Unternehmen in Deutschland
Heft 12/14	Die wirtschaftliche Bedeutung auslandskontrollierter Unternehmen in Deutschland 2012
Heft 2/16	Der deutsche Mittelstand im Zeichen der Globalisierung
Heft 2/16	Herausforderungen und Potenziale der Einzeldatenverknüpfung in der Unternehmensstatistik

STATmagazin

Finanzierung gesucht: Der Zugang kleiner und mittlerer Unternehmen zu Finanzmitteln (2011)

20 Produzierendes Gewerbe und Dienstleistungen im Überblick

Mehr zum Thema

■ **Gewerbeanzeigen**

Fachserie 2   Unternehmen und Arbeitsstätten

Reihe 5 | Gewerbeanzeigen

■ **Insolvenzen**

Fachserie 2   Unternehmen und Arbeitsstätten

Reihe 4.1 | Insolvenzverfahren

■ **Informations- und Kommunikationstechnologien in Unternehmen**

WISTA – Wirtschaft und Statistik

Heft 1/09   Informations- und Kommunikationstechnologien in Unternehmen
Heft 12/10   Statistische Analyse des Einflusses von IKT auf die Produktivität von Unternehmen

Fachberichte

Nutzung von Informations- und Kommunikationstechnologien in Unternehmen 2014
E-Commerce in Unternehmen 2012
IKT-Branche in Deutschland 2013

■ **Handwerksunternehmen**

Fachserie 4   Produzierendes Gewerbe

Reihe 7.1   Beschäftigte und Umsatz im Handwerk – Messzahlen und Veränderungsraten
Reihe 7.2   Unternehmen, tätige Personen und Umsatz im Handwerk – Jahresergebnisse

WISTA – Wirtschaft und Statistik

Heft 5/08   Verwaltungsdaten ersetzen Konjunkturerhebungen im Handwerk
Heft 1/12   Handwerkszählung 2008

21 Verarbeitendes Gewerbe

6,1 Millionen Personen waren 2015 in **45 000 Betrieben** tätig | Erzeugnisse im Wert von rund **1 796 Milliarden Euro** umgesetzt | **48 %** des Umsatzes **exportiert** | **Größte Bereiche** sind **Maschinenbau** mit 1 Million Beschäftigten und **Herstellung von Kraftwagen und Kraftwagenteilen** mit 813 000 Beschäftigten | 2015 Baumaschinen im Wert von **5,6 Milliarden Euro** hergestellt

21 Verarbeitendes Gewerbe

Seite

537 Auf einen Blick

Tabellen

538 Strukturdaten der Betriebe im Bergbau und Verarbeitenden Gewerbe
Nach Ländern | Nach Wirtschaftszweigen | Nach Beschäftigtengrößenklassen

541 Indizes
Auftragseingang | Produktion | Umsatz

543 Auftragsbestand und Reichweiten im Verarbeitenden Gewerbe

544 Produktion ausgewählter Erzeugnisse

549 Methodik

550 Glossar

551 Mehr zum Thema

21 Verarbeitendes Gewerbe

21.0 Auf einen Blick

— Verarbeitendes Gewerbe   — Vorleistungsgüter   — Investitionsgüter   — Konsumgüter

Produktionsindex
Preis- und saisonbereinigt, 2010 = 100

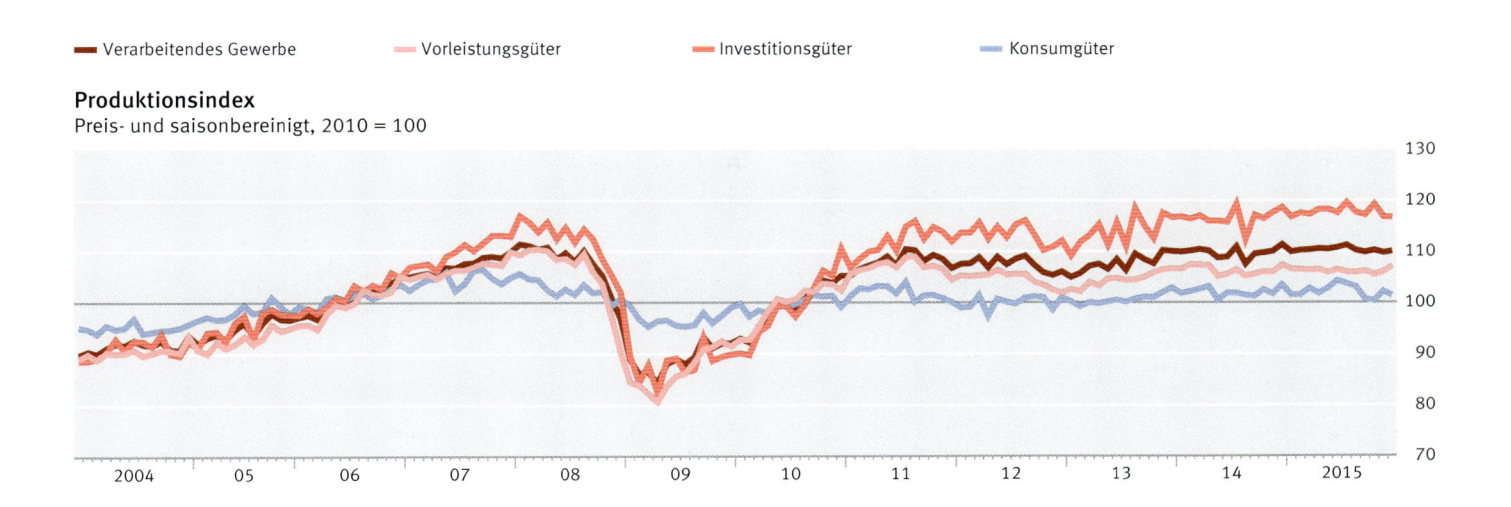

Auftragseingangsindex
Preis- und saisonbereinigt, 2010 = 100

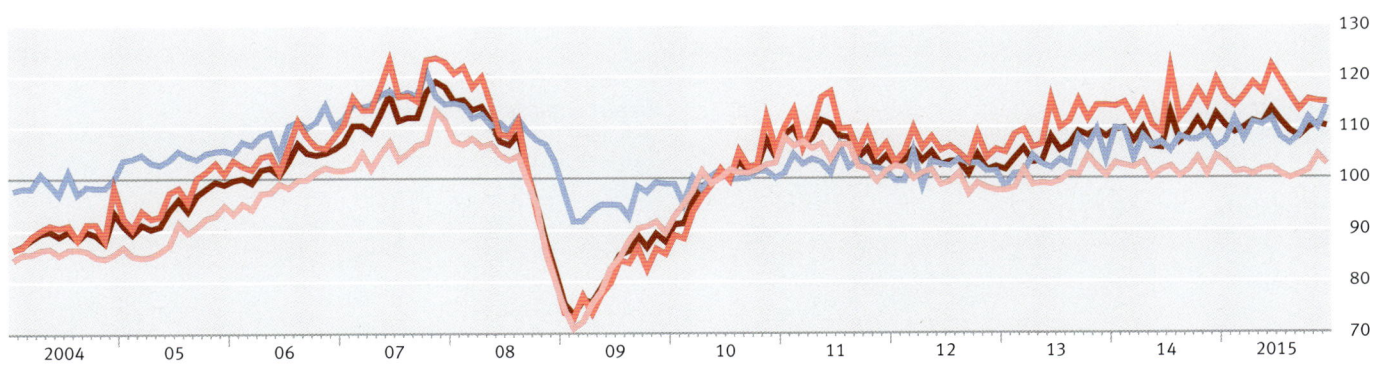

Umsatzindex
Preis- und saisonbereinigt, 2010 = 100

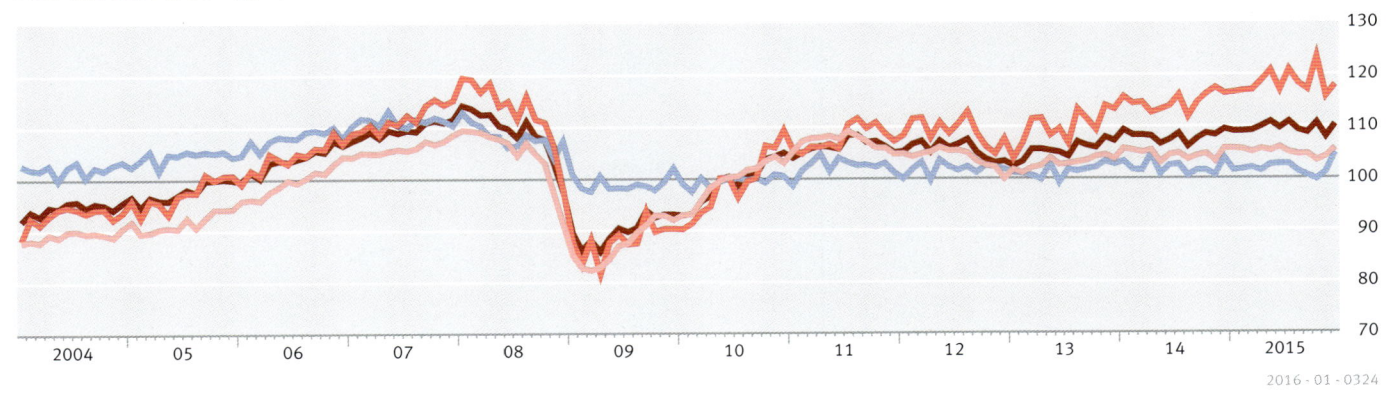

21 Verarbeitendes Gewerbe

21.1 Strukturdaten der Betriebe im Bergbau und Verarbeitenden Gewerbe
21.1.1 Nach Ländern

	Betriebe [1]	Tätige Personen [1]	Entgelte	Umsatz [2]	Exportquote [3]
	Anzahl	1 000	Mill. EUR		%
2012	45 274	5 985	259 224	1 755 473	44,9
2013	45 424	6 008	267 804	1 750 121	45,8
2014	45 253	6 075	277 599	1 760 139	46,3
2015	45 406	6 121	287 373	1 795 517	47,6
davon (2015):					
Baden-Württemberg	8 187	1 244	63 097	351 889	56,4
Bayern	7 205	1 247	61 578	342 796	52,3
Berlin	702	93	4 562	24 901	53,7
Brandenburg	1 166	98	3 479	25 910	30,3
Bremen	260	51	2 733	24 487	55,7
Hamburg	433	86	5 220	70 914	29,4
Hessen	2 788	404	19 865	110 406	49,5
Mecklenburg-Vorpommern	744	58	1 762	14 900	33,2
Niedersachsen	3 619	538	25 520	202 904	46,0
Nordrhein-Westfalen	10 088	1 219	56 953	333 677	43,6
Rheinland-Pfalz	2 244	291	13 839	91 840	54,0
Saarland	481	90	4 151	28 222	48,4
Sachsen	3 030	274	9 359	63 660	37,6
Sachsen-Anhalt	1 458	133	4 403	39 996	27,8
Schleswig-Holstein	1 211	124	5 423	36 019	37,4
Thüringen	1 790	171	5 428	32 997	31,5

Betriebe von Unternehmen mit im Allgemeinen 20 tätigen Personen und mehr, einschl. Handwerk.
1 Stand: Ende September.
2 Ohne Umsatzsteuer.
3 Anteil des Auslandsumsatzes am Gesamtumsatz.

Exportquote 2015
Anteil des Auslandsumsatzes am Gesamtumsatz im Bergbau und Verarbeitenden Gewerbe, in %

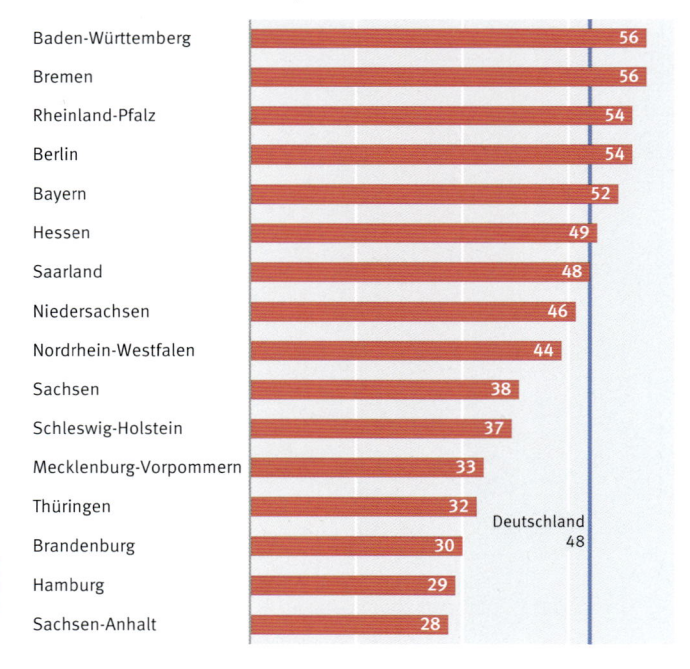

Land	%
Baden-Württemberg	56
Bremen	56
Rheinland-Pfalz	54
Berlin	54
Bayern	52
Hessen	49
Saarland	48
Niedersachsen	46
Nordrhein-Westfalen	44
Sachsen	38
Schleswig-Holstein	37
Mecklenburg-Vorpommern	33
Thüringen	32
Brandenburg	30
Hamburg	29
Sachsen-Anhalt	28

Deutschland 48

Unternehmenskonzentration 2014
Anteil der zehn größten Unternehmen im Bergbau und Verarbeitenden Gewerbe am Branchenumsatz und deren Beschäftigtenanteil, in %

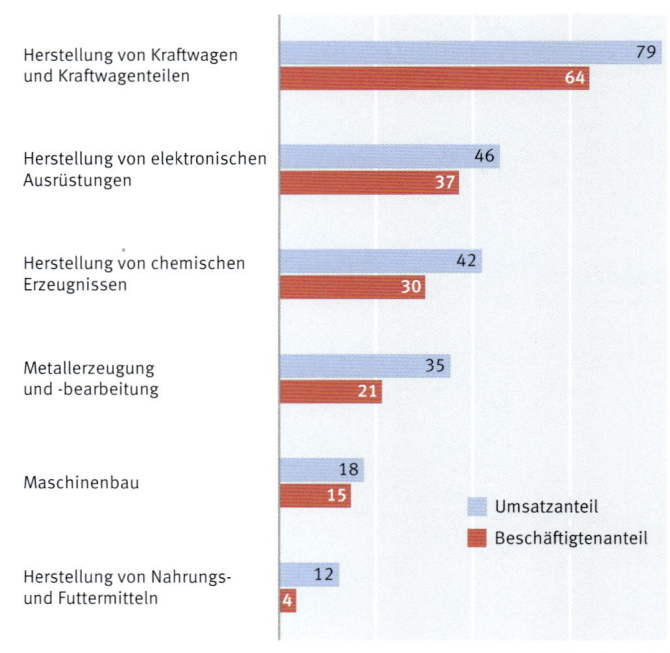

Branche	Umsatzanteil	Beschäftigtenanteil
Herstellung von Kraftwagen und Kraftwagenteilen	79	64
Herstellung von elektronischen Ausrüstungen	46	37
Herstellung von chemischen Erzeugnissen	42	30
Metallerzeugung und -bearbeitung	35	21
Maschinenbau	18	15
Herstellung von Nahrungs- und Futtermitteln	12	4

21 Verarbeitendes Gewerbe

21.1 Strukturdaten der Betriebe im Bergbau und Verarbeitenden Gewerbe
21.1.2 Nach Wirtschaftszweigen

Nr. der Klassifika-tion [1]	Wirtschaftsgliederung (H. v. = Herstellung von)	Betriebe [2]	Tätige Personen [2]	Entgelte	Umsatz [3]	Exportquote [4]	Bruttoinvestitionen in Sachanlagen
		2015					2014
		Anzahl	1 000	Mill. EUR		%	Mill. EUR
	Insgesamt	45 406	6 121	287 373	1 795 517	47,6	57 073
B	Bergbau und Gewinnung von Steinen und Erden	1 068	54	2 611	10 186	13,8	1 402
05	Kohlenbergbau	27	24	1 263	2 437	.	669
06	Gewinnung von Erdöl und Erdgas	29	3	258	2 679	.	321
07	Erzbergbau	.	.	.	.	.	–
08	Gew. von Steinen und Erden, sonstiger Bergbau	994	25	960	4 758	14,1	396
09	Erbringung von Dienstleistungen für den Bergbau und für die Gewinnung von Steinen und Erden	.	.	.	.	.	16
C	Verarbeitendes Gewerbe	44 338	6 067	284 761	1 785 331	47,8	55 671
10	H. v. Nahrungs- und Futtermitteln	5 258	508	14 626	148 463	21,8	3 907
11	Getränkeherstellung	554	62	2 562	20 126	12,1	1 194
12	Tabakverarbeitung	26	10	594	12 463	12,3	182
13	H. v. Textilien	716	63	2 139	11 961	46,7	364
14	H. v. Bekleidung	267	31	1 053	7 496	36,6	79
15	H. v. Leder, Lederwaren und Schuhen	127	18	626	3 413	29,7	216
16	H. v. Holz-, Flecht-, Korb- und Korkwaren (ohne Möbel)	1 152	79	2 630	19 344	22,8	563
17	H. v. Papier, Pappe und Waren daraus	912	130	5 346	37 137	39,5	1 226
18	H. v. Druckerzeugnissen; Vervielfältigung von bespielten Ton-, Bild- und Datenträgern	1 319	99	3 400	15 029	13,5	639
19	Kokerei und Mineralölverarbeitung	66	18	1 302	67 334	9,6	855
20	H. v. chemischen Erzeugnissen	1 620	332	19 169	142 373	59,3	5 518
21	H. v. pharmazeutischen Erzeugnissen	342	114	6 715	46 350	64,6	1 627
22	H. v. Gummi- und Kunststoffwaren	3 205	386	14 614	76 135	37,7	2 954
23	H. v. Glas und Glaswaren, Keramik, Verarbeitung von Steinen und Erden	3 154	188	7 334	38 388	25,6	1 612
24	Metallerzeugung und -bearbeitung	1 074	256	12 249	96 606	41,4	2 672
25	H. v. Metallerzeugnissen	7 660	654	25 376	108 512	30,8	4 052
26	H. v. Datenverarbeitungsgeräten, elektronischen und optischen Erzeugnissen	1 889	290	15 103	74 587	59,4	2 194
27	H. v. elektrischen Ausrüstungen	2 238	411	20 235	92 213	50,4	2 821
28	Maschinenbau	6 169	1 024	52 376	235 604	59,9	6 263
29	H. v. Kraftwagen und Kraftwagenteilen	1 326	813	50 587	407 174	64,8	13 603
30	Sonstiger Fahrzeugbau	332	128	7 697	43 672	64,4	1 035
31	H. v. Möbeln	1 012	102	3 627	19 240	29,8	361
32	H. v. sonstigen Waren	1 635	155	5 969	27 398	52,2	1 199
33	Reparatur und Installation von Maschinen und Ausrüstungen	2 285	197	9 432	34 312	26,3	533

Betriebe von Unternehmen mit im Allgemeinen 20 tätigen Personen und mehr, einschl. Handwerk.

1 Klassifikation der Wirtschaftszweige, Ausgabe 2008 (WZ 2008), Kurzbezeichnungen.
2 Stand: Ende September.
3 Ohne Umsatzsteuer.
4 Anteil des Auslandsumsatzes am Gesamtumsatz.

21 Verarbeitendes Gewerbe

21.1 Strukturdaten der Betriebe im Bergbau und Verarbeitenden Gewerbe
21.1.3 Betriebe, tätige Personen und Umsatz nach Beschäftigtengrößenklassen 2015

Nr. der Klassifi- kation [1]	Wirtschaftsgliederung (H. v. = Herstellung von)	Insgesamt	Mit ... bis ... tätigen Personen					
			unter 50	50 – 99	100 – 249	250 – 499	500 – 999	1 000 und mehr
		Anzahl	%					
		Betriebe [2]						
	Insgesamt	45 406	49,7	22,4	17,8	6,3	2,5	1,4
B	Bergbau und Gewinnung von Steinen und Erden	1 068	86,7	7,3	3,3	1,0	0,8	0,8
C	Verarbeitendes Gewerbe	44 338	48,8	22,7	18,1	6,4	2,5	1,4
10	H. v. Nahrungs- und Futtermitteln	5 258	54,7	20,3	17,2	5,4	1,8	0,6
20	H. v. chemischen Erzeugnissen	1 620	35,1	26,4	22,1	9,6	4,0	2,8
22	H. v. Gummi- und Kunststoffwaren	3 205	40,1	27,3	22,9	6,5	2,2	0,9
24	Metallerzeugung und -bearbeitung	1 074	28,6	23,6	24,9	13,2	5,8	4,0
25	H. v. Metallerzeugnissen	7 660	55,6	24,2	14,5	3,9	1,5	0,4
26	H. v. Datenverarbeitungsgeräten, elektronischen und optischen Erzeugnissen	1 889	41,4	24,5	20,7	8,2	3,3	2,0
27	H. v. elektrischen Ausrüstungen	2 238	39,9	24,4	19,9	9,1	3,8	2,9
28	Maschinenbau	6 169	39,6	24,4	21,2	9,1	3,5	2,1
29	H. v. Kraftwagen und Kraftwagenteilen	1 326	28,3	20,1	22,3	13,9	7,6	7,8

Nr. der Klassifi- kation [1]	Wirtschaftsgliederung (H. v. = Herstellung von)	Insgesamt	Mit ... bis ... tätigen Personen					
			unter 50	50 – 99	100 – 249	250 – 499	500 – 999	1 000 und mehr
		1 000	%					
		Tätige Personen in Betrieben [2]						
	Insgesamt	6 121	10,8	11,7	20,4	16,2	12,6	28,4
B	Bergbau und Gewinnung von Steinen und Erden	54	27,4	9,8	10,3	8,4	12,6	31,5
C	Verarbeitendes Gewerbe	6 067	10,6	11,7	20,5	16,3	12,6	28,3
10	H. v. Nahrungs- und Futtermitteln	508	16,6	14,8	27,5	19,3	12,7	9,0
20	H. v. chemischen Erzeugnissen	332	5,3	9,3	16,6	16,1	13,3	39,4
22	H. v. Gummi- und Kunststoffwaren	386	10,9	16,1	29,2	19,1	12,6	12,1
24	Metallerzeugung und -bearbeitung	256	3,9	7,0	16,8	18,9	16,9	36,4
25	H. v. Metallerzeugnissen	654	21,0	19,7	25,9	15,7	11,5	6,3
26	H. v. Datenverarbeitungsgeräten, elektronischen und optischen Erzeugnissen	290	8,9	11,4	20,7	17,9	14,9	26,2
27	H. v. elektrischen Ausrüstungen	411	7,0	9,4	16,9	17,7	14,4	34,5
28	Maschinenbau	1 024	7,4	10,4	19,9	19,1	14,8	28,4
29	H. v. Kraftwagen und Kraftwagenteilen	813	1,5	2,3	5,7	8,1	8,7	73,7

Nr. der Klassifi- kation [1]	Wirtschaftsgliederung (H. v. = Herstellung von)	Insgesamt	Mit ... bis ... tätigen Personen					
			unter 50	50 – 99	100 – 249	250 – 499	500 – 999	1 000 und mehr
		Mill. EUR	%					
		Umsatz in Betrieben [3]						
	Insgesamt	1 795 517	6,0	7,7	16,2	15,1	13,2	41,8
B	Bergbau und Gewinnung von Steinen und Erden	10 186	41,4	11,7	10,8	9,6	11,0	15,4
C	Verarbeitendes Gewerbe	1 785 331	5,8	7,7	16,2	15,1	13,2	42,0
10	H. v. Nahrungs- und Futtermitteln	148 463	10,7	13,4	31,6	22,3	14,0	8,0
20	H. v. chemischen Erzeugnissen	142 373	4,7	9,4	16,8	15,0	12,0	42,1
22	H. v. Gummi- und Kunststoffwaren	76 135	8,8	14,1	27,7	20,0	14,8	14,7
24	Metallerzeugung und -bearbeitung	96 606	2,3	5,1	13,1	16,5	19,8	43,2
25	H. v. Metallerzeugnissen	108 512	15,9	17,1	25,8	18,5	14,5	8,1
26	H. v. Datenverarbeitungsgeräten, elektronischen und optischen Erzeugnissen	74 587	4,8	8,1	15,1	18,3	15,1	38,6
27	H. v. elektrischen Ausrüstungen	92 213	4,7	6,9	14,4	17,5	14,0	42,5
28	Maschinenbau	235 604	4,8	7,5	16,8	19,0	17,5	34,4
29	H. v. Kraftwagen und Kraftwagenteilen	407 174	0,6	1,7	3,0	4,4	5,5	84,9

Betriebe von Unternehmen mit im Allgemeinen 20 tätigen Personen und mehr, einschl. Handwerk.

1 Klassifikation der Wirtschaftszweige, Ausgabe 2008 (WZ 2008), Kurzbezeichnungen.
2 Stand: Ende September.
3 Ohne Umsatzsteuer.

21 Verarbeitendes Gewerbe

21.2 Indizes
21.2.1 Auftragseingang (Volumen)

Der Index zeigt die Entwicklung der preisbereinigten **Auftragseingänge** aus dem Inland und aus dem Ausland bezogen auf das Basisjahr 2010.

Nr. der Klassifikation [1]	Wirtschaftsgliederung (H. v. = Herstellung von)	2010	2011	2012	2013	2014	2015
		2010 = 100					
C	Verarbeitendes Gewerbe [2]	100	107,6	103,1	105,7	108,7	110,4
	Inland	100	107,2	100,8	101,4	103,1	105,5
	Ausland	100	107,8	105,0	109,1	113,4	114,4
	Vorleistungsgüter	100	104,9	99,6	99,7	101,7	101,7
	Inland	100	105,2	98,9	98,9	99,4	99,2
	Ausland	100	104,7	100,5	100,6	104,3	104,6
	Investitionsgüter	100	110,0	105,7	110,2	114,0	116,6
	Inland	100	110,1	103,2	104,5	107,4	112,4
	Ausland	100	110,0	107,2	113,8	118,1	119,2
	Konsumgüter	100	103,1	101,8	103,1	106,9	109,8
	Inland	100	102,5	97,0	97,4	98,9	101,6
	Ausland	100	103,6	105,9	107,9	113,7	116,9
	Gebrauchsgüter	100	105,3	98,6	100,0	100,2	104,5
	Inland	100	110,4	101,1	101,2	100,2	99,3
	Ausland	100	100,9	96,4	99,0	100,2	108,9
	Verbrauchsgüter	100	102,3	102,9	104,1	109,2	111,7
	Inland	100	99,8	95,5	96,1	98,5	102,4
	Ausland	100	104,5	109,2	111,0	118,3	119,6
13	H. v. Textilien	100	97,0	90,2	91,6	95,7	98,6
	Inland	100	96,2	87,9	87,0	88,8	90,0
	Ausland	100	97,9	93,0	97,0	103,8	108,9
14	H. v. Bekleidung	100	103,5	98,8	94,1	98,5	100,1
	Inland	100	103,3	97,3	93,0	96,2	101,1
	Ausland	100	103,6	101,2	95,8	102,2	98,5
17	H. v. Papier, Pappe und Waren daraus	100	98,6	96,7	96,2	95,5	96,6
	Inland	100	100,0	96,7	95,0	96,4	97,3
	Ausland	100	96,5	96,8	97,8	94,1	95,6
20	H. v. chemischen Erzeugnissen	100	100,9	98,0	96,6	96,4	96,6
	Inland	100	101,9	97,9	96,9	95,3	93,6
	Ausland	100	100,1	98,0	96,4	97,3	98,9
21	H. v. pharmazeutischen Erzeugnissen	100	102,9	105,6	108,7	115,5	118,6
	Inland	100	97,1	92,3	94,4	97,9	104,0
	Ausland	100	106,4	113,7	117,5	126,3	127,6
24	Metallerzeugung und -bearbeitung	100	102,4	97,7	96,3	98,8	94,7
	Inland	100	101,4	96,0	95,5	93,7	92,7
	Ausland	100	104,1	100,2	97,5	107,0	97,9
25	Herstellung von Metallerzeugnissen	100	111,0	107,4	108,8	110,9	113,6
	Inland	100	112,1	107,5	108,2	109,4	112,2
	Ausland	100	108,8	107,1	110,0	113,8	116,4
26	H. v. Datenverarbeitungsgeräten, elektronischen und optischen Erzeugnissen	100	103,7	100,2	101,8	109,7	114,0
	Inland	100	106,2	102,5	102,5	111,0	111,8
	Ausland	100	101,9	98,5	101,2	108,8	115,5
27	H. v. elektrischen Ausrüstungen	100	111,3	102,3	103,8	102,7	104,6
	Inland	100	109,4	97,8	98,8	97,4	95,7
	Ausland	100	113,5	107,2	109,3	108,7	114,5
28	Maschinenbau	100	113,7	106,6	106,8	109,5	112,3
	Inland	100	115,3	106,4	106,9	109,0	111,6
	Ausland	100	112,9	106,7	106,8	109,9	112,7
29	H. v. Kraftwagen und Kraftwagenteilen	100	106,1	105,9	109,4	116,6	119,3
	Inland	100	105,1	101,4	102,7	108,4	113,8
	Ausland	100	106,6	108,4	113,2	121,3	122,4
30	Sonstiger Fahrzeugbau	100	130,4	100,4	141,6	128,6	127,3
	Inland	100	132,2	95,1	108,0	98,3	124,5
	Ausland	100	129,6	103,1	158,2	143,5	128,6

Nähere Informationen zur Berechnungsmethode siehe „Wirtschaft und Statistik", 3/2013, S. 185ff.
1 Klassifikation der Wirtschaftszweige, Ausgabe 2008 (WZ 2008), Kurzbezeichnungen.
2 Ausgewählte Wirtschaftszweige des Verarbeitenden Gewerbes (WZ 2008).

21 Verarbeitendes Gewerbe

21.2 Indizes
21.2.2 Produktion

Der Index zeigt die Entwicklung der preisbereinigten **Produktionsleistung**, bezogen auf das Basisjahr 2010.

Nr. der Klassifikation [1]	Wirtschaftsgliederung (H. v. = Herstellung von)	2010	2011	2012	2013	2014	2015
		2010 = 100					
B – C	**Bergbau und Verarbeitendes Gewerbe**	100	108,3	107,1	106,9	108,9	110,0
	Vorleistungsgüter	100	107,3	104,5	104,0	105,9	106,4
	Investitionsgüter	100	112,4	113,2	113,4	116,1	118,0
	Konsumgüter	100	102,2	99,8	100,2	101,6	102,3
	Gebrauchsgüter	100	104,6	100,5	99,6	100,0	103,1
	Verbrauchsgüter	100	101,7	99,6	100,3	101,9	102,1
B	**Bergbau und Gewinnung von Steinen und Erden**	100	100,2	94,3	83,4	82,1	78,1
C	**Verarbeitendes Gewerbe**	100	108,5	107,3	107,2	109,3	110,5
10	H. v. Nahrungs- und Futtermitteln	100	100,6	100,6	100,4	100,5	100,6
11	Getränkeherstellung	100	103,6	103,2	103,7	104,9	97,7
12	Tabakverarbeitung	100	96,1	81,6	76,7	72,6	74,0
13	H. v. Textilien	100	101,5	94,0	93,4	95,7	97,5
14	H. v. Bekleidung	100	98,8	89,5	86,8	91,4	86,7
15	H. v. Leder, Lederwaren und Schuhen	100	106,2	96,7	96,3	110,1	117,5
16	H. v. Holz-, Flecht-, Korb- und Korkwaren (ohne Möbel)	100	116,2	115,6	113,7	111,8	110,7
17	H. v. Papier, Pappe und Waren daraus	100	100,6	98,5	97,0	96,1	96,8
18	H. v. Druckerzeugnissen; Vervielfältigung von Ton-, Bild- und Datenträgern	100	101,2	98,1	93,8	94,0	91,9
19	Kokerei und Mineralölverarbeitung	100	99,9	101,6	98,8	98,1	100,7
20	H. v. chemischen Erzeugnissen	100	101,0	98,1	98,6	97,3	96,9
21	H. v. pharmazeutischen Erzeugnissen	100	104,8	102,4	107,8	113,4	118,4
22	H. v. Gummi- und Kunststoffwaren	100	105,8	103,7	105,2	105,7	108,1
23	H. v. Glas und Glaswaren, Keramik, Verarbeitung von Steinen und Erden	100	108,1	103,3	102,8	105,1	105,1
24	Metallerzeugung und -bearbeitung	100	104,7	100,8	100,2	103,0	103,1
25	H. v. Metallerzeugnissen	100	111,7	110,0	111,1	114,2	115,3
26	H. v. Datenverarbeitungsgeräten, elektronischen und optischen Erzeugnissen	100	114,1	112,0	111,5	115,6	120,4
27	H. v. elektrischen Ausrüstungen	100	108,6	105,0	101,7	103,5	103,1
28	Maschinenbau	100	113,7	115,1	113,2	114,6	115,1
29	H. v. Kraftwagen und Kraftwagenteilen	100	113,2	112,7	114,1	119,0	119,7
30	Sonstiger Fahrzeugbau	100	113,4	119,7	124,4	126,4	135,0
31	H. v. Möbeln	100	103,3	101,6	96,8	97,4	100,7
32	H. v. sonstigen Waren	100	104,6	108,4	111,3	115,6	119,5
33	Reparatur und Installation von Maschinen und Ausrüstungen	100	108,1	107,9	109,4	111,1	116,6

Nähere Informationen zur Berechnungsmethode siehe „Wirtschaft und Statistik", 3/2013, S. 185ff.
1 Klassifikation der Wirtschaftszweige, Ausgabe 2008 (WZ 2008), Kurzbezeichnungen.

21 Verarbeitendes Gewerbe

21.2 Indizes
21.2.3 Umsatz (Volumen)

Der Index zeigt die Entwicklung der preisbereinigten **Umsätze**, bezogen auf das Basisjahr 2010.

Nr. der Klassifikation [1]	Wirtschaftsgliederung (H. v. = Herstellung von)	2010	2011	2012	2013	2014	2015
		2010 = 100					
B – C	**Bergbau und Verarbeitendes Gewerbe**	100	106,6	105,2	104,8	107,3	109,6
	Vorleistungsgüter	100	107,4	104,0	102,5	104,2	105,2
	Investitionsgüter	100	108,3	108,8	109,4	114,2	118,7
	Konsumgüter	100	102,6	101,7	101,0	101,6	101,9
	Gebrauchsgüter	100	104,9	100,9	99,6	100,7	104,3
	Verbrauchsgüter	100	102,3	101,8	101,2	101,8	101,5
B	**Bergbau und Gewinnung von Steinen und Erden**	100	98,3	83,2	73,8	67,5	66,8
C	**Verarbeitendes Gewerbe**	100	106,7	105,4	105,0	107,6	109,8
10	H. v. Nahrungs- und Futtermitteln	100	102,4	102,8	102,7	102,1	102,1
11	Getränkeherstellung	100	102,8	103,7	102,5	101,7	98,9
12	Tabakverarbeitung	100	88,7	76,0	68,4	74,8	76,1
13	H. v. Textilien	100	99,3	92,2	93,4	95,9	99,1
14	H. v. Bekleidung	100	102,7	99,6	93,9	95,2	98,5
15	H. v. Leder, Lederwaren und Schuhen	100	108,3	101,6	99,5	109,5	93,8
16	H. v. Holz-, Flecht-, Korb- und Korkwaren (ohne Möbel)	100	103,7	102,8	101,4	103,3	104,1
17	H. v. Papier, Pappe und Waren daraus	100	101,0	98,4	97,3	96,3	97,2
18	H. v. Druckerzeugnissen; Vervielfältigung von Ton-, Bild- und Datenträgern	100	100,3	97,2	93,6	93,5	91,3
19	Kokerei und Mineralölverarbeitung	100	98,4	95,6	96,2	90,8	88,7
20	H. v. chemischen Erzeugnissen	100	101,9	98,9	97,8	98,7	99,1
21	H. v. pharmazeutischen Erzeugnissen	100	103,6	106,7	110,1	113,9	114,1
22	H. v. Gummi- und Kunststoffwaren	100	106,2	104,5	105,8	106,5	108,8
23	H. v. Glas und Glaswaren, Keramik, Verarbeitung von Steinen und Erden	100	105,7	101,3	101,1	102,6	102,0
24	Metallerzeugung und -bearbeitung	100	108,9	105,6	102,3	102,9	102,1
25	H. v. Metallerzeugnissen	100	112,2	111,5	112,5	113,8	114,8
26	H. v. Datenverarbeitungsgeräten, elektronischen und optischen Erzeugnissen	100	110,9	106,4	107,4	113,9	120,3
27	H. v. elektrischen Ausrüstungen	100	112,6	107,3	102,6	102,8	103,7
28	Maschinenbau	100	116,0	117,3	114,7	117,4	118,8
29	H. v. Kraftwagen und Kraftwagenteilen	100	107,5	106,8	108,4	115,2	121,7
30	Sonstiger Fahrzeugbau	100	92,6	98,1	102,0	119,4	123,7
31	H. v. Möbeln	100	103,2	101,4	96,8	97,4	101,2
32	H. v. sonstigen Waren	100	104,3	107,6	109,9	112,8	116,7
33	Reparatur und Installation von Maschinen und Ausrüstungen	100	97,6	95,2	95,9	93,7	98,7

Nähere Informationen zur Berechnungsmethode siehe „Wirtschaft und Statistik", 3/2013, S. 185ff.
1 Klassifikation der Wirtschaftszweige, Ausgabe 2008 (WZ 2008), Kurzbezeichnungen.

Auftragsbestand im Verarbeitenden Gewerbe 2015
Veränderung gegenüber dem Vorjahresmonat, in %

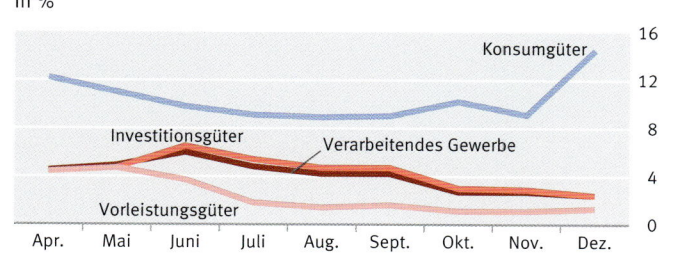

Reichweite des Auftragsbestands im Verarbeitenden Gewerbe 2015, in Monaten

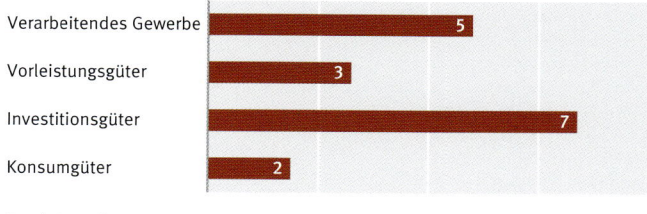

- Verarbeitendes Gewerbe: 5
- Vorleistungsgüter: 3
- Investitionsgüter: 7
- Konsumgüter: 2

Stand: Dezember 2015.

21 Verarbeitendes Gewerbe

21.3 Produktion ausgewählter Erzeugnisse 2015

	Einheit	Menge	Veränderung gegenüber Vorjahr in %	Wert Mill. EUR	Veränderung gegenüber Vorjahr in %
Erdöl und Erdgas					
Rohöl	1 000 t	2 209	7,9	.	.
Erdgas	1 000 MWh	76 007	− 7,9	726	− 12,8
Steine und Erden					
Kalkstein (ohne gebrochene Kalksteine für den Tiefbau und ohne Naturwerksteine)	1 000 t	14 475	− 4,6	209	− 1,2
Bausand u. a. natürliche Sande	1 000 t	67 912	− 5,5	366	− 2,4
Feldsteine, Kies, gebrochene Natursteine	1 000 t	180 422	− 2,7	1 225	− 1,7
Nahrungsmittel					
Würste und ähnliche Erzeugnisse	1 000 t	1 527	3,9	7 186	2,5
Fischfilets, gefroren	1 000 t	45	9,0	145	14,6
Lachs, Heringe und andere geräucherte Fische	1 000 t	28	16,6	295	16,7
Frucht- und Gemüsesäfte (nicht gefroren)	Mill. l	2 411	.	1 950	− 0,4
Konfitüren, Fruchtgelees, Marmeladen, Fruchtmuse und -pasten	1 000 t	239	0,9	508	− 0,8
Margarine (ohne flüssige Margarine)	1 000 t	369	− 0,8	339	− 9,2
Butter	1 000 t	514	.	1 668	.
Buttermilch, Sauermilch, Sauerrahm, Joghurt u. a. fermentierte Erzeugnisse, flüssig	1 000 t	2 501	− 0,4	3 173	− 1,8
Speiseeis, auch kakaohaltig	1 000 l	540 359	− 8,0	621	− 19,3
Mehl von Getreide	1 000 t	6 043	4,0	1 741	0,8
Frisches Brot, Brötchen u. ä. ohne Zusatz von Honig, Eiern, Käse oder Früchten	1 000 t	4 923	2,0	9 759	2,6
Feine Backwaren, gesüßt, auch gefroren	.	.	.	4 700	2,7
Leb- und Honigkuchen u. ä. Kekse u. ä. Kleingebäck, gesüßt; Waffeln	1 000 t	649	− 1,4	1 863	− 8,4
Teigwaren, weder gekocht oder gefüllt	1 000 t	269	0,9	.	.
Weißzucker	1 000 t	3 442	− 9,8	1 627	− 21,0
Schokolade u. a. kakaohaltige Lebensmittelzubereitungen in Form von Tafeln, Stangen oder Riegeln	1 000 t	1 365	− 0,1	5 569	− 4,2
Kaffee, geröstet	1 000 t	513	− 3,5	1 718	9,6
Fertiggerichte	1 000 t	1 207	6,9	3 323	7,9
Getränke					
Spirituosen	1 000 hl	.	.	980	− 5,7
Bier aus Malz (ohne alkoholfreies Bier)	1 000 hl	83 596	− 0,8	5 578	− 3,9
Mineral-, Tafel- und Heilwasser (ohne Quellwasser)	1 000 l	13 634 349	7,7	2 344	− 1,4
Erfrischungsgetränke u. a. nicht alkoholhaltige Getränke	1 000 l	8 734 278	0,1	3 469	− 24,7
Nektare	1 000 l	.	.	.	.
Andere nicht alkoholhaltige Getränke (ohne Milchfettgehalt)	1 000 l	2 329 418	2,5	1 481	3,8
Tabakerzeugnisse					
Zigarren, Stumpen und Zigarillos, Tabak enthaltend	Mill. St	2 702	4,7	269	4,3
Zigaretten, Tabak enthaltend	Mill. St	185 681	3,8	1 599	7,6
Textilien					
Garne	1 000 t	74	− 8,5	428	− 4,5
Gewebe	1 000 m²	876 489	− 0,8	1 344	− 1,9
Teppiche	1 000 m²	79 537	0,7	646	− 1,8
Bekleidung					
Strumpfhosen	1 000 St	30 995	− 13,6	17	− 23,5
Herren-, Damen-, Kinderstrümpfe u. a. Strumpfwaren	1 000 Paar	71 234	− 1,1	478	4,0
Pullover, Strickjacken, Westen u. ä. Waren	1 000 St	2 522	− 26,7	58	− 11,0
Oberbekleidung für Männer oder Knaben (ohne Arbeits- und Berufsbekleidung)	1 000 St	5 751	− 7,9	259	− 9,0
Oberbekleidung für Frauen oder Mädchen (ohne Arbeits- und Berufsbekleidung)	1 000 St	7 063	4,6	213	− 1,7
Sport-, Bade- und Strandbekleidung	1 000 St	1 155	3,9	42	3,8
Lederbekleidung	1 000 St	.	.	26	− 15,5
Unterwäsche für Männer oder Knaben	1 000 St	4 124	− 12,1	43	− 1,6
Unterwäsche für Frauen oder Mädchen	1 000 St	11 334	− 12,7	77	− 4,4
T-Shirts und Unterhemden, aus Gewirken oder Gestricken	1 000 St	10 844	− 10,9	136	− 1,9
Leder und Lederwaren					
Rind- und Kalbleder, enthaart	t	15 006	− 13,4	370	− 8,4
Reisekoffer, Handkoffer, Kosmetikkoffer und Dokumentenkoffer, Aktentaschen, Schulranzen u. ä. Behältnisse	1 000 St	263	− 8,6	9	− 2,8
Schuhe mit Oberteil aus Leder (ohne Sportschuhe)	1 000 Paar	30 054	9,4	547	6,7
Schuhe mit einem Metallschutz in der Vorderkappe	1 000 Paar	5 370	8,1	273	9,7
Holz und Holzwaren					
Schnittholz (ohne Stäbe u. Friese für Parkett aus Eichenholz)	1 000 m³	.	.	3 660	− 1,2

21 Verarbeitendes Gewerbe

21.3 Produktion ausgewählter Erzeugnisse 2015

	Einheit	Menge	Veränderung gegenüber Vorjahr in %	Wert Mill. EUR	Veränderung gegenüber Vorjahr in %
Laminatböden	1 000 m²	183 190	−1,8	891	−0,5
Parkettböden	1 000 m²	7 406	−7,5	182	−5,4
Fenster, Fenstertüren, Rahmen und Verkleidungen dafür	1 000 St	1 761	−19,6	807	−4,0
Türen und Rahmen, Türverkleidungen (auch Türschwellen)	1 000 St	11 938	4,7	1 208	6,2
Papier					
Zeitungsdruckpapier	1 000 t	2 195	2,2	895	−8,4
Wellpapier u. -pappe	1 000 t	1 413	−21,1	1 106	−10,8
Verpackungsmittel aus Papier, Pappe, Zellstoffwatte oder Vliesen	1 000 t	6 717	3,0	.	.
Etiketten aus Papier und Pappe	1 000 t	175	0,4	1 401	1,1
Druckerzeugnisse					
Geschäftsdrucksachen und andere Drucke	.	.	.	1 835	−0,9
Kataloge, Plakate, Werbedrucke, Kalender aller Art	.	.	.	5 448	−2,5
Zeitungen und Zeitschriften	.	.	.	2 454	−6,7
Kokereierzeugnisse, Mineralölerzeugnisse					
Koks u. Schwelkoks aus Steinkohle, Braunkohle oder Torf	1 000 t-Trocken	7 746	2,9	657	6,2
Motorenbenzin (einschl. Flugbenzin)	1 000 t	19 380	−1,1	4 058	−12,8
Leichtöl, leichtes Rohbenzin	1 000 t	4 921	−4,4	1 458	−35,4
Flugturbinenkraftstoff aus Leuchtöl (Kerosin)	1 000 t	5 164	5,5	1 534	−23,2
Dieselkraftstoff	1 000 t	31 582	5,5	6 977	−15,9
Heizöl, leicht	1 000 t	12 902	−0,2	3 146	−28,3
Schmieröle	1 000 t	2 471	−3,5	3 200	−6,6
Flüssiggas	1 000 t	2 765	8,2	421	−13,2
Chemische Erzeugnisse					
Chlor	1 000 t	2 476	1,2	443	6,4
Ruß	1 000 t	.	.	457	−21,6
Wasserstoff	Mill. m³	1 562	−8,8	211	−12,5
Sauerstoff	Mill. m³	.	.	335	−7,5
Stickstoff	Mill. m³	.	.	255	−0,4
Schwefelsäure einschl. Oleum, ber. auf SO_2	1 000 t	1 982	−2,1	133	13,7
Ammoniak, ber. auf N	1 000 t	606	−18,8	281	−12,4
Natriumhydroxid, ber. auf NaOH	1 000 t	.	.	.	.
Aluminiumhydroxid, ber. auf Al_2O_3	1 000 t	.	.	391	3,0
Ethylen	1 000 t	2 725	−1,4	940	−9,1
Propylen	1 000 t	2 746	−2,5	1 148	−10,7
Natriumcarbonat, ber. auf Na_2CO_3	1 000 t	.	.	276	0,6
Stickstoffhaltige Düngemittel	1 000 t	1 263	−6,5	1 021	−1,6
Pflanzenbehandlungs- und Schädlingsbekämpfungsmittel (Wirkstoffgewicht)	1 000 t	198	5,6	3 120	0,6
Kunststoffe	1 000 t	17 383	1,6	24 508	0,8
Synthetischer Kautschuk und Faktis	1 000 t	1 249	−1,6	1 251	−5,3
Synthetische Filamente und Spinnfasern	1 000 t	341	1,6	777	−1,6
Texturierte Garne u. a. Garne, ungezwirnt	1 000 t	37	−6,9	223	−10,2
Anstrichfarben und Lacke auf der Grundlage von Acryl oder Vinylpolymeren	1 000 t	1 043	1,8	1 852	2,3
Anstrichfarben und Lacke auf der Grundlage von Alkydharzen	1 000 t	64	−3,9	268	−2,2
Organische Löse- und Verdünnungsmittel	1 000 t	216	−3,4	336	−3,1
Druckfarben	1 000 t	506	−4,2	1 462	−4,0
Arzneiwaren	.	.	.	21 248	−2,4
Organische grenzflächenaktive Stoffe (ohne Seifen)	1 000 t	1 091	.	1 641	−6,8
Seifen	1 000 t	190	.	.	.
Universalwaschmittel	1 000 t	321	−20,6	456	−33,1
Geschirrspülmittel	1 000 t	232	−9,0	299	−16,8
Photochemische Erzeugnisse	.	.	.	718	2,7
Duftstoffe und Körperpflegemittel	.	.	.	5 168	1,0
dar. Körperpflegemittel	.	.	.	4 636	0,1
Klebstoffe	1 000 t	820	−1,7	1 627	1,7
Gummi- und Kunststoffwaren					
Gummiwaren					
Bereifungen, neu	1 000 St	74 019	1,7	3 527	3,1
dar. Luftreifen für Pkw, neu	1 000 St	61 042	1,7	2 577	3,9

21 Verarbeitendes Gewerbe

21.3 Produktion ausgewählter Erzeugnisse 2015

	Einheit	Menge	Veränderung gegenüber Vorjahr in %	Wert Mill. EUR	Veränderung gegenüber Vorjahr in %
Kunststoffwaren					
Rohre und Schläuche, nicht biegsam	1 000 t	518	− 2,0	1 445	3,6
Monofile	1 000 t	803	− 1,9	2 282	− 2,5
Verpackungsmittel, Lager- und Transportbehälter	.	.	.	4 008	4,5
Badewannen, Duschen und Waschbecken	1 000 St	1 062	− 4,3	157	− 0,5
Fenster, Fensterbänke	1 000 St	11 147	0,2	2 880	0,9
Glas, Keramik, bearbeitete Steine und Erden					
Mehrschichten-Isolierverglasung	1 000 m²	22 041	0,8	1 043	1,2
Flaschen bis 2,5 l	Mill. St	8 746	− 3,8	954	− 3,4
Geschirr, aus Porzellan	1 000 t	40	− 5,4	428	− 1,7
Geformte feuerfeste keramische Bauteile	1 000 t	746	− 4,8	737	− 5,2
Fliesen, Boden- und Wandplatten	1 000 m²	49 590	− 9,3	513	− 4,8
Mauerziegel, Ziegel für Boden- u. Straßenbeläge	1 000 m³	6 891	− 1,1	562	0,6
Dachziegel	1 000 St	624 983	− 5,3	672	− 4,3
Zement	1 000 t	31 160	− 1,8	2 094	− 1,5
Kalk	1 000 t	6 979	− 1,7	545	− 1,2
Gips	1 000 t	2 872	1,3	287	0,2
Baublöcke und Mauersteine aus Kalksandstein	1 000 m³	3 780	5,6	308	5,0
Dachsteine aus Beton	Mill. St	175	− 7,6	200	− 6,1
Gipskartonplatten, gem. DIN 18 180	1 000 m²	224 390	2,9	316	9,0
Transportbeton	1 000 m³	34 818	0,8	2 364	0,3
Schleifkörper	1 000 t	63	1,4	563	0,0
Eisen- und Stahlerzeugnisse					
Blöcke, Stranggussussigstahl, aus unlegiertem Stahl	1 000 t	6 876	− 1,3	2 398	− 8,8
Gewalztes Halbzeug	1 000 t	4 464	0,4	714	− 10,1
Warmbreitband mit einer Breite von 600 mm oder mehr	1 000 t	8 725	2,4	3 889	− 1,3
Breitflachstahl, Quartoblech	1 000 t	3 199	6,2	2 131	− 2,4
Walzdraht, warmgewalzt	1 000 t	5 290	2,6	2 070	− 4,9
Betonstahl in Stäben, warmgewalzt	1 000 t	2 602	7,4	698	− 3,2
Kaltgewalzte Bleche in Rollen oder Tafeln	1 000 t	2 480	− 30,9	1 756	− 32,9
Schmelztauchveredelte Bleche	1 000 t	.	.	.	.
Rohre und Hohlprofile, aus nicht rostendem Stahl	1 000 t	46	− 32,6	210	− 8,7
Präzisionsstahlrohre, aus nicht rostendem Stahl	1 000 t	342	3,3	487	1,5
Kaltgewalzter Bandstahl (ohne Elektroband)	1 000 t	1 036	− 2,3	863	− 6,3
NE-Metalle und -erzeugnisse					
Silber, in Rohform oder als Pulver	t	1 506	− 3,9	705	− 5,8
Gold, in Rohform oder als Pulver	t	56	1,1	1 843	10,3
Aluminiumlegierungen, Primäraluminium	1 000 t	340	8,5	610	26,5
Aluminiumlegierungen, Sekundäraluminium	1 000 t	940	7,8	1 149	17,5
Kupferlegierungen, in Rohformen	1 000 t	29	− 42,2	.	.
Gießereierzeugnisse					
Teile aus					
Gusseisen mit Kugelgraphit	1 000 t	1 403	0,4	2 524	− 0,4
Stahlguss	1 000 t	.	.	.	.
Leichtmetallguss	1 000 t	826	17,2	5 083	5,5
Buntmetallguss	1 000 t	82	15,8	760	11,7
Metallerzeugnisse					
Brücken und -elemente	1 000 t	61	− 23,5	186	− 18,6
Türme und Gittermaste	1 000 t	300	1,6	482	− 11,8
Andere Konstruktionen und Teile	1 000 t	.	.	5 660	2,4
darunter:					
Skelettkonstruktionen	1 000 t	389	3,5	904	0,0
Stütz- und Trägerkonstruktionen	1 000 t	629	7,1	1 527	− 0,2
Tore, Türen, Fenster, deren Rahmen und Verkleidungen aus Stahl	1 000 St	950	− 1,9	909	0,1
Zentralheizungskessel (ohne Dampfkessel)	1 000 St	.	.	800	2,7
Blechformteile aus Stahl und NE-Metall	1 000 t	4 573	1,9	12 872	1,2
Drehteile aus Metall für Armaturen, Maschinenbau, Fahrzeuge	.	.	.	4 186	1,2
Drehteile aus Metall für elektronische, feinmechanische und optische Erzeugnisse	.	.	.	2 792	1,6
Werkzeuge für die Holzbearbeitung	t	1 587	.	19	.
Haushaltswerkzeuge	t	2 474	− 3,8	44	1,2

21 Verarbeitendes Gewerbe

21.3 Produktion ausgewählter Erzeugnisse 2015

	Einheit	Menge	Veränderung gegenüber Vorjahr in %	Wert Mill. EUR	Veränderung gegenüber Vorjahr in %
Beschläge für Kraftfahrzeuge	1 000 t	213	− 1,1	1 659	0,1
Baubeschläge für Türen und Fenster	1 000 t	173	− 2,9	1 458	0,7
Abwasch- und Waschbecken aus Stahl (nicht rostend)	1 000 St	2 588	1,1	154	2,2
Koch-, Brat- und Backgeschirr aus Stahl (nicht rostend)	t	6 346	− 8,3	.	.
Briefkästen und Kastenanlagen	t	5 821	10,4	97	4,1
Maschinen					
Verbrennungsmotoren und Turbinen	1 000 St	284	− 17,3	7 934	− 1,2
Flüssigkeitspumpen	1 000 St	67 611	− 5,9	4 584	− 2,8
Luft- oder Gaskompressoren	1 000 St	13 581	0,1	4 517	− 5,4
Armaturen	1 000 t	443	− 1,3	7 730	0,0
dar. Sanitärarmaturen	1 000 t	.	.	.	.
Lager, Getriebe, Zahnräder und Antriebselemente	1 000 t	1 093	− 4,1	12 397	− 0,5
Krane	1 000 St	55	5,1	.	.
Elektrokraftkarren u. a. mit Hebevorrichtung ausgerüstete Karren	1 000 St	184	6,3	3 076	7,2
Büromaschinen	1 000 St	79	.	71	.
Klimageräte	1 000 St	.	.	1 831	.
Verpackungsmaschinen	1 000 St	53	4,2	4.569	− 0,7
Haushalts-, Personenwaagen; Waagen für Stetigförderer, Absack-, Abfüll-, Dosier- u. a. Waagen	1 000 St	325	4,9	817	12,3
Einachsschlepper, Acker- und Forstschlepper, andere Zugmaschinen	1 000 St	49	− 2,6	2 493	1,2
Erntemaschinen, -apparate und -geräte	1 000 St	60	− 2,2	2 356	− 1,9
Werkzeugmaschinen zur Span abhebenden Bearbeitung	1 000 St	106	25,7	8 495	6,4
dar. Drehmaschinen	1 000 St	7	− 4,0	1 673	7,9
Werkzeugmaschinen zur spanlosen Bearbeitung	1 000 St	53	1,6	2 747	− 2,6
Holzbearbeitungsmaschinen	1 000 St	.	.	.	.
Handgeführte Maschinen und Druckluftwerkzeuge	1 000 St	8 357	0,4	1 459	1,0
Löt- und Schweißmaschinen, -apparate und -geräte	1 000 St	1 957	38,6	.	.
Maschinen für die Metallerzeugung, Walzwerkseinrichtungen, Gießmaschinen	St	942	− 20,0	1 306	− 29,8
Bau- und Baustoffmaschinen	1 000 St	184	− 5,6	5 609	1,2
Maschinen für das Ernährungsgewerbe und die Tabakverarbeitung	1 000 St	382	4,2	3 501	− 0,5
Spinnmaschinen	1 000 St	.	.	1 281	− 11,9
Maschinen für das Papiergewerbe	1 000 St	20	6,2	930	16,6
Maschinen für das Druckgewerbe	1 000 St	33	9,1	2 311	− 1,1
Kunststoffmaschinen	1 000 St	43	3,1	4 918	2,7
Elektrische Haushaltsgeräte					
Kühl-, Gefrierschränke; Tiefkühltruhen	1 000 St	2 674	2,3	1 236	1,4
Haushaltsgeschirrspülmaschinen	1 000 St	.	.	.	.
Küchenherde, Kochplatten, Grill- und Bratgeräte, andere elektrische Öfen	1 000 St	5 470	3,3	1 493	3,4
Elektrische Durchlauferhitzer	1 000 St	925	3,4	178	3,9
Digitale Datenverarbeitungsgeräte	1 000 St	10 618	− 27,1	2 786	− 18,6
Geräte der Elektrizitätserzeugung und -verteilung u. a.					
Elektromotoren und -generatoren	1 000 St	107 240	15,6	.	.
Transformatoren	1 000 St	82 160	68,2	1 646	.
Steckvorrichtungen u. a. Geräte zum Schließen, Unterbrechen, Schützen oder Verbinden von elektr. Stromkreisen	Mill. St	.	.	3 890	− 15,6
Tafeln, Felder, Konsolen, Pulte, Schränke zum elektrischen Schalten oder Steuern oder für die Stromverteilung	1 000 St	154 591	10,1	7 509	− 1,1
Zusammengesetzte elektronische Schaltungen (Baugruppen)	.	.	.	6 199	3,3
Solarzellen	1 000 St	316 298	26,7	738	32,7
Starterbatterien	1 000 St	16 419	13,0	858	18,2
Glasfaserkabel	t	17 206	− 5,8	251	4,0
Bestückte Leiterplatten	Mill. St	648	− 4,0	985	− 8,4
Akkumulatorenladegeräte	1 000 St	487	0,8	181	2,0
Einbruchs- oder Diebstahlalarmgeräte, Feuermelder u. ä. Geräte (Hör- und Sichtsignalgeräte) für Gebäude	1 000 St	11 093	− 3,7	585	6,7
Nachrichtentechnik, Videotuner, Satelliten-Receiver u. Fernsehgeräte					
Mobiltelefone (Handys)	1 000 St	.	.	.	.
Videotuner, Satelliten-Receiver	1 000 St	440	− 17,0	.	.
Fernsehempfangsgeräte	1 000 St	175	− 2,8	164	15,9

21 Verarbeitendes Gewerbe

21.3 Produktion ausgewählter Erzeugnisse 2015

	Einheit	Menge	Veränderung gegenüber Vorjahr in %	Wert Mill. EUR	Veränderung gegenüber Vorjahr in %
Medizin-, mess-, steuerungs-, regelungstechnische und optische Erzeugnisse; Uhren					
Röntgenapparate und -geräte für medizinische Zwecke	1 000 St	14	39,3	1 690	79,3
Elektrodiagnoseapparate und -geräte für medizinische Zwecke	.	.	.	850	8,5
Prüfstände für Kraftfahrzeuge	t	19 165	2,8	562	11,2
Ferngläser	1 000 St	76	0,6	58	39,6
Laser (ohne Diodenlaser)	1 000 St	90	− 7,9	613	1,1
Armbanduhren, Taschen- u. ä. Uhren	1 000 St	325	6,0	318	1,8
Kraftwagen und Kraftwagenteile					
Personenkraftwagen	1 000 St	5 691	1,9	154 925	3,6
Lastkraftwagen	1 000 St	378	7,3	10 434	12,7
Karosserien und Aufbauten für Kraftwagen	1 000 St	.	.	1 961	− 11,0
Wohnanhänger ab 750 kg	1 000 St	.	.	.	.
Anhänger zum Befördern von Gütern	1 000 St	264	4,3	3 667	7,0
Sonstige Fahrzeuge					
Boote und Jachten	1 000 St	11	− 8,1	1 186	− 0,6
Zweiräder u. a. Fahrräder mit Kugellager	1 000 St	1 162	24,5	356	10,3
Rollstühle	1 000 St	142	11,4	163	8,3
Möbel, Schmuck, Musikinstrumente, Sportgeräte, Spielwaren und sonstige Erzeugnisse					
Sitzmöbel	1 000 St	11 754	4,9	2 126	3,3
Holzmöbel					
für Büros	1 000 St	5 282	3,5	1 030	7,2
für Läden	1 000 St	982	4,6	1 261	8,2
für Küchen	1 000 St	32 653	7,1	4 214	8,7
für Badezimmer	1 000 St	3 303	4,8	382	5,0
für Schlaf-, Ess- und Wohnzimmer	1 000 St	548	4,3	224	5,8
Auflegematratzen	1 000 St	6 211	8,9	596	9,8
Schmuckwaren und Teile dafür aus Silber, Gold oder Platin	.	.	.	371	3,0
Klaviere und Flügel	1 000 St	6	− 12,7	103	1,6
Sportgeräte für Gymnastik	.	.	.	128	− 5,0
Puppen, nur Nachbildungen von Menschen darstellend	1 000 St	64	− 8,3	2	− 15,8
Spielfahrzeuge, zum Besteigen und Fortbewegen durch Kinder geeignet	1 000 St	1 917	− 6,2	88	− 0,4
Spielzeug, Tiere oder nichtmenschliche Wesen darstellend, Füllmaterial enthaltend, aus Holz und aus Kunststoff	1 000 St	15 602	− 9,0	70	0,3
Elektrische Eisenbahnen (einschl. Zubehör)	.	.	.	137	− 3,8
Schreiber und Markierstifte mit Filzspitze	1 000 St	630 148	7,5	194	5,9
Kinderwagen	1 000 St	134	− 0,4	40	4,7

21 Verarbeitendes Gewerbe

Methodik

Das Verarbeitende Gewerbe umfasst die Herstellung von Waren sowie die Reparatur und Installation von Maschinen und Ausrüstungen. Dies schließt sowohl die Tätigkeiten von Industrie- als auch von Handwerksbetrieben und -unternehmen ein. Das vorliegende Kapitel enthält ebenfalls Ergebnisse für die Bereiche Bergbau und Gewinnung von Steinen und Erden.

Im oben beschriebenen Erhebungsbereich erstreckt sich der Berichtskreis der **Strukturerhebungen** in der Regel auf Unternehmen/Betriebe mit 20 Beschäftigten und mehr, der Berichtskreis der **Konjunkturerhebungen** auf Betriebe mit 50 Beschäftigten und mehr. Bei der **Vierteljährlichen Produktionserhebung** werden auch die kleinen Betriebe von Unternehmen mit im Allgemeinen 20 Beschäftigten und mehr befragt.

Der kurzfristigen Berichterstattung dienen die Monatsberichte und die Produktionserhebungen; diese liefern aktuelle Daten für die Konjunkturanalyse und das Ausgangsmaterial zur Berechnung von Indizes. Wichtigste Indikatoren für die Darstellung der konjunkturellen Entwicklung im Verarbeitenden Gewerbe sind der Index des Auftragseingangs (nur für ausgewählte Wirtschaftsbereiche des Verarbeitenden Gewerbes), der Produktionsindex sowie absolute Zahlen über Beschäftigte, Entgelte, geleistete Arbeitsstunden und Umsätze. Neu sind die Daten zum Auftragsbestand.

Rechtsgrundlage für die entsprechenden Statistiken ist das Gesetz über die Statistik im Produzierenden Gewerbe (ProdGewStatG) in der Fassung der Bekanntmachung vom 21.3.2002 (BGBl. I S. 1181), zuletzt geändert durch Artikel 271 der Verordnung vom 31.8.2015 (BGBl. I S. 1474).

21 Verarbeitendes Gewerbe

Glossar

Auftragsbestand | Seit Januar 2014 wird im Verarbeitenden Gewerbe das Merkmal „Auftragsbestand" erhoben. Mit dem Auftragsbestand, als Indikator der noch nicht erledigten Aufträge, kann das Ausmaß der konjunkturellen Dynamik besser eingeschätzt werden. Der Auftragsbestand wird, wie der Auftragseingang, nur in ausgewählten Wirtschaftszweigen des Verarbeitenden Gewerbes erfasst. Die Entwicklung des Auftragsbestands wird anhand der Veränderung gegenüber dem Vorjahr betrachtet. Der Quotient aus Auftragsbestand und Umsatz kann als „Reichweite des Auftragsbestands in Monaten" interpretiert werden. Die Reichweite gibt an, wie viele Monate die Betriebe bei gleichbleibendem Umsatz ohne neue Auftragseingänge produzieren können oder müssen, um die vorhandene Nachfrage abzuarbeiten.

Auslandsumsatz | Umsatz mit Abnehmern im Ausland und – soweit einwandfrei erkennbar – Umsatz mit deutschen Exporteuren.

Betrieb | Zur Definition siehe „Glossar" zum Kapitel „Produzierendes Gewerbe und Dienstleistungen im Überblick".

Bruttoinvestitionen in Sachanlagen | Zur Definition siehe „Glossar" zum Kapitel „Produzierendes Gewerbe und Dienstleistungen im Überblick".

Entgelte | Summe der Bruttobezüge der tätigen Personen einschließlich aller Zuschläge und Zulagen, jedoch ohne Pflichtanteile der Arbeitgeberinnen und Arbeitgeber zur Sozialversicherung, ohne allgemeine soziale Aufwendungen sowie ohne Vergütungen, die als Spesenersatz anzusehen sind.

Exportquote | Anteil des Auslandsumsatzes am Gesamtumsatz.

Geleistete Arbeitsstunden | Alle von den Beschäftigten (einschließlich Auszubildender) tatsächlich geleisteten (nicht die bezahlten) Stunden.

Index des Auftragseingangs | Der Auftragseingangsindex im Verarbeitenden Gewerbe wird auf der Basis 2010 = 100 monatlich berechnet, sowohl in jeweiligen Preisen (Wertindex) als auch unter Ausschaltung der Preisveränderungen (Volumenindex). Als Auftragseingänge gelten die im Berichtsmonat vom Betrieb fest akzeptierten Aufträge auf Lieferung selbst hergestellter oder in Lohnarbeit gefertigter Erzeugnisse. Der Auftragseingang wird bei ausgewählten Wirtschaftszweigen des Verarbeitenden Gewerbes erfasst. Die Gewichtung erfolgt mit Auftragseingangsanteilen des Basiszeitraums.

Index des Umsatzes | Der Umsatzindex im Verarbeitenden Gewerbe wird auf der Basis 2010 = 100 monatlich berechnet, sowohl in jeweiligen Preisen (Wertindex) als auch unter Ausschaltung der Preisveränderungen (Volumenindex). Die Gewichtung erfolgt mit Umsatzanteilen des Basiszeitraums.

Index der Produktion | Der Produktionsindex für das Verarbeitende Gewerbe wird auf Basis 2010 = 100 unter Ausschaltung der Preisveränderungen monatlich berechnet. Grundlage für die Fortschreibung der Entwicklung der Wirtschaftszweige sind die Ergebnisse der „Monatlichen Produktionserhebung". Die Gewichtung der Wirtschaftszweige zu den Aggregaten erfolgt mit der Bruttowertschöpfung zu Faktorkosten des Basisjahres.

Produktion ausgewählter Erzeugnisse | Die Ergebnisse erstrecken sich auf Güter bzw. Güterarten, die nach dem „Güterverzeichnis für Produktionsstatistiken, Ausgabe 2009" gruppiert und zum Absatz bestimmt sind. In manchen Fällen (vor allem bei den Grundstoffen) wird die Gesamtproduktion ausgewiesen. Hierbei handelt es sich um die Summe der zum Absatz und der zur Weiterverarbeitung bestimmten Produktion. Als zur Weiterverarbeitung bestimmt gelten die selbst hergestellten Erzeugnisse, die im berichtenden Betrieb, in einem anderen Betrieb desselben Unternehmens oder im Lohnauftrag in einem anderen Unternehmen zu einem anderen Erzeugnis verarbeitet oder in ein anderes Erzeugnis eingebaut werden. Der Bewertung der für den Absatz bestimmten Erzeugung liegen die erzielten oder im Zeitpunkt des Absatzes erzielbaren Verkaufspreise ab Werk, einschließlich Verpackung zugrunde. Nicht einbezogen sind die Umsatzsteuer, die Verbrauchsteuern, gesondert in Rechnung gestellte Frachtkosten sowie die den Kunden gewährten Rabatte.

Tätige Personen | Zur Definition siehe „Glossar" zum Kapitel „Produzierendes Gewerbe und Dienstleistungen im Überblick".

Umsatz | Zur Definition siehe „Glossar" zum Kapitel „Produzierendes Gewerbe und Dienstleistungen im Überblick".

21 Verarbeitendes Gewerbe

Mehr zum Thema

Liebe Leserin, lieber Leser,
ein Thema in diesem Kapitel spricht Sie besonders an oder Sie benötigen weitere Informationen? Auf dieser Seite nennen wir Ihnen, nach Themen gegliedert, weitere Veröffentlichungen unseres Hauses. Ausführliche Informationen zu den Produktkategorien sowie dem Informationsangebot des Statistischen Bundesamtes finden Sie auf Seite 8 dieser Ausgabe.

Web-Angebote
www.destatis.de ist Ihre erste Adresse in Sachen Statistik. Hier finden Sie alle Informationen, die das Statistische Bundesamt veröffentlicht, tagesaktuell. Unsere Veröffentlichungen können Sie direkt über unsere Website www.destatis.de/publikationen downloaden.

GENESIS-Online
Unter www.destatis.de/genesis bietet die Haupt-Datenbank des Statistischen Bundesamtes ein breites Themenspektrum fachlich tief gegliederter Ergebnisse der amtlichen Statistik. Daten zum *Verarbeitenden Gewerbe* finden Sie unter dem Menüpunkt › Themen, Code 42

Weitere Veröffentlichungen zu den Themen

■ **Struktur- und Konjunkturdaten der Betriebe im Bergbau und Verarbeitenden Gewerbe**

Fachserie 4   Produzierendes Gewerbe

- Reihe 4.1.1 | Beschäftigung und Umsatz der Betriebe des Verarbeitenden Gewerbes – Monats- und Jahresergebnisse
- Reihe 4.1.2 | Betriebe, Tätige Personen und Umsatz des Verarbeitenden Gewerbes nach Größenklassen
- Reihe 4.1.4 | Beschäftigung und Umsatz der Betriebe des Verarbeitenden Gewerbes nach Bundesländern
- Reihe 4.2.1 | Beschäftigung, Umsatz und Investitionen der Unternehmen und Betriebe des Verarbeitenden Gewerbes sowie des Bergbaus und der Gewinnung von Steinen und Erden
- Reihe 4.2.3 | Konzentrationsstatistische Daten für das Verarbeitende Gewerbe, den Bergbau und die Gewinnung von Steinen und Erden sowie für das Baugewerbe
- Reihe 4.3 | Kostenstruktur der Unternehmen des Verarbeitenden Gewerbes

■ **Auftragsbestand**

Auftragsbestand im Verarbeitenden Gewerbe – Veränderungsraten und Reichweiten (Tabellenband)

■ **Indizes**

Fachserie 4   Produzierendes Gewerbe

- Reihe 2.1 | Indizes der Produktion und der Arbeitsproduktivität im Produzierenden Gewerbe
- Reihe 2.2 | Auftragseingang und Umsatz im Verarbeitenden Gewerbe – Indizes

■ **Produktion ausgewählter Erzeugnisse**

Fachserie 4   Produzierendes Gewerbe

- Reihe 3.1 | Produktion des Verarbeitenden Gewerbes sowie des Bergbaus und der Gewinnung von Steinen und Erden
- Reihe 3.2 | Struktur der Produktion im Verarbeitenden Gewerbe sowie im Bergbau und der Gewinnung von Steinen und Erden

■ **Themenübergreifend**

Fachserie 4   Produzierendes Gewerbe

- Reihe 4.2.4 | Material- und Wareneingang

WISTA – Wirtschaft und Statistik

- Heft 2/10 | 150 Jahre Produktionsstatistik im Bergbau und Verarbeitenden Gewerbe
- Heft 3/13 | Umstellung der Konjunkturindizes im Produzierenden Gewerbe auf das Basisjahr 2010
- Heft 1/16 | Neue Statistik zum Auftragsbestand in der Industrie

22 | Energie

652 Milliarden Kilowattstunden Strom 2015 brutto erzeugt | Rund 30 % davon stammen aus erneuerbaren Energien | Vor 20 Jahren lag dieser Anteil noch bei knapp 4 % | 2015 rund 14 % des Stroms allein aus Windkraft erzeugt | Knapp 14 % der Stromproduktion entfallen auf Kernenergie | Wichtigste Energieträger zur Elektrizitätserzeugung sind nach wie vor Braun- und Steinkohlen mit rund 38 % | Aus Erdgas rund 9 % des Stroms hergestellt

22　Energie

Seite

555　**Auf einen Blick**

　　　Tabellen

556　　Kraftwerke der Elektrizitätsversorgungsunternehmen und der Industrie
　　　　Nach Engpassleistung | Nach Elektrizitätserzeugung | Nach Brennstoffeinsatz für Strom- und Wärmeerzeugung

557　　Wärme
　　　　Erzeugung | Bezug | Verwendung | Abgabe

558　　Leitungsgebundenes Gas
　　　　Aufkommen | Verwendung | Abgabe

558　　Klärgas
　　　　Aufkommen | Verwendung

558　　Flüssiggas
　　　　Abgabe

559　　Energieverwendung der Betriebe im Verarbeitenden Gewerbe

560　**Methodik**

561　**Glossar**

562　**Mehr zum Thema**

22 Energie

22.0 Auf einen Blick

Bruttostromerzeugung 2015
in %

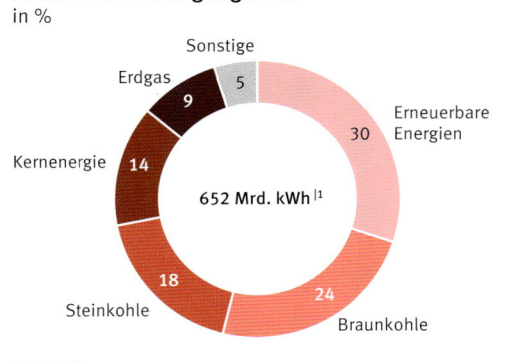

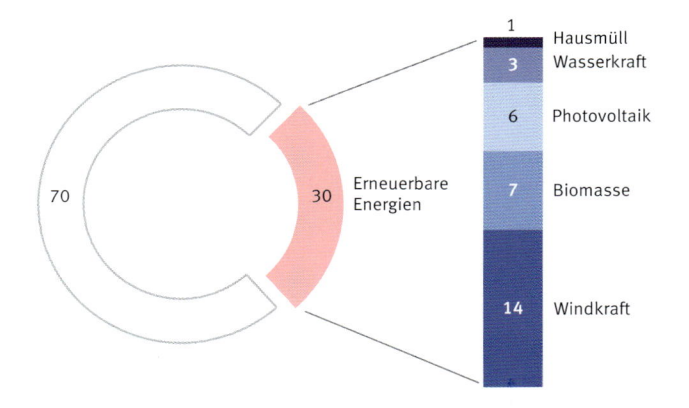

- Sonstige: 5
- Erdgas: 9
- Kernenergie: 14
- Steinkohle: 18
- Braunkohle: 24
- Erneuerbare Energien: 30

652 Mrd. kWh [1]

Erneuerbare Energien: 30 / Sonstige: 70

- Hausmüll: 1
- Wasserkraft: 3
- Photovoltaik: 6
- Biomasse: 7
- Windkraft: 14

1 Vorläufig.
Quelle: AGEB, AGEE-Stat

Entwicklung der Bruttostromerzeugung aus erneuerbaren Energien
in TWh

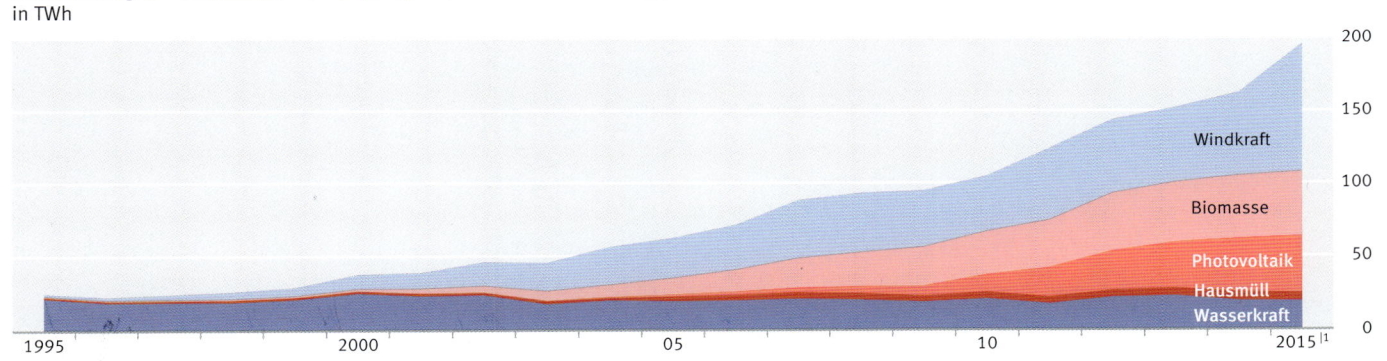

(Flächendiagramm 1995–2015: Wasserkraft, Hausmüll, Photovoltaik, Biomasse, Windkraft)

Geothermische Bruttostromerzeugung aufgrund geringer Strommengen nicht dargestellt.
1 Vorläufig.
Quelle: AGEB, AGEE-Stat

Anteil der erneuerbaren Energien am Bruttostromverbrauch
in %

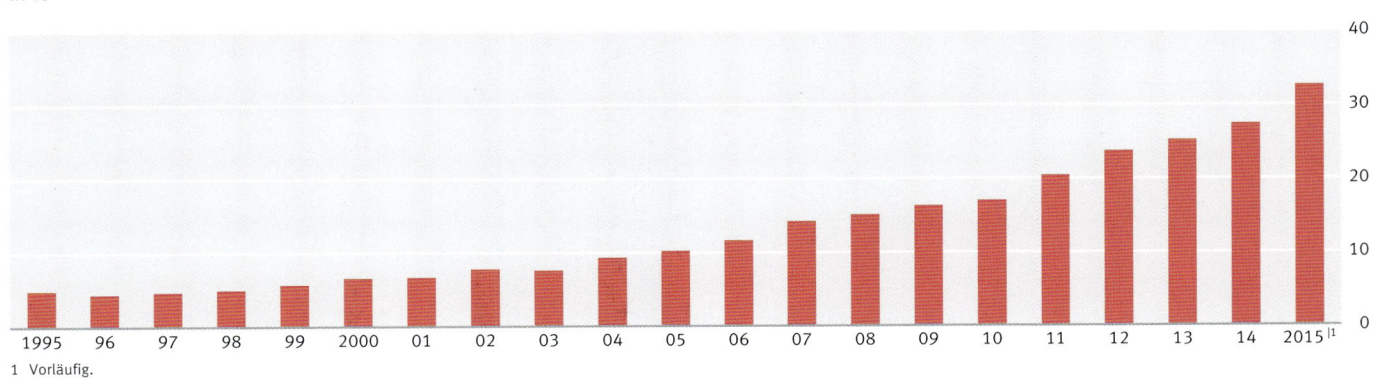

(Säulendiagramm 1995–2015)

1 Vorläufig.
Quelle: AGEB, AGEE-Stat

22 Energie
22.1 Kraftwerke der Elektrizitätsversorgungsunternehmen und der Industrie
Weitere Informationen zu Energie siehe Kapitel „Umwelt"
22.1.1 Engpassleistung

Die **Engpassleistung** einer Erzeugungseinheit ist diejenige Dauerleistung, die unter Normalbedingungen erreichbar ist. Sie ist durch den leistungsschwächsten Anlagenteil (Engpass) begrenzt, wird durch Messungen ermittelt und auf Normalbedingungen umgerechnet.

Energieträger [1]	Insgesamt				Davon							
					Elektrizitätsversorgungsunternehmen [2]				Industrie			
	2015		2014		2015		2014		2015		2014	
	MW	%	MW	%	MW	%	MW	%	MW	%	MW	%
Insgesamt	…	…	118 218	100	105 414	100	108 086	100	…	…	10 131	100
Wasser	…	…	10 319	8,7	10 297	9,8	10 287	10,0	…	…	32	0,3
Steinkohle [3][4]	…	…	34 378	29,1	32 907	31,2	34 004	28,0	…	…	374	3,7
Braunkohle [4]	…	…	23 319	19,7	22 611	21,4	22 609	21,7	…	…	711	7,0
Heizöl [5]	…	…	2 874	2,4	2 162	2,1	2 581	2,5	…	…	292	2,9
Erdgas	…	…	26 895	22,8	21 665	20,6	21 611	21,3	…	…	5 283	52,1
Sonstige Wärmekraft [6]	…	…	7 670	6,5	4 370	4,1	4 262	4,0	…	…	3 408	33,6
Kernenergie	…	…	12 702	10,7	11 357	10,8	12 702	12,3	…	…	–	–
Sonstiges [7]	…	…	61	0,1	46	0,0	30	0,0	…	…	31	0,3

1 Zuordnung nach dem Hauptenergieträger.
2 Ohne Einspeisung Dritter.
3 Einschl. Anlagen mit Mischfeuerung.
4 Einschl. Stein- bzw. Braunkohlenbriketts und -koks.
5 Einschl. Dieselkraftstoff.
6 Einschl. Biomasse.
7 Geothermie und sonstige Energie.

22.1.2 Elektrizitätserzeugung

Energieträger	Insgesamt				Davon							
					Elektrizitätsversorgungsunternehmen [1]				Industrie			
	2015		2014		2015		2014		2015		2014	
	GWh	%	GWh	%	GWh	%	GWh	%	GWh	%	GWh	%
Insgesamt	…	…	490 979	100	434 397	100	445 530	100	…	…	45 446	100
Wasser	…	…	22 154	4,5	21 630	5,0	21 992	4,9	…	…	162	0,4
Steinkohle [2][3]	…	…	118 592	24,2	116 803	26,9	117 517	26,4	…	…	1 075	2,4
Braunkohle [3]	…	…	155 818	31,7	151 143	34,8	152 444	34,2	…	…	3 374	7,4
Heizöl [4]	…	…	1 829	0,4	998	0,2	949	0,2	…	…	881	1,9
Erdgas	…	…	54 675	11,1	31 276	7,2	32 309	7,3	…	…	22 366	49,2
Sonstige Wärmekraft [5]	…	…	39 994	8,1	20 594	4,7	23 076	5,2	…	…	16 918	37,2
Kernenergie	…	…	97 129	19,8	91 786	21,1	97 129	21,8	…	…	–	–
Sonstiges [6]	…	…	784	0,2	168	0,0	113	0,0	…	…	671	1,5

1 Ohne Einspeisung Dritter.
2 Einschl. Anlagen mit Mischfeuerung.
3 Einschl. Stein- bzw. Braunkohlenbriketts und -koks.
4 Einschl. Dieselkraftstoff.
5 Einschl. Biomasse.
6 Geothermie und sonstige Energie.

22 Energie

22.1 Kraftwerke der Elektrizitätsversorgungsunternehmen und der Industrie
22.1.3 Brennstoffeinsatz für Strom- und Wärmeerzeugung

Energieträger	Insgesamt				Davon							
					Elektrizitätsversorgungsunternehmen [1]				Industrie			
	2015		2014		2015		2014		2015		2014	
	PJ	%	PJ	%	PJ	%	PJ	%	PJ	%	PJ	%
Insgesamt	...	...	5 136	100	4 296	100	4 434	100	...	...	702	100
Wasser	...	...	87	1,7	86	2,0	87	2,0	...	...	1	0,1
Steinkohle [2][3]	...	...	1 155	22,5	1 086	25,3	1 130	25,5	...	...	24	3,4
Braunkohle [3]	...	...	1 505	29,3	1 428	33,2	1 437	32,4	...	...	68	9,7
Heizöl [4]	...	...	33	0,6	12	0,3	12	0,3	...	...	20	2,8
Erdgas	...	...	658	12,8	333	7,8	338	7,6	...	...	320	45,6
Sonstige Wärmekraft [5]	...	...	623	12,1	349	8,1	366	8,3	...	...	257	36,6
Kernenergie	...	...	1 060	20,6	1 001	23,3	1 060	23,9	...	...	–	–
Sonstiges [6]	...	...	15	0,3	1	0,0	3	0,1	...	...	12	1,7

1 Ohne Einspeisung Dritter.
2 Einschl. Anlagen mit Mischfeuerung.
3 Einschl. Stein- bzw. Braunkohlenbriketts und -koks.
4 Einschl. Dieselkraftstoff.
5 Einschl. Biomasse.
6 Geothermie und sonstige Energie.

22.2 Erzeugung, Bezug, Verwendung und Abgabe von Wärme

	2012		2013		2014	
	MWh	%	MWh	%	MWh	%
Nettowärmeerzeugung	133 831 650	83,2	136 112 578	80,6	121 707 235	81,2
Bezug Inland	34 509 365	21,5	35 817 815	21,2	31 305 232	20,9
davon von:						
Elektrizitätsversorgungsunternehmen	27 325 943	17,0	29 007 194	17,2	25 037 879	16,7
Verarbeitendem Gewerbe sowie Bergbau und Gewinnung von Steinen und Erden	3 351 031	2,1	3 535 779	2,1	3 467 903	2,3
sonstigen Lieferanten	3 832 391	2,4	3 274 842	1,9	2 799 451	1,9
Bezug Ausland	–	–	–	–	–	–
Wärmebetriebsverbrauch	3 033 933	1,9	2 975 085	1,8	3 160 933	2,1
Zur Abgabe verfügbar	165 307 082	100	168 955 308	100	149 851 535	100
Abgabe Inland	154 009 036	95,8	157 258 938	93,1	137 687 205	91,9
davon an:						
Elektrizitätsversorgungsunternehmen	27 701 230	17,2	29 250 340	17,3	24 528 918	16,4
Letztverbraucher	126 307 806	78,6	128 008 598	75,8	113 158 287	75,5
davon an:						
Verarbeitendes Gewerbe sowie Bergbau und Gewinnung von Steinen und Erden	55 261 061	34,4	53 191 995	31,5	50 193 970	33,5
Lagerei und Verkehr	1 204 267	0,7	243 304	0,1	223 153	0,1
Private Haushalte sowie Wohngebäude	47 432 128	29,5	51 246 232	30,3	42 595 075	28,4
Sonstige Letztverbraucher	22 410 350	13,9	23 327 066	13,8	20 146 089	13,4
Abgabe Ausland	–	–	44 059	0,0	39 197	0,0
Abgabe insgesamt (ohne Netzverluste)	154 009 036	95,8	157 302 997	93,1	137 726 402	91,9
Netzverluste	11 298 046	7,0	11 652 311	6,9	12 125 132	8,1

22 Energie

22.3 Aufkommen, Verwendung und Abgabe von leitungsgebundenem Gas

	2012		2013		2014	
	GWh	%	GWh	%	GWh	%
Inlandsgewinnung	124 707	11,3	120 069	10,2	92 186	8,7
Einfuhr	957 385	86,9	1 058 928	90,0	973 578	92,0
Speichersaldo [1]	19 206	1,7	− 2 646	− 0,2	− 7 098	− 0,7
Aufkommen	**1 101 298**	**100**	**1 176 351**	**100**	**1 058 666**	**100**
Eigen- und Betriebsverbrauch	11 306	1,0	7 831	0,7	7 835	0,7
Zur Abgabe an Letztverbraucher verfügbar	1 089 992	99,0	1 168 520	99,3	1 050 831	99,3
Abgabe an inländische Abnehmer	**905 695**	**82,2**	**930 687**	**79,1**	**809 601**	**76,5**
davon:						
Produzierendes Gewerbe	504 291	45,8	497 695	42,3	435 234	41,1
dar. Elektrizitätsversorgungsunternehmen	132 524	12,0	116 990	9,9	95 748	9,0
Haushalte	285 289	25,9	298 086	25,3	243 669	23,0
Sonstige Abnehmer	116 115	10,5	134 905	11,5	130 698	12,3
Ausfuhr	**184 297**	**16,7**	**237 833**	**20,2**	**241 230**	**22,8**

1 Einschl. Messdifferenzen und nicht erfasster Mengen.

22.4 Aufkommen und Verwendung von Klärgas

	2012		2013		2014	
	MWh	%	MWh	%	MWh	%
Gewinnung	**5 683 760**	**100**	**5 725 425**	**100**	**5 842 112**	**100**
Eigenverbrauch	5 107 540	89,9	5 154 769	90	5 297 784	90,7
davon:						
Zur Stromerzeugung	4 494 303	79,1	4 569 214	79,8	4 713 314	80,7
Zu reinen Heiz- und/oder Antriebszwecken	613 238	10,8	585 555	10,2	584 470	10,0
Verluste	290 230	5,1	309 259	5,4	279 264	4,8
Zur Abgabe verfügbar	285 990	5,0	261 397	4,6	265 065	4,5
davon an:						
Elektrizitätsversorgungsunternehmen	223 480	3,9	195 601	3,4	208 561	3,6
Sonstige Endabnehmer	62 510	1,1	65 796	1,1	56 504	1,0
nachrichtlich:						
Eigenstromerzeugung aus Klärgas	**1 249 971**	**100**	**1 291 383**	**100**	**1 347 545**	**100**
Verbrauch an selbsterzeugtem Strom im Betrieb	1 171 717	93,7	1 198 104	92,8	1 246 108	92,5
Abgabe von selbsterzeugtem Strom insgesamt	78 254	6,3	93 279	7,2	101 437	7,5

22.5 Abgabe von Flüssiggas

	2012		2013		2014	
	MWh	%	MWh	%	MWh	%
Gesamte Abgabe	**56 714 320**	**100**	**56 475 033**	**100**	**52 912 221**	**100**
Abgabe an Wiederverkäufer	**30 501 620**	**53,8**	**30 134 845**	**53,4**	**28 759 030**	**54,4**
davon an:						
Verkaufsgesellschaften	30 421 862	53,6	30 060 922	53,2	28 694 663	54,2
Gasversorgungsunternehmen	79 758	0,1	73 923	0,1	64 367	0,1
Abgabe an Letztverbraucher	**26 212 700**	**46,2**	**26 340 188**	**46,6**	**24 153 192**	**45,6**
davon:						
Produzierendes Gewerbe	12 698 347	22,4	12 341 894	21,9	11 759 224	22,2
Elektrizitätsversorgungsunternehmen	7 806	0,0	4 499	0,0	1 789	0,0
Private Haushalte	5 740 395	10,1	6 195 162	11,0	5 177 849	9,8
Sonstige Endabnehmer	7 766 152	13,7	7 798 633	13,8	7 214 329	13,6

22.6 Energieverwendung der Betriebe im Verarbeitenden Gewerbe 2014

Nr. der Klassifikation [1]	Wirtschaftsgliederung (H. v. = Herstellung von)	Insgesamt [2]	Davon Energieträger [3]					
			Kohle	Heizöl	Erdgas	erneuerbare Energien [4]	Strom	sonstige [5]
		TJ	%					
B – C	Bergbau und Verarbeitendes Gewerbe	4 043 495	16,0	2,6	27,1	3,3	21,5	29,5
B	Bergbau und Gewinnung von Steinen und Erden	69 466	.	1,1	21,2	0,2	43,3	.
05	Kohlebergbau	41 830	.	.	.	.	50,9	.
06	Gewinnung von Erdöl und Erdgas	.	–	.	80,4	–	19,2	.
08	Gewinnung von Steinen und Erden, sonstiger Bergbau	15 312	17,6	4,4	31,9	1,1	41,6	3,5
09	Erbringung von Dienstleistungen im Bergbau und in der Gewinnung von Steinen und Erden	.	–	.	.	–	.	.
C	Verarbeitendes Gewerbe	3 974 029	0,0	2,6	27,2	3,3	21,2	29,8
10	H. v. Nahrungs- und Futtermitteln	202 740	5,3	3,3	56,4	2,5	27,9	4,7
11	Getränkeherstellung	24 095	.	5,7	53,6	.	31,6	4,8
12	Tabakverarbeitung	2 149	.	.	50,7	–	43,9	.
13	H. v. Textilien	17 546	.	3,7	51,5	.	39,2	3,5
14	H. v. Bekleidung	1 340	–	13,0	43,3	.	40,8	.
15	H. v. Leder, Lederwaren und Schuhen	1 114	–	9,2	40,2	0,9	41,7	8,0
16	H. v. Holz-, Flecht-, Korb- und Korkwaren (ohne Möbel)	97 082	.	0,6	6,2	73,6	15,9	.
17	H. v. Papier, Pappe und Waren daraus	275 860	7,1	0,5	38,4	15,2	25,5	13,4
18	H. v. Druckerzeugnissen, Vervielfältigung von Ton-, Bild- und Datenträgern	17 126	–	1,3	45,3	0,0	50,8	2,5
19	Kokerei und Mineralölverarbeitung	398 974	.	.	13,9	.	5,9	60,1
20	H. v. chemischen Erzeugnissen	1 242 965	3,2	1,4	31,1	0,1	14,9	49,4
21	H. v. pharmazeutischen Erzeugnissen	23 335	.	1,7	38,6	.	31,1	.
22	H. v. Gummi- und Kunststoffwaren	81 813	.	3,2	28,4	.	61,6	5,8
23	H. v. Glas und Glaswaren, Keramik, Verarbeitung von Steinen und Erden	276 896	20,9	2,2	38,1	1,5	15,8	21,6
24	Metallerzeugung und -verarbeitung	912 388	51,6	.	13,4	.	15,7	18,9
25	H. v. Metallerzeugnissen	98 378	.	3,5	33,5	.	58,2	3,4
26	H. v. Datenverarbeitungsgeräten, elektronischen und optischen Erzeugnissen	26 274	.	2,4	20,2	.	63,6	13,1
27	H. v. elektrischen Ausrüstungen	43 101	.	2,3	22,0	.	61,2	.
28	Maschinenbau	75 475	.	7,8	30,7	.	54,5	6,2
29	H. v. Kraftwagen und Kraftwagenteilen	116 068	.	1,1	31,5	0,2	53,1	.
30	Sonstiger Fahrzeugbau	11 802	.	2,4	43,9	.	43,5	9,7
31	H. v. Möbeln	9 665	–	5,4	13,7	34,7	43,8	2,4
32	H. v. sonstigen Waren	10 555	.	4,5	42,7	.	47,7	2,8
33	Reparatur und Installation von Maschinen und Ausrüstungen	7 288	.	6,2	30,5	.	38,6	24,0

Betriebe von Unternehmen mit im Allgemeinen 20 tätigen Personen und mehr, einschl. Handwerk.

1 Klassifikation der Wirtschaftszweige, Ausgabe 2008 (WZ 2008), Kurzbezeichnungen.
2 Soweit Energieträger als Brennstoffe zur Stromerzeugung in eigenen Anlagen eingesetzt werden, enthält der Gesamtenergieverbrauch Doppelzählungen, die sowohl den Energiegehalt der eingesetzten Brennstoffe als auch des erzeugten Stromes erfassen.
3 Einschl. nichtenergetischem Verbrauch (ausgenommen Strom und Fernwärme).
4 Beinhaltet feste und flüssige biogene Stoffe, Bio-, Klär- und Deponiegas und sonstige erneuerbare Energien.
5 Fernwärme, sonstige Mineralölerzeugnisse, hergestellte Gase, Abfälle und Dampf.

22 Energie

Methodik

Der Wirtschaftssektor Energie umfasst die Bereiche „Elektrizität", „Gas" und „Wärme". Die hier dargestellten Daten stammen, soweit nicht anders angegeben, aus Erhebungen der Statistischen Ämter des Bundes und der Länder. Diese Daten liefern ein Grundgerüst für die Erstellung der nationalen Energiebilanzen und sind Bestandteil der internationalen Berichterstattung, zu der sich die Bundesrepublik Deutschland gegenüber der Europäischen Union und der Internationalen Energieagentur (IEA) verpflichtet hat.

Daten für die Bereiche „Elektrizität" und „Erdgas" auf der Erzeugungs- bzw. Gewinnungsstufe werden monatlich erfasst. Für die Wärmeerzeugung und das Aufkommen von anderen Gasarten, wie Flüssiggas oder Klärgas, liegen hingegen nur Jahresdaten vor. Aufgrund der derzeitigen Rechtsgrundlage (Energiestatistikgesetz) können bei der Elektrizitätserzeugung nur Anlagen der Elektrizitätsversorgungsunternehmen und der Industrie befragt werden, deren Leistung größer 1 Megawatt (MW) ist.

Neben der Erzeugungsseite liegen auch jährliche Angaben zur Energieverwendung im Verarbeitenden Gewerbe, im Bergbau und in der Gewinnung von Steinen und Erden vor.

■ Kraftwerke der Elektrizitätsversorgungsunternehmen und der Industrie

Die in den Tabellen 22.1.1 bis 22.1.3 nachgewiesenen Zahlen über Engpassleistung, Elektrizitätserzeugung und Brennstoffverbrauch beziehen sich auf Kraftwerke der allgemeinen Versorgung und auf Stromerzeugungsanlagen der Industrie. Berichtspflichtig sind Kraftwerke mit einer elektrischen Engpassleistung größer oder gleich 1 MW.

Die Angaben zur Engpassleistung beziehen sich auf die Werte am Jahresende. Der Brennstoffverbrauch für die Erzeugung aus Wasserkraft und Kernenergie wurde nach der Wirkungsgradmethode bewertet.

■ Wärme

Die Tabelle 22.2 enthält Angaben zu Erzeugung, Bezug, Verwendung und Abgabe von Wärme (Wärmebilanz). Berichtspflichtig sind hier Heizwerke mit größer oder gleich 2 MW thermischer Engpassleistung und Heizkraftwerke mit einer elektrischen Engpassleistung größer oder gleich 1 MW.

■ Leitungsgebundenes Gas

Das inländische Aufkommen (Gewinnung und Bezüge) von Erdgas und anderen leitungsgebundenen Gasen stellt Tabelle 22.3 dar. Sie zeigt auch die Abgabe nach Abnehmergruppen.

■ Klärgas

Die Tabelle 22.4 enthält Daten zum Aufkommen und zur Verwendung von Klärgas. Berichtspflichtig sind hier Kläranlagen, die Klärgas gewinnen. Im Klärgas kann auch Biogas aus Co-Vergärung enthalten sein.

■ Flüssiggas

Die Abgabe von Flüssiggas (ausschließlich Propan und Butan) zeigt die Tabelle 22.5. Berichtspflichtig sind Unternehmen, die Flüssiggas an Letztverbraucher und Wiederverkäufer abgeben.

■ Energieverwendung der Betriebe im Verarbeitenden Gewerbe

Die Energieverwendung der Betriebe im Verarbeitenden Gewerbe stellt die Tabelle 22.6 dar. Neben dem Energieverbrauch (in Terajoule) insgesamt zeigt sie die Anteile der einzelnen Energieträger.

Glossar

Brennstoffverbrauch | Einsatz von Energieträgern zur Elektrizitäts- und/oder Wärmeerzeugung.

Engpassleistung | Die Engpassleistung einer Erzeugungseinheit ist diejenige Dauerleistung, die unter Normalbedingungen erreichbar ist. Sie ist durch den leistungsschwächsten Anlagenteil (Engpass) begrenzt, wird durch Messungen ermittelt und auf Normalbedingungen umgerechnet.

Elektrizitätserzeugung einer Erzeugungseinheit | *Brutto-Elektrizitätserzeugung* | Das ist die erzeugte elektrische Arbeit, gemessen an den Generatorklemmen.
Netto-Elektrizitätserzeugung | Das ist die um ihren Betriebs-Eigenverbrauch verminderte Brutto-Elektrizitätserzeugung.

Flüssiggas | Das sind Propan und Butan gemäß dem Güterverzeichnis für Produktionsstatistiken.

Klärgas | Es entsteht aus Klärschlamm, der bei der Reinigung von Abwasser in Kläranlagen gewonnen wurde.

Nettowärmeerzeugung | Das ist die gemessene nutzbare Wärme, die in einer Berichtszeit von einer Wärmeerzeugungsanlage (Heizwerks- oder Kraftwerksprozess) an Wärmeverbraucher außerhalb dieser Anlage mit Hilfe eines Trägermediums (z. B. Wasser oder Dampf) abgegeben wurde.

22 Energie

Mehr zum Thema

Liebe Leserin, lieber Leser,
ein Thema in diesem Kapitel spricht Sie besonders an oder Sie benötigen weitere Informationen? Auf dieser Seite nennen wir Ihnen, nach Themen gegliedert, weitere Veröffentlichungen unseres Hauses. Ausführliche Informationen zu den Produktkategorien sowie dem Informationsangebot des Statistischen Bundesamtes finden Sie auf Seite 8 dieser Ausgabe.

Web-Angebote
www.destatis.de ist Ihre erste Adresse in Sachen Statistik. Hier finden Sie alle Informationen, die das Statistische Bundesamt veröffentlicht, tagesaktuell. Unsere Veröffentlichungen können Sie direkt über unsere Website *www.destatis.de/publikationen* downloaden.

GENESIS-Online
Unter *www.destatis.de/genesis* bietet die Haupt-Datenbank des Statistischen Bundesamtes ein breites Themenspektrum fachlich tief gegliederter Ergebnisse der amtlichen Statistik. Daten zu *Energie* finden Sie unter dem Menüpunkt › Themen, Code 43

Weitere Veröffentlichungen zu dem Thema

- **Energie**

  Fachserie 4   Produzierendes Gewerbe

  Reihe 6 | Energie- und Wasserversorgung

  WISTA – Wirtschaft und Statistik

  Heft 5/10 | Kraft-Wärme-Kopplung 2003 bis 2008
  Heft 8/11 | Sich ständig wandelnde Energiemärkte – eine Herausforderung für die amtliche Energiestatistik

23 Bauen

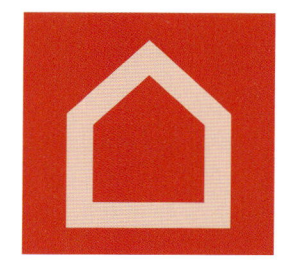

Rund **763 000 Personen** in gut **74 000 Betrieben** des Bauhauptgewerbes tätig | 2015 baugewerblicher **Umsatz** von **101 Milliarden Euro** erwirtschaftet | Davon **37 %** im **Wohnungsbau** erzielt | **Wohnfläche pro Kopf** lag 2014 bei **46,5 m²** | Im Schnitt **4 Räume** je Wohnung | 2015 gut **272 000 Neubauwohnungen genehmigt** | 2014 mehr als **220 000 Neubauwohnungen** mit einer Gesamtwohnfläche von 24 Millionen m² **fertig gestellt**

23 Bauen

Seite

565 Auf einen Blick

Tabellen

566 Strukturdaten der Betriebe
Bauhauptgewerbe | Ausbaugewerbe | Nach Ländern | Umsatz | Nach Beschäftigtengrößenklassen

569 Indizes
Auftragseingang | Auftragsbestand | Produktion

569 Bautätigkeit
Wohnungsbestand | Baugenehmigungen | Baufertigstellungen

572 Methodik

573 Glossar

574 Mehr zum Thema

23 Bauen

23.0 Auf einen Blick

Entwicklung im Bauhauptgewerbe
preisbereinigt, 2010 = 100

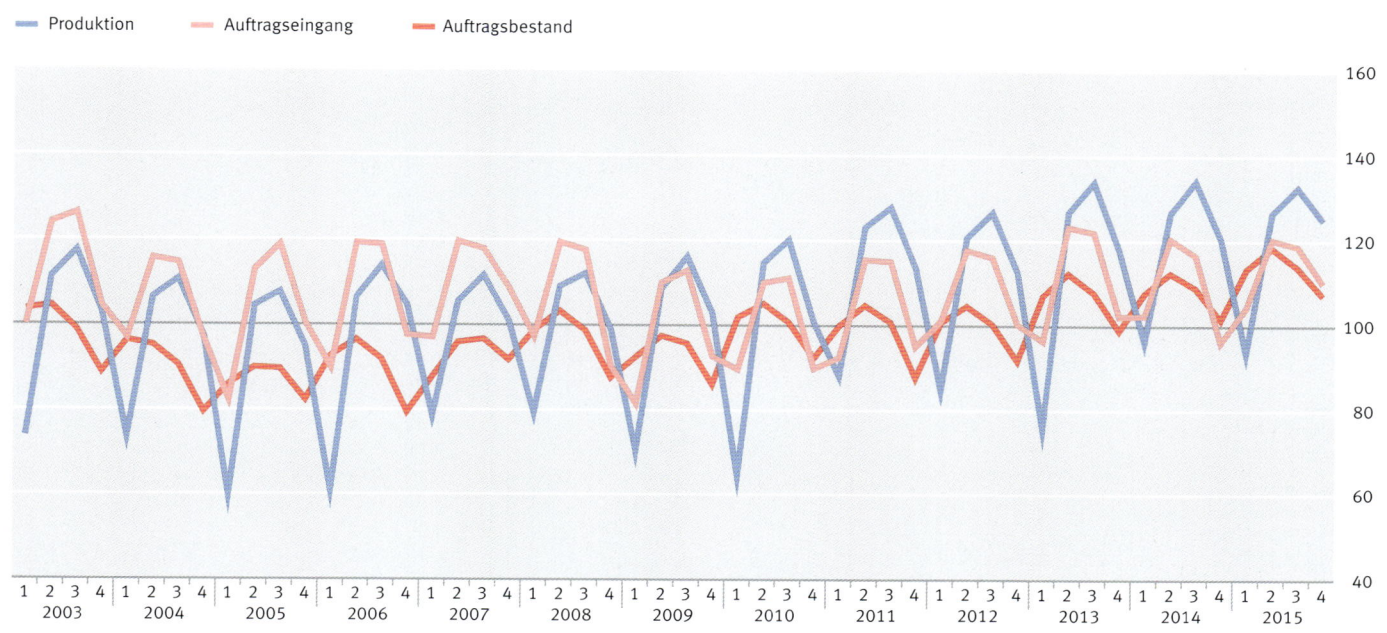

— Produktion   — Auftragseingang   — Auftragsbestand

23 Bauen

23.1 Strukturdaten der Betriebe
23.1.1 Im Bauhauptgewerbe nach Ländern

	Betriebe	Tätige Personen [1]	Entgelte	Geleistete Arbeitsstunden	Baugewerblicher Umsatz [2]
	Anzahl	1 000	Mill. EUR	Mill. Std	Mill. EUR
2012	75 181	745	20 692	885	92 625
2013	75 332	756	21 421	892	95 478
2014	74 018	757	22 321	930	99 429
2015	73 664	763	23 024	924	100 988
2015 nach Ländern					
Baden-Württemberg	7 158	92	3 020	114	13 454
Bayern	12 867	141	4 379	164	20 291
Berlin	2 496	21	602	24	3 100
Brandenburg	4 891	33	862	42	3 983
Bremen	168	3	115	4	494
Hamburg	830	9	326	9	1 998
Hessen	5 825	51	1 499	60	6 111
Mecklenburg-Vorpommern	1 301	16	418	21	1 837
Niedersachsen	6 165	82	2 592	101	11 236
Nordrhein-Westfalen	12 544	132	4 190	164	17 165
Rheinland-Pfalz	3 992	39	1 181	47	4 928
Saarland	744	9	279	10	1 046
Sachsen	6 620	56	1 402	66	6 240
Sachsen-Anhalt	2 748	29	757	37	3 115
Schleswig-Holstein	2 415	24	729	29	2 966
Thüringen	2 900	26	672	32	3 024

Alle Betriebe.

1 Durchschnitt aus zwölf Monatswerten.
2 Ohne Umsatzsteuer.

23.1.2 Im Ausbaugewerbe nach Ländern

	Betriebe [1]	Tätige Personen [1] [2]	Entgelte	Geleistete Arbeitsstunden	Baugewerblicher Umsatz [3]
	Anzahl	1 000	Mill. EUR	Mill. Std	Mill. EUR
2012	7 792	312	9 290	394	36 520
2013	8 165	327	9 929	411	38 018
2014	8 239	333	10 340	418	39 923
2015	8 416	341	10 854	427	40 422
2015 nach Ländern					
Baden-Württemberg	1 090	46	1 622	53	6 006
Bayern	1 425	61	1 932	75	7 584
Berlin	315	14	442	19	1 722
Brandenburg	277	10	251	13	1 051
Bremen	65	2	82	3	295
Hamburg	163	7	286	9	1 009
Hessen	597	24	818	30	3 098
Mecklenburg-Vorpommern	148	5	148	7	653
Niedersachsen	867	36	1 139	46	3 886
Nordrhein-Westfalen	1 685	65	2 168	85	7 597
Rheinland-Pfalz	425	16	503	20	1 760
Saarland	103	4	115	5	386
Sachsen	496	19	545	25	2 214
Sachsen-Anhalt	265	11	287	14	1 186
Schleswig-Holstein	239	9	264	11	978
Thüringen	259	9	254	12	998

Betriebe von Unternehmen mit 20 tätigen Personen und mehr.

1 Durchschnitt aus vier Vierteljahreswerter.
2 Einschl. gewerblich Auszubildender.
3 Ohne Umsatzsteuer.

23 Bauen

23.1 Strukturdaten der Betriebe
23.1.3 Umsatz im Bauhauptgewerbe

	Gesamt-umsatz [1]	Darunter baugewerblicher Umsatz						
		zusammen	Gewerblicher Bau		Wohnungs-bau	Öffentlicher Bau und Straßenbau		
			Hochbau	Tiefbau		Hochbau	Straßenbau	sonstiger Tiefbau
	Mill. EUR	Anteil am baugewerblichen Umsatz in %						
2012	93 823	92 625	22,8	14,0	35,0	6,0	12,8	9,3
2013	96 603	95 478	22,7	13,4	35,3	6,2	12,6	9,7
2014	100 547	99 429	22,6	13,3	36,0	5,8	12,6	9,6
2015	102 103	100 988	22,1	13,5	36,5	5,7	12,4	9,7

Alle Betriebe.

1 Ohne Umsatzsteuer.

23.1.4 Umsatz im Ausbaugewerbe

	Gesamtumsatz [1]	Darunter baugewerblicher Umsatz		
		insgesamt	Bauinstallation	sonstiger Ausbau
	Mill. EUR		Anteil am baugewerblichen Umsatz in %	
2012	37 466	36 520	78,5	21,5
2013	38 968	38 018	78,4	21,6
2014	40 828	39 923	78,4	21,6
2015	41 319	40 422	78,3	21,7

Betriebe von Unternehmen mit 20 tätigen Personen und mehr.

1 Ohne Umsatzsteuer.

23 Bauen

23.1 Strukturdaten der Betriebe

23.1.5 Betriebe und tätige Personen im Bauhauptgewerbe im Juni 2015

	Insgesamt	Bau von Gebäuden (ohne Fertigteilbauten)	Errichtung von Fertigteilbauten	Bau von Straßen und Bahnverkehrsstrecken	Brücken- und Tunnelbau; Leitungstiefbau und Kläranlagenbau	Sonstiger Tiefbau	Abbrucharbeiten, vorbereitende Baustellenarbeiten, Test- und Suchbohrungen	Dachdeckerei und Zimmerei	Sonstige spezialisierte Bautätigkeiten, a. n. g.
Betriebe insgesamt	73 664	18 720	575	3 099	2 522	2 353	4 410	24 919	17 066
	mit ... bis ... tätigen Personen (in %)								
1 – 19	89,3	85,3	86,8	66,1	63,7	75,9	93,4	95,5	93,5
20 – 49	7,6	10,8	7,3	18,4	22,4	15,7	5,1	4,1	4,7
50 – 99	2,0	2,6	3,0	8,3	9,7	5,5	1,1	0,3	1,3
100 – 199	0,8	0,9	1,9	5,1	3,2	2,3	0,4	0,0	0,4
200 und mehr	0,3	0,4	1,0	2,2	1,0	0,6	0,1	0,0	0,1
Tätige Personen insgesamt	771 614	241 233	9 378	96 475	66 380	45 205	31 390	161 744	119 809
	in Betrieben mit ... bis ... tätigen Personen (in %)								
1 – 19	45,0	41,6	24,5	15,7	18,3	25,6	56,2	77,8	52,2
20 – 49	21,7	25,0	14,0	18,5	26,8	25,2	20,8	17,6	19,8
50 – 99	13,1	13,6	12,9	18,5	25,4	20,2	10,2	3,4	12,5
100 – 199	10,2	9,6	15,6	22,7	16,0	16,3	7,3	.	.
200 und mehr	9,9	10,2	33,0	24,6	13,5	12,7	5,6	.	.
	Art der tätigen Personen (in %)								
Tätige Inhaber/-innen und Mitinhaber/-innen und unbezahlt mithelfende Familienangehörige	6,9	4,7	4,4	.	.	3,0	11,6	12,3	11,7
Kaufmännische und technische Arbeitnehmer/-innen, Kaufmännische/technische Auszubildende	19,6	20,5	29,3	.	.	20,5	18,7	16,2	19,4
Facharbeiter/-innen einschl. Polieren/Polierinnen und Meistern/Meisterinnen	53,0	59,6	52,9	46,8	48,5	48,3	40,2	56,9	47,1
Fachwerker/-innen und Werker/-innen	16,2	10,9	10,9	27,2	25,4	25,2	28,3	7,1	19,5
Gewerblich Auszubildende und Umschüler/-innen	4,3	4,3	2,5	3,6	3,2	3,1	1,3	7,5	2,3

Alle Betriebe.

23.1.6 Betriebe und tätige Personen im Ausbaugewerbe Ende Juni 2015

	Einheit	Insgesamt	Elektroinstallation	Gas-, Wasser-, Heizungs-, Lüftungs- und Klimainstallation	Dämmung gegen Kälte, Wärme, Schall und Erschütterung	Sonstige Bauinstallation, a. n. g.	Anbringen von Stuckaturen, Gipserei und Verputzerei	Bautischlerei und -schlosserei	Fußboden-, Fliesen- und Plattenlegerei, Tapeziererei	Malerei und Glaserei	Sonstiger Ausbau, a. n. g.
Betriebe insgesamt [1]	Anzahl	20 474	4 953	6 949	799	616	713	1 613	1 401	3 212	218
dar. mit 20 tätigen Personen und mehr	%	41,3	46,1	42,1	43,1	54,1	38,8	33,8	28,9	38,2	48,2
Tätige Personen insgesamt [1]	Anzahl	516 952	143 329	175 501	21 559	23 061	15 975	32 656	26 658	70 616	7 597
dar. in Betrieben mit 20 tätigen Personen und mehr	%	67,9	74,4	68,0	71,1	82,9	62,1	55,5	49,6	61,2	79,6

1 Betriebe von Unternehmen mit 10 tätigen Personen und mehr.

23 Bauen

23.2 Indizes des Auftragseingangs, des Auftragsbestands und der Produktion im Bauhauptgewerbe

	Gewichtung	2010	2011	2012	2013	2014	2015
		Auftragseingang, 2010 = 100 [1]					
Bauhauptgewerbe	100	100	104,4	108,8	110,9	108,9	113,3
Hochbau	49,97	100	109,3	115,4	117,9	116,8	121,7
Tiefbau	50,03	100	99,6	102,3	104,0	100,9	105,0
		Auftragsbestand, 2010 = 100 [1]					
Bauhauptgewerbe	100	100	98,3	99,4	106,5	107,7	113,2
Hochbau	47,23	100	103,2	108,6	116,3	119,8	125,5
Tiefbau	52,77	100	94,0	91,2	97,9	96,8	102,1
		Produktion, 2010 = 100 [2]					
Bauhauptgewerbe	100	100	113,1	111,2	113,5	119,3	119,4
Hochbau	62,10	100	113,5	113,1	115,5	121,1	120,9
Tiefbau	37,90	100	112,5	108,0	110,2	116,3	116,9

Preisbereinigt.
1 Betriebe von Unternehmen mit 20 tätigen Personen und mehr.
2 Berechnungsmethode 2010 = 100 in „Wirtschaft und Statistik", 3/2013, S. 185ff.

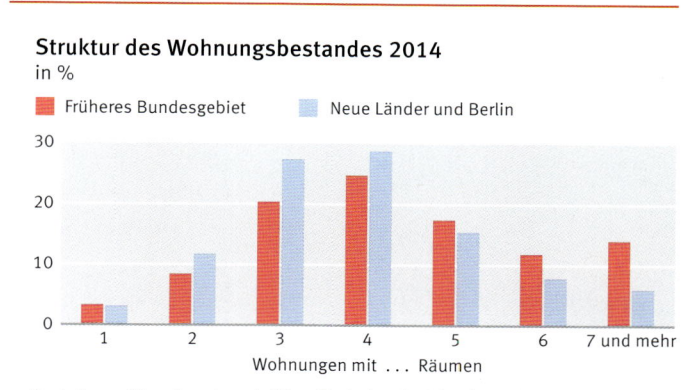

Struktur des Wohnungsbestandes 2014
in %

Ergebnisse auf Grundlage der endgültigen Ergebnisse der Gebäude- und Wohnungszählung 2011, einschl. Wohnheime.

23.3 Bautätigkeit
23.3.1 Strukturdaten zum Wohnungsbestand

	Einheit	2000	2009	2010 [1]	2011 [1]	2012 [1]	2013 [1]	2014 [1]
		Wohnungen						
Insgesamt	Anzahl	38 383 645	40 183 563	40 479 270	40 630 302	40 805 805	40 995 141	41 221 210
Je 1 000 Einwohner/-innen	Anzahl	467	491	495	506	507	508	508
		Wohnfläche						
Ingesamt	1 000 m²	3 245 487	3 479 042	3 680 628	3 699 480	3 720 884	3 743 543	3 769 376
Je Wohnung	m²	84,6	85,6	90,9	91,1	91,2	91,3	91,4
Je Einwohner/-in	m²	39,5	42,5	45,0	46,1	46,2	46,3	46,5
		Räume						
Insgesamt	Anzahl	167 636 286	177 523 489	177 813 831	178 563 517	179 410 436	180 298 583	181 306 356
Je Wohnung	Anzahl	4,4	4,4	4,4	4,4	4,4	4,4	4,4
Je Einwohner/-in	Anzahl	2,0	2,2	2,2	2,2	2,2	2,2	2,2

Fortschreibungsergebnisse bis 2009 auf der Basis der Gebäude- und Wohnungszählung 1987 (Früheres Bundesgebiet) und 1995 (Neue Länder und Berlin-Ost). Nähere Informationen hierzu siehe „Glossar/Methodik" am Ende dieses Kapitels. – Ohne Wohnheime und Wohnungen in Wohnheimen. – Stand: jeweils Jahresende.
1 Ab 2010 Ergebnisse auf Grundlage der endgültigen Ergebnisse der Gebäude- und Wohnungszählung 2011, einschl. Wohnheime.

Durchschnittliche Wohnfläche je Einwohnerin bzw. Einwohner 2014
in m²

Land	m²
Saarland	53
Rheinland-Pfalz	53
Niedersachsen	51
Schleswig-Holstein	48
Bayern	48
Hessen	47
Baden-Württemberg	46
Sachsen-Anhalt	46
Nordrhein-Westfalen	45
Brandenburg	45
Thüringen	44
Mecklenburg-Vorpommern	44
Sachsen	43
Bremen	43
Berlin	40
Hamburg	40

Deutschland 47

Wohnfläche in Wohn- und Nichtwohngebäuden. – Ergebnisse auf Grundlage der endgültigen Ergebnisse der Gebäude- und Wohnungszählung 2011, einschl. Wohnheime.

Statistisches Bundesamt, Statistisches Jahrbuch 2016

23 Bauen

23.3 Bautätigkeit
23.3.2 Baugenehmigungen im Hochbau

	Errichtung neuer Gebäude					
	Gebäude	Rauminhalt	Wohnungen	Nutzfläche	Wohnfläche (in Wohnungen)	veranschlagte Kosten der Bauwerke
	Anzahl	1 000 m³	Anzahl	1 000 m²		Mill. EUR
	Wohn- und Nichtwohngebäude					
2012	139 492	339 051	216 594	36 166	23 953	58 279
2013	141 902	339 388	242 149	35 424	25 967	63 357
2014	138 375	327 463	251 175	33 052	26 499	63 937
2015	147 304	345 761	271 916	34 723	28 510	69 596
davon (2015):						
Wohngebäude insgesamt	120 771	151 725	267 965	7 225	28 185	44 106
	nach Gebäudeart (in %)					
Wohngebäude mit 1 Wohnung	79,3	51,0	35,7	51,7	50,8	50,6
Wohngebäude mit 2 Wohnungen	8,4	7,9	7,6	8,2	8,0	7,9
Wohngebäude mit 3 Wohnungen und mehr	12,0	39,6	52,0	38,6	39,8	39,8
Wohnheime	0,3	1,4	4,7	1,5	1,4	1,7
nachr.: Wohngebäude mit Eigentumswohnungen	6,8	22,2	26,8	22,1	22,4	22,2
	nach Bauherren (in %)					
Öffentliche Bauherren [1]	0,8	2,3	4,4	2,0	2,3	2,6
Wohnungsunternehmen	16,9	29,9	36,9	27,6	30,3	29,6
Immobilienfonds	0,2	0,7	1,0	0,8	0,7	0,7
Sonstige Unternehmen	3,5	5,6	7,5	5,3	5,7	5,6
Private Haushalte	78,7	61,5	50,2	64,3	61,0	61,5
Nichtwohngebäude insgesamt	26 533	194 036	3 951	27 498	324	25 490
	nach Gebäudeart (in %)					
Anstaltsgebäude	2,1	2,4	19,1	3,3	9,9	7,3
Büro- und Verwaltungsgebäude	7,0	7,6	21,0	9,5	21,3	17,4
Landwirtschaftliche Betriebsgebäude	21,8	13,9	2,5	14,8	3,6	5,4
Fabrik- und Werkstattgebäude	13,3	18,7	7,8	16,5	11,4	15,7
Handels- einschl. Lagergebäude	28,0	42,2	29,8	35,1	33,4	23,6
Hotels und Gaststätten	1,9	1,9	2,6	2,7	2,8	5,2
Sonstige Nichtwohngebäude	25,9	13,3	17,1	18,1	17,6	25,3
nachr.: Ausgewählte Infrastrukturgebäude [2]	12,8	10,8	30,8	12,4	22,3	27,4
	nach Bauherren (in %)					
Öffentliche Bauherren [1]	10,7	8,2	17,2	9,8	11,4	21,8
Land- und Forstwirtschaft, Fischerei	21,8	13,6	2,5	14,5	3,3	5,4
Produzierendes Gewerbe	17,5	26,7	5,3	23,4	7,2	20,8
Dienstleistungen [3]	29,0	46,1	54,9	45,5	54,0	46,4
Private Haushalte	21,1	5,4	20,1	6,8	24,1	5,7

1 Gebietskörperschaften und Sozialversicherungen; Organisationen ohne Erwerbszweck.
2 Gebäude für öffentliche Sicherheit und Ordnung und im kulturellen Bereich, Gebäude für Bildung, Wissenschaft und Forschung sowie des Gesundheitswesens.
3 Handel, Kreditinstitute und Versicherungsgewerbe, sonstige Dienstleistungen sowie Verkehr und Nachrichtenübermittlung.

23 Bauen

23.3 Bautätigkeit
23.3.3 Baufertigstellungen im Hochbau

	Errichtung neuer Gebäude					
	Gebäude	Rauminhalt	Wohnungen	Nutzfläche	Wohnfläche (in Wohnungen)	veranschlagte Kosten der Bauwerke
	Anzahl	1 000 m³	Anzahl	1 000 m²		Mill. EUR
	Wohn- und Nichtwohngebäude					
2011	125 022	276 057	164 178	30 728	18 898	45 095
2012	128 458	295 905	180 611	31 615	20 475	47 673
2013	130 914	303 447	192 276	32 540	21 478	52 491
2014	135 733	313 032	220 293	32 327	24 072	56 077
davon (2014):						
Wohngebäude insgesamt	108 908	127 682	216 120	6 023	23 740	34 502
	nach Gebäudeart (in %)					
Wohngebäude mit 1 Wohnung	80,7	55,3	40,7	56,3	54,9	55,4
Wohngebäude mit 2 Wohnungen	8,7	8,7	8,8	9,0	8,7	8,8
Wohngebäude mit 3 Wohnungen und mehr	10,4	34,8	46,7	33,5	35,2	34,6
Wohnheime	0,2	1,2	3,8	1,2	1,1	1,3
nachr.: Wohngebäude mit Eigentumswohnungen	6,3	20,6	25,9	19,9	21,1	20,4
	nach Bauherren (in %)					
Öffentliche Bauherren [1]	0,6	1,4	2,6	1,5	1,4	1,7
Wohnungsunternehmen	16,9	28,9	36,8	26,0	29,7	28,4
Immobilienfonds	0,1	0,4	0,7	0,5	0,4	0,4
Sonstige Unternehmen	3,3	4,9	6,1	4,7	4,9	4,7
Private Haushalte	79,2	64,4	53,8	67,2	63,6	64,9
Nichtwohngebäude insgesamt	26 825	185 351	4 173	26 303	333	21 575
	nach Gebäudeart (in %)					
Anstaltsgebäude	1,6	2,9	22,8	4,0	12,1	9,0
Büro- und Verwaltungsgebäude	6,4	6,5	21,4	8,5	23,1	15,0
Landwirtschaftliche Betriebsgebäude	25,8	18,6	3,8	19,9	5,0	7,3
Fabrik- und Werkstattgebäude	13,4	21,7	6,9	18,6	10,8	18,3
Handels- einschl. Lagergebäude	26,7	37,6	26,9	31,6	31,1	24,4
Hotels und Gaststätten	1,9	1,2	2,5	1,8	2,7	3,4
Sonstige Nichtwohngebäude	24,2	11,4	15,6	15,6	15,1	22,5
nachr.: Ausgewählte Infrastrukturgebäude [2]	13,8	11,4	36,0	13,5	24,3	28,1
	nach Bauherren (in %)					
Öffentliche Bauherren [1]	11,6	9,8	13,3	11,1	10,0	23,9
Land- und Forstwirtschaft, Fischerei	26,1	18,8	3,8	20,1	4,8	7,5
Produzierendes Gewerbe	17,5	30,3	5,1	25,9	7,7	23,3
Dienstleistungen [3]	25,9	36,1	62,7	36,8	57,6	40,0
Private Haushalte	18,9	5,0	15,0	6,0	19,9	5,3

Aktuellere Angaben lagen zum Redaktionsschluss noch nicht vor.

1 Gebietskörperschaften und Sozialversicherungen; Organisationen ohne Erwerbszweck.
2 Gebäude für öffentliche Sicherheit und Ordnung und im kulturellen Bereich, Gebäude für Bildung, Wissenschaft und Forschung sowie des Gesundheitswesens.
3 Handel, Kreditinstitute und Versicherungsgewerbe, sonstige Dienstleistungen sowie Verkehr und Nachrichtenübermittlung.

23 Bauen

Methodik

Die Baustatistiken (Baugewerbstatistik und Bautätigkeitsstatistik) stellen das Baugeschehen von der Planung der Bauvorhaben über den Einsatz der Produktionsfaktoren bis zum fertigen Bauwerk aus verschiedenen Blickwinkeln dar.

■ Baugewerbe

Die Baugewerbestatistik, die in das System der Statistik im Produzierenden Gewerbe integriert ist (siehe hierzu Kapitel 20), liefert wichtige Konjunkturindikatoren und Strukturdaten über die Bauwirtschaft (Auftragseingang, Umsatz, Beschäftigte, geleistete Arbeitsstunden). Diese Daten werden bei den Betrieben von Unternehmen des Baugewerbes erhoben.

Rechtsgrundlage für die entsprechenden Statistiken ist das Gesetz über die Statistik im Produzierenden Gewerbe (ProdGewStatG) in der jeweils gültigen Fassung.

■ Bautätigkeit

Die Angaben der **Bautätigkeitsstatistik** (Baugenehmigungen, Baufertigstellungen, Bauabgänge und Bauüberhang) beziehen sich auf Gebäude und werden beim Bauherrn bzw. bei der Bauaufsichtsbehörde erfasst. Sie ergänzen die Konjunkturindikatoren durch Informationen über die Struktur des Baugeschehens. Die **Bautätigkeitsstatistik** erstreckt sich auf alle genehmigungspflichtigen bzw. ihnen gleichgestellten Baumaßnahmen im Hochbau, bei denen Wohnraum oder sonstiger Nutzraum geschaffen oder verändert wird. Erfasst werden Baugenehmigungen und Baufertigstellungen nach ausgewählten Merkmalen, wie Nutz- und Wohnflächen sowie Kosten. Die Erhebung des Bauüberhangs stellt die am Jahresende genehmigten, aber noch nicht fertig gestellten Bauvorhaben fest.

Die **Wohnungsbestandsdaten** beschreiben den Gesamtbestand an Wohngebäuden und Wohnungen. Die Fortschreibung des Wohnungsbestandes wurde auf Grundlage der Daten durchgeführt, die in der Gebäude- und Wohnungszählung vom 25.5.1987 (früheres Bundesgebiet) bzw. vom 30.9.1995 (neue Länder und Berlin-Ost) erhoben wurden. Ab dem Berichtsjahr 2010 basieren die Daten auf der Gebäude- und Wohnungszählung vom 9.5.2011, die im Rahmen des Zensus 2011 durchgeführt wurde.

Rechtsgrundlage für die Durchführung dieser Statistiken ist das Hochbaustatistikgesetz (HBauStatG) vom 5.5.1998 (BGBl. I S. 869) in der jeweils gültigen Fassung.

23 Bauen

Glossar

Baufertigstellungen | Zeitpunkt der Bezugsfertigstellung, zu dem die Arbeiten am Bauvorhaben weitgehend abgeschlossen sind und zu dem das Gebäude bzw. die Wohnung bezogen oder – bei leer stehenden Gebäuden – bezugsfertig wird.

Baugenehmigungen | Erteilung von bauamtlichen Genehmigungen zur Bauausführung – gleichgültig ob vorläufig, endgültig oder mit Einschränkungen.

Baujahr | Jahr der Bezugsfertigstellung des Gebäudes.

Bauüberhang | Die Statistik des Bauüberhangs stellt das Bindeglied zwischen den Baugenehmigungs- und Baufertigstellungsmeldungen dar. Sie erfasst am Jahresende genehmigte, aber noch nicht begonnene bzw. bereits im Bau befindliche Gebäude.

Betrieb | Als Einheit gilt der Baubetrieb und nicht die Baustelle oder das Bauunternehmen. Filialbetriebe eines Bauunternehmens werden wie selbstständige Betriebe behandelt.

Eigentumswohnungen | Wohnungen, an denen durch Eintragung im Wohnungsgrundbuch Sondereigentum nach dem Wohnungseigentumsgesetz vom 15.3.1951 (BGBl. I S. 175) begründet worden ist bzw. durch Vormerkung begründet werden soll, zuletzt geändert durch Artikel 9 des Gesetzes zur Reform des Kontopfändungsschutzes vom 7.7.2009 (BGBl. I S. 1707).

Entgelte | Summe der Bruttobezüge der tätigen Personen einschließlich aller Zuschläge und Zulagen, jedoch ohne Pflichtanteile der Arbeitgeberinnen und Arbeitgeber zur Sozialversicherung, ohne allgemeine soziale Aufwendungen sowie ohne Vergütungen, die als Spesenersatz anzusehen sind.

Gebäude | Selbstständig benutzbare, überdachte Bauwerke, die auf Dauer errichtet sind. Bei Doppel-, Gruppen- oder Reihenhäusern gilt jeder Teil als selbstständiges Gebäude, der von dem anderen durch eine vom Dach bis zum Keller reichende Brandmauer getrennt ist. Nicht zu den Gebäuden zählen Unterkünfte.

Geleistete Arbeitsstunden | Alle von Inhaberinnen und Inhabern, Angestellten, Arbeiterinnen und Arbeitern sowie Auszubildenden auf Baustellen im Bundesgebiet tatsächlich geleisteten Stunden (nicht die bezahlten).

Gewerblicher Bau | Überwiegend gewerblichen Zwecken dienende Bauten, auch der Bau von Wasser-, Gas- und Elektrizitätswerken, Pipelines, Kinos, Hotels, Bürogebäuden, Lager- und Kühlhäusern, Markthallen, Ställen, Scheunen usw.

Hochbauten | Gebäude, deren Hauptteile über dem Erdboden liegen (z. B. Wohn- oder Geschäftshäuser, Industriegebäude). Zu den Hochbauten zählen auch Bauwerke, die zwar unter dem Erdboden liegen, jedoch dem Menschen zugänglich und zur Unterbringung von Menschen, Tieren oder Gütern bestimmt sind (z. B. Zivilschutzanlagen, Tiefgaragen).

Index des Auftragsbestands | Im Bauhauptgewerbe berechnet sich dieser auf der Basis 2010 = 100 vierteljährlich preisbereinigt (Volumenindex). Die Gewichtung der einzelnen Teilbereiche erfolgt mit Auftragsbestandsanteilen des Basiszeitraums.

Index des Auftragseingangs | Im Bauhauptgewerbe berechnet sich dieser Index auf der Basis 2010 = 100 monatlich preisbereinigt (Volumenindex). Als Auftragseingänge gelten die im Berichtsmonat eingegangenen und vom Betrieb fest akzeptierten Bauaufträge entsprechend der Vergabe- und Vertragsordnung für Bauleistungen (VOB). Die Gewichtung der einzelnen Teilbereiche erfolgt mit Auftragseingangsanteilen des Basiszeitraums.

Nichtwohngebäude | Gebäude, die überwiegend für Nichtwohnzwecke bestimmt sind (gemessen an der Gesamtnutzfläche). Zu den Nichtwohngebäuden zählen z. B. Anstaltsgebäude, Büro- und Verwaltungsgebäude, landwirtschaftliche Betriebsgebäude und nichtlandwirtschaftliche Betriebsgebäude, wie Fabrikgebäude, Hotels und dergleichen.

Öffentlicher Bau und Straßenbau | Bauten, die überwiegend für die Ausübung staatlicher und kommunaler Funktionen benötigt werden (z. B. Gerichte, Finanzämter, Kasernen, Kanalisation, Sportanlagen, Schulen) sowie Straßenbauten (z. B. Straßen, Autobahnen und Wege für Kraftfahrzeuge, Fußgänger und Radfahrer sowie Park- und Abstellplätze), unabhängig vom Auftraggeber.

Räume | Wohn- und Schlafräume mit 6 m² und mehr sowie alle abgeschlossenen Küchen (ohne Rücksicht auf die Größe).

Tätige Personen | Zur Definition siehe „Glossar" zum Kapitel „Produzierendes Gewerbe und Dienstleistungen im Überblick".

Umsatz | Der Gesamtbetrag setzt sich zusammen aus dem Umsatz aus Bauleistungen (baugewerblicher Umsatz), den Umsätzen aus sonstigen eigenen Erzeugnissen und Leistungen sowie aus Nebengeschäften. Erlöse aus dem Verkauf von Sachanlagen sind nicht einbezogen. Es handelt sich hierbei um den steuerlichen Umsatz. Das sind die dem Finanzamt für die Umsatzsteuer zu meldenden steuerbaren Beträge im Bundesgebiet. Die Umsätze werden in der Regel nach den vereinbarten Entgelten besteuert und ohne Umsatzsteuer erfasst. Seit dem 1.1.1980 werden auch Anzahlungen für Teilleistungen oder Vorauszahlungen vor Ausführung der entsprechenden Lieferungen oder Leistungen versteuert und damit in die Meldungen einbezogen.

Unternehmen | Die amtliche Statistik definiert ein Unternehmen als kleinste rechtlich selbstständige Einheit, die aus handels- bzw. steuerrechtlichen Gründen Bücher führt. Ferner muss das Unternehmen eine jährliche Feststellung des Vermögensbestandes bzw. des Erfolgs der wirtschaftlichen Tätigkeit vornehmen. Die Anteile der Unternehmen an Arbeitsgemeinschaften werden im Baugewerbe in die Unternehmensdaten einbezogen.

Veranschlagte Kosten des Bauwerkes | Kosten der Baukonstruktion (einschließlich Erdarbeiten), die Kosten aller fest verbundenen Einbauten und die Kosten für besondere Bauausführungen. Die veranschlagten Kosten werden zum Zeitpunkt der Baugenehmigung ermittelt. Sie schließen die Umsatzsteuer ein.

Wohnungsbau | Bauten, die überwiegend Wohnzwecken dienen, sowie der Umbau oder die Erweiterung bisher anderweitig genutzter Gebäude und Räume zu Wohnungen, Instandhaltungs-, Instandsetzungs- und Reparaturarbeiten an Wohnhäusern oder Wohnungen.

Wohnfläche | Fläche aller Wohn- und Schlafräume sowie aller Küchen und Nebenräume. Unberücksichtigt bleiben dabei die nicht zum Wohnen bestimmten Boden-, Keller- und Wirtschaftsräume.

Wohngebäude | Gebäude, die mindestens zur Hälfte Wohnzwecken dienen (gemessen an der Gesamtnutzfläche).

Wohnheime | Wohngebäude, die primär den Wohnbedürfnissen bestimmter Bevölkerungskreise dienen (z. B. Studentenwohnheime, Seniorenwohnheime). Wohnheime besitzen Gemeinschaftseinrichtungen (z. B. Gemeinschaftsräume). Die in Wohnheimen lebenden Personen führen einen eigenen Haushalt.

Wohnung | Gesamtheit der Räume, die die Führung eines Haushalts ermöglichen.

23 Bauen

Mehr zum Thema

Liebe Leserin, lieber Leser,
ein Thema in diesem Kapitel spricht Sie besonders an oder Sie benötigen weitere Informationen? Auf dieser Seite nennen wir Ihnen, nach Themen gegliedert, weitere Veröffentlichungen unseres Hauses. Ausführliche Informationen zu den Produktkategorien sowie dem Informationsangebot des Statistischen Bundesamtes finden Sie auf Seite 8 dieser Ausgabe.

Web-Angebote
www.destatis.de ist Ihre erste Adresse in Sachen Statistik. Hier finden Sie alle Informationen, die das Statistische Bundesamt veröffentlicht, tagesaktuell. Unsere Veröffentlichungen können Sie direkt über unsere Website www.destatis.de/publikationen downloaden.

GENESIS-Online
Unter www.destatis.de/genesis bietet die Haupt-Datenbank des Statistischen Bundesamtes ein breites Themenspektrum fachlich tief gegliederter Ergebnisse der amtlichen Statistik. Daten zu *Bauen* finden Sie unter dem Menüpunkt › Themen, Code 44 sowie 31

Weitere Veröffentlichungen zu den Themen

- **Strukturdaten der Betriebe**

  Fachserie 4   Produzierendes Gewerbe
  Reihe 5 | Baugewerbe

- **Bautätigkeit**

  Fachserie 5   Bautätigkeit und Wohnungen
  Reihe 1 | Bautätigkeit
  Reihe 3 | Bestand an Wohnungen

  STATmagazin
  | Bauen, kaufen, mieten: Zur Situation auf dem deutschen Wohnungsmarkt (2014)

24 Binnenhandel

6,1 Millionen Personen in 594 000 Unternehmen tätig | Über die Hälfte der tätigen Personen im Einzelhandel, knapp ein Drittel im Großhandel | 2014 Umsatz von 1,9 Billionen Euro erwirtschaftet | Davon setzte Großhandel mit 1,2 Billionen Euro deutlich mehr als Hälfte um | Einzelhandel tätigte mit 526 Milliarden Euro weniger als ein Drittel | Kfz-Handel erzielte Umsatz von 216 Milliarden Euro | Weihnachtsgeschäft bringt im Spielwarenhandel 28 % des Jahresumsatzes ein

24 Binnenhandel

Seite

577 Auf einen Blick

Tabellen

578 Strukturdaten der Unternehmen im Handel
Unternehmen | Tätige Personen | Umsatz | Bruttowertschöpfung | Bruttoinvestitionen

579 Betriebswirtschaftliche Kennzahlen der Unternehmen im Handel
Umsatz | Produktionswert | Waren- und Dienstleistungskäufe | Bruttowertschöpfung | Personalaufwendungen | Bruttobetriebsüberschuss

581 Aufwendungen im Handel

582 Methodik

583 Glossar

584 Mehr zum Thema

24 Binnenhandel

24.0 Auf einen Blick

Umsatz, Bruttowertschöpfung und tätige Personen im Handel 2014
in %

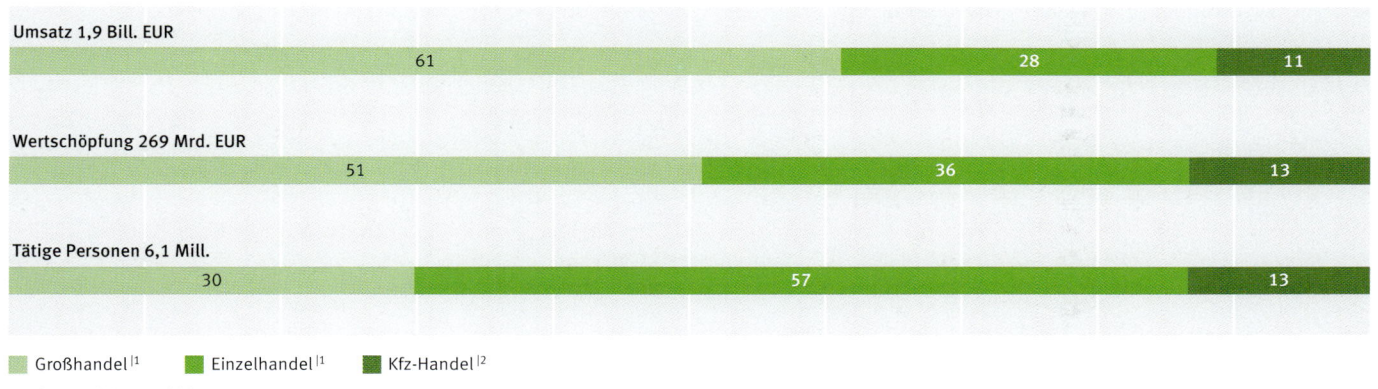

	Großhandel	Einzelhandel	Kfz-Handel
Umsatz 1,9 Bill. EUR	61	28	11
Wertschöpfung 269 Mrd. EUR	51	36	13
Tätige Personen 6,1 Mill.	30	57	13

■ Großhandel [1]   ■ Einzelhandel [1]   ■ Kfz-Handel [2]

1 Ohne Handel mit Kraftfahrzeugen.
2 Sowie Instandhaltung und Reparatur von Kraftfahrzeugen.

Reale konjunkturelle Entwicklung im Handel
Kalender- und saisonbereinigte Werte, 2010 = 100

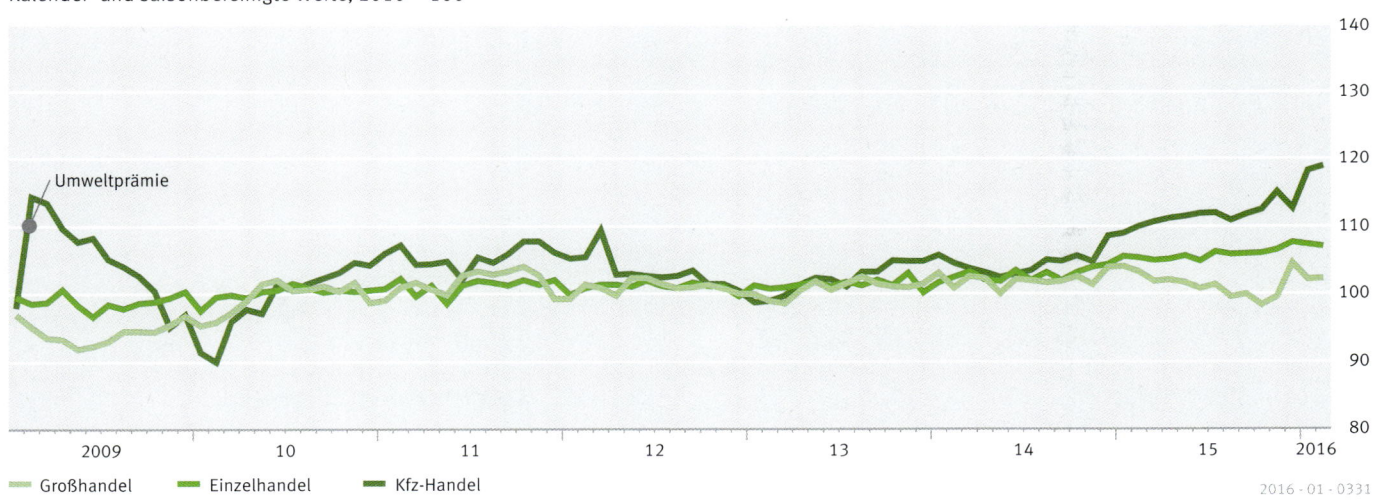

— Großhandel   — Einzelhandel   — Kfz-Handel

Statistisches Bundesamt, Statistisches Jahrbuch 2016

24 Binnenhandel

24.1 Strukturdaten der Unternehmen im Handel 2014

Nr. der Klassifikation [1]	Wirtschaftsgliederung	Unternehmen	Örtliche Einheiten	Tätige Personen	Umsatz	Bruttowertschöpfung zu Faktorkosten	Bruttoinvestitionen
		Anzahl			Mill. EUR		
G	Handel; Instandhaltung und Reparatur von Kraftfahrzeugen	593 510	782 702	6 139 638	1 909 207	269 149	20 630
45	Handel; Instandhaltung und Reparatur von Kraftfahrzeugen	107 548	121 447	825 119	216 084	35 920	3 661
45.1	Handel mit Kraftwagen	38 853	44 064	389 251	147 162	19 811	2 415
45.2	Instandhaltung und Reparatur von Kraftwagen	47 852	53 198	281 733	27 020	9 179	780
45.3	Handel mit Kraftwagenteilen und -zubehör	15 750	18 949	134 639	38 249	6 272	414
45.4	Handel mit Krafträdern, Kraftradteilen und -zubehör; Instandhaltung und Reparatur von Krafträdern	5 093	5 236	19 496	3 653	657	52
46	Großhandel (ohne Handel mit Kraftfahrzeugen)	152 959	183 798	1 825 934	1 166 730	136 961	8 814
46.1	Handelsvermittlung	41 261	42 688	100 606	10 358	6 883	275
46.2	Großhandel mit landwirtschaftlichen Grundstoffen und lebenden Tieren	6 608	8 624	65 724	62 468	3 249	480
46.3	Großhandel mit Nahrungs- und Genussmitteln, Getränken und Tabakwaren	14 221	17 536	256 967	190 952	16 393	1 321
46.4	Großhandel mit Gebrauchs- und Verbrauchsgütern	29 852	36 569	478 806	247 934	39 268	1 705
46.5	Großhandel mit Geräten der Informations- und Kommunikationstechnik	5 261	6 795	121 791	88 857	12 454	434
46.6	Großhandel mit sonstigen Maschinen, Ausrüstungen und Zubehör	22 025	26 114	276 166	107 375	20 871	1 602
46.7	Sonstiger Großhandel	28 178	37 148	429 725	382 917	31 484	2 582
46.9	Großhandel ohne ausgeprägten Schwerpunkt	5 553	8 325	96 148	75 869	6 360	414
47	Einzelhandel (ohne Handel mit Kraftfahrzeugen)	333 002	477 456	3 488 584	526 392	96 268	8 155
47.1	Einzelhandel mit Waren verschiedener Art (in Verkaufsräumen)	35 911	70 851	1 128 932	216 087	28 958	3 334
47.2	Einzelhandel mit Nahrungs- und Genussmitteln, Getränken und Tabakwaren (in Verkaufsräumen)	37 766	55 132	261 870	21 600	4 862	413
47.3	Einzelhandel mit Motorenkraftstoffen (Tankstellen)	7 252	9 049	83 759	15 873	1 828	149
47.4	Einzelhandel mit Geräten der Informations- und Kommunikationstechnik (in Verkaufsräumen)	18 022	22 580	109 215	20 342	3 976	316
47.5	Einzelhandel mit sonstigen Haushaltsgeräten, Textilien, Heimwerker- und Einrichtungsbedarf (in Verkaufsräumen)	48 977	59 341	405 467	59 279	13 614	923
47.6	Einzelhandel mit Verlagsprodukten, Sportausrüstungen und Spielwaren (in Verkaufsräumen)	26 297	32 204	150 456	16 097	3 785	254
47.7	Einzelhandel mit sonstigen Gütern (in Verkaufsräumen)	120 448	185 063	1 140 556	130 015	31 439	2 217
47.8	Einzelhandel an Verkaufsständen und auf Märkten	6 389	7 381	23 502	1 324	331	25
47.9	Einzelhandel nicht in Verkaufsräumen, an Verkaufsständen oder auf Märkten	31 939	35 857	184 828	45 776	7 477	524

1 Klassifikation der Wirtschaftszweige, Ausgabe 2008 (WZ 2008).

Umsatz je Unternehmen 2014
in 1 000 EUR

- Großhandel [1]: 7 628
- Kfz-Handel [2]: 2 009
- Einzelhandel [1]: 1 581

1 Ohne Handel mit Kraftfahrzeugen.
2 Sowie Instandhaltung und Reparatur von Kraftfahrzeugen.

Rohertragsquote 2014
Anteil des Rohertrags am Umsatz, in %

- Großhandel [1]: 18
- Kfz-Handel [2]: 24
- Einzelhandel [1]: 30

Handel insgesamt 22

1 Ohne Handel mit Kraftfahrzeugen.
2 Sowie Instandhaltung und Reparatur von Kraftfahrzeugen.

24 Binnenhandel

24.2 Betriebswirtschaftliche Kennzahlen der Unternehmen im Handel 2014

Nr. der Klassifikation[1]	Wirtschaftsgliederung	Umsatz	Rohertragsquote	Produktionswert	Waren- und Dienstleistungskäufe	Bruttowertschöpfung zu Faktorkosten	Personalaufwendungen	Bruttobetriebsüberschuss
		Mill. EUR	Verhältnis zum Umsatz in %					
G	Handel; Instandhaltung und Reparatur von Kraftfahrzeugen	1 909 207	21,8	25,0	87,7	14,1	8,8	5,1
45	Handel; Instandhaltung und Reparatur von Kraftfahrzeugen	216 084	23,7	27,1	84,7	16,6	10,5	6,0
45.1	Handel mit Kraftwagen	147 162	19,1	21,6	88,1	13,5	8,2	5,2
45.2	Instandhaltung und Reparatur von Kraftwagen	27 020	46,4	55,9	66,2	34,0	22,4	11,3
45.3	Handel mit Kraftwagenteilen und -zubehör	38 249	25,1	27,8	84,9	16,4	11,1	5,0
45.4	Handel mit Krafträdern, Kraftradteilen und -zubehör; Instandhaltung und Reparatur von Krafträdern	3 653	27,4	29,6	82,5	18,0	9,5	8,4
46	Großhandel (ohne Handel mit Kraftfahrzeugen)	1 166 730	17,9	20,6	89,8	11,7	6,7	4,8
46.1	Handelsvermittlung	10 358	88,4	91,9	34,0	66,4	29,7	35,8
46.2	Großhandel mit landwirtschaftlichen Grundstoffen und lebenden Tieren	62 468	8,4	9,7	95,1	5,2	3,1	2,1
46.3	Großhandel mit Nahrungs- und Genussmitteln, Getränken und Tabakwaren	190 952	14,9	17,4	93,0	8,6	4,7	3,7
46.4	Großhandel mit Gebrauchs- und Verbrauchsgütern	247 934	25,5	29,5	87,2	15,8	8,8	6,7
46.5	Großhandel mit Geräten der Informations- und Kommunikationstechnik	88 857	19,3	21,8	88,3	14,0	8,4	5,3
46.6	Großhandel mit sonstigen Maschinen, Ausrüstungen und Zubehör	107 375	27,0	30,1	81,9	19,4	11,9	7,2
46.7	Sonstiger Großhandel	382 917	12,4	14,6	92,4	8,2	4,8	3,3
46.9	Großhandel ohne ausgeprägten Schwerpunkt	75 869	12,7	14,6	93,2	8,4	4,8	3,4
47	Einzelhandel (ohne Handel mit Kraftfahrzeugen)	526 392	29,5	34,0	84,2	18,3	12,8	5,2
47.1	Einzelhandel mit Waren verschiedener Art (in Verkaufsräumen)	216 087	20,7	26,2	90,3	13,4	10,8	2,3
47.2	Einzelhandel mit Nahrungs- und Genussmitteln, Getränken und Tabakwaren (in Verkaufsräumen)	21 600	34,1	38,3	78,3	22,5	14,8	7,5
47.3	Einzelhandel mit Motorenkraftstoffen (Tankstellen)	15 873	17,2	19,3	88,8	11,5	6,5	4,9
47.4	Einzelhandel mit Geräten der Informations- und Kommunikationstechnik (in Verkaufsräumen)	20 342	29,9	34,9	83,1	19,5	13,6	5,8
47.5	Einzelhandel mit sonstigen Haushaltsgeräten, Textilien, Heimwerker- und Einrichtungsbedarf (in Verkaufsräumen)	59 279	39,7	43,1	78,8	23,0	16,3	5,8
47.6	Einzelhandel mit Verlagsprodukten, Sportausrüstungen und Spielwaren (in Verkaufsräumen)	16 097	36,0	39,1	78,2	23,5	14,6	8,5
47.7	Einzelhandel mit sonstigen Gütern (in Verkaufsräumen)	130 015	38,0	41,4	76,8	24,2	15,8	8,3
47.8	Einzelhandel an Verkaufsständen und auf Märkten	1 324	38,8	42,3	74,8	25,0	11,1	13,8
47.9	Einzelhandel nicht in Verkaufsräumen, an Verkaufsständen oder auf Märkten	45 776	33,1	38,3	88,0	16,3	9,5	6,5

1 Klassifikation der Wirtschaftszweige, Ausgabe 2008 (WZ 2008).

Weihnachtsgeschäft in ausgewählten Branchen 2015
Anteil am Gesamtumsatz, in %

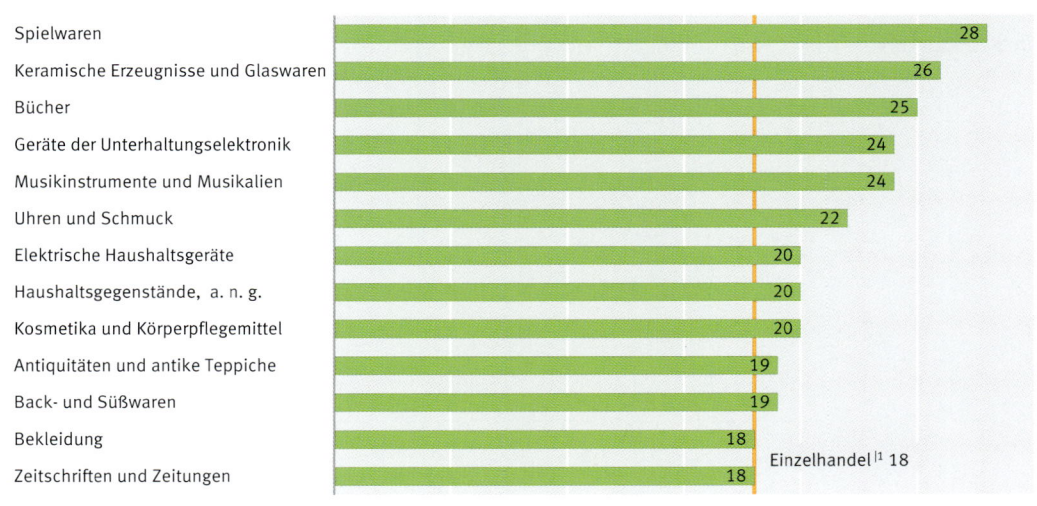

Branche	%
Spielwaren	28
Keramische Erzeugnisse und Glaswaren	26
Bücher	25
Geräte der Unterhaltungselektronik	24
Musikinstrumente und Musikalien	24
Uhren und Schmuck	22
Elektrische Haushaltsgeräte	20
Haushaltsgegenstände, a. n. g.	20
Kosmetika und Körperpflegemittel	20
Antiquitäten und antike Teppiche	19
Back- und Süßwaren	19
Bekleidung	18
Zeitschriften und Zeitungen	18

Einzelhandel[1] 18

1 Ohne Handel mit Kraftfahrzeugen.

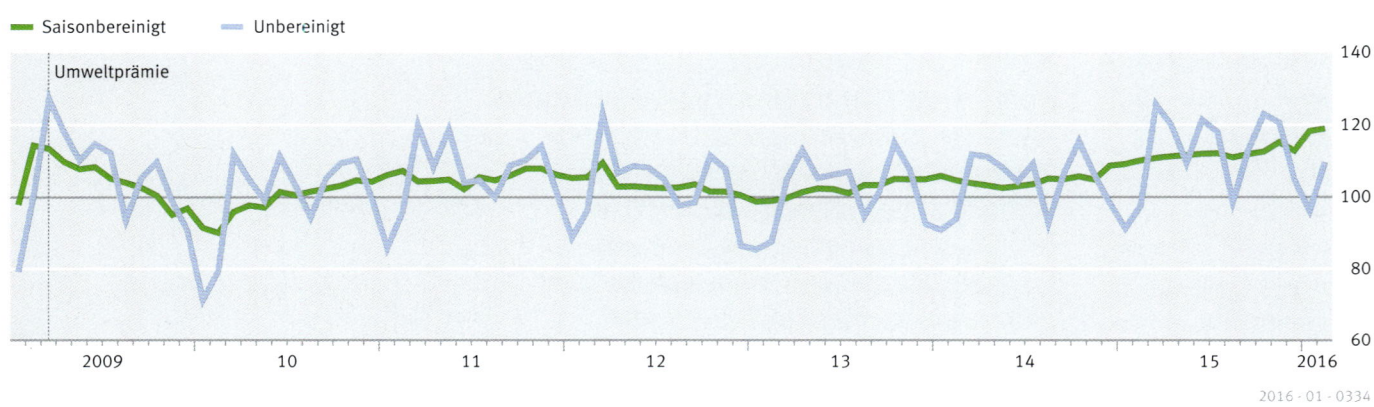

24 Binnenhandel

Reale konjunkturelle Entwicklung im Einzelhandel
2010 = 100
— Saisonbereinigt   — Unbereinigt

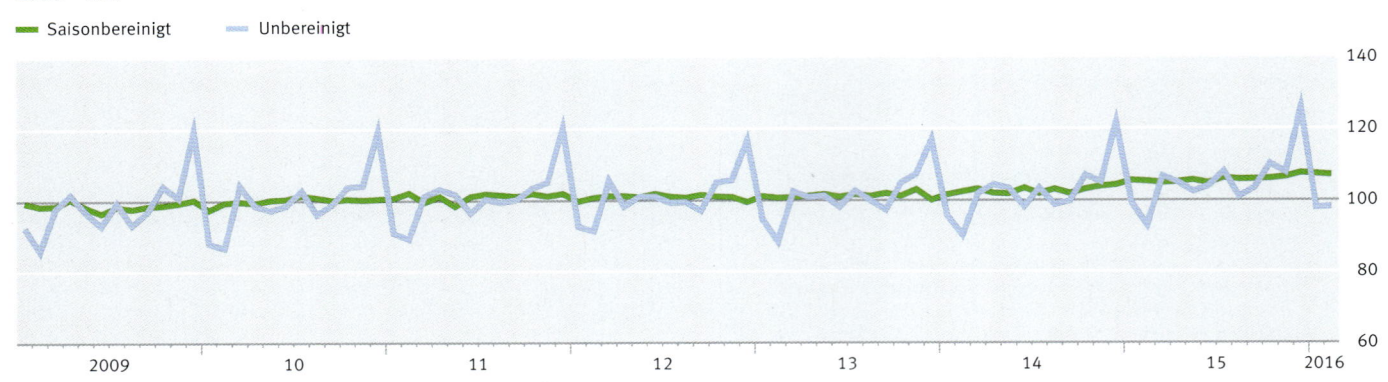

Reale konjunkturelle Entwicklung im Großhandel
2010 = 100
— Saisonbereinigt   — Unbereinigt

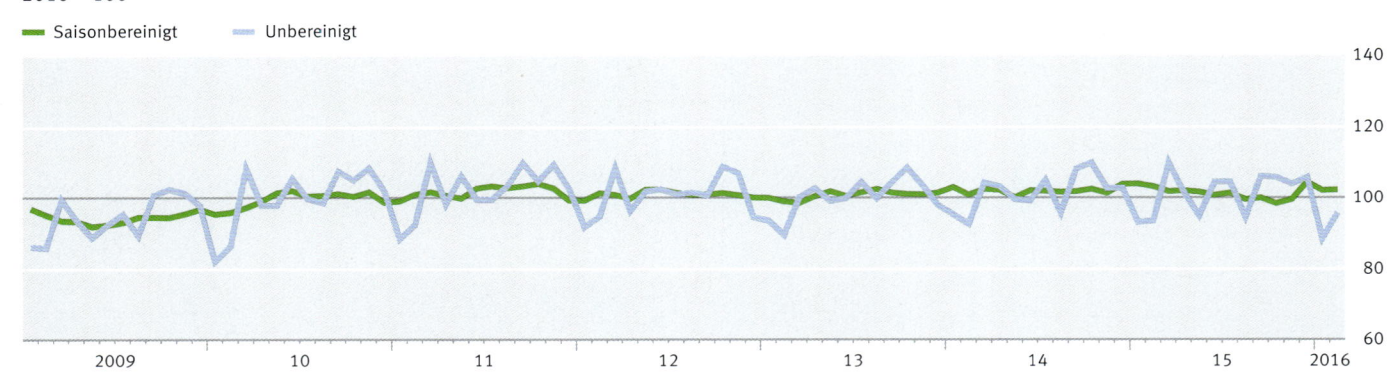

Reale konjunkturelle Entwicklung im Kfz-Handel
2010 = 100
— Saisonbereinigt   — Unbereinigt

Umweltprämie

2016 - 01 - 0334

24 Binnenhandel

24.3 Aufwendungen im Handel 2014

Nr. der Klassifi-kation [1]	Wirtschaftsgliederung	Aufwendungen insgesamt	davon			
			Bezüge von Handels-waren	Entgelte und Sozial-abgaben	Leistungen	Sonstige
		Mill. EUR				
G	Handel; Instandhaltung und Reparatur von Kraftfahrzeugen ...	1 853 304	1 472 365	168 251	137 989	74 699
45	Handel; Instandhaltung und Reparatur von Kraftfahrzeugen	206 895	161 262	22 705	13 560	9 368
46	Großhandel (ohne Handel mit Kraftfahrzeugen)	1 132 279	947 866	78 188	78 164	28 061
47	Einzelhandel (ohne Handel mit Kraftfahrzeugen)	514 130	363 236	67 358	46 265	37 271

1 Klassifikation der Wirtschaftszweige, Ausgabe 2008 (WZ 2008).

Aufwendungen 2014

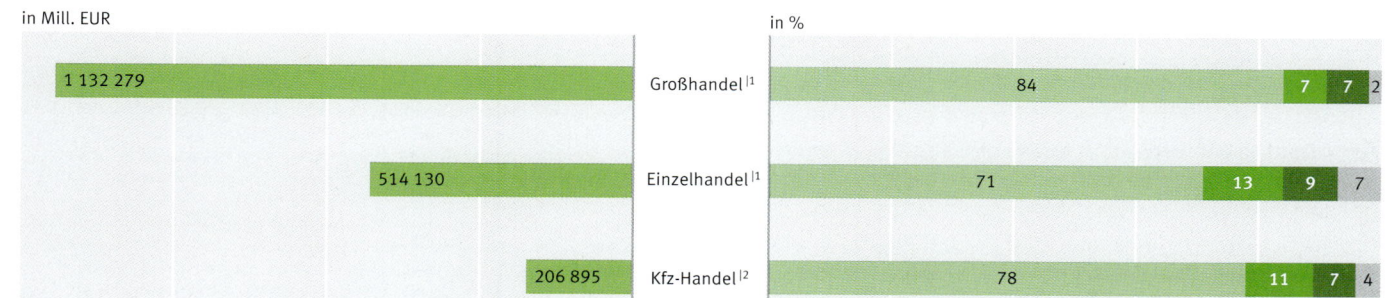

in Mill. EUR

- Großhandel [1]: 1 132 279
- Einzelhandel [1]: 514 130
- Kfz-Handel [2]: 206 895

in %

- Großhandel [1]: Bezüge von Handelswaren 84 | Entgelte und Sozialabgaben 7 | Leistungen 7 | Sonstige 2
- Einzelhandel [1]: 71 | 13 | 9 | 7
- Kfz-Handel [2]: 78 | 11 | 7 | 4

1 Ohne Handel mit Kraftfahrzeugen.
2 Sowie Instandhaltung und Reparatur von Kraftfahrzeugen.

Methodik

■ Binnenhandel

Die **Handelsstatistik** umfasst monatliche Vollerhebungen im Kraftfahrzeug- und Großhandel, eine monatliche Stichprobenerhebung im Einzelhandel und jährliche Stichprobenerhebungen über den gesamten Binnenhandel. Die EU-einheitliche Wirtschaftszweigklassifikation (NACE) bestimmt den Erhebungsbereich der Handelsstatistik: Der Abschnitt G dieser Klassifikation umfasst alle Unternehmen, die ausschließlich oder überwiegend Handel betreiben. Zum Abschnitt G gehören die Abteilungen 45 „Kfz-Handel", 46 „Großhandel (und Handelsvermittlung)" und 47 „Einzelhandel". Die jährliche Stichprobe wählt aus dem Handel höchstens 8,5 % der Unternehmen mit Sitz in Deutschland aus. In der monatlichen Vollerhebung im Kfz-Handel sind alle Unternehmen auskunftspflichtig, die mindestens 10 Millionen Euro Jahresumsatz erwirtschaften oder mindestens 100 Beschäftigte haben. Für die monatliche Großhandelsstatistik besteht Auskunftspflicht bei mindestens 20 Millionen Euro Jahresumsatz oder mindestens 100 Beschäftigten. Informationen unterhalb dieser Grenzen gewinnen die Statistiken aus Verwaltungsdaten. Die monatliche Einzelhandelsstatistik ist dagegen eine dreifach geschichtete Stichprobenerhebung. Auskunftspflichtig sind Stichprobenunternehmen mit einem jährlichen Umsatz von mindestens 250 000 Euro.

Rechtsgrundlage der monatlichen und jährlichen Handelsstatistik ist das Gesetz über die Statistik im Handel und Gastgewerbe (Handelsstatistikgesetz – HdlStatG) in der jeweils aktuellen Fassung.

■ Konjunktur- und Strukturdaten sowie betriebswirtschaftliche Kennzahlen der Unternehmen

Zum Erhebungsprogramm der Monatserhebungen im Handel gehören der Monatsumsatz sowie die Anzahl der tätigen Personen, unterteilt nach Vollzeit- und Teilzeitbeschäftigten. Ziel der monatlichen Berichterstattung im Handel ist die Darstellung der konjunkturellen Entwicklung. Die Handelsstatistik liefert zudem Informationen über die Verwendung von Teilen des privaten Konsums. Die Monatserhebung im Handel wird in Abgrenzung zur jährlichen Strukturerhebung auch als Konjunkturerhebung bezeichnet.

Die **Jahreserhebung im Handel** stellt eine wichtige Ergänzung der Ergebnisse der monatlichen Handelsstatistiken dar. Erst die Ergebnisse der Jahreserhebung können die wirtschaftspolitisch bedeutsamen Informationen über die Struktur der Unternehmen auch zur Beurteilung der Rentabilität und der Produktivität im Handel vermitteln. Zum Erhebungsprogramm der Jahreserhebung gehören die Erfassung des Jahresumsatzes, der Investitionen, des Wareneingangs und der Lagerbestände am Anfang und am Ende des Jahres. Erfasst werden weiterhin die Anzahl der tätigen Personen, die Personalaufwendungen sowie die Sozialabgaben. Schließlich erfolgt eine Aufgliederung des Gesamtumsatzes nach Arten der ausgeübten wirtschaftlichen Tätigkeiten. Neben dem jährlichen Erhebungsprogramm gibt es in mehrjährlichem Abstand wiederkehrende zusätzliche Merkmale (z. B. „Verkaufsfläche" im Einzelhandel).

Nach §11a BStatG sind alle Unternehmen und Betriebe verpflichtet, ihre Meldungen auf elektronischem Weg an die statistischen Ämter zu übermitteln. Hierzu sind die von den statistischen Ämtern zur Verfügung gestellten Online-Verfahren zu nutzen. Im begründeten Einzelfall kann eine zeitliche Ausnahme von der Online-Meldung vereinbart werden. Die Verpflichtung, die geforderten Auskünfte zu erteilen, bleibt jedoch weiterhin bestehen. Auskunftspflichtig sind die Inhaberinnen und Inhaber oder Leiterinnen und Leiter der Unternehmen. Die Befragung wird für die Bereiche Kraftfahrzeughandel und Einzelhandel dezentral von den Statistischen Ämtern der Länder durchgeführt. Das Statistische Bundesamt stellt aus den Länderergebnissen Bundesergebnisse zusammen. Für den Großhandel (einschl. Handelsvermittlung) erhebt zentral das Statistische Bundesamt die Daten.

In der monatlichen Einzelhandelsstatistik stellt die Aktualität ein herausragendes Qualitätskennzeichen dar. So veröffentlicht das Statistische Bundesamt auf seiner Homepage unter Konjunkturindikatoren erste vorläufige Ergebnisse für ausgewählte Wirtschaftszweige gut 30 Tage nach Ende des Berichtsmonats. Wirtschaftlich tief gegliederte Ergebnisse stehen rund 45 Tage nach Ende des Berichtsmonats in der Datenbank GENESIS-Online zur Verfügung. Ergebnisse für die monatlichen Kraftfahrzeughandels- und Großhandelsstatistiken stehen nach 60 Tagen in GENESIS-Online zur Verfügung. Ergebnisse der Jahreserhebung erscheinen in der Regel 18 Monate nach Ende des Berichtsjahres, da die Unternehmen die meisten Angaben für die Jahreserhebung ihren Jahresabschlüssen entnehmen.

Grundsätzlich sind die Ergebnisse der Handelsstatistik – auch für die hohen Anforderungen der amtlichen Statistik – als präzise einzustufen, nicht zuletzt wegen ihres großen Stichprobenumfangs und der geringfügigen Antwortausfälle. Gleichwohl ist jede Statistik stets mit einem Unschärfebereich behaftet, selbst wenn sie mit größter Gründlichkeit durchgeführt wird. Zudem unterliegt die Handelsstatistik nicht zuletzt wegen der vielen Veränderungen innerhalb des Berichtsfirmenkreises einer gewissen Dynamik.

Die Veränderungsraten der monatlichen Erhebungen und der Jahreserhebungen können voneinander abweichen. Ursache ist unter anderem das in der Jahreserhebung angewandte Stichtagsprinzip. Im Einzelhandel werden ferner in der monatlichen Statistik nur Unternehmen einbezogen, die mehr als 250 000 Euro Jahresumsatz haben, wogegen in der Jahreserhebung auch Angaben von Unternehmen mit weniger als 250 000 Euro Jahresumsatz berücksichtigt werden.

Die in der Jahreserhebung erhobenen **Merkmale** überschneiden sich zum Teil mit den Merkmalen anderer Erhebungen. Zu nennen sind hier insbesondere die Umsatzsteuer- sowie die Beschäftigtenstatistik. Die Umsatzsteuerstatistik weist tendenziell höhere Umsätze aus als die Handelsstatistik. Ein Grund hierfür ist, dass die Umsatzsteuerstatistik auch Ergebnisse von Unternehmen enthält, die während des Berichtsjahres aufgelöst wurden oder die nur saisonal aktiv waren. Differenzen zwischen der Beschäftigtenstatistik und der Handelsstatistik bestehen in den Angaben zur Zahl der tätigen Personen. Diese erklären sich ebenfalls durch unterschiedliche methodische Konzepte.

Detaillierte Informationen zur Methodik der einzelnen Statistiken sind in den „Qualitätsberichten" dokumentiert (siehe hierzu *www.destatis.de/publikationen* › Qualitätsberichte).

24 Binnenhandel

Glossar

Bruttobetriebsüberschuss | Zur Definition siehe „Glossar" zum Kapitel „Produzierendes Gewerbe und Dienstleistungen im Überblick".

Bruttoinvestitionen in Sachanlagen | Zur Definition siehe „Glossar" zum Kapitel „Produzierendes Gewerbe und Dienstleistungen im Überblick".

Bruttowertschöpfung zu Faktorkosten | Zur Definition siehe „Glossar" zum Kapitel „Produzierendes Gewerbe und Dienstleistungen im Überblick".

Einzelhandel | Wer Handelswaren überwiegend an private Haushalte absetzt, betreibt Einzelhandel. Als Tätigkeiten des Einzelhandels zählen auch die der Apotheken und der Augenoptik- und Hörgeräteakustikgeschäfte.

Großhandel | Großhandel (ohne Kraftfahrzeughandel) betreibt, wer Handelswaren in eigenem Namen für eigene Rechnung oder für fremde Rechnung (Kommissionshandel) überwiegend an andere Abnehmerinnen und Abnehmer als private Haushalte absetzt (z. B. gewerbliche Betriebe, Einzelhändlerinnen und Einzelhändler). Zum Großhandel zählen in der Regel der Absatz an Gebietskörperschaften, Organisationen ohne Erwerbscharakter, Sozialversicherungsträger und wirtschaftliche Unternehmen der öffentlichen Hand sowie der Handel mit landwirtschaftlichen Grundstoffen, lebendem Vieh, landwirtschaftlichen Geräten, Baumaschinen, Bürobedarf, Dental- und Laborbedarf usw.

Personalaufwendungen | Zur Definition siehe „Glossar" zum Kapitel „Produzierendes Gewerbe und Dienstleistungen im Überblick".

Produktionswert | Zur Definition siehe „Glossar" zum Kapitel „Produzierendes Gewerbe und Dienstleistungen im Überblick".

Rohertrag | Bruttoumsatz minus Umsatzsteuer minus Wareneinsatz ergibt den Rohertrag.

Tätige Personen | Zur Definition siehe „Glossar" zum Kapitel „Produzierendes Gewerbe und Dienstleistungen im Überblick".

Umsatz | Zur Definition siehe „Glossar" zum Kapitel „Produzierendes Gewerbe und Dienstleistungen im Überblick".

Unternehmen | Zur Definition siehe „Glossar" zum Kapitel „Produzierendes Gewerbe und Dienstleistungen im Überblick".

Waren- und Dienstleistungskäufe | Zur Definition siehe „Glossar" zum Kapitel „Produzierendes Gewerbe und Dienstleistungen im Überblick".

24 Binnenhandel

Mehr zum Thema

Liebe Leserin, lieber Leser,
ein Thema in diesem Kapitel spricht Sie besonders an oder Sie benötigen weitere Informationen? Auf dieser Seite nennen wir Ihnen, nach Themen gegliedert, weitere Veröffentlichungen unseres Hauses. Ausführliche Informationen zu den Produktkategorien sowie dem Informationsangebot des Statistischen Bundesamtes finden Sie auf Seite 8 dieser Ausgabe.

Web-Angebote
www.destatis.de ist Ihre erste Adresse in Sachen Statistik. Hier finden Sie alle Informationen, die das Statistische Bundesamt veröffentlicht, tagesaktuell. Unsere Veröffentlichungen können Sie direkt über unsere Website *www.destatis.de/publikationen* down oaden.

GENESIS-Online
Unter *www.destatis.de/genesis* bietet die Haupt-Datenbank des Statistischen Bundesamtes ein breites Themenspektrum fachlich tief gegliederter Ergebnisse der amtlichen Statistik. Daten zum *Binnenhandel* finden Sie unter dem Menüpunkt › Themen, Code 45

Weitere Veröffentlichungen zu dem Thema

- **Binnenhandel**

  Fachserie 6   Binnenhandel, Gastgewerbe, Tourismus

  Reihe 4 | Verkaufsflächen im Einzelhandel, Warensortiment im Handel

  Fachberichte

     | Unternehmen, Beschäftigte, Umsatz, Wareneingang, Wareneinsatz, Rohertrag im Handel 1994 bis 2009

  WISTA – Wirtschaft und Statistik

  Heft 11/10 | Die neue automatisierte Stichprobenrotation bei den Handels- und Gastgewerbestatistiken

25 Transport und Verkehr

2,1 Millionen Personen in 91 000 Unternehmen tätig | 2014 Umsatz von 291 Milliarden Euro erwirtschaftet | 79 % der Güter 2015 auf Straßen befördert | Länge der Autobahnen beträgt 12 900 km | Über 45 Millionen Pkw sind zugelassen | 3 459 Menschen starben 2015 im Straßenverkehr | Rund 61 Millionen Passagiere starteten oder landeten am größten deutschen Flughafen Frankfurt/Main | Duisburg ist bedeutendster Binnenhafen, Hamburg bedeutendster Seehafen

25 Transport und Verkehr

Seite

587 Auf einen Blick

Tabellen

588 Unternehmensdaten im Verkehr
Strukturdaten | Betriebswirtschaftliche Kennzahlen

589 Personenverkehr
Straßenverkehr | Eisenbahnverkehr | Seeverkehr | Luftverkehr

591 Güterverkehr
Eisenbahnverkehr | Straßenverkehr | Binnenschiffsverkehr | Seeverkehr | Luftverkehr | Rohrleitungen

597 Infrastruktur und Fahrzeugbestände
Straßen | Schienenstrecken | Bundeswasserstraßen | Rohölleitungen | Kraftfahrzeuge | Bestand an Schiffen | Bestand an Luftfahrzeugen

599 Straßenverkehrsunfälle
Nach Art der Verkehrsbeteiligung | Nach Altersgruppen | Nach Schwere der Verletzung

601 Methodik

603 Glossar

604 Mehr zum Thema

25 Transport und Verkehr

25.0 Auf einen Blick

Beförderungsleistung im Güter- und Personenverkehr
2000 = 100

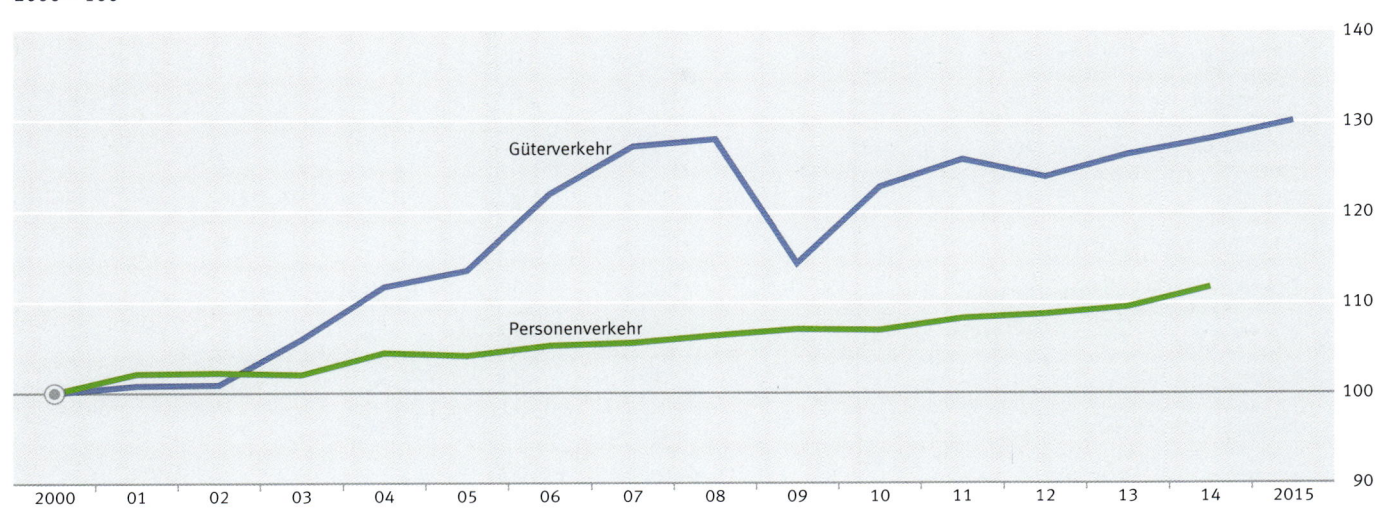

Güterverkehr

Personenverkehr

Getötete im Straßenverkehr
in 1 000

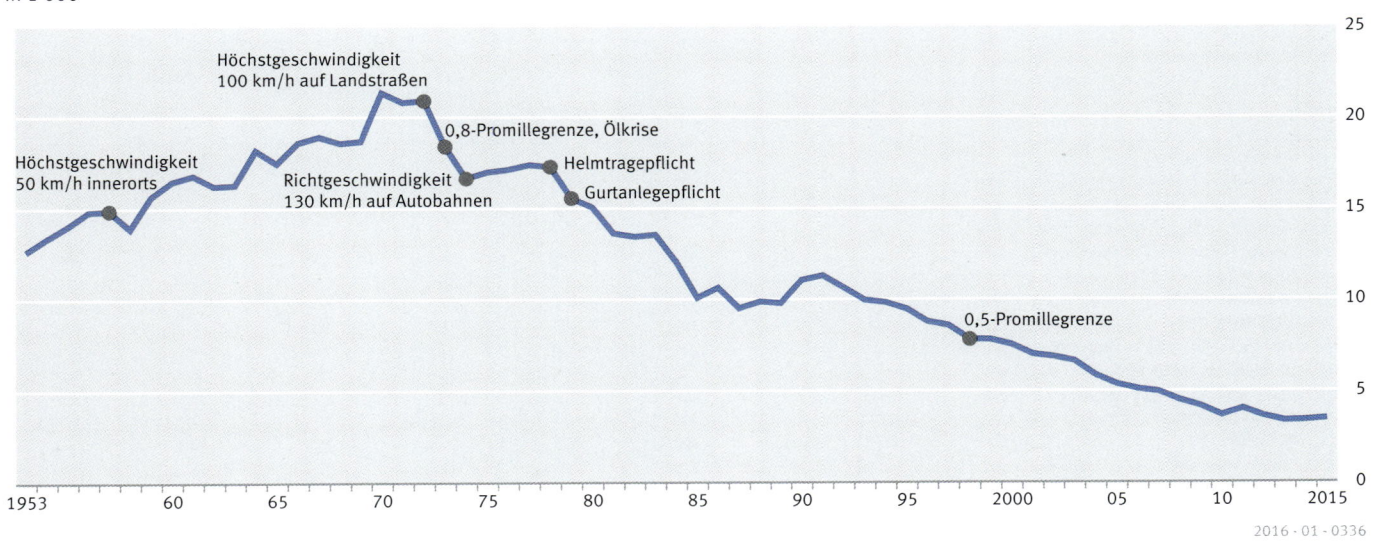

Höchstgeschwindigkeit 50 km/h innerorts

Höchstgeschwindigkeit 100 km/h auf Landstraßen

Richtgeschwindigkeit 130 km/h auf Autobahnen

0,8-Promillegrenze, Ölkrise

Helmtragepflicht

Gurtanlegepflicht

0,5-Promillegrenze

2016 - 01 - 0336

25 Transport und Verkehr

25.1 Unternehmen in Verkehr und Lagerei
25.1.1 Strukturdaten der Unternehmen 2014

Nr. der Klassifikation [1]	Wirtschaftsgliederung	Unternehmen	Tätige Personen	Umsatz	Bruttowertschöpfung zu Faktorkosten	Bruttoinvestitionen in Sachanlagen
		Anzahl		Mill. EUR		
H	Verkehr und Lagerei	91 397	2 103 986	290 617	98 630	22 921
49	Landverkehr und Transport in Rohrfernleitungen	54 149	791 768	82 691	36 023	8 448
49.1	Personenbeförderung im Eisenbahnfernverkehr	.	.	.	.	.
49.2	Güterbeförderung im Eisenbahnverkehr	.	.	.	.	.
49.3	Sonstige Personenbeförderung im Landverkehr	22 944	371 376	30 317	14 475	4 695
49.4	Güterbeförderung im Straßenverkehr, Umzugstransporte	31 019	369 730	37 189	16 429	2 677
49.5	Transport in Rohrfernleitungen	35	3 199	3 792	1 816	640
50	Schifffahrt	2 722	26 531	28 399	5 080	1 156
50.1	Personenbeförderung in der See- und Küstenschifffahrt	78	2 615	2 125	1 049	471
50.2	Güterbeförderung in der See- und Küstenschifffahrt	1 476	14 027	23 728	3 420	584
50.3	Personenbeförderung in der Binnenschifffahrt	483	5 516	456	211	51
50.4	Güterbeförderung in der Binnenschifffahrt	685	4 373	2 091	399	49
51	Luftfahrt	620	63 705	24 899	4 326	1 931
51.1	Personenbeförderung in der Luftfahrt	554	57 381	20 273	3 451	1 786
51.2	Güterbeförderung in der Luftfahrt und Raumtransport	66	6 324	4 626	875	145
52	Lagerei sowie Erbringung von sonstigen Dienstleistungen für den Verkehr	20 288	706 069	124 442	40 158	10 694
52.1	Lagerei	1 274	91 991	15 743	4 126	546
52.2	Erbringung von sonstigen Dienstleistungen für den Verkehr	19 014	614 078	108 699	36 032	10 149
53	Post-, Kurier- und Expressdienste	13 618	515 913	30 186	13 044	691
53.1	Postdienste von Universaldienstleistungsanbietern	–	–	–	–	–
53.2	Sonstige Post-, Kurier- und Expressdienste	13 618	515 913	30 186	13 044	691

Ergebnisse der Strukturerhebung im Dienstleistungsbereich.

1 Klassifikation der Wirtschaftszweige, Ausgabe 2008 (WZ 2008). Im Wirtschaftsabschnitt H wurden ab dem Berichtsjahr 2014 auch Unternehmen mit einem Umsatz von weniger als 17 500 Euro berücksichtigt.

25.1.2 Betriebswirtschaftliche Kennzahlen der Unternehmen 2014

Nr. der Klassifikation [1]	Wirtschaftsgliederung	Umsatz	Produktionswert	Waren- und Dienstleistungskäufe	Bruttowertschöpfung zu Faktorkosten	Personalaufwendungen	Bruttobetriebsüberschuss
		Mill. EUR	Verhältnis zum Umsatz in %				
H	Verkehr und Lagerei	290 617	71,3	66,0	33,9	21,8	12,2
49	Landverkehr und Transport in Rohrfernleitungen	82 691	80,9	57,4	43,6	25,7	17,9
49.1	Personenbeförderung im Eisenbahnfernverkehr	.	.	.	.	.	.
49.2	Güterbeförderung im Eisenbahnverkehr	.	.	.	.	.	.
49.3	Sonstige Personenbeförderung im Landverkehr	30 317	79,4	56,1	47,7	31,8	16,0
49.4	Güterbeförderung im Straßenverkehr, Umzugstransporte	37 189	82,8	55,1	44,2	24,3	19,9
49.5	Transport in Rohrfernleitungen	3 792	90,5	50,4	47,9	7,5	40,4
50	Schifffahrt	28 399	70,2	81,6	17,9	4,2	13,7
50.1	Personenbeförderung in der See- und Küstenschifffahrt	2 125	75,0	50,7	49,4	6,2	43,2
50.2	Güterbeförderung in der See- und Küstenschifffahrt	23 728	70,9	85,0	14,4	3,4	11,0
50.3	Personenbeförderung in der Binnenschifffahrt	456	85,2	54,9	46,4	25,8	20,6
50.4	Güterbeförderung in der Binnenschifffahrt	2 091	53,4	79,9	19,1	7,3	11,8
51	Luftfahrt	24 899	92,5	81,6	17,4	18,1	X
51.1	Personenbeförderung in der Luftfahrt	20 273	92,3	81,7	17,0	19,7	X
51.2	Güterbeförderung in der Luftfahrt und Raumtransport	4 626	93,4	81,0	18,9	11,2	7,8
52	Lagerei sowie Erbringung von sonstigen Dienstleistungen für den Verkehr	124 442	59,1	67,4	32,3	20,4	11,9
52.1	Lagerei	15 743	50,2	73,4	26,2	16,2	10,0
52.2	Erbringung von sonstigen Dienstleistungen für den Verkehr	108 699	60,4	66,5	33,1	21,0	12,2
53	Post-, Kurier- und Expressdienste	30 186	78,4	56,6	43,2	36,5	6,7
53.1	Postdienste von Universaldienstleistungsanbietern	–	–	–	–	–	–
53.2	Sonstige Post-, Kurier- und Expressdienste	30 186	78,4	56,6	43,2	36,5	6,7

Ergebnisse der Strukturerhebung im Dienstleistungsbereich.

1 Klassifikation der Wirtschaftszweige, Ausgabe 2008 (WZ 2008). Im Wirtschaftsabschnitt H wurden ab dem Berichtsjahr 2014 auch Unternehmen mit einem Umsatz von weniger als 17 500 Euro berücksichtigt.

25 Transport und Verkehr

25.2 Personenverkehr
25.2.1 Personenverkehr im Überblick

	Insgesamt	Öffentlicher Personenverkehr				Motorisierter Individualverkehr (Pkw und Zweiräder) [1]
		Straßenpersonenverkehr (Busse und Straßenbahnen)		Eisenbahnverkehr	Luftverkehr	
		Linienverkehr	Gelegenheitsverkehr			
	Beförderte Personen in Mill.					
2005 ..	67 698	9 010	90	2 159	146	56 293
2010 ..	68 381	9 201	79	2 431	167	56 503
2012 ..	69 004	9 253	74	2 550	179	56 948
2013 ..	69 492	9 306	74	2 613	181	57 318
2014 ..	70 757	9 364	76	2 694	187	58 436
	Beförderungsleistung in Mrd. Pkm					
2005 ..	1 088	56	27	77	53	876
2010 ..	1 117	56	22	84	53	902
2012 ..	1 136	56	20	89	56	913
2013 ..	1 144	58	19	90	56	921
2014 ..	1 167	61	18	91	58	939

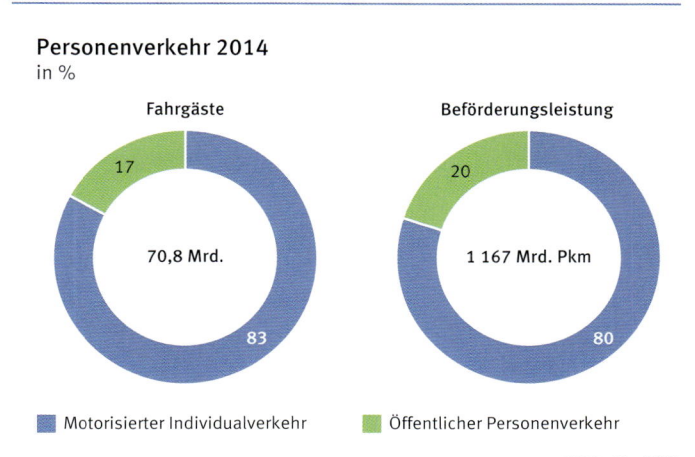

1 Quelle: Deutsches Institut für Wirtschaftsforschung, Intraplan.

Personenverkehr 2014 in %

Fahrgäste: 70,8 Mrd. — Motorisierter Individualverkehr 83, Öffentlicher Personenverkehr 17

Beförderungsleistung: 1 167 Mrd. Pkm — Motorisierter Individualverkehr 80, Öffentlicher Personenverkehr 20

25.2.2 Linien- und Gelegenheitsverkehr von Bussen und Bahnen 2014

	Fahrgäste	Beförderungsleistung	Fahrleistung	Fahrgäste	Beförderungsleistung	Fahrleistung
	Mill.	Mill. Pkm	Mill. Fahrzeug-km	Veränderung gegenüber Vorjahr in %		
Insgesamt	11 436	169 767	4 460	1,2	1,8	3,3
Linienverkehr	11 359	151 488	3 821	1,1	2,8	4,8
Liniennahverkehr	11 214	110 042	3 485	1,1	2,1	2,3
Eisenbahnen	2 564	54 877	663	3,3	4,0	4,8
Straßenbahnen	3 848	16 563	304	1,5	– 0,6	1,4
Omnibusse	5 500	38 602	2 518	– 0,1	0,7	1,7
Linienfernverkehr	145	41 446	336	4,0	4,8	40,5
Eisenbahnen	129	36 099	143	– 1,6	– 2,0	– 0,1
Omnibusse	16	5 347	193	93,3	96,0	100,5
Gelegenheitsverkehr mit Omnibussen ..	76	18 278	639	3,4	– 5,9	– 4,9
Gelegenheitsnahverkehr	27	903	56	11,6	14,1	38,2
Gelegenheitsfernverkehr	49	17 376	583	– 0,6	– 6,7	– 7,7
Nahverkehr zusammen	11 241	110 945	3 541	1,1	2,2	2,7
Fernverkehr mit Omnibussen zusammen	65	22 723	776	12,7	6,4	6,6

25.2.3 Internationaler Eisenbahn-Personenfernverkehr nach und von Deutschland

Staat des Ein- bzw. Ausstiegs	2014		2013		Veränderung 2014 gegenüber Vorjahr	
	einsteigende	aussteigende	einsteigende	aussteigende	einsteigende	aussteigende
	Fahrgäste in 1 000				Fahrgäste in %	
Insgesamt ...	6 733	8 322	6 597	8 551	2,1	– 2,7
Schweiz	1 992	2 892	1 955	2 841	1,9	1,8
Österreich ...	1 362	1 445	1 314	1 427	3,7	1,3
Niederlande ..	971	1 163	827	1 008	17,4	15,4
Frankreich ...	705	907	781	1 017	– 9,7	– 10,8
Sonstiges Europa	1 703	1 915	1 722	2 258	–1,0	– 15,2

Internationaler Eisenbahn-Personenfernverkehr 2014 nach und von Deutschland (ein- und aussteigende Fahrgäste), in %

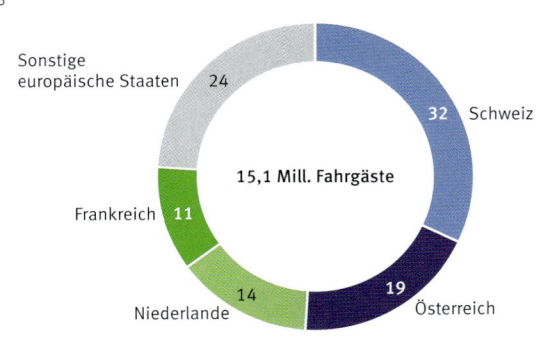

15,1 Mill. Fahrgäste — Schweiz 32, Österreich 19, Niederlande 14, Frankreich 11, Sonstige europäische Staaten 24

Statistisches Bundesamt, Statistisches Jahrbuch 2016

25 Transport und Verkehr
25.2 Personenverkehr
25.2.4 Ein- und aussteigende Fahrgäste im Seeverkehr nach Fahrtgebieten

	2015	2014	Veränderung 2015 gegenüber Vorjahr
	1 000		%
Insgesamt	30 087	30 780	− 2,2
Verkehr innerhalb Deutschlands	17 402	18 333	− 5,1
Verkehr mit Häfen außerhalb Deutschlands	12 686	12 447	1,9
dar.: Europa	12 684	12 434	2,0
davon:			
Europäische Union	11 323	10 927	3,6
darunter:			
Dänemark	8 263	8 027	2,9
Schweden	1 940	1 969	− 1,5
Finnland	149	122	21,9
Polen	173	135	28,3
Litauen	115	91	26,6
Sonstiges Europa	1 361	1 508	− 9,7

25.2.5 Luftverkehr auf Flugplätzen 2015

	Starts		Fluggäste			Fracht (einschl. Post)		
	insgesamt	dar. im gewerblichen Verkehr	einsteigende	aussteigende	Durchgang	Einladung	Ausladung	Durchgang
	1 000					1 000 t		
Insgesamt	1 148	1 014	108 203	108 746	498	2 340	2 092	89
Berlin-Schönefeld	38	35	4 236	4 277	12	4	4	1
Berlin-Tegel	92	89	10 476	10 519	4	23	16	0
Bremen	20	17	1 324	1 334	3	0	0	0
Dortmund	14	10	978	997	1	0	0	–
Dresden	15	11	854	858	7	0	0	–
Düsseldorf	105	102	11 208	11 241	17	54	36	1
Erfurt	5	4	112	113	5	1	1	2
Frankfurt am Main	231	230	30 291	30 598	125	1 087	988	38
Friedrichshafen	15	5	258	253	–	0	–	–
Hahn	11	10	1 289	1 308	67	43	30	6
Hamburg	79	72	7 769	7 815	24	18	14	0
Hannover	47	34	2 705	2 728	13	9	9	1
Karlsruhe/Baden-Baden	17	8	523	523	5	1	0	0
Köln/Bonn	64	57	5 178	5 136	12	380	360	15
Leipzig	32	30	1 153	1 151	12	501	482	4
Lübeck	9	3	62	64	0	–	–	–
Memmingen	9	5	434	435	12	–	–	–
München	190	185	20 392	20 468	108	202	135	20
Münster/Osnabrück	20	6	401	403	2	0	0	0
Niederrhein	9	7	955	954	1	–	–	–
Nürnberg	30	21	1 677	1 675	13	3	2	2
Paderborn-Lippstadt	12	5	381	384	3	0	0	–
Saarbrücken	8	5	217	216	32	0	0	0
Stuttgart	68	60	5 260	5 228	21	15	14	0
Sylt-Westerland	7	3	70	69	–	0	–	–

25 Transport und Verkehr

25.2 Personenverkehr
25.2.6 Grenzüberschreitender Luftverkehr nach Staaten

	Starts		Einsteigende Fluggäste		Fracht (einschl. Post)			
					Einladung		Ausladung	
	2015	Veränderung gegenüber Vorjahr	2015	Veränderung gegenüber Vorjahr	2015	Veränderung gegenüber Vorjahr	2015	Veränderung gegenüber Vorjahr
	1 000	%	1 000	%	1 000 t	%	1 000 t	%
Insgesamt	729	2,1	85 122	4,3	2 227	0,3	1 982	−0,8
Europa	627	2,0	66 202	4,5	699	9,4	627	6,2
Frankreich	43	−0,9	3 507	−1,4	94	3,8	67	−2,3
Italien	63	4,8	6 152	6,0	72	7,3	78	12,0
Spanien	81	−0,4	12 403	2,2	64	3,4	39	6,6
Türkei	53	8,9	7 719	7,4	57	9,9	67	10,8
Vereinigtes Königreich	68	3,5	6 674	6,3	114	12,2	86	0,3
Afrika	19	3,4	2 875	3,1	69	9,2	50	8,6
Ägypten	8	24,2	1 231	22,5	18	16,3	17	38,2
Marokko	3	17,5	408	14,9	0	5,6	0	28,1
Nigeria	1	−1,8	99	−4,0	4	−2,3	1	−15,8
Südafrika	1	2,7	379	−1,9	23	−21,5	10	−11,7
Tunesien	3	−29,1	343	−36,0	1	−2,7	1	−3,6
Amerika	35	0,0	7 735	0,5	509	−3,2	384	−3,9
Brasilien	2	1,0	429	−2,0	30	−26,5	24	−10,5
Dominikanische Republik	1	8,2	297	7,2	2	16,1	5	−22,5
Kanada	4	−1,3	970	0,2	44	12,0	23	−13,4
Mexiko	1	14,6	291	8,7	22	−7,9	12	−1,5
Vereinigte Staaten	25	−1,0	5 206	−0,3	394	−1,2	304	−1,4
Asien	49	4,1	8 309	7,3	949	−4,3	920	−4,3
China [1]	8	6,2	1 412	8,1	311	−12,4	312	0,7
Indien	3	−1,2	660	5,6	69	−2,5	118	−3,0
Japan	3	5,5	716	11,7	64	−1,5	65	4,5
Thailand	2	−10,5	391	0,8	34	−12,8	13	−39,3
Vereinigte Arabische Emirate	9	8,0	1 938	10,7	151	0,2	160	−4,4
Australien und Ozeanien	0	−25,0	0	−57,1	0	−46,1	–	X
Australien	0	0,0	0	−50,0	0	−46,1	–	X

1 Einschl. Hongkong.

25.3 Güterverkehr
25.3.1 Güterverkehr im Überblick

	Insgesamt	Eisenbahnverkehr	Straßenverkehr [1]	Binnenschifffahrt	Seeverkehr	Rohrleitungen	Luftverkehr
Beförderte Güter in Mill. t							
1991	3 795	416	2 919	230	150	79	1,5
2000	4 126	309	3 244	242	238	89	2,4
2005	3 996	317	3 062	237	281	95	3,0
2010	4 076	356	3 125	230	273	89	4,2
2014	4 493	365	3 508	228	300	88	4,4
2015	4 547	367	3 572	221	292	91	4,4
Beförderungsleistung in Mrd. tkm							
1991	398	82	246	56	X	14	0,4
2000	511	83	346	66	X	15	0,8
2005	580	95	403	64	X	17	1,0
2010	628	107	441	62	X	16	1,4
2014	655	113	464	59	X	18	1,4
2015	665	117	474	55	X	18	1,4

1 Deutsche und ausländische Lkw; Quelle: Deutsches Institut für Wirtschaftsforschung, TCI Röhling im Auftrag des Bundesministeriums für Verkehr und digitale Infrastruktur.

Güterverkehr 2015
in %

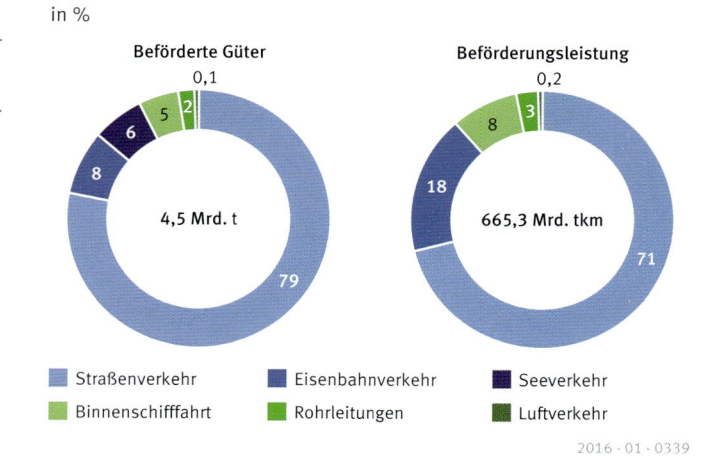

Beförderte Güter — 4,5 Mrd. t
- Straßenverkehr: 79
- Eisenbahnverkehr: 8
- Seeverkehr: 6
- Binnenschifffahrt: 5
- Rohrleitungen: 2
- Luftverkehr: 0,1

Beförderungsleistung — 665,3 Mrd. tkm
- Straßenverkehr: 71
- Eisenbahnverkehr: 18
- Binnenschifffahrt: 8
- Rohrleitungen: 3
- Luftverkehr: 0,2

Legende: Straßenverkehr · Eisenbahnverkehr · Seeverkehr · Binnenschifffahrt · Rohrleitungen · Luftverkehr

25 Transport und Verkehr

25.3 Güterverkehr
25.3.2 Eisenbahn-Güterverkehr 2015

Zusammengefasste Güterabteilungen [1]	Beförderte Güter insgesamt	Verkehr innerhalb Deutschlands	Grenzüberschreitender Verkehr		Durchgangs-verkehr
		Versand = Empfang	Versand	Empfang	
	1 000 t				
Insgesamt	367 314	241 671	47 500	57 983	20 160
Erzeugnisse der Land- und Forstwirtschaft, Fischerei	4 092	3 228	551	243	70
Kohle, rohes Erdöl und Erdgas	40 317	30 469	336	9 491	20
Erze, Steine und Erden, sonstige Bergbauerzeugnisse	50 257	37 564	3 709	8 839	146
Konsumgüter zum kurzfristigen Verbrauch, Holzwaren	11 156	4 398	2 272	3 296	1 190
Kokerei- und Mineralölerzeugnisse	42 558	35 106	4 279	2 826	347
Chemische Erzeugnisse, Mineralerzeugnisse	42 431	33 812	4 279	3 486	854
Metalle und Metallerzeugnisse	59 098	44 971	5 292	6 462	2 374
Maschinen und Ausrüstungen, langlebige Konsumgüter	15 326	9 614	2 413	2 363	935
Sekundärrohstoffe, Abfälle	13 789	10 945	1 816	936	92
Sonstige Produkte	88 290	31 563	22 553	20 039	14 134

1 Güterverzeichnis für die Verkehrsstatistik NST-2007.

25.3.3 Kombinierter Verkehr der Eisenbahn 2015

	Insgesamt	Verkehr innerhalb Deutschlands	Grenzüberschreitender Verkehr		Durchgangsverkehr
		Versand = Empfang	Versand	Empfang	
Beförderte Einheiten in 1 000 [1]					
Container und Wechselbehälter	3 918	2 104	678	703	434
Kraftfahrzeuge	931	75	343	313	200
Sattelzuganhänger	832	75	292	266	200
Lkw/Sattelzug	98	–	51	47	0
Beförderte Menge in 1 000 t					
Container und Wechselbehälter	64 358	30 946	12 813	11 408	9 192
Kraftfahrzeuge	25 000	2 015	9 715	8 298	4 972
Sattelzuganhänger	21 441	2 015	7 847	6 607	4 971
Lkw/Sattelzug	3 559	–	1 868	1 691	0

Tonnagedaten sind Bestandteil der Werte von Tabelle 25.3.2.

1 Beladene und unbeladene Einheiten.

Kombinierter Verkehr: Der Ferntransport eines Ladungsträgers (z. B. Container, Wechselbe-hälter) wird mit der Eisenbahn oder Schiffen zurückgelegt. Lkw hingegen sammeln oder verteilen diese Ladungsträger im Vor- und Nachlauf weiter. Der kombinierte Verkehr zielt auf einen veränderten „Modal Split" hin zu umweltfreundlicheren Verkehrsträgern ab. Durch den Transport in standardisierten Transporteinheiten ist dabei eine relativ einfache und kostengünstige Umladung dieser Ladungsträger zwischen den Verkehrsträgern möglich, also zum Beispiel vom Lkw auf die Eisenbahn.

25 Transport und Verkehr

25.3 Güterverkehr
25.3.4 Güterverkehr deutscher Lastkraftwagen 2014

Zusammengefasste Güterabteilungen [1]	Beförderte Güter insgesamt	Darunter			
		Verkehr innerhalb Deutschlands	grenzüberschreitender Verkehr		Durchgangs-verkehr
		Versand = Empfang	Versand	Empfang	
	1 000 t				
Insgesamt	3 052 072	2 924 158	64 358	45 556	988
Erzeugnisse der Land- und Forstwirtschaft, Fischerei	175 550	166 510	4 431	3 460	/
Kohle, rohes Erdöl und Erdgas	(6 990)	(6 160)	(624)	/	/
Erze, Steine und Erden, sonstige Bergbauerzeugnisse	933 416	922 446	6 349	2 632	/
Konsumgüter zum kurzfristigen Verbrauch, Holzwaren	436 354	408 050	14 517	10 217	(359)
Kokerei- und Mineralölerzeugnisse	90 729	87 800	1 378	1 365	/
Chemische Erzeugnisse, Mineralerzeugnisse	492 282	464 910	14 912	9 483	/
Metalle und Metallerzeugnisse	139 373	127 682	5 443	4 252	/
Maschinen und Ausrüstungen, langlebige Konsumgüter	146 154	135 237	5 284	3 963	/
Sekundärrohstoffe, Abfälle	262 988	255 764	3 142	2 791	/
Sonstige Produkte	368 175	349 600	8 278	7 213	109

1 Güterverzeichnis für die Verkehrsstatistik – 2007 (NST-2007).
Quelle: Kraftfahrt-Bundesamt

25.3.5 Güterbeförderung in der Binnenschifffahrt 2015

Zusammengefasste Güterabteilungen [1]	Beförderte Güter insgesamt	Verkehr innerhalb Deutschlands	Grenzüberschreitender Verkehr		Durchgangs-verkehr
		Versand = Empfang	Versand	Empfang	
	1 000 t				
Insgesamt	221 369	54 565	48 841	102 459	15 504
Erzeugnisse der Land- und Forstwirtschaft, Fischerei	16 243	5 109	2 561	5 278	3 295
Kohle, rohes Erdöl und Erdgas	34 745	5 353	155	28 375	862
Erze, Steine und Erden, sonstige Bergbauerzeugnisse	55 058	12 335	10 124	31 804	795
Konsumgüter zum kurzfristigen Verbrauch, Holzwaren	12 420	3 178	3 710	4 475	1 056
Kokerei- und Mineralölerzeugnisse	37 261	13 675	7 103	12 985	3 498
Chemische Erzeugnisse, Mineralerzeugnisse	24 896	6 731	8 616	8 551	998
Metalle und Metallerzeugnisse	11 839	1 638	4 965	4 117	1 119
Maschinen und Ausrüstungen, langlebige Konsumgüter	2 361	739	1 254	353	16
Sekundärrohstoffe, Abfälle	11 133	4 639	3 577	1 500	1 418
Sonstige Produkte	15 413	1 167	6 778	5 021	2 447

1 Güterverzeichnis für die Verkehrsstatistik – 2007 (NST-2007).

25 Transport und Verkehr
25.3 Güterverkehr

25.3.6 Güterumschlag in der Binnenschifffahrt 2015 – die 20 umschlagstärksten Häfen

		Umschlag insgesamt	Verkehr innerhalb Deutschlands	Grenzüberschreitender Verkehr	
				Versand	Empfang
		1 000 t			
1	Duisburg	54 132	4 883	8 037	41 212
2	Hamburg	12 104	11 621	155	328
3	Köln	11 063	4 565	3 687	2 811
4	Mannheim	8 208	2 011	1 781	4 417
5	Neuss	7 187	1 936	1 798	3 453
6	Ludwigshafen am Rhein	7 040	2 528	1 675	2 837
7	Karlsruhe	6 576	2 228	1 383	2 965
8	Frankfurt am Main	4 227	1 985	509	1 732
9	Gelsenkirchen	3 886	2 052	1 294	540
10	Berlin	3 886	3 206	–	680
11	Hamm	3 526	887	297	2 342
12	Bremen	3 457	3 152	185	120
13	Marl	3 440	823	842	1 775
14	Magdeburg	3 405	2 815	421	169
15	Saarlouis	3 395	230	747	2 417
16	Kehl	3 254	1 501	585	1 169
17	Wesseling	3 144	1 817	1 170	158
18	Krefeld	3 043	1 261	639	1 142
19	Mainz	2 922	853	782	1 287
20	Rheinberg	2 835	280	349	2 207

25.3.7 Containerumschlag in der Binnenschifffahrt – die 20 umschlagstärksten Häfen

		2015	Veränderung gegenüber Vorjahr
		1 000 TEU [1]	%
1	Duisburg	475	– 0,2
2	Germersheim	153	8,9
3	Mannheim	134	– 8,1
4	Wörth am Rhein	126	– 4,5
5	Emmerich am Rhein	117	9,2
6	Hamburg	113	14,9
7	Mainz	112	0,4
8	Neuss	107	25,6
9	Köln	104	0,6
10	Ludwigshafen am Rhein	97	19,5
11	Bonn	93	49,3
12	Düsseldorf	78	6,5
13	Frankfurt am Main	66	– 18,6
14	Bremerhaven	66	– 17,6
15	Bremen	49	– 20,8
16	Andernach	41	0,1
17	Voerde (Niederrhein)	37	– 14,3
18	Gernsheim	37	3,8
19	Koblenz	37	10,6
20	Braunschweig	36	– 5,5

1 Ein TEU (Twenty Foot Equivalent Unit) entspricht einem 20-Fuß-Container (20') mit den Maßen von 6,06 m Länge, 2,44 m Breite und 2,6 m Höhe. Ein 40-Fuß-Container (40': 12,19 m x 2,44 m x 2,6 m) entspricht zwei TEU.

25.3.8 Güterumschlag deutscher Häfen im Seeverkehr

Zusammengefasste Güterabteilungen [1]	2015			Veränderung gegenüber Vorjahr		
	Insgesamt	Versand	Empfang	insgesamt	Versand	Empfang
	1 000 t			%		
Insgesamt	296 236	122 675	173 561	– 2,6	– 2,2	– 2,8
Erzeugnisse der Land- und Forstwirtschaft, Fischerei	25 523	11 693	13 830	5,4	10,2	1,6
Kohle, rohes Erdöl und Erdgas	37 273	324	36 948	– 1,9	– 52,2	– 1,0
Erze, Steine und Erden, sonstige Bergbauerzeugnisse	27 881	2 716	25 164	– 3,2	10,9	– 4,5
Konsumgüter zum kurzfristigen Verbrauch, Holzwaren	45 571	22 122	23 449	2,1	10,2	– 4,5
Kokerei- und Mineralölerzeugnisse	16 329	4 600	11 729	– 3,6	– 13,4	0,9
Chemische Erzeugnisse, Mineralerzeugnisse	32 024	19 138	12 887	– 11	– 10,6	– 11,6
Metalle und Metallerzeugnisse	17 632	11 120	6 512	– 6,2	– 12,5	7,1
Maschinen und Ausrüstungen, langlebige Konsumgüter	31 453	17 969	13 484	– 0,7	– 0,5	– 0,9
Sekundärrohstoffe, Abfälle	5 772	2 814	2 957	– 5,3	– 5,6	– 5,1
Sonstige Produkte	56 780	30 179	26 601	– 3,6	– 3,2	– 4,1

1 Güterverzeichnis für die Verkehrsstatistik – 2007 (NST-2007).

25 Transport und Verkehr

25.3 Güterverkehr
25.3.9 Güterumschlag deutscher Häfen im Seeverkehr nach Fahrtgebieten

	2015			Veränderung gegenüber Vorjahr		
	Insgesamt	Versand	Empfang	insgesamt	Versand	Empfang
	1 000 t			%		
Insgesamt	**296 236**	**122 675**	**173 561**	**– 2,6**	**– 2,2**	**– 2,8**
Verkehr innerhalb Deutschlands	8 190	4 417	3 773	8,3	12,1	4,1
Verkehr mit Häfen außerhalb Deutschlands	288 046	118 258	169 788	– 2,9	– 2,7	– 3,0
darunter:						
Afrika	16 343	8 096	8 246	2,8	19,5	– 9,6
Amerika	42 347	17 798	24 550	0,6	3,2	– 1,3
darunter:						
Vereinigte Staaten	15 063	7 744	7 319	0,2	– 0,7	1,1
Brasilien	10 540	2 959	7 581	2,6	– 0,2	3,7
Asien	60 145	33 595	26 550	– 9,3	– 7,6	– 11,4
darunter:						
China	21 833	8 568	13 265	– 10,8	– 6,0	– 13,6
Indien	3 535	1 963	1 573	– 0,7	2,5	– 4,4
Europa	167 233	57 992	109 241	– 1,6	– 3,8	– 0,4
Europäische Union	115 781	47 457	68 324	0,2	– 2,1	1,9
darunter:						
Schweden	24 796	10 967	13 830	– 1,3	– 3,8	0,8
Vereinigtes Königreich	17 695	6 176	11 519	– 3,2	– 2,7	– 3,5
Finnland	16 562	5 599	10 962	4,5	0,8	6,5
Dänemark	12 159	6 285	5 874	2,6	6,8	– 1,6
Niederlande	9 388	4 250	5 138	18,4	38,7	5,6
Sonstiges Europa	51 452	10 535	40 917	– 5,4	– 10,4	– 4,1
darunter:						
Russische Föderation	28 217	5 907	22 310	1,0	– 15,7	6,6
Ozeanien und Polargebiete	1 743	658	1 085	5,3	16,0	– 0,3
Unbekannt	235	119	116	– 58,2	– 61,8	– 53,8

25 Transport und Verkehr
25.3 Güterverkehr

25.3.10 Güterumschlag im Seeverkehr – die 20 umschlagstärksten Häfen

		2015	Veränderung gegenüber Vorjahr
		1 000 t	%
1	Hamburg	120 173	– 4,6
2	Bremerhaven	49 753	– 7,3
3	Wilhelmshaven	23 202	– 1,9
4	Rostock	20 328	4,4
5	Lübeck	16 304	– 5,4
6	Bremen	12 713	– 0,7
7	Brunsbüttel	8 277	– 4,2
8	Brake	6 565	4,9
9	Bützfleth	5 471	– 2,0
10	Puttgarden/Fehmarn	4 733	4,2
11	JadeWeserPort	4 193	828,3
12	Emden	4 173	– 3,6
13	Kiel	3 848	– 4,7
14	Wismar	3 700	10,2
15	Cuxhaven	2 528	– 0,2
16	Nordenham	2 059	– 18,9
17	Sassnitz	1 088	– 14,9
18	Duisburg	945	– 17,1
19	Stralsund	933	2,0
20	Vierow	745	– 2,2

25.3.11 Containerumschlag im Seeverkehr – die 5 umschlagstärksten Häfen

		2015	Veränderung gegenüber Vorjahr
		1 000 TEU [1]	%
1	Hamburg	8 848	– 9,5
2	Bremerhaven	5 467	– 4,6
3	JadeWeserPort	415	569
4	Wilhelmshaven	196	206
5	Lübeck	138	– 2,8

1 Ein TEU (Twenty Foot Equivalent Unit) entspricht einem 20-Fuß-Container (20') mit den Maßen von 6,06 m Länge, 2,44 m Breite und 2,6 m Höhe. Ein 40-Fuß-Container (40': 12,19 m x 2,44 m x 2,6 m) entspricht zwei TEU.

Containerumschlag im Seeverkehr
1995 = 100 (bezogen auf TEU)

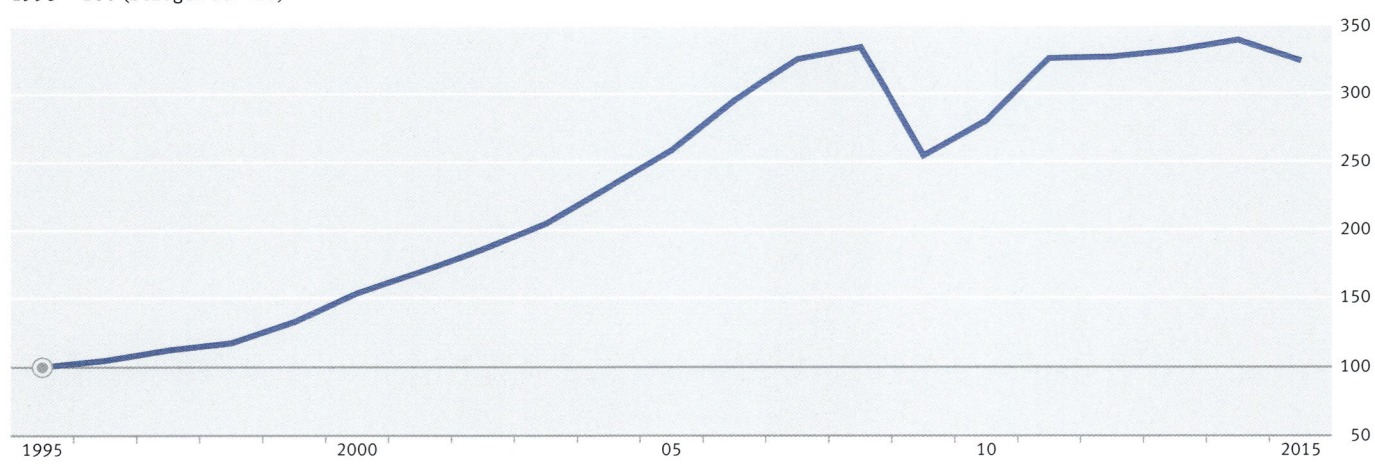

Ein TEU (Twenty Foot Equivalent Unit) entspricht einem 20-Fuß-Container (20') mit den Maßen von 6,06 m Länge, 2,44 m Breite und 2,6 m Höhe. Ein 40-Fuß-Container (40': 12,19 m x 2,44 m x 2,6 m) entspricht zwei TEU.

25 Transport und Verkehr

25.4 Infrastruktur und Fahrzeugbestände
25.4.1 Länge der innerdeutschen Verkehrswege

	1991	2000	2010	2014	2015
	1 000 km				
Straßen des überörtlichen Verkehrs	226,5	230,7	231,0	230,4	230,1
dar. Autobahnen	10,9	11,5	12,8	12,9	12,9
Schienenstrecken					
Eisenbahnstrecken	44,1	41,7	37,9	37,8	...
Straßen-, Stadt- und U-Bahnstrecken	.	.	2,4	2,4	...
Bundeswasserstraßen	7,3	7,5	7,7	7,7	7,7
Rohölleitungen	2,7	2,4	2,4	2,4	2,4

25.4.2 Straßen des überörtlichen Verkehrs am 1.1.2015

	Straßen des überörtlichen Verkehrs	Bundesautobahnen	Bundesstraßen	Land(es)-, Staatsstraßen	Kreisstraßen
	km				
Deutschland	230 147	12 949	38 917	86 331	91 950
Baden-Württemberg	27 398	1 054	4 370	9 909	12 065
Bayern	41 892	2 515	6 478	14 041	18 858
Berlin	246	77	169	–	–
Brandenburg	12 236	794	2 767	5 705	2 970
Bremen	114	80	34	–	–
Hamburg	190	81	109	–	–
Hessen	16 097	987	3 015	7 165	4 930
Mecklenburg-Vorpommern	9 988	554	1 991	3 293	4 150
Niedersachsen	28 068	1 444	4 683	8 242	13 699
Nordrhein-Westfalen	29 564	2 215	4 467	13 102	9 780
Rheinland-Pfalz	18 391	877	2 895	7 236	7 383
Saarland	2 048	240	336	846	626
Sachsen	13 450	567	2 345	4 797	5 741
Sachsen-Anhalt	10 960	416	2 165	4 043	4 336
Schleswig-Holstein	9 878	538	1 544	3 669	4 127
Thüringen	9 627	510	1 549	4 283	3 285
	%				
Anteil an Straßen des überörtlichen Verkehrs	100	5,6	16,9	37,5	40,0

Quelle: Bundesministerium für Verkehr und digitale Infrastruktur

25.4.3 Schienen-Infrastruktur 2010

	Insgesamt	Eisenbahnen	Straßen-, Stadt- und U-Bahnen	Industrieanschlussstrecken
	km			
Insgesamt	41 303	37 877	2 407	1 019
Schmalspur	874	358	501	15
Normalspur	40 430	37 520	1 907	1 003
dar. für Hochgeschwindigkeitsverkehr	2 369	2 369	–	–

Bei der **Normalspur** beträgt die Spurweite des Gleiskörpers 1,435 m. Kleinere Spurweiten werden als **Schmalspur** bezeichnet.

Eigentum sowie gepachtete oder regelmäßig betriebene fremde Strecke.

25 Transport und Verkehr

25.4 Infrastruktur und Fahrzeugbestände
25.4.4 Eisenbahn-Infrastruktur nach Ländern in km

	Streckenlänge			
	2005	2010	2013	2014
Insgesamt	38 206	37 877	37 860	37 775
Baden-Württemberg	4 110	4 098	4 105	4 105
Bayern	6 154	6 235	6 308	6 310
Berlin	607	601	580	580
Brandenburg	2 774	2 730	2 739	2 691
Bremen	168	164	164	163
Hamburg	282	356	350	347
Hessen	2 625	2 573	2 573	2 573
Mecklenburg-Vorpommern	1 543	1 670	1 671	1 665
Niedersachsen	4 194	4 102	4 100	4 098
Nordrhein-Westfalen	5 910	5 423	5 373	5 356
Rheinland-Pfalz	2 062	2 052	2 057	2 057
Saarland	365	365	370	361
Sachsen	2 339	2 416	2 409	2 409
Sachsen-Anhalt	2 192	2 214	2 190	2 190
Schleswig-Holstein	1 283	1 278	1 278	1 277
Thüringen	1 598	1 601	1 594	1 594

25.4.5 Bestand und Neuzulassungen von Kraftfahrzeugen und Kraftfahrzeuganhängern

	Bestand am 1.1.			Neuzulassungen		
	2016	2015	Veränderung 2016 gegenüber Vorjahr	2015	2014	Veränderung 2015 gegenüber Vorjahr
	1 000		%	1 000		%
Krafträder	4 228,2	4 145,4	2,0	158,5	148,8	6,5
Pkw	45 071,2	44 403,1	1,5	3 206,0	3 036,8	5,6
Kraftomnibusse einschl. Obussen	78,3	77,5	1,1	6,1	5,7	8,6
Lkw	2 800,8	2 701,3	3,7	274,8	264,6	9,3
Zugmaschinen	2 141,5	2 111,1	1,4	80,8	80,2	0,7
Übrige Kraftfahrzeuge	282,4	277,1	1,9	16,3	15,3	6,0
Kraftfahrzeuge mit amtlichem Kennzeichen zusammen	54 602,4	53 715,6	1,7	3 742,5	3 551,5	5,4
Kraftfahrzeuganhänger	6 854,2	6 674,3	2,7	280,0	271,3	3,2

Quelle: Kraftfahrt-Bundesamt

25.4.6 Bestand an Schiffen am 31.12.

	Binnenschiffe		Seeschiffe (Handelsschiffe)	
	Frachtschiffe	Fahrgastschiffe	Frachtschiffe	Fahrgastschiffe
2000	2 448	924	689	131
2005	2 457	1 000	603	112
2010	2 357	980	571	92
2014	2 121	1 002	368	88
2015	…	…	351	87

Quellen: Wasser- und Schifffahrtsdirektion Südwest, Bundesamt für Seeschifffahrt und Hydrographie

25.4.7 Bestand an Luftfahrzeugen am 31.12.

	Insgesamt	Flugzeuge mit einem Startgewicht			Hubschrauber
		bis 2 t [1]	über 2 t bis 20 t	über 20 t	
2000	12 272	9 950	907	595	820
2005	12 249	9 961	804	680	804
2010	13 445	10 696	949	799	1 001
2014	13 157	10 762	837	768	790
2015	13 098	10 739	797	767	795

1 Nur motorisierte Luftfahrzeuge, einschl. Motorsegler (ohne Luftschiffe).
Quelle: Luftfahrt-Bundesamt

25 Transport und Verkehr

25.5 Straßenverkehrsunfälle
25.5.1 Verunglückte 2015

Alter von ... bis unter ... Jahren	Insgesamt	Darunter Fahrer/-innen und Mitfahrer/-innen von						Fußgänger/-innen [4]	Sonstige
		Krafträdern mit Versicherungskennzeichen [1]	Krafträdern mit amtl. Kennzeichen [2]	Pkw	Bussen	Güterkraftfahrzeugen	Fahrrädern [3]		
Getötete									
	Anzahl								
Insgesamt	3 459	62	639	1 620	5	146	383	537	67
unter 15	84	–	–	34	1	–	17	27	5
15 – 18	72	7	26	20	–	–	8	11	–
18 – 25	473	3	116	287	–	10	15	38	4
25 – 35	460	3	135	242	–	20	22	35	3
35 – 45	360	4	92	170	–	29	22	35	8
45 – 55	536	10	127	235	–	49	48	61	6
55 – 65	448	15	94	202	–	33	53	47	4
65 und mehr	1 024	20	49	430	4	5	198	281	37
Ohne Angabe	2	–	–	–	–	–	–	2	–
	%								
Anteil an Getöteten insgesamt	100	1,8	18,5	46,8	0,1	4,2	11,1	15,5	1,9
Verletzte									
	Anzahl								
Insgesamt	393 432	15 550	29 795	219 663	6 102	9 448	77 793	31 073	4 008
unter 15	28 151	157	152	10 703	1 151	83	9 056	6 541	308
15 – 18	19 748	3 660	4 589	4 882	315	65	4 523	1 572	142
18 – 25	65 683	2 607	4 669	45 760	404	1 108	7 634	3 030	471
25 – 35	69 451	2 014	4 585	44 777	593	2 081	11 263	3 526	612
35 – 45	52 094	1 718	3 409	32 227	623	2 127	8 661	2 814	515
45 – 55	65 512	2 434	6 401	36 272	856	2 354	12 841	3 662	692
55 – 65	44 168	1 595	4 305	22 609	840	1 327	9 913	3 064	515
65 und mehr	47 666	1 295	1 639	22 245	1 304	298	13 487	6 686	712
Ohne Angabe	959	70	46	188	16	5	415	178	41
	%								
Anteil an Verletzten insgesamt	100	4,0	7,6	55,8	1,6	2,4	19,8	7,9	1,0

1 Einschl. E-Bikes und drei- und leichten vierrädrigen Kfz.
2 Einschl. drei- und leichten vierrädrigen Kfz.
3 Einschl. Pedelecs.
4 Einschl. Fußgänger mit Sport- und Spielgeräten.

25.5.2 Unfälle und Verunglückte im Zeitvergleich

	1970	1990	2000	2010	2014	2015	Veränderung gegenüber Vorjahr in %
Polizeilich erfasste Unfälle	1 392 007	2 010 575	2 350 227	2 411 271	2 406 685	2 516 831	4,6
davon:							
Unfälle mit Personenschaden	377 610	340 043	382 949	288 297	302 435	305 659	1,1
davon:							
Innerorts	254 198	218 177	245 470	195 833	209 618	209 821	0,1
Außerorts ohne Autobahnen	107 762	97 559	111 901	73 635	73 916	75 725	2,4
Auf Autobahnen	15 650	24 307	25 578	18 829	18 901	20 113	6,4
Unfälle mit Sachschaden	1 014 397	1 670 532	1 967 278	2 122 974	2 104 250	2 211 172	5,1
davon:							
Schwerwiegende Unfälle mit Sachschaden im engeren Sinne [1]	X	X	107 582	92 107	70 479	68 776	– 2,4
Sonstige Sachschadensunfälle	X	X	1 859 696	2 030 867	2 033 771	2 142 396	5,3
Verunglückte insgesamt	550 988	456 064	511 577	374 818	392 912	396 891	1,0
davon:							
Getötete	19 193	7 906	7 503	3 648	3 377	3 459	2,4
Schwerverletzte	164 437	103 403	102 416	62 620	67 732	67 706	0,0
Leichtverletzte	367 358	344 755	401 658	308 550	321 803	325 726	1,2

Bis einschl. 1990 früheres Bundesgebiet, ab 1991 Deutschland.
1 Bis 1994 Abgrenzung der Unfälle nach Schadenshöhe, ab 1995 Unfälle in Verbindung mit einem Straftatbestand oder einer Ordnungswidrigkeit (Bußgeld) und mindestens ein Fahrzeug musste abgeschleppt werden. – Unfälle unter dem Einfluss berauschender Mittel sind in „sonstige Sachschadensunfälle" enthalten.

25 Transport und Verkehr

25.5 Straßenverkehrsunfälle

Getötete bei Straßenverkehrsunfällen nach Verkehrsbeteiligung 2015
in %

Insgesamt 3 459

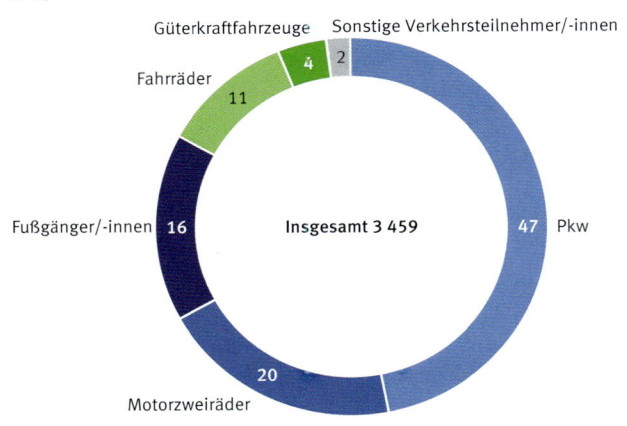

- Pkw: 47
- Motorzweiräder: 20
- Fußgänger/-innen: 16
- Fahrräder: 11
- Güterkraftfahrzeuge: 4
- Sonstige Verkehrsteilnehmer/-innen: 2

Getötete bei Straßenverkehrsunfällen nach Monaten 2015
in %

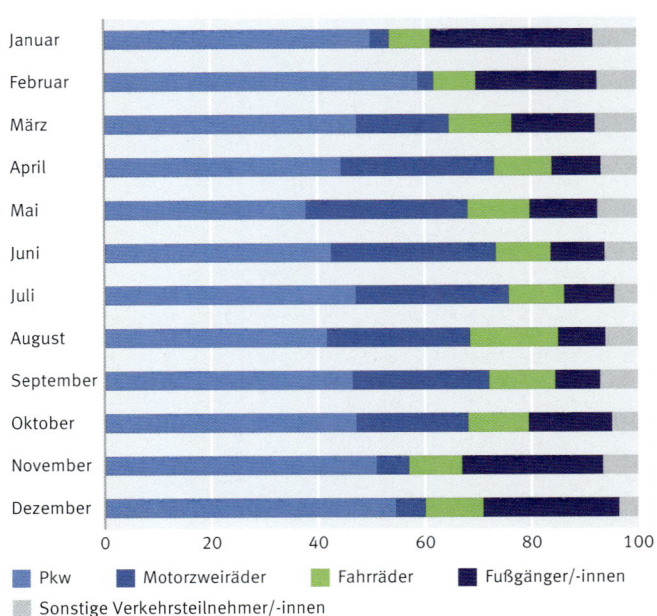

(Januar bis Dezember, gestapelte Balken: Pkw, Motorzweiräder, Fahrräder, Fußgänger/-innen, Sonstige Verkehrsteilnehmer/-innen)

Getötete bei Straßenverkehrsunfällen nach Ländern 2015
je 1 Mill. Einwohner/-innen

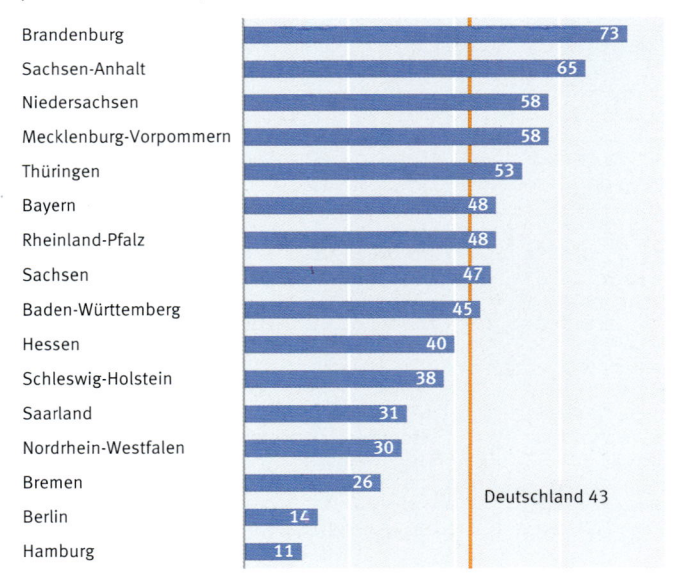

Brandenburg	73
Sachsen-Anhalt	65
Niedersachsen	58
Mecklenburg-Vorpommern	58
Thüringen	53
Bayern	48
Rheinland-Pfalz	48
Sachsen	47
Baden-Württemberg	45
Hessen	40
Schleswig-Holstein	38
Saarland	31
Nordrhein-Westfalen	30
Bremen	26
Berlin	14
Hamburg	11

Deutschland 43

Fehlverhalten der Fahrzeugführerinnen und Fahrzeugführer bei Unfällen mit Personenschaden 2015
in %

Fehlverhalten	%
Abbiegen, Wenden, Rückwärtsfahren, Ein- und Anfahren	16
Vorfahrt, Vorrang	15
Abstand	14
Geschwindigkeit	13
Falsche Straßenbenutzung	7
Falsches Verhalten gegenüber Fußgängern/Fußgängerinnen	5
Überholen	4
Alkoholeinfluss	3
Sonstige Ursachen	25

2016 - 01 - 0341

25 Transport und Verkehr

Methodik

Der Verkehrssektor spielt in der modernen Volkswirtschaft eine zentrale Rolle. Erst die Mobilität von Gütern (Rohstoffen, Zwischen- und Fertigprodukten) und Menschen (z. B. Berufstätigen, Reisenden, Verbraucherinnen und Verbrauchern) gewährleistet arbeitsteiliges Wirtschaften und Wertschöpfung in allen Wirtschaftssektoren. Statistische Informationen über Verkehrsunternehmen und das Verkehrsgeschehen sind eine wichtige Grundlage von verkehrspolitischen und unternehmerischen Entscheidungen.

Der Verkehrssektor kann institutionell und funktional abgegrenzt werden. In der **institutionellen** Darstellung liegen Informationen zu Unternehmen vor, die mit dem Schwerpunkt ihrer wirtschaftlichen Tätigkeit in den einzelnen Verkehrsbereichen tätig sind. Das sind diejenigen Unternehmen, die als Haupttätigkeit Güter- oder Personenbeförderung ausüben oder die Erbringung von sonstigen Dienstleistungen für den Verkehr (z. B. Betrieb von Häfen, Flughäfen, Lagerei). Dabei werden Angaben für das gesamte Unternehmen ausgewiesen. Die Angaben umfassen also auch z. B. die Umsätze und tätigen Personen in Nebentätigkeiten außerhalb der Verkehrstätigkeiten, ohne dass der Verkehrsanteil erkennbar wäre. Unternehmen, die Verkehrstätigkeiten als Nebentätigkeit betreiben, sind anderen Wirtschaftszweigen zugeordnet. Sie sind daher nicht in den Ergebnissen enthalten. Den Tabellen 25.1.1 und 25.1.2 liegt eine institutionelle Abgrenzung zugrunde.

Die weiteren Tabellen dieses Kapitels orientieren sich an der Tätigkeit „Transport" (**funktionale** Darstellung) und den dafür erforderlichen unmittelbaren Voraussetzungen bzw. den Auswirkungen, die sich durch den Verkehr ergeben. Sie umfassen dabei alle wichtigen Angaben, insbesondere zu Verkehrsleistungen (beförderte Personen und Güter), zur Verkehrsinfrastruktur und den Verkehrsmittelbeständen sowie zum Unfallgeschehen. In die funktionale Darstellung der Verkehrsleistungsstatistiken werden diejenigen Unternehmen einbezogen, die eine bestimmte Transporttätigkeit ausüben – unabhängig davon, ob diese Transporttätigkeit die Haupttätigkeit, eine Nebentätigkeit oder eine Hilfstätigkeit (z. B. Werkverkehr von Unternehmen des Handels) der Unternehmen darstellt. In der funktionalen Darstellung geht es auch bei der Verkehrsinfrastruktur, den Verkehrsmittelbeständen und den Unfällen immer um eine Gesamtabbildung dieser Tatbestände in Deutschland, unabhängig von eventuellen institutionellen Zuordnungen.

■ Institutionelle Verkehrsstatistik

Unternehmensdaten im Verkehr
Die Angaben zu den Unternehmen in den Tabellen 25.1.1 und 25.1.2 dieses Kapitels stammen aus der **Strukturerhebung im Dienstleistungsbereich**. Weitere Informationen hierzu finden Sie im Kapitel 27 „Weitere Dienstleistungen".

■ Funktionale Verkehrsstatistik

Die verkehrszweigspezifisch konzipierten amtlichen funktionalen Statistiken des Verkehrs – von Eisenbahnen, auf Straßen, in der Binnen- und Seeschifffahrt, im Luftverkehr und in Rohrleitungen – bilden eine wesentliche Voraussetzung für eine aktive Verkehrspolitik. Dies umfasst z. B. die Planung infrastruktureller Maßnahmen (Bundesverkehrswegeplanung), die Verkehrssicherheitspolitik sowie die Vorbereitung und Durchführung internationaler Verhandlungen. Außerdem erfüllen die amtlichen Verkehrsstatistiken internationale Verpflichtungen zur Datenlieferung. Sie sind ebenfalls Bestandteil der politischen Arbeit von verkehrswirtschaftlichen Verbänden, von Tarifparteien, von wissenschaftlichen Instituten sowie von anderen Forschungsinstitutionen.

Die **Verkehrsleistungsstatistiken** bilden den Schwerpunkt der amtlichen funktionalen Verkehrsstatistik. Sie werden von den Statistischen Ämtern des Bundes und der Länder durchgeführt sowie für den Straßengüterverkehr vom Kraftfahrt-Bundesamt (KBA). Die Verkehrsleistungsstatistiken weisen die Beförderungsmenge bzw. das Beförderungsaufkommen im Güter- und Personenverkehr (Tonnen/Personen) nach sowie die Beförderungsleistungen (Tonnenkilometer/Personenkilometer). Dies geschieht in regionaler Gliederung sowie im Güterverkehr in güterspezifischer Gliederung. Die Leistungsstatistiken des Personenverkehrs erfassen grundsätzlich beförderte Personen als Beförderungsfälle. Dies bedeutet, dass eine Person mehrfach gezählt wird, wenn sie im Berichtszeitraum mehrere Fahrten unternommen hat. Die beförderten Güter werden mit ihrem Gewicht nachgewiesen. Die Beförderungsleistungen berücksichtigen zusätzlich die zurückgelegten Entfernungen der durchgeführten Beförderungen. Eine wichtige Untergliederung der veröffentlichten Ergebnisse der Verkehrsleistungsstatistiken bilden die Hauptverkehrsverbindungen.

Die Angaben der amtlichen Statistik zum Personen- und Güterverkehr entstammen einem in sich abgestimmten System von Erhebungen, auch wenn die verkehrsstatistischen Daten für die einzelnen Verkehrszweige getrennt erfasst, aufbereitet und dargestellt werden. Insbesondere die gleiche Rechtsgrundlage, die Erhebung vergleichbarer Merkmale sowie die Anwendung einheitlicher Güter- und Regionalsystematiken (z. B. des Güterverzeichnisses für die Verkehrsstatistik) stellen die Einheitlichkeit der Darstellung in Bezug auf verkehrszweigübergreifende Fragestellungen und die zeitliche Vergleichbarkeit sicher. Die Ergebnisse der monatlichen oder vierteljährlichen Verkehrsleistungsstatistiken stehen mit hoher Genauigkeit ca. 30 bis 60 Tage nach Ende des Berichtszeitraums zur Verfügung. Rechtsgrundlage für die Erhebungen ist das Gesetz über die Statistik der See- und Binnenschifffahrt, des Güterkraftverkehrs, des Luftverkehrs sowie des Schienenverkehrs und des gewerblichen Straßen-Personenverkehrs (Verkehrsstatistikgesetz – VerkStatG) in der jeweils aktuellen Fassung.

Angaben zum motorisierten Individualverkehr mit Pkw und Zweirädern ermittelt nicht die amtliche Statistik, sondern das Deutsche Institut für Wirtschaftsforschung im Auftrag des Bundesministeriums für Verkehr und digitale Infrastruktur.

Unter der Zielsetzung der funktionalen Verkehrsstatistik sind auch die **Registerstatistiken** einzuordnen, vor allem die Statistiken zu den Kraftfahrzeugen, die das Kraftfahrt-Bundesamt (KBA) durchführt. Auch in anderen Bereichen ergänzen Auswertungen von Verwaltungsregistern die Erhebungen, insbesondere zur Infrastruktur und zum Verkehrsmittelbestand. Zu erwähnen sind hier die Angaben zum Bestand an Binnenschiffen, Seeschiffen und Luftfahrzeugen sowie zu den Straßen des überörtlichen Verkehrs.

■ Personenverkehr

Das Berichtssystem über den öffentlichen Personenverkehr mit Bussen und Bahnen besteht aus vierteljährlichen, jährlichen und fünfjährlichen Erhebungen im Schienennahverkehr und im gewerblichen Straßenpersonenverkehr einerseits und Erhebungen im Schienenfernverkehr andererseits. Methodisch sind die Statistiken in den beiden genannten Bereichen aufeinander abgestimmt und damit vergleichbar. Im Schienennahverkehr und im gewerblichen Straßenpersonenverkehr werden Unternehmen befragt, die Personennahverkehr mit Eisenbahnen (einschließlich S-Bahnen) oder mit Straßenbahnen (einschließlich Hoch-, U-, Stadt-, Schwebebahnen und ähnlichen Bahnen, aber ohne Berg- und Seilbahnen) betreiben bzw. Personennah- oder Personenfernverkehr mit Omnibussen (Kraftomnibussen und Obussen). Die Erhebungen umfassen nicht nur die Unternehmen, die eine Konzession für die Personenbeförderung haben. Sie enthalten auch die Subunternehmen, die im Auftrag eines anderen Unternehmens, das über eine Konzession verfügt, Personen befördern. Erhebungsbereich und Fragenprogramme sind – abhängig von der Größe der Unternehmen – unterschiedlich abgegrenzt, um kleine und mittlere Unternehmen von Berichtspflichten zu entlasten. So umfasst die jährliche Erhebung alle Unternehmen mit mehr als 250 000 Fahrgästen und eine Stichprobe der kleineren Unternehmen. Im Schienenfernverkehr werden alle Unternehmen erfasst, die Schienen-Personenfernverkehr im Inland betreiben.

Die hier dargestellte Verkehrsleistungsstatistik der **Luftfahrt** erfasst die Starts und Landungen von in- und ausländischen Luftfahrzeugen auf inländischen Flugplätzen, die mindestens 150 000 Passagiere pro Jahr aufweisen (Inlandskonzept). Für diese Hauptverkehrsflughäfen werden außerdem für Luftfahrzeuge, Personen und Güter

Transport und Verkehr

Methodik

(Fracht und Post) die Herkunfts- und Zielflugplätze ermittelt. Die Darstellung des Personen- und Güterverkehrs ist auf den gewerblichen Luftverkehr beschränkt. Überflüge über das Inland werden nicht erhoben.

Im Seeverkehr wird der Personenverkehr seit dem Jahr 2000 erhoben und ausgewertet. Weitere Informationen zum Erhebungssystem finden Sie unter *Güterverkehr*.

Die Angaben zum **motorisierten Individualverkehr** mit Pkw und Zweirädern (MIV) berechnet das Deutsche Institut für Wirtschaftsforschung jährlich in einem Personenverkehrsmodell. Für die Ermittlung der beförderten Personen und der Beförderungsleistungen wird dabei eine Vielzahl von Datenquellen ausgewertet.

■ Güterverkehr

Die Angaben zum **Eisenbahngüterverkehr** entstehen aus einem in sich abgestimmten System von Erhebungen. Erhoben werden monatlich und jährlich Angaben vor allem zur Beförderungsmenge und Beförderungsleistung. Kleinere Unternehmen werden dabei nur jährlich mit einem verkürzten Erhebungsprogramm einbezogen. Die hier dargestellten Ergebnisse beziehen sich auf Unternehmen, die auf dem inländischen Schienennetz des öffentlichen Verkehrs eine jährliche Verkehrsleistung von mindestens 10 Millionen Tonnenkilometern oder von einer Million Tonnenkilometern im „Kombinierten Verkehr" aufweisen.

Für den **Straßengüterverkehr** erfasst eine Stichprobenerhebung die Verkehrsleistungen deutscher Lastkraftfahrzeuge laufend. Die Ergebnisse werden monatlich und jährlich veröffentlicht. In die Erhebung einbezogen sind sowohl der gewerbliche Straßengüterverkehr als auch der Werkverkehr. Das Kraftfahrt-Bundesamt (KBA) führt die Erhebung durch. Von der Erhebung des KBA grundsätzlich ausgenommen sind die Güterbeförderungen ausländischer Kraftfahrzeuge, selbst wenn der Be- und Entladeort auf dem Gebiet der Bundesrepublik Deutschland liegt. Tabelle 25.3.4 dieses Kapitels zeigt daher die Transporte deutscher Lkw im In- und Ausland (Inländerkonzept). Auch die übrigen Staaten der Europäischen Union sind verpflichtet, an das Statistische Amt der Europäischen Union (Eurostat) entsprechende Ergebnisse für ihre nationalen Lkw zu liefern. Unter Heranziehung dieser Daten sowie weiterer Quellen für Nicht-EU-Staaten (z. B. aus der Mautstatistik) ermittelt das Deutsche Institut für Wirtschaftsforschung im Auftrag des Bundesministeriums für Verkehr und digitale Infrastruktur auch Angaben zum Verkehr in- und ausländischer Lkw in Deutschland (Inlandskonzept). Diese stellt Tabelle 25.3.1 dar.

Die Statistik des **Güterverkehrs der Binnenschifffahrt** umfasst Umschlag und Transporte in- und ausländischer Schiffe auf Binnengewässern des Inlandes (Inlandskonzept). Auskunftspflichtig sind die Fracht- bzw. Schiffsführerinnen und -führer, die Absender und Empfänger oder deren örtlich bevollmächtigte Vertretungen bei allen Be- und Entladevorgängen in deutschen Binnenhäfen. Nicht einbezogen ist der Verkehr der Binnenfischerei, der Nassbaggerei, Fähr- und Hafenverkehr sowie Transporte für den Schiffsbetrieb (Treibstoff, Proviant u. Ä.). Der Durchgangsverkehr wird den Meldungen der Wasserstraßenverwaltung des Bundes entnommen.

Die **Seeverkehrsstatistik** umfasst sämtliche Ankünfte und Abgänge von deutschen und ausländischen (See-) Schiffen in Häfen, wenn die Fahrt ganz oder teilweise auf See stattfindet (Inlandskonzept). Somit enthält sie auch den Seeverkehr der Binnenhäfen. Die See wird dann befahren, wenn die Fahrt nicht ausschließlich auf Binnenwasserstraßen (Flüsse und Kanäle) im Sinne des Bundeswasserstraßengesetzes stattfindet. Auskunftspflichtig zur Statistik des Schiffs-, Güter- und Personenverkehrs über See sind die Verfrachterinnen und Verfrachter, die Schiffsführerinnen und Schiffsführer, die Absender und Empfänger oder deren örtlich bevollmächtigte Vertretungen. Das Jahrbuch weist für den Seeverkehr generell die Bruttogewichte der Güter nach, also die Nettogewichte einschließlich der Verpackung der Güter, jedoch ohne die Gewichte der Ladungsträger (z. B. Container), in denen die Güter befördert werden.

Die Statistik der **Transporte in Rohrleitungen** weist den Eingang von Rohöl in Raffinerien nach. Diesen übermittelt das Bundesamt für Wirtschaft und Ausfuhrkontrolle dem Statistischen Bundesamt in monatlicher und jährlicher Periodizität. Der Transit und andere Beförderungsmengen, die nicht zu Raffinerien befördert werden, bleiben unberücksichtigt.

■ Infrastruktur und Fahrzeugbestände

Die Statistik der **Straßen des überörtlichen Verkehrs** erstellt das Bundesministerium für Verkehr und digitale Infrastruktur. Straßen des überörtlichen Verkehrs sind Autobahnen, Bundes-, Landes- und Kreisstraßen. Nicht enthalten sind Gemeindestraßen. Deren Länge wurde zuletzt 1993 ermittelt und betrug damals 413 000 Kilometer.

Die **Schieneninfrastrukturstatistik** führt das Statistische Bundesamt bei Unternehmen durch, die Schienenstrecken des öffentlichen Verkehrs im Inland betreiben (Infrastrukturunternehmen). Streckenneubauten und -stilllegungen werden jährlich erfragt, weitere Infrastrukturangaben (Streckenlängen, Bahnübergänge, Bahnhöfe etc.) fünfjährlich.

Bestand und Neuzulassungen von **Kraftfahrzeugen und Kraftfahrzeuganhängern** werden aus dem Zentralen Fahrzeugregister beim Kraftfahrt-Bundesamt ermittelt. Das Zentrale Fahrzeugregister basiert seinerseits auf den Meldungen der Kraftfahrzeug-Zulassungsstellen. Erfasst werden zulassungspflichtige Fahrzeuge und zulassungsfreie Fahrzeuge mit amtlichem Kennzeichen innerhalb des Erhebungsgebietes der Bundesrepublik Deutschland.

Der **Binnenschiffsbestand** entstammt der Binnenschiffsbestandsdatei deutscher Schiffe, die die Wasser- und Schifffahrtsdirektion Südwest führt. Die Datei enthält keine Schiffe, die von deutschen Unternehmen eingesetzt werden, aber im Ausland registriert sind. Zum **Seeschiffsbestand** gehören nur die Schiffe, die unter der Flagge der Bundesrepublik Deutschland fahren. Die im Ausland registrierten Schiffe deutscher Schiffseignerinnen und -eigner sind somit nicht darin enthalten. Die Zahlen ermittelt das Bundesamt für Seeschifffahrt und Hydrographie.

Den **Luftfahrzeugbestand** ermittelt das Luftfahrt-Bundesamt aus der bei ihm geführten Luftfahrzeugrolle. In dieser Luftfahrzeugrolle sind Luftfahrzeuge inländischer Eigentümerinnen und Eigentümer (Unternehmen und Privatpersonen) eingetragen. Der Bestand umfasst auch in das Ausland vermietete Luftfahrzeuge.

■ Straßenverkehrsunfälle

Als **Straßenverkehrsunfälle** werden alle Unfälle erfasst, die von der Polizei registriert wurden und bei denen infolge des Fahrverkehrs auf öffentlichen Wegen oder Plätzen entweder Personen getötet oder verletzt wurden oder Sachschaden entstanden ist. Auskunftspflichtig sind die Polizeidienststellen, deren Beamtinnen und Beamte den Unfall aufgenommen haben. Unfälle, zu denen die Polizei nicht hinzugezogen wurde, werden folglich nicht nachgewiesen. Die Polizeidienststellen melden die Daten an die amtliche Statistik. Nachgewiesen werden die Straßenverkehrsunfälle nach dem Inlandskonzept. Dies bedeutet, es werden – unabhängig von der Nationalität der Unfallbeteiligten – nur die Unfälle registriert, die sich auf deutschen Straßen ereigneten, bzw. nur die Verunglückten erfasst, die hier zu Schaden kamen.

Dieses Kapitel weist nur das Unfallgeschehen für die Straßenverkehrsunfälle nach. Angaben zu Schienenverkehrsunfällen (Erhebung des Statistischen Bundesamtes) sowie zu Unfällen im Luftverkehr (Angaben der Bundesstelle für Flugunfalluntersuchung) liegen ebenfalls vor. Sie finden diese in der Fachserie „Verkehrsunfälle" (siehe auch „Mehr zum Thema") sowie unter *www.destatis.de* › Transport und Verkehr › Verkehrsunfälle.

Detaillierte Informationen zur Methodik der einzelnen Statistiken sind in den „Qualitätsberichten" dokumentiert (siehe hierzu *www.destatis.de/publikationen* › Qualitätsberichte).

25 Transport und Verkehr

Glossar

Beförderte Personen | Die Zahl der beförderten Personen (Fahr- oder Fluggäste) spiegelt in der Verkehrsstatistik im Regelfall die Zahl der einzelnen Beförderungsfälle wider. Unternimmt also eine Person mehrere Fahrten, so erhöht sich die Anzahl der statistisch erfassten „beförderten Personen" entsprechend. Ihre Zahl wird z. B. anhand der verkauften Fahrscheine oder anhand von Verkehrszählungen ermittelt.

Beförderungsleistung im Güterverkehr | Dies ist das Produkt aus dem Gewicht der beförderten Gütermenge mit der (in der Regel nur im Inland) zurückgelegten Transportweite. So entsteht die Maßeinheit „Tonnenkilometer (tkm)". Werden in einem Lkw z. B. 15 t über eine Entfernung von 200 km zwischen den Orten A und B befördert, so ergibt dies eine Beförderungsleistung von 3 000 tkm.

Beförderungsleistung im Personenverkehr | Diese wird in der Maßeinheit „Personenkilometer (Pkm)" gemessen. Sie berechnet sich in der Regel durch Multiplikation der Zahl der beförderten Personen mit den von ihnen zurückgelegten Kilometern (Fahrt- bzw. Reiseweiten). Fahren z. B. in einem Bus 30 Personen über eine Entfernung von 20 km zwischen den Orten A und B, so wird eine Beförderungsleistung von 600 Pkm nachgewiesen.

Beförderungsmenge im Güterverkehr | Als Beförderungsmenge wird das Gewicht der beförderten Güter bezeichnet. Das Beförderungsgewicht wird einheitlich in allen amtlichen Güterverkehrsstatistiken einschließlich Verpackungsgewicht erhoben. Mit Ausnahme der Seeschifffahrt wird zudem das Gewicht von Ladungsträgern (z. B. Containern) in die Gesamttonnage einbezogen.

Bruttobetriebsüberschuss | Zur Definition siehe „Glossar" zum Kapitel „Produzierendes Gewerbe und Dienstleistungen im Überblick".

Bruttoinvestitionen in Sachanlagen | Zur Definition siehe „Glossar" zum Kapitel „Produzierendes Gewerbe und Dienstleistungen im Überblick".

Bruttowertschöpfung zu Faktorkosten | Zur Definition siehe „Glossar" zum Kapitel „Produzierendes Gewerbe und Dienstleistungen im Überblick".

Containerumschlag | Das ist die Summe aus Einladungen und Ausladungen der Container, die üblicherweise in der Einheit TEU (Twenty Foot Equivalent Unit) angegeben wird. Hierbei werden Transporte, z. B. zwischen deutschen Häfen, in beiden beteiligten Häfen gezählt, also zweifach. Über die Einheit TEU können unterschiedliche Containergrößen vergleichbar gemacht werden. Ein TEU entspricht einem 20-Fuß-Container (20') mit den Maßen von 6,06 m Länge, 2,44 m Breite und 2,6 m Höhe. Ein 40-Fuß-Container (40': 12,19 m x 2,44 m x 2,6 m) entspricht zwei TEU.

Gütergliederung | Die Gütergliederung sämtlicher amtlicher funktionaler Verkehrsstatistiken basiert ab Berichtsjahr 2008 auf dem „Güterverzeichnis für die Verkehrsstatistik – 2007 (NST-2007)". Es umfasst 20 Güterabteilungen und 81 Gütergruppen. Für Querschnittspublikationen wie das Statistische Jahrbuch gibt es daneben Zusammenfassungspositionen der NST-2007-Abteilungen. In dieser Publikation werden die Ergebnisse nach 10 zusammengefassten Güterabteilungen nachgewiesen.

Güterumschlag | Das ist die Summe aus Einladungen und Ausladungen der Güter. Im Unterschied zur Güterbeförderung werden beim Güterumschlag Transporte, z. B. zwischen deutschen Häfen, in beiden beteiligten Häfen gezählt, also zweifach.

Hauptverkehrsverbindungen | Innerdeutscher Verkehr (Verkehr innerhalb Deutschlands), grenzüberschreitender Verkehr (Empfang oder Versand) und Durchgangsverkehr (Transit) bilden die sogenannten Hauptverkehrsverbindungen, auch Hauptverkehrsbeziehungen oder Hauptverkehrsrelationen genannt. Generell werden beim innerdeutschen Verkehr die Transportvorgänge innerhalb Deutschlands nachgewiesen. Grenzüberschreitender Verkehr ist der Verkehr Deutschlands mit dem Ausland, Durchgangsverkehr der Verkehr zwischen Gebieten außerhalb Deutschlands durch Deutschland.

Kfz-Bestand | Zulassungspflichtige Fahrzeuge und zulassungsfreie Fahrzeuge mit amtlichem Kennzeichen innerhalb des Erhebungsgebietes der Bundesrepublik Deutschland zählen zum Kfz-Bestand. Nicht einbezogen sind Fahrzeuge der Bundeswehr, Fahrzeuge mit rotem bzw. Kurzzeitkennzeichen sowie Ausfuhrkennzeichen und – ab Berichtjahr 2000 – vorübergehend stillgelegte Fahrzeuge.

Kfz-Neuzulassungen | Hierunter ist die erstmalige Registrierung eines fabrikneuen Fahrzeugs zu verstehen, das in Deutschland ein amtliches Kennzeichen erhalten hat und somit berechtigt ist, am öffentlichen Straßenverkehr teilzunehmen.

Kombinierter Verkehr | Dabei wird der Ferntransport eines Ladungsträgers (z. B. Container, Wechselbehälter) mit der Eisenbahn oder Schiffen zurückgelegt. Lkw hingegen sammeln oder verteilen diese Ladungsträger im Vor- und Nachlauf weiter. Der kombinierte Verkehr zielt auf einen veränderten „Modal Split" hin zu umweltfreundlicheren Verkehrsträgern ab. Durch den Transport in standardisierten Transporteinheiten ist dabei eine relativ einfache und kostengünstige Umladung dieser Ladungsträger zwischen den Verkehrsträgern möglich, also zum Beispiel vom Lkw auf die Eisenbahn.

Personalaufwendungen | Zur Definition siehe „Glossar" zum Kapitel „Produzierendes Gewerbe und Dienstleistungen im Überblick".

Produktionswert | Zur Definition siehe „Glossar" zum Kapitel „Produzierendes Gewerbe und Dienstleistungen im Überblick".

Tätige Personen | Zur Definition siehe „Glossar" zum Kapitel „Produzierendes Gewerbe und Dienstleistungen im Überblick".

Umsatz | Zur Definition siehe „Glossar" zum Kapitel „Produzierendes Gewerbe und Dienstleistungen im Überblick".

Unternehmen | Zur Definition siehe „Glossar" zum Kapitel „Produzierendes Gewerbe und Dienstleistungen im Überblick".

Verunglückte, Getötete, Verletzte in der Straßenverkehrsunfallstatistik | Als Verunglückte zählen diejenigen Personen, die beim Unfall verletzt oder getötet wurden. Getötete sind dabei Personen, die innerhalb von 30 Tagen an den Unfallfolgen starben. Schwerverletzte sind Personen, die unmittelbar zur stationären Behandlung (mindestens 24 Stunden) in einem Krankenhaus aufgenommen wurden. Leichtverletzte sind alle übrigen Verletzten.

Waren- und Dienstleistungskäufe | Zur Definition siehe „Glossar" zum Kapitel „Produzierendes Gewerbe und Dienstleistungen im Überblick".

25 Transport und Verkehr

Mehr zum Thema

Liebe Leserin, lieber Leser,
ein Thema in diesem Kapitel spricht Sie besonders an oder Sie benötigen weitere Informationen? Auf dieser Seite nennen wir Ihnen, nach Themen gegliedert, weitere Veröffentlichungen unseres Hauses. Ausführliche Informationen zu den Produktkategorien sowie dem Informationsangebot des Statistischen Bundesamtes finden Sie auf Seite 8 dieser Ausgabe.

Web-Angebote
www.destatis.de ist Ihre erste Adresse in Sachen Statistik. Hier finden Sie alle Informationen, die das Statistische Bundesamt veröffentlicht, tagesaktuell. Unsere Veröffentlichungen können Sie direkt über unsere Website *www.destatis.de/publikationen* downloaden.

GENESIS-Online
Unter *www.destatis.de/genesis* bietet die Haupt-Datenbank des Statistischen Bundesamtes ein breites Themenspektrum fachlich tief gegliederter Ergebnisse der amtlichen Statistik. Daten zu *Transport und Verkehr* finden Sie hauptsächlich unter dem Menüpunkt › Themen, Code 46, Daten zu *Unternehmen* daneben unter Code 47

Weitere Veröffentlichungen zu den Themen

- **Unternehmensdaten im Verkehr**

    Fachserie 9   Dienstleistungen

    Reihe 4.1 | Strukturerhebung im Dienstleistungsbereich – Verkehr und Lagerei

    Fachberichte

    | Verkehr und Lagerei
    | Landverkehr und Transport in Rohrfernleitungen

- **Personenverkehr**

    Fachserie 8   Verkehr

    Reihe 3.1 | Personenverkehr mit Bussen und Bahnen

- **Güterverkehr**

    Fachserie 8   Verkehr

    Reihe 1.3 | Kombinierter Verkehr
    Reihe 1.4 | Gefahrguttransporte
    Reihe 2 | Eisenbahn
    Reihe 4 | Binnenschifffahrt

    WISTA – Wirtschaft und Statistik

    Heft 10/12 | Gefahrguttransporte 2010
    Heft 3/14 | Kombinierter Verkehr 2012
    Heft 1/16 | Güterverkehr in Deutschland 2015

- **Straßenverkehrsunfälle**

    Fachserie 8   Verkehr

    Reihe 7 | Verkehrsunfälle

    Fachberichte

    | Unfälle unter dem Einfluss von Alkohol oder anderen berauschenden Mitteln im Straßenverkehr
    | Kinderunfälle im Straßenverkehr
    | Unfälle von 15- bis 17-Jährigen im Straßenverkehr
    | Unfälle von 18- bis 24-Jährigen im Straßenverkehr
    | Unfälle von Frauen und Männern im Straßenverkehr
    | Unfälle von Güterkraftfahrzeugen im Straßenverkehr
    | Unfälle von Kraftomnibussen im Straßenverkehr
    | Unfälle von Senioren im Straßenverkehr
    | Unfallentwicklung auf deutschen Straßen
    | Verkehrsunfälle – Zeitreihen
    | Zweiradunfälle im Straßenverkehr

25 Transport und Verkehr

Mehr zum Thema

- Straßenverkehrsunfälle

    WISTA – Wirtschaft und Statistik

    | Heft 12/10 | Unfallstatistik – Verkehrsmittel im Risikovergleich |
    | Heft 1/15 | Welche Rolle spielt das Fahrzeug bei einem Verkehrsunfall? |

- Themenübergreifend

    Broschüre

    | | Verkehr auf einen Blick (2013) |

    Fachserie 8   Verkehr

    | Reihe 1.1 | Verkehr aktuell |
    | Reihe 1.2 | Verkehr im Überblick |
    | Reihe 2.1 | Betriebsdaten des Schienenverkehrs |
    | Reihe 5 | Seeschifffahrt |
    | Reihe 6 | Luftverkehr |
    | Reihe 6.1 | Luftverkehr auf Hauptverkehrsflughäfen |
    | Reihe 6.2 | Luftverkehr auf allen Flugplätzen |

    WISTA – Wirtschaft und Statistik

    | Heft 10/12 | Gefahrguttransporte 2010 |

26 Gastgewerbe und Tourismus

2,1 Millionen Personen in **226 000 Unternehmen** tätig | Über die **Hälfte** der Personen in **Teilzeit** | 2014 **Umsatz** von **77 Milliarden Euro** erzielt, davon **zwei Drittel** in der **Gastronomie, ein Drittel** im **Beherbergungsgewerbe** | 2015 übernachteten **167 Millionen Gäste** in Beherbergungsbetrieben | Im Durchschnitt blieben sie für **2,6 Nächte** | Jeder **fünfte Gast** stammte aus dem **Ausland**, jeder **achte ausländische Gast** aus den **Niederlanden**

26 Gastgewerbe und Tourismus

Seite

609 Auf einen Blick

Tabellen

610 Gastgewerbe
Strukturdaten der Unternehmen | Betriebswirtschaftliche Kennzahlen der Unternehmen

611 Tourismus
Beherbergungsbetriebe | Ankünfte und Übernachtungen | Die Top 50 im Städtetourismus | Herkunftsländer der Gäste

614 Methodik

616 Glossar

618 Mehr zum Thema

26 Gastgewerbe und Tourismus

26.0 Auf einen Blick

Übernachtungen ausländischer Gäste in den Reisegebieten 2015
Anteil an allen Übernachtungen, in %

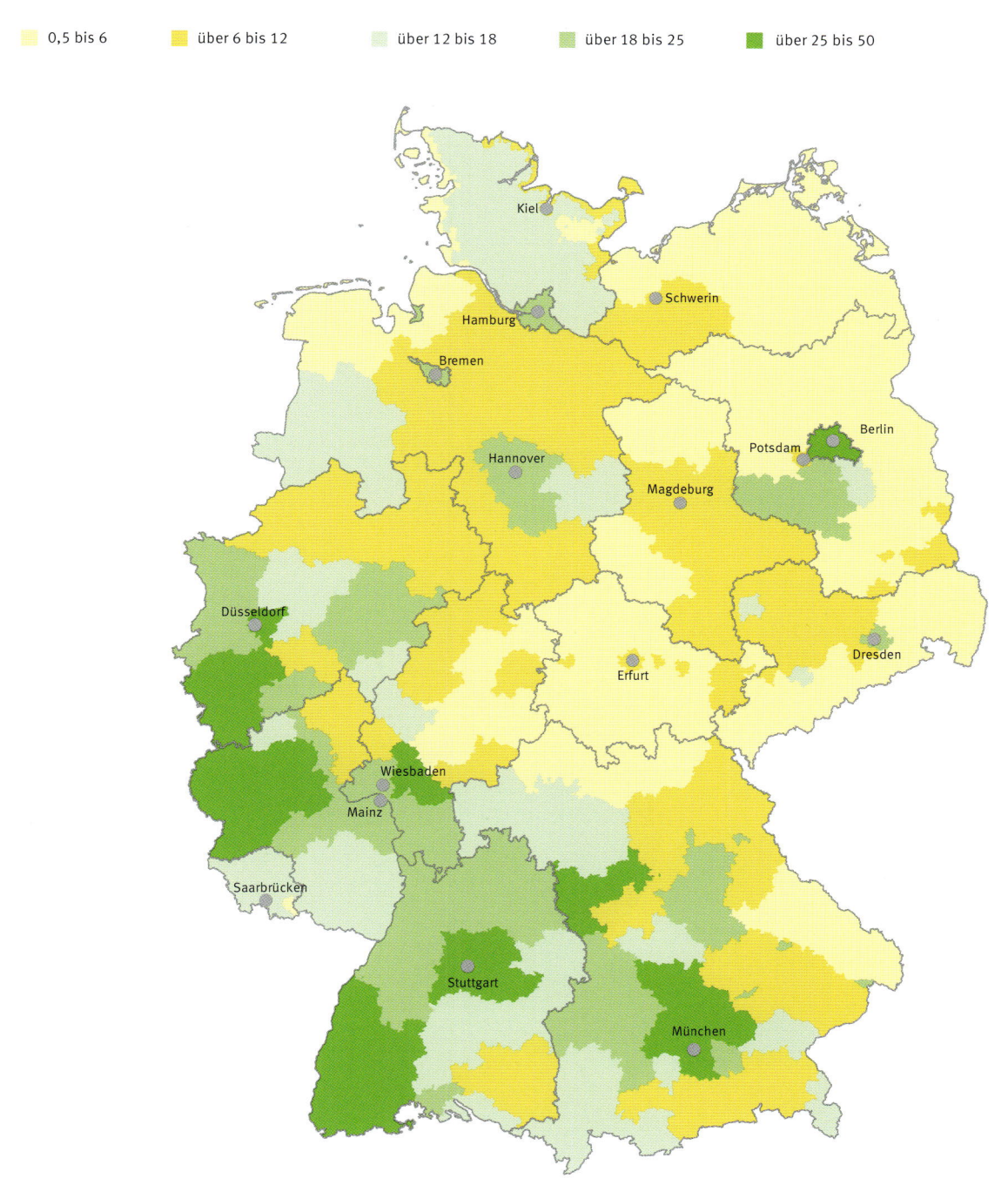

- 0,5 bis 6
- über 6 bis 12
- über 12 bis 18
- über 18 bis 25
- über 25 bis 50

Kartengrundlage © GeoBasis-DE / BKG 2015 (Daten verändert)

2016 - 01 - 0342

26 Gastgewerbe und Tourismus

26.1 Gastgewerbe
26.1.1 Strukturdaten der Unternehmen im Gastgewerbe 2014

Nr. der Klassifi-kation [1]	Wirtschaftsgliederung	Unternehmen	Tätige Personen	Umsatz	Bruttowertschöpfung zu Faktorkosten	Bruttoinvestitionen
		Anzahl		Mill. EUR		
I	Gastgewerbe	226 196	2 085 047	77 404	36 062	3 575
55	Beherbergung	46 630	542 602	26 391	13 026	1 956
55.1	Hotels, Gasthöfe und Pensionen	35 402	480 764	23 810	11 695	1 725
55.2	Ferienunterkünfte und ähnliche Beherbergungsstätten	8 478	45 911	1 854	943	127
55.3	Campingplätze	1 428	9 517	448	231	42
56	Gastronomie	179 566	1 542 445	51 013	23 036	1 619
56.1	Restaurants, Gaststätten, Imbissstuben, Cafés, Eissalons u. Ä.	130 727	1 079 064	35 977	15 972	1 208
56.2	Caterer und Erbringung sonstiger Verpflegungsdienstleistungen	14 239	235 884	9 464	4 696	230
56.3	Ausschank von Getränken	34 600	227 497	5 572	2 367	182

1 Klassifikation der Wirtschaftszweige, Ausgabe 2008 (WZ 2008).

26.1.2 Betriebswirtschaftliche Kennzahlen der Unternehmen im Gastgewerbe 2014

Nr. der Klassifi-kation [1]	Wirtschaftsgliederung	Umsatz	Produktionswert	Waren- und Dienstleistungs-käufe	Bruttowert-schöpfung zu Faktorkosten	Personalauf-wendungen	Bruttobetriebs-überschuss
		Mill. EUR	Verhältnis zum Umsatz in %				
I	Gastgewerbe	77 404	101,7	55,3	46,6	29,3	16,4
55	Beherbergung	26 391	101,9	52,9	49,4	30,5	17,6
55.1	Hotels, Gasthöfe und Pensionen	23 810	101,8	52,9	49,1	30,9	16,9
55.2	Ferienunterkünfte und ähnliche Beherbergungsstätten	1 854	102,5	52,2	50,9	25,9	24,3
55.3	Campingplätze	448	100,5	48,9	51,6	23,9	27,6
56	Gastronomie	51 013	101,6	56,5	45,2	28,6	15,8
56.1	Restaurants, Gaststätten, Imbissstuben, Cafés, Eissalons u. Ä.	35 977	101,6	56,8	44,4	27,7	16,3
56.2	Caterer und Erbringung sonstiger Verpflegungsdienstleistungen	9 464	102,2	55,2	49,6	35,9	11,4
56.3	Ausschank von Getränken	5 572	100,7	57,0	42,5	22,6	19,7

1 Klassifikation der Wirtschaftszweige, Ausgabe 2008 (WZ 2008).

Anteil der Vollzeit- und Teilzeitbeschäftigten 2014
in %

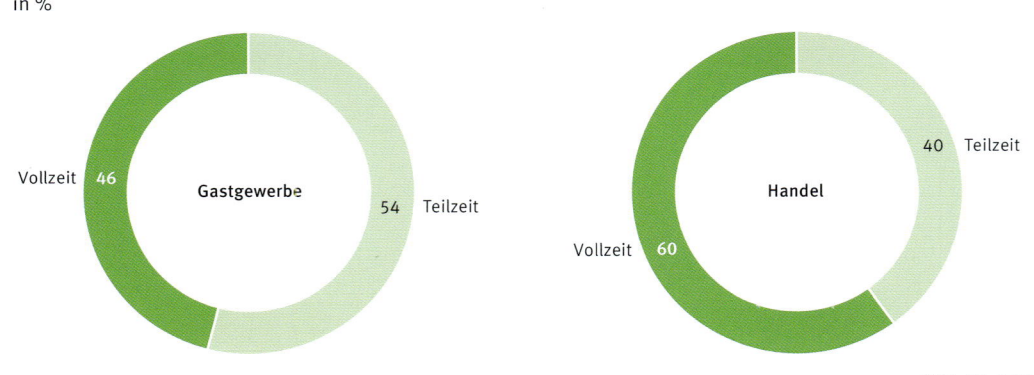

Gastgewerbe: Vollzeit 46 / Teilzeit 54

Handel: Vollzeit 60 / Teilzeit 40

26 Gastgewerbe und Tourismus

26.2 Tourismus
26.2.1 Beherbergungsbetriebe, Schlafgelegenheiten und Kapazitätsauslastungen 2015

	Geöffnete Beherbergungsbetriebe [1]	Veränderung gegenüber Vorjahr	Angebotene Schlafgelegenheiten [1]	Veränderung gegenüber Vorjahr	Durchschnittliche Auslastung der angebotenen Schlafgelegenheiten
	Anzahl	%	Anzahl	%	% [2]
Insgesamt	51 419	− 0,6	3 576 904	0,7	37,0
nach Ländern					
Baden-Württemberg	6 716	− 1,1	394 836	− 0,2	38,6
Bayern	12 225	0,2	704 836	1,9	36,9
Berlin	814	0,6	140 653	0,3	59,3
Brandenburg	1 655	1,3	125 494	0,3	32,5
Bremen	119	− 1,7	14 898	5,3	43,7
Hamburg	352	2,9	59 004	5,0	59,3
Hessen	3 494	0,0	251 826	0,4	37,5
Mecklenburg-Vorpommern	2 868	− 0,1	278 773	0,1	34,2
Niedersachsen	5 438	0,5	389 652	1,6	32,5
Nordrhein-Westfalen	5 279	− 1,1	375 953	0,7	36,8
Rheinland-Pfalz	3 538	− 1,5	230 929	− 1,1	28,8
Saarland	252	− 4,2	23 820	− 0,5	37,7
Sachsen	2 127	− 1,4	148 921	− 0,1	38,1
Sachsen-Anhalt	1 134	3,4	73 859	2,7	31,0
Schleswig-Holstein	4 077	− 4,2	256 584	− 0,8	35,8
Thüringen	1 331	− 0,5	106 866	0,4	34,7
nach Betriebsarten					
Hotels, Gasthöfe, Pensionen	32 971	− 1,0	1 780 168	0,9	43,0
Hotels (ohne Hotels garnis)	13 193	− 0,3	1 109 050	1,2	45,0
Hotels garnis	7 263	− 1,6	365 708	2,1	46,8
Gasthöfe	7 312	− 2,7	180 600	− 2,2	28,7
Pensionen	5 203	0,6	124 810	− 0,5	33,5
Ferienunterkünfte und ähnliche Beherbergungsstätten	13 807	0,1	676 496	− 0,9	33,8
Erholungs- und Ferienheime	1 682	− 2,5	126 753	− 1,4	32,9
Ferienzentren	113	0,0	65 886	− 1,2	46,5
Ferienhäuser und Ferienwohnungen	10 094	0,6	319 167	− 0,4	30,3
Jugendherbergen und Hütten	1 918	− 0,5	164 690	− 1,5	36,0
Campingplätze	2 873	0,8	884 804	1,5	12,5
Sonstige tourismusrelevante Unterkünfte	1 768	0,1	234 436	0,7	68,9
Vorsorge- und Rehabilitationskliniken	888	− 0,2	156 113	0,3	84,0
Schulungsheime	880	0,5	79 323	1,3	38,3

1 Stand: Juli.
2 Rechnerischer Wert (Übernachtungen/Bettentage) x 100.

Auslastung der angebotenen Schlafgelegenheiten in der Hotellerie
in %

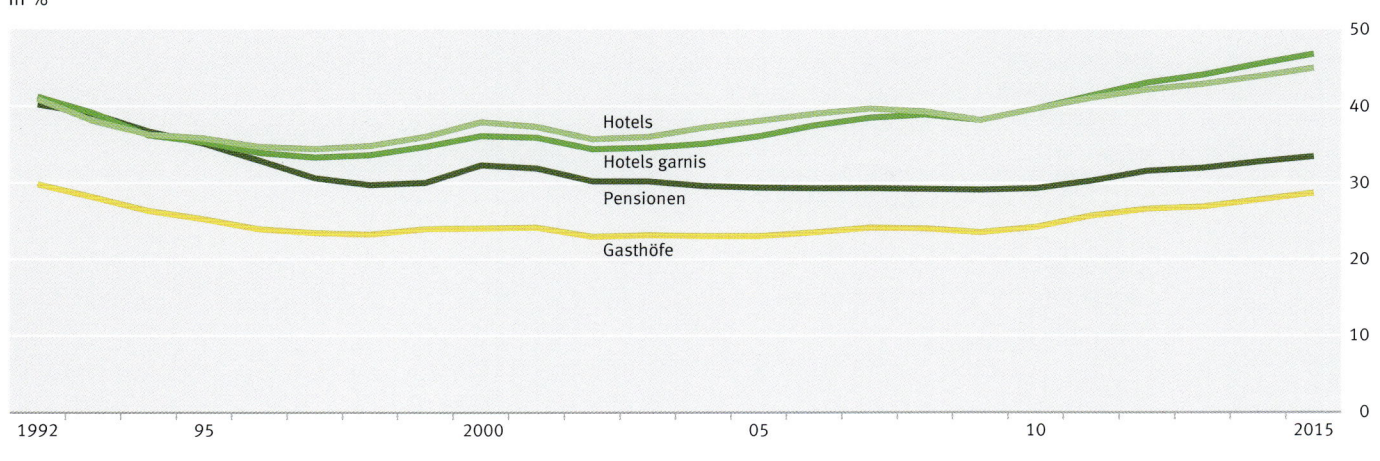

26 Gastgewerbe und Tourismus

26.2 Tourismus
26.2.2 Ankünfte und Übernachtungen in Beherbergungsbetrieben 2015

	Ankünfte		Darunter von Auslandsgästen		Übernachtungen		Darunter von Auslandsgästen	
	insgesamt	Veränderung gegenüber Vorjahr	zusammen	Veränderung gegenüber Vorjahr	insgesamt	Veränderung gegenüber Vorjahr	zusammen	Veränderung gegenüber Vorjahr
	1 000	%	1 000	%	1 000	%	1 000	%
Insgesamt	166 787	3,7	34 970	6,0	436 233	2,9	79 672	5,4
nach Ländern								
Baden-Württemberg	20 380	4,4	4 862	8,3	50 763	3,3	11 124	7,6
Bayern	34 209	5,4	8 527	7,6	88 129	3,4	17 558	6,0
Berlin	12 369	4,2	4 865	7,6	30 250	5,4	13 648	9,2
Brandenburg	4 659	5,9	418	7,5	12 519	4,9	961	5,3
Bremen	1 258	4,5	251	7,6	2 375	3,8	500	3,0
Hamburg	6 277	3,7	1 397	3,1	12 639	5,3	3 108	5,9
Hessen	14 314	4,5	3 666	7,8	32 168	3,2	7 121	6,3
Mecklenburg-Vorpommern	7 395	2,0	375	1,5	29 468	2,6	1 021	2,0
Niedersachsen	13 445	2,8	1 480	4,4	41 310	2,2	3 652	2,7
Nordrhein-Westfalen	21 713	2,3	4 789	1,0	48 688	1,6	10 139	1,0
Rheinland-Pfalz	8 496	3,5	1 883	1,6	21 757	2,9	5 360	1,9
Saarland	984	1,7	161	–1,0	2 980	2,0	463	0,1
Sachsen	7 406	0,0	868	5,1	18 732	–0,9	1 907	3,5
Sachsen-Anhalt	3 143	4,3	261	12,4	7 609	2,4	552	5,6
Schleswig-Holstein	7 031	4,0	920	9,1	27 083	2,8	1 974	5,5
Thüringen	3 710	1,8	247	0,0	9 763	–0,3	584	–0,9
nach Betriebsarten								
Hotels, Gasthöfe, Pensionen	131 674	3,9	30 691	6,3	272 018	3,4	64 890	5,8
Hotels (ohne Hotels garnis)	89 153	3,7	21 880	6,5	178 718	3,4	44 757	6,0
Hotels garnis	28 864	5,8	6 865	6,3	60 828	4,7	15 533	5,6
Gasthöfe	8 634	1,5	1 207	2,4	18 149	0,7	2 518	2,3
Pensionen	5 023	2,4	739	5,5	14 323	1,4	2 083	8,4
Ferienunterkünfte und ähnliche Beherbergungsstätten	20 501	1,9	2 571	1,9	76 810	1,7	9 552	2,5
Erholungs- und Ferienheime	4 076	–0,2	108	1,0	13 745	–0,5	451	0,5
Ferienzentren	2 574	4,1	535	–3,7	10 476	2,8	2 543	0,1
Ferienhäuser und Ferienwohnungen	5 946	4,4	610	8,0	32 736	2,9	3 209	5,3
Jugendherbergen und Hütten	7 905	0,6	19 853	0,8	1 318	1,8	3 348	2,1
Campingplätze	8 718	7,7	1 569	7,5	29 220	4,8	4 386	4,9
Sonstige tourismusrelevante Unterkünfte	5 893	0,5	139	–0,6	58 185	1,1	845	9,4
Vorsorge- und Rehabilitationskliniken	2 276	1,1	39	21,1	47 468	0,8	365	16,0
Schulungsheime	3 618	0,2	100	–7,1	10 717	2,4	480	4,8

Tourismusintensität 2015
Übernachtungen je Einwohner/-in

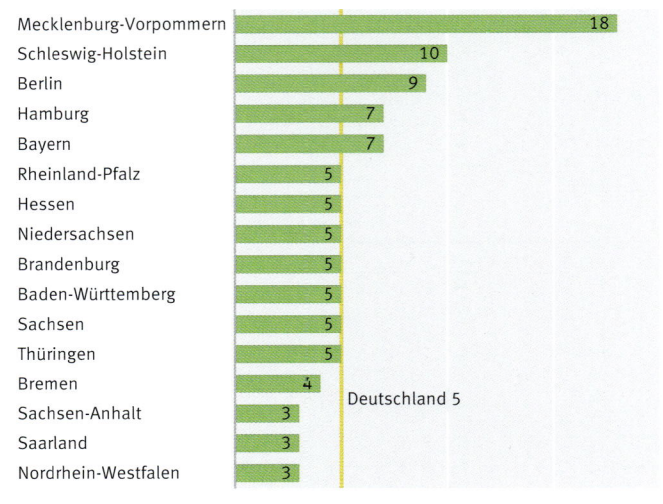

Mecklenburg-Vorpommern	18
Schleswig-Holstein	10
Berlin	9
Hamburg	7
Bayern	7
Rheinland-Pfalz	5
Hessen	5
Niedersachsen	5
Brandenburg	5
Baden-Württemberg	5
Sachsen	5
Thüringen	5
Bremen	4
Sachsen-Anhalt	3
Saarland	3
Nordrhein-Westfalen	3

Deutschland 5

Bevölkerung Stand 31.12. zum jeweiligen Vorjahr (Ergebnisse auf Grundlage des Zensus 2011, Stand: 10.4.2014).

26 Gastgewerbe und Tourismus
26.2 Tourismus

26.2.3 Die Top 50 im Städtetourismus 2015 – Ankünfte und Übernachtungen ab 100 000 Einwohner

		Ankünfte [1]	Veränderung gegenüber Vorjahr	Übernachtungen [1]	Veränderung gegenüber Vorjahr
		1 000	%	1 000	%
1	Berlin	12 369	4,2	30 250	5,4
2	München	6 957	5,5	14 066	4,6
3	Hamburg	6 277	3,7	12 639	5,3
4	Frankfurt am Main	5 105	6,6	8 677	7,8
5	Köln	3 447	3,5	5 985	4,3
6	Düsseldorf	2 664	0,5	4 404	−2,0
7	Dresden	2 081	−2,3	4 309	−3,0
8	Stuttgart	1 896	5,0	3 561	2,7
9	Nürnberg	1 686	8,0	3 013	6,7
10	Leipzig	1 536	1,7	2 830	2,3
11	Hannover	1 309	7,2	2 232	7,2
12	Bremen	1 062	4,7	1 994	4,2
13	Bonn	787	1,5	1 496	0,5
14	Freiburg	755	6,1	1 448	6,7
15	Rostock	743	2,3	1 931	1,8
16	Lübeck	739	8,4	1 688	6,0
17	Heidelberg	724	12,1	13 889	14,1
18	Dortmund	709	3,6	1 135	5,9
19	Essen	693	1,7	1 409	0,0
20	Münster	637	0,2	1 358	−0,4
21	Karlsruhe	621	4,1	1 097	4,7
22	Mainz	606	4,9	899	3,1
23	Wiesbaden	587	2,2	1 200	3,5
24	Würzburg	569	5,3	892	4,0
25	Mannheim	567	3,3	1 242	4,5
26	Regensburg	554	4,6	976	3,8
27	Kassel	506	2,6	904	2,5
28	Aachen	491	−3,1	973	−3,8
29	Potsdam	475	8,7	1 105	6,7
30	XXX 2)	.	.	.	.
31	Augsburg	441	1,0	764	2,5
32	Trier	436	7,3	794	5,3
33	Koblenz	403	8,5	765	6,0
34	Ulm	372	7,0	605	6,4
35	Bochum	370	1,4	630	0,8
36	Magdeburg	360	8,3	609	6,8
37	XXX ǀ2	.	.	.	.
38	Darmstadt	344	0,2	671	4,9
39	Wolfsburg	327	16,1	556	12,7
40	Braunschweig	324	1,9	580	4,2
41	Saarbrücken	316	1,6	537	0,1
42	Bielefeld	306	0,9	573	2,0
43	Ingolstadt	284	3,6	508	2,2
44	Neuss	276	0,5	430	−0,8
45	Göttingen	266	8,1	483	8,7
46	Chemnitz	254	−4,9	525	−8,9
47	Erlangen	252	−2,6	518	−0,1
48	Osnabrück	246	20,7	393	25,4
49	Wuppertal	228	2,7	575	5,6
50	Halle (Saale)	214	5,9	405	3,7

1 In Beherbergungsbetrieben.
2 In dieser Stadt sind Rückschlüsse auf einzelne Betriebe möglich. Daher unterliegt sie der statistischen Geheimhaltung.

26.2.4 Ankünfte und Übernachtungen in Beherbergungsbetrieben nach dem Herkunftsland der Gäste 2015

Herkunftsland (Ständiger Wohnsitz)	Ankünfte	Veränderung gegenüber Vorjahr	Übernachtungen		Veränderung gegenüber Vorjahr
	1 000	%	1 000	% [1]	%
Insgesamt	166 787	3,7	436 233	100	2,9
Deutschland	131 817	3,2	356 560	81,7	2,3
Ausland	34 970	6,0	79 672	18,3	5,4
Europa	25 640	4,1	58 445	73,4	3,7
dar.: Belgien	1 355	3,3	3 037	3,8	2,4
Bulgarien	94	6,5	279	0,4	1,3
Dänemark	1 553	6,0	3 290	4,1	5,0
Estland	50	−2,1	98	0,1	0,2
Finnland	293	−2,0	640	0,8	−0,8
Frankreich	1 640	1,3	3 259	4,1	1,3
Griechenland	137	1,5	371	0,5	0,1
Irland	190	11,6	435	0,5	13,0
Island	36	9,8	93	0,1	13,5
Italien	1 715	4,4	3 786	4,8	3,5
Kroatien	90	26,0	287	0,4	46,5
Lettland	67	8,6	141	0,2	10,4
Litauen	91	4,5	183	0,2	6,7
Luxemburg	266	4,0	598	0,8	2,7
Malta	20	10,3	56	0,1	13,5
Niederlande	4 326	2,1	11 173	14,0	1,6
Norwegen	424	−0,9	877	1,1	−1,2
Österreich	1 782	3,3	3 663	4,6	2,9
Polen	930	3,9	2 503	3,1	2,2
Portugal	145	10,8	380	0,5	12,6
Rumänien	252	7,5	802	1,0	10,1
Russische Föderation	677	−28,9	1 692	2,1	−29,4
Schweden	966	4,8	1 791	2,2	3,7
Schweiz	3 027	8,9	6 354	8,0	8,4
Slowakei	123	10,9	381	0,5	13,1
Slowenien	91	5,0	279	0,4	9,3
Spanien	1 149	24,6	2 652	3,3	24,2
Tschechische Republik	488	9,1	1 080	1,4	10,4
Türkei	308	11,8	724	0,9	13,5
Ukraine	118	−2,6	287	0,4	−4,3
Ungarn	267	4,5	707	0,9	1,6
Vereinigtes Königreich	2 560	6,0	5 542	7,0	7,4
Zypern	22	−3,1	58	0,1	5,5
Sonstige europäische Länder zusammen	390	6,2	944	1,2	5,6
Afrika	274	8,1	771	1,0	4,5
dar.: Südafrika	87	10,4	190	0,2	4,5
Asien	4 405	18,2	10 070	12,6	14,3
dar.: Arabische Golfstaaten	698	18,6	2 192	2,8	17,7
China (einschl. Hongkong)	1 393	34,7	2 539	3,2	24,8
Indien	213	9,4	693	0,9	6,6
Israel	311	11,0	993	1,2	14,2
Japan	647	−3,6	1 212	1,5	−3,5
Korea, Republik	297	16,6	585	0,7	16,8
Amerika	3 487	6,6	7 944	10,0	7,9
dar.: Kanada	289	2,9	652	0,8	3,0
Vereinigte Staaten	2 534	6,8	5 600	7,0	8,5
Mittelamerika/Karibik	118	10,6	306	0,4	15,5
Brasilien	310	2,1	794	1,0	1,9
Australien, Ozeanien	373	2,6	883	1,1	4,4
dar.: Australien	317	1,5	758	1,0	3,7
Ohne Angaben	791	5,1	1 558	2,0	5,5

1 Deutschland und Ausland: Anteil am „Insgesamt"; andere Länder bzw. Ländergruppen: Anteil am „Ausland".

Methodik

Eine wirtschaftliche Tätigkeit kann grundsätzlich aus institutioneller oder aus funktionaler Sicht betrachtet werden. Institutionell bedeutet, dass die Daten alle Einheiten umfassen, deren Haupttätigkeit die jeweilige wirtschaftliche Tätigkeit ist. Dabei fließen in die Ergebnisse alle Angaben dieser Einheiten ein, also auch die Angaben aus anderen Tätigkeiten. Funktional bedeutet, dass die Daten alle Einheiten umfassen, die diese Tätigkeit überhaupt ausüben, und zwar auch dann, wenn es sich nicht um die Haupttätigkeit der Einheit handelt. Dabei fließen in die Ergebnisse nur die Angaben ein, die aus der zu untersuchenden Tätigkeit stammen.

In diesem Kapitel enthalten die Tabellen zum Gastgewerbe eine institutionelle Sicht, die Tabellen zum Tourismus dagegen eine funktionale.

■ Gastgewerbe

Die **Gastgewerbestatistik** umfasst monatliche und jährliche Stichprobenerhebungen. Die EU-einheitliche Wirtschaftszweigklassifikation (NACE) definiert den Erhebungsbereich der Gastgewerbestatistik (Abschnitt I). Er untergliedert sich in die Abteilungen 55 „Beherbergungsstatistik" und 56 „Gastronomie". Die Statistik erfasst alle Unternehmen mit Sitz in Deutschland, die ausschließlich oder überwiegend Beherbergungs- oder Gaststättenleistungen anbieten (einschließlich Kantinen und Catering). Darunter sind Unternehmen zu verstehen, die entweder gegen Bezahlung Übernachtung für eine begrenzte Zeit anbieten (auch mit Abgabe von Speisen und Getränken) oder die Speisen oder Getränke im Allgemeinen zum Verzehr an Ort und Stelle abgeben. Die Unternehmen müssen dabei stets für das Gesamtunternehmen melden, also unter Einschluss auch solcher Arbeitsstätten, in denen andere als Gastgewerbetätigkeiten überwiegen (z. B. Herstellung von Nahrungs- und Genussmitteln, „Café-Konditorei"). Die Erhebung wird als Stichprobe bei höchstens 5 % der Unternehmen des Gastgewerbes durchgeführt. In der monatlichen Stichprobenerhebung sind rund 7 200 Unternehmen mit einem jährlichen Mindestumsatz von 150 000 Euro repräsentiert.

Rechtsgrundlage der monatlichen und jährlichen Gastgewerbestatistik ist das Gesetz über die Statistik im Handel und Gastgewerbe (Handelsstatistikgesetz – HdlStatG) in der jeweils aktuellen Fassung.

Zum Erhebungsprogramm der **Monatserhebung** im Gastgewerbe gehören der Monatsumsatz sowie die Anzahl der tätigen Personen, unterteilt nach Vollzeit- und Teilzeitbeschäftigten. Ziel der monatlichen Berichterstattung im Gastgewerbe ist die Darstellung der konjunkturellen Entwicklung. Die Gastgewerbestatistik liefert zudem Informationen über die Verwendung von Teilen des privaten Konsums. Die Monatserhebung wird in Abgrenzung zur jährlichen Strukturerhebung auch als Konjunkturerhebung bezeichnet.

Die **Jahreserhebung** im Gastgewerbe stellt eine wichtige Ergänzung der Ergebnisse der monatlichen Gastgewerbestatistik dar. Erst die Ergebnisse der Jahreserhebung können als wirtschaftspolitisch bedeutsame Informationen über die Struktur der Unternehmen auch zur Beurteilung der Rentabilität und der Produktivität im Gastgewerbe vermitteln. Zum Erhebungsprogramm der Jahreserhebung gehören die Erfassung des Jahresumsatzes, der Investitionen, des Wareneingangs und der Warenbestände am Anfang und am Ende des Jahres. Die Erhebung erfasst weiterhin die Anzahl der tätigen Personen, die Personalaufwendungen sowie die Sozialabgaben.

Nach § 11a BStatG sind alle Unternehmen und Betriebe verpflichtet, ihre Meldungen auf elektronischem Weg an die statistischen Ämter zu übermitteln. Hierzu sind die von den statistischen Ämtern zur Verfügung gestellten Online-Verfahren zu nutzen. Im begründeten Einzelfall kann eine zeitliche Ausnahme von der Online-Meldung vereinbart werden. Die Verpflichtung, die geforderten Auskünfte zu erteilen, bleibt jedoch weiterhin bestehen. Auskunftspflichtig sind die Inhaberinnen und Inhaber oder Leiterinnen und Leiter der Unternehmen. Die Befragung wird dezentral von den Statistischen Ämtern der Länder durchgeführt. Das Statistische Bundesamt stellt aus den Länderergebnissen Bundesergebnisse zusammen.

Das Statistische Bundesamt veröffentlicht Ergebnisse der monatlichen Gastgewerbestatistik in der Regel 45 Tage nach Ende des Berichtsmonats. Ergebnisse der Jahreserhebung erscheinen in der Regel 18 Monate nach Ende des Berichtsjahres, da erfahrungsgemäß die Unternehmen die meisten der Angaben für die Jahreserhebung ihren Jahresabschlüssen entnehmen.

Grundsätzlich sind die Ergebnisse der Monatserhebung im Gastgewerbe – auch für die hohen Anforderungen der amtlichen Statistik – als präzise einzustufen, nicht zuletzt aufgrund des großen Stichprobenumfangs. Gleichwohl ist jede Statistik stets mit einem Unschärfebereich behaftet, selbst wenn sie mit größter Gründlichkeit durchgeführt wird. Zudem unterliegt die Gastgewerbestatistik aufgrund der vielen Veränderungen innerhalb des Berichtsfirmenkreises einer gewissen Dynamik.

Die Veränderungsraten der monatlichen Erhebungen und der Jahreserhebungen können voneinander abweichen. Ursache ist unter anderem das Stichtagsprinzip, das in der Jahreserhebung angewendet wird. Zudem sind in der Monatserhebung nur Unternehmen einbezogen, die die vorgenannten Mindestumsätze übertreffen. Dagegen basieren die Ergebnisse der Jahreserhebung auf allen Stichprobenunternehmen. Der Berichtsfirmenkreis ist somit unterschiedlich groß.

Die in der Jahreserhebung erhobenen Merkmale überschneiden sich zum Teil mit den Merkmalen **anderer Erhebungen**. Zu nennen sind hier insbesondere die Umsatzsteuer- sowie die Beschäftigtenstatistik. Die Umsatzsteuerstatistik weist tendenziell höhere Umsätze aus als die Gastgewerbestatistik. Ein Grund hierfür ist, dass die Umsatzsteuerstatistik auch Ergebnisse von Unternehmen enthält, die während des Berichtsjahres aufgelöst wurden oder die nur saisonal aktiv waren. Differenzen zwischen der Beschäftigtenstatistik und der Gastgewerbestatistik bestehen in den Angaben zur Zahl der tätigen Personen. Diese erklären sich ebenfalls durch unterschiedliche methodische Konzepte.

■ Tourismus

Die **Monatserhebung im Tourismus** ist die zentrale statistische Informationsquelle zum Inlandstourismus in Deutschland. Es handelt sich hierbei um eine Totalerhebung mit einer sogenannten Abschneidegrenze. Es werden also nur Betriebe betrachtet, die eine bestimmte Mindestgröße aufweisen.

Zweck der monatlichen Erhebung im Tourismus ist zum einen die kurzfristige Information über die konjunkturelle Entwicklung im Beherbergungsgewerbe. Darüber hinaus liefert sie aber auch Informationen über Strukturen des Inlandstourismus. Ihre Ergebnisse dienen als Grundlage für tourismuspolitische Entscheidungen, für infrastrukturelle Planungen sowie für Maßnahmen der Tourismuswerbung und der Marktforschung. Mit den Ergebnissen, die aus der Monatserhebung im Tourismus gewonnen werden, werden auch Datenlieferverpflichtungen gegenüber der EU erfüllt.

Rechtsgrundlage der Monatserhebung im Tourismus ist das Gesetz zur Neuordnung der Statistik über die Beherbergung im Reiseverkehr (Beherbergungsstatistikgesetz – BeherbStatG) in der jeweils aktuellen Fassung.

Berichtspflichtig sind demnach alle Beherbergungsstätten und Campingplätze sowie die entsprechenden fachlichen Betriebsteile, die zehn und mehr Schlafgelegenheiten bzw. bei Campingplätzen zehn und mehr Stellplätze aufweisen.

Gesamtdeutsche Ergebnisse sind ab dem Berichtsjahr 1992 verfügbar und bis einschließlich dem Berichtsjahr 2010 vergleichbar. Ab dem Berichtsjahr 2011 weist die Zeitreihe einen Bruch auf. Grund ist die Einführung der EU-Verordnung über die europäische Tourismusstatistik. Dadurch musste ab dem Berichtsjahr 2012 die Abschneidegrenze für die Auskunftspflicht von 9 auf 10 Betten bzw. von 3 auf 10 Stellplätze erhöht werden. Damit die Ergebnisse des Jahres 2012 mit dem Vorjahr verglichen werden können (Stichwort „Veränderungsraten"), hat das Statistische Bundesamt die Ergebnisse des Jahres 2011 nachträglich auf die neue Abschneide-

26 Gastgewerbe und Tourismus

Methodik

grenze umgerechnet. Dies hat zur Folge, dass der Bruch in den Zeitreihen, die seit 2012 (Monatsergebnisse) bzw. 2013 (Jahresergebnisse) veröffentlicht werden, schon ab dem Jahr 2011 und nicht erst ab 2012 auftritt.

Die Erhebung erstreckt sich auf die Gruppen 55.1 „Hotellerie", 55.2 „Ferienunterkünfte und ähnliche Beherbergungsstätten" und 55.3 „Campingplätze" sowie auf Vorsorge- und Rehabilitationskliniken (Wirtschaftsunterklasse 86.10.3) und auf Schulungsheime (Wirtschaftsklassen 85.53 und 85.59) der nationalen Wirtschaftszweigklassifikation 2008 (WZ 2008).
Erhebungsmerkmale der Monatserhebung im Tourismus sind die Zahl der Ankünfte und der Übernachtungen von Gästen. Bei Gästen, deren Wohnsitz oder gewöhnlicher Aufenthaltsort außerhalb Deutschlands liegt, werden diese Angaben auch in der Unterteilung nach Herkunftsländern erfasst. Erhoben werden bei Betriebsstätten außerdem die Zahl der angebotenen Schlafgelegenheiten, bei Campingplätzen die Anzahl der Stellplätze und bei Betrieben der Hotellerie zusätzlich die Zahl der Gästezimmer am 31. Juli. Für Hotelleriebetriebe mit 25 und mehr Zimmern wird außerdem monatlich die Auslastung der Gästezimmer erhoben. Im Bereich des Campings wird nur das Urlaubscamping erhoben, nicht jedoch das Dauercamping.

Die Aktualität der Ergebnisbereitstellung ist ein wesentliches Qualitätskriterium für die monatliche Tourismusstatistik. Ein erstes vorläufiges Bundesergebnis wird als Pressemitteilung innerhalb von 40 Tagen nach Ablauf des Berichtsmonats veröffentlicht. Die über das Internet verbreitete Fachserienveröffentlichung mit tief gegliederten, endgültigen Ergebnissen erscheint jeweils vor dem Ende des zweiten Monats, der auf den Berichtsmonat folgt. Das Jahrbuch weist einen Teil der Jahresergebnisse der Monatserhebung im Tourismus in den vorliegenden Tabellen nach.

Detaillierte Informationen zur Methodik der einzelnen Statistiken sind in den „Qualitätsberichten" dokumentiert (siehe hierzu *www.destatis.de/publikationen* › Qualitätsberichte).

Gastgewerbe und Tourismus

Glossar

Angebotene Schlafgelegenheiten | Anzahl der Schlafgelegenheiten, die am letzten Öffnungstag eines Beherbergungsbetriebes im Berichtsmonat tatsächlich angeboten werden.

Ankünfte | Zahl der Anmeldungen von Gästen in einem Beherbergungsbetrieb innerhalb des Berichtszeitraums, die zum vorübergehenden Aufenthalt eine Schlafgelegenheit belegten.

Beherbergungsbetriebe | Sogenannte örtliche Einheiten, die Gästen im privaten oder geschäftlichen Reiseverkehr eine Übernachtungsmöglichkeit bereitstellen. Man unterscheidet dabei zwischen Beherbergungsstätten mit einem Angebot an Schlafgelegenheiten (z. B. Hotels und Pensionen) und Campingplätzen mit einem Stellplatzangebot. Zu den Beherbergungsbetrieben zählen auch Unterkünfte, die die Gästebeherbergung nur als Nebenerwerb betreiben.

Beherbergung im Reiseverkehr | Unterbringung von Personen, die sich nicht länger als ein Jahr ohne Unterbrechung an einem anderen Ort als ihrem gewöhnlichen Wohnsitz aufhalten. Der vorübergehende Ortswechsel kann durch Urlaub und Freizeitaktivitäten veranlasst sein, aber auch aufgrund geschäftlicher Kontakte, den Besuch von Tagungen und Fortbildungsveranstaltungen, Maßnahmen zur Wiederherstellung der Gesundheit oder aus sonstigen Gründen.

Beherbergungsstätten | Betriebe der Hotellerie, Pensionen, Ferienunterkünfte, Vorsorge- und Rehabilitationskliniken und Schulungsheime. Zusammen mit den Campingplätzen bilden sie die Gesamtheit der Beherbergungsbetriebe.

Bruttobetriebsüberschuss | Zur Definition siehe „Glossar" zum Kapitel „Produzierendes Gewerbe und Dienstleistungen im Überblick".

Bruttoinvestitionen in Sachanlagen | Zur Definition siehe „Glossar" zum Kapitel „Produzierendes Gewerbe und Dienstleistungen im Überblick".

Bruttowertschöpfung zu Faktorkosten | Zur Definition siehe „Glossar" zum Kapitel „Produzierendes Gewerbe und Dienstleistungen im Überblick".

Campingplätze | Abgegrenzte Gelände, die zum vorübergehenden Aufstellen von Wohnwagen, Wohnmobilen und Zelten allgemein zugänglich sind. In der Monatserhebung im Tourismus werden nur Campingplätze berücksichtigt, die Urlaubscamping anbieten, nicht aber sogenannte Dauercampingplätze. Die Unterscheidung zwischen Urlaubs- oder Dauercampingplätzen bezieht sich auf die vertraglich vereinbarte Dauer der Campingplatzbenutzung. Im Urlaubscamping wird der Stellplatz in der Regel für die Dauer von Tagen oder Wochen gemietet, im Dauercamping dagegen zumeist auf Monats- oder Jahresbasis.

Durchschnittliche Aufenthaltsdauer | Verhältnis der Übernachtungen zur Anzahl der Ankünfte (Übernachtungen/Ankünfte). Die durchschnittliche Aufenthaltsdauer kann zum Beispiel in Orten mit Vorsorge- und Rehabilitationskliniken rechnerisch höher sein, als die Zahl der Kalendertage des Berichtszeitraums, da sich in solchen Beherbergungsstätten manche Gäste und Patienten mehr als einen Kalendermonat aufhalten.

Durchschnittliche Auslastung der Schlafgelegenheiten | Rechnerischer Wert, der die Inanspruchnahme der Schlafgelegenheiten in einem Berichtsmonat ausdrückt. Die prozentuale Angabe wird ermittelt, indem die Zahl der Übernachtungen durch die sogenannten „Bettentage" geteilt wird. Letztere sind das Produkt aus angebotenen Schlafgelegenheiten und der Zahl der Tage, an denen ein Betrieb im Berichtszeitraum tatsächlich geöffnet hatte. Berechnung: Übernachtungen/angebotene Bettentage x 100.

Erholungs- und Ferienheime | Beherbergungsstätten, die nur bestimmten Personenkreisen, zum Beispiel Mitgliedern eines Vereins oder einer Organisation, Beschäftigten eines Unternehmens, Kindern, Müttern, Betreuten sozialer Einrichtungen, zugänglich sind. Speisen und Getränke werden nur an Hausgäste abgegeben.

Ferienhäuser, -wohnungen | Beherbergungsstätten, die allgemein zugänglich sind. Speisen und Getränke werden nicht abgegeben, aber eine Kochgelegenheit ist vorhanden.

Ferienzentren | Beherbergungsstätten, die allgemein zugänglich sind und die dazu dienen, wahlweise unterschiedliche Wohn- und Aufenthaltsmöglichkeiten sowie gleichzeitig Freizeiteinrichtungen in Verbindung mit Einkaufsmöglichkeiten und persönlichen Dienstleistungen zum vorübergehenden Aufenthalt anzubieten. Als Mindestausstattung gilt das Vorhandensein von Hotelunterkunft und anderen Wohngelegenheiten auch mit Kochgelegenheit, einer Gaststätte, von Einkaufsmöglichkeiten zur Deckung des täglichen Bedarfs und des Freizeitbedarfs sowie von Einrichtungen für persönliche Dienstleistungen, zum Beispiel Massageeinrichtungen, Solarium, Sauna, Friseur, und zur aktiven Freizeitgestaltung, wie beispielsweise Schwimmbad, Tennis-, Tischtennis-, Minigolf- oder Trimm-Dich-Anlagen.

Gastgewerbe | Dazu zählen Unternehmen mit Sitz in Deutschland, die ausschließlich oder überwiegend Beherbergungs- oder Gaststättenleistungen anbieten. Zum Gastgewerbe gehören auch Kantinen und Catering-Unternehmen. Unternehmen mit Beherbergungs- oder Gaststättenleistungen bieten entweder gegen Bezahlung Übernachtung für eine begrenzte Zeit an (auch mit Abgabe von Speisen und Getränken) oder sie geben Speisen oder Getränke im Allgemeinen zum Verzehr an Ort und Stelle ab. Nicht zum Gastgewerbe zählen Trink- und Imbisshallen, die Zeitungen, Süßwaren, Tabakwaren, Andenken und dergleichen verkaufen. Sie zählen zum Einzelhandel.

Gasthöfe | Beherbergungsstätten, die allgemein zugänglich sind und in denen, außer einem auch für Passanten zugänglichen Gastraum, in der Regel keine weiteren Aufenthaltsräume zur Verfügung stehen.

Herkunftsländer | Erhebungs- und Gliederungsmerkmal für die Ergebnisse der Monatserhebung im Tourismus. Maßgebend für die Zuordnung zum Herkunftsland ist grundsätzlich der ständige Wohnsitz oder der gewöhnliche Aufenthaltsort des Gastes, nicht aber dessen Staatsangehörigkeit bzw. Nationalität.

Hotels | Beherbergungsstätten, die allgemein zugänglich sind und in denen auch für Passantinnen und Passanten ein Restaurant vorhanden ist. In der Regel stehen weitere Einrichtungen oder Räume für unterschiedliche Zwecke (Konferenzen, Seminare, Sport, Freizeit, Erholung) zur Verfügung.

Hotels garnis | Beherbergungsstätten, die allgemein zugänglich sind und in denen als Mahlzeit höchstens ein Frühstück angeboten wird.

Jugendherbergen und Hütten | Beherbergungsstätten, die in der Regel eine einfache Ausstattung aufweisen und vorzugsweise Jugendlichen und Familien oder Angehörigen der sie tragenden Organisation (z. B. Wanderverein) zur Verfügung stehen. Speisen und Getränke werden im Allgemeinen nur an Hausgäste abgegeben.

Pensionen | Beherbergungsstätten, die allgemein zugänglich sind und in denen Speisen und Getränke nur an Hausgäste abgegeben werden.

Personalaufwendungen | Zur Definition siehe „Glossar" zum Kapitel „Produzierendes Gewerbe und Dienstleistungen im Überblick".

Produktionswert | Zur Definition siehe „Glossar" zum Kapitel „Produzierendes Gewerbe und Dienstleistungen im Überblick".

Reisegebiete | Regionen, die auf Bundeslandebene abgegrenzt werden und sich im Wesentlichen an den Zuständigkeitsbereichen der regionalen Tourismusverbände und an naturräumlichen Gegebenheiten orientieren. In Bayern heißen die entsprechenden Regionen Tourismusregionen. Für die Stadtstaaten sind keine Reisegebiete definiert.

Glossar

Schlafgelegenheiten | Gästebetten in einer Beherbergungsstätte. Doppelbetten zählen dabei als zwei Schlafgelegenheiten. Klappbetten (Schlafcouch), die regulär als Schlafgelegenheit angeboten werden, gehören auch dazu. Behelfsmäßige Schlafgelegenheiten (z. B. Zustellbetten, Kinderbetten) werden nicht berücksichtigt. Im Campingbereich wird gemäß einer Vorgabe der Europäischen Kommission ein Stellplatz mit vier Schlafgelegenheiten gleichgesetzt. Auf diese Weise ist es möglich, für alle Beherbergungsbetriebe eine Aussage zur Anzahl der Schlafgelegenheiten oder ihrer Auslastung treffen zu können.

Schulungsheime | Beherbergungsstätten, die dazu dienen, Unterricht außerhalb des regulären Schul- und Hochschulsystems anzubieten. Sie dienen überwiegend der Erwachsenenbildung.

Tätige Personen | Zur Definition siehe „Glossar" zum Kapitel „Produzierendes Gewerbe und Dienstleistungen im Überblick".

Übernachtungen | Die Zahl der Übernachtungen von Gästen, die im Berichtszeitraum in einem Beherbergungsbetrieb ankamen oder aus dem vorherigen Berichtszeitraum noch anwesend waren.

Umsatz | Zur Definition siehe „Glossar" zum Kapitel „Produzierendes Gewerbe und Dienstleistungen im Überblick".

Unternehmen | Zur Definition siehe „Glossar" zum Kapitel „Produzierendes Gewerbe und Dienstleistungen im Überblick".

Vorsorge- und Rehabilitationskliniken | Beherbergungsstätten, die ausschließlich oder überwiegend Kurgästen zur Verfügung stehen. Das Ziel des Aufenthalts ist die Erhaltung oder Wiederherstellung ihrer Gesundheit oder der Berufs- oder Arbeitsfähigkeit sowie die Inanspruchnahme der allgemein angebotenen Kureinrichtungen außerhalb des Beherbergungsbetriebs. Zu den Vorsorge- und Rehabilitationskliniken zählen auch Kinderheilstätten, Sanatorien, Kur- und ähnliche Krankenhäuser. Im Rahmen der Monatserhebung im Tourismus werden nur Übernachtungen von dort untergebrachten Personen erfasst, die in der Lage sind das Tourismusangebot der Gemeinde in Anspruch zu nehmen.

Waren- und Dienstleistungskäufe | Zur Definition siehe „Glossar" zum Kapitel „Produzierendes Gewerbe und Dienstleistungen im Überblick".

26 Gastgewerbe und Tourismus

Mehr zum Thema

Liebe Leserin, lieber Leser,
ein Thema in diesem Kapitel spricht Sie besonders an oder Sie benötigen weitere Informationen? Auf dieser Seite nennen wir Ihnen, nach Themen gegliedert, weitere Veröffentlichungen unseres Hauses. Ausführliche Informationen zu den Produktkategorien sowie dem Informationsangebot des Statistischen Bundesamtes finden Sie auf Seite 8 dieser Ausgabe.

Web-Angebote
www.destatis.de ist Ihre erste Adresse in Sachen Statistik. Hier finden Sie alle Informationen, die das Statistische Bundesamt veröffentlicht, tagesaktuell. Unsere Veröffentlichungen können Sie direkt über unsere Website *www.destatis.de/publikationen* downloaden.

GENESIS-Online
Unter *www.destatis.de/genesis* bietet die Haupt-Datenbank des Statistischen Bundesamtes ein breites Themenspektrum fachlich tief gegliederter Ergebnisse der amtlichen Statistik. Daten zu *Gastgewerbe, Tourismus* finden Sie unter dem Menüpunkt › Themen, Code 45

Weitere Veröffentlichungen zu den Themen

- **Gastgewerbe**

  WISTA — Wirtschaft und Statistik

  Heft 11/10 | Die neue automatisierte Stichprobenrotation bei den Handels- und Gastgewerbestatistiken

- **Tourismus**

  Fachserie 6   Binnenhandel, Gastgewerbe, Tourismus

  Reihe 7.1 | Tourismus

  Fachberichte

  | Tourismus in Zahlen

27 Weitere Dienstleistungen

2014: **7,5 Millionen Personen** in **1,0 Millionen Unternehmen** beschäftigt | **Umsatz** von **868 Milliarden Euro** erwirtschaftet | Mehr als **ein Drittel** davon durch die **Erbringung von freiberuflichen, wissenschaftlichen und technischen Dienstleistungen** erzielt | Jobmotor **Freie Berufe: 554 000 Personen** arbeiteten in **Architektur- und Ingenieurbüros**, 393 000 in **Wirtschaftsprüfung, Steuerberatung sowie Buchführung** und 277 000 in **Rechtsberatung**

27 Weitere Dienstleistungen

Seite

621 **Auf einen Blick**

Tabellen

622 **Strukturdaten der Unternehmen in weiteren Dienstleistungsbereichen**
Unternehmen | Tätige Personen | Umsatz | Bruttowertschöpfung | Bruttoinvestitionen

624 **Betriebswirtschaftliche Kennzahlen der Unternehmen in weiteren Dienstleistungsbereichen**
Umsatz | Produktionswert | Waren- und Dienstleistungskäufe | Bruttowertschöpfung | Personalaufwendungen | Bruttobetriebsüberschuss

627 **Arztpraxen nach Facharztbezeichnung**

628 **Methodik**

629 **Glossar**

630 **Mehr zum Thema**

27 Weitere Dienstleistungen

27.0 Auf einen Blick

Unternehmen, Umsatz, tätige Personen und Bruttowertschöpfung in weiteren Dienstleistungsbereichen 2014
in %

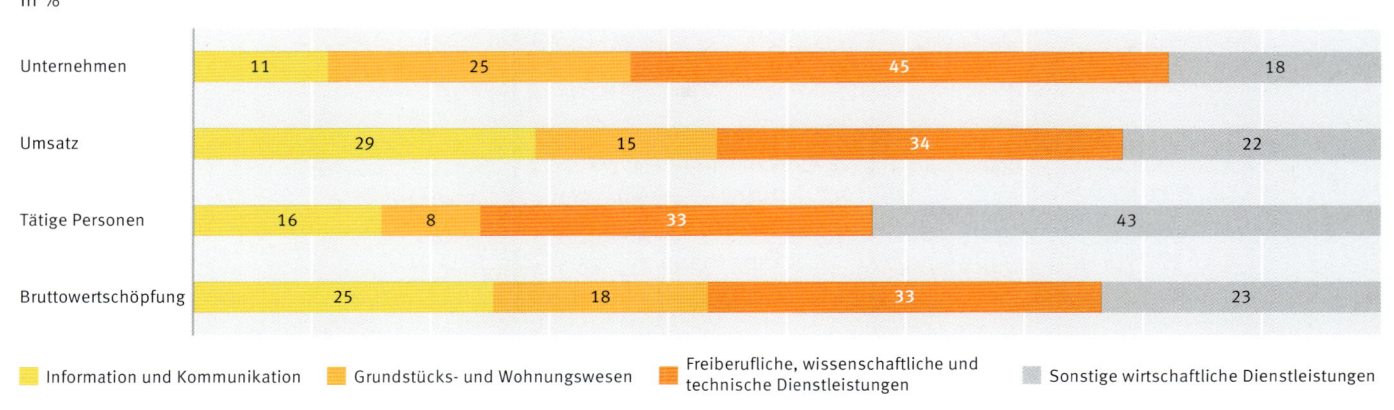

	Information und Kommunikation	Grundstücks- und Wohnungswesen	Freiberufliche, wissenschaftliche und technische Dienstleistungen	Sonstige wirtschaftliche Dienstleistungen
Unternehmen	11	25	45	18
Umsatz	29	15	34	22
Tätige Personen	16	8	33	43
Bruttowertschöpfung	25	18	33	23

Umsatzindizes in ausgewählten Dienstleistungsbereichen
2010 = 100

- Information und Kommunikation
- Freiberufliche, wiss. u. techn. Dienstleistungen
- Sonstige wirtschaftliche Dienstleistungen

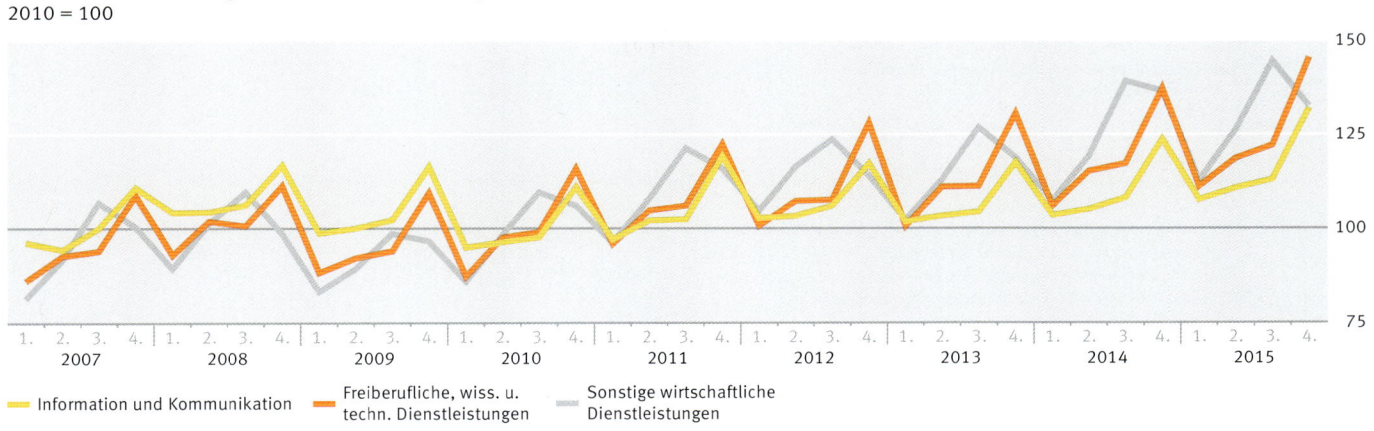

Beschäftigtenindizes in ausgewählten Dienstleistungsbereichen
2010 = 100

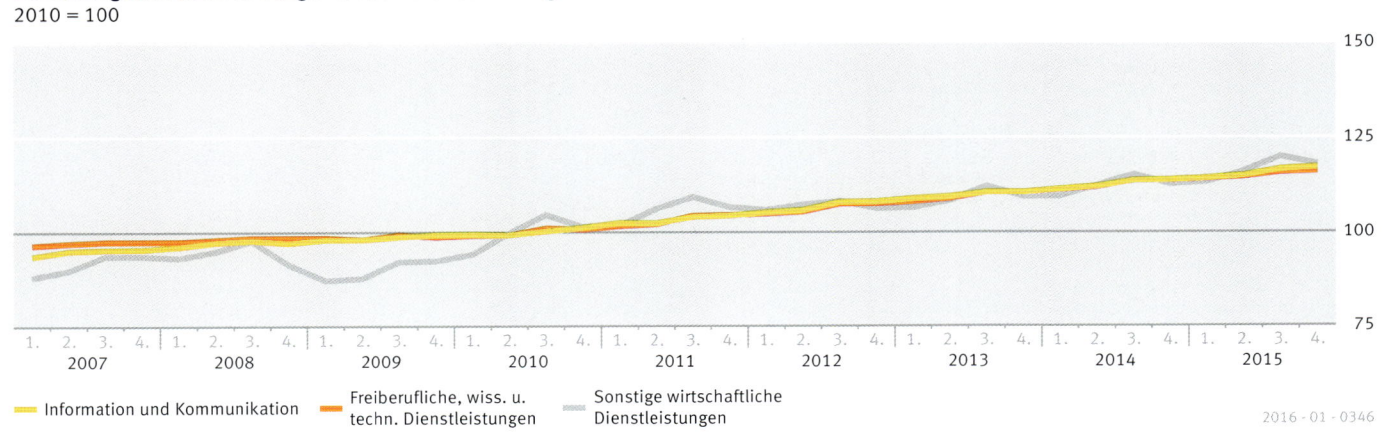

- Information und Kommunikation
- Freiberufliche, wiss. u. techn. Dienstleistungen
- Sonstige wirtschaftliche Dienstleistungen

27 Weitere Dienstleistungen

27.1 Strukturdaten der Unternehmen in weiteren Dienstleistungsbereichen 2014

Nr. der Klassifikation [1]	Wirtschaftsgliederung	Unternehmen	Tätige Personen	Umsatz	Brutto-wertschöpfung zu Faktorkosten	Brutto-investitionen in Sachanlagen
		Anzahl		Mill. EUR		
J	Information und Kommunikation	114 859	1 180 249	249 166	113 004	14 828
58	Verlagswesen	8 594	197 797	32 790	13 225	488
58.1	Verlegen von Büchern und Zeitschriften; sonstiges Verlagswesen (ohne Software)	7 337	181 251	27 579	10 942	397
58.2	Verlegen von Software	1 258	16 545	5 211	2 283	90
59	Herstellung, Verleih und Vertrieb von Filmen und Fernsehprogrammen; Kinos; Tonstudios und Verlegen von Musik	10 465	68 683	11 648	5 469	647
59.1	Herstellung von Filmen und Fernsehprogrammen, deren Verleih und Vertrieb; Kinos	8 467	60 254	8 709	3 718	575
59.2	Tonstudios; Herstellung von Hörfunkbeiträgen; Verlegen von bespielten Tonträgern und Musikalien	1 997	8 429	2 940	1 751	72
60	Rundfunkveranstalter	403	41 623	15 741	7 438	433
60.1	Hörfunkveranstalter	256	12 046	2 833	1 770	59
60.2	Fernsehveranstalter	147	29 577	12 908	5 668	374
61	Telekommunikation	2 841	114 340	63 069	24 704	6 884
61.1	Leitungsgebundene Telekommunikation	492	65 435	34 102	14 251	4 693
61.2	Drahtlose Telekommunikation	312	19 449	16 562	5 586	1 869
61.3	Satellitenkommunikation	53	649	390	96	20
61.9	Sonstige Telekommunikation	1 984	28 807	12 014	4 770	303
62	Erbringung von Dienstleistungen der Informationstechnologie	79 891	665 189	112 826	55 310	5 531
63	Informationsdienstleistungen	12 665	92 617	13 092	6 857	846
63.1	Datenverarbeitung, Hosting und damit verbundene Tätigkeiten; Webportale	2 956	50 761	9 076	4 686	676
63.9	Erbringung von sonstigen Informationsdienstleistungen	9 708	41 855	4 016	2 171	169
K [2]	Erbringung von Finanz- und Versicherungsdienstleistungen					
65	Versicherungen, Rückversicherungen und Pensionskassen (ohne Sozialversicherung)	1 408	155 362	258 096	18 991	.
65.1	Versicherungen	1 192	142 983	197 762	13 967	.
65.2	Rückversicherungen	28	10 674	52 479	3 885	.
65.3	Pensionskassen und Pensionsfonds	188	1 705	7 856	1 139	.
L	Grundstücks- und Wohnungswesen	257 986	614 919	131 996	80 898	35 067
68	Grundstücks- und Wohnungswesen	257 986	614 919	131 996	80 898	35 067
68.1	Kauf und Verkauf von eigenen Immobilien	6 592	21 303	12 710	4 708	2 002
68.2	Vermietung, Verpachtung von eigenen oder geleasten Immobilien	201 239	412 781	97 787	63 396	29 719
68.3	Vermittlung und Verwaltung von Immobilien für Dritte	50 155	180 835	21 499	12 793	3 346
M	Erbringung von freiberuflichen, wissenschaftlichen und technischen Dienstleistungen	460 004	2 452 208	295 543	148 445	10 968
69	Rechts- und Steuerberatung, Wirtschaftsprüfung	116 027	670 465	50 873	37 980	966
69.1	Rechtsberatung	58 907	277 186	22 212	16 667	344
69.2	Wirtschaftsprüfung und Steuerberatung; Buchführung	57 119	393 279	28 661	21 313	622
70	Verwaltung und Führung von Unternehmen und Betrieben; Unternehmensberatung	104 502	517 026	107 062	38 544	4 327
70.1	Verwaltung und Führung von Unternehmen und Betrieben	27 898	281 294	78 950	21 163	3 815
70.2	Public-Relations- und Unternehmensberatung	76 604	235 732	28 112	17 381	513
71	Architektur- und Ingenieurbüros; technische, physikalische und chemische Untersuchung	125 267	651 183	73 183	41 765	2 264
71.1	Architektur- und Ingenieurbüros	118 990	554 283	62 800	35 113	1 850
71.2	Technische, physikalische und chemische Untersuchung	6 277	96 900	10 383	6 652	414
72	Forschung und Entwicklung	6 305	166 196	14 641	9 765	2 236
72.1	Forschung und Entwicklung im Bereich Natur-, Ingenieur-, Agrarwissenschaften und Medizin	5 334	157 005	14 178	9 369	2 204
72.2	Forschung und Entwicklung im Bereich Rechts-, Wirtschafts- und Sozialwissenschaften sowie im Bereich Sprach-, Kultur- und Kunstwissenschaften	970	9 190	463	395	33
73	Werbung und Marktforschung	33 562	248 069	27 318	10 344	461
73.1	Werbung	31 672	226 025	24 542	9 200	407
73.2	Markt- und Meinungsforschung	1 890	22 044	2 776	1 143	54
74	Sonstige freiberufliche, wissenschaftliche und technische Tätigkeiten	64 377	151 763	19 311	8 183	603
74.1	Ateliers für Textil-, Schmuck-, Grafik- u. ä. Design	23 083	43 505	3 390	1 841	106
74.2	Fotografie und Fotolabors	9 743	24 420	1 764	914	178
74.3	Übersetzen und Dolmetschen	7 908	13 472	981	600	18

Fußnoten siehe nächste Seite.

27 Weitere Dienstleistungen

27.1 Strukturdaten der Unternehmen in weiteren Dienstleistungsbereichen 2014

Nr. der Klassifikation [1]	Wirtschaftsgliederung	Unternehmen	Tätige Personen	Umsatz	Bruttowertschöpfung zu Faktorkosten	Bruttoinvestitionen in Sachanlagen
		Anzahl		Mill. EUR		
74.9	Sonstige freiberufliche, wissenschaftliche und technische Tätigkeiten a. n. g.	23 643	70 367	13 175	4 828	301
75	Veterinärwesen	9 965	47 505	3 157	1 865	109
N	**Erbringung von sonstigen wirtschaftlichen Dienstleistungen**	**181 209**	**3 175 663**	**187 892**	**105 143**	**12 776**
77	Vermietung von beweglichen Sachen	21 684	120 646	32 939	19 605	8 831
77.1	Vermietung von Kraftwagen	4 524	28 808	9 570	5 284	4 114
77.2	Vermietung von Gebrauchsgütern	3 985	32 762	3 523	1 833	677
77.3	Vermietung von Maschinen, Geräten und sonstigen beweglichen Sachen	12 510	55 112	14 225	8 532	3 966
77.4	Leasing von nichtfinanziellen immateriellen Vermögensgegenständen (ohne Copyrights)	666	3 964	5 621	3 956	73
78	Vermittlung und Überlassung von Arbeitskräften	9 331	979 501	37 847	28 690	409
78.1	Vermittlung von Arbeitskräften	2 902	33 561	2 005	1 271	21
78.2	Befristete Überlassung von Arbeitskräften	5 293	807 679	30 275	23 077	326
78.3	Sonstige Überlassung von Arbeitskräften	1 135	138 261	5 567	4 341	63
79	Reisebüros, Reiseveranstalter und Erbringung sonstiger Reservierungsdienstleistungen	11 824	93 017	29 249	6 816	272
79.1	Reisebüros und Reiseveranstalter	10 850	83 038	27 633	6 314	201
79.9	Erbringung sonstiger Reservierungsdienstleistungen	974	9 979	1 616	501	71
80	Wach- und Sicherheitsdienste sowie Detekteien	5 436	207 098	6 535	4 993	113
80.1	Private Wach- und Sicherheitsdienste	3 925	187 969	5 787	4 503	96
80.2	Sicherheitsdienste mithilfe von Überwachungs- und Alarmsystemen	597	13 891	618	406	14
80.3	Detekteien	914	5 238	130	84	2
81	Gebäudebetreuung; Garten- und Landschaftsbau	85 378	1 262 317	35 423	23 801	1 302
81.1	Hausmeisterdienste	22 251	115 472	5 546	3 036	165
81.2	Reinigung von Gebäuden, Straßen und Verkehrsmitteln	34 659	983 594	19 826	14 952	492
81.3	Garten- und Landschaftsbau sowie Erbringung von sonstigen gärtnerischen Dienstleistungen	28 468	163 251	10 051	5 814	644
82	Erbringung von wirtschaftlichen Dienstleistungen für Unternehmen und Privatpersonen a. n. g.	47 556	513 084	45 899	21 238	1 850
82.1	Sekretariats- und Schreibdienste, Copy-Shops	8 747	22 618	1 539	736	36
82.2	Call Center	1 370	128 111	5 986	3 513	81
82.3	Messe-, Ausstellungs- und Kongressveranstalter	6 835	46 041	7 027	2 413	327
82.9	Erbringung sonstiger wirtschaftlicher Dienstleistungen für Unternehmen und Privatpersonen	30 604	316 314	31 348	14 576	1 406
P [2]	**Erziehung und Unterricht**					
85.53	Fahr- und Flugschulen	10 604	39 241	1 665	–	–
Q [2]	**Gesundheits- und Sozialwesen**					
86.21 [3][4]	Arztpraxen für Allgemeinmedizin	29 304	196 766	10 029	–	–
86.22 [3][4]	Facharztpraxen	45 601	402 222	26 181	–	–
86.23 [3]	Zahnarztpraxen	42 383	360 233	22 488	–	–
86.90 [5]	Gesundheitswesen a. n. g.	54 969	321 739	12 429	–	–
86.90.1 [3]	Praxen von psychologischen Psychotherapeutinnen und -therapeuten	12 494	21 978	1 217	–	–
R [2]	**Kunst, Unterhaltung und Erholung**					
93.13.0 [6]	Fitnesszentren	2 328	27 853	821	–	–
S [2]	**Erbringung von sonstigen Dienstleistungen**					
95	Reparatur von Datenverarbeitungsgeräten und Gebrauchsgütern	12 026	41 710	3 335	1 409	68
95.1	Reparatur von Datenverarbeitungs- und Telekommunikationsgeräten	1 434	10 606	1 448	474	16
95.2	Reparatur von Gebrauchsgütern	10 592	31 103	1 887	935	51
96.01	Wäscherei und chemische Reinigung	4 694	68 815	2 987	–	–
96.02.1	Frisörsalons	50 144	238 510	5 719	–	–
96.02.2	Kosmetiksalons	15 866	31 718	927	–	–
96.03.1	Bestattungsinstitute	4 256	26 835	1 481	–	–
96.04 [6]	Saunas, Solarien, Bäder u. Ä.	1 981	19 568	535	–	–

1 Klassifikation der Wirtschaftszweige, Ausgabe 2008 (WZ 2008). – In den Wirtschaftsabschnitten J, L, M, N und S 95 wurden ab dem Berichtsjahr 2014 auch Unternehmen mit einem Umsatz von weniger als 17 500 Euro berücksichtigt.
2 Dieser Wirtschaftsabschnitt ist nicht vollständig erfasst. Daher erfolgt hier kein Nachweis.
3 Berichtsjahr 2011.
4 Ohne MVZ.
5 Ohne WZ 86.90.1.
6 Berichtsjahr 2010.

27 Weitere Dienstleistungen

27.2 Betriebswirtschaftliche Kennzahlen der Unternehmen in weiteren Dienstleistungsbereichen 2014

Nr. der Klassifikation [1]	Wirtschaftsgliederung	Umsatz	Produktionswert	Waren- und Dienstleistungskäufe	Bruttowertschöpfung zu Faktorkosten	Personalaufwendungen	Bruttobetriebsüberschuss
		Mill. EUR	Verhältnis zum Umsatz in %				
J	Information und Kommunikation	249 166	78,0	54,3	45,4	24,8	20,6
58	Verlagswesen	32 790	83,8	58,9	40,3	24,1	16,3
58.1	Verlegen von Büchern und Zeitschriften; sonstiges Verlagswesen (ohne Software)	27 579	84,1	59,4	39,7	24,0	15,6
58.2	Verlegen von Software	5 211	82,6	56,1	43,8	24,3	19,6
59	Herstellung, Verleih und Vertrieb von Filmen und Fernsehprogrammen; Kinos; Tonstudios und Verlegen von Musik	11 648	77,2	52,8	47,0	17,2	29,8
59.1	Herstellung von Filmen und Fernsehprogrammen, deren Verleih und Vertrieb; Kinos	8 709	75,2	57,1	42,7	19,5	23,2
59.2	Tonstudios; Herstellung von Hörfunkbeiträgen; Verlegen von bespielten Tonträgern und Musikalien	2 940	83,2	40,1	59,6	10,4	49,2
60	Rundfunkveranstalter	15 741	80,6	52,2	47,3	18,9	28,4
60.1	Hörfunkveranstalter	2 833	93,8	36,5	62,5	27,5	35,0
60.2	Fernsehveranstalter	12 908	77,7	55,7	43,9	17,0	26,9
61	Telekommunikation	63 069	71,4	60,8	39,2	12,0	27,1
61.1	Leitungsgebundene Telekommunikation	34 102	79,8	58,3	41,8	11,6	30,2
61.2	Drahtlose Telekommunikation	16 562	63,1	66,1	33,7	11,5	22,2
61.3	Satellitenkommunikation	390	47,5	71,5	24,7	11,5	13,1
61.9	Sonstige Telekommunikation	12 014	59,6	60,3	39,7	14,0	25,7
62	Erbringung von Dienstleistungen der Informationstechnologie	112 826	79,0	50,6	49,0	33,2	15,8
63	Informationsdienstleistungen	13 092	84,0	47,7	52,4	28,8	23,5
63.1	Datenverarbeitung, Hosting und damit verbundene Tätigkeiten; Webportale	9 076	85,1	48,5	51,6	27,9	23,7
63.9	Erbringung von sonstigen Informationsdienstleistungen	4 016	81,6	45,9	54,1	30,9	23,2
K [2]	**Erbringung von Finanz- und Versicherungsdienstleistungen**						
65	Versicherungen, Rückversicherungen und Pensionskassen (ohne Sozialversicherung)	258 096	35,4	28,0	7,4	4,5	2,9
65.1	Versicherungen	197 762	31,9	24,9	7,1	4,8	2,2
65.2	Rückversicherungen	52 479	50,2	42,8	7,4	3,5	3,9
65.3	Pensionskassen und Pensionsfonds	7 856	21,9	7,4	14,5	1,4	13,1
L	**Grundstücks- und Wohnungswesen**	131 996	87,1	38,7	61,3	8,1	53,2
68	Grundstücks- und Wohnungswesen	131 996	87,1	38,7	61,3	8,1	53,2
68.1	Kauf und Verkauf von eigenen Immobilien	12 710	64,4	60,4	37,0	6,3	30,8
68.2	Vermietung, Verpachtung von eigenen oder geleasten Immobilien	97 787	89,7	35,3	64,8	5,3	59,5
68.3	Vermittlung und Verwaltung von Immobilien für Dritte	21 499	88,5	41,2	59,5	21,6	37,9
M	**Erbringung von freiberuflichen, wissenschaftlichen und technischen Dienstleistungen**	295 543	77,8	50,1	50,2	30,5	19,7
69	Rechts- und Steuerberatung, Wirtschaftsprüfung	50 873	96,1	24,9	74,7	36,6	38,0
69.1	Rechtsberatung	22 212	95,6	24,5	75,0	25,9	49,1
69.2	Wirtschaftsprüfung und Steuerberatung; Buchführung	28 661	96,5	25,3	74,4	44,9	29,4
70	Verwaltung und Führung von Unternehmen und Betrieben; Unternehmensberatung	107 062	69,4	62,0	36,0	25,8	10,2
70.1	Verwaltung und Führung von Unternehmen und Betrieben	78 950	63,6	70,9	26,8	23,0	3,8
70.2	Public-Relations- und Unternehmensberatung	28 112	85,6	37,1	61,8	33,7	28,1
71	Architektur- und Ingenieurbüros; technische, physikalische und chemische Untersuchung	73 183	83,3	43,7	57,1	34,0	23,1
71.1	Architektur- und Ingenieurbüros	62 800	82,6	45,1	55,9	32,0	23,9
71.2	Technische, physikalische und chemische Untersuchung	10 383	88,0	35,2	64,1	45,8	18,3
72	Forschung und Entwicklung	14 641	91,8	53,4	66,7	58,3	8,4
72.1	Forschung und Entwicklung im Bereich Natur-, Ingenieur-, Agrarwissenschaften und Medizin	14 178	91,6	53,8	66,1	57,9	8,2
72.2	Forschung und Entwicklung im Bereich Rechts-, Wirtschafts- und Sozialwissenschaften sowie im Bereich Sprach-, Kultur- und Kunstwissenschaften	463	95,6	40,3	85,5	71,5	14,0

Fußnoten siehe am Ende der Tabelle.

27 Weitere Dienstleistungen

27.2 Betriebswirtschaftliche Kennzahlen der Unternehmen in weiteren Dienstleistungsbereichen 2014

Nr. der Klassifikation [1]	Wirtschaftsgliederung	Umsatz	Produktionswert	Waren- und Dienstleistungskäufe	Bruttowertschöpfung zu Faktorkosten	Personalaufwendungen	Bruttobetriebsüberschuss
		Mill. EUR	Verhältnis zum Umsatz in %				
73	Werbung und Marktforschung	27 318	64,7	61,6	37,9	22,3	15,6
73.1	Werbung	24 542	63,6	62,0	37,5	21,2	16,3
73.2	Markt- und Meinungsforschung	2 776	74,4	58,0	41,2	31,9	9,3
74	Sonstige freiberufliche, wissenschaftliche und technische Tätigkeiten	19 311	62,6	57,9	42,4	19,2	23,2
74.1	Ateliers für Textil-, Schmuck-, Grafik- u. ä. Design	3 390	83,4	45,3	54,3	19,2	35,1
74.2	Fotografie und Fotolabors	1 764	90,1	46,8	51,8	20,7	31,1
74.3	Übersetzen und Dolmetschen	981	81,7	38,2	61,1	18,5	42,7
74.9	Sonstige freiberufliche, wissenschaftliche und technische Tätigkeiten a. n. g.	13 175	52,2	64,0	36,6	19,0	17,6
75	Veterinärwesen	3 157	84,5	40,6	59,1	22,0	37,1
N	Erbringung von sonstigen wirtschaftlichen Dienstleistungen	187 892	78,8	43,4	56,0	35,3	20,6
77	Vermietung von beweglichen Sachen	32 939	85,2	39,6	59,5	9,5	50,0
77.1	Vermietung von Kraftwagen	9 570	86,5	45,0	55,2	7,7	47,5
77.2	Vermietung von Gebrauchsgütern	3 523	82,2	47,5	52,0	19,3	32,7
77.3	Vermietung von Maschinen, Geräten und sonstigen beweglichen Sachen	14 225	86,7	39,9	60,0	10,5	49,5
77.4	Leasing von nichtfinanziellen immateriellen Vermögensgegenständen (ohne Copyrights)	5 621	80,9	24,6	70,4	4,0	66,4
78	Vermittlung und Überlassung von Arbeitskräften	37 847	94,2	23,3	75,8	70,8	5,0
78.1	Vermittlung von Arbeitskräften	2 005	84,2	35,7	63,4	44,8	18,6
78.2	Befristete Überlassung von Arbeitskräften	30 275	94,1	22,7	76,2	72,2	4,0
78.3	Sonstige Überlassung von Arbeitskräften	5 567	98,2	21,9	78,0	72,9	5,1
79	Reisebüros, Reiseveranstalter und Erbringung sonstiger Reservierungsdienstleistungen	29 249	40,4	76,3	23,3	9,1	14,2
79.1	Reisebüros und Reiseveranstalter	27 633	38,9	76,7	22,9	8,5	14,3
79.9	Erbringung sonstiger Reservierungsdienstleistungen	1 616	66,3	68,1	31,0	19,1	11,9
80	Wach- und Sicherheitsdienste sowie Detekteien	6 535	90,6	23,2	76,4	65,0	11,4
80.1	Private Wach- und Sicherheitsdienste	5 787	91,2	21,8	77,8	67,4	10,4
80.2	Sicherheitsdienste mithilfe von Überwachungs- und Alarmsystemen	618	86,9	33,6	65,7	49,2	16,5
80.3	Detekteien	130	84,3	33,7	64,4	34,0	30,4
81	Gebäudebetreuung; Garten- und Landschaftsbau	35 423	89,8	32,1	67,2	46,1	21,1
81.1	Hausmeisterdienste	5 546	79,5	44,8	54,7	33,2	21,6
81.2	Reinigung von Gebäuden, Straßen und Verkehrsmitteln	19 826	93,6	23,5	75,4	57,7	17,7
81.3	Garten- und Landschaftsbau sowie Erbringung von sonstigen gärtnerischen Dienstleistungen	10 051	87,8	42,0	57,8	30,3	27,6
82	Erbringung von wirtschaftlichen Dienstleistungen für Unternehmen und Privatpersonen a. n. g.	45 899	75,9	53,7	46,3	28,8	17,5
82.1	Sekretariats- und Schreibdienste, Copy-Shops	1 539	91,6	51,4	47,8	22,6	25,2
82.2	Call Center	5 986	87,0	41,2	58,7	52,8	5,9
82.3	Messe-, Ausstellungs- und Kongressveranstalter	7 027	64,4	65,4	34,3	19,9	14,5
82.9	Erbringung sonstiger wirtschaftlicher Dienstleistungen für Unternehmen und Privatpersonen	31 348	75,5	53,5	46,5	26,5	20,0
P [2]	Erziehung und Unterricht						
85.53	Fahr- und Flugschulen	1 665	–	–	–	27,4	–
Q [2]	Gesundheits- und Sozialwesen						
86.21 [3] [4]	Arztpraxen für Allgemeinmedizin	10 029	–	–	–	25,8	–
86.22 [3] [4]	Facharztpraxen	26 181	–	–	–	24,9	–
86.23 [3]	Zahnarztpraxen	22 488	–	–	–	23,4	–
86.90 [5]	Gesundheitswesen a. n. g.	12 429	–	–	–	38,1	–
86.90.1 [3]	Praxen von psychologischen Psychotherapeutinnen und -therapeuten	1 217	–	–	–	.	–
R [2]	Kunst, Unterhaltung und Erholung						
93.13.0 [6]	Fitnesszentren	821	–	–	–	27,9	–
S [2]	Erbringung von sonstigen Dienstleistungen						
95	Reparatur von Datenverarbeitungsgeräten und Gebrauchsgütern	3 335	74,2	57,0	42,3	24,0	18,3
95.1	Reparatur von Datenverarbeitungs- und Telekommunikationsgeräten	1 448	64,2	66,4	32,7	25,1	7,6

Fußnoten siehe am Ende der Tabelle.

27 Weitere Dienstleistungen

27.2 Betriebswirtschaftliche Kennzahlen der Unternehmen in weiteren Dienstleistungsbereichen 2014

Nr. der Klassifikation [1]	Wirtschaftsgliederung	Umsatz	Produktionswert	Waren- und Dienstleistungskäufe	Bruttowertschöpfung zu Faktorkosten	Personalaufwendungen	Bruttobetriebsüberschuss
		Mill. EUR	Verhältnis zum Umsatz in %				
95.2	Reparatur von Gebrauchsgütern	1 887	81,9	49,7	49,6	23,1	26,5
96.01	Wäscherei und chemische Reinigung	2 987	–	–	–	38,9	–
96.02.1	Frisörsalons	5 719	–	–	–	41,3	–
96.02.2	Kosmetiksalons	927	–	–	–	16,6	–
96.03.1	Bestattungsinstitute	1 481	–	–	–	26,9	–
96.04 [6]	Saunas, Solarien, Bäder u. Ä.	535	–	–	–	27,8	–

1 Klassifikation der Wirtschaftszweige, Ausgabe 2008 (WZ 2008). – In den Wirtschaftsabschnitten J, L, M, N und S 95 wurden ab dem Berichtsjahr 2014 auch Unternehmen mit einem Umsatz von weniger als 17 500 Euro berücksichtigt.
2 Dieser Wirtschaftsabschnitt ist nicht vollständig erfasst. Daher erfolgt hier kein Nachweis.
3 Berichtsjahr 2011.
4 Ohne MVZ.
5 Ohne WZ 86.90.1.
6 Berichtsjahr 2010.

Kostenstruktur in sonstigen Dienstleistungsbereichen 2014
Verhältnis der Aufwendungen zum Umsatz, in %

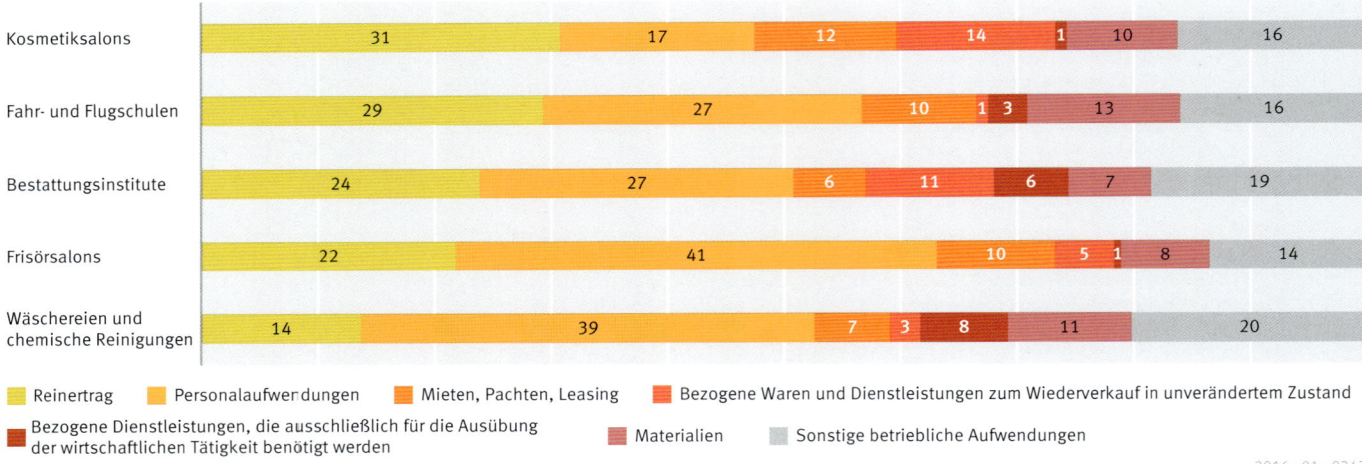

	Reinertrag	Personalaufwendungen	Mieten, Pachten, Leasing	Bezogene Waren und Dienstleistungen zum Wiederverkauf in unverändertem Zustand	Bezogene Dienstleistungen, die ausschließlich für die Ausübung der wirtschaftlichen Tätigkeit benötigt werden	Materialien	Sonstige betriebliche Aufwendungen
Kosmetiksalons	31	17	12	14	1	10	16
Fahr- und Flugschulen	29	27	10	1	3	13	16
Bestattungsinstitute	24	27	6	11	6	7	19
Frisörsalons	22	41	10	5	1	8	14
Wäschereien und chemische Reinigungen	14	39	7	3	8	11	20

2016 - 01 - 0347

27 Weitere Dienstleistungen

27.3 Arztpraxen nach Facharztbezeichnung 2011

Praxen für /von ...	Praxen	Praxisinhaber/ -innen	Einnahmen aus selbstständiger ärztlicher Tätigkeit je Praxis		Aufwendungen insgesamt je Praxis		Reinertrag je Praxis	
			Arithmetisches Mittel	Median	Arithmetisches Mittel	Median	Arithmetisches Mittel	Median
	Anzahl		1 000 EUR					
Allgemeinmedizinern/ Praktischen Ärzten	29 304	38 428	342	291	162	136	181	145
darunter: Einzelpraxen	21 797	21 797	284	257	137	120	146	124
Gemeinschaftspraxen	7 026	15 616	522	464	235	205	287	247
Internisten	11 299	16 319	578	350	313	178	266	189
darunter: Einzelpraxen	7 789	7 789	345	294	168	139	177	148
Gemeinschaftspraxen	2 962	7 339	(1 200)	(820)	700	330	(500)	(392)
Frauenheilkunde	7 178	9 211	368	275	183	142	185	133
darunter: Einzelpraxen	5 699	5 699	278	252	144	127	134	113
Gemeinschaftspraxen	1 425	3 372	(717)	(541)	330	252	(388)	(358)
Kinderheilkunde	4 363	5 944	370	315	180	154	191	164
darunter: Einzelpraxen	3 015	3 015	298	272	149	129	149	138
Gemeinschaftspraxen	1 285	2 784	522	428	244	221	278	247
Augenheilkunde	3 466	4 502	573	292	(276)	(222)	(297)	(156)
darunter: Einzelpraxen	2 738	2 738	/	/	179	107	/	/
Gemeinschaftspraxen	642	1 577	(1 324)	(802)	675	342	(649)	(429)
Hals-Nasen-Ohrenheilkunde	2 785	4 043	423	368	208	169	215	166
darunter: Einzelpraxen	1 862	1 862	323	303	176	137	146	140
Gemeinschaftspraxen	858	2 037	618	494	264	224	354	321
Orthopädie	3 519	5 352	612	445	319	235	293	146
darunter: Einzelpraxen	2 305	2 305	399	343	(223)	(197)	(176)	(133)
Gemeinschaftspraxen	1 132	2 848	(1 006)	(770)	496	376	(510)	(411)
Chirurgie	3 230	5 226	/	/	(533)	(246)	/	/
darunter: Einzelpraxen	2 031	2 031	/	/	261	190	/	/
Gemeinschaftspraxen	1 063	2 902	/	/	/	/	/	/
Haut- und Geschlechtskrankheiten	2 818	3 796	495	356	245	180	249	189
darunter: Einzelpraxen	2 116	2 116	377	311	195	158	181	144
Gemeinschaftspraxen	687	1 644	(843)	(694)	390	287	(453)	(407)
Radiologie und Nuklearmedizin	977	3 315	/	/	1 942	1 168	/	/
darunter: Einzelpraxen	321	321	/	/	724	542	/	/
Gemeinschaftspraxen	622	2 876	/	/	2 565	1 614	/	/
Neurologie, Psychiatrie, Kinderpsychiatrie, Psychotherapie	4 101	6 885	/	/	209	137	/	/
darunter: Einzelpraxen	2 737	2 737	279	262	130	98	149	137
Gemeinschaftspraxen	1 165	3 740	/	/	405	278	/	/
Urologie	1 865	2 887	/	/	262	203	/	/
darunter: Einzelpraxen	1 290	1 290	340	273	(190)	(160)	(150)	(121)
Gemeinschaftspraxen	535	1 509	942	884	428	361	514	479

Ohne medizinische Versorgungszentren (MVZ).

27 Weitere Dienstleistungen

Methodik

■ Weitere Dienstleistungsbereiche

Strukturdaten der „Weiteren Dienstleistungsbereiche" werden durch unterschiedliche Erhebungsmethoden ermittelt. Unter die „Weiteren Dienstleistungsbereiche" fallen die Wirtschaftsabschnitte J (Information und Kommunikation), K (Erbringung von Finanz- und Versicherungsdienstleistungen), L (Grundstücks- und Wohnungswesen), M (Erbringung von freiberuflichen, wissenschaftlichen und technischen Dienstleistungen), N (Erbringung von sonstigen wirtschaftlichen Dienstleistungen), P (Erziehung und Unterricht), Q (Gesundheits- und Sozialwesen), R (Kunst, Unterhaltung und Erholung) und S (Erbringung von sonstigen Dienstleistungen).

Repräsentative Bundesergebnisse liegen 18 Monate nach Ende des Berichtszeitraumes vor. Damit stehen ökonomische Kerndaten für diese Dienstleistungsbereiche nach Wirtschaftsklassen und Unternehmensgrößenklassen zur Verfügung.

Wirtschaftsabschnitte J, L, M, N, S 95
Ergebnisse für die Wirtschaftsabschnitte J, L, M, N und S 95 werden jährlich durch die **Strukturerhebung im Dienstleistungsbereich** ermittelt. Erhebungs- und Darstellungseinheiten dieser Erhebung sind Unternehmen und Einrichtungen zur Ausübung einer freiberuflichen Tätigkeit aus den oben genannten Wirtschaftsabschnitten. Bundesweit sind höchstens 15 % dieser Unternehmen und Einrichtungen auskunftspflichtig. Ihre Auswahl erfolgt mittels einer geschichteten Zufallsstichprobe aus allen aktiven Unternehmen und Einrichtungen des Unternehmensregisters, das von den Statistischen Ämtern des Bundes und der Länder geführt wird.

Rechtsgrundlage für die Strukturerhebung im Dienstleistungsbereich ist das Dienstleistungsstatistikgesetz (DlStatG) vom 19.12.2000 (BGBl. I S. 1765) in der jeweils gültigen Fassung.

Ergebnisse für einzelne Bundesländer liegen bei den jeweiligen Statistischen Ämtern der Länder vor.

Wirtschaftsabschnitt K
Der Wirtschaftsabschnitt K umfasst Finanz- und Versicherungsdienstleistungen. Im Bereich der Versicherungswirtschaft bildet die **Statistik der Versicherungen, Pensionskassen und Pensionsfonds** wichtige Strukturmerkmale ab.
Zur Ermittlung dieser Merkmale wird im Wesentlichen auf Daten der Bundesanstalt für Finanzdienstleistungsaufsicht (BaFin) zurückgegriffen. Diese Daten werden dort im Rahmen der Versicherungsaufsicht erhoben. Da fast alle im Versicherungsbereich tätigen Unternehmen berücksichtigt werden, handelt es sich nahezu um eine Vollerhebung. Erhebungsmerkmale sind Aufwands- und Ertragsmerkmale sowie Angaben zu den Beschäftigten.

Rechtsgrundlage für die Statistik der Versicherungen, Pensionskassen und Pensionsfonds ist die Verordnung (EG) Nr. 295/2008 des Europäischen Parlaments und des Rates vom 11. März 2008 über die strukturelle Unternehmensstatistik (ABl. EU Nr. L 97 S. 13) in der jeweils gültigen Fassung.

Weitere Informationen zu „Finanzdienstleistungen" erhalten Sie über die Deutsche Bundesbank (*www.bundesbank.de*). Detaillierte Informationen zu „Versicherungen, Pensionskassen und Pensionsfonds" sind abrufbar über die Bundesanstalt für Finanzdienstleistungsaufsicht unter *www.bafin.de*.

Wirtschaftsabschnitte P, Q, R, S 96
Ergebnisse für die Wirtschaftsabschnitte P, Q, R und S 96 werden vierjährlich durch die Stichprobenerhebungen **Kostenstrukturerhebung in sonstigen Dienstleistungsbereichen** sowie **Kostenstrukturerhebung im medizinischen Bereich** ermittelt. Bundesweit sind höchstens 5 % der im Unternehmensregister geführten Unternehmen und Praxen auskunftspflichtig. Ihre Auswahl erfolgt – wie in der Strukturerhebung im Dienstleistungsbereich – ebenfalls durch eine geschichtete Zufallsstichprobe. Unternehmen und Praxen mit einem Jahresumsatz bzw. mit Jahreseinnahmen von 17 500 Euro bzw. 12 500 Euro und weniger gehen nicht in die Auswahlgesamtheit der Kostenstrukturerhebungen ein und werden auch in den Ergebnissen nicht nachgewiesen.

Rechtsgrundlage für die Kostenstrukturerhebungen bildet das Kostenstrukturstatistikgesetz (KoStrukStatG) vom 12.5.1959 (BGBl. I S. 245) in der jeweils gültigen Fassung.

Die Ergebnisse der Erhebungen vermitteln ein Bild über den Zusammenhang zwischen dem erwirtschafteten Umsatz bzw. den Einnahmen und dem dafür erforderlichen Aufwand in den Unternehmen und Praxen.

Detaillierte Informationen zur Methodik der einzelnen Statistiken sind in den „Qualitätsberichten" dokumentiert (siehe hierzu *www.destatis.de/publikationen* › Qualitätsberichte).

27 Weitere Dienstleistungen

Glossar

Arithmetisches Mittel | Das arithmetische Mittel ist ein Mittelwert, der sich als Quotient aus der Summe einer Reihe von Zahlen und der Anzahl der Zahlen ergibt.

Bruttobetriebsüberschuss | Zur Definition siehe „Glossar" zum Kapitel „Produzierendes Gewerbe und Dienstleistungen im Überblick".

Bruttoinvestitionen in Sachanlagen | Zur Definition siehe „Glossar" zum Kapitel „Produzierendes Gewerbe und Dienstleistungen im Überblick".

Bruttowertschöpfung zu Faktorkosten | Zur Definition siehe „Glossar" zum Kapitel „Produzierendes Gewerbe und Dienstleistungen im Überblick".

Median | Der Median ist der mittlere Wert in einer aufsteigend sortierten Folge von Werten (hier: Werte der Einnahmen, Aufwendungen und des Reinertrages je Praxis).

Personalaufwendungen | Zur Definition siehe „Glossar" zum Kapitel „Produzierendes Gewerbe und Dienstleistungen im Überblick".

Produktionswert | Zur Definition siehe „Glossar" zum Kapitel „Produzierendes Gewerbe und Dienstleistungen im Überblick".

Tätige Personen | Zur Definition siehe „Glossar" zum Kapitel „Produzierendes Gewerbe und Dienstleistungen im Überblick".

Umsatz | Zur Definition siehe „Glossar" zum Kapitel „Produzierendes Gewerbe und Dienstleistungen im Überblick".

Unternehmen | Zur Definition siehe „Glossar" zum Kapitel „Produzierendes Gewerbe und Dienstleistungen im Überblick".

Waren- und Dienstleistungskäufe | Zur Definition siehe „Glossar" zum Kapitel „Produzierendes Gewerbe und Dienstleistungen im Überblick".

27 Weitere Dienstleistungen

Mehr zum Thema

Liebe Leserin, lieber Leser,
ein Thema in diesem Kapitel spricht Sie besonders an oder Sie benötigen weitere Informationen? Auf dieser Seite nennen wir Ihnen, nach Themen gegliedert, weitere Veröffentlichungen unseres Hauses. Ausführliche Informationen zu den Produktkategorien sowie dem Informationsangebot des Statistischen Bundesamtes finden Sie auf Seite 8 dieser Ausgabe.

Web-Angebote
www.destatis.de ist Ihre erste Adresse in Sachen Statistik. Hier finden Sie alle Informationen, die das Statistische Bundesamt veröffentlicht, tagesaktuell. Unsere Veröffentlichungen können Sie direkt über unsere Website *www.destatis.de/publikationen* downloaden.

GENESIS-Online
Unter *www.destatis.de/genesis* bietet die Haupt-Datenbank des Statistischen Bundesamtes ein breites Themenspektrum fachlich tief gegliederter Ergebnisse der amtlichen Statistik. Daten zu *Weiteren Dienstleistungen (Finanz- und anderen Dienstleistungen)* finden Sie unter dem Menüpunkt › Themen, Code 47

Weitere Veröffentlichungen zu dem Thema

■ **Weitere Dienstleistungen**

Fachserie 2   Unternehmen und Arbeitsstätten

	Kostenstrukturerhebungen
Reihe 1.6.1	Arzt- und Zahnarztpraxen sowie Praxen von psychologischen Psychotherapeuten
Reihe 1.6.3	Saunas, Solarien, Bäder u. Ä.
	Fitnesszentren
Reihe 1.6.4	Frisör- und Kosmetiksalons
Reihe 1.6.5	Fahr- und Flugschulen
Reihe 1.6.6	Einrichtungen des Gesundheitswesens
Reihe 1.6.7	Bestattungsinstitute
Reihe 1.6.8	Wäschereien und chemische Reinigungen

Fachserie 9   Dienstleistungen

	Strukturerhebung im Dienstleistungsbereich
Reihe 4.2	Information und Kommunikation
Reihe 4.3	Grundstücks- und Wohnungswesen
Reihe 4.4	Erbringung von freiberuflichen, wissenschaftlichen und technischen Dienstleistungen
Reihe 4.5	Erbringung von sonstigen wirtschaftlichen Dienstleistungen
Reihe 4.6	Reparatur von Datenverarbeitungsgeräten und Gebrauchsgütern

Fachberichte

- Architektur- und Ingenieurbüros
- Grundstücks- und Wohnungswesen
- Information und Kommunikation
- Rechts- und Steuerberatung, Wirtschaftsprüfung
- Verlagswesen
- Vermittlung und Überlassung von Arbeitskräften
- Werbung und Marktforschung

■ **Weitere Dienstleistungen**

WISTA – Wirtschaft und Statistik

Heft 3/09	Konjunkturindikatoren im Dienstleistungsbereich: Das Mixmodell in der Praxis
Heft 3/10	Umstellung der Konjunkturstatistik in bestimmten Dienstleistungsbereichen auf die Wirtschaftszweigklassifikation NACE Rev. 2
Heft 4/10	Kostenstrukturen bei Arzt- und Zahnarztpraxen sowie Praxen von psychologischen Psychotherapeutinnen und -therapeuten 2007
Heft 5/10	Kostenstrukturen in sonstigen Dienstleistungsbereichen 2006

A | Internationales

Über EU-Durchschnitt: Britisches Staatsdefizit betrug 2015 vor **Brexit** Entscheidung **4,4 %** des BIP | Eurozone **inflationsfrei** – Verbraucherpreise 2015 gegenüber Vorjahr unverändert | EU-Energieverbrauch: 2005 wurden rund 6 % mit **erneuerbaren Energien** gedeckt, 10 Jahre später **13 %** | In **Japan** und **Vietnam** sind weniger als **4 %** der Erwachsenen stark übergewichtig, in den Vereinigten Staaten **34 %** | In **Luxemburg** kommen auf 1 000 Einwohner **661 Pkw**, in der Türkei **121** | **Frauenanteil** bei den Studierenden 2013 in Brasilien, Thailand, Italien und Australien bei **57 %**

A Internationales

Seite

633 Auf einen Blick

Tabellen

636 Gesellschaft und Staat
Geografie und Klima | Bevölkerung, Familien | Bildung | Gesundheit | Wohnen | Einkommen, Konsum, Lebensbedingungen | Kultur, Medien, Freizeit | Soziales | Finanzen und Steuern | Wahlen | Justiz

656 Gesamtwirtschaft und Umwelt
Volkswirtschaftliche Gesamtrechnungen | Arbeitsmarkt | Verdienste und Arbeitskosten | Preise | Außenhandel | Zahlungsbilanz | Umwelt

672 Wirtschaftsbereiche
Land- und Forstwirtschaft | Produzierendes Gewerbe und Dienstleistungen im Überblick | Verarbeitendes Gewerbe | Energie | Baugewerbe | Binnenhandel | Transport und Verkehr | Gastgewerbe, Tourismus | Weitere Dienstleistungen

684 Methodik

686 Mehr zum Thema

A   Internationales

A.0   Auf einen Blick

Mittleres Alter der Gesamtbevölkerung 2015
in Jahren

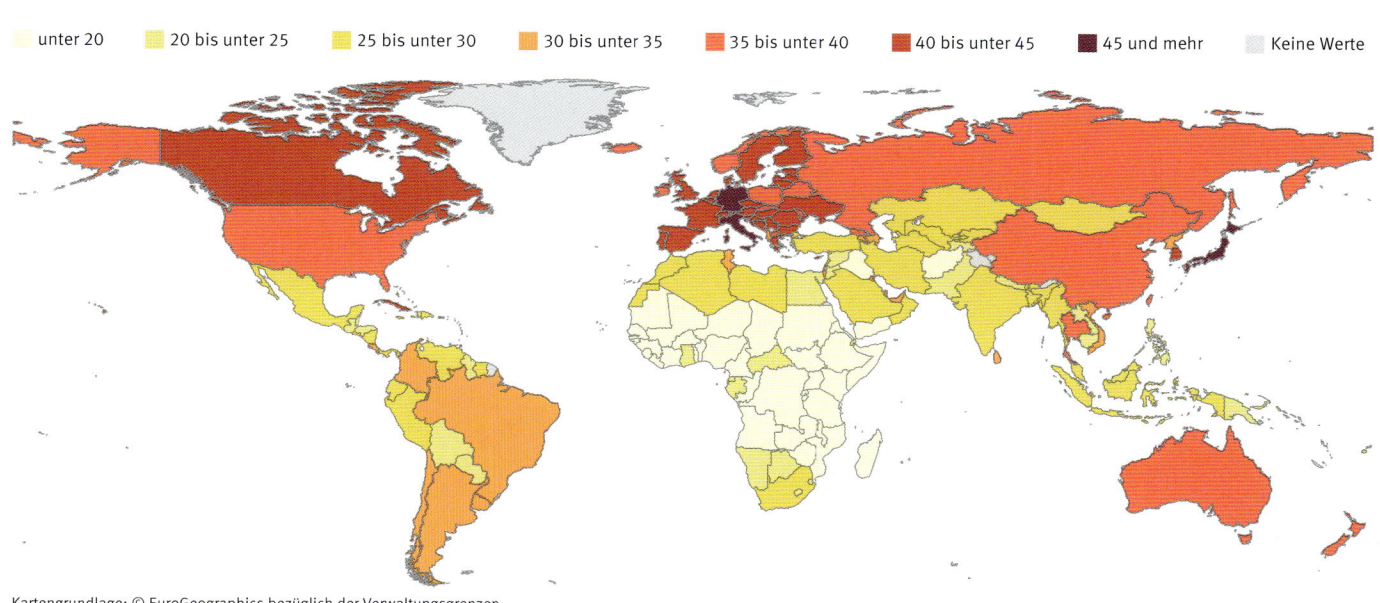

Legende: unter 20 | 20 bis unter 25 | 25 bis unter 30 | 30 bis unter 35 | 35 bis unter 40 | 40 bis unter 45 | 45 und mehr | Keine Werte

Kartengrundlage: © EuroGeographics bezüglich der Verwaltungsgrenzen
Quelle: 2015 Revision of World Population Prospects, Vereinte Nationen (Population Division, UN DESA)

Bruttoinlandsprodukt 2015
je Einwohner/-in, US$, jeweilige Preise

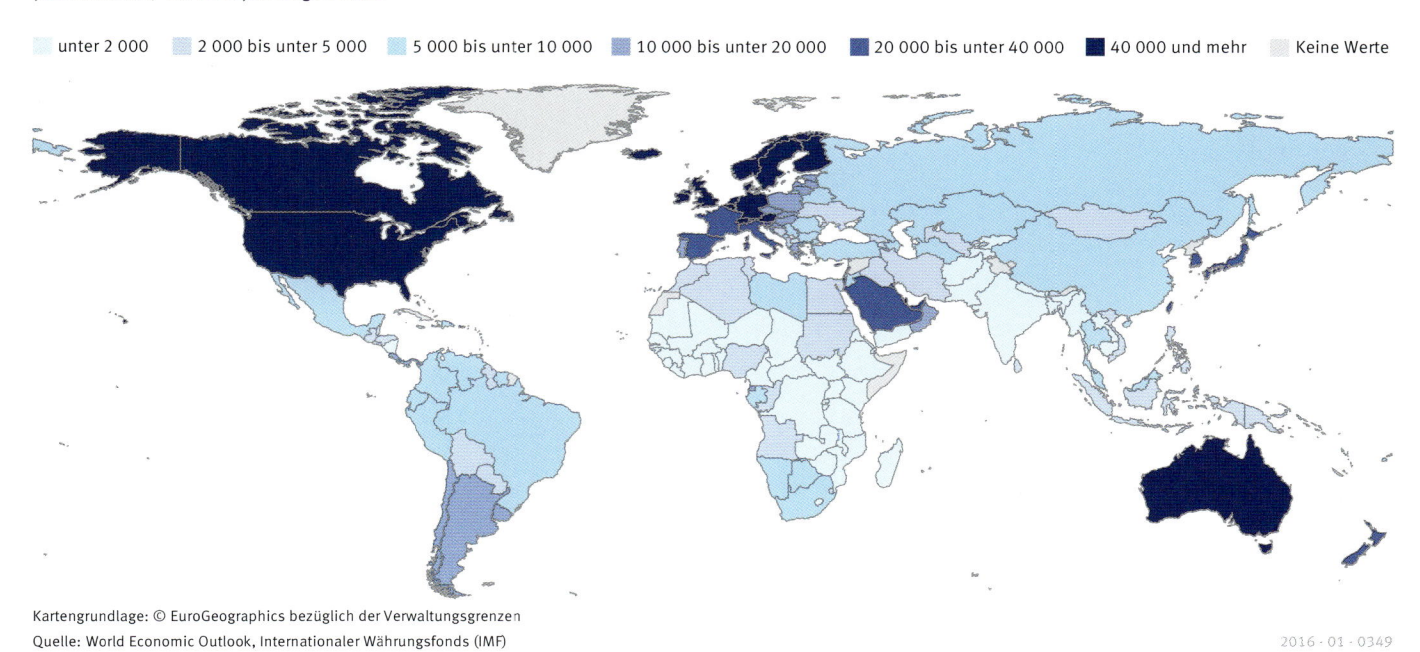

Legende: unter 2 000 | 2 000 bis unter 5 000 | 5 000 bis unter 10 000 | 10 000 bis unter 20 000 | 20 000 bis unter 40 000 | 40 000 und mehr | Keine Werte

Kartengrundlage: © EuroGeographics bezüglich der Verwaltungsgrenzen
Quelle: World Economic Outlook, Internationaler Währungsfonds (IMF)

A Internationales

A.0 Auf einen Blick: Bevölkerung und Wirtschaft weltweit

	Bevölkerung insgesamt [1]	Bevölkerungsanteil ab 65 Jahre [1]	Bruttoinlandsprodukt (BIP) je Einwohner/-in [2]	Reale Veränderung des BIP gegenüber Vorjahr [2]		Bevölkerung insgesamt [1]	Bevölkerungsanteil ab 65 Jahre [1]	Bruttoinlandsprodukt (BIP) je Einwohner/-in [2]	Reale Veränderung des BIP gegenüber Vorjahr [2]
	2015					2015			
	1 000	%	US$	%		1 000	%	US$	%
Welt	7 346 633	8,3	9 996 [1]	+ 3,1	Äquatorialguinea	845	2,9	11 762	− 12,2
Europa					Äthiopien	99 391	3,5	687	+ 10,2
Europäische Union	509 668	19,2	31 843 [1]	+ 2,0	Benin	10 880	2,9	780	+ 5,2
Albanien	2 889	12,4	3 995	+ 2,6	Botsuana	2 262	3,6	6 041	− 0,3
Andorra	70	.	.	.	Burkina Faso	18 106	2,4	615	+ 4,0
Belarus	9 513	14,0	5 749	− 3,9	Burundi	11 179	2,5	306	− 4,1
Belgien	11 286	18,2	40 107	+ 1,4	Cabo Verde	521	4,6	3 039	+ 1,8
Bosnien und Herzegowina	3 810	15,4	4 088	+ 2,8	Côte d'Ivoire	22 702	3,0	1 315	+ 8,6
Bulgarien	7 178	20,0	6 832	+ 3,0	Dschibuti	888	4,2	1 788	+ 6,5
Dänemark	5 676	19,0	52 114	+ 1,2	Eritrea	5 228	2,6	695	+ 4,8
Deutschland	**81 413**	**21,2**	**40 997**	**+ 1,5**	Gabun	1 725	5,1	7 736	+ 4,0
Estland	1 312	18,8	17 288	+ 1,1	Gambia	1 991	2,3	451	+ 4,4
Finnland	5 482	20,5	41 974	+ 0,4	Ghana	27 410	3,4	1 340	+ 3,5
Frankreich	66 808	19,1	37 675	+ 1,1	Guinea	12 609	3,1	542	+ 0,1
Griechenland	10 824	21,4	18 064	− 0,2	Guinea-Bissau	1 844	3,2	595	+ 4,8
Irland	4 641	13,1	51 351	.	Kamerun	23 344	3,2	1 232	+ 5,9
Island	331	13,7	50 855	+ 4,0	Kenia	46 050	2,8	1 388	+ 5,6
Italien	60 802	22,4	29 867	+ 0,8	Komoren	788	2,8	736	+ 1,0
Kroatien	4 224	18,9	11 573	+ 1,6	Kongo	4 620	3,7	2 032	+ 2,5
Lettland	1 978	19,4	13 619	+ 2,7	Kongo, Dem. Republik	77 267	3,0	476	+ 7,7
Liechtenstein	38	.	.	.	Lesotho	2 135	4,1	1 052	+ 2,5
Litauen	2 910	18,8	14 210	+ 1,6	Liberia	4 503	3,0	474	.
Luxemburg	570	14,0	101 994	+ 4,5	Libyen	6 278	4,5	6 059	− 6,4
Malta	431	19,2	22 829	+ 5,4	Madagaskar	24 235	2,8	402	+ 3,0
Mazedonien, eh. jug. Rep.	2 078	12,3	4 787	+ 3,7	Malawi	17 215	3,4	354	+ 3,0
Moldau, Republik	3 554	10,0	1 805	− 1,1	Mali	17 600	2,5	802	+ 6,1
Monaco	38	.	.	.	Marokko	34 378	6,2	3 079	+ 4,5
Montenegro	622	13,6	6 489	+ 4,1	Mauretanien	4 068	3,2	1 282	+ 1,9
Niederlande	16 937	18,2	43 603	+ 1,9	Mauritius	1 263	9,6	9 218	+ 3,4
Norwegen	5 196	16,3	74 822	+ 1,6	Mosambik	27 978	3,3	535	+ 6,3
Österreich	8 611	18,8	43 724	+ 0,9	Namibia	2 459	3,5	5 777	+ 4,5
Polen	37 999	15,5	12 495	+ 3,6	Niger	19 899	2,6	405	+ 4,0
Portugal	10 349	20,8	19 122	+ 1,5	Nigeria	182 202	2,7	2 743	+ 2,7
Rumänien	19 832	17,3	8 906	+ 3,7	Ruanda	11 610	2,8	732	+ 6,9
Russische Föderation	144 097	13,4	9 055	− 3,7	Sambia	16 212	2,9	1 350	+ 3,6
San Marino	32	.	49 847	+ 1,0	São Tomé und Príncipe	190	3,1	1 569	+ 4,0
Schweden	9 799	19,9	49 866	+ 4,1	Senegal	15 129	2,9	913	+ 6,5
Schweiz	8 287	18,0	80 675	+ 0,9	Seychellen	93	6,9	14 941	+ 4,4
Serbien [3]	7 098	17,1	5 120	+ 0,7	Sierra Leone	6 453	2,7	659	− 21,5
Slowakei	5 424	13,8	15 992	+ 3,6	Simbabwe	15 603	3,0	1 064	+ 1,5
Slowenien	2 064	18,0	20 732	+ 2,9	Somalia	10 787	2,8	.	.
Spanien	46 418	18,8	25 865	+ 3,2	Südafrika	54 957	5,0	5 695	+ 1,3
Tschechische Republik	10 551	18,1	17 257	+ 4,2	Sudan	40 235	3,3	2 175	+ 3,5
Türkei	78 666	7,5	9 437	+ 3,8	Südsudan	12 340	3,5	221	− 0,2
Ukraine	45 198	15,3	2 005	− 9,9	Swasiland	1 287	3,6	3 140	+ 1,7
Ungarn	9 845	17,8	12 240	+ 2,9	Tansania, Ver. Republik	53 470	3,2	942	+ 7,0
Vereinigtes Königreich	65 138	17,8	43 771	+ 2,2	Togo	7 305	2,8	569	+ 5,3
Zypern [4]	1 165	12,8	22 587	+ 1,6	Tschad	14 037	2,5	942	+ 1,8
Afrika					Tunesien	11 108	7,6	3 923	+ 0,8
Ägypten	91 508	5,2	3 740	+ 4,2	Uganda	39 032	2,5	620	+ 5,0
Algerien	39 667	5,9	4 318	+ 3,7	Zentralafrik. Republik	4 900	3,9	335	+ 4,3
Angola	25 022	2,3	4 100	+ 3,0					

A Internationales

A.0 Auf einen Blick: Bevölkerung und Wirtschaft weltweit

	Bevölkerung insgesamt [1]	Bevölkerungsanteil ab 65 Jahre [1]	Bruttoinlandsprodukt (BIP) je Einwohner/ -in [2]	Reale Veränderung des BIP gegenüber Vorjahr [2]
	2015			
	1 000	%	US$	%
Amerika				
Antigua und Barbuda	92	7,2	14 414	+ 2,2
Argentinien	43 417	10,9	13 589	+ 1,2
Bahamas	388	8,3	23 903	+ 0,5
Barbados	284	14,2	15 774	+ 0,5
Belize	359	3,8	4 842	+ 1,5
Bolivien, Plurinat. Staat	10 725	6,5	2 886	+ 4,8
Brasilien	207 848	7,8	8 670	− 3,8
Chile	17 948	11,0	13 341	+ 2,1
Costa Rica	4 808	8,9	10 936	+ 3,7
Dominica	73	.	7 030	− 4,3
Dominikanische Republik	10 528	6,7	6 756	+ 7,0
Ecuador	16 144	6,7	6 071	.
El Salvador	6 127	8,2	4 040	+ 2,4
Grenada	107	7,2	8 937	+ 4,6
Guatemala	16 343	4,8	3 929	+ 4,0
Guyana	767	5,0	4 125	+ 3,0
Haiti	10 711	4,6	805	+ 1,0
Honduras	8 075	4,9	2 407	+ 3,6
Jamaika	2 726	9,1	4 948	+ 1,1
Kanada	35 852	16,1	43 332	+ 1,2
Kolumbien	48 229	7,0	6 084	+ 3,1
Kuba	11 390	14,0	.	.
Mexiko	127 017	6,5	9 009	+ 2,5
Nicaragua	6 082	5,1	1 949	+ 4,5
Panama	3 929	7,6	13 013	+ 5,8
Paraguay	6 639	6,0	4 010	+ 3,0
Peru	31 377	6,8	6 021	+ 3,3
St. Kitts und Nevis	56	.	16 110	+ 6,6
St. Lucia	185	9,0	8 192	+ 1,6
St. Vincent u. d. Grenadinen	109	7,3	6 882	+ 1,6
Suriname	543	6,9	9 306	+ 0,1
Trinidad und Tobago	1 360	9,4	18 086	− 1,8
Uruguay	3 432	14,4	15 748	+ 1,5
Venezuela, Bol. Republik	31 108	6,3	7 745	− 5,7
Vereinigte Staaten	321 419	14,8	55 805	+ 2,4
Asien				
Afghanistan	32 527	2,5	600	+ 1,5
Armenien	3 018	10,8	3 535	+ 3,0
Aserbaidschan	9 651	5,6	5 739	+ 1,1
Bahrain	1 377	2,4	23 510	+ 3,2
Bangladesch	160 996	5,0	1 287	+ 6,4
Bhutan	775	5,1	2 843	+ 7,7
Brunei Darussalam	423	4,4	28 237	− 0,2
China [5]	1 371 220	9,6	7 990	+ 6,9
Georgien	3 679	14,0	3 789	+ 2,8
Indien	1 311 051	5,6	1 617	+ 7,3
Indonesien	257 564	5,2	3 362	+ 4,8
Irak	36 423	3,1	4 819	+ 2,4
Iran, Islamische Republik	79 109	5,1	4 877	.
Israel [6]	8 380	11,2	35 343	+ 2,6
Japan	126 958	26,3	32 486	+ 0,5
Jemen	26 832	2,8	1 303	− 28,1
Jordanien	7 595	3,8	5 513	+ 2,5
Kambodscha	15 578	4,1	1 168	+ 6,9
Kasachstan	17 544	6,7	9 796	+ 1,2
Katar	2 235	1,2	76 576	+ 3,3
Kirgisistan	5 957	4,2	1 113	+ 3,5
Korea, Dem. Volksrepublik	25 155	9,5	.	.
Korea, Republik	50 617	13,1	27 195	+ 2,6
Kuwait	3 892	2,0	29 363	+ 0,9
Laos, Dem. Volksrepublik	6 802	3,8	1 779	+ 7,0
Libanon	5 851	8,1	11 237	+ 1,0
Malaysia	30 331	5,9	9 557	+ 5,0
Malediven	409	4,7	9 000	+ 1,9
Mongolei	2 959	4,0	3 952	+ 2,3
Myanmar	53 897	5,4	1 292	+ 7,0
Nepal	28 514	5,5	751	+ 3,4
Oman	4 491	2,6	15 233	+ 4,1
Pakistan	188 925	4,5	1 450	+ 4,2
Philippinen	100 699	4,6	2 858	+ 5,8
Saudi-Arabien	31 540	2,9	20 813	+ 3,4
Singapur	5 535	11,7	52 888	+ 2,0
Sri Lanka	20 966	9,3	3 889	+ 5,2
Syrien, Arabische Republik	18 502	4,1	.	.
Tadschikistan	8 482	3,0	922	+ 3,0
Thailand	67 959	10,5	5 742	+ 2,8
Timor-Leste	1 245	5,6	2 244	+ 4,3
Turkmenistan	5 374	4,2	6 622	+ 6,5
Usbekistan	31 300	4,7	2 121	+ 8,0
Ver. Arabische Emirate	9 157	1,1	36 060	+ 3,9
Vietnam	91 704	6,7	2 088	+ 6,7
Australien und Ozeanien				
Australien	23 781	15,0	50 962	+ 2,5
Fidschi	892	5,8	5 374	+ 4,3
Kiribati	112	3,7	1 428	+ 4,2
Marshallinseln	53	.	3 356	+ 1,6
Mikronesien, F. Staaten von	104	4,4	3 073	− 0,2
Nauru	10	.	.	.
Neuseeland	4 596	14,9	37 045	+ 3,4
Palau	21	.	16 070	+ 9,4
Papua-Neuguinea	7 619	3,0	2 085	+ 9,0
Salomonen	584	3,4	1 952	+ 3,3
Samoa	193	5,2	4 334	+ 1,7
Tonga	106	5,9	3 973	+ 2,6
Tuvalu	10	.	3 015	+ 2,6
Vanuatu	265	4,2	2 847	− 0,8

1 Quelle: World Development Indicators, Weltbank.
2 Quelle: World Economic Outlook, Internationaler Währungsfonds (IMF). Zum Teil IMF Schätzungen.
3 Ohne Kosovo.
4 Einschl. Nordzypern.
5 Ohne Taiwan, Macau, Hongkong.
6 Ohne Palästinensische Gebiete. Einschl. Ost-Jerusalem.

A Internationales

A.1 Geografie und Klima

	Land-fläche [1]	Haupt-stadt (in Klammern: Standort Wetter-station, sofern nicht Hauptstadt)	Mittlere Lufttemperatur [1 2]			Mittlere tägliche Sonnenscheindauer [1 2]			Mittlerer Niederschlag [1 2]		
			Jahresdurch-schnittswert	des kältesten Monats	des wärmsten Monats	Jahresdurch-schnittswert	des Monats mit der niedrigsten Sonnen-scheindauer	des Monats mit der höchsten Sonnen-scheindauer	durchschnitt-licher Jahres-gesamtwert	des nassesten Monats	des trockensten Monats
	2013		Referenzperiode 1996 bis 2010								
	km²		°C			Stunden			l/m²		
Europa											
Europäische Union	4 238 061	.	.	.	.	.	.	.	.	.	.
Belgien	30 280	Brüssel	10,8	3,3 Jan	18,4 Jul	4,3	1,4 Dez	7,1 Jun	863	100 Aug	49 Apr
Bulgarien	108 560	Sofia	10,5	− 0,6 Jan	21,5 Jul	6,1	1,9 Dez	10,1 Jul	629	73 Jun	35 Feb
Dänemark	42 430	Kopenhagen	9,2	1,4 Jan	18,1 Aug	.	.	.	539	78 Aug	26 Apr
Deutschland	348 540	Berlin	9,7	0,4 Jan	19,2 Jul	4,8	1,5 Dez	7,8 Jun	594	75 Aug	27 Apr
Estland	42 390	Tallinn	6,2	− 4,2 Feb	17,8 Jul	5,2	0,7 Dez	9,8 Jul	672	99 Jul	31 Apr
Finnland	303 890	Helsinki	5,7	− 5,7 Feb	18,3 Jul	5,0	0,8 Dez	9,2 Jul	666	87 Okt	30 Mrz
Frankreich	547 557	Paris	11,7	4,1 Jan	19,8 Jul	5,1	1,6 Nov	8,0 Jun	612	66 Aug	40 Sep
Griechenland	128 900	Athen	18,7	9,9 Jan	29,2 Jul	7,9	3,7 Dez	12,4 Jul	435	81 Dez	5 Jun
Irland	68 890	Dublin	9,6	5,1 Dez	15,2 Jul	4,1	1,8 Dez	6,6 Mai	780	85 Okt	45 Mrz
Island	100 250	Reykjavík	5,2	0,0 Feb	11,7 Jul	3,8	0,4 Dez	7,0 Mai	837	94 Dez	38 Jun
Italien	294 140	Rom	16,2	8,8 Jan	24,7 Aug	7,1	3,8 Dez	11,3 Jul	614	97 Dez	10 Jun
Kroatien	55 960	Zagreb	12,5	1,8 Jan	22,5 Jul	5,4	1,6 Dez	8,9 Jul	883	100 Sep	39 Feb
Lettland	62 190	Riga (Libau)	7,7	− 2,3 Feb	18,3 Jul	5,4	0,7 Dez	10,1 Jun	.	.	.
Litauen	62 675	Wilna	6,9	− 4,2 Jan	18,6 Jul	4,9	0,9 Dez	8,9 Jun	690	101 Jul	38 Mrz
Luxemburg	2 590	Luxemburg	9,6	0,8 Jan	18,2 Jul	5,0	1,4 Dez	8,4 Jun	864	84 Aug	53 Apr
Malta	320	Valletta	19,4	12,5 Feb	27,2 Aug	8,2	5,2 Dez	11,9 Jul	566	98 Nov	‹ 1 Jul
Niederlande	33 670	Amsterdam (De Bilt)	10,4	3,1 Jan	18,0 Jul	4,6	1,9 Dez	7,2 Jun	863	91 Aug	43 Apr
Norwegen	365 245	Oslo	5,2	− 4,5 Jan	16,4 Jul	.	.	.	866	100 Okt	46 Feb
Österreich	82 531	Wien	10,7	0,1 Jan	20,8 Jul	5,6	1,7 Dez	8,7 Jun	698	84 Jul	40 Okt
Polen	306 210	Warschau	8,6	− 2,3 Jan	19,5 Jul	6,3	1,1 Dez	11,5 Jul	558	91 Jul	29 Jan
Portugal	91 600	Lissabon	17,1	11,5 Jan	23,1 Aug	7,9	4,7 Dez	11,2 Jul	832	130 Dez	3 Jul
Rumänien	230 030	Bukarest	10,8	− 1,7 Jan	23,0 Jul	6,0	1,8 Dez	10,0 Jul	632	79 Sep	33 Feb
Russische Föderation ...	16 376 870	Moskau	6,1	− 6,9 Feb	20,2 Jul	.	.	.	701	85 Jul	34 Apr
Schweden	407 340	Stockholm	7,7	− 1,4 Feb	18,7 Jul	1,4	0,8 Mrz	2,2 Jul	523	67 Jul	25 Apr
Schweiz	39 516	Bern (Zürich)	9,6	0,5 Jan	18,5 Jul	4,5	1,4 Dez	7,1 Jun, Jul	1 133	132 Aug	52 Jan
Slowakei	48 088	Pressburg	.	.	.	.	.	.	.	.	.
Slowenien	20 140	Laibach	11,2	0,3 Jan	21,4 Jul	5,3	1,7 Dez	9,2 Jul	1 382	159 Sep	69 Feb
Spanien	500 210	Madrid	14,6	5,7 Jan	25,2 Jul	7,8	4,3 Dez	12,0 Jul	397	61 Okt	7 Jul
Tschechische Republik ..	77 230	Prag	8,6	− 1,6 Jan	18,2 Jul	4,9	1,5 Dez	7,9 Jun	495	84 Jul	19 Feb
Türkei	769 630	Ankara	12,7	1,0 Jan	24,7 Jul	6,7	2,5 Dez	11,1 Jul	411	53 Apr	11 Aug
Ukraine	579 320	Kiew	8,8	− 3,8 Jan	21,4 Jul	.	.	.	626	81 Jun	36 Jan
Ungarn	90 530	Budapest	11,2	− 0,4 Jan	22,1 Jul	5,8	1,9 Dez	9,5 Jul	580	73 Jun	27 Feb
Vereinigtes Königreich ..	241 930	London	11,8	5,7 Dez	18,7 Jul, Aug	4,4	1,8 Dez	6,9 Jun	639	72 Nov	41 Mrz
Zypern	9 240	Nikosia	20,1	12,2 Jan	28,4 Aug	9,3	5,8 Dez	12,9 Jun	324	84 Jan	‹ 1 Jul, Aug

A Internationales

A.1 Geografie und Klima

	Landfläche [1]	Hauptstadt (in Klammern: Standort Wetterstation, sofern nicht Hauptstadt)	Mittlere Lufttemperatur [1,2]			Mittlere tägliche Sonnenscheindauer [1,2]			Mittlerer Niederschlag [1,2]		
			Jahresdurchschnittswert	des kältesten Monats	des wärmsten Monats	Jahresdurchschnittswert	des Monats mit der niedrigsten Sonnenscheindauer	des Monats mit der höchsten Sonnenscheindauer	durchschnittlicher Jahresgesamtwert	des nassesten Monats	des trockensten Monats
	2013		Referenzperiode 1996 bis 2010								
	km²		°C			Stunden			l/m²		
Afrika											
Ägypten	995 450	Kairo	22,3	13,9 Jan	29,1 Jul, Aug	9,5	7,1 Jan	11,6 Jul	23	6 Dez	0 Jun–Sep
Äthiopien	1 000 000	Addis Abeba	17,0	15,5 Dez	18,9 Mai	7,3	3,8 Jul	10,0 Dez	1 225	294 Aug	12 Dez
Kongo, Dem. Republik	2 267 050	Kinshasa	25,3	23,5 Jul	26,5 Mrz	.	.	.	1 365	220 Apr	‹ 1 Aug
Nigeria	910 770	Abuja (Lagos)	27,3	25,6 Aug	29,4 Mrz	.	.	.	1 574	314 Jun	5 Jan
Südafrika	1 213 090	Pretoria	18,9	11,9 Jul	22,9 Dez–Feb	8,6	7,8 Jan	9,4 Aug	684	134 Jan	1 Jul
Tansania, Ver. Republik	885 800	Dodoma	22,9	20,1 Jul	24,8 Nov	9,1	7,7 Feb	10,2 Okt	587	154 Dez	0 Jul, Aug
Amerika											
Argentinien	2 736 690	Buenos Aires	17,9	11,5 Jul	24,2 Jan	7,0	4,4 Jun	9,6 Jan	1 053	151 Jan	42 Jun
Brasilien	8 358 140	Brasília	21,4	19,3 Jun	23,0 Okt	6,7	4,4 Dez	9,0 Aug	1 482	246 Dez	2 Jul
Chile	743 532	Santiago de Chile	14,8	8,5 Jul	21,4 Jan	7,0	3,5 Jun	10,6 Jan	342	97 Jun	‹ 1 Dez
Kanada	9 093 510	Ottawa (Montreal)	7,3	− 9,0 Jan	21,4 Jul	5,9	2,4 Dez	8,7 Jul	1 020	99 Okt	62 Feb
Kolumbien	1 109 500	Bogotá	13,3	12,9 Jul	13,7 Apr, Mai	4,2	3,3 Apr, Mai	5,6 Jan	901	119 Mai	33 Jan
Mexiko	1 943 950	Mexiko-Stadt	17,1	14,4 Dez	19,6 Mai	7,0	4,7 Sep	8,6 Apr	803	190 Aug	3 Feb
Vereinigte Staaten	9 147 420	Washington, D.C.	14,6	2,6 Jan	26,2 Jul	.	.	.	1 046	118 Jun	63 Feb
Asien											
Bangladesch	130 170	Dhaka	26,0	18,6 Jan	29,2 Mai	.	.	.	2 101	417 Jul	4 Dez
China	9 424 701	Peking	13,1	− 3,0 Jan	27,2 Jul	6,7	5,5 Dez	8,5 Mai	470	128 Jul	2 Dez
Indien	2 973 190	Neu-Delhi	25,3	13,8 Jan	32,8 Jun	5,8	3,8 Dez	7,9 Apr	785	212 Aug	5 Nov
Indonesien	1 811 570	Jakarta	27,5	26,8 Feb	27,9 Mai	.	.	.	1 743	374 Feb	30 Dez
Iran, Islamische Republik	1 628 550	Teheran	18,5	4,6 Jan	31,1 Jul	8,2	5,1 Dez	11,1 Jun	239	40 Mrz	1 Aug
Israel	21 640	Jerusalem (Tel Aviv)	20,9	13,5 Jan	27,9 Aug	.	.	.	498	145 Jan	0 Jul, Aug
Japan	364 560	Tokio	16,6	6,4 Jan	27,5 Aug	5,2	4,2 Jun	6,2 Jan	1 582	221 Okt	52 Feb
Korea, Republik	97 466	Seoul	12,9	− 1,9 Jan	25,8 Aug	5,3	3,3 Jul	6,4 Mai	1 550	424 Jul	18 Dez
Myanmar	653 080	Naypyidaw (Rangoon)	27,1	24,6 Jan	30,4 Apr	.	.	.	.	.	.
Pakistan	770 880	Islamabad	22,3	10,6 Jan	31,4 Jun	.	.	.	1 179	283 Aug	14 Nov
Philippinen	298 170	Manila	27,5	25,7 Jan	29,3 Mai	.	.	.	2 631	505 Sep	19 Feb
Saudi-Arabien	2 149 690	Riad	26,3	13,8 Jan	36,3 Aug	8,7	7,1 Jan	10,5 Jul	125	28 Apr	0 Jun, Jul
Thailand	510 890	Bangkok	29,0	27,4 Dez	30,8 Apr	6,5	4,6 Sep	8,3 Feb	1 706	326 Sep	9 Dez
Ver. Arab. Emirate	83 600	Abu Dhabi	28,1	18,9 Jan	35,9 Aug	9,7	8,1 Dez	11,3 Jun	47	12 Jan	0 Jun–Sep
Vietnam	310 070	Hanoi	24,5	17,4 Jan	29,8 Jun, Jul	3,6	1,4 Mrz	5,4 Jun	1 639	317 Jul	19 Jan
Australien und Ozeanien											
Australien	7 682 300	Canberra	13,4	5,8 Jul	20,9 Jan	8,0	5,6 Jun	9,8 Dez	582	68 Nov	27 Apr
Neuseeland	263 310	Wellington (N. Plymouth)	13,8	9,9 Jul	18,3 Feb	5,8	4,5 Mai, Jun	7,5 Jan	1 368	147 Jun	71 Mrz

1 Quelle: Welternährungsorganisation (FAO), Vereinte Nationen.
2 Quelle: Deutscher Wetterdienst (DWD).

A Internationales

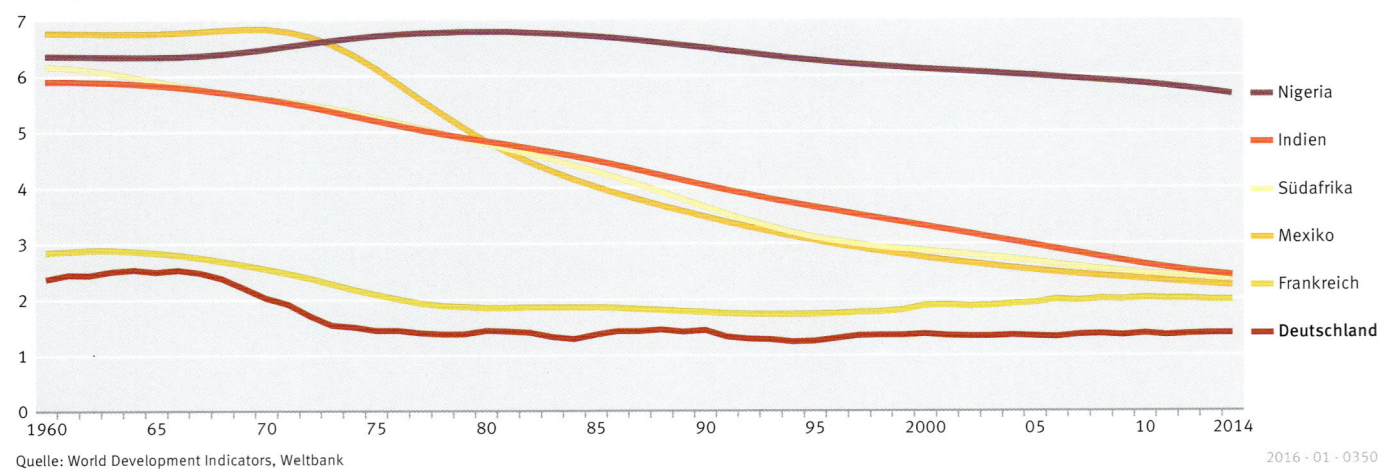

A.2 Bevölkerung, Familien

	Bevölkerung insgesamt [1]	Bevölkerungs-vorausbe-rechnung [2]	Alten-quotient [1]	Lebenserwartung bei Geburt [1]		Zusammen-gefasste Geburten-ziffer [1]	Lebend-geborene [1]	Sterbeziffer: Gestorbene [1]
				Frauen	Männer			
	2015	2050	2015	2014				
	1 000		Verhältnis-wert	Jahre		Kinder je Frau	je 1 000 Einwohner/-innen	
Europa								
Europäische Union	509 668	499 862 [3]	29	83,5	78,0	1,54	10,1	9,7
Belgien	11 286	12 527	28	83,2	78,1	1,75	11,1	9,3
Bulgarien	7 178	5 154	30	79,3	71,7	1,48	9,4	15,1
Dänemark	5 676	6 299	30	82,7	78,5	1,67	10,1	9,1
Deutschland	**81 413**	**74 513**	**32**	**83,2**	**78,6**	**1,39**	**8,6**	**10,8**
Estland	1 312	1 129	29	81,9	72,8	1,52	10,3	11,8
Finnland	5 482	5 752	32	84,1	78,3	1,75	10,5	9,6
Frankreich	66 808	71 137	31	85,6	79,3	1,99	12,4	8,4
Griechenland	10 824	9 705	33	84,0	78,7	1,30	8,5	10,5
Irland	4 641	5 789	20	83,1	79,3	1,96	14,4	6,4
Island	331	389	21	83,7	80,5	1,93	13,4	6,3
Italien	60 802	56 513	35	85,2	80,3	1,39	8,3	9,8
Kroatien	4 224	3 554	29	80,3	74,5	1,46	9,3	12,0
Lettland	1 978	1 593	29	78,9	69,7	1,52	10,9	14,3
Litauen	2 910	2 375	28	79,6	68,6	1,59	10,4	13,7
Luxemburg	570	803	20	84,0	80,5	1,55	10,9	6,9
Malta	431	411	29	84,0	79,6	1,38	9,8	7,7
Niederlande	16 937	17 602	28	83,2	79,5	1,68	10,4	8,3
Norwegen	5 196	6 658	25	83,8	79,8	1,78	11,5	7,9
Österreich	8 611	8 846	28	84,0	78,8	1,44	9,6	9,2
Polen	37 999	33 136	22	81,3	73,4	1,29	9,9	9,9
Portugal	10 349	9 216	32	84,0	77,6	1,21	7,9	10,1
Rumänien	19 832	15 207	26	78,7	71,6	1,41	9,2	12,7
Russische Föderation	144 097	128 599	19	76,0	65,0	1,70	13,3	13,1
Schweden	9 799	11 881	32	83,8	80,2	1,89	11,9	9,2
Schweiz	8 287	10 019	27	85,0	80,8	1,52	10,2	7,8
Slowakei	5 424	4 892	19	80,3	73,3	1,34	10,2	9,5
Slowenien	2 064	1 942	27	83,9	77,3	1,55	10,3	9,2
Spanien	46 418	44 840	28	86,1	80,2	1,27	9,2	8,5
Tschechische Republik	10 551	9 965	27	81,4	75,3	1,46	10,4	10,0
Türkei	78 666	95 819	11	78,5	72,0	2,07	16,8	5,7
Ukraine	45 198	35 117	22	76,4	66,3	1,50	10,8	14,7
Ungarn	9 845	8 318	26	79,1	72,8	1,35	9,5	12,8
Vereinigtes Königreich	65 138	75 361	28	82,9	79,3	1,83	12,0	8,8
Zypern	1 165	1 402	18	82,4	78,0	1,45	11,3	6,9

Bevölkerungsvorausberechnungen liefern Erkenntnisse darüber, wie sich die Bevölkerungszahl entwickeln würde, wenn bestimmte Annahmen zur künftigen Entwicklung der Geburtenhäufigkeit, der Lebenserwartung sowie der Migration einträfen. Die Vereinten Nationen (UN) berechnen hierzu verschiedene Varianten. Die vorliegenden Daten entsprechen der mittleren Variante der UN-Bevölkerungsvorausberechnung. Weitere Informationen unter esa.un.org/unpd/wpp

Der **Altenquotient** ist ein Verhältniswert, der die Zahl der älteren Personen einer Gesellschaft in Beziehung setzt zur Zahl der Personen im erwerbsfähigen Alter. Angegeben wird das Verhältnis der Anzahl der Personen im Alter von 65 Jahren und mehr zu 100 Personen im erwerbsfähigen Alter (15 bis 64 Jahre).

Die **zusammengefasste Geburtenziffer** eines Kalenderjahres ist ein Maß dafür, wie viele Kinder durchschnittlich je Frau zur Welt kamen. Sie charakterisiert das Geburtenverhalten der Frauen im jeweiligen Kalenderjahr. Die zusammengefasste Geburtenziffer wird auch als durchschnittliche Kinderzahl beschrieben, die eine Frau im Laufe ihres Lebens gebären würde, wenn die altersspezifischen Geburtenziffern, die im betrachteten Kalenderjahr nachgewiesen wurden, von ihrem 16. bis zu ihrem 50. Lebensjahr (Alter 15 bis 49) gelten würden. Die altersspezifische Geburtenziffer zeigt für jedes einzelne Altersjahr zwischen 15 und 49 Jahren die Relation zwischen der Zahl der von Müttern eines bestimmten Alters geborenen Kinder und der Gesamtzahl der Frauen dieses Alters. Durch die Addition der altersspezifischen Geburtenziffern ergibt sich die zusammengefasste Geburtenziffer.

Zusammengefasste Geburtenziffer
Kinder je Frau

Quelle: World Development Indicators, Weltbank

A Internationales

A.2 Bevölkerung, Familien

	Bevölkerung insgesamt [1]	Bevölkerungs-vorausberechnung [2]	Altenquotient [1]	Lebenserwartung bei Geburt [1]		Zusammengefasste Geburtenziffer [1]	Lebendgeborene [1]	Sterbeziffer: Gestorbene [1]
				Frauen	Männer			
	2015	2050	2015	2014				
	1 000		Verhältniswert	Jahre		Kinder je Frau	je 1 000 Einwohner/-innen	
Afrika								
Ägypten	91 508	151 111	8	73,4	69,0	3,34	27,8	6,1
Äthiopien	99 391	188 455	6	66,0	62,2	4,40	32,4	7,4
Kongo, Dem. Republik	77 267	195 277	6	60,1	57,2	6,01	42,0	10,3
Nigeria	182 202	398 508	5	53,1	52,4	5,65	39,6	12,9
Südafrika	54 957	65 540	8	59,3	55,2	2,36	20,7	12,5
Tansania, Ver. Republik	53 470	137 136	6	66,4	63,5	5,15	39,0	6,9
Amerika								
Argentinien	43 417	55 445	17	80,1	72,4	2,32	17,5	7,6
Brasilien	207 848	238 270	11	78,3	70,7	1,79	14,7	6,1
Chile	17 948	21 601	16	84,5	78,6	1,76	13,2	5,1
Kanada	35 852	44 136	24	84,0	80,0	1,61	10,9	7,4
Kolumbien	48 229	54 927	10	77,7	70,5	1,90	15,8	5,9
Mexiko	127 017	163 754	10	79,2	74,4	2,24	18,8	4,8
Vereinigte Staaten	321 419	388 865	22	81,4	76,6	1,86	12,5	8,1
Asien								
Bangladesch	160 996	202 209	8	72,9	70,4	2,18	19,8	5,4
China	1 371 220	1 348 056	13	77,3	74,3	1,56	12,4	7,2
Indien	1 311 051	1 705 333	9	69,5	66,6	2,43	20,0	7,3
Indonesien	257 564	322 237	8	71,0	66,9	2,46	20,0	7,2
Iran, Islamische Republik	79 109	92 219	7	76,5	74,3	1,71	17,5	4,6
Israel	8 380	12 610	18	84,1	80,3	3,08	21,3	5,2
Japan	126 958	107 411	43	86,8	80,5	1,42	8,0	10,0
Korea, Republik	50 617	50 593	18	85,5	79,0	1,21	8,6	5,3
Myanmar	53 897	63 575	8	68,0	63,9	2,20	17,8	8,3
Pakistan	188 925	309 640	7	67,2	65,3	3,62	29,2	7,4
Philippinen	100 699	148 260	7	71,8	64,9	2,98	23,6	6,7
Saudi-Arabien	31 540	46 059	4	75,7	73,0	2,77	20,1	3,4
Thailand	67 959	62 452	15	77,9	71,1	1,51	10,8	7,9
Ver. Arab. Emirate	9 157	12 789	1	78,5	76,3	1,78	10,8	1,6
Vietnam	91 704	112 783	10	80,5	71,0	1,96	17,2	5,8
Australien und Ozeanien								
Australien	23 781	33 496	23	84,3	80,3	1,86	12,9	6,5
Neuseeland	4 596	5 607	23	83,3	79,6	1,92	12,7	6,9

1 Quelle: World Development Indicators, Weltbank.
2 Quelle: World Population Prospects – The 2015 Revision, Vereinte Nationen (Population Division, UN DESA). Mittlere Variante.
3 Eigene Berechnungen basierend auf UN DESA Daten.

A Internationales

A.3 Bildung

	Schüler/-innen je Lehrkraft (Sekundarstufe) [1]	Anteil der 20- bis 24-Jährigen ohne Erwerbstätigkeit und nicht in Ausbildung [2]	PISA-Studie: Vergleich der Schülerleistungen im Bereich [3]			Studierende und Schüler/-innen an Einrichtungen des Tertiärbereichs [1]		Anteil der 25- bis 34-Jährigen mit tertiärem Bildungsabschluss [3]	Öffentliche Bildungsausgaben [1]	Bruttoinlandsausgaben für Forschung und Entwicklung [1]
			Mathematik	Naturwissenschaften	Lesekompetenz					
	2013	2015	2012			2013		2014	2013	
	Anzahl	%	Durchschnittliche Punktzahl			je 100 000 Einwohner/-innen	Frauenanteil, in %	%	% des BIP	
Europa										
Europäische Union	.	17	.	.	.	4 380	55,7	44,2	6,4 [4]	2,3
Belgien	9	18	515	505	509	3 915	54,5	.	3,5 [5]	0,7
Bulgarien	13	24	.	.	.	5 177	56,9	42,1	8,5 [4]	3,1
Dänemark	.	9	500	498	496	5 177	56,9	42,1	8,5 [4]	3,1
Deutschland	**13**	**9**	**513**	**524**	**508**	**3 451**	**47,1**	**28,4**	**4,9** [5]	**2,9**
Estland	8	15	521	541	516	4 909	58,5	40,4	4,7 [5]	1,7
Finnland	13	16	519	546	525	5 667	53,7	40,3	7,2	3,3
Frankreich	13	18	495	499	505	3 662	54,6	44,1 [6]	5,5 [5]	2,2
Griechenland	.	26	453	467	477	5 964	48,8	38,7	.	0,8
Irland	.	20	501	522	523	4 269	50,5	50,8	5,8 [5]	1,6 [5]
Island	.	6	493	478	483	5 906 [5]	62,5 [5]	40,6	7 [4]	2,5 [4]
Italien	11	31	485	493	490	3 133	57,1	24,2	4,1 [4]	1,3
Kroatien	8 [5]	24	.	.	.	3 669 [5]	56,7 [5]	.	4,2 [4]	0,8
Lettland	8	16	491	503	489	4 696	59,0	39,4	4,9	0,6
Litauen	8	14	.	.	.	5 388	58,4	52,6	4,8 [5]	1,0
Luxemburg	8 [5]	9	490	491	488	1 143 [5]	52,1 [5]	52,9	.	1,2
Malta	9	10	.	.	.	3 017	55,5	.	6,8 [5]	0,9
Niederlande	14	7	523	522	512	4 739 [5]	51,4 [5]	44,3	5,6	2,0
Norwegen	.	8	489	495	505	5 024	58,8	49,0	7,4 [5]	1,7
Österreich	10	10	506	506	490	4 982	53,4	38,4	5,6	2,8
Polen	10	18	518	526	518	4 927	59,8	42,6	4,8 [5]	0,9
Portugal	10	18	487	489	488	3 547	53,2	31,4	5,1 [4]	1,4
Rumänien	13	24	.	.	.	3 123	53,9	.	2,9 [5]	0,4
Russische Föderation	9 [5]	.	482	486	475	5 251	54,2	58,2 [6]	4,2 [5]	1,1
Schweden	10 [5]	9	478	485	484	4 536	59,7	46,0	7,7	3,3
Schweiz	9 [5]	10	531	515	509	3 444	49,5	46,0	5,1 [5]	3,0 [5]
Slowakei	11	19	481	471	464	3 867	59,7	29,8	4,1	0,8
Slowenien	10	14	501	514	482	4 732	57,5	38,1	5,7 [5]	2,6
Spanien	11 [5]	22	484	496	488	4 239	53,5	41,5	4,3	1,2
Tschechische Republik	12	11	499	508	493	4 053	57,4	29,9	4,3 [5]	1,9
Türkei	20	33	448	463	476	6 528	45,6	24,8	.	0,9
Ukraine	9	.	.	.	.	4 883	53,2	.	6,7	0,8
Ungarn	10	17	477	494	488	3 618	55,2	32,1	4,6 [4]	1,4
Vereinigtes Königreich	16	15	494	514	499	3 731	56,1	49,2	5,7	1,6
Zypern	10	22	.	.	.	3 726	55,4	.	6,6 [4]	0,5

A Internationales

A.3 Bildung

	Schüler/-innen je Lehrkraft (Sekundarstufe) [1]	Studierende und Schüler/-innen an Einrichtungen des Tertiärbereichs [1]		Anteil der 25- bis 34-Jährigen mit tertiärem Bildungsabschluss [3]	Öffentliche Bildungsausgaben [1]	Bruttoinlandsausgaben für Forschung und Entwicklung [1]
	2013			2014	2013	
	Anzahl	je 100 000 Einwohner/-innen	Frauenanteil, in %	%	% des BIP	
Afrika						
Ägypten	.	2 828	46,1	.	.	0,7
Äthiopien	39 [5]	752 [5]	31,5 [5]	.	4,5	0,6
Kongo, Dem. Republik	14	611	31,2	.	2,2	.
Nigeria	.	.	.	.	.	.
Südafrika	.	1 939	58,1	5,2 [5]	6,0	0,7 [5]
Tansania, Ver. Republik	26 [5]	315	35,0	.	.	.
Amerika						
Argentinien	.	6 508	61,0	.	5,3	0,6 [5]
Brasilien	17	3 743	57,1	15,3 [6]	5,9 [5]	1,2 [5]
Chile	21	6 680	51,9	27,3 [6]	4,6	0,4 [5]
Kanada	.	.	.	57,7	5,3 [4]	1,6
Kolumbien	25	4 455	52,6	27,7	4,9	0,2
Mexiko	18 [5]	2 667	49,3	24,6	5,2 [4]	0,5
Vereinigte Staaten	15	6 298	56,6	45,7	5,2 [4]	2,8 [5]
Asien						
Bangladesch	35	1 312 [5]	41,4 [5]	.	2,0	.
China	15	2 502	50,7	.	.	2,0
Indien	31	2 202	45,9	.	3,8 [5]	0,8 [4]
Indonesien	15	2 556	52,2	10,3 [4]	3,4	0,1
Iran, Islamische Republik	18	5 661	48,2	.	3,2	.
Israel	.	4 779	56,2	46,0	5,9	4,2
Japan	12 [5]	3 042	46,6	58,6	3,8	3,5
Korea, Republik	16	6 705	40,1	67,7	4,6 [5]	4,2
Myanmar	.	1 207 [5]	55,3 [5]	.	.	.
Pakistan	20	1 057	48,1	.	2,5	0,3
Philippinen	27	3 400	54,8	.	.	.
Saudi-Arabien	11	4 492	47,9	25,7 [6]	.	.
Thailand	20 [4]	3 566	57,1	.	4,1	0,4 [4]
Ver. Arab. Emirate	12	1 468	54,3	.	.	0,5 [4]
Vietnam	.	2 462	46,4	.	6,3 [5]	0,2 [4]
Australien und Ozeanien						
Australien	.	5 975	56,7	48,1	5,3	2,3 [4]
Neuseeland	14 [5]	5 747	58,1	40,4	7,3 [5]	1,3 [4]

1 Quelle: Organisation der Vereinten Nationen für Bildung, Wissenschaft und Kultur (UNESCO), teilweise Schätzungen bzw. vorläufige Daten.
2 Quelle: Statistisches Amt der Europäischen Union (Eurostat).
3 Quelle: Organisation für wirtschaftliche Zusammenarbeit und Entwicklung (OECD).
4 2011.
5 2012.
6 2013.

Der **Anteil junger Erwachsener ohne Erwerbstätigkeit und nicht in Aus- oder Fortbildung** wird international auch als NEET-Rate (Not in Education, Employment or Training) bezeichnet.

Das **Programme for International Student Assessment (PISA)** ist die internationale Schulleistungsstudie der OECD. An der 2012 durchgeführten Studie nahmen insgesamt 510 000 Schülerinnen und Schüler in 34 OECD-Mitgliedstaaten und 31 Partnerländern teil. Der OECD-Durchschnittswert liegt in jedem Kompetenzbereich (bzw. Fach) bei 500 Punkten, die Standardabweichung bei 100 Punkten.

Bei den **Studierenden und Schüler/-innen an Einrichtungen des Tertiärbereichs** werden die Bildungsstufen ISCED 5 (z. B. berufsspezifische tertiäre Bildung), ISECD 6 (Bachelor und vergleichbare Abschlüsse), ISCED 7 (Master und vergleichbare Abschlüsse) und ISCED 8 (Promotion und vergleichbare Abschlüsse) berücksichtigt. ISCED ist die Internationale Standardklassifikation für das Bildungswesen.

Die **Bruttoinlandsausgaben für Forschung und Entwicklung** umfassen alle zur Durchführung von Forschung und Entwicklung (FuE) im Inland verwendeten Mittel, ungeachtet der Finanzierungsquellen. Eingeschlossen sind auch Mittel aus dem Ausland sowie Mittel internationaler Organisationen für im Inland durchgeführte Forschungsarbeiten.

A Internationales

A.3 Bildung

Anteil der 30- bis 34-Jährigen mit tertiärem Bildungsabschluss nach Regionen 2015
in %

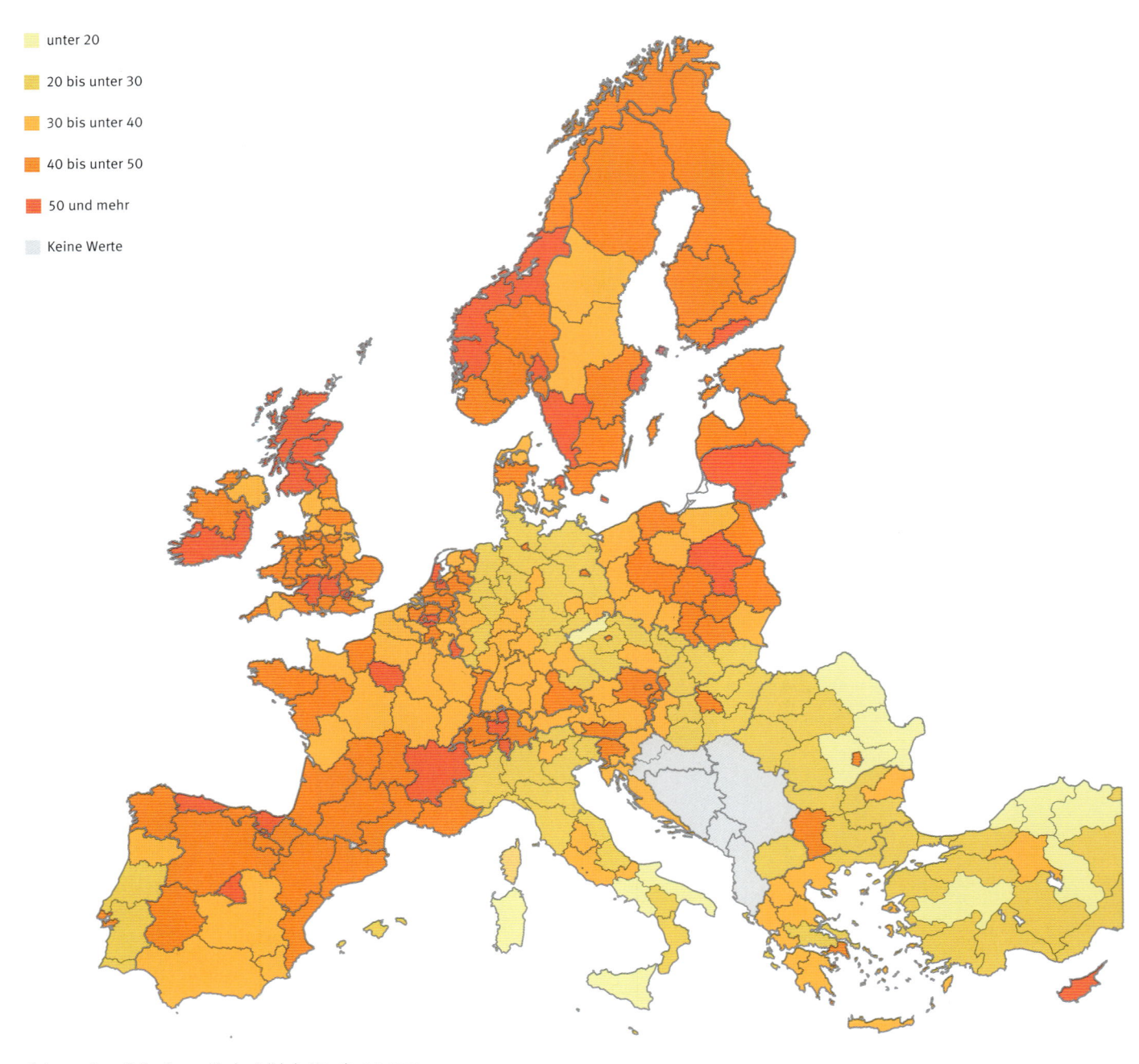

- unter 20
- 20 bis unter 30
- 30 bis unter 40
- 40 bis unter 50
- 50 und mehr
- Keine Werte

Kartengrundlage: © EuroGeographics bezüglich der Verwaltungsgrenzen
Quelle: Eurostat

A Internationales

A.4 Gesundheit

Todesursache Krebs (Bösartige Neubildungen) nach Regionen 2013
Bruttosterbeziffer je 100 000 Einwohner/-innen

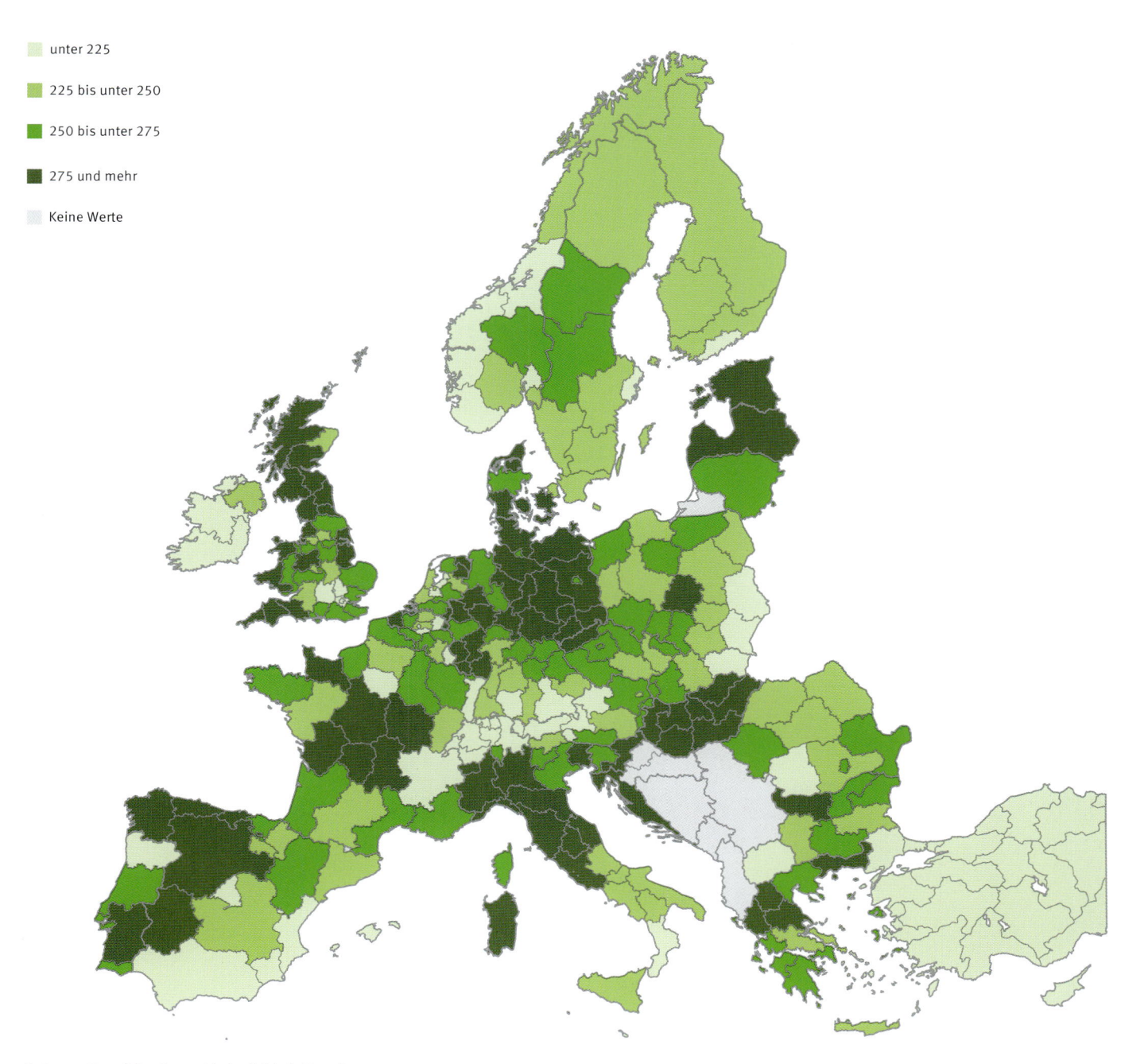

- unter 225
- 225 bis unter 250
- 250 bis unter 275
- 275 und mehr
- Keine Werte

Kartengrundlage: © EuroGeographics bezüglich der Verwaltungsgrenzen
Quelle: Eurostat

A   Internationales

A.4   Gesundheit

	Gesamtausgaben für Gesundheit		Praktizierende Ärztinnen/Ärzte	Krankenhaus-betten	Tuberkulose-Erkrankungen	Sterbefälle von Kindern unter 5 Jahren |1	Sterbefälle von Müttern bei der Geburt	Anteil der Erwachsenen mit erhöhtem Blutdruck	Anteil der Erwachsenen mit Adipositas (BMI > 30)	Anteil der Personen ab 15 Jahre, der täglich raucht
	2014		2009 – 2013 |2	2014	2014	2014	2015	2014	2014	2013
	% des BIP	US$ je Einwohner/-in	je 10 000 Einwohner/-innen		je 100 000 Einwohner/-innen	je 1 000 Lebendgeborene	je 100 000 Lebendgeborene	%		
Europa										
Europäische Union	.	.	.	.	.	.	.	.	.	.
Belgien	10,6	4 884	38	65	11	4	6	17,8	20,2	19,7
Bulgarien	8,4	662	39	66	33	11	5	28,4	23,2	30,0
Dänemark	10,8	6 463	35	35	9	4	5	20,0	19,3	15,6
Deutschland	11,3 |3	5 411	39	82	8	4	7	19,5	20,1	24,2
Estland	6,4	1 248	32	54	25	3	11	31,7	22,6	26,1
Finnland	9,7	4 612	29	62	7	2	4	19,9	20,6	16,8
Frankreich	11,7 |3	4 959	32	69	12	4	9	21,0	23,9	23,5
Griechenland	8,1	1 743	.	48	6	5	5	18,4	22,9	35,2
Irland	8,9 |3	4 239	27	49	9	4	9	18,1	25,6	19,2
Island	8,9	4 662	35	58	4	2	4	20,1	22,8	13,1
Italien	9,2	3 258	38	36	7	4	4	19,6	21,0	22,0
Kroatien	7,8	1 050	.	54	16	5	13	27,8	23,3	31,1
Lettland	5,9	921	36	64	57	8	13	29,8	23,7	30,0
Litauen	.	1 063	41	68	83	5	11	29,3	25,9	23,6
Luxemburg	6,9	8 138	29	56	8	2	11	21,2	23,1	18,8
Malta	9,7	2 471	35	45	15	7	9	19,8	26,6	20,7
Niederlande	12,9 |3	5 694	.	47	7	4	6	18,1	19,8	19,6
Norwegen	9,7	9 522	43	33	10	3	4	18,4	23,1	17,2
Österreich	11,2	5 580	.	77	10	4	4	18,8	18,4	.
Polen	6,4	910	22	67	26	5	3	28,1	25,2	23,2
Portugal	9,7 |3	2 097	41	33	29	4	8	22,1	20,1	17,7
Rumänien	5,6	557	24	66	99	12	33	27,4	21,7	25,7
Russische Föderation . . .	7,1	893	.	.	109	10	24	28,7	24,1	33,4
Schweden	9,7 |3	6 808	39	28	9	3	4	19,4	20,5	11,8
Schweiz	11,7	9 674	40	52	8	4	6	17,8	19,4	19,5
Slowakei	8,1	1 455	33	65	9	8	7	27,3	25,7	22,0
Slowenien	9,2	2 161	.	46	10	3	7	28,0	25,1	17,7
Spanien	9,0	2 658	49	32	15	4	4	19,0	23,7	25,7
Tschechische Republik . .	7,4	1 379	.	71	6	4	5	27,0	26,8	24,7
Türkei	5,4	568	17	25	22	14	20	23,0	29,5	22,4
Ukraine	7,8 |3	203	35	87	114	10	23	29,0	20,1	25,4
Ungarn	7,4	1 037	31	71	15	6	14	28,6	24,0	25,1
Vereinigtes Königreich . .	9,1	3 935	28	33	15	4	8	15,2	28,1	20,3
Zypern	7,4 |3	1 819	23	38	7	3	10	19,7	23,8	.

A Internationales

A.4 Gesundheit

	Gesamtausgaben für Gesundheit		Praktizierende Ärztinnen/Ärzte	Krankenhausbetten	Tuberkulose-Erkrankungen	Sterbefälle von Kindern unter 5 Jahren [1]	Sterbefälle von Müttern bei der Geburt	Anteil der Erwachsenen mit erhöhtem Blutdruck	Anteil der Erwachsenen mit Adipositas (BMI > 30)	Anteil der Personen ab 15 Jahre, der täglich raucht
	2014		2009 – 2013 [2]		2014		2015	2014		2013
	% des BIP	US$ je Einwohner/-in	je 10 000 Einwohner/-innen		je 100 000 Einwohner/-innen	je 1 000 Lebendgeborene	je 100 000 Lebendgeborene	%		
Afrika										
Ägypten	5,6	178	28	17	26	25	45	26,0	28,9	20,3
Äthiopien	4,9	27	.	63	200	62	420	31,2	4,0	3,3
Kongo, Dem. Republik	5,6 [4]	19	.	.	461	102	730	31,8	4,4	.
Nigeria	.	118	4	.	330	113	560	27,8	11,0	7,0
Südafrika	8,8	570	8	.	696	41	140	28,2	26,8	16,1
Tansania, Ver. Republik	5,6	52	.	7	528	51	410	28,9	7,1	11,9
Amerika										
Argentinien	.	605	39	45	30	13	69	21,9	26,3	18,1
Brasilien	8,3	947	19	24	52	16	69	23,3	20,0	12,7
Chile	7,8	1 137	10	21	20	8	22	21,4	27,8	27,5
Kanada	10,4	5 292	21	32	7	5	11	13,3	28,0	11,9
Kolumbien	.	569	15	.	39	16	83	21,9	21,0	8,1
Mexiko	6,3	677	21	16	27	14	49	21,0	28,1	8,3
Vereinigte Staaten	17,1	9 403	25	30	4	7	28	13,4	33,7	14,3
Asien										
Bangladesch	.	31	4	.	404	40	170	25,6	3,6	19,6
China	5,6 [3]	420	15	42	89	11	32	18,8	6,9	22,4
Indien	.	75	7	.	195	50	190	25,4	4,9	10,7
Indonesien	2,8	99	2	6	647	28	190	23,3	5,7	33,1
Iran, Islamische Republik	.	351	.	17	33	16	23	23,7	26,1	10,4
Israel	7,8	2 910	33	35	7	4	2	17,7	25,3	23,3
Japan	10,2	3 703	23	137	23	3	6	16,9	3,3	18,1
Korea, Republik	7,4	2 060	21	103	101	4	27	10,8	5,8	25,7
Myanmar	.	20	6	.	457	52	200	23,7	2,9	15,8
Pakistan	.	36	8	6	341	83	170	27,9	5,4	18,6
Philippinen	.	135	.	5	417	29	120	22,1	5,1	20,6
Saudi-Arabien	.	1 147	25	22	16	15	16	26,6	34,7	14,5
Thailand	.	360	4	21	236	13	26	21,3	8,5	18,2
Ver. Arabische Emirate	3,6	1 611	25	.	3	7	8	24,3	37,2	.
Vietnam	.	142	12	31	198	22	49	22,2	3,6	19,2
Australien und Ozeanien										
Australien	.	6 031	33	38	8	4	6	15,4	28,6	13,7
Neuseeland	11,0	4 896	27	23	9	6	8	16,1	29,2	15,5

1 Quelle: Inter-Agency Group for Child Mortality Estimation (UN-IGME), Vereinte Nationen.
2 Aktuellster verfügbarer Wert innerhalb des Berichtszeitraums 2009 bis 2013.
3 2013.
4 2012.

Quelle: Global Health Observatory und Global Health Expenditure Database, Weltgesundheitsorganisation (WHO)

A Internationales

A.5 Wohnen

	Durchschnittliche Zahl der Personen je Privathaushalt	In Mieterhaushalten lebende Personen	In Eigentümerhaushalten lebende Personen	In überbelegten Wohneinheiten lebende Personen	Durch Wohnkosten überbelastete Personen
	2014				
	Anzahl	% der Wohnbevölkerung insgesamt			
Europa					
Europäische Union	2,4	29,9	70,1	17	11
Belgien	2,3	28,0	72,0	2	10
Bulgarien	2,5	15,7	84,3	43	13
Dänemark	2,0	36,7	63,3	8	16
Deutschland	2,0	47,5	52,5	7	16
Estland	2,2	18,5	81,5	14	8
Finnland	2,0	26,8	73,2	7	5
Frankreich	2,2	35,0	65,0	7	5
Griechenland	2,5	26,0	74,0	27	41
Irland	2,7	31,4	68,6	4	6
Island	2,5	21,8	78,2	8	8
Italien	2,4	26,9	73,1	27	9
Kroatien	2,8	10,3	89,7	42	8
Lettland	2,4	19,1	80,9	40	10
Litauen	2,3	10,1	89,9	28	7
Luxemburg	2,4	27,5	72,5	7	7
Malta	2,6	20,0	80,0	4	2
Niederlande	2,2	33,0	67,0	4	15
Norwegen	2,1	15,6	84,4	5	8
Österreich	2,2	42,8	57,2	15	7
Polen	2,8	16,5	83,5	44	10
Portugal	2,6	25,1	74,9	10	9
Rumänien	2,9	3,9	96,1	52	15
Russische Föderation	.	.	.	.	.
Schweden	2,1	30,7	69,3	11	8
Schweiz	.	55,5	44,5	.	.
Slowakei	2,8	9,7	90,3	39	9
Slowenien	2,5	23,3	76,7	15	6
Spanien	2,5	21,2	78,8	5	11
Tschechische Republik	2,4	21,1	78,9	20	11
Türkei	.	.	.	.	.
Ukraine	.	.	.	.	.
Ungarn	2,4	11,8	88,2	42	13
Vereinigtes Königreich	2,3	35,2	64,8	7	12
Zypern	2,7	27,1	72,9	2	4

Quelle: LEBEN IN EUROPA (EU-SILC), Eurostat

Eine **Wohneinheit** gilt als **überbelegt**, wenn sie nicht mindestens folgende Kriterien erfüllt: ein Gemeinschaftszimmer, ein Zimmer je Paar im Haushalt, ein Zimmer für jede alleinstehende Person im Alter von 18 Jahren oder älter, ein Zimmer für bis zu zwei alleinstehende Personen desselben Geschlechts im Alter von 12 bis 17 Jahren, ein Zimmer je alleinstehende Person im Alter von 12 bis 17 Jahren (sofern nicht in der vorherigen Kategorie erfasst) sowie ein Zimmer für bis zu zwei Kinder unter 12 Jahren.

Personen gelten als **durch Wohnkosten überbelastet**, wenn sie in Haushalten leben, die mehr als 40 % ihres verfügbaren Einkommens für Wohnen aufwenden.

Wohnsituation in der Europäischen Union (EU-28) 2014
Anteil an der Wohnbevölkerung insgesamt, in %

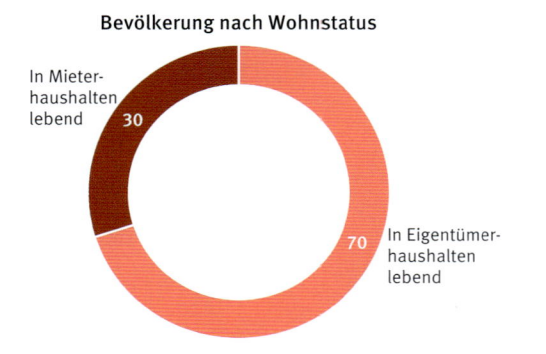

Bevölkerung nach Wohnstatus
- In Mieterhaushalten lebend: 30
- In Eigentümerhaushalten lebend: 70

In überbelegter Wohneinheit lebend: 17

Durch Wohnkosten überbelastet: 11

Quelle: LEBEN IN EUROPA (EU-SILC), Eurostat

A Internationales

A.6 Einkommen, Konsum, Lebensbedingungen

	Median-äquivalenz-einkommen [1]	Armutsgefährdungs-grenze [1]		Armutsgefährdungsquote (nach Sozialtransfers) [1]			Konsum-ausgaben für Nahrungs-mittel und alkoholfreie Getränke [2]	Konsumaus-gaben für Wohnung, Wasser, Strom und Gas [2]
		Allein-lebende	Haushalte mit 2 Erwachse-nen und 2 Kindern unter 14 Jahren	insgesamt	Personen unter 18 Jahren	Personen ab 65 Jahren		
2014								
	EUR			%			% der Konsumausgaben insgesamt	
Europa								
Europäische Union	15 777	.	.	17,2	21,1	13,8	12,3	24,4
Belgien	21 705	13 023	27 348	15,5	18,8	16,1	12,9	24,6
Bulgarien	3 311	1 987	4 172	21,8	31,7	22,6	18,7	18,8
Dänemark	27 861	16 717	35 105	12,1	9,2	9,8	11,4	29,5
Deutschland	19 733	11 840	24 864	16,7	15,1	16,3	10,2	24,3
Estland	7 217	4 330	9 093	21,8	19,7	32,6	20,6	18,7
Finnland	23 702	14 221	29 865	12,8	10,9	16,0	12,7	27,7
Frankreich	21 199	12 719	26 711	13,3	17,7	8,6	13,3	26,3
Griechenland	7 680	4 608	9 677	22,1	25,5	14,9	16,8	21,1
Irland	19 477	11 686	24 541	15,6	17,0	10,9	9,7	23,8
Island	22 487	13 492	28 333	7,9	10,0	6,9	14,4	21,8
Italien	15 759	9 455	19 856	19,4	25,1	14,2	14,2	24,4
Kroatien	5 225	3 135	6 584	19,4	21,1	23,1	.	.
Lettland	5 203	3 122	6 556	21,2	24,3	27,6	20,4	21,8
Litauen	4 823	2 894	6 077	19,1	23,5	20,1	23,3	16,4
Luxemburg	34 320	20 592	43 243	16,4	25,4	6,3	9,6 [3]	22,8 [3]
Malta	12 787	7 672	16 112	15,9	24,1	16,9	12,8	10,6
Niederlande	20 891	12 535	26 323	11,6	13,7	5,9	11,7	23,9
Norwegen	43 775	26 265	55 156	10,9	10,2	9,8	11,7	20,4
Österreich	23 211	13 926	29 245	14,1	18,2	14,2	9,8	22,3
Polen	5 336	3 202	6 724	17,0	22,3	11,7	17,2	21,6
Portugal	8 229	4 937	10 368	19,5	25,6	15,1	17,2	19,3
Rumänien	2 195	1 317	2 766	25,4	39,4	15,5	29,4	21,5
Russische Föderation	.	.	.	.	.	.	.	.
Schweden	27 120	16 272	34 172	15,1	15,1	16,5	12,5	26,1
Schweiz	38 162	22 897	48 085	13,8	14,8	25,7	.	.
Slowakei	6 809	4 086	8 580	12,6	19,2	6,2	17,6	25,0
Slowenien	11 909	7 146	15 006	14,5	14,8	17,1	15,0	18,6
Spanien	13 269	7 961	16 719	22,2	30,5	11,4	13,0	23,8
Tschechische Republik	7 622	4 573	9 604	9,7	14,7	7,0	16,3	26,0
Türkei	.	.	.	.	.	.	.	.
Ukraine	.	.	.	.	.	.	.	.
Ungarn	4 512	2 707	5 686	15,0	25,0	4,5	18,2	19,2
Vereinigtes Königreich	20 584	12 350	25 935	16,8	19,9	17,9	8,6	24,3
Zypern	14 400	8 640	18 144	14,4	12,8	22,4	14,5	17,0

1 Quelle: LEBEN IN EUROPA (EU-SILC), Eurostat.
2 Quelle: Volkswirtschaftliche Gesamtrechnungen, Eurostat.
3 2013.

Das **Äquivalenzeinkommen** ist eine Rechengröße, um das Einkommen von Personen vergleichbar zu machen, die in Haushalten unterschiedlicher Größe und Zusammensetzung leben. Weitere Informationen hierzu siehe „Glossar" des Kapitels 6.

Das **Medianäquivalenzeinkommen** wird wie folgt ermittelt: Um das mittlere Einkommen zu bestimmen, wird der Median (Zentralwert) verwendet. Dabei werden Personen ihrem Äquivalenzeinkommen nach aufsteigend sortiert. Der Median ist der Einkommenswert derjenigen Person, die die Bevölkerung in genau zwei Hälften teilt. Das heißt, die eine Hälfte hat mehr Einkommen zur Verfügung, die andere weniger.

Die **Armutsgefährdungsgrenze** liegt bei 60 % des Medians der Äquivalenzeinkommen der Bevölkerung in Privathaushalten. Personen werden als (relativ) einkommensarm bezeichnet, wenn deren Äquivalenzeinkommen unter diesem Schwellenwert liegt. Weitere Informationen hierzu siehe „Glossar" des Kapitels 6.

Die **Armutsgefährdungsquote** ist definiert als der Anteil der Personen, deren Äquivalenzeinkommen unterhalb der Armutsgefährdungsschwelle liegt. Bei den hier aufgeführten Quoten wurden bei der Ermittlung des Einkommens auch Sozialtransfers (z. B. Wohngeld, Kindergeld, Rente, Pension, Pflegegeld) berücksichtigt.

A Internationales

A.7 Kultur, Medien, Freizeit

	Kultur		Medien: Telekommunikation und Internet [3]						Freizeit	
	Beschäftigte im Kultursektor [1]	Kinobesuche [2]	Haushalte mit eigenem Computer	Haushalte mit eigenem Internetanschluss	Festnetzanschlüsse	Mobilfunkverträge	Festinstallierte Breitbandanschlüsse im Abonnement	Aktive mobile Breitbandanschlüsse im Abonnement	Bevölkerung ab 18 Jahren mit Bewegungsmangel [4]	Anteil der 25- bis 64-Jährigen, die in den letzten 12 Monaten eine Live-Sportveranstaltung besuchten [5]
	2014	2015							2010	2011
	1 000	je Einwohner/-in	%		je 100 Einwohner/-innen				%	
Europa										
Europäische Union	6 273	.	.	.	.	.	.	.	.	.
Belgien	142	.	82	82	40	116	37	67	33	.
Bulgarien	64	0,7	59	59	23	129	22	81	21	26
Dänemark	104	2,5	92	92	30	128	43	117	24	.
Deutschland	**1 183**	**1,7**	**91**	**90**	**55**	**117**	**37**	**75**	**21**	**45**
Estland	22	2,4	88	88	30	149	29	114	12	35
Finnland	96	1,6	89	90	10	135	32	144	24	53
Frankreich	714	3,1	82	83	60	103	41	75	24	.
Griechenland	81	0,9	69	68	47	114	31	46	13	28
Irland	51	3,3	84	85	41	104	28	95	35	.
Island	8	4,2	99	97	50	114	37	93	.	.
Italien	602	1,7	73	75	33	151	24	82	33	28
Kroatien	42	1,0	77	77	35	104	23	75	16	.
Lettland	29	1,2	76	76	19	127	25	67	22	40
Litauen	42	1,1	68	68	19	140	28	74	18	32
Luxemburg	13	2,3	95	97	51	149	36	83	29	54
Malta	5	.	81	82	53	129	38	63	43	33
Niederlande	322	1,8	96	96	41	124	42	71	16	.
Norwegen	88	2,3	96	97	20	114	39	93	26	.
Österreich	127	1,8	82	82	42	157	29	69	24	49
Polen	402	1,2	78	76	11	149	19	60	19	27
Portugal	101	1,4	71	70	44	110	30	52	35	36
Rumänien	99	0,6	69	68	20	107	20	64	25	19
Russische Föderation	.	1,2	73	72	26	160	19	71	10	.
Schweden	194	1,7	88	91	37	130	36	122	29	.
Schweiz	179	1,7	88	85	50	142	45	98	.	.
Slowakei	48	0,8	85	79	16	122	23	68	18	58
Slowenien	33	1,0	78	78	36	113	28	52	21	40
Spanien	429	1,9	76	79	41	108	28	82	31	.
Tschechische Republik	148	1,2	79	79	18	129	28	69	24	41
Türkei	477	0,8	56	70	15	96	12	51	33	14
Ukraine	.	.	59	51	22	144	12	8	12	.
Ungarn	111	1,3	75	76	31	119	27	40	18	35
Vereinigtes Königreich	1 062	2,7	90	91	53	126	38	88	37	.
Zypern	9	0,8	71	71	28	95	22	55	35	36

A Internationales

A.7 Kultur, Medien, Freizeit

	Medien: Telekommunikation und Internet [3]					Freizeit [4]
	Haushalte mit eigenem Computer	Haushalte mit eigenem Internetanschluss	Festnetzanschlüsse	Mobilfunkverträge	Aktive mobile Breitbandanschlüsse im Abonnement	Bevölkerung ab 18 Jahren mit Bewegungsmangel
	2015					2010
	%		je 100 Einwohner/-innen			%
Afrika						
Ägypten	51	42	7	111	51	32
Äthiopien	4	10	1	43	12	19
Kongo, Dem. Republik	2	2	0	53	8	26
Nigeria	10	11	0	82	21	22
Südafrika	23	51	8	159	59	47
Tansania, Ver. Republik . . .	4	5	0	76	3	7
Amerika						
Argentinien	65	56	24	144	67	39
Brasilien	54	55	21	127	89	28
Chile	64	60	19	129	58	21
Kanada	85	87	44	82	56	23
Kolumbien	46	42	14	116	41	64
Mexiko	45	39	16	85	50	26
Vereinigte Staaten	87	82	38	118	109	32
Asien						
Bangladesch	8	11	1	83	13	27
China	50	54	16	93	56	24
Indien	14	20	2	79	9	13
Indonesien	19	38	9	132	42	24
Iran, Islamische Republik . .	53	52	38	93	20	34
Israel	84	76	43	133	56	.
Japan	80	97	50	125	126	34
Korea, Republik	77	99	58	118	110	33
Myanmar	14	15	1	77	30	10
Pakistan	19	24	2	67	13	26
Philippinen	27	28	3	118	42	16
Saudi-Arabien	67	94	13	177	112	61
Thailand	30	52	8	126	75	15
Ver. Arabische Emirate	89	95	23	187	92	38
Vietnam	22	24	6	131	39	24
Australien und Ozeanien						
Australien	80	86	38	133	113	24
Neuseeland	82	83	40	122	114	40

1 Quelle: Arbeitskräfteerhebung, Eurostat. Beschäftigte im Kulturbereich gemäß der Klassifikation der Wirtschaftszweige (NACE Rev. 2) und des Bildungswesens ISCED (2011).
2 Quellen: Eigene Berechnungen basierend auf MEDIA Salles und Eurostat Daten.
3 Quelle: Internationale Fernmeldeunion (ITU), Vereinte Nationen.
4 Quelle: Global Health Observatory, Weltgesundheitsorganisation (WHO), Vereinte Nationen.
5 Quelle: Eurostat.

Festinstallierte Internet-Breitbandanschlüsse
im Abonnement, je 100 Einwohner/-innen

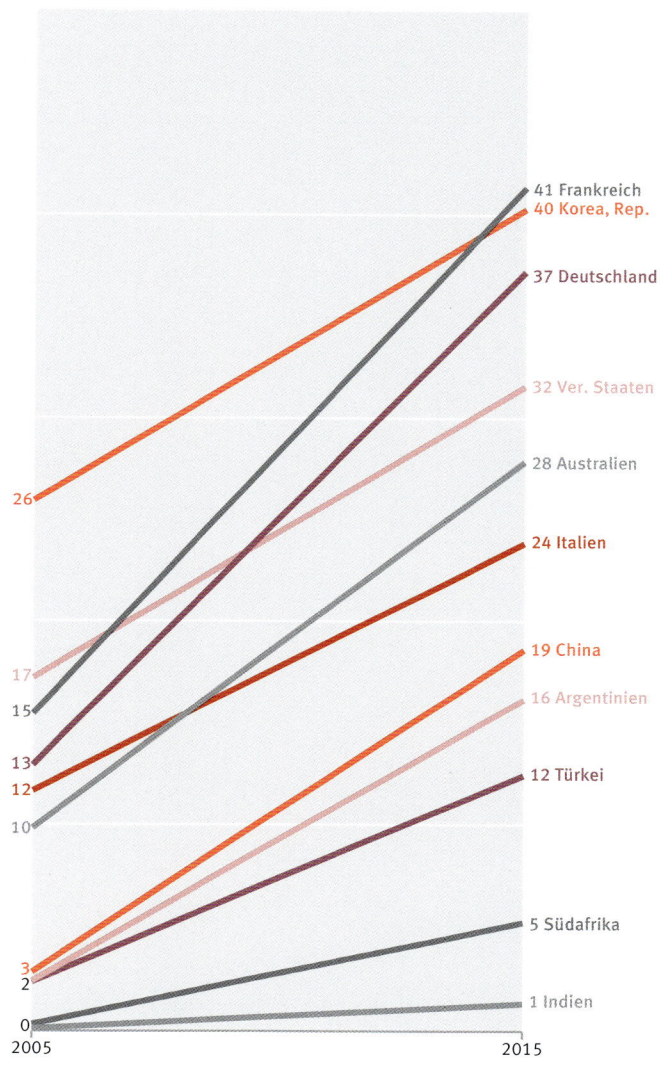

2005 → 2015:
- 41 Frankreich
- 40 Korea, Rep. (von 26)
- 37 Deutschland
- 32 Ver. Staaten (von 17)
- 28 Australien (von 10)
- 24 Italien (von 13)
- 19 China
- 16 Argentinien
- 15
- 12 Türkei (von 12)
- 5 Südafrika (von 2)
- 1 Indien (von 0)
- 3

Quelle: Internationale Fernmeldeunion (ITU), Vereinte Nationen

2016 - 01 - 0354

A Internationales

A.8 Soziales

	Ausgaben für Sozialschutzleistungen			Leistungen nach Funktion						Zahl der Rentenbezieher/-innen [1]	Lohnersatzquote der Rentenbezieher/-innen [2]
	Sozialschutzleistungen			Alter, Hinterbliebene	Gesundheitsversorgung	Invalidität, Gebrechen	Familie, Kinder	Arbeitslosigkeit	Wohnen und Sonstiges		
	2013										2014
	Mill. EUR	% des BIP	EUR je Einwohner/-in	% aller Sozialschutzleistungen						je 100 Einwohner/-innen	%
Europa											
Europäische Union [3]	3 696 213	27,5	7 325	45,7	29,0	7,3	8,4	5,6	3,9	.	56
Belgien	113 556	28,9	10 155	40,3	28,7	8,2	7,4	11,7	3,7	.	47
Bulgarien	7 114	17,0	979	50,8	25,8	8,2	10,5	3,2	1,6	30	44
Dänemark	81 001	31,7	14 426	42,6	20,3	13,2	11,6	5,9	6,4	26	45
Deutschland	**781 896**	**27,7**	**9 606**	**39,5**	**34,4**	**8,0**	**11,2**	**4,1**	**2,8**	**29**	**45**
Estland	2 777	14,6	2 107	44,7	28,1	12,0	11,1	3,2	1,0	31	47
Finnland	61 578	30,4	11 322	41,4	24,6	11,2	10,7	7,5	4,6	28	51
Frankreich	672 040	31,8	10 229	45,8	28,7	6,6	7,8	6,1	5,1	28	69
Griechenland [3]	57 954	30,3	5 247	59,3	21,4	4,5	5,5	6,3	3,0	24	60
Irland	37 173	20,7	8 084	29,7	33,2	5,9	13,4	14,7	3,0	19	38
Island	2 703	23,4	8 349	27,1	35,4	15,9	11,5	4,1	6,0	19	49
Italien	459 449	28,6	7 628	60,0	23,7	5,5	4,1	6,0	0,8	27	64
Kroatien	9 251	21,3	2 174	38,0	35,4	17,0	7,0	2,3	0,3	28	40
Lettland	3 232	14,2	1 606	54,7	22,4	8,5	8,3	4,3	1,8	30	44
Litauen	5 053	14,5	1 708	47,6	28,2	9,6	7,7	2,7	4,2	32	45
Luxemburg	10 564	22,7	19 443	37,5	25,6	10,8	15,9	6,6	3,5	29	85
Malta	1 390	18,2	3 284	53,8	30,8	3,9	6,4	3,3	1,9	20	56
Niederlande	190 453	29,3	11 334	41,8	34,9	7,9	3,3	5,6	6,5	20	50
Norwegen	96 161	24,4	18 931	35,3	30,2	16,4	12,4	2,4	3,3	24	59
Österreich	93 370	28,9	11 011	50,5	25,3	7,1	9,7	5,5	1,9	28	60
Polen [3]	67 110	17,2	1 763	60,1	24,0	8,4	4,8	1,7	1,1	25	63
Portugal	44 377	26,1	4 244	56,2	23,8	7,7	4,6	6,9	0,9	29	63
Rumänien	20 886	14,5	1 045	54,8	26,9	7,8	8,1	1,1	1,3	27	64
Russische Föderation	.	.	.	.	.	.	.	.	.	.	.
Schweden	128 328	29,4	13 367	43,6	25,5	12,2	10,5	4,2	4,0	27	60
Schweiz	125 006	24,2	15 453	47,8	29,8	9,6	6,0	3,6	3,3	36	44
Slowakei	13 186	17,9	2 436	44,5	30,9	9,0	9,7	3,4	2,5	26	62
Slowenien	8 808	24,5	4 276	48,8	30,8	6,3	8,0	3,4	2,8	31	45
Spanien	259 529	25,2	5 567	47,6	25,5	7,4	5,3	13,0	1,3	20	60
Tschechische Republik	30 748	19,6	2 924	47,3	30,6	6,7	9,1	3,4	2,9	28	55
Türkei	85 452	13,8	1 122	60,0	30,4	3,7	3,3	1,2	1,5	.	.
Ukraine	.	.	.	.	.	.	.	.	.	.	.
Ungarn	20 910	20,6	2 114	52,4	23,9	7,2	12,1	2,3	2,1	22	62
Vereinigtes Königreich	568 158	27,8	8 860	42,7	30,5	6,3	10,7	2,1	7,9	24	50
Zypern	3 931	21,8	4 560	54,7	20,6	3,3	6,6	8,2	6,6	15	39

1 Eigene Berechnungen basierend auf Eurostat Daten.
2 Die Lohnersatzquote ist definiert als das Verhältnis vom Median-Renteneinkommen der Altersklasse 65 bis 74 Jahre zum Median-Bruttoeinkommen der Altersklasse 50 bis 59 Jahre ohne Berücksichtigung von Sozialleistungen.
3 2012, außer Lohnersatzquote 2014.

Quelle: Eurostat, zum Teil vorläufige Werte

A Internationales

A.9 Finanzen und Steuern

Finanzierungssaldo und Bruttoschuldenstand des Staates 2015
im Rahmen des EU-Defizitverfahrens, EU-Staaten, in % des BIP

Finanzierungssaldo

Luxemburg	1,2
Deutschland	0,7
Estland	0,4
Schweden	
Litauen	
Tschechische Republik	
Rumänien	
Zypern	
Österreich	
Lettland	
Malta	
Niederlande	
Ungarn	
Dänemark	
Bulgarien	
Eurozone (Euro-19)	-2,1
Irland	
EU-28	-2,4
Belgien	
Polen	
Italien	
Finnland	
Slowenien	
Slowakei	
Kroatien	
Frankreich	
Vereinigtes Königreich	
Portugal	-4,4
Spanien	-5,1
Griechenland	-7,2

Konvergenzkriterium -3,0%

Bruttoschuldenstand

Estland	9,7
Luxemburg	21,4
Bulgarien	26,7
Lettland	
Rumänien	
Dänemark	
Tschechische Republik	
Litauen	
Schweden	
Polen	
Slowakei	
Finnland	
Malta	
Niederlande	
Deutschland	71,2
Ungarn	
Slowenien	
EU-28	85,2
Österreich	
Kroatien	
Vereinigtes Königreich	
Eurozone (Euro-19)	90,7
Irland	
Frankreich	
Spanien	
Belgien	
Zypern	
Portugal	129,0
Italien	132,7
Griechenland	176,9

Konvergenzkriterium 60%

Der **Finanzierungssaldo des Staates** ergibt sich aus der Differenz zwischen Staatseinnahmen und Staatsausgaben. Sind die Ausgaben in einer Periode höher als die Einnahmen, spricht man von einem Finanzierungsdefizit. Ein positiver Saldo wird als Finanzierungsüberschuss bezeichnet.

Der **Bruttoschuldenstand des Staates** ist im Vertrag von Maastricht definiert als Brutto-Gesamtschuldenstand des gesamten Staatssektors zum Nominalwert am Jahresende nach Konsolidierung. Der Staatssektor umfasst Zentralstaat, Länder, Gemeinden und Sozialversicherung. Konsolidierung ist ein Verfahren, bei dem statistische Daten für eine Gruppe von Einheiten wie institutionelle Sektoren so dargestellt werden, als wäre diese Gruppe eine einzige Einheit. Die Zahlen für den Staatssektor sind zwischen den Teilsektoren auf Ebene des Gesamtstaates konsolidiert.

Das **Defizitverfahren** wird von der Europäischen Kommission eingeleitet, wenn ein EU-Mitgliedstaat mit seinem Haushalt die im Stabilitäts- und Wachstumspakt festgelegte Defizitgrenze überschreitet. Entsprechend dem Protokoll über das Verfahren bei einem übermäßigen Defizit, im Anhang zum Vertrag von Maastricht über die Wirtschafts- und Währungsunion, sollen die Mitgliedstaaten der Eurozone folgende Kriterien einhalten: Das **jährliche Haushaltsdefizit** des Staates soll 3 % des Bruttoinlandsprodukts (BIP) nicht übersteigen und der **konsolidierte Bruttoschuldenstand** nicht mehr als 60 % des BIP betragen.

Quelle: Finanzstatistik des Sektors Staat (Government Finance Statistics), Eurostat

A Internationales

A.9 Finanzen und Steuern

	Gesamteinnahmen des Staates			Gesamtausgaben des Staates		Finanzierungssaldo des Staates [1]	Finanzierungssaldo des Staates [3]	Bruttoschuldenstand des Staates (konsolidiert) [3]	Finanzierungssaldo des Staates [3]	Bruttoschuldenstand des Staates (konsolidiert) [3]
	insgesamt [1]	darunter [2]		insgesamt [1]	darunter Sozialausgaben [2]		im Rahmen des Defizitverfahrens (EU-Konvergenzkriterien)			
		Steuern	Sozialbeiträge							
	2014						2015			
	Mrd. US$	%		Mrd. US$	%	Mrd. US$	% des BIP			
Europa										
Europäische Union	.	.	.	.	.	.	–3,0	86,8	–2,4	85,2
Belgien	276,4	59,9	32,3	292,9	46,5	–16,5	–3,1	106,5	–2,6	106,0
Bulgarien	19,1	54,9	21,2	21,2	36,9	–2,1	–5,4	27,0	–2,1	26,7
Dänemark	198,8	86,5	1,8	193,7	34,5	5,1	1,5	44,8	–2,1	40,2
Deutschland	**1 724,3**	**51,5**	**37,2**	**1 712,4**	**54,1**	**11,8**	**0,3**	**74,7**	**0,7**	**71,2**
Estland	10,3	55,0	28,8	10,1	34,5	0,2	0,8	10,4	0,4	9,7
Finnland	149,5	56,4	23,2	158,6	38,8	–9,0	–3,2	59,3	–2,7	63,1
Frankreich	1 516,0	54,1	35,8	1 627,6	45,8	–111,6	–4,0	95,4	–3,5	95,8
Griechenland	108,3	54,3	29,3	117,6	43,1	–9,3	–3,6	180,1	–7,2	176,9
Irland	86,2	71,6	16,8	95,9	39,8	–9,7	–3,8	107,5	–2,3	93,8
Island	7,8	76,2 [4]	8,8 [4]	7,8	16,3 [4]	0,0	–0,1 [1]	82,5 [1]	0,7 [1]	67,6 [1]
Italien	1 030,5	62,5	27,8	1 095,3	44,6	–64,7	–3,0	132,5	–2,6	132,7
Kroatien	24,3	.	.	27,5	.	–3,2	–5,5	86,5	–3,2	86,7
Lettland	11,3	56,1	23,9	11,9	30,3	–0,5	–1,6	40,8	–1,3	36,4
Litauen	4,7	50,2 [4]	34,6 [4]	4,8	39,2 [4]	–0,1	–0,7	40,7	–0,2	42,7
Luxemburg	28,4	63,3	27,7	27,5	50,2	0,9	1,7	22,9	1,2	21,4
Malta	4,4	67,9	16,9	4,6	30,0	–0,2	–2,0	67,1	–1,5	63,9
Niederlande	386,0	50,8	35,0	406,7	48,0	–20,7	–2,4	68,2	–1,8	65,1
Norwegen	266,8	.	.	224,5	.	42,3	8,7	27,3	5,7	31,6
Österreich	218,6	56,7	31,0	230,3	44,8	–11,8	–2,7	84,3	–1,2	86,2
Polen	211,7	50,9	34,1	229,7	40,2	–18,0	–3,3	50,5	–2,6	51,3
Portugal	102,5	56,5	26,6	119,0	39,5	–16,5	–7,2	130,2	–4,4	129,0
Rumänien	63,8	56,8	25,7	67,6	36,8	–3,7	–0,9	39,8	–0,7	38,4
Russische Föderation	697,4	.	.	719,5	.	–22,0	–1,1 [1]	16,3 [1]	–3,5 [1]	17,7 [1]
Schweden	285,7	79,5	7,5	295,3	34,4	–9,6	–1,6	44,8	0,0	43,4
Schweiz	229,6	.	.	230,7	.	–1,2	–0,2 [1]	45,7 [1]	–0,2 [1]	45,6 [1]
Slowakei	39,0	44,2	35,2	41,7	45,8	–2,8	–2,7	53,9	–3,0	52,9
Slowenien	20,6	49,0	32,8	23,4	38,6	–2,9	–5,0	81,0	–2,9	83,2
Spanien	533,0	57,4	32,5	614,3	42,5	–81,4	–5,9	99,3	–5,1	99,2
Tschechische Republik	83,3	47,3	36,3	87,3	37,6	–4,0	–1,9	42,7	–0,4	41,1
Türkei	287,8	.	.	297,7	.	–9,9	–1,2 [1]	33,5 [1]	–1,0 [1]	32,6 [1]
Ukraine	53,8	.	.	59,8	.	–6,0	–4,5 [1]	70,3 [1]	–1,2 [1]	80,2 [1]
Ungarn	65,5	53,2	27,6	69,0	33,2	–3,5	–2,3	76,2	–2,0	75,3
Vereinigtes Königreich	1 058,2	69,7	20,0	1 226,3	32,9	–168,2	–5,6	88,2	–4,4	89,2
Zypern	9,3	62,7	22,1	9,4	30,2	–0,1	–8,9	108,2	–1,0	108,9

A Internationales

A.9 Finanzen und Steuern

	Gesamteinnahmen des Staates			Gesamtausgaben des Staates		Finanzierungssaldo des Staates [1]		Bruttoschuldenstand des Staates (konsolidiert) [1]	Finanzierungssaldo des Staates [1]	Bruttoschuldenstand des Staates (konsolidiert) [1]
	insgesamt [1]	darunter [2]		insgesamt [1]	darunter Sozialausgaben [2]					
		Steuern	Sozialbeiträge							
	2014								2015	
	Mrd. US$	%		Mrd. US$	%	Mrd. US$	% des BIP			
Afrika										
Ägypten	70,5	.	.	108,9	.	− 38,4	− 12,9	86,0	− 11,7	87,7
Äthiopien	.	.	.	.	.	.	− 2,6	40,7	− 2,5	48,6
Kongo, Dem. Republik	5,2	.	.	4,8	.	0,5	1,3	16,8	1,9	18,8
Nigeria	59,8	.	.	71,6	.	− 11,8	− 2,1	10,6	− 4,0	11,5
Südafrika	98,7	.	.	111,9	.	− 13,2	− 3,8	47,1	− 4,0	50,1
Tansania, Ver. Republik	7,2	.	.	8,6	.	− 1,5	− 3,0	35,2	− 3,7	40,5
Amerika										
Argentinien	183,9	.	.	206,6	.	− 22,7	− 4,1	45,1	− 7,4	56,5
Brasilien	799,0	56,4 [5]	25,7 [5]	945,1	30,7 [5]	− 146,1	− 6,0	63,3	− 10,3	73,7
Chile	58,1	.	.	62,0	.	− 3,9	− 1,5	15,1	− 2,3	17,1
Kanada	686,0	69,4	12,4	695,0	20,5	− 8,9	− 0,5	86,2	− 1,7	91,5
Kolumbien	104,6	.	.	111,3	.	− 6,6	− 1,8	44,3	− 2,8	49,4
Mexiko	303,1	.	.	362,6	.	− 59,5	− 4,6	49,5	− 4,1	54,0
Vereinigte Staaten	5 453,9	64,7	21,3	6 172,8	39,8	− 718,9	− 4,1	105,0	− 3,7	105,8
Asien										
Bangladesch	18,9	.	.	24,2	.	− 5,3	− 3,1	33,9	− 3,9	34,0
China	2 955,7	.	.	3 051,3	.	− 95,6	− 0,9	41,1	− 2,7	43,9
Indien	403,4	.	.	547,2	.	− 143,8	− 7,0	66,4	− 7,2	67,2
Indonesien	146,6	.	.	165,7	.	− 19,1	− 2,1	24,7	− 2,5	27,3
Iran, Islamische Republik	61,9	.	.	66,9	.	− 4,9	− 1,2	15,6	− 2,9	17,1
Israel	113,3	.	.	123,9	.	− 10,6	− 3,5	67,1	− 3,0	64,6
Japan	1 544,7	.	.	1 827,6	.	− 283,0	− 6,2	249,1	− 5,2	248,1
Korea, Republik	299,2	.	.	293,3	.	5,9	0,4	35,1	− 0,2	35,9
Myanmar	16,2	.	.	16,2	.	0,0	0,0	29,7	− 4,7	32,0
Pakistan	37,9	.	.	50,0	.	− 12,1	− 4,9	64,9	− 5,3	64,4
Philippinen	55,0	.	.	52,5	.	2,5	0,9	36,4	0,0	37,1
Saudi-Arabien	278,5	.	.	304,1	.	− 25,6	− 3,4	1,6	− 16,3	5,8
Thailand	85,9	.	.	89,3	.	− 3,4	− 0,8	43,6	0,3	43,1
Ver. Arabische Emirate	149,9	.	.	130,0	.	19,9	5,0	15,7	− 4,9	19,4
Vietnam	40,8	.	.	52,2	.	− 11,4	− 6,1	55,5	− 6,5	59,3
Australien und Ozeanien										
Australien	490,0	80,7	0,0	531,7	31,0	− 41,7	− 2,9	34,1	− 2,8	36,8
Neuseeland	67,5	.	.	67,8	.	− 0,3	− 0,1	30,8	0,3	30,4

1 Quelle: World Economic Outlook, Internationaler Währungsfonds (IMF), eigene Berechnungen. Zum Teil vorläufige Werte.
2 Quelle: International Financial Statistics, Internationaler Währungsfonds (IMF).
3 Quelle: Finanzstatistik des Sektors Staat (Government Finance Statistics), Eurostat.
4 2013.
5 Wert bezieht sich nur auf den Zentralstaat.

A Internationales

A.10 Wahlen zum Europaparlament

	Wahlbeteiligung		Mandate	Davon								Frauenanteil an den Mandaten
				EVP	S&D	EKR	ALDE	GUE/NGL	Grüne/EFA	EFDD	Fraktionslose	
	2009	2014										
	%		Anzahl									%
Europäische Union	43,0	42,6	751	221	191	70	67	52	50	48	52	37
Belgien	90,4	89,6	21	4	4	4	6	–	2	–	1	29
Bulgarien	39,0	35,8	17	7	4	2	4	–	–	–	–	29
Dänemark	59,5	56,3	13	1	3	4	3	1	1	–	–	38
Deutschland	43,3	48,1	96	34	27	8	4	8	13	–	2	36
Estland	43,9	36,5	6	1	1	–	3	–	1	–	–	50
Finnland	38,6	39,1	13	3	2	2	4	1	1	–	–	54
Frankreich	40,6	42,4	74	20	13	–	7	4	6	1	23	42
Griechenland	52,6	60,0	21	5	4	1	–	6	–	–	5	24
Irland	58,6	52,4	11	4	1	1	1	4	–	–	–	55
Italien	65,1	57,2	73	17	31	–	–	3	–	17	5	40
Kroatien	–	25,2	11	5	2	1	2	–	1	–	–	45
Lettland	53,7	30,2	8	4	1	1	–	–	1	1	–	37
Litauen	21,0	47,4	11	2	2	1	3	–	1	2	–	9
Luxemburg	90,8	85,6	6	3	1	–	1	–	1	–	–	33
Malta	78,8	74,8	6	3	3	–	–	–	–	–	–	67
Niederlande	36,8	37,3	26	5	3	2	7	3	2	–	4	42
Österreich	46,0	45,4	18	5	5	–	1	–	3	–	4	44
Polen	24,5	23,8	51	23	5	19	–	–	–	–	4	24
Portugal	36,8	33,7	21	7	8	–	2	4	–	–	–	38
Rumänien	27,7	32,4	32	15	16	–	1	–	–	–	–	31
Schweden	45,5	51,1	20	4	6	–	3	1	4	2	–	55
Slowakei	19,6	13,1	13	6	4	2	1	–	–	–	–	31
Slowenien	28,4	24,6	8	5	1	–	1	–	1	–	–	37
Spanien	44,9	43,8	54	17	14	–	8	11	4	–	–	41
Tschechische Republik	28,2	18,2	21	7	4	2	4	3	–	1	–	24
Ungarn	36,3	29,0	21	12	4	–	–	–	2	–	3	19
Vereinigtes Königreich	34,7	35,6	73	–	20	20	1	1	6	24	1	41
Zypern	59,4	44,0	6	2	2	–	–	2	–	–	–	17

Weitere Informationen zu den Europawahlen siehe Kapitel 10.
Quelle: Europäisches Parlament

EVP: Fraktion der Europäischen Volkspartei (Christdemokraten), **S&D**: Fraktion der Progressiven Allianz der Sozialisten und Demokraten im Europäischen Parlament, **EKR**: Europäische Konservative und Reformisten, **ALDE**: Fraktion der Allianz der Liberalen und Demokraten für Europa, **GUE/NGL**: Vereinte Europäische Linke/Nordische Grüne Linke, **Grüne/EFA**: Fraktion der Grünen/Freie Europäische Allianz, **EFDD**: Europa der Freiheit und der direkten Demokratie.

Zuordnung der deutschen Parteien zu den europäischen Fraktionen: CDU/CSU (EVP-Fraktion), SPD (S&D), AfD und FAMILIEN-Partei Deutschlands (EKR), FDP und FREIE WÄHLER (ALDE), DIE LINKE und Tierschutzpartei (GUE/NGL), GRÜNE, PIRATEN, ÖDP (Grüne/EFA), Die PARTEI und NPD (fraktionslos).

A Internationales

A.11 Justiz

	Tötungsdelikte	Raubdelikte	Wohnungs-einbrüche	Diebstahl	Darunter Kfz-Diebstahl	Polizisten/Polizistinnen [1]	Strafgefangene
	2014						
	je 100 000 Einwohner/-innen						
Europa							
Europäische Union	.	.	.	.	.	.	.
Belgien	1,8	.	697	2 053	140	339	106 [2]
Bulgarien	1,6	32	74	621	51	389	109
Dänemark	1,0	41	655	3 188	151	188	64
Deutschland	**0,8**	**56**	**188**	**1 701**	**80**	**299** [2]	**78**
Estland	3,1	27	157	1 241	45	311	231
Finnland	1,6	31	117	2 296	143	141	58
Frankreich	1,2	173	353	2 174	257	281	101
Griechenland	1,0	35	209	1 086	229	475	108
Irland	1,7	58	.	1 688	168	278	92
Island	0,3 [2]	15 [2]	115 [2]	1 339 [2]	.	212 [2]	47 [2]
Italien	0,8	96	421	2 136	290	463 [2]	90
Kroatien	0,9	30	89	304	20	484	89
Lettland	3,9	40	22	1 094	66	440	237
Litauen	5,3	57	114	775	43	322	293
Luxemburg	0,7	112	603	1 933	66	324	122 [2]
Malta	1,4	45	219	1 984	57	507	137
Niederlande	0,7 [2]	61	553	3 603	115	306	71
Norwegen	0,6	21	99	2 340	129	168	77 [2]
Österreich	0,5	41	201	1 743	49	328	102
Polen	0,7	25	33	476	36	260	206
Portugal	0,9	150	185	1 005	132	443	136
Rumänien	1,5	32	128	851	27	265	151
Russische Föderation	.	.	.	.	.	.	.
Schweden	0,9	87	439	4 286	290	208	59
Schweiz	0,5	49	378	1 551	60	219	80
Slowakei	1,1	13	28	385	42	415	185
Slowenien	0,8	14	178	1 489	29	340	74
Spanien	0,7	152	262	412	78	523	140
Tschechische Republik	0,8	24	84	1 069	83	375	177
Türkei	2,4 [3]	14 [3]	73 [3]	280 [3]	42 [3]	506 [3]	207
Ukraine	.	.	.	.	.	.	.
Ungarn	1,3	20	244	1 131	49	88	181
Vereinigtes Königreich [4]	0,9 [2]	81	337	2 140	129	234	144
Zypern	1,2	12	189	251	138	579	64 [2]

1 Ohne Kommissarinnen und Kommissare.
2 2013.
3 2012.
4 Eigene Berechnungen basierend auf Eurostat Daten.
Quelle: Kriminalitätsstatistik, Eurostat

A Internationales

A.12 Volkswirtschaftliche Gesamtrechnungen

	Bruttoinlandsprodukt (BIP) [1]			Bruttowertschöpfung [2]			Bruttoinlandsprodukt nach Verwendung [2]			
	nominal	je Einwohner/-in		Land- und Forstwirtschaft, Fischerei	Produzierendes Gewerbe	Dienstleistungsbereich	Konsumausgaben der privaten Haushalte	Konsumausgaben des Staates	Bruttoinvestitionen	Außenbeitrag
	2015			2014						
	Mill. US$	US$	Internat. US$ [3]	% des BIP						
Europa										
Europäische Union	16 220 370	.	37 852	1,6	24,3	74,0	56,8	20,9	19,6	2,7
Belgien	454 687	40 107	43 585	0,7	22,2	77,1	51,7	24,4	23,0	0,9
Bulgarien	48 957	6 832	19 097	5,3	27,2	67,6	63,0	16,5	21,4	−0,9
Dänemark	294 951	52 114	45 709	1,6	22,8	75,6	47,7	26,3	19,9	6,1
Deutschland	3 357 614	40 997	46 893	0,7	30,3	69,0	54,6	19,3	19,3	6,7
Estland	22 704	17 288	28 592	3,4	28,1	68,4	49,5	19,2	28,0	3,4
Finnland	229 671	41 974	41 120	2,8	26,5	70,7	54,9	24,7	21,3	−0,9
Frankreich	2 421 560	37 675	41 181	1,7	19,6	78,7	55,2	24,2	22,6	−2,0
Griechenland	195 320	18 064	26 449	3,8	15,8	80,4	70,4	19,9	12,2	−2,6
Irland	238 031	51 351	55 533	1,6	25,6	72,8	44,2	17,2	20,3	18,3
Island	16 718	50 855	46 097	6,9 [4]	23,6 [4]	69,4 [4]	52,6	24,4	16,8	6,3
Italien	1 815 757	29 867	35 708	2,2	23,6	74,3	61,4	19,4	16,3	2,9
Kroatien	48 850	11 573	21 581	4,3	26,3	69,4	59,9	19,8	18,2	2,0
Lettland	27 048	13 619	24 712	3,3	23,4	73,4	61,2	17,6	23,5	−2,2
Litauen	41 267	14 210	28 359	3,4	30,5	66,0	62,8	16,9	18,3	1,9
Luxemburg	57 423	101 994	98 987	0,3	11,9	87,8	31,2	17,1	19,3	32,4
Malta	9 801	22 829	35 826	1,9 [5]	32,7 [5]	65,4 [5]	63,1 [6]	20,2 [6]	12,0 [6]	4,7 [6]
Niederlande	738 419	43 603	49 166	1,8	21,2	77,0	44,7	25,8	18,1	11,4
Norwegen	389 482	74 822	68 430	1,6	38,3	60,1	40,6	21,9	28,3	9,2
Österreich	374 124	43 724	47 250	1,4	28,0	70,6	53,6	19,9	22,8	3,8
Polen	474 893	12 495	26 455	2,9	32,5	64,6	60,0	18,3	20,4	1,3
Portugal	199 077	19 122	27 835	2,3	21,5	76,1	65,9	18,5	15,1	0,4
Rumänien	177 315	8 906	20 787	5,3	28,1	66,5	61,2	13,9	25,2	−0,3
Russische Föderation	1 324 734	9 055	25 411	4,2	32,1	63,7	53,6	18,7	21,1	6,6
Schweden	492 618	49 866	47 922	1,4	26,0	72,6	46,2	26,3	23,8	3,7
Schweiz	664 603	80 675	58 551	0,8	26,3	73,0	54,2	11,0	23,5	11,3
Slowakei	86 629	15 992	29 720	4,4	33,6	62,0	56,6	18,8	20,9	3,6
Slowenien	42 768	20 732	31 007	2,2	33,1	64,7	53,3	19,1	19,8	7,9
Spanien	1 199 715	25 865	34 819	2,5	22,4	75,1	58,3	19,4	19,8	2,5
Tschechische Republik	181 858	17 257	31 549	2,7	38,0	59,3	48,6	19,4	25,3	6,7
Türkei	733 642	9 437	20 438	8,0	27,1	64,9	68,9	15,3	20,0	−4,2
Ukraine	90 524	2 005	7 519	11,8	25,4	62,8	71,4	18,6	14,1	−4,1
Ungarn	120 636	12 240	26 222	4,5	31,2	64,4	50,3	20,2	22,2	7,3
Vereinigtes Königreich	2 849 345	43 771	41 159	0,7	20,9	78,4	64,7	19,7	17,5	−1,9
Zypern	19 330	22 587	32 785	2,4	10,6	87,1	69,6	15,7	11,9	2,8

Daten zum **Wirtschaftswachstum** bzw. zur jährlichen Veränderungsrate des **Bruttoinlandsprodukts (BIP)** sind der Tabelle A.0 auf den Seiten 634 und 635 zu entnehmen.

Der **internationale US-Dollar** – auch US$ purchasing power parity (US$ PPP) genannt – ist eine künstliche Währung, mit deren Hilfe Preisniveau-Unterschiede zwischen den Ländern weltweit ausgeglichen werden. Die Kaufkraft eines internationalen Dollars entspricht dabei der Kaufkraft von 1 US$ in den Vereinigten Staaten. Die Angaben in dieser Währung ermöglichen einen kaufkraftbereinigten Vergleich des Wohlstandsniveaus weltweit.

Die **Bruttoinvestitionen** setzen sich aus den Bruttoanlageinvestitionen und den Vorratsveränderungen zusammen. Als Bruttoanlageinvestitionen gelten Käufe neuer Anlagen sowie Käufe abzüglich Verkäufe von gebrauchten Anlagen und Land. Die Vorratsveränderungen ergeben sich aus der Differenz zwischen dem Anfangs- und Endbestand von Vorräten, die von Buchwerten auf eine konstante Preisbasis umgerechnet werden.

Der **Außenbeitrag** entspricht dem Saldo zwischen der Ausfuhr und der Einfuhr von Waren und Dienstleistungen. Staaten, die einen Exportüberschuss erzielen, weisen demnach einen positiven Außenbeitrag aus.

Weitere Erläuterungen zu diesen und anderen Begriffen aus dem Bereich der Volkswirtschaftlichen Gesamtrechnungen siehe „Glossar"/ „Methodik" des Kapitels 12.

A Internationales

A.12 Volkswirtschaftliche Gesamtrechnungen

	Bruttoinlandsprodukt (BIP) [1]			Bruttowertschöpfung [2]			Bruttoinlandsprodukt nach Verwendung [2]			
	nominal	je Einwohner/-in		Land- und Forstwirtschaft, Fischerei	Produzierendes Gewerbe	Dienstleistungsbereich	Konsumausgaben der privaten Haushalte	Konsumausgaben des Staates	Bruttoinvestitionen	Außenbeitrag
	2015			2014						
	Mill. US$	US$	Internat. US$ [3]	% des BIP						
Afrika										
Ägypten	330 765	3 740	11 850	11,1	39,0	49,9	82,7	12,0	13,8	− 8,5
Äthiopien	61 629	687	1 801	41,9	14,7	43,4	70,2	9,2	38,0	− 17,5
Kongo, Dem. Republik	38 873	476	770	21,2	33,2	45,7	72,2	13,4	21,6	− 7,3
Nigeria	490 207	2 743	6 108	20,2	24,9	54,8	70,8	7,4	15,8	6,0
Südafrika	312 957	5 695	13 165	2,5	29,5	68,1	61,2	20,3	20,4	− 1,9
Tansania, Ver. Republik	44 904	942	2 904	31,5	25,0	43,5	65,6	13,8	31,0	− 10,4
Amerika										
Argentinien	585 623	13 589	22 554	8,3	28,8	62,9	64,4	15,8	19,5	0,3
Brasilien	1 772 589	8 670	15 615	5,2	24,0	70,8	62,4	19,5	20,9	− 2,7
Chile	240 222	13 341	23 460	3,7	34,6	61,7	63,9	13,0	22,2	0,9
Kanada	1 552 386	43 332	45 553	1,8 [7]	28,9 [7]	69,4 [7]	56,1	20,6	24,2	− 0,9
Kolumbien	293 243	6 084	13 847	6,3	35,6	58,0	61,2	17,9	26,3	− 5,4
Mexiko	1 144 334	9 009	17 534	3,5	34,3	62,2	67,3	12,2	21,5	− 1,1
Vereinigte Staaten	17 947 000	55 805	55 805	1,3	20,7	78,0	68,4	14,7	19,9	− 3,1
Asien										
Bangladesch	205 715	1 287	3 607	16,1	27,6	56,3	72,6	5,3	28,6	− 6,5
China	10 982 829	7 990	14 107	9,2	42,7	48,1	37,4	13,6	46,2	2,7
Indien	2 090 706	1 617	6 162	17,4	30,0	52,6	58,0	10,9	34,1	− 3,0
Indonesien	858 953	3 362	11 126	.	.	.	56,8	9,4	34,6	− 0,8
Iran, Islamische Republik	387 611	4 877	17 251	9,3	38,2	52,4	50,6	10,7	33,4	5,3
Israel	296 073	35 343	33 656	.	.	.	55,9	22,5	19,9	1,6
Japan	4 123 258	32 486	38 054	1,2	26,9	72,0	60,7	20,6	21,8	− 3,1
Korea, Republik	1 376 868	27 195	36 511	2,3	38,1	59,6	50,3	15,1	29,3	5,3
Myanmar	66 983	1 292	5 469	.	.	.	.	.	.	.
Pakistan	269 971	1 450	5 000	25,0	20,9	54,1	80,7	10,8	15,0	− 6,4
Philippinen	291 965	2 858	7 254	11,3	31,4	57,3	72,4	10,4	20,9	− 3,7
Saudi-Arabien	653 219	20 813	53 624	1,9	57,4	40,7	32,2	26,1	28,5	13,2
Thailand	395 288	5 742	16 097	10,5	36,9	52,7	52,1	17,1	24,1	6,6
Ver. Arabische Emirate	345 483	36 060	67 617	0,7	55,1	44,3	48,1	7,5	24,3	20,0
Vietnam	191 454	2 088	6 024	18,1	38,5	43,4	63,6	6,3	26,8	3,3
Australien und Ozeanien										
Australien	1 223 887	50 962	47 389	2,4	27,1	70,5	55,4	17,8	27,2	− 0,5
Neuseeland	172 248	37 045	36 172	6,1 [7]	23,0 [7]	70,9 [7]	58,0	18,6	22,6	0,7

1 Quelle: World Economic Outlook, Internationaler Währungsfonds (IMF). Zum Teil vorläufige Werte.
2 Quelle: World Development Indicators, Weltbank.
3 Weitere Informationen zu dieser Währungseinheit siehe Erläuterungen auf Seite 656.
4 2013.
5 2010.
6 2011.
7 2012.

A Internationales

A.12 Volkswirtschaftliche Gesamtrechnungen

Bruttoinlandsprodukt je Einwohner/-in nach Regionen 2014
Kaufkraftbereinigt, in % des EU-Durchschnitts (EU = 100)

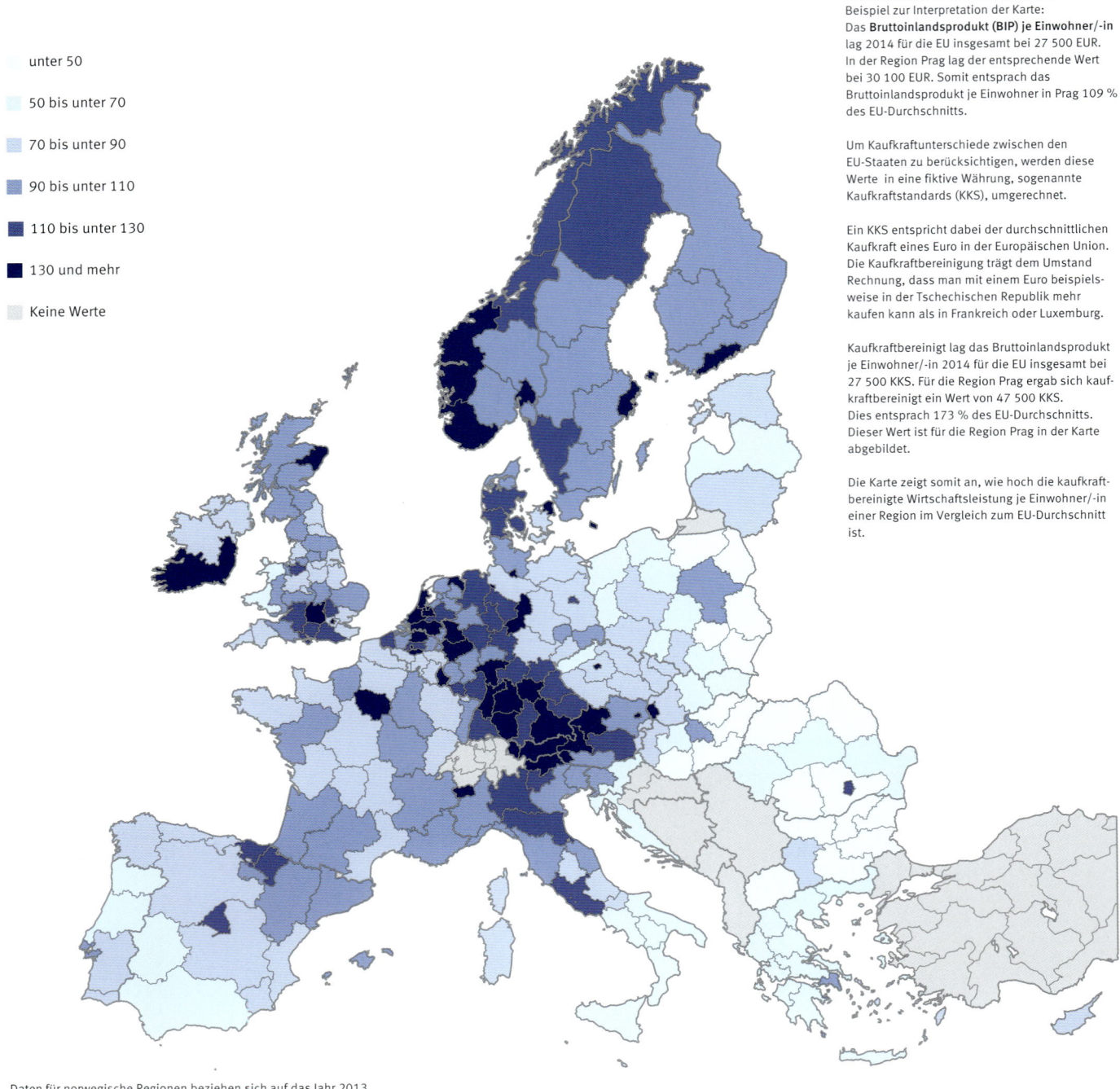

- unter 50
- 50 bis unter 70
- 70 bis unter 90
- 90 bis unter 110
- 110 bis unter 130
- 130 und mehr
- Keine Werte

Beispiel zur Interpretation der Karte:
Das **Bruttoinlandsprodukt (BIP) je Einwohner/-in** lag 2014 für die EU insgesamt bei 27 500 EUR. In der Region Prag lag der entsprechende Wert bei 30 100 EUR. Somit entsprach das Bruttoinlandsprodukt je Einwohner in Prag 109 % des EU-Durchschnitts.

Um Kaufkraftunterschiede zwischen den EU-Staaten zu berücksichtigen, werden diese Werte in eine fiktive Währung, sogenannte Kaufkraftstandards (KKS), umgerechnet.

Ein KKS entspricht dabei der durchschnittlichen Kaufkraft eines Euro in der Europäischen Union. Die Kaufkraftbereinigung trägt dem Umstand Rechnung, dass man mit einem Euro beispielsweise in der Tschechischen Republik mehr kaufen kann als in Frankreich oder Luxemburg.

Kaufkraftbereinigt lag das Bruttoinlandsprodukt je Einwohner/-in 2014 für die EU insgesamt bei 27 500 KKS. Für die Region Prag ergab sich kaufkraftbereinigt ein Wert von 47 500 KKS. Dies entsprach 173 % des EU-Durchschnitts. Dieser Wert ist für die Region Prag in der Karte abgebildet.

Die Karte zeigt somit an, wie hoch die kaufkraftbereinigte Wirtschaftsleistung je Einwohner/-in einer Region im Vergleich zum EU-Durchschnitt ist.

Daten für norwegische Regionen beziehen sich auf das Jahr 2013.
Kartengrundlage: © EuroGeographics bezüglich der Verwaltungsgrenzen
Quelle: Volkswirtschaftliche Gesamtrechnungen, Eurostat

A   Internationales

A.13   Arbeitsmarkt

Jugenderwerbslosenquote nach Regionen 2015
in % der Erwerbsbevölkerung im Alter von 15 bis 24 Jahren

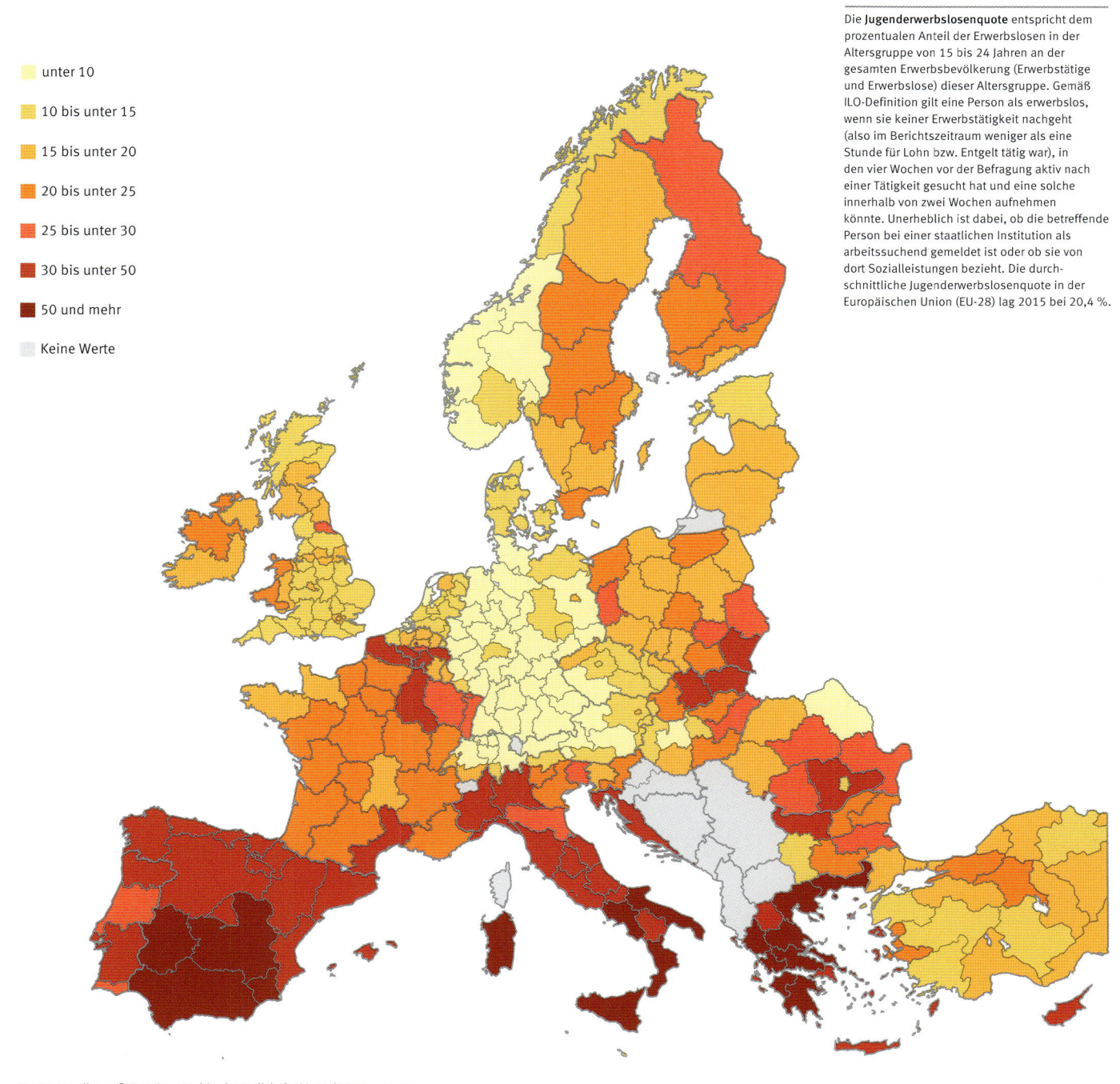

- unter 10
- 10 bis unter 15
- 15 bis unter 20
- 20 bis unter 25
- 25 bis unter 30
- 30 bis unter 50
- 50 und mehr
- Keine Werte

Die **Jugenderwerbslosenquote** entspricht dem prozentualen Anteil der Erwerbslosen in der Altersgruppe von 15 bis 24 Jahren an der gesamten Erwerbsbevölkerung (Erwerbstätige und Erwerbslose) dieser Altersgruppe. Gemäß ILO-Definition gilt eine Person als erwerbslos, wenn sie keiner Erwerbstätigkeit nachgeht (also im Berichtszeitraum weniger als eine Stunde für Lohn bzw. Entgelt tätig war), in den vier Wochen vor der Befragung aktiv nach einer Tätigkeit gesucht hat und eine solche innerhalb von zwei Wochen aufnehmen könnte. Unerheblich ist dabei, ob die betreffende Person bei einer staatlichen Institution als arbeitssuchend gemeldet ist oder ob sie von dort Sozialleistungen bezieht. Die durchschnittliche Jugenderwerbslosenquote in der Europäischen Union (EU-28) lag 2015 bei 20,4 %.

Kartengrundlage: © EuroGeographics bezüglich der Verwaltungsgrenzen
Quelle: Arbeitskräfteerhebung, Eurostat

A Internationales

A.13 Arbeitsmarkt

	Erwerbs-personen [1]	Erwerbstätigen-quote [1]		Teilzeitquote [2]		Selbst-ständige [3]	Erwerbstätige [1]			Erwerbslosenquote	
		Männer	Frauen	Männer	Frauen		Land- und Forstwirt-schaft, Fischerei	Produ-zieren-des Gewerbe	Dienst-leistungs-bereich	15 – 64 Jahre [1]	15 – 24 Jahre [1]
	15 – 64 Jahre										
	2014										
	1 000	%		% der erwerbstäti-gen Männer bzw. Frauen im Alter 15 – 64 Jahre		% der Erwerbs-tätigen	% [4]			% der Erwerbsper-sonen der jeweili-gen Altersgruppe	
Europa											
Europäische Union	.	70,1	59,5	7,4	27,3	.	.	.	.	10,4	22,2
Belgien	4 920	65,8	57,9	6,6	30,3	14,6	1,2	21,4	77,4	8,6	23,2
Bulgarien	3 309	63,9	58,2	1,4	2,3	12,5	7,0	30,1	62,9	11,5	23,8
Dänemark	2 831	75,8	69,8	13,6	24,7	8,9	2,5	19,2	78,1	6,8	12,6
Deutschland	40 997	78,1	69,5	7,6	36,6	11,0	1,4	28,1	70,5	5,1	7,7
Estland	648	73,0	66,3	4,4	9,0	9,1	3,9	30,1	65,9	7,5	15,0
Finnland	2 617	69,5	68,0	8,5	15,8	14,0	4,2	21,8	73,5	8,8	20,5
Frankreich	28 317	67,6	60,9	6,3	22,2	11,5	2,8	20,5	75,7	9,9	23,2
Griechenland	4 747	58,0	41,1	7,3	16,1	36,0	13,6	15,0	71,5	26,7	52,4
Irland	2 098	66,9	56,7	12,0	34,9	17,3	5,7	18,2	75,9	11,5	23,9
Island	176	84,0	79,3	10,8	23,2	12,3	4,4	18,5	76,9	5,1	9,8
Italien	25 039	64,7	46,8	8,1	32,8	24,7	3,6	26,9	69,6	12,9	42,7
Kroatien	1 868	59,1	50,0	3,0	5,5	15,6	9,5	26,9	63,4	17,5	45,5
Lettland	966	68,4	64,3	3,6	8,3	11,5	7,5	23,8	68,6	11,1	19,6
Litauen	1 446	66,5	64,9	5,3	10,5	12,1	9,2	24,7	66,1	10,9	19,3
Luxemburg	258	72,6	60,5	4,9	27,6	8,7	1,4	10,7	85,7	5,9	22,6
Malta	189	74,9	49,3	5,4	22,8	13,8	1,3	21,3	77,3	5,9	11,8
Niederlande	8 708	78,6	69,1	17,4	60,3	16,7	2,1	14,9	75,1	6,9	10,5
Norwegen	2 631	77,0	73,4	9,7	27,0	7,2	2,2	20,4	77,1	3,6	7,9
Österreich	4 279	75,2	66,9	7,3	34,2	13,3	4,8	25,8	69,4	5,7	10,3
Polen	17 153	68,2	55,2	3,6	10,0	21,4	11,5	30,5	57,9	9,1	23,9
Portugal	4 976	65,8	59,6	5,8	11,0	19,7	8,6	23,9	67,5	14,5	34,8
Rumänien	8 883	68,7	53,3	2,1	4,3	32,1	28,3	28,9	42,7	7,1	24,0
Russische Föderation	74 574	74,2	64,8	2,6	5,1	.	6,7	27,5	65,8	5,2	13,7
Schweden	5 005	76,5	73,1	8,4	16,9	10,3	2,0	18,5	79,0	8,1	22,9
Schweiz	4 580	84,4	75,1	10,8	45,6	15,1	3,5	19,8	73,7	4,7	8,6
Slowakei	2 707	67,6	54,3	3,5	6,2	15,4	3,5	35,4	61,0	13,2	29,7
Slowenien	991	67,5	60,0	6,1	11,6	18,6	9,6	30,7	59,1	9,9	20,2
Spanien	22 814	60,7	51,2	7,0	23,5	17,6	4,2	19,5	76,3	24,6	53,2
Tschechische Republik	5 206	77,0	60,7	1,8	6,9	18,0	2,7	38,0	59,2	6,2	15,9
Türkei	28 086	69,5	29,5	5,8	20,2	33,9	21,1	27,9	51,1	10,1	17,8
Ukraine	19 716	64,4	55,2	.	.	.	14,8	26,1	59,1	9,4	23,1
Ungarn	4 413	67,8	55,9	2,9	5,7	10,9	4,7	30,4	64,6	7,8	20,4
Vereinigtes Königreich	31 504	76,8	67,1	10,3	36,9	15,2	1,2	18,8	79,1	6,3	16,9
Zypern	427	66,0	58,6	7,4	13,4	17,9	4,4	16,5	79,0	16,4	35,9

Zu den **Erwerbspersonen** zählen alle Personen einer bestimmten Altersgruppe, die Arbeit haben (Erwerbstätige) oder suchen (Erwerbs-lose).

Die **Erwerbstätigenquote** beschreibt den Anteil der Erwerbstätigen einer Altersgruppe an der Gesamtbevölkerung derselben Altersgruppe.

Die **Teilzeitquote** der OECD entspricht dem Anteil der erwerbstätigen Männer bzw. Frauen, deren reguläre Wochenarbeitszeit weniger als 30 Stunden beträgt.

Alle hier aufgeführten Indikatoren entsprechen dem **Erwerbskonzept der Internationalen Ar-beitsorganisation (ILO)**. Nähere Informationen hierzu sowie weitere Begriffserläuterungen zum Thema Arbeitsmarkt siehe „Glossar"/ „Methodik" des Kapitels 13.

Erwerbstätigkeit nach Sektoren
in % der Erwerbsbevölkerung insgesamt

Deutschland

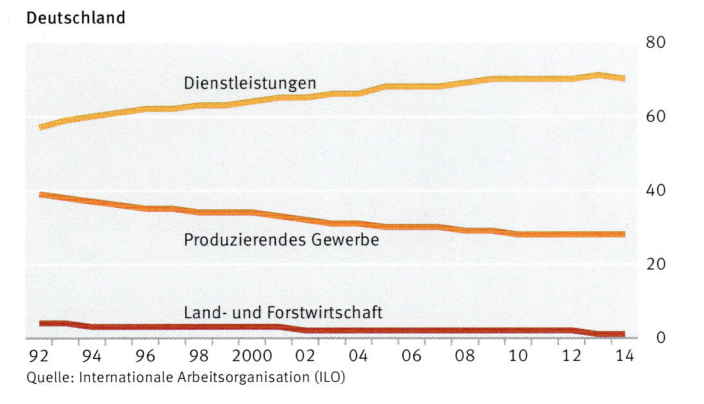

Russische Föderation

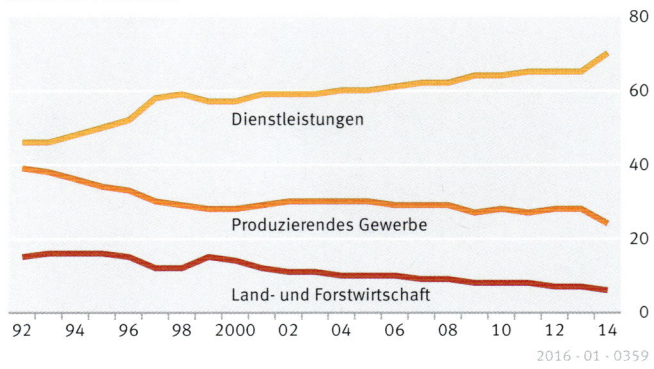

Quelle: Internationale Arbeitsorganisation (ILO)

A Internationales

A.13 Arbeitsmarkt

	Erwerbs-personen [1]	Erwerbstätigenquote [1]		Teilzeitquote [2]		Selbst-ständige [3]	Erwerbstätige [1]			Erwerbslosenquote	
		Männer	Frauen	Männer	Frauen		Land- und Forstwirt-schaft, Fischerei	Produ-zierendes Gewerbe	Dienst-leistungs-bereich	15 – 64 Jahre [1]	15 – 24 Jahre [1]
	15 – 64 Jahre										
	2014										
	1 000	%		% der erwerbstätigen Männer bzw. Frauen im Alter 15 – 64 Jahre		% der Erwerbs-tätigen	% [4]			% der Erwerbspersonen der jeweiligen Altersgruppe	
Afrika											
Ägypten............	27 148 [5]	69,8 [5]	18,5 [5]	.	.	38,9 [5]	27,5	24,4	48,0	13,4 [5]	34,2 [5]
Äthiopien...........	35 856 [5]	88,4 [5]	74,4 [5]	.	.	.	8,7	24,1	67,3	5,1 [5]	7,3 [5]
Kongo, Dem. Republik....	.	.	.	.	.	.	.	.	.	.	.
Nigeria.............	.	.	.	.	.	.	30,6 [6]	14,1 [6]	55,3 [6]	.	.
Südafrika...........	20 216	48,7 [5]	36,9 [5]	5,0	11,7	13,6	.	.	.	25,1	51,3
Tansania, Ver. Republik...	.	.	.	.	.	75,9 [5]	.	.	.	.	.
Amerika											
Argentinien..........	16 278	73,4	49,5	.	.	.	2,0	24,6	72,8	7,2	18,3
Brasilien............	101 907	78,9	56,8	9,5	24,3	26,8 [5]	14,5	22,2	63,1	7,1	17,0
Chile..............	7 977	73,1	52,2	10,2	23,6	26,6 [6]	9,8	23,1	67,1	6,2	16,1
Kanada............	18 412	75,2	69,4	11,2	26,2	8,8	1,7	20,2	78,1	7,0	13,5
Kolumbien..........	22 342	79,6	55,2	8,6	25,8	.	15,9	19,7	64,3	8,9 [5]	17,1 [5]
Mexiko............	47 826	74,3	43,7	12,1	27,1	33,0 [5]	10,3	25,6	63,5	5,4	10,6
Vereinigte Staaten [7]...	148 329	74,2	63,4	.	.	.	1,6	18,4	79,9	5,4 [8]	11,6 [9]
Asien											
Bangladesch.........	57 777 [5]	.	.	.	.	.	47,5 [6]	17,7 [6]	35,3 [6]	4,5 [5]	9,4 [5]
China..............	.	.	.	.	.	.	.	.	.	.	.
Indien..............	.	.	.	.	.	81,9 [6]	51,1 [6]	22,4 [6]	26,6 [6]	.	10,2 [6]
Indonesien..........	121 873	80,1 [5]	49,0 [5]	.	.	53,5 [5]	34,0	21,2	44,8	6,4 [5]	21,6 [5]
Iran, Islamische Republik..	23 251	65,8	11,2	.	.	.	17,9	33,8	48,3	10,8	25,2
Israel..............	3 616	71,5	64,2	8,4	22,3	12,6 [5]	1,1	17,5	79,7	6,0	10,6
Japan..............	58 910	81,6	63,6	8,8	35,3	11,5 [5]	3,6	24,8	70,0	3,8	6,3
Korea, Republik.......	24 491	75,7	54,9	5,1	13,2	27,4 [5]	5,7	24,6	69,7	3,6	10,0
Myanmar...........	.	.	.	.	.	.	.	.	.	.	.
Pakistan............	.	.	.	.	.	.	.	.	.	.	.
Philippinen..........	39 832	.	.	.	.	41,8 [5]	30,5	16,0	53,5	6,8	15,2
Saudi-Arabien........	11 605	77,8	16,7	.	.	5,3 [5]	5,3	23,0	71,7	5,8	30,2
Thailand............	37 011	83,7	68,4	.	.	58,6 [5]	35,2	22,7	41,9	0,9	4,4
Ver. Arabische Emirate....	.	.	.	.	.	.	.	.	.	.	.
Vietnam............	51 620	85,4	78,6	.	.	65,1 [5]	46,3	21,4	32,2	1,9	6,3
Australien und Ozeanien											
Australien...........	11 852	77,1	66,1	12,8	37,6	10,4 [5]	2,8	20,3	76,9	6,2	13,3
Neuseeland..........	2 314	79,7	69,0	9,8	31,7	15,2 [5]	6,2	20,7	72,5	6,0	15,0

1 Quelle: ILOSTAT, Internationale Arbeitsorganisation (ILO).
2 Quelle: Eigene Berechnungen basierend auf Daten der OECD.
3 Quelle: KILM Datenbank, Internationale Arbeitsorganisation (ILO).
4 Aufgrund fehlender Angaben zum Wirtschaftsbereich ergibt die Summe der Erwerbstätigen-anteile nicht in allen Fällen 100 %.
5 2013.
6 2010.
7 2015.
8 Altersklasse 16 bis 64 Jahre.
9 Altersklasse 16 bis 24 Jahre.

Erwerbstätigkeit nach Sektoren
in % der Erwerbsbevölkerung insgesamt

China

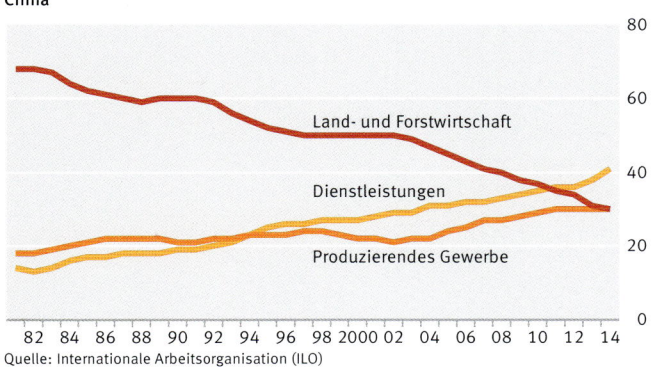

Korea, Republik

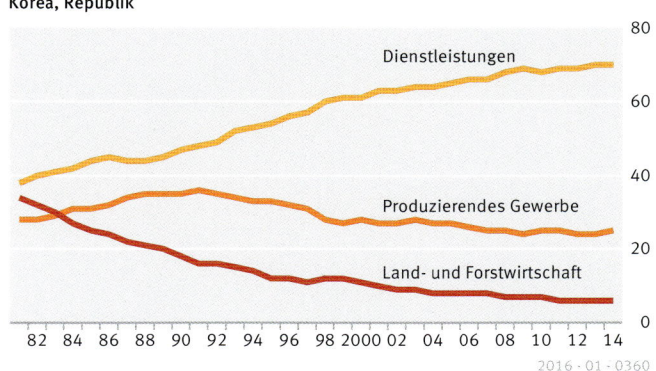

Quelle: Internationale Arbeitsorganisation (ILO)

A Internationales

A.14 Verdienste und Arbeitskosten

	Durchschnittlicher Bruttomonatsverdienst Privatwirtschaft		Lohnnebenkosten	Arbeitskosten		Verarbeitendes Gewerbe	Gesetzlicher, branchenübergreifender monatlicher Mindestlohn	Verdienstunterschied zwischen Frauen und Männern
	Vollbeschäftigte in Unternehmen mit 10 oder mehr Beschäftigten		je 100 EUR Bruttoverdienst [1]	je geleistete Stunde	Veränderung zum Vorjahr [1]	je geleistete Stunde		
	2014		2015				2016	2014
	EUR	KKS [2]	EUR	EUR	%	EUR	EUR/Monat	%
Europa								
Europäische Union	.	.	31	25,60	2,4	.	–	16
Belgien	3 295	2 920	44	41,10	0,0	43,30	1 502	10
Bulgarien	433	943	18	4,10	7,9	3,40	215	13
Dänemark	4 389	3 176	15	42,70	1,7	42,40	–	16
Deutschland	**3 046**	**2 919**	**28**	**32,70**	**2,5**	**38,00**	**1 473**	**22**
Estland	1 110	1 501	36	10,70	4,9	10,00	430	28
Finnland	3 332	2 691	27	33,50	1,5	36,80	–	18
Frankreich	2 885	2 563	46	35,70	1,1	36,90	1 467	15
Griechenland	.	.	39 [3]	14,40 [4]	.	14,80 [4]	684	.
Irland	3 668	3 341	18	28,70	1,1	30,60	1 546	14 [5]
Island	3 338	2 808	.	.	.	.	–	19
Italien	.	.	39	27,20	– 0,4	27,40	–	7
Kroatien	.	.	18 [3]	9,50	2,2	8,30	408	10
Lettland	852	1 273	25	7,50	7,1	6,70	370	15
Litauen	707	1 152	40	6,90	4,5	6,60	350	15
Luxemburg	4 023	3 276	16	36,10	0,3	31,10	1 923	9
Malta	.	.	9	12,60	3,3	.	728	5
Niederlande	2 944	2 675	30	33,20	0,0	.	1 508	16
Norwegen	5 141	3 564	.	51,70	– 5,3	48,20	–	15
Österreich	2 811	2 522	36	32,20	1,6	35,00	–	23
Polen	.	.	22	8,40	3,7	7,60	431	8
Portugal	.	.	27	12,90	2,4	.	618	15
Rumänien	521	1 024	28	5,00	6,4	4,50	233	10
Russische Föderation	.	.	.	.	.	.	.	.
Schweden	3 804	2 981	48	40,10	0,0	41,10	–	15
Schweiz	5 975	3 921	.	.	.	.	–	19 [6]
Slowakei	950	1 398	36	10,40	4,0	10,20	405	21
Slowenien	1 546	1 919	19	15,70	1,3	15,40	791 [7]	3
Spanien	1 956	2 150	35	20,90	0,5	22,60	764	19
Tschechische Republik	937	1 435	37	10,10	5,2	9,80	366	22
Türkei	.	.	.	.	.	.	518	.
Ukraine	.	.	.	.	.	.	.	.
Ungarn	832	1 502	29	8,10	3,8	7,80	353	15
Vereinigtes Königreich	3 200	2 787	19	29,00	15,1	28,30	1 529	18
Zypern	1 710	1 988	20	15,50	– 0,6	.	–	15

1 Eigene Berechnungen basierend auf Eurostat Daten.
2 Weitere Informationen zur Einheit KKS (Kaufkraftstandards) siehe Erläuterungstext neben der Tabelle.
3 Die Angaben für Griechenland und Kroatien beziehen sich auf die ersten drei bzw. zwei Quartale des Berichtsjahres 2015.
4 2014.
5 2012.
6 2013.
7 2015.

Quelle: Eurostat

Der **Bruttomonatsverdienst** enthält alle Zahlungen an Arbeitnehmerinnen und Arbeitnehmer, einschließlich aller Zuschläge und Prämien. Enthalten sind Arbeitnehmeranteile, jedoch nicht Arbeitgeberanteile zur Sozialversicherung.

Hauptbestandteil der **Lohnnebenkosten** sind die Sozialbeiträge der Arbeitgeber, also vor allem die gesetzlichen Arbeitgeberbeiträge zu den Sozialversicherungen, die Aufwendungen für die betriebliche Altersversorgung sowie die Aufwendungen für die Lohn- und Gehaltsfortzahlungen im Krankheitsfall.

Die **Arbeitskosten** umfassen die Gesamtheit aller Aufwendungen, die Arbeitgeberinnen und Arbeitgeber durch die Beschäftigung von Arbeitskräften tragen. Zu den Arbeitskosten gehören das Arbeitnehmerentgelt mit Bruttoverdiensten, die Sozialbeiträge der Arbeitgeberinnen und Arbeitgeber, die Kosten der beruflichen Aus- und Weiterbildung, sonstige Aufwendungen sowie Steuern auf die Lohnsumme oder Beschäftigtenzahl.

Vollbeschäftigte sind Vollzeitbeschäftigte und Teilzeitbeschäftigte, wobei der Verdienst der Teilzeitbeschäftigten so hochgerechnet wird, als würden sie Vollzeit arbeiten.

Die Einteilung der **Wirtschaftsbereiche** entspricht der Statistischen Systematik der Wirtschaftszweige in der Europäischen Gemeinschaft (NACE Rev. 2). Abschnitt C: Verarbeitendes Gewerbe/Herstellung von Waren, Abschnitte B bis N: Privatwirtschaft.

Der hier aufgeführte **Verdienstunterschied zwischen Frauen und Männern** entspricht dem unbereinigten Gender Pay Gap. Während der unbereinigte Wert der vorhandenen Einkommensunterschiede von Frauen und Männern misst ohne mögliche Einflussfaktoren zu berücksichtigen, werden beim bereinigten Gender Pay Gap Verzerrungseffekte (z. B. geschlechtsspezifische Unterschiede hinsichtlich Qualifikation, Berufswahl oder Häufigkeit von Teilzeitarbeit) herausgerechnet. Der Verdienstunterschied wird angegeben in Prozent des durchschnittlichen männlichen Verdienstes. Ein Wert von 5 % bedeutet, dass Frauen durchschnittlich 5 % weniger verdienen als Männer.

KKS oder **Kaufkraftstandard** ist eine künstliche Währung, mit deren Hilfe Unterschiede im Preisniveau zwischen den EU-Staaten ausgeglichen werden. Ein KKS entspricht dabei der durchschnittlichen Kaufkraft eines Euro in der Europäischen Union. Die Angaben in Kaufkraftstandards ermöglichen einen kaufkraftbereinigten Vergleich der Verdienste in Europa.

A   Internationales

A.14   Verdienste und Arbeitskosten

Arbeitskosten je Stunde 2015
Privatwirtschaft, in Euro

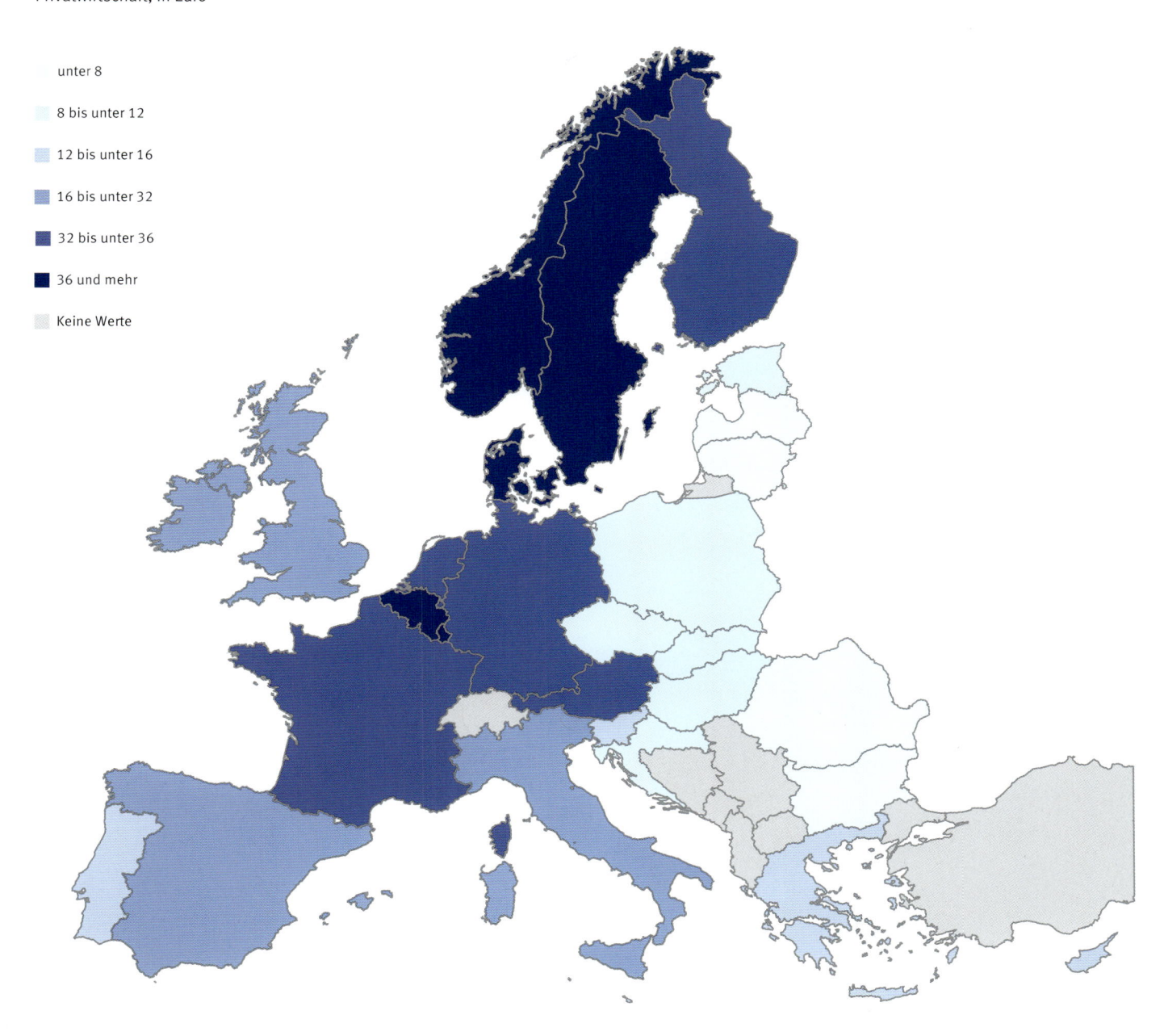

- unter 8
- 8 bis unter 12
- 12 bis unter 16
- 16 bis unter 32
- 32 bis unter 36
- 36 und mehr
- Keine Werte

Kartengrundlage: © EuroGeographics bezüglich der Verwaltungsgrenzen
Quelle: Eurostat. Daten für Griechenland: 2014

A Internationales

A.15 Preise

	Verbraucherpreise			Erzeugerpreise gewerblicher Produkte [2]		Preisniveau-vergleich [3]
	insgesamt [1]		Nahrungsmittel und alkoholfreie Getränke [4]	insgesamt		Index
	2015	2014		2015	2014	2015
	Veränderung gegenüber Vorjahr in %					Deutschland = 100
Europa						
Europäische Union	.	.	.	.	.	100
Belgien	0,6	0,3	− 0,4	− 5,0	− 3,5	109
Bulgarien	− 0,1	− 1,4	− 1,0	− 1,9	− 1,2	42
Dänemark	0,5	0,6	− 0,9	− 3,7	− 1,0	137
Deutschland	**0,2**	**0,9**	**1,1**	**− 1,9**	**− 1,0**	**100**
Estland	− 0,5	− 0,1	0,0	− 2,0	− 1,6	71
Finnland	− 0,2	1,0	0,2	− 3,2	− 1,3	121
Frankreich	0,0	0,5	− 0,5	− 1,6	− 1,4	105
Griechenland	− 1,7	− 1,3	− 1,7	− 5,8	− 0,8	80
Irland	− 0,3	0,2	− 2,2	.	.	125
Island	1,6	2,0	0,5	.	.	130
Italien	0,0	0,2	0,1	− 2,6	− 1,5	101
Kroatien	− 0,5	− 0,2	6,6	− 3,9	− 2,7	62
Lettland	0,2	0,6	− 0,2	− 1,0	0,4	65
Litauen	− 0,9	0,1	0,7	− 8,9	− 4,4	58
Luxemburg	0,5	0,6	0,6	.	.	135
Malta	1,1	0,3	0,5	.	.	81
Niederlande	0,6	1,0	− 0,1	− 6,5	− 2,0	112
Norwegen	2,2	2,0	3,4	− 8,1	− 1,4	148
Österreich	0,9	1,6	1,9	− 3,7	− 1,9	109
Polen	− 1,0	0,1	− 0,5	− 2,2	− 1,5	52
Portugal	0,5	− 0,3	− 1,3	− 3,0	− 1,2	79
Rumänien	− 0,6	1,1	− 1,6	− 2,2	− 0,1	47
Russische Föderation	15,5	7,8	.	12,4	6,1	.
Schweden	0,0	− 0,2	0,3	− 0,9	1,0	131
Schweiz	− 1,1	0,0	1,0	− 3,7	− 0,8	172
Slowakei	− 0,3	− 0,1	− 0,8	− 3,0	− 3,4	62
Slowenien	− 0,5	0,2	− 0,3	− 0,5	− 1,1	80
Spanien	− 0,5	− 0,1	− 0,3	− 2,4	− 1,0	91
Tschechische Republik	0,3	0,3	2,0	− 3,2	− 0,8	59
Türkei	7,7	8,9	12,6	5,3	10,2	55
Ukraine	48,7	12,2	.	36,0	17,1	.
Ungarn	− 0,1	− 0,2	− 0,4	− 1,0	− 0,4	53
Vereinigtes Königreich	0,1	1,5	0,0	− 1,7	0,0	132
Zypern	− 2,1	− 1,4	− 1,5	− 5,0	− 2,9	88

Der **Verbraucherpreisindex** misst die Preisentwicklung aller Waren und Dienstleistungen, die private Haushalte für Konsumzwecke kaufen (z. B. die Preisentwicklung bei Nahrungsmitteln, Mieten, Strom, Kraftstoffen oder Reparaturen). Die hier angezeigte Veränderung des Verbraucherpreisindex gegenüber dem Vorjahr wird auch als **Inflationsrate** bezeichnet.

Der **Erzeugerpreisindex gewerblicher Produkte** misst die durchschnittliche Entwicklung der Verkaufspreise für Produkte einzelner Wirtschaftszweige auf der Wirtschaftsstufe der Erzeugerinnen und Erzeuger.

Die aufgeführten Verbraucher- und Erzeugerpreisdaten sind **nationale Indizes**, die vom Internationalen Währungsfonds (IMF) bzw. von der Welternährungsorganisation (FAO) berechnet werden. Um einen direkten Vergleich der EU-Staaten zu ermöglichen, veröffentlicht Eurostat auch **harmonisierte Preisindizes**, die zum Teil leicht von den nationalen Indizes abweichen. Mehr zu diesem Thema auf der Eurostat Website unter *ec.europa.eu/eurostat/product?code=teicp000*

Preisniveauindizes liefern eine Messgröße für die Preisniveauunterschiede zwischen Staaten. Liegt beispielsweise der Index in Österreich im Vergleich zu Deutschland (Bezugsgröße = 100) bei 109, so sind die Lebenshaltungskosten in Österreich 9 % höher als in Deutschland.

A Internationales

A.15 Preise

	Verbraucherpreise		Erzeugerpreise gewerblicher Produkte [2]	
	insgesamt [1]	Nahrungsmittel und alkoholfreie Getränke [4]	insgesamt	
	2015	2014	2015	2014
	Veränderung gegenüber Vorjahr in %			
Afrika				
Ägypten	10,4	10,1	12,3	.	4,3
Äthiopien	10,1	7,4	5,4	.	.
Kongo, Dem. Republik	.	.	.	.	.
Nigeria	9,0	8,1	9,5	.	.
Südafrika	4,6	6,4	7,6	3,6	7,4
Tansania, Ver. Republik	5,6	6,1	.	.	.
Amerika				
Argentinien	.	.	.	.	.
Brasilien	9,0	6,3	7,5	6,0	4,6
Chile	4,3	4,4	7,0	− 6,9	0,2
Kanada	1,1	1,9	2,4	− 0,8	2,5
Kolumbien	5,0	2,9	2,7	6,6	3,2
Mexiko	2,7	4,0	5,0	2,9	2,7
Vereinigte Staaten	0,1	1,6	2,4	− 7,2	0,9
Asien				
Bangladesch	6,2	7,0	7,9	.	.
China	.	2,0	3,1	.	.
Indien	4,9	6,6	.	− 2,7	3,9
Indonesien	6,4	6,4	6,7	.	9,3
Iran, Islamische Republik	13,7	17,2	11,9	.	.
Israel	− 0,6	0,5	− 0,7	− 5,9	− 1,4
Japan	0,8	2,7	3,8	− 2,2	3,2
Korea, Republik	0,7	1,3	0,6	− 4,0	− 0,5
Myanmar	10,8	5,5	.	.	.
Pakistan	2,5	7,2	6,5	− 2,5	4,8
Philippinen	1,4	4,1	6,7	− 6,6	− 0,9
Saudi-Arabien	2,2	2,7	.	− 1,0	0,6
Thailand	− 0,9	1,9	3,9	− 4,1	0,1
Ver. Arabische Emirate	.	.	.	.	.
Vietnam	0,9	4,1	.	.	.
Australien und Ozeanien				
Australien	1,5	2,5	2,5	0,3	3,1
Neuseeland	0,3	0,9	0,5	− 1,4	− 1,7

1 Quelle: International Financial Statistics, Internationaler Währungsfonds (IMF).
2 Eigene Berechnungen basierend auf IMF Daten.
3 Quelle: Eigene Berechnungen basierend auf Eurostat Daten.
4 Quelle: Eigene Berechnungen basierend auf Daten der Welternährungsorganisation (FAO).

Inflationsraten der G20-Staaten 2015
Veränderung des nationalen Verbraucherpreisindex gegenüber Vorjahr, in %

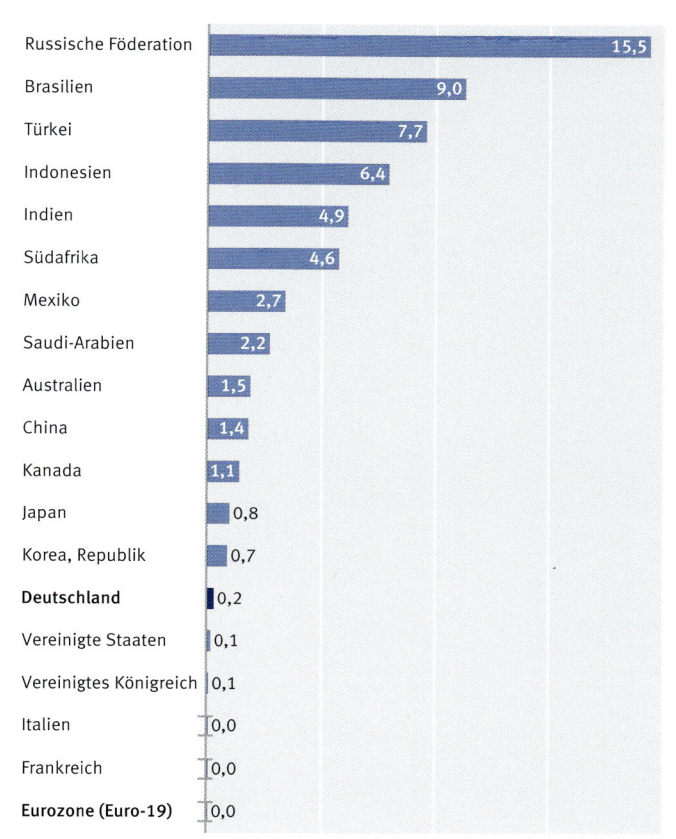

Staat	%
Russische Föderation	15,5
Brasilien	9,0
Türkei	7,7
Indonesien	6,4
Indien	4,9
Südafrika	4,6
Mexiko	2,7
Saudi-Arabien	2,2
Australien	1,5
China	1,4
Kanada	1,1
Japan	0,8
Korea, Republik	0,7
Deutschland	0,2
Vereinigte Staaten	0,1
Vereinigtes Königreich	0,1
Italien	0,0
Frankreich	0,0
Eurozone (Euro-19)	0,0

Für Argentinien liegen keine verlässlichen Daten vor.
Quelle: International Financial Statistics, Internationaler Währungsfonds (IMF).

A Internationales

A.16 Außenhandel

	Ausfuhr von Gütern [1]	Einfuhr von Gütern [1]	Außenhandelsbilanz [1]	Wertindex der Güterausfuhr [2]	Wertindex der Gütereinfuhr [2]	Güterausfuhr je Einwohner/-in [3]	Anteil der Güterausfuhr nach Deutschland [4]	Anteil der Gütereinfuhr aus Deutschland [4]
	2014							
	Mill. US$			2000 = 100		US$	%	
Europa								
Europäische Union [5] ...	2 339 709	2 281 342	58 367	251	239	4 606	X	X
Belgien	472 201	452 773	19 429	251	256	42 044	16,8	13,2
Bulgarien	29 387	34 740	− 5 354	604	532	4 068	12,0	12,2
Dänemark	110 749	99 568	11 181	217	219	19 641	16,8	20,6
Deutschland	1 498 158	1 214 956	283 202	274	245	18 502	X	X
Estland	17 569	20 169	− 2 600	419	361	13 365	4,4	10,1
Finnland	74 339	76 773	− 2 434	162	223	13 611	11,6	13,2
Frankreich	566 656	659 872	− 93 216	178	200	8 557	16,6	17,1
Griechenland	35 755	62 181	− 26 425	308	190	3 289	6,6	9,9
Irland	118 287	71 049	47 238	152	139	25 627	6,6	7,9
Island	5 051	5 372	− 321	266	208	15 429	6,0	7,6
Italien	529 529	474 083	55 446	220	198	8 711	12,6	15,2
Kroatien	13 844	22 907	− 9 063	313	289	3 266	11,2	15,1
Lettland	13 603	16 798	− 3 196	780	552	6 823	6,9	11,4
Litauen	32 394	35 217	− 2 823	851	646	11 047	7,3	10,9
Luxemburg	14 768	23 847	− 9 079	230	237	26 545	27,5	23,8
Malta	4 971	8 445	− 3 474	115	190	11 631	8,2	5,0
Niederlande	571 348	508 033	63 315	289	270	33 878	24,2	16,4
Norwegen	143 791	89 170	54 621	240	259	27 992	17,0	11,9
Österreich	169 715	172 447	− 2 732	263	252	19 859	29,2	36,8
Polen	214 477	216 687	− 2 210	682	448	5 642	25,9	21,7
Portugal	63 886	78 295	− 14 409	263	196	6 142	11,7	12,3
Rumänien	69 878	77 889	− 8 011	670	592	3 511	19,2	19,1
Russische Föderation ...	497 834	286 649	211 185	474	687	3 462	5,0	11,5
Schweden	164 414	162 221	2 193	189	224	16 957	9,7	17,4
Schweiz	311 146	275 054	36 092	297	246	38 000	15,2	21,6
Slowakei	85 976	81 354	4 622	732	644	15 867	22,0	15,7
Slowenien	30 522	30 049	473	412	336	14 802	20,0	16,5
Spanien	318 649	350 978	− 32 328	283	230	6 856	10,4	12,1
Tschechische Republik ..	174 279	153 225	21 054	598	477	16 558	32,0	26,2
Türkei	157 610	242 177	− 84 567	567	444	2 076	9,6	9,2
Ukraine	53 913	54 381	− 468	372	389	1 188	3,0	9,9
Ungarn	112 196	103 111	9 085	393	326	11 375	27,5	25,4
Vereinigtes Königreich ..	511 145	694 344	− 183 199	178	197	7 917	10,2	14,4
Zypern	1 924	6 829	− 4 905	190	175	1 667	2,6	6,9

Der **Wertindex der Gütereinfuhr** bzw. **-ausfuhr** setzt den Wert der Gütereinfuhr bzw. -ausfuhr im Jahr 2013 ins Verhältnis zum entsprechenden Wert im Basisjahr 2000. Beträgt der Index der Gütereinfuhr beispielsweise 220 repräsentiert dies einen Wertanstieg der gehandelten Güter von 120 % im Zeitraum 2000 bis 2013. Diese Indexwerte orientieren sich ausschließlich am Wert der gehandelten Güter und nicht an der Menge.

Güterausfuhr 2014 nach ausgewählten Gütergruppen
Anteile an der Güterausfuhr insgesamt, in %

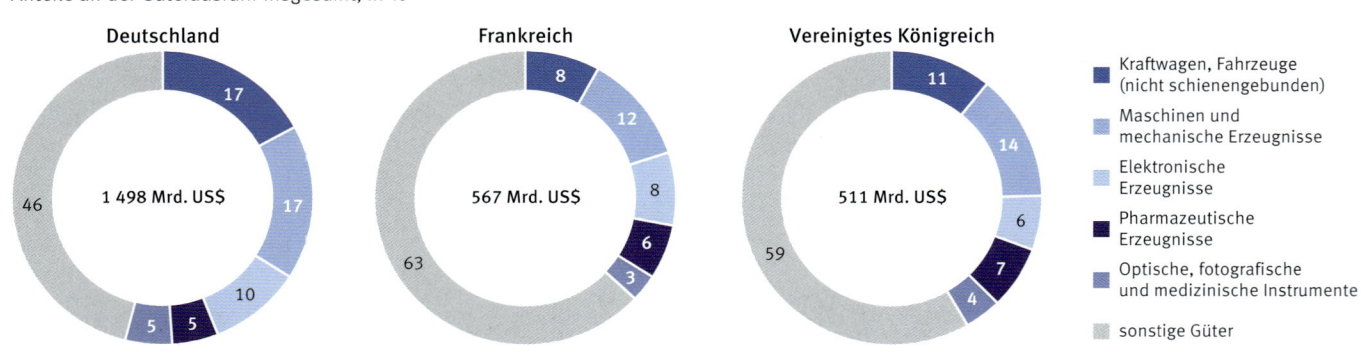

Deutschland — 1 498 Mrd. US$
- Kraftwagen, Fahrzeuge (nicht schienengebunden): 17
- Maschinen und mechanische Erzeugnisse: 17
- Elektronische Erzeugnisse: 10
- Pharmazeutische Erzeugnisse: 5
- Optische, fotografische und medizinische Instrumente: 5
- sonstige Güter: 46

Frankreich — 567 Mrd. US$
- Kraftwagen, Fahrzeuge (nicht schienengebunden): 8
- Maschinen und mechanische Erzeugnisse: 12
- Elektronische Erzeugnisse: 8
- Pharmazeutische Erzeugnisse: 6
- Optische, fotografische und medizinische Instrumente: 3
- sonstige Güter: 63

Vereinigtes Königreich — 511 Mrd. US$
- Kraftwagen, Fahrzeuge (nicht schienengebunden): 11
- Maschinen und mechanische Erzeugnisse: 14
- Elektronische Erzeugnisse: 6
- Pharmazeutische Erzeugnisse: 7
- Optische, fotografische und medizinische Instrumente: 4
- sonstige Güter: 59

Quelle: UN Comtrade, Vereinte Nationen

A Internationales

A.16 Außenhandel

	Ausfuhr von Gütern [1]	Einfuhr von Gütern [1]	Außenhandels-bilanz [1]	Wertindex der Güterausfuhr [2]	Wertindex der Gütereinfuhr [2]	Güterausfuhr je Einwohner/-in [3]	Anteil der Güterausfuhr nach Deutschland [4]	Anteil der Gütereinfuhr aus Deutschland [4]
	2014							
	Mill. US$			2000 = 100		US$	%	
Afrika								
Ägypten	26 812	71 338	− 44 526	513	463	299	2,5	7,8
Äthiopien	5 667	21 914	− 16 247	914	1 506	58	5,7	1,9
Kongo, Dem. Republik	.	.	.	855	967	.	.	.
Nigeria	102 878	46 532	56 346	462	688	580	1,7	3,8
Südafrika	90 612	99 893	− 9 281	304	411	1 678	4,7	10,0
Tansania, Ver. Republik	5 705	12 691	− 6 986	633	813	110	3,9	2,0
Amerika								
Argentinien	68 335	65 323	3 012	273	260	1 590	2,3	5,4
Brasilien	225 098	229 060	− 3 962	408	408	1 092	2,9	6,0
Chile	76 639	72 344	4 295	394	390	4 315	1,2	3,6
Kanada	473 557	463 029	10 527	172	194	13 323	0,6	3,1
Kolumbien	54 795	64 028	− 9 233	420	555	1 147	1,2	4,0
Mexiko	397 099	399 977	− 2 878	239	229	3 167	0,9	3,4
Vereinigte Staaten	1 619 743	2 410 855	− 791 113	207	192	5 080	3,0	5,2
Asien								
Bangladesch	24 314 [6]	41 222 [6]	− 16 908 [6]	476	476	158 [6]	15,6 [6]	1,8 [6]
China	2 342 343	1 958 021	384 322	940	871	1 717	3,1	5,4
Indien	317 545	459 369	− 141 825	759	899	245	2,4	2,8
Indonesien	176 036	178 179	− 2 143	270	409	692	1,6	2,3
Iran, Islamische Republik	130 544 [6]	68 319 [6]	62 225 [6]	309	367	1 736 [6]	0,3 [6]	5,7 [6]
Israel	68 965	72 332	− 3 367	217	200	8 394	2,5	6,4
Japan	690 217	812 185	− 121 967	143	217	5 429	2,8	3,0
Korea, Republik	573 075	525 557	47 518	332	327	11 365	1,3	4,1
Myanmar	7 625 [7]	4 164 [7]	3 461 [7]	681	684	144 [7]	.	.
Pakistan	24 722	47 545	− 22 823	274	438	134	4,9	2,3
Philippinen	61 810	67 719	− 5 909	163	182	623	4,3	4,1
Saudi-Arabien	341 947	168 240	173 708	456	539	11 071	0,1	7,4
Thailand	227 573	227 932	− 359	330	368	3 360	2,0	2,6
Ver. Arabische Emirate	380 340	298 611	81 728	722	748	41 859	0,3	4,7
Vietnam	150 217	147 839	2 378	1 039	954	1 656	3,4	1,8
Australien und Ozeanien								
Australien	240 445	227 544	12 900	378	331	10 245	0,5	4,7
Neuseeland	41 636	42 498	− 862	313	306	9 232	1,3	4,8

1 Quelle: UN Comtrade, Vereinte Nationen.
2 Quelle: UNCTAD, Vereinte Nationen.
3 Quelle: Eigene Berechnungen basierend auf Daten von UN Comtrade und Weltbank.
4 Quelle: Eigene Berechnungen basierend auf UN Comtrade Daten.
5 Extra-EU-Handel (Gesamthandel mit allen Staaten, die nicht Mitglied der Europäischen Union sind).
6 2011.
7 2010.

Güterausfuhr 2014 nach ausgewählten Gütergruppen
Anteile an der Güterausfuhr insgesamt, in %

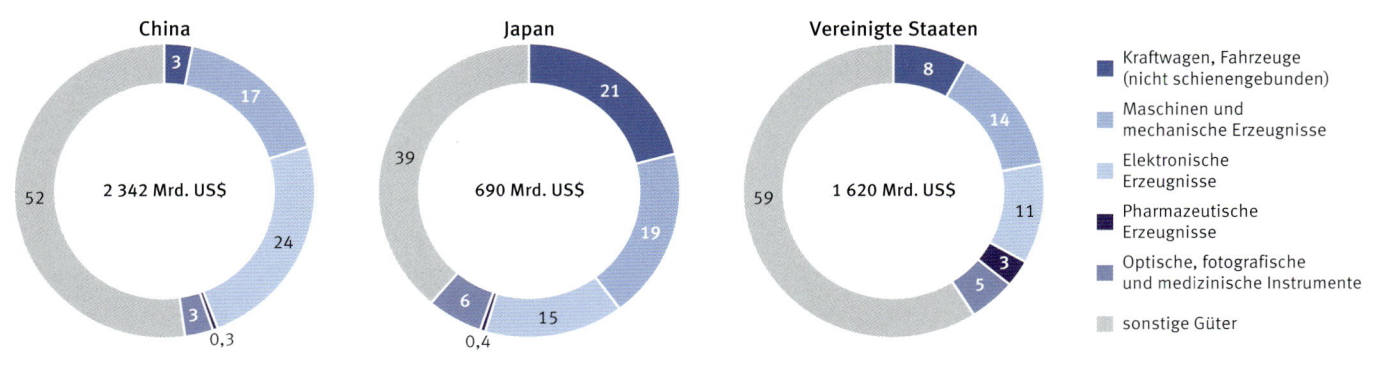

China — 2 342 Mrd. US$: 3, 17, 24, 0,3, 3, 52

Japan — 690 Mrd. US$: 21, 19, 15, 0,4, 6, 39

Vereinigte Staaten — 1 620 Mrd. US$: 8, 14, 11, 3, 5, 59

- Kraftwagen, Fahrzeuge (nicht schienengebunden)
- Maschinen und mechanische Erzeugnisse
- Elektronische Erzeugnisse
- Pharmazeutische Erzeugnisse
- Optische, fotografische und medizinische Instrumente
- sonstige Güter

Quelle: UN Comtrade, Vereinte Nationen

A Internationales

A.17 Zahlungsbilanz

	Leistungsbilanz					Saldo der Vermögens-änderungsbilanz	Saldo der Kapitalbilanz	Saldo der statistisch nicht aufgliederbaren Transaktionen
	Saldo insgesamt		Saldo des Waren- u. Dienstleistungs-verkehrs	Primär-einkommen	Sekundär-einkommen			
	2015							
	% des BIP	Mill. US$						
Europa								
Europäische Union	.	.	.	.	.	.	.	.
Belgien	−0,3	−1 188	1 873	5 456	−8 517	−1 350	−2 995	−460
Bulgarien	1,4	693	−265	−1 214	2 171	1 254	246	−1 701
Dänemark	7,3	21 421	18 286	9 814	−6 679	−56	28 552	7 186
Deutschland	8,4	281 301	253 437	81 852	−53 988	1 771	323 895	40 823
Estland	1,1	259	901	−659	17	287	386	−159
Finnland	−1,2	−2 686	−1 264	1 775	−3 197	247	−10 414	.
Frankreich	−1,1	−27 486	−22 724	58 741	−63 498	2 942	−17 064	7 480
Griechenland	−2,5	−4 872	−5 284	815	−403	3 355	1 075	2 592
Irland	3,7	8 914	46 166	−33 609	−3 643	180	8 780	−314
Island	3,7	616	1 061	−302	−143	−14	579	−23
Italien	2,1	38 509	62 024	−2 374	−21 139	4 225	56 257	13 521
Kroatien	0,9	448	1 142	−1 885	1 191	102	−179	−729
Lettland	−2,3	−627	−710	−51	132	1 005	1 080	701
Litauen	4,1	1 685	918	−740	1 506	1 287	813	−2 158
Luxemburg	6,1	3 549	22 065	−19 053	537	−1 303	2 245	−1
Malta	.	369	847	−738	261	189	623	65
Niederlande	11,1	83 533	100 226	670	−17 361	−389	65 321	−17 825
Norwegen	15,4	59 762	46 039	21 356	−7 634	−184	67 171	7 593
Österreich	2,2	8 293	15 997	−3 291	−4 414	−610	1 931	−5 752
Polen	−2,3	−11 124	7 111	−17 661	−574	13 305	−4 545	−6 726
Portugal	0,1	211	2 619	−4 064	1 655	3 389	4 035	433
Rumänien	−0,5	−951	−556	−2 623	2 228	5 206	3 963	−293
Russische Föderation ...	4,4	58 319	134 459	−67 962	−8 178	−42 005	24 274	7 960
Schweden	6,2	30 555	29 526	10 674	−9 645	−808	16 712	−13 034
Schweiz	9,3	61 539	74 041	6 091	−18 593	−11 286	53 908	3 655
Slowakei	0,2	176	3 957	−2 190	−1 591	937	−2 132	−3 245
Slowenien	8,1	3 451	3 910	−111	−348	−224	3 106	−122
Spanien	1,1	12 812	34 397	−6 146	−15 441	5 982	28 395	9 600
Tschechische Republik ..	0,2	438	13 417	−12 625	−353	1 572	3 118	1 108
Türkei	−6,1	−43 552	−36 829	−8 130	1 407	−70	−42 062	1 560
Ukraine	−5,1	−4 596	−4 606	−1 531	1 541	400	−3 663	533
Ungarn	2,2	2 710	9 916	−6 228	−978	5 030	6 244	−1 496
Vereinigtes Königreich ..	−5,3	−151 882	−56 574	−54 053	−41 255	−2 066	−166 098	−12 150
Zypern	−5,4	−1 053	166	−657	−562	195	−1 148	−290

A Internationales

A.17 Zahlungsbilanz

	Leistungsbilanz					Saldo der Vermögens-änderungsbilanz	Saldo der Kapitalbilanz	Saldo der statistisch nicht aufgliederbaren Transaktionen
	Saldo insgesamt		Saldo des Waren- u. Dienstleistungs-verkehrs	Primär-einkommen	Sekundär-einkommen			
	2015							
	% des BIP	Mill. US$						
Afrika								
Ägypten	−1,8	−5 972	−26 574	−7 056	27 657	193	−4 112	1 667
Äthiopien |1	.	−2 985	−8 136	−97	5 248	.	.	2 640
Kongo, Dem. Republik	−8,6	−3 040	−2 433	−3 041	2 433	515	−2 582	−57
Nigeria	0,3	1 268	−1 462	−19 011	21 741	.	−13 023	−14 291
Südafrika	−6,1	−19 086	−6 575	−9 336	−3 176	22	−13 918	5 147
Tansania, Ver. Republik	−11,2	−5 021	−4 873	−626	477	536	−4 406	80
Amerika								
Argentinien	.	−8 075	2 832	−10 732	−175	55	−8 216	−196
Brasilien	−5,9	−104 181	−54 736	−52 170	2 725	231	−100 599	3 351
Chile	−1,4	−3 316	2 526	−7 692	1 849	10	−3 844	−538
Kanada	−2,6	−40 562	−16 814	−21 378	−2 371	361	−39 038	1 163
Kolumbien	−6,7	−19 593	−11 313	−12 638	4 358	.	−19 836	−243
Mexiko	−2,2	−24 846	−15 024	−32 736	22 915	.	−41 618	−16 773
Vereinigte Staaten	−2,2	−389 525	−508 321	237 981	−119 185	−46	−239 644	149 927
Asien								
Bangladesch	0,4	756	−12 119	−2 727	15 603	497	798	−454
China	2,6	277 434	262 687	13 301	1 446	−33	169 141	−108 260
Indien	−1,3	−27 452	−67 240	−25 815	65 603	−195	−29 974	−2 328
Indonesien	−3,2	−27 516	−3 027	−29 708	5 220	27	−30 091	−2 602
Iran, Islamische Republik	.	.	.	.	.	.	.	.
Israel	4,4	12 927	4 995	−2 063	9 995	217	15 968	2 824
Japan	0,9	36 025	−128 605	183 594	−18 964	−1 993	58 372	24 340
Korea, Republik	6,1	84 373	85 207	4 151	−4 985	−9	89 334	4 970
Myanmar	−2,5	−1 641	−1 396	−2 753	2 508	−1	−453	1 189
Pakistan	−1,3	−3 616	−20 519	−4 305	21 208	1 961	−1 680	−25
Philippinen	3,7	10 756	−12 754	727	22 782	108	6 773	−4 091
Saudi-Arabien	11,4	73 758	95 966	16 526	−38 734	−329	63 986	−9 443
Thailand	3,9	15 413	26 676	−20 095	8 832	100	15 283	−230
Ver. Arabische Emirate	.	.	.	.	.	.	.	.
Vietnam	4,8	9 359	8 596	−8 844	9 607	.	2 804	−6 555
Australien und Ozeanien								
Australien	−3,3	−44 137	−9 073	−33 031	−2 033	−358	−41 746	2 748
Neuseeland	−3,5	−6 136	2 164	−7 969	−329	32	−3 201	2 902

1 2013.

Quelle: World Development Indicators, Weltbank.

A Internationales

A.18 Umwelt

	Kohlendioxidemissionen durch fossile Brennstoffe und Zementproduktion [1]			Treibhausgas-emissionen [1]	Erneuerbare Wasser-ressourcen [2]	Siedlungs-abfälle [3]	Schutz-gebiete [4]
	insgesamt	Veränderung gegenüber 1990	je Einwohner/-in				Anteil an der Landfläche
	2014			2012	2014		
	Mill. t	%	t	t CO_2-Äquivalente	m³	kg	%
Europa							
Europäische Union	3 415,2	− 21,4	6,7	.	.	474	25
Belgien	97,2	− 15,4	8,7	12,1	1 620	435	23
Bulgarien	51,2	− 36,8	7,1	9,3	2 979	442	41
Dänemark	40,0	− 24,3	7,1	9,6	1 058	758	18
Deutschland	**767,1**	**− 23,9**	**9,3**	**11,5**	**1 909**	**618**	**37**
Estland	19,4	− 47,3	15,1	18,1	9 756	357	21
Finnland	54,8	− 3,0	10,1	12,8	19 989	482	15
Frankreich	323,7	− 15,2	5,0	7,8	3 277	509	25
Griechenland	71,1	− 9,2	6,4	9,0	6 244	509 [5]	35
Irland	34,6	7,3	7,4	13,6	11 092	586 [5]	14
Island	3,8	64,8	11,6	16,9	516 090	345 [5]	17
Italien	337,6	− 20,4	5,5	7,9	3 199	488	21
Kroatien	20,7	− 16,6	4,8	7,1	24 882	387	38
Lettland	7,5	− 63,0	3,7	6,8	17 995	325	18
Litauen	12,3	− 64,7	4,1	9,7	8 513	433	17
Luxemburg	10,4	− 11,0	19,3	24,1	6 172	616	35
Malta	2,4	3,9	5,6	4,5	121	600	23
Niederlande	158,1	− 0,5	9,4	11,7	5 377	527	12
Norwegen	44,4	19,6	8,7	12,7	75 417	423	29
Österreich	69,8	13,3	8,2	10,7	9 093	566	28
Polen	298,1	− 16,7	7,8	10,9	1 567	272	30
Portugal	48,3	12,6	4,5	6,8	7 478	453	22
Rumänien	78,3	− 57,7	3,6	5,6	10 866	254 [5]	24
Russische Föderation	1 766,4	− 25,7	12,4	19,6	31 543	.	11
Schweden	44,3	− 21,8	4,6	6,9	17 793	438	15
Schweiz	40,2	− 11,7	4,9	6,8	6 447	730	10
Slowakei	34,7	− 42,4	6,4	8,5	9 233	321	37
Slowenien	16,7	6,8	8,0	10,2	15 411	432	54
Spanien	241,6	6,5	5,1	7,5	2 418	435	28
Tschechische Republik	111,7	− 33,8	10,4	13,0	1 247	310	21
Türkei	353,2	136,4	4,7	6,0	2 690	405	.
Ukraine	249,1	− 68,2	5,5	8,9	3 911	.	4
Ungarn	43,7	− 38,2	4,4	6,3	10 553	385	23
Vereinigtes Königreich	415,4	− 28,3	6,5	9,3	2 271	482	28
Zypern	7,2	59,7	6,3	6,6	670	617	18

Kohlendioxid (CO_2) ist das bekannteste **Treibhausgas**. Es gibt jedoch auch andere, wie zum Beispiel Methan und Lachgas. Um die Klimawirksamkeit der unterschiedlichen Treibhausgase hinsichtlich ihres Potentials zur Erwärmung der Atmosphäre miteinander vergleichbar zu machen, werden diese in **Kohlendioxidäquivalente (CO_2-Äquivalente)** umgerechnet. Methan ist etwa 21-mal so klimawirksam wie Kohlendioxid; eine Tonne (t) Methan entspricht somit 21 t CO_2-Äquivalente.

Zu den erneuerbaren **Wasserressourcen** zählen insbesondere Oberflächengewässer (Flüsse, Seen) sowie das Grundwasser.

In dem von den Vereinten Nationen (UN) initiierten Übereinkommen über die biologische Vielfalt ist ein **Schutzgebiet** definiert als ein geografisch festgelegtes Gebiet, das im Hinblick auf die Verwirklichung bestimmter Erhaltungsziele ausgewiesen ist oder geregelt und verwaltet wird. Hierzu zählen Naturreservate, Nationalparks, Naturmonumente, Biotope, geschützte Landschaften bzw. marine Gebiete sowie Ressourcenschutzgebiete.

Kohlendioxidemissionen je Einwohner/-in 2014
in % des weltweiten Durchschnittswertes

- < 50 % (unter 2,47 Tonnen)
- 50 % bis unter 100 % (2,47 bis unter 4,94 Tonnen)

Weltweiter Durchschnittswert: 4,94 Tonnen je Einwohner/-in

- 100 % bis unter 150 % (4,94 bis unter 7,40 Tonnen)
- 150 % bis unter 200 % (7,40 bis unter 9,87 Tonnen)
- 200 % und mehr (9,87 Tonnen und mehr)
- Keine Werte

Kartengrundlage:
© EuroGeographics bezüglich der Verwaltungsgrenzen

Quelle: Europäische Kommission: Joint Research Centre (JRC)/PBL, EDGAR

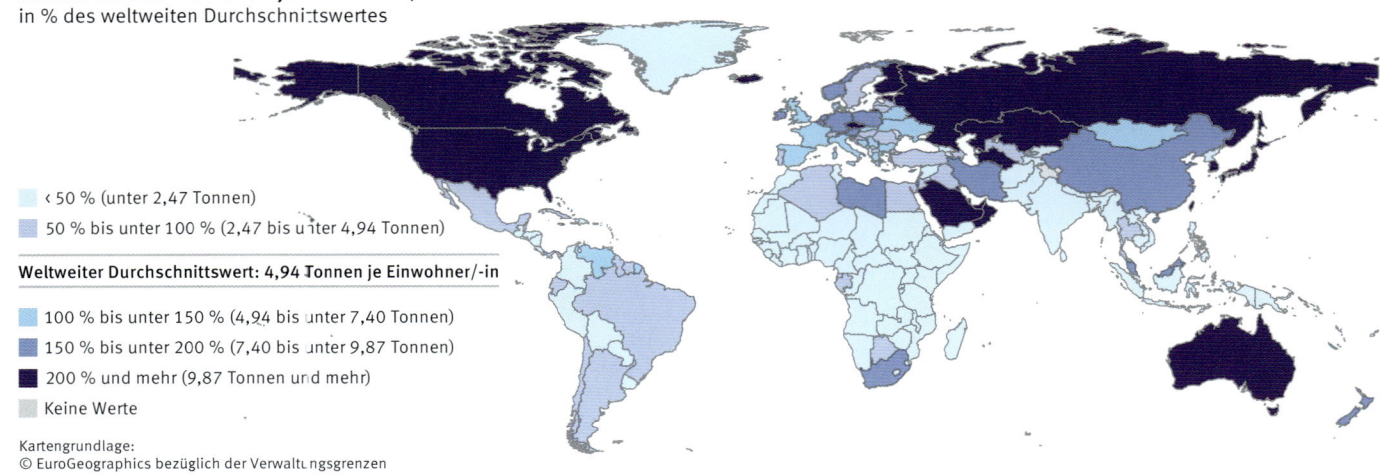

A Internationales

A.18 Umwelt

	Kohlendioxidemissionen durch fossile Brennstoffe und Zementproduktion [1]			Treibhausgasemissionen [1]	Erneuerbare Wasserressourcen [2]	Schutzgebiete [4]
	insgesamt	Veränderung gegenüber 1990	je Einwohner/-in			Anteil an der Landfläche
	2014		2012		2014	
	Mill. t	%	t	t CO_2-Äquivalente	m³	%
Afrika						
Ägypten	225,1	150,5	2,7	3,7	637	11
Äthiopien	8,9	269,5	0,1	2,0	1 227	18
Kongo, Dem. Republik	4,0	18,5	0,1	12,2	16 605	12
Nigeria	93,9	26,4	0,5	1,8	1 571	14
Südafrika	392,7	46,4	7,4	8,6	942	9
Tansania, Ver. Republik	9,1	339,4	0,2	4,9	1 800	32
Amerika						
Argentinien	199,0	86,0	4,8	9,3	20 181	7
Brasilien	501,1	130,5	2,5	15,1	41 603	28
Chile	78,6	136,7	4,4	6,9	51 432	18
Kanada	566,0	26,2	15,9	29,5	80 746	9
Kolumbien	74,1	41,4	1,5	3,6	48 933	23
Mexiko	456,3	57,6	3,7	5,5	3 637	13
Vereinigte Staaten	5 334,5	6,9	16,5	20,0	9 538	14
Asien						
Bangladesch	66,5	404,9	0,4	1,2	7 621	5
China	10 540,7	337,1	7,6	9,0	2 018	17
Indien	2 341,9	258,9	1,8	2,4	1 458	5
Indonesien	453,0	184,3	1,8	3,2	7 839	15
Iran, Islamische Republik	618,2	202,8	7,9	7,2	1 732	7
Israel	64,8	84,2	8,3	11,0	221	20
Japan	1 278,9	9,3	10,1	11,6	3 397	19
Korea, Republik	610,1	127,6	12,3	13,7	1 386	8
Myanmar	9,1	106,7	0,2	10,0	21 671	7
Pakistan	158,1	155,6	0,9	2,1	1 306	11
Philippinen	96,9	130,5	1,0	1,7	4 757	11
Saudi-Arabien	494,8	194,3	16,8	19,4	76	31
Thailand	272,0	193,2	4,0	6,6	6 454	19
Ver. Arabische Emirate	201,1	256,3	21,3	22,3	16	19
Vietnam	190,2	834,4	2,1	3,4	9 461	7
Australien und Ozeanien						
Australien	409,4	48,4	17,3	33,0	20 527	15
Neuseeland	34,1	44,6	7,5	17,5	72 201	33

1 Quelle: Europäische Kommission: Joint Research Centre (JRC)/PBL, EDGAR. Bei diesen Werten werden Landnutzungsänderungen und forstwirtschaftliche Maßnahmen (z. B. Wiederaufforstung) nicht berücksichtigt.
2 Quelle: Aquastat, Welternährungsorganisation (FAO), Vereinte Nationen.
3 Quelle: Abfallstatistik, Eurostat. Teilweise Schätzungen.
4 Quelle: World Development Indicators, Weltbank.
5 2013.

A Internationales

A.19 Land- und Forstwirtschaft

	Landfläche [1]					Anteil der landw. genutzten Fläche (LF), der ökologisch bewirtschaftet wird [2]	Produktion tierischer Erzeugnisse [1]		Ernte pflanzlicher Erzeugnisse [1]	
	insgesamt	darunter [2]					Rind- und Büffelfleisch	Schweinefleisch	Kartoffeln	Getreide
		Waldfläche	landw. genutzte Fläche (LF)	davon						
				Ackerland und Dauerkulturen	Dauergrünland					
	2013								2014	
	km²	% der Landfläche				%	1 000 t			
Europa										
Europäische Union	4 238 061	38	44	28	16	.	7 401	22 414	58 651	317 469
Belgien	30 280	23	44	28	16	4,7	250	1 131	4 381	3 198
Bulgarien	108 560	35	46	33	13	1,1	19	73	133	9 530
Dänemark	42 430	14	61	57	5	6,5	128	1 589	1 733	9 583
Deutschland	348 540	33	48	35	13	6,3	1 106	5 494	11 607	52 010
Estland	42 390	53	23	15	8	15,8	11	49	117	1 222
Finnland	303 890	73	7	7	0	9,1	81	195	600	4 131
Frankreich	547 557	31	53	35	17	3,7	1 400	2 121	8 055	56 151
Griechenland	128 900	31	63	29	35	4,7	77	100	642	4 674
Irland	68 890	11	65	16	49	1,3	518	239	383	2 601
Island	100 250	0	19	1	17	1,0	4	6	8	.
Italien	294 140	31	46	31	15	9,7	854	1 625	1 365	19 368
Kroatien	55 960	34	23	17	6	3,1	28	107	161	2 997
Lettland	62 190	54	30	20	11	10,0	17	36	210	2 227
Litauen	62 675	35	46	37	9	5,7	38	87	469	5 123
Luxemburg	2 590	33	51	25	26	3,4	8	11	19	169
Malta	320	1	32	32	0	0,1	1	6	13	18
Niederlande	33 670	11	55	32	23	2,5	374	1 282	7 100	1 701
Norwegen	365 245	33	3	2	0	5,2	84	128	356	1 222
Österreich	82 531	47	38	17	21	16,7	229	529	751	5 982
Polen	306 210	31	47	37	10	4,6	386	1 745	7 689	31 945
Portugal	91 600	35	40	20	20	7,5	93	346	534	1 355
Rumänien	230 030	29	60	40	21	2,2	96	396	3 519	22 076
Russische Föderation	16 376 870	50	13	8	6	0,1	1 633	2 816	31 501	103 154
Schweden	407 340	69	7	6	1	16,5	122	234	822	5 778
Schweiz	39 516	32	39	11	28	8,4	143	235	503	964
Slowakei	48 088	40	40	29	11	8,4	13	65	179	4 708
Slowenien	20 140	62	24	10	14	8,1	32	30	97	652
Spanien	500 210	37	54	35	19	6,0	581	3 431	2 468	20 361
Tschechische Republik	77 230	34	55	42	13	10,6	65	243	698	8 784
Türkei	769 630	15	50	31	19	2,0	870	.	4 166	32 708
Ukraine	579 320	17	71	58	14	0,7	428	748	23 693	63 377
Ungarn	90 530	23	59	51	8	2,5	23	368	567	16 613
Vereinigtes Königreich	241 930	13	71	26	45	3,2	847	833	4 213	24 505
Zypern	9 240	19	12	12	0	3,9	3	49	126	7

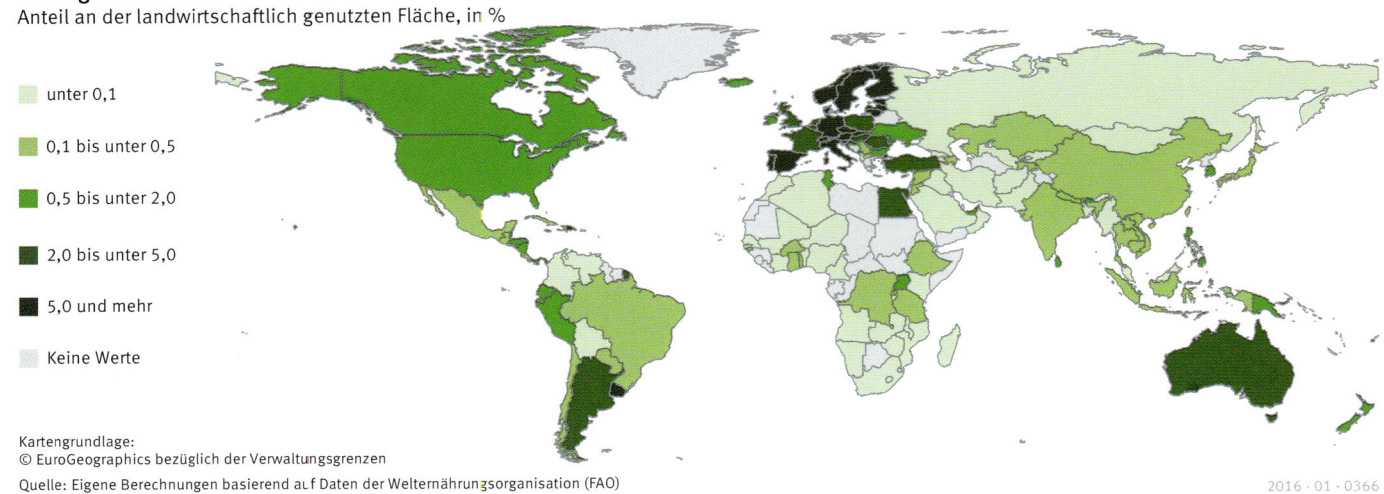

Ökologische Anbaufläche 2013
Anteil an der landwirtschaftlich genutzten Fläche, in %

- unter 0,1
- 0,1 bis unter 0,5
- 0,5 bis unter 2,0
- 2,0 bis unter 5,0
- 5,0 und mehr
- Keine Werte

Kartengrundlage:
© EuroGeographics bezüglich der Verwaltungsgrenzen

Quelle: Eigene Berechnungen basierend auf Daten der Welternährungsorganisation (FAO)

A Internationales

A.19 Land- und Forstwirtschaft

	Landfläche [1]					Anteil der landw. genutzten Fläche (LF), der ökologisch bewirtschaftet wird [2]	Produktion tierischer Erzeugnisse [1]		Ernte pflanzlicher Erzeugnisse [1]	
	insgesamt	darunter [2]					Rind- und Büffelfleisch	Schweinefleisch	Kartoffeln	Getreide
		Waldfläche	landw. genutzte Fläche (LF)	davon						
				Ackerland und Dauerkulturen	Dauergrünland					
	2013								2014	
	km²	% der Landfläche				%	1 000 t			
Afrika										
Ägypten	995 450	0	4	4	0	2,3	862	0	4 800	22 047
Äthiopien	1 000 000	12	36	16	20	0,4	341	2	922	23 608
Kongo, Dem. Republik	2 267 050	68	12	4	8	0,2	12	25	112	1 821
Nigeria	910 770	9	78	44	33	.	403	254	1 248	25 830
Südafrika	1 213 090	8	80	11	69	.	851	216	2 263	17 275
Tansania, Ver. Republik	885 800	53	45	18	27	0,5	300	14	1 761	10 686
Amerika										
Argentinien	2 736 690	10	55	15	40	2,2	2 822	416	1 865	55 506
Brasilien	8 358 140	59	33	10	23	0,3	9 675	3 280	3 690	101 398
Chile	743 532	23	21	2	19	0,1	206	550	1 061	3 479
Kanada	9 093 510	38	7	6	2	1,3	1 056	1 977	4 589	51 301
Kolumbien	1 109 500	53	40	3	37	0,1	848	243	1 991	3 764
Mexiko	1 943 950	34	55	13	42	0,5	1 807	1 284	1 679	36 527
Vereinigte Staaten	9 147 420	34	44	17	27	0,5	11 698	10 510	20 057	442 933
Asien										
Bangladesch	130 170	11	70	65	5	0,1	200	0	9 435	55 070
China	9 424 701	22	55	13	42	0,4	6 745	53 752	96 136	559 313
Indien	2 973 190	24	61	57	3	0,3	2 577	354	46 395	293 993
Indonesien	1 811 570	51	31	25	6	0,1	586	743	1 316	89 855
Iran, Islamische Republik	1 628 550	7	28	10	18	0,0	254	0	4 742	17 062
Israel	21 640	7	24	18	6	.	132	16	628	359
Japan	364 560	68	12	12	0	0,2	508	1 309	2 452	11 603
Korea, Republik	97 466	64	18	18	1	1,2	336	1 007	591	5 852
Myanmar	653 080	46	19	19	0	.	262	621	542	28 775
Pakistan	770 880	2	47	41	6	0,1	1 646	0	3 507	38 106
Philippinen	298 170	25	42	37	5	0,8	297	1 681	119	26 739
Saudi-Arabien	2 149 690	0	81	2	79	.	52	0	472	878
Thailand	510 890	32	43	42	2	0,2	195	967	98	37 837
Ver. Arabische Emirate	83 600	4	5	1	4	1,1	16	0	10	68
Vietnam	310 070	47	35	33	2	0,3	379	3 218	322	50 179
Australien und Ozeanien										
Australien	7 682 300	16	52	6	46	2,5	2 318	361	1 171	38 412
Neuseeland	263 310	39	42	2	40	1,0	564	39	437	1 104

1 Quelle: Welternährungsorganisation (FAO), Vereinte Nationen. Teilweise Schätzungen der FAO.
2 Quelle: Eigene Berechnungen basierend auf FAO Daten.

A Internationales

A.20 Produzierendes Gewerbe und Dienstleistungen im Überblick

	Unternehmen nach ausgewählten Wirtschaftsbereichen [1]				Bruttowertschöpfung zu Faktorkosten nach ausgewählten Wirtschaftsbereichen [1]			
	Produzierendes Gewerbe [2]	Handel [3]	Gastgewerbe	Verkehr und Lagerei	Produzierendes Gewerbe [2]	Handel [3]	Gastgewerbe	Verkehr und Lagerei
	2013							
	Anzahl				Mill. EUR			
Europa								
Europäische Union [4]	2 263 389	6 241 556	1 827 427	1 133 151	2 031 851	1 153 320	213 424	487 719
Belgien	35 540	132 962	48 024	18 425	60 048	39 637	4 829	15 440
Bulgarien	33 012	137 184	26 056	19 461	7 486	3 984	646	1 694
Dänemark	19 696	42 724	13 676	11 246	39 905	23 719	2 843	12 110
Deutschland	211 550	553 302	204 068	90 871	560 549	245 688	31 247	96 912
Estland	7 037	14 978	2 392	4 761	3 399	1 807	228	1 169
Finnland	24 772	45 547	11 767	22 129	29 213	14 871	2 066	7 711
Frankreich	262 809	753 028	261 444	103 315	236 836	169 875	35 857	79 571
Griechenland	58 306	251 413	89 491	63 814	13 565	14 053	2 970	4 839
Irland [4]	4 580	36 925	15 155	9 152	36 858	15 766	3 034	5 196
Island	.	.	.	.	.	.	.	.
Italien	428 970	1 153 640	313 207	129 865	241 487	115 166	26 530	53 891
Kroatien	22 209	38 092	17 862	8 839	7 399	3 612	1 442	1 674
Lettland	10 625	27 134	3 492	6 560	2 758	2 134	208	1 495
Litauen	17 823	56 881	5 074	10 776	3 821	3 147	238	1 806
Luxemburg	990	7 696	2 839	969	2 786	4 899	655	1 308
Malta	.	8 999	2 129	1 308	.	747	300	387
Niederlande	63 318	238 912	52 580	37 689	80 473	71 745	8 728	26 771
Norwegen	20 617	50 574	10 973	21 555	108 505	25 389	3 725	19 290
Österreich	29 788	75 817	46 073	13 957	56 207	31 091	8 104	15 598
Polen	185 301	497 549	48 050	135 210	78 394	32 714	2 022	12 145
Portugal	69 729	226 644	82 211	22 396	22 822	13 846	3 136	5 915
Rumänien	52 233	171 259	24 297	36 127	23 146	9 274	715	4 097
Russische Föderation	.	.	.	.	.	.	.	.
Schweden	58 122	127 047	30 603	29 486	66 014	38 709	5 956	14 868
Schweiz	22 548 [5]	35 024 [5]	17 302 [5]	4 792 [5]	98 877	73 712	9 465	21 084
Slowakei	64 810	113 939	16 260	16 389	12 792	5 517	480	2 509
Slowenien	20 180	25 705	10 219	8 432	7 507	3 222	556	1 647
Spanien	191 075	722 586	275 473	193 638	124 468	90 944	23 917	39 267
Tschechische Republik	182 693	244 747	58 866	38 944	39 978	13 056	1 529	5 702
Türkei [6]	326 429	1 052 078	201 767	408 190	48 644	25 829	3 559	9 566
Ukraine	.	.	.	.	.	.	.	.
Ungarn	50 461	132 849	29 538	26 730	21 554	7 912	779	4 266
Vereinigtes Königreich	138 896	361 504	131 332	70 547	251 926	166 917	42 266	80 946
Zypern	.	16 024	5 250	3 008	.	1 610	961	696

1 Die Einteilung der Wirtschaftsbereiche entspricht der Statistischen Systematik der Wirtschaftszweige in der Europäischen Gemeinschaft (NACE Rev. 2).
2 Verarbeitendes Gewerbe, Bergbau, Energie- und Wasserversorgung.
3 Einschl. Instandhaltung und Reparatur von Kraftfahrzeugen.
4 2012.
5 Daten beziehen sich nur auf Unternehmen mit 2 oder mehr tätigen Personen.
6 2009.
Quelle: Strukturelle Unternehmensstatistik, Eurostat

Die **Bruttowertschöpfung zu Faktorkosten** ist ein Maß zur Beurteilung der wirtschaftlichen Leistung und umfasst die Bruttoerträge durch betriebliche Aktivitäten nach Abzug der Waren- und Dienstleistungskäufe und nach Anpassung bezüglich der betrieblichen Subventionen und indirekten Steuern. Nähere Angaben zur Berechnung siehe „Glossar"/„Methodik" des Kapitels 20.

Der **Produktionsindex** ist ein Maß für die Leistung eines bestimmten Wirtschaftsbereichs. Er misst Veränderungen in der Leistung (Outputvolumen, Aktivität) des jeweiligen Wirtschaftssektors. Er ist aufgrund seiner Periodizität und seiner schnellen Verfügbarkeit ein zentraler und aktueller Indikator für die konjunkturelle Entwicklung.

Der **Umsatzindex** berücksichtigt den Wert aller im Berichtszeitraum von Betrieben des jeweiligen Wirtschaftsbereichs über die an Dritte gelieferten eigenen Erzeugnisse und industriellen/handwerklichen Dienstleistungen (Summe der Rechnungsendbeträge ohne Umsatzsteuer). Auch dieser Indexwert zählt zu den wichtigsten Indikatoren für die Beobachtung und Analyse der Konjunkturentwicklung.

A Internationales

A.21 Verarbeitendes Gewerbe

	Wirtschaftsbereich Verarbeitendes Gewerbe				
	Unternehmen	Tätige Personen	Bruttowertschöpfung zu Faktorkosten	Produktionsindex [1]	Umsatzindex [1]
	2013			2015	
	Anzahl		Mill. EUR	2010 = 100	
Europa					
Europäische Union	2 080 000 [2]	28 000 000 [2]	1 630 000 [2]	106	110
Belgien	33 468	514 258	49 191	108	103
Bulgarien	30 091	524 041	4 778	114	127
Dänemark	15 062	354 054	29 365	116	117
Deutschland	**202 824**	**7 220 296**	**490 617**	**110**	**115**
Estland	6 381	104 564	2 477	136	142
Finnland	21 582	351 985	24 508	95	96
Frankreich	226 372	3 005 971	192 889	102	106
Griechenland	57 736	289 188	10 288	89	91
Irland	3 998 [3]	159 004 [3]	32 737 [3]	141	141
Island	.	.	.	.	.
Italien	407 344	3 733 694	198 679	93	99
Kroatien	20 673	261 749	4 542	97	103
Lettland	9 537	120 760	1 883	128	129
Litauen	16 120	197 923	2 875	129	130
Luxemburg	839	33 558	2 375	101	90
Malta	.	.	.	99	99
Niederlande	60 506	681 619	57 777	103 [4]	110
Norwegen	17 273	235 426	24 759	107	109
Österreich	25 129	617 441	47 493	111	113
Polen	174 414	2 347 504	54 564	124	129
Portugal	66 423	637 427	16 684	101	104
Rumänien	46 761	1 166 313	13 963	135	139
Russische Föderation	.	.	.	.	.
Schweden	53 681	635 788	52 660	94	97
Schweiz	21 161 [5]	685 805 [5]	88 860	.	.
Slowakei	63 208	440 479	10 038	149	136
Slowenien	18 148	188 750	6 291	107	109
Spanien	168 935	1 736 652	93 134	96	102
Tschechische Republik	167 688	1 212 459	31 457	122	128
Türkei	320 815 [6]	2 584 773 [6]	39 173 [6]	126	189
Ukraine	.	.	.	.	.
Ungarn	47 475	664 724	18 585	124	125
Vereinigtes Königreich	127 943	2 482 898	178 894	102	103
Zypern	5 242	28 794	807	73	76

Weitere Erläuterungen zu den Indikatoren siehe Tabelle A.20.
1 Arbeitstäglich bereinigte Daten. Zum Teil vorläufige Werte oder Eurostat Schätzungen.
2 Eurostat Schätzung.
3 2012.
4 2014.
5 Daten beziehen sich nur auf Unternehmen mit 2 oder mehr tätigen Personen.
6 2009.
Quelle: Strukturelle Unternehmensstatistik und Konjunkturstatistik, Eurostat

Produktionsindex des Verarbeitenden Gewerbes 2015
Veränderung des Produktionsvolumens gegenüber Vorjahr, in %

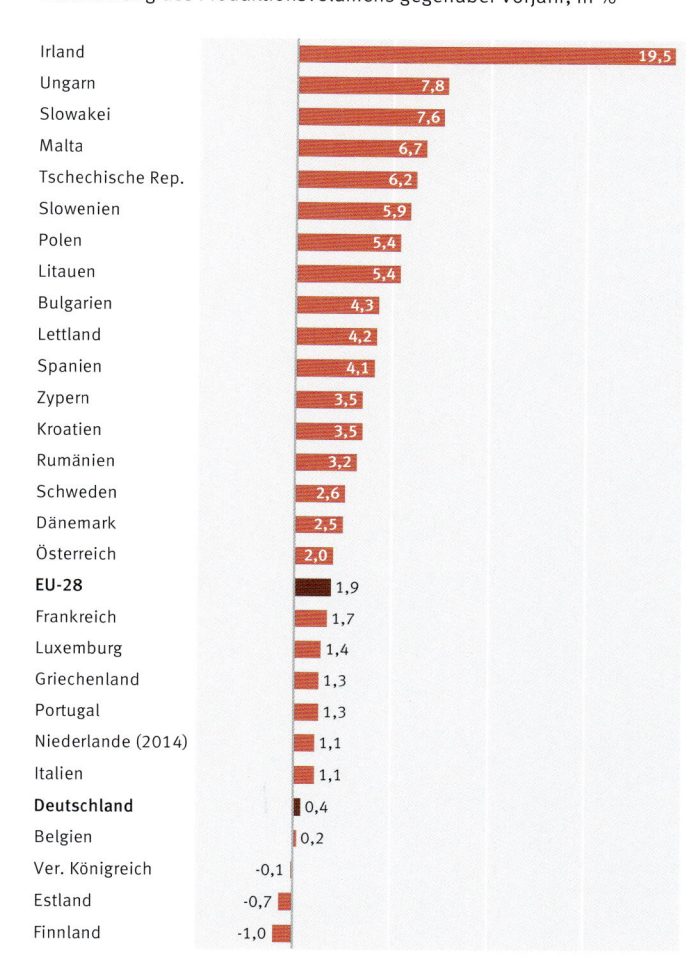

Land	%
Irland	19,5
Ungarn	7,8
Slowakei	7,6
Malta	6,7
Tschechische Rep.	6,2
Slowenien	5,9
Polen	5,4
Litauen	5,4
Bulgarien	4,3
Lettland	4,2
Spanien	4,1
Zypern	3,5
Kroatien	3,5
Rumänien	3,2
Schweden	2,6
Dänemark	2,5
Österreich	2,0
EU-28	**1,9**
Frankreich	1,7
Luxemburg	1,4
Griechenland	1,3
Portugal	1,3
Niederlande (2014)	1,1
Italien	1,1
Deutschland	**0,4**
Belgien	0,2
Ver. Königreich	-0,1
Estland	-0,7
Finnland	-1,0

Zum Teil vorläufige Werte
Quelle: Konjunkturstatistik, Eurostat

A Internationales

A.22 Energie

	Wirtschaftsbereich Energieversorgung [1]			Primärenergieverbrauch		Anteil am Primärenergieverbrauch insgesamt [4]					Bruttostromverbrauch [5]
	Unternehmen	Tätige Personen	Bruttowertschöpfung zu Faktorkosten	insgesamt [2]	je Einwohner/-in [3]	Mineralöl	Erdgas	Kohle	Kernenergie	erneuerbare Energien	je Einwohner/-in
	2013			2015							2013
	Anzahl		Mill. EUR	Mill. t RÖE	t RÖE	%					kWh
Europa											
Europäische Union	70 066 [6]	1 227 300 [6]	232 248 [6]	1 630,9	3,2	36,8	22,2	16,1	11,9	13,0	6 036
Belgien	618	20 181	7 455	56,5	5,0	54,0	24,1	5,6	10,5	5,8	7 967
Bulgarien	1 784	32 809	1 699	18,9	2,6	22,1	13,6	35,2	18,4	10,7	4 640
Dänemark	1 845	11 265	3 175	16,9	3,0	47,5	16,8	10,5	–	25,2	6 040
Deutschland	**1 974**	**219 936**	**43 302**	**320,6**	**4,0**	**34,4**	**20,9**	**24,4**	**6,5**	**13,8**	**7 019**
Estland	226	5 218	597	.	.	.	.	.	.	.	6 665
Finnland	816	13 729	3 481	25,9	4,7	32,2	7,4	13,4	20,5	26,6	15 510
Frankreich	20 756	181 335	31 131	239,0	3,6	31,8	14,7	3,6	41,4	8,4	7 379
Griechenland	32	20 481	2 133	26,3	2,4	56,4	9,7	21,9	–	12,0	5 029
Irland	211 [6]	10 529 [6]	3 385 [6]	14,6	3,1	47,0	25,8	15,1	–	12,2	5 702
Island	.	.	.	.	.	.	.	.	.	.	54 799
Italien	10 169	87 908	26 886	151,7	2,5	39,1	36,5	8,2	–	16,2	5 159
Kroatien	513	15 472	1 123	.	.	.	.	.	.	.	3 754
Lettland	480	11 109	653	.	.	.	.	.	.	.	3 473
Litauen	1 214	13 781	629	5,3	1,8	50,2	39,3	3,1	–	7,4	3 664
Luxemburg	74	1 435	276	.	.	.	.	.	.	.	14 193
Malta	.	.	.	.	.	.	.	.	.	.	4 736
Niederlande	950	27 056	8 170	81,6	4,8	47,5	35,1	13,0	1,1	3,3	6 821
Norwegen	1 124	15 854	6 709	47,1	9,1	21,7	9,2	1,6	–	67,4	23 326
Österreich	2 256	29 402	5 591	34,1	4,0	37,1	22,1	9,5	–	31,3	8 513
Polen	2 546	139 998	12 286	95,0	2,5	26,4	15,9	52,4	–	5,3	3 938
Portugal	925	8 913	4 382	24,1	2,3	47,3	16,2	13,7	–	22,8	4 685
Rumänien	1 345	77 393	4 603	33,1	1,7	27,6	28,1	18,6	8,0	17,7	2 495
Russische Föderation	.	.	.	666,8	4,6	21,4	52,8	13,3	6,6	5,8	6 539
Schweden	2 287	31 264	8 680	53,0	5,4	26,6	1,5	4,0	24,4	43,5	13 870
Schweiz	459 [7]	28 740 [7]	7 606	27,9	3,4	38,5	9,2	0,6	18,9	32,9	7 807
Slowakei	430	17 885	1 945	15,8	2,9	23,9	24,3	21,0	21,6	9,1	5 202
Slowenien	1 526	8 942	804	.	.	.	.	.	.	.	6 833
Spanien	13 867	38 974	20 426	134,4	2,9	45,0	18,5	10,7	9,6	16,1	5 401
Tschechische Republik	8 446	33 495	5 927	39,6	3,8	23,6	16,4	39,3	15,3	5,4	6 285
Türkei	279 [8]	62 139 [8]	5 248 [8]	131,3	1,7	29,5	29,9	26,2	–	14,4	2 789
Ukraine	.	.	.	85,1	1,9	9,9	30,5	34,3	23,3	2,1	3 600
Ungarn	675	24 608	1 957	21,5	2,2	32,8	37,3	10,0	16,7	3,3	3 890
Vereinigtes Königreich	2 577	129 496	26 308	191,2	2,9	37,4	32,1	12,2	8,3	9,9	5 407
Zypern	4 [9]	2 470 [9]	322 [9]	.	.	.	.	.	.	.	3 595

Primärenergieverbrauch nach Energieträgern 2015
in %

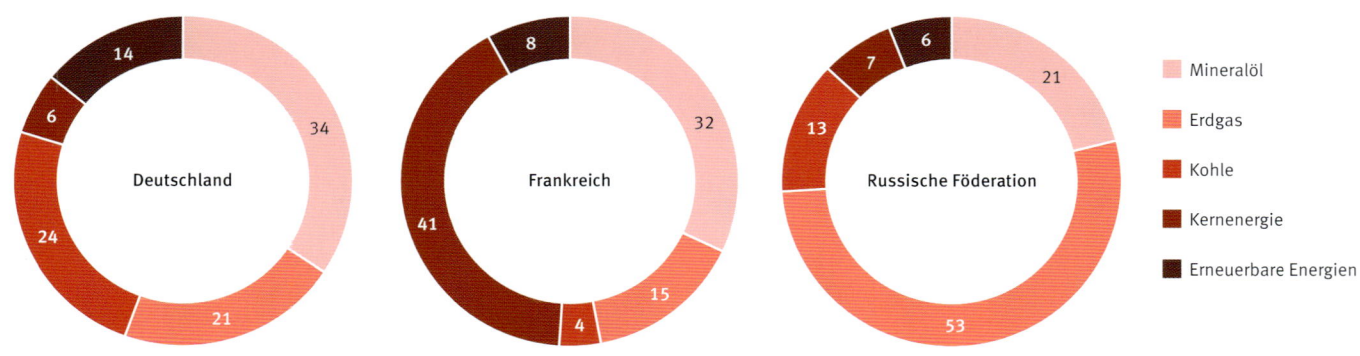

Deutschland: Mineralöl 34, Erdgas 21, Kohle 24, Kernenergie 6, Erneuerbare Energien 14

Frankreich: Mineralöl 32, Erdgas 15, Kohle 4, Kernenergie 41, Erneuerbare Energien 8

Russische Föderation: Mineralöl 21, Erdgas 53, Kohle 13, Kernenergie 7, Erneuerbare Energien 6

Quelle: Statistical Review of World Energy 2016, BP

A Internationales

A.22 Energie

	Primärenergieverbrauch		Anteil am Primärenergieverbrauch insgesamt [4]					Bruttostromverbrauch [5]
	insgesamt [2]	je Einwohner/-in [3]	Mineralöl	Erdgas	Kohle	Kernenergie	erneuerbare Energien	je Einwohner/-in
	2015							2013
	Mill. t RÖE	t RÖE	%					kWh
Afrika								
Ägypten	86,2	0,9	45,4	49,9	0,8	–	3,8	1 697
Äthiopien	.	.	.	.	.	.	.	65
Kongo, Dem. Republik	.	.	.	.	.	.	.	110
Nigeria	.	.	.	.	.	.	.	142
Südafrika	124,2	2,3	25,0	3,6	68,4	2,0	1,0	4 328
Tansania, Ver. Republik	.	.	.	.	.	.	.	89
Amerika								
Argentinien	87,8	2,0	36,0	48,7	1,6	1,8	11,9	3 093
Brasilien	292,8	1,4	46,9	12,6	5,9	1,1	33,4	2 529
Chile	34,9	1,9	48,5	10,0	20,7	–	20,8	3 879
Kanada	329,9	9,2	30,4	27,9	6,0	7,1	28,5	15 519
Kolumbien	42,5	0,9	36,4	22,3	16,6	–	24,7	1 177
Mexiko	185,0	1,5	45,6	40,5	6,9	1,4	5,6	2 057
Vereinigte Staaten	2 280,6	7,1	37,3	31,3	17,4	8,3	5,7	12 985
Asien								
Bangladesch	30,7	0,2	18,0	78,6	2,5	–	0,8	293
China	3 014,0	2,2	18,6	5,9	63,7	1,3	10,5	3 762
Indien	700,5	0,5	27,9	6,5	58,1	1,2	6,2	765
Indonesien	195,6	0,8	37,6	18,3	41,1	–	3,1	788
Iran, Islamische Republik	267,2	3,4	33,3	64,4	0,5	0,3	1,6	2 899
Israel	25,6	3,1	43,0	29,6	26,4	–	1,0	6 559
Japan	448,5	3,5	42,3	22,8	26,6	0,2	8,1	7 836
Korea, Republik	276,9	5,5	41,0	14,2	30,5	13,5	0,8	10 428
Myanmar	.	.	.	.	.	.	.	164
Pakistan	78,2	0,4	32,2	49,9	6,0	1,4	10,5	450
Philippinen	37,7	0,4	48,7	8,0	30,3	–	13,0	692
Saudi-Arabien	264,0	8,4	63,7	36,3	.	.	.	8 741
Thailand	124,9	1,8	45,3	38,1	14,1	–	2,5	2 471
Ver. Arabische Emirate	103,9	11,3	38,5	59,9	1,6	–	0,1	10 904
Vietnam	65,9	0,7	29,6	14,6	33,8	–	22,0	1 306
Australien und Ozeanien								
Australien	131,4	5,5	35,2	23,5	35,5	–	5,8	10 134
Neuseeland	21,0	4,6	35,6	19,4	6,9	–	38,1	9 084

1 Quelle: Strukturelle Unternehmensstatistik, Eurostat.
2 Quelle: Statistical Review of World Energy 2016, BP.
3 Quelle: Eigene Berechnungen basierend auf Statistical Review of World Energy 2016, BP und World Development Indicators, Weltbank.
4 Quelle: Eigene Berechnungen basierend auf Statistical Review of World Energy 2016, BP.
5 Quelle: World Development Indicators, Weltbank.
6 2012.
7 Daten beziehen sich nur auf Unternehmen mit 2 oder mehr tätigen Personen.
8 2009.
9 2010.

Erläuterungen zur **Bruttowertschöpfung zu Faktorkosten** finden Sie bei Tabelle A.20.

Primärenergieträger sind Energieträger, die in der Natur vorkommen und technisch noch nicht umgewandelt sind.

Der **Primärenergieverbrauch** bezeichnet den Verbrauch von Primärenergie vor der Umwandlung in andere, für den Endverbrauch geeignete Brennstoffe. Dies entspricht der inländischen Produktion von Primärenergieträgern zuzüglich der Einfuhren und Bestandsveränderungen, abzüglich der Ausfuhren und der Brennstoffe für den internationalen Luft- und Schiffsverkehr.

Die **Roheinheit (RÖE)** ist eine Maßeinheit für den Energiegehalt von Stoffen. 1 **Tonne Rohöleinheit (t RÖE)** entspricht 11 630 Kilowattstunden (kWh).

Zu den **erneuerbaren Energien** zählen Wasser- und Windkraft, geothermische Energie, Solarenergie sowie Biomasse.

Die **Bruttostromerzeugung** ist die in einer bestimmten Zeiteinheit erzeugte elektrische Arbeit. 1 Terrawattstunde (TWh) entspricht 85 985 Tonnen Rohöleinheiten.

Der **Bruttostromverbrauch** ist die inländische Bruttostromerzeugung (einschl. Eigenerzeugung) zuzüglich Einfuhren, abzüglich Ausfuhren.

Primärenergieverbrauch nach Energieträgern 2015
in %

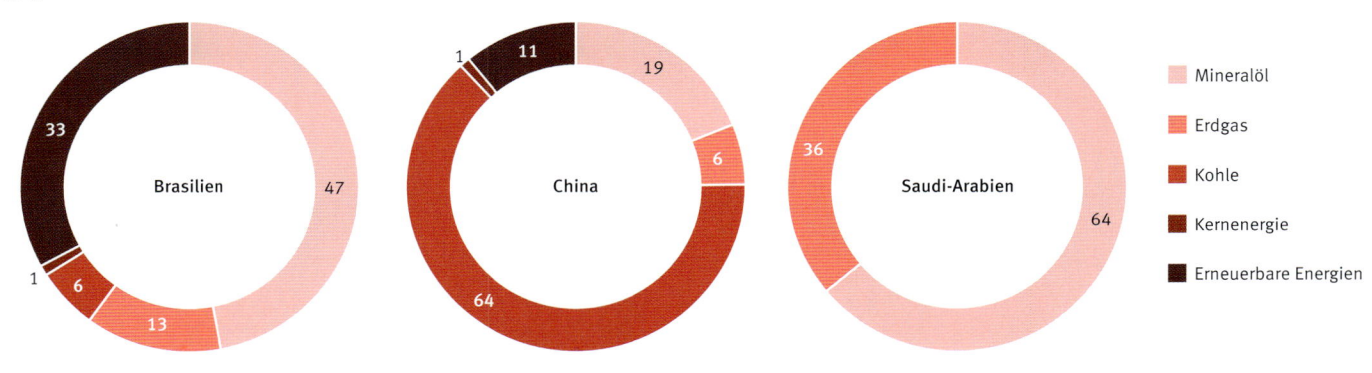

Brasilien: Mineralöl 47, Erdgas 13, Kohle 6, Kernenergie 1, Erneuerbare Energien 33

China: Mineralöl 19, Erdgas 6, Kohle 64, Kernenergie 1, Erneuerbare Energien 11

Saudi-Arabien: Mineralöl 64, Erdgas 36

Quelle: Statistical Review of World Energy 2016, BP

A Internationales

A.23 Baugewerbe

	Wirtschaftsbereich Baugewerbe				
	Unternehmen	Tätige Personen	Bruttowertschöpfung zu Faktorkosten	Produktionsindex [1]	Baugenehmigungen von Wohnungen in Wohngebäuden [1]
	2013			2015	
	Anzahl		Mill. EUR	2010 = 100	
Europa					
Europäische Union	3 269 946	12 238 100	487 022	95	89
Belgien	96 791	314 116	15 712	99	92
Bulgarien	18 738	145 504	1 175	91	135
Dänemark	30 707	164 878	9 087	116	137
Deutschland	**267 849**	**1 971 082**	**81 035**	**106**	**156**
Estland	8 870	44 157	916	137	217
Finnland	42 844	190 164	9 257	109 [2]	52
Frankreich	536 488	1 705 993	86 689	87	81 [2]
Griechenland	84 622	193 633	4 337	42	13
Irland	28 481 [1]	77 029 [1]	.	106	71
Island	.	.	.	.	.
Italien	549 846	1 445 485	48 764	68	39 [3]
Kroatien	19 236	106 214	1 547	68	52
Lettland	8 767	61 248	832	147	76
Litauen	22 736	96 779	1 089	143	165
Luxemburg	3 512	41 092	2 067	95	110
Malta	3 623	10 232	270	123	89
Niederlande	132 519	450 148	24 041	98	88
Norwegen	54 064	218 529	18 011	125	135
Österreich	33 518	283 165	15 083	101	130 [2]
Polen	223 794	830 679	15 545	102	110
Portugal	31 335	307 907	5 322	55	34
Rumänien	45 382	378 331	5 842	107	93
Russische Föderation	.	.	.	.	.
Schweden	94 368	353 646	19 874	116	169
Schweiz	21 065 [4]	317 018 [4]	25 109	101	.
Slowakei	31 902	144 544	1 526	92	122
Slowenien	18 066	60 852	1 152	67	56
Spanien	320 086	982 095	31 793	92	33 [2]
Tschechische Republik	170 494	376 377	5 529	93	93
Türkei	106 878 [5]	681 797 [5]	8 753 [5]	127	97
Ukraine	.	.	.	.	.
Ungarn	55 471	187 872	2 407	109	71
Vereinigtes Königreich	252 586	1 301 497	91 351	108	125
Zypern	7 603	21 309	592	43	22

Weitere Erläuterungen zu den Indikatoren siehe Tabelle A.20.
1 Zum Teil vorläufige Werte.
2 Eurostat Schätzung.
3 2014.
4 Daten beziehen sich nur auf Unternehmen mit 2 oder mehr tätigen Personen.
5 2009.
Quelle: Strukturelle Unternehmensstatistik und Konjunkturstatistik, Eurostat

Als **Baugenehmigung** gilt die Erteilung einer bauamtlichen Genehmigung zur Bauausführung. Der Baugenehmigungsindex zählt zu den wichtigsten Indikatoren zur Einschätzung der konjunkturellen Lage und gibt Aufschluss über die zu erwartende Auftragslage im Baugewerbe. Die Bestimmungen und Verfahren für die Erteilung einer Genehmigung sind in den einzelnen Mitgliedstaaten der Europäischen Union unterschiedlich.

Baugenehmigungen von Wohnungen in Wohngebäuden
Indexwert, Basisjahr 2010 = 100

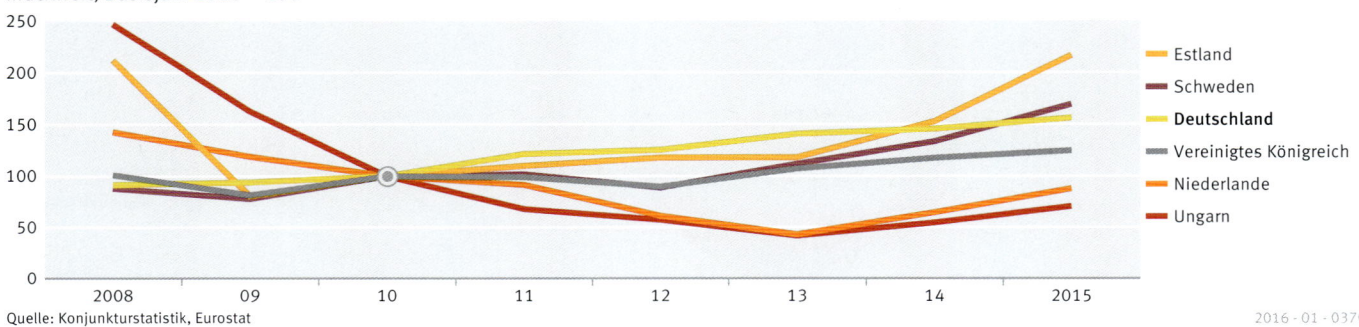

Quelle: Konjunkturstatistik, Eurostat

A Internationales

A.24 Binnenhandel

	Unternehmen nach Wirtschaftsbereichen			Tätige Personen nach Wirtschaftsbereichen			Bruttowertschöpfung zu Faktorkosten nach Wirtschaftsbereichen		
	Einzelhandel [1]	Großhandel [1]	Handel mit Kraftfahrzeugen	Einzelhandel [1]	Großhandel [1]	Handel mit Kraftfahrzeugen	Einzelhandel [1]	Großhandel [1]	Handel mit Kraftfahrzeugen
2013									
	Anzahl						Mill. EUR		
Europa									
Europäische Union	3 596 261	1 805 236	813 157	18 391 100	10 320 200	3 739 900	453 453	557 231	135 959
Belgien	74 202	40 024	18 736	316 708	226 921	77 720	13 522	20 740	5 375
Bulgarien	98 162	26 520	12 502	294 968	156 257	45 845	1 241	2 398	345
Dänemark	19 634	15 352	7 738	177 039	187 234	52 479	7 084	13 855	2 780
Deutschland	306 485	147 873	98 944	3 333 857	1 835 399	796 182	87 074	126 081	32 533
Estland	5 502	6 714	2 762	46 642	30 028	11 322	644	927	236
Finnland	20 915	15 145	9 487	169 198	90 547	43 264	6 181	6 630	2 061
Frankreich	488 472	167 626	96 929	1 927 889	1 056 732	409 239	73 114	78 591	18 170
Griechenland	160 105	66 782	24 525	– 415 155	275 242	67 832	4 996	8 005	1 051
Irland [2]	20 674	10 072	6 180	208 913	89 125	27 968	6 043	8 777	946
Island	.	.	.	.	.	.	.	.	.
Italien	638 383	398 362	116 895	1 861 425	1 150 826	369 032	46 115	57 659	11 391
Kroatien	16 629	16 404	5 059	132 413	75 721	20 502	1 710	1 585	317
Lettland	14 265	8 596	4 273	91 345	42 585	17 360	822	1 117	196
Litauen	37 492	9 264	10 125	134 737	73 922	36 846	973	1 801	372
Luxemburg	3 254	3 683	759	24 748	16 958	7 256	1 435	3 054	410
Malta	5 724	2 108	1 167	16 634	10 626	2 514	337	356	54
Niederlande	120 596	86 540	31 776	817 064	505 962	141 053	19 448	45 617	6 679
Norwegen	25 176	16 989	8 409	213 809	106 026	46 974	9 674	11 901	3 815
Österreich	40 905	24 704	10 208	361 626	203 519	80 280	12 124	15 099	3 869
Polen	295 630	114 111	87 808	1 207 417	688 414	256 329	13 177	16 338	3 199
Portugal	138 461	60 052	28 131	412 563	222 308	88 617	5 819	6 563	1 464
Rumänien	102 928	51 645	16 686	481 363	322 046	96 226	3 383	5 003	888
Russische Föderation	.	.	.	.	.	.	.	.	.
Schweden	59 766	46 407	20 874	322 106	246 524	81 100	13 281	20 690	4 738
Schweiz	16 877 [3]	11 197 [3]	6 950 [3]	310 031 [3]	206 742 [3]	75 274 [3]	19 790	48 682	5 240
Slowakei	57 661	47 987	8 291	177 668	129 197	27 064	2 443	2 608	465
Slowenien	7 743	13 662	4 300	53 720	45 068	14 286	1 402	1 460	360
Spanien	455 663	199 224	67 699	1 625 291	993 539	275 622	38 734	44 072	8 138
Tschechische Republik	127 117	85 579	32 051	351 014	272 571	83 096	4 623	6 995	1 437
Türkei [4]	745 507	188 458	118 113	1 674 029	844 289	283 647	10 026	13 751	2 052
Ukraine	.	.	.	.	.	.	.	.	.
Ungarn	81 187	33 084	18 578	313 607	168 594	65 808	2 767	4 331	814
Vereinigtes Königreich	189 887	103 845	67 772	3 083 038	1 182 361	537 746	84 251	55 195	27 470
Zypern	9 303	3 893	2 828	33 372	19 500	6 893	769	708	132

Weitere Erläuterungen zu den Indikatoren siehe Tabelle A.20.
1 Ohne Handel mit Kraftfahrzeugen.
2 2012.
3 Daten beziehen sich nur auf Unternehmen mit 2 oder mehr tätigen Personen.
4 2009.

Quelle: Strukturelle Unternehmensstatistik, Eurostat

A Internationales

A.25 Transport und Verkehr

	Wirtschaftsbereich Verkehr und Lagerei [1]			Personen-kraftwagen (Pkw) [2]	Getötete im Straßen-verkehr [2]	Güterverkehr nach Verkehrsträgern (ohne Pipelines, Luftverkehr) [3]			Personenverkehr nach Verkehrsträgern (ohne Luft- und Seeverkehr) [2]		
	Unternehmen	Tätige Personen	Bruttowert-schöpfung zu Faktor-kosten			Eisenbahn	Straße	Binnen-schifffahrt	Pkw	Busse, Reisebusse, Straßenbahn und U-Bahn	Eisenbahn
	2013										
	Anzahl			Mill. EUR	je 1 000 Einwohner/-innen	je 1 Mill. Einwohner/-innen	Anteil der Tonnenkilometer in %			Anteil der Personenkilometer in %		
Europa											
Europäische Union	1 134 016	10 521 300	499 482	491	51,5	17,8	75,5	6,7	81,7	10,9	7,4
Belgien	18 425	214 978	15 440	491	64,7	14,4	65,0	20,5	76,8	15,9	7,3
Bulgarien	19 461	155 506	1 694	402	82,7	9,1	75,9	15,0	79,6	17,6	2,8
Dänemark	11 246	147 256	12 110	405	34,0	13,2	86,8	0,0	79,6	10,2	10,2
Deutschland	90 871	2 062 370	96 912	543	41,4	23,5	63,9	12,6	84,4	7,2	8,4
Estland	4 761	37 756	1 169	478	61,5	44,1	55,9	0,0	80,3	18,1	1,6
Finnland	22 129	147 974	7 711	574	47,4	27,8	71,8	0,4	84,3	10,4	5,2
Frankreich	103 315	1 378 537	79 571	504	51,2	15,0	80,6	4,3	83,9	7,0	9,1
Griechenland	63 814	166 648	4 839	466	79,8	1,2	98,8	0,0	80,1	19,0	0,9
Irland	9 152 [4]	79 902 [4]	5 196 [4]	420	41,3	1,1	98,9	0,0	83,0	14,3	2,7
Island	.	.	.	654	.	0,0	100,0	0,0	88,6	11,4	0,0
Italien	129 865	1 059 719	53 891	608	56,2	13,0	86,9	0,1	79,7	14,1	6,3
Kroatien	8 839	77 199	1 674	341	86,5	17,4	76,2	6,4	84,0	13,0	3,0
Lettland	6 560	74 891	1 495	317	88,9	60,4	39,6	0,0	78,7	16,4	4,8
Litauen	10 776	108 697	1 806	615	86,6	33,6	66,4	0,0	91,4	7,8	0,8
Luxemburg	969	19 832	1 308	661	82,8	2,4	94,2	3,4	82,9	12,4	4,7
Malta	1 308	9 918	387	602	42,5	0,0	100,0	0,0	83,0	17,0	0,0
Niederlande	37 689	409 026	26 771	471	28,3	4,9	56,2	38,9	82,5	7,5	10,0
Norwegen	21 555	153 401	19 290	489	.	13,7	86,3	0,0	88,8	6,5	4,7
Österreich	13 957	206 845	15 598	546	53,7	42,1	52,8	5,1	74,2	13,6	12,2
Polen	135 210	720 818	12 145	504	88,2	17,0	82,9	0,0	78,4	15,4	6,1
Portugal	22 396	147 757	5 915	430	60,9	5,9	94,1	0,0	88,2	7,8	3,9
Rumänien	36 127	337 475	4 097	235	93,1	21,9	57,5	20,7	76,2	19,6	4,2
Russische Föderation	.	.	.	.	.	.	.	.	.	.	.
Schweden	29 486	269 997	14 868	466	27,1	38,5	61,5	0,0	82,4	8,5	9,1
Schweiz	4 792 [5]	209 528 [5]	21 084	531	.	48,0	52,0	0,0	77,1	6,0	16,9
Slowakei	16 389	121 901	2 509	347	46,4	21,4	76,0	2,5	77,2	15,7	7,1
Slowenien	8 432	43 424	1 647	516	60,7	19,3	80,7	0,0	86,3	11,4	2,3
Spanien	193 638	824 644	39 267	474	36,0	4,6	95,4	0,0	79,6	14,5	6,0
Tschechische Republik	38 944	262 886	5 702	450	62,3	20,3	79,7	0,0	66,3	26,0	7,7
Türkei	408 190 [6]	923 375 [6]	9 566 [6]	121	.	4,6	95,4	0,0	.	.	.
Ukraine	.	.	.	.	.	.	.	.	.	.	.
Ungarn	26 730	216 258	4 266	308	59,7	20,5	75,5	4,1	65,3	24,8	9,9
Vereinigtes Königreich	70 547	1 205 115	80 946	468	27,6	13,2	86,7	0,1	84,6	7,1	8,2
Zypern	3 008	17 915	696	553	51,0	0,0	100,0	0,0	81,5	18,5	0,0

1 Quelle: Strukturelle Unternehmensstatistik, Eurostat. Weitere Erläuterungen zu den Indikatoren siehe Tabelle A.20.
2 Quelle: Transport in Figures 2015, Europäische Kommission.
3 Quelle: Verkehrsstatistik, Eurostat.
4 2012.
5 Daten beziehen sich nur auf Unternehmen mit 2 oder mehr tätigen Personen.
6 2009.

A Internationales

A.25 Transport und Verkehr

Güter- und Personenbeförderung nach Verkehrsträgern in der EU
in %

Personenbeförderung 2013

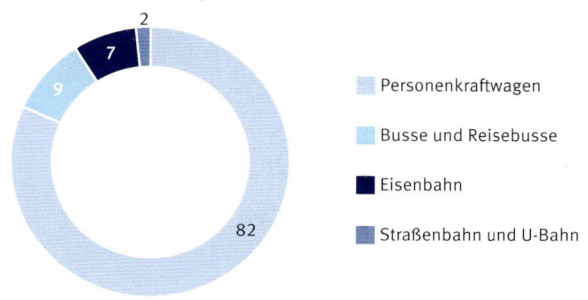

- Personenkraftwagen: 82
- Busse und Reisebusse: 9
- Eisenbahn: 7
- Straßenbahn und U-Bahn: 2

Nicht berücksichtigt sind zu Fuß oder mit dem Fahrrad zurückgelegte Wege.
Quelle: GD Energie und Verkehr der Europäische Kommission

Die **Beförderungsleistung im Personenverkehr** wird in der Maßeinheit **Personenkilometer (Pkm)** gemessen. Sie berechnet sich durch Multiplikation der Zahl der beförderten Personen mit den von ihnen zurückgelegten Kilometern. Fahren beispielsweise 30 Personen in einem Bus eine Entfernung von 20 km zwischen den Orten A und B, so wird eine Beförderungsleistung von 600 Pkm nachgewiesen.

Die **Beförderungsleistung im Güterverkehr** ist das Produkt aus dem Gewicht der beförderten Gütermenge mit der zurückgelegten Transportstrecke. Die so ermittelte Beförderungsleistung wird in der Maßeinheit **Tonnenkilometer (tkm)** gemessen. Werden in einem Lkw beispielsweise 15 Tonnen (t) Güter über eine Entfernung von 200 km zwischen den Orten A und B befördert, so ergibt dies eine Beförderungsleistung von 3 000 tkm.

Güterbeförderung 2013

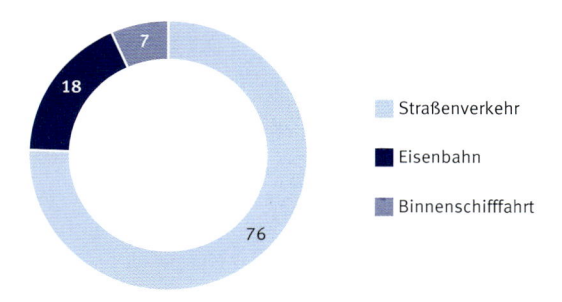

- Straßenverkehr: 76
- Eisenbahn: 18
- Binnenschifffahrt: 7

Nicht berücksichtigt sind im Luftverkehr oder über eine Pipeline transportierte Güter.
Quelle: Verkehrsstatistik, Eurostat

A Internationales

A.26 Gastgewerbe, Tourismus

	Wirtschaftsbereich Gastgewerbe (Beherbergung und Gastronomie) [1]			Hotels, Gasthöfe und Pensionen [2]		
	Unternehmen	Tätige Personen	Bruttowertschöpfung zu Faktorkosten	Beherbergungsbetriebe	Betten	Übernachtungen
	2013			2014		
	Anzahl		Mill. EUR	Anzahl	1 000	
Europa						
Europäische Union	1 827 427	10 398 900	212 348	202 248	13 661	1 738 505
Belgien	48 024	173 885	4 829	1 653	128	19 008
Bulgarien	26 056	137 586	646	2 166	272	19 983
Dänemark	13 676	70 460	2 843	533	90	13 780
Deutschland	**204 068**	**1 898 353**	**31 247**	**33 997**	**1 764**	**263 158**
Estland	2 392	20 806	228	410	32	4 806
Finnland	11 767	68 911	2 066	785	134	15 966
Frankreich	251 444	979 837	35 857	17 336	1 275	201 894
Griechenland	39 491	277 438	2 970	10 123	800	73 952
Irland	15 155 [3]	150 399 [3]	3 034 [3]	2 438	151	23 783
Island	.	.	.	379	25	3 287
Italien	313 207	1 308 564	26 530	33 290	2 241	254 941
Kroatien	17 862	92 105	1 442	909	162	21 004
Lettland	3 492	29 754	208	258	23	3 308
Litauen	5 074	39 353	238	421	28	3 543
Luxemburg	2 839	18 587	655	236	15	1 699
Malta	2 129	17 152	300	149	40	8 533
Niederlande	52 580	403 122	8 728	3 561	252	39 864
Norwegen	10 973	92 781	3 725	1 145	185	20 589
Österreich	46 073	284 340	8 104	12 839	599	85 311
Polen	48 050	233 843	2 022	3 646	293	35 649
Portugal	82 211	265 694	3 136	2 331	310	47 450
Rumänien	24 297	157 697	715	2 500	218	17 317
Russische Föderation	.	.	.	.	.	.
Schweden	30 603	181 608	5 956	2 033	239	31 074
Schweiz	17 302 [4]	211 188 [4]	9 465	5 129	273	35 934
Slowakei	16 260	57 685	480	1 397	92	7 309
Slowenien	10 219	33 726	556	647	45	6 239
Spanien	275 473	1 200 234	23 917	19 563	1 876	295 261
Tschechische Republik	58 866	161 349	1 529	5 833	306	31 687
Türkei	201 767 [5]	608 773 [5]	3 559 [5]	3 125	805	.
Ukraine	.	.	.	.	.	.
Ungarn	29 538	125 081	779	2 123	174	20 072
Vereinigtes Königreich	131 332	1 972 836	42 266	40 272 [6]	2 018 [6]	178 225 [6]
Zypern	5 250	35 185	961	799	85	13 690

Weitere Erläuterungen zu den Indikatoren siehe Tabelle A.20.

1 Quelle: Strukturelle Unternehmensstatistik, Eurostat. Daten beziehen sich auf alle Unternehmen der Wirtschaftsgliederung „Gastgewerbe/Beherbergung und Gastronomie".
2 Quelle: Tourismusstatistik, Eurostat. Teilweise Schätzungen.
3 2012.
4 Daten beziehen sich nur auf Unternehmen mit 2 oder mehr tätigen Personen.
5 2009.
6 2013.

Tourismusintensität 2014
Übernachtungen in Beherbergungsbetrieben [1] je Einwohner/-in

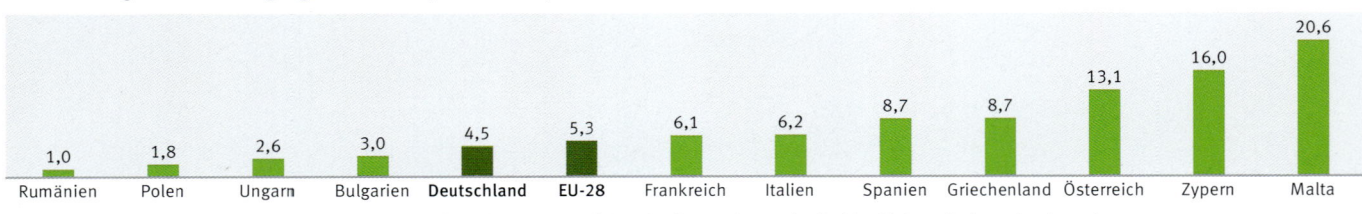

Rumänien	1,0
Polen	1,8
Ungarn	2,6
Bulgarien	3,0
Deutschland	4,5
EU-28	5,3
Frankreich	6,1
Italien	6,2
Spanien	8,7
Griechenland	8,7
Österreich	13,1
Zypern	16,0
Malta	20,6

1 Zu den Beherbergungsbetrieben zählen neben Hotels, Gasthöfen und Pensionen auch Campingplätze, Ferienunterkünfte (einschl. Jugendherbergen) und sonstige tourismusrelevante Unterkünfte (z.B. Schulungsheime).
Quelle: Tourismusstatistik, Eurostat. Teilweise Schätzungen

A Internationales

A.27 Weitere Dienstleistungen

	Unternehmen nach ausgewählten Dienstleistungsbereichen [1]			Tätige Personen nach ausgewählten Dienstleistungsbereichen [1]			Bruttowertschöpfung zu Faktorkosten nach ausgewählten Dienstleistungsbereichen [1]		
	Information und Kommunikation	Grundstücks- und Wohnungs- wesen	Freiberufliche, wissenschaft- liche u. tech- nische Dienst- leistungen	Information und Kommunikation	Grundstücks- und Wohnungs- wesen	Freiberufliche, wissenschaft- liche u. tech- nische Dienst- leistungen	Information und Kommunikation	Grundstücks- und Wohnungs- wesen	Freiberufliche, wissenschaft- liche u. tech- nische Dienst- leistungen
	2013								
	Anzahl						Mill. EUR		
Europa									
Europäische Union	1 017 345	1 304 167	4 041 271	6 076 500	2 742 200	11 713 500	518 743	259 000	625 376
Belgien	30 047	38 577	122 127	126 030	63 615	273 970	13 917	5 119	20 903
Bulgarien	10 017	19 361	37 698	77 225	35 068	93 352	1 700	487	1 059
Dänemark	15 409	27 573	32 348	115 035	35 812	161 217	10 112	8 862	11 213
Deutschland	99 314	205 323	400 049	1 113 159	511 967	2 224 671	107 653	70 380	136 200
Estland	3 827	5 137	10 899	19 925	10 467	26 133	677	554	520
Finnland	9 632	24 172	35 515	90 165	21 572	118 608	7 577	3 945	6 572
Frankreich	138 131	217 678	498 403	798 750	324 440	1 414 381	75 927	37 971	97 237
Griechenland	12 670	5 728	105 002	70 080	8 580	203 457	3 351	383	4 259
Irland	8 020 [2]	8 487 [2]	25 870 [3]	71 743 [3]	23 519 [3]	111 202 [3]	12 499 [2]	847 [2]	6 091 [2]
Island	.	.	.	.	.	.	.	.	.
Italien	95 989	243 564	691 700	542 133	299 097	1 173 842	46 311	17 405	50 841
Kroatien	6 025	4 190	22 398	37 980	10 839	79 904	1 538	388	1 746
Lettland	5 238	11 998	16 739	24 217	28 992	38 802	693	638	508
Litauen	3 397	8 721	19 876	26 404	20 540	53 492	724	432	737
Luxemburg	2 056	3 027	7 674	16 387	3 620	30 186	2 617	802	2 819
Malta	921	1 408	3 015	6 204	1 295	10 332	379	167	468
Niederlande	81 021	27 024	301 740	267 694	78 672	634 378	25 139	15 202	35 727
Norwegen	15 351	46 423	43 123 [4]	90 700	26 972	128 155 [4]	12 528	10 256	14 760 [4]
Österreich	18 042	21 435	63 914	105 286	54 652	236 332	8 844	9 051	13 957
Polen	70 084	41 146	216 385	289 196	171 404	537 684	11 319	3 696	9 826
Portugal	14 507	28 298	110 209	82 744	45 299	211 386	4 862	1 212	4 484
Rumänien	18 270	13 202	53 925	149 874	45 178	197 036	3 745	1 281	2 969
Russische Föderation	.	.	.	.	.	.	.	.	.
Schweden	55 233	59 551	168 169	208 205	81 084	292 194	18 591	18 181	20 434
Schweiz	6 302 [4]	4 118 [4]	23 655 [4]	134 935 [4]	35 493 [4]	270 850 [4]	20 290	5 018	33 186
Slowakei	15 241	8 672	54 662	53 018	20 232	103 983	2 385	2 235	1 903
Slowenien	7 219	2 428	27 450	23 957	4 862	54 744	1 124	250	1 426
Spanien	51 897	115 662	345 604	402 493	174 755	907 671	31 509	13 081	34 350
Tschechische Republik	35 520	47 581	171 258	116 580	61 282	248 281	5 525	2 897	5 668
Türkei [5]	26 881	20 043	130 882	160 108	41 021	354 740	6 857	387	7 257
Ukraine	.	.	.	.	.	.	.	.	.
Ungarn	32 225	30 238	102 863	110 548	64 132	203 322	3 969	1 663	3 322
Vereinigtes Königreich	175 976	83 230	390 182	1 118 448	539 845	2 055 349	113 514	41 839	148 920
Zypern	988	717	5 536	8 978	1 409	20 356	664	52	875

Weitere Erläuterungen zu den Indikatoren siehe Tabelle A.20.

1 Die Einteilung der Wirtschaftsbereiche entspricht der Statistischen Systematik der Wirtschaftszweige in der Europäischen Gemeinschaft (NACE Rev. 2).
2 2012.
3 Vorläufiger Wert.
4 Daten beziehen sich nur auf Unternehmen mit 2 oder mehr tätigen Personen.
5 2009.

Quelle: Strukturelle Unternehmensstatistik, Eurostat

A Internationales

Methodik

■ Datenquellen

Die im Kapitel „Internationales" aufgeführten Statistiken stammen aus zahlreichen amtlichen internationalen Statistikquellen.

Um das Datenspektrum zu erweitern, wurden im Einzelfall auch nicht amtliche Quellen genutzt. Hierzu zählen BP und MEDIA Salles.

In vielen Fällen finden sich methodische Hinweise zu den Daten in den Erläuterungstexten direkt neben der jeweiligen Tabelle. Weitere methodische Hinweise zu den jeweiligen Indikatoren sind den folgenden Originalquellen zu entnehmen.

BP p.l.c.
› www.bp.com/statisticalreview

DWD – Deutscher Wetterdienst
› www.dwd.de

EuroGeographics
› www.eurogeographics.org

Europäisches Parlament – Ergebnisse der Wahlen 2014
› europarl.europa.eu/elections2014-results

Eurostat – Statistisches Amt der Europäischen Union
› ec.europa.eu/eurostat

FAO – Welternährungsorganisation der Vereinten Nationen
› faostat.fao.org

ILO – Internationale Arbeitsorganisation der Vereinten Nationen
› ilo.org/kilm
› ilo.org/ilostat

IMF – Internationaler Währungsfonds
› imf.org/external/data.htm
› data.imf.org

ITU – Internationale Fernmeldeunion, Vereinte Nationen
› itu.int/ITU-D/ict

JRC – Europäische Kommission: Joint Research Centre – EDGAR Datenbank
› edgar.jrc.ec.europa.eu

MEDIA Salles
› www.mediasalles.it

OECD – Organisation für wirtschaftliche Zusammenarbeit und Entwicklung
› stats.oecd.org

UN Comtrade – Außenhandelsdatenbank der Vereinten Nationen
› comtrade.un.org

UNCTAD – Konferenz für Handel und Entwicklung, Vereinte Nationen
› unctadstat.unctad.org

UNESCO – Organisation der Vereinten Nationen für Bildung, Wissenschaft und Kultur
› data.uis.unesco.org

UN DESA – Hauptabteilung Wirtschaftliche und Soziale Angelegenheiten (DESA): Abteilung Bevölkerung, Vereinte Nationen
› www.un.org/esa/population

Weltbank – World Development Indicators
› data.worldbank.org

WHO – Weltgesundheitsorganisation, Global Health Observatory
› www.who.int/gho/en

Hinweise zur Auswahl der Staaten und zur territorialen Abgrenzung im Kapitel „Internationales"

Einseitige Tabellen | Diese enthalten ausschließlich Daten zu europäischen Staaten. Aufgelistet sind alle EU- und EFTA-Staaten (außer Liechtenstein) sowie einige weitere, bevölkerungsreiche europäische Staaten.

Zweiseitige Tabellen | Diese umfassen sämtliche EU-, G20- und OECD-Staaten, die sogenannten BRICS- und Next Eleven Staaten, alle NAFTA- und EFTA-Staaten (außer Liechtenstein) sowie die weltweit 30 bevölkerungsreichsten und 30 wirtschaftlich stärksten Staaten (gemessen am Bruttoinlandsprodukt).

Daten zu allen 193 Mitgliedstaaten der Vereinten Nationen finden Sie in der Übersichtstabelle „Auf einen Blick" (A.0). In dieser Tabelle nicht berücksichtigt sind die zwei Staaten mit UN-Beobachterstatus – der Vatikan und die Palästinensischen Gebiete.

Hinsichtlich der territorialen Abgrenzung der Staaten gilt in der Regel: China ohne Hongkong, Macau und Taiwan. Dänemark ohne Färöer und Grönland. Frankreich einschl. Überseegebiete. Israel ohne Palästinensische Gebiete. Niederlande ohne Überseegebiete. Portugal einschl. Azoren und Madeira. Spanien einschl. Balearen und Kanarische Inseln sowie einschl. Ceuta und Melilla. Zypern nur Republik Zypern (griechischer Teil der Insel). Detaillierte Erläuterungen zur jeweiligen territorialen Abgrenzung sind den entsprechenden Quellen zu entnehmen.

■ Mitgliedstaaten internationaler Organisationen

Europäische Union | Die Europäische Union umfasst derzeit 28 Mitgliedstaaten (EU-28). Zuletzt trat im Jahr 2013 Kroatien der EU bei. In Klammern angegeben ist das Beitrittsjahr zur Europäischen Union bzw. zu einer der Vorgängerorganisationen. Fünf Staaten haben derzeit offiziell den Status eines EU-Beitrittskandidaten: Albanien, die ehemalige jugoslawische Republik Mazedonien, Montenegro, Serbien und die Türkei.

Belgien (1957)
Bulgarien (2007)
Dänemark (1973)
Deutschland (1957)
Estland (2004)
Finnland (1995)
Frankreich (1957)
Griechenland (1981)
Irland (1973)
Italien (1957)
Kroatien (2013)
Lettland (2004)
Litauen (2004)
Luxemburg (1957)
Malta (2004)
Niederlande (1957)
Österreich (1995)
Polen (2004)
Portugal (1986)
Rumänien (2007)
Schweden (1995)
Slowakei (2004)
Slowenien (2004)
Spanien (1986)
Tschechische Republik (2004)
Ungarn (2004)
Vereinigtes Königreich (1973)
Zypern (2004)

A Internationales

Methodik

Eurozone | Die Eurozone (auch Euroraum genannt) umfasst alle Mitgliedstaaten der EU, die den Euro als Landeswährung eingeführt haben. Derzeit besteht die Eurozone aus 19 Mitgliedstaaten. Jüngstes Beitrittsland ist Litauen, das am 1.1.2015 den Euro einführte. Im Folgenden sind sämtliche Mitgliedstaaten der Eurozone aufgelistet. In Klammern angegeben ist jeweils das Jahr der Einführung des Euro-Buchgelds. Die Bargeldeinführung erfolgte bei den Gründungsstaaten erst mit Zeitverzug. Bei den späteren Erweiterungen erfolgte die Buch- und Bargeldeinführung stets zeitgleich.

Belgien (1999)
Deutschland (1999)
Estland (2011)
Finnland (1999)
Frankreich (1999)
Griechenland (2001)
Irland (1999)
Italien (1999)
Lettland (2014)
Litauen (2015)
Luxemburg (1999)
Malta (2008)
Niederlande (1999)
Österreich (1999)
Portugal (1999)
Slowakei (2009)
Slowenien (2007)
Spanien (1999)
Zypern (2008)

Europäische Freihandelsassoziation (EFTA) | Die Europäische Freihandelsassoziation wurde 1960 gegründet. Zielsetzung war die Förderung von Wachstum und Wohlstand ihrer Mitgliedstaaten sowie die Vertiefung des Handels mit anderen westeuropäischen Staaten. Viele ehemalige EFTA-Staaten sind später der Europäischen Union beigetreten. Derzeit umfasst die EFTA noch vier Staaten. In Klammern angegeben ist das Beitrittsjahr.

Island (1970)
Liechtenstein (1991)
Norwegen (1960)
Schweiz (1960)

Mitgliedstaaten der Vereinten Nationen | Derzeit umfassen die Vereinten Nationen insgesamt 193 Staaten. Eine Auflistung dieser Staaten finden Sie nach Kontinenten gegliedert in der Tabelle A.0.

Organisation für wirtschaftliche Zusammenarbeit und Entwicklung (OECD) | Die OECD ist ein Zusammenschluss von Industrienationen, der die Förderung von Wohlstand und wirtschaftlichem Wachstum zum Ziel hat. Die Organisation entstand 1961 aus der Organisation für Europäische Wirtschaftliche Zusammenarbeit. Die 35 Mitgliedstaaten sind den Prinzipien der Demokratie und der Marktwirtschaft verpflichtet. Am 1. Juli 2016 ist zuletzt Lettland der OECD beigetreten. Mit Costa Rica, Litauen und Kolumbien werden derzeit Beitrittsgespräche geführt. Aufgelistet sind die derzeitigen Mitgliedstaaten unter Angabe des jeweiligen Beitrittsjahres.

Australien (1971)
Belgien (1961)
Chile (2010)
Dänemark (1961)
Deutschland (1961)
Estland (2010)
Finnland (1969)
Frankreich (1961)
Griechenland (1961)
Island (1961)
Irland (1961)
Israel (2010)
Italien (1962)
Japan (1964)
Kanada (1961)
Korea, Republik (1996)
Lettland (2016)
Luxemburg (1961)
Mexiko (1994)
Neuseeland (1973)
Niederlande (1961)
Norwegen (1961)
Österreich (1961)
Polen (1996)
Portugal (1961)
Schweden (1961)
Schweiz (1961)
Slowakei (2000)
Slowenien (2010)
Spanien (1961)
Tschechische Republik (1995)
Türkei (1961)
Ungarn (1996)
Vereinigtes Königreich (1961)
Vereinigte Staaten (1961)

G20-Staaten | Die G20 ist ein seit 1999 bestehender Zusammenschluss von 19 Staaten und der Europäischen Union und gilt als Gruppe der führenden Industrie- und Schwellenländer. Bei den jährlichen Gipfeltreffen wird über wirtschaftliche Zusammenarbeit, Finanzmarktregulierung und wirtschaftliche Reformen diskutiert.

Argentinien
Australien
Brasilien
China
Deutschland
Europäische Union
Frankreich
Indien
Indonesien
Italien
Japan
Kanada
Korea, Republik
Mexiko
Russische Föderation
Saudi-Arabien
Südafrika
Türkei
Vereinigtes Königreich
Vereinigte Staaten

BRICS, Next Eleven | Zu den BRICS-Staaten, einer Vereinigung von fünf aufstrebenden Volkswirtschaften, zählen Brasilien, die Russische Föderation, Indien, China und Südafrika. Der Begriff BRICS setzt sich aus den Anfangsbuchstaben der Länder-namen zusammen und geht auf eine Abhandlung des Volkswirts Jim O'Neill zurück. 2005 identifizierte O'Neill eine weitere Gruppe aufstrebender Staaten und bezeichnete diese als Next Eleven (N11). Die N11-Staaten umfassen Ägypten, Bangladesch, Indonesien, Iran, Mexiko, Nigeria, Pakistan, Philippinen, Korea (Republik), Türkei und Vietnam.

A   Internationales

Mehr zum Thema

Liebe Leserin, lieber Leser,
ein Thema in diesem Kapitel spricht Sie besonders an oder Sie benötigen weitere Informationen? Auf dieser Seite nennen wir Ihnen weitere Veröffentlichungen unseres Hauses zum Thema „Internationales". Ausführliche Informationen zu den Produktkategorien sowie dem Informationsangebot des Statistischen Bundesamtes finden Sie auf Seite 8 dieser Ausgabe.

Web-Angebote
www.destatis.de ist Ihre erste Adresse in Sachen Statistik. Hier finden Sie alle Informationen, die das Statistische Bundesamt veröffentlicht, tagesaktuell. Unsere Veröffentlichungen können Sie direkt über unsere Website *www.destatis.de/publikationen* downloaden.

Unter *www.destatis.de/international* gelangen Sie direkt zum Angebot der internationalen Statistik.

Unter *www.destatis.de/europa* finden Sie statistische Informationen zu den Mitgliedstaaten der Europäischen Union.

GENESIS-Online
Unter *www.destatis.de/genesis* bietet die Haupt-Datenbank des Statistischen Bundesamtes eine Auswahl an internationalen Schlüsselindikatoren in Form von Zeitreihen an. Diese Indikatoren stammen aus unterschiedlichen Quellen der internationalen amtlichen Statistik (z. B. Weltbank, Internationaler Währungsfonds, Weltgesundheitsorganisation). Daten zur *Internationalen Statistik* finden Sie unter dem Menüpunkt › Themen, Code 9 (Nationale und internationale Indikatorensysteme) und dort unter dem Code 999.

Weitere Veröffentlichungen

Auf einen Blick
- Europa 2020, die Zukunftsstrategie der EU (2013)
- G7 in Zahlen – Gipfel der G7-Staaten in Elmau (2015)
- Arbeitsmarkt auf einen Blick – Deutschland und Europa (2016)
- Ältere Menschen in Deutschland und der Europäischen Union (2016)

Statistische Länderprofile
- Statistische Länderprofile zu allen G20-Staaten

Sachregister

Aus Gründen der Übersichtlichkeit sind nur die Seiten angegeben, auf denen innerhalb eines Abschnitts das Stichwort zum ersten Mal erscheint. Es empfiehlt sich daher, auch die nachfolgenden Seiten auf weitere Angaben zu diesem Stichwort durchzusehen. Die *kursiv* gesetzten Seitenzahlen beziehen sich auf den Anhang „Internationales".

A

Abfälle, Abfallwirtschaft
    Abfallbilanz 455
    Abfallmenge 455
    Investitionen 446
    laufende Aufwendungen 447
    Recyclingquote 455
    Umsatz 448
    Verwertungsquote 455

Abgeordnete (Sitze)
    Deutscher Bundestag 291
    Europäisches Parlament 291
    Länderparlamente 297

Abgeurteilte 312

Abschreibungen 269, 321, 459

Abtreibungen *siehe* Schwangerschaftsabbrüche

Abwasser
    Entsorgung 451
    Klärschlammentsorgung 452

Adoptionen 43, 62

AFBG (Aufstiegsfortbildungsförderungsgesetz) 98

Alkohol 177
    Alkoholrausch (akute Intoxikation) 121
    Steuern 271
    Straßenverkehrsunfälle 600

Alleinerziehende 52

Alleinstehende 52

Ältere Erwerbstätige 359

Amtsvormundschaft 242

Anlagevermögen 269, 330

Aquakultur 496

Äquivalenzeinkommen 179, *647*

Arbeitnehmer/-innen siehe Beschäftigte 348

Arbeitskosten 385, *662*

Arbeitslose
    Arbeitslosenquote 366
    Personengruppen 365

Arbeitslosengeld 347
    Einnahmen der privaten Haushalte 168
    nach SGB II 236
    nach SGB III 231

Arbeitslosenversicherung 228
    Arbeitslosengeld nach SGB III 231
    Ausgaben, Einnahmen 231, *650*
    Kurzarbeit 231

Arbeitsproduktivität 325

Arbeitsstunden 324, 459
    bezahlte Wochenarbeitszeit 378
    geleistete 352, 566

Archive, staatliche 199

Armutsgefährdung
    Äquivalenzeinkommen 179, *647*
    Armutsgefährdungsgrenze 180, *647*
    Armutsgefährdungsquote 179, *647*

Ärzte/Ärztinnen *644*

Asyl 42, 236

Asylbewerberleistungen 236

Atypisch Beschäftigte 347, 354

Auftragsbestand
    Verarbeitendes Gewerbe 543

Auftragsbestandsindex (Baugewerbe) 565

Auftragseingangsindex
    Baugewerbe 565
    Verarbeitendes Gewerbe 537

Aufwendungen
    Forschung und Entwicklung 104
    Handel 581
    Umweltschutz 447

Ausbildung
    Ausbildungsberichterstattung 82
    Auszubildende 77, 89
    Berufe 90
    Berufsausbildung 82
    schulische Ausbildung 78

Ausfuhrpreise 393

Ausgaben
    an übrige Welt 335
    Bildung 100, *640*
    der privaten Haushalte 168, 205
    des Staates 333
    Forschung und Wissenschaft 100
    Gesundheitswesen 140, *644*
    Hochschulen 101
    Kinder- und Jugendhilfe 242
    Kultur 195, 206
    öffentliche Ausgaben 258, *651*
    Sozialhilfe 234
    Sozialleistungen 228, *650*
    Sozialversicherungen 228

Ausländische Bevölkerung 26, 41
    allgemeinbildende Schulen 84
    Arbeitslose 365
    Asyl 42, 236
    Bevölkerungsstand 26
    Eheschließungen 53
    Geborene 35
    Gestorbene 40
    Herkunftsländer 41
    Kindergeld 62
    sozialversicherungspflichtig Beschäftigte 362
    Studierende 92

Sachregister

Ausländische Bevölkerung 26, 41
   Tourismus 609
   Verurteilte 312
   vorläufige Schutzmaßnahmen für Kinder und Jugendliche 241
   Wanderungen 44

Außenbeitrag 321, *656*

Außenhandel 415
   Ausfuhr, Einfuhr 434, *666*
   Ausfuhr-, Einfuhrpreise 393
   Außenhandelsbilanz *666*
   Einnahmen und Ausgaben an, aus übrige(r) Welt 335
   EU-Handel 419
   Export, Import 415
   Handelspartner 415
   Handelswaren 419

Ausstattung der privaten Haushalte 167, 172

Auszubildende 77, 89

B

BAföG (Bundesausbildungsförderungsgesetz) 98

Baugenehmigungen, -fertigstellungen 570, *678*

Bau- und Immobilienpreise 402

Beamte/Beamtinnen 360
   Besoldung 384
   Bruttostundenverdienste 377

Beförderungen (Verkehr)
   Güter 592, *681*
   Personen 589

Beherbergung, Gaststätten siehe auch Tourismus
   Ausgaben der privaten Haushalte 168
   Verbraucherpreise 404

Behinderte Menschen
   Eingliederungshilfe bei seelischer Behinderung 240
   Eingliederungshilfe für behinderte Menschen 235
   Paralympische Spiele 217
   schwerbehinderte Menschen 124, 364
   Schwerbehindertenquote 125

Bekleidung und Schuhe
   Ausgaben der privaten Haushalte 168
   Produktion 544
   Verbraucherpreise 404

Berge 14

Berufe
   Ausbildungsberufe 89
   freie 273, 355
   sozialversicherungspflichtig Beschäftigte 362

Beschäftigte 348
   atypisch Beschäftigte 347, 354
   ausländische 362
   Baugewerbe 566, *678*
   befristet Beschäftigte 354
   Computer- und Internetnutzung 524
   Energie *676*
   Gastgewerbe und Tourismus 610, *682*
   geringfügig Beschäftigte 354, 362, 380

Beschäftigte 348
   Handel 577
   Handwerksunternehmen 525
   Landwirtschaft 480
   Mindestlöhne 384
   Normalarbeitnehmer/-innen 347, 354
   öffentlicher Dienst 360
   Produzierendes Gewerbe und Dienstleistungen 507
   sozialversicherungspflichtig Beschäftigte 362, 527
   Tarifverdienste 385
   Teilzeitbeschäftigte 354, 360, 363, 380, 610
   Transport und Verkehr 588, *680*
   Unternehmensinsolvenzen 519
   Verarbeitendes Gewerbe 538, *675*
   Verdienste 377
   Vollzeitbeschäftigte 360, 363, 380, 610
   weitere Dienstleistungen 621
   Zeitarbeit 354

Betriebe
   Baugewerbe 566
   Betriebsaufgaben, -gründungen 515
   Energieverwendung (Verarbeitendes Gewerbe) 559
   Forstwirtschaft 484
   Gastgewerbe und Tourismus 611
   Landwirtschaft 477
   Verarbeitendes Gewerbe 538

Bevölkerung 14, 25
   Alter, Altersgruppen 25, 32
   ausländische 26
   Bevölkerungsdichte 26
   Bevölkerungsentwicklung 26, *638*
   Bevölkerungsstand 26, *638*
   Bildungsstand 78
   Erwerbsbeteiligung 324, 347
   gesundheitliche Lage 120
   Kinder 58
   Migration 41
   Privathaushalte 50
   Religionszugehörigkeit 64
   überwiegender Lebensunterhalt 347
   Vorausberechnung 49

Bibliotheken 198

Bildung, Bildungswesen
   Ausbildung 82
   Ausgaben der privaten Haushalte 168
   Auszubildende 77, 89
   Benchmarks, nationale 77
   Bildungsbeteiligung 77, 82
   Budget 100
   Hochschulen 91
   Schulen 83
   Studium 82
   Verbraucherpreise 404
   Weiterbildung, berufliche 96

Bildungsabschlüsse
   allgemeiner Schulabschluss 78

Bodensanierung
   Investitionen 446
   laufende Aufwendungen 447

Bruteier 493

Sachregister

Bruttobetriebsüberschuss
    Gastgewerbe und Tourismus 610
    Handel 579
    Produzierendes Gewerbe und Dienstleistungen 510
    Transport und Verkehr 588

Bruttoinlandsprodukt 321, 327, 338, 465, *654*

Bruttonationaleinkommen 322

Bruttowertschöpfung 321, *674*
    Baugewerbe *678*
    Energie *676*
    Gastgewerbe und Tourismus 610, *682*
    Handel 577
    Landwirtschaft *656*
    Produzierendes Gewerbe und Dienstleistungen 507, *656*
    Transport und Verkehr 588, *680*
    Verarbeitendes Gewerbe *675*
    weitere Dienstleistungen 621

Buchproduktion 198

Bundesfreiwilligendienst 212

Bundeskanzler/-in 291

Bundesrat 298

Bundesregierung 298

Bundestag, Deutscher 291
    Bundestagswahlen 292

Bundesverfassungsgericht 308

Bus- und Bahnverkehr 589

C

Chöre 201

Computer
    Ausstattung der privaten Haushalte 167, 172

D

Defizitquote 325

Demografie
    Bevölkerungsvorausberechnung 49
    Geborene und Gestorbene 33
    Lebenserwartung 39, *638*
    Migration 41
    Wanderungen 44

Deprivationsindikatoren 178

Direktinvestitionen 434

Düngemittel 483

E

E-Commerce 523

Ehe
    Ehelösungen, -scheidungen 54
    Eheschließungen 53
    Familienstand, bisheriger 53
    Heiratsalter, durchschnittliches 53
    Heiratsziffern Lediger 53

Eiererzeugung 494

Eigentümerhaushalte *646*

Einbürgerungen 43

Einfuhrpreise 393

Einkommen
    Bruttonationaleinkommen 322
    der privaten Haushalte 167
    Primäreinkommen 332
    verfügbares 324, 334
    Zurechtkommen mit dem Einkommen 178
    zu versteuerndes 272

Einkommensteuer 257, 271
    Ausgaben der privaten Haushalte 168
    Besteuerungsgrundlagen 272
    Einkommensteuerpflichtige 273

Einnahmen
    aus übriger Welt 335
    der privaten Haushalte 168
    des Staates 333
    Kinder- und Jugendhilfe 242
    öffentliche Einnahmen 258, *652*
    Sozialversicherungen 230
    Steuern 257, 271, *650*
    umweltbezogener Steuern und Gebühren 465

Eisenbahnverkehr *680*
    Eisenbahn-Infrastruktur 598
    Güterverkehr 592
    kombinierter Verkehr 592
    Personenfernverkehr 589

Elektrizitätserzeugung 556

Elterngeld 62, 228

Emissionen 459, *670*

Energie 459
    Bruttostromerzeugung 555
    Elektrizitätserzeugung 556
    Energiepreise 394
    Energiesteuer 257, 271, 465
    Energieverwendung (Verarbeitendes Gewerbe) 559
    erneuerbare Energien 555
    Erzeugerpreise 399
    Primärenergieverbrauch 460, 465, *676*
    Strom- und Wärmeerzeugung 557
    Verwendung von Energieträgern 461

Engagement, bürgerschaftliches 212

Engpassleistung (Energie) 556

Entwicklungsländer, -zusammenarbeit 436

Erbschaftsteuer 271, 277

Erneuerbare Energien 555

Ersparnis 334
    Sparquote 325

Erwerbsbeteiligung 324, 347
    Erwerbsquote 325, *660*
    überwiegender Lebensunterhalt 350

Erwerbsformen 347
    atypische 354

Sachregister

Erwerbslose 347
   Erwerbslosenquote 325, 357, *660*
   Langzeiterwerbslose 365

Erwerbspersonen 347, *658*

Erwerbstätige 347
   Ältere Erwerbstätige 359
   Arbeitsproduktivität 325
   Erwerbstätigenquote 356
   Kapitalintensität, -produktivität 329
   Produzierendes Gewerbe und Dienstleistungen *660*
   Wirtschaftsbereiche 350

Erzeugerpreise 393, *662*
   Dienstleistungen 400
   forstwirtschaftlicher Produkte 398
   gewerblicher Produkte 399

Europäisches Parlament 291
   Europawahlen 296

Exporte 335, 415, 434, *666*
   Ausfuhrpreise 393
   Export-Performance-Index 424
   Exportquote 424, 538, *666*

F

Fachgerichte 310

Fahrgäste 589

Fahrverbote 313

Familien 52
   Ausgaben (Sozialleistungen) *650*
   Familienformen 58
   Migrationshintergrund 58

Familiengerichte 308

Familienstand
   Bevölkerung 33
   Gestorbene 40
   Privathaushalte 51
   vor Eheschließung 54

Feldfrüchte
   (Anbau, Ernte) 485

Fernsehen
   ARD und Landesrundfunkanstalten 210
   Durchschnittliche Sehdauer 211
   Marktanteile der Sender 210
   ZDF 210

Fernseher 172

Filmwirtschaft 209

Finanzierungssaldo 257, *650*

Flächen 14, 26
   Arten 476
   Bodenfläche 14, 26, 476, *636*, *672*
   Naturschutzfläche 18
   Siedlungs- und Verkehrsfläche 14, 465, 476
   Waldfläche 484, *672*
   Wohnfläche 569

Fluggäste 590

Flugplätze 16, 590

Flugzeuge 598

Flüsse, schiffbare 15

Flüssiggas 558

Forschung und Wissenschaft
   Aufwendungen 104
   Ausgaben 100, *640*
   Personal 103

Fortbildung (Handel, Handwerk) 97

Freiberufler/-innen 273, 355

Früchte 488

G

Gase 558

Gebietskörperschaften
   Ausgaben, Einnahmen 260
   Finanzierungssaldo 257
   Schulden 265

Geborene
   Alter der Mutter 35
   häufigste Vornamen 37
   Krankenhausentbindungen 134
   Lebendgeborene 33
   Staatsangehörigkeit der Eltern 37

Gebrauchsgüter der privaten Haushalte 172
   Erzeugerpreise 399
   Produktion 547
   Verbraucherpreise 404

Geburtenziffern 35, *638*

Gefährdung des Kindeswohls 240

Gefährdungseinschätzung 240

Gefangene
   Art der Strafe 315

Gefängnisse siehe Justizvollzugsanstalten 315

Geflügel 479, 493

Gehalt siehe Verdienste 322

Gemeinden 29

Gemüse (Anbau, Ernte) 475, 487

Gerichte 308

Gestorbene 33
   Altersgruppen 40
   Familienstand 40
   Säuglinge 34, 128
   Todesursachen 119, 128
   Totgeborene 33

Gesundheitliche Lage der Bevölkerung 120

Gesundheitsversorgung
   Krankenhäuser 132
   Personal 135
   Vorsorge- oder Rehabilitationseinrichtungen 133

Sachregister

Gesundheitswesen
  Ausgaben 140, *644*
  Einrichtungen 132, 140
  Leistungsarten 140
  Patienten/Patientinnen 120
  Personal 119
  Sozialversicherungen 140, 228

Gewässer 15

Gewässerschutz
  Investitionen 446
  laufende Aufwendungen 447
  Umsatz 448

Gewerbeanzeigen 515

Gewerbesteuer 257, 271

Gleichgeschlechtliche Lebensgemeinschaften 52
  eingetragene Lebenspartnerschaften 57

Goethe-Institut 205

Grenzlängen 14

Großhandel 577
  Großhandelsverkaufspreise 393, 401

Grunderwerbsteuer 271

Grundsicherung für Arbeitsuchende 228
  Bedarfsgemeinschaften, Zahlungsansprüche 236

Grundsteuer A, B 271

Güterbeförderung, -umschlag (Binnenschifffahrt) 593

Güterbilanz 336
  Informations- und Kommunikationstechnologien 337

Güterverkehr 587

H

Häfen 594

Handelspartner 415

Handelswaren 419

Handwerk
  Fortbildungs- und Meisterprüfungen 97
  Unternehmen 525

Hauptstädte *636*

Haushalte 156
  Einheitswert 156
  Haus- und Grundbesitz 156
  Hypothekenrestschuld 156
  Restschuld 156

Haushalte, öffentliche *siehe öffentlicher Gesamthaushalt*

Haushalte, private *siehe Privathaushalte*

Heirat *siehe Ehe*

Hochschulen
  Absolventen/Absolventinnen 93
  Arten 91
  Ausgaben 101
  Betreuungsrelation 93
  monetäre Kennzahlen 102

Hochschulen
  Personal 93
  Promovierende 93
  Prüfungen 93
  Studierende 77, 91

Holzeinschlag 484

Hörfunk 211

I

Importe 335, 415, 434, *666*
  Einfuhrpreise 393
  Importabhängigkeitsquote 424
  Importquote 424

Inflationsrate 404, *665*

Informations- und Kommunikationstechnologien
  Ausstattung der privaten Haushalte 172
  E-Commerce 523
  Unternehmen 521

Infrastruktur 16, 597

Inseln 17

Insolvenzen
  Insolvenzhäufigkeit von Unternehmen 520
  Unternehmensinsolvenzen 518
  Verbraucherinsolvenzen 181

Internet
  mobile Nutzung 207
  private Einkäufe und Bestellungen 209
  private Nutzung 207, *648*

Investitionen
  Bruttoanlageinvestitionen 321, 328
  Bruttoinvestitionen 321, 328, 508, 539, 578, 588, 610, *656*
  Direktinvestitionen 434
  Umweltschutz 446

J

Jahresabschlüsse 268

Jugendliche
  Adoptionen 62
  Kinder- und Jugendhilfe 238
  Verurteilte 312

Jugendstrafrecht 313

Justizvollzug
  Arten des Vollzugs 315
  Justizvollzugsanstalten 315
  Strafgefangene 315, *653*

K

Kanäle 15

Kapitalbilanz 434, *668*

Kapitalgesellschaften 274, 332

Kfz-Handel 577

Sachregister

Kinder
Adoptionen 62
Ausgaben (Sozialleistungen) *650*
Elterngeld 62
Erwerbsbeteiligung der Eltern 59
Familienform 58
Kindergeld 62, 168, 228
Kinder- und Jugendhilfe 238
Sterbeziffern *644*
Tagesbetreuung 59
überwiegender Lebensunterhalt der Eltern 59

Kindergeld 62, 228
Einnahmen der privaten Haushalte 168

Kindertagesbetreuung
Betreuungsquote, -umfang 60
Einrichtungsarten 59
Personal 59

Kinder- und Jugendhilfe 228
Ausgaben und Einnahmen der Träger 242
Eingliederungshilfe bei seelischer Behinderung 240
Einrichtungen 243
Gefährdungseinschätzung 240
Hilfen zur Erziehung 238
sozialpädagogische Familienhilfe 239
Tätige Personen 243
vorläufige Schutzmaßnahmen 241

Kino 209, *648*

Kirchen 64
Kirchensteuer 64
Seelsorge 213

Kirchensteuer 64
Ausgaben der privaten Haushalte 168

Klärgas 558

Klima 18, *636*
Investitionen für Klimaschutz 446
klimawirksame Stoffe 456
laufende Aufwendungen für Klimaschutz 447
Umsatz für Klimaschutz 448

KMU 512

Konsumausgaben
der privaten Haushalte 170, *656*
des Staates 321, 332, *656*

Körperschaftsteuer 257, 271

Kraftfahrzeugsteuer 271, 465

Krankenhäuser 132
Behandlungen 133
Betten, Bettenauslastung 132, *644*
Fachabteilungen 133
Kostenstruktur 142
Patienten/Patientinnen 120
Personal 135
Verweildauer der Patienten/Patientinnen 132

Krankenversicherungen 227

Krankenversicherung, gesetzliche
Arten 230
Ausgaben, Einnahmen 230
Versicherte 230

Krankheiten 120, *644*

Kreise 29

Kriegsopferfürsorge 237

Kriminalität *siehe Straftaten*

Küken, geschlüpfte 493

Kultur
Ausgaben der privaten Haushalte 168, 205
öffentliche Ausgaben 195, 206, 263
Verbraucherpreise 404

Künstlersozialkasse 201

Kurzarbeit 231

L

Länderfinanzausgleich 259

Länderregierungen 298

Landessportbünde 213

Landtage 298
Landtagswahlen 297

Landwirtschaftlich genutzte Fläche 477

Landwirtschaftsfläche 476

Langzeiterwerbslose 365

Lärmbekämpfung 447
Investitionen 446
laufende Aufwendungen 447
Umsatz 448

Lebenserwartung 39, *638*

Lebensformen 52

Lebensgemeinschaften 52

Lebensunterhalt, überwiegender
der Eltern minderjähriger Kinder 59

Lebensunterhalt, überwiegender Bevölkerung 347

Lehrkräfte
allgemeinbildende Schulen 83
berufliche Schulen 87
Musikschulen 200

Leistungsbilanz 433, *668*

Lohn *siehe Verdienste*

Lohnsteuer 257, 271

Luftreinhaltung 447
Investitionen 446
laufende Aufwendungen 447
Umsatz 448

Luftverkehr 589

M

Material- und Energieflüsse 445, 459

Sachregister

Medien
  Fernsehen 210
  Hörfunk 211
  Internet 172, 207, *648*

Mieterhaushalte *646*

Mietwohnungen
  Bruttokaltmiete 153

Migration
  Bevölkerung 41

Migrationshintergrund
  Bildungsstand 78
  erzieherische Hilfen 239
  Familien 58

Mindestlöhne 384

Mindestsicherungsquote 227, 234

Mobiltelefone 172, *648*
  Produktion 547

Museen 196

Musikschulen
  Lehrkräfte 200
  Schüler/-innen 199

N

Nachhaltigkeit 465

Nahrungsmittelpreise 395, *664*

Nahrungs- und Genussmittel
  Ausgaben der privaten Haushalte 170, *647*
  Erzeugerpreise 399
  Handelswaren 422
  Nahrungsmittelpreise 395
  pflanzliche und tierische Erzeugnisse 177
  Produktion 544
  Tiefkühlkost 177
  Verbrauch 177
  Verbraucherpreise 404, *664*

Naturparke 18

Naturschutz
  Flächen, Gebiete 18
  Investitionen 446
  laufende Aufwendungen 447
  Waldschäden 464

Nettokapitalanlagen 435

Nichterwerbspersonen 347

Normalarbeitnehmer/-innen 347

O

Obst (Ernte) 489

Öffentliche Finanzen *siehe öffentlicher Gesamthaushalt*

Öffentlicher Dienst 227
  Beschäftigte, Personal 360, 384
  unmittelbarer und mittelbarer 233
  Verdienste, Besoldung 360, 385
  Versorgungssystem 233

Öffentlicher Gesamthaushalt
  Ausgaben, Einnahmen 258
  Finanzierungssalden der Körperschaften 257
  Kassenergebnis 261
  Nettoausgaben 264
  Schulden 257, 264, *650*
  Steuereinnahmen 258, 261, 465, *650*

Ökologischer Landbau 482, *672*

Ökologische Viehhaltung 482

Operationen 123

P

Pachtflächen, -entgelte 481

Parlamente
  Deutscher Bundestag 291
  Europäisches Parlament 291
  Frauenanteile an den Mandaten 654
  Länderparlamente 297

Parteien 291, 297

Patente
  Bundespatentgerichte 309

Patienten/Patientinnen
  Krankenhäuser 120
  Verweildauer in Krankenhäusern 132
  Vorsorge- oder Rehabilitationseinrichtungen 122, 133

Pensionen 228
  Einnahmen der privaten Haushalte 168

Personal
  Forschung und Wissenschaft 103, *640*
  Gesundheitsversorgung 135
  Gesundheitswesen 119
  Hochschulen 93
  Kindertagesbetreuung 59
  öffentlicher Dienst 360, 385
  Pflegedienste, -heime 137

Personalaufwendungen
  Gastgewerbe und Tourismus 610
  Handel 579
  Produzierendes Gewerbe und Dienstleistungen 510
  Transport und Verkehr 588

Personenverkehr 587, *680*

Pflanzen 478, 486

Pflegebedürftige 126
  Eingeschränkte Alltagskompetenz 126
  Hilfe zur Pflege 235
  Pflegequote 126
  Versorgung durch Angehörige 126
  Versorgung durch Pflegedienste 126
  Versorgung in Heimen 126
  Vorausberechnung 126

Pflegedienste, -heime 137

Pflegeversicherung, soziale 126, 228
  Ausgaben, Einnahmen 231
  Versicherte 231

Sachregister

Pkw
    Ausstattung der privaten Haushalte 172
    Bestand, Neuzulassungen 598
    Personenverkehr 589
    Produktion 548
    Straßenverkehrsunfälle 600

Preisniveauvergleich *664*

Primäreinkommen 332

Primärenergieverbrauch 460, 465, *676*

Privathaushalte
    Altersgruppen, Familienstand 51
    Ausgaben, Einnahmen 168
    Ausstattung mit Gebrauchsgütern 167, 172
    Baugenehmigungen, -fertigstellungen 570
    Computer *648*
    Deprivationsindikatoren 178
    Einkommen 167
    Emissionen 462
    finanzielle Kapazitäten 178
    Haushaltsgröße 50, *646*
    Internet 207, 648
    Konsumausgaben 170, 206, *656*
    Primärenergieverbrauch 460
    verfügbares Einkommen, Ersparnis 334
    Wohngeld 153, 168
    Wohnsituation 158

Produktion ausgewählter Erzeugnisse 544

Produktionsindex
    Baugewerbe 565, *676*
    Verarbeitendes Gewerbe 542, *675*

Produktionswerte
    Gastgewerbe und Tourismus 610
    Handel 579
    Produzierendes Gewerbe und Dienstleistungen 510
    Transport und Verkehr 588
    Vorleistungen 332

Professoren/Professorinnen 95

Promovierende 107

Prüfungen
    Fortbildungs- und Meisterprüfungen 97
    Hochschulen 93

R

Rauchen 177
    Tabaksteuer 257, 271

Reallohnindex 378

Recyclingquote 455

Regierungen, Bundes- und Länder- 298

Regierungsbezirke 29

Rehabilitationseinrichtungen *siehe Vorsorge- oder Rehabilitationseinrichtungen*

Reisegebiete 609

Religionszugehörigkeit
    Jüdische Gemeinden 64
    Kirchen, evangelische und katholische 64

Renten 229
    der gesetzlichen Unfallversicherung 232
    Einnahmen der privaten Haushalte 168
    Rentenzahlbeträge, monatliche 229

Rentenversicherung, gesetzliche 227
    allgemeine und knappschaftliche 229
    Einnahmen, Ausgaben, Vermögen 230
    monatliche Rentenzahlbeträge 229

Richter/-innen 359

Rinder 479, 492

Rohertragsquote (Handel) 578

Rohstoffe 459

S

Säuglinge 33
    gestorbene 34, 128

Schadstoffe 456

Schafe 493

Scheidungen 54
    Ehedauer 55
    Scheidungsziffer 56

Schienen-Infrastruktur 16, 597

Schiffe 598

Schifffahrt
    Binnenschifffahrt 591
    Häfen 594
    schiffbare Flüsse 15
    Schifffahrtskanäle 15

Schlachtungen 494

Schulden
    Arten der öffentlichen Schulden 265
    Bruttoschuldenstände *651*
    öffentlicher Gesamthaushalt *652*
    öffentliche Schulden 257, 264
    Überschuldung privater Haushalte 181

Schulen
    Abschlüsse 78
    allgemeinbildende Schulen 83
    Arten 83, 87
    Ausgaben 99
    berufliche Schulen 87
    Besuch nach Abschluss der Eltern 81
    Förderschulen 86
    Lehrkräfte 83, 87
    Musikschulen 200
    Schüler/-innen 84
    Volkshochschulen 97

Schüler/-innen 77
    allgemeinbildende Schulen 84, 107
    Ausgaben je Schüler/-in 99
    berufliche Schulen 88
    Förderschwerpunkte 86
    je Lehrkraft *640*
    Musikschulen 199
    sonderpädagogischer Förderbedarf 86

Sachregister

Schwangerschaften
  Abbrüche 127
  Krankenhausentbindungen 134

Schweine 479, 492

Schwerbehinderte Menschen 124
  Arbeitslose 365
  Schwerbehindertenquote 125

Seelsorge 213

Seen, natürliche und Stauseen 16

Seeverkehr 590
  Containerseeverkehr 596
  Häfen 596

Selbstständige 347
  Selbstständigenquote *660*

Sozialbudget 227

Sozialgeld
  Einnahmen der privaten Haushalte 168

Sozialhilfe 228
  Ausgaben 234

Sozialleistungen 228
  Asylbewerberleistungen 236
  Ausgaben 228, *650*
  Grundsicherung für Arbeitsuchende 236
  Kinder- und Jugendhilfe 238
  Kriegsopferfürsorge 237
  Sozialhilfe 234
  Sozialleistungsquote 227
  Sozialversicherungen 140, 228, 360
  Versorgungssystem des öffentlichen Dienstes 233

Sozialversicherungen 140, 228, 360

Sparquote 325

Sport
  Abzeichen 215
  Arten 215
  Mitgliedschaften 214
  Olympische Spiele 216
  Paralympische Spiele 216
  Spitzenverbände 214

Staatsangehörigkeit
  Adoptionen 43, 63
  ausländische Bevölkerung 41
  Erwerb der deutschen Staatsangehörigkeit 43

Städte 29
  Hauptstädte *636*
  Städtetourismus 613

Sterbefälle von Müttern bei der Geburt *644*

Sterbeziffern 40, *644*

Steuern
  Arten 64, 257, 271, 465
  Einnahmen 258, 271, 465, *652*
  Steueraufkommen 257, 271

Stiftungen 212

Stipendiaten 98

Strafen- Strafverfolgung
  Abgeurteilte, Verurteilte 312
  Strafrecht 313
  Straftaten im Straßenverkehr 314

Strafgerichte 309

Straftaten 309
  Aufklärungsquote 311
  Straßenverkehr 314
  Umwelt 458

Strafverfahren 312

Straßen 16

Straßenverkehr
  Fahrverbote 313
  Getötete 587, 600
  Straftaten, Verurteilte 314
  Straßen des überörtlichen Verkehrs 597
  Verunglückte, Unfälle 599

Strom
  Bruttostromerzeugung, -verbrauch 555
  Stromsteuer 465
  Strom- und Wärmeerzeugung 557

Studierende 77, 91
  ausländische Studierende, deutsche Studierende im Ausland 92
  Studienbereiche 92

T

Tabaksteuer 257, 271

Tarifverdienste 382

Tätige Personen siehe Beschäftigte

Tatverdächtige 311

Teilzeitbeschäftigte 354, 363
  Bruttoverdienste 380
  Gastgewerbe, Handel 610
  öffentlicher Dienst 360

Theater 196

Tiere *673*
  Arten 479, 492
  Ausgaben der privaten Haushalte 170
  Nahrungsmittelpreise 395
  Schlachtungen 494, *672*
  Viehbestand (ökologischer Landbau) 482
  Viehhaltung 479

Todesursachen 130
  häufigste 119
  Säuglinge 128

Tourismus
  Ankünfte, Übernachtungen 612
  Betriebe, Schlafgelegenheiten, Kapazitätsauslastungen 611
  Städtetourismus 613
  Tourismusintensität 612
  Übernachtungen ausländischer Gäste 609

Treibhausgasemissionen 462, *670*

Sachregister

U

Überschuldung privater Personen 181

Umsatz 566
    Gastgewerbe und Tourismus 610
    Handel 577
    Handwerksunternehmen 525
    Produzierendes Gewerbe und Dienstleistungen 507
    Transport und Verkehr 588
    Umsatzsteuer 257, 278
    Unternehmen im EU-Handel 425
    Verarbeitendes Gewerbe 538
    Weihnachtsgeschäft 579
    weitere Dienstleistungen 621

Umsatzindex (Verarbeitendes Gewerbe) 537, 543

Umsatzsteuer 257, 271
    Lieferungen und Leistungen 279
    Umsatzsteuerpflichtige 279
    Veranlagungen 278
    Voranmeldungen 279

Umwelt, Umweltschutz
    eingesetzte Umweltressourcen 459
    Einnahmen umweltbezogener Steuern und Gebühren 465
    erneuerbare Energien 555
    Investitionen 446
    laufende Aufwendungen 447
    Material- und Energieflüsse 445, 459
    Nachhaltigkeit 465
    Naturschutzflächen, -gebiete 18, 670
    Straftaten gegen die Umwelt 458
    Umsatz für den Umweltschutz 448

UNESCO-Welterbe 202

Unfälle
    Fehlverhalten der Fahrzeugführer/-innen 600
    mit wassergefährdenden Stoffen 445
    Straßenverkehr 599

Unfallversicherung, gesetzliche 228, 232
    Einnahmen, Ausgaben, Vermögen 232
    Rentenbestand 232
    Versicherte 232

Universitäten *siehe Hochschulen*

Unternehmen
    auslandskontrollierte 514
    Außenhandel 425
    Baugewerbe 678
    Bruttowertschöpfung 508, 674
    Computer- und Internetnutzung 521
    E-Commerce 523
    Energie 556, 676
    Gastgewerbe und Tourismus 610, 682
    Gewinne 332
    Handel 578, 679
    Handwerk 525
    Informations- und Kommunikationstechnologien 521
    Internetnutzung 521
    kleine und mittlere (KMU) 512
    Produzierendes Gewerbe und Dienstleistungen 507, 674
    Social Media, Nutzung 522
    Transport und Verkehr 588, 680
    Umweltschutz 446

Unternehmen
    Unternehmensinsolvenzen 518
    Verarbeitendes Gewerbe 675
    weitere Dienstleistungen 621

Unternehmen *siehe auch Betriebe*

Unternehmenskonzentration (Verarbeitendes Gewerbe) 538

V

Verbrauch
    Nahrungs- und Genussmittel 177

Verbraucherpreise 393, 404, *662*

Verbrauchsteuer 280

Verbrechen *siehe Straftaten* 311

Verdienste
    Arbeitnehmerentgelt 322
    Bruttojahresverdienste *662*
    Bruttolöhne und -gehälter 322
    Bruttostundenverdienste 377
    Bruttoverdienste 378
    Lohnquote 325
    Lohnstückkosten 325
    öffentlicher Dienst 384, 385
    Tarifverdienste 382

Verkehr
    Arten 587
    Ausgaben der privaten Haushalte 168
    Beförderungen 589, 592, *681*
    Verbraucherpreise 404
    Verkehrswege 597

Verkehr *siehe auch Straßenverkehr*

Verletzungen 120
    Straßenverkehr 599

Vermögensstatus 439

Vermögensteuer 271

Vermögensübertragungen 260, *668*

Versicherungen *siehe Sozialversicherungen*

Versorgungsempfänger/-innen 233

Versorgungssystem des öffentlichen Dienstes 233

Verurteilte 307
    Deliktgruppen 314
    Jugendliche 312
    Strafen, Strafrecht 313

Vieh *siehe Tiere*

Volkseinkommen 321

Volkshochschulen 97

Vollzeitbeschäftigte 363
    Bruttoverdienste 380
    Gastgewerbe, Handel 610
    öffentlicher Dienst 360

Vorsorge- oder Rehabilitationseinrichtungen 133
    Patienten/Patientinnen 122
    Personal 135

Sachregister

W

Wahlen
 Deutscher Bundestag 291
 Europäisches Parlament 291
 Landtage 297
 nationale Parlamentswahlen *654*

Waldfläche 484

Waldschäden 464

Wanderungen
 Herkunftsländer der Ausländer/-innen 48
 innerhalb Deutschlands 44
 Zielländer der Deutschen 48
 zwischen Deutschland und dem Ausland 44

Wärme
 Erzeugung, Bezug, Verwendung, Abgabe 557
 Strom- und Wärmeerzeugung 557

Wasser
 Unfälle mit wassergefährdenden Stoffen 445
 Wasserabgabe 463
 Wasserentnahme 463
 Wassergewinnung 449
 Wasserversorgung 450

Weinanbau, -erzeugung 490

Weiterbildung, berufliche 96

Welterbe (UNESCO) 202

Wirtschaftsbereiche 350

Wirtschaftswachstum 323, 634

Wissenschaftler/-innen 103

Wissenschaft *siehe Forschung und Wissenschaft*

Wohngeld 153, 228
 Einnahmen der privaten Haushalte 168
 Haushalte mit Wohngeld 154
 Lastenzuschuss 154
 Mietzuschuss 154
 Wohngeldausgaben 155

Wohnsituation
 Probleme im Wohnumfeld 158
 überbelegte Wohnungseinheiten *646*
 Wohnkosten 158, *646*

Wohnungen, Wohnungswesen
 Ausgaben der privaten Haushalte 168, *647*
 Bau- und Immobilienpreise 402
 Eigentümerwohnungen 153
 Mängel 158
 Mieter-, Eigentümerhaushalte *646*
 Mietwohnungen 153
 Verbraucherpreise 404
 Wohnfläche 569
 Wohnungsbestand 569

Z

Zeitverwendung 174

Zivilgerichte 308

Zu- und Fortzüge *siehe Wanderungen*